Handarbeiten
neu entdeckt

Handarbeiten
neu entdeckt

Verlag Das Beste Stuttgart · Zürich · Wien

Aus dem Amerikanischen von Monika Curths,
Gisela Doll, Irene Elbaz und Wilfriede Evers

Titel der Originalausgabe: Complete Guide to
Needlework

Fachmännische Bearbeitung und Beratung:
Professor Ingeborg Kappler, Rita Ziegler-Blatter

Printed in Italy

ISBN 3 87070 170 6

Inhalt

Stickerei

Detail einer Zierbettdecke aus besticktem schwarzem Wolltwill von Lucretia Hall, Mitte des 19. Jahrhunderts. Aus der Sammlung von Historic Deerfield Inc., Deerfield, Massachusetts

Material und Zubehör

Garne
Stoffe
Stickrahmen
Nadeln
Musterübertragung
Zubehör

Garne

Die Stickerei hat eine Vielzahl von Anwendungsmöglichkeiten, was wiederum bedeutet, daß viele verschiedene Garne erforderlich sind. Einige der verbreitetsten Arten sind unten abgebildet. Sie unterscheiden sich in Rohstoff, Struktur und Stärke, haben aber ein gemeinsames Merkmal: Der Faden ist über die ganze Länge einheitlich. Ungleichmäßig verlaufende oder genoppte Phantasiegarne, wie sie beim Stricken und Häkeln verwendet werden, sind nicht zu empfehlen, es sei denn, um ganz besondere Effekte zu erzielen. Einige Garne sind in verschiedenen Materialien erhältlich; Synthetics werden beispielsweise immer häufiger verwendet. Auf jeden Fall muß das Garn auf den Stoff abgestimmt sein. Es ist empfehlenswert, sich im Zweifelsfall im Fachgeschäft beraten zu lassen.

In diesem Kapitel wird für jede Sticktechnik die übliche Garnart angegeben; durch Versuche mit anderen Garnen erzielt man jedoch oft interessante und aparte Effekte.

Sticktwist, ein sechsfaches, offen gezwirntes, geschmeidiges Stickgarn mit Glanz, kann geteilt und ein- bis sechsfach verstickt werden. Er ist meist aus Baumwolle, nur selten aus Viskose und Synthetics. Bei den Baumwollgarnen ist die Farbauswahl besonders reich

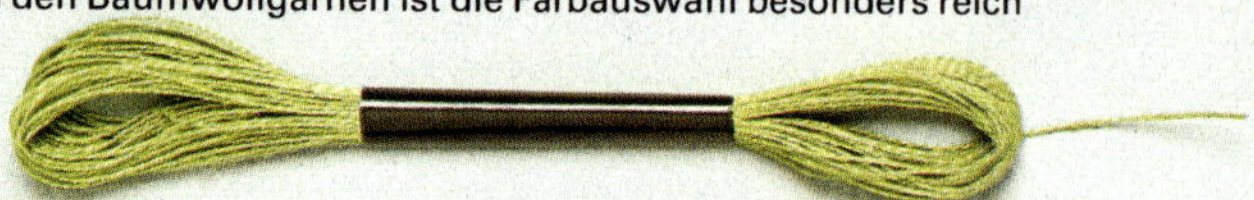

Leinenstickgarn verwendet man für Arbeiten auf reinem Leinen. Das Material zeichnet sich durch sehr schöne Garnfärbungen aus

Mattstickgarn, ein mittelstarkes, verhältnismäßig lose gezwirntes Baumwollgarn ohne Glanz, ist nicht für feine Handarbeiten geeignet. Gute Farbauswahl

Vierfachstickgarn ein Baumwollstickgarn mit feinem Glanz, wird speziell für feine Handarbeiten hergestellt (Weißstickerei, Hohlsaum, Spitzen usw.). Die Farbauswahl ist begrenzt; meist wird Weiß verwendet

Perlgarn erkennt man am besonders auffälligen Zwirneffekt und am Glanz. Es wird aus merzerisierter Baumwolle hergestellt und in 3 verschiedenen Stärken sowie vielen Farben angeboten

Maschinenstickgarn ist ein extra feiner Nähfaden aus Baumwolle oder Polyester für Stickereien mit der Nähmaschine

Metallstickgarn meistens silber- oder goldfarbene Syntheticfäden – gibt es in unterschiedlichen Zwirnungen und Garnstärken. Sie werden hauptsächlich als Effektgarne verwendet

Wollstickgarne sind feine oder stärkere Stickgarne aus reiner Schurwolle. Sie werden für die klassischen Wollstickereien auf Stramin (S. 270) sowie für Grobstickereien jeder Art verwendet und sind in vielen Farben erhältlich. Daneben gibt es noch wollähnliche Stickgarne aus Acryl oder aus einem Wolle-Synthetic-Gemisch

Stickereistoffe

Stoffe für Stickereien teilt man in drei Gruppen ein: einfache Gewebe, zählbare Gewebe, gemusterte Gewebe.

Charakteristisch für einfache Gewebe ist eine relativ glatte und dichte Oberflächenstruktur. Stoffe dieser Art sind hervorragend für die freie Stickerei mit der Hand oder der Automatiknähmaschine geeignet. Zu beachten ist, daß Stickfaden und Nadel der Gewebedichte entsprechen und nicht zu dick gewählt werden.

Bei zählbaren Geweben handelt es sich um Stoffe in Leinenbindung, bei denen die Anzahl der Kett- und Schußfäden (d. h. der Längs- und Querfäden) pro Quadratzentimeter gleich ist. Der Stickgrund ist also immer ein gleichmäßiges Gitter und ist daher ideal für Stickereien, die auf Fadenzähltechniken basieren.

Stramin ist ein stark appretiertes Gewebe, bei dem die Kett- und Schußfäden meistens paarweise angeordnet sind. Beim Aidastoff kreuzen sich Fadengruppen. Die gleichmäßigen Zwischenräume erleichtern die Zählarbeit. Als Rohstoff wird meistens Leinen, Baumwolle oder eine Mischung von diesen beiden mit Synthetics verwendet.

Rechts sind auch einige Beispiele für gemusterte Gewebe abgebildet. Die einfachen, regelmäßigen Muster können bei bestimmten Sticktechniken wie Kreuzstich oder Smok als Führungslinien dienen. Die Oberflächenstruktur der Stoffe ist immer glatt; das Muster kann eingewebt oder aufgedruckt sein. Die Abbildungen auf dieser Seite zeigen nur eine sehr kleine Auswahl des Marktangebotes.

Man sollte sich unbedingt die Mühe machen und nach geeigneten Stoffen suchen, die der geplanten Arbeit entsprechen. Im Fachgeschäft kann man sich auch beraten lassen. Nur wenn Material, Sticktechnik und Motiv richtig aufeinander abgestimmt sind, wird man lange Freude an der fertigen Stickerei haben.

Einfache Gewebe

Organdy

Feinleinen

Rupfen

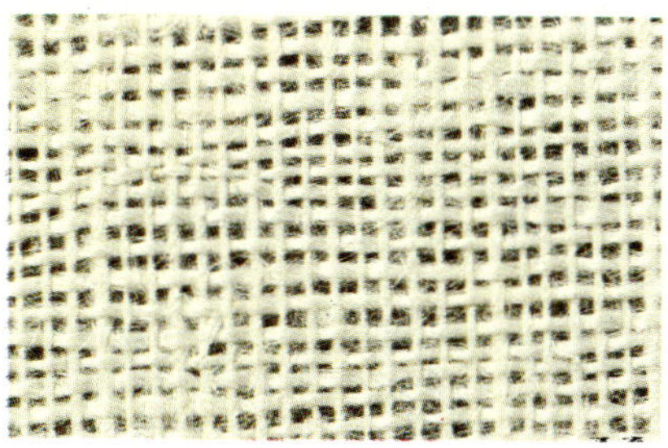

Grobleinen

Zählbare Gewebe

Sieb- oder Käseleinen

Handarbeitsleinen

Hardangerstoff

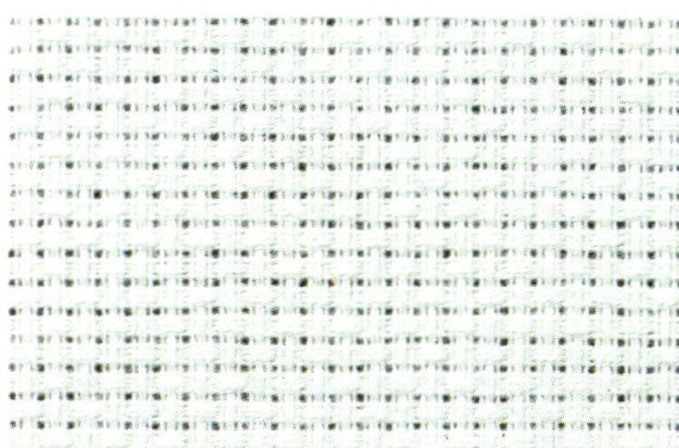

Aidastoff

Gemusterte Gewebe

Streifen

Karo

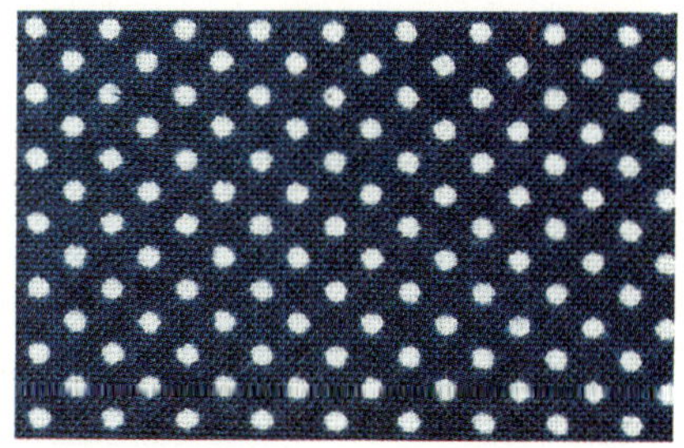

Gepunktet

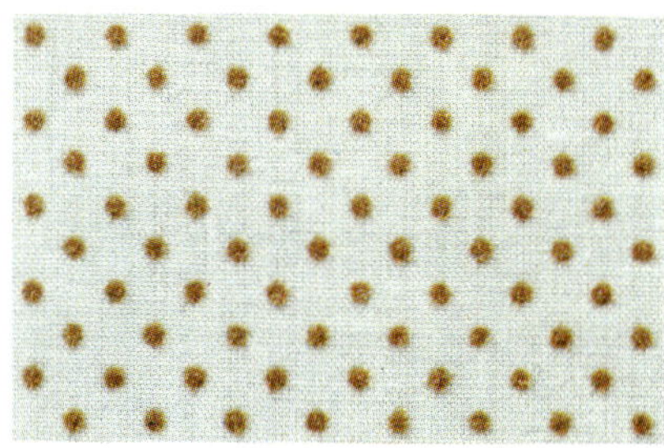

Tupfenmull

Stickerei · Material und Zubehör

Stickrahmen für Tapisserien 116

Stickrahmen

Für die meisten Sticktechniken ist ein Rahmen erforderlich, der den Stoff straff hält. Stickringe und -trommeln spannen eine Stoffpartie zwischen zwei Ringen. Der äußere Ring hat eine Schraube oder Feder, welche die Spannung reguliert. Stickringe und -trommeln sind in vielen Größen und auch mit Haltevorrichtungen versehen erhältlich. Stickrahmen halten den ganzen Stoff straff. Bei einigen wird der Stoff oben und unten zwischen zwei drehbare Stäbe gespannt, die dann festgezogen werden. Andere bestehen aus vier Rahmenteilen und sind sowohl in der Breite als auch in der Höhe verstellbar. Einen einfachen Rahmen kann man selber aus Holzleisten machen. Einzelheiten über Rahmen und ihre Verwendung sind im Kapitel *Tapisserie* zu finden.

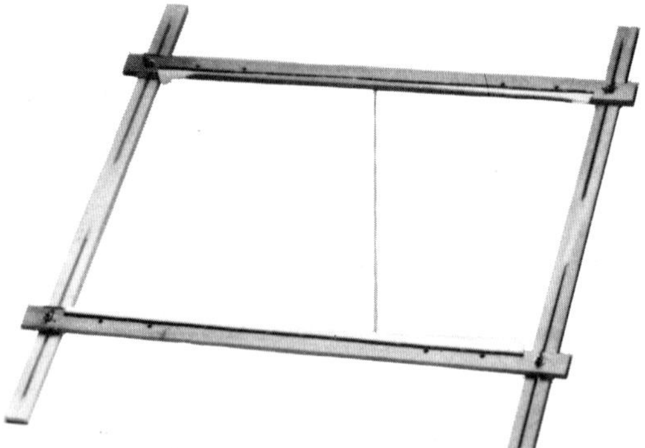

Viereckige Stickrahmen sind in verschiedenen Ausführungen und Größen erhältlich und sind meist in der Höhe, häufig auch in der Breite verstellbar. Viele Modelle sind mit Stativ oder Tischständer zu haben

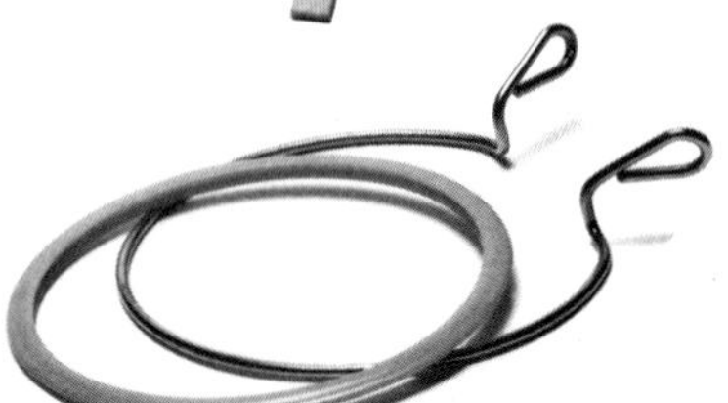

Maschinenstickringe sind sehr flach, damit sie unter dem Nähfuß hindurchgeschoben werden können. Beim abgebildeten Rahmen paßt der innere Metallring, der sich wie eine Feder dehnt, in die Rille des äußeren Rings

Sticktrommeln mit Haltevorrichtung sind ebenfalls in verschiedenen Größen erhältlich. Sie sind aus Holz oder Kunststoff und können durch eine Schraube oder Feder verstellt werden

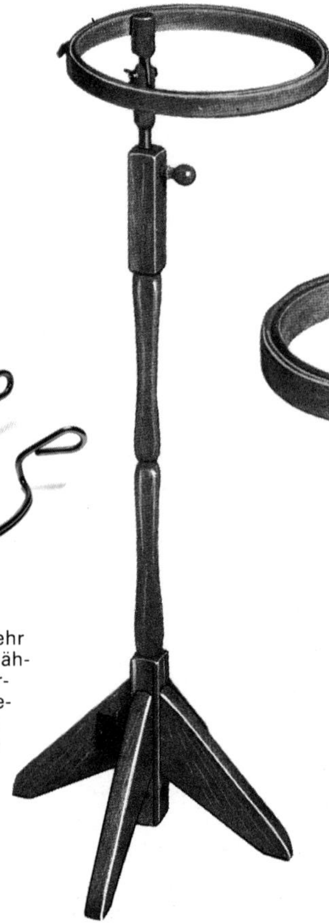

Sticktrommeln gibt es auch mit Stativ. Höhe und Neigungswinkel sind verstellbar. Solche Rahmen sind meistens aus Holz

Stickringe, die in der Hand gehalten werden, sind in verschiedenen Größen zu kaufen. Sie sind aus Holz oder Kunststoff und lassen sich durch eine Feder oder Schraube regulieren

Einen Spannrahmen kann man aus Holzleisten selber machen. Die Leisten läßt man im Bastelgeschäft zuschneiden und verbindet sie an den Ecken mit Klammern

Nadeln

Für die Stickerei kann man Nähnadeln, Sticknadeln mit Spitze oder Sticknadeln ohne Spitze verwenden. Jede Art ist in verschiedenen Größen erhältlich (je größer die Nummer, desto kürzer und feiner die Nadel).

Welche Art Nadel man wählt, hängt weitgehend von der jeweiligen Sticktechnik ab (siehe unten). Auch sollte die Nadel groß genug sein, damit sich das Garn nicht übermäßig abscheuert, wenn es durch den Stoff gezogen wird.

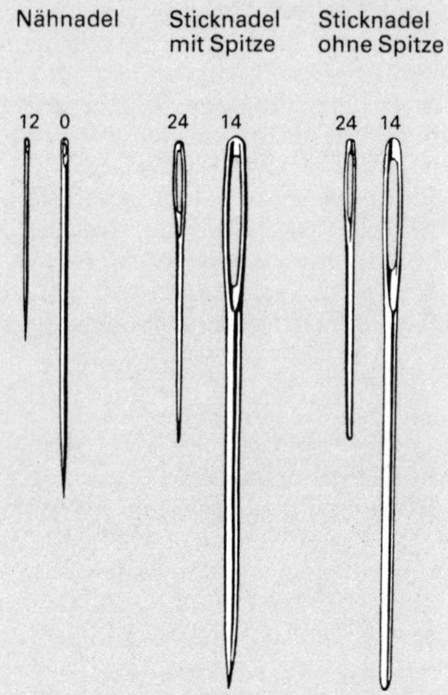

Nähnadeln (Größe 0–12) sind spitz, mittellang und haben ein verhältnismäßig großes Öhr. Sie werden für die meisten Handarbeiten verwendet

Sticknadeln mit Spitze (Größe 14–24) sind dicker und länger als Nähnadeln; auch das Öhr ist größer. Sie werden für dickere Garne verwendet

Sticknadeln ohne Spitze (Größe 14–24) eignen sich für zählbare Gewebe, insbesondere für Stickereien auf Stramin

Material zur Musterübertragung

Aufbügelmuster werden mit einem heißen Bügeleisen auf den Stoff übertragen. Sie können für helle und auch dunkle Stoffe verwendet werden

Schneiderkopierpapier und Kopierrädchen dienen dazu, Muster auf den Stoff zu übertragen. Das Papier ist in hellen und dunklen Farben erhältlich. Man benutzt ein Rädchen mit stumpfen Zähnchen

Transparentpapier verwendet man, um Originalentwürfe zu übertragen oder Mustervorlagen von Bildern oder aus Büchern zu übernehmen

Pauspulver ist ein feiner Puder, der zum Kopieren mit Stechpausen (S. 17) verwendet wird

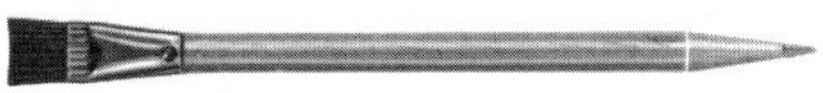

Schneiderkreide in Stiftform ist in Weiß und Pastellfarben erhältlich. Mit ihr kann man den Stoff direkt markieren

Mit Bügelstiften und Bügelfarbe kann man eigene Aufbügelmuster nach Originalentwürfen oder einer beliebigen Vorlage erstellen

Zubehör

Ein Maßband gehört zur Grundausstattung für jede Handarbeit

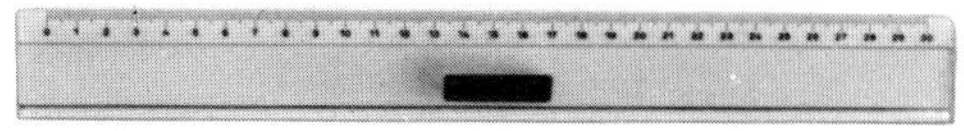

Ein Lineal ist vielseitig verwendbar. Besonders nützlich ist eine Länge von etwa 60 cm

Ein Zeichenwinkel ist bei der Mustervergrößerung und -verkleinerung nützlich

Klebeband wird verwendet, um Stoffkanten zu versäubern

Einfädler sind besonders für feine Nadeln und Garne zu empfehlen

Fingerhüte zum Schutz des Mittelfingers gibt es in mehreren Größen

Dekorationsstifte zum Spannen der Stickerei müssen rostfrei sein

Eine Schneiderschere braucht man, um Stoffe zuzuschneiden. Sie ist in verschiedenen Größen erhältlich

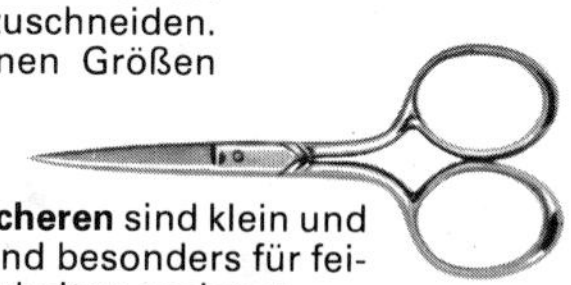

Stickscheren sind klein und spitz und besonders für feinere Arbeiten geeignet

Ein Spannbrett, aus Weichholz hergestellt; 60 × 60 cm ist eine praktische Größe. Es wird meist mit Musselin bespannt und manchmal auch gepolstert

Eine Handarbeitslupe dient zur Erleichterung und Kontrolle feiner Arbeiten. Das hier gezeigte Modell wird an einer Schnur um den Hals gehängt

Stickmuster entwerfen

Entwurf und Ausführung
Wahl der Farben
Muster vergrößern und verkleinern

Entwurf und Ausführung

Auch wenn man zeichnerisch nicht begabt ist, kann man einiges selbst gestalten. Der erste kreative Schritt könnte darin bestehen, einfach die in der Anleitung angegebenen Garnfarben zu ändern. Man kann einen Schritt weitergehen und auch andere Sticharten wählen. Manche wollen vielleicht ein eigenes Muster entwerfen und ausführen. Diese Seiten sollen dazu anregen, eigene Ideen in der Stickerei zu verwirklichen.

Viele Stickmuster können aus Büchern und Zeitschriften, von Postern, Porzellan, Stoffdrucken, Tapeten und Fotografien übernommen werden. Es lohnt sich, bei solchen möglichen Vorlagen nicht nur das Gesamtmuster, sondern auch die Musterelemente genau zu studieren, denn oft kann man mit herausgetrennten Teilen ganz neue Muster schaffen.

Wichtig ist auch, ob im Muster die Waagrechten oder die Senkrechten vorherrschen. Davon kann es abhängen, ob die fertige Arbeit Längs- oder Querformat haben wird.

Hat man ein passendes Muster gefunden, legt man Transparentpapier darüber und zeichnet die Umrisse nach. Vielleicht will man einige feinere Details weglassen, vielleicht auch bestimmte Bereiche stilisieren oder die Musterelemente neu anordnen. Es ist ratsam, verschiedene Vorlagen anzufertigen und dann die beste auszuwählen. Es geht nicht darum, das Original einfach zu kopieren, sondern es in die Stickerei umzusetzen. Mit einiger Erfahrung erkennt man bald, welche Vorlage sich dazu anbietet und welche nicht.

Ein Musterteil kann als Stickvorlage dienen. Aus dem großen Bild unten wurden der Vogel und die Blume übernommen und beim Nachzeichnen etwas vereinfacht

Die starken Waagrechten des Gesamtmusters legen ein Querformat nahe

Senkrechte Linien passen zum Längsformat

Wahl der Farben

Steht das Muster fest, müssen die Farben für die Stickgarne ausgesucht werden. Hier gibt es einige Richtlinien, die bei der Wahl behilflich sein können.

Die meisten Farbzusammenstellungen basieren auf einem von drei Grundtypen: Der erste besteht aus verschiedenen Farbtönen (von Hell bis Dunkel) der gleichen Farbe (z. B. aus verschiedenen Blautönen). Der zweite verwendet Farben, die miteinander verwandt bzw. Nachbarn im Farbkreis sind (z. B. Blau und Grün oder Blau und Violett). Der dritte kombiniert zwei oder mehr Kontrastfarben, wobei die stärksten Kontraste durch die Farben gebildet werden, die sich im Farbkreis gegenüberliegen (z. B. Rot und Grün, Lila und Gelb).

Diese Richtlinien sind in der Theorie einfach, sie aber in die Praxis umzusetzen ist oft etwas schwierig, und es empfiehlt sich, die Mustervorlage mehrmals anzufertigen und die einzelnen Exemplare mit verschiedenen Farbzusammenstellungen probeweise zu kolorieren. Hat man eine hübsche Kombination gefunden, nimmt man diese Vorlage zum Garneinkauf mit. Wahrscheinlich müssen einige kleine Änderungen in Kauf genommen werden, je nachdem, welche Garnfarben erhältlich sind.

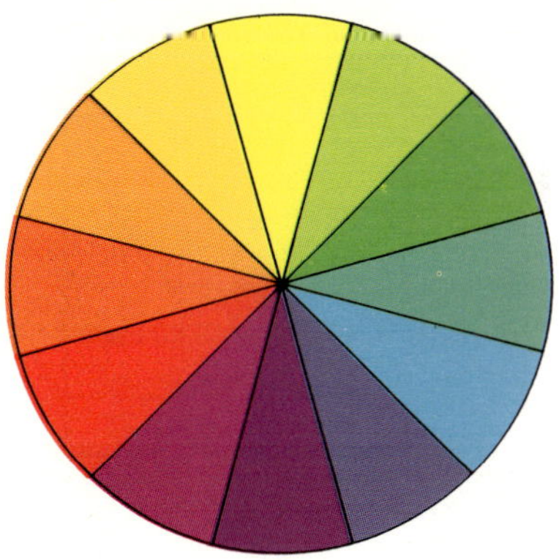

Farbkreis

Verschiedene Töne einer Farbe können interessante Effekte ergeben, wenn sie phantasievoll ausgewählt und zusammengestellt werden

Verwandte Farben, sorgfältig miteinander kombiniert, wirken immer sehr harmonisch

Kontrastfarben zu kombinieren ist oft schwierig. Am sichersten ist es, mit ihnen zu experimentieren, bis man die beste Lösung findet

Stickerei · Muster entwerfen

Muster vergrößern

Was tun, wenn das ausgewählte Muster nicht die richtige Größe hat? In einer Fotokopieranstalt kann man für wenig Geld das Original vergrößern oder verkleinern lassen. Hat man diese Möglichkeit nicht, kann man nach der auf diesen Seiten beschriebenen Methode eine passende Vorlage anfertigen. Die Abbildungen auf dieser Seite zeigen die Vergrößerung, diejenigen auf Seite 15 die Verkleinerung. Bei dieser Methode werden die Musterlinien lediglich von einem Raster auf einen entsprechend größeren oder kleineren übertragen.

1. Das Muster mittig durchzeichnen

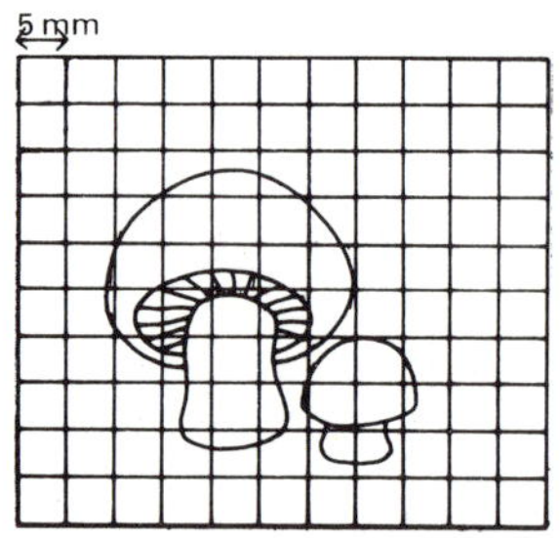

2. 5 mm großen Raster darüber zeichnen

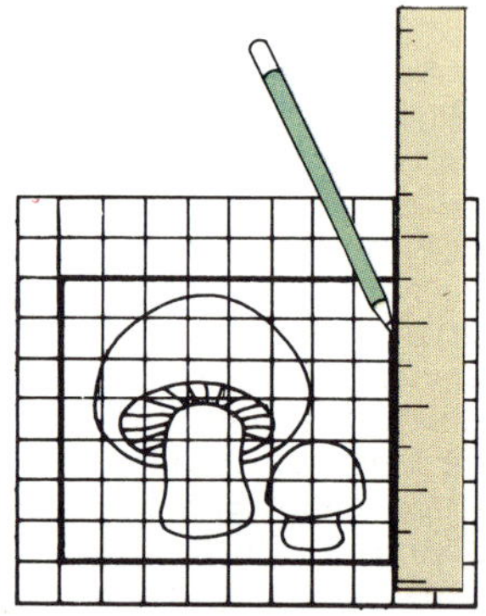

3. Die Umrisse des Musters markieren

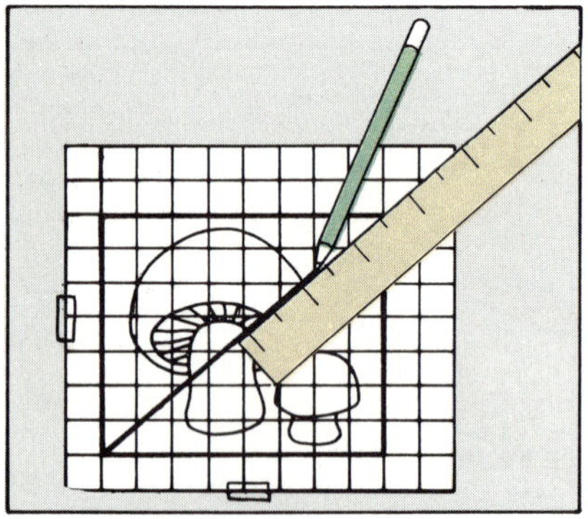

4. Raster in untere linke Ecke eines großen Blatts Papier befestigen. Eine Diagonale ziehen und auf dem großen Blatt verlängern

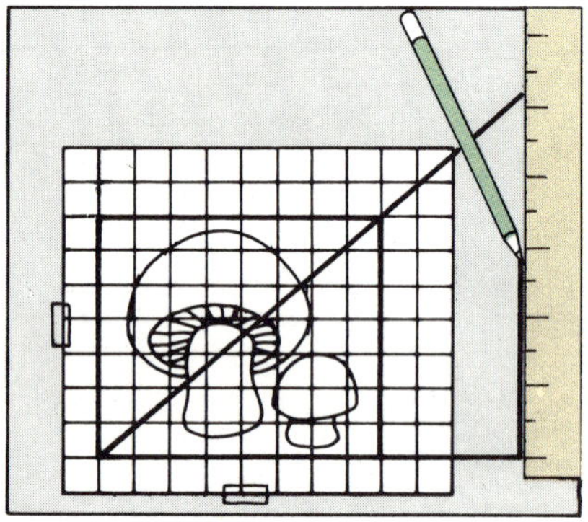

5. Die Grundlinie bis zur gewünschten Breite verlängern. Eine Senkrechte von der verlängerten Grundlinie zur Diagonale ziehen

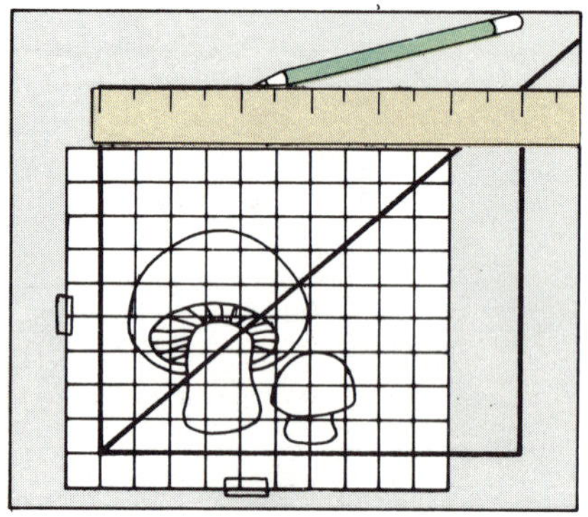

6. Anhand dieser beiden in Schritt 5 festgelegten Linien die fehlenden Seiten des Rechtecks einzeichnen

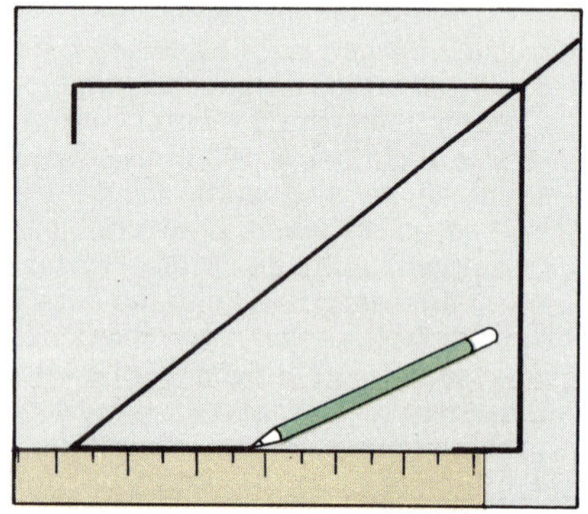

7. Raster entfernen. Die Diagonale, die Senkrechten und Waagrechten verlängern, um vergrößertes Rechteck zu vervollständigen

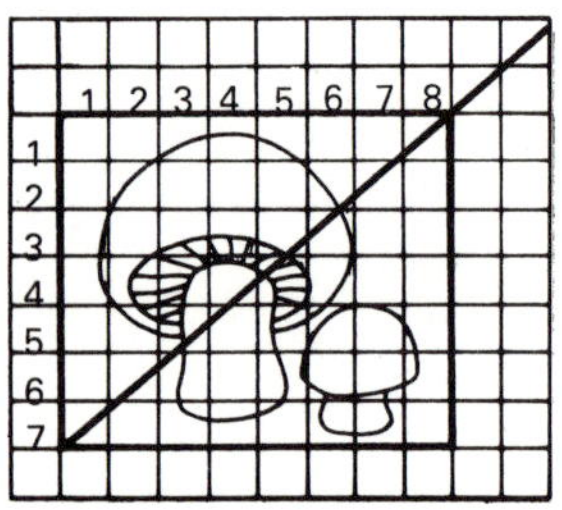

8. Die Quadrate des kleinen Rasters senkrecht und waagrecht numerieren

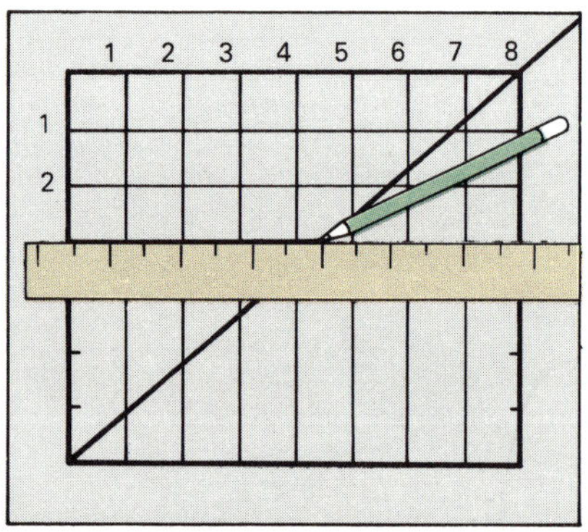

9. Das vergrößerte Rechteck in die gleiche Anzahl von Quadraten einteilen

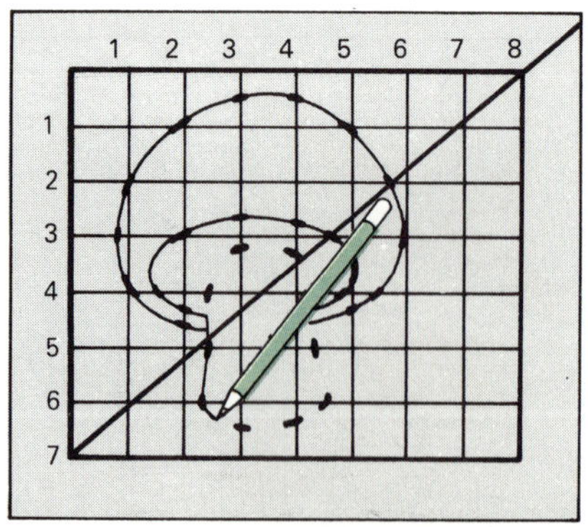

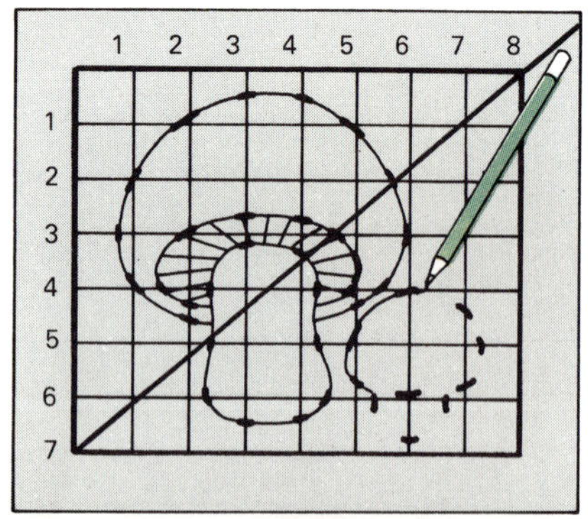

10. Die Musterlinien vom kleinen Raster in die entsprechenden Quadrate des großen übertragen; dazu Schnittpunkte von Musterlinien und Rasterlinien markieren, Punkte verbinden

Muster verkleinern

Ist ein Muster zu groß, kann man es, wie bereits auf der gegenüberliegenden Seite erwähnt, in einer Kopieranstalt verkleinern lassen oder mit Hilfe eines Rasters, wie auf dieser Seite gezeigt, selbst auf die gewünschte Größe bringen. Wie auch beim Vergrößern werden die Musterlinien Quadrat für Quadrat von einem Raster auf den anderen übertragen, nur wird der neue Raster in umgekehrter Weise erstellt. Äußerste Genauigkeit ist bei beiden Methoden erforderlich. Sehr nützlich ist ein Zeichenwinkel, mit dem man genaue rechte Winkel bilden kann (S. 11).

1. Das Muster mittig durchzeichnen

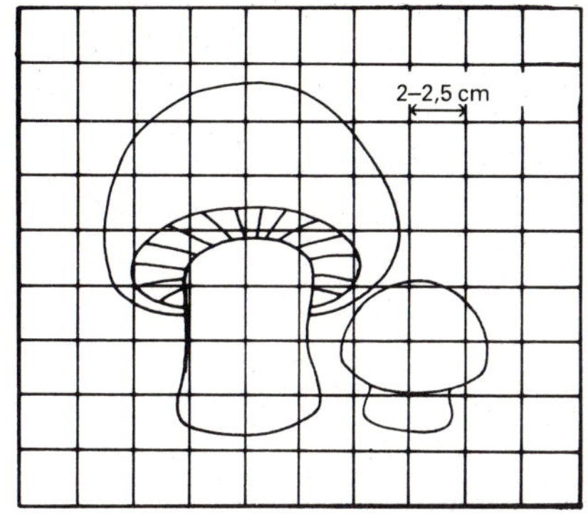

2. 2–2,5 cm großen Raster darüber zeichnen

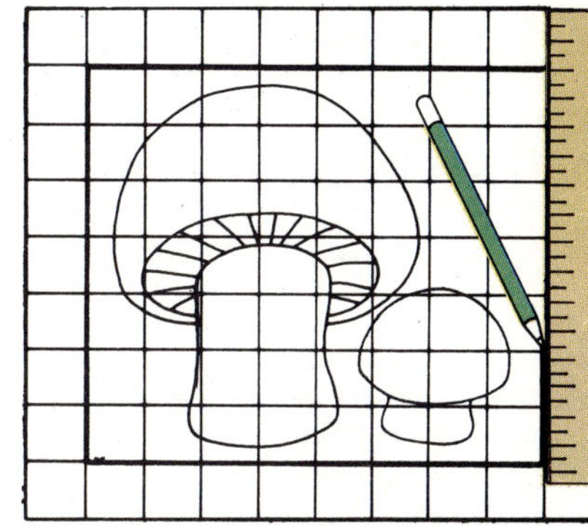

3. Die Umrisse des Musters markieren

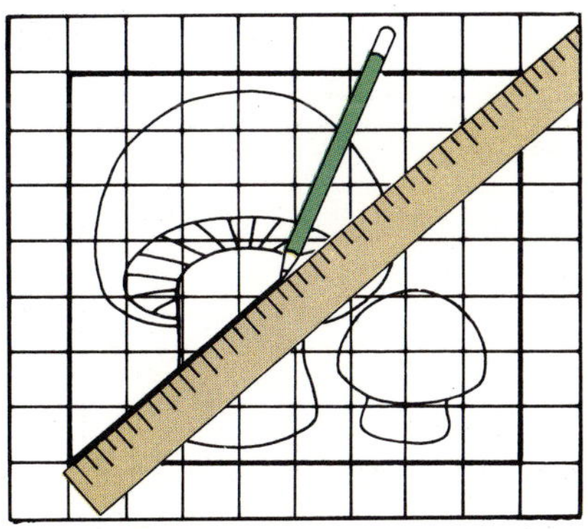

4. Eine Diagonale von links unten nach rechts oben ziehen. Ein kleineres Blatt Papier in der linken unteren Ecke befestigen

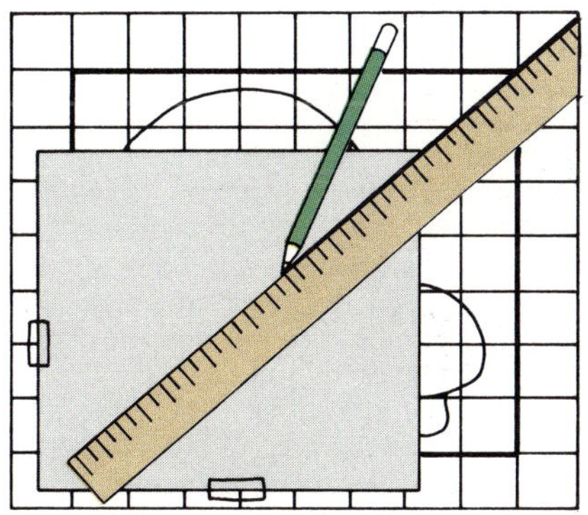

5. Die Diagonale von der rechten oberen Ecke über das aufgeklebte Blatt Papier in die linke untere Ecke nachziehen

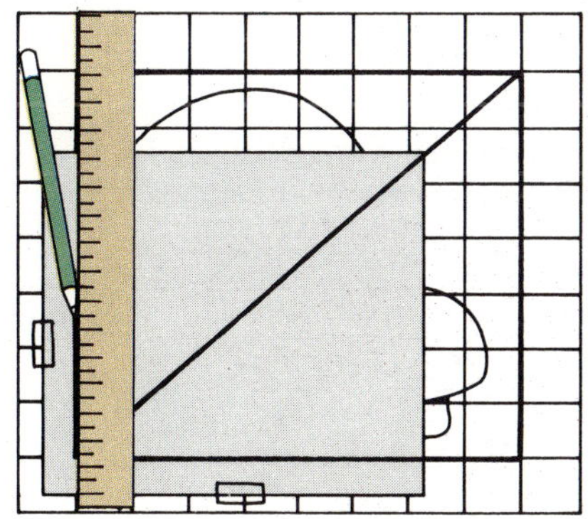

6. Grundlinie verlängern, bis sie die Diagonale schneidet. Vom Schnittpunkt eine Senkrechte bis zur oberen Umrißlinie ziehen

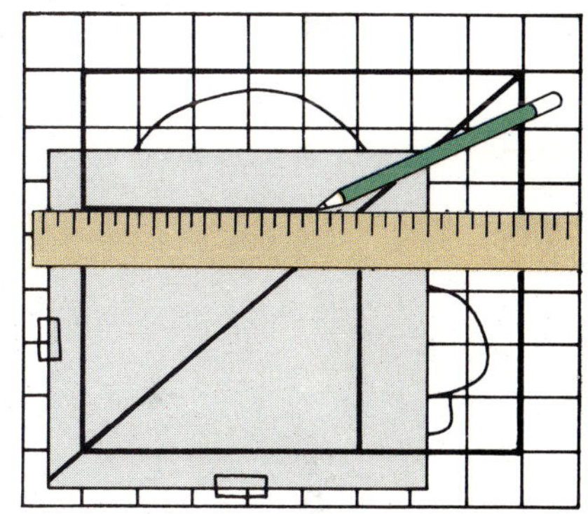

7. Gewünschte Breite auf der Grundlinie markieren. Senkrechte nach oben bis zur Diagonale, dann obere Waagrechte ziehen

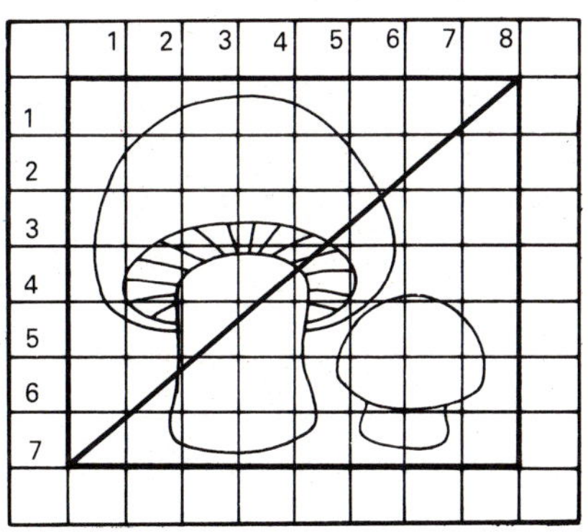

8. Die Quadrate des großen Rasters senkrecht und waagrecht numerieren

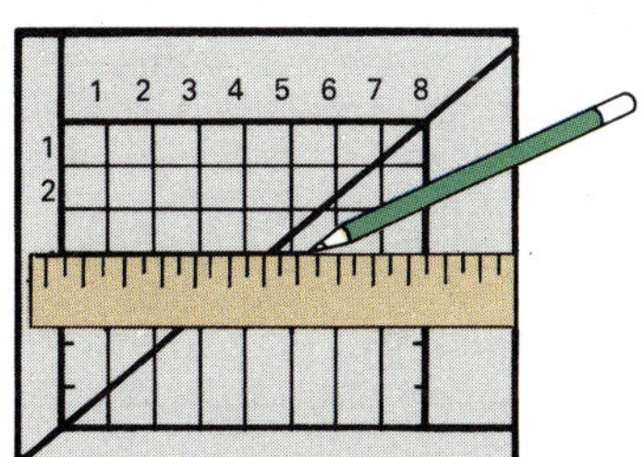

9. Das verkleinerte Rechteck in die gleiche Anzahl von Quadraten aufteilen

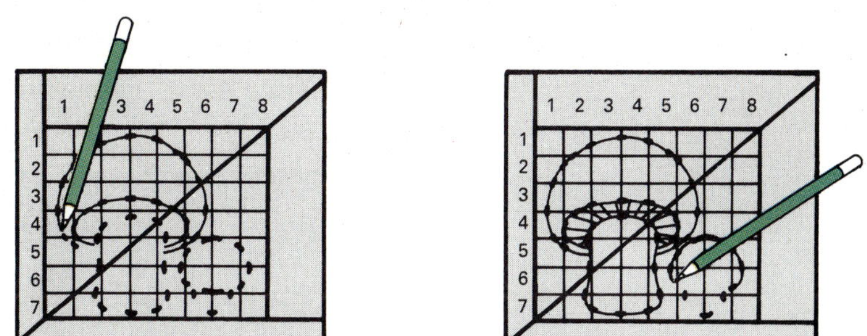

10. Musterlinien vom großen Raster in entsprechende Quadrate des kleinen übertragen; dazu Schnittpunkte von Musterlinien und Rasterlinien markieren, Punkte verbinden

Allgemeine Grundtechniken

Kanten versäubern
Muster übertragen
Sticken im Rahmen
Garne vorbereiten
Einfädeln
Allgemeine Hinweise

Kanten versäubern

Den Stoff schneidet man in der Größe des Gesamtmusters plus 5 cm Zugabe an jeder Seite. Soll die Stickerei gerahmt werden, gibt man je 10 cm zu. Wichtig ist, daß man den Stoff fadengerade zuschneidet, insbesondere bei Mustern, die nach dem Gewebefaden ausgezählt und gestickt werden. Damit der Stoff während des Stickens nicht ausfranst, versäubert man die offenen Kanten nach den unten gezeigten Methoden.

Die Stoffkanten mit Klebeband einfassen

Die offenen Kanten umstechen

Die umgeschlagenen Kanten säumen

Offene Kanten mit Zickzackstich einfassen

Muster übertragen

Muster kann man nach drei Methoden auf den Stoff übertragen. Bei der ersten verwendet man Aufbügelmuster. Wenn man ein solches Muster mit der beschichteten Seite auf den Stoff legt und heiß bügelt, übertragen sich die Musterlinien auf den Stoff. Im Handel sind viele schöne Motive als Aufbügelmuster erhältlich. Die meisten sind nur zum einmaligen Gebrauch, es gibt aber auch solche, die mehrfach verwendet werden können. Will man einen eigenen Entwurf benutzen, kann man mit einem Bügelstift (S. 17) oder Bügelfarbe ein Aufbügelmuster selbst erstellen.

Stickmuster kann man auch mit Hilfe von Schneiderkopierpapier und einem Kopierrädchen übertragen. (Dieses Kopierpapier darf man auf keinen Fall durch Kohlepapier für die Schreibmaschine ersetzen, das den Stoff stark verschmieren würde.) Die Methode ist die gleiche wie bei der Übertragung der Schnittmusterzeichen. Schneiderkopierpapier eignet sich nur für sehr glatte Stoffe.

Die Stechpause ist eine sehr alte und noch immer gebräuchliche Methode der Musterübertragung. Entlang den Musterlinien werden kleine Löcher in das Papier gestochen. Das Muster wird dann auf den Stoff gelegt und ein Spezialpuder mit einer Puderquaste aufgetragen. Wenn das Muster abgenommen wird, bleiben feine gepunktete Linien auf dem Stoff zurück. Diese Punkte verbindet man anschließend mit Schneiderkreide. Bei Stoffen, die nicht mit Schneiderkreide markiert werden können (wie etwa Samt), werden die Linien mit einem feinen Pinsel und Stoffarben nachgezogen. Stechpausen können mehr als einmal verwendet werden und eignen sich gut für weniger glatte Stoffe. Diese Methode ist auch für die Stepperei anwendbar.

Bei allen Methoden ist es wichtig, das Muster genau auf dem Stoff auszurichten (rechts).

Muster ausrichten

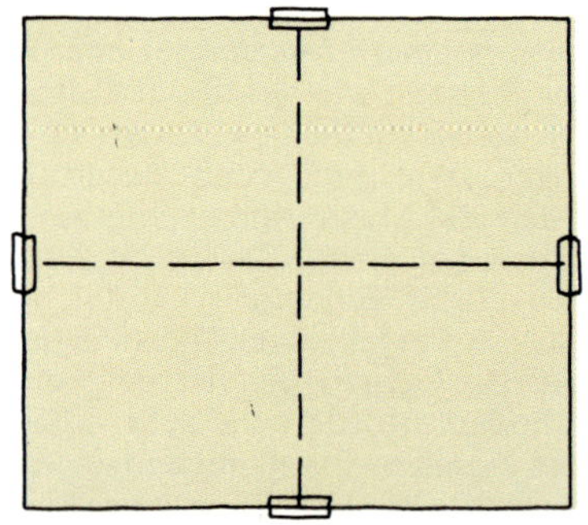

1. Stoff längs und quer falten; entlang der Faltlinien heften. Stoff auf glatter Fläche befestigen

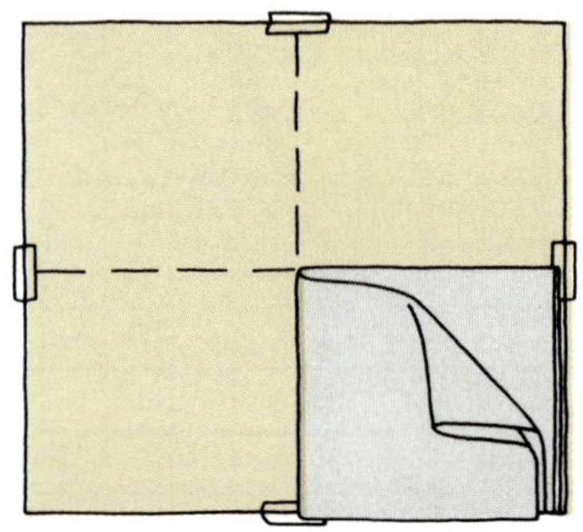

2. Muster wie Stoff falten (Motiv muß vermittelt sein); wie oben gezeigt auf ein Stoffquadrat legen

3. Muster so ausbreiten, daß alle Faltlinien übereinstimmen. Befestigen und auf den Stoff übertragen

Aufbügelmuster

Um ein Aufbügelmuster zu erstellen, das Motiv auf festes Transparentpapier zeichnen, das Papier wenden und mit einem Bügelstift die Linien des Motivs nachziehen. Man kann statt des Bügelstiftes auch Bügelfarbe verwenden, die mit einem Haarpinsel aufgetragen wird. Das Muster, wie rechts beschrieben, übertragen

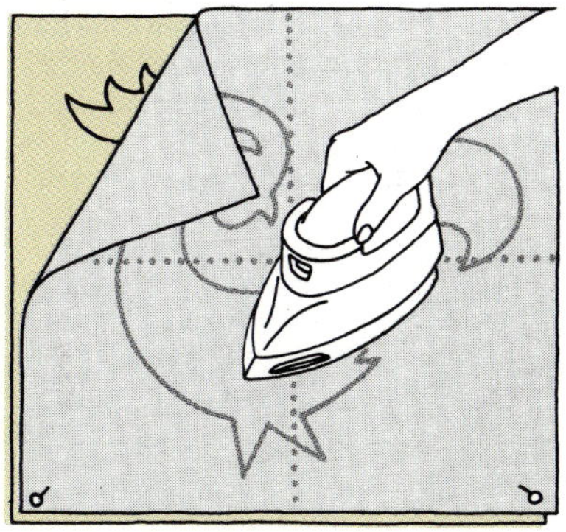

Um das Aufbügelmuster zu übertragen, die Beschriftung abschneiden und auf einem Stoffrest ausprobieren. Dann das Muster mit der beschichteten Seite nach unten auf den Stoff stecken. Das Bügeleisen kurz darauf drücken – nicht hin und her schieben! Eine Ecke zur Prüfung anheben, dann erst Papier abziehen

Schneiderkopierpapier

1. Muster mit der rechten Seite nach oben auf den Stoff stecken. Kopierpapier mit der Beschichtung nach unten zwischen Stoff und Muster schieben

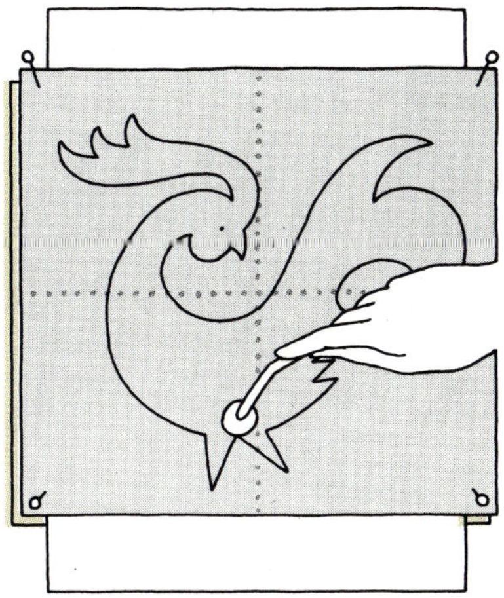

2. Die Musterlinien mit einem Kopierrädchen nachziehen. Bei komplizierten Mustern eine Stricknadel verwenden, die wie ein Bleistift gehalten wird

Stechpause

Um eine Stechpause zu erstellen, Muster auf eine Lage Zeitungspapier o. ä. legen und mit einer Nadel oder Ahle die Musterlinien perforieren

Schneller geht es, wenn man auf der Nähmaschine eine große Stichlänge einstellt und ohne Faden mit relativ dicker Nadel über die Musterlinien näht

Übertragung: 1. Stechpause mit der rechten Seite nach oben auf dem Stoff befestigen. Spezialpuder mit Quaste auf alle Musterlinien aufbringen

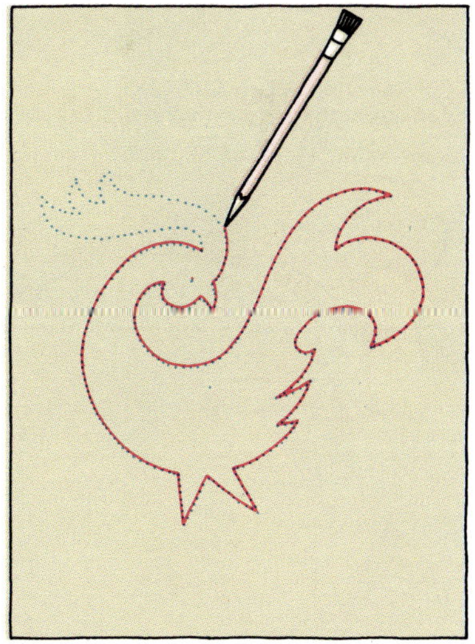

2. Muster vorsichtig abheben; überschüssigen Puder wegblasen. Stoff spannen (evtl. im Rahmen) und Linien mit Schneiderkreide nachziehen

Stickerei · Allgemeine Grundtechniken

Sticken im Rahmen

Ein Stickrahmen dient dazu, den Stoff straff zu halten, damit die Stiche gleichmäßig gebildet werden. Stickrahmen werden aus Holz, Kunststoff oder Metall in verschiedenen Größen hergestellt. Bei Holz- und Kunststoffrahmen wird die Spannung durch eine Schraube am äußeren Ring reguliert; bei Metallrahmen hat der innere Ring die Funktion einer Feder. Wie man den Stoff einspannt, zeigen die Abbildungen unten. Kett- und Schußfäden müssen rechtwinklig zueinander verlaufen. Wenn man mit dem Finger leicht auf den gespannten Stoff schlägt, sollte er sich wie ein gespanntes Trommelfell anfühlen. Sehr empfindliche Stoffe wie Satin oder erhabene Stiche wie der Wickelstich können durch den Druck der Ringe beschädigt werden. Um dies zu verhindern, legt man zwischen die Ringe Seidenpapier. Wenn sich ein Holzrahmen verzieht und die Spannung nachläßt, umwickelt man den inneren Ring mit Band. Es gibt zwar keine Regel, welcher Teil des Musters zuerst gearbeitet wird, man sollte jedoch stets versuchen, ein ganzes Motiv in den Rahmen zu bringen, etwa eine Blume oder, wenn sie zu groß ist, einen Teil davon, z. B. drei ganze Blütenblätter.

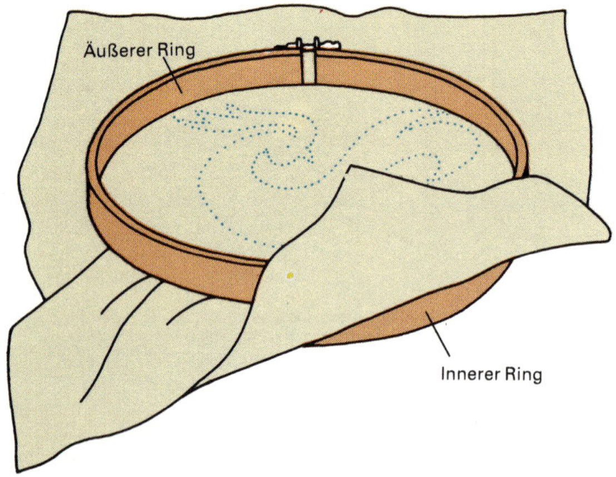

1. Mit Muster nach oben Stoff über inneren Ring legen. Darüber den äußeren Ring streifen und Schraube anziehen

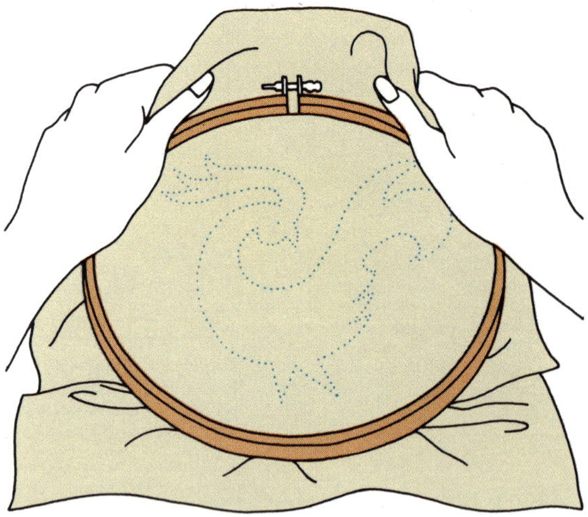

2. Rahmen drehen, dabei Außenring mit dem Handballen hinunterdrücken und gleichzeitig den Stoff straffziehen

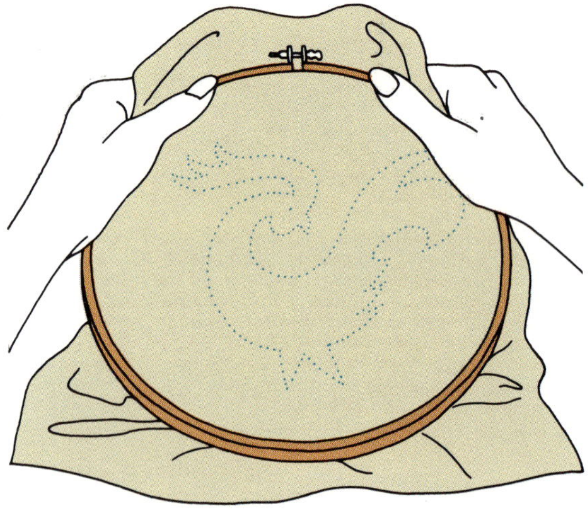

3. Zur Kontrolle den Außenring nochmals zwischen Daumen und Zeigefinger auf den inneren drücken

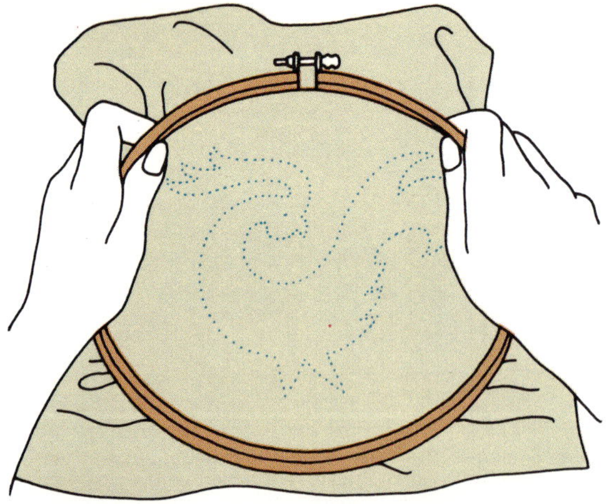

4. Stickerei nicht im Rahmen aufheben! Stoff mit Innenring nach unten drücken und äußeren nach oben ziehen

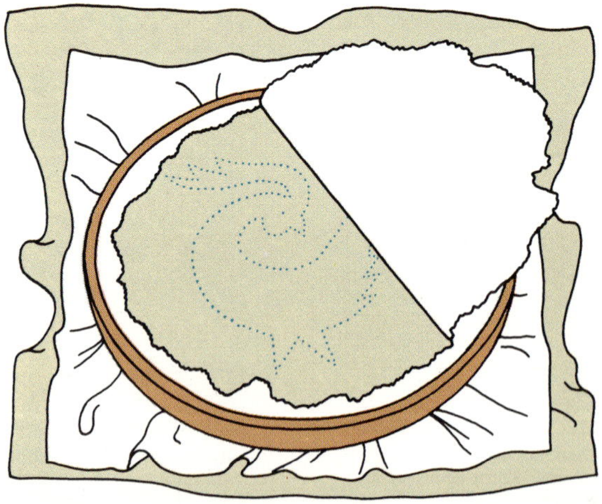

Um Stoff oder Stiche zu schützen, Seidenpapier auf Stoff legen, Außenring aufbringen und Papier abreißen

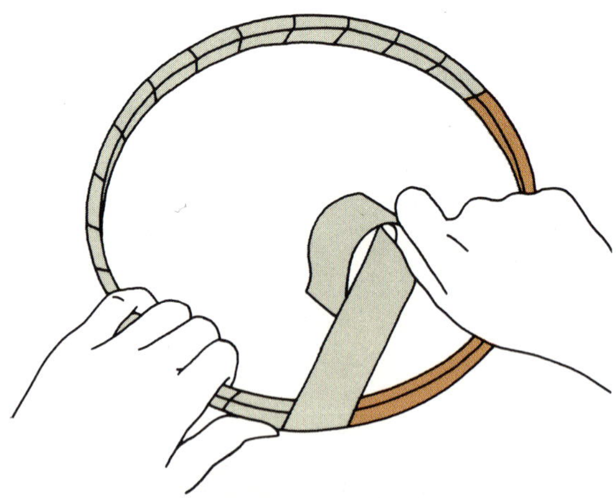

Um einen verzogenen Rahmen enger zu machen, Schrägband fest um den Innenring wickeln; Ende mit Klebeband sichern

Garne vorbereiten

Der Arbeitsfaden beim Sticken sollte nicht länger als 40–45 cm sein. Sehr lange Fäden, die zu oft durch den Stoff gezogen werden, scheuern sich mit der Zeit ab.

Sticktwist und Kelimwolle sind nur locker gezwirnt und können geteilt werden (siehe unten). Es empfiehlt sich, jeweils nur eine Fadenlänge zu teilen statt alles auf einmal.

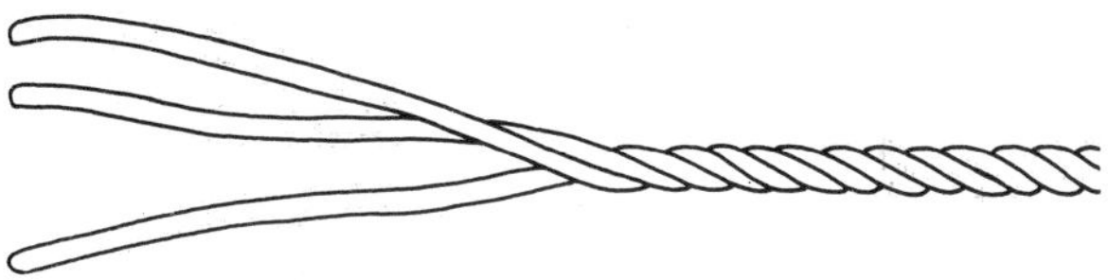

Als erster Schritt bei Sticktwist und Kelimwolle die gewünschte Anzahl Teilfäden vom Garn abtrennen

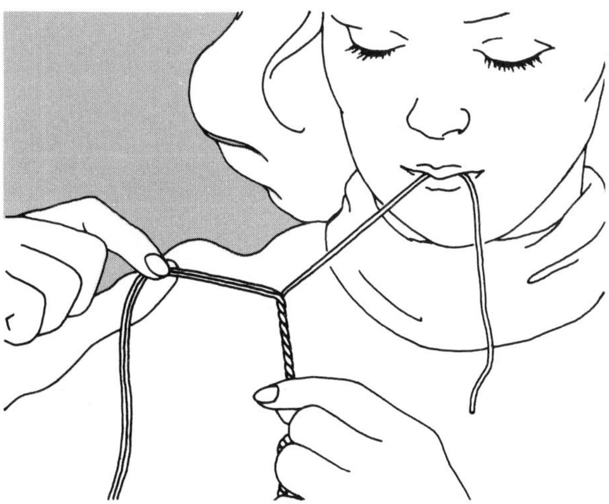

Um Sticktwist zu teilen, eine Fadengruppe zwischen den Lippen und die andere in der Hand halten. Den ungeteilten Faden in der anderen Hand halten. Dann die Gruppen vorsichtig auseinanderziehen, dabei den ungeteilten Faden langam durch die Finger gleiten lassen

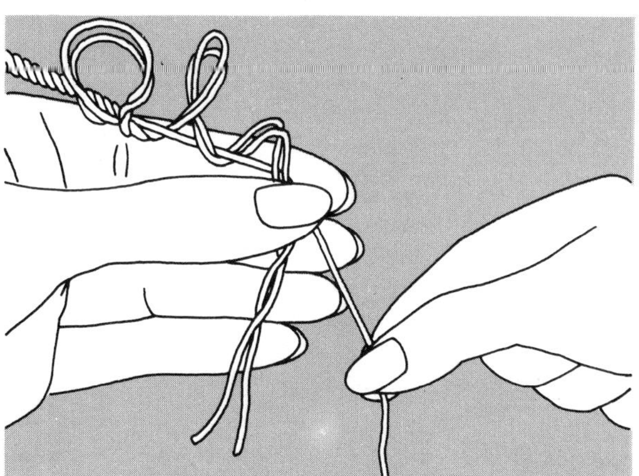

Kelimwolle über die linke Hand legen, dann vorsichtig ein kurzes Stück der gewünschten Fadengruppe mit der rechten Hand herausziehen. Immer wieder anhalten und die übrigen Fäden mit der linken Hand geradeziehen. Wiederholen, bis die ganze Länge des Fadens in die entsprechenden Einzelfäden geteilt ist

Einfädeln

Um das Einfädeln zu erleichtern, kann man einen Einfädler benutzen. Hat man keinen zur Hand, versucht man es mit einem Papierstreifen oder einer Garnschlinge, wie unten gezeigt.

Bei allen Methoden muß das Öhr der Nadel groß genug sein, damit der Faden leicht durchgleitet, jedoch ohne bei der Näharbeit ständig wieder herauszuschlüpfen.

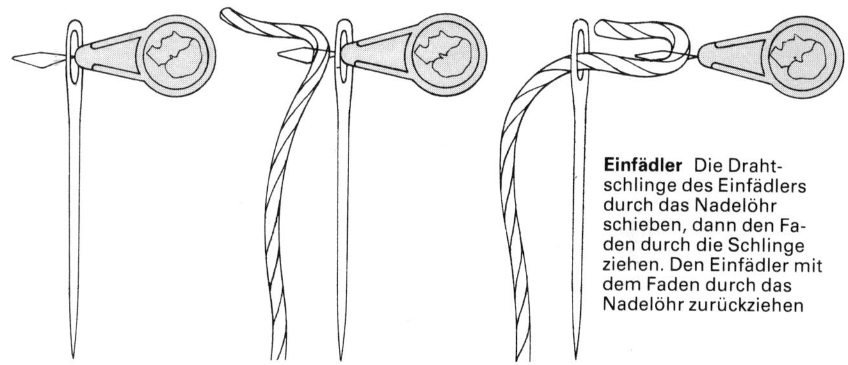

Einfädler Die Drahtschlinge des Einfädlers durch das Nadelöhr schieben, dann den Faden durch die Schlinge ziehen. Den Einfädler mit dem Faden durch das Nadelöhr zurückziehen

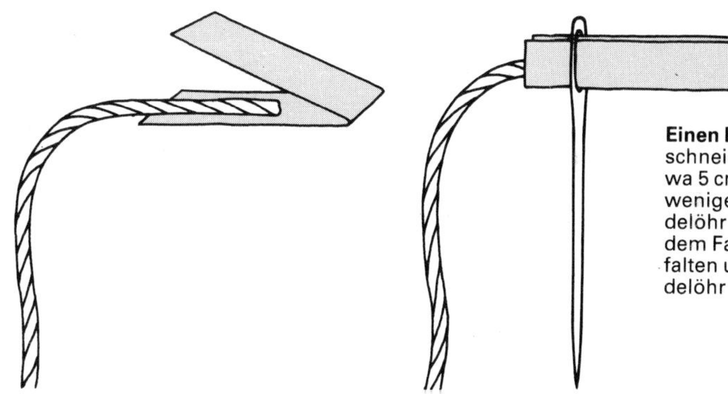

Einen Papierstreifen schneiden, und zwar etwa 5 cm lang und etwas weniger breit, als das Nadelöhr groß ist. Über dem Faden zusammenfalten und durch das Nadelöhr schieben

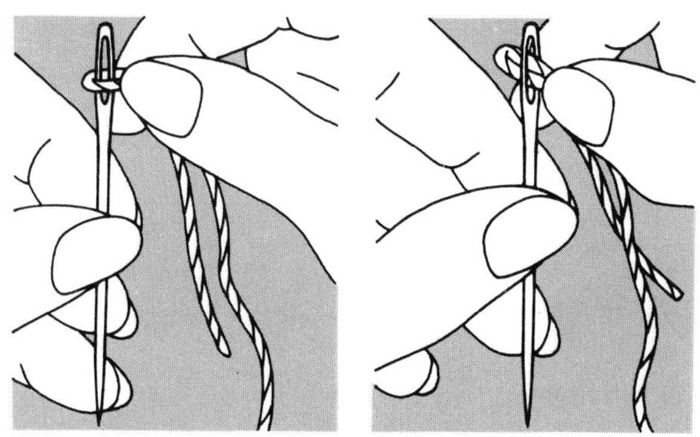

Garnschlinge Den Faden um die Nadel legen und fest anziehen. Dann die Schlinge zwischen Daumen und Zeigefinger zusammendrücken, die Nadel herausziehen. Die flachgedrückte Schlinge durch das Nadelöhr schieben

Stickerei · Allgemeine Grundtechniken

Allgemeine Hinweise

Vor allem sind Geduld und Sorgfalt erforderlich, um eine schöne Stickerei zu schaffen. Die Stiche müssen sehr genau und sehr gleichmäßig gearbeitet werden, und die Rückseite der fertigen Stickerei sollte ebenso sauber aussehen wie die Vorderseite. Die Hinweise rechts sollen helfen, dies zu erreichen. Einige Techniken mögen zunächst umständlich erscheinen, sie werden aber mit der Zeit zur Routine, und die zusätzliche Mühe lohnt sich bestimmt.

Der Faden wird weder am Anfang noch am Ende verknotet, da der Knoten durch die fertige Arbeit durchscheinen oder durchdrücken könnte. Dies gilt besonders, wenn die Stickerei gerahmt werden soll. Rechts wird gezeigt, wie man den Faden vernäht. Man darf dabei nicht mit Garn sparen, sonst könnte sich das Ende beim Waschen lösen.

Verwendet man einen Stickrahmen, sollte man so oft wie möglich beide Hände zum Sticken benutzen. Wesentlich erleichtert wird die Arbeit durch einen Stickrahmen mit Stativ, der beide Hände frei läßt.

Bevor man mit der Stickarbeit beginnt, empfiehlt es sich, sorgfältig zu prüfen, welche Teile des Musters andere überdecken. Man arbeitet zuerst die untenliegenden Teile, dann die anderen Elemente so darüber, daß die beiden sich leicht überlappen. So sieht die Stickerei natürlicher aus, und man verhindert, daß der Stoff zwischen den Musterelementen durchscheint.

Hat man gerade einen Bereich ausgestickt und möchte zu einem anderen in derselben Farbe übergehen, sollte man das Garn nicht zwischen beiden Bereichen weiterführen, sondern besser den Faden vernähen und beim nächsten Bereich neu beginnen.

Den vorgezeichneten Musterlinien muß man ganz genau folgen. Diese sind aber lediglich Leitlinien und dürfen bei der fertigen Stickerei nicht zu sehen sein.

Faden vernähen

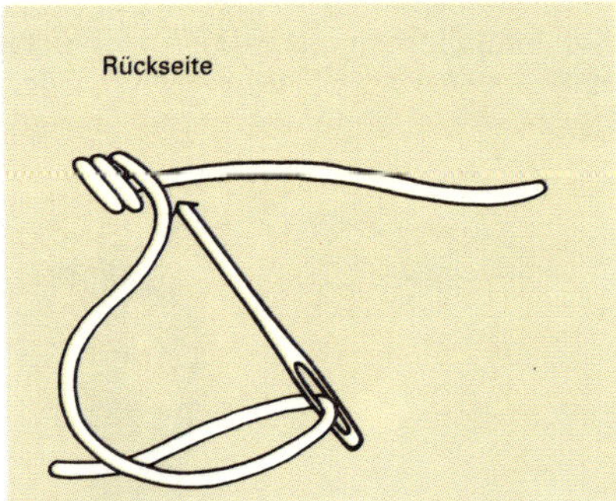

Den Fadenanfang auf der Stoffrückseite festhalten und in einer Länge von etwa 5 cm übersticken

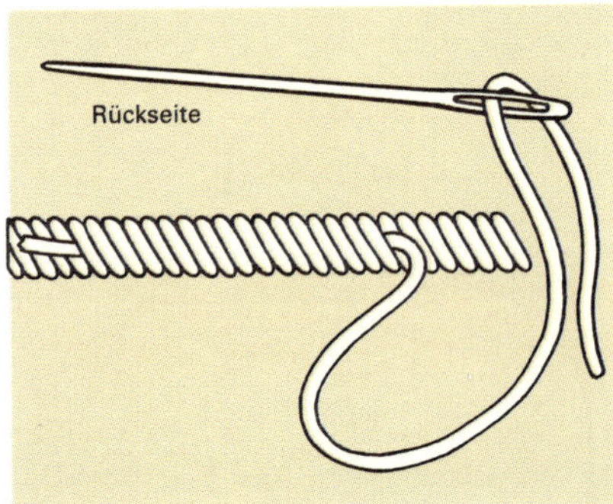

Sind Stiche schon vorhanden, den Faden auf eine Länge von etwa 5 cm unter diesen auf der Rückseite durchziehen

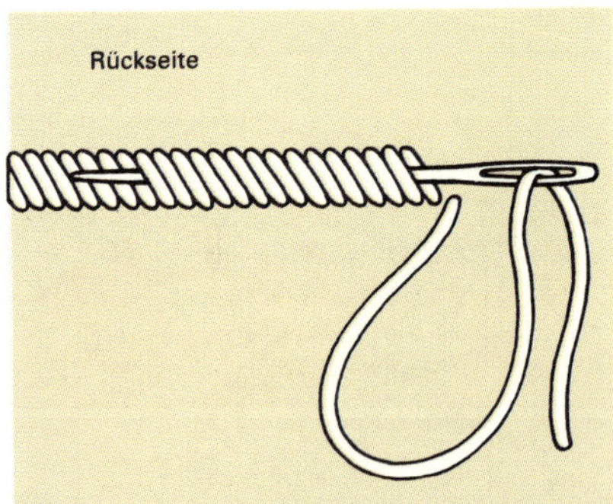

Um das Fadenende zu sichern, Faden auf eine Länge von 5 cm unter den letzten Stichen auf der Rückseite durchziehen und abschneiden

Nadelführung

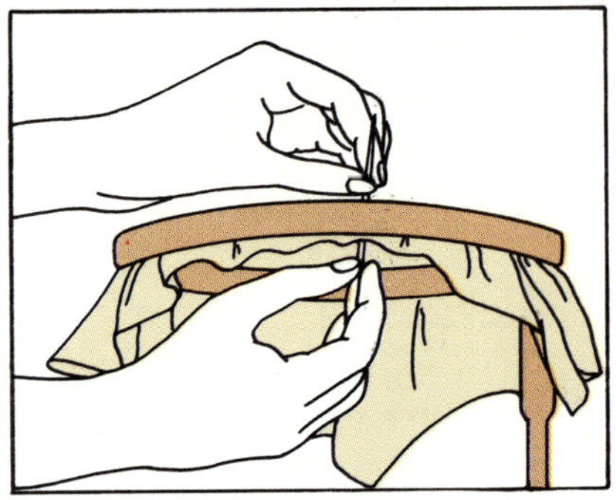

Im rechten Winkel zum Stoff durchstechen, um gleichmäßige Stiche zu bilden. Bei einem Rahmen mit Stativ beide Hände benutzen

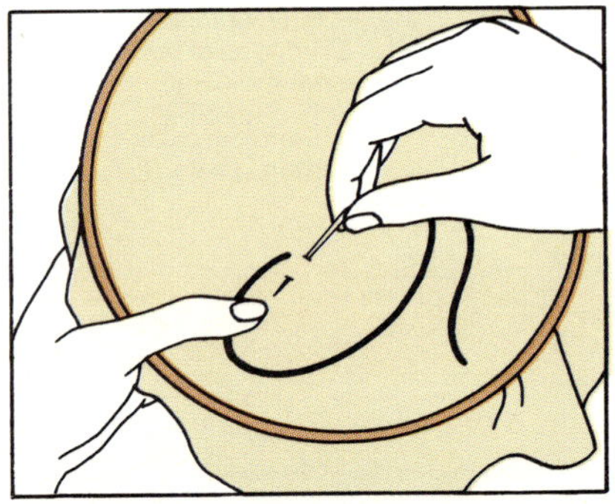

Für Stiche mit Schlingen ein- und ausstechen, dann erst Garn durchziehen. Mit der freien Hand Garn um die Nadel legen

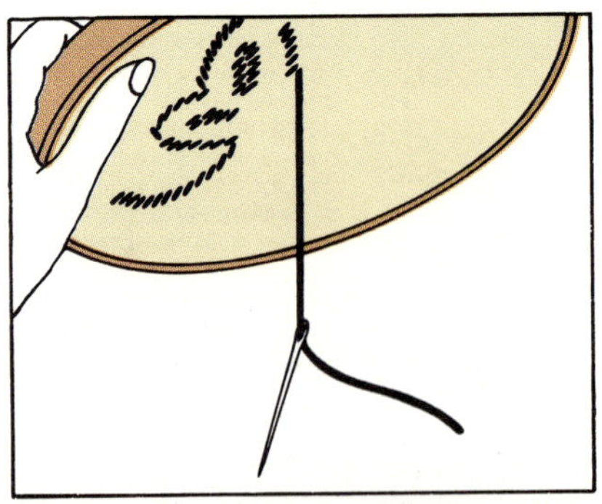

Bei verdrehtem oder verwickeltem Faden die Nadel frei nach unten hängen lassen, bis das Garn sich wieder zurückgedreht hat

Musterlinien folgen

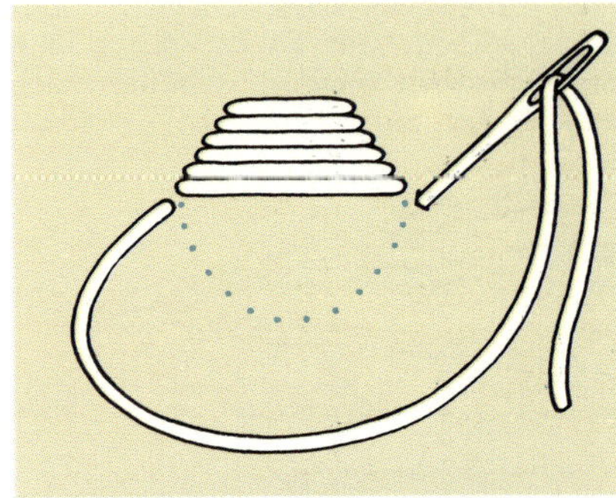

Bei einem vorgezeichneten Muster liegen Ein- und Ausstiche stets außerhalb der Linien, damit diese überdeckt werden

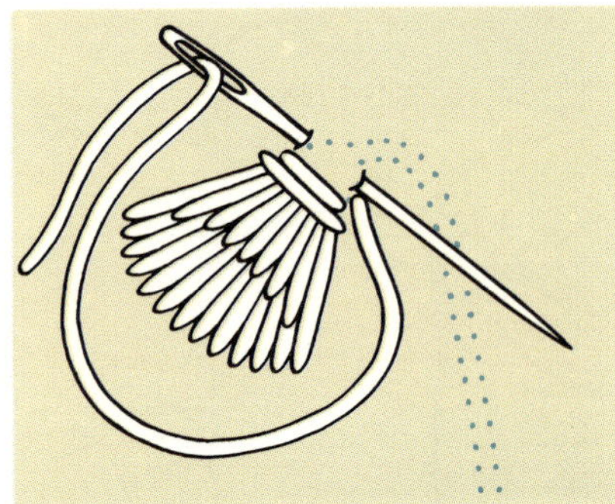

Für ein natürliches Aussehen erst die untenliegenden Teile sticken, dann die anderen leicht überlappen lassen

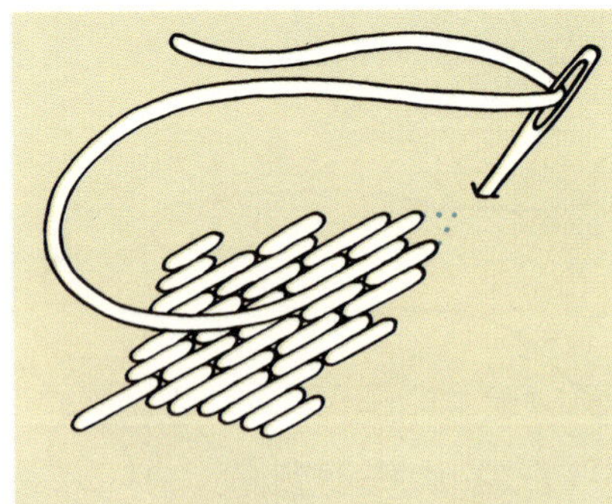

Bei spitzen Elementen (hier Blattspitze) außerhalb der vorgezeichneten Linie einstechen, um die Form zu betonen

Stickstiche

Auswahl der Stiche
Mustervorlage erstellen
Rückstiche
Langetten-, Schling- oder Festonstiche
Kettenstiche
Deck- oder Überwindelstiche
Kreuzstiche
Bäumchen- oder Federstiche
Füllstiche (einzeln)
Füllstiche (über Gittern)
Vorstiche
Platt- oder Flachstiche
Webstiche

Auswahl der Stiche

Stickstiche sind die Grundelemente für die Ausarbeitung und Gestaltung eines Musters. Ihre Zahl scheint fast unbegrenzt und kaum überschaubar zu sein, doch sie lassen sich nach bestimmten Merkmalen in Gruppen einordnen. Die Abbildungen und Anleitungen auf den folgenden Seiten zeigen, wie die einzelnen Stiche dieser Gruppen gebildet werden.

Um sich mit den Stichen vertraut zu machen und auch etwas Übung zu bekommen, empfiehlt es sich, ein Mustertuch mit den auf den folgenden Seiten beschriebenen Stichen zu sticken. Das Mustertuch dient als eine Art Stichlexikon, sieht aber auch sehr dekorativ aus.

Stickstiche werden auf zweierlei Art verwendet: entweder um bestimmte Teile des Musters zu umranden oder um eine Fläche auszufüllen. Die Stiche können so dicht gestickt werden, daß der Stoff nicht mehr durchscheint; mit offenen Stichen erzielt man dagegen filigranartige Effekte. Einige Stiche eignen sich aufgrund ihrer Form oder Struktur nur für bestimmte Zwecke; ein Beispiel ist der gefiederte Zopfstich (S. 38), der die Form eines Blatts besitzt.

Bei der Auswahl der Stiche für ein Muster sollte man sich anfangs auf wenige Sticharten beschränken. Es gibt wohlgemerkt keine „richtige" Stichkombination; die Zusammenstellung muß lediglich hübsch aussehen und das Muster gut zur Geltung bringen. Das unten abgebildete Motiv wurde auf zweierlei Art ausgeführt. Beide Ergebnisse sind schön, doch wirkt jedes ganz anders.

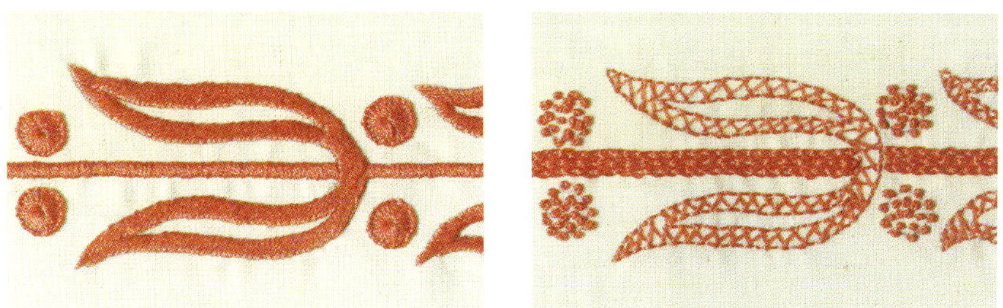

Durch verschiedene Stichkombinationen wird der Charakter des Motivs verändert

Das Mustertuch dient als Stichlexikon

Mustervorlage erstellen

Eine Vorlage wie die rechts abgebildete dient dazu, die ausgewählten Stiche und die dazugehörigen Farben festzuhalten. Auf der Zeichnung, die als Grundlage für das Muster diente, bezeichnet man jeden Stich mit einem Buchstaben und notiert Buchstaben und Namen am Rande. Man zeichnet auch die Richtung der Stiche (Stichanordnung) mit einfachen Linien ein. Diese Vorlage kann man entweder mit Buntstiften in den entsprechenden Farben ausmalen oder die einzelnen Farben mit Nummern kennzeichnen und diese dann wie die Buchstaben am Rande festhalten. Gibt es noch weitere Einzelheiten – etwa wie oft das Garn geteilt werden soll –, kann man sie auch eintragen. Wie der Schlüssel aussehen könnte, zeigt das Beispiel unten.

A – Schattierstich
B – Wellenstich
C – Plattstich
D – Durchzogener Kettenstich

1 Hellorange
2 Flieder
3 Schwarz
4 Ocker

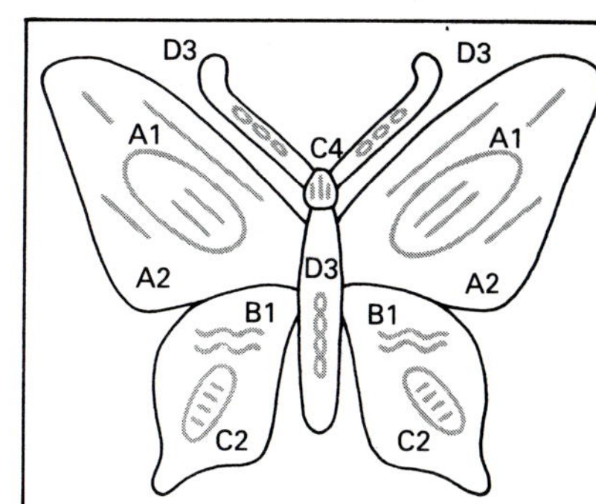

Schwarzstickerei 56

Rückstiche

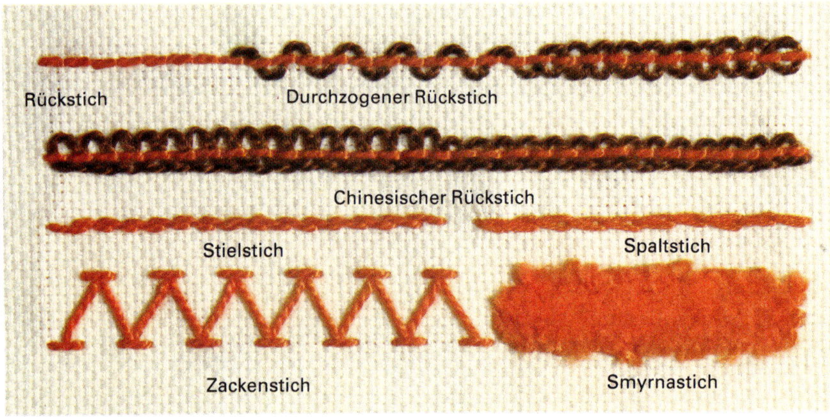

Jeder Stich dieser Gruppe hat einen eigenen Charakter und eine eigene Funktion, alle basieren jedoch auf dem gleichen Grundstich, dem Rückstich. Bei jedem muß zuerst zurück- und dann erst nach vorn gestochen werden; dies gilt, ob der jeweilige Stich von links nach rechts oder von rechts nach links gestickt wird.

Einige Stiche bilden feine Linien und eignen sich daher besonders für Umrisse. Der einfache Rückstich wird nur für gerade Linien verwendet, den Stielstich und den Spaltstich wählt man dagegen häufig für geschwungene Linien wie etwa Blumenstiele. Sehr dicht unter- bzw. übereinander gearbeitet, können letztere auch als Füllstiche dienen. Der Chevronstich und die durchzogenen Rückstiche sind breiter und eher für dekorative Borten und Bordüren zu verwenden.

Die Stiche dieser Gruppe sind alle relativ flach; eine Ausnahme bildet der Smyrnastich, der aufgeschnitten einen weichen Flor ergibt.

Typisch für den Rückstich ist, daß der Einstich einige Gewebefäden hinter dem Ausstich erfolgt; meist ist er mit dem Ausstich des vorhergehenden Stiches identisch. So entsteht eine durchgehende Linie.

Der Rückstich wird meist für gerade Linien verwendet, insbesondere bei der Schwarzstickerei; er bildet auch den Grundstich für andere dekorative Stiche. Von rechts nach links arbeiten. Bei 1 ausstechen, bei 2 ein- und bei 3 wieder ausstechen. Die Abstände 3–1 und 1–2 sind gleich. Über die ganze Reihe wiederholen; der Ausstich 1 des vorhergehenden Stiches ist der Einstich 2 des neuen. Alle Rückstiche gleich lang arbeiten

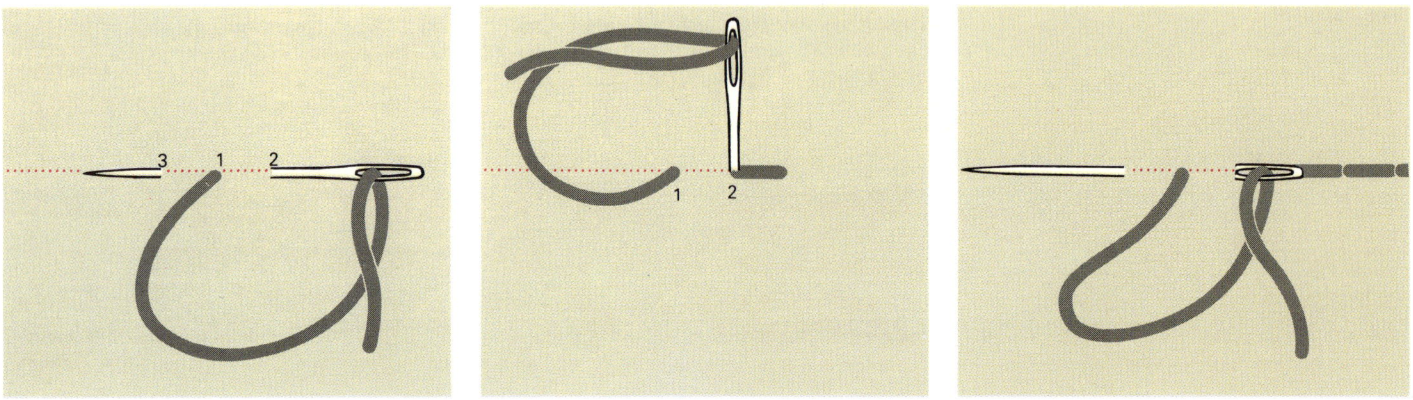

Einfach oder doppelt durchzogene Rückstiche bilden eine Variante des Grundstichs. Nach Belieben mit Kontrastfarben sticken. Zuerst den einfachen Rückstich sticken. Für den einfach durchzogenen Rückstich mit einer Nadel ohne Spitze das Garn unter den einzelnen Rückstichen durchziehen, ohne den Stoff zu fassen oder die Rückstiche zu beschädigen. Für den doppelt durchzogenen Rückstich das Garn entgegengesetzt nochmals unter den einzelnen Rückstichen durchziehen. Die Schlingen müssen gleichmäßig sein

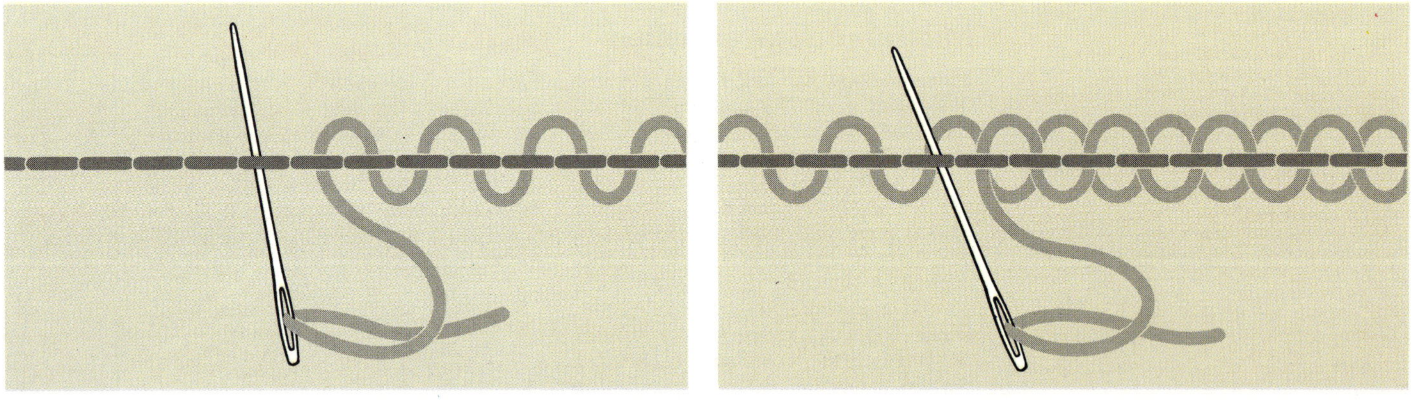

Der chinesische Rückstich basiert ebenfalls auf dem einfachen Rückstich; er wirkt wie geflochten und wird häufig verwendet, um Linien zu betonen und Borten zu gestalten. Zunächst den einfachen Rückstich arbeiten, dann mit einer stumpfen Nadel das Garn unter den Rückstichen wie abgebildet durchziehen. Gleichmäßige Schlingen bilden; den Stoff nicht mitfassen. Wenn man den Faden fester anzieht, entsteht eine feinere Linie (Abb. ganz rechts)

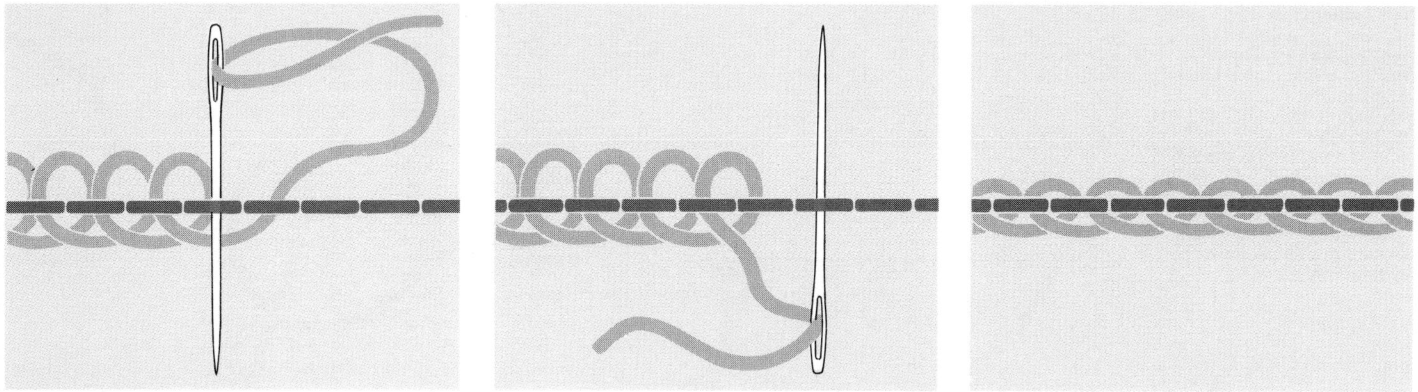

Der Stielstich ist ein ausgesprochener Linienstich; er wird häufig für Blumenstiele verwendet. Von links nach rechts arbeiten. Bei 1 ausstechen, bei 2 ein- und auf halber Länge zwischen 1 und 2 bei 3 wieder ausstechen. Die Folge über die ganze Reihe wiederholen; dabei ist Punkt 3 des ersten Stiches Punkt 1 des neuen und Punkt 2 des ersten Punkt 3 des neuen. Für eine breitere Linie die Nadel etwas schräg führen (Abb. ganz rechts)

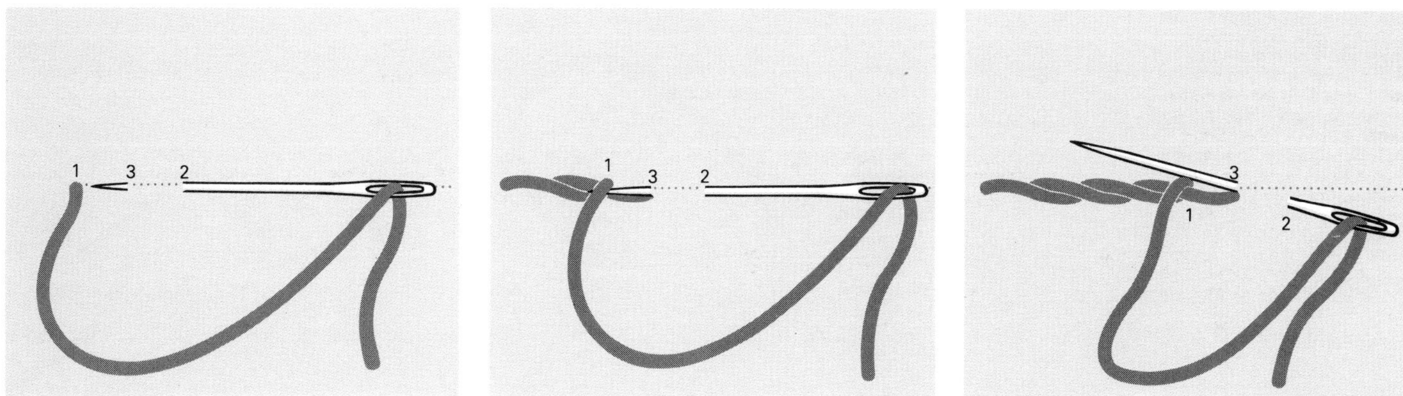

Der Spaltstich wird wie der Stielstich gearbeitet, nur wird durch das Garn ausgestochen. Meistens wird er für Umrisse verwendet, kann aber auch, in Reihen gearbeitet, als Füllstich dienen. Von links nach rechts arbeiten. Bei 1 aus- und bei 2 einstechen. Bei 3 ausstechen, dabei mitten durch den Faden stechen. Die Folge wiederholen; Punkt 3 des ersten Stiches ist Punkt 1 des neuen. Alle Stiche gleich lang sticken, in Kurven jedoch etwas verkürzen

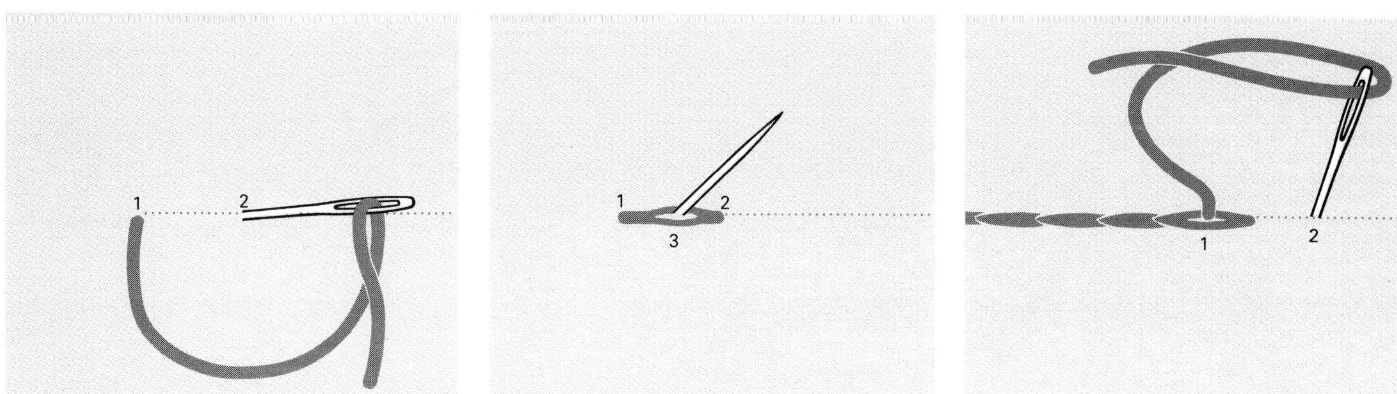

Stickerei · Stickstiche

Rückstiche

Der Zackenstich wird häufig für dekorative Borten verwendet. Von links nach rechts zwischen zwei Linien arbeiten. Bei 1 ausstechen, bei 2 ein- und auf halber Länge zwischen 1 und 2 bei 3 wieder ausstechen. Bei 4 ein- und bei 5 ausstechen; der Abstand 4–5 beträgt eine halbe Stichlänge; bei 6 (eine ganze Stichlänge von 5 entfernt) ein- und bei 4 wieder ausstechen

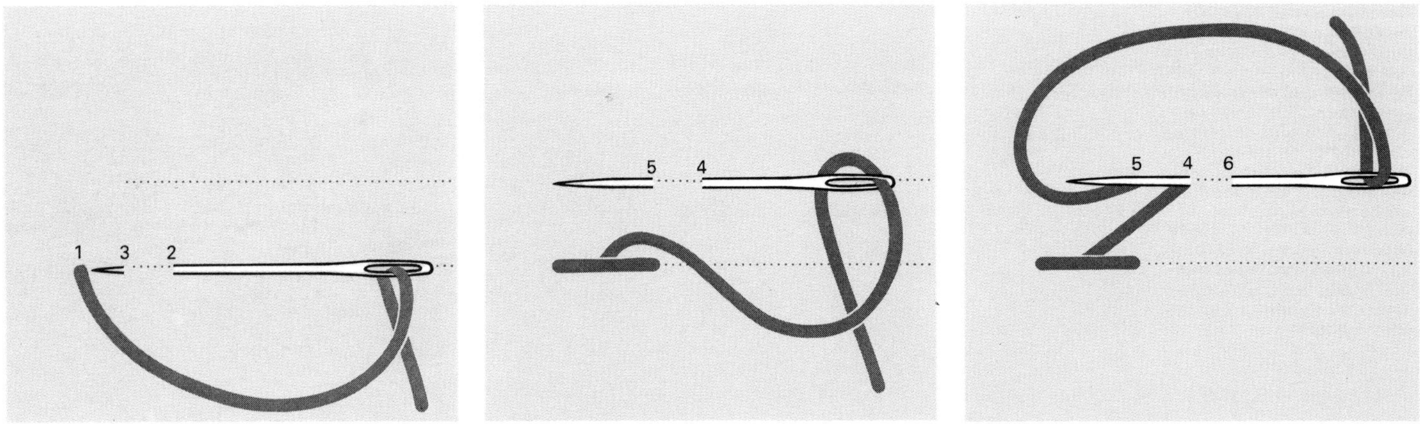

Für die nächste Folge auf der unteren Linie bei 7 einstechen und eine halbe Stichlänge davon entfernt bei 8 ausstechen. Punkt 8 ist jetzt Punkt 1 für den nächsten Stich

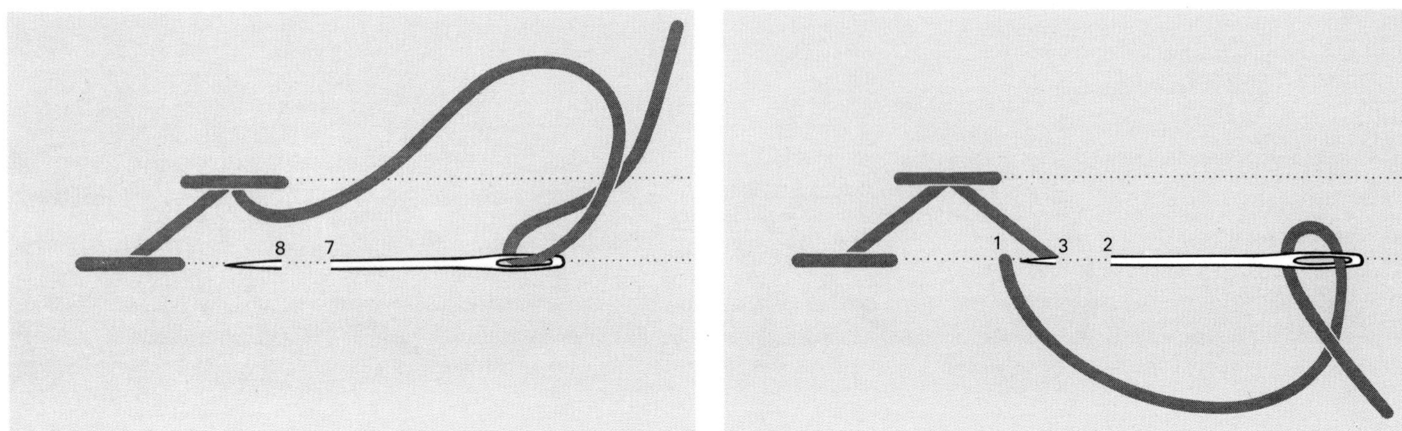

Der Smyrnastich besteht aus abwechselnd festgezogenen und zu Schlingen gelegten Rückstichen. Mehrere Reihen ergeben einen Flor. Von links nach rechts arbeiten. Bei 1 ausstechen. Bei 2 ein- und auf halber Länge zwischen 1 und 2 bei 3 ausstechen. Eine volle Stichlänge von 3 entfernt bei 4 ein- und bei 2 ausstechen. Oberhalb der Stichlinie eine kurze Schlinge stehenlassen. Die Folge wiederholen (Abb. ganz rechts)

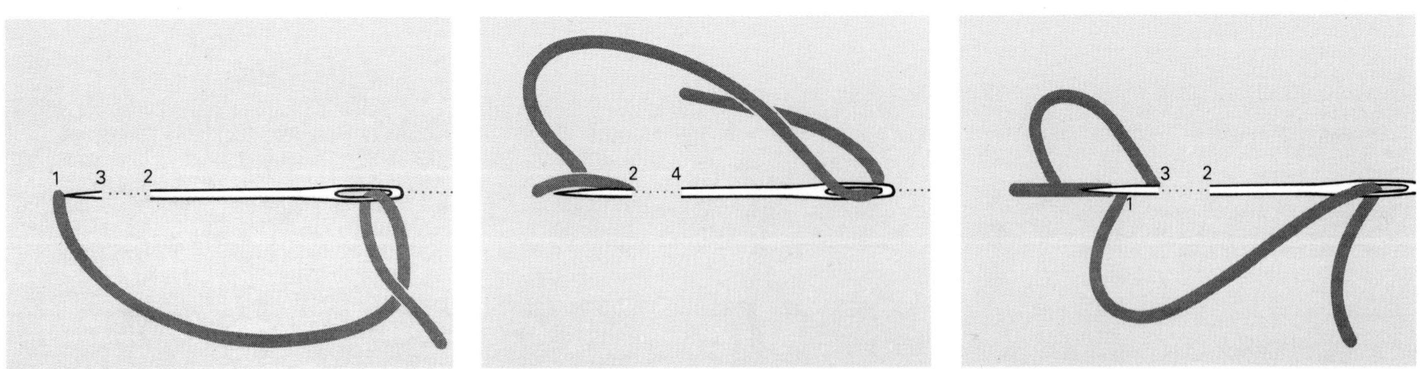

So weitersticken (abwechselnd Stielstich mit Schlinge und festgezogenen Stielstich arbeiten), bis die Reihe fertig ist. Mit diesem Stich kann man ganze Flächen ausfüllen. Dabei oben beginnen und reihenweise nach unten arbeiten. Wenn die Schlingen der Vorreihe stören, diese mit einer Stecknadel nach oben hin feststecken. Für einen flauschigen Flor die Schlingen aufschneiden, jedoch nicht Reihe für Reihe, sondern die ganze Fläche auf einmal auf eine einheitliche Länge scheren

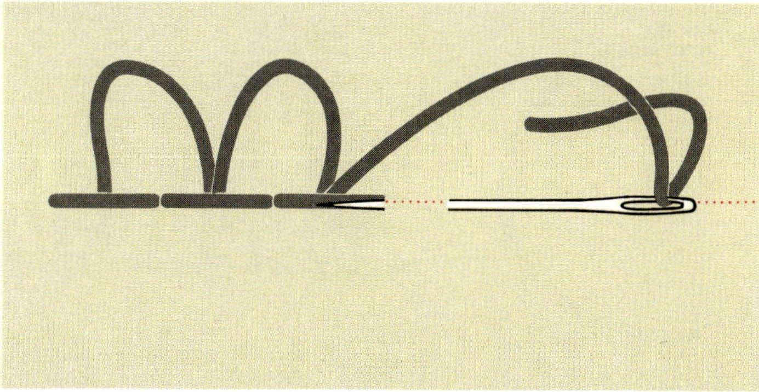

Langetten-, Schling- oder Festonstiche

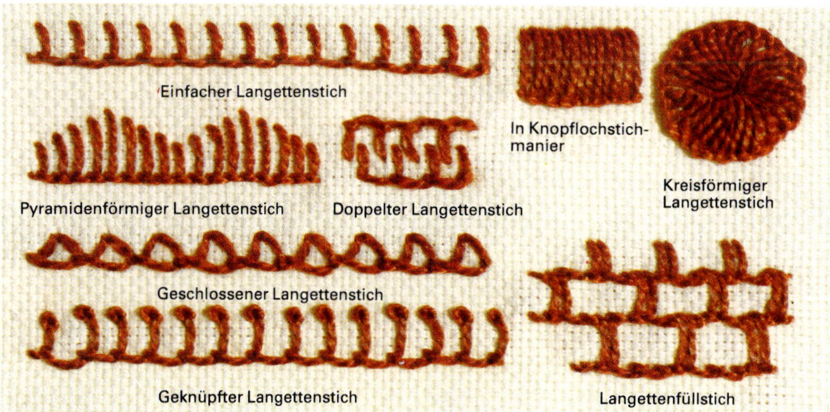

Diese Gruppe von Stichen besteht hauptsächlich aus Kantenstichen. Ursprünglich dienten sie, wie der Name besagt, nur dazu, Kanten einzufassen oder dekorativ zu umstechen. Heute zählen sie zu den Zierstichen und werden häufig sowohl für Konturen als auch für dekorative Randabschlüsse, unter anderem bei nicht gewebten Stoffen wie beispielsweise Filz, verwendet. Da sie außerdem schnell und leicht zu arbeiten sind, werden sie gern für Patchwork und Applikationen gewählt. In der Hohlsaumstickerei sind sie unentbehrlich. Besonders der Langettenfüllstich ist auch dafür geeignet, ganze Flächen auszufüllen (Ziegelsteineffekt).

Langettenstiche sind grundsätzlich flache Stiche, sind also nicht erhaben und besitzen wenig Struktur. Sie können, je nach Muster, verschieden groß gearbeitet werden. Alle Langettenstiche bestehen aus einem geschlungenen Rand, von dem „Zünglein“ (im Französischen *languette*) abgehen. Man muß besonders darauf achten, daß die Stiche – falls nicht anders angegeben – alle gleich hoch sind und in gleichen Abständen liegen und daß der geschlungene Rand eine gleichmäßige Spannung hat.

Langettenstiche sind als Randabschluß beliebt. Fein gearbeitet, können sie auch für Konturen verwendet werden. Von links nach rechts arbeiten. Bei 1 ausstechen und durchziehen, etwas weiter nach rechts bei 2 einstechen und senkrecht darunter bei 3 wieder ausstechen; dabei den Faden unter die Nadelspitze legen. Den Faden anziehen. Punkt 3 ist jetzt Punkt 1 für den nächsten Stich. Die ganze Reihe auf diese Weise arbeiten. Darauf achten, daß Höhe und Zwischenräume der einzelnen Stiche gleich bleiben

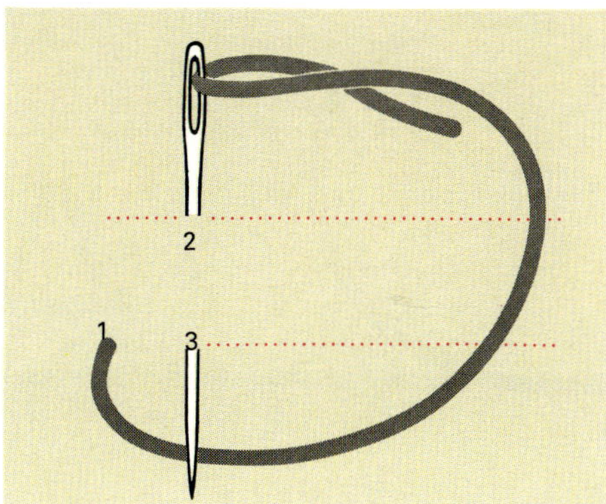

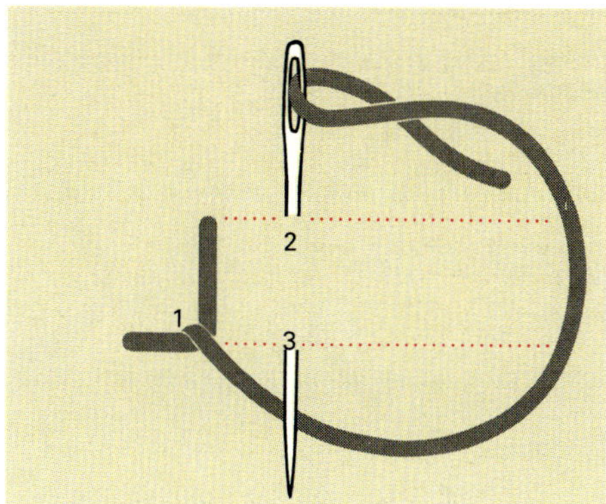

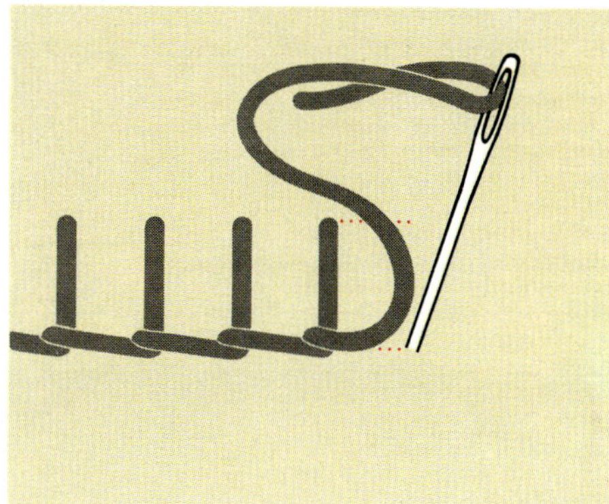

Stickerei · Stickstiche

Langettenstiche

Der pyramidenförmige Langettenstich wird genau wie die Grundform gearbeitet, jedoch mit unterschiedlicher Stichhöhe; so erzielt man einen Pyramiden- oder Zickzackeffekt
Der doppelte Langettenstich besteht aus 2 gegeneinander gestickten Reihen des einfachen Langettenstiches. Die erste Reihe sticken, dann die Arbeit umdrehen und die zweite Reihe zwischen die Langettenstiche der ersten sticken. Beide Reihen sollten die gleiche Höhe haben und sich in der Mitte leicht überlappen

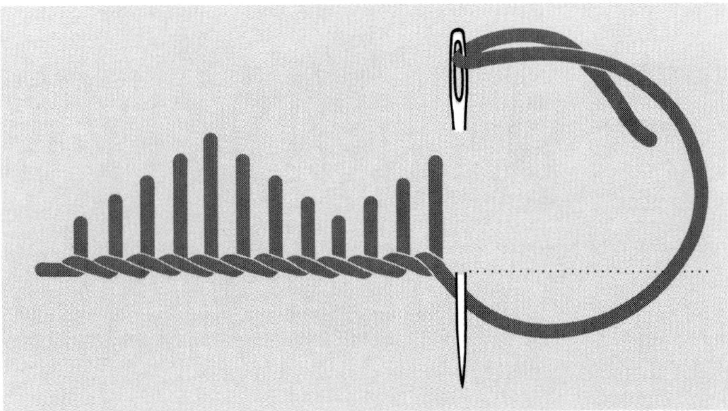

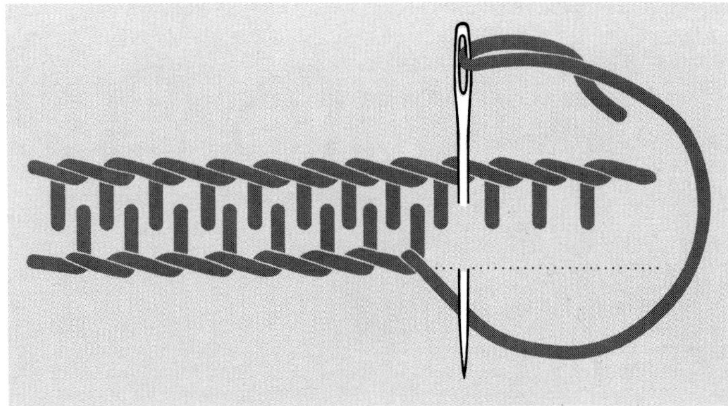

Als Knopflochstich wird der Langettenstich sehr dicht gestickt. In dieser Form wird er bei der Richelieustickerei viel verwendet. Um eine größere Festigkeit zu erreichen, auf der unteren Linie erst eine Reihe Spaltstiche (S. 23) arbeiten; diese dann mit dem Langettenstich übersticken
Der kreisförmige Langettenstich wird häufig bei Blumenmustern für das Innere einer Blüte verwendet. In diesem Fall gibt es nur einen Einstichpunkt in der Mitte des Kreises

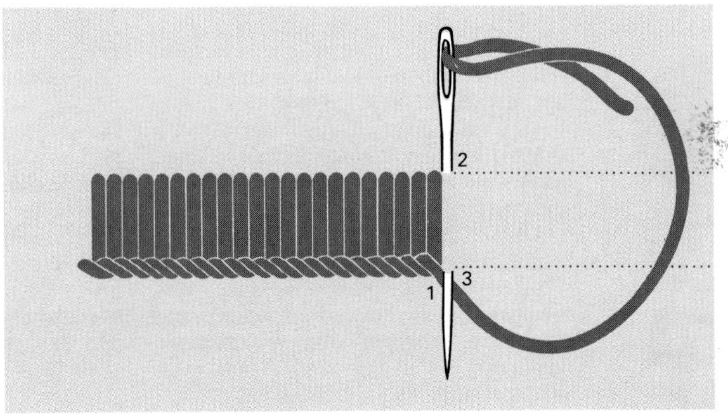

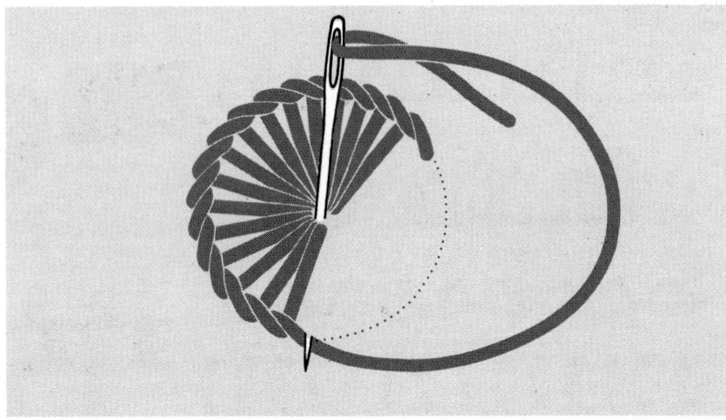

Der geschlossene Langettenstich wird von links nach rechts gestickt. Jeweils 2 aufeinanderfolgende Stiche haben denselben Einstichpunkt, so daß die „Zünglein" ein Dreieck bilden. Bei 1 ausstechen und durchziehen, bei 2 einstechen und schräg links davon bei 3 wieder ausstechen. Den Faden gewohnt unter die Nadelspitze legen und festziehen. Um das Dreieck zu bilden, wieder bei 2 einstechen und schräg rechts davon bei 4 ausstechen. Diese 2 Stiche über die ganze Reihe wiederholen. Punkt 4 ist jetzt Punkt 1 des nächsten Stichs

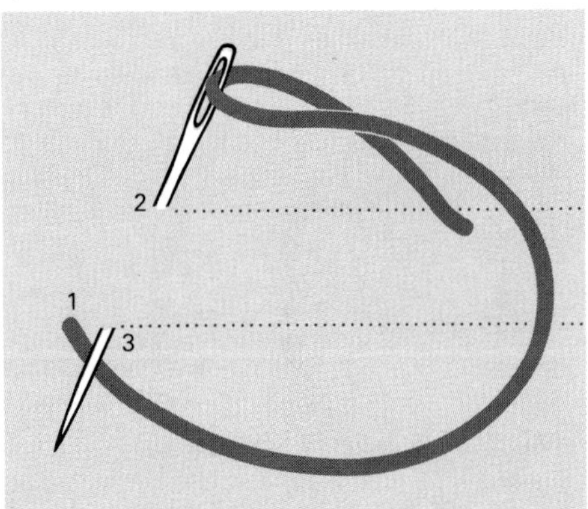

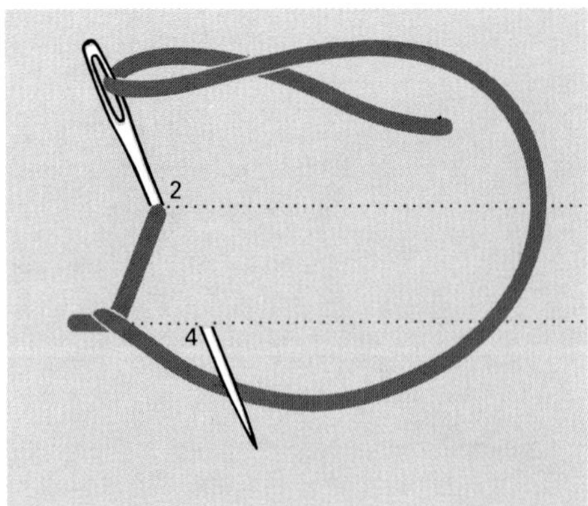

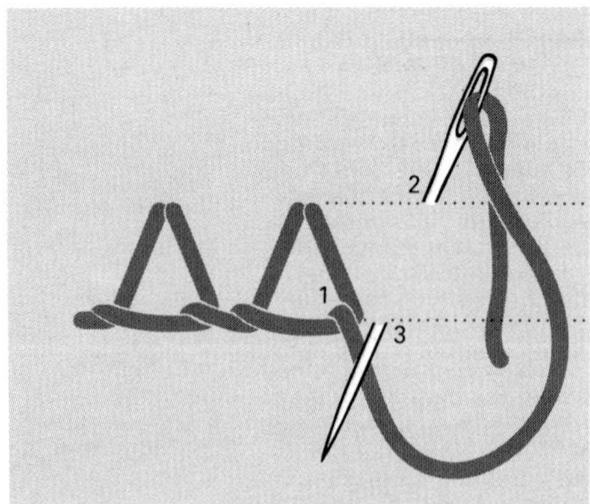

Der Langettenfüllstich besteht aus ineinandergreifenden Reihen von Langettenstichen, die eine Art Gitter bilden. Die Stiche werden meist paarweise, manchmal aber auch, je nach Muster, in Dreier- oder Vierergruppen angeordnet. Die einzelnen Reihen stickt man abwechselnd von links nach rechts und von rechts nach links. Der Abstand zwischen den Stichgruppen entspricht genau der Breite der jeweiligen Gruppe. Am Ende der Reihe an der unteren Linie einstechen, dann an der Linie senkrecht darunter ausstechen

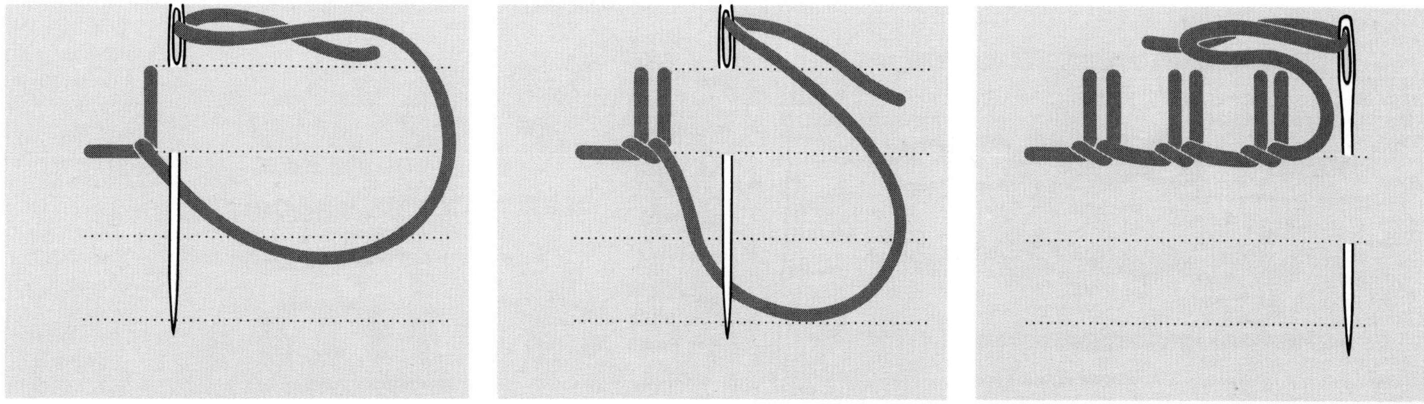

Die nächste Reihe von rechts nach links sticken. Die Langettenstiche genau wie die der Vorreihe arbeiten, den Faden jedoch nicht von links nach rechts, sondern von rechts nach links unter die Nadelspitze legen. Am Ende der zweiten Reihe (Abb. Mitte) an der Linie einstechen und senkrecht darunter an der nächsten Linie ausstechen. Die dritte Reihe wieder von links nach rechts sticken. So weiterarbeiten, bis die Fläche ausgefüllt ist

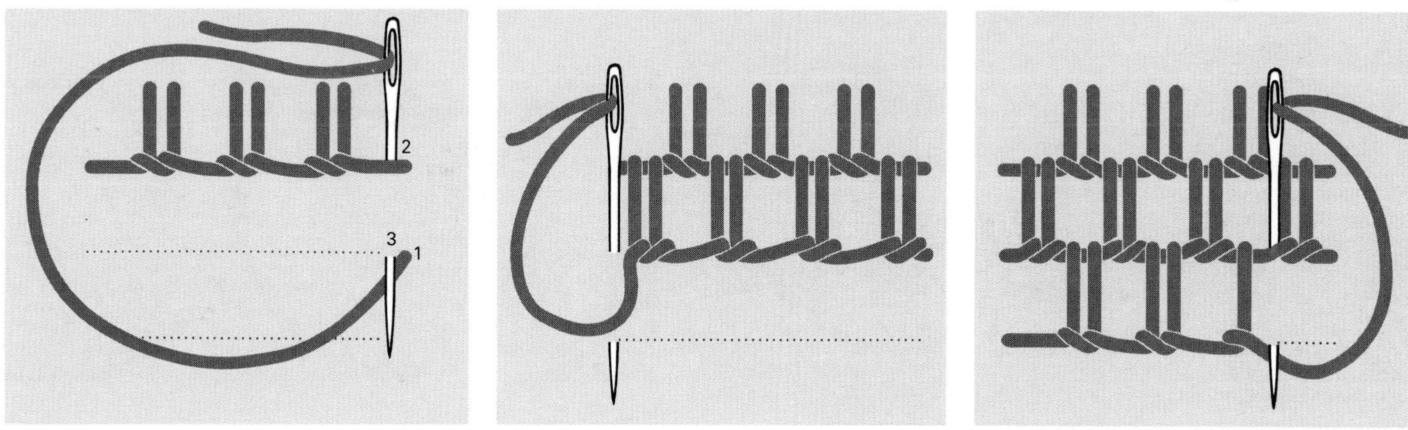

Der geknüpfte Langettenstich hat zusätzlich einen Knoten am Ende jedes „Züngleins". Er wird von links nach rechts gestickt. Bei 1 ausstechen. Den Faden einmal um den linken Daumen wickeln und die Nadelspitze durch die Schlinge stechen. Die Schlinge vom Daumen auf die Nadel gleiten lassen. Bei 2 ein- und bei 3 ausstechen. Den Faden unter die Nadelspitze legen, dann die Fadenschlinge um die Nadel festziehen. Den Faden durchziehen. 2 Reihen, gegeneinander gearbeitet, ergeben sehr hübsche Blatt- oder Bäumchenmuster

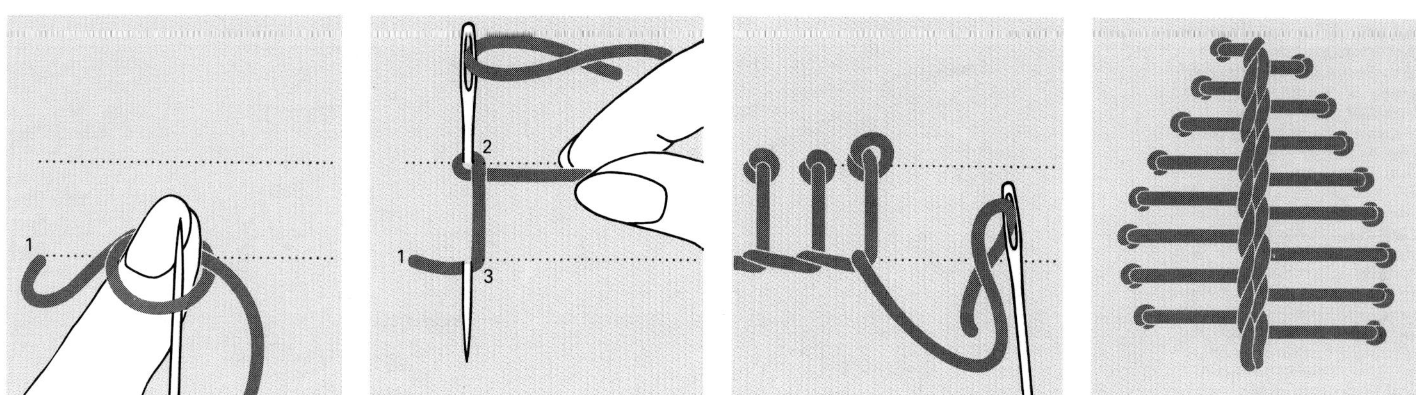

Stickerei · Stickstiche

Kettenstiche

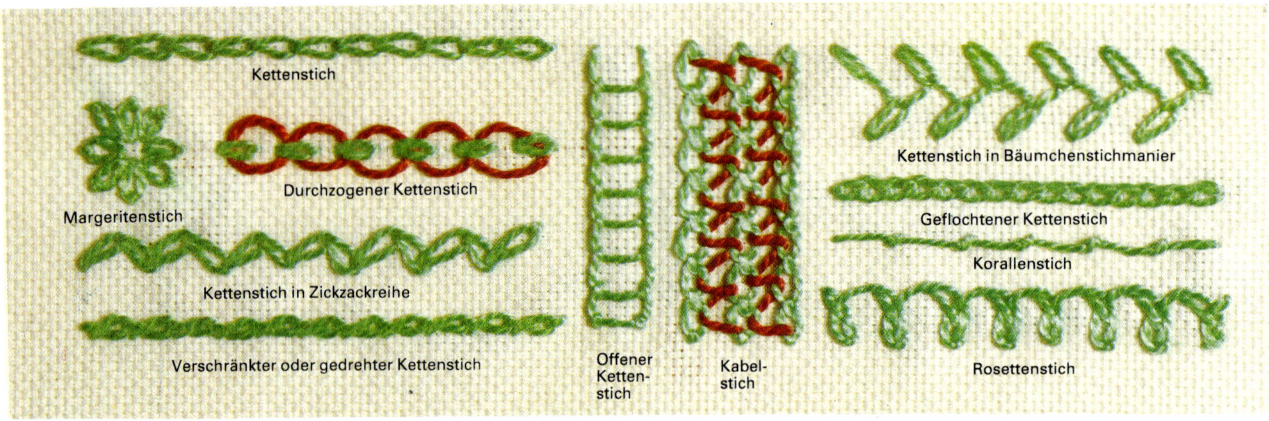

Wie der Name andeutet, ähneln die meisten Stiche dieser Gruppe den Gliedern einer Kette. Jeder Stich hat seine besonderen Merkmale, doch zusammen bilden sie eine der wichtigsten Gruppen, die hauptsächlich für Konturen und dekorative Bordüren verwendet wird.

Der Faden wird immer unter die Nadelspitze gelegt, ehe der Stich festgezogen wird. Die Stickrichtung verläuft in der Regel von oben nach unten. Werden Kettenstiche in Reihen verwendet, um eine Fläche auszufüllen, stickt man üblicherweise jede Reihe in der gleichen Richtung.

Der Kettenstich wird häufig für Konturen verwendet oder, in engen Reihen angeordnet, um eine Fläche auszufüllen. Bei 1 ausstechen, an derselben Stelle wieder einstechen und bei 2 ausstechen, dabei den Faden unter die Nadelspitze legen. Faden durchziehen. Punkt 2 ist jetzt der Ausgangspunkt für den nächsten Stich. Alle Stiche auf diese Weise arbeiten, dabei die Nadel stets wieder in das Ausstichloch einstechen. Am Ende der Reihe einen kleinen Stich über die Schlinge legen, um sie zu befestigen

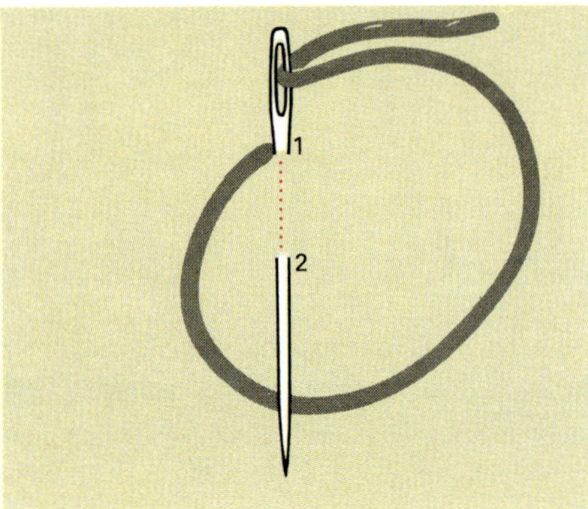

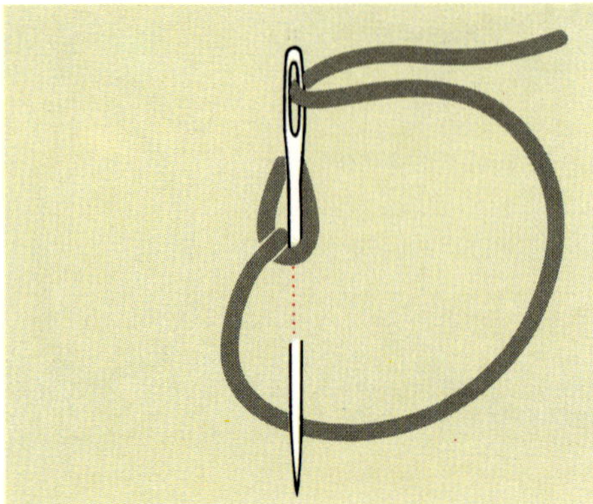

Der Margeritenstich oder einzelne Kettenstich wird sternförmig angeordnet, um Blütenblätter zu bilden. Bei 1 ausstechen, am selben Punkt einstechen und bei 2 wieder ausstechen; dabei den Faden unter die Nadelspitze legen und dann durchziehen. Bei 3 einstechen und bei 1 für den nächsten Kettenstich ausstechen. So weitersticken, bis alle Blütenblätter fertig sind. Einzelne Kettenstiche können auch beliebig angeordnet werden, solange der Faden auf der Rückseite der Arbeit nicht zu weit geführt werden muß

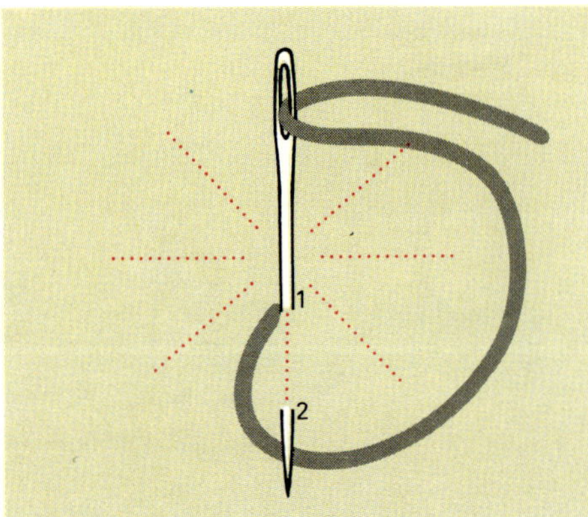

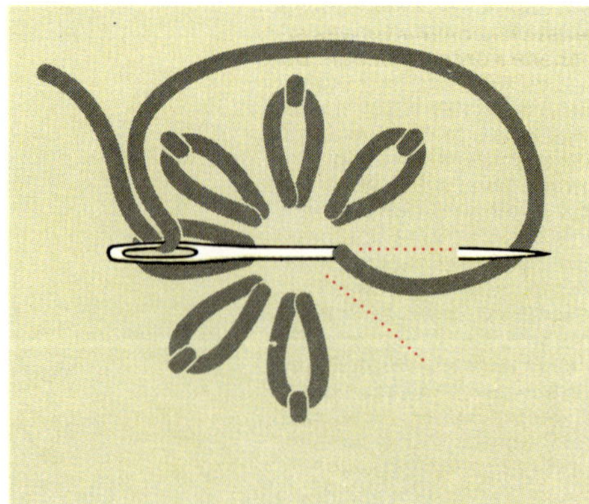

Der durchzogene Kettenstich sieht aus wie eine Kette aus Gliedern in 2 verschiedenen Größen. Er wird als Bordüre und für Konturen verwendet. Eine Reihe einzelner Kettenstiche arbeiten. Mit stumpfer Nadel und Garn in einer Kontrastfarbe unter dem letzten Kettenstich ausstechen. Faden unter den Kettenstichen hin und her führen, ohne den Stoff zu fassen. Wieder unter dem letzten Kettenstich ausstechen und Faden entgegengesetzt hin und her führen. Die Schlingen müssen gleichmäßig sein

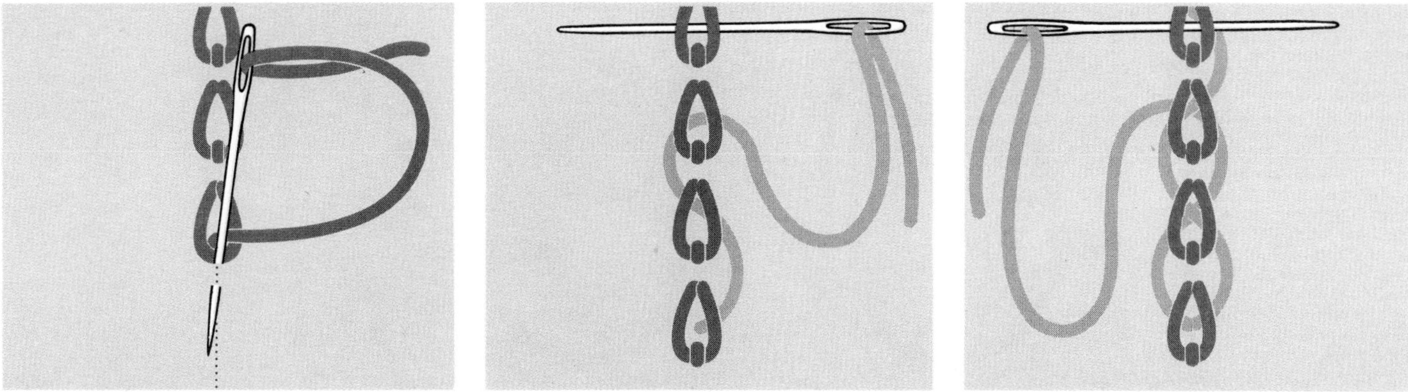

Beim Kettenstich in Zickzackreihe den ersten Stich wie einen normalen Kettenstich sticken, dabei aber zwischen den parallelen Linien schräg ein- und ausstechen. Der Ausstich ist jetzt Punkt 1 für den nächsten Stich. Bei 2 einstechen, dabei den Faden durchstechen, um ihn zu befestigen. Bei 3 ausstechen, den Faden unter die Nadelspitze legen und durchziehen. So fortfahren, dabei stets im gleichen Winkel arbeiten. Als Abschluß einen kleinen Stich über die letzte Schlinge legen

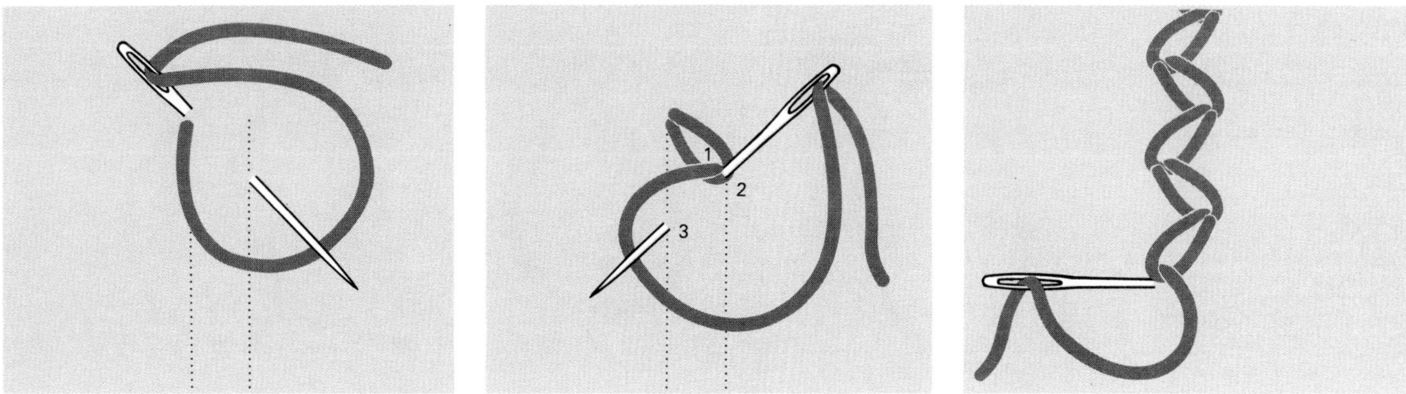

Mit dem verschränkten Kettenstich kann man etwas erhabene Konturen bilden. Bei 1 ausstechen, bei 2 (etwas tiefer und links von 1) einstechen, dann bei 3 (direkt unter 1) ausstechen. Den Faden unter die Nadelspitze legen und durchziehen. Den nächsten Stich in gleicher Weise arbeiten. Der Ausstichpunkt 3 des vorhergehenden Stichs ist stets der Ausgangspunkt des neuen Stichs. Am Ende der Reihe einen kleinen Stich über die Schlinge legen, um sie zu befestigen

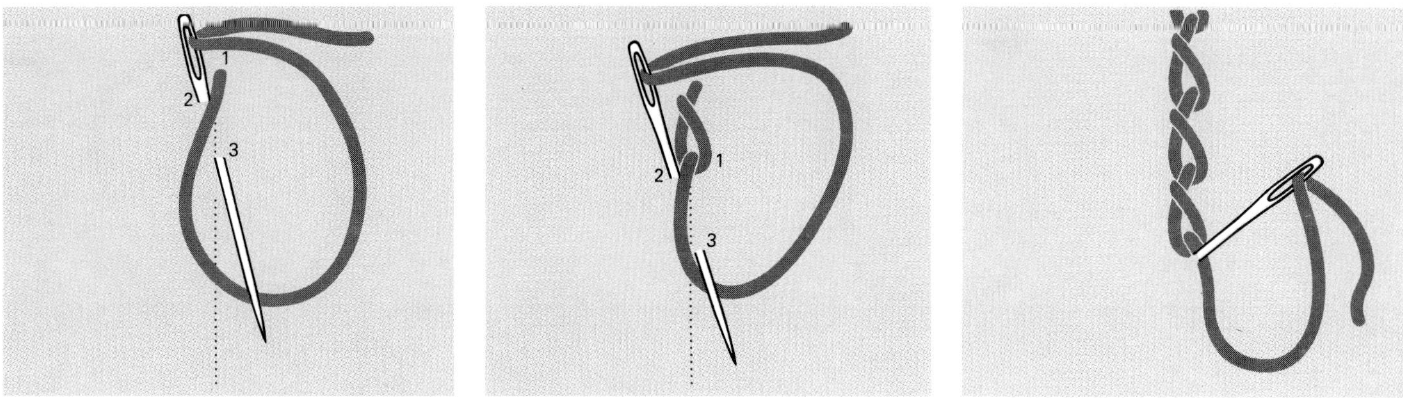

Stickerei · Stickstiche

Kettenstiche

Der offene Kettenstich wird zwischen 2 Linien breit gearbeitet und kann mit schmalem Band oder mit Garn durchzogen werden. Bei 1 ausstechen, genau gegenüber bei 2 ein- und bei 3 wieder ausstechen. Den Faden unter die Nadelspitze legen und durchziehen, dabei eine lockere Schlinge lassen. Für den nächsten Stich innerhalb der Schlinge genau gegenüber Punkt 3 einstechen. So weitersticken. Am Ende der Reihe einen kleinen Stich links, dann einen rechts über die Schlinge legen

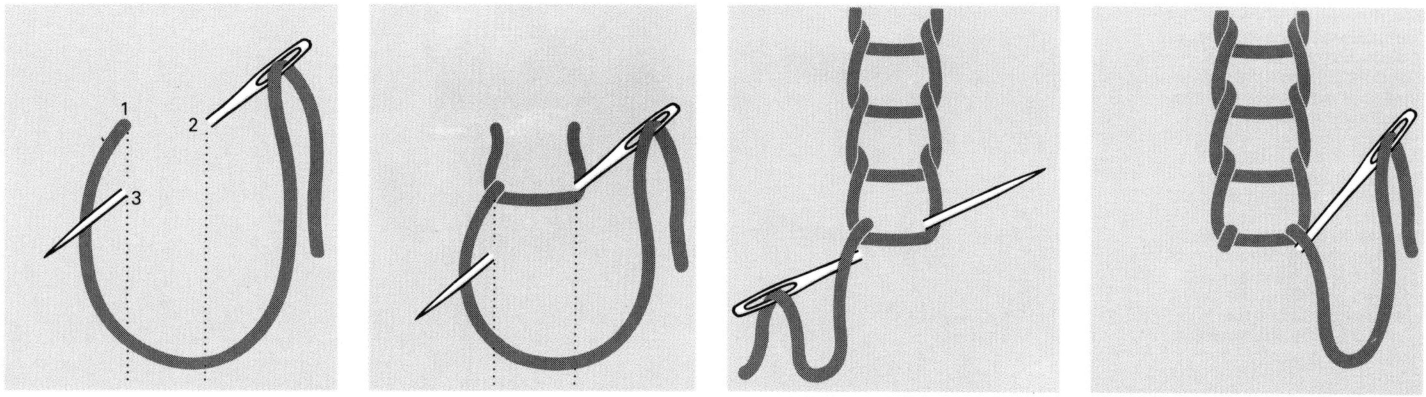

Der Kabelstich, der wie eine Kette mit abwechselnd großen und kleinen Gliedern aussieht, bildet Konturen oder füllt eine Fläche aus (Abb. ganz rechts). Bei 1 ausstechen, Faden wie abgebildet um die Nadel schlingen, knapp unterhalb von 1 bei 2 ein- und bei 3 ausstechen. Faden durchziehen. Über die ganze Reihe wiederholen. Für den durchzogenen Kabelstich einige Reihen arbeiten, dann mit stumpfer Nadel Garn in Kontrastfarbe durch die großen Kettenglieder führen

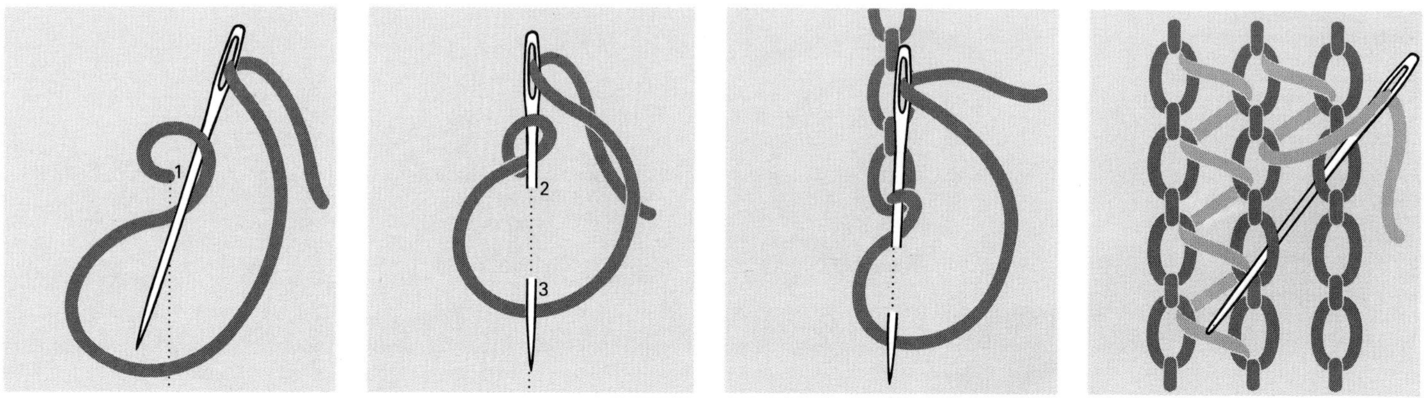

Kettenstiche in Bäumchenstichmanier bilden eine zarte Blättchenkante. Der Stich wird zwischen 2 Linien gearbeitet. Bei 1 ein- und bei 2 ausstechen, um einen schrägen Kettenstich zu sticken. Dann bei 3 ein- und gegenüber von 2 an der anderen Linie bei 4 ausstechen. So weitersticken, dabei die Schrägrichtung bei jedem Kettenstich wechseln und stets im gleichen Winkel arbeiten

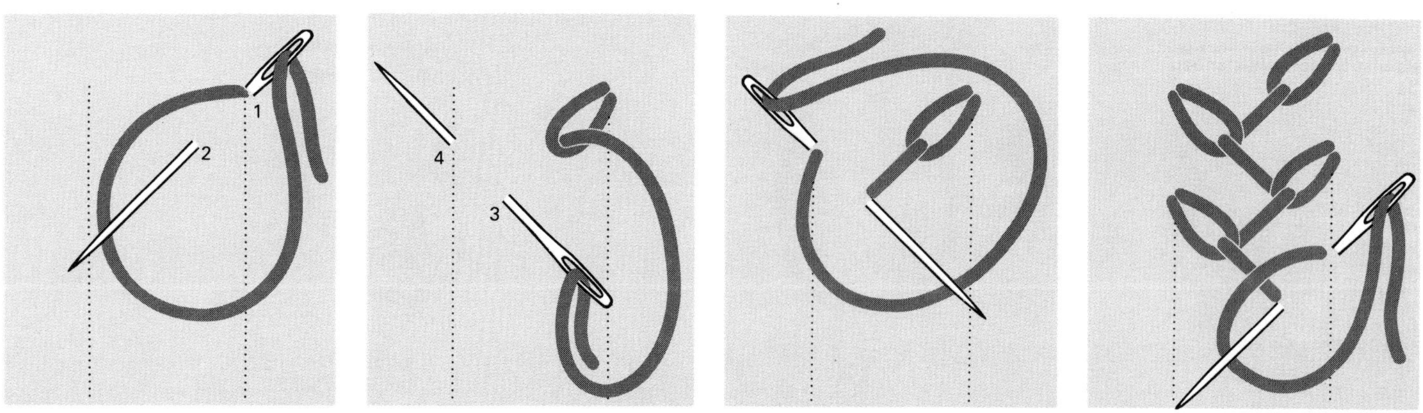

Der geflochtene Kettenstich bildet hübsche Konturen. Auch für Blumenstiele, Zweige und schmale Blätter ist er gut geeignet. Zunächst einen normalen Kettenstich sticken: bei 1 aus- und wieder einstechen, dann bei 2 ausstechen, dabei den Faden unter die Nadelspitze legen. Bei 3 ein- und bei 4 ausstechen; der Abstand zwischen 2 und 4 ist genauso groß wie derjenige zwischen 1 und 2. Die Nadel unter dem ersten Kettenstich von rechts nach links durchschieben, ohne den Stoff zu fassen. Wieder bei 4 ein- und bei 5 ausstechen

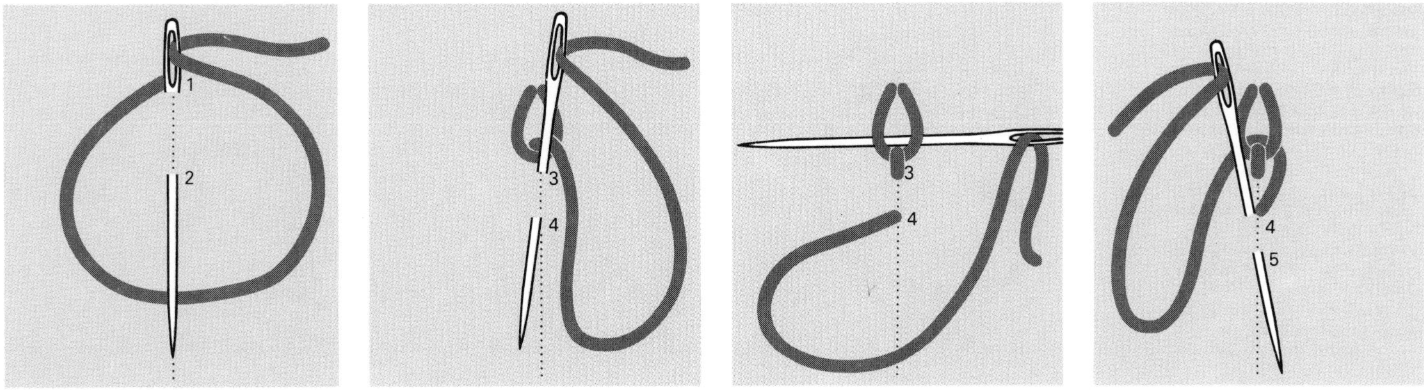

Die Nadel von rechts nach links unter dem zweiten Kettenstich und dem kleinen Befestigungsstich durchschieben, dann bei 5 ein- und bei 6 ausstechen. Die Nadel von rechts nach links unter den beiden vorhergehenden Kettenstichen wie gezeigt durchschieben, dann bei 6 einstechen. So weitersticken, dabei die Nadel stets unter den beiden vorhergehenden Kettenstichen durchschieben

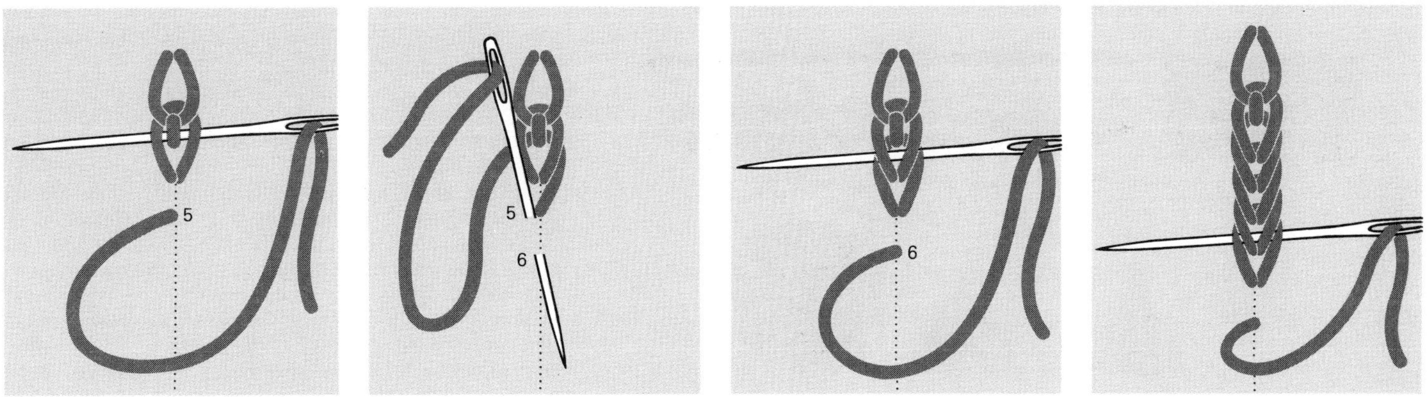

Der Korallenstich ist ein Konturenstich, der in Abständen Knötchen aufweist. Für Stiele und Zweige ist er gut geeignet. In Reihen gestickt, verleiht er einer Fläche eine ungewöhnliche Struktur. Von rechts nach links arbeiten. Bei 1 aus- und bei 2 schräg einstechen; den Stoff knapp fassen und bei 3 ausstechen. Faden über und um die Nadel schlingen, dann durchziehen, um den Stich zu befestigen und den Knoten zu bilden. So weitersticken, dabei die Knoten in beliebigen Abständen arbeiten

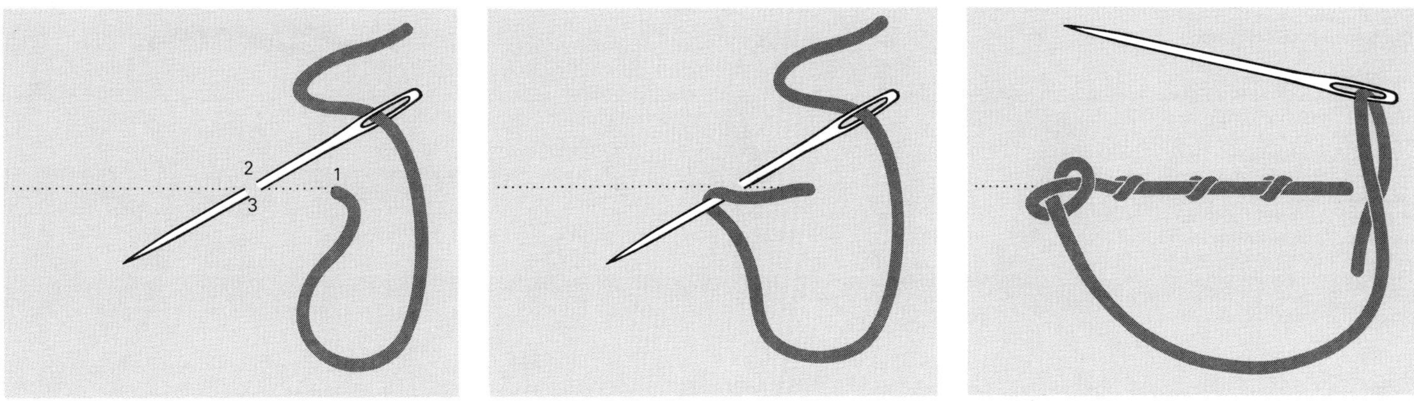

Stickerei · Stickstiche

Kettenstiche

Der Rosettenstich bildet eine hübsche Borte. Er wird klein und eng zwischen 2 Linien gestickt. Bei 1 ausstechen. Bei 2 ein- und genau darunter bei 3 ausstechen. Faden unter Nadelspitze legen und durchziehen. Nadel bei 1 unter Garn durchschieben. Faden bogenförmig aufliegen lassen und für nächsten Stich bei 2 einstechen. Bei 3 ausstechen, Faden durchziehen, Nadel unter oberem Bogen durchschieben. Am Reihenende bei Punkt 2 der letzten Rosette einstechen

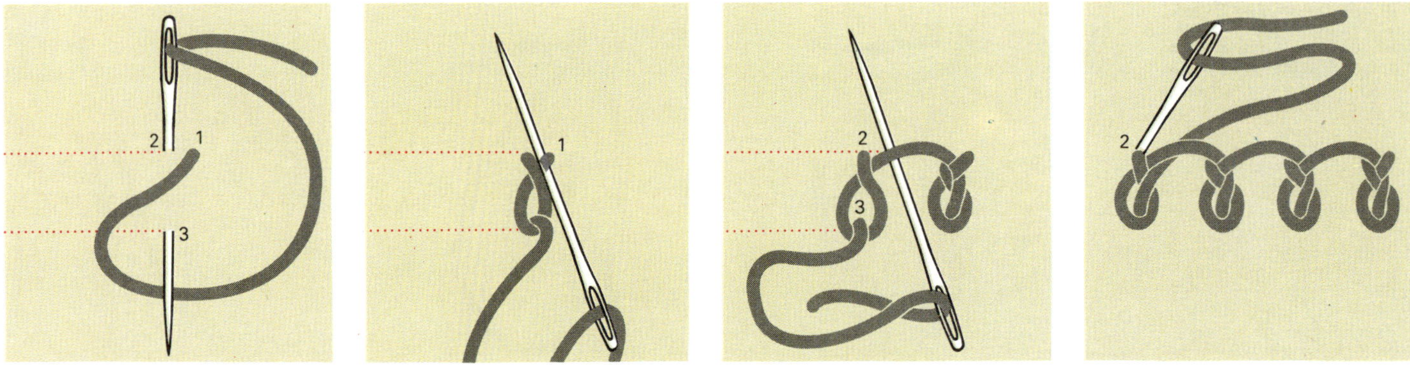

Deck- oder Überwindelstiche

Diese Gruppe von Stichen ist besonders nützlich, um Konturen oder einzelne Linien zu betonen. Normalerweise verwendet man zwei Garne: das Vorspanngarn zum Unterlegen, das aus einem oder mehreren Fäden (Mattstickgarn, Twist) besteht, und das Stickgarn zum Ausarbeiten, das das unterlegte Garn mit Überfangstichen oder anderen Stichen befestigt. Oft haben die Garne kontrastierende Farben. Je mehr Fäden unterlegt werden, desto plastischer wirkt die Stickerei. Für eine rustikale Stickerei benötigt man mehr Fäden als für zierlichere Motive. Man kann aber auch einen Einzelfaden in einer stärkeren Garnausführung zum Vorspannen verwenden.

Mit diesen Stichen kann man auch ganze Flächen ausfüllen. Um interessante Strukturen zu gestalten, legt man die vorgespannten Garne in verschiedene Richtungen.

Eine Ausnahme in dieser Gruppe bilden der Klosterstich und der romanische Schlingstich: Beide werden mit nur einem Faden gestickt.

Um ungewöhnliche Effekte zu erzielen, arbeitet man diese Deckstiche über fertige Gobelins und Applikationen oder mit einem Metallicstickgarn.

Der Sparstich wird verwendet, um Konturen zu betonen. Rechts mit der gewünschten Anzahl Vorspannfäden ausstechen, dann ausfädeln. Mit dem linken Daumen diese Fäden beim Übersticken führen. Mit dem Arbeitsfaden bei 1 knapp unterhalb der Vorspannfäden ausstechen. Knapp darüber bei 2 ein-, bei 3 ausstechen und durchziehen. Punkt 3 ist jetzt Punkt 1 für den nächsten Stich. In gleichmäßigen Abständen wiederholen. Am Reihenende alle Fäden auf der Rückseite vernähen

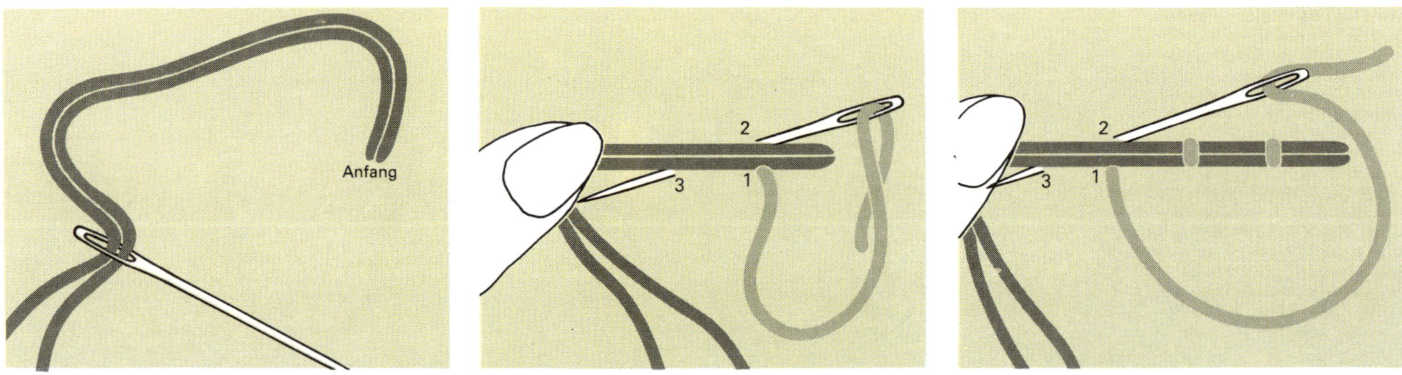

Um eine Fläche auszufüllen, erste Reihe wie beim Sparstich arbeiten. Am Ende die Vorspannfäden nach rechts zurückführen. Am Wendepunkt einen waagrechten Überfangstich arbeiten. Die Arbeit drehen. Die Überfangstiche der zweiten Reihe versetzt sticken. Am Ende die Vorspannfäden wieder nach rechts führen und mit einem waagrechten Überfangstich befestigen. Die Arbeit drehen. In der dritten Reihe die Überfangstiche entsprechend der ersten Reihe sticken. Über die ganze Fläche wiederholen

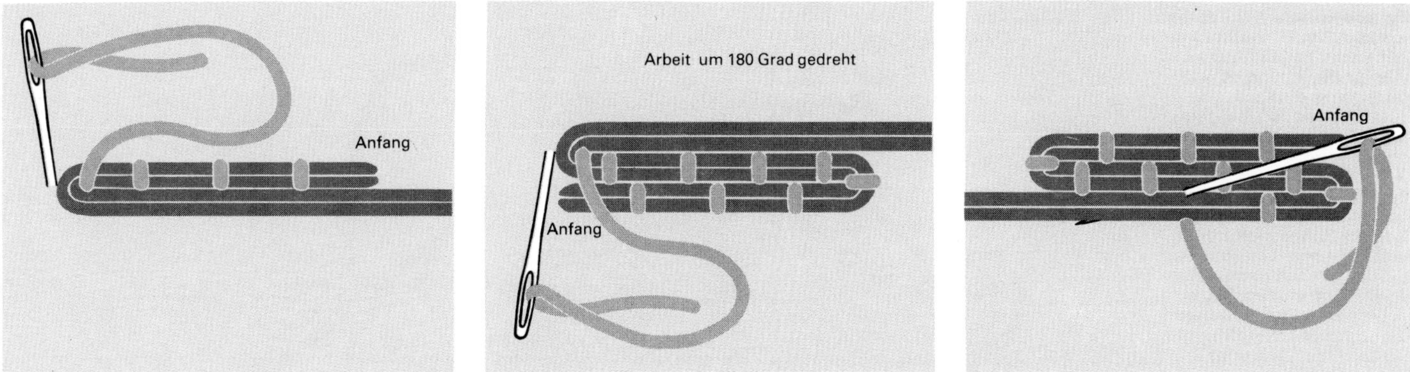

Abwandlungen erzielt man durch verschiedene Überfangstiche. Rechts sind 4 Beispiele abgebildet. Beim ersten sind die Überfangstiche sehr dicht gearbeitet, so daß das unterlegte Garn ganz zugedeckt wird (Schnurstich); dies ergibt eine erhabene, strukturierte Linie. Beim zweiten sind die schrägen Überfangstiche paarweise angeordnet. Die dritte Abbildung zeigt den Langettenstich, die vierte den offenen Kettenstich, beide über mehrere Fäden gestickt

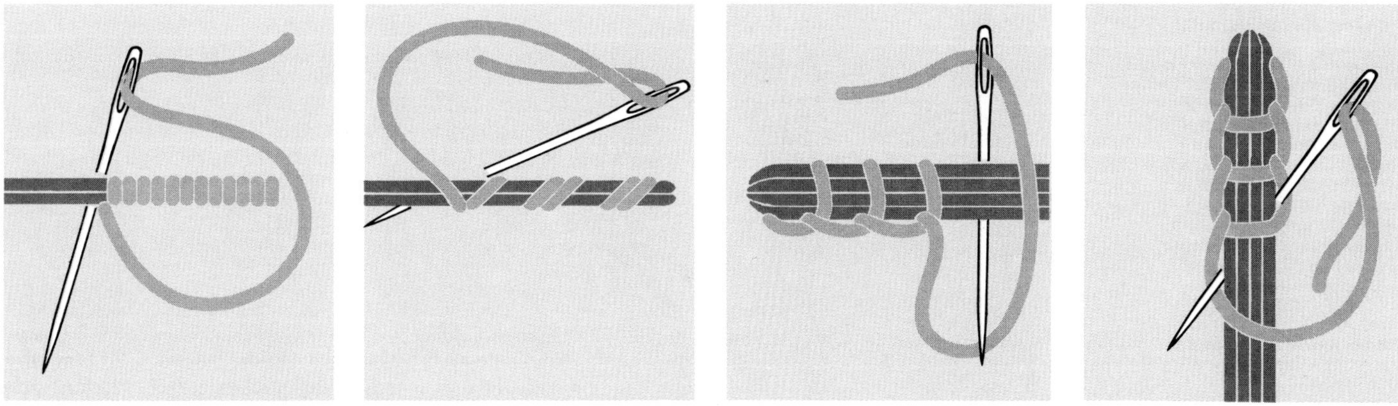

Der Klosterstich ergibt einen Webeffekt. Anders als bisher wird hier der gleiche Faden sowohl für das Unterlegen als auch für das Übersticken verwendet. Bei 1 aus- und bei 2 einstechen. Bei 3 oberhalb vom Spannstich ausstechen. Unterhalb vom Spannstich bei 4 einstechen und auf gleicher Höhe wie 3 bei 5 ausstechen. Über die ganze Länge des Spannstichs so weitersticken. Bei 1 ausstechen und den zweiten Spannstich arbeiten. Bei jeder weiteren Reihe die Befestigungsstiche versetzt anordnen

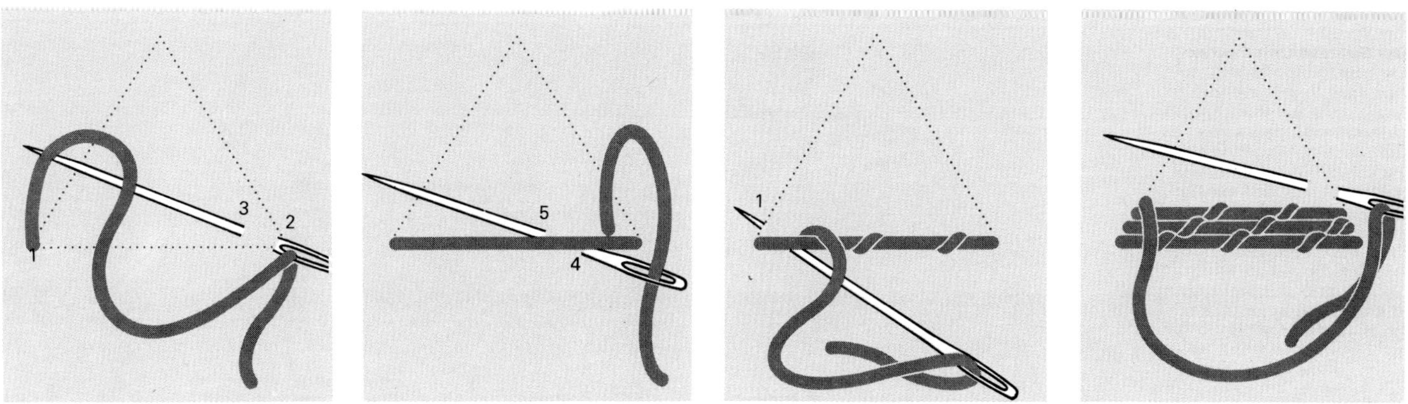

Stickerei · Stickstiche

Deck- oder Überwindelstiche

Der romanische Schlingstich wird wie der Klosterstich mit nur einem Faden gestickt, über die Spannstiche wird jedoch nur je ein Überfangstich gestickt. Bei 1 ausstechen, bei 2 einstechen und oberhalb vom Spannstich bei 3 ausstechen. Schräg über den Spannstich bei 4 ein-, dann bei 1 ausstechen. Den zweiten Spannstich sticken und mit einem Überfangstich befestigen. Die Form auf diese Weise ausfüllen, dabei den Faden locker anziehen, damit die beiden Sticharten fließend ineinander übergehen

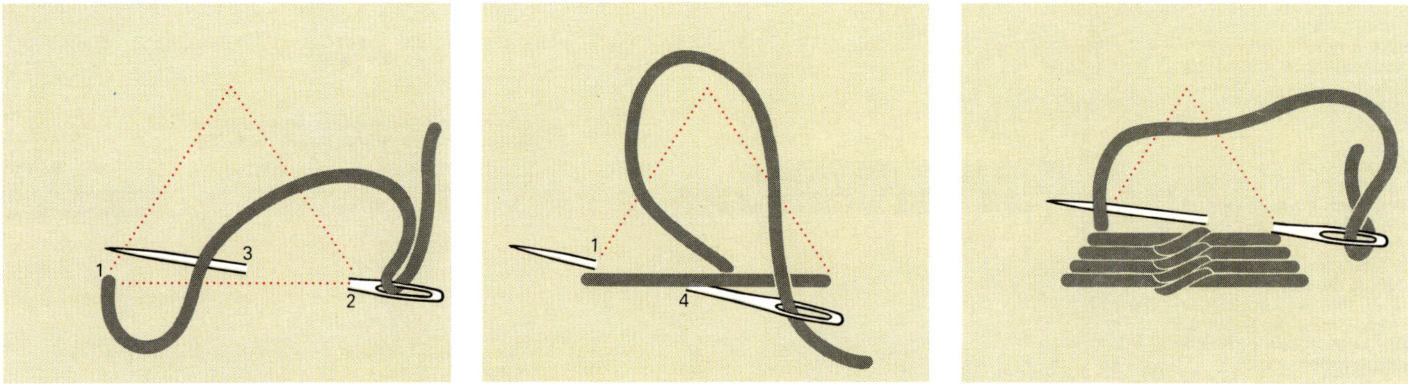

Der kreisförmige Sparstich sieht aus wie ein Rad mit Speichen. Mit zwei Kontrastfarben gestickt, kommt er am besten zur Geltung. Mit dem Arbeitsfaden bei 1 ausstechen. Das Vorspanngarn doppelt legen, den Arbeitsfaden durch die so gebildete Schlinge führen und bei 1 wieder einstechen, um das Vorspanngarn zu befestigen. An einer der Speichen bei 2 ausstechen, dann direkt oberhalb von 2 bei 3 einstechen. An der nächsten Speiche bei 4 ausstechen und bei 5 über die Vorspannfäden einstechen

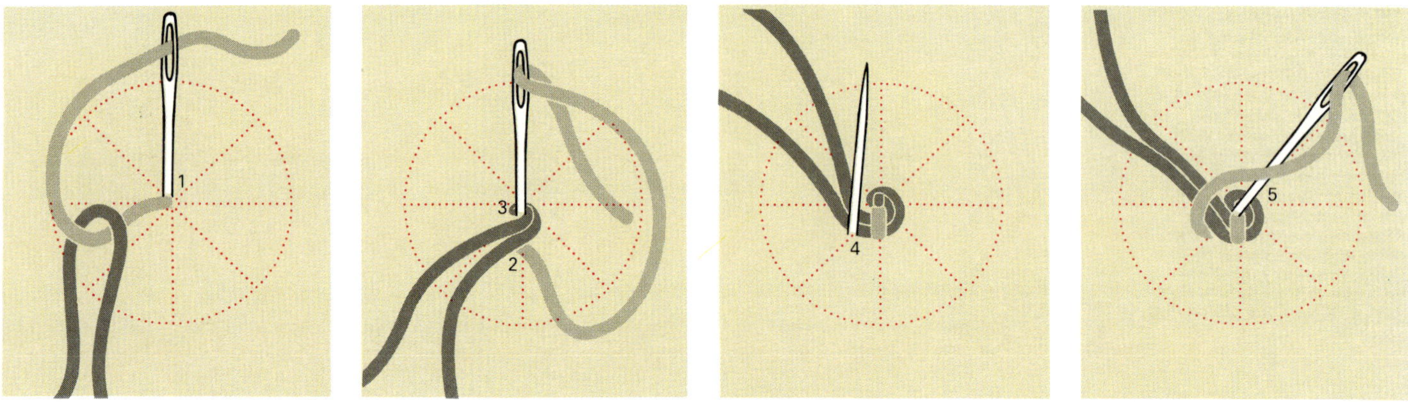

An jeder Speiche einen kleinen Befestigungsstich über die Vorspannfäden legen, dabei diese im Uhrzeigersinn weiterführen und nicht zu fest anziehen, sonst verzieht sich die Arbeit. Zum Schluß den Arbeitsfaden auf der linken Seite der Arbeit vernähen. Einen Vorspannfaden einfädeln, auf die linke Stoffseite durchziehen und vernähen. Den zweiten Vorspannfaden einfädeln, kurz hinter dem ersten auf die linke Stoffseite durchziehen, damit die Spirale abgestuft ausläuft, und vernähen

Kreuzstiche

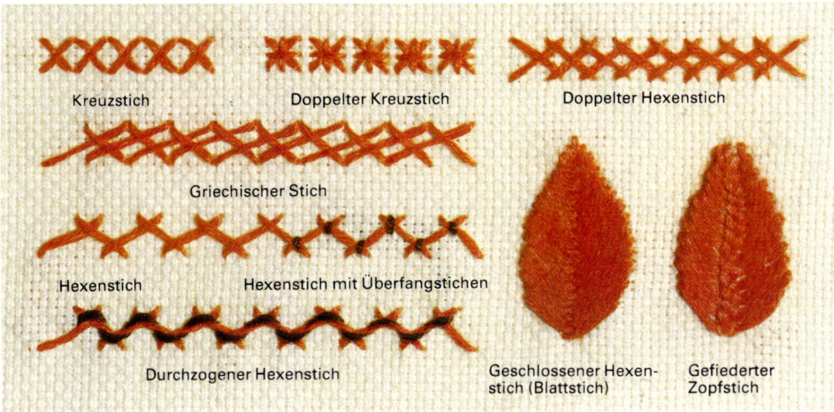

Wie der Name besagt, bestehen alle Stiche dieser Gruppe aus zwei oder mehr überkreuzten Fäden. Die Kreuzstiche sind vielseitig verwendbar. Mit ihnen kann man Musterformen umranden, Bordüren sticken und Flächen füllen. Der geschlossene Hexenstich und der gefiederte Zopfstich bilden hübsche Blattformen.

Der einfache Kreuzstich ist der bekannteste. Durch die regelmäßige Stichanordnung ist er für die Stickerei auf zählbarem und bedrucktem Gewebe wie Vichykaro (S. 68) bestens geeignet. Im Gegensatz zu den abgewandelten Kreuzstichen wird der einfache Kreuzstich (wenn er in Reihen angeordnet wird) in zwei Arbeitsgängen gestickt. Der Grundstich wird in der Hinreihe gearbeitet und der Deckstich in der Rückreihe. Diese Sticktechnik ergibt eine gleichmäßige Spannung. Damit auch ein gleichmäßiges Stichbild über das ganze Muster entsteht, müssen jeweils alle Grundstiche und alle Deckstiche in die selbe Richtung laufen. Der einfache Kreuzstich kann auch für Negativeffekte verwendet werden (siehe *Assisistickerei*). Dabei wird das Muster ausgespart und nur der Hintergrund mit Kreuzstichen bedeckt.

Für den Kreuzstich wird eine Reihe Grundstiche, dann eine Rückreihe mit Deckstichen gearbeitet. Bei 1 ausstechen, bei 2 einstechen und genau darunter bei 3 ausstechen. Bis Ende der Reihe wiederholen, dann über die ganze Reihe zurück bei 4 ein- und bei 5 ausstechen. Man kann auch die Grundstiche von links nach rechts und die Deckstiche von rechts nach links arbeiten. Für einen einzelnen Kreuzstich einen Grundstich und anschließend gleich den Deckstich arbeiten

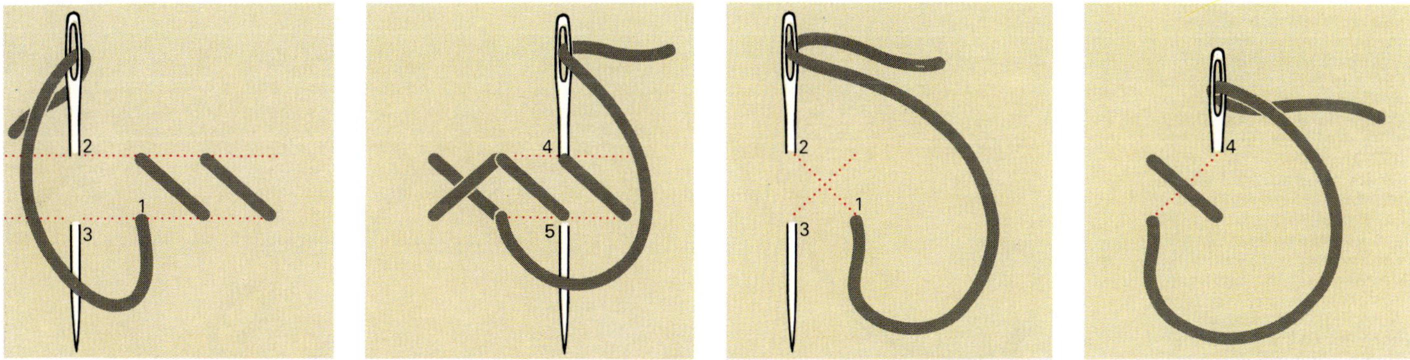

Der doppelte Kreuzstich sieht aus wie ein Stern. Er wird gern als Füllstich verwendet, aber auch für dekorative Borten. Er wird ähnlich wie der einfache Kreuzstich gestickt. Bei 1 ausstechen, bei 2 einstechen und genau darunter bei 3 ausstechen. Dann bei 4 einstechen und in der Mitte zwischen 1 und 3 bei 5 ausstechen. Genau darüber in der Mitte zwischen 2 und 4 bei 6 einstechen und in der Mitte zwischen 2 und 3 bei 7 ausstechen. Zum Schluß bei 8 einstechen

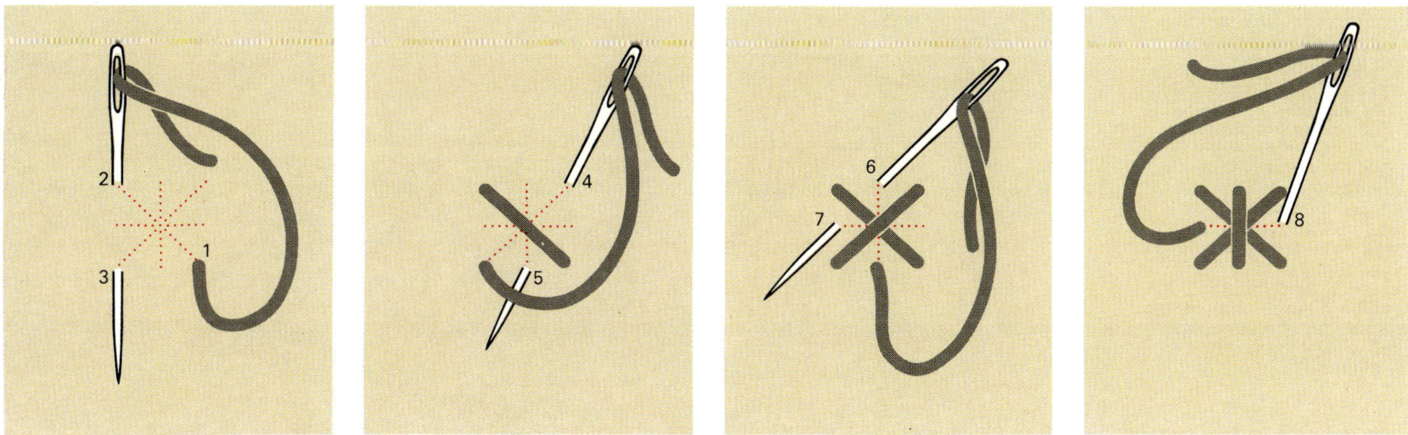

Kreuzstiche

Beim griechischen Stich ist der Grundstich länger als der Deckstich und hat auch eine stärkere Schrägung. Von links nach rechts arbeiten. Bei 1 ausstechen, mit einem langen schrägen Stich nach rechts oben bei 2 einstechen und auf halber Stichlänge bei 3 ausstechen. Genau unter 2 bei 4 wieder einstechen und genau unter 3 bei 1 (dem Ausgangspunkt für den nächsten Stich) ausstechen. Dann bei 2 ein- und bei 3 (Punkt 2 des vorhergehenden Stichs) ausstechen. Über die ganze Reihe wiederholen

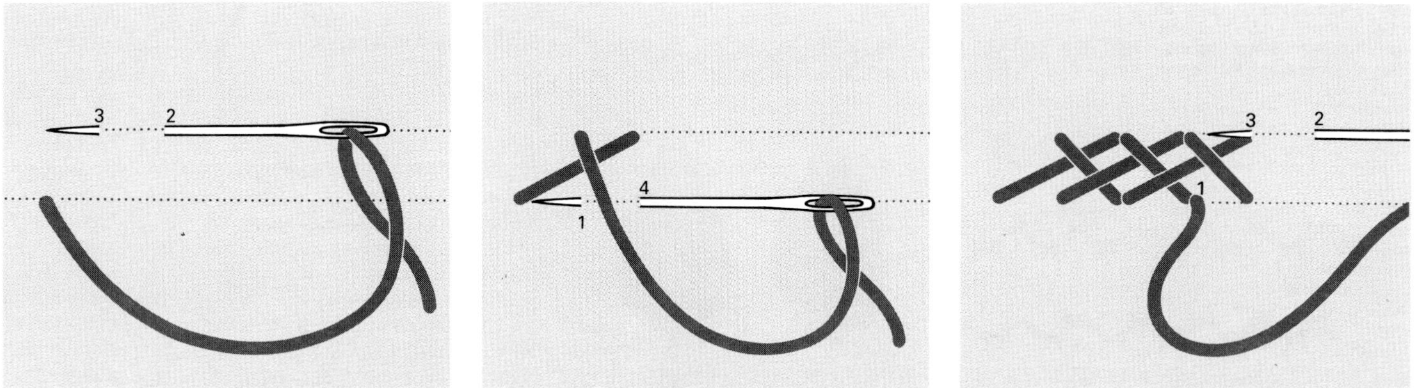

Der Hexenstich wird häufig für Bordüren verwendet. Der Grundstich bildet oft die Grundlage für eine Ausarbeitung mit weiteren Farben. Die einzelnen Stiche in gleichen Abständen und gleich lang sticken. Von links nach rechts arbeiten. Bei 1 ausstechen, mit einem schrägen Stich nach rechts oben bei 2 ein- und etwas links davon bei 3 wieder ausstechen. Bei 4 einstechen, um den Stich zu vollenden, und bei 1, dem Ausgangspunkt für den nächsten Stich, ausstechen. Über die ganze Reihe wiederholen

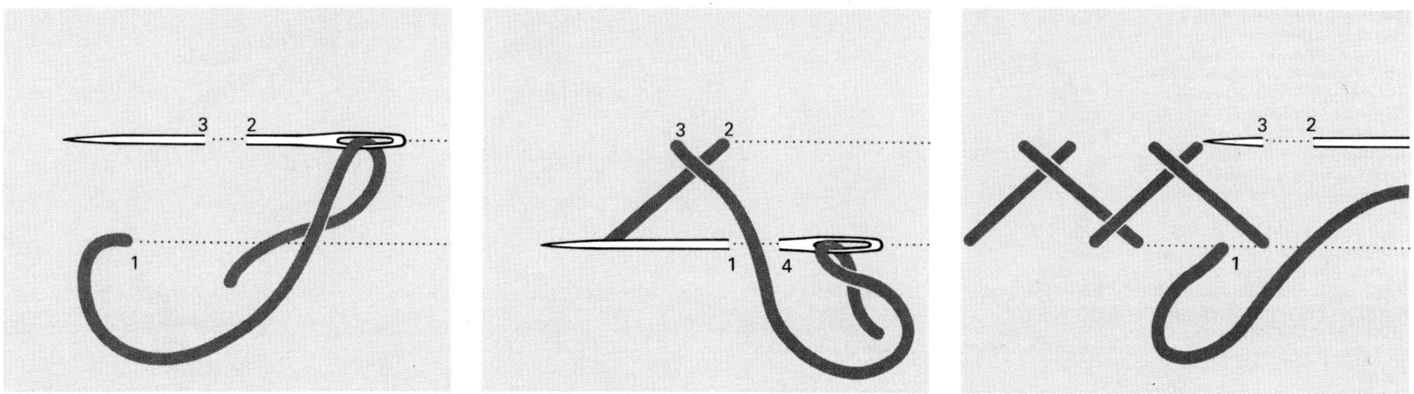

Der Hexenstich mit Überfangstichen ist eine Variante des oben gezeigten Grundstiches. Zunächst eine Reihe Hexenstiche wie oben arbeiten. Die Überfangstiche von rechts nach links mit einer Kontrastfarbe sticken. Bei A knapp oberhalb vom Fadenkreuz ausstechen, bei B einstechen und bei C unterhalb vom nächsten Fadenkreuz wieder ausstechen. Bei D ein- und bei A ausstechen, um die nächste Stichfolge zu beginnen. Über die ganze Reihe wiederholen

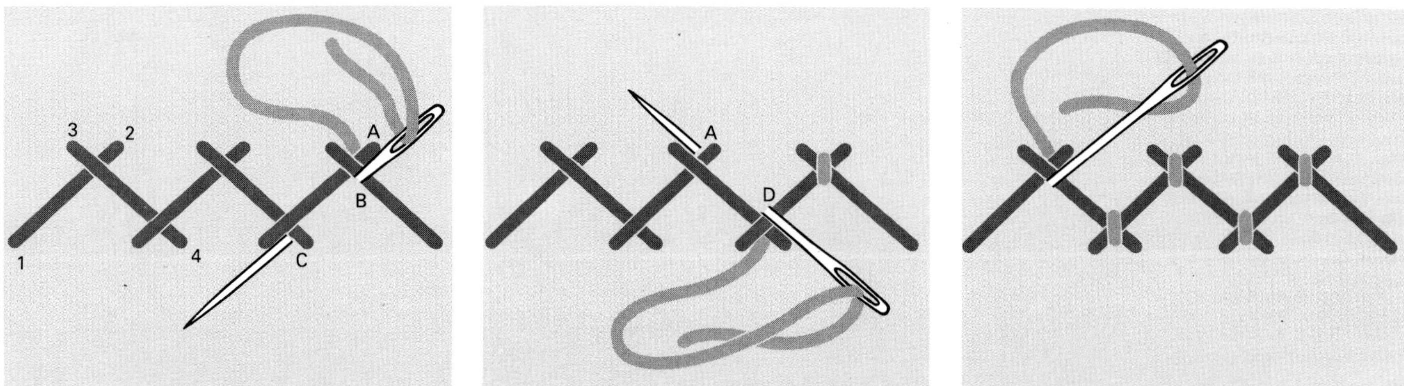

Der durchzogene Hexenstich ist eine weitere Abwandlung des einfachen Hexenstiches. Hier wird ein andersfarbiger Faden unter und über den Hexenstich gelegt. Da man dabei nicht in den Stoff einsticht, verwendet man am besten eine stumpfe Nadel. Links beginnen und den Faden, wie in den Abbildungen gezeigt, über das Fadenkreuz legen und unter den schrägen Stichen durchziehen. Den Faden nicht zu fest anziehen, sonst wird der Hexenstich verzogen

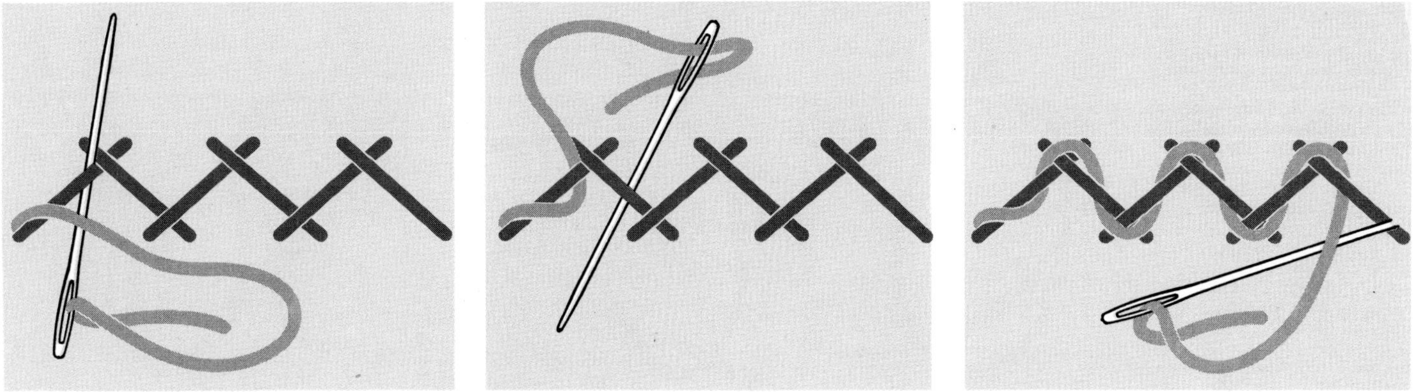

Der doppelte Hexenstich besteht aus 2 Reihen miteinander verflochtener Hexenstiche, die etwas anders als der einfache Hexenstich gestickt werden. Diese Variante kommt besonders zur Geltung, wenn man mit 2 Kontrastfarben arbeitet. Bei 1 ausstechen, mit einem schrägen Stich nach rechts oben bei 2 einstechen und etwas links davon bei 3 ausstechen. Die Nadel unter dem schrägen Faden durchschieben, bei 4 ein- und für den nächsten Stich bei 1 ausstechen. Über die ganze Reihe wiederholen

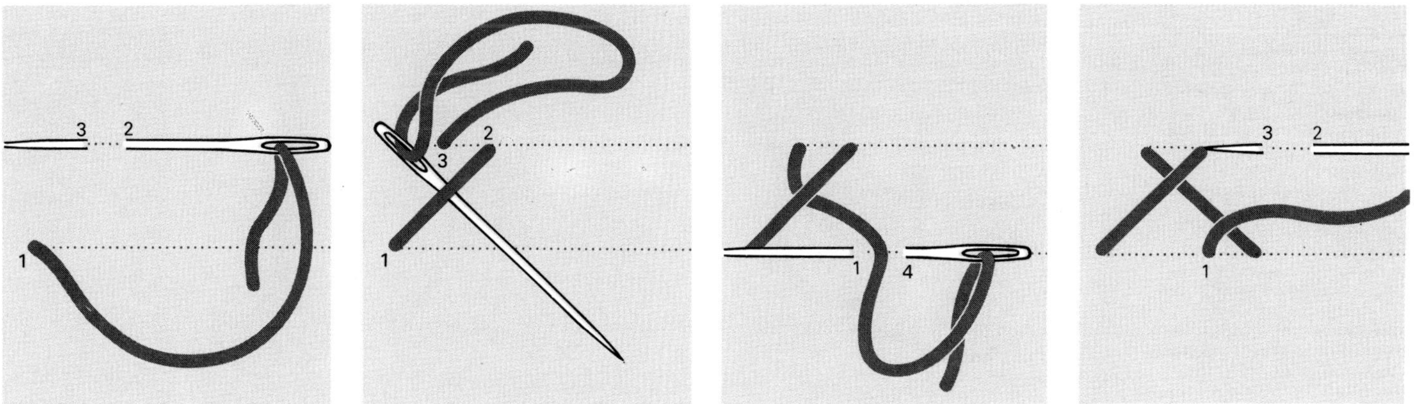

Die Garnfarbe wechseln. Für die zweite Hexenstichreihe bei A direkt oberhalb von 1 ausstechen, genau unterhalb von 2 bei B einstechen und unterhalb von 3 bei C ausstechen. Die Nadel unter dem zwischen 3 und 4 verlaufenden Faden der ersten Reihe durchschieben, dann bei D ein- und bei E ausstechen. Die Nadel unter dem zwischen C und D verlaufenden Faden durchschieben. Bei F einstechen und bei C, dem Ausgangspunkt des nächsten Stiches, ausstechen. Von C bis F über die ganze Reihe wiederholen

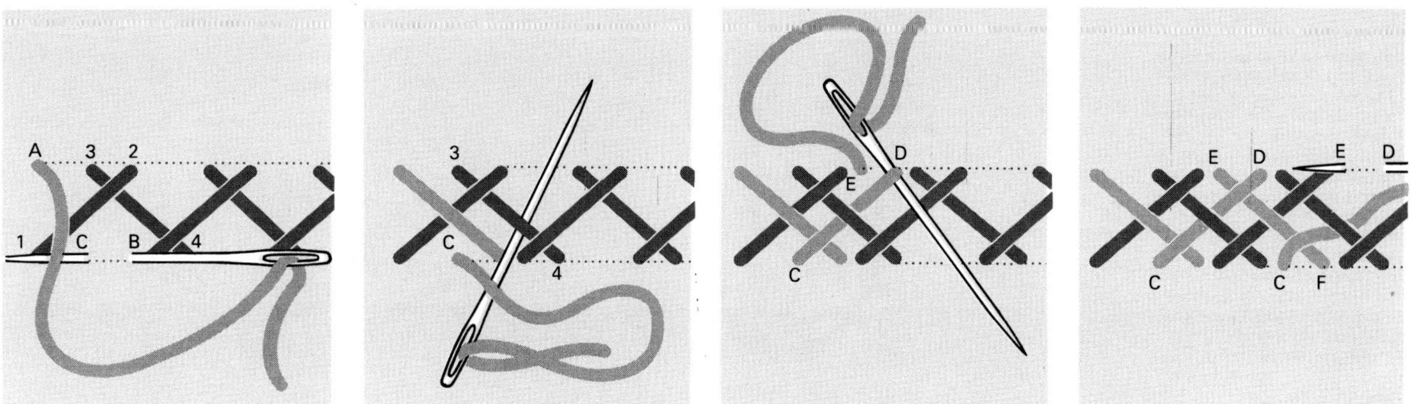

Stickerei · Stickstiche

Kreuzstiche

Der geschlossene Hexenstich oder Blattstich wird vornehmlich zur Ausgestaltung von Blättern verwendet. Die Kreuze sind nicht sofort erkennbar, da die Fäden sich gleich am Ansatz kreuzen. Bei 1 ausstechen. Mit einem kurzen Stich von 1 nach 2 die Blattspitze bilden. Der eigentliche Stich beginnt bei 3. Knapp rechts von der Mitte bei 4 einstechen und genau gegenüber von 3 bei 5 ausstechen. Knapp links von der Mitte bei 6 ein- und bei 3 (Anfang der nächsten Stichfolge) ausstechen. Wiederholen, bis das Blatt vollständig ausgestickt ist

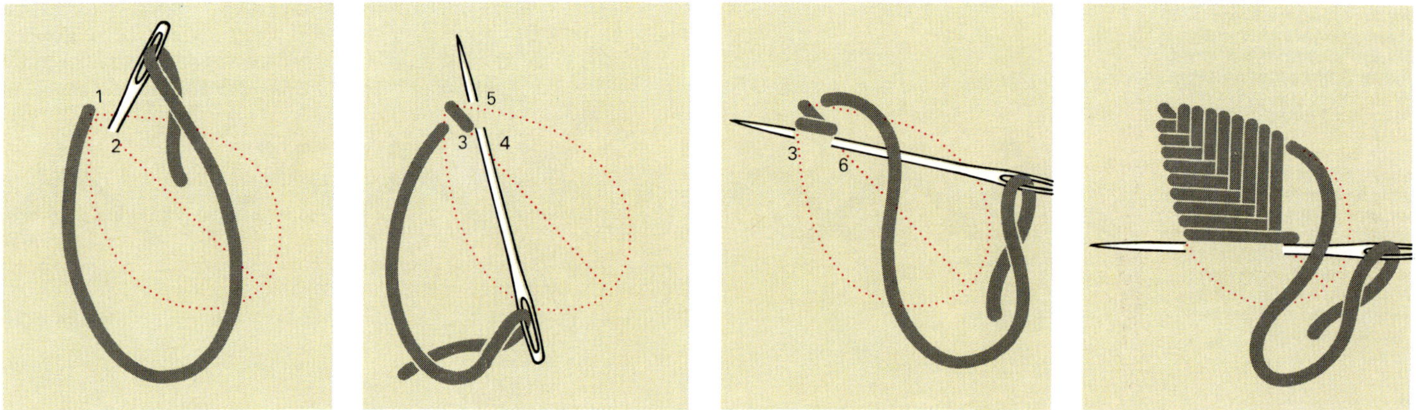

Der gefiederte Zopfstich ist eine weitere Kreuzstichart, die für Blätter verwendet wird. In der Mitte entsteht eine feine, geflochtene Linie, die die Mittelader des Blatts darstellt. Die Schritte 1 bis 4 braucht man für den Anfang, danach wiederholt man nur die Schritte 5 und 6. Links unterhalb der Blattspitze bei 1 ausstechen, bei 2 ein- und bei 3 wieder ausstechen, dabei nur wenige Stoffäden fassen. Genau gegenüber von 1 bei 4 einstechen und auf der linken Seite bei 5 ausstechen. Die Nadel unter dem Fadenkreuz durchschieben

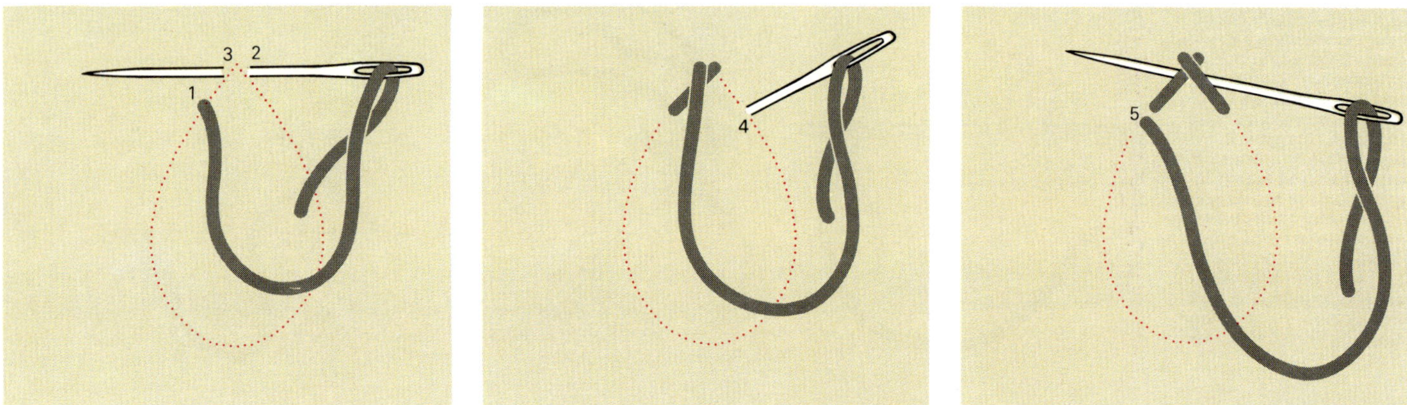

Bei 6 einstechen und wieder auf der linken Seite ausstechen, um den nächsten Stich zu beginnen. Die Schritte 5 und 6 wiederholen, bis die Blattform ausgefüllt ist; dabei die Nadel jeweils unter dem vorhergehenden Fadenkreuz durchführen. Zwischen engen parallelen Linien gestickt, bildet der Stich ein erhabenes Geflecht für eine dekorative Borte. Mehrere Reihen nebeneinander ergeben eine gekörnte Struktur, Quadrate oder Rechtecke, in verschiedenen Richtungen gestickt, ein Ziegelstein- oder Pflastersteinmuster

Bäumchen- oder Federstiche

Die Bäumchen- oder Federstiche wurden ursprünglich im 19. Jahrhundert bei englischen Smokarbeiten verwendet. Heute benutzt man sie als Verzierung an Kanten und Säumen. Die bäumchenartige oder gefiederte Form bewirken die offenen, geschlungenen Stiche, die nach rechts und links von einer gedachten Mittellinie aus gestickt werden.

Zwei Varianten, der griechische Schlingstich und der Zweigstich, werden oft für die Gestaltung von Blättern und Farnen verwendet. Beide bilden eine erhabene Mittellinie, die die Blattader darstellt.

Der Bäumchenstich und seine Abwandlungen werden oft beim Applizieren und Patchwork eingesetzt. Ihre zarten Linien eignen sich auch für Kinder- und Babykleidung.

Wie auch die Langetten- und Kettenstiche bildet man die Bäumchenstiche mit Schlingen, d. h., der Faden wird unter die Nadelspitze gelegt, ehe er festgezogen wird. Die Stiche müssen zu beiden Seiten der (gedachten) Mittellinie gleichmäßig aussehen. Um dies zu erreichen, kann man vor dem Sticken eine Mittellinie sowie die Umrisse von Blättern usw. leicht einzeichnen.

Der Bäumchenstich wird von oben nach unten gearbeitet. Auf der Mittellinie bei 1 ausstechen, rechts davon und etwas tiefer bei 2 einstechen und wieder etwas tiefer auf der Mittellinie bei 3 ausstechen. Den Faden unter die Nadelspitze legen und durchziehen. Etwas unterhalb und links von 3 bei 4 einstechen. Etwas tiefer auf der Mittellinie bei 5 ausstechen, den Faden unter die Nadelspitze legen und durchziehen. 1–5 über die ganze Reihe wiederholen. Die letzte Schlinge mit einem kleinen Überfangstich befestigen

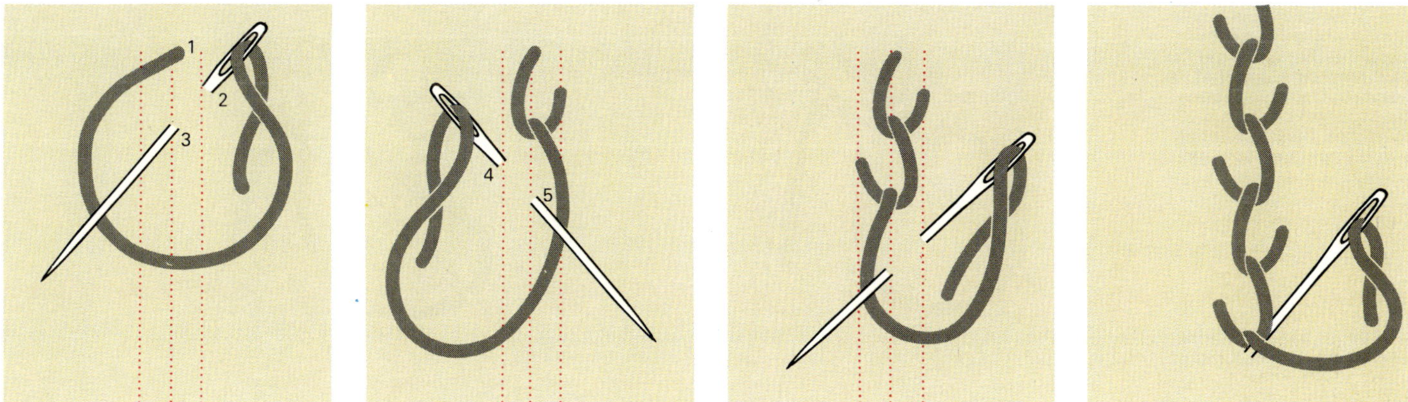

Beim langgezogenen Bäumchenstich sind die Schlingenarme verschieden lang. Auf der Mittellinie bei 1 ausstechen. Rechts davon und etwas höher bei 2 einstechen, dann schräg nach unten auf der Mittellinie bei 3 ausstechen. Faden unter die Nadelspitze legen, durchziehen. Links von 3 und etwas höher (die Abstände 1–2 und 3–4 sind gleich) bei 4 einstechen und schräg nach unten auf der Mittellinie bei 5 ausstechen. Faden unter die Nadelspitze legen, durchziehen. 1–5 über die ganze Reihe wiederholen

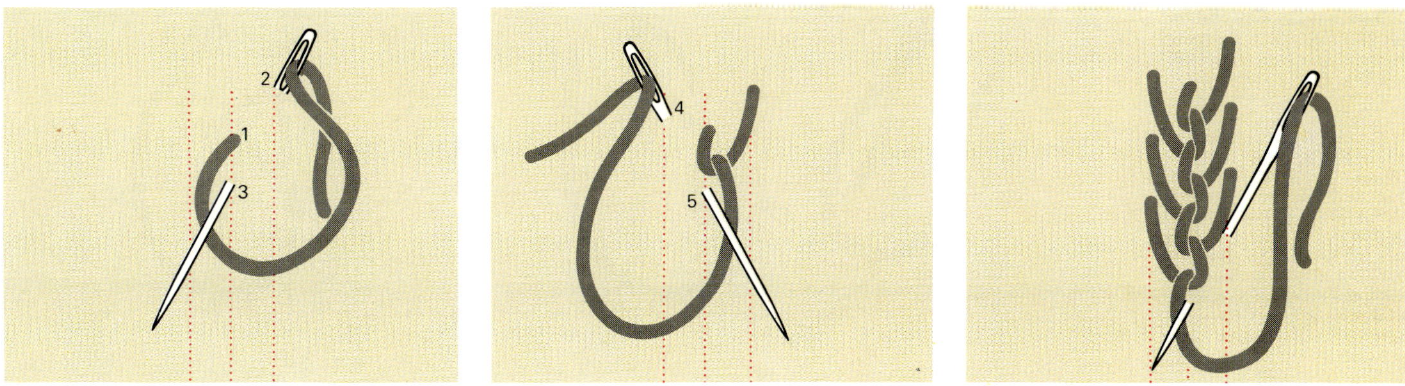

Stickerei · Stickstiche

Bäumchenstiche

Der doppelte Bäumchenstich ergibt eine zarte Zickzacklinie. Auf der Mittellinie bei 1 ausstechen, auf gleicher Höhe auf der rechten Außenlinie bei 2 einstechen und schräg nach unten bei 3 ausstechen. Faden unter die Nadelspitze legen, durchziehen. Auf gleicher Höhe wie 3 bei 4 einstechen und schräg nach rechts bei 5 ausstechen. Faden unter die Nadelspitze legen, durchziehen. Auf gleicher Höhe wie 5 bei 6 einstechen, schräg nach rechts bei 7 ausstechen, Faden unter die Nadelspitze legen, durchziehen

Um die Stichfolge zu vollenden, auf gleicher Höhe wie 7 und rechts davon bei 8 einstechen und bei 9 ausstechen. 1–9 über die ganze Reihe wiederholen, dabei ist der Ausstichpunkt 9 der Ausgangspunkt 1 der neuen Stichfolge. Die letzte Schlinge mit einem kleinen Überfangstich befestigen

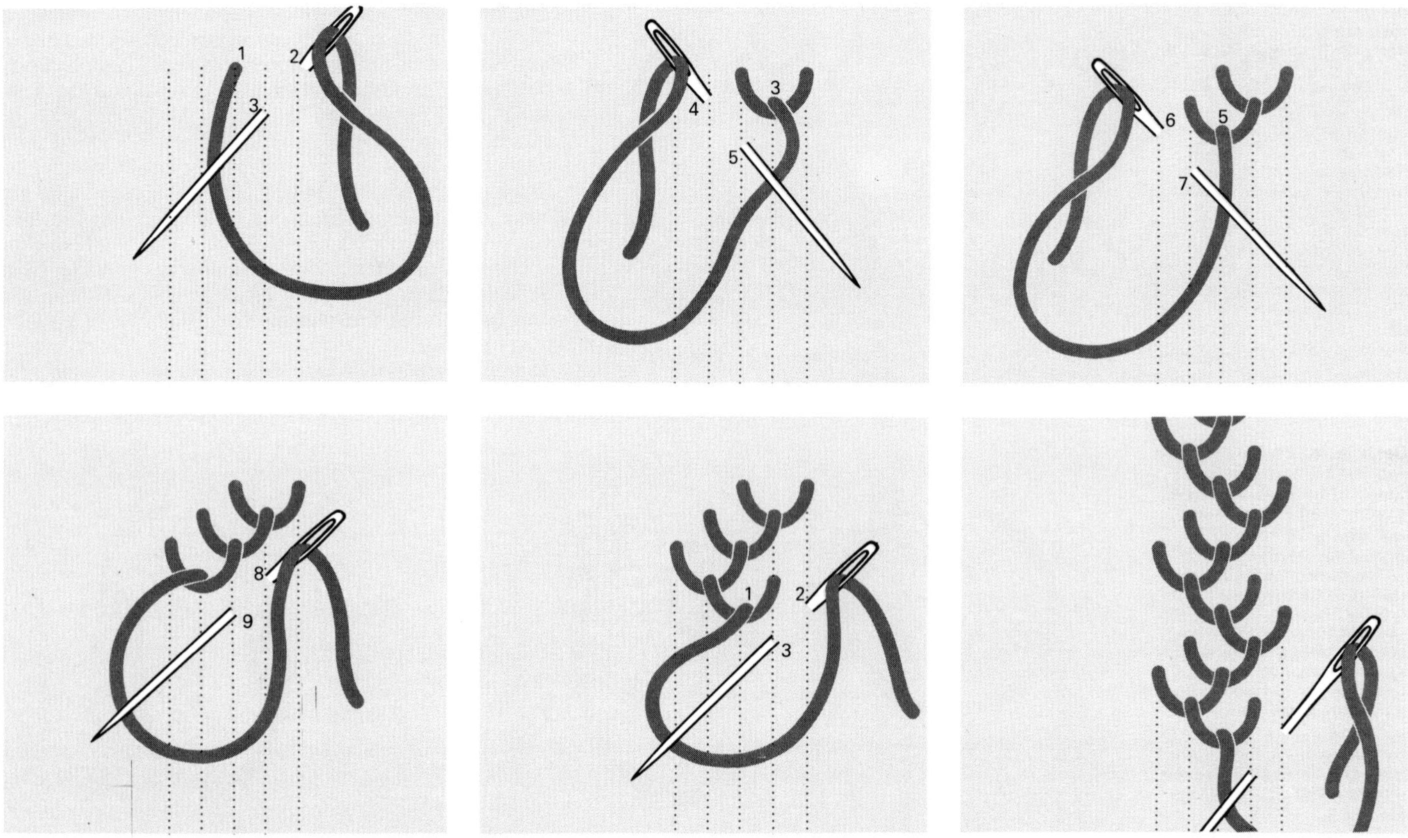

Beim geschlossenen Bäumchenstich werden die Stiche gerade ausgeführt. Bei 1 ausstechen, eine halbe Stichlänge höher bei 2 einstechen und eine ganze Stichlänge darunter bei 3 ausstechen. Faden unter die Nadelspitze legen, durchziehen. Knapp unterhalb von 1 bei 4 einstechen und eine volle Stichlänge darunter bei 5 ausstechen. Die Folge 1–5 über die ganze Reihe wiederholen, dabei stets knapp unter dem vorhergehenden Ausstichpunkt wieder einstechen, um durchgehende Außenlinien zu erhalten

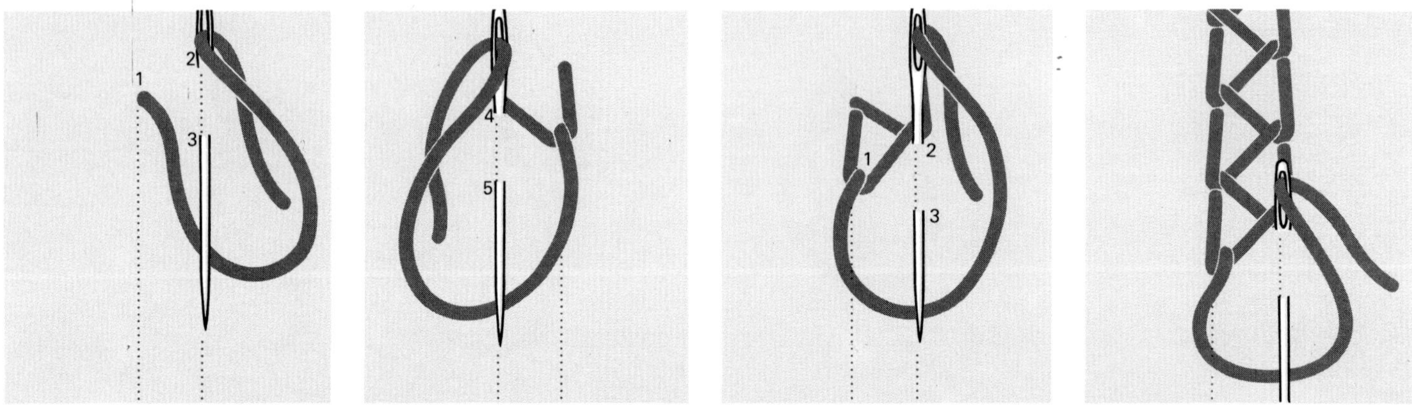

Der gegenseitige Schlingstich ergibt eine dekorative Borte. Er wird waagrecht von links nach rechts gestickt. Bei 1 ausstechen, etwas weiter rechts bei 2 einstechen und genau darunter bei 3 ausstechen. Den Faden unter die Nadelspitze legen und durchziehen. Etwas weiter rechts auf der unteren Linie bei 4 einstechen und genau darüber bei 5 ausstechen. Den Faden unter die Nadelspitze legen und durchziehen. Über die ganze Reihe wiederholen, dabei alle Stiche im gleichen Abstand voneinander sticken

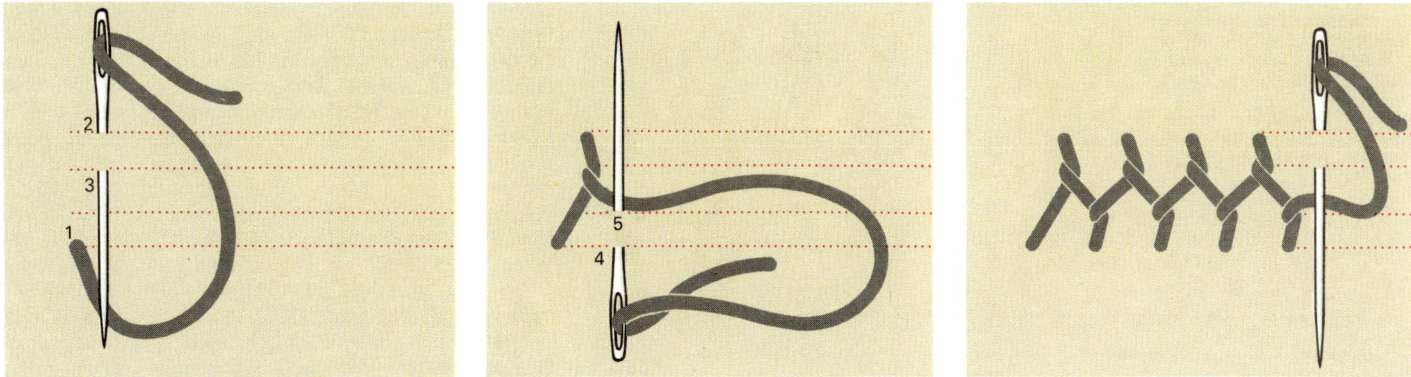

Der griechische Schlingstich wird für Blätter verwendet. Bei 1 ausstechen. Bei 2 einstechen und etwas rechts von der Mitte bei 3 ausstechen. Faden unter die Nadelspitze legen, durchziehen. Genau gegenüber von 2 bei 4 einstechen und etwas links von der Mitte bei 5 ausstechen. Faden unter die Nadelspitze legen, durchziehen. Über die ganze Fläche wiederholen, dabei jeweils rechts und links der Mitte ausstechen, um die geflochtene Mittellinie zu bilden. Mit einem Überfangstich die letzte Schlinge befestigen

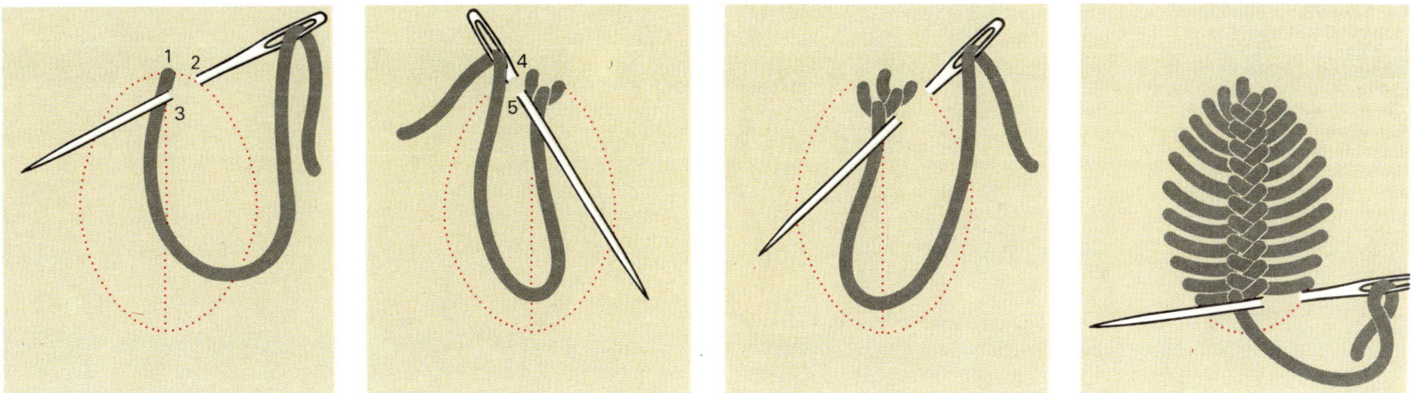

Der Zweigstich eignet sich ebenfalls zum Aussticken von Blättern. Die einem Tannenzweig ähnliche Form hat diesem Stich seinen Namen gegeben. Bei 1 ausstechen und mit einem senkrechten Stich bei 2 einstechen. Bei 3 ausstechen und genau gegenüber bei 4 einstechen. Beim ursprünglichen Einstichpunkt 2 ausstechen, den Faden unter die Nadelspitze legen und durchziehen. Punkt 2 ist jetzt der Ausgangspunkt 1 für den nächsten Stich. Die ganze Folge wiederholen, bis die Form ausgefüllt ist

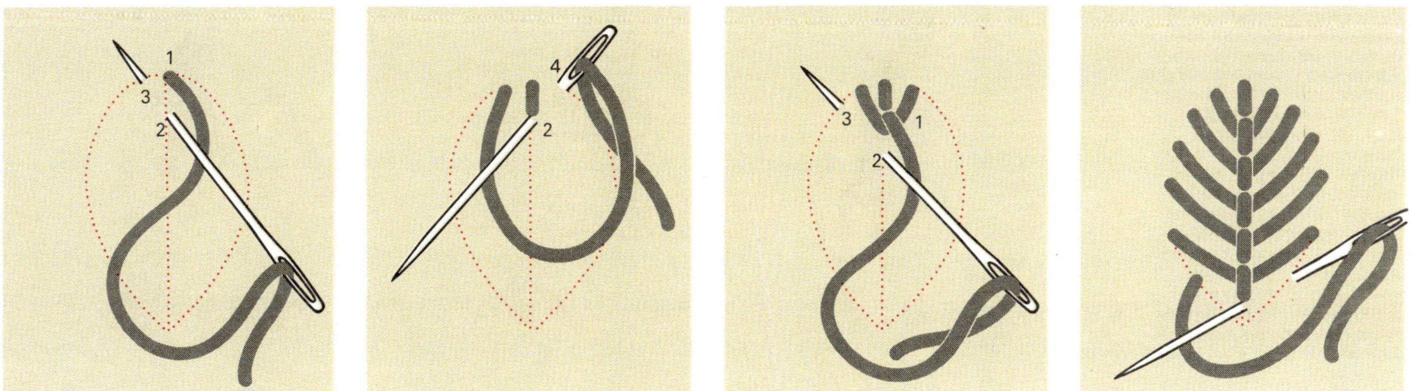

Stickerei · Stickstiche

Füllstiche (einzeln)

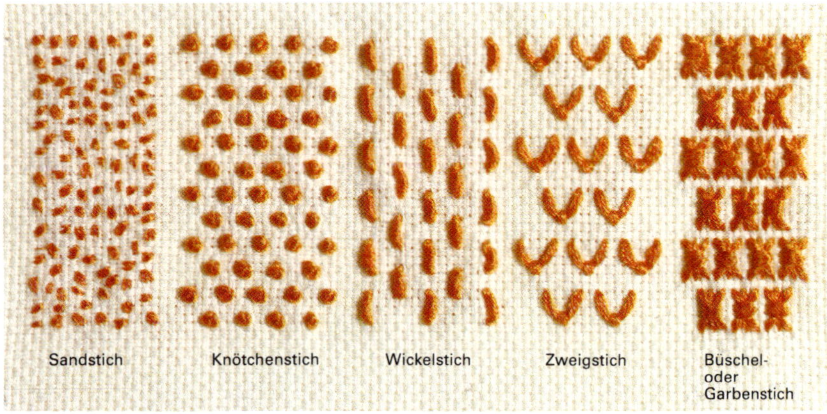

Obwohl die einzelnen Stiche dieser Gruppe sehr verschieden sind, haben sie doch eines gemeinsam: Sie werden alle einzeln gestickt und dienen vornehmlich dazu, Musterflächen auszufüllen. Alle hier gezeigten Stiche bieten eine Vielzahl von Gestaltungsmöglichkeiten. Man muß darauf achten, daß besonders plastische Stiche wie der Knötchenstich oder der Wickelstich nicht zerdrückt werden, wenn man mit dem Stickrahmen arbeitet; dazu siehe Seite 18.

Diese Stiche können auch noch zu vielen anderen Zwecken verwendet werden. Der Knötchenstich ist besonders dazu geeignet, etwa das Innere einer Blüte oder das wollige Fell eines Lamms zu gestalten. Vielseitig ist ebenfalls der Sandstich, der sehr dicht oder weit auseinander gestickt werden kann, um entsprechende Schattierungen zu erzielen. Der Zweigstich und der Büschelstich erfordern etwas Überlegung bei der Anordnung. In Reihen gearbeitet, können sie als Kante oder Borte verwendet werden, man kann sie aber auch einzeln sticken. Gestreut gestickte Zweigstiche sehen aus wie Vögel im Flug, Büschel- oder Garbenstiche wie Weizengarben, wie der Name ja auch besagt.

Der Sandstich, einer der einfachsten Füllstiche, kann gruppenweise oder gestreut gestickt werden. Bei 1 ausstechen und mit einem winzigen Stich bei 2 einstechen. Für eine stärkere Betonung dicht neben dem ersten Stich bei 3 wieder aus- und bei 4 einstechen. Die Stiche nach Belieben verteilen und die Stickrichtung innerhalb der Gruppe wechseln, um das Stickbild aufzulockern. Werden die Stiche in eine Richtung gestickt, wirkt das Stickbild einförmig

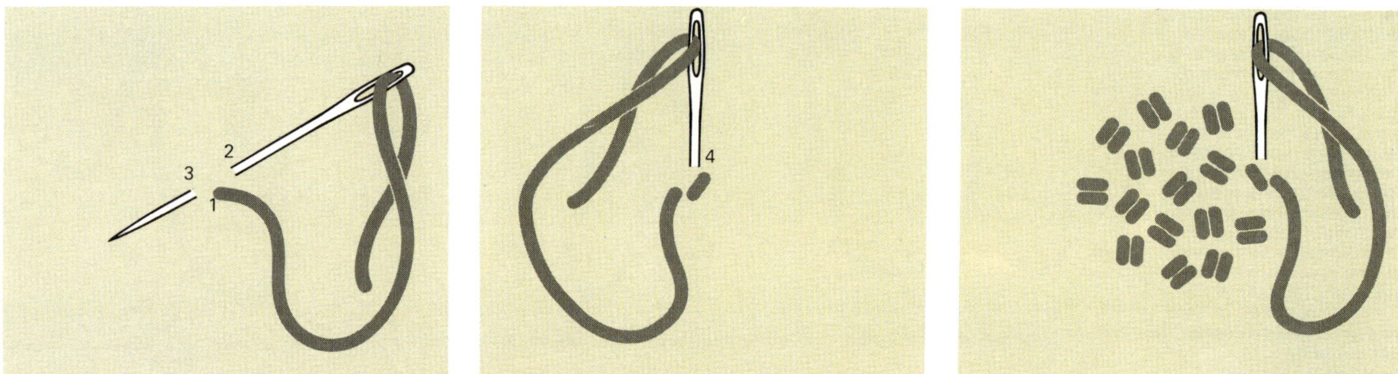

Der Knötchenstich wird wie der Sandstich verwendet, ist jedoch viel plastischer. Die Knötchen können auch sehr dicht nebeneinander gestickt werden, um eine Fläche ganz zu füllen. Bei 1 ausstechen, den Faden mit der linken Hand zweimal um die Nadel wickeln und straff anziehen. Dicht neben 1 einstechen und durchziehen, dabei den Faden festhalten bzw. ihn durch die Finger gleiten lassen, bis er ganz durchgezogen ist. Die Knötchen nach Belieben über die Fläche verteilen. Für dickere Knoten den Faden öfter um die Nadel wickeln

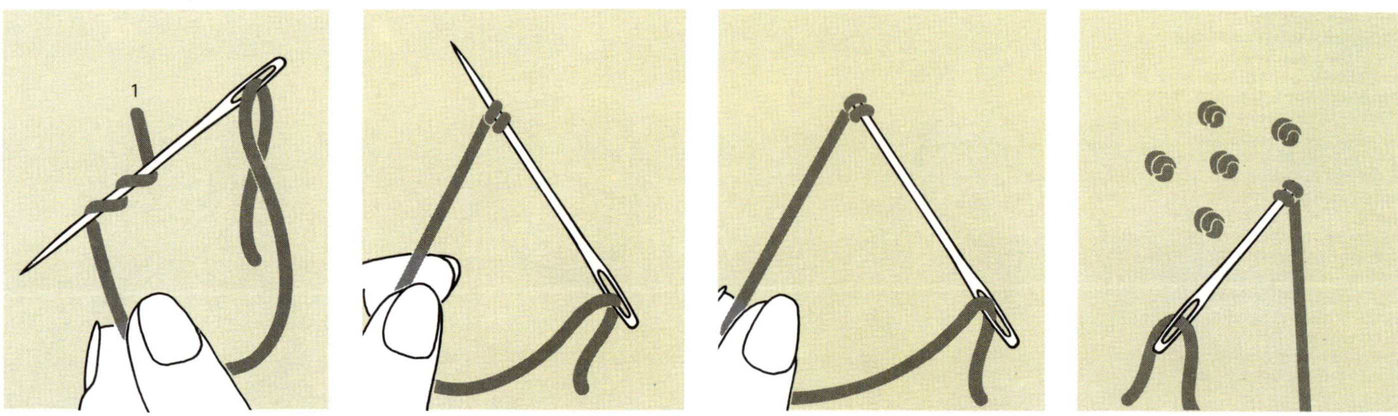

Der Wickelstich dient als Füll- oder Konturenstich. Bei 1 ausstechen und durchziehen. Bei 2 einstechen und wieder bei 1 ausstechen; den Faden nicht durchziehen. Je nach Stichlänge Faden fünf- bis siebenmal um die Nadel wickeln, dann Nadel und Faden vorsichtig durchziehen; die Spirale darf sich nicht verziehen. Den Faden zu Punkt 2 hin fest anziehen, damit die Spirale flach aufliegt, und mit der Nadelspitze die Spirale gleichmäßig zusammenschieben. Wieder bei 2 einstechen

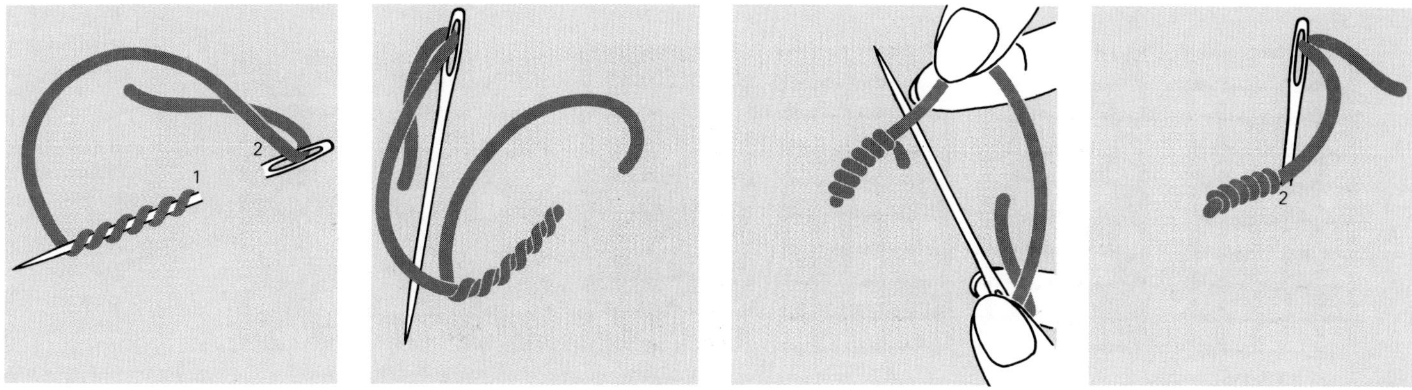

Der Zweigstich gehört zu den Bäumchen- oder Federstichen (S. 41). Einzeln gestickt, sieht er einem Y ähnlich. Er kann verstreut als Füllstich oder in Linien für eine Bordüre gearbeitet werden. Bei 1 ausstechen und durchziehen. Genau gegenüber bei 2 einstechen und schräg nach unten bei 3 ausstechen (die Punkte 1, 2 und 3 liegen alle gleich weit auseinander). Den Faden unter die Nadelspitze legen und durchziehen. Mit einem kleinen Überfangstich bei 4 einstechen

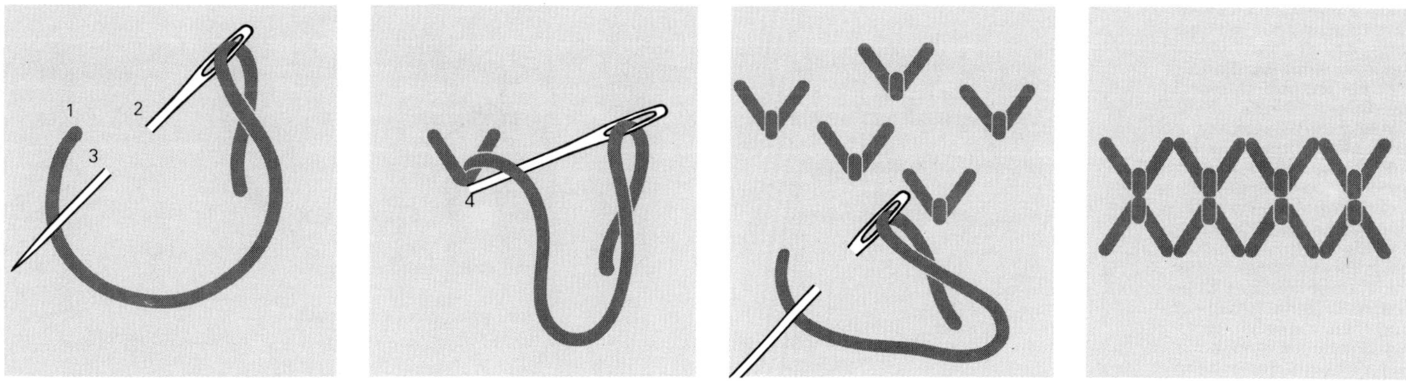

Der Büschel- oder Garbenstich kann in Reihen nebeneinander oder versetzt angeordnet werden. Bei 1 ausstechen und durchziehen. Zuerst 3 gerade Stiche nach der Schrittfolge 2–6 arbeiten, dann in der Mitte zwischen 5 und 6 bei 7 ausstechen und durchziehen. Dann die Nadel zweimal unter den Stichen durchschieben, ohne den Stoff zu fassen, und den Faden anziehen. Unter dem Stichbündel einstechen und auf der linken Stoffseite den Stich sichern. Die Querstiche können auch in einer Kontrastfarbe gestickt werden

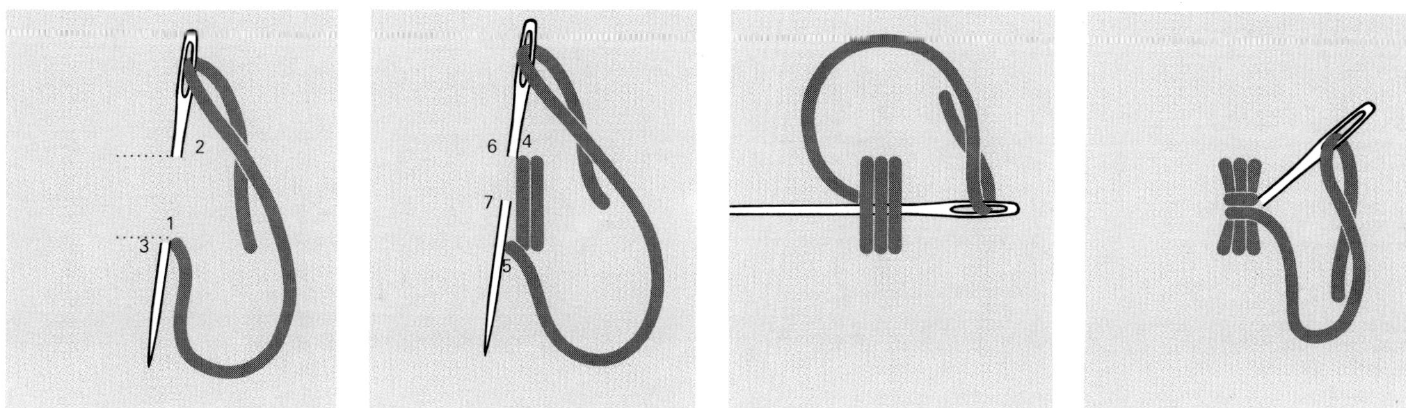

Stickerei · Stickstiche

Sticken im Rahmen 18

Füllstiche (über Gittern)

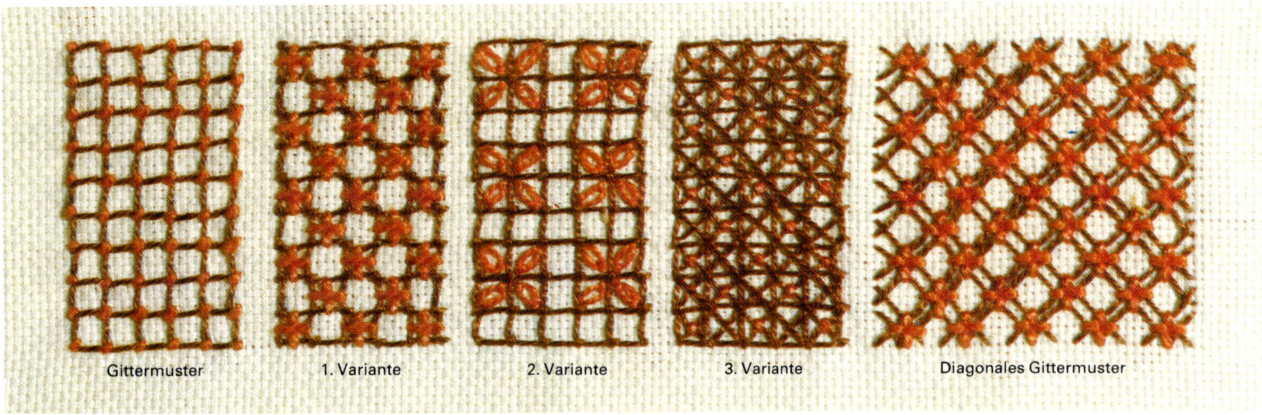

Diese Stiche eignen sich für verhältnismäßig große Flächen. Sie sind länger als die Einzelstiche und ergeben ein Gittermuster. Zuerst wird ein Gitter gestickt, das dann mit unterschiedlichen Stichen an den Schnittpunkten befestigt wird. Ornamente, meist in einer Kontrastfarbe, können noch hinzugefügt werden. Die langen, geraden Stiche (Spannfäden) für das Gitter müssen gleichmäßig gearbeitet werden. Dazu verwendet man am besten einen Stickrahmen (S. 18). Die Abstände zwischen den Spannfäden hängen von der Größe der Fläche sowie vom gewünschten Effekt ab.

Beim Gittermuster werden lange Spannfäden mit Überfangstichen an den Schnittpunkten verankert. Bei 1 ausstechen und bei 2 einstechen. Genau darunter bei 3 ausstechen. Genau gegenüber und unterhalb von 1 bei 4 einstechen. Die Stiche in gleichmäßigen Abständen so weiterarbeiten, bis die Fläche bedeckt ist. Die senkrechten Stiche genauso arbeiten, dann über jeden Schnittpunkt einen schrägen Überfangstich sticken. Oben links beginnen und reihenweise hin- und herarbeiten; bei A aus- und bei B einstechen

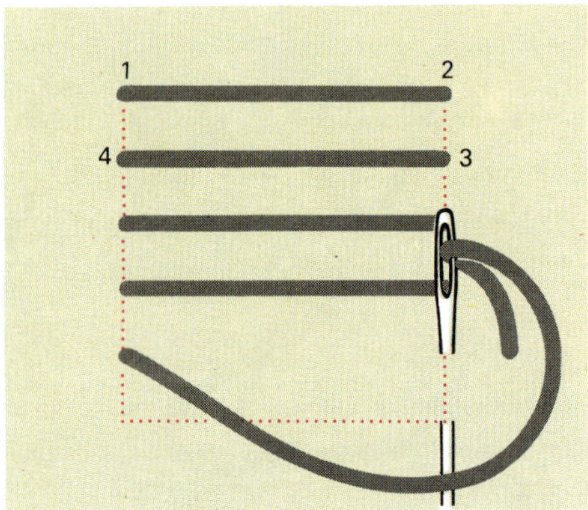

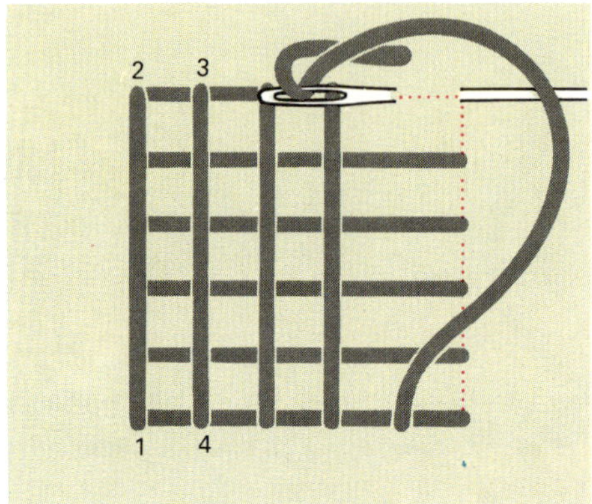

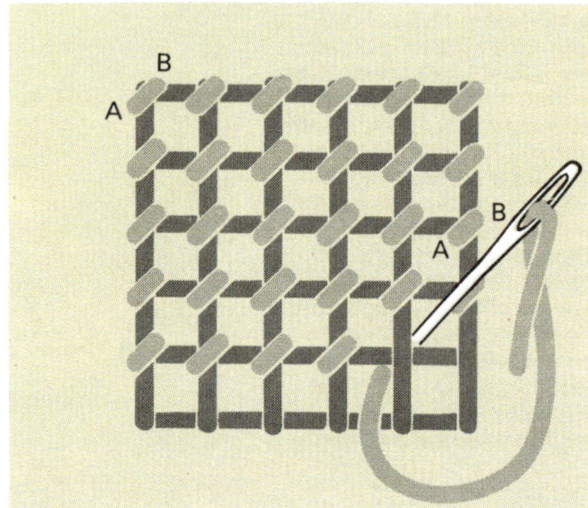

1. Variante Gerade Kreuze werden zusätzlich über die einzelnen Felder eines Gitters gestickt, das wie oben gearbeitet wird. Hier werden jedoch Spann- und Überfangstiche mit derselben Farbe und die Kreuze mit einer Kontrastfarbe gestickt. Oben links beginnen. Bei 1 ausstechen und durchziehen, bei 2 ein-, bei 3 aus- und bei 4 wieder einstechen. Diese Stichfolge über die ganze Fläche wiederholen, dabei reihenweise hin- und herarbeiten und die Kreuze versetzt anordnen

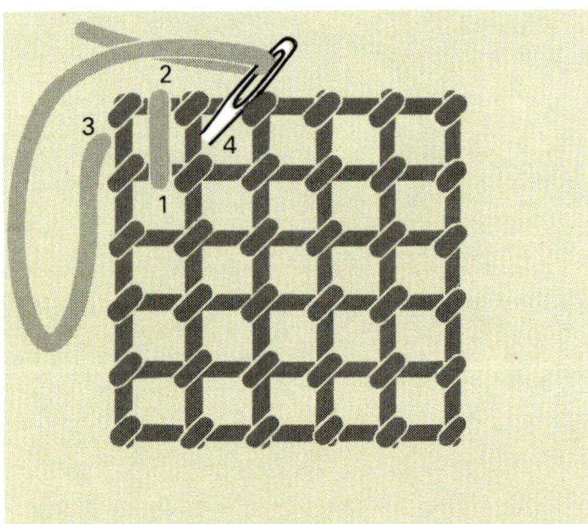

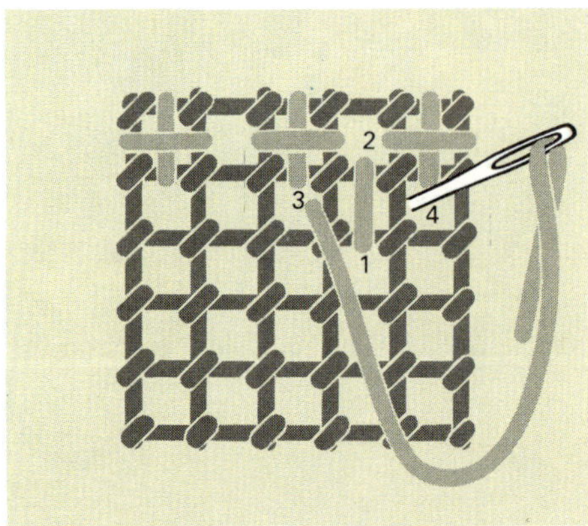

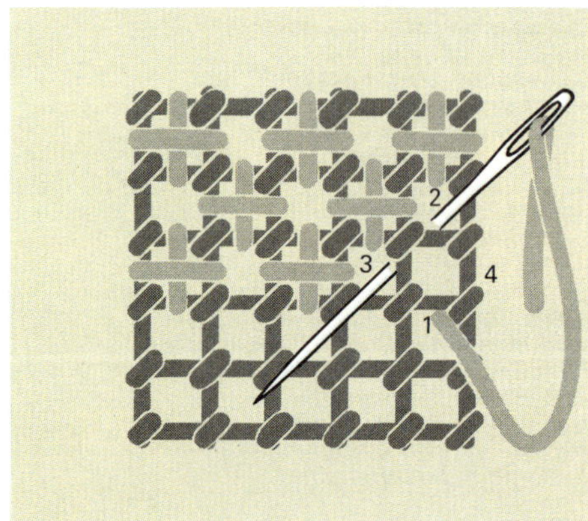

2. Variante 4 einzelne Kettenstiche werden in 4 beieinanderliegenden Feldern gestickt. Jeden Kettenstich so anordnen, daß der Überfangstich zur Befestigung der Schlinge zur Mitte der Vierergruppe hin gestickt wird. Bei 1 ausstechen und durchziehen. Bei 1 wieder einstechen und bei 2 ausstechen; Faden unter die Schlinge legen und durchziehen. Bei 3 einstechen und im nächsten Feld bei 1 ausstechen. Die Kettenstiche entgegen dem Uhrzeigersinn arbeiten. Die weiteren Vierergruppen genauso sticken

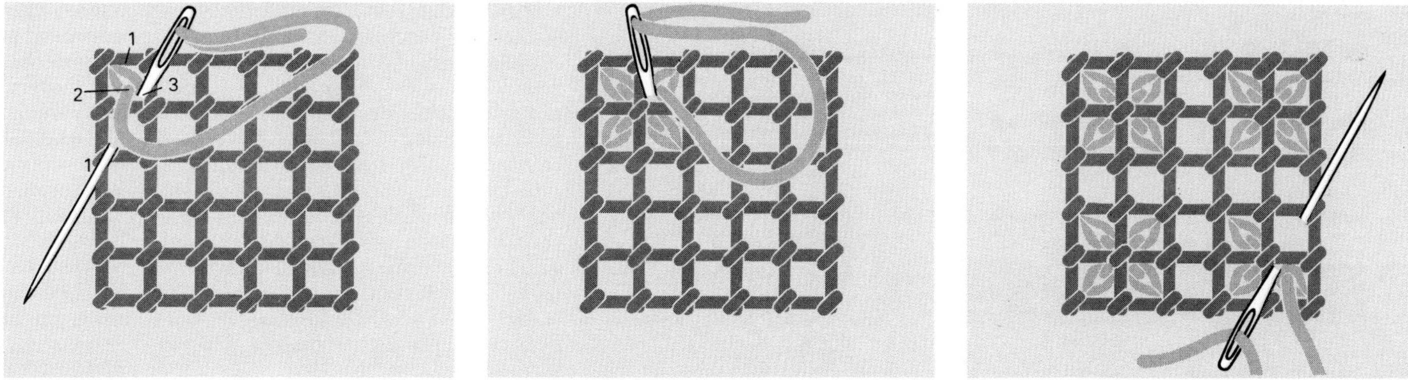

3. Variante Über Gitter und Überfangstiche wird ein diagonales Gitter gelegt. Oben links bei 1 ausstechen. Bei 2 einstechen, bei 3 ausstechen und durchziehen. Bei 4 einstechen und bei 5 ausstechen. Über die ganze Fläche so weiterarbeiten, dann die darüberliegenden Spannfäden von rechts nach links sticken. Die Schnittpunkte der Diagonalen mit senkrechten Überfangstichen in einer Kontrastfarbe befestigen (bei A ausstechen und bei B einstechen); oben links beginnen und reihenweise hin- und herarbeiten

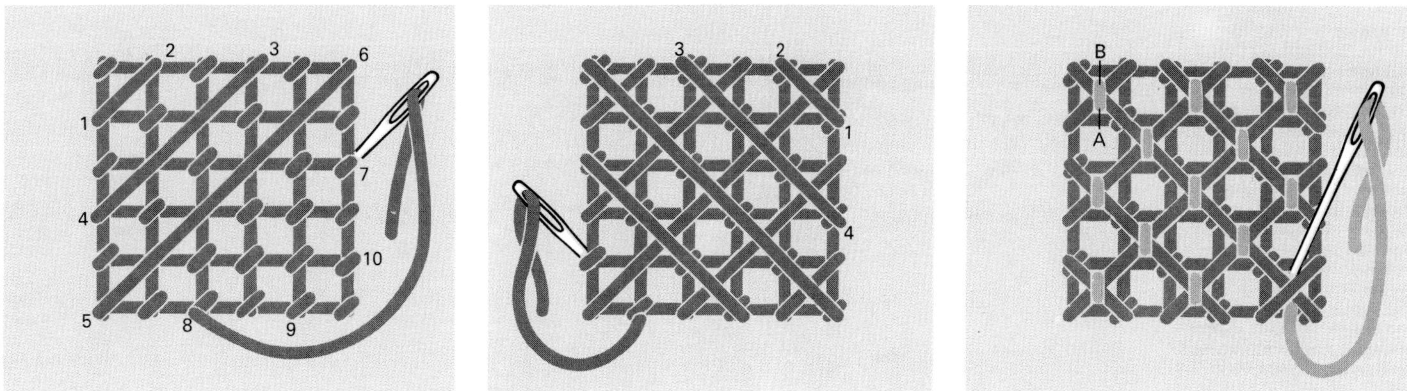

Das diagonale Gitter besteht aus paarweise angeordneten Spannfäden. Oben links bei 1 ausstechen und durchziehen. Bei 2 ein-, bei 3 ausstechen und durchziehen. Bei 4 wieder einstechen. Über die ganze Fläche wiederholen, dann von rechts nach links die darüberliegenden Fäden sticken. An jedem Schnittpunkt 4 Überfangstiche arbeiten; jeweils bei A ausstechen und beim gemeinsamen Mittelpunkt B einstechen. Diese Vierergruppen reihenweise hin- und herarbeiten und in jeder Reihe versetzen

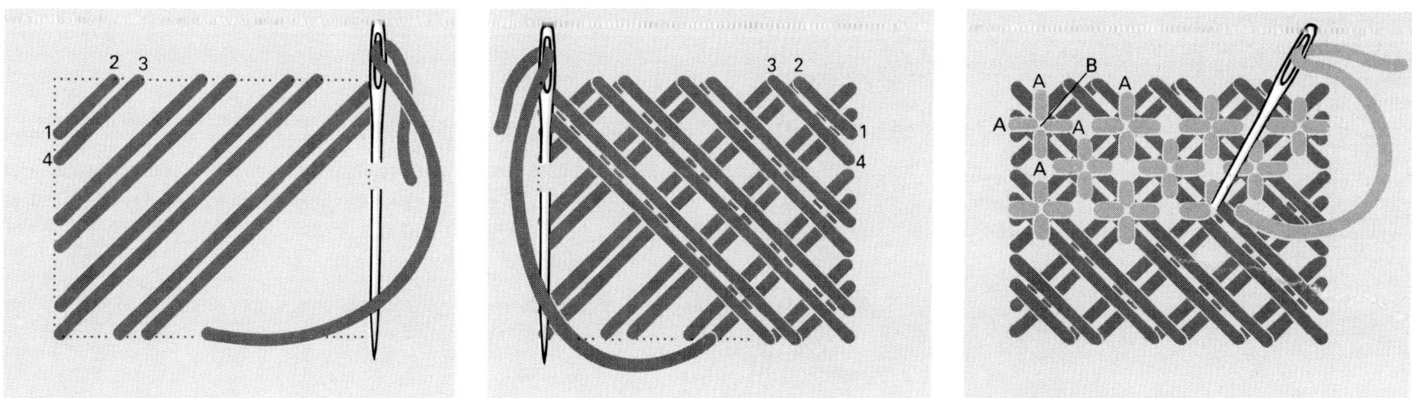

Stickerei · Stickstiche

Vorstiche

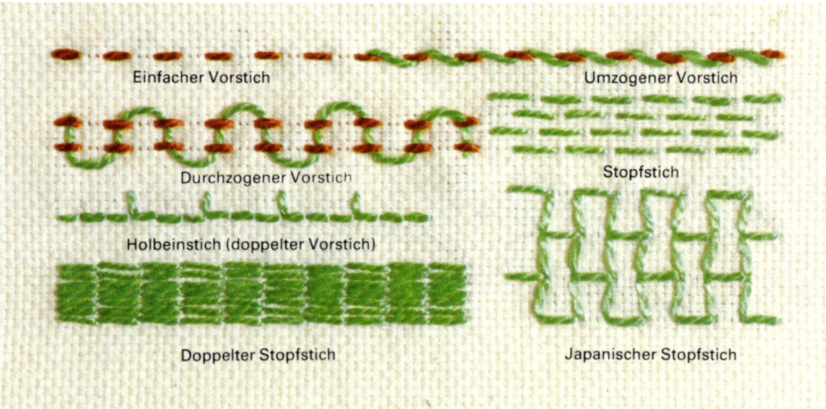

Die Vorstiche sind in mancher Hinsicht die einfachsten Stickstiche. Die Nadelführung ist keinesfalls kompliziert, besondere Sorgfalt ist jedoch nötig, um eine gleichmäßige Stichlänge zu erzielen. Aus diesem Grund werden die Vorstiche gern auf zählbarem Gewebe gestickt. Anders als die Mehrheit der Stickstiche können mehrere Vorstiche in einem Arbeitsgang gearbeitet werden. Die Nadel wird mehrfach ein- und ausgestochen, ehe Nadel und Faden durchgezogen werden. So kann auch schneller gestickt werden.

Der einfache Vorstich wird meist als Linienstich für Konturen verwendet und ist die Grundlage für die Stepptechnik. In Reihen gestickt und mit einem kontrastfarbenen Faden umschlungen, eignet er sich für Kanten und Bordüren. Der Holbeinstich oder doppelte Vorstich wird oft für Konturen verwendet. Der sorgfältig ausgeführte Holbeinstich sieht auf beiden Stoffseiten gleich aus. Die Stopfstiche dienen gewöhnlich dazu, Flächen auszufüllen. Durch Abänderung der Stichlängen und Anordnungen der Reihen sind viele verschiedene Muster möglich (siehe *Schwarzstikkerei*, S. 56).

Der einfache Vorstich kann auf der rechten und linken Stoffseite gleich lang oder aber rechts länger sein. Bei 1 ausstechen und durchziehen. Bei 2 einstechen und einige Stiche arbeiten, ehe der Faden wieder durchgezogen wird. Für den umzogenen Vorstich andersfarbiges Garn von oben nach unten durch die einzelnen Stiche ziehen, ohne den Stoff zu fassen. Für den durchgezogenen Vorstich 2 Reihen Vorstiche arbeiten und andersfarbiges Garn abwechselnd nach oben und nach unten durchziehen

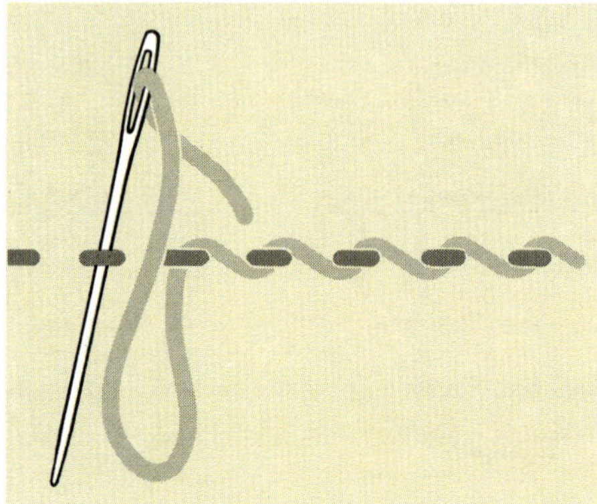

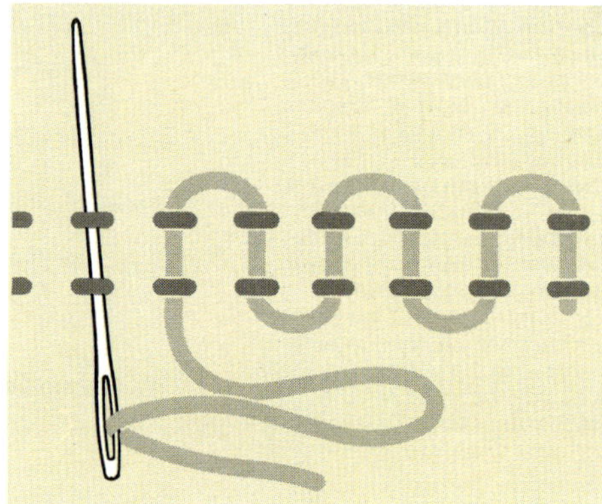

Der Stopfstich besteht aus mehreren Reihen beliebig langer Vorstiche. Die so gebildeten Muster ähneln denen der Schwarzstickerei. Hier ein Ziegelsteinmuster. Jede Reihe besteht aus langen Spannfäden, zwischen denen nur wenige Gewebefäden gefaßt werden. Die Stiche werden in jeder Reihe so versetzt, daß sie unter den Zwischenräumen der vorhergehenden Stichreihe liegen. Über die ganze Fläche wiederholen

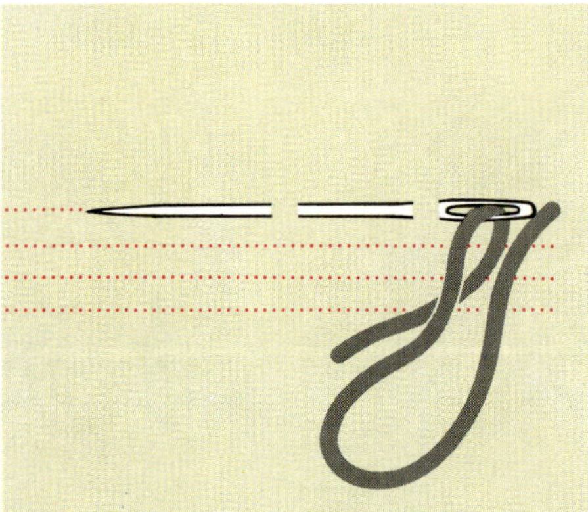

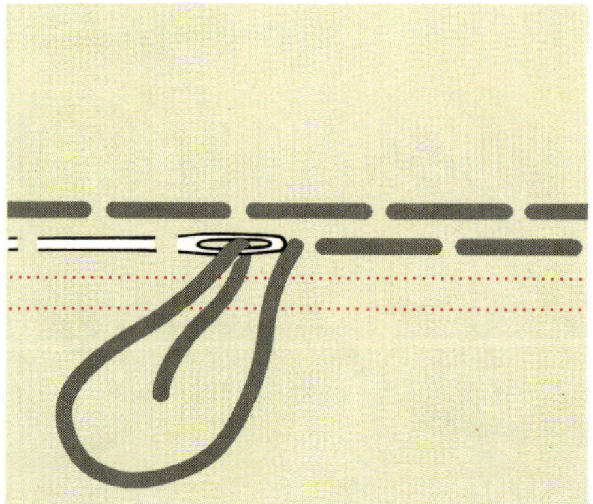

Der Holbein- oder doppelte Vorstich wird oft in der Schwarzstickerei verwendet. Zunächst eine Reihe gleichmäßiger Vorstiche sticken, dann die Arbeit umdrehen und die Zwischenräume mit Vorstichen ausfüllen. Bei der Rückreihe die Ein- und Ausstichlöcher der Hinreihe benutzen, damit kein Stoff mehr zwischen den Stichen zu sehen ist. Hat das Muster Querstiche, diese bei der Hinreihe anbringen: bei 3 (Punkt 1 des Vorstichs) ausstechen, bei 4 einstechen und wieder bei 3 ausstechen. Die Rückreihe wie gewohnt arbeiten

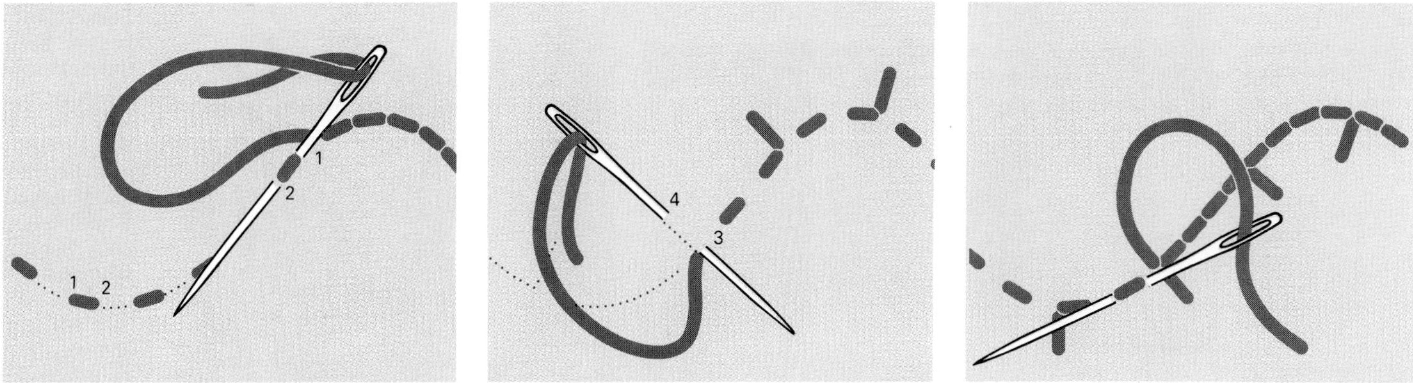

Der doppelte Stopfstich besteht aus mehreren Reihen des Holbeinstiches. Zunächst eine Reihe gleichmäßiger Vorstiche sticken, dann die Arbeit umdrehen und die Zwischenräume ausfüllen. Alle nachfolgenden Reihen genauso arbeiten, dabei die Stiche alle gleich lang und genau untereinander sticken. Die Reihen liegen gerade so weit auseinander, daß sich die Fäden nicht überlappen

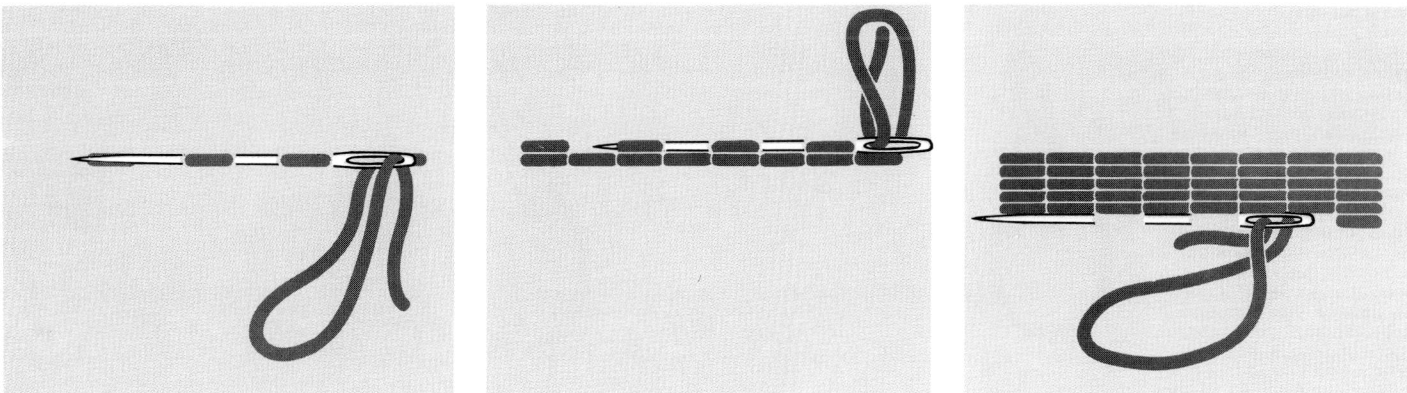

Der japanische Stopfstich kann als Füllstich oder als Bordüre verwendet werden. Einige Reihen von Stopfstichen im Ziegelsteinmuster (siehe gegenüber) arbeiten, jedoch mit einem größeren Abstand zwischen den einzelnen Reihen. Die Spannfäden sollten etwas länger als der Zwischenraum sein. In der obersten Reihe bei 1 ausstechen und durchziehen. Bei 2 ein- und bei 3 ausstechen. Über die ganze Reihe wiederholen. Die anderen Reihen genauso verbinden, dabei die Schrägstiche jeweils versetzt anordnen

Stickerei · Stickstiche

Beidhändiges Sticken im Rahmen 20
Hardangerstickerei 86

Platt- oder Flachstiche

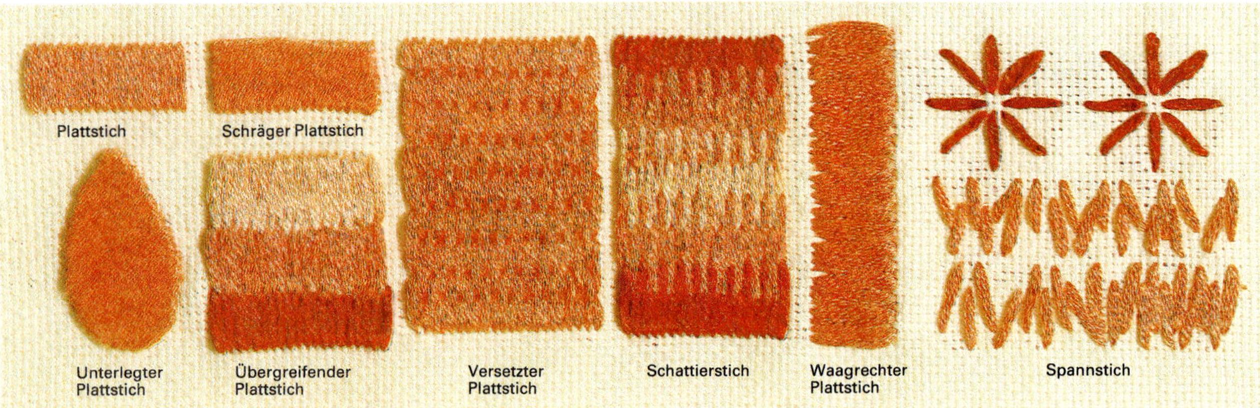

Diese Gruppe von Stickstichen ist am besten dazu geeignet, ganze Musterbereiche mit einer glatten, mehr oder weniger erhabenen Struktur auszufüllen. Der Stickvorgang ist einfach, etwas Übung ist jedoch notwendig, damit die Fäden flach und nahe beieinander liegen und einen gleichmäßigen Rand bilden. Bei Plattstichen darf zum Schluß kein Stoff mehr durchscheinen. Die Richtung, in der die Stiche gestickt werden, ist sehr wichtig und sollte vor Arbeitsbeginn festgelegt werden, da man durch die Stichlage unterschiedliche Licht- und Schatteneffekte erzielt.

Der Plattstich füllt Musterflächen mit langen, geraden Stichen, die eng nebeneinander gestickt werden. Er ist auch der Grundstich in der Hardangerstickerei. Die Stiche müssen glatt liegen und eine gleichmäßige Spannung haben; sie werden normalerweise von links nach rechts gearbeitet. Bei 1 ausstechen und durchziehen. Genau darüber bei 2 einstechen und dicht neben 1 bei 3 ausstechen. Über die ganze Fläche wiederholen. Den Plattstich am besten im Stickrahmen sticken und mit beiden Händen arbeiten (S. 20)

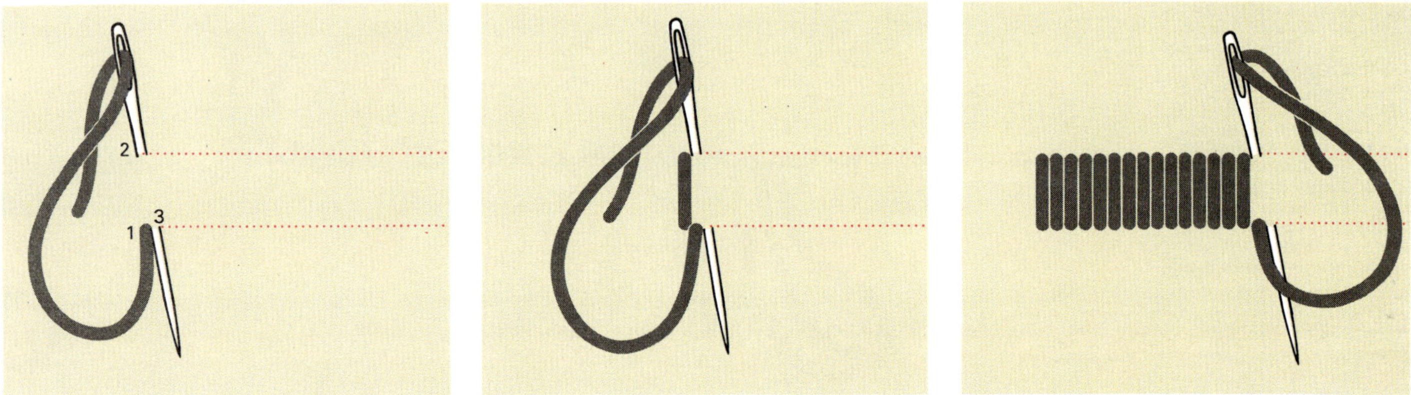

Der schräge Plattstich wird von der Mitte der Fläche aus gearbeitet, damit der Winkel bestimmt werden kann. Zuerst die eine Hälfte nach rechts, dann die zweite von der Mitte aus nach links voll aussticken. Wenn die Fläche groß ist, besteht die Gefahr, daß die Stiche im Lauf der Arbeit zu schräg bzw. schon fast waagrecht werden. Um dies zu verhindern, immer am oberen Rand (Punkt 2) sehr nahe am vorhergehenden Stich einstechen und, etwas weiter davon entfernt, bei 3 ausstechen

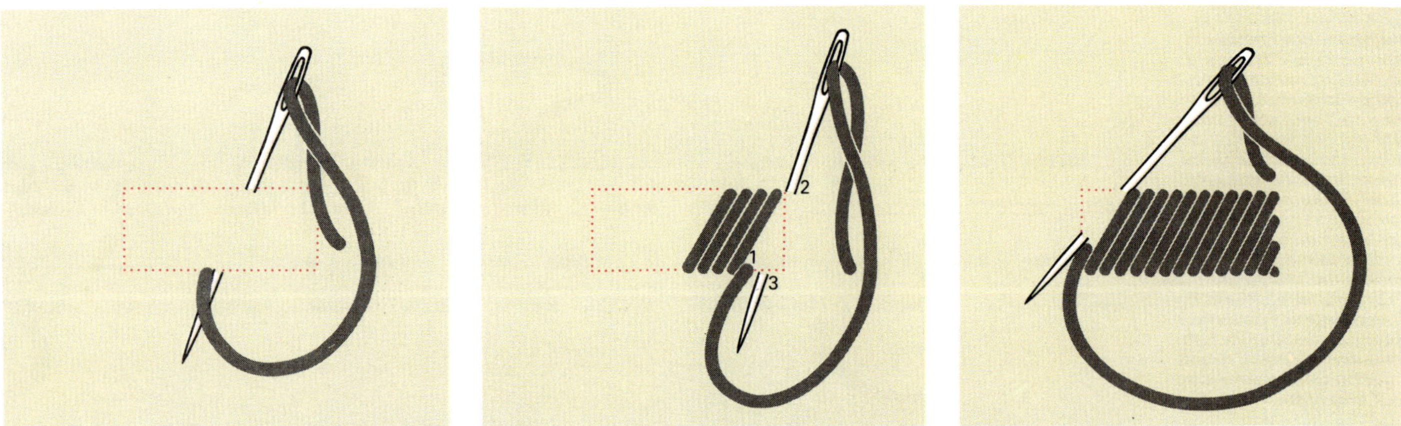

Der unterlegte Plattstich sieht genauso aus wie der einfache Plattstich, er ist jedoch etwas plastischer und wird deshalb gern zur Betonung bestimmter Motive verwendet. Man stickt zunächst die Umrisse mit Spaltstichen (S. 23) und arbeitet dann 2 Lagen Plattstiche übereinander. Die erste Lage waagrecht sticken, dabei den Spaltstich bedecken. Die obere Lage Plattstiche in der gewünschten Richtung arbeiten, dabei darauf achten, daß die Ränder gleichmäßig sind

Der übergreifende Plattstich bietet die Möglichkeit, innerhalb einer Fläche regelmäßige Farbschattierungen zu erzielen. Die Farben können von ganz hell bis ganz dunkel variieren. Zunächst eine Reihe Plattstiche arbeiten. Die nachfolgenden Reihen so sticken, daß die Einstiche zwischen diejenigen der vorhergehenden Reihe gearbeitet werden. Um bei abschattiertem Garn (Ombré) schöne Farbübergänge zu erzielen, jede Reihe mit einem gleich getönten Garnabschnitt beginnen

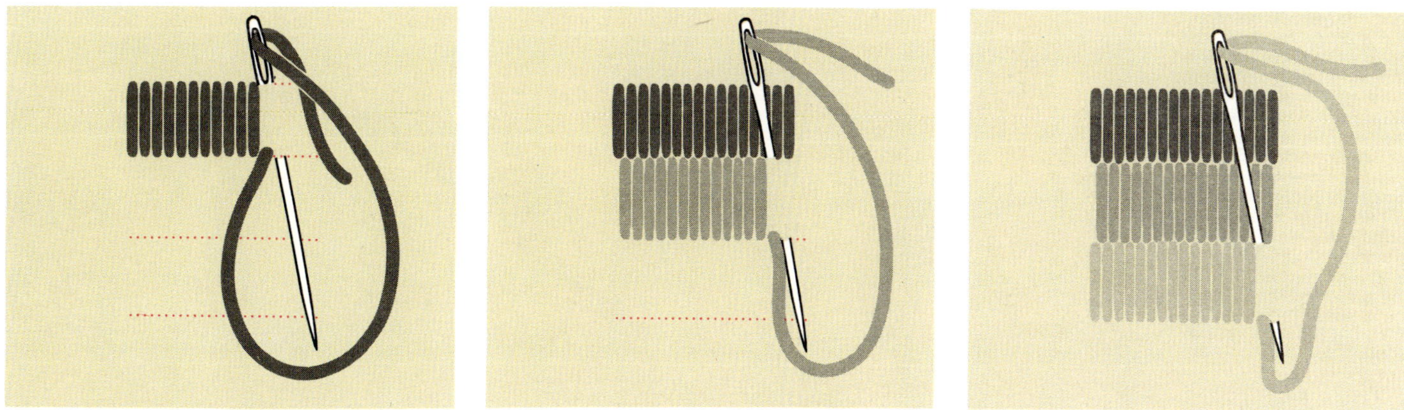

Der versetzte Plattstich sieht wie ein Korbgeflecht aus. Die Reihen abwechselnd von links nach rechts und umgekehrt arbeiten. In der ersten Reihe abwechselnd lange und kurze Stiche sticken, dabei ist der kurze Stich etwa halb so lang wie der lange. Alle anderen Reihen nur mit langen Plattstichen sticken. In der letzten Reihe nur kurze Stiche arbeiten, um einen geraden Abschluß zu bilden. Die Stiche der einzelnen Reihen müssen sich oben und unten berühren, damit kein Stoff durchscheint

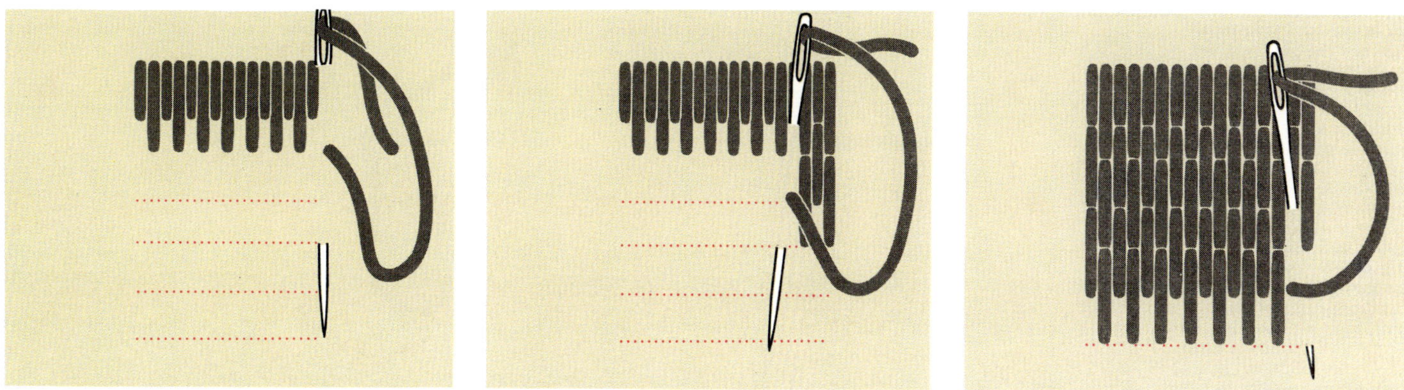

Stickerei · Stickstiche

Beidhändiges Sticken im Rahmen 20

Platt- oder Flachstiche

Schattierstiche dienen, wie der Name sagt, dazu, Flächen zu schattieren (Nadelmalerei). Sie ähneln dem versetzten Plattstich, nur werden die Stiche der vorhergehenden Reihe überstochen. Die erste Reihe wie die versetzten Plattstiche (S. 49) sticken. Die Farbe wechseln. Bei der nächsten Reihe in die Enden der Stiche der Vorreihe einstechen. Alle nachfolgenden Reihen ebenso arbeiten. In der letzten Reihe kurze Stiche sticken, um einen geraden Abschluß zu bilden

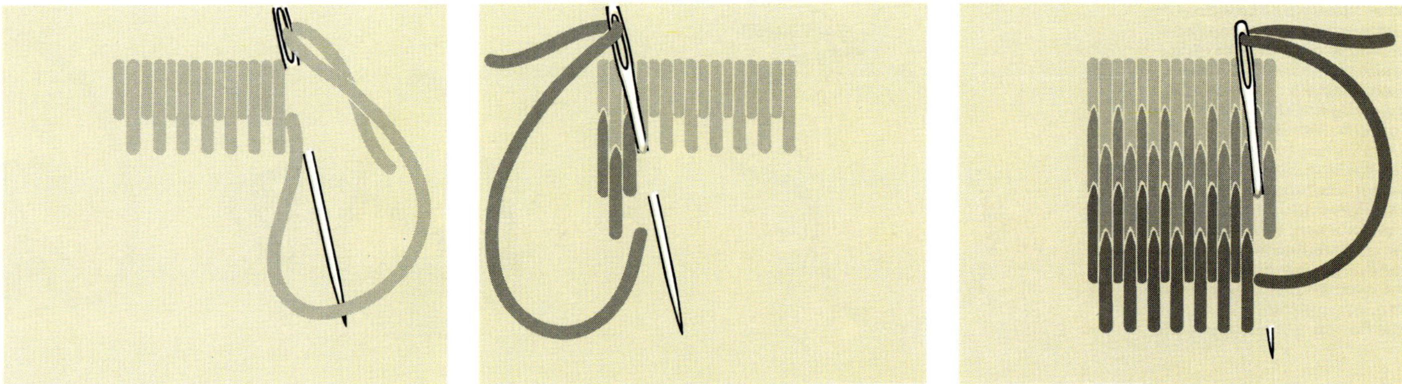

Die Richtung, in der Schattierstiche gestickt werden, ist sehr wichtig. Vor Arbeitsbeginn die Stickrichtung innerhalb der einzelnen Musterteile festlegen und einige Hilfslinien einzeichnen. Rechts 3 Beispiele, die teilweise schon mit Schattierstichen gestickt sind und die verschiedenen Stickrichtungen deutlich erkennen lassen. Besondere Farbeffekte, wie in der ersten und dritten Abbildung gezeigt, werden durch die fächerartige Anordnung der Stiche erzielt

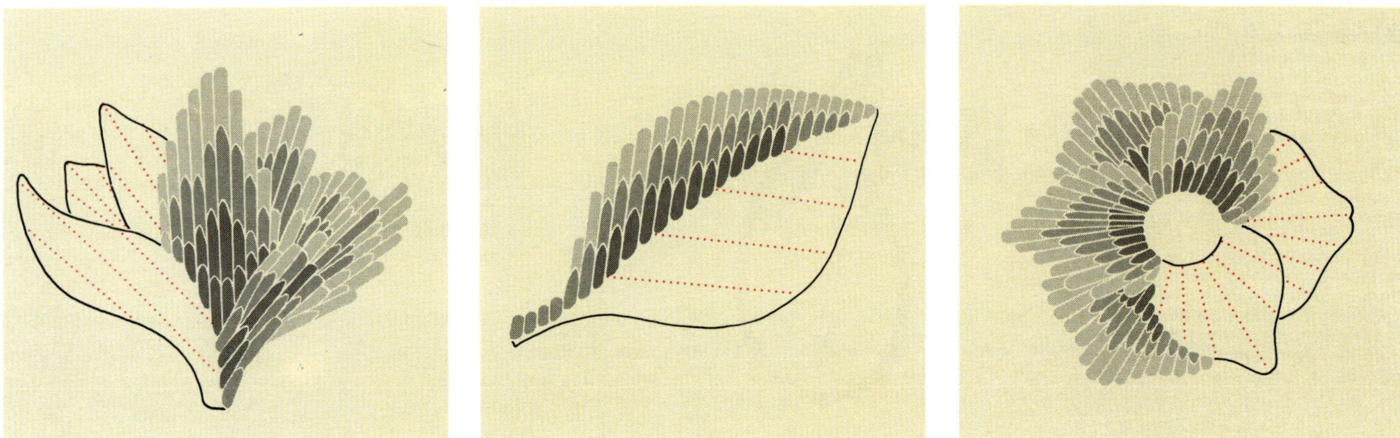

Der waagrechte Plattstich sieht genauso aus wie der gewöhnliche Plattstich, es entstehen aber keine langen Spannfäden auf der linken Stoffseite. Damit die Fäden eng beieinander liegen, benutzt man die Methode des beidhändigen Stickens (S. 20). Bei 1 ausstechen und durchziehen. Genau gegenüber bei 2 einstechen und eng daneben bei 3 ausstechen. Zwischen 2 und 3 darf nicht mehr als ein Gewebefaden des Stoffes liegen. Über die ganze Fläche wiederholen. Diesen Stich nur im Stickrahmen arbeiten

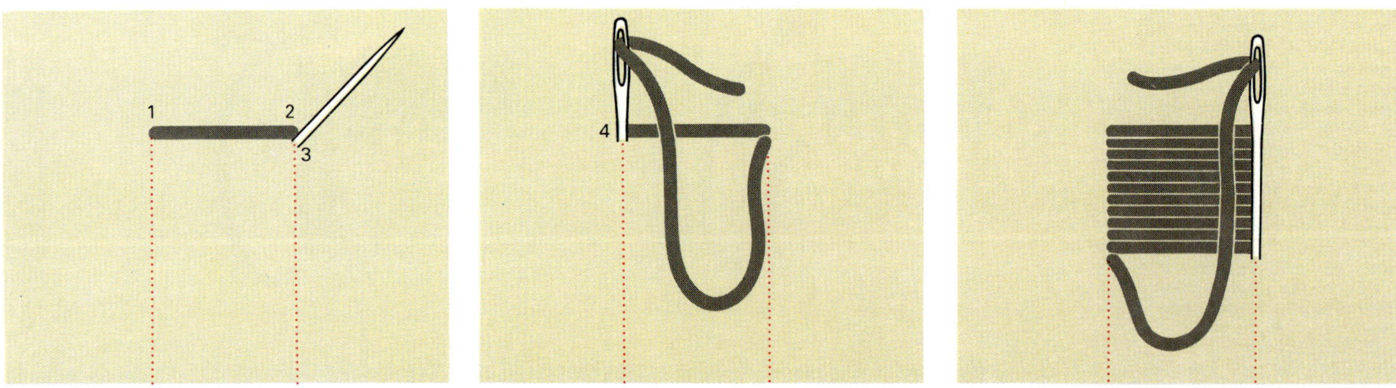

Der Spannstich kann in jeder beliebigen Länge und Richtung gestickt werden. Er ist geeignet, Linien oder Konturen zu sticken oder als Füllstich ganze Musterflächen auszufüllen. In der Runde gestickt, sieht er wie eine stilisierte Blume aus. Die Mitte einer solchen Blüte kann mit Knötchenstichen (S. 42) gefüllt werden. Beim Spannstich darauf achten, daß der Faden auf der linken Stoffseite nicht über zu weite Entfernungen geführt wird

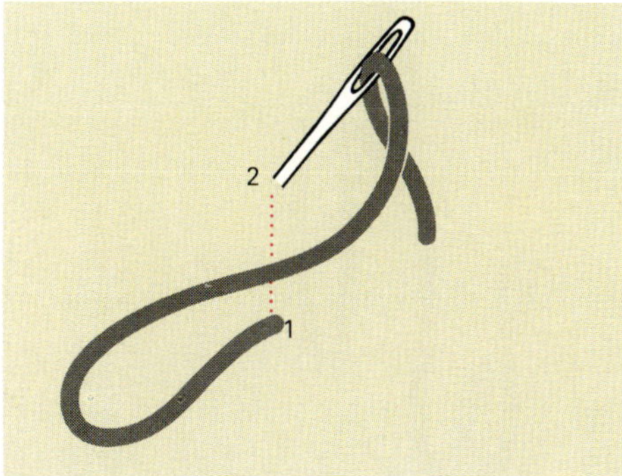

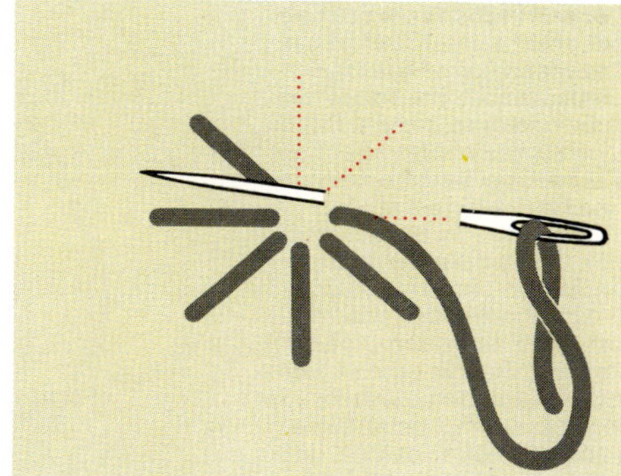

Webstiche

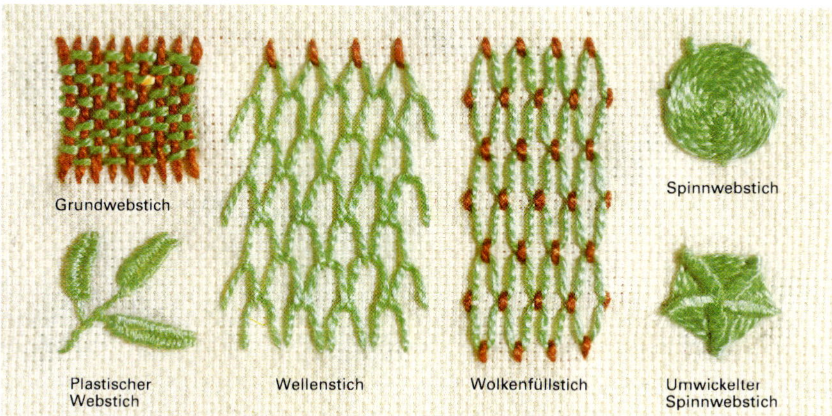

Die Webstiche haben alle eine Grundlage aus geraden Spannfäden, über die dann gewebt wird. Die Webstiche und die vorgespannten Fäden können nach Belieben beide mit gleichen oder mit kontrastierenden Farben gearbeitet werden.

Der Grundwebstich füllt eine Fläche mit seinem feinen Gewebe. Der plastische Webstich andererseits gestaltet bestimmte Motive wie ein einzelnes Blatt oder Blütenblatt. Die Spinnwebstiche eignen sich besonders gut für Muster, in denen Kreise enthalten sind. Der Wolkenfüllstich und der Wellenstich dienen als Füllstiche mit spitzen- oder gitterartigem Effekt. Das Gewebe kann dicht oder luftig sein, je nachdem, wie die Grundstiche angelegt werden. Auch die Garnstärke beeinflußt das Aussehen der fertigen Stickerei. Es lohnt sich, den jeweiligen Stich so lange mit verschiedenen Garnen zu probieren, bis man die gewünschte Wirkung für das Muster gefunden hat. Die Grundstiche werden mit einer normalen spitzen Nadel ausgeführt. Für die Webstiche empfiehlt sich eine stumpfe Nadel, mit der sich eher vermeiden läßt, den Stoff mitzufassen und die vorgespannten Fäden zu spalten.

Für den Grundwebstich die senkrechten Fäden von rechts nach links anlegen. Bei 1 ausstechen. Genau darüber bei 2 einstechen und links davon bei 3 ausstechen. Senkrecht darunter bei 4 wieder einstechen. Über die ganze Fläche wiederholen. Mit stumpfer Nadel bei A ausstechen. Abwechselnd über und unter den Spannfäden durchfädeln. Bei B ein- und für die Rückreihe bei C ausstechen. Über die ganze Länge der Spannfäden wiederholen; in jeder Reihe die Webstiche versetzen

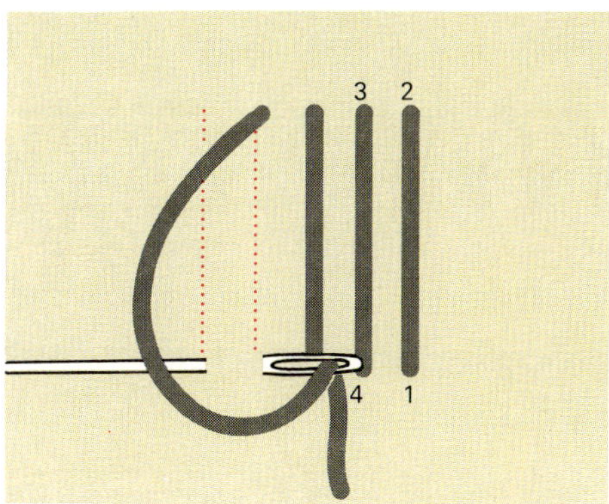

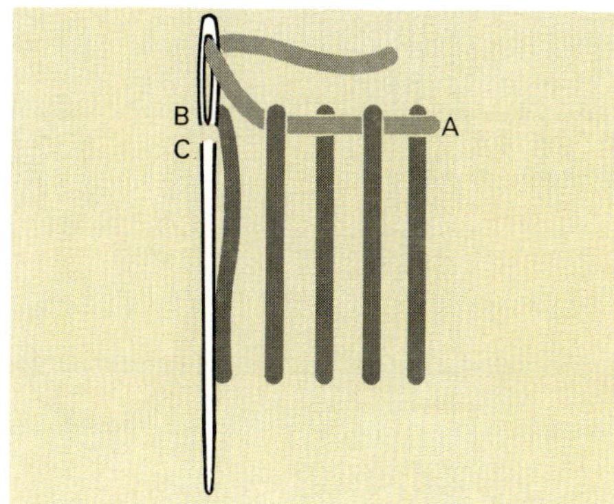

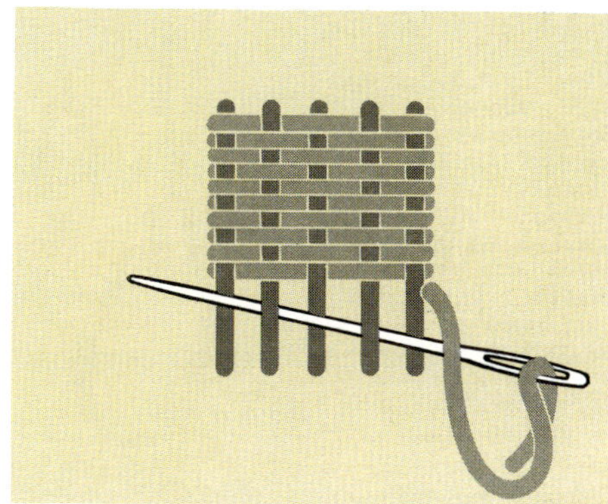

Stickerei · Stickstiche

Webstiche

Der plastische Webstich liegt auf dem Stoff auf und ist um 2 vorgespannte Fäden herumgearbeitet. Bei 1 ausstechen und durchziehen. Bei 2 einstechen, wieder bei 1 ausstechen, bei 2 einstechen und bei 1 ausstechen. Mit stumpfer Nadel weiterarbeiten. Die Nadel abwechselnd unter dem rechten und dem linken Spannfaden durchschieben, ohne den Stoff zu fassen. Über die ganze Länge der Spannfäden wiederholen, dabei auf gleichmäßige Fadenspannung achten, damit sich die Stickerei nicht verzieht

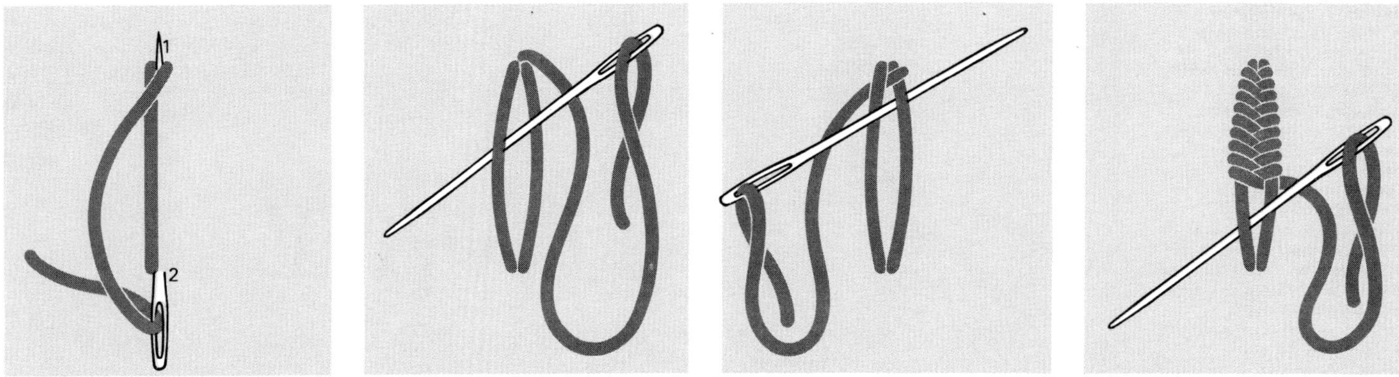

Der Wellenstich ist ein spitzenartiger Füllstich, der einer Honigwabe ähnlich sieht und daher auch Wabenstich genannt wird. Je nach Dichte der Grundstiche wirkt er schwerer oder luftiger. Zunächst eine Reihe kleiner Spannstiche in gleichen Abständen arbeiten. Bei 1 aus- und bei 2 einstechen. Am Ende der Reihe rechts und unterhalb vom letzten Plattstich bei 3 ausstechen. Die Nadel unter dem Plattstich durchschieben, ohne den Stoff zu fassen, und bei 4 wieder einstechen. Dicht daneben wieder ausstechen. Wiederholen, bis alle Plattstiche durchzogen sind

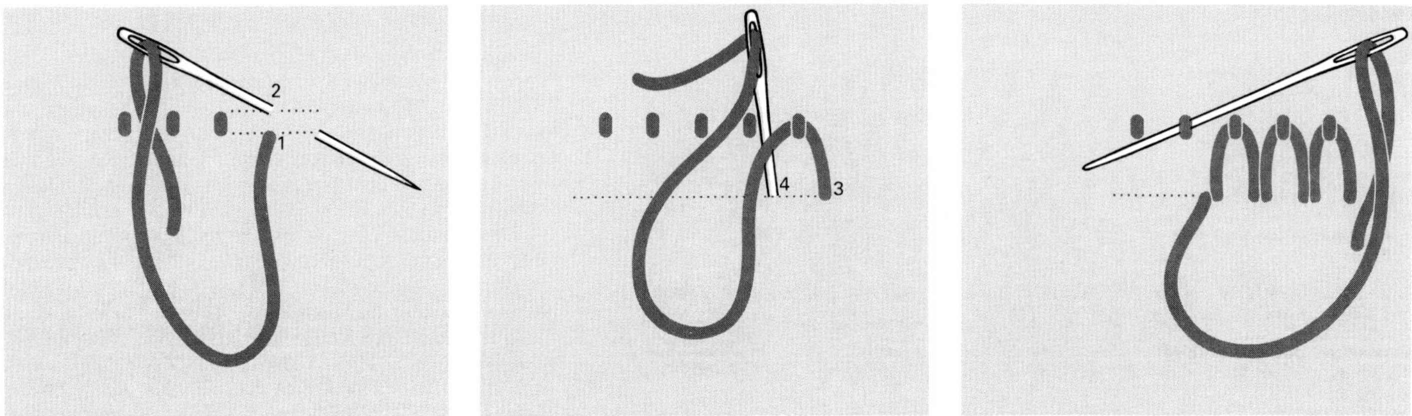

Für die nächste Reihe links und unterhalb vom Wellenstich der vorhergehenden Reihe bei 5 ausstechen. Die Nadel durch den oberen Stich schieben, ohne den Stoff zu fassen, und bei 6 einstechen. Über die ganze Reihe wiederholen, dabei aber jeweils unter 2 Stichen durchziehen. Die dritte Reihe genau unter dem ersten Webstich der ersten Reihe bei 7 beginnen und direkt unter dem letzten Webstich der ersten Reihe beim Einstichpunkt 8 beenden. Alle weiteren Reihen genauso arbeiten

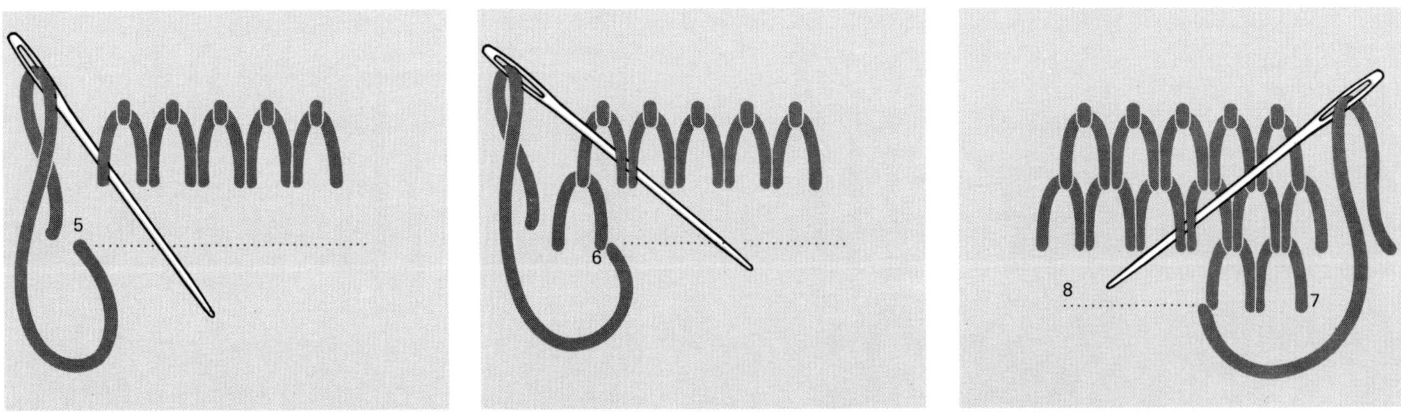

Für den Wolkenfüllstich einige versetzte Reihen senkrechter kleiner Spannstiche mit gleichem Abstand sticken. Mit stumpfer Nadel und kontrastfarbenem Garn bei A ausstechen. Faden abwechselnd durch die Spannstiche der ersten und zweiten Reihe ziehen. Bei B einstechen; Faden auf der linken Stoffseite sichern. Zweite und dritte Reihe ebenso durchziehen (C bis D). Über alle Spannstiche wiederholen. Für besondere Effekte verschiedenfarbige Garne verwenden und die Abstände zwischen den Spannstichen verändern

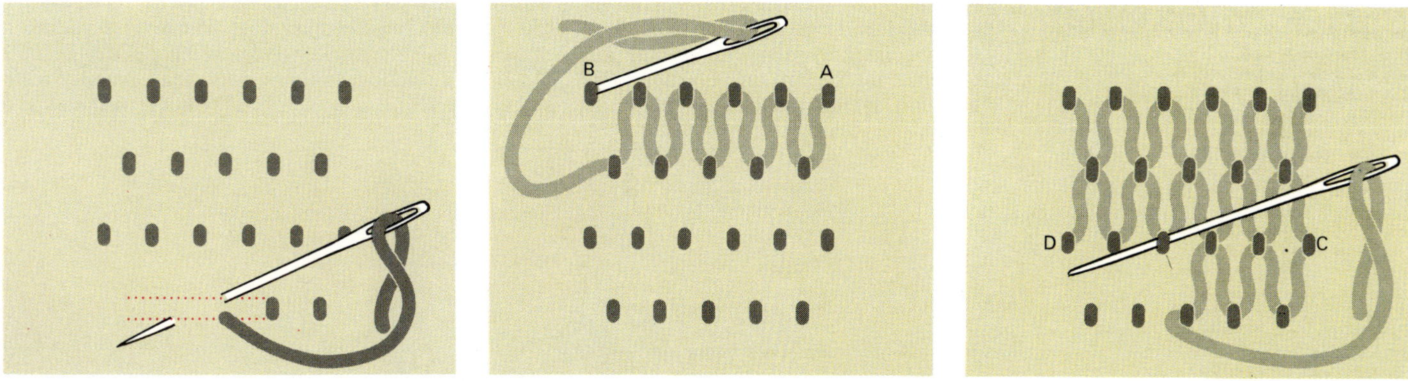

Der Spinnwebstich wird für Kreismotive oder stilisierte Blumen verwendet. Zuerst legt man die Speichen an, dann zieht man das Garn abwechselnd unter und über den Speichen durch, oder man umwickelt sie, um die Rippen zu betonen. Als erstes den Kreis in 9 Segmente einteilen. Bei 1 ausstechen. Bei 4 einstechen und in der Mitte ausstechen, den Faden unter die Nadelspitze legen und durchziehen. Bei 7 ein- und bei 9 ausstechen. Bei 3 einstechen und in der Mitte ausstechen, den Faden unter die Nadelspitze legen und durchziehen. Bei 6 ein- und bei 8 ausstechen

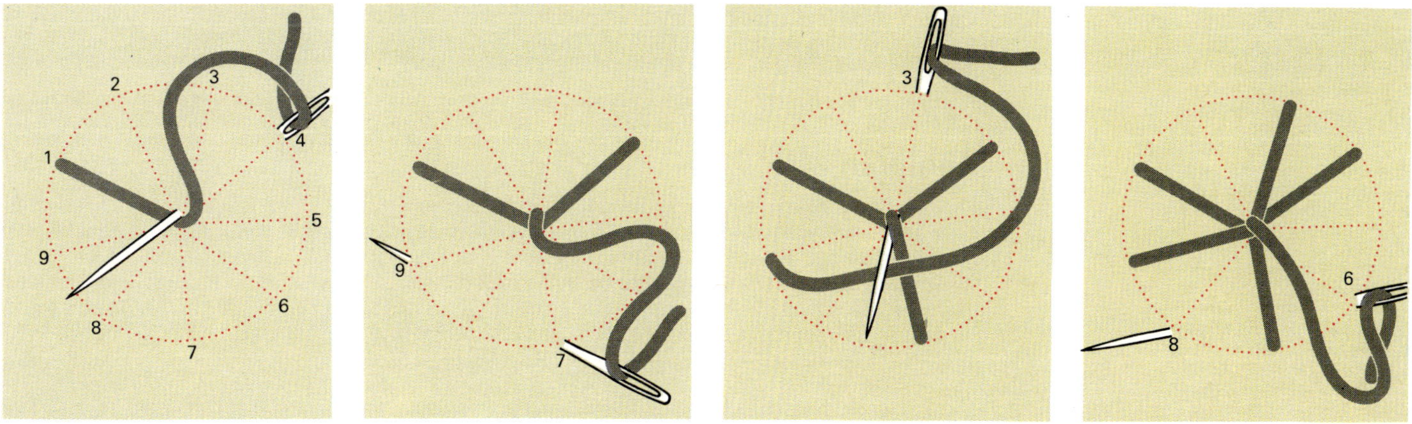

Bei 2 einstechen und in der Mitte ausstechen, den Faden unter die Nadelspitze legen und durchziehen. Für die letzte Speiche bei 5 ein- und in der Mitte ausstechen. Mit stumpfer Nadel den Faden abwechselnd über und unter den Speichen entgegen dem Uhrzeigersinn durchziehen, bis alle Speichen bedeckt sind. Für eine stärkere Betonung der Speichen den Faden unter der ersten durchziehen, dann nochmals unter der ersten und gleichzeitig unter der zweiten, nochmals unter der zweiten und gleichzeitig unter der dritten usw., bis alle bedeckt sind

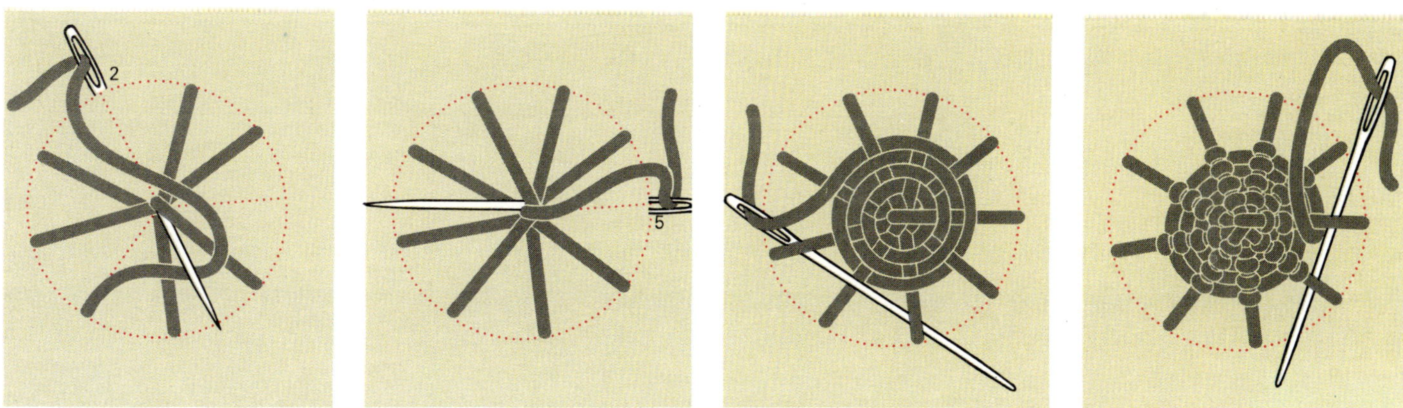

Eine Stickerei ausarbeiten

Reinigen, dämpfen und spannen

Reinigen

Oft ist die fertige Stickerei angeschmutzt und muß vor dem Ausarbeiten gereinigt werden. Stickereien aus waschbaren Stoffen und Garnen kann man im Handwaschbecken in handwarmem Wasser schwenken, in dem ein Feinwaschmittel aufgelöst wurde; man darf nicht drücken oder reiben! Nach gründlichem Spülen rollt man sie in ein Handtuch, um das Wasser aufzusaugen. Nicht waschbare Arbeiten kann man mit einem Fleckentferner behandeln, den man vorher an einem Stoffrest ausprobiert hat, oder in eine gute Reinigung geben.

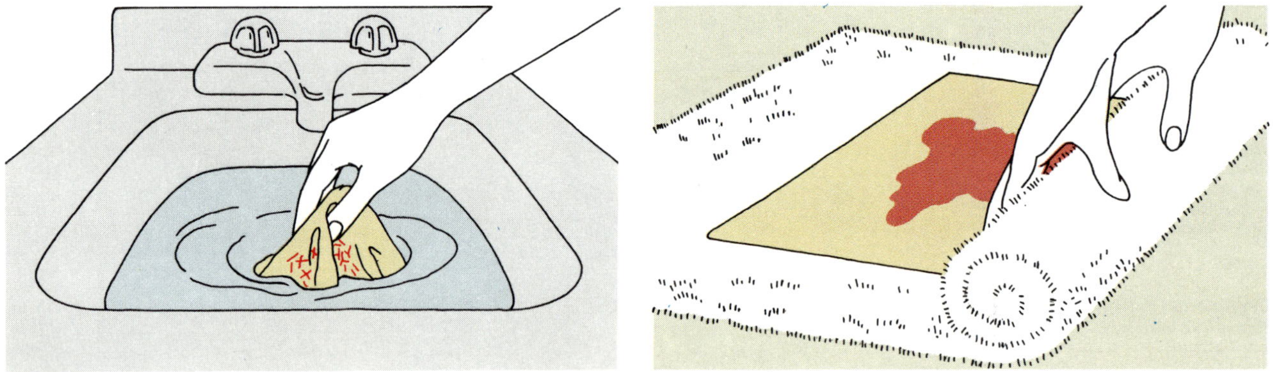

Waschen In handwarmem Wasser mit Feinwaschmittel schwenken. Gründlich spülen, auf einem Handtuch ausbreiten und einrollen

Dämpfen

Fertige Stickereien müssen gedämpft oder gespannt werden, um bei der Arbeit entstandene Knitterfalten zu entfernen und verzogenes Gewebe zu begradigen. Bei wenig verzogenem Gewebe genügt meist das Dämpfen, das auch für bestickte Kleidungsstücke empfehlenswerter ist. Das Bügelbrett – größere Stücke dämpft man auf einem Tisch – wird mit einigen Lagen Frotteetüchern gepolstert. Darauf breitet man die Stickerei mit der rechten Seite nach unten aus und legt ein Bügeltuch darüber.

Ist die Stickarbeit noch etwas feucht, genügt ein trockenes Bügeltuch. Für trockene Stücke nimmt man ein feuchtes Bügeltuch. Das Bügeleisen soll die bestickten Teile nur leicht berühren. Den unbestickten Stoff dämpft man in der gewohnten Weise.

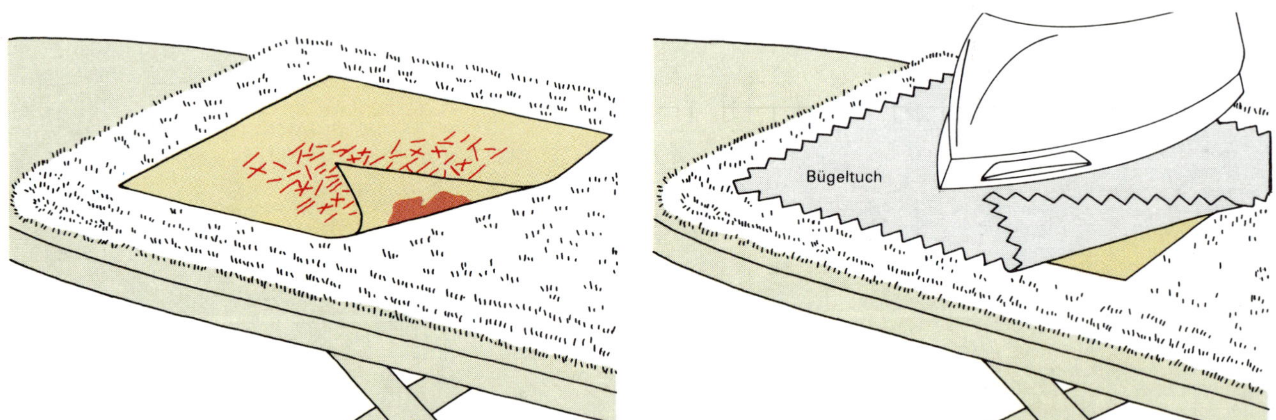

Dämpfen Arbeit mit rechter Seite nach unten ausbreiten, darüber das Bügeltuch. Nur leicht mit dem Bügeleisen aufdrücken

Spannen

Zerknitterte und verzogene Stoffe werden auf ein Brett gespannt, um sie zu glätten und zu begradigen. Wie man das Brett fertigt, wird unten gezeigt.

Zuerst wird die Stickerei durch kaltes Wasser gezogen. Wurden flache Stickstiche verwendet, legt man die Stickerei mit der rechten Seite nach unten auf das Brett; bei plastischen Stichen zeigt die rechte Seite nach oben. Stickarbeiten, die nicht angefeuchtet werden können, müssen trocken gespannt werden. Mit einem nassen Schwamm befeuchtet man dann die Flächen um die Stickerei und dämpft sie leicht mit der Bügeleisenspitze. Der Stoff muß auf dem Spannbrett trocknen.

Ist der bestickte Bereich so klein, daß die Stickerei in einen Stickring paßt, oder wurde sie auf einem Rahmen gearbeitet, besprengt man sie einfach mit Wasser und läßt sie im Rahmen trocknen.

1. Zur Herstellung des Spannbretts ein etwa 1,5 cm starkes und 60 x 60 cm großes Weichholzbrett kaufen

2. Auf ein 70 x 70 cm großes Stück Musselin legen, Stoff über die Kanten spannen und jede Seite in der Mitte anheften

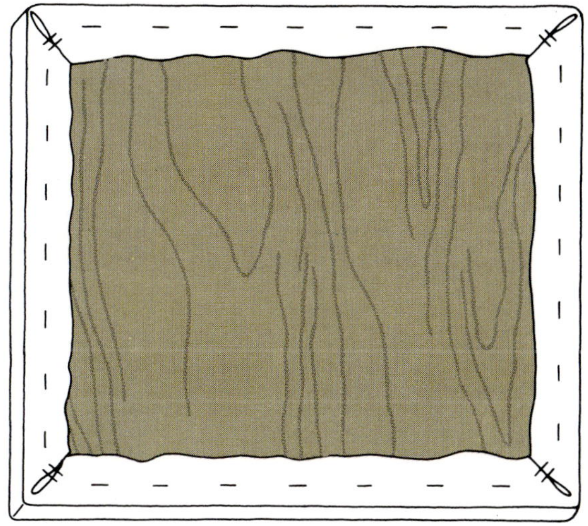

3. Jeweils von der Mitte aus den Stoff spannen und anheften. An den Ecken falten und mehrmals befestigen

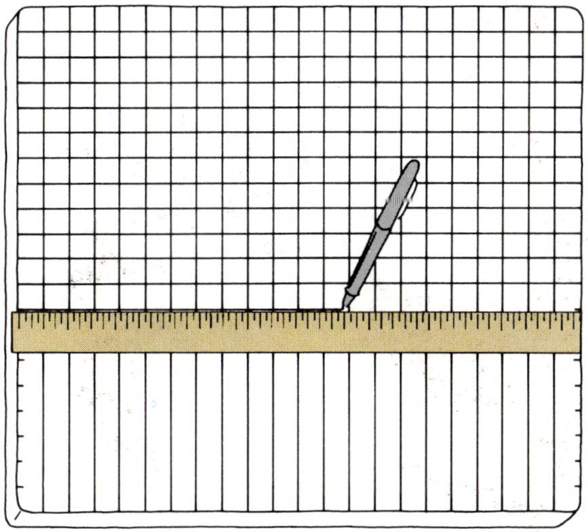

4. Das Brett wenden und mit einem wasserfesten Stift ein 2 x 2 cm großes Gitter auf den Stoff zeichnen

5. Die Stickerei durch kaltes Wasser ziehen und wie oben beschrieben aufs Brett legen. An jeder Ecke befestigen

6. Mit Hilfe des Gitters die Stickerei auf die gewünschte Größe ausziehen und befestigen. Trocknen lassen und abnehmen

Schwarz-stickerei

Einführung

Die Schwarzstickerei ist eine besondere Art der fadengebundenen Stickerei, bei der sogenannte Damast- oder sich wiederholende Muster verwendet werden, um eine Fläche auszufüllen. Sie wird so bezeichnet, weil die Muster traditionsgemäß mit schwarzem Seidenfaden auf weißem Leinen gearbeitet wurden. Sie soll spanischen Ursprungs sein und kam im 16. Jahrhundert nach England, als Heinrich VIII. Katharina von Aragon heiratete.

Die Kombination zweier Damastmuster ergibt verschiedene Schattierungen, die interessante Gestaltungsmöglichkeiten bieten. Heutzutage werden die Damastmuster auf zwei verschiedene Arten eingesetzt: für Blockmuster, bei denen die Stiche zu geometrischen Formen zusammengesetzt werden, und für Entwürfe mit freien Formen, die mit den verschiedenen Stichmustern ausgefüllt werden.

Die Schwarzstickerei wird auf zählbarem Gewebe gearbeitet (S. 9); man kann auch Hardangerstoff verwenden. Für die exakte Ausführung werden die Stiche jeweils über eine bestimmte Anzahl von Fäden gestickt. Je mehr Fäden das Gewebe pro Zentimeter hat, desto kleiner und dunkler wird das Muster. Normalerweise wird die Stickerei mit Sticktwist gearbeitet. Von der Dichte des Gewebes hängt die Anzahl der Teilfäden ab. Auch feines Perlgarn ist für grob gewebte Stoffe geeignet. Die Tradition schreibt zwar schwarzes Garn auf weißem Stoff vor, durch andere Farbkombinationen kann man aber auch mit dieser alten Technik ganz neue Effekte erzielen. Braunes Garn auf beigem Leinen oder Dunkelblau auf Hellblau ist beliebt. Metallgarne setzen besondere Akzente.

Da über eine bestimmte Anzahl von Fäden gestickt wird, muß die Nadel exakt zwischen den Fäden durchgestochen werden. Dazu eignet sich am besten eine stumpfe Nadel, deren Stärke der des Garns entspricht.

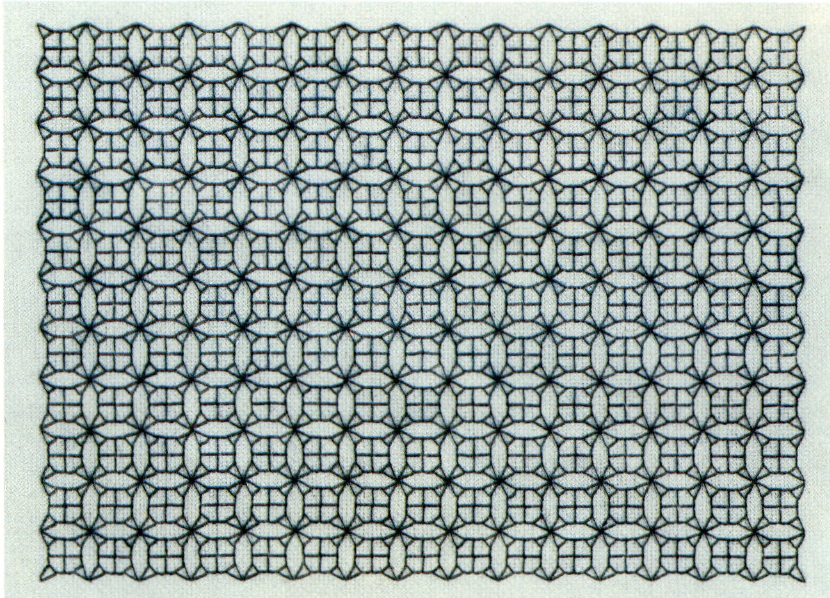

Blockmuster sind einfache geometrische Formen aus zusammengesetzten Damastmustern

Freie Formen werden mit Damastmustern gefüllt; andere Stiche kommen als Kontrast hinzu

Grundstiche

Die Muster der Schwarzstickerei basieren auf einigen Grundstichen, die über eine bestimmte Anzahl von Gewebefäden gestickt werden. Die häufigsten Stiche sind auf dieser Seite abgebildet.

Zusätzlich zu diesen Stichen, welche die Muster bilden, werden oft andere Stiche verwendet, um Struktur und Muster interessanter zu gestalten. Der mit freien Formen gestaltete Entwurf auf der gegenüberliegenden Seite zeigt solche ergänzenden Stiche. Einen ausgezeichneten Kontrast zu den Linienmustern der Schwarzstickerei bildet eine Fläche, die ganz ausgefüllt ist, beispielsweise mit Plattstichen.

Um die Formen des Musters zusätzlich abzugrenzen, werden die Konturen mit einem Linienstich wie beispielsweise dem Stielstich, dem Kettenstich oder dem Sparstich gestaltet.

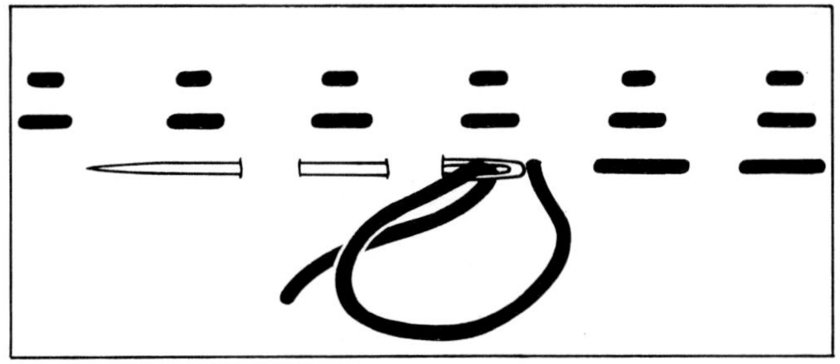

Der Stopfstich wird in der Schwarzstickerei häufig allein verwendet. Er wird in jeder beliebigen Länge in parallelen Reihen gearbeitet. Die Stichreihen gestalten das Muster

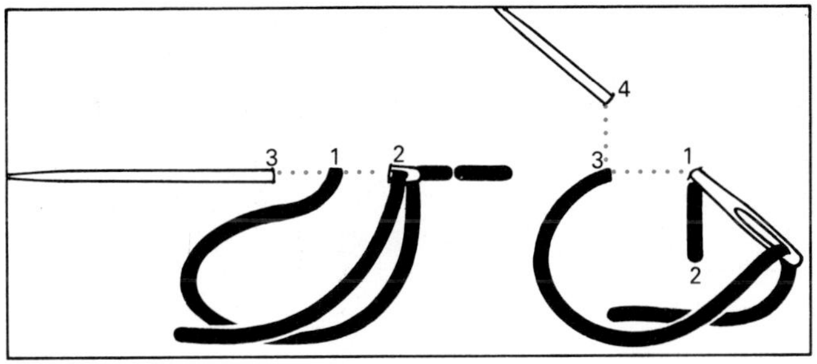

Den Rückstich von rechts nach links arbeiten. Bei 1 aus-, bei 2 ein- und bei 3 ausstechen. Um Ecken zu bilden, bei 1 aus-, bei 2 ein- und bei 3 ausstechen. Bei 1 ein- und bei 4 ausstechen; wieder bei 3 einstechen, um den Stich zu vervollständigen

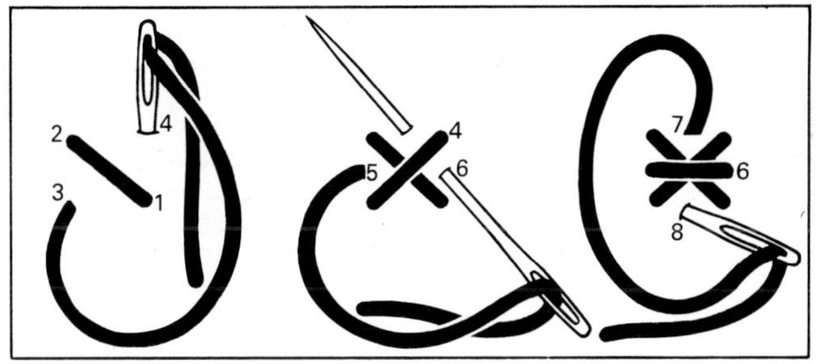

Der doppelte Kreuzstich sieht aus wie ein Stern. Bei 1 ausstechen. Bei 2 ein- und bei 3 ausstechen. Bei 4 ein- und bei 5 ausstechen. Bei 6 ein- und bei 7 ausstechen. Bei 8 einstechen, um den Stich zu vervollständigen

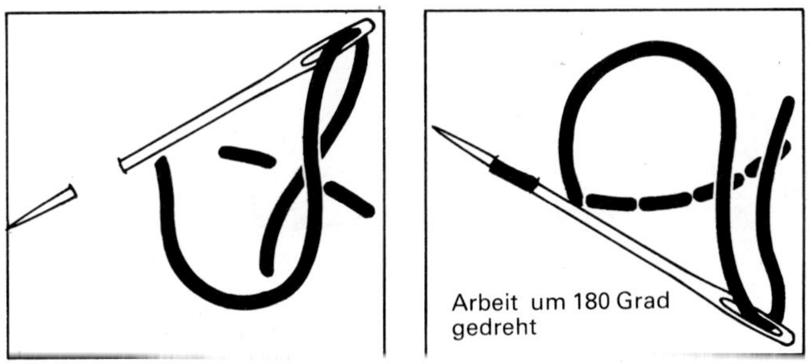

Der Holbeinstich wird in zwei Arbeitsgängen gestickt. Zunächst einen einfachen Vorstich sticken, dann die Arbeit drehen und mit dem gleichen Stich die Zwischenräume zwischen den Vorstichen der ersten Reihe füllen

Der Sternstich ist dem doppelten Kreuzstich ähnlich, wird aber anders gearbeitet. Bei 1 ausstechen. In der Mitte bei A einstechen. Bei 2 ausstechen und wieder bei A einstechen. Im Uhrzeigersinn die restlichen 6 Speichen sticken

Ergänzende Stiche

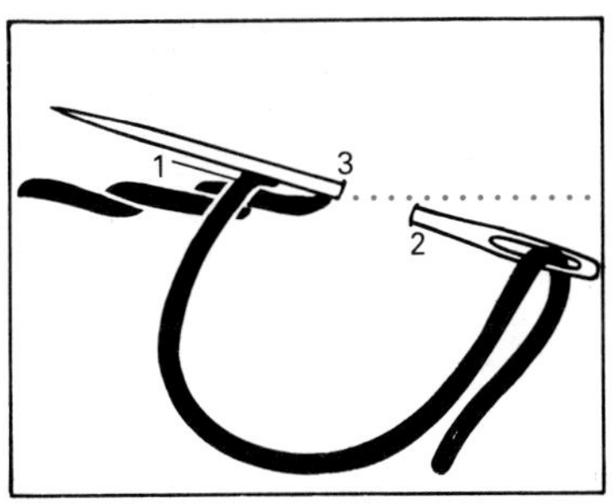

Der Stielstich wird von links nach rechts gestickt. Bei 1 ausstechen. Bei 2 ein- und bei 3 ausstechen. Die Abstände 1–3 und 3–2 sind gleich. Alle weiteren Stiche genauso und mit gleicher Länge arbeiten

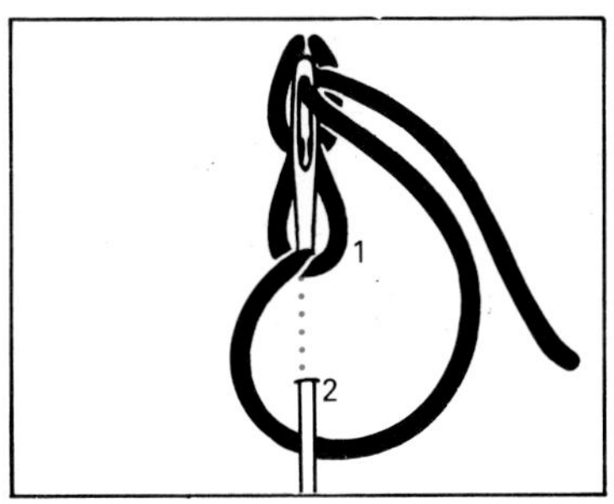

Der Kettenstich wird von oben nach unten gestickt. Bei 1 ausstechen. Faden links von 1 mit dem Daumen festhalten, bei 1 ein- und bei 2 ausstechen. Faden unter Nadelspitze legen und durchziehen. Über ganze Länge wiederholen

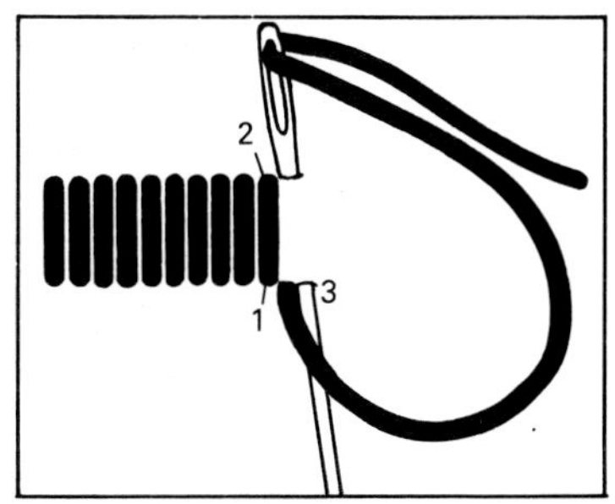

Der Plattstich wird verwendet, um kleinere Flächen zu füllen. Bei 1 ausstechen. Genau darüber bei 2 einstechen und dicht neben 1 bei 3 ausstechen. Über die ganze Fläche wiederholen. Die Garnspannung muß gleichmäßig bleiben

Musterbeispiele für die Schwarzstickerei

Die Muster der Schwarzstickerei bestehen aus sich wiederholenden geometrischen Motiven, die durch Grundstiche gebildet werden. Ursprünglich sind sie wohl von arabischen Stickmustern abgeleitet worden. Später, als die Schwarzstickerei ihren Höhepunkt im England des 16. Jahrhunderts erreichte, wurden die geometrischen Muster durch traditionelle englische Motive beeinflußt, beispielsweise Früchte und Figuren, die durch sich teilende und sich windende Stiele und Stämme verbunden wurden. Zeitgenössische Porträts zeigen diese Stickerei auf Ärmeln, Manschetten und Kragen. Sie wurde nicht immer in Schwarz-Weiß ausgeführt. Manchmal wurden zusätzlich goldfarbene Garne verwendet. Rotes Garn ersetzte gelegentlich das schwarze.

Die zwölf Muster auf den folgenden Seiten dienen als Beispiele für die unendlich vielen Gestaltungsmöglichkeiten, welche die Schwarzstickerei bietet. Eigene Muster kann man leicht entwerfen (S. 63) oder nach Vorlagen gestalten. Bedruckte Stoffe oder Mosaikfliesen geben Anregungen. Man kann auch die bekannten Musterelemente der Schwarzstickerei in einem anderen Maßstab oder in einer anderen Garnstärke ausführen.

Jedes Muster zeigt eine dunkle, mittlere oder helle Schattierung, je nach Dichte der gestickten Linien. Dies wird durch das rechts abgebildete Mustertuch veranschaulicht. Ein solches Mustertuch kann später als eine Art Lexikon dienen und ist außerdem eine nützliche Übung. Jedes Muster kann in der freien Form oder als Block gestickt werden. Die Elemente des Musters sollten sich voneinander deutlich abheben.

Um die einzelnen Schritte zu verdeutlichen, fängt jede Folge in Schwarz an und wird in Farbe fortgesetzt. Die Zwischenräume zwischen den Punkten stellen die einzelnen Gewebefäden dar, über die gestickt wird.

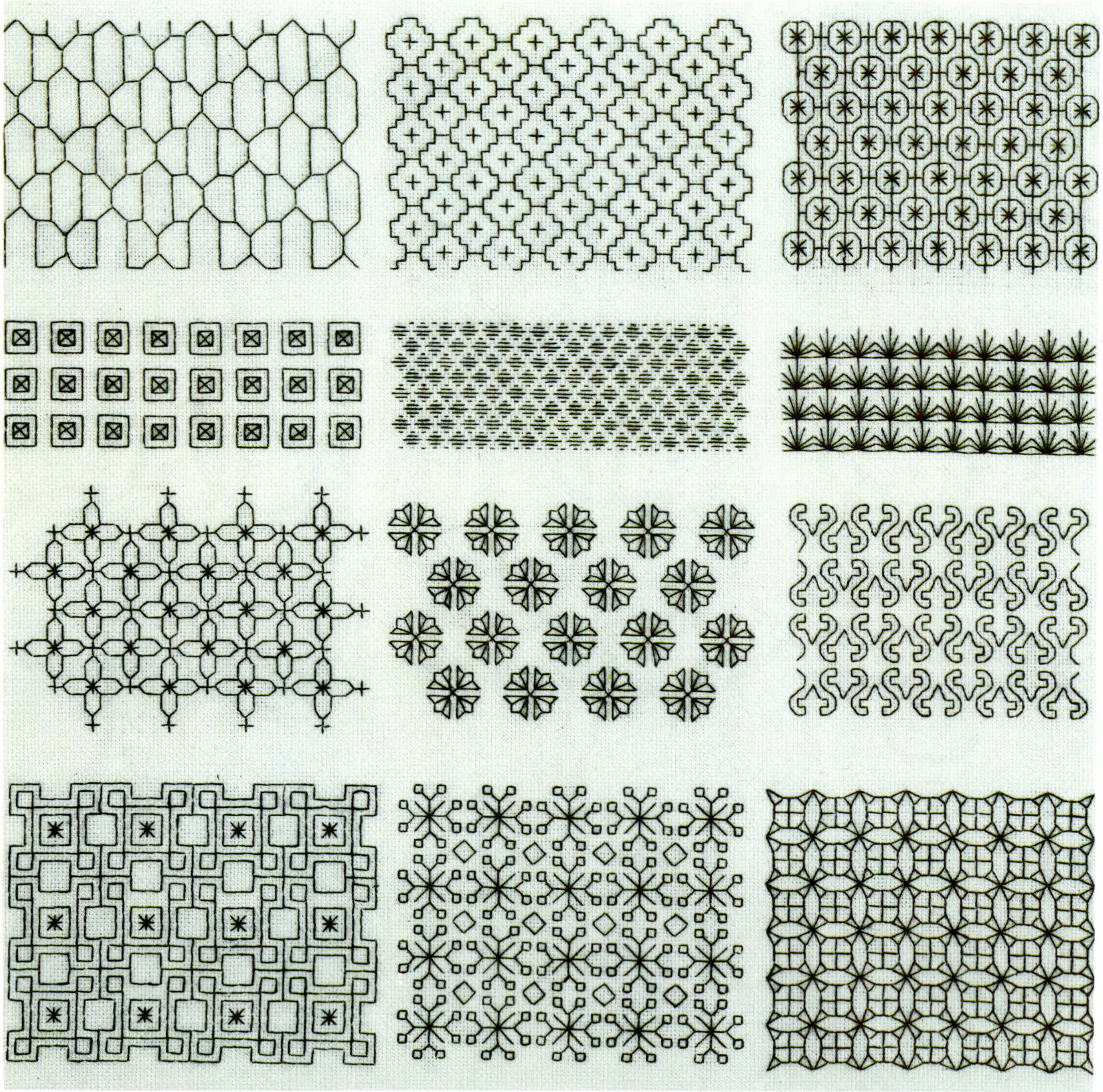

Das Mustertuch zeigt zwölf typische Muster der Schwarzstickerei in den Schattierungen hell, mittel und dunkel

Das helle Wabenmuster besteht ganz aus Rück- oder Holbeinstichen und wird von links nach rechts in senkrechten Reihen gestickt. Die zweite Abbildung zeigt die Abstände. Die erste Reihe von oben nach unten und die zweite Reihe (in Blau dargestellt) von unten nach oben arbeiten. Über die ganze Fläche wiederholen

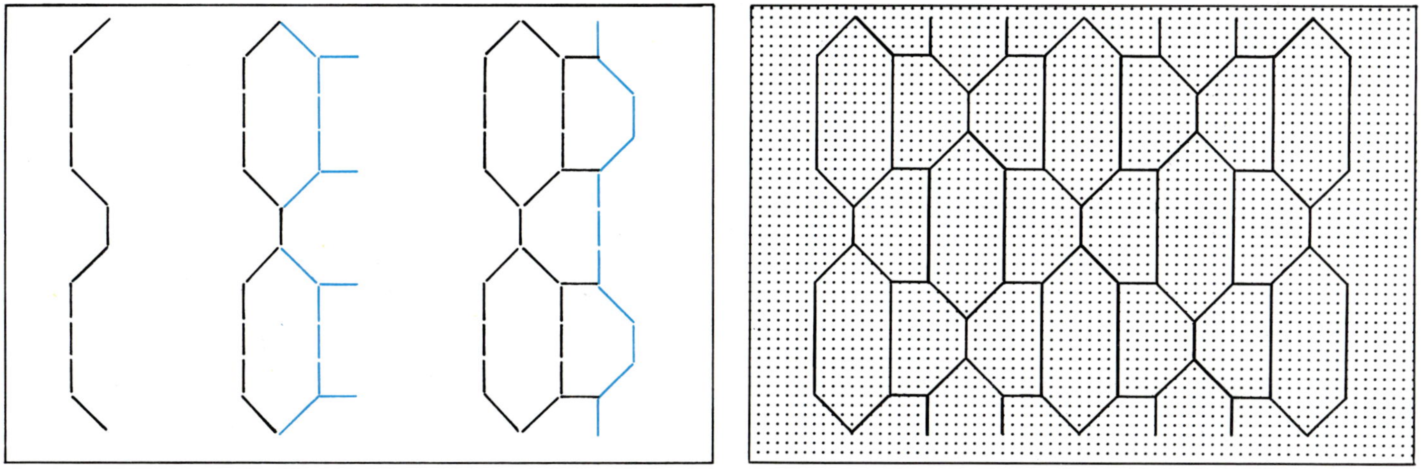

Das Treppenmuster ist dunkler als das Wabenmuster, weil seine Linien näher beieinander liegen und das Motiv kleiner ist. Die Grundelemente mit Rückstichen in der gezeigten Reihenfolge arbeiten. Dann in der Mitte ein senkrechtes Kreuz sticken. Dieses Muster kann als Borte oder für größere Flächen verwendet werden

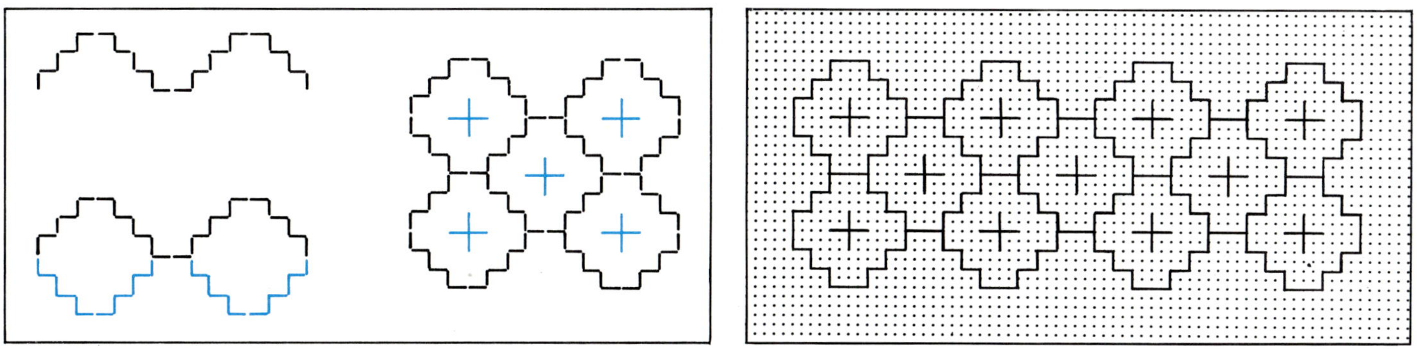

Das achteckige Gitter ist ein dichtes Muster aus Rück- und Kreuzstichen. Die senkrechten und waagrechten Linien sowie die Achtecke werden mit Rückstichen ausgeführt. Die Achtecke werden dann mit Kreuzstichen gefüllt. Waagrechte Stiche bilden einen weiteren Balken des Kreuzes und verbinden die Achtecke untereinander

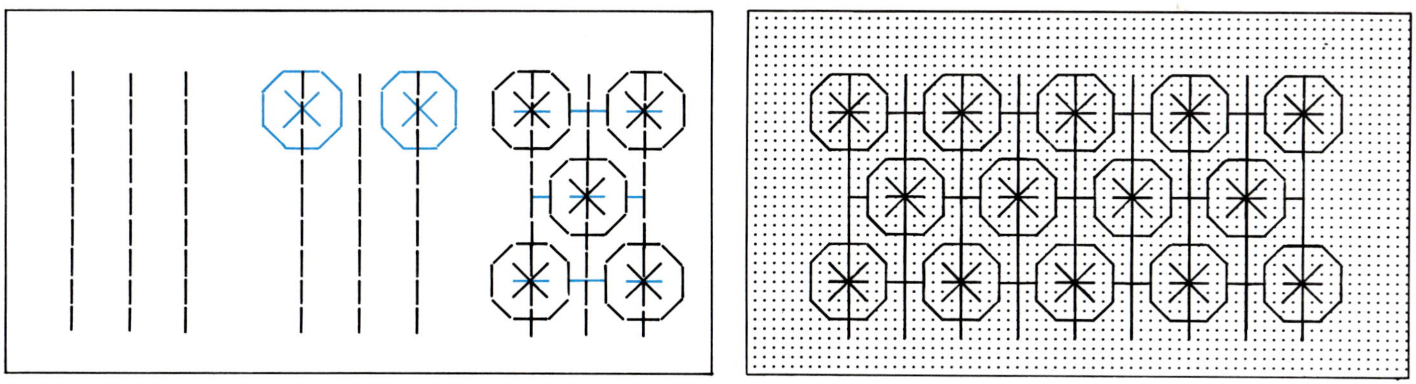

Musterbeispiele für die Schwarzstickerei

Die beiden Rautenmuster in mittlerer Schattierung werden ausschließlich mit Stopf- oder Vorstichen gestickt. Die auf der rechten Stoffseite aufliegenden Fäden, in Reihen angeordnet, gestalten die Musterelemente. Bei beiden Mustern mit der obersten Musterreihe beginnen. Von rechts nach links arbeiten. Dann die darunterliegenden Reihen sticken und alles so oft wiederholen, bis die gewünschte Fläche gefüllt ist. Die Abstände zwischen den Stichen zeigt die Abbildung ganz rechts

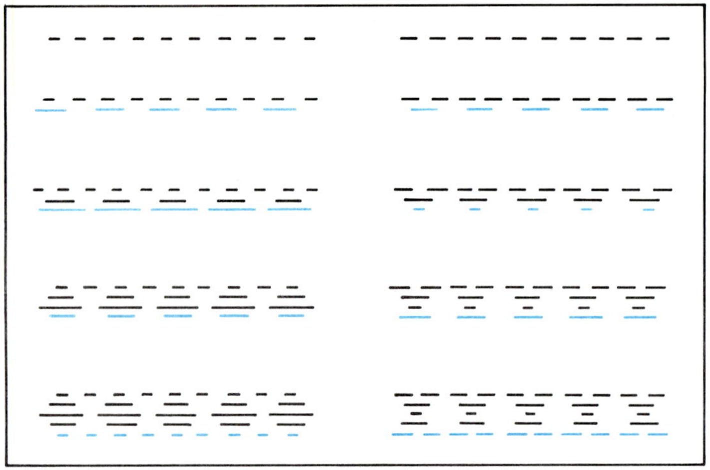

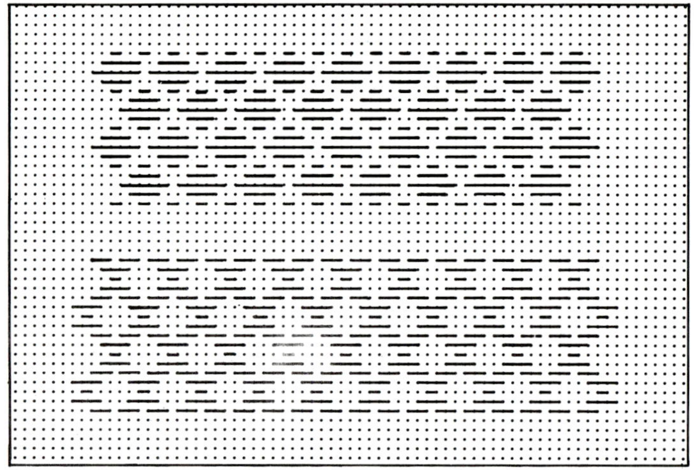

Das dunkle Farnmuster besteht aus sehr dicht gestickten Einzelmotiven. Jedes Motiv wird ähnlich dem Sternstich gestickt. Es gibt für alle Stiche einen gemeinsamen Einstichpunkt in der Mitte. Die Motive reihenweise über die ganze Fläche arbeiten. Die Stichlänge und die Abstände zeigt die Abbildung ganz rechts

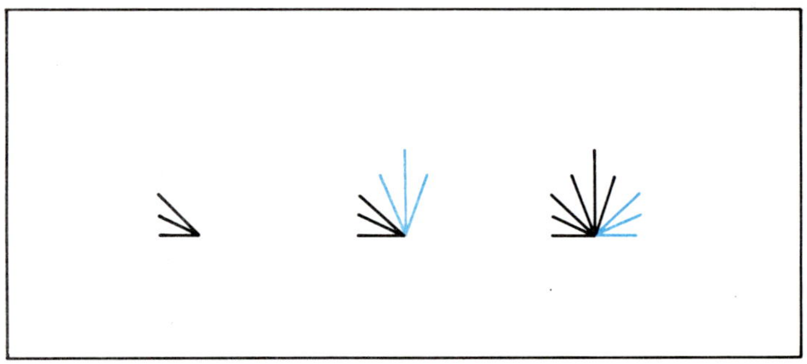

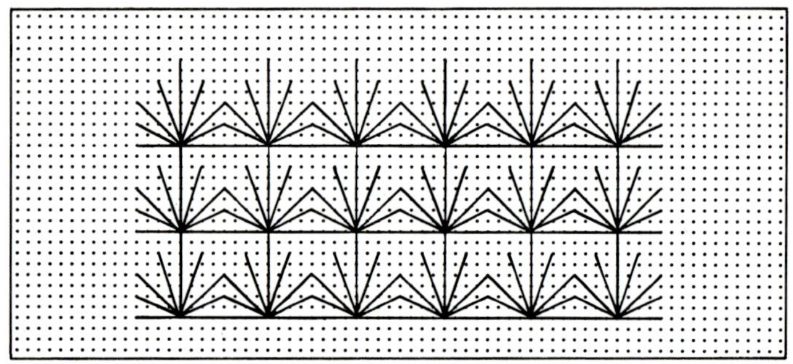

Eine einfache geometrische Figur wie dieses gefüllte doppelte Quadrat kann hell oder dunkel aussehen, je nachdem, ob und wie die Mitte ausgefüllt wird. Die Quadrate mit Rückstichen arbeiten und die Mitte mit einem Kreuzstich besticken. Um das Muster dunkler zu machen, einen doppelten Kreuzstich arbeiten oder aber die Quadrate mit kleineren Zwischenräumen sticken

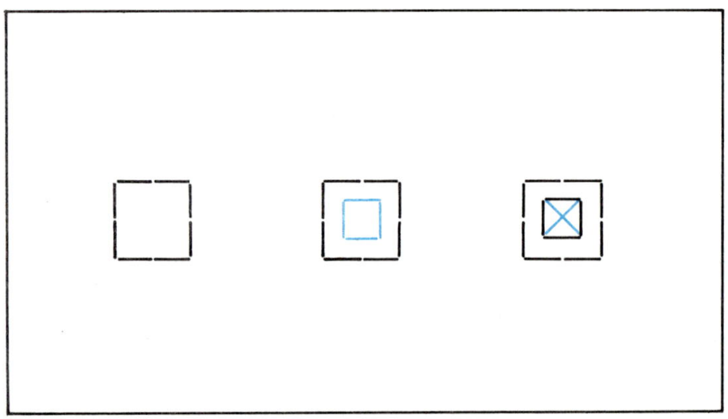

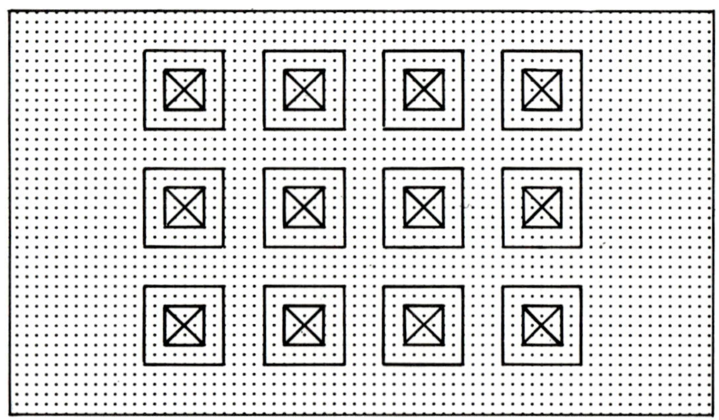

Die griechische Bordüre sieht schwierig aus, ist aber einfach zu arbeiten. Man kann dafür den Rückstich oder den Holbeinstich verwenden. Die erste Reihe wie abgebildet sticken. In der nächsten Reihe das Motiv umgekehrt, also spiegelbildlich arbeiten. Dieses Muster kann sowohl für Borten als auch für ganze Flächen verwendet werden

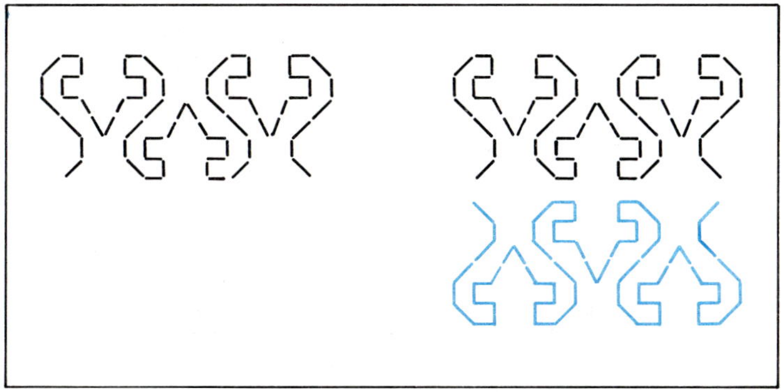

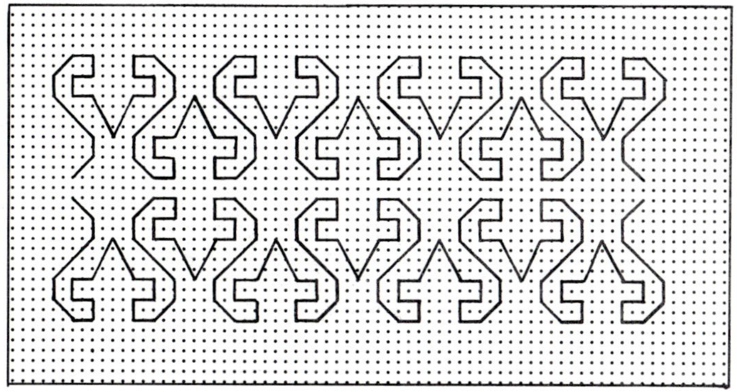

Das Doppelsternmuster ist ein Netz von sich überschneidenden Sternen. Jeden Stern in der Mitte mit einem doppelten Kreuzstich beginnen. Dann den großen Stern mit Rückstichen arbeiten und die Sterne untereinander mit einzelnen senkrechten Kreuzen verbinden

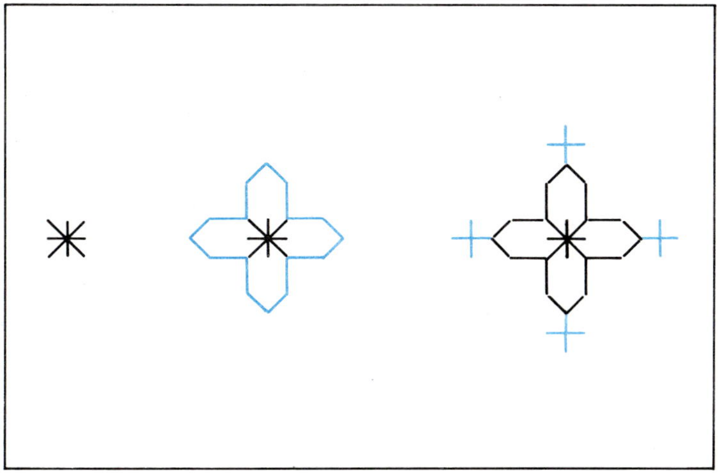

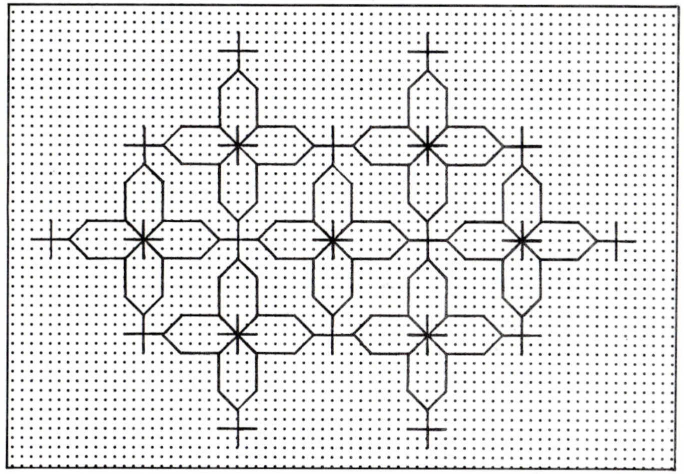

Das Blumenmuster ergibt eine mittlere Farbschattierung bei großen Motiven. Jedes Element mit einem Kreuzstich beginnen. Dann die Umrisse der Blüte und zum Schluß die inneren Detaillinien mit Rückstichen arbeiten. Die restlichen Blüten in der gleichen Weise ausführen

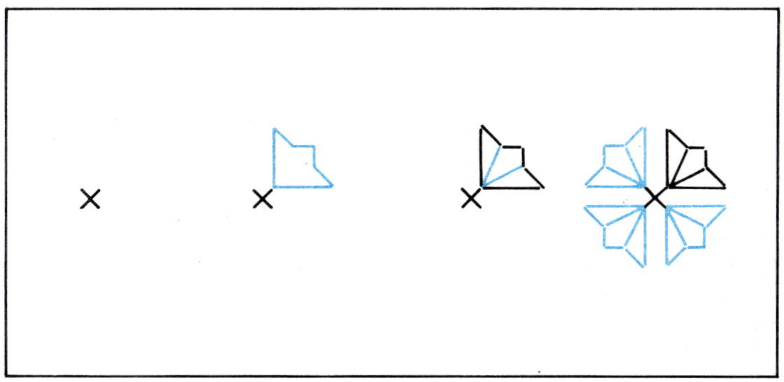

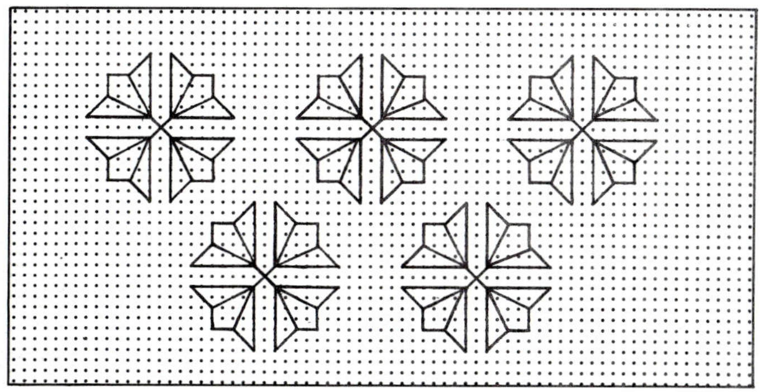

Stickerei · Schwarzstickerei

Musterbeispiele für die Schwarzstickerei

Schneeflocken ergeben ein weitläufiges Muster in mittlerer Schattierung. Die Mitte der Schneeflocke mit einem Sternstich sticken, die übrigen Linien und Elemente mit Rückstichen. Über die ganze Fläche wiederholen, dann in den Zwischenräumen die Rauten mit Rückstichen arbeiten

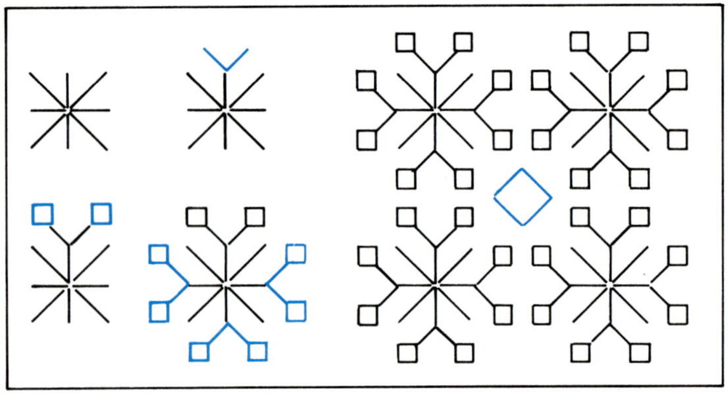

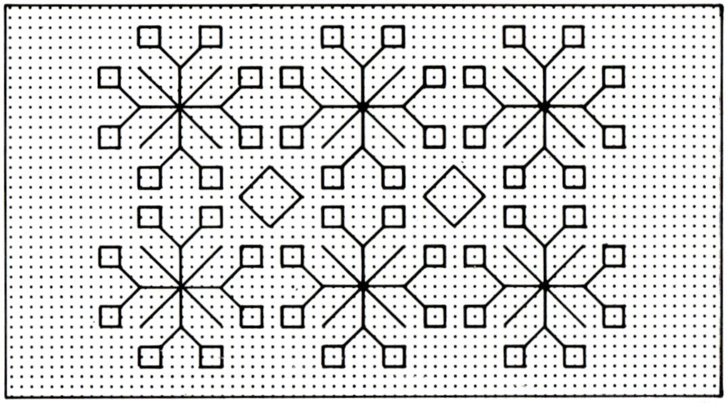

Das H-förmige Musterelement wird von außen nach innen gestickt. Die Hauptteile mit Rückstichen arbeiten (wie man die Ecken bildet, siehe S. 57). Die Mitte des H mit einem Sternstich füllen

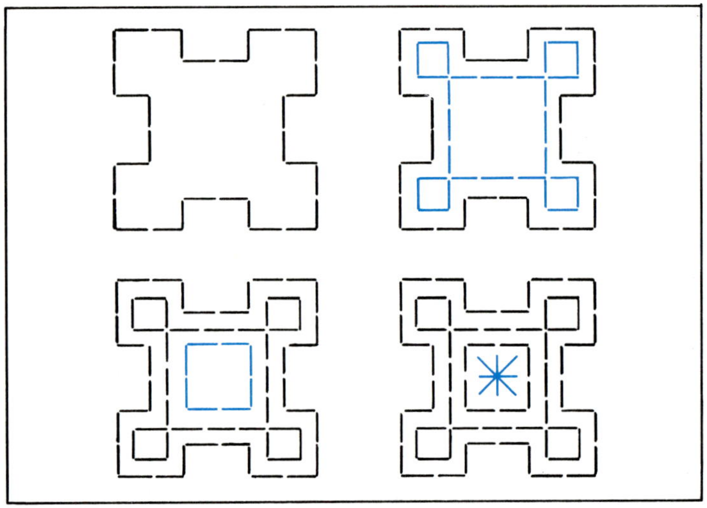

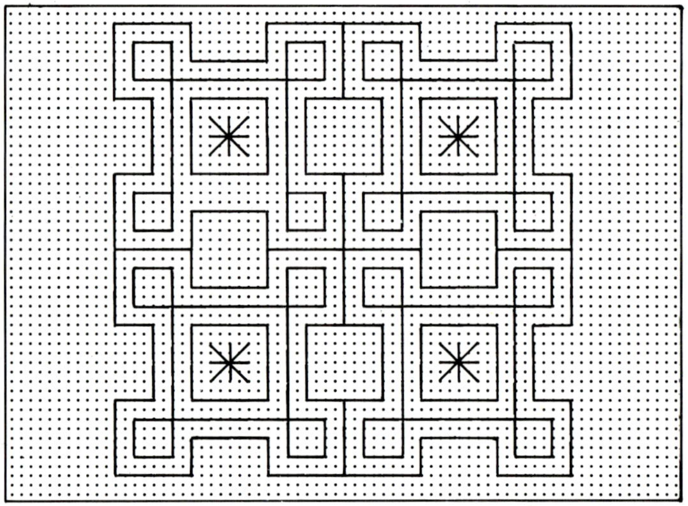

An ein Kirchenfenster erinnert dieses zarte Muster in dunkler Schattierung. Die Linienführung wirkt kompliziert, das ganz aus Rückstichen bestehende Muster ist jedoch einfach zu sticken. Zuerst ein Kreuz arbeiten. Um dieses Kreuz herum dann ein Achteck sticken und zum Schluß an den vier Ecken noch je ein Dreieck anfügen

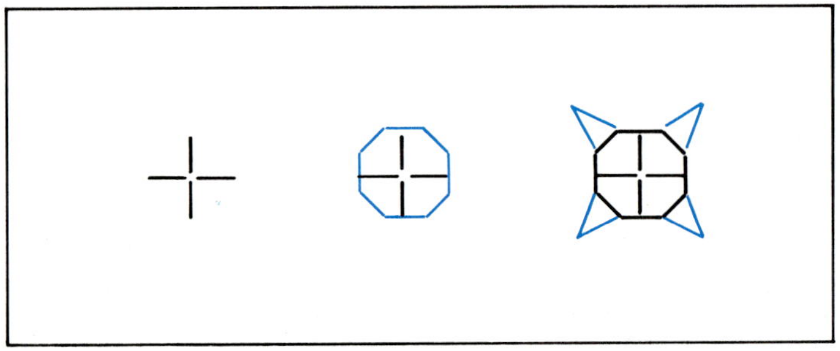

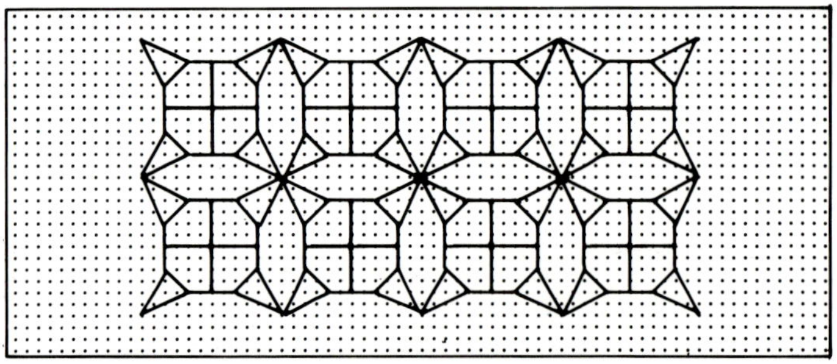

Eigene Muster entwerfen

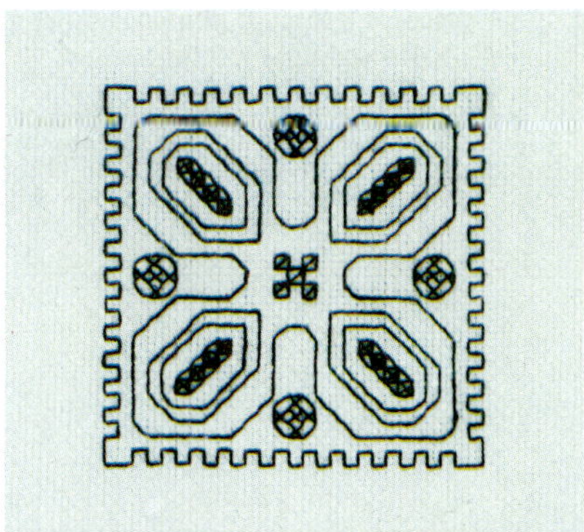

Ein geometrisches Motiv, z. B. von einer Fliese, kann als Vorlage dienen. Die Grundlinien des Motivs auf Millimeterpapier zeichnen und entsprechend der Sticktechnik stilisieren. Hier wurden Rück- und Kreuzstiche verwendet

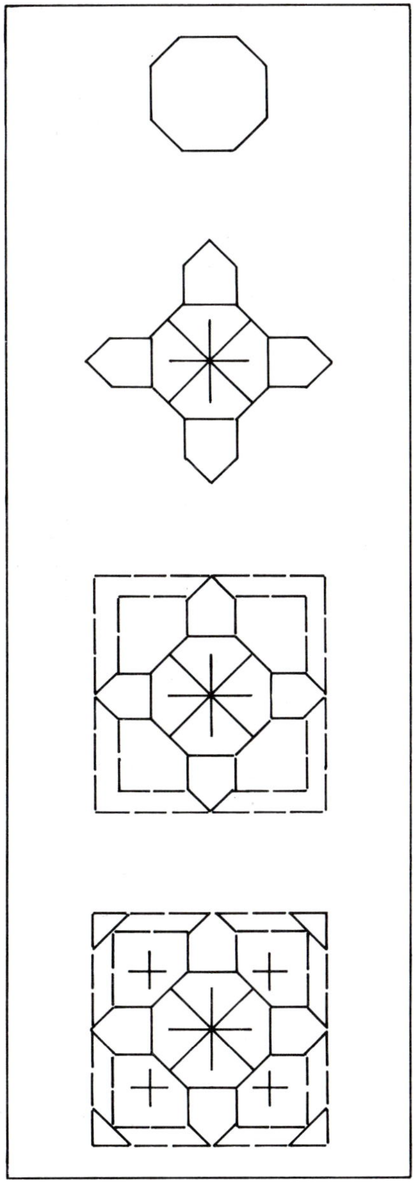

Eigene Entwürfe kann man aus einer einfachen geometrischen Form entwickeln, dann mit Linien und anderen Elementen erweitern. Das Muster oben wurde mit Sternstich, Rückstich und Kreuzstich ausgeführt

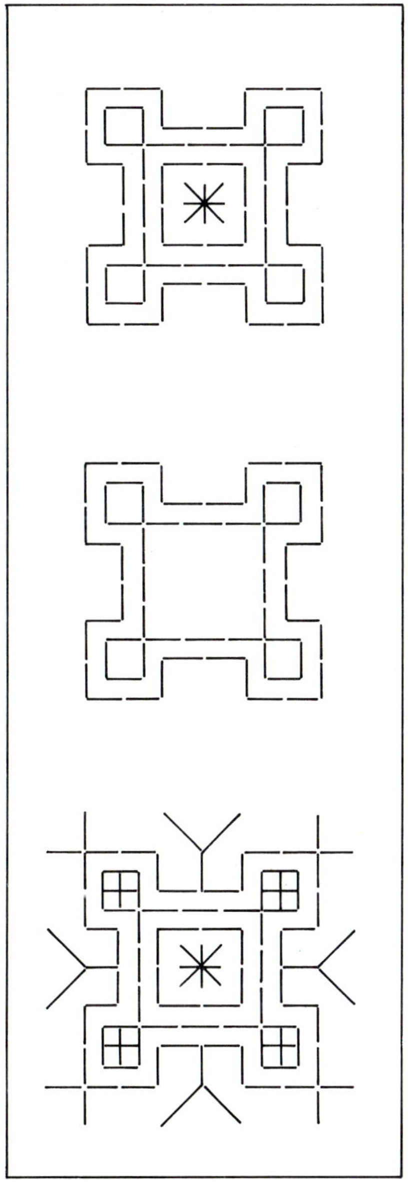

Um ein vorhandenes Muster abzuwandeln, spart man einige Linien aus oder fügt welche hinzu, damit das Motiv größer bzw. komplexer wirkt. Das Muster oben zeigt Sternstich, Rückstich und Kreuzstich

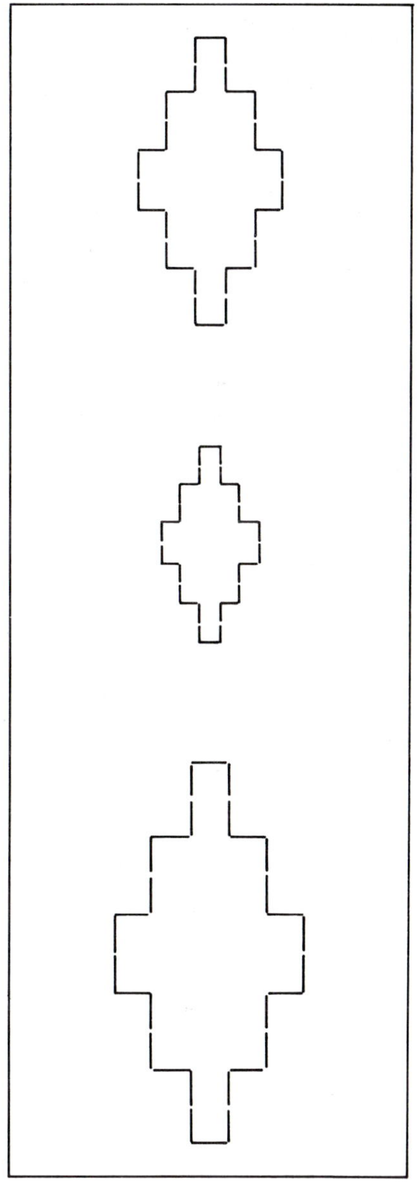

Durch Veränderung des Maßstabs kann man ein Muster variieren: Zur Vergrößerung bzw. Verkleinerung verlängert bzw. verkürzt man die einzelnen Stiche. Das Motiv oben ist mit Rückstichen über 1, 2 und 3 Faden gestickt

Stickerei · Schwarzstickerei

Kanten versäubern 16

Blockmuster

Bei einer Schwarzstickerei im Blockmuster (S. 56) müssen die Musterelemente symmetrisch angeordnet werden. Dazu muß die zu bestickende Fläche sorgfältig ausgemessen und eingeteilt werden. Zunächst wird die ungefähre Größe der fertigen Stickarbeit bestimmt. Dann schneidet man den Stoff in der Größe des Musters plus 10 cm auf jeder Seite fadengerade zu. Damit die Kanten nicht ausfransen, werden sie gesäumt oder umstochen (S. 16). Dann zählt man die Fäden der zu bestickenden Fläche und markiert die äußeren Linien.

Da man bei der Schwarzstickerei von der Mitte aus arbeitet, muß der Mittelpunkt ermittelt und markiert werden. Von ihm ausgehend, ordnet man das erste Element so an, daß so viele ganze Motive wie möglich in die zu bestickende Fläche passen. Das richtige Anordnen der Musterelemente ist besonders bei großen Motiven wichtig.

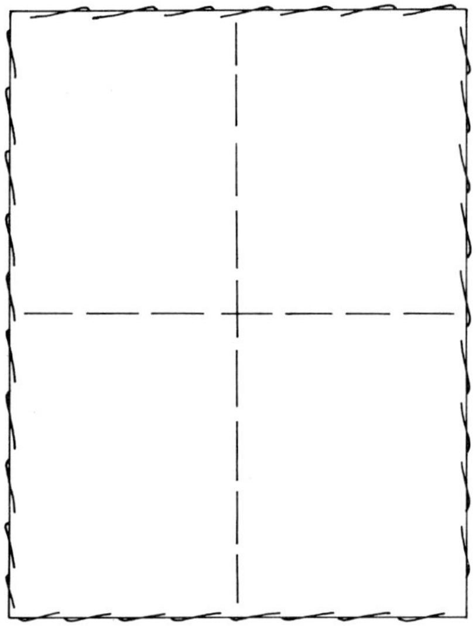

1. Den Stoff längs durch die Mitte falten und den Falz mit einem Faden markieren, dann quer falten und ebenfalls markieren. Der Schnittpunkt der Fäden ist die Mitte

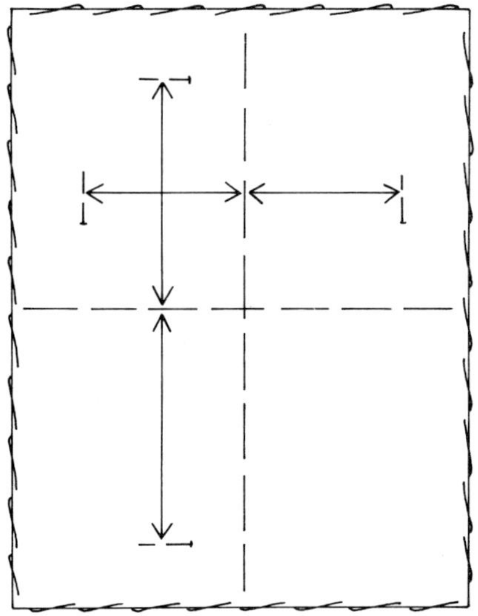

2. Die fertige Breite und Länge von den Mittellinien jeweils nach einer Seite messen. Die gleiche Anzahl Fäden zur jeweils anderen Seite zählen und markieren

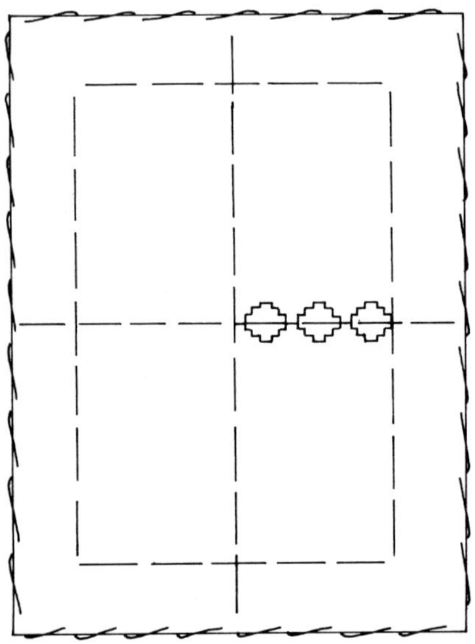

3. Mit Heftfaden die äußeren Linien der zu bestickenden Fläche fadengerade markieren. Vom Mittelpunkt aus rechte Hälfte einer Musterreihe sticken, dann linke

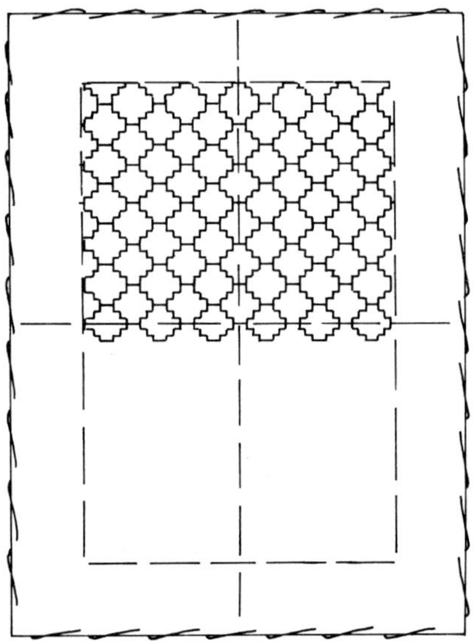

4. Um die Fläche zu füllen, die Musterreihe nach oben und unten wiederholen. Alle weiteren Reihen nach der ersten ausrichten und von links nach rechts durchsticken

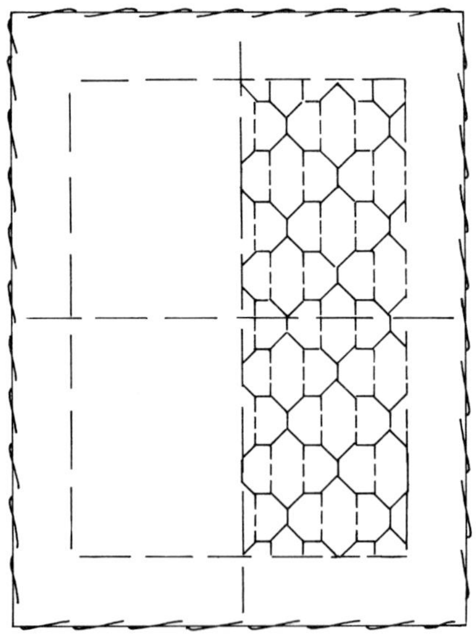

5. Wird das Muster senkrecht gestickt, die erste Reihe von der waagrechten Mittellinie aus nach oben und unten arbeiten. Die restlichen Reihen nach der ersten ausrichten

Große Motive anordnen

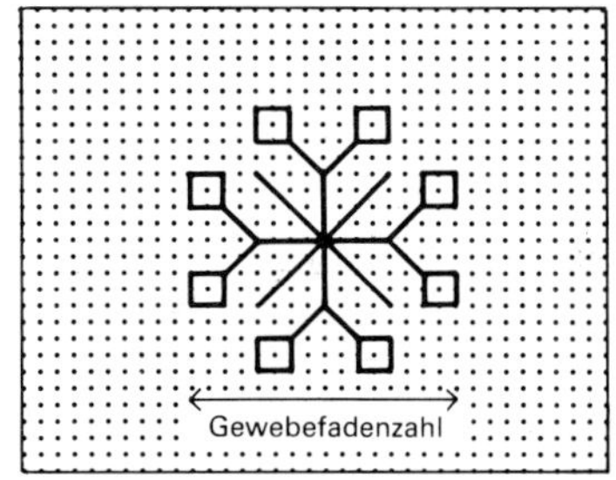

1. Um möglichst viele ganze Motive, ob waagrecht oder senkrecht gestickt, in einer Reihe der zu bestickenden Fläche unterzubringen, zuerst die Zahl der Gewebefäden in einer Reihe durch die Zahl der für ein Motiv erforderlichen Fäden teilen

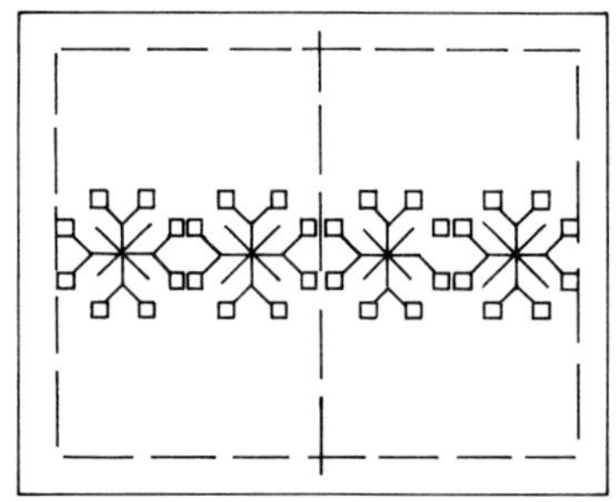

2. Ist das Ergebnis eine gerade Zahl, die Motive von der Mittellinie aus nach rechts und links anordnen

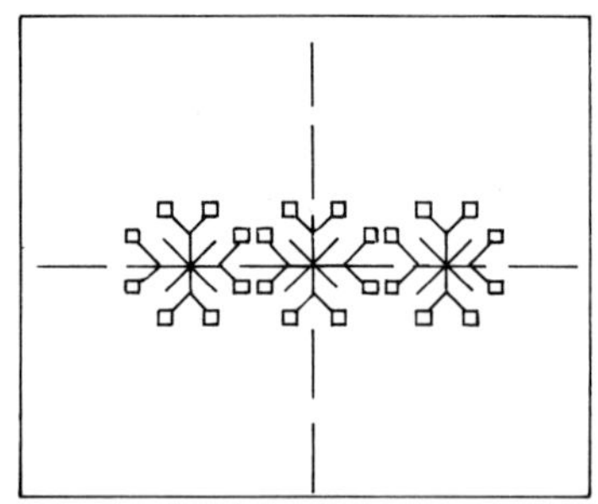

3. Ist das Ergebnis eine ungerade Zahl, von der Mittellinie aus ein halbes Motiv, dann ganze Motive arbeiten

Freie Formen

Bei Entwürfen mit freien Formen müssen die Muster sorgfältig ausgesucht und angeordnet werden. Alle sollten verschiedene Schattierungen von Hell bis Dunkel aufweisen, damit sich die einzelnen Formen deutlich voneinander abheben. Durch die geschickte Zusammenstellung solcher Kontraste wirkt die Stickerei plastischer und natürlicher.

Bei der Wahl des Musters, das die Form ausfüllen soll, muß man die Größe der Form im Verhältnis zu den Musterelementen berücksichtigen. Die Fläche muß so groß sein, daß das Einzelelement des Musters einige Male darin wiederholt werden kann.

Zusätzlich zu den Grundstichen der Schwarzstickerei sollte man auch andere Stickstiche verwenden. Kettenstich, Stielstich oder Sparstich dient z. B. dazu, die Konturen der Formen zu betonen. Man kann auch mit Plattstichen sehr dunkle Flächen als Kontrast in helle Muster einbauen.

1. Muster auf dickes Pauspapier übertragen. Aus hellen, mittleren und dunklen Musterteilen ein ausgewogenes Gesamtbild schaffen. Nach Belieben zusätzliche Schattierungen anbringen. Stichmuster wählen, die die Schattierungen der Vorlage am besten wiedergeben

2. Ein zählbares Gewebe fadengerade in der Größe der fertigen Arbeit plus 10 cm auf jeder Seite zuschneiden. Die Kanten umstechen oder einfassen, damit der Stoff nicht ausfranst (S. 16). Das Muster auf den Stoff übertragen (S. 16–17)

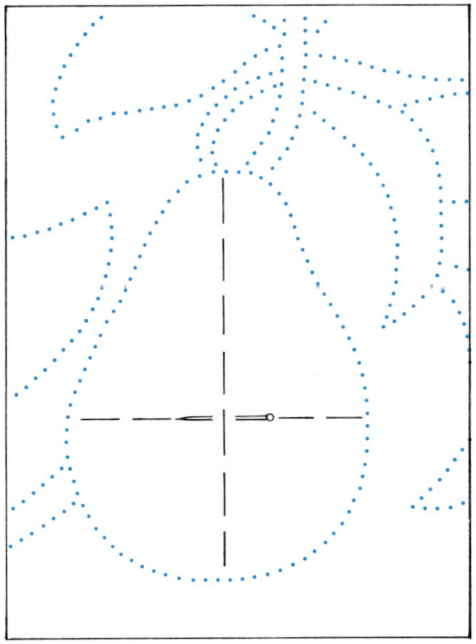

3. Die Mitte von jeder Form markieren; bei Blockmustern, die genau ausgerichtet werden, durch Auszählen der Gewebefäden, bei freien Formen durch Augenmaß bestimmen

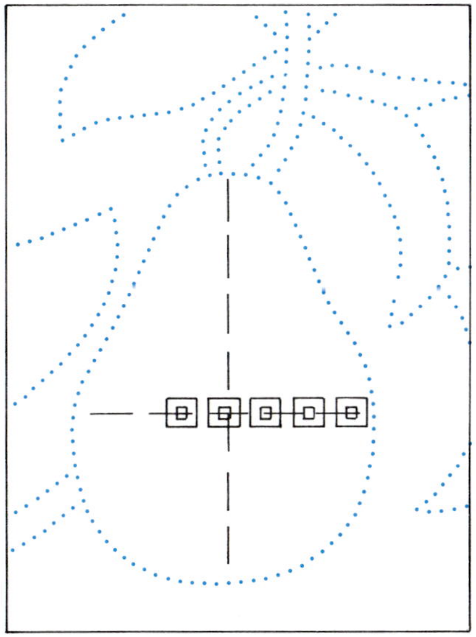

4. Das Muster reihenweise von der Mitte aus zum Rand hin arbeiten. Ist am Rand kein ganzes Motiv mehr unterzubringen, Teilmotiv sticken, eventuell mit kürzeren Stichen

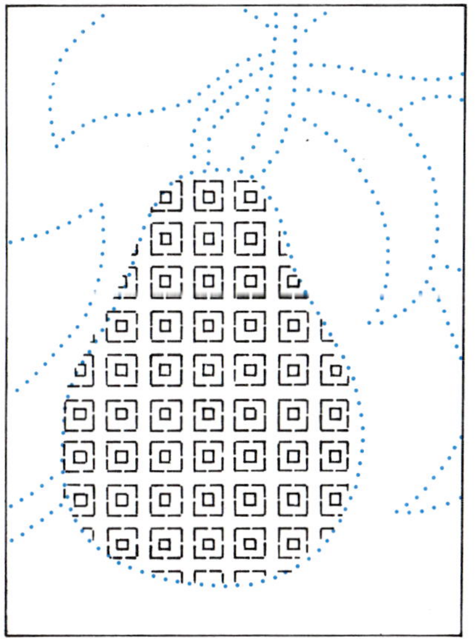

5. Über die ganze Fläche wiederholen; Muster nach der ersten Reihe ausrichten. Ebenfalls an den Rändern nach Bedarf Teilmotive eventuell mit verkürzten Stichen arbeiten

6. Sind alle Formen ausgefüllt, diese mit Linienstichen wie Stielstich, Kettenstich oder Sparstich umranden. Dichtere Bereiche mit dem Plattstich füllen

Kreuzstichstickerei

Einführung

Die Kreuzstichstickerei, eine sehr alte Technik, eignet sich sowohl für einfache als auch für komplizierte Muster. Ganze Arbeiten werden oft ausschließlich mit dem einfachen Kreuzstich gestickt (Abb. rechts).

Obwohl der Kreuzstich auf nahezu allen Stoffen, die für Stickereien in Frage kommen, gestickt werden kann, ist es auf zählbarem Gewebe einfacher, gleichmäßige Stiche zu bilden. Das Vichykaro ist aus dem gleichen Grund ebenfalls beliebt (S. 9).

Üblicherweise wird Sticktwist verwendet, man kann aber auch mit anderen Stickgarnen arbeiten, solange das Garn in der Stärke zum Stoff paßt.

Auch die Nadelstärke muß auf Stoff und Garn abgestimmt sein. Für zählbares Gewebe nimmt man eine stumpfe Nadel, um besser zwischen die Fäden stechen zu können, für alle anderen Stoffe eine spitze Nadel. Um eine gleichmäßige Fadenspannung zu erhalten, benutzt man am besten einen Stickrahmen.

Der Kreuzstich füllt Flächen, bildet geometrische Formen und umrandet Motive

Der einfache Kreuzstich

Man stickt in der Hinreihe gleichmäßige schräge Stiche (Grundstich), in der Rückreihe dann die Deckstiche, welche die ersten überkreuzen. Dies gilt für nebeneinanderstehende Kreuzstiche; verstreute stickt man einzeln, damit es auf der Rückseite keine langen Spannfäden gibt. Bei beiden Methoden müssen Deck- bzw. Grundstiche immer in die gleiche Richtung laufen, damit das charakteristische Stichbild entsteht. Auf den Abbildungen unten läuft der Deckstich von links nach rechts, man kann aber auch umgekehrt sticken.

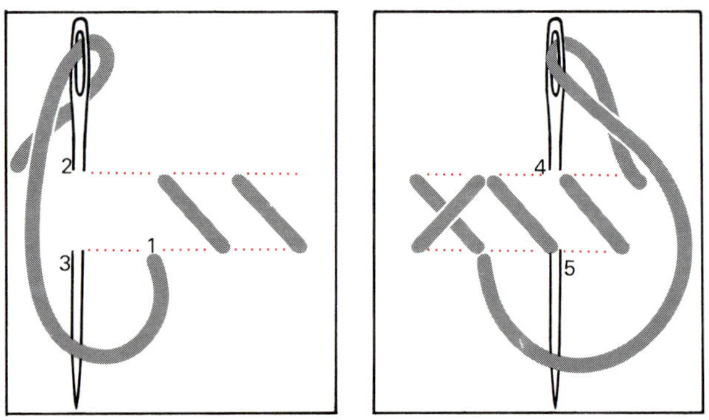

Kreuzstich in Reihen Rechts beginnen. Bei 1 aus-, bei 2 ein- und bei 3 ausstechen. In der Rückreihe bei 4 ein- und bei 5 ausstechen

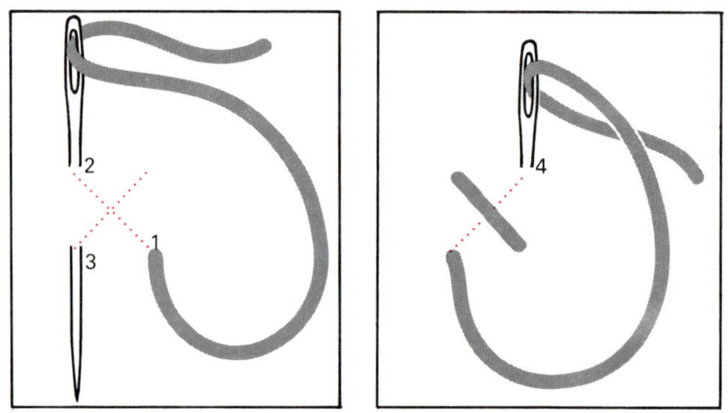

Einzelner Kreuzstich Bei 1 aus-, bei 2 ein- und bei 3 ausstechen. Um den Stich zu vollenden, bei 4 einstechen

Zählbares Gewebe 9 Aufbügelmuster 16–17
Stramine 114

Mustervorlagen für die Kreuzstichstickerei

Als Vorlage für Kreuzsticharbeiten gibt es Aufbügelmuster und Zählmuster. Aufbügelmuster können auf jeden festen, dichtgewebten Stoff aufgebracht werden (S. 16–17). Zählmuster verwendet man bei Stoffen, die entweder fadengleich gewebt sind (zählbares Gewebe) oder ein eingewebtes Karo haben.

Beim Aufbügelmuster hat die fertige Stickerei die gleiche Größe wie die Vorlage. Bei einem Zählmuster hängt die fertige Größe der Stickerei von der Anzahl der überstickten Fäden, Karos usw. ab.

Zählmuster werden auf ein Gitter gedruckt. Jedes Karo des Gitters stellt einen Kreuzstich dar. Die Größe des Kreuzstichs kann beliebig festgelegt werden.

Beim Aufbügelmuster zeigen Kreuze an, wo die einzelnen Kreuzstiche gestickt werden

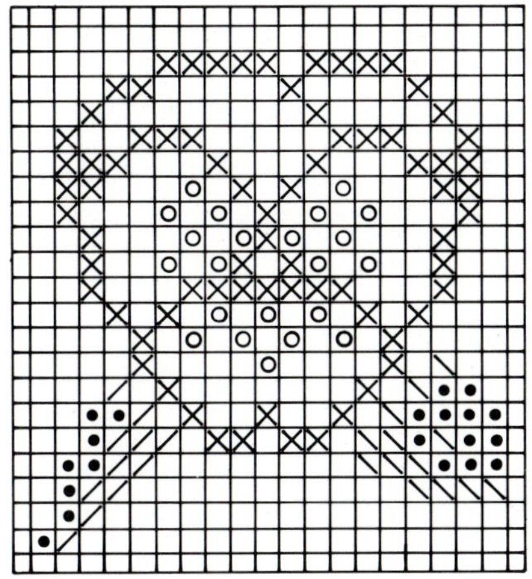

Beim Zählmuster mit Typen (Zeichen) zeigen Symbole Lage und Farbe der Stiche an

Beim farbigen Zählmuster zeigen die bunten Kästchen Lage und Farbe der Stiche an

Stoffe mit Gitter

Zählbares Gewebe und Stoffe mit eingewebten Gittermustern oder Karos sind für Kreuzsticharbeiten ideal; Zählmuster können nur darauf gearbeitet werden. Wenn das Gitter gröber ist, wie beim Aidastoff, kann über jedes Fadenkreuz ein Kreuzstich gestickt werden. Auf einem feineren Gitter wie beim Hardangerstoff werden die Kreuzstiche über mehrere Fadenkreuze gestickt, und zwar stets über die gleiche Anzahl.

Hat ein Stoff kein Gitter, kann man ein- oder zweifädigen Stramin (keinen Dreherstramin) zu Hilfe nehmen. Ein Stück in der passenden Größe wird auf den Stoff geheftet. Darauf arbeitet man die Kreuzstiche nach dem Zählmuster. Dann entfernt man die Heftstiche von der fertigen Stickerei und schneidet den Stramin möglichst nahe am Muster ab, ohne die Stickerei zu beschädigen. Anschließend werden die Fäden des Stramins vorsichtig mit einer Pinzette herausgezogen. Man beginnt an einer Ecke und zieht alle gleichlaufenden Fäden in eine Richtung aus.

Kreuzstich auf grobem Gitter Jeder Stich wird über ein Fadenkreuz gestickt

Kreuzstich auf feinem Gitter Jeder Stich wird über mehrere Fadenkreuze gestickt

Aufgehefteter Stramin liefert ein Gitter für einen anderen Stickereistoff

Aus der fertigen Stickerei werden die Straminfäden mit der Pinzette herausgezogen

Stickerei · Kreuzstichstickerei

Doppelter Kreuzstich 35 Hexenstich 36
Plattstich 51

Kreuzstich auf Vichykaro

Vichykaros sind in der Kreuzstichstickerei sehr beliebt, denn sie bilden ein Gitter, das die gleichmäßige Stichbildung ermöglicht.

Jedes Zählmuster kann auf Vichykaro gestickt werden, manche Muster sind jedoch besonders gut dafür geeignet. Die drei Farbtöne des Vichykaros (Dunkel, Hell und Weiß) können mit in die Gestaltung einbezogen werden (siehe unten). Ein Motiv, das nur auf den dunklen Karos gestickt wird, wirkt anders als das gleiche Motiv auf den hellen oder den weißen Karos.

Vichystoff gibt es in vielen Farben und mit verschieden großen Karos. Je größer das Karo, desto größer der Kreuzstich und somit auch das ganze Muster.

Kreuzstiche auf Vichykaro bilden hier ein sich wiederholendes geometrisches Bordürenmotiv

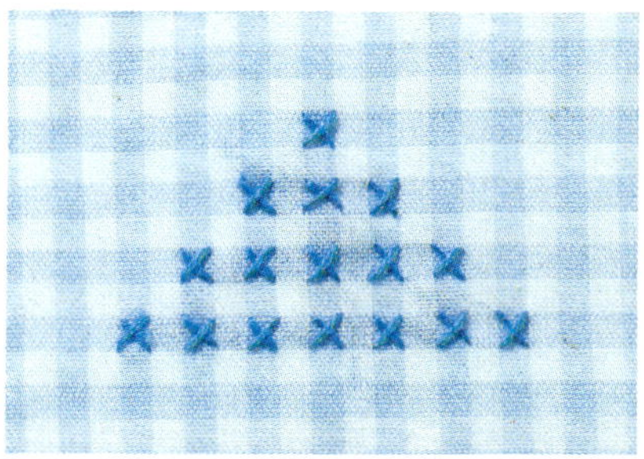

Kreuzstiche, auf dunklen Karos gestickt, betonen den Weiß-Dunkel-Kontrast

Kreuzstiche, auf weißen Karos gestickt, lassen den Stoff eher einfarbig wirken

Kreuzstiche, auf Hell und Dunkel gestickt, wirken dichter und betonen das Weiß

Abwandlungen des einfachen Kreuzstiches können mit ins Hauptmotiv einbezogen oder zur Ausschmückung einer Kante verwendet werden. Oben der Hexenstich (S. 36) und der doppelte Kreuzstich (S. 35)

Das Motiv sticken

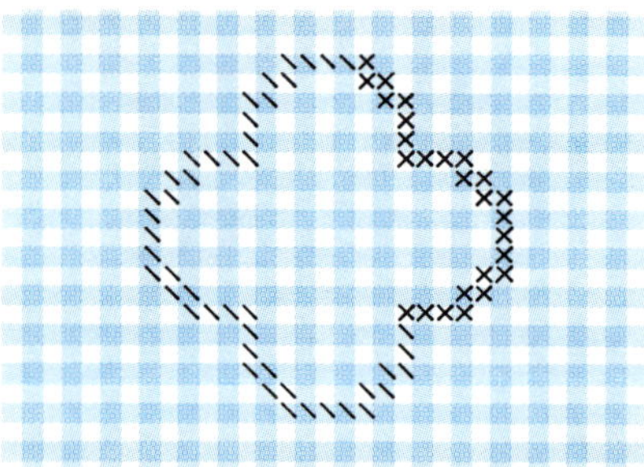

1. Blumen einzeln arbeiten. Die Umrisse wie eine Reihe in 2 Arbeitsgängen sticken

2. Blumenblätter einzeln ausfüllen, auch jeweils wie eine Reihe in 2 Arbeitsgängen

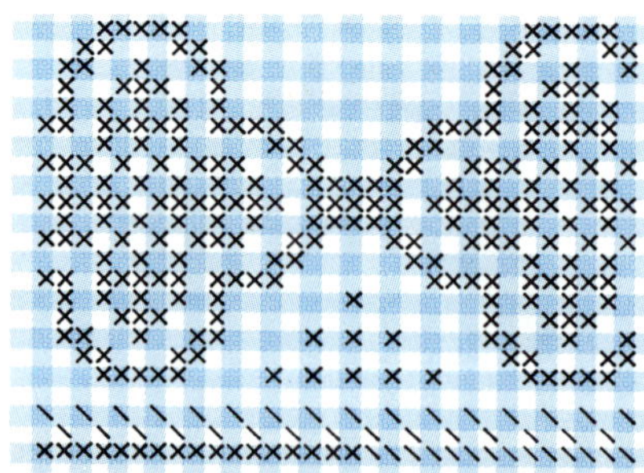

3. Verbindende Blöcke und Randlinien wie Reihen, Stiche im Dreieck einzeln arbeiten

Das Medaillon mit Kreuzstichen arbeiten und diese mit Vorstichen verbinden

Assisistickerei

Die Assisistickerei ist eine Form der Kreuzstichstickerei, bei der bestimmte Musterteile frei bleiben und der Hintergrund mit Kreuzstichen ausgestickt wird. Die Muster werden gewöhnlich mit Holbeinstichen umrandet (S. 47). Einzelheiten innerhalb der freien Flächen werden entweder im Holbeinstich oder mit Kreuzstichen gestickt.

Die Technik ist nach der Stadt Assisi in Norditalien benannt, wo sie entstand. Die ersten Assisistickereien wurden Anfang dieses Jahrhunderts gearbeitet, die Muster aus einfach gezeichneten Tierfiguren wurden jedoch von jahrhundertealten Kirchenstickereien übernommen. Als die Assisistikkerei beliebter wurde, übernahm man Motive – neben Tierfiguren auch geometrische Formen und Blumen – von den Holzschnitzereien in den Kirchen von Assisi. Ursprünglich wurde nur eine Garnfarbe benutzt, heute kann man mit mehreren arbeiten. Besonders wirkungsvoll ist es, wenn man mit einer Farbe den Hintergrund ausstickt und eine andere für Umrandungen und Einzelheiten nimmt.

Die meisten Zählmuster der Kreuzstichstickerei können für Assisiarbeiten verwendet werden. Man wählt solche mit klar abgegrenzten Formen und vertauscht die freien mit den auszustickenden Flächen.

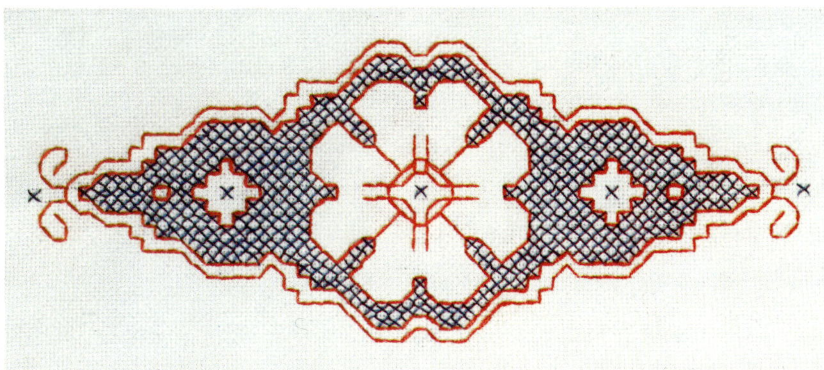

Die ersten Assisimuster waren einfach gezeichnete Tiermotive. Später kamen zartere Formen wie stilisierte Blumen, geometrische Figuren und Ranken hinzu

Um eine Assisistickerei zu arbeiten, zunächst die Umrandung im Holbeinstich sticken: bei der Hinreihe gleichmäßige Vorstiche sticken, bei der Rückreihe die Zwischenräume mit Vorstichen so füllen, daß zwischen den Stichen der beiden Reihen kein Stoff zu sehen ist (S. 47). Anschließend den Hintergrund mit reihenweise gestickten Kreuzstichen ganz ausfüllen (S. 66)

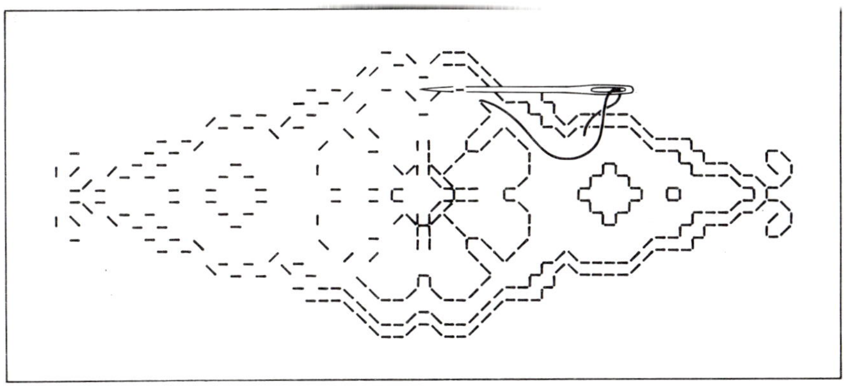

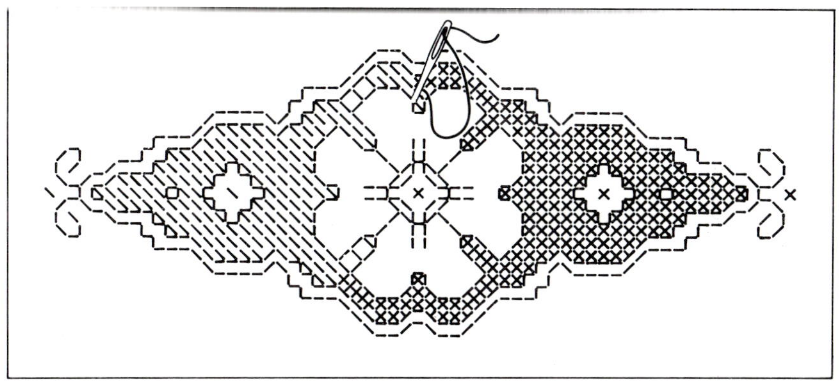

Durchzug-stickerei

Einführung
Motivarten
Grundstiche
Ausführung

Einführung

Die Durchzugstickerei, auch Stopfstickerei genannt, ist eine Technik, die mit geraden, flach aufliegenden Stichen die Oberfläche des Stoffes gestaltet. Für diese Stickerei werden Stoffe verwendet, bei denen keine Einzelfäden, sondern Fadengruppen einander kreuzen. Durch diese Webart entsteht eine plastische Oberfläche, die das Auffassen der einzelnen Gewebefäden oder Fadengruppen erleichtert. Beim sogenannten Durchzugstoff (Würfelstoff) wechseln Kette und Schuß jeweils nach vier Gewebefäden; er ist in einer normalen und einer feinfädigen Ausführung erhältlich. Aidastoff ist quadratisch gewebt und hat auf einen Zentimeter etwa drei bzw. bei Perlaida etwa vier Gewebekaros.

Meistens werden bei der Durchzugstickerei jeweils alle Fäden einer Fadengruppe aufgefaßt. In welcher Reihenfolge und in welcher Anzahl die Gruppen aufgefaßt werden, hängt vom jeweiligen Muster ab. Die Musterlinien verlaufen hauptsächlich waagrecht und diagonal; auch senkrechte Linien sind jedoch möglich.

Für die meisten Arbeiten wird Perlgarn oder Sticktwist verwendet, daneben aber auch Vierfachstickgarn, Kelimstickgarn oder anderes, wollähnliches Garn. Da die Nadel die Gewebefäden auffaßt und nicht in den Stoff sticht, empfiehlt es sich, eine stumpfe Sticknadel zu benutzen. Es gibt eine Spezialnadel, deren stumpfe Spitze leicht gebogen ist. Ein Stickrahmen ist nicht erforderlich.

Die Muster der Durchzugstickerei bestehen in den meisten Fällen aus einfachen geometrischen Formen. Diese werden als Einzelmotive verwendet, zu Bordüren oder flächenfüllenden Mustern zusammengestellt oder auch zu stilisierten Figuren umgestaltet. Auf dieser und der gegenüberliegenden Seite sind Beispiele solcher Muster abgebildet. Die Grundstiche sind auf Seite 72 beschrieben.

Senkrechte Musterlinien können in mehreren Teilstichen gestickt werden. Die Vergrößerung zeigt deutlich, wie die Stiche verlaufen. Zu sehen ist dabei auch, wie die Fadenenden über den bereits gestickten Stichen vernäht bzw. versäubert werden (S. 73)

Ein Bordürenmuster, das weitgehend mit waagrechten Linien gestaltet ist. Die Vergrößerung zeigt deutlich sowohl die geraden Stiche als auch die Schlingen und gleichzeitig, wie die Fadenenden über die fertigen Stiche vernäht werden (S. 73)

Vier Motivarten

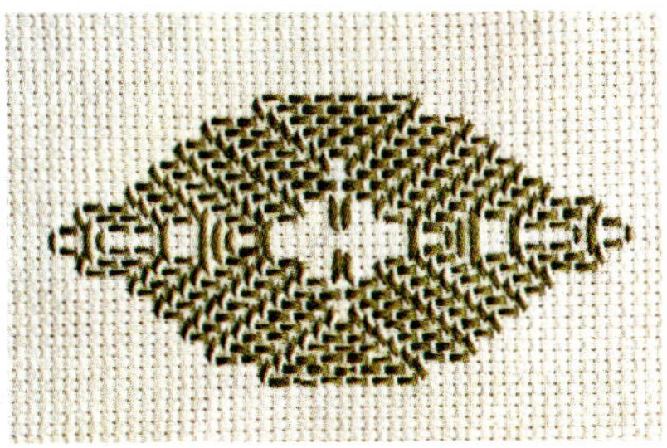

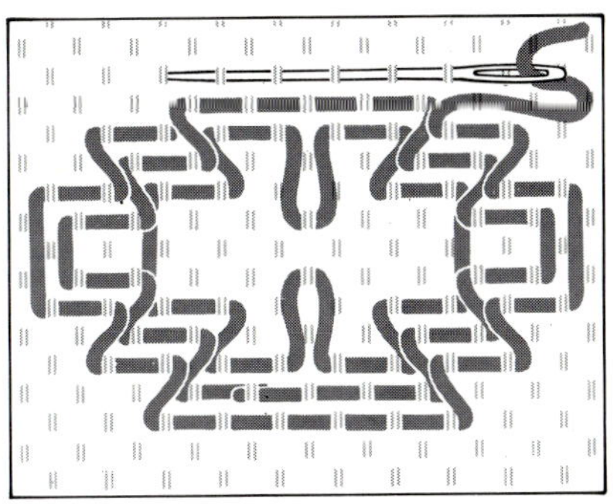

Das Einzelmotiv wird von der Mitte aus gestickt. Es besteht aus geraden Stichen, Stufen und offenen Schlingen

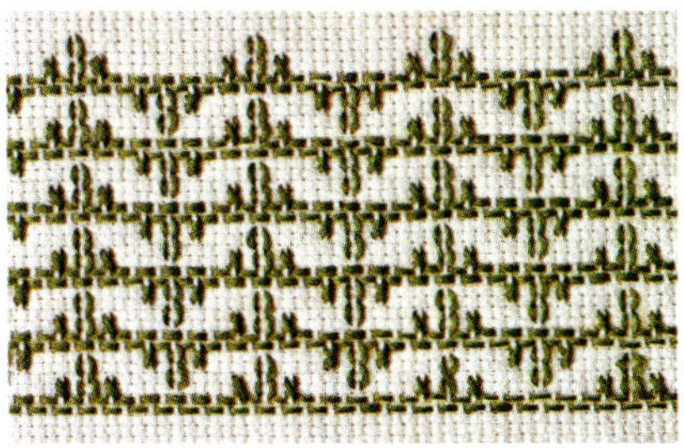

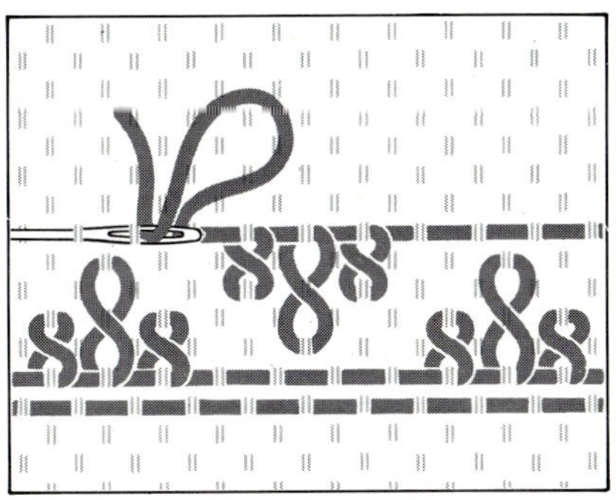

Die Bordüre wird von unten in Reihen von rechts nach links gearbeitet. Verwendet werden gerade Stiche und Achterschlingen

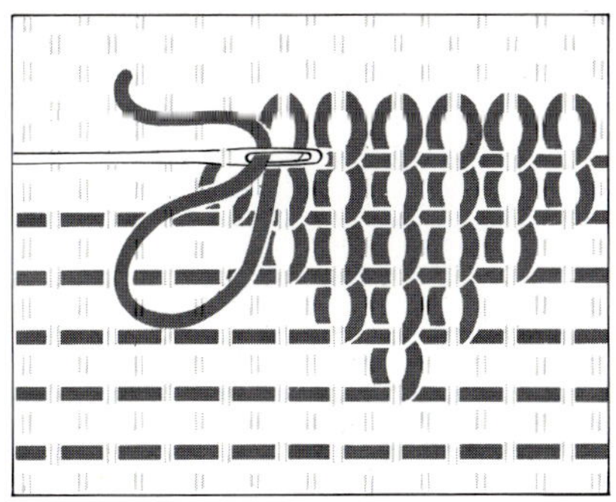

Die stilisierte Figur wird in Reihen von rechts nach links gestickt. Verwendet werden geschlossene Schlingen und gerade Stiche

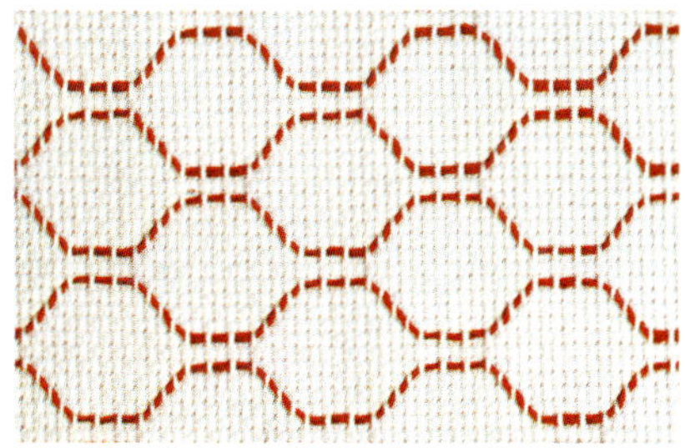

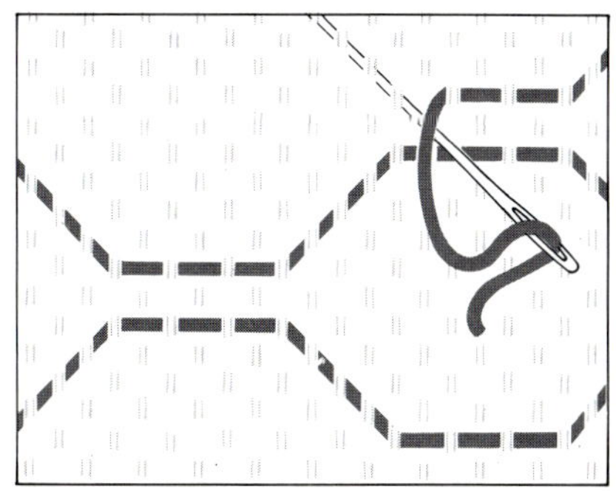

Das flächenfüllende Muster wird in Reihen von rechts nach links gearbeitet. Hier werden ausschließlich gerade Stiche gestickt

Genaue Stickerklärungen siehe Seite 72

Stickerei · Durchzugstickerei

Grundstiche

Gerade Stiche werden bei der Durchzugstikkerei am häufigsten verwendet. Die Nadel waagrecht von rechts nach links führen, dabei die Gewebefäden auffassen. Die Nadel kann auch diagonal geführt werden

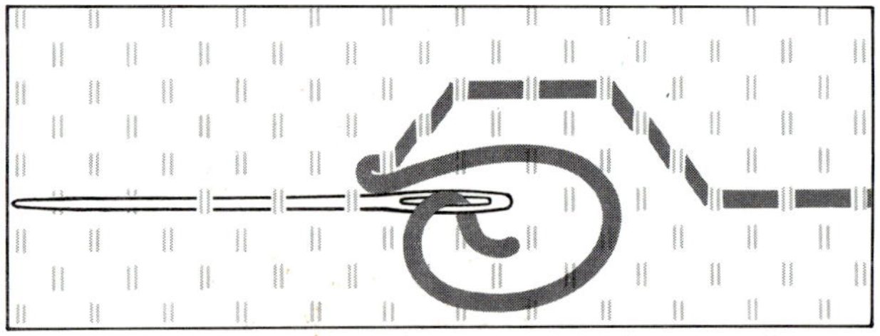

Stufen sind Stiche, die einen Treppeneffekt ergeben. Die Nadel auch hier von rechts nach links führen

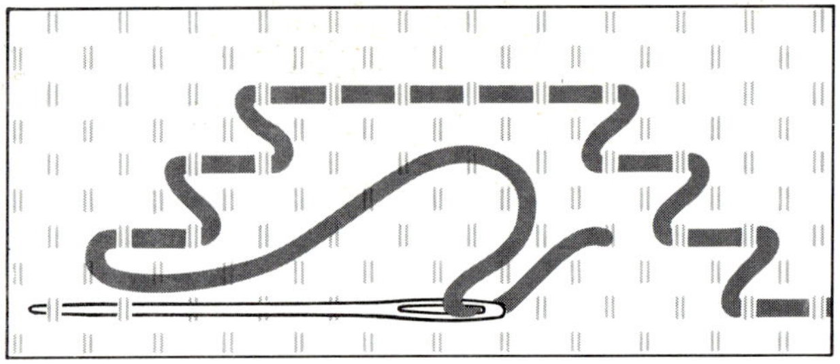

Offene Schlingen bilden oben eine Schlinge und sind nach unten hin offen. Die Nadel von rechts nach links führen. Bei jedem Auffassen eine Fadengruppe weitergehen, damit die Schlinge unten offenbleibt

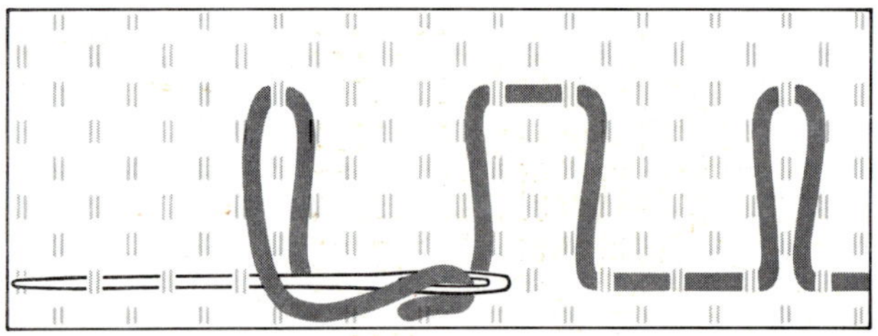

Geschlossene Schlingen sind auch unten zu. Die Nadel unten von rechts nach links und oben von links nach rechts führen. Dann nochmals die gleiche untere Fadengruppe von rechts nach links auffassen

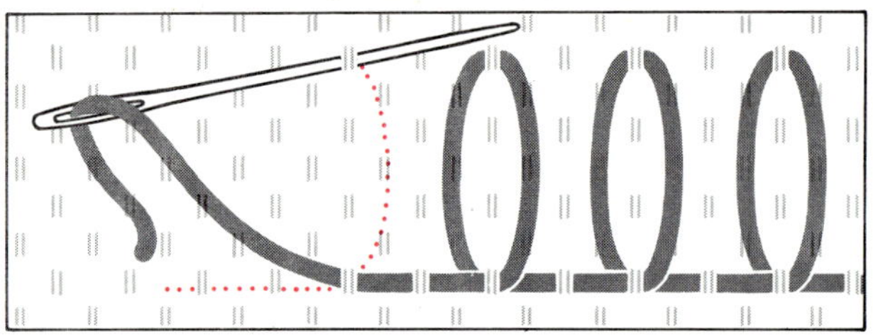

Achterschlingen Die Nadel oben und unten von rechts nach links führen. Die Acht entsteht, indem man unten die gleichen Gewebefäden noch einmal von rechts nach links auffaßt

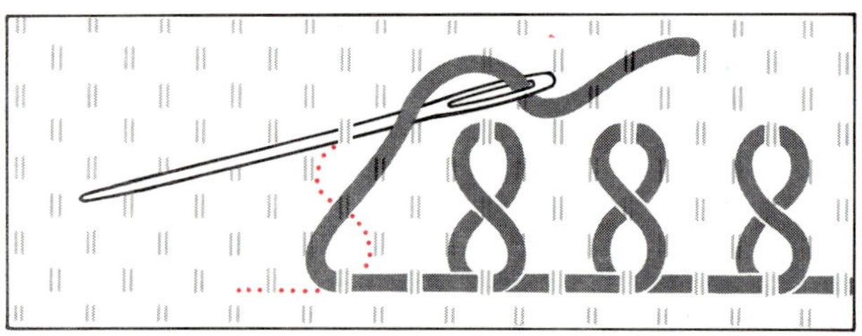

Ausführung

Die meisten Muster in der Durchzugstickerei werden von unten in Reihen gearbeitet. Die erste Reihe wird von der Mitte aus nach rechts und links gestickt, um eine gleichmäßige Anordnung zu erreichen. Alle nachfolgenden Reihen stickt man dann durchgehend von rechts nach links.

Viele Muster bestehen aus großen, sich wiederholenden Motiven. Um möglichst viele ganze Motive innerhalb der vorgegebenen Breite unterzubringen, muß das Ausgangsmotiv sorgfältig angeordnet werden. Man ermittelt zunächst die Anzahl der Fadengruppen, die für ein Motiv benötigt werden. Dann zählt man die Fadengruppen der gesamten Breite der Stickerei aus, teilt sie durch die Zahl der Fadengruppen für das Motiv und rundet das Ergebnis auf die nächste ganze Zahl ab. Erhält man eine gerade Zahl, wird ein ganzes Motiv jeweils links und rechts der Mittellinie angeordnet. Bei einer ungeraden Zahl wird ein Motiv auf die Mittellinie gestickt.

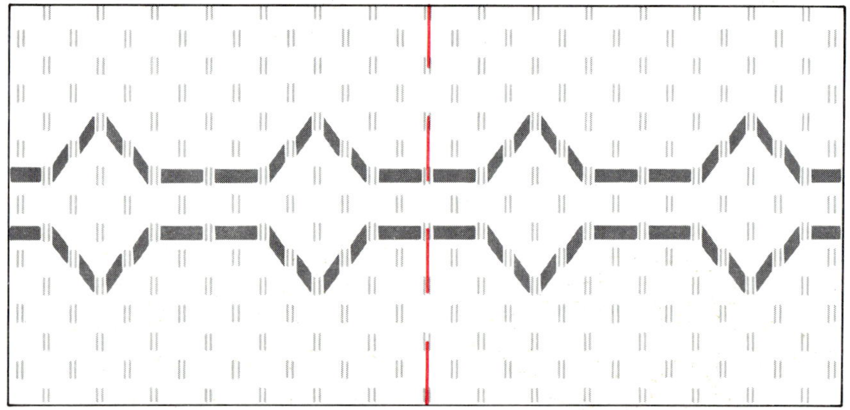

Ergibt sich bei der Berechnung eine gerade Motivzahl, beginnt man jeweils rechts und links der Mittellinie mit einem ganzen Motiv

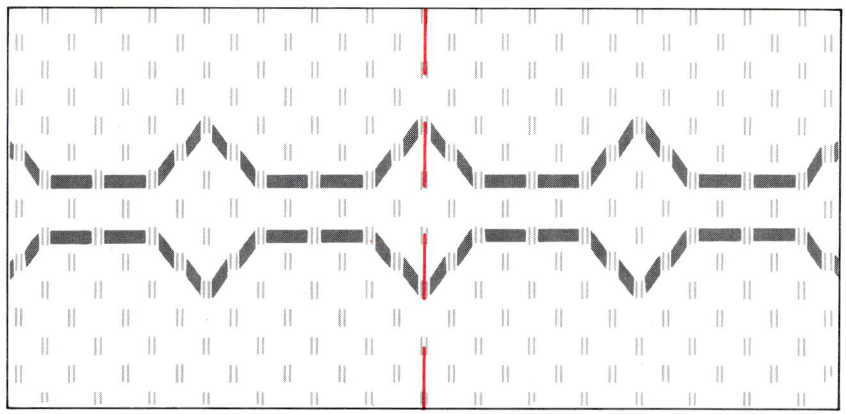

Ergibt sich bei der Berechnung eine ungerade Motivzahl, wird ein Motiv genau auf der Mittellinie, d. h. je eine Motivhälfte rechts und links davon, gearbeitet

1. Zunächst die Mitte markieren. Einen Faden knapp doppelt so lang wie die Breite der Stickerei abschneiden. Nicht knoten! Die Hälfte des Fadens hängen lassen und die erste Reihe von der Mitte aus nach links arbeiten

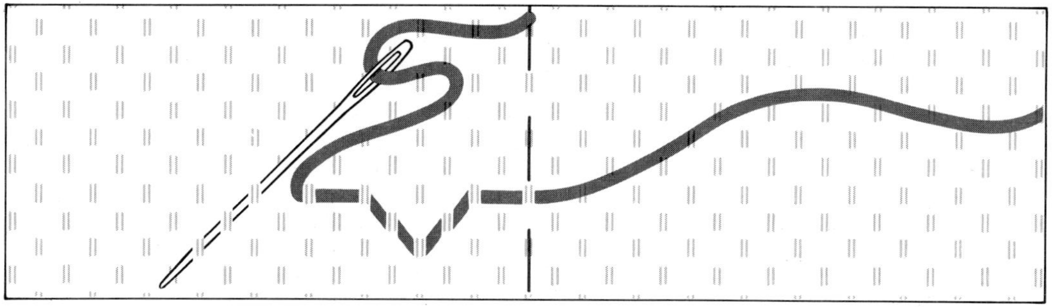

2. Die Arbeit um 180 Grad drehen. Das noch freie Fadenende einfädeln und die zweite Hälfte der Reihe wieder von rechts nach links sticken

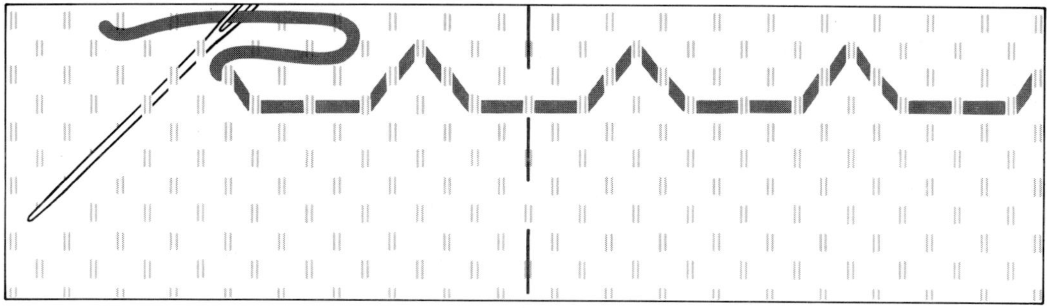

3. Die Arbeit wieder in die ursprüngliche Lage drehen und die nächste Reihe in einem Arbeitsgang durchgehend von rechts nach links und mit einer Fadenlänge arbeiten

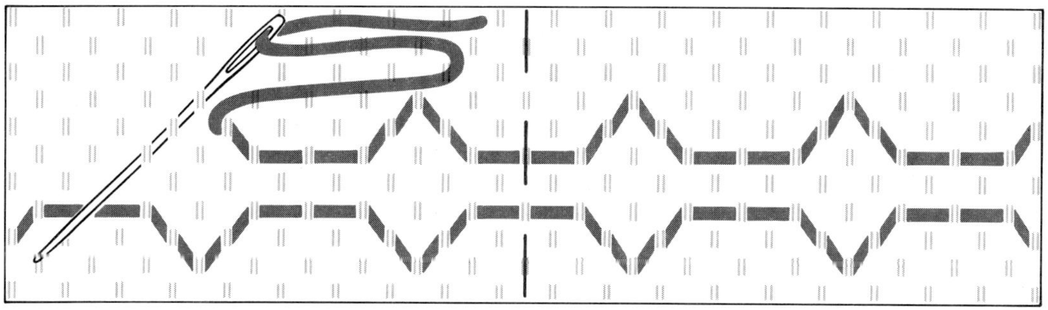

4. Alle weiteren Reihen ebenfalls durchgehend von rechts nach links sticken und nach den bereits fertigen Reihen ausrichten. Auf gleichmäßige Fadenspannung achten

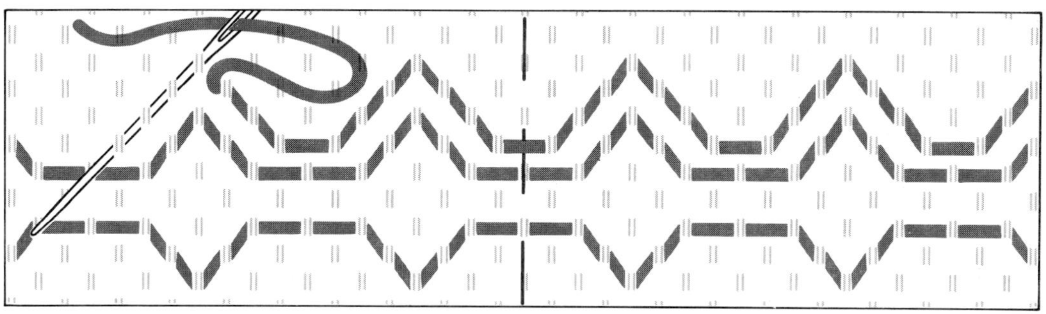

Fadenenden versäubern

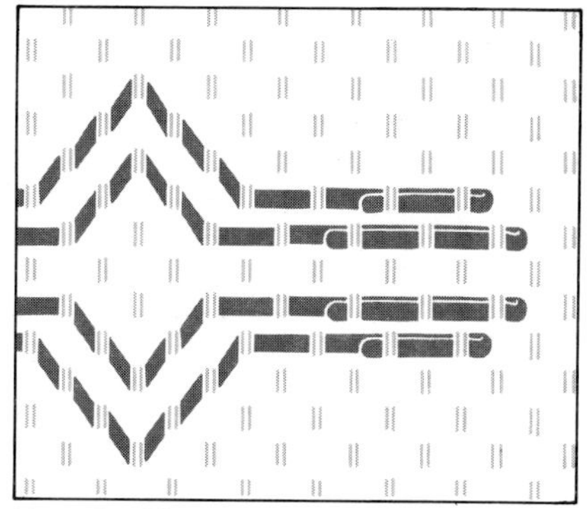

Liegt das Muster an beiden Enden frei, Fadenenden durch die letzten Stiche ziehen

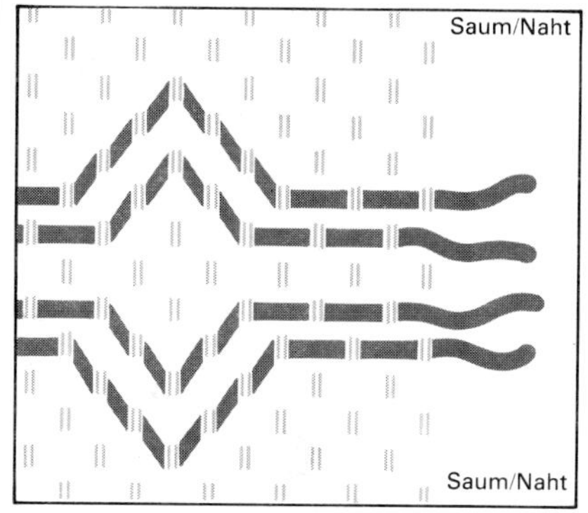

Endet das Motiv an einer Naht, Fadenenden hängen lassen und in der Naht mitfassen

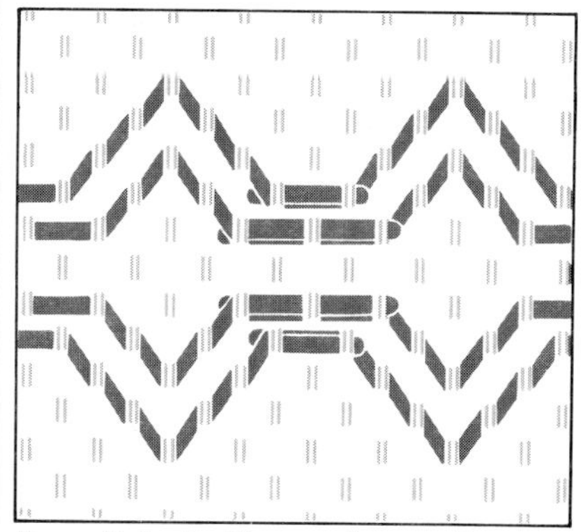

Neuen Faden im Muster anfangen Ersten bis Ende sticken, neuen 2,5 cm zurück einsetzen

Ajourstickerei

Einführung
Eine Ajourstickerei arbeiten
Stickmuster für die Ajourstickerei

Einführung

Die Ajourstickerei ist eine Art Weißstickerei, die häufig für Tischwäsche verwendet wird. Mit jedem Stich werden mehrere Gewebefäden zusammengezogen, um eine spitzenähnliche Wirkung zu erzielen. Die vielfältigen Sticharten werden für Bordüren verwendet oder um geometrische und andere Formen auszusticken. Andere Stickstiche wiederum dienen dazu, ein Muster dekorativ zu umranden oder Akzente zu setzen.

Für Ajourmuster ist ein zählbares Gewebe erforderlich. Dazu wählt man ein Garn, das der Stärke eines Gewebefadens entspricht, und die größte stumpfe Nadel, die noch leicht zwischen den Gewebefäden hindurchgleitet. Es empfiehlt sich, einen Stickrahmen zu benutzen.

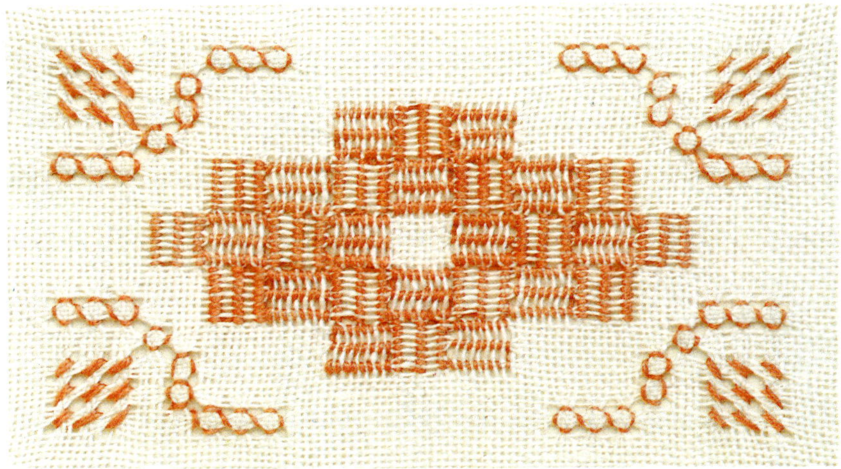

Diese Ajourstickerei zeigt drei der nachfolgend beschriebenen Sticharten

Eine Ajourstickerei arbeiten

Die Stoffmitte wird ermittelt und mit Heftfaden markiert. Dann ordnet man die Motive an, indem man vom Mittelpunkt aus die Fäden zählt. Sollen die Ränder des Motivs überstickt werden, kann man die Konturen auf der rechten Stoffseite aufzeichnen, sonst markiert man mit Heftgarn. Die Motive werden von der Mitte aus in Reihen gestickt (S. 75–77). Der Faden wird immer am Reihenende vernäht (siehe unten). Zuerst stickt man alle Muster, dann die Ausschmückungen.

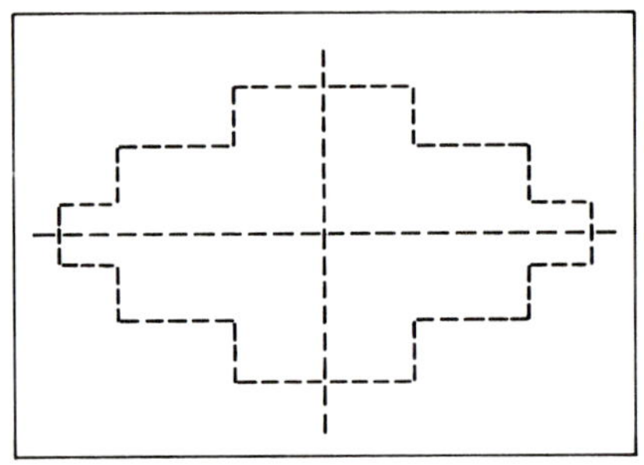

Die Stoffmitte markieren, dann Fäden von der Mitte aus zählen und Motive übertragen

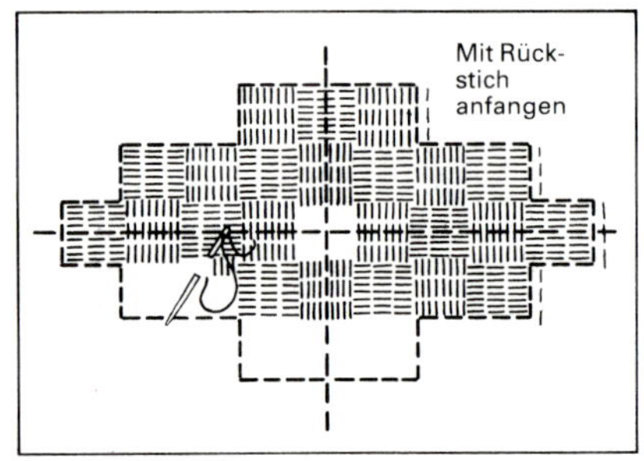

Motivgruppen jeweils von der Mitte aus sticken; Stichmuster in Reihen arbeiten

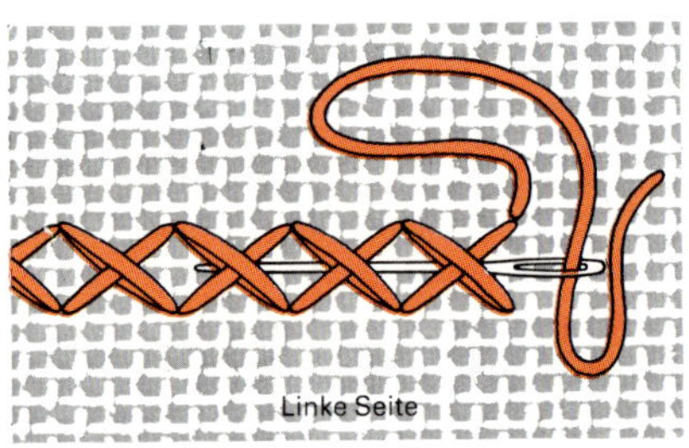

Um Faden am Reihenende zu sichern, Nadel unter den Stichen auf der Rückseite durchschieben. Rückstiche am Reihenanfang herausziehen, Faden ebenso vernähen

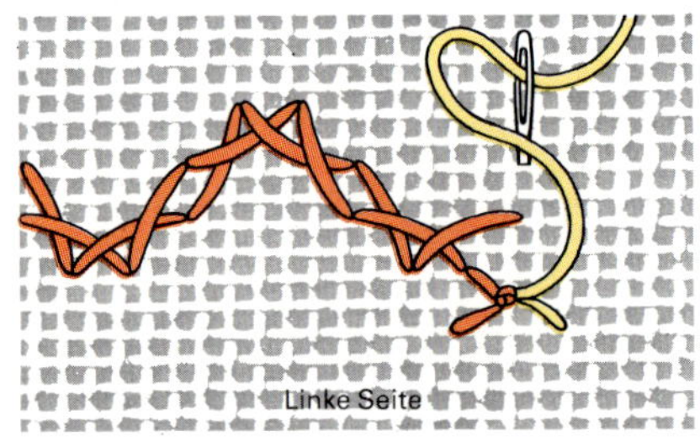

Neuen Faden anfangen Schlinge nahe am letzten Stich bilden. Eng anziehen und Fadenende durchschieben, um zweite Schlinge zu bilden. Neues Garn durch zweite Schlinge ziehen. Erste Schlinge festhalten; zweite anziehen, um erste zu schließen. Beide Fäden anziehen, bis zweite Schlinge durch erste schlüpft. Enden abschneiden

Stickmuster für die Ajourstickerei

Für die Ajourstickerei gibt es viele verschiedene Sticharten. Hier und auf den nächsten beiden Seiten werden sechs der beliebtesten Stiche Schritt für Schritt erklärt. Jeder Stich wird in Reihen gearbeitet, je nach Muster waagrecht oder senkrecht. Die Nadelführung ist einfach, beim Reihenwechsel muß man aber aufpassen. Oft wird der Stoff dabei zur leichteren Handhabung gedreht. Die letzte Abbildung jeder Folge zeigt das fertige Muster.

Man beginnt mit ein paar Rückstichen außerhalb der zu bestickenden Fläche. Am Reihenende wird der Faden auf der Rückseite gesichert. Die anfangs gestickten Rückstiche zieht man wieder auf und vernäht den Faden auf der linken Stoffseite.

Der Kästchenstich wird in waagrechten Reihen gestickt, und zwar immer von rechts nach links. Bei 1 ausstechen und durchziehen. Bei 2 einstechen und links von 1 bei 3 ausstechen. Bei 1 einstechen und oberhalb von 3 bei 4 ausstechen. Bei 2 ein- und bei 3 ausstechen. Nach jedem Stich den Faden fest anziehen

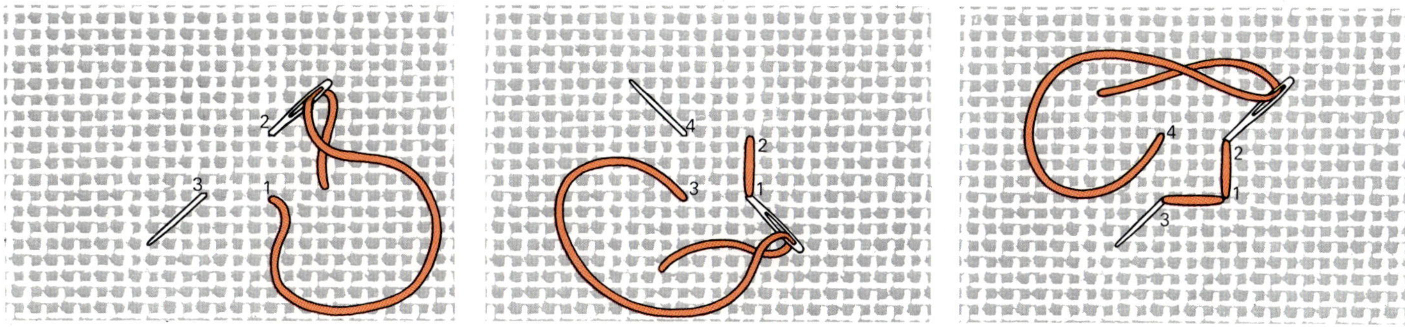

Diese Stichfolge über die ganze Reihe wiederholen. Punkt 3 ist jetzt Punkt 1 für den nächsten Stich, und Punkt 4 ist Punkt 2. Alle Einzelstiche über die gleiche Anzahl Gewebefäden sticken. Am Ende jeder Reihe den Stoff drehen und die nächste Reihe wieder von rechts nach links arbeiten

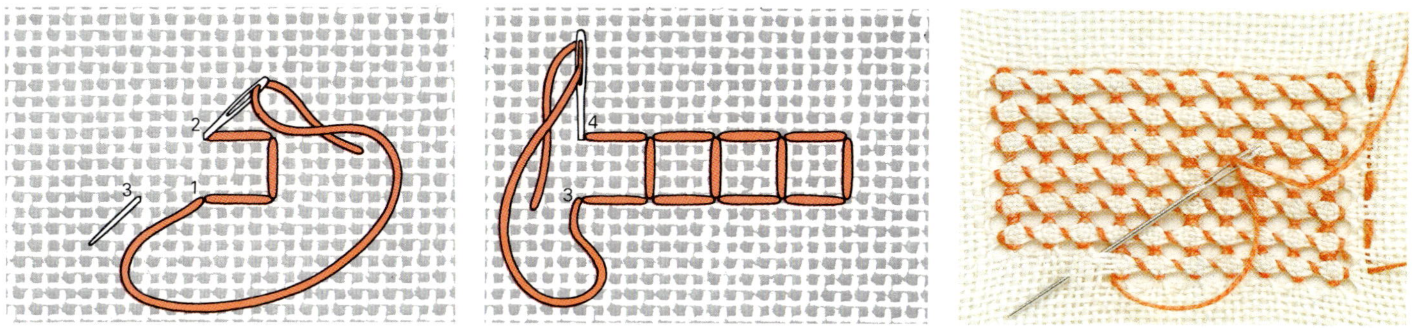

Der Wickelstich besteht aus Gruppen von Plattstichen und wird in waagrechten Reihen gearbeitet. Zunächst bei 1 ausstechen und 3 Plattstiche arbeiten. Unter 4 Gewebefäden nach links wieder ausstechen und die Stichfolge 1–6 wiederholen. Nach jedem Stich den Faden fest anziehen. Am Reihenende unter 4 Gewebefäden und um 2 Fäden versetzt für die zweite Reihe bei 1 ausstechen. Die zweite Reihe von links nach rechts, die dritte von rechts nach links usw. arbeiten

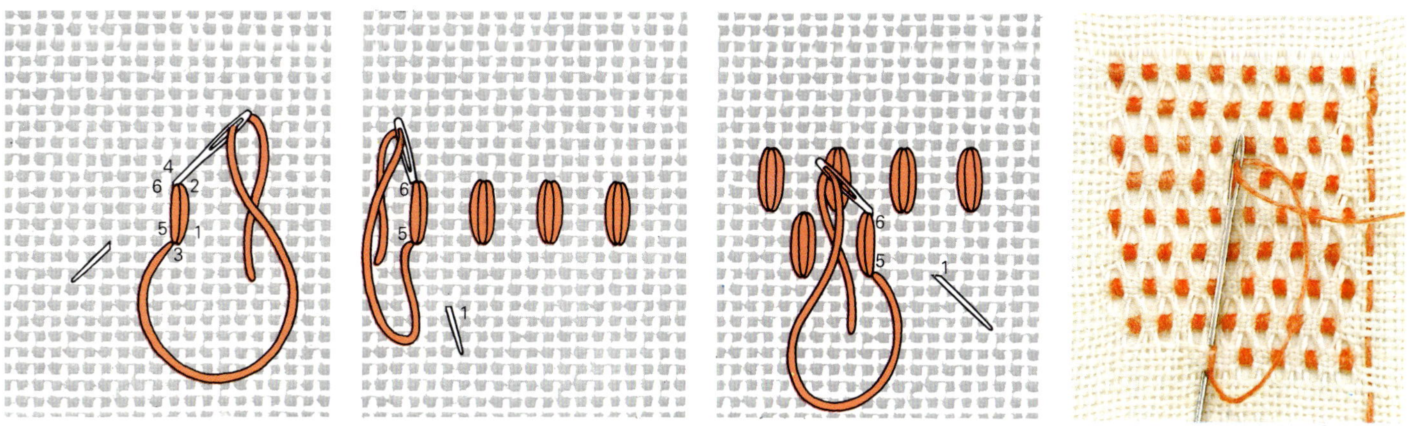

Stickerei · Ajourstickerei

Stickmuster für die Ajourstickerei

Das Schachbrettmuster wird in Blöcken gearbeitet. Jeder Block besteht aus 3 Reihen zu je 8 Stichen; die Reihen werden abwechselnd von rechts nach links und von links nach rechts gestickt. Nach jedem Stich den Faden fest anziehen. Am Ende der dritten Reihe den Stoff drehen und wieder bei 1 ausstechen (Abb. ganz rechts), um den neuen Block zu beginnen

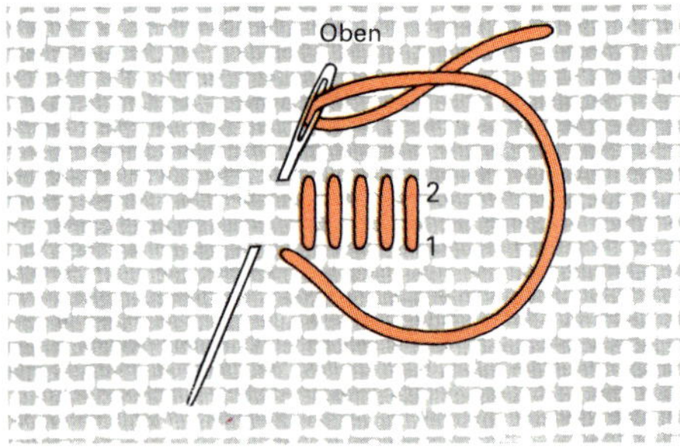

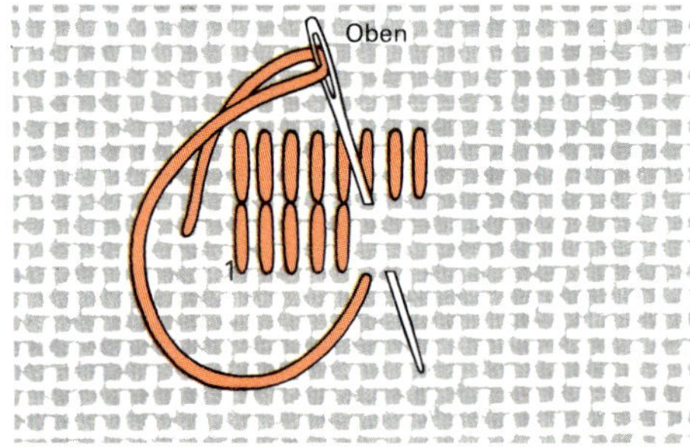

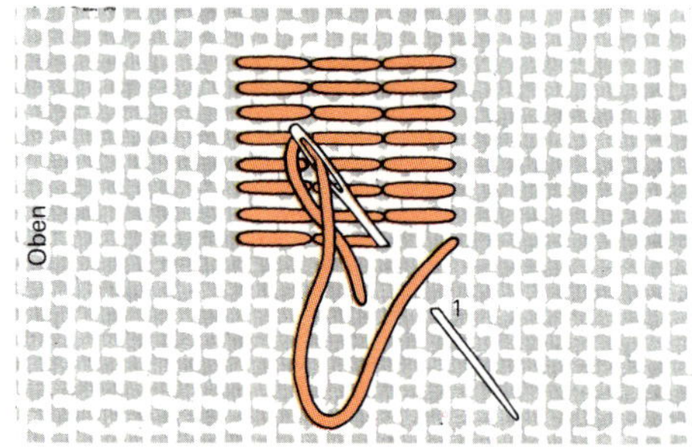

Alle folgenden Blöcke wie den ersten arbeiten, dabei den Stoff für jeden neuen Block drehen

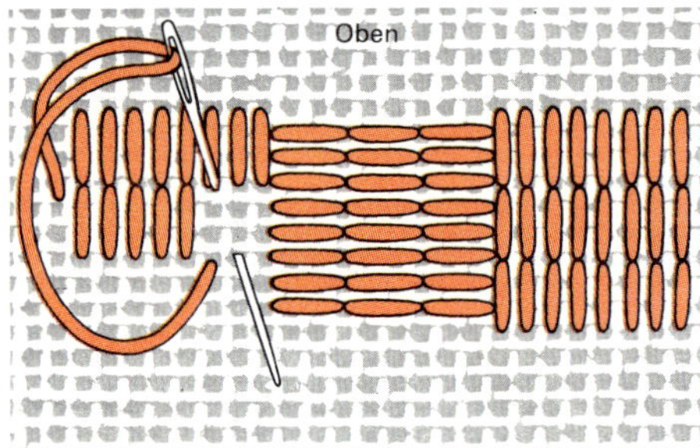

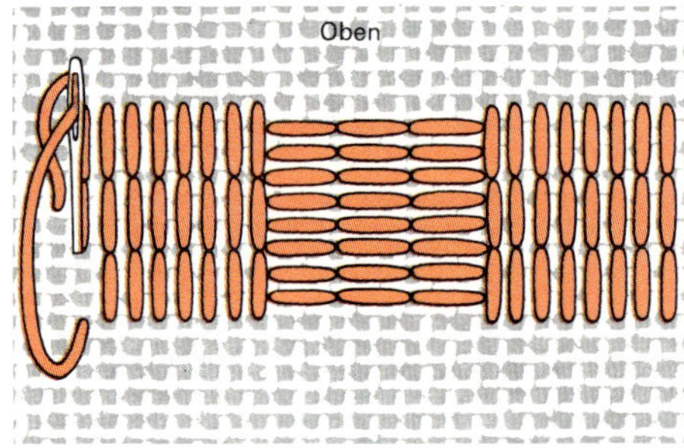

Fensterstiche werden in 2 Teilen gearbeitet. Zuerst die senkrechten Stichpaare in Reihen abwechselnd von rechts nach links und von links nach rechts sticken, bis die gewünschte Anzahl Reihen gearbeitet ist

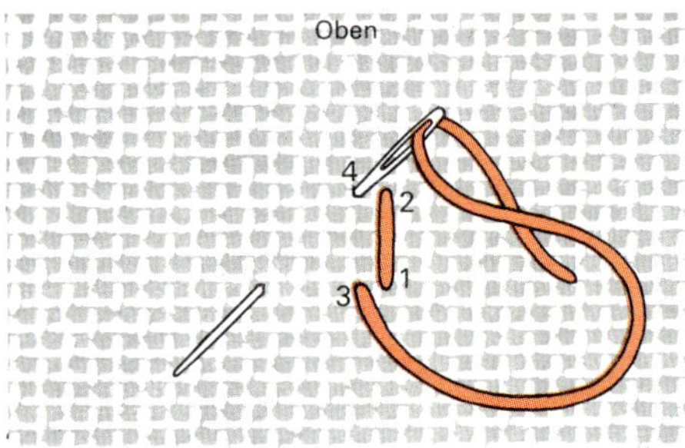

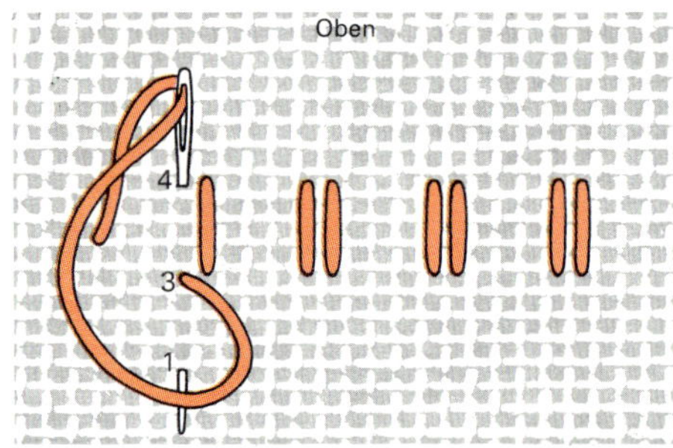

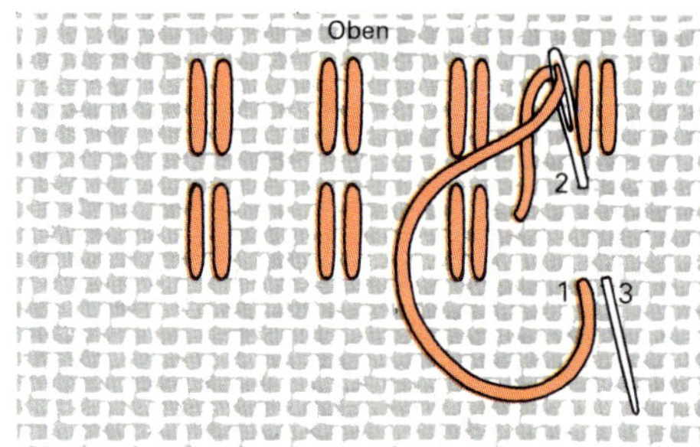

Den Stoff, wie in der Abbildung gezeigt, drehen und Stichpaare in rechtem Winkel zu den ersten sticken. Ebenfalls abwechselnd von rechts nach links und von links nach rechts arbeiten

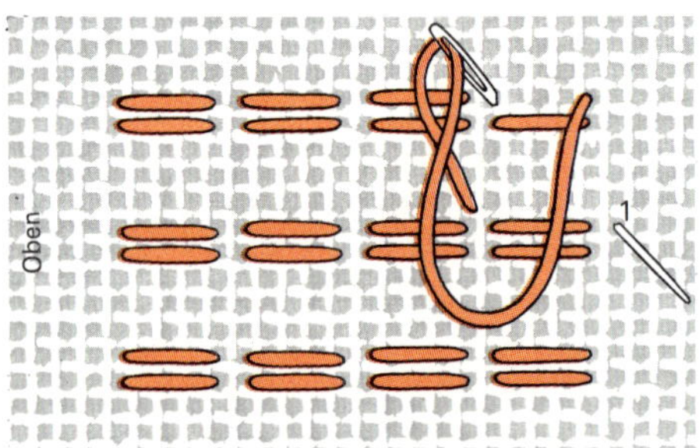

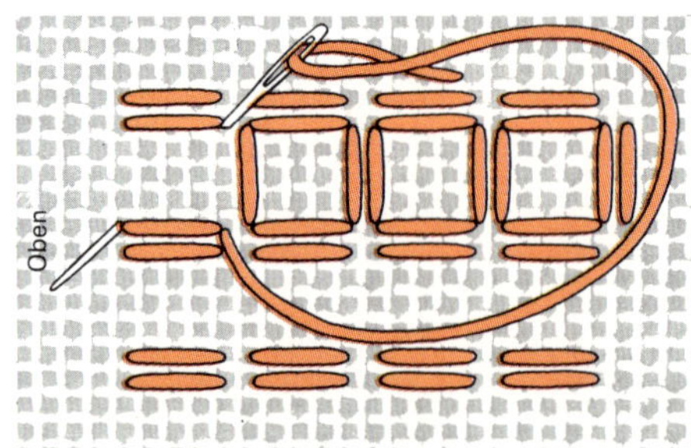

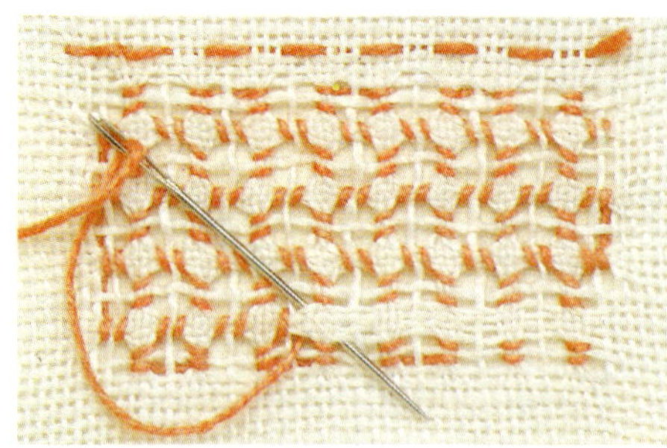

Der Ringrückstich wird in 2 Arbeitsgängen gestickt. Im ersten wird eine Serie von halben Ringen gestickt, die im zweiten vervollständigt werden. Bei 1 ausstechen und durchziehen. Bei 2 ein- und bei 3 ausstechen. Diese Rückstiche bis Punkt 9 arbeiten (die Folge 1–9 ergibt 2 Halbringe bzw. 8 Einzelstiche). Nach jedem Stich den Faden fest anziehen

Die Stichfolge über die ganze Reihe wiederholen. Am Ende der Reihe den Stoff drehen und, wie in der mittleren Abbildung gezeigt, die Ringe fertigsticken. Stets von rechts nach links arbeiten

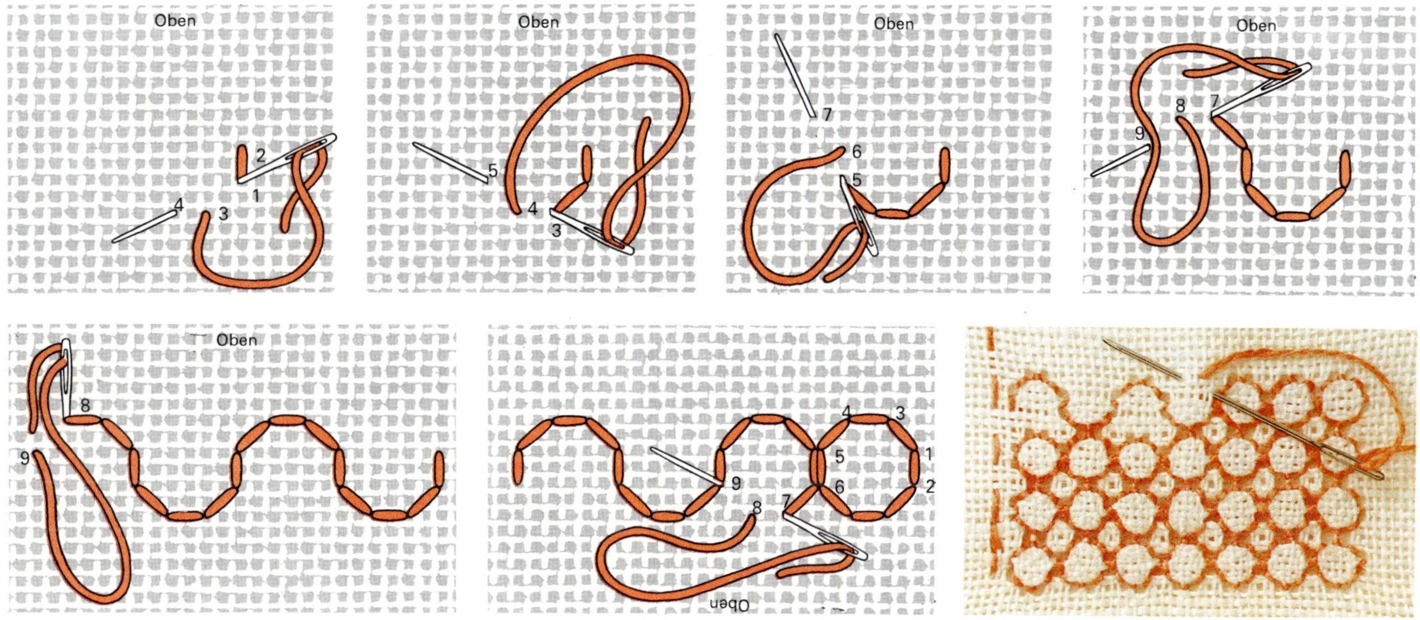

Der schräge Wickelstich wird paarweise in diagonalen Reihen gearbeitet. Die hier gezeigte Anordnung bildet ein Quadrat, das als 2 Dreiecke gestickt wird. Bei 1 ausstechen und durchziehen. Bei 2 einstechen und genau gegenüber bei 3 ausstechen. Bei 4 ein- und bei 2 ausstechen. Die Folge wiederholen, bis 2 Reihen zu 4 bzw. 3 Stichen gestickt sind. Den Stoff für die nächsten Reihen drehen

Die Folge 1–4 wiederholen, um das zweite Reihenpaar zu bilden. (Die Reihen werden zur Ecke hin kürzer.) Für das dritte Paar den Stoff wieder drehen. Das zweite Dreieck des Quadrats ebenso arbeiten

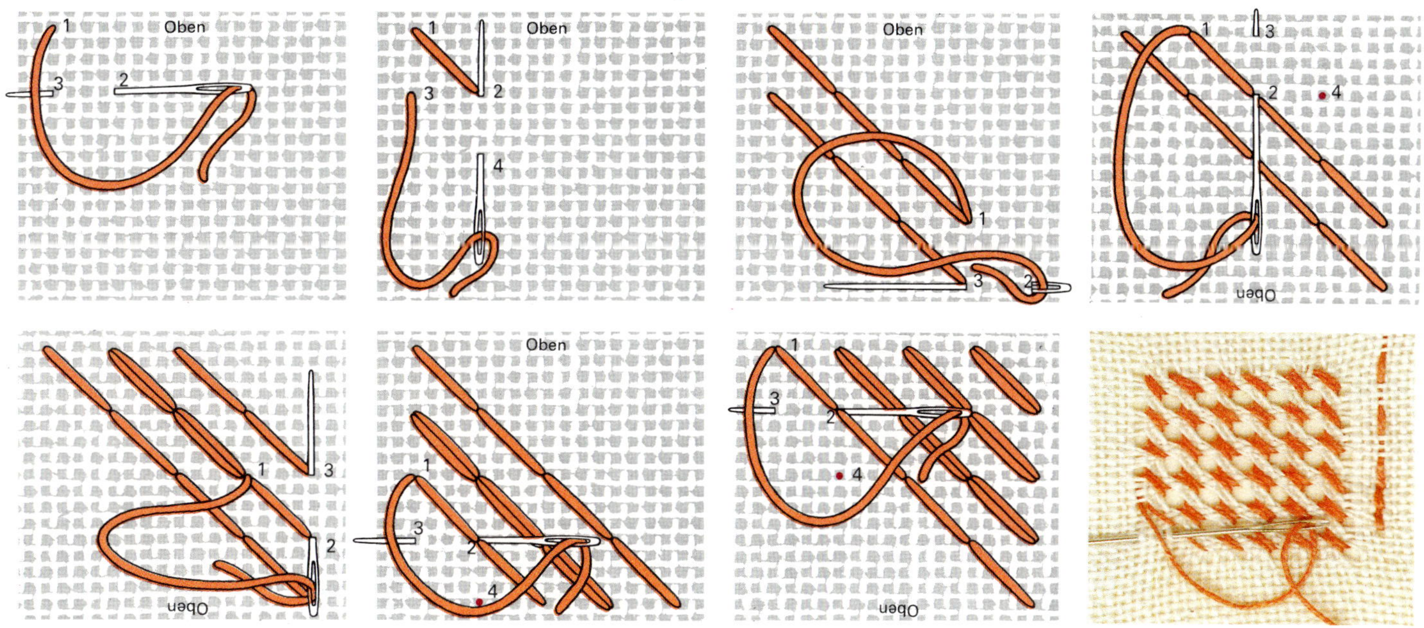

Durchbruchstickerei

Durchbruchtechnik

Bei der Durchbruchstickerei werden einige Kett- oder Schußfäden aus dem Stoff gezogen und die in den ausgezogenen (klargelegten) Bereichen verbleibenden durch verschiedene Stiche zusammengefaßt, um eine durchbrochene Struktur zu erhalten.

Die zwei Arten von Durchbruchstickerei, Hohlsaum und Wickelstich, werden hauptsächlich für Bordüren bei Tischwäsche und Taschentüchern verwendet; sie unterscheiden sich lediglich in der Gestaltung der zurückbleibenden (klargelegten) Gewebefäden.

Hohlsaumstickerei

Die Hohlsaumstickerei ist die am meisten verbreitete Art der Durchbruchstickerei. Der Name bezieht sich auf den Stich, der die Fäden zusammenfaßt und gleichzeitig den Saum säubert. Der Hohlsaumstich kann jedoch auch ohne Saum verwendet werden. Fast alle gewebten Stoffe können verwendet werden, zählbares Gewebe ist jedoch am leichtesten zu handhaben. Die Garnstärke sollte der eines Gewebefadens entsprechen. Man verwendet Sticktwist oder feines Perlgarn und eine stumpfe Nadel.

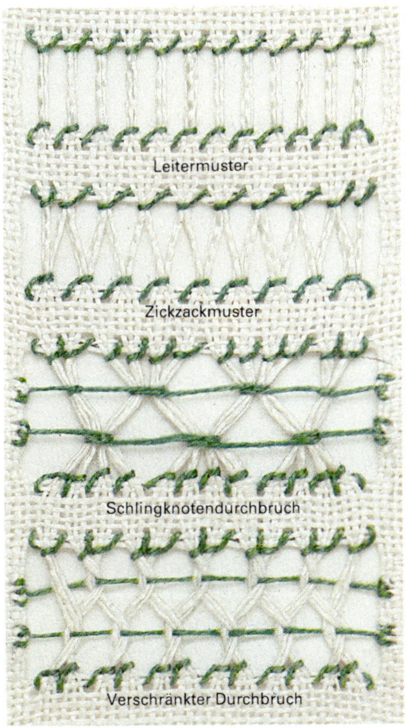

Den Stoff vorbereiten

Zuerst werden Länge und Breite der Bordüre festgelegt. Die Maße hängen jeweils von der gewählten Stichart ab (S. 80–81): Jede Stichart erfordert eine bestimmte Anzahl von klargelegten senkrechten Gewebefäden. Die Gesamtzahl der Fäden muß somit durch die Zahl der für die Stichart erforderlichen Fäden teilbar sein. Jede Stichart hat auch eine bestimmte Breite.

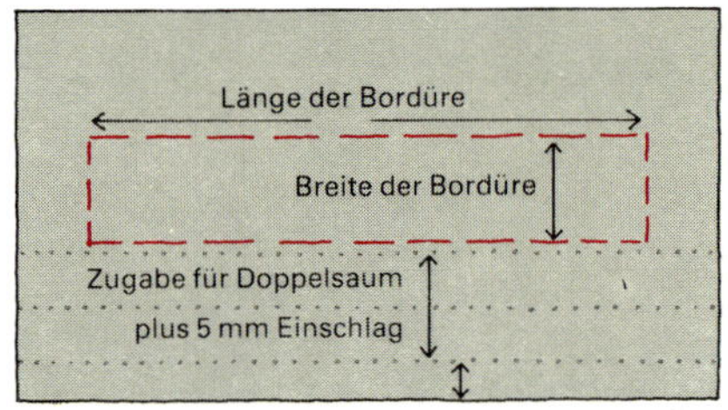

1. Entfernung der Bordüre von fertiger Kante festlegen. Für den Saum zweimal Saumbreite plus 5 mm zugeben. Heften wie unten

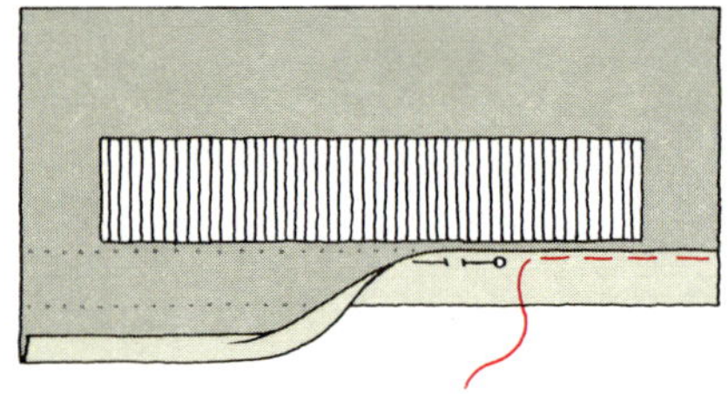

2. Fäden ausziehen. Saumzugabe so umlegen, daß die obere Kante eine Fadenbreite unter der Bordüre liegt. Stecken und heften

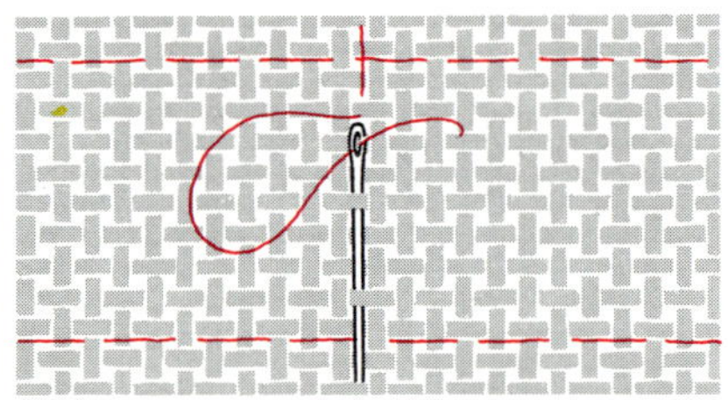

Fäden ausziehen: 1. An oberem und unterem Bordürenrand zwischen 2 waagrechten Fäden entlang heften. Mitte markieren

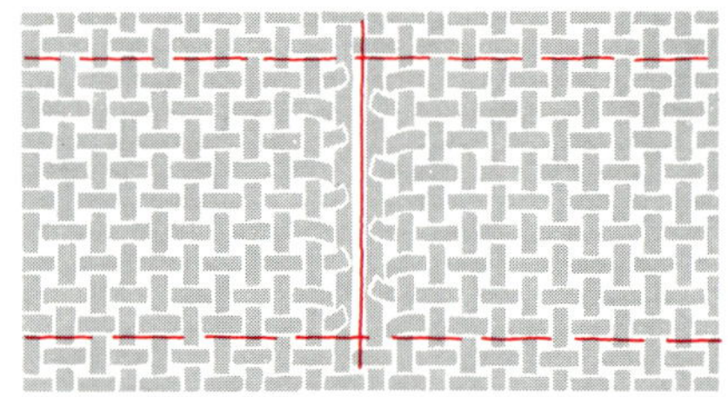

2. Mit einer scharfen Stickschere vorsichtig die waagrechten Fäden an der markierten Mittellinie entlang durchschneiden

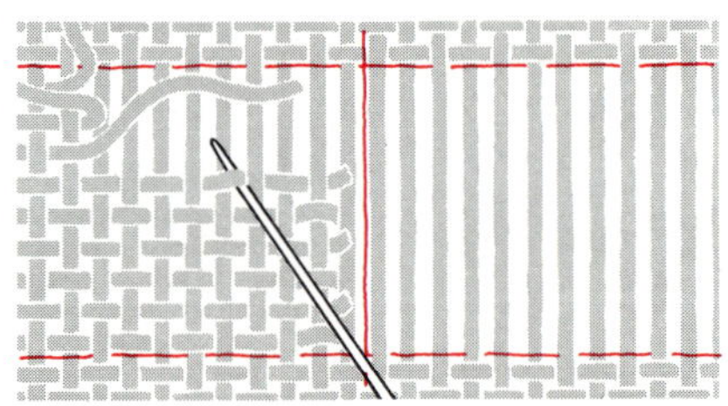

3. Die Fäden mit stumpfer Nadel ausziehen, dabei genau die Anzahl senkrechter Fäden freilegen, die für das Muster nötig ist

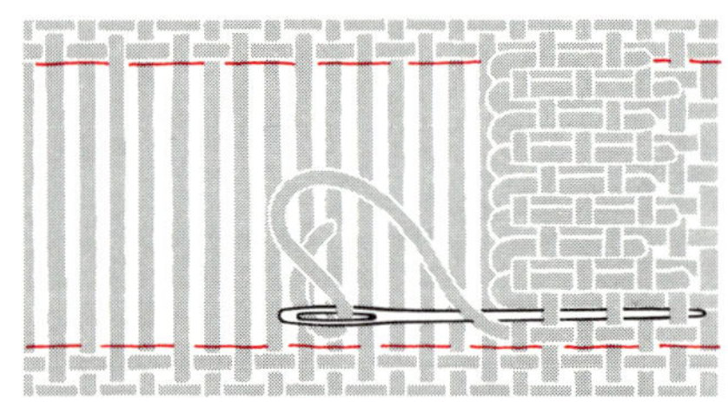

4. An beiden Bordürenenden die Fäden auf der linken Stoffseite mit dem Gewebe etwa 3 cm verweben; die Enden abschneiden

Einfacher Hohlsaumstich

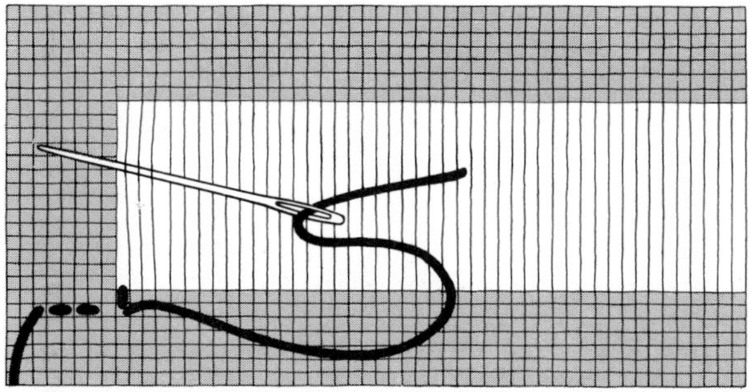

Ohne Saum: **1**. Auf der linken Stoffseite arbeiten. Etwa 15 cm langes Fadenende hängen lassen und einige Rückstiche bis zum linken Bordürenrand arbeiten. Einen kleinen Überfangstich genau neben der Ecke sticken, dann mit der Nadel erforderliche Anzahl (3–5) Gewebefäden aufnehmen und Faden durchziehen

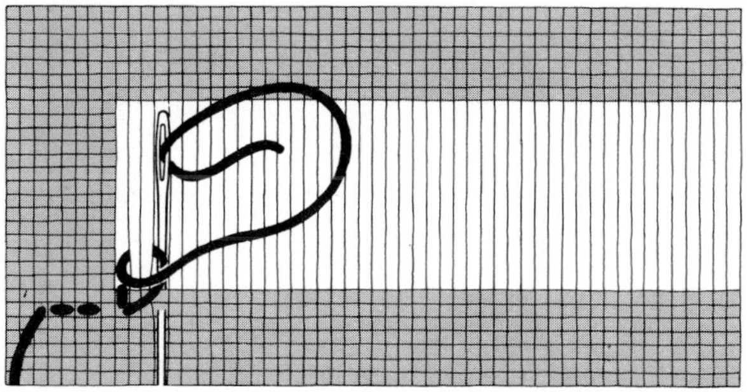

2. Einen kleinen senkrechten Stich rechts vom Fadenbündel machen. Beide Arbeitsgänge über die ganze Länge der Bordüre wiederholen, dabei die Stiche gleichmäßig arbeiten und nach jedem Stich den Faden anziehen

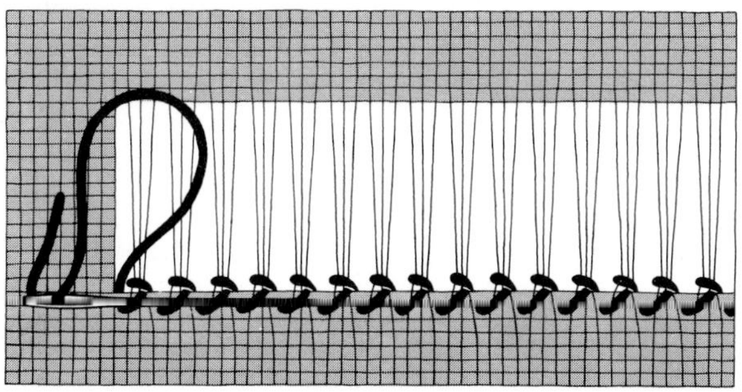

3. Am Ende der Reihe und noch auf der linken Stoffseite den Faden unter den bereits gestickten Stichen durchziehen, um das Fadenende zu sichern. Die Rückstiche am Reihenanfang herausziehen und den Faden wie am Reihenende vernähen

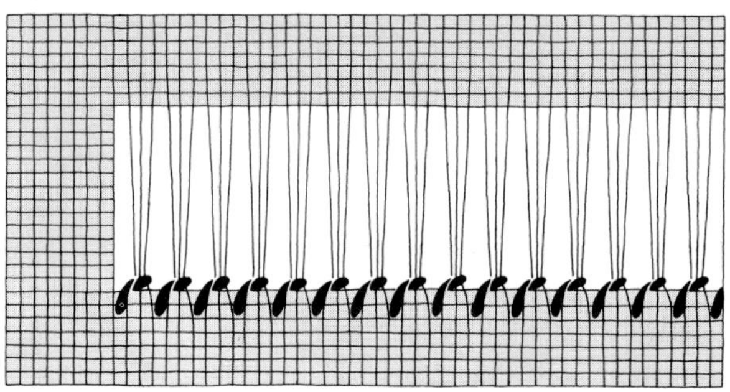

4. Die fertigen Stiche auf der rechten Stoffseite zeigt die Abbildung links. Wer die Stiche, wie sie auf der Rückseite erscheinen, dekorativer findet, arbeitet den Hohlsaumstich auf der rechten Stoffseite und sticht dann, um die Fadenenden unsichtbar zu vernähen, auf die linke Seite durch

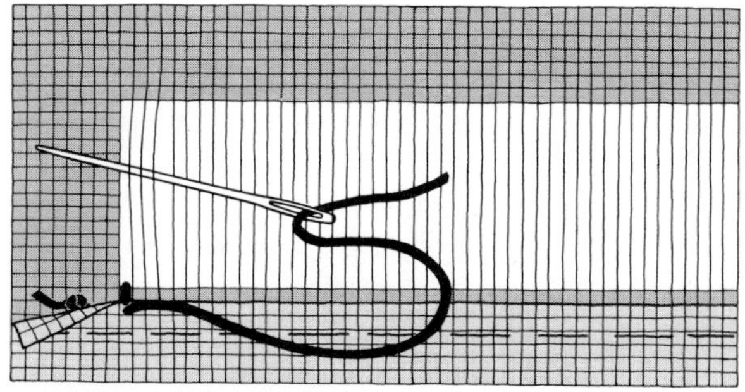

Mit Saum: **1**. Auf der linken Stoffseite arbeiten. Am linken Bordürenrand mit einem doppelten Knoten in der Saumfalte beginnen. Einen senkrechten Überfangstich genau neben der Ecke sticken; dabei den Saum mitfassen. Dann mit der Nadel die erforderliche Anzahl (3–5) Gewebefäden fassen und den Faden durchziehen

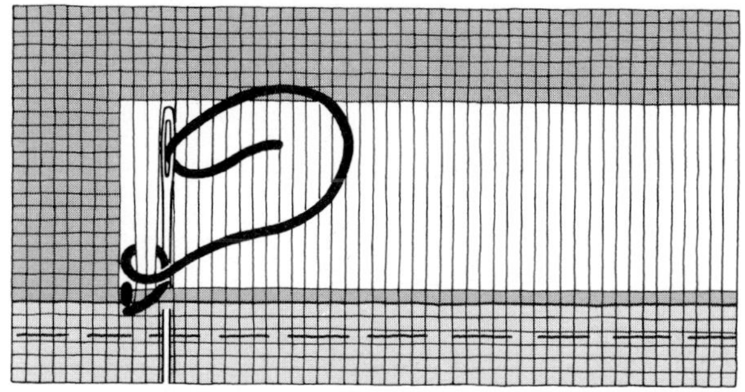

2. Einen kleinen senkrechten Stich rechts vom Fadenbündel machen; dabei den Saum mitfassen. Beide Arbeitsgänge über die ganze Reihe wiederholen

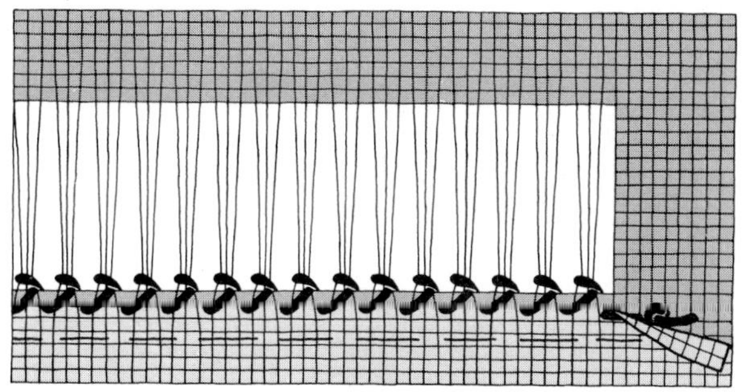

3. Am Ende der Reihe die Nadel unter der Saumfalte durchschieben, verknoten und das Ende abschneiden

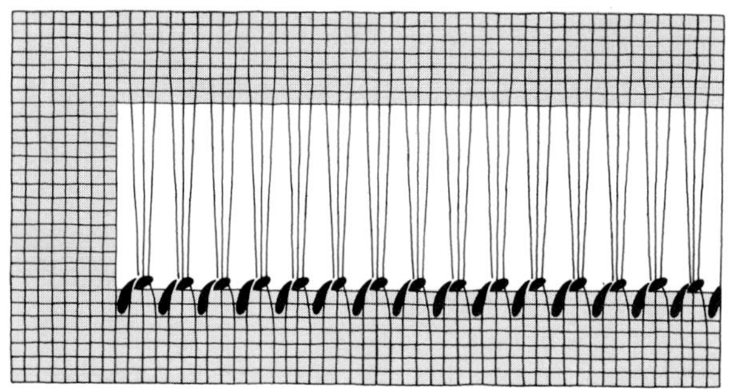

4. Die fertigen Stiche auf der rechten Stoffseite zeigt die Abbildung links. Wer die Stiche, wie sie auf der Rückseite erscheinen, dekorativer findet, arbeitet den Hohlsaumstich auf der rechten Stoffseite. Der Saum ist dann beim Sticken nicht mehr sichtbar, muß jedoch mitgefaßt werden. Die Fadenenden wie üblich auf der linken Seite sichern

Stickerei · Durchbruchstickerei

Hohlsaumvarianten

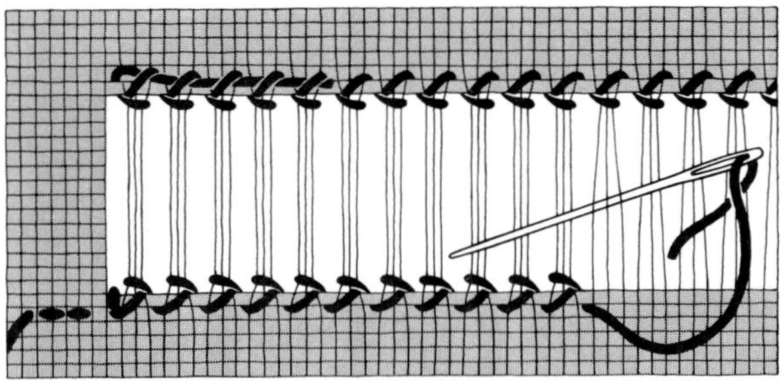

Leitermuster Eine Reihe mit dem einfachen Hohlsaumstich arbeiten. Die Arbeit umdrehen und die gegenüberliegende Kante sticken. Jeweils von links nach rechts arbeiten. In der zweiten Reihe mit der Nadel dieselben Fadengruppen wie in der ersten fassen. Die Fadenenden wie beim einfachen Hohlsaumstich vernähen

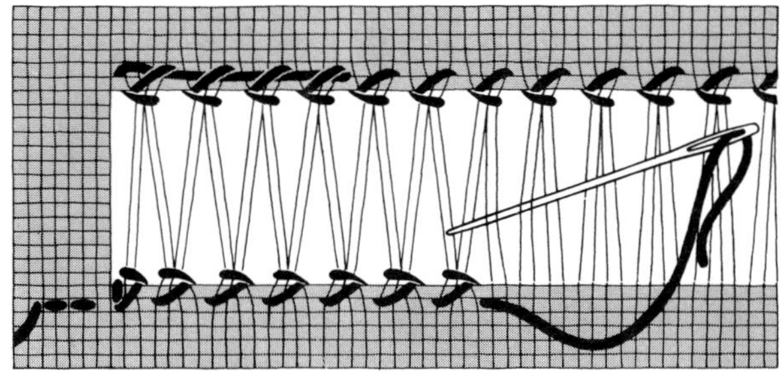

Zickzackmuster Eine Reihe mit einfachem Hohlsaumstich arbeiten, dabei gerade Anzahl Gewebefäden fassen. Arbeit umdrehen; gegenüberliegende Kante sticken, dabei mit dem ersten bzw. letzten Stich die Hälfte der Gewebefäden vom ersten bzw. letzten Bündel, sonst je die Hälfte von 2 nebeneinanderliegenden fassen

Schlingknotendurchbruch

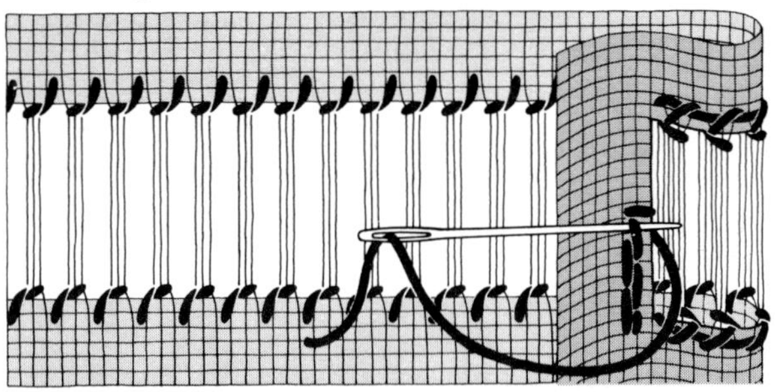

Einfacher Schlingknoten: 1. Leitermuster auf mindestens 1,5 cm breiter Bordüre arbeiten. (Zahl der Fadenbündel muß durch Zahl der in Schritt 2 zusammengefaßten Bündel – hier 3 – teilbar sein.) Faden mit Rückstichen an rechter Kante sichern. Überfangstiche in der Kantenmitte arbeiten; auf linker Stoffseite ausstechen

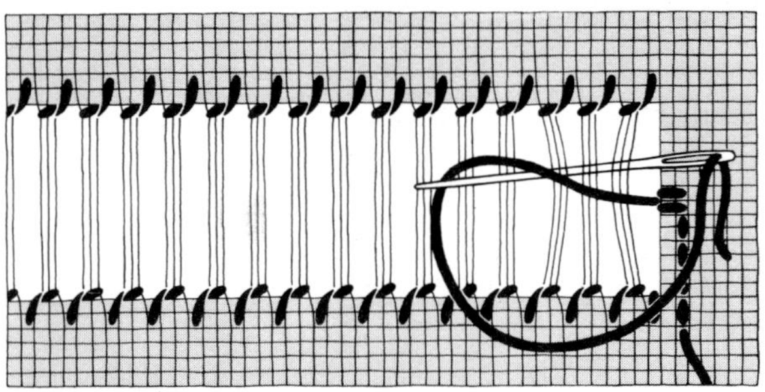

2. Auf der rechten Stoffseite weiterarbeiten. Mit der Nadel die vorher festgelegte Anzahl Fadenbündel – hier 3 – fassen. Den Faden unter die Nadelspitze legen und durchziehen

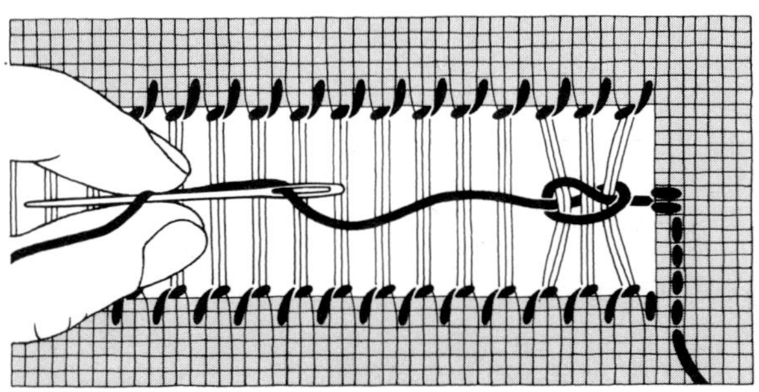

3. Den Faden fest anziehen, um einen Knoten in der Mitte der Musterbreite zu bilden

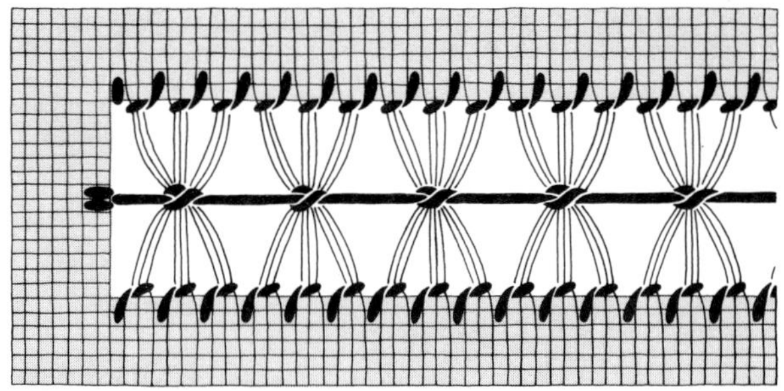

4. Über die ganze Länge wiederholen, bis alle Fadenbündel zu Gruppen verknotet sind. Am Reihenende den Faden mit Überfangstichen wie am Reihenanfang sichern, dann das Fadenende auf der Rückseite unsichtbar vernähen. Die Rückstiche am Reihenanfang entfernen und das Fadenende ebenso vernähen

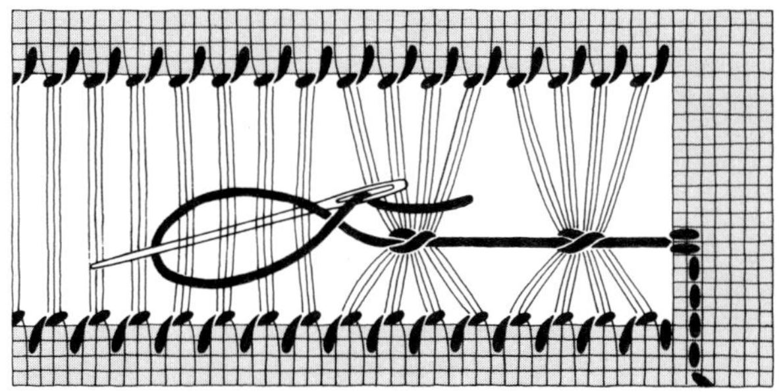

Doppelter Schlingknoten: 1. Für dieses Muster Fäden in einer Breite von mindestens 2 cm ausziehen. Zunächst ein Leitermuster arbeiten. (Die Zahl der Fadenbündel muß durch 4 teilbar sein.) Dann jeweils 4 Fadenbündel im unteren Drittel der klargelegten Fäden miteinander verknoten

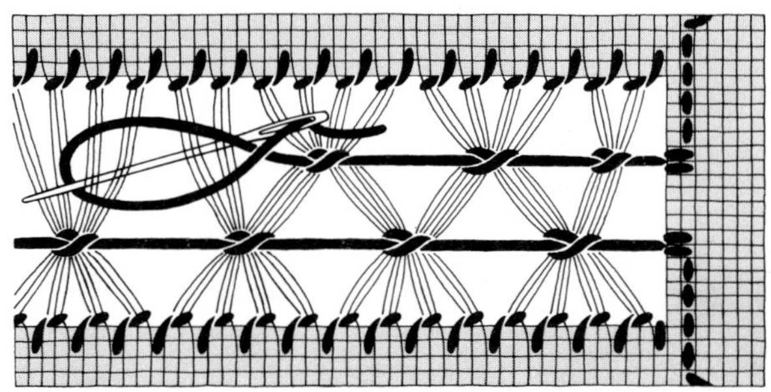

2. Die gleichen Knoten dann im oberen Drittel der klargelegten Fäden versetzt arbeiten, d. h. mit dem ersten bzw. letzten Knoten eine halbe Gruppe (hier 2 Bündel), sonst jeweils die Hälfte von 2 nebeneinanderliegenden Bündeln fassen

Verschränkte Durchbrüche

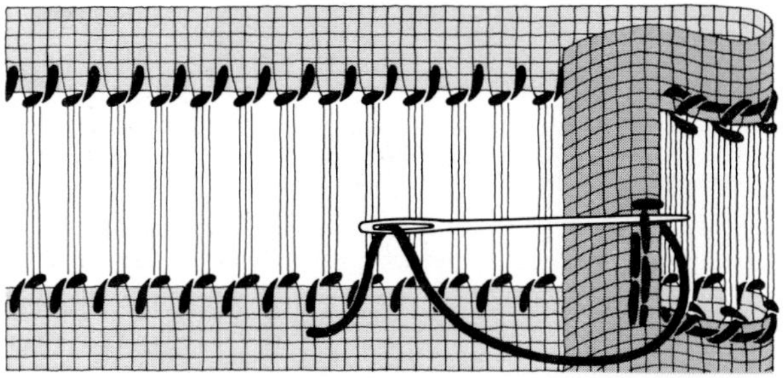

Einfacher verschränkter Durchbruch: 1. Zunächst ein mindestens 1,5 cm breites Leitermuster mit einer geraden Anzahl von Fadenbündeln arbeiten. An der rechten Kante das Fadenende mit Rückstichen auf der rechten Stoffseite sichern, Überfangstiche in der Kantenmitte arbeiten und auf der linken Stoffseite ausstechen

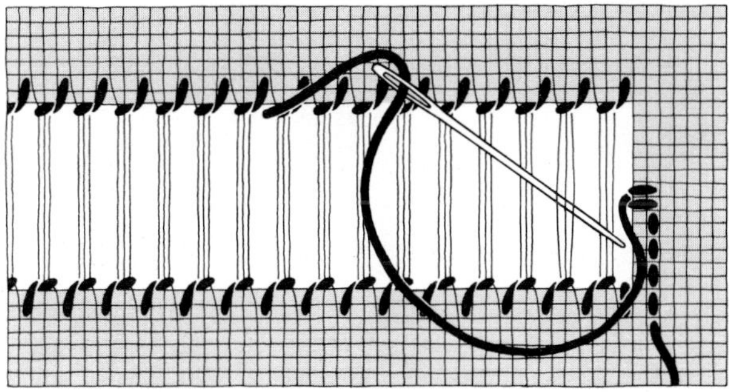

2. Auf der rechten Stoffseite die Nadel von links unter dem zweiten Fadenbündel durchschieben; die Nadelspitze liegt auf dem ersten Bündel

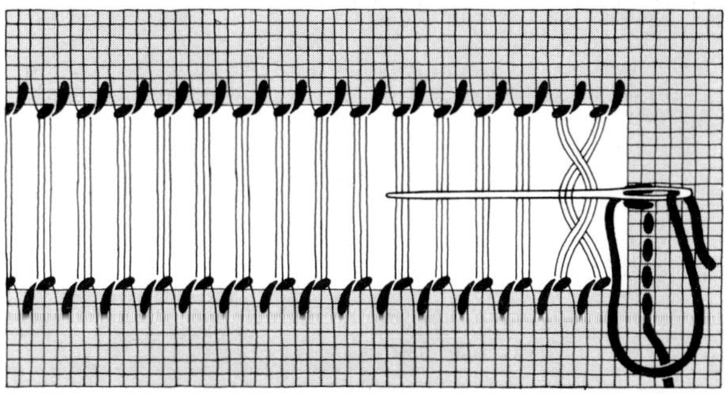

3. Mit der Nadelspitze das erste Fadenbündel nach unten drücken und durch Drehen der Nadel nach rechts unter dem zweiten Bündel nach links durchziehen. Dadurch überkreuzen sich die beiden Fadenbündel wie abgebildet

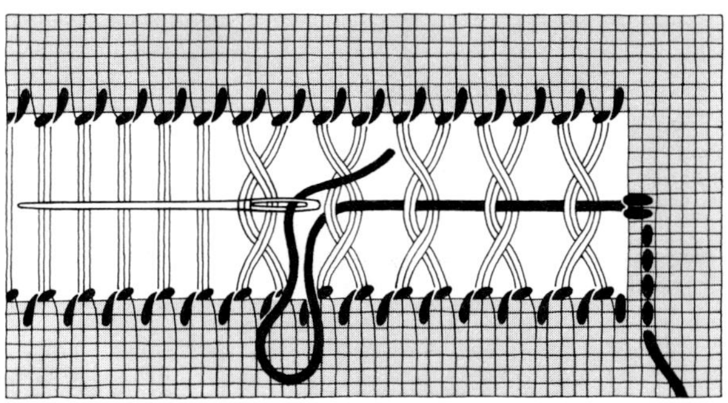

4. Die Nadel durchziehen und den Faden fest anziehen, damit die Fadenbündel verschränkt bleiben. Über die ganze Länge wiederholen. An der linken Kante den Faden mit Überfangstichen sichern und auf der linken Stoffseite unsichtbar vernähen. Die zu Anfang gestickten Rückstiche entfernen und den Faden wie am Reihenende vernähen

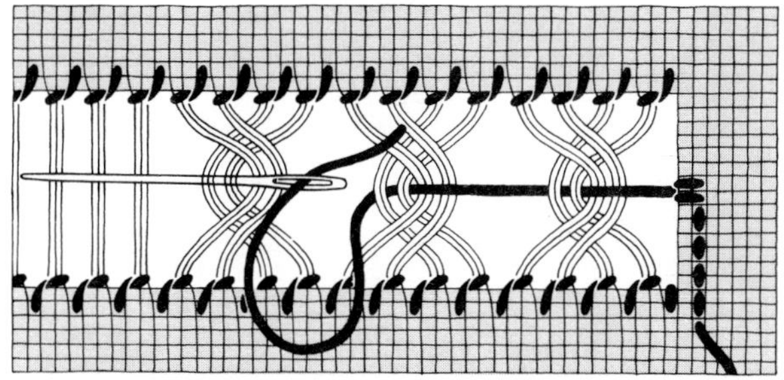

Mehrere Fadenbündel können miteinander verkreuzt werden. Man arbeitet genauso wie beim einfachen verschränkten Durchbruch. Für die hier gezeigte Abwandlung muß die Zahl der Fadenbündel durch 4 teilbar sein

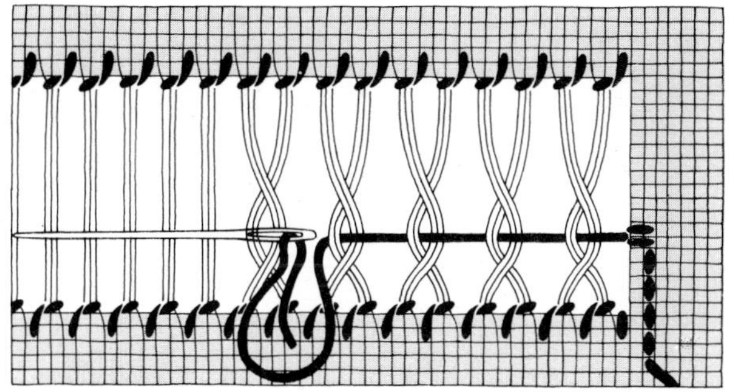

Doppelter verschränkter Durchbruch: 1. Fäden in einer Breite von mindestens 2 cm ausziehen und ein Leitermuster arbeiten. (Die Zahl der Fadenbündel muß durch 2 teilbar sein.) Nun im unteren Drittel der ausgezogenen Fäden den einfachen verschränkten Durchbruch arbeiten

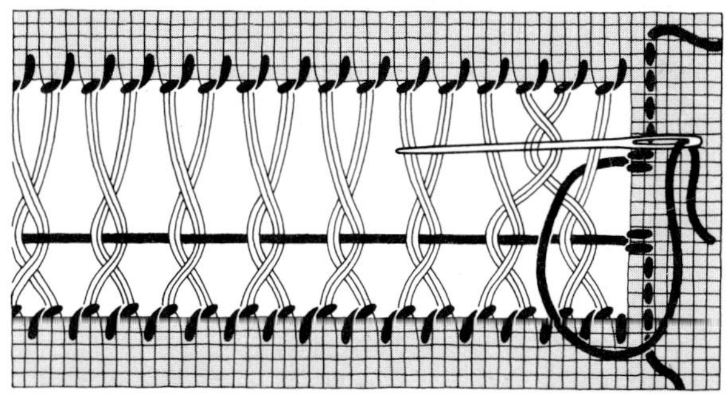

2. Im oberen Drittel der ausgezogenen Fäden den einfachen verschränkten Durchbruch versetzt arbeiten, d. h. die Nadel unter dem ersten Fadenbündel durchführen, dann erst das zweite und dritte miteinander verschränken

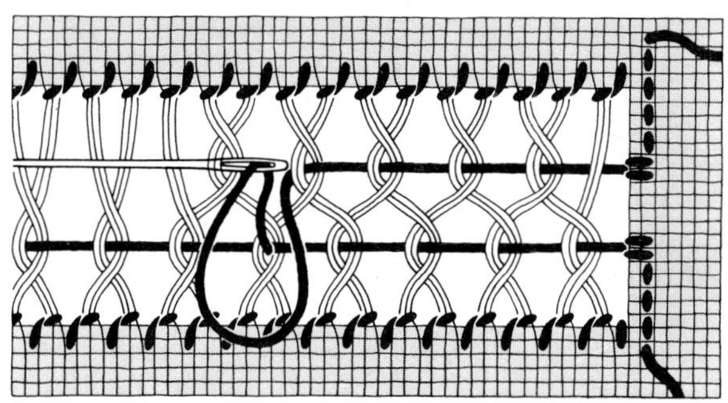

3. Über die ganze Länge wiederholen; das letzte Fadenbündel wie das erste behandeln. Den Faden stets straff anziehen, um dem Muster Festigkeit zu geben. Das Fadenende an der linken Kante mit Überfangstichen sichern und auf der linken Stoffseite unsichtbar vernähen. Die Rückstiche am Reihenbeginn herausziehen und den Faden ebenso vernähen

Stickerei · Durchbruchstickerei

Klargelegte Ecken

Häufig wird an allen vier Seiten von Servietten, Tischdecken oder Taschentüchern eine Durchbruchbordüre gestickt. An den Ecken, wo sowohl Kett- als auch Schußfäden ausgezogen werden, entsteht jeweils ein offener Bereich. Je nach Größe werden diese Öffnungen verschieden behandelt. Ein kleiner Bereich kann offen bleiben, ein größerer sollte wegen der Festigkeit mit dekorativen Stichen gefüllt werden.

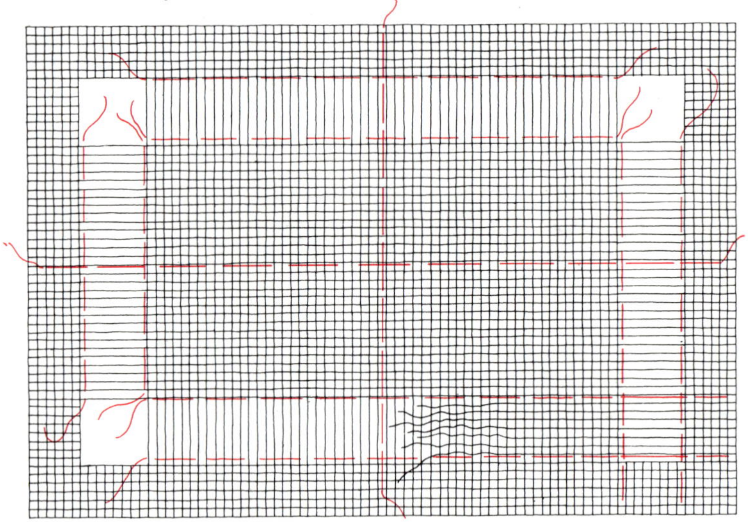

Ecken vorbereiten Stoff einschließlich Saumzugabe (S. 78) zuschneiden. Mit Heftfaden waagrechte und senkrechte Mittellinie markieren, dann Außen- und Innenkante der Bordüre; stets zwischen 2 Gewebefäden heften. Gewebefäden ausziehen (S. 78); an jeder Seite muß die für das Muster erforderliche Anzahl Gewebefäden bleiben. Saum siehe gegenüberliegende Seite

Hohlsaumstich an den Ecken

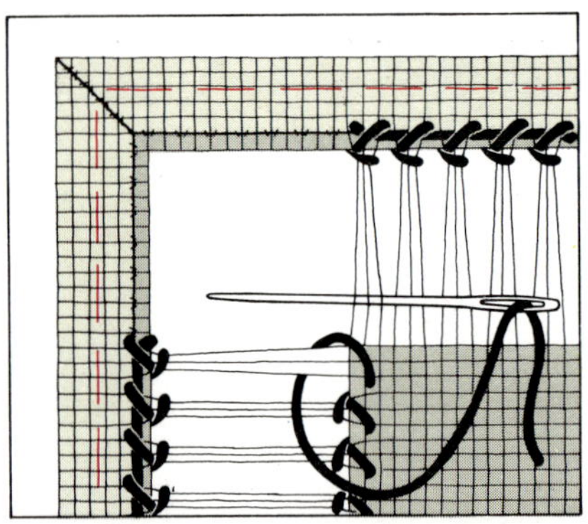

Außenkante sticken. Mit kleinem, senkrechtem Überfangstich enden und Faden durch bereits gestickte Stiche durchziehen. Rückstiche am Anfang herausziehen und Faden

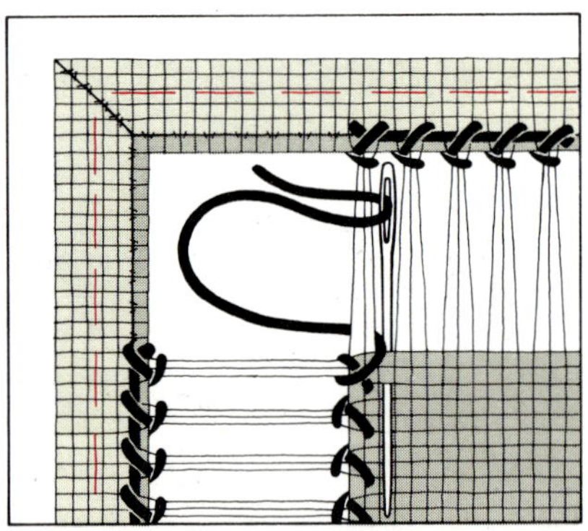

ebenso vernähen. Um **Innenkante** herumstikken. Letztes Fadenbündel der senkrechten Kante und erstes der waagrechten Kante umschlingen, dann senkrechten Stich sticken

Klargelegte Ecken dekorativ gestalten

Ist die Bordüre weniger als 2 cm breit, kann der Bereich offenbleiben. Die Außenkante sollte jedoch mit einem Langettenstich oder einem Knopflochstich befestigt werden.

Bei breiteren Bordüren ist die Öffnung entsprechend größer und sollte nicht nur befestigt, sondern auch verziert werden. Solche Ausschmückungen geben der Stickerei Festigkeit.

Auf diesen Seiten sind der Schlaufenstich und die einfache Spinne gezeigt. Der erste ist ein einfaches, blumenähnliches Motiv und kann bei jedem Hohlsaum verwendet werden, bei dem an den Ecken gerade Fadenbündel stehen. Die einfache Spinne bildet ein X mit einem Kreis in der Mitte und ist mit jedem Hohlsaummuster zu kombinieren.

Langetten- und Knopflochstich

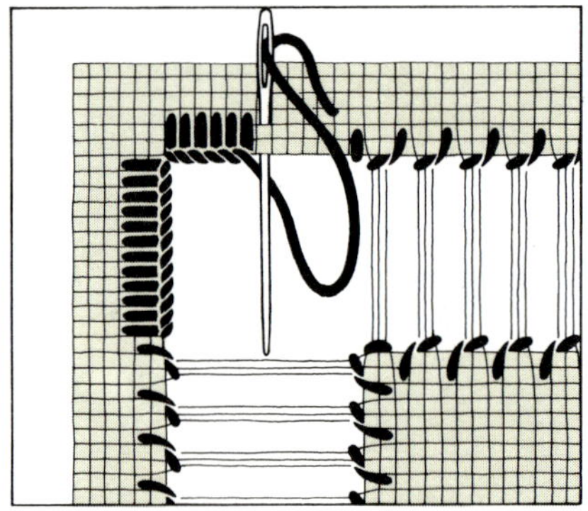

Langettenstich Stets an Außenkanten aller Ecken arbeiten. Auf rechter Stoffseite jeweils 2–3 Gewebefäden tief sticken; eventuellen Saum mitfassen

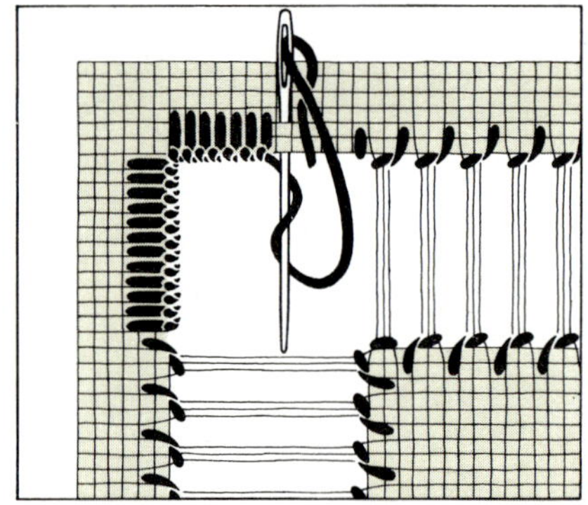

Knopflochstich Wie den Langettenstich stikken, dabei jedoch den Faden, wie oben abgebildet, um die Nadel schlingen, bevor sie durchgezogen wird

Spinne

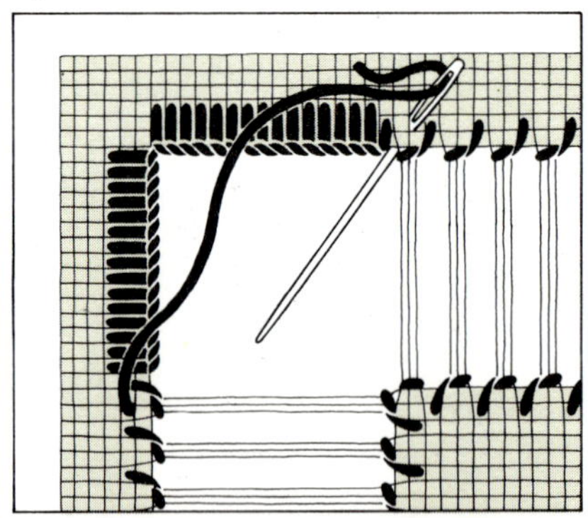

Spinne: 1. Zunächst die Außenkante mit Langettenstichen befestigen. Dann von der linken unteren Ecke zur rechten oberen Ecke, wie oben abgebildet, einen Faden spannen

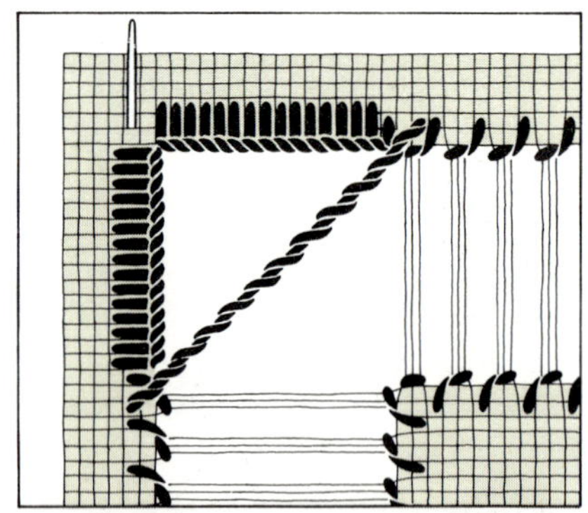

2. Spannfaden von rechts oben nach links unten umwickeln. Wieder einstechen und die Nadel auf der Rückseite unter den Langettenstichen zur linken oberen Ecke durchschieben

Langettenstiche verstärken die Außenecke

Der Schlaufenstich füllt eine große Öffnung

Die Spinne füllt eine große Öffnung

Schlaufenstich

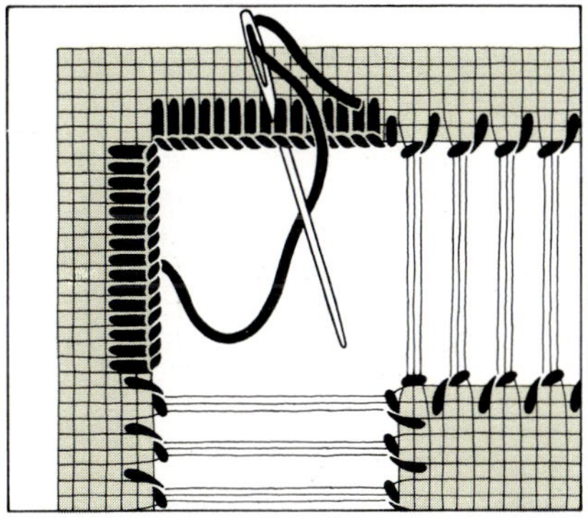

Schlaufenstich: **1.** Außenkante mit Langettenstichen verstärken. Hinten durch die Stiche zur linken Mitte stechen. In der oberen Mitte einstechen, Faden unter Nadelspitze legen

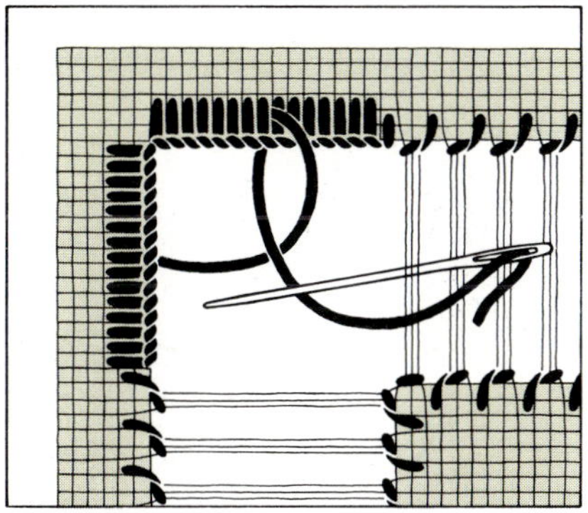

2. Erstes Fadenbündel rechts fassen. Faden unter Nadelspitze legen. Nicht zu fest anziehen, damit Schlaufen locker aussehen und Fadenbündel nicht verzogen wird

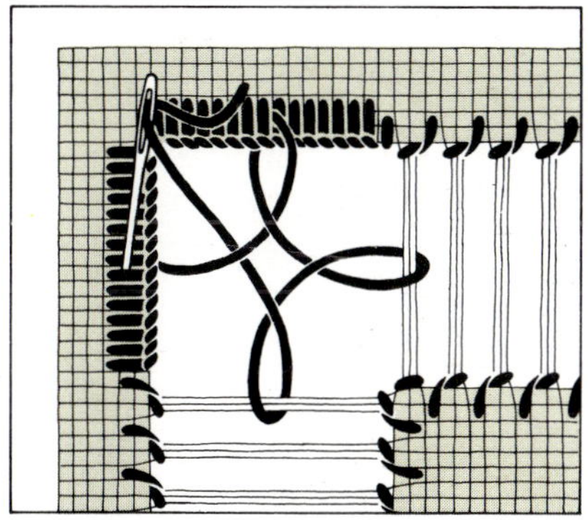

3. Erstes Fadenbündel unten ebenso umschlingen. Unter erste Schlaufe, dann in die linke Mitte stechen. Um Faden zu sichern, hinten unter den Langettenstichen durchziehen

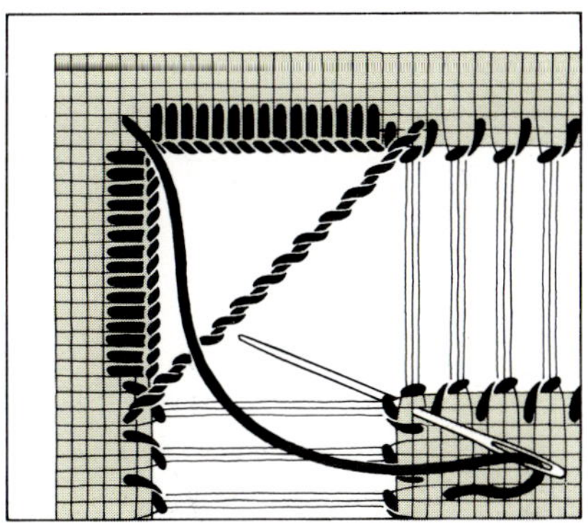

3. Faden von linker oberer zu rechter unterer Ecke spannen und so straff anziehen, daß er mit dem ersten Spannfaden ein gleicharmiges Kreuz bildet

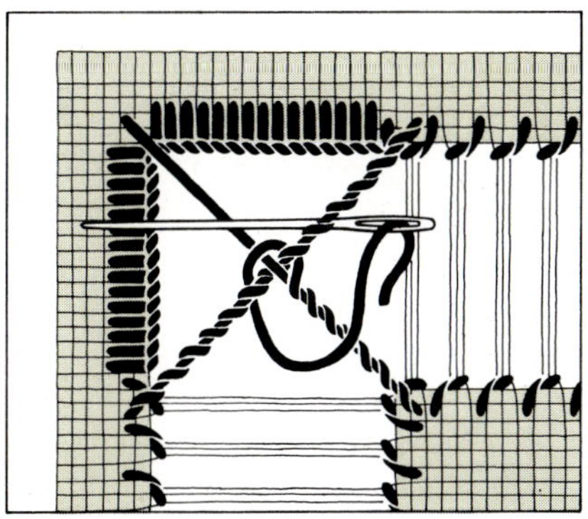

4. Den zweiten Spannfaden bis zur Mitte umwickeln. Gegen den Uhrzeigersinn unter und über die Fäden weben, bis der so gebildete Kreis die gewünschte Größe hat

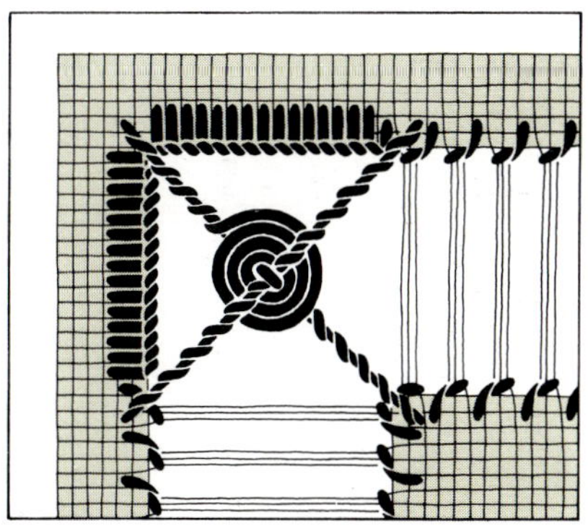

5. Den noch freien Teil des Spannfadens umwickeln. Um den Faden zu sichern, ihn auf der linken Stoffseite unter den Langettenstichen an der oberen Kante durchziehen

Ecken säumen

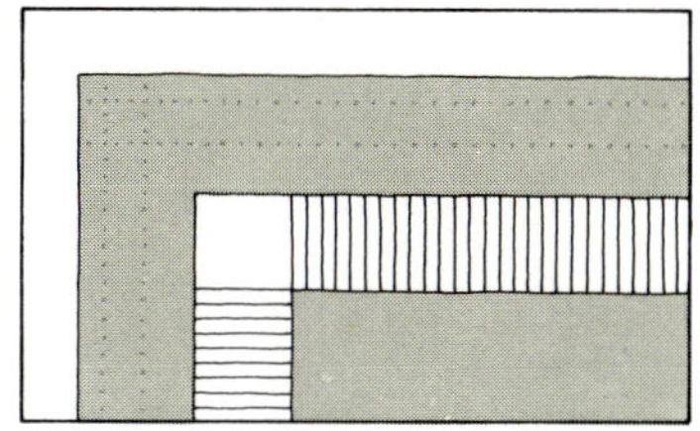

1. Kante 5 mm umschlagen. Saum so umschlagen und bügeln, daß die Falte knapp unter der Musterkante liegt. Aufschlagen

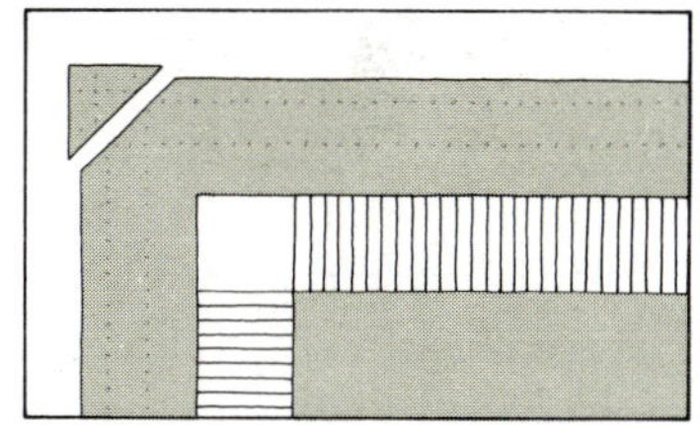

2. Jede Ecke entlang der Diagonale des Quadrats abschneiden, das von den Saumfalten (hier durch gepunktete Linien dargestellt) gebildet wird

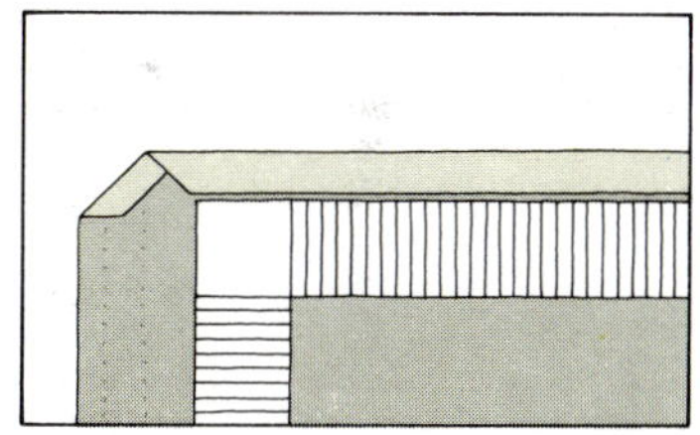

3. Zuerst die Ecke einschlagen. Alle Kanten an den Bügellinien wieder umschlagen, um saubere, rechtwinkelige Ecken zu bilden

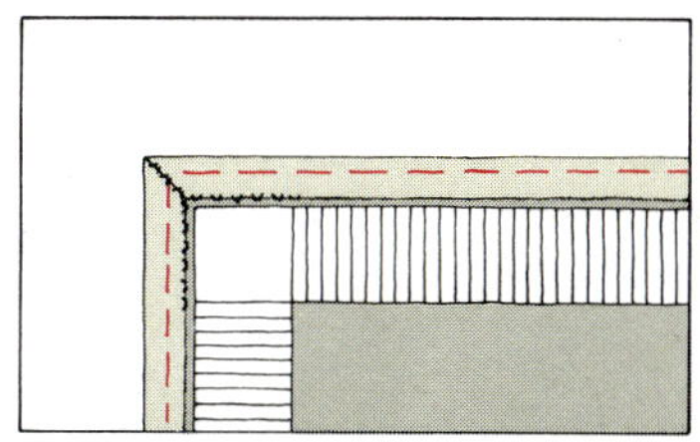

4. Saum stecken und heften. Ecken wie abgebildet mit Matratzenstich nähen. Saum mit Hohlsaumstich sichern (S. 79)

Stickerei · Durchbruchstickerei

Wickeldurchbruch

Der Wickelstich wird wie auch der Hohlsaumstich bei Durchbrucharbeiten verwendet. Die Grundstiche sind der einfache Wickelstich und der Stopfstich. Der erste umwickelt die klargelegten Fäden und bildet senkrechte Stege. Der Stopfstich wirkt wie ein Geflecht.

Wird der Wickelstich über die ganze Länge der Bündel gearbeitet, säumt man die Bordüre mit dem Hohlsaumstich meist nicht. (Ein etwaiger Saum wird mit Saumstichen befestigt.) Eine Hohlsaumkante ist jedoch für einzelne Stopfstichvarianten (siehe gegenüber) zu empfehlen.

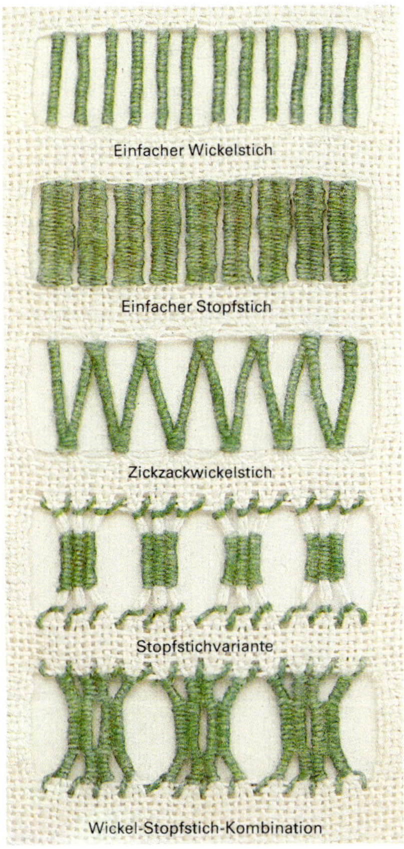

Grundstich

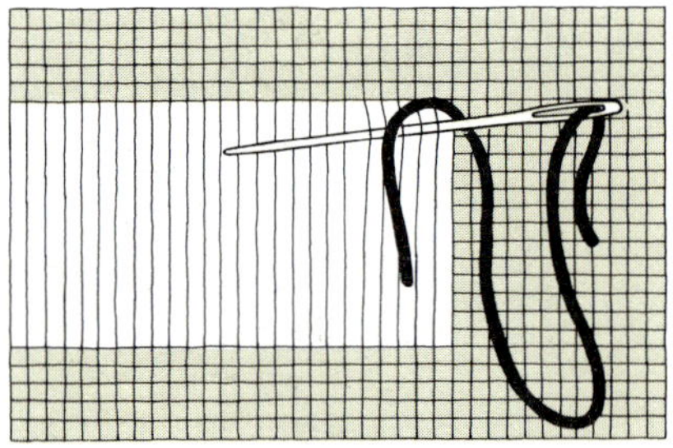

Einfacher Wickelstich: **1.** 3–5 Gewebefäden (hier 5) mit Nadel fassen, Fadenende darauflegen, Fadenbündel und -ende umwickeln

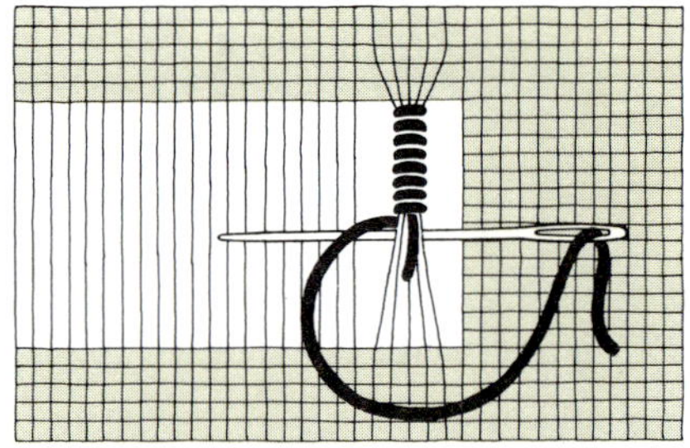

2. Arbeitsfaden stets gut anziehen. Umwicklungen mit der Nadel zusammenschieben, sie dürfen sich aber nicht überlappen

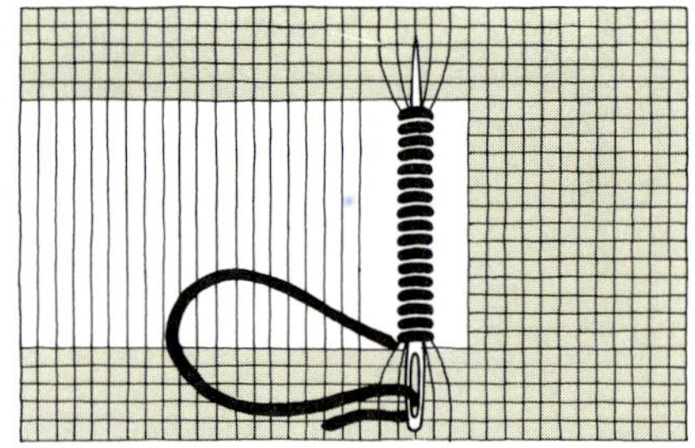

3. Den Faden zur Sicherung durch die fertige Umwicklung ziehen. Notfalls dünnere, spitze Nadel nehmen. Fadenende abschneiden

Wickelstichvarianten

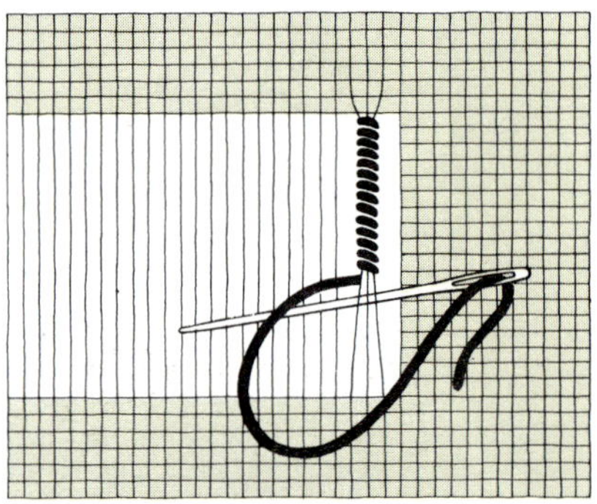

Zickzackwickelstich: **1.** Zahl der klargelegten Gewebefäden muß durch 3 teilbar sein. Einen Steg über 3 Fäden arbeiten

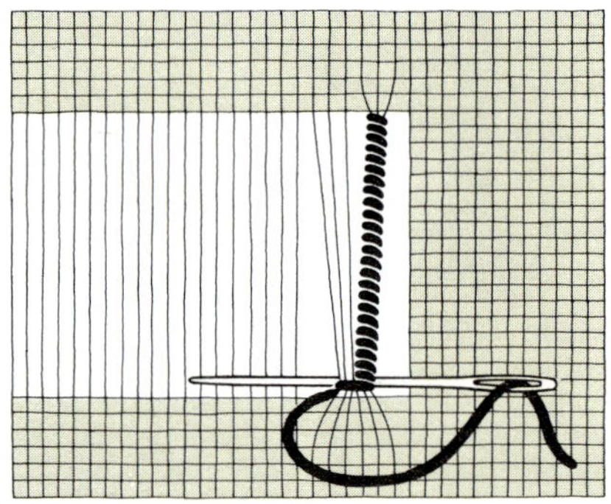

2. Kurz vor Ende der Reihe den Faden, wie oben gezeigt, zweimal um 6 Gewebefäden wickeln. Den Faden fest anziehen

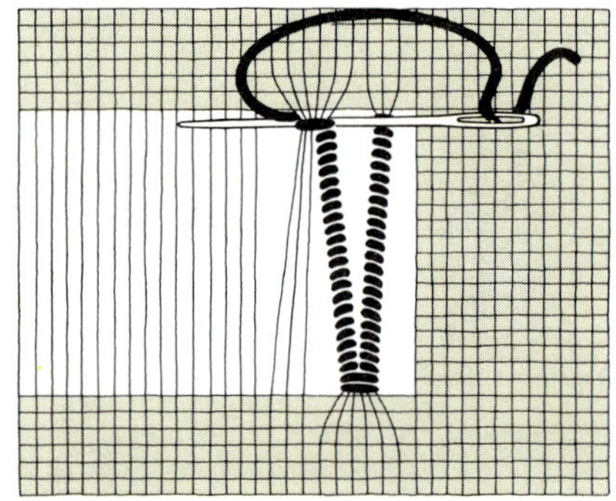

3. Nach oben über die zweite Dreiergruppe arbeiten, dann den Faden wieder zweimal um 6 Gewebefäden wickeln und fest anziehen

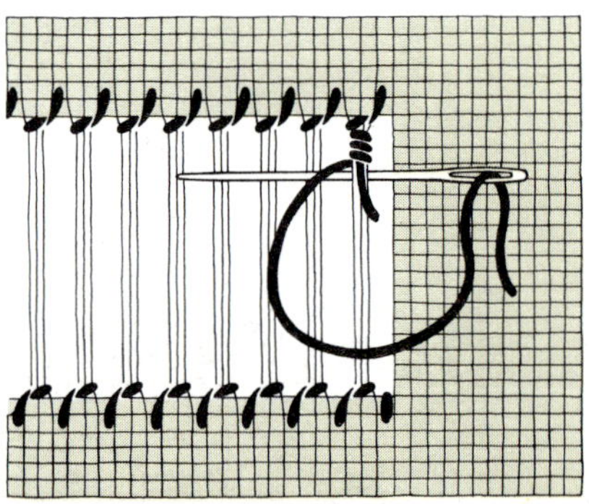

Wickel-Stopfstich-Kombination: **1.** Leitermuster arbeiten. Bündelzahl muß durch 4 teilbar sein. Viertel vom ersten umwickeln

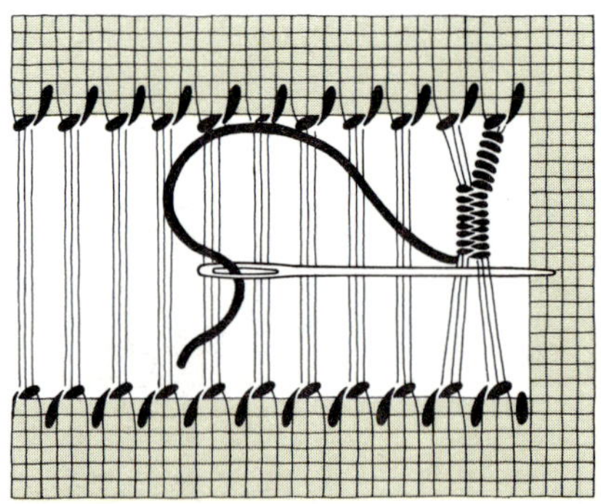

2. Mit dem Stopfstich die ersten beiden Bündel verbinden, bis drei Viertel der Bündellänge bedeckt sind

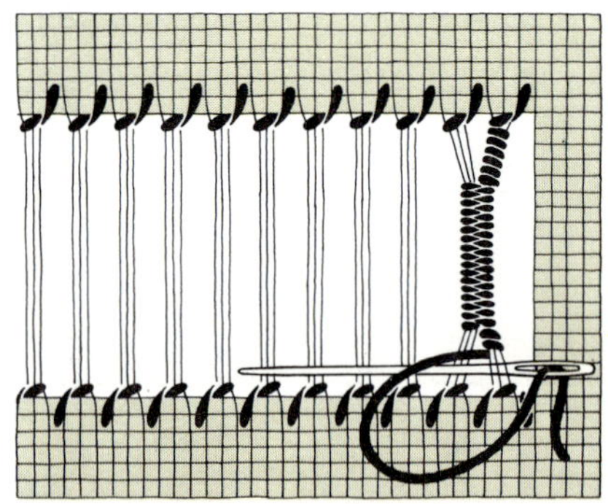

3. Wieder mit dem Wickelstich das untere Viertel des ersten Bündels bis zur Bordürenkante umwickeln

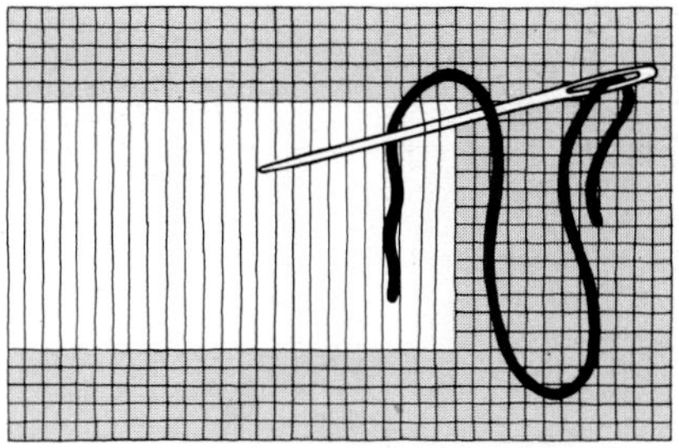

Einfacher Stopfstich: **1.** Fadenende auf die Gewebefäden 3 und 4 legen. Nadel unter die Fäden 1 und 2 schieben und durchziehen

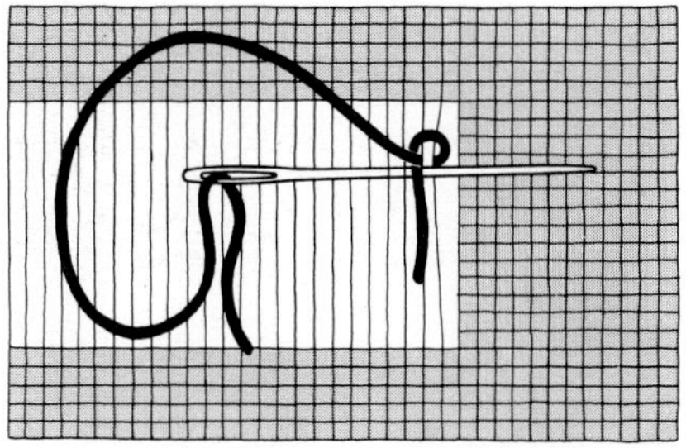

2. Dann Nadel von links unter Fäden 4 und 3 schieben und durchziehen, um 4 Fäden sowie Fadenende mit dem Stopfstich zu umweben

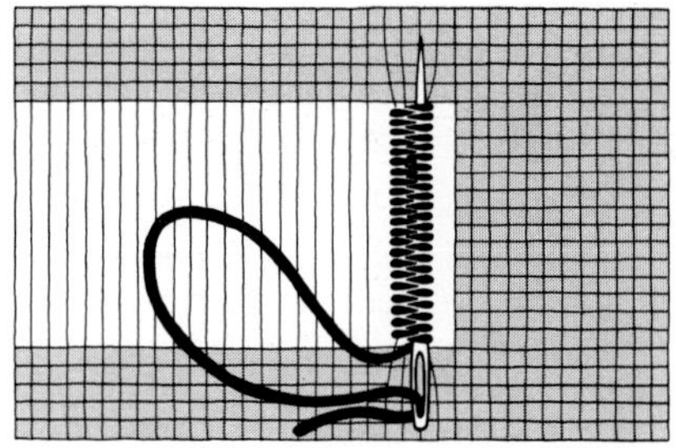

3. Über ganze Länge wiederholen; Faden stets fest anziehen. Fadenende durch Steg ziehen; notfalls feinere, spitze Nadel nehmen

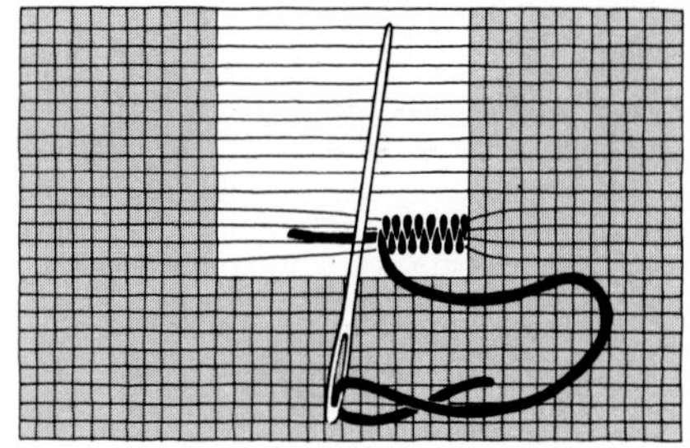

4. Bereitet es Schwierigkeiten, den Stopfstich senkrecht zu arbeiten, den Stoff drehen und die Stege waagrecht arbeiten

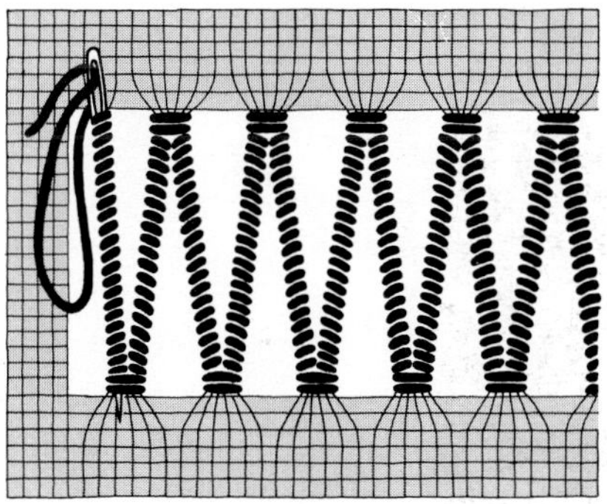

4. Über die ganze Bordüre wiederholen. Um Fadenende zu sichern, durch den letzten Steg ziehen, notfalls mit dünnerer Nadel

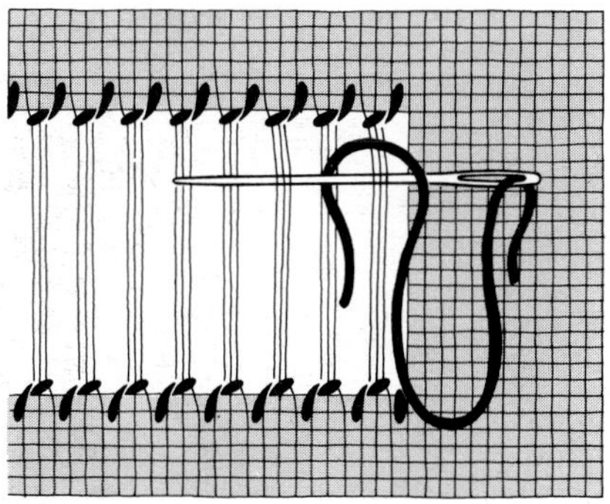

Stopfstichvariante: **1.** Leitermuster arbeiten (S. 80); Fadenbündel müssen durch 3 teilbar sein. Stopfstich wie oben beginnen

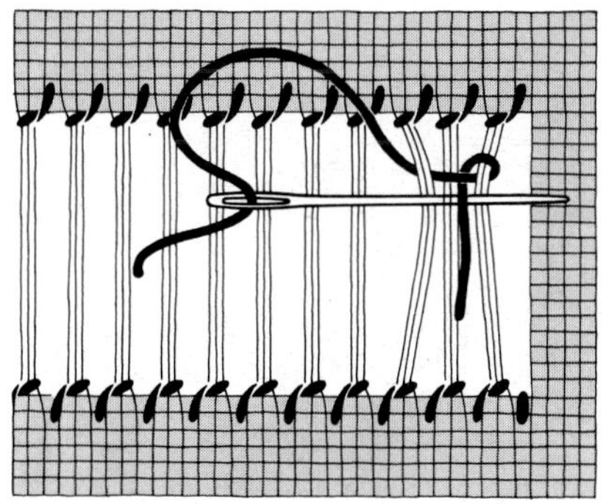

2. Über das Mittelstück der 3 Fadenbündel Stopfstich wie oben gezeigt arbeiten, dabei den Faden straff anziehen

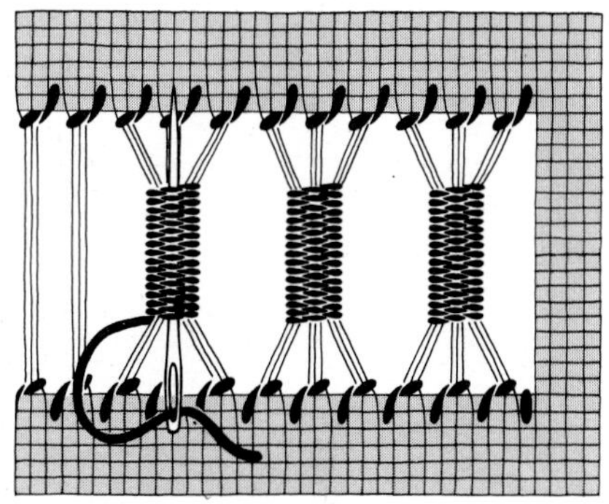

3. Um Fadenende zu sichern, jeweils durch den fertigen Steg ziehen und abschneiden. Notfalls eine dünnere, spitze Nadel nehmen

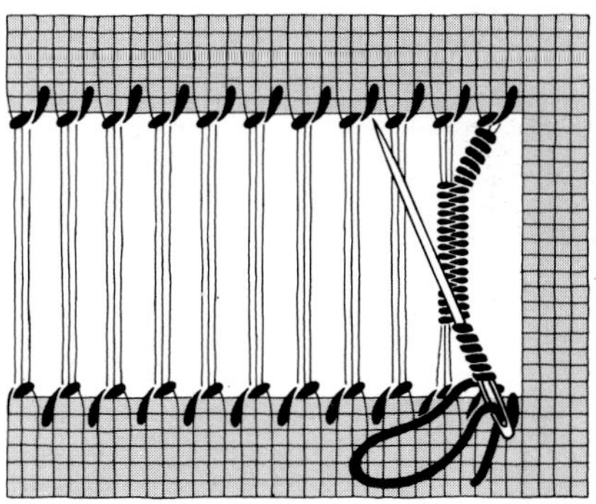

4. Nadel (notfalls dünnere) durch letzte Umwicklungen schieben, um Ausgangspunkt für nächsten Abschnitt zu erreichen

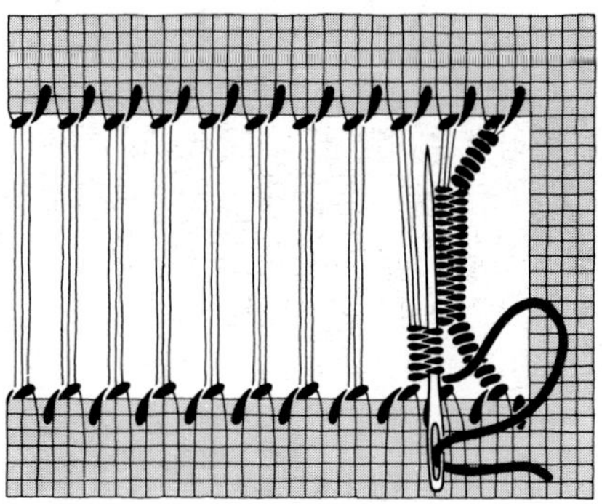

5. Mit Stopfstich Fadenbündel 2 und 3 bis zur Kante verbinden. Nadel, notfalls dünnere, durch Wickel schieben, Faden abschneiden

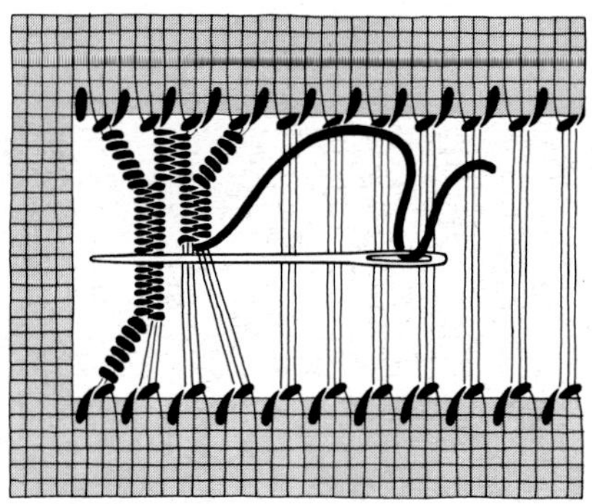

6. Arbeit drehen. Mit neuem Faden zweite Musterhälfte entsprechend erster arbeiten. Für nächste Folge Arbeit wieder drehen

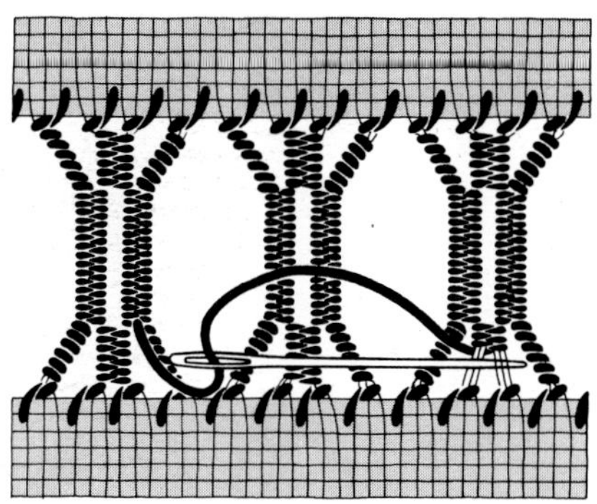

7. Alle Mustereinheiten über die ganze Bordüre ebenso arbeiten: zuerst rechte Hälfte, Arbeit drehen, dann zweite Hälfte sticken

Hardanger-stickerei

Einführung

Die Hardangerstickerei ist nach einer norwegischen Landschaft benannt, die ersten Arbeiten dieser Art wurden jedoch vor Jahrhunderten in Persien gestickt.

Charakteristisch für diese Technik sind die genau gearbeiteten Plattstichgruppen (Blöcke); sie bilden die Umrisse der Motive, werden aber auch innerhalb dieser gestickt. Erst nachdem sie gearbeitet sind, werden die Kett- und Schußfäden so ausgezogen, daß die Plattstichgruppen die Fadenenden sichern.

Die klargelegten Gewebefäden werden entweder umwickelt oder mit dem Stopfstich umstochen. Die offenen Quadrate zwischen den Stegen können mit verschiedenen Verzierungen ausgefüllt werden. Häufig wird die Hardangerarbeit mit anderen Stickarten kombiniert.

Es empfiehlt sich, die Motive zunächst auf Karopapier aufzuzeichnen. Die Umrisse aller Motive werden auf den Stoff mit Heftstichen übertragen. Es gibt zwar einen speziellen Stoff, der wie die Stickerei Hardanger heißt, man kann aber auch jedes zählbare Gewebe verwenden. Da die Plattstichgruppen jeweils über eine bestimmte Anzahl von Fäden gestickt werden, wird das Motiv um so kleiner, je feiner das Gewebe ist.

Das Garn für die Plattstichblöcke – man nimmt in der Regel mittelstarkes Perlgarn – sollte etwas stärker als die Gewebefäden sein. Für die Stege und Verzierungen sollte das Stickgarn dünner sein – entweder feines Perlgarn Nr. 8 oder passender Sticktwist. Ursprünglich wurde die Hardangerarbeit mit weißem Garn auf weißem Stoff ausgeführt, doch heute sind Garn und Stoff oft bunt.

Man wählt eine feine stumpfe Nadel, deren Öhr allerdings für das Garn groß genug sein muß. Ein Stickrahmen ist unbedingt erforderlich, wenn man befriedigende Ergebnisse erzielen will.

Hardangerarbeit mit Wickelstegen, Stopfstegen, Schleifenstichen und Spinnen (S. 88–89)

Plattstichgruppen (Blöcke)

Eine Plattstichgruppe besteht aus fünf Plattstichen, über vier Gewebefäden gestickt. Die Gruppen können waagrecht in Reihen oder diagonal in Stufen gearbeitet werden. Bei der Anordnung muß berücksichtigt werden, daß je ein Block dort nötig ist, wo die Fäden durchgetrennt werden. Je nach Anordnung ist der Übergang von Block zu Block verschieden. Werden Gruppen in Stufen gestickt (siehe unten), ändert sich die Stichrichtung von Reihe zu Reihe.

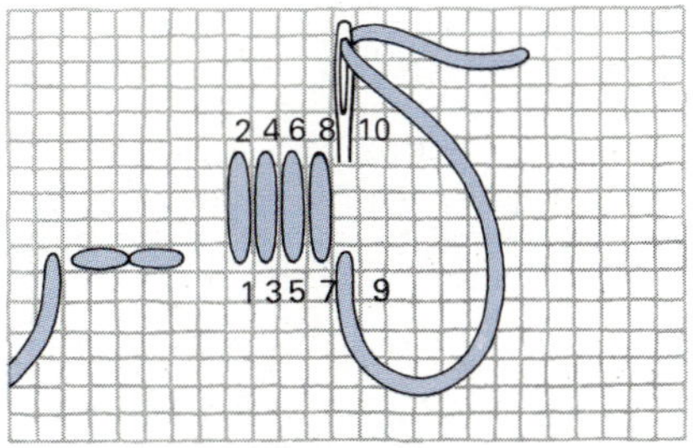

Um eine Plattstichgruppe zu arbeiten, Fadenende durch Rückstiche sichern, dann 5 Plattstiche jeweils über 4 Fäden sticken

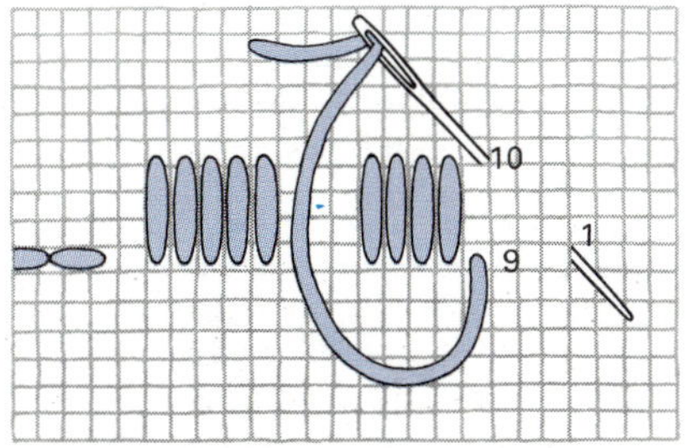

1. Für Plattstichblöcke in Reihen ersten Block wie beschrieben sticken, dann 4 Fäden rechts von Punkt 9 bei 1 ausstechen

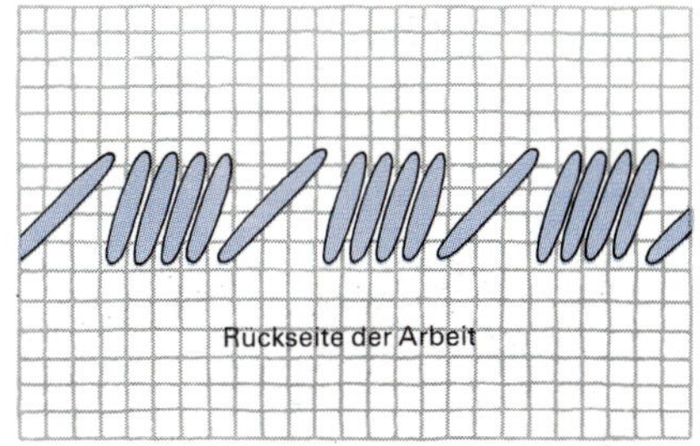

2. Die Rückseite der Arbeit weist einen schräg vom einen Block zum nächsten verlaufenden Plattstich auf

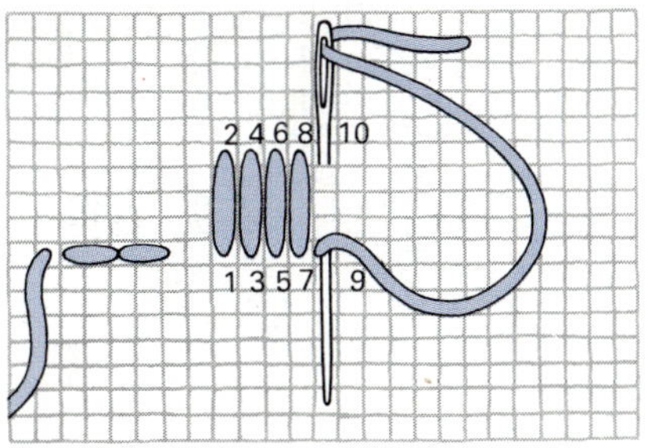

1. Um die Blöcke diagonal zu arbeiten, den ersten Block wie gewohnt sticken, dann zum Schluß wieder bei 9 ausstechen

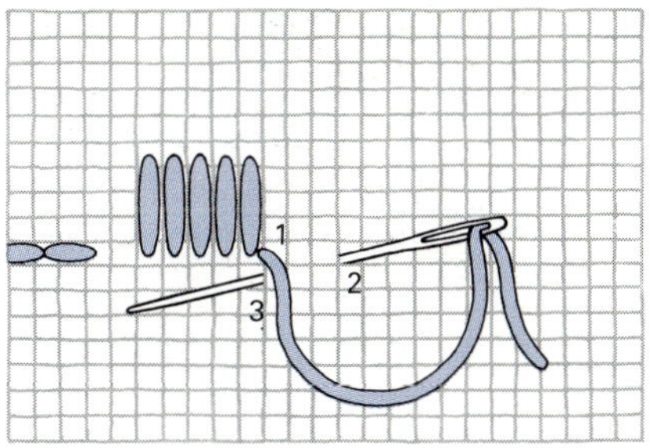

2. Punkt 9 ist somit Punkt 1 für den neuen Block. Jetzt einen waagrechten Plattstich über 4 Fäden arbeiten

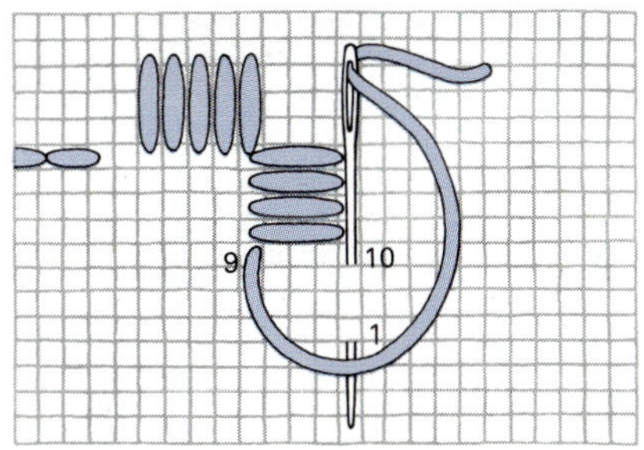

3. Den zweiten Block zu Ende arbeiten, dann 4 Fäden unter Punkt 10 bei 1 ausstechen und den dritten Block senkrecht sticken

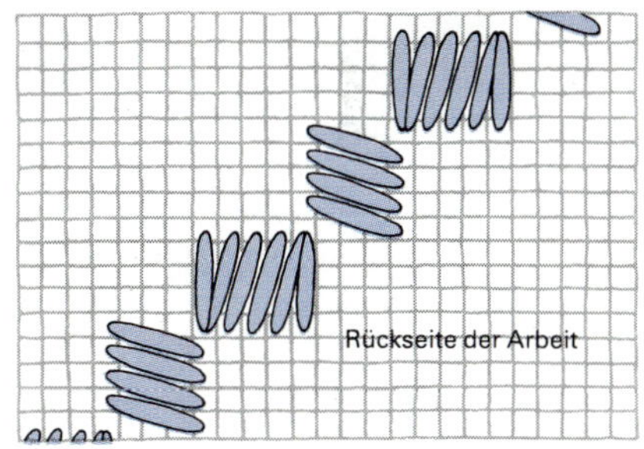

4. Die Rückseite der Arbeit weist bei diagonal gestickten Gruppen keine Spannfäden zwischen den Blöcken auf

Ein Motiv sticken

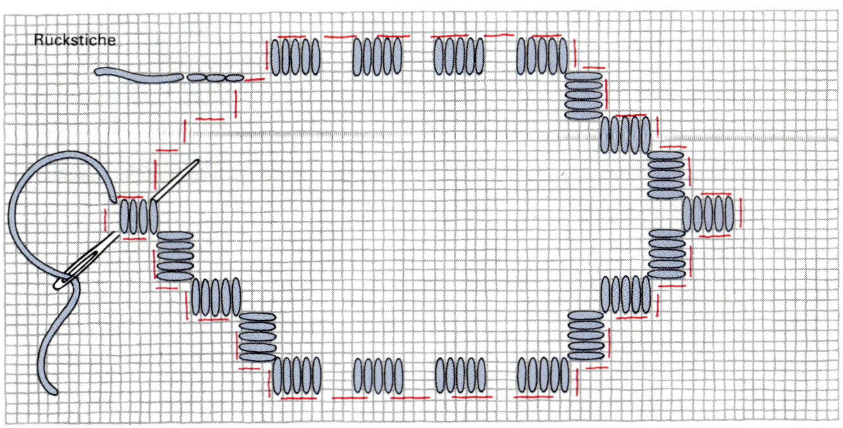

Motiv arbeiten Umrisse heften. Faden mit Rückstichen sichern. Blöcke im Uhrzeigersinn sticken. Gegenüber jedem, bei dem Fäden durchgetrennt werden, muß ein zweiter mit gleicher Stichrichtung über gleicher Fadenzahl liegen. Zum Schluß Fadenende auf Rückseite durch 5 oder mehr Blöcke ziehen. Rückstiche am Anfang auflösen, Fadenende ebenso sichern

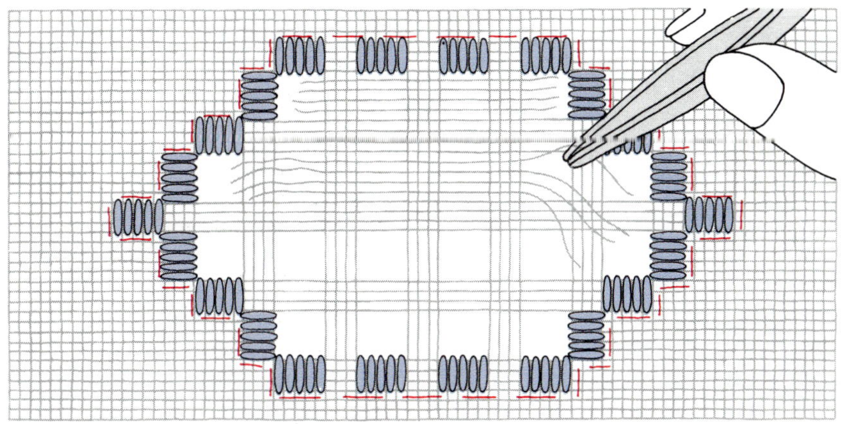

Fäden ausziehen 4 Fäden dicht an einem Block durchtrennen. Dieselben Fäden am gegenüberliegenden Block durchschneiden (Fäden müssen durch Blöcke an beiden Enden gesichert sein). Nur Fäden schneiden, die in die gleiche Richtung wie die Plattstiche laufen. Fäden mit Pinzette ausziehen; zuerst alle in einer Richtung verlaufenden, dann die Querfäden

Stickerei · Hardangerstickerei

Hohlsaumecken verzieren 82–83
Faden im Steg sichern 84–85

Verschiedene Stege

Sind alle Plattstichgruppen gestickt und die Fäden ausgezogen, werden die Motive meist ausgeschmückt. Die klargelegten Fäden werden zu Stegen umwickelt oder umstopft und oft noch mit kleinen Picots versehen. Offene Bereiche werden meist mit Füllstichen verziert. Wird ein neuer Faden eingesetzt, umwickelt man das Ende mit dem nächsten Steg.

Wickelstege Stopfstichstege Stopfstichstege mit Picots

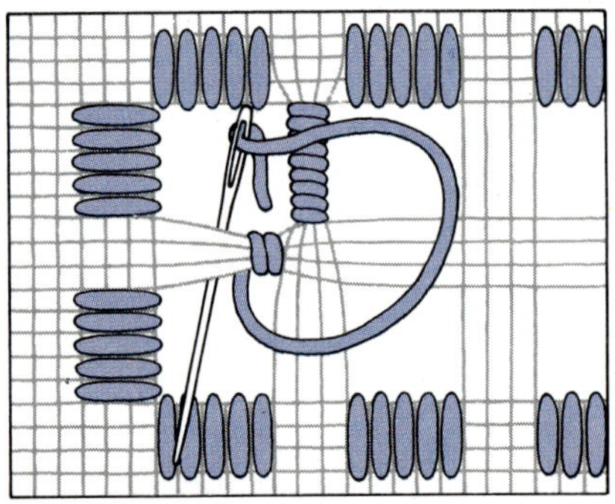

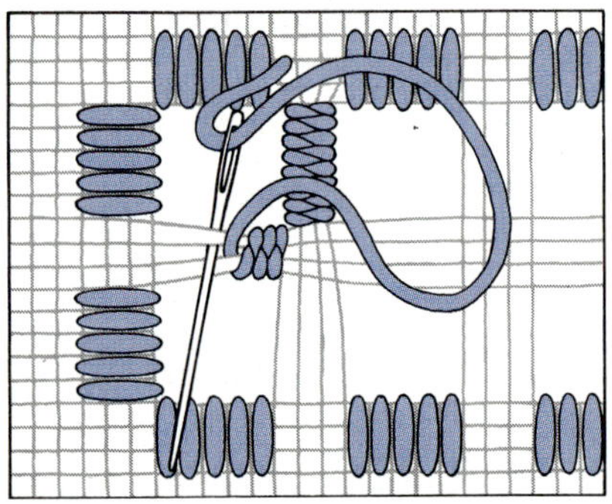

Umwickelter Steg Garn dicht um die Fadengruppe legen. **Umstopfter Steg** In der Mitte der Fadengruppe beginnen und die Nadel unter und über je 2 Fäden führen. Zum Schluß Faden hinten durch den Steg ziehen und gegen den Uhrzeigersinn zum nächsten übergehen

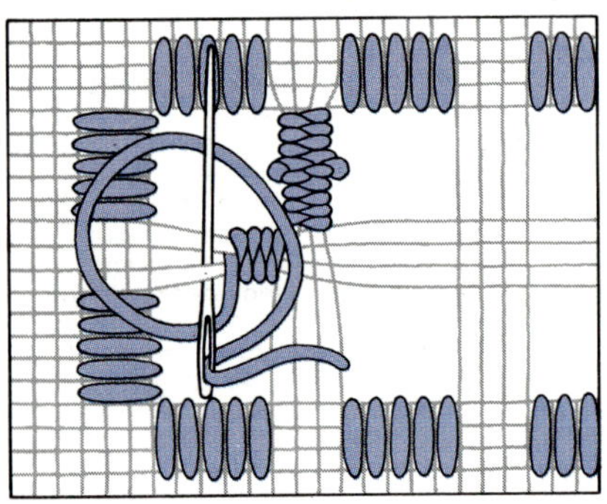

Umstopfter Steg mit Picots: 1. Die Hälfte eines Stegs umstechen. Den Faden unter die Nadelspitze legen und durchziehen (Picot)

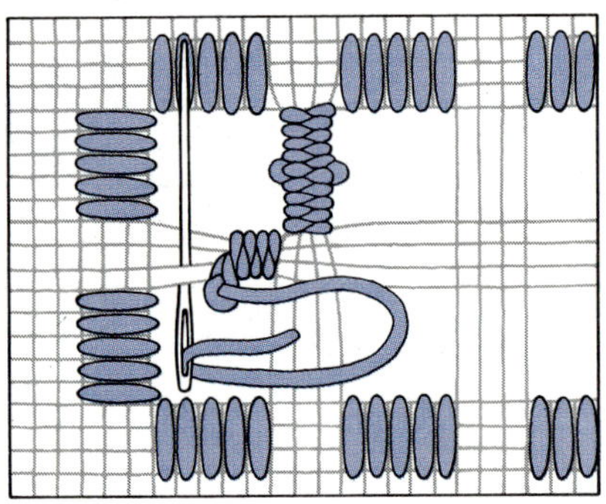

2. Nadel unter denselben 2 Fäden durchziehen. Über gegenüberliegende 2 Fäden wieder Picot arbeiten. Rest des Stegs umstopfen

Eingestickte Verzierungen

Die Abbildung rechts zeigt den schrägen Schlingenstich, den geraden Schlingenstich und die Spinne. Diese Grundstiche können in vielfacher Weise abgewandelt werden.

Verzierungen können verwendet werden, um alle offenen Bereiche eines Motivs (siehe ganz rechts) oder um je nach Muster nur bestimmte Quadrate zu füllen. Alle Öffnungen können nach Belieben mit den gleichen oder aber mit unterschiedlichen Stichen gefüllt werden.

Die bisherigen allgemeinen Anleitungen und Hinweise gelten auch für die Verzierungen. Es wird deswegen empfohlen, Stege und Verzierungen diagonal zu sticken, weil der Übergang von einem Steg zum anderen einfacher ist. Soll eine Fläche nur mit Stegen gearbeitet werden, wird manchmal empfohlen, zuerst alle Stege in einer Richtung und dann in der anderen zu arbeiten.

Ist ein Motiv ganz fertig, zieht man den Faden hinten durch fünf oder mehr Plattstichgruppen, um ihn zu sichern. Die am Anfang gestickten Rückstiche werden aufgelöst, dann wird der Faden ebenso gesichert. Der Anfang eines neuen Fadens wird zur Sicherung zusammen mit dem Steg umwickelt; diese Technik wird auf den Seiten 84–85 gezeigt.

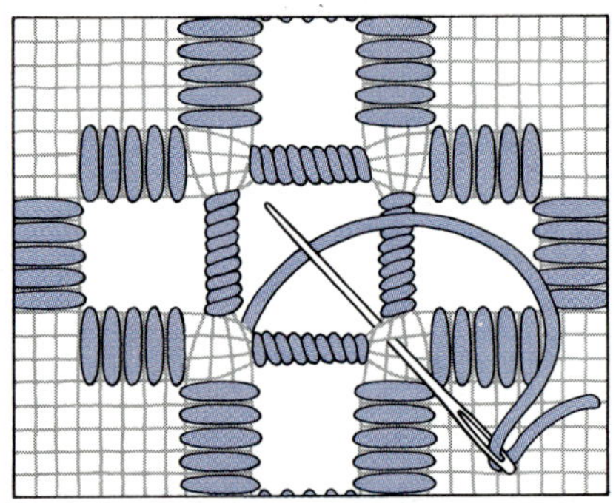

Schräger Schlingenstich: 1. Links aus-, rechts ein- und in der Mitte ausstechen. Faden unter Nadel legen, locker durchziehen

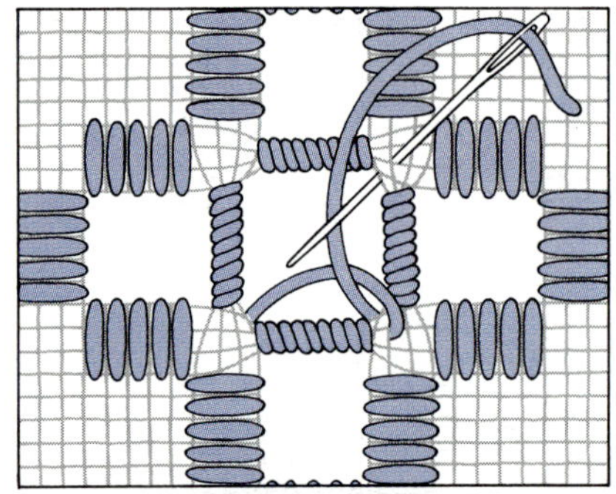

2. Oben rechts ein-, in der Mitte ausstechen, Faden unter Nadel legen und durchziehen, um wieder Schlinge zu bilden

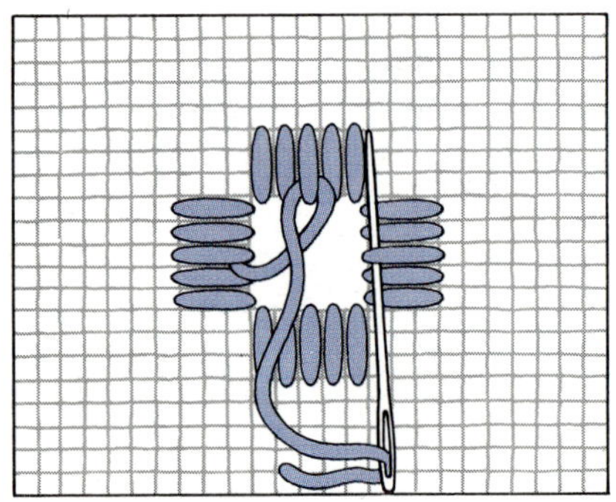

Gerader Schlingenstich zwischen Blöcken: 1. Links unter mittlerem Stich ausstechen; von rechts durch mittleren Stich oben stechen

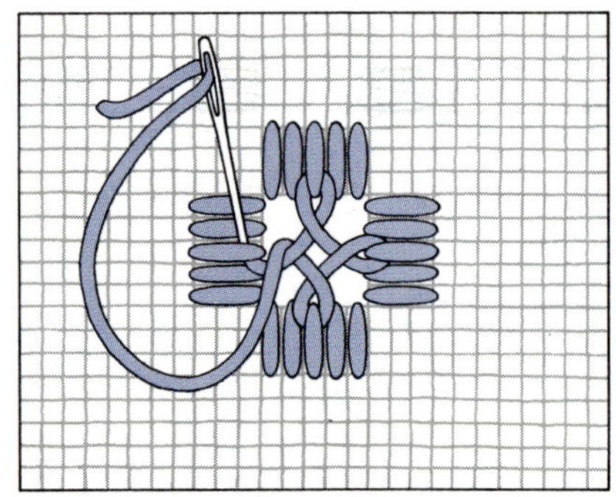

2. Um den ganzen Block wiederholen; jeweils durch mittleren Stich stechen. Letzten Stich wie oben ausführen

Motive ausschmücken

Da Hardangermuster so vielfältig sind, ist es schwer, Regeln aufzustellen, die alle Möglichkeiten berücksichtigen. Es gibt jedoch einige allgemeine Grundsätze, welche für die meisten charakteristischen Motive gelten. Mit deren Hilfe und mit einiger praktischer Erfahrung beherrscht man sehr bald die Feinheiten der Hardangerstickerei.

Eingestickte Verzierungen Schräger Schlingenstich, Spinne, gerader Schlingenstich

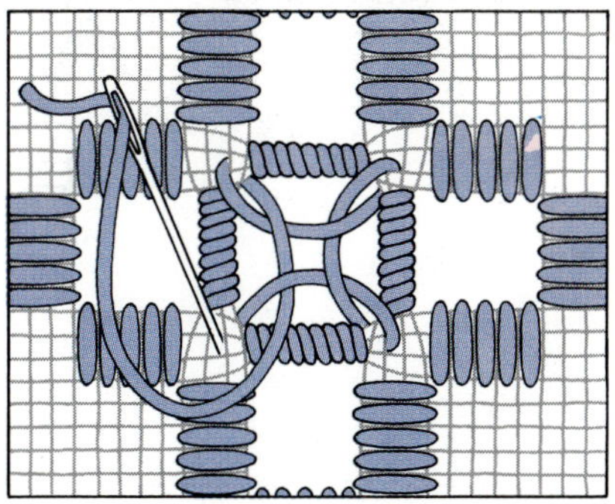

3. Eine weitere Schlinge oben arbeiten, dann durch die erste Schlinge und schließlich in die untere linke Ecke stechen

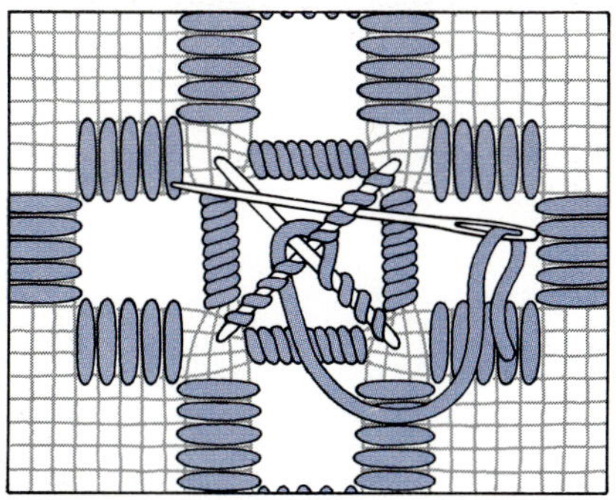

Spinne Über Kreuz gespannte Fäden von der Mitte aus umweben. Für genaue Anleitung siehe *Hohlsaum,* S. 82–83

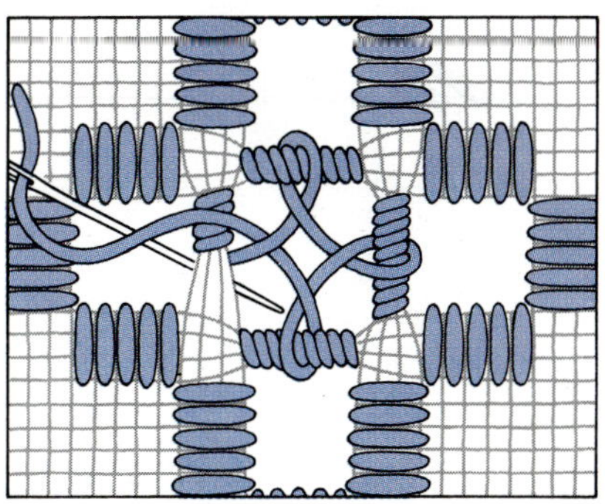

Gerade Schlingen bei umwickelten Stegen Dreieinhalb Stege umwickeln, Schlingen wie links anlegen, vierten Steg zu Ende arbeiten

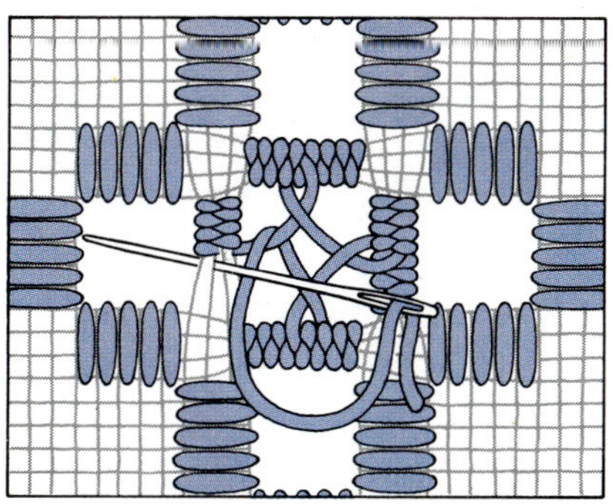

Gerade Schlingen bei umstopften Stegen Dreieinhalb Stege umstopfen; für Schleifen durch Steg stechen. Vierten Steg beenden

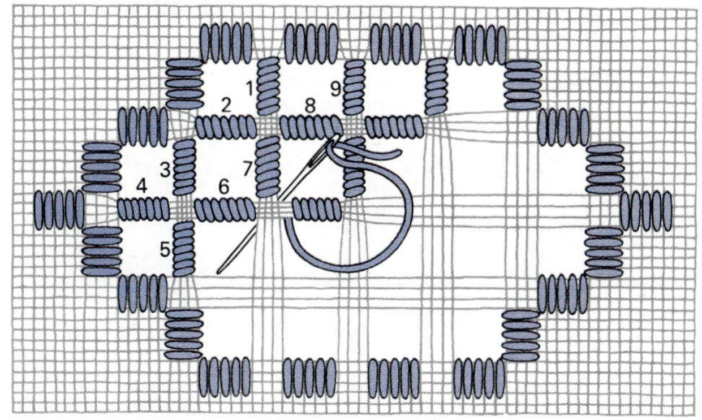

Um Stege zu arbeiten, empfiehlt es sich, diagonal vorzugehen: von oben links über 4 Stege (Schritt 1–4) nach unten, dann nach oben (Schritt 5–9) usw., bis alle Stege umwickelt sind. Man kann auch zuerst alle waagrechten Stege arbeiten, dann die Arbeit drehen und die übrigen umwickeln

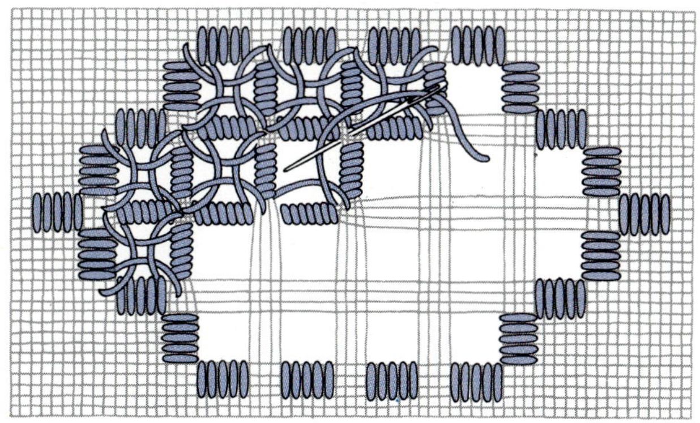

Schräge Schlingenstiche werden im allgemeinen in der gleichen Richtung wie die Stege gearbeitet. Um den nächsten Ausgangspunkt zu erreichen, wird die Nadel durch die Stege auf der Rückseite so durchgeschoben, daß der durchgezogene Faden unsichtbar bleibt. Fadenenden werden im nächstliegenden Steg vernäht

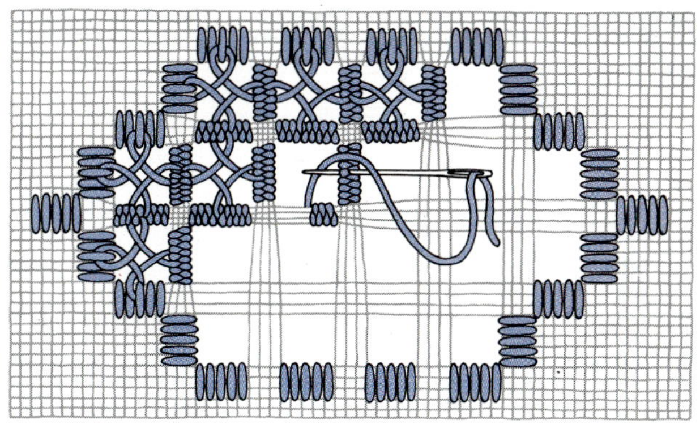

Gerade Schlingenstiche werden unterschiedlich gestickt, je nachdem, ob die einzelne Schlinge zu einem umwickelten bzw. umstopften Steg oder zu einem Block führt. Die Abbildung links zeigt die verschiedenen Möglichkeiten

Richelieu-arbeit

Einführung
Grundtechnik
Ein Motiv ausarbeiten

Einführung

Die Richelieu- oder Ausschnittstickerei ist eine Form der Weißstickerei, die im 16. Jahrhundert aufkam und noch heute sehr beliebt ist, insbesondere für Tischwäsche und dekorative Details an Blusen und Kleidern. Sie wirkt zwar zart, ist aber dank der sehr dicht gestickten Langettenstiche, welche die Musterteile einfassen, recht stabil.

Zuerst werden die Umrisse gestickt, dann schneidet man bestimmte Teile heraus. Werden große Teile herausgeschnitten, überbrückt man die Öffnungen mit Stegen, um der Arbeit Halt zu geben. Mit anderen Stichen wie Knötchen-, Stiel- oder Spannstich wird die Stickerei oft noch ausgeschmückt.

Für diese Technik eignen sich ausschließlich dicht gewebte Stoffe, die nicht fransen. Man verwendet Sticktwist, Vierfachgarn oder Perlgarn und eine spitze Nadel in der zum Garn passenden Größe. Ein Stickrahmen ist unbedingt nötig. Details über Nadeln und Stickrahmen sind auf Seite 10 zu finden.

Für die Richelieuarbeit wählt man meist Blumenmotive. Bei der Wahl des Musters muß genau überlegt werden, welche Teile ausgeschnitten werden, damit die Kombination von offenen und geschlossenen Bereichen ausgewogen wirkt.

Es gibt drei Möglichkeiten, diese Bereiche anzuordnen: Erstens wird das Motiv dadurch gestaltet, daß die wichtigsten Teile herausgeschnitten werden (z.B. die kleinen Blumen rechts). Oder das Motiv bleibt ganz, während der Hintergrund so weggeschnitten wird, daß ein silhouettenartiger Effekt entsteht (die Stiele und Blätter im Muster rechts). Bei der dritten Möglichkeit werden nur kleine Teile im Inneren des Motivs ausgeschnitten und die äußeren Umrisse dazu verwendet, den für diese Technik charakteristischen Bogenrand zu bilden (siehe die große Blume an der Ecke).

Bei der Richelieuarbeit werden erst die Konturen gestickt, dann die Teile ausgeschnitten

Langettenstich 26 Vorstich 46
Knopflochstich 82

Grundtechnik

Die Grundtechnik der Richelieustickerei ist einfach, man muß aber sehr genau arbeiten. Es werden hauptsächlich der Langettenstich (auch Schling- oder Festonstich genannt) und der Vorstich verwendet. Erst zeichnet man die Konturen des Motivs mit Vorstichen nach; diese werden dann mit Langettenstichen überstickt. Vorher muß man festlegen, welche Teile ausgeschnitten werden, da die Langettenstiche mit dem geschlossenen Rand zur Schnittkante hin gearbeitet werden. Wird der Stoff zu beiden Seiten einer Umrißlinie weggeschnitten, befestigt man beide Seiten, indem man einen doppelten Langettenstich arbeitet (ganz rechts).

Es empfiehlt sich, vor Arbeitsbeginn die auszuschneidenden Musterteile zu kennzeichnen. Bei gekauften Aufbügelmustern sind sie oft mit einem Kreuz versehen, das mit dem Muster auf den Stoff übertragen wird.

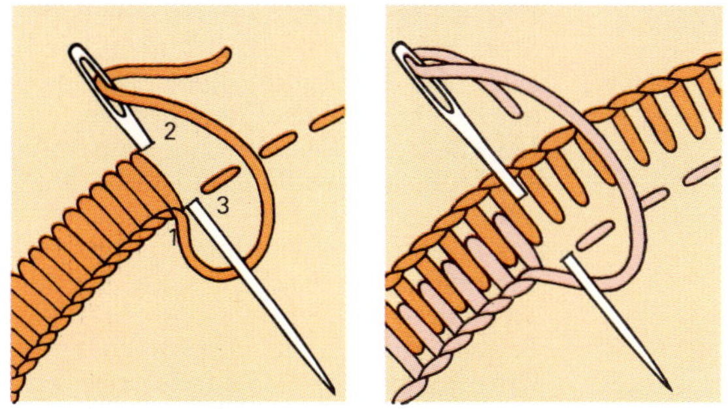

Langettenstich von links nach rechts arbeiten. Bei 1 ausstechen, bei 2 einstechen und genau darunter bei 3 ausstechen. Den Faden unter die Nadelspitze legen und durchziehen. Die Stiche dicht nebeneinander arbeiten
Für den doppelten Langettenstich 2 Reihen des einfachen gegeneinander arbeiten. Die Stiche der ersten Reihe gerade so weit auseinander sticken, daß die der zweiten dazwischen passen

Ein Motiv ausarbeiten

Die Musterkonturen mit dem Vorstich nachsticken; dazu Sticktwist, Perlgarn oder Vierfachstickgarn verwenden. Darüber dichte, gleichmäßige Langettenstiche arbeiten. Der geschlossene Rand der Langettenstiche muß zur Schnittkante hin gearbeitet werden. Statt Langettenstichen kann man auch Knopflochstiche verwenden. Die gekennzeichneten Musterteile ausschneiden – von der Rückseite aus läßt sich der Stoff knapper abschneiden –, dabei jedoch die Langettenstiche nicht verletzen

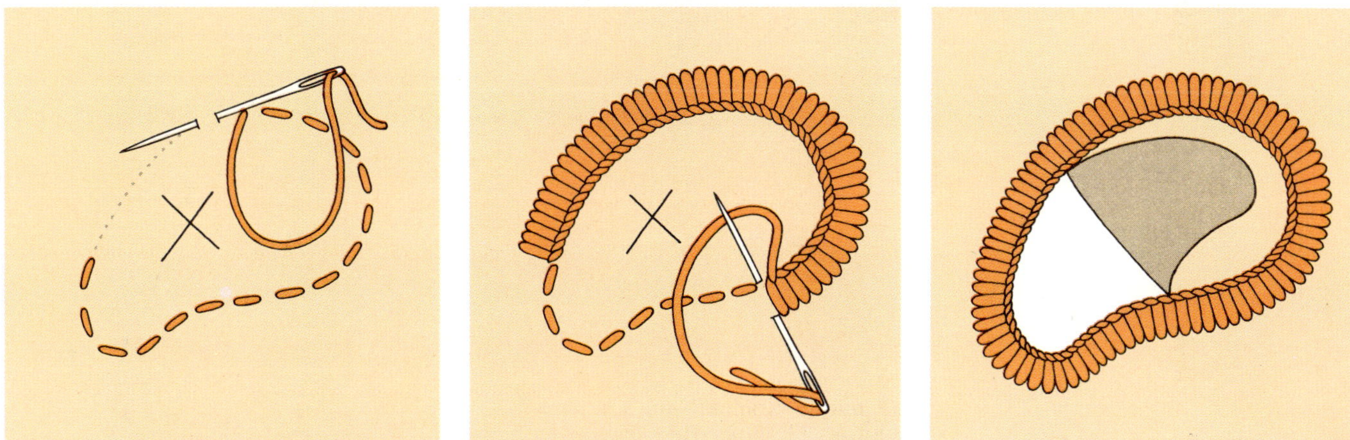

Um Stege zu arbeiten, die Konturen des Musters bis zum Ende des Stegs mit Vorstichen nachzeichnen. Am anderen Ende des Stegs einen sehr kleinen Stich arbeiten, dann einen zweiten am Ausgangspunkt und einen dritten dicht beim ersten, um 3 Spannfäden zu erhalten. Über diese nun Langettenstiche sticken, ohne den Stoff mitzufassen. Anschließend mit dem Vorstich die restlichen Konturen nachzeichnen und das Motiv mit Langettenstichen umsticken. Den Stoff wie oben ausschneiden, dabei die Langettenstiche nicht verletzen

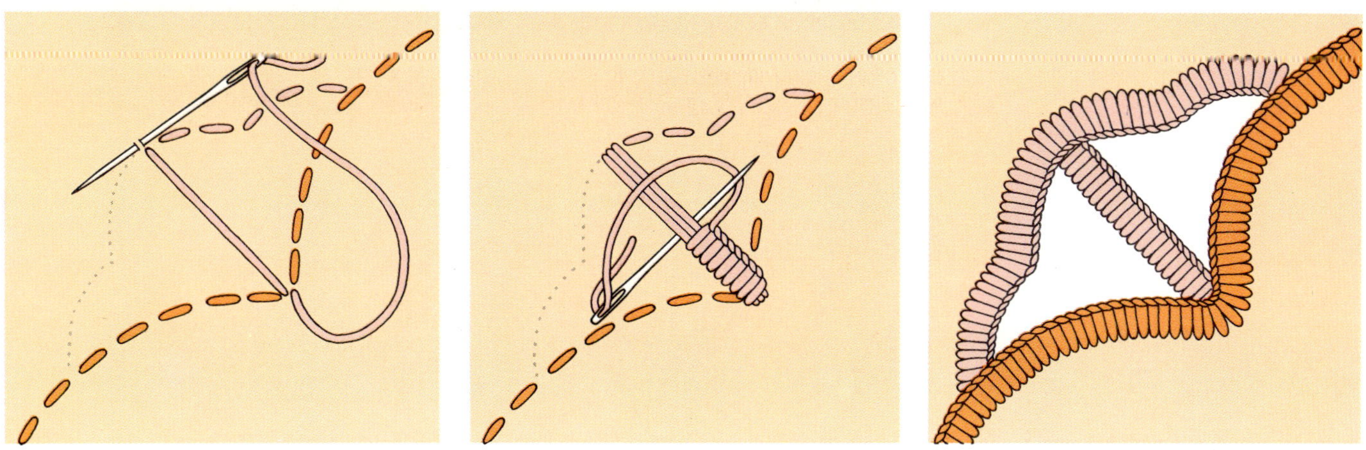

Aufbügelmuster 17
Vorstich 46

Smokarbeit

Einführung

Durch die Smokstickerei wird der Stoff gleichzeitig gekräuselt und verziert. Als Hilfsmittel dient ein Gitter aus gleichmäßig über den Stoff verteilten Punkten. Diese Vorlage kann man entweder als Aufbügelmuster kaufen oder selbst herstellen.

Es gibt zwei Smoktechniken. Bei der ersten werden die Punkte auf der rechten Stoffseite markiert und die Falten durch die entsprechenden Smokstiche gebildet. Bei der zweiten, sogenannten englischen Methode werden die Punkte auf die linke Stoffseite übertragen. Anschließend wird der Stoff mit Hilfe von Vorstichen gefältelt. Die eigentlichen Smokstiche arbeitet man dann auf der rechten Seite, wobei man an jeder von den Vorstichen gebildeten Falte einen Stich anbringt.

Die fertige Arbeit sieht bei beiden Methoden gleich aus. Die englische Methode ist bei der Verwendung von Stichkombinationen besonders zu empfehlen (S. 97).

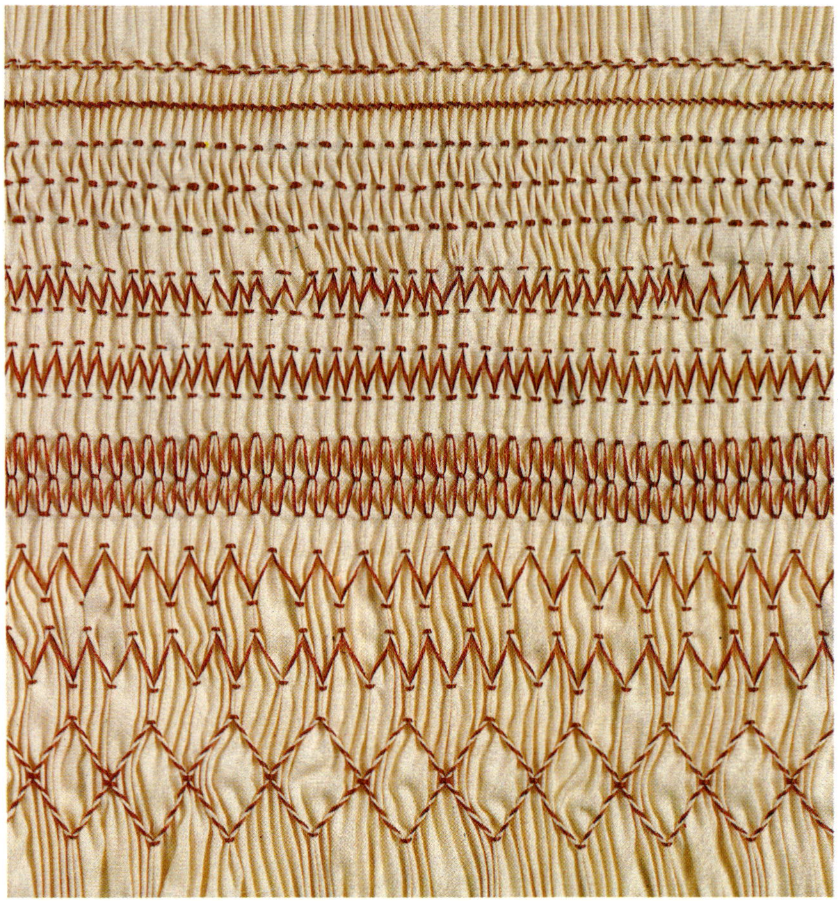

Kabel-, Stiel-, Waben-, Smok-, verkehrter Waffel-, Wellen- und Überstich im Zickzack

Stoffe und Gitter

Die Smokstickerei wird in der Regel auf feinen, weichen Stoffen (Baumwollbatist, feinen Wollstoffen oder Synthetics) mit Perlgarn oder Sticktwist ausgeführt.

Da der Stoff dabei eingekräuselt wird, muß er etwa die zweieinhalb- bis dreifache Breite des fertigen Stücks haben. Wie stark gefaltet wird, hängt vom Stoff, von der Stichspannung und den Zwischenräumen zwischen den Punkten ab.

Das Punktgitter kann man als Auf-

Aufbügelmuster entsprechend Stickfläche zuschneiden. So auf Stoff legen, daß Kanten übereinstimmen. Nahtzugabe oben vorsehen. Sorgfältig bügeln

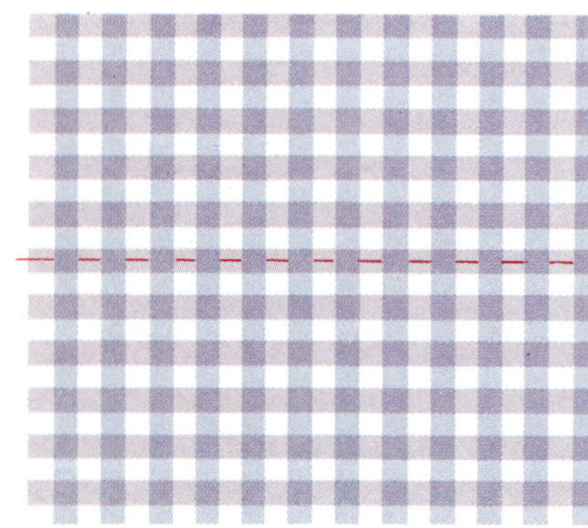

Bei zählbarem Gewebe und Stoffen mit gleichmäßigem Pünktchen- oder Karomuster kann das vorgegebene Gitter als Richtlinie dienen

Smokstickerei an Kleidungsstücken

bügelmuster kaufen oder aber selbst auf Millimeterpapier aufzeichnen. Bei zählbarem Gewebe und gleichmäßigen Karo- oder Pünktchenmustern ist ein Gitter nicht erforderlich. Je dichter die Punkte beieinanderliegen, desto elastischer ist die Stickerei.

Die meisten Stiche lassen sich auf jedem Gitter arbeiten, ohne sich wesentlich zu verändern, für einige muß das Gitter jedoch bestimmte Proportionen haben. Hier muß man eventuell ein eigenes Gitter anfertigen.

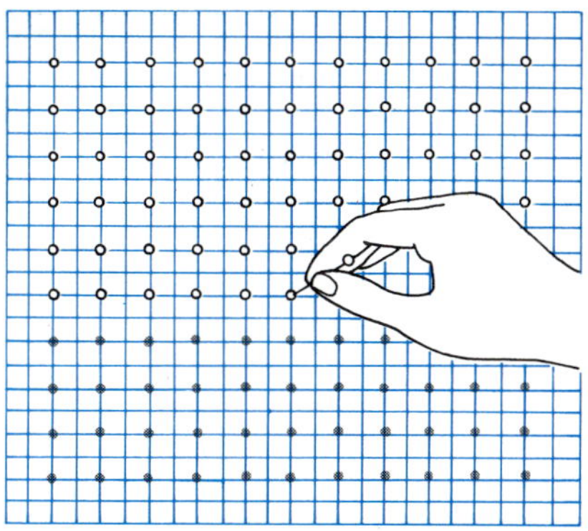

Millimeter- oder Karopapier zuschneiden. Mit dicker Nadel in den gewünschten Abständen hineinstechen. Papier auf Stoff legen und Punkte mit Bleistift markieren

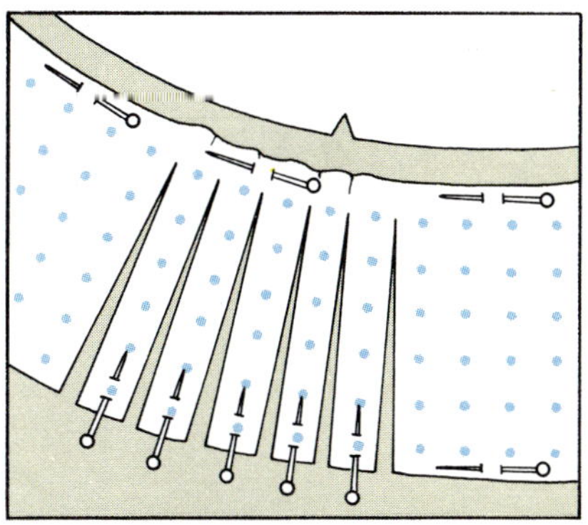

Rundung markieren Gitter zwischen den Punkten bis zur obersten Reihe einschneiden. So auf Rundung legen, daß Kanten übereinstimmen; feststecken. Punkte übertragen

Smokarbeit ist eine besonders hübsche Art, Kleidungsstücke zu verzieren. Am leichtesten läßt sie sich an einfach geformten Teilen wie etwa Passe, Stehkragen oder Manschetten anbringen

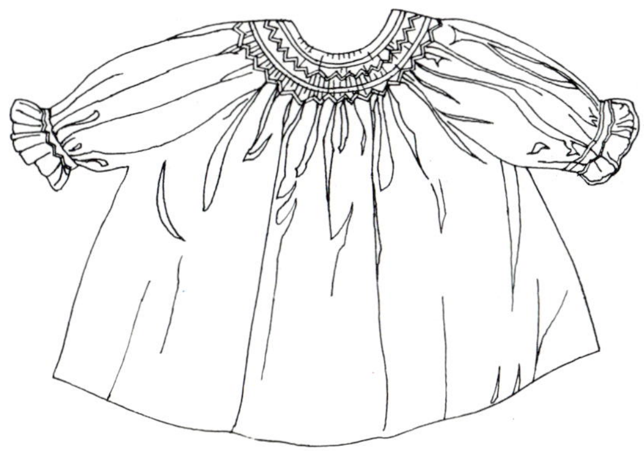

Eine Manschette smoken

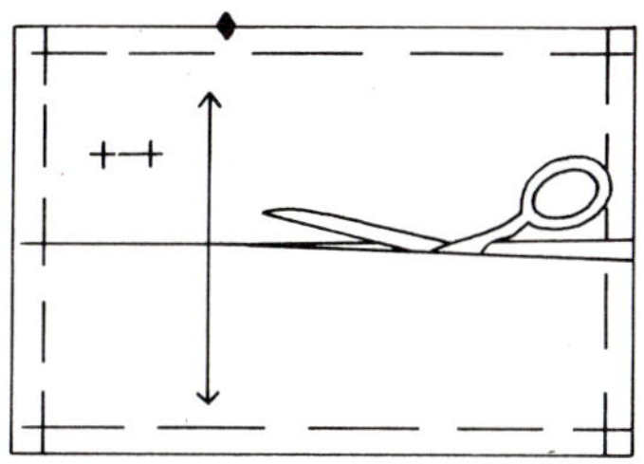

Zunächst den Belag, falls im Schnitt vorgesehen, an der Faltlinie vom Schnitteil abschneiden

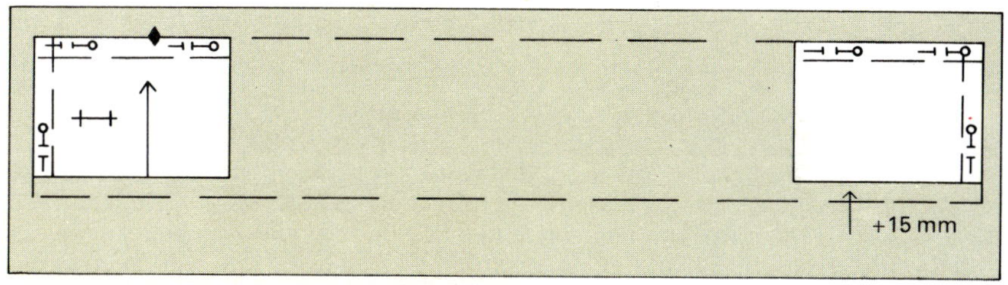

Schnitteil senkrecht durch die Mitte schneiden, in der zweieinhalb- bis dreifachen Breite auf den Stoff legen und feststecken. An der Faltlinie eine Nahtzugabe vorsehen. Die Schnittlinien verlängern. Manschette und Belag in der fertigen Breite mit entsprechender Nahtzugabe zuschneiden

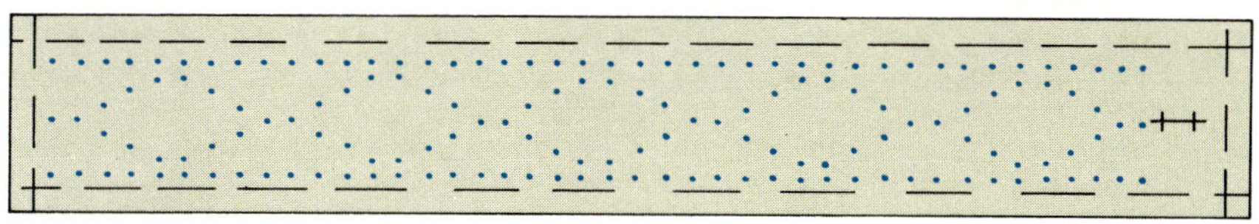

Aufbügelmuster oder Gittervorlage in der passenden Größe zuschneiden, dabei die Nahtzugabe auf allen Seiten und Details wie das Knopfloch freilassen. Die Punkte wie üblich übertragen

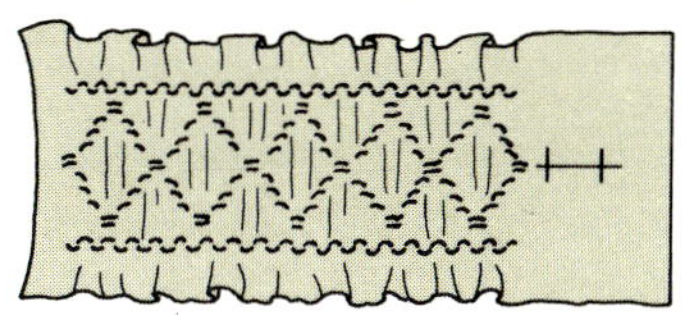

Die Smokstiche oder die gewünschte Stichkombination arbeiten (S. 94–97)

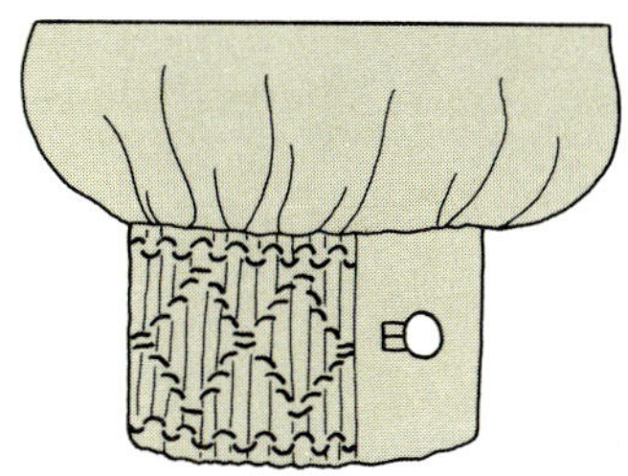

Den gesmokten Teil und den Belag zusammennähen; Kleidungsstück wie üblich fertigstellen

Stickerei · Smokarbeit

Englische Smoktechnik

Die englische Methode wird besonders Anfängern empfohlen, denn durch das Einreihen lassen sich die Smokstiche leichter ausführen. Die Vorstichreihen bilden gerade Falten, die den Stoff gleichmäßig kräuseln und auch helfen, die Spannung der Smokstiche zu regulieren. Das Einreihen bestimmt jedoch nicht die fertige Breite der Arbeit. Wenn die Vorstiche entfernt werden, dehnt sich die Fläche etwas aus, je nachdem, wie dicht die Smokarbeit gestickt wurde.

Zunächst überträgt man die Punkte auf die linke Stoffseite; das Gitter muß für die vorgesehenen Stiche geeignet sein (siehe *Smokstiche*, unten). Man reiht von Hand ein (siehe unten) und arbeitet die Smokstiche auf der rechten Stoffseite.

Um den Stoff einzureihen, zunächst den Faden rechts an der obersten Punktreihe sichern. Vorstiche von rechts nach links so arbeiten, daß die Stiche alle die gleiche Länge haben, kürzer als die Zwischenräume sind und die Punkte verdecken. Am Reihenende ein 10 cm langes Fadenende hängen lassen. Die restlichen Reihen ebenso arbeiten

Alle Fadenenden auf der linken Seite zusammenziehen, um gleichmäßige Faltenreihen zu bilden. Zwischen den einzelnen Falten einen kleinen Zwischenraum lassen

Um die Fäden zu sichern, paarweise auf der linken Seite miteinander verknoten

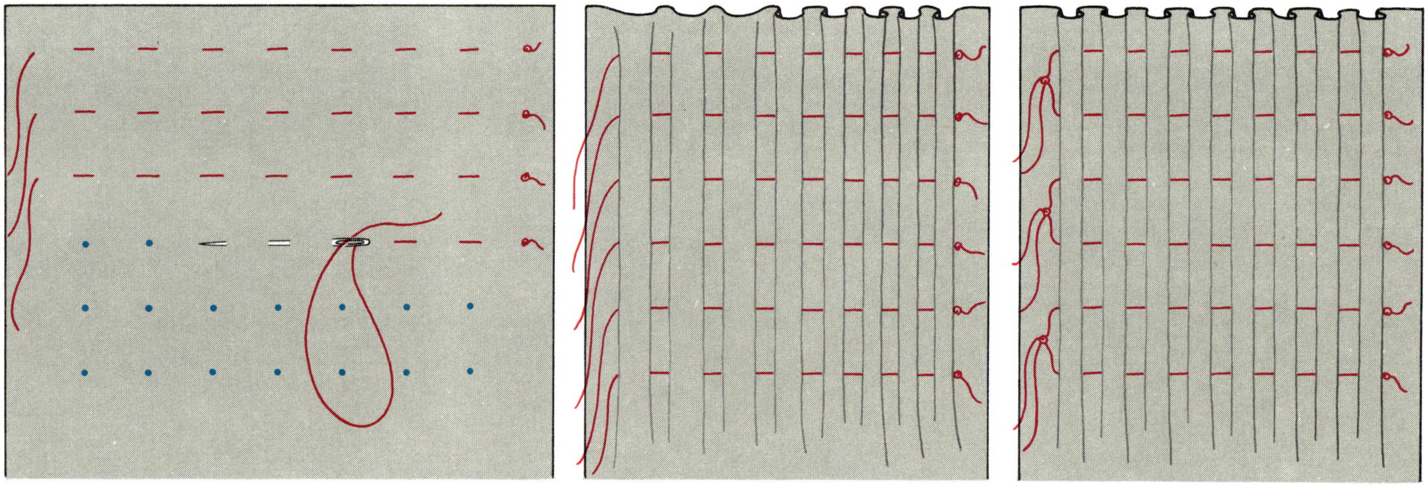

Smokstiche

Die folgenden Stickanleitungen zeigen Schritt für Schritt die normale Smoktechnik. Die fünf Stiche auf diesen Seiten lassen sich auf jedem Gitter sticken. Die beiden Abwandlungen auf Seite 96 können nur auf besonderen Vorlagen gestickt werden. Die für diese Stiche erforderlichen Gittermaße werden jeweils am Anfang der entsprechenden Anleitung angegeben und sollten sorgfältig übertragen werden.

Alle Stiche können auch nach der englischen Methode gestickt werden. Gitter sowie Stichausführung bleiben dabei gleich, nur wird die linke Stoffseite markiert, und die Smokstiche werden nicht mehr über einen Punkt, sondern jeweils an einer Reihe von Vorstichen über die Falten gelegt. Zur Verdeutlichung zeigt jeweils die letzte Zeichnung der Serie die Stiche, wie sie auf dem eingereihten Stoff gearbeitet werden.

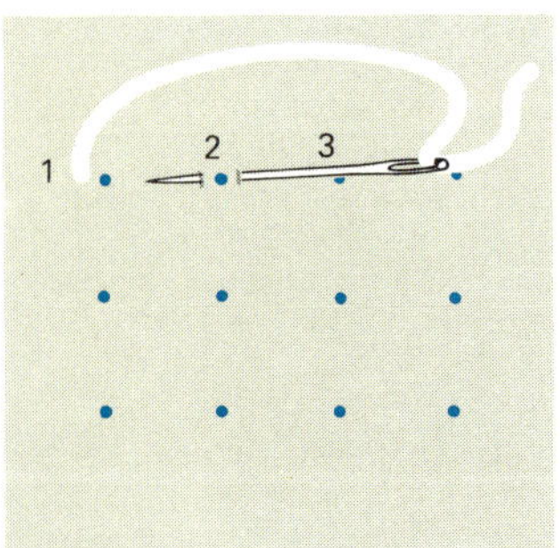

Kabelstich: **1.** Von links nach rechts arbeiten. Bei 1 ausstechen. Bei 2 kleinen Stich machen; Faden oberhalb der Nadel halten

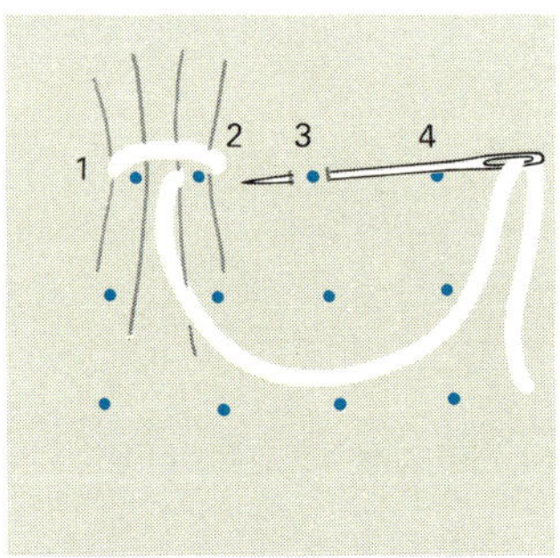

2. Mit dem Faden Punkt 1 und 2 zusammenziehen. Bei 3 wieder einen kleinen Stich ausführen; Faden unterhalb der Nadel halten

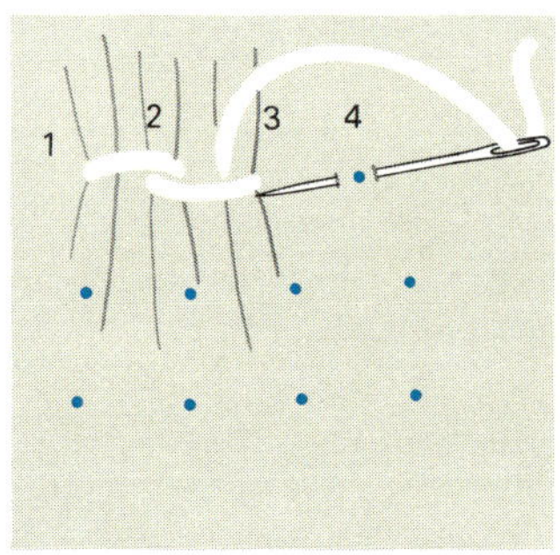

3. Bei 4 wieder einen kleinen Stich sticken; Faden oberhalb der Nadel halten. Über die ganze Breite wiederholen

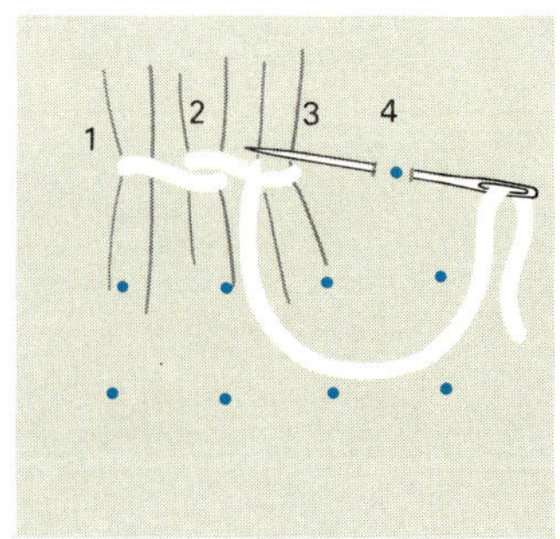

Stielstich ähnlich wie den Kabelstich arbeiten, dabei den Faden jedoch immer unterhalb der Nadel halten

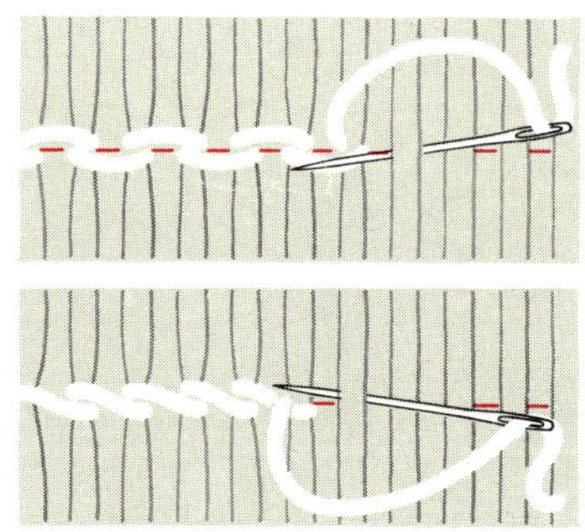

Englische Methode Kabel- bzw. Stielstich über den eingereihten Stoff arbeiten, dabei jeweils durch die Falte stechen

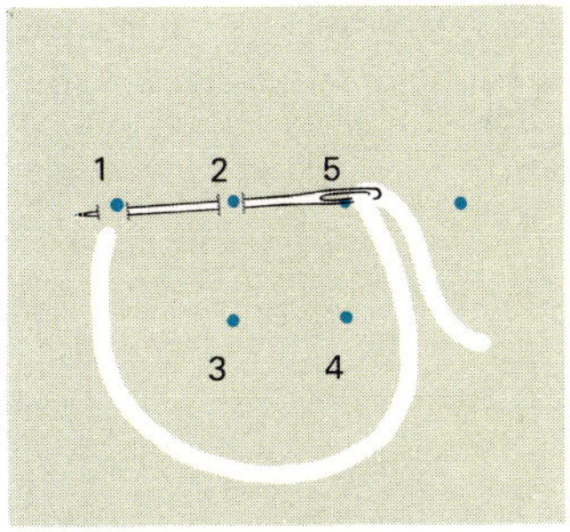

Waben- oder Waffelstich: **1.** Von links nach rechts sticken. Bei 1 ausstechen. Bei 2 und 1 kleine Stiche sticken. Faden anziehen

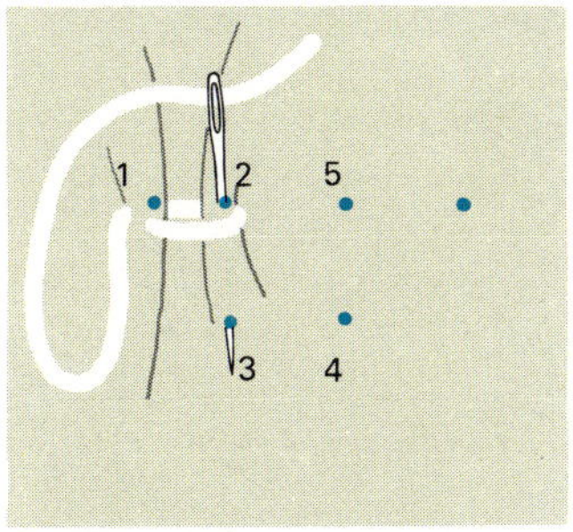

2. Bei 2 einstechen und genau darunter in nächster Reihe bei 3 ausstechen. (Diesen Stich über jeweils 2 Reihen sticken)

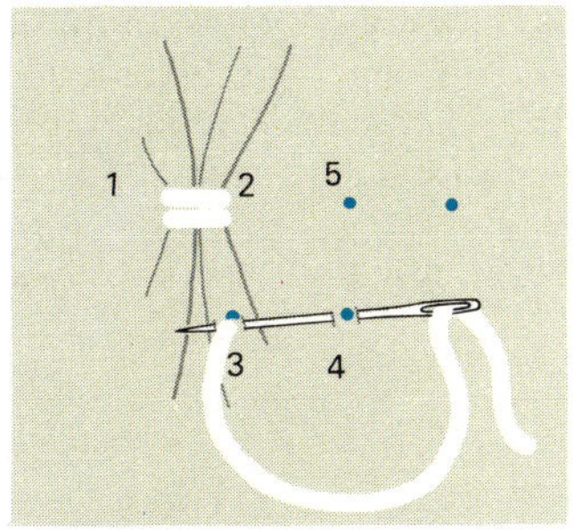

3. Bei 4 und 3 kleine Stiche sticken; die Nadelspitze zeigt stets nach links. Mit dem Faden Punkt 3 und 4 zusammenziehen

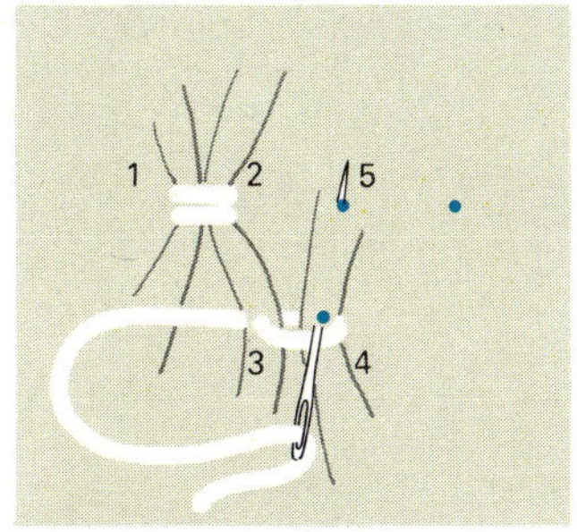

4. Bei 4 einstechen und genau darüber in der oberen Reihe bei 5 ausstechen. Punkt 5 ist jetzt Punkt 1 für die nächste Folge

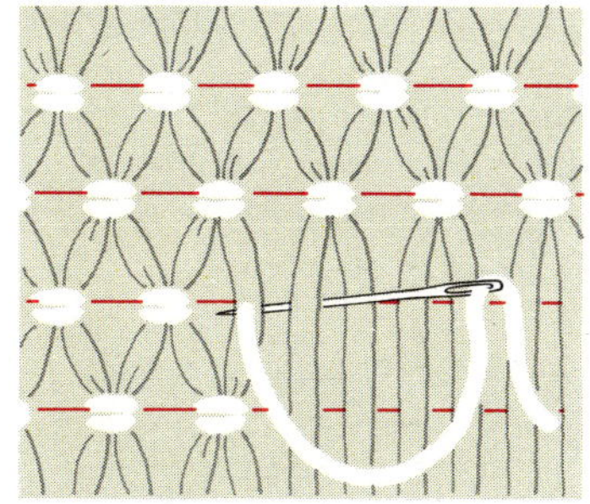

Englische Methode Ebenfalls jeweils über 2 Reihen arbeiten, dabei, wie oben abgebildet, durch die Falten stechen

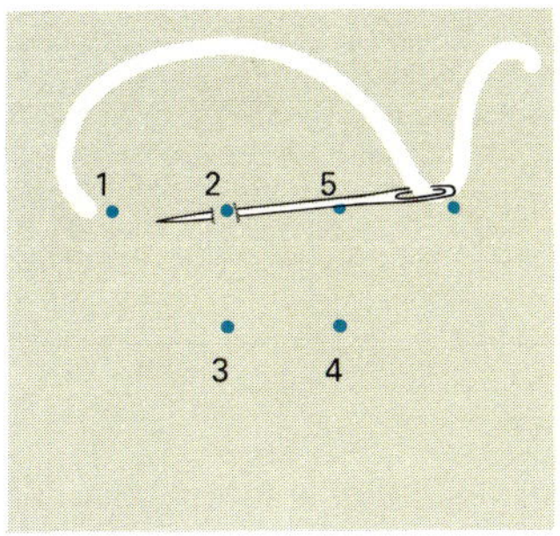

Smokstich: **1.** Von links nach rechts arbeiten. Bei 1 ausstechen und bei 2 kleinen Stich sticken; Faden liegt oberhalb der Nadel

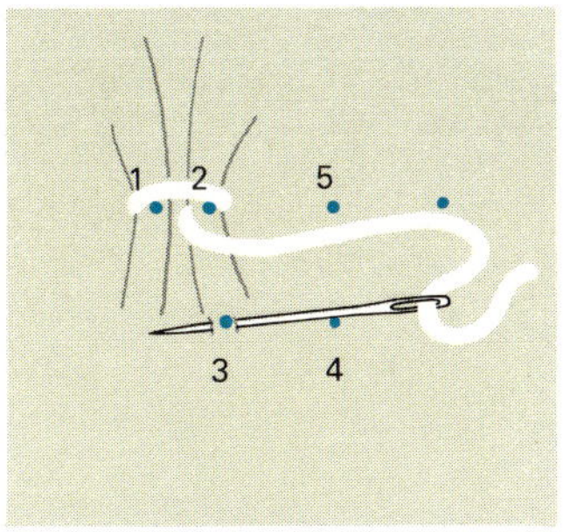

2. Mit dem Faden Punkt 1 und 2 zusammenziehen. Dann genau unter 2 in der nächsten Reihe bei 3 einen kleinen Stich sticken

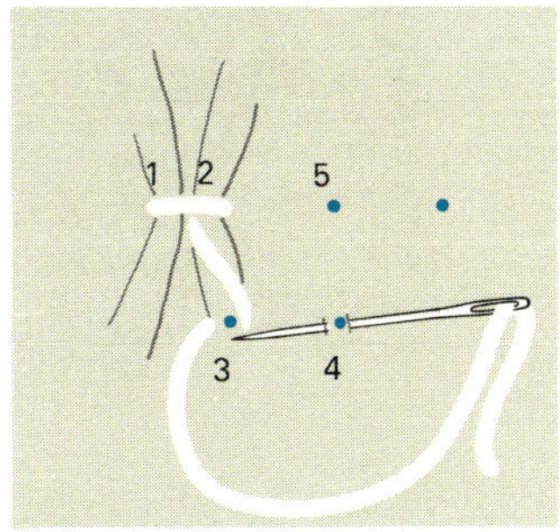

3. Rechts von 3 bei 4 kleinen Stich sticken; Faden liegt unterhalb der Nadel. Mit dem Faden Punkt 3 und 4 zusammenziehen

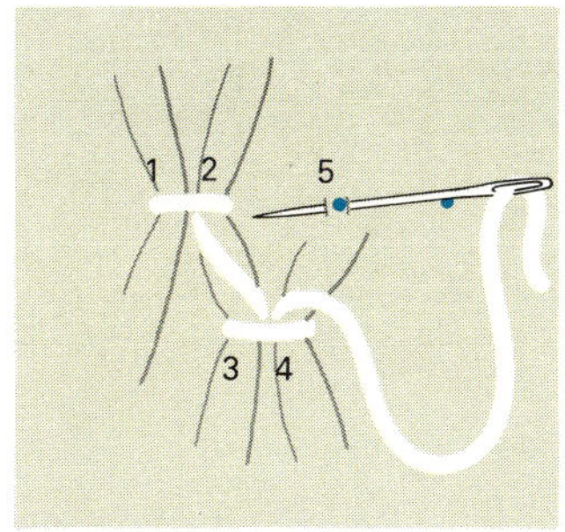

4. Genau über Punkt 4 in der oberen Reihe bei 5 einen kleinen Stich sticken. Punkt 5 ist jetzt Punkt 1 für die nächste Folge

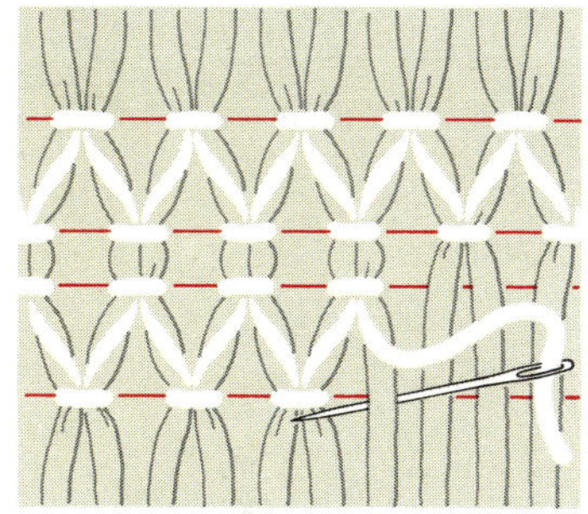

Englische Methode Ebenfalls jeweils über 2 Reihen arbeiten, dabei wie oben abgebildet durch die Falten stechen

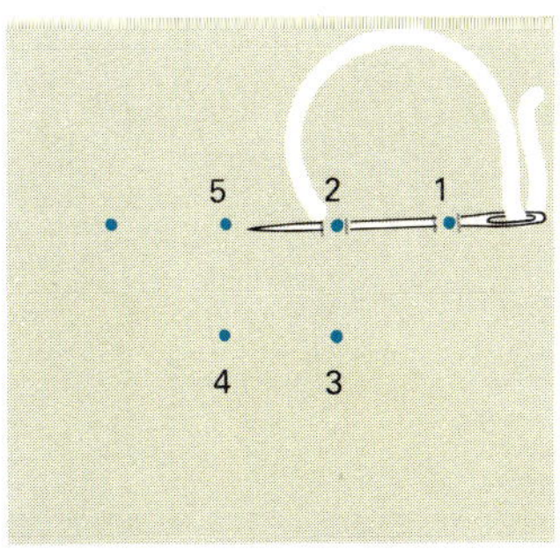

Verkehrter Waffelstich: **1.** Von rechts nach links arbeiten. Bei 2 ausstechen. Bei 2 und 1 kleine Stiche sticken

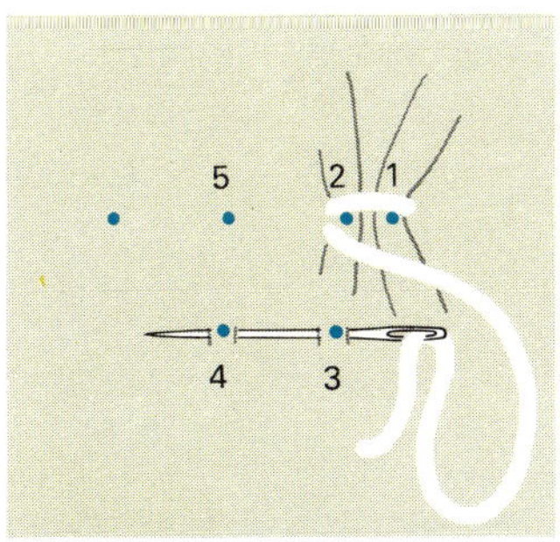

2. Mit dem Faden Punkt 1 und 2 zusammenziehen. Darunter in der nächsten Reihe kleine Stiche bei 3 und 4 wie abgebildet sticken

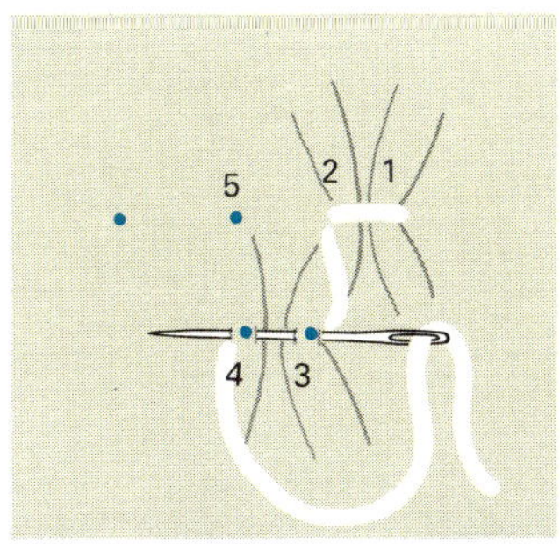

3. Die Stiche bei 3 und 4 wiederholen; den Faden unterhalb der Nadel halten. Mit dem Faden Punkt 3 und 4 zusammenziehen

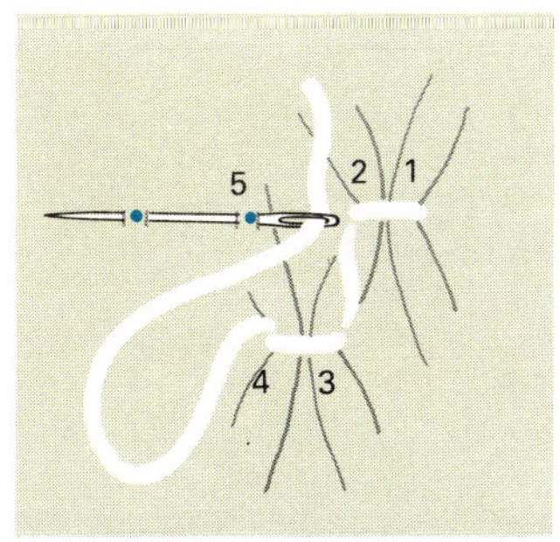

4. In der oberen Reihe bei 5 (jetzt Punkt 1 der nächsten Folge) einen kleinen Stich sticken. Über die ganze Reihe wiederholen

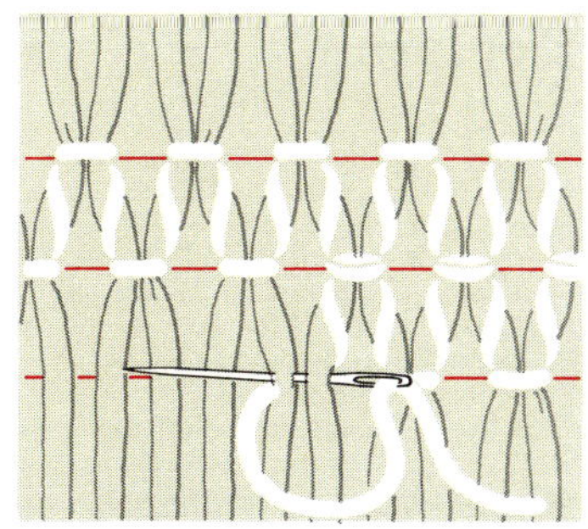

Englische Methode Die obere Reihe der zweiten Doppelreihe überlappt die untere der ersten Doppelreihe. Jeweils durch die Falte stechen

Stickerei · Smokarbeit

Kettenstich 28 Margeritenstich 28
Kreuzstich 35 Plattstich 48

Stichvarianten

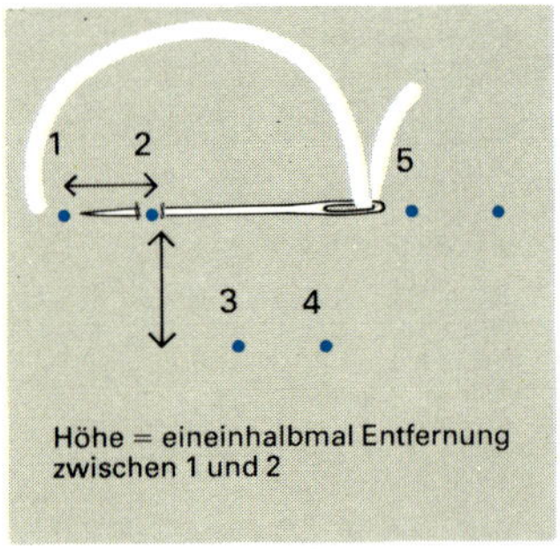

Wellenstich 1. Nur Punkte markieren, wo gestickt wird; Gitter ist ungeeignet. Bei 1 ausstechen; bei 2 kleinen Stich sticken

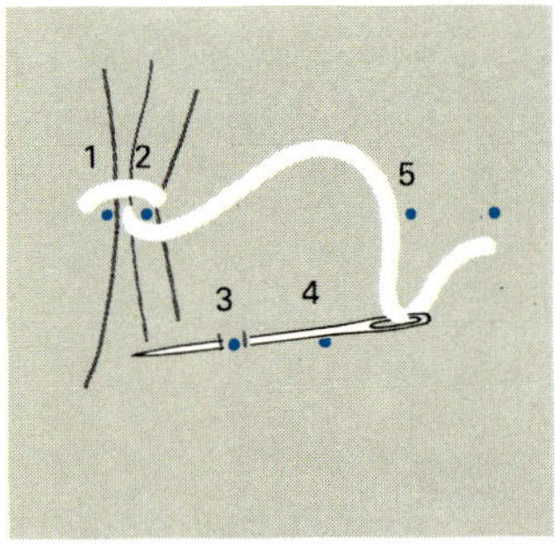

2. Faden anziehen. Bei 3 in der unteren Reihe einen kleinen Stich sticken (der Wellenstich wird über 2 Reihen gearbeitet)

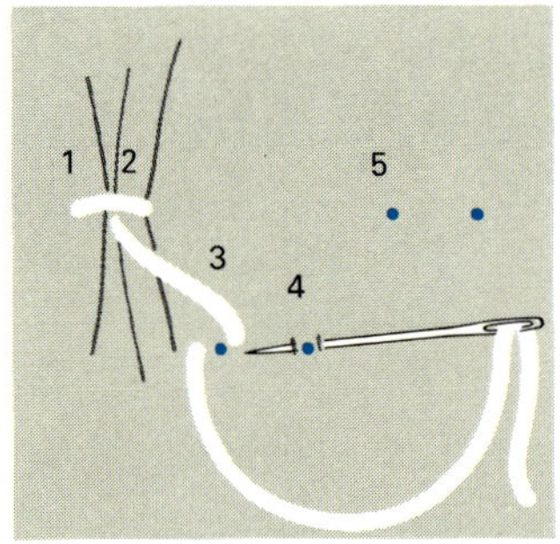

3. Faden unterhalb der Nadel halten. Bei 4 einen kleinen Stich sticken. Mit dem Faden Punkt 3 und 4 zusammenziehen

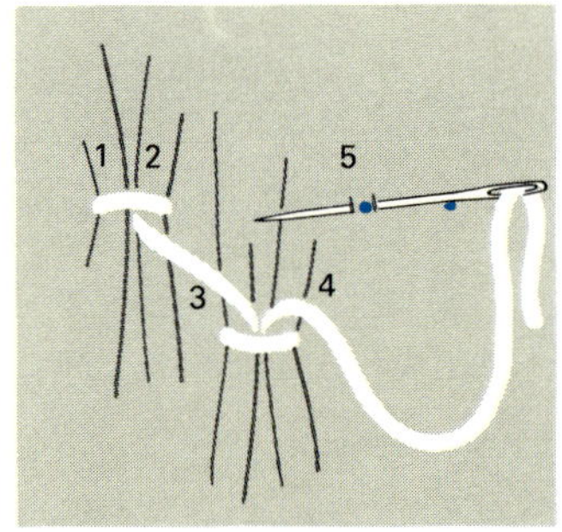

4. In der oberen Reihe bei 5 (jetzt Punkt 1 der neuen Folge) einen kleinen Stich sticken. Schritt 1–5 über ganze Reihe wiederholen

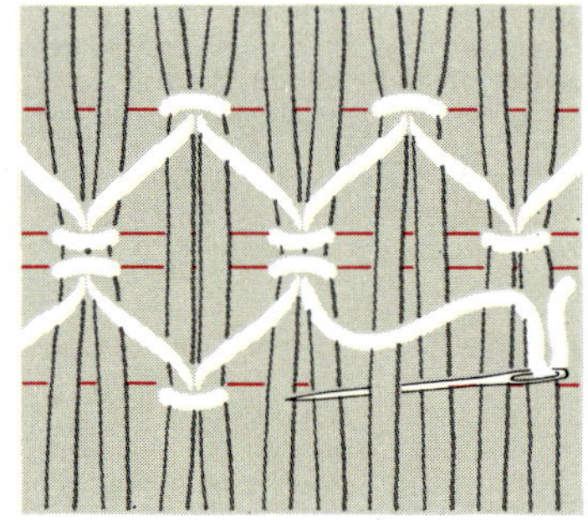

Englische Methode Herkömmliches Gitter kann verwendet werden, da die Punkte auf der Rückseite liegen und somit unsichtbar sind

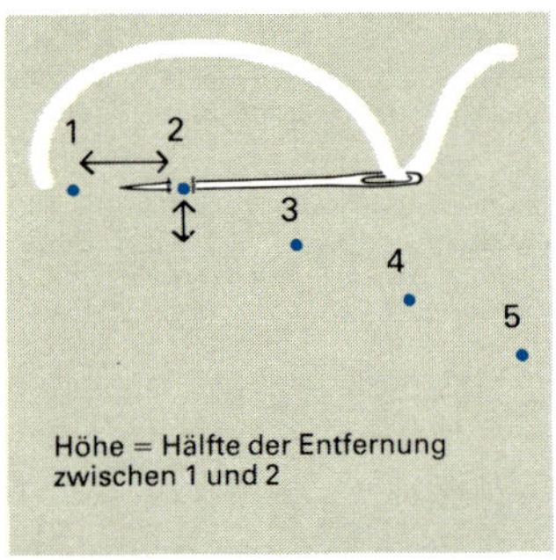

Überstich im Zickzack 1. Punkte markieren. Gitter ist ungeeignet. Bei 1 ausstechen. Bei 2 kleinen Stich sticken; Faden oben lassen

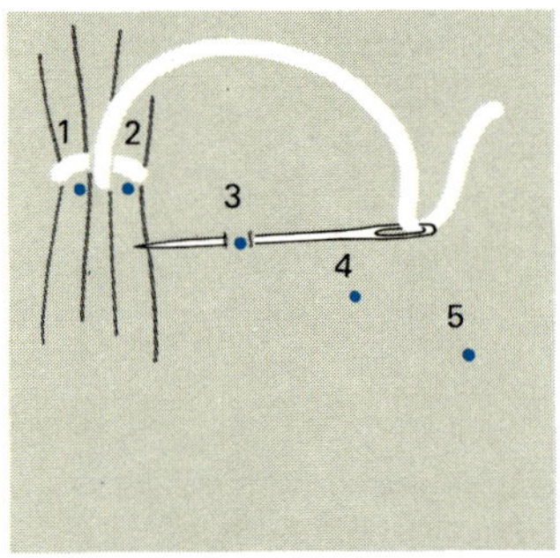

2. Faden anziehen. Bei 3 kleinen Stich sticken; den Faden oberhalb der Nadel lassen. Die Entfernungen 1–2 und 2–3 sind gleich

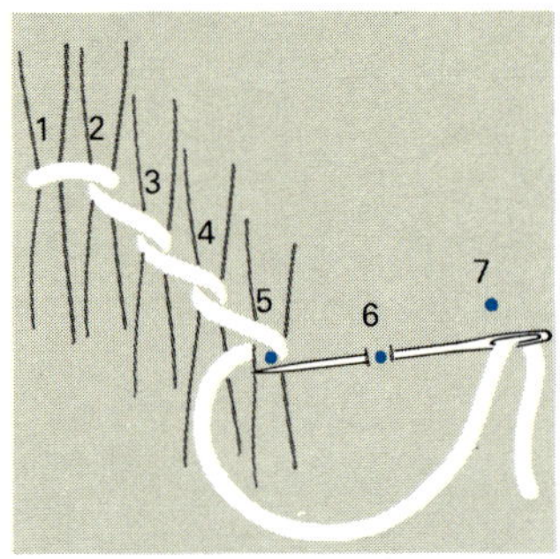

3. Bei 4 und 5 kleine Stiche sticken; Faden liegt noch oberhalb der Nadel, bei 6 liegt er dann unterhalb der Nadel

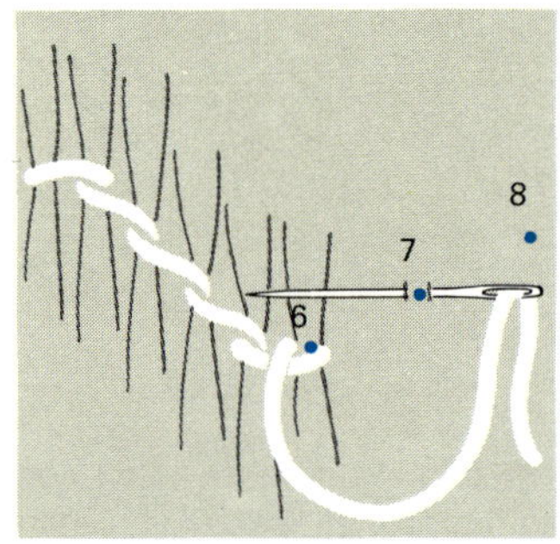

4. Ab Punkt 7 Stiche diagonal nach oben bis zur Höhe von 1 sticken. Stichfolge über die ganze Breite wiederholen

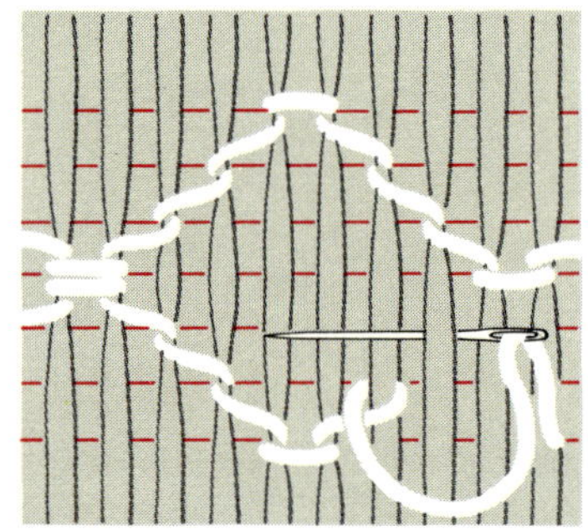

Englische Methode Herkömmliches Gitter kann verwendet werden, da die Punkte auf der Rückseite liegen und somit unsichtbar sind

Zierstiche

Stickstiche werden häufig zur Verzierung und Ausschmückung von Smokarbeiten verwendet. Die rechts abgebildeten Stiche (Margeritenstich, Kreuzstich, Plattstich und Kettenstich) werden zwischen den gesmokten Reihen oder in den Zwischenräumen, die beim Überstich im Zickzack entstehen, eingefügt. Die Zierstiche arbeitet man stets über 2 oder mehr Falten. Die entsprechenden Anleitungen sind auf den Seiten 22–53 zu finden

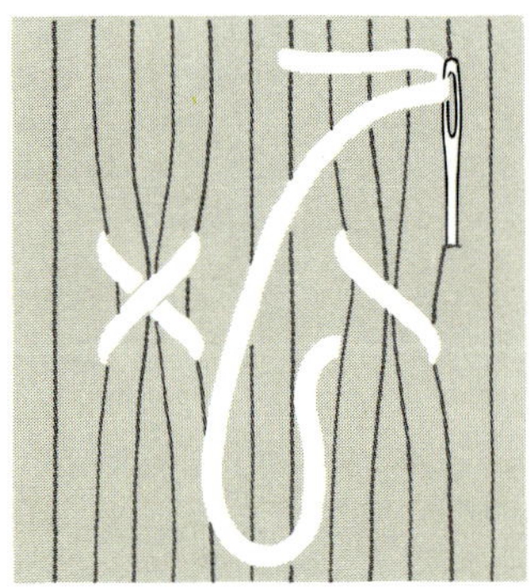

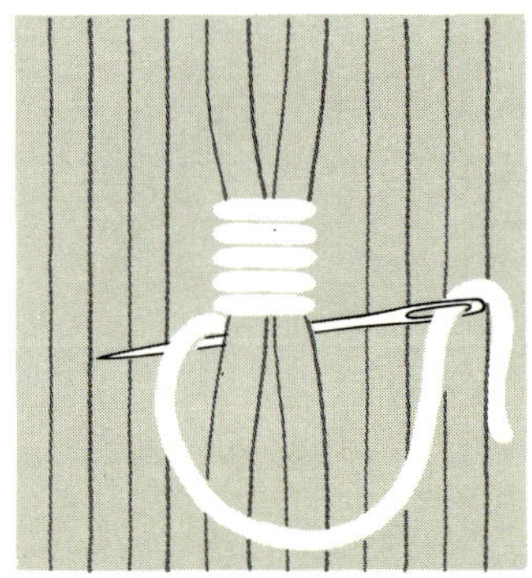

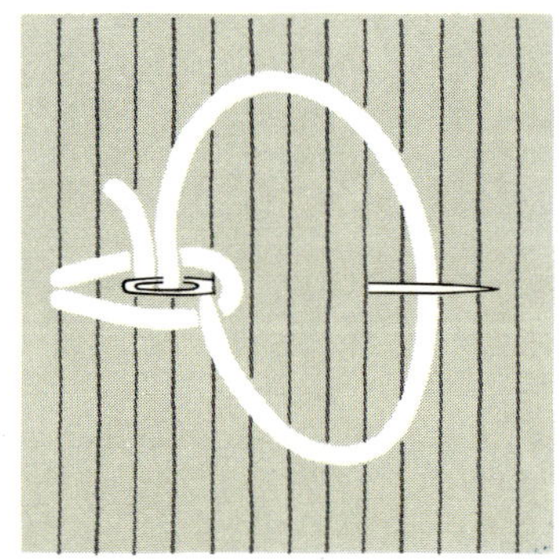

Stichkombinationen

Mit Stichkombinationen lassen sich die interessantesten Smokarbeiten gestalten. Wenn die verschiedenen Stiche alle auf demselben Punktgitter zu sticken sind, kann man sowohl nach der normalen als auch nach der englischen Methode (S. 94) vorgehen. Wenn jedoch bestimmte Stiche, wie es bei der Stickerei rechts der Fall ist, ein anderes Gitter erfordern, muß man nach der englischen Methode arbeiten. Die rechts abgebildete Kombination setzt sich wie folgt zusammen: 1 Reihe Kabelstiche, 2 Reihen übereinandergestickte Wellenstiche und 1 Reihe Kabelstiche für die Bordüren; 6 Reihen Überstiche im Zickzack in der Mitte; in den Zwischenräumen Plattstiche zur Verzierung

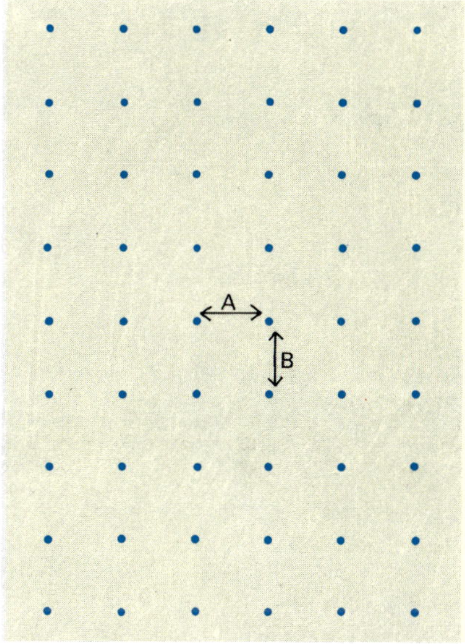

1. Für diese Stichkombination müssen die Abstände A und B gleich groß sein. Den Stoff markieren und für die englische Methode einreihen

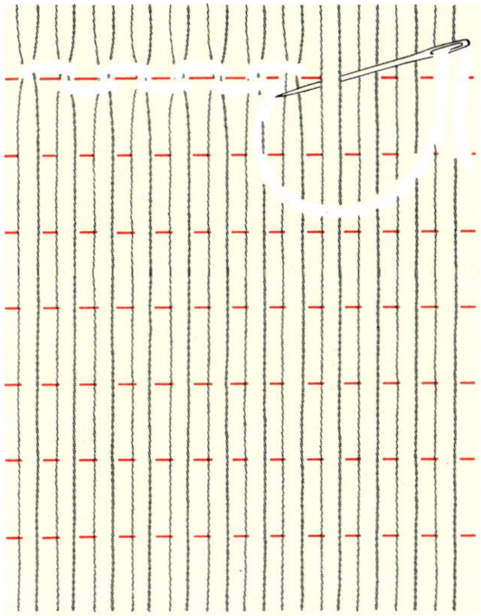

2. Um die auf dem Foto abgebildete Kombination zu sticken, oben beginnen und eine Reihe Kabelstiche (S. 94) über die eingereihten Falten sticken

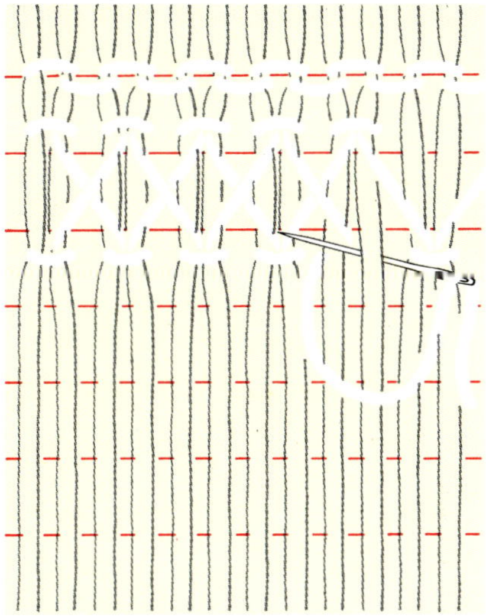

3. Um die Proportionen des Gitters denen des Stichs anzupassen, den Wellenstich so sticken, daß er eineinhalbmal so hoch ist wie der Abstand zwischen den Reihfäden

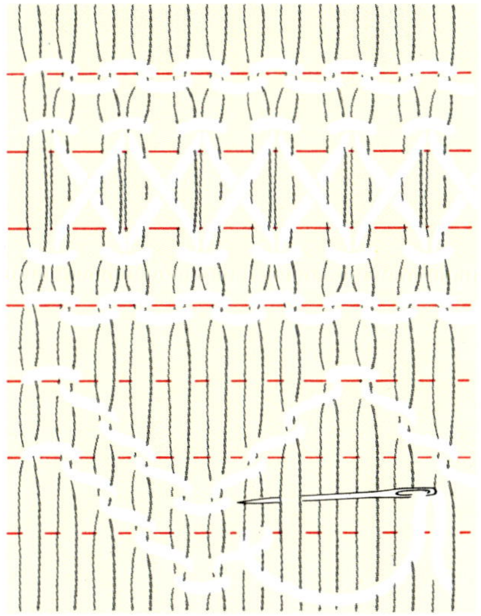

4. Beim Überstich im Zickzack erstreckt sich jeder Diagonalstich über den halben Abstand zwischen den Reihfäden. So stimmen die Proportionen von Gitter und Stich

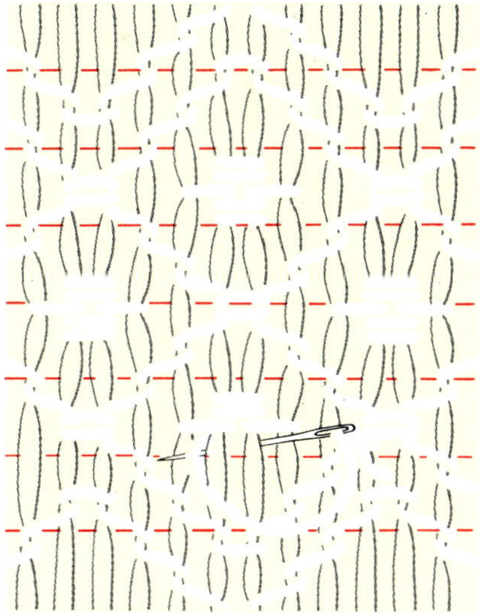

5. 6 Zickzackreihen wie abgebildet arbeiten. Darunter die Bordüre wiederholen, dann den Zierstich einfügen (hier Plattstiche; für andere Möglichkeit siehe Seite 96)

Stickgarne 8 Deckstiche 32
Füllstiche über Gittern 44

Maschinen-stickerei

Einführung

Die Maschinenstickerei ahmt zwar weitgehend die traditionellen Stiche der Handstickerei nach, hat jedoch einen eigenen Charakter. Mit wenigen Ausnahmen können die Stiche mit einer normalen Zickzacknähmaschine gearbeitet werden.

Selbst mit dem Geradstich, dem Grundstich der Nähmaschine, kann man einige Stickeffekte, auch in der freien Stickerei (S. 100), erzielen. Für die meisten Maschinenstickereien ist jedoch der Zickzackstich erforderlich. Darüber hinaus gibt es eine Reihe von Stichen, die nur auf einer Maschine mit Spezialzubehör gestickt werden können.

Für die Maschinenstickerei ist fast jede Stoffart geeignet. Einen sehr feinen Stoff unterlegt man mit feinem Organza oder einer leichten aufbügelbaren Einlage, damit er sich nicht verzieht. Die Grundstiche werden mit Nähseide oder Maschinenstickgarn ausgeführt. Für besondere Effekte verwendet man Metallgarne, Perlgarn oder Sticktwist. Es ist ratsam, vor Arbeitsbeginn die Gebrauchsanleitung der Nähmaschine genau durchzulesen.

Geradstich

Kantenmotive sind mit jeder Geradstichmaschine zu sticken. Einen stärkeren Faden, wie Knopflochseide, verwenden; einen großen Stich einstellen. Zunächst Probestück arbeiten. Muster auf den Stoff übertragen und entlang der Linien nähen. Ecken siehe unten rechts

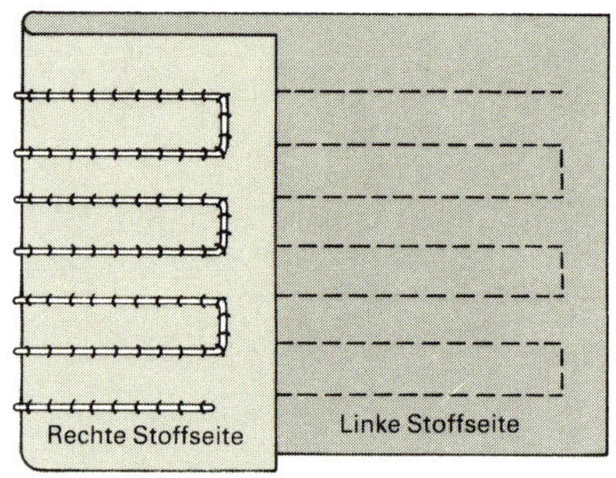

Der falsche Sparstich kann mit geraden Stichen gestickt werden. Einen stärkeren Faden (z. B. dünnes Perlgarn) auf die Spule wickeln, die Unterfadenspannung entsprechend lockern und die Oberfadenspannung verstärken. Den Stich mit der linken Stoffseite nach oben nähen

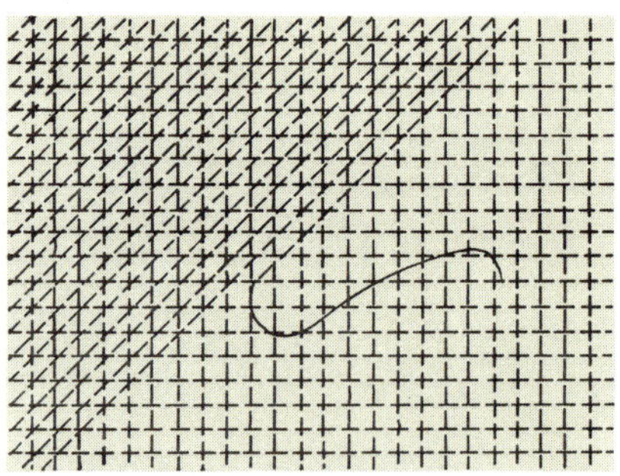

Füllstiche können nach Art der Handstiche mit der Maschine gearbeitet werden. Gittermuster sind am besten geeignet. Zuerst die waagrechten Linien, dann die senkrechten arbeiten und zum Schluß die Diagonalen nach dem Gitter ausrichten

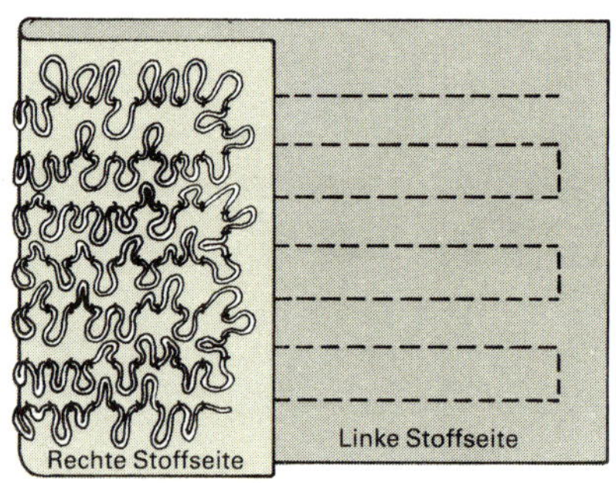

Schlingstiche entstehen, wenn man die Unterfadenspannung weitgehend oder ganz löst. Starken Faden auf die Spule wickeln. Zuerst Probestück nähen. Evtl. auch Oberspannung lösen. Mit linker Stoffseite nach oben ganz langsam nähen; auf rechter Seite entstehen Schlingen

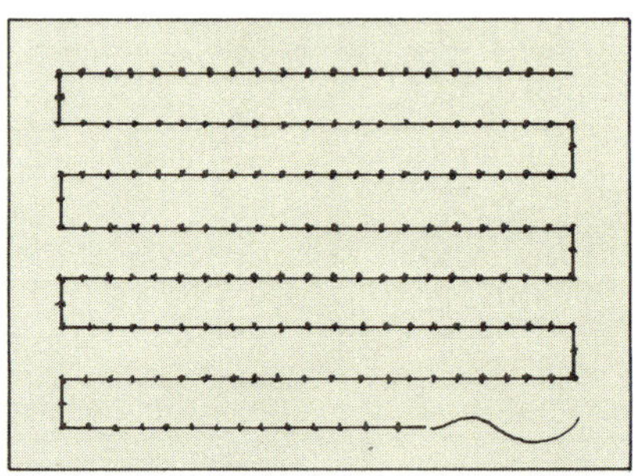

Ein Knötcheneffekt entsteht, wenn die Oberfadenspannung verstärkt wird. Entlang den Musterlinien nähen; durch die stärkere Oberfadenspannung wird der Unterfaden zu kleinen Knötchen auf die rechte Seite gezogen

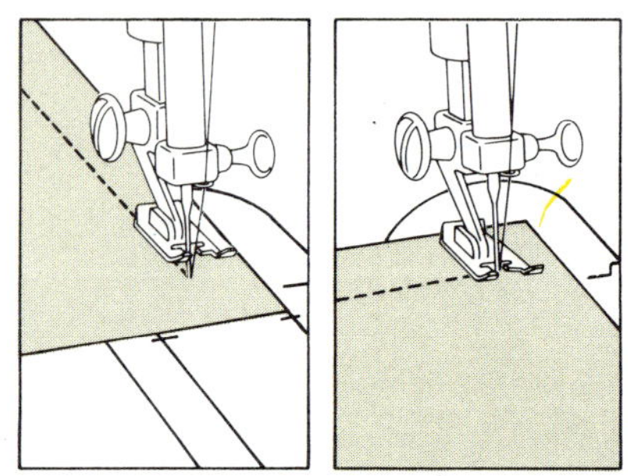

Um Ecken zu nähen, genau an der Ecke die Maschine anhalten. Die Nadel im Stoff lassen, den Nähfuß lüften und den Stoff drehen. Den Nähfuß wieder aufsetzen und in die neue Richtung weiternähen

Zickzackstiche

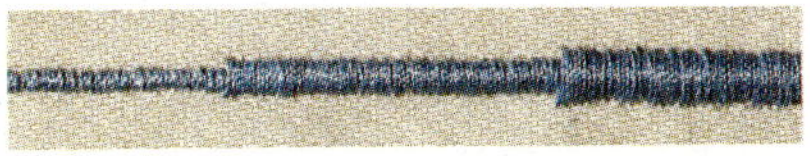

Den Plattstich bildet ein einfacher Zickzackstich mit geringer Stichlänge. Die Stichbreite wird verändert, um verschieden breite Streifen zu erhalten. Um Ecken zu bilden, am Reihenende die Nadel an der Außenkante im Stoff lassen (siehe ganz rechts). Den Nähfuß lüften, den Stoff drehen, den Nähfuß wieder aufsetzen und in die neue Richtung weitersticken

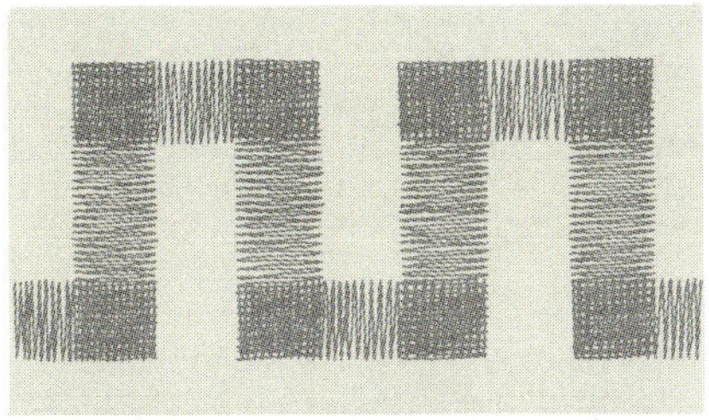

Bordürenmuster mit breitem Plattstich

Flächenmuster mit schmalen Plattstichlinien

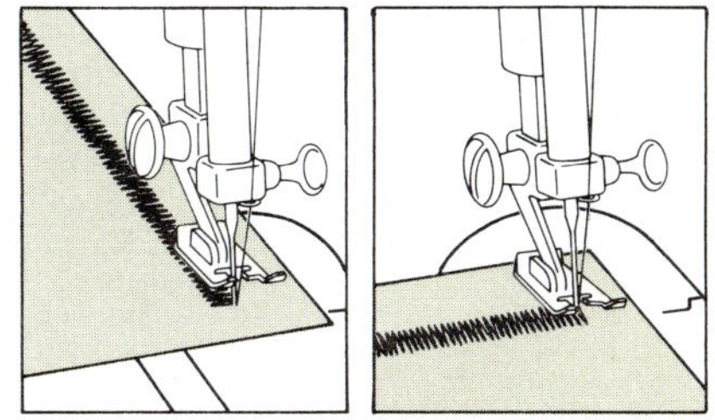

An der Ecke anhalten und Stoff drehen

Zickzackfüllstich Waagrechte, dann senkrechte Reihen und zum Schluß Diagonale nähen
Für Fischgrätstich die Oberfadenspannung verstärken. Zuerst ein Probestück arbeiten
Sparstich Starken Faden oder Kordel mit entsprechend breitem Zickzackstich übernähen. Der Nähfaden kann gleiche oder kontrastierende Farbe haben

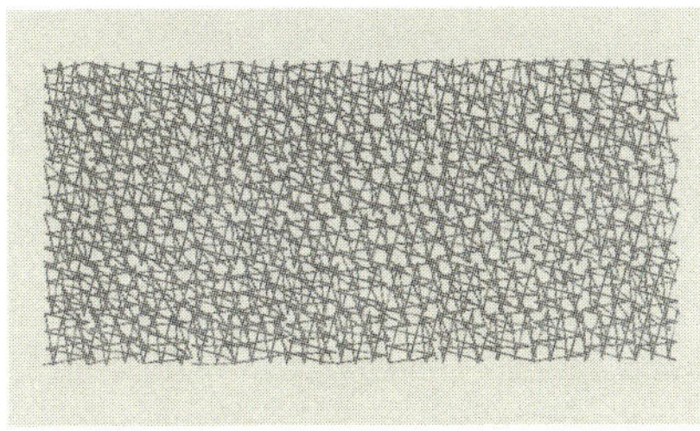

Zickzackfüllstich aus sich kreuzenden Reihen

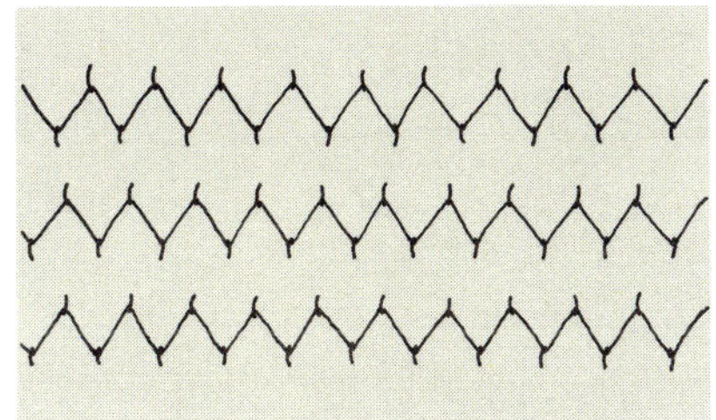

Fischgrätstiche für einen lichteren Effekt

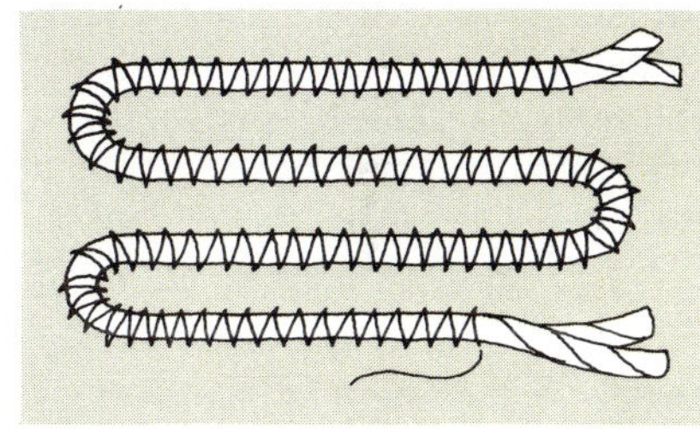

Sparstich über starkem Garn oder Kordel

Dekorative Stiche

Auf einer Nähmaschine mit entsprechendem Zubehör können neben dem Gerad- und Zickzackstich verschiedene Zierstiche gestickt werden. Einige der gebräuchlichsten sind unten abgebildet. Man kann sie auch auf verschiedene Weise abwandeln – rechts einige Möglichkeiten, die zu weiteren Varianten anregen sollen. Die Gebrauchsanleitung der Nähmaschine beschreibt die genaue Arbeitsweise.

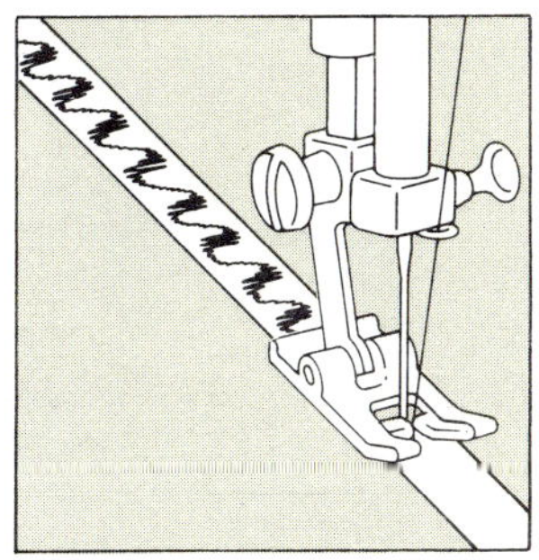

Über Band oder Tresse gearbeitet, wirkt die Stickerei plastischer und farbiger. Den Stich in passender Breite einstellen, das Band mittig unter den Nähfuß legen und darüber sticken. Das Band vorsichtig führen, damit die Stickerei gleichmäßig verläuft

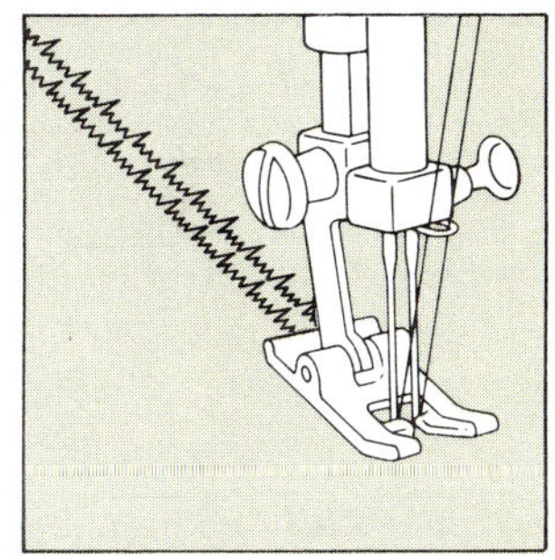

Die Zwillingsnadel stickt 2 parallele Reihen in einem Arbeitsgang. Die Stichbreite vorher ausprobieren; die Nadeln dürfen die Stichplatte seitlich nicht berühren. Die beiden Reihen mit der gleichen Farbe oder mit verschiedenen Farben sticken

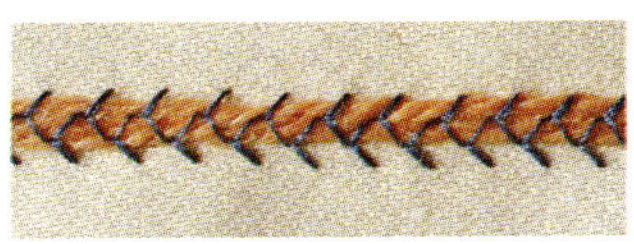

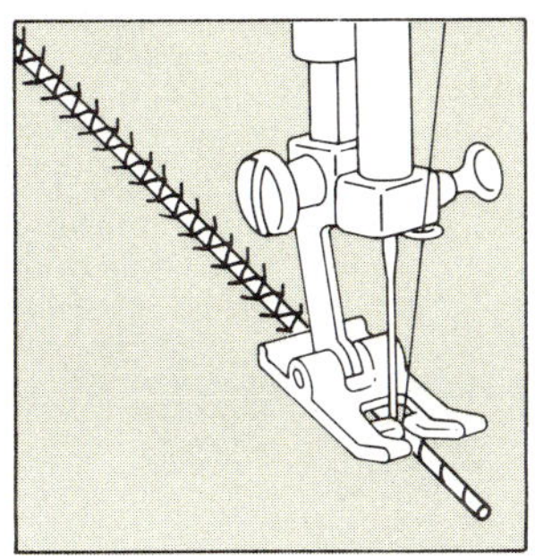

Der unterlegte Zierstich ist eine weitere Möglichkeit, erhabene Linien zu bilden. Als Vorspannfaden Perlgarn oder anderes Garn in einer Kontrastfarbe wählen und beim Übersticken sorgfältig führen. Einige Nähfüße haben Führungsvorrichtungen, welche die Arbeit vereinfachen

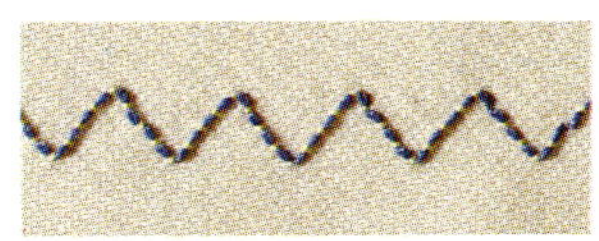

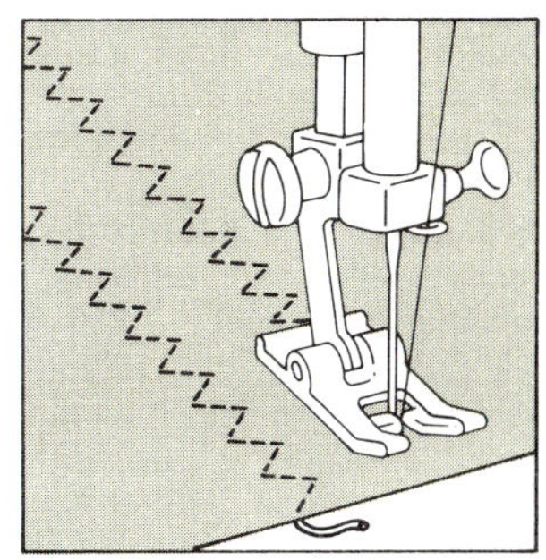

Um eine Linie zu betonen, Zierstich mit stärkerem Unterfaden sticken. Dünnes Perlgarn von Hand auf Spule wickeln; Unterfadenspannung lockern, Oberfadenspannung verstärken. Langsam auf linker Stoffseite nähen. Nur einfache, offene Sticharten sind geeignet

Stickerei · Maschinenstickerei

Metallgarn 8 Perlgarn 8
Stickrahmen 10

Freie Stickerei

Die freigesteuerte Stickerei bietet unzählige Gestaltungsmöglichkeiten. Der Nähfuß wird entfernt und der Transporteur versenkt; so kann man den Stoff, der vom Stickrahmen straffgehalten wird, nach allen Richtungen bewegen. Die Technik erfordert einige Übung. Vor Arbeitsbeginn sollte man ausprobieren, welche Effekte durch verschiedene Fadenspannungen, Garne und Stoffe erzielt werden. Die freie Stickerei kann auf allen Maschinentypen gearbeitet werden. Für die Einstellung der Maschine siehe unten und auch die jeweilige Gebrauchsanleitung.

Zur Vorbereitung der Maschine den Nähfuß entfernen. Den Transporteur versenken. Die Stichlänge auf 0 stellen. Die Oberfadenspannung etwas lockern. Die Nadelstärke auf den Faden abstimmen

Stoff in einen Rahmen spannen, der dünn genug ist, um unter die Presserstange zu passen, und höchstens 20 cm Durchmesser hat. Stoff und Verstärkung mit der rechten Seite nach oben auf den äußeren Ring legen, den inneren in den äußeren so hineindrücken, daß der Stoff auf der Stichplatte aufliegt

Zum Sticken den Nähfußlüfter herunterlassen, um die Oberfadenspannung herzustellen. Durch Drehen des Handrads den Unterfaden heraufholen

Beide Fäden straff nach links anziehen

Einige Stiche nähen, um den Faden zu sichern, und die Fadenenden möglichst knapp abschneiden

Den Rahmen wie abgebildet halten und langsam und vorsichtig in die gewünschte Richtung bewegen. Die Maschine muß gleichmäßig und nicht zu schnell laufen; bis man geübter ist, den Geschwindigkeitsregler, falls vorhanden, auf langsam stellen. Den Rahmen stets gleichmäßig bewegen, um Schlingen auf der Rückseite und ein Reißen des Fadens zu verhindern

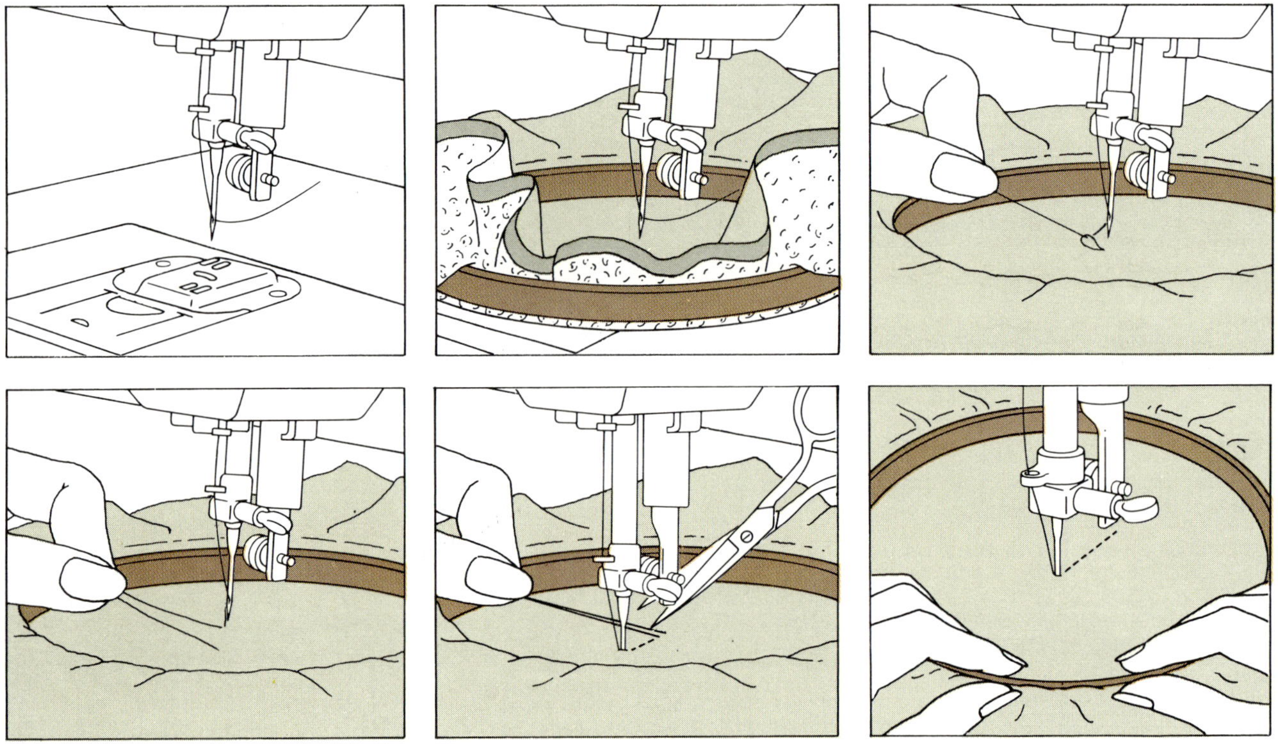

Linienzeichentechnik

Mit der Nähmaschine kann man die Technik der Linienzeichnung nachahmen. Zuerst überträgt man das Grundmuster auf den Stoff. Die Einzelheiten werden beim Sticken hinzugefügt. Durch Änderung der Fadenspannung oder Verwendung unterschiedlicher Ober- und Unterfäden kann man die Struktur interessant gestalten. Stärkere Garne (Perlgarn oder Metallfäden) als Unterfaden, die man von Hand auf die Spule wickelt, ergeben ebenfalls hübsche Effekte.

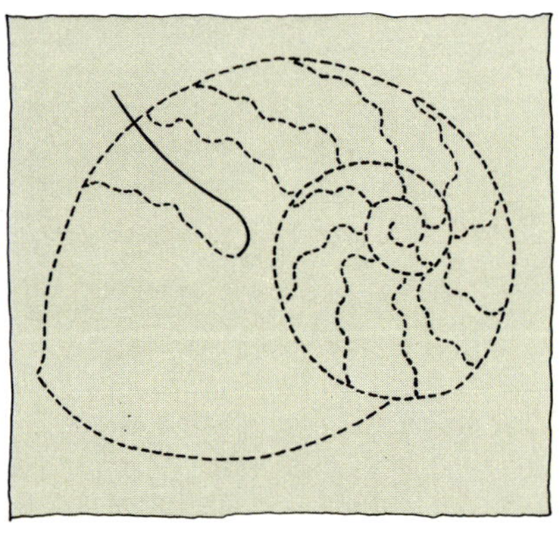

Einfache Linien kann man geschickt einsetzen, um eine dreidimensionale Wirkung zu erzielen. Ein Schneckenhaus z. B. eignet sich besonders gut für diese Technik. Zuerst die Umrisse sticken, dann die Innenlinien, bei denen man auch improvisieren kann

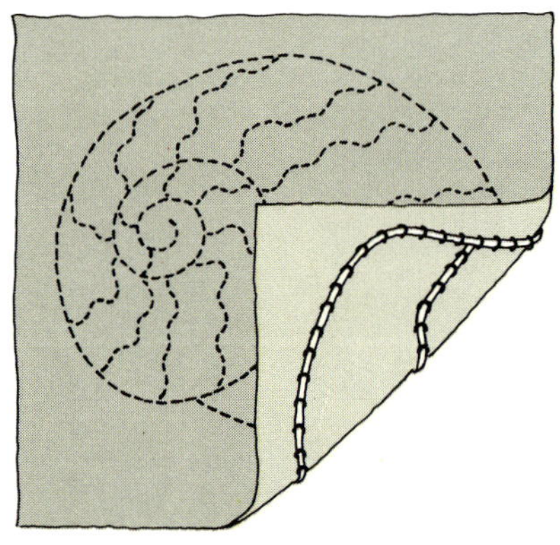

Eine plastische Wirkung entsteht, wenn man das Muster auf der linken Stoffseite stickt und als Unterfaden Perlgarn verwendet. Das Garn, ohne es zu dehnen, von Hand auf die Spule wickeln. Oberfadenspannung etwas verstärken. Den Rahmen beim Nähen langsam bewegen

Maschinelle Plattstichstickerei

Der maschinelle Plattstich, ein einfacher Zickzackstich mit geringer Stichlänge, ist für die freie Stickerei besonders geeignet. Die Linien kann man frei gestalten und die Stichbreite variieren, um interessante Konturen zu formen. Durch diese Vielseitigkeit ist der Plattstich als Linienstich oder Füllstich für Monogramme und für Schattierungen in verschiedenen Farben ideal.

Die Stickrichtung, die durch die Bewegung des Rahmens bestimmt wird, verändert das Aussehen der Muster. Die Nähmaschine muß gleichmäßig und ohne Unterbrechung laufen.

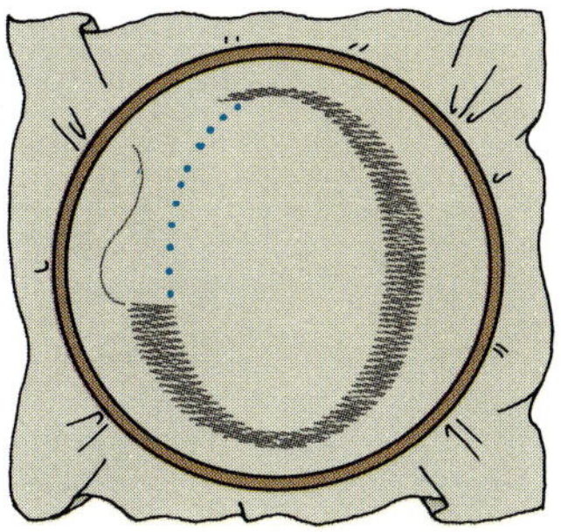

Umrisse mit Plattstich gestalten: 1. Entlang der Musterlinien sticken. Durch die Richtungsänderung entstehen die Konturen

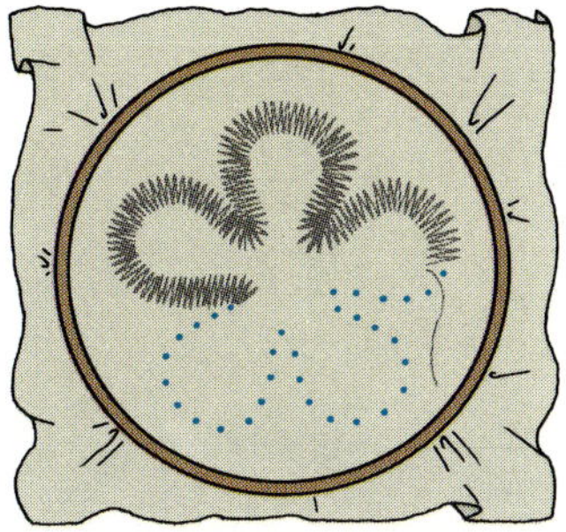

2. Bei Mustern aus mehreren Teilen den Rahmen nach dem Verlauf der Linien drehen, damit alle Konturen gleich sind

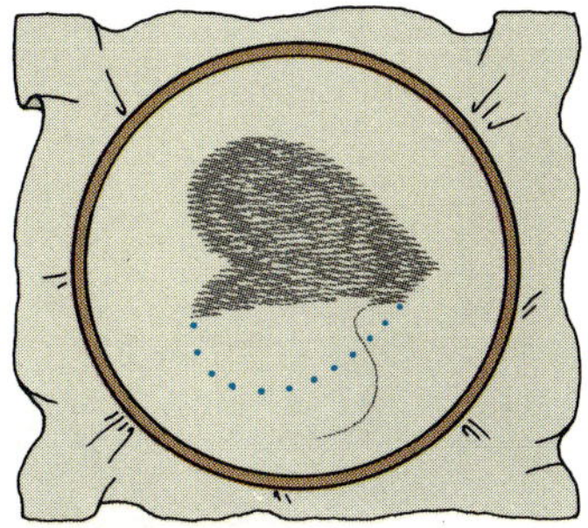

Plattstich als Füllstich: 1. Rahmen langsam und stetig hin und her bewegen. Entsteht eine Lücke, zurückgehen und übersticken

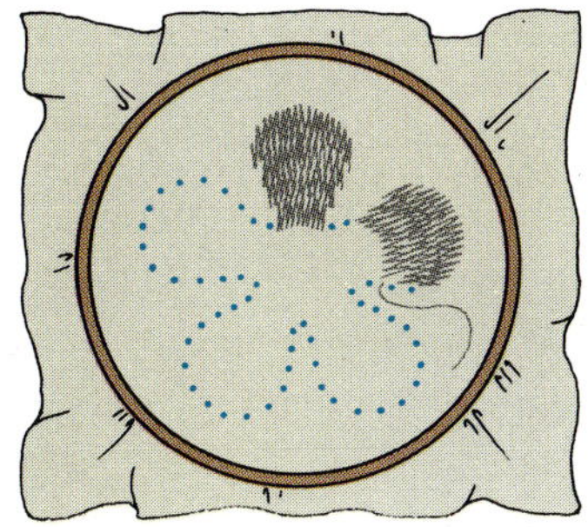

2. Hat ein Muster verschiedene Teile, diese einzeln füllen. Den Rahmen beim Übergang zum nächsten Teil drehen

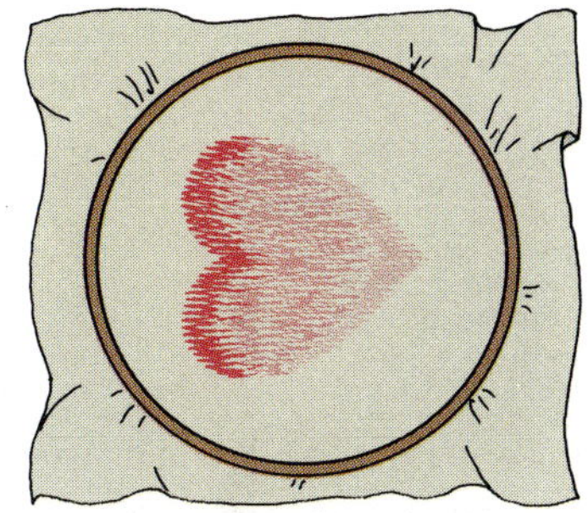

Zum Schattieren dichte Plattstichreihen arbeiten. Ränder der Einzelbereiche unregelmäßig gestalten, damit Übergänge fließend sind

Maschineller Hohlsaum

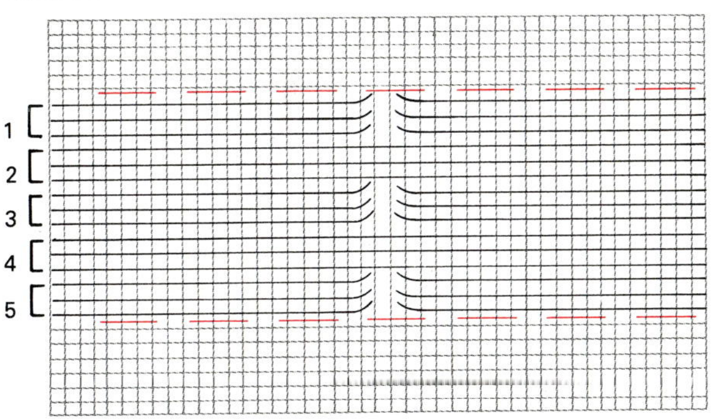

Der maschinelle Hohlsaum erfordert einen einfachen Zickzackstich. Die Fäden wie bei der Handstickerei ausziehen

1. Obere Kante der Bordüre von Hand heften. 10–15 Gewebefäden darunter die untere Kante heften. Fäden in 5 Gruppen zu 2 oder 3 Fäden teilen. Erste, dritte und fünfte Gruppe in der Mitte durchschneiden; die zweite und vierte Gruppe bleiben ganz

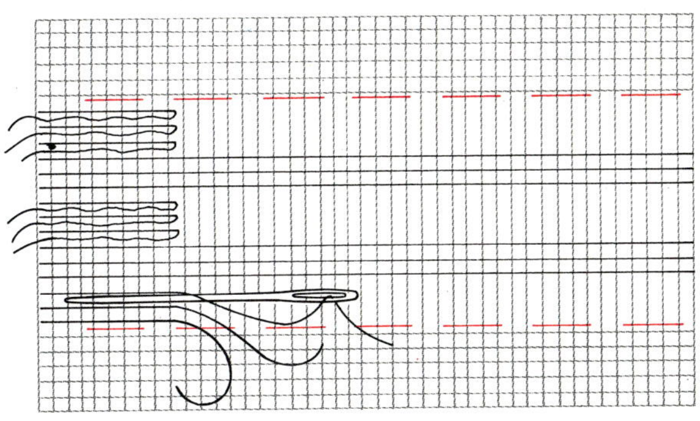

2. Die durchgeschnittenen Fäden der ersten, dritten und fünften Gruppe bis zur seitlichen Bordürenkante ausziehen. Um die Seitenkanten zu festigen, jeden ausgezogenen Faden auf der linken Stoffseite etwa 2 cm in das Gewebe hineinweben. Fadenenden abschneiden

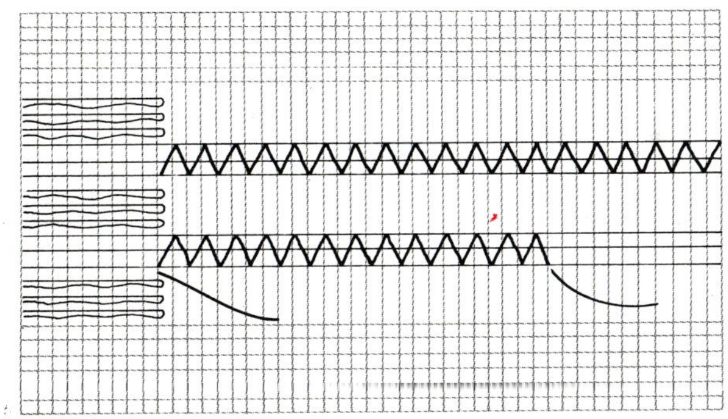

3. Über die restlichen Fadengruppen (zweite und vierte) mit einem engen Zickzackstich sticken. Dazu eine normale Nähmaschinennadel mit einem kontrastfarbenen oder gleichfarbigen Faden verwenden. Ein Rahmen wird nicht benötigt

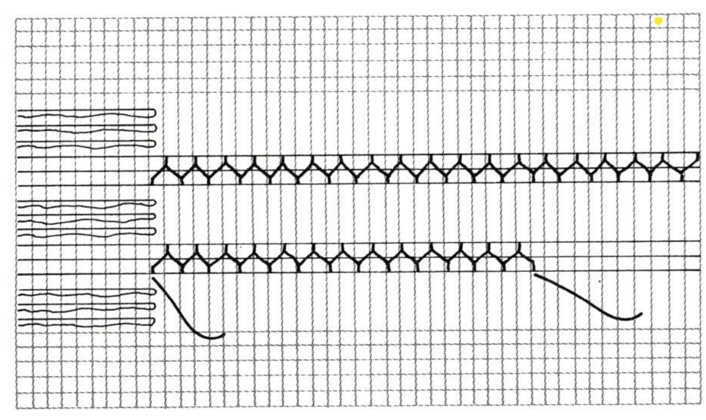

4. Als Variante kann man die Oberfadenspannung verstärken, um den Fischgräteffekt zu erzielen (S. 99). Die Stiche wie oben den Zickzackstich über die zweite und vierte Fadengruppe arbeiten

Stickerei · Maschinenstickerei

Musterübertragung 16–17 Schablonenmuster 90
Smokstickerei 92–97 Zickzack über Rundungen 197

Maschinelle Richelieustickerei

Die Richelieu- oder Ausschnittstickerei kann mit jeder Zickzacknähmaschine gearbeitet werden. Am besten eignen sich großflächige Muster ohne viele Details. Schablonenmuster, auch bei der Richelieustickerei von Hand verwendet, haben sich am besten bewährt. Die Motive werden mit Zickzackstichen umstickt, dann die entsprechenden Musterteile dicht am Stichrand entlang ausgeschnitten. Meist ist es ratsam, dem Stoff durch eine aufbügelbare Einlage mehr Festigkeit zu geben. Man stickt mit einem feinen merzerisierten Faden Ton in Ton oder in einer Kontrastfarbe.

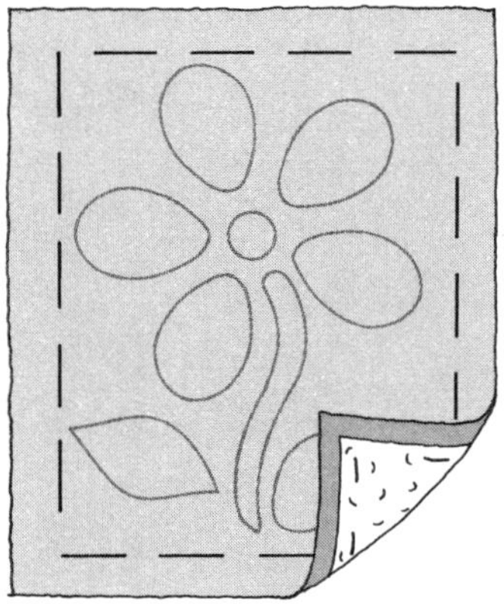

1. Das Muster auf die rechte Stoffseite übertragen. Die Einlage in der Größe der Stickerei zuschneiden und links auf links auf dem Stoff ausrichten und heften

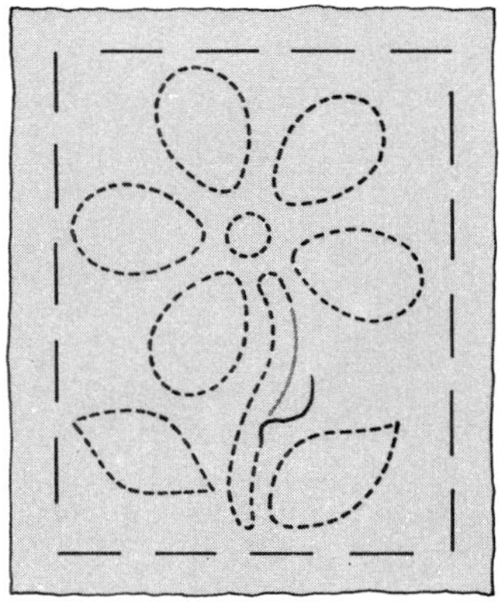

2. Einen feinen Geradstich (etwa 1,5 mm lang) einstellen. Dann mit der rechten Stoffseite nach oben sorgfältig an den markierten Linien des Motivs entlang sticken

3. Heftfäden entfernen, Einlage auf etwa 1 mm zurückschneiden. Die übrige Einlage zur Stabilisierung der Musterelemente und der gesamten Stickerei aufbügeln

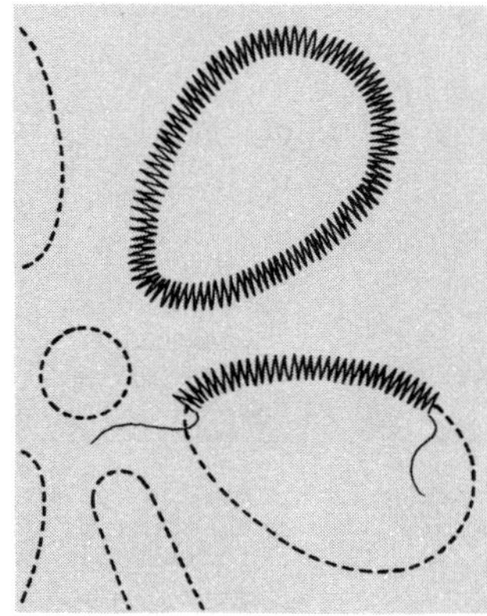

4. Einen engen Zickzackstich einstellen und damit über die Geradstiche um jedes Musterelement nähen. (Zickzackstich bei Rundungen und Ecken siehe Seite 197)

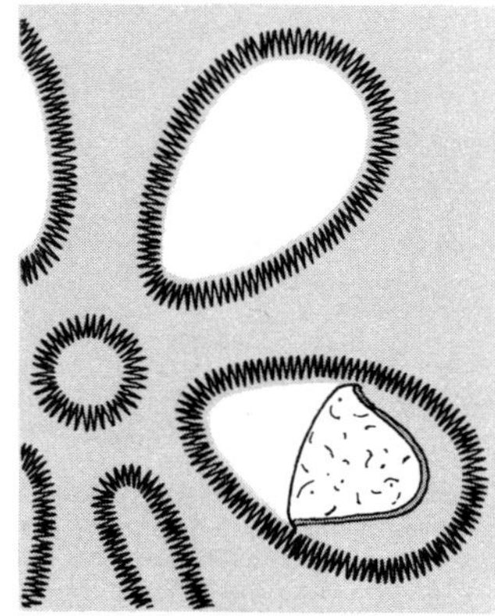

5. Vorgesehene Musterteile mit einer scharfen Stickschere nah an den Zickzackstichen ausschneiden. Die Stickerei nicht verletzen! Auf der linken Seite bügeln

Maschinelles Smoken

Eine Art Smokarbeit kann auf jeder Maschine ausgeführt werden. Sie sieht zwar der handgestickten Form sehr ähnlich, hat aber nicht die gleiche Elastizität und sollte daher nur in Bereichen gearbeitet werden, die nicht dehnbar sein müssen. Eine einfache Smokarbeit kann mit dem Geradstich, dem Zickzackstich oder mit Ziersstichen ausgeführt werden. Der Stoff muß zunächst eingereiht werden; dazu stellt man auf der Nähmaschine einen etwa 4 mm langen Geradstich ein. Die falschen Smokstiche werden dann über die Reihnähte gestickt, die als Hilfslinien dienen.

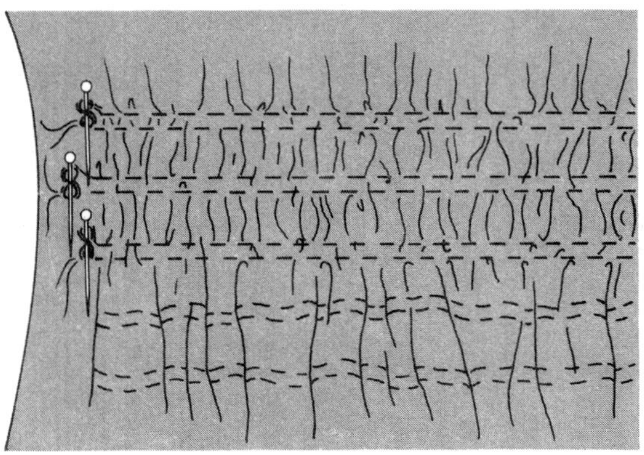

1. Reihnähte paarweise im Abstand von 6 mm nähen. So viele Paare im Abstand von 2 cm arbeiten, wie für den Bereich erforderlich. Auf die gewünschte Breite zusammenziehen

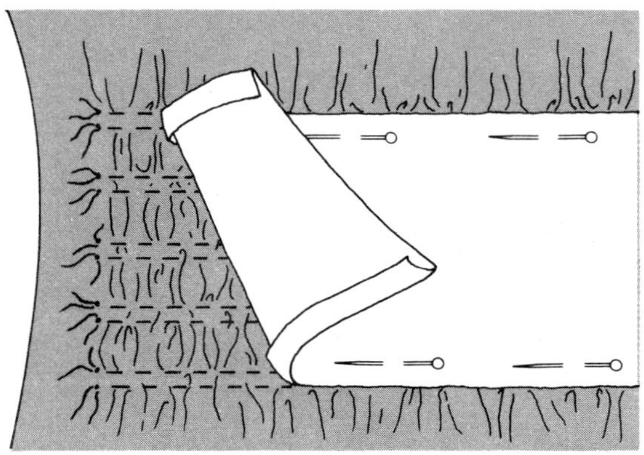

2. Unterlegstoff 3 cm höher als Smokbereich zuschneiden. Längskanten 1,5 cm umschlagen; auf die linke Stoffseite stekken. Bei Zier- oder Zickzackstichen mittlere Breite einstellen

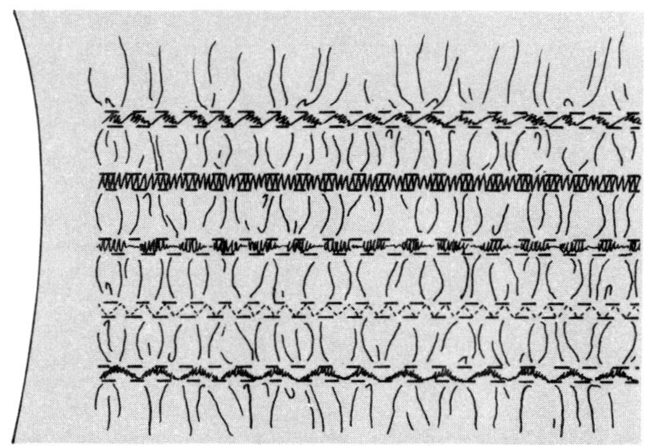

3. Ziersstiche, Zickzackstiche oder Geradstiche innerhalb von jedem Reihnahtpaar sticken. Geradstiche werden in Zweierreihen innerhalb von jedem Reihnahtpaar gearbeitet

Das Monogramm eignet sich auch für eine Rocktasche oder eine Bluse

Monogramme

Das Monogramm gibt dem Bademantel eine individuelle Note und ist mit der Nähmaschine schnell gearbeitet. In einer Kontrastfarbe kommt es am besten zur Geltung.

Material

Papier und Bleistift
Seidenpapier
25 cm Einlage
Maschinenstickgarn oder Nähseide
Stickschere

Initialen vergrößern

Einen Raster mit 2 cm großen Quadraten erstellen und die entsprechenden Buchstaben Quadrat für Quadrat darauf übertragen (S. 14). Den zweiten Buchstaben etwas tiefer als den ersten (siehe links) oder beide nebeneinander anordnen. Auf Seidenpapier durchpausen. Das Kleidungsstück anziehen und das Monogramm mit Stecknadeln darauf befestigen.

Stickerei

Die Einlage auf die Innenseite des Kleidungsstückes hinter dem Monogramm feststecken und Einlage, Stoff und Seidenpapier an den Kanten entlang zusammenheften.

Die Umrisse der Buchstaben mit Geradstich sticken, dann das Seidenpapier vorsichtig entfernen. Mit einer scharfen Stickschere die Einlage knapp am Geradstich zurückschneiden. Jetzt mit Zickzackstichen über die Geradstiche sticken (S. 99). Die Fäden auf die linke Stoffseite ziehen, verknoten und die Enden abschneiden.

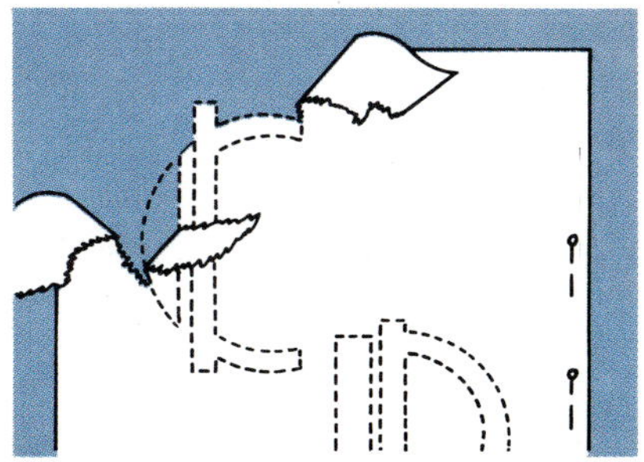

Mit Geradstich die Umrisse der Buchstaben durch Papier und Stoff nähen. Papier vorsichtig entfernen; Einlage zurückschneiden

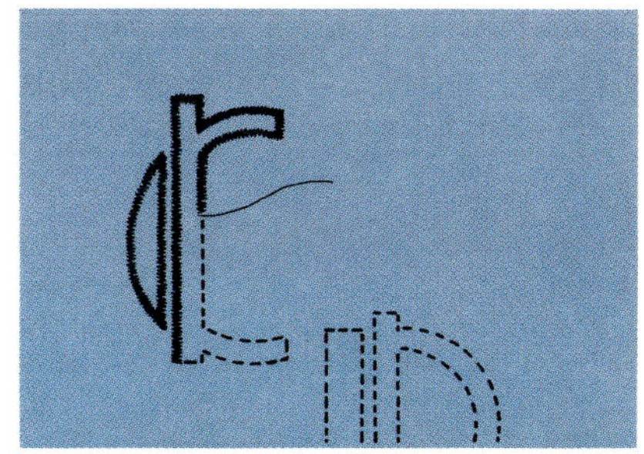

Mit Plattstichen sorgfältig über die Geradstiche nähen. Dies betont die Konturen und erhöht den Kontrast zum Hintergrund

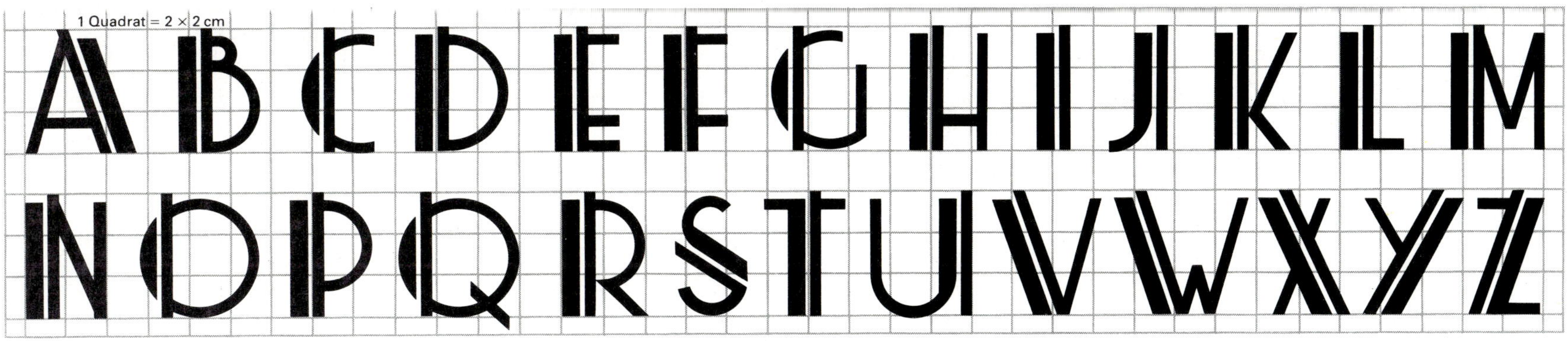

Buchstaben vergrößern Auf einen Raster mit 2 cm großen Quadraten übertragen (S. 14). Für größere oder kleinere Buchstaben Raster entsprechend ändern

Feine Garne und zarte Farben sind für die Wollstickerei charakteristisch. Das Muster wurde vom Stoffdruck auf Seite 12 übernommen

Muster vergrößern (S. 14) und an jeder Seite 2,5 cm zugeben

Farben und Garnmengen	Strängchen
Braun (Zweig)	3
Dunkelgrün (Blätter)	3
Hellgrün (Blätter)	6
Lila (2 Blüten)	3
Altrosa (2 Blüten)	3
Rosa (2 Blüten, 1 Knospe)	3
Pink (2 Blüten, 1 Knospe)	3
Flieder (2 Blüten, 2 Knospen)	3
Hellrosa (2 Blüten)	3
Dunkelrot (Vogel)	3
Signalgrün (Vogel)	3
Schwarz (Vogel)	3

Stiche

A Stielstich (S. 23)
B Schräger Plattstich (S. 48)
C Schattierstich (S. 50)
D Korallenstich (S. 31), über den Schattierstich gestickt
E Füllstiche über Gittern (S. 44)
F Unterlegter Plattstich (S. 49)
G Smyrnastich (S. 24–25)

Stickbild

Stickbilder und andere Handarbeiten lassen sich effektvoll einrahmen.

Material

60 cm Leinen, 90 cm breit
Garn (siehe Schlüssel unten)
Sticknadel mit Spitze
Papier und Bleistift
Stickrahmen
Klebeband
Passepartout: 40 × 60 cm, Ausschnitt 25 × 45 cm groß
Karton, kunststoffbeschichtete Holzplatte, Glas (nach Belieben) und Rahmen, alle 40 × 60 cm groß
Tapeziernägel
2 Schraubösen
Draht zum Aufhängen

Die Stickerei ausführen

Handarbeiten, die gerahmt werden sollen, muß man über eine feste Unterlage spannen. Dazu gibt man an jeder Seite etwa 10 cm Stoff zu. Will man wie hier ein Passepartout anbringen, muß man entsprechend mehr Stoff zugeben, damit die fertige Arbeit zum Schluß über eine Unterlage in der Größe des Passepartouts gespannt werden kann.

Das Muster auf 25 × 40 cm vergrößern (S. 14); um dem 25 × 45 cm großen Ausschnitt im Passepartout zu entsprechen, 2,5 cm an beiden Seiten zugeben. Das Leinen so zuschneiden, daß es auf die 40 × 60 cm große Hartschaumplatte gespannt werden kann, und die Ecken versäubern (S. 16). Das Muster auf den Stoff übertragen (S. 16–17). Die Stickerei nach dem Schlüssel links arbeiten, dabei einen Stickrahmen verwenden.

Die fertige Stickerei waschen und spannen (S. 54–55).

Das Stickbild montieren

Bestimmte Holzarten enthalten Säuren, die den Stoff und das Garn mit der Zeit verfärben. Es empfiehlt sich daher, eine kunststoffbeschichtete Holzplatte zu verwenden. Die Stickerei mit der rechten Seite nach unten auf einer sauberen, glatten Fläche ausbreiten. Die Platte in die Mitte legen. Eine Stoffkante um die Platte nach hinten schlagen und in der Mitte mit einem Tapeziernagel befestigen. Den Stoff spannen und auf der gegenüberliegenden Seite ebenfalls befestigen. An den beiden anderen Seiten wiederholen. Die Arbeit wenden und nachprüfen, ob die Stickerei auf der Vorderseite genau in der Mitte liegt. Sollte dies nicht der Fall sein, die Nägel entfernen und die Stickerei genau ausrichten. Dann von der Mitte aus zu den Ecken hin den Stoff spannen und befestigen, dabei zuerst an der einen, dann an der gegenüberliegenden Seite je einen Nagel anbringen. Ab und zu nachprüfen, ob die Stickerei genau ausgerichtet ist. Den Stoff an den Ecken falten (Schritt 3).

Das Bild rahmen

Unter Glas ist die Stickerei zwar geschützt, die Struktur der Handarbeit kommt jedoch weniger gut zur Geltung. Falls man eine Glasscheibe verwenden will, diese auf beiden Seiten reinigen. Den Rahmen mit der Vorderseite nach unten legen und das Glas hineinlegen. Wird kein Glas verwendet, das Passepartout und dann die Stickerei jeweils mit der Vorderseite nach unten in den Rahmen legen. Zuletzt die Rückwand an den Kanten mit Klebeband befestigen. Die Schraubösen und Schnur oder Draht zum Aufhängen anbringen.

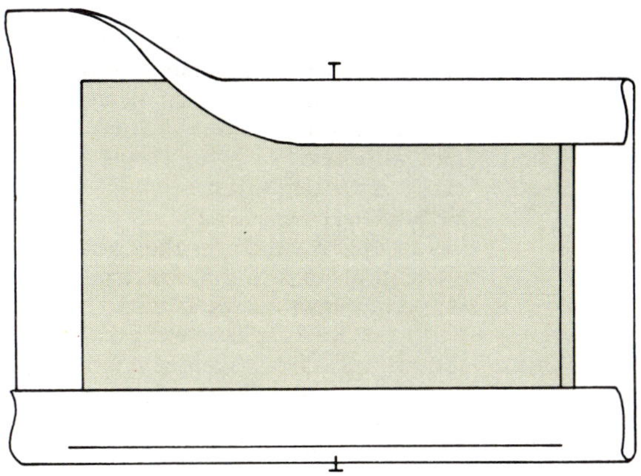

1. Den Stoff um die Brettkante schlagen, in der Kantenmitte mit einem Nagel befestigen, spannen und genau gegenüber ebenso befestigen. An den anderen Seiten wiederholen

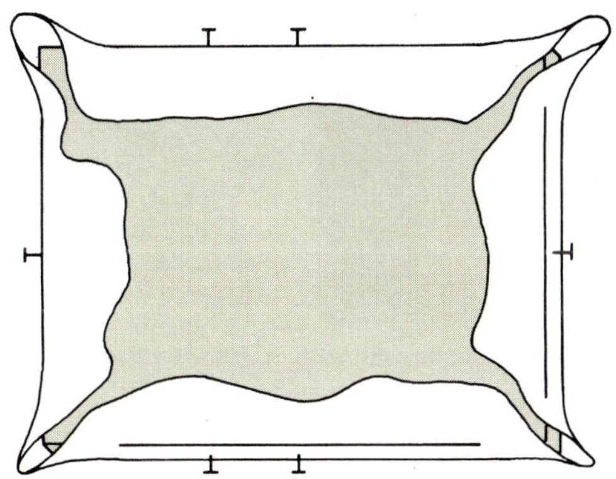

2. Den Stoff rundum befestigen, dabei jeweils vom mittleren Nagel aus zu den Ecken hin arbeiten und abwechselnd auf der einen Seite, dann genau gegenüber einen Nagel anbringen

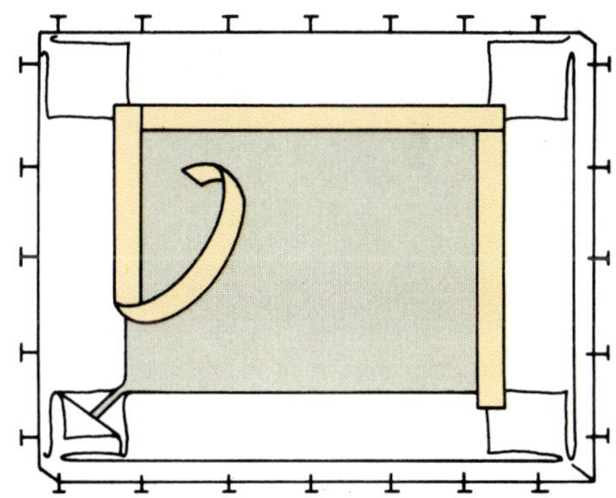

3. Sind alle 4 Seiten gespannt und befestigt, den Stoff an den Ecken wie oben gezeigt falten und mit Klebeband entlang den Kanten auf die Platte kleben

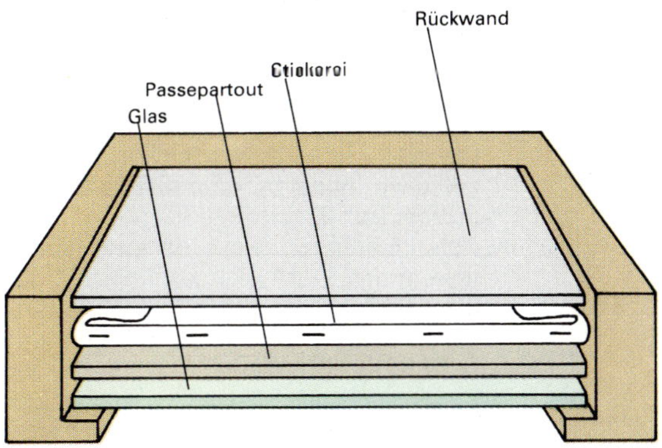

4. Rahmen mit der Vorderseite nach unten flach hinlegen. Gegebenenfalls Glas, dann Passepartout, Stickerei mit der Vorderseite nach unten und zuletzt Rückwand hineinlegen

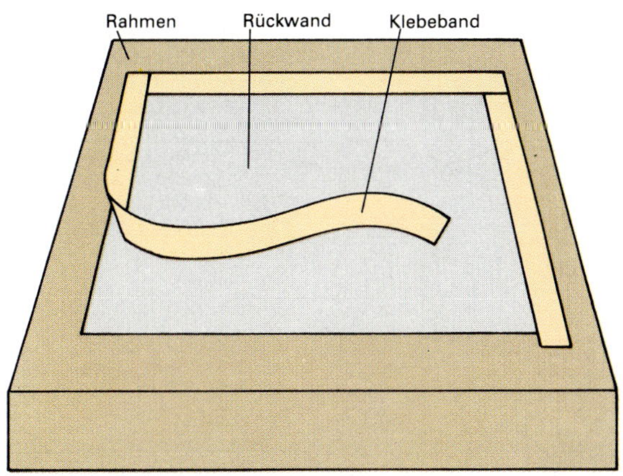

5. Rahmen vorsichtig anheben und nachprüfen, ob die Stickerei richtig liegt, dann die Rückwand mit Klebeband an den Kanten entlang befestigen

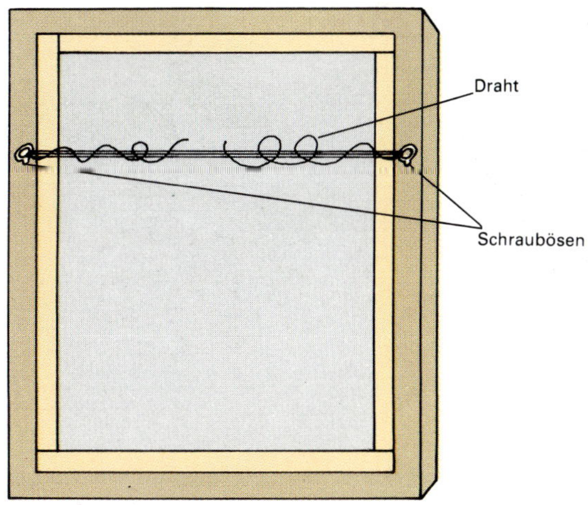

6. Im oberen Drittel der Seitenkanten je eine Öse anbringen. Den Draht zwischen den Ösen mehrmals hin und her spannen und die Enden festdrehen

Platzdeckchen und Serviette in Ajour- und Durchbruchstickerei

Das Motiv für Platzdeckchen und Serviette wurde vom Ajourmuster auf Seite 74 übernommen

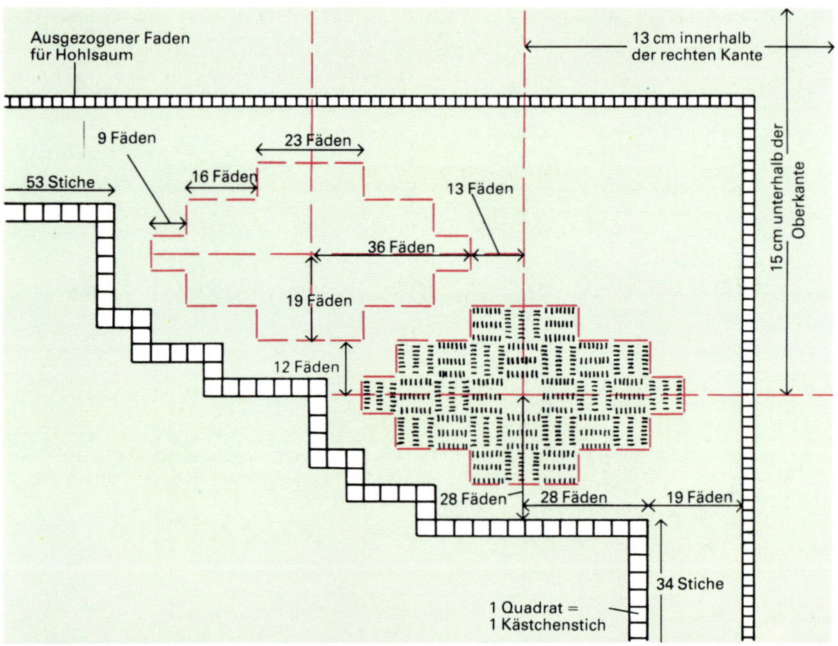

Für die Hohlsaumstickerei heftet man je 1 Linie, 15 cm von oben und 13 cm von rechts. Die Stickerei wird vom Schnittpunkt der beiden Linien aus nach gezählten Fäden gestickt

Deckchen und Serviette werden mit Hohlsaumstichen gesäumt.

Material

60 cm Sieb- oder Käseleinen, 140 cm breit (etwa 10 Fäden = 1 cm)
1 Knäuel Perlgarn Nr. 8
Stickrahmen
Sticknadel ohne Spitze
Sticknadel mit Spitze und Nähgarn

Ajourstickerei

Für das Deckchen ein 60 × 45 cm großes Rechteck, für die Serviette ein 60 cm großes Quadrat zuschneiden. Saumzugaben sind in diesen Maßen enthalten. Die fertige Serviette ist etwa 40 × 40 cm groß, das Deckchen etwa 48 × 33 cm. Die Kanten versäubern (S. 16). Den Längsfadenlauf der Serviette markieren.

Um die Motive in der rechten oberen Ecke des Deckchens anzuordnen, eine waagrechte Linie 15 cm unterhalb der oberen Kante und eine senkrechte Linie 13 cm innerhalb der rechten Kante heften. Der Schnittpunkt der beiden Linien ist die Mitte des unteren Motivs. Die Umrisse heften (Fadenzahl siehe unten links). Die Mitte des oberen Motivs bestimmen; die Umrisse heften. Beide Motive im Schachbrettmuster (S. 76) arbeiten.

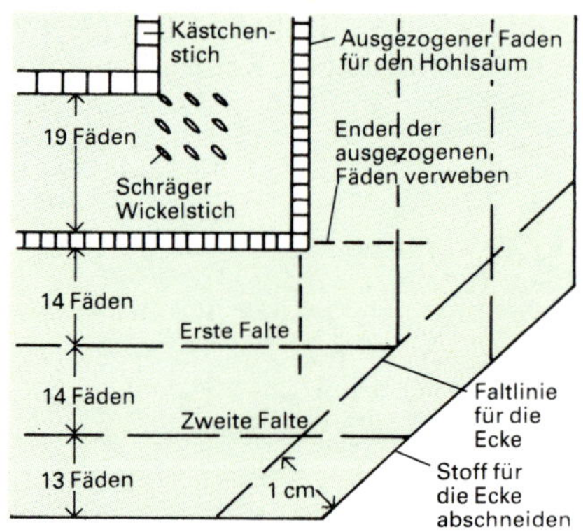

Für den Hohlsaum wird der 20. Faden außerhalb der Kästchenstiche ausgezogen. Die Fadenenden über 2,5 cm verweben; die Stoffkante für den Saum zweimal umschlagen

Für die Umrandung im Kästchenstich (S. 75) je 28 Fäden nach unten und nach rechts von der Mitte des unteren Motivs aus zählen (siehe unten links). Der Stich ist 4 Fäden hoch und 4 breit; jedes Kästchen der Zeichnung stellt einen Stich dar. Stufen unterhalb der Motive von rechts nach links sticken; Zahl der Stiche siehe Zeichnung. An der Oberkante einschließlich der Ecke 53 Stiche arbeiten. Stoff so drehen, daß die linke Seite oben ist, und 52 Stiche sticken. An der unteren Kante 83 Stiche und an der rechten Seite bis zu den Stufen 34 Stiche arbeiten. An den drei Ecken ohne Motive einen schrägen Wickelstich (S. 77) arbeiten.

Für die Serviette an zwei nebeneinanderliegenden Seiten 12 cm von der Kante entfernt je eine Linie heften. Mit dem Kästchenstich beginnen, wo die Linien sich schneiden. An den beiden Seiten im Längsfadenlauf 64 Stiche und an den anderen 65 Stiche arbeiten. In den Ecken schrägen Wickelstich sticken.

Hohlsaum

An allen Seiten von Deckchen und Serviette den 20. Gewebefaden außerhalb vom Kästchenstich so weit herausziehen, daß je zwei sich an den Ecken treffen (S. 78). Die ausgezogenen Fäden auf der Stoffrückseite auf 2,5 cm verweben (S. 78). An allen Seiten 14 Fäden weiter nach außen den Saum auf die linke Seite umschlagen und andrücken (siehe kleine Zeichnung). Dann die Ecken wie abgebildet diagonal nach innen falten und 1 cm davon entfernt abschneiden. Weitere 14 Fäden nach außen den Stoff umschlagen und andrücken. 13 Fäden weiter den überschüssigen Stoff abschneiden. Den Saum umschlagen, stecken und heften; die Faltkante stößt an die ausgezogene Linie. Die Ecken mit Matratzenstich nähen (S. 83). Den Hohlsaumstich über je zwei Fäden arbeiten (S. 79), dabei den Saum mitfassen. Die Heftfäden entfernen.

Tischläufer in Durchzugstickerei

Das Muster für den Tischläufer wurde von Seite 71 übernommen

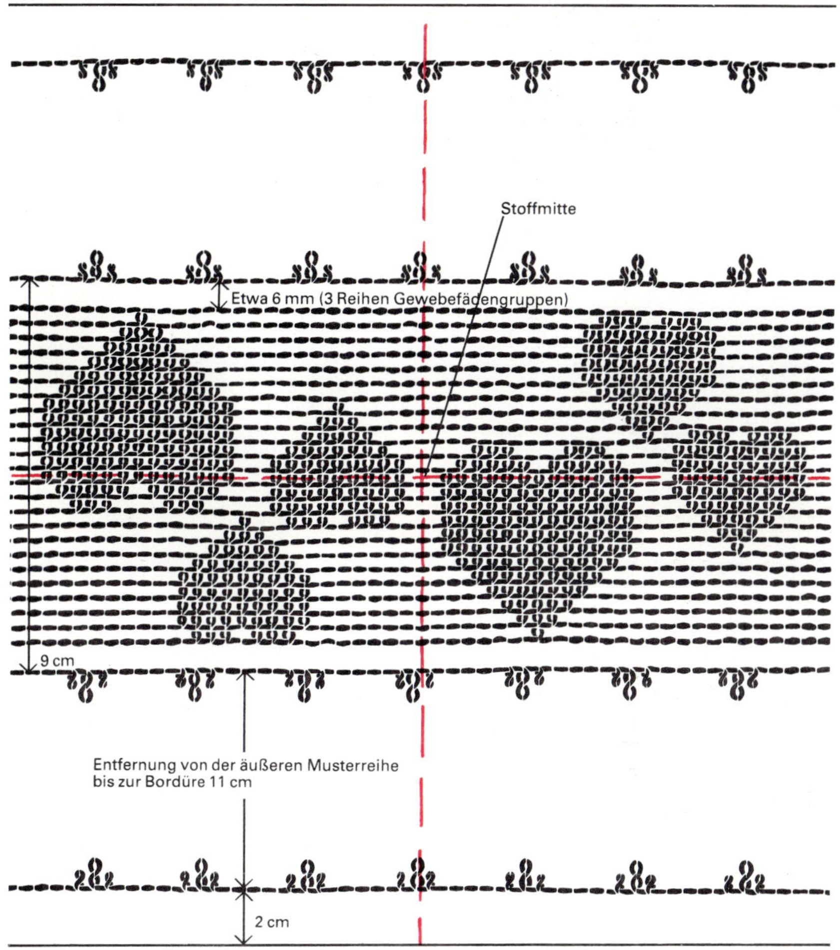

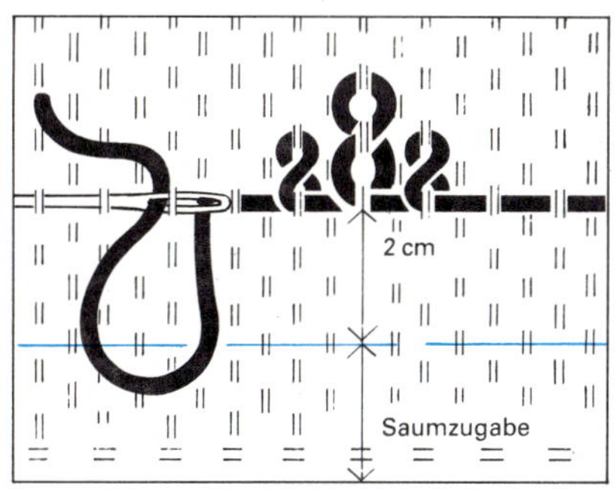

Die Abbildung oben zeigt die Anordnung der Motive. Ein Rapport des Mittelstreifens besteht aus einem großen und 2 kleinen Herzen; die Rapporte sind in entgegengesetzter Richtung angeordnet. Zwischen den Rapporten liegen 3 Fadengruppen

Die Abbildung links zeigt die Achterschlinge (S. 72) für das Kantenmuster. Die gleichen Stiche begrenzen auch den Mittelstreifen. Das Kantenmuster wird auch seitlich gearbeitet, und zwar 2 cm innerhalb der fertigen Kante des Tischläufers

Material
1 m Durchzugstoff
8 Strängchen Sticktwist
Sticknadel ohne Spitze
Sticknadel mit Spitze und Nähgarn

Stoff
Durchzugstoff ist in einer Breite von 58 cm erhältlich. Die Länge kann nach Wunsch bestimmt werden. Ein allzu langer Faden scheuert sich allerdings mit der Zeit ab. Je länger also der Läufer ist, desto öfter muß ein neuer Faden angesetzt werden, was auf der Vorderseite der fertigen Arbeit zu sehen ist. Bei der hier vorgesehenen Länge von 85 cm kann man die ganze Reihe mit einem Faden sticken.

Stickerei
Die Schnittkanten versäubern (S. 16). In der Mitte des Musters beginnen und reihenweise nach rechts und links sticken; Reihen von der Mitte aus nach oben und unten arbeiten.

Den Stoff der Länge und der Breite nach in der Mitte falten (siehe Abb. rechts) und die Bruchlinien markieren. Das Herzmotiv wird mit geraden Stichen und geschlossenen Schlingen (S. 71–72) gestickt. Einen 1,2 m langen Faden abschneiden (der Faden sollte etwa eineinhalbmal so lang wie die Reihe sein). Die erste Reihe in der Mitte beginnen: Zuerst die linke Hälfte arbeiten, dann den Stoff umdrehen und die andere Hälfte sticken (S. 73). Die nachfolgenden Reihen kann man von Kante zu Kante sticken, der Faden scheuert sich aber weniger ab, wenn man in der Mitte beginnt. Wenn bei längeren Läufern der Faden angesetzt werden muß, arbeitet man mit verschiedenen Fadenlängen, damit die Ansatzstellen nicht in jeder Reihe an der gleichen Stelle liegen. Für das Kantenmuster siehe rechts sowie Achterschlingen, Seite 72.

Saum
Stoff ringsum 4,5 cm von der Stickerei entfernt abschneiden. Saumkanten 5 mm einschlagen, bügeln; Saum 2 cm umschlagen, bügeln und annähen.

Das Richelieumuster von Seite 90 wurde hier original und auch spiegelbildlich verwendet

Kaftan mit Richelieuarbeit

Am schlichten Kleid wirkt die Ausschnittarbeit besonders elegant.

Material

Papier und Bleistift zur Vergrößerung des Musters
Schneiderkopierpapier
Kopierrädchen
Je 1 Strang Perlgarn Nr. 8 in Blau, Rost und Grün
Sticknadel mit Spitze
Stickrahmen
Stickschere

Vorbereitung

Um das Blumenmuster zu vergrößern, ein Gitter mit 1 cm großen Quadraten anfertigen. Das Muster Quadrat für Quadrat übertragen (S. 14). Das vergrößerte Muster nach dem entsprechenden Schnittmusterteil ausrichten, damit das Stickmotiv keine Nähte oder Säume berührt. Das Motiv notfalls ändern, dann auf den Papierschnitt sorgfältig übertragen.

Die Stickerei wird ausgeführt, ehe man den Stoff zuschneidet. Um das Muster auf den Stoff zu übertragen, Kopierpapier zwischen Stoff und Schnitteil legen, feststecken und die Linien mit dem Kopierrädchen nachziehen (S. 17). Dann das Schnitteil umdrehen und das Motiv spiegelverkehrt auf das andere Vorderteil des Kleides übertragen (siehe unten links).

Stickerei

Die Stickerei nach den Anleitungen auf den Seiten 90 und 91 arbeiten. Dann mit der Vorderseite nach unten auf ein dickes Handtuch legen und mit einem feuchten Tuch dämpfen. Die entsprechenden Musterbereiche vorsichtig von der Rückseite her ausschneiden und die Stickerei nochmals dämpfen. Nun das Kleid zuschneiden und nach der Anleitung des Schnittmusters nähen.

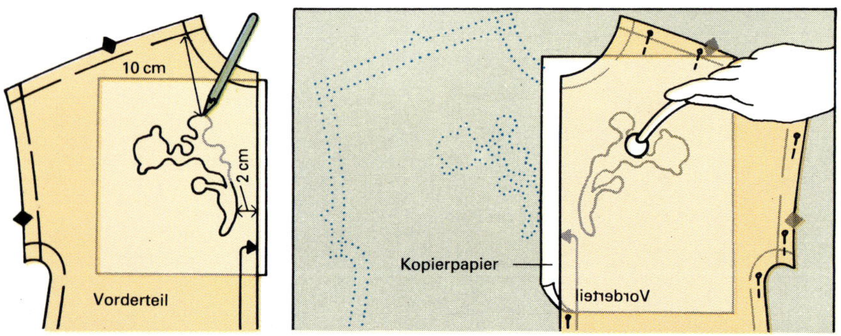

Muster auf den Stoff übertragen Vergrößertes Muster auf Schnitteil übertragen (links). Schnitteil auf den Stoff stecken, dann mit Kopierpapier das Muster auf den Stoff übertragen. Schnitteil wenden, an vorderer Mitte ausrichten und Motiv spiegelbildlich übertragen (rechts)

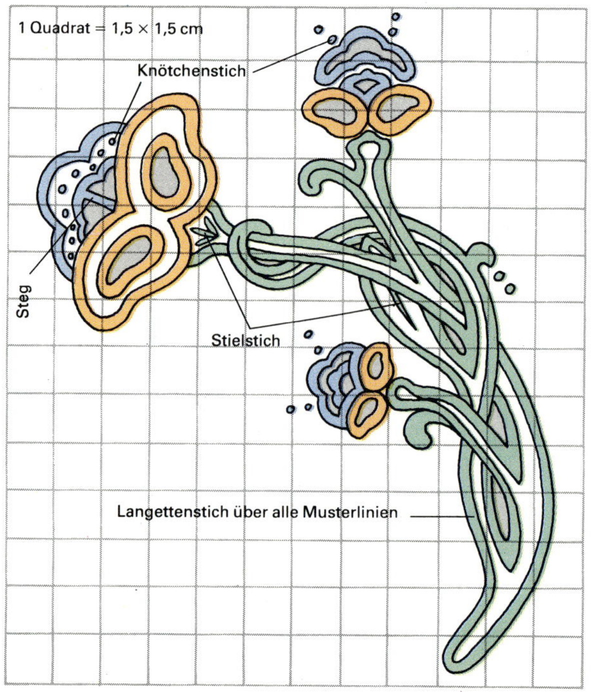

Um das Muster zu vergrößern, ein Gitter mit 1 cm großen Quadraten anfertigen und das Muster Quadrat für Quadrat übertragen (S. 14)

Für die Ausführung der Stickerei siehe Seite 90–91, *Richelieustickerei*. Das Muster wird im Langettenstich gearbeitet und mit dem Knötchenstich und dem Stielstich verziert. Der Steg im Langettenstich ist auf Seite 91 beschrieben. Die Flächen, die nach Beendigung der Stickerei ausgeschnitten werden, sind auf der Zeichnung grau koloriert

Kreuzstiche auf Vichykaro eignen sich besonders für Kinderkleidung (S. 66–68)

Kreuzstiche auf einem Kleidchen

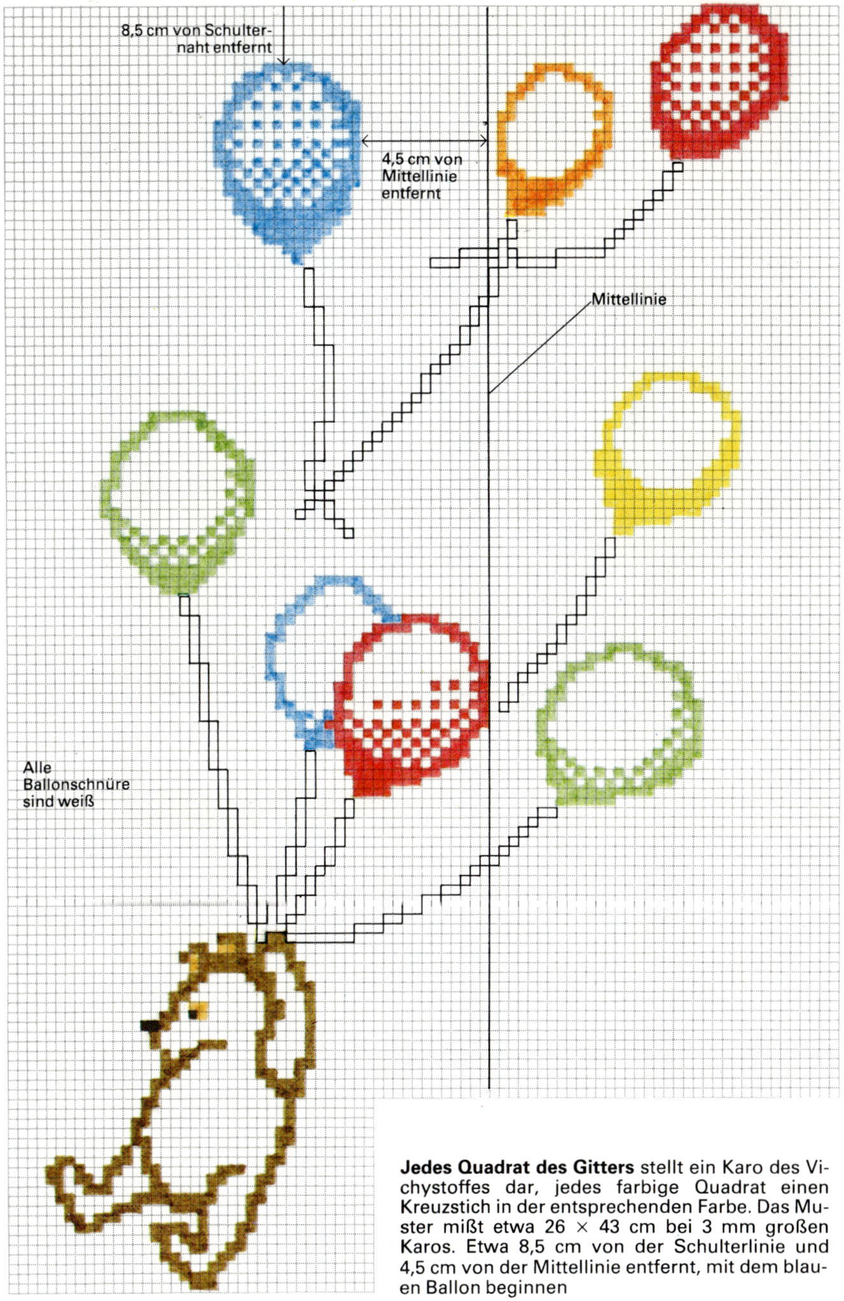

Jedes Quadrat des Gitters stellt ein Karo des Vichystoffes dar, jedes farbige Quadrat einen Kreuzstich in der entsprechenden Farbe. Das Muster mißt etwa 26 × 43 cm bei 3 mm großen Karos. Etwa 8,5 cm von der Schulterlinie und 4,5 cm von der Mittellinie entfernt, mit dem blauen Ballon beginnen

Material
Vichystoff mit 3 mm großen Karos
Je 1 Strang Sticktwist in Rot, Blau, Gelb, Grün und Orange (Ballons), Weiß (Schnüre), Hellbraun, Dunkelbraun und Schwarz (Bär)
Stickrahmen
Sticknadel
Schneiderkreide

Musteranordnung
Das Kreuzstichmuster mißt bei 3 mm großen Karos etwa 26 × 43 cm. Hier schmückt es ein Kinderkleid, es kann jedoch auf jedem Kleidungsstück mit geradem Vorderteil wie einem Kittel oder einer Schürze gestickt werden. Hat das Kleidungsstück eine Mittelnaht, stickt man jeweils die Hälfte des Musters auf das entsprechende Schnitteil. Die Musterteile müssen innerhalb der Nahtlinien liegen und sich richtig zusammenfügen, wenn das Kleidungsstück zusammengenäht ist.

Um sicherzustellen, daß das Motiv auf den Schnitt paßt, mißt man die Länge und zweimal die Breite des Schnitteils (das der Hälfte des Vorderteils entspricht) innerhalb der Naht- und Saumlinien.

Die Stickerei
Die Umrisse des Schnitteils mit Schneiderkreide auf den Stoff übertragen, aber noch nicht zuschneiden. Saum- und Nahtlinien markieren. Das Muster im Kreuzstich (S. 35) nach der Vorlage rechts im Stickrahmen arbeiten, dann erst das Kleid zuschneiden und nähen.

Das Muster für das Kissen ist vom Schwarzstickereimuster auf Seite 56 übernommen

Kissenbezug in Schwarzstickerei

Material
45 × 45 cm zählbares Leinen
6 Strängchen Sticktwist
Sticknadel ohne Spitze
1 m Stoff für Rückseite und Schnurpaspel
1,90 m Einziehkordel, 5 mm stark
Reißverschluß, 30 cm lang
Quadratisches Kissen, 35 × 35 cm groß

Vorbereitung
Um das Muster zu vergrößern, ein Gitter mit 2,5 cm großen Quadraten anfertigen. Das Muster übertragen (S. 14). Ein 45 cm großes Leinenquadrat zuschneiden und die Kanten versäubern (S. 16). Mit Heftfaden die senkrechte und waagrechte Mittellinie markieren. Das Muster auf den Stoff übertragen (S. 16–17).

Stickerei
Das Muster nach dem Schlüssel links unten arbeiten. Die fertige Stickerei waschen und spannen (S. 54–55). Den Stoff auf ein 38 cm großes Quadrat zurückschneiden.

Schnurpaspel
Zwei 20 × 38 cm große Rechtecke für die Kissenrückseite zuschneiden. 5 cm breite Schrägstreifen (S. 199) für die Schnurpaspel vom restlichen Stoff zuschneiden. Die Schrägstreifen auf eine Länge von 1,48 m zusammennähen; links auf links der Länge nach durch die Mitte falten. Einziehkordel in den Falz des Schrägstreifens legen und mit der Hand oder der Nähmaschine dicht an der Kordel entlang steppen. Die Nahtzugabe auf 1 cm zurückschneiden. Die Schnurpaspel auf die Vorderseite der Stickarbeit heften (siehe unten, Schritt 1) und die Enden verbinden (Schritt 2).

Rückseite
Beide Rechtecke rechts auf rechts zusammenstecken. Die Mittelnaht wie in Schritt 3 gezeigt vorbereiten. Die Heftfäden an beiden Nahtenden zurückschneiden, um das spätere Entfernen zu erleichtern. Die Naht flachbügeln. Den Reißverschluß einnähen. Die Heftstiche entfernen und den Reißverschluß etwas öffnen. Rück- und Vorderseite wie in Schritt 4 beschrieben zusammennähen und die Ecken zurückschneiden. Den Reißverschluß ganz öffnen und das Kissen wenden; die Ecken ausstreichen.

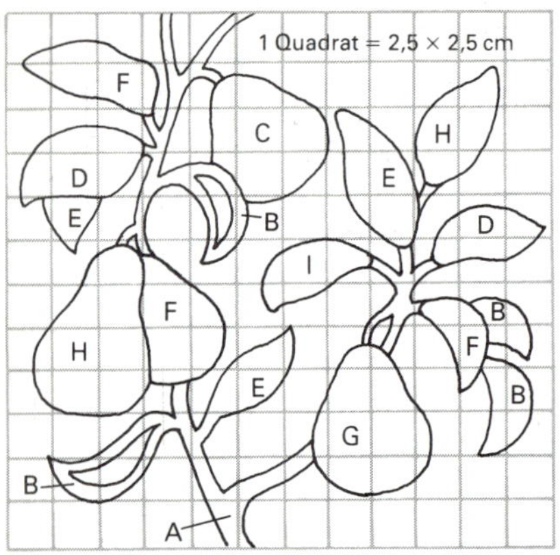

Muster vergrößern, siehe S. 14. Man verwendet 2 Stickstiche: Stielstich (A), S. 23, und Spannstich (B), S. 48. Die Stiche der Schwarzstickerei sind im entsprechenden Kapitel beschrieben: C und D S. 59; E, F, G S. 60; H S. 61 und I S. 62

Das Kissen nähen: 1. Kanten der Schnurpaspel auf 1 cm zurückschneiden. Schnurpaspel so auf Vorderseite der Stickerei entlang der Nahtlinien stecken, daß die Kanten übereinstimmen. Ecken einkerben. Entlang der Nahtlinie der Schnurpaspel heften

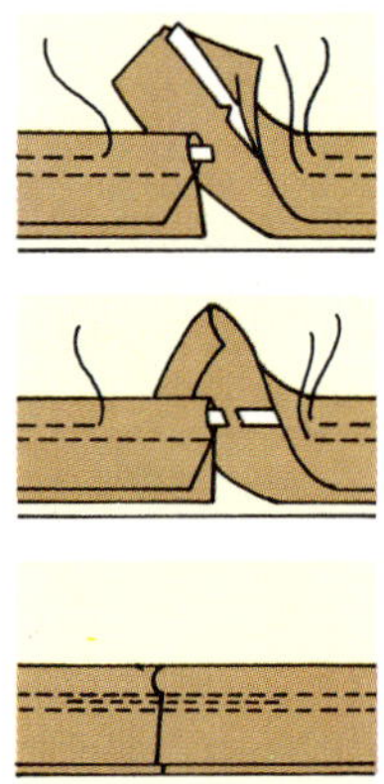

2. Kordel und Paspel wie oben zurückschneiden. Ein Paspelende um das andere legen. Über beide Enden nähen

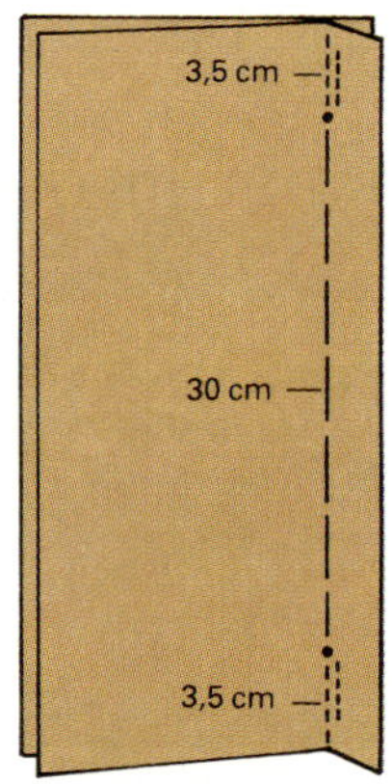

3. Rechtecke für die Rückseite rechts auf rechts zusammenheften. Naht an beiden Enden auf 3,5 cm steppen

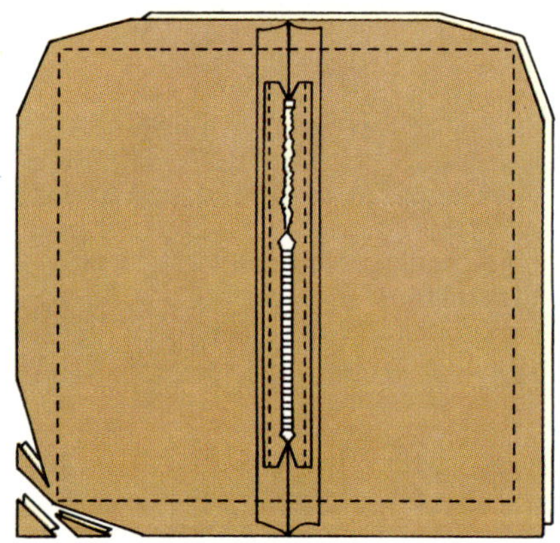

4. Reißverschluß einsetzen und etwas öffnen. Vorder- und Rückseite rechts auf rechts zusammenheften und steppen. Die Heftfäden entfernen und die Ecken wie oben zurückschneiden. Reißverschluß öffnen, den Kissenbezug wenden und die Ecken ausstreichen

Tapisserie

Blüten der Kornelkirsche. Detail des Wandteppichs *Blumen meiner Heimat* von Shirley Brickenden (Musée des Beaux-Arts, Montreal)

Grundbegriffe der Tapisserie

Was ist Tapisserie?
Gestaltungsmöglichkeiten
Stramine
Garne
Nadeln
Rahmen
Material für die Musterübertragung
Verschiedene Hilfsmittel

Was ist Tapisserie?

Die Tapisserie, die auch unter dem Namen Stramin-, Bild- oder Wollstickerei bekannt ist, wird auf einem Spezialgewebe namens Stramin ausgeführt. Stramine werden so gewebt, daß die Kett- oder Längsfäden und die Schuß- oder Querfäden ein gleichmäßiges Gitter bilden. Die Punkte, an denen sich diese Fäden überschneiden, nennt man Fadenkreuze. Alle Stiche der Straminstickerei sind auf die besondere Struktur des Stramins abgestimmt.

Grundsätzlich verlaufen die Tapisseriestiche entweder schräg oder parallel zu den Gewebefäden des Stramins (die zweite Abbildung zeigt verschiedene Möglichkeiten). Die Richtung wird von der jeweiligen Stichart bestimmt. Einige Stiche verlaufen nur in eine Richtung, bei anderen wechselt man die Richtung oder stickt über Kreuz.

Die Größe der Stiche hängt erstens von der Stichart ab – bestimmte Stiche überspannen nur einen Straminfaden, andere zwei oder mehr – und zweitens davon, wie viele Fäden bzw. Gewebekaros der Stramin auf einen Zentimeter hat; je höher die Zahl ist, desto kleiner sind die Stiche.

Stramine, die in mehreren Ausführungen erhältlich sind, teilt man in zwei Hauptgruppen ein: Stramine für den kleinen Petit-Point-Stich haben sechs und mehr Gewebekaros auf einen Zentimeter; solche für den Gobelinstich haben bis zu fünf Gewebekaros auf einen Zentimeter, sind also viel weitmaschiger und ergeben eine weniger feine Stickerei. Die beiden Abbildungen unten rechts auf dieser Seite dienen der Veranschaulichung. Für beide Beispiele wurden die gleichen Stiche verwendet, und die bestickten Flächen sind auch gleich groß. Das obere Muster ist auf einem Stramin mit 9 Gewebekaros/cm, das zweite auf einem Stramin mit 4,5 Gewebekaros/cm, also einer groben Gobelinstärke, gearbeitet.

Je nach Stichgröße sind der Zeitaufwand für die Stickerei und auch die Haltbarkeit der fertigen Arbeit verschieden. Je kleiner die Stiche sind, desto mehr Zeit muß man aufwenden. Man benötigt nicht nur deswegen mehr Zeit für die kleineren Stiche, weil man für eine bestimmte Fläche eine größere Zahl von ihnen braucht, sondern auch, weil die feine Arbeit anstrengender ist. Die kleineren Stiche haben jedoch einen großen Vorteil: Sie sind wesentlich haltbarer als die größeren, da sie fest sitzen und daher nicht so schnell durchscheuern oder sich verfangen. Wie haltbar eine Stickerei sein muß, hängt letztlich von der Verwendung des jeweiligen Gegenstands ab. Ein Kissen wird beispielsweise viel früher abgenutzt als ein Wandbehang.

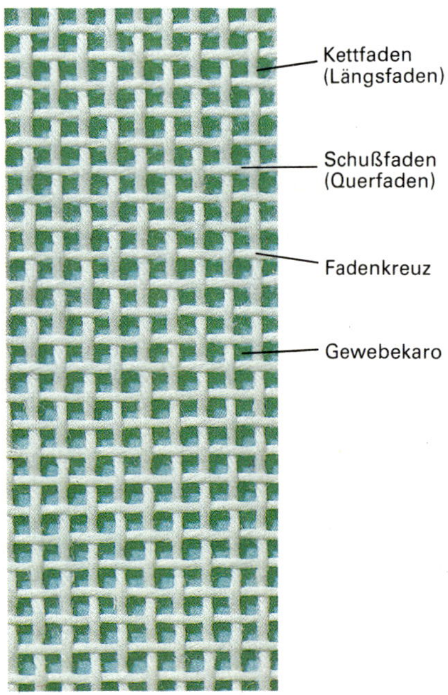

Aufbau des Stramins

Stichrichtungen auf Stramin

Petit-Point-Stiche

Gobelinstiche (groß)

Gestaltungsmöglichkeiten der Tapisserie

Die genaue Wirkung einer fertigen Straminstickerei hängt weitgehend von den einzelnen Stichen ab. Erstens können die Stickstiche die Linien der Vorlage verändern, da sie der Struktur des Stramingitters entsprechend gearbeitet werden müssen; dagegen sind die gezeichneten Linien der Vorlage solchen Einschränkungen nicht unterworfen. Wie stark die Abweichungen letztlich sind, hängt von der Stichart und der Stichgröße ab.

Zweitens können die Anordnung der Stiche und die Oberflächenstruktur, die durch die Stiche geschaffen wird, das Aussehen einer Stickerei wesentlich verändern. Gerade in der Straminstickerei gibt es viele Möglichkeiten der Strukturgestaltung. Eine umfassende Auswahl an Stichen sowie verschiedene Möglichkeiten der Struktur- und Motivgestaltung zeigen die Seiten 118–161.

Bei der Wahl der Stiche ist zu bedenken, daß drei charakteristische Effekte erzielt werden können (siehe die drei Abbildungen unten). Die Abbildung links zeigt den Gobelinstich, einen kleinen, diagonalen Spannstich, der über ein Fadenkreuz gestickt wird. Obwohl es drei Methoden gibt, den Gobelinstich zu arbeiten, ergeben alle drei den gleichen Stich und die gleiche Struktur, zumindest auf der rechten Stoffseite. Da der Gobelinstich relativ klein ist, kann man mit ihm die Musterlinien ziemlich genau nachsticken; je kleiner die Stiche, desto genauer die Linienführung. Aus diesem Grund kann man mit Gobelinstichen Muster mit vielen Details und feinen Schattierungen sticken.

Alle anderen Stiche in der Straminstickerei faßt man unter dem Sammelbegriff Phantasiestiche zusammen. Die Stiche dieser Gruppe unterscheiden sich alle nach Größe, Anordnung und Struktur. Ein Muster, das mit diesen Stichen ausgeführt wird, ist weniger genau und detailliert als eines in Gobelinstickerei; ein für Phantasiestiche entworfenes Muster ist meist ohnehin weniger detailliert und wirkt hauptsächlich durch die Struktur und die Verteilung der Formen.

Dies hat zwei Gründe: Erstens sind alle diese Stiche groß und können somit die Musterlinien nicht so genau wiedergeben. Zweitens kann man durch die besondere Struktur der Stiche eine realistischere Wirkung erzielen. Das zweite Beispiel unten ist nach der gleichen Vorlage wie das erste gestickt. Auffällig ist, wie beim zweiten die Details gegenüber den Hauptelementen zurücktreten und wie der verkreuzte Füllstich (S. 145) die Struktur der Mauern andeutet, der Strahlensternstich (S. 153) das Fenster leuchten läßt und der Blattstich (S. 154) das wirkliche Aussehen eines Baumes vermittelt. Die Wahl der Stichart ist jedoch nur ein Faktor bei der Ausführung eines Musters. Genauere Angaben zur Gestaltung sind auf den Seiten 162–163 zu finden.

Diese Gruppe der Phantasiestiche umfaßt auch die Bargello- oder Florentiner Stiche (S. 173), die die dritte Gestaltungsmöglichkeit darstellen. Diese geraden Spannstiche verlaufen parallel zu den Gewebefäden. Mit ihnen kann man viele Muster sticken; das bekannteste und klassische unter ihnen zeigt die Abbildung rechts unten. Dieser Florentiner Stich basiert auf den üblichen geraden Stichen, er wird jedoch in Zickzackreihen quer über den Stramin angeordnet, was viele Abwandlungen erlaubt. Bei vielen Florentiner Stickereien wird das fertige Muster insgesamt eher durch die Struktur des Stichs bestimmt, als daß man, wie sonst in der Tapisserie üblich, Stiche wählt, um eine vorgegebene Form optimal zu füllen.

Muster im Gobelinstich

Das gleiche Muster, mit Phantasiestichen gearbeitet

Florentiner Stickerei (Bargello)

Tapisserie · Material und Zubehör

Stramine

Um befriedigende Ergebnisse bei der Tapisserie zu erzielen, muß zunächst einmal der Stramin als Grundlage dieser Technik sorgfältig ausgesucht werden.

Die meisten Stramine werden aus Baumwolle hergestellt, einige neuerdings aus Synthetikfasern; besonders feine Stramine werden auch aus Seide gefertigt. Der Stramin darf weder Knoten noch schadhafte Stellen aufweisen. Ausführung und Dichte müssen sowohl auf die Verwendung der Stickerei als auch auf das Muster abgestimmt werden; Einzelheiten sind auf den Seiten 162–163 dieses Kapitels zu finden.

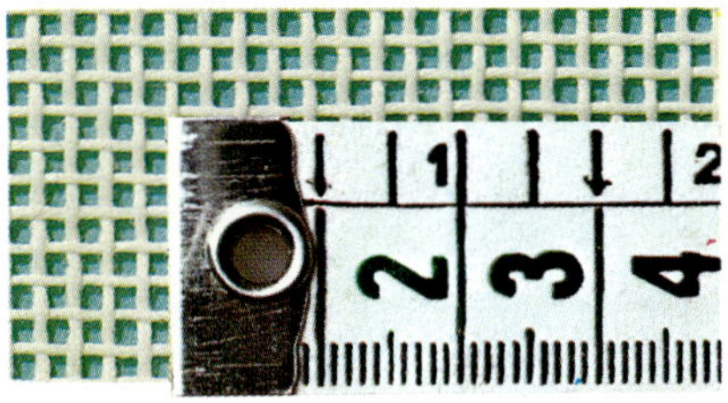

Um die Dichte des Stramins festzustellen, legt man ein Lineal oder ein Maßband darauf und zählt die Gewebefäden bzw. -karos über einen Zentimeter. Die Abbildung zeigt einen Stramin mit 4 Gewebekaros/cm.

Es gibt mehrere Straminarten. Die häufigsten sind der einfädige Stramin, der Dreherstramin und der zweifädige Stramin. Das Fadenkreuz des einfädigen Stramins wird durch einen Kett- und einen Schußfaden gebildet. Der Dreherstramin hat einen doppelten Kettfaden, der den Schußfaden umfaßt, und ist daher fester als der einfache Stramin. Der Dreherstramin kann für alle Sticharten verwendet werden; der einfädige ist für bestimmte Stiche wie den halben Kreuzstich (S. 120) nicht geeignet. Beide sind in verschiedenen Webdichten erhältlich.

Beim zweifädigen Stramin wird ein Fadenkreuz aus zwei Fadenpaaren gebildet. Außer der großen Stabilität hat dieser Stramin einen zweiten Vorteil: Auf demselben Grund können verschiedene Stichgrößen gearbeitet werden (siehe unten). Man kann einen großen Stich über das doppelte Fadenkreuz oder vier kleine Stiche über die vier einzelnen Fadenkreuze sticken, aus denen sich das große zusammensetzt. So kann man innerhalb eines Musters auch feinere Bereiche arbeiten. Auch bei diesem Stramin wird die Webdichte in Gewebefäden bzw. -karos je Zentimeter angegeben. Der zweifädige Stramin ist ebenfalls in verschiedenen Dichten erhältlich.

Der Teppichstramin besteht wie der Dreherstramin aus Doppelfäden, die nicht getrennt und dann einzeln bestickt werden können. Auch hier gibt es verschiedene Webdichten. Wie der Name besagt, wird dieser Stramin hauptsächlich zum Teppichknüpfen verwendet.

Es gibt auch Stramine, die mit einer Mustervorlage bedruckt sind (siehe unten). Die Auswahl an Mustern ist groß, sie können aber nicht abgewandelt werden. Eine solche Vorlage kann man auch selbst mit neutralem Stramin und Acrylfarben herstellen (S. 117). Es wird mit einfachen Stichen gestickt.

Synthetikstramin ist nicht gewebt, sondern gegossen. Er ist relativ steif und in einer mitteldichten Ausführung erhältlich. Für Gegenstände wie Tragetaschen und Badevorleger ist er besonders geeignet.

Wird auch synthetisches Garn für die Stickerei verwendet, kann man die fertigen Arbeiten sogar waschen.

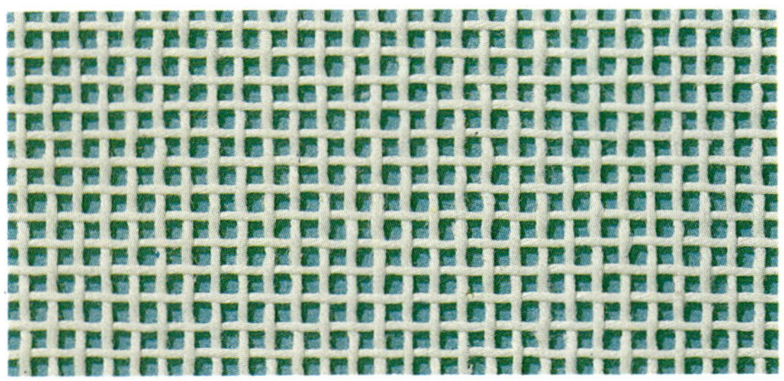

Einfädiger Stramin

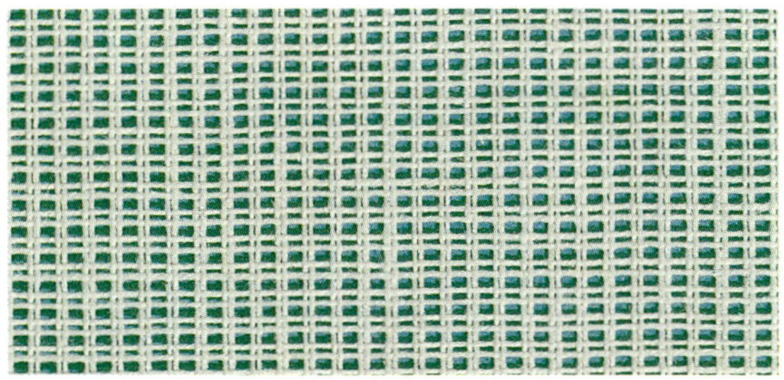

Zweifädiger Stramin

Bedruckter Stramin

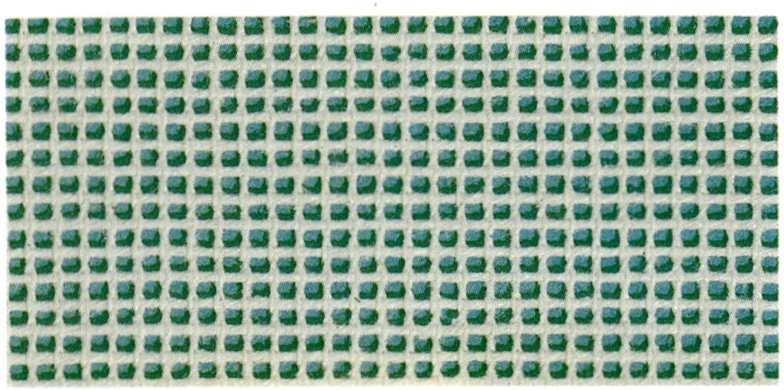

Dreherstramin

Teppichstramin

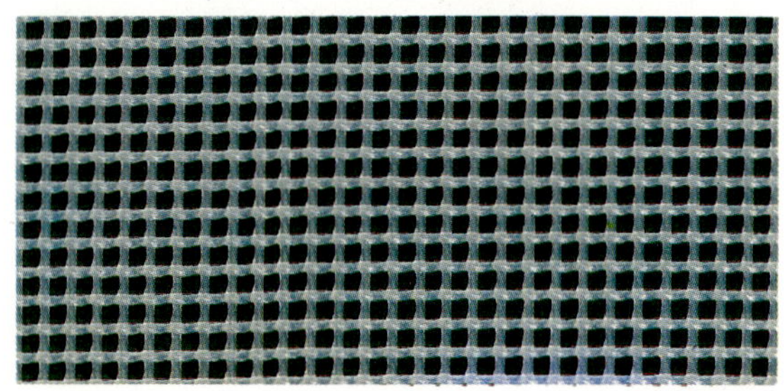

Synthetikstramin

Garne

Für die Straminstickerei gibt es verschiedene Garnarten, die in vielen schönen Farben erhältlich sind. Unten sind die gebräuchlichsten dieser Garne abgebildet.

Das wichtigste Kriterium bei der Garnauswahl ist die Fadenstärke. Diese Stärke variiert mit der Garnart: Sudanwolle ist beispielsweise dünner als Teppichwolle. Das Garn sollte fein genug sein, um ohne Widerstand durch die Löcher des Stramins zu gleiten, andererseits aber dick genug, um den Stramin abzudecken. Im allgemeinen gilt die Regel: Je größer die Löcher des Stramins sind, d. h., je weniger Fäden bzw. Gewebekaros er auf einen Zentimeter hat, desto dicker sollte das Garn sein. Die Garnstärke hängt auch von der jeweiligen Stichart ab (S. 118).

Die unten gezeigten Garne bzw. Fäden setzen sich aus mehreren Einzelfäden zusammen, die bei einigen leicht auseinandergedreht werden können, um ein dünneres Garn zu erhalten. Ebenso können Fäden hinzugefügt werden, um ein stärkeres Garn zu erhalten.

Stickgarne für die Straminstickerei werden aus unterschiedlichen Materialien wie Wolle, Baumwolle, Seide, Kunstfasern oder Metall hergestellt. Am häufigsten wird Wolle verwendet, da die festen Wollfasern sehr haltbar sind. Das Garn wird während der Arbeit einer starken Reibung ausgesetzt und muß daher entsprechend widerstandsfähig sein. Wird die fertige Stikkerei nicht allzusehr strapaziert, kann man feinere Garne wie Seide oder auch Metallfäden verwenden. Die Fasern der Wollstickgarne sind länger und damit stärker als die der Strickwolle. Daher ist es nicht empfehlenswert, die Spezialgarne für die Straminarbeit durch Strickgarn zu ersetzen.

Nadeln

Für die Straminstickerei wird eine Sticknadel ohne Spitze verwendet, und zwar deswegen, weil diese verhindert, daß aus Versehen in die Gewebefäden des Stramins gestochen wird. Das große Öhr der Sticknadel erleichtert das Einfädeln der relativ dicken Fäden.

Die Sticknadeln werden in den Größen 14, 16, 18, 20, 22 und 24 hergestellt. Je höher die Zahl, desto feiner und kürzer die jeweilige Nadel.

Es ist immer ratsam, mehrere unterschiedlich große Sticknadeln im Vorrat zu haben und sorgfältig die für die jeweilige Arbeit geeignete auszuwählen.

Für sehr grobe Stramine und dickes Stickgarn nimmt man am besten eine Teppichnadel; auch sie hat keine Spitze. Für Arbeiten auf sehr starrem Gewebe kann eine Teppichnadel mit gebogener Spitze hilfreich sein.

Mattstickgarn ist ein mattes, mittelstarkes Baumwollgarn; die Farbauswahl ist beschränkt

Perlgarn, erkenntlich an dem auffälligen Zwirneffekt und dem Glanz, gibt es in vielen Stärken und reicher Farbauswahl. Als Ergebnis der starken Zwirnung legt sich der Faden dem Gewebe weniger gut an und ist deshalb für die Straminstickerei nur bedingt geeignet

Synthetisches Stickgarn gibt es in vielen Qualitäten. Es unterscheidet sich in der Stärke und der Zwirnung und wird sowohl matt als auch hochglänzend und mit eingesponnenen Lurexfäden angeboten

Wollstickgarne sind feine oder stärkere Stickgarne aus Kammgarn und für alle Arten der Straminstickerei geeignet. Sie sind in einer sehr reichen Farbauswahl erhältlich

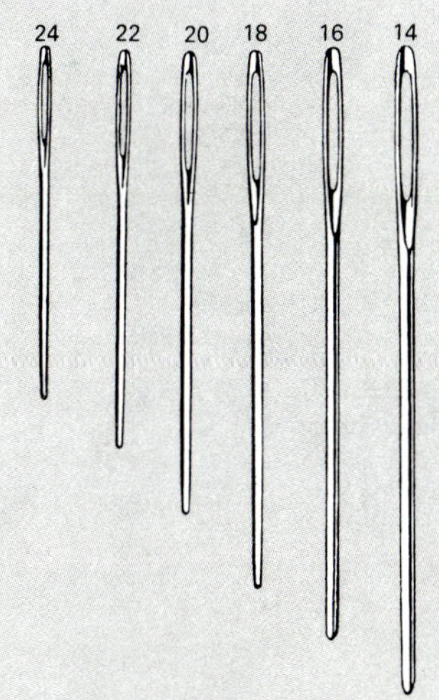

Tapisserienadeln haben ein großes Öhr und keine Spitze. Die Abbildung zeigt das Sortiment in Originalgröße

Tapisserie · Material und Zubehör

Rahmen

Für Stickarbeiten auf Stramin ist ein Rahmen unbedingt erforderlich. Er hält den Stoff straff und ermöglicht eine gleichmäßige Stichbildung. Außerdem verhindert er weitgehend, daß der Stramin durch die Stiche allzusehr verzogen wird, und da die Stickerei außerdem noch übersichtlich bleibt, ist die Gefahr, daß man Fehler macht, wesentlich geringer.

In der Tapisserie werden Stickringe und -trommeln meist nur für feinere, weichere Straminarten verwendet, die weniger dazu neigen, Falten und Druckstellen zu bekommen. Für die meisten Arbeiten ist ein viereckiger Rahmen zu empfehlen, der in der Größe auch verstellbar sein kann. Die oberen und unteren Leisten sind bei einigen Typen mit Gurten versehen, an die zunächst die eine, dann die andere Straminkante geheftet wird. Um eine gleichmäßige Spannung zu erhalten, fängt man in der Mitte der jeweiligen Kante an und arbeitet zur linken, dann zur rechten Seite. Einige Rahmen sind auf Tisch- oder Bodenständer montiert. Man kann auch einen einfachen Rahmen aus Holzleisten selbst herstellen. Die Abbildungen unten zeigen eine Auswahl der bei uns erhältlichen Modelle.

Verstellbarer Rahmen, oben und unten mit einem Stoffband versehen, an das der Stramin geheftet wird

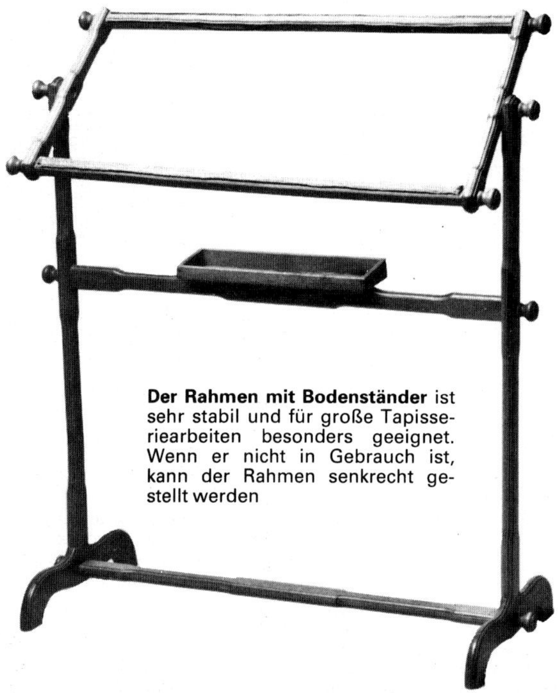

Der Rahmen mit Bodenständer ist sehr stabil und für große Tapisseriearbeiten besonders geeignet. Wenn er nicht in Gebrauch ist, kann der Rahmen senkrecht gestellt werden

Einen einfachen Rahmen aus Holzleisten kann man selbst herstellen. Die Innenabmessungen müssen etwas größer als die zu bestickende Fläche sein. Die Straminkanten werden mit Reißzwecken befestigt

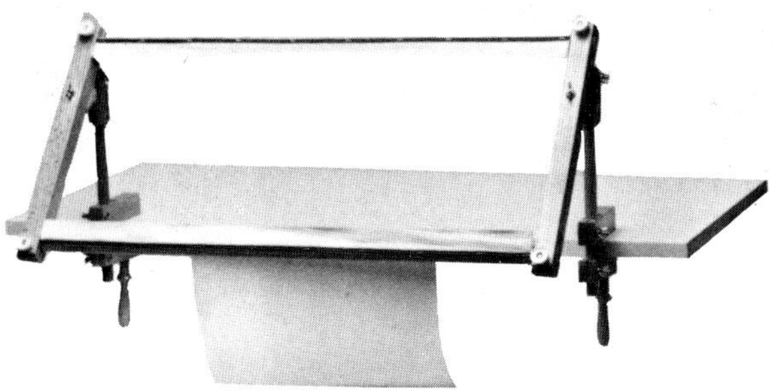

Der Rahmen mit Haltevorrichtung zum Anschrauben ist in der Arbeitshöhe verstellbar

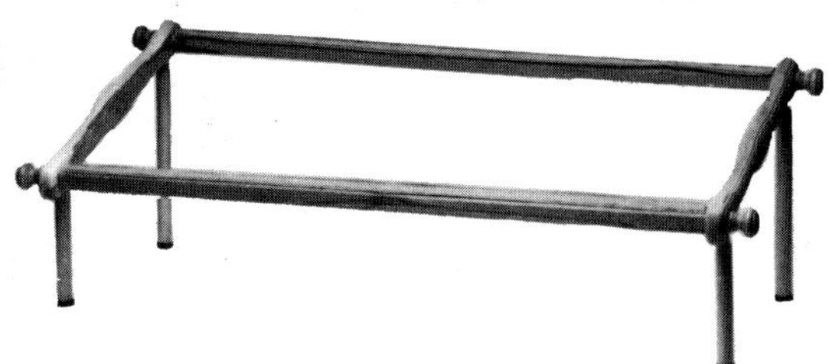

Der Rahmen mit Ständer – hier ein Tischmodell – hat den Vorteil, daß er beide Hände zum Sticken frei läßt

Stickringe oder -trommeln werden in mehreren Größen und aus verschiedenen Materialien hergestellt. Sie sind nur für weichere, feinere Straminarten geeignet

Material für die Musterübertragung

Um Muster zu entwerfen, braucht man Papier und Stifte oder Farbe. Ein Motiv, etwa aus einem Buch, überträgt man mit Hilfe von Transparentpapier. Karo- oder Millimeterpapier verwendet man für Zählmuster oder um Mustervorlagen zu vergrößern oder zu verkleinern. Soll ein Muster auf der Vorlage koloriert werden, müssen die Farben nicht wasserfest sein; dies ist jedoch erforderlich, wenn der Entwurf direkt auf dem Stramin aufgezeichnet wird. Am besten geeignet sind Acrylfarben, die etwas verdünnt werden. Sie trocknen schnell und sind dann wasserfest.

Transparentpapier ist notwendig, um Motive aus Büchern o. ä. zu übernehmen. Es ist in verschiedenen Formaten erhältlich

Millimeter- und Karopapier gibt es in verschiedenen Formaten und Ausführungen. Darauf werden Muster vergrößert oder verkleinert

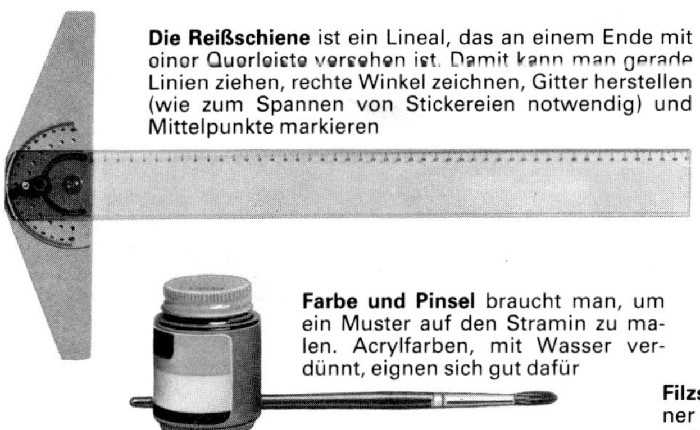

Die Reißschiene ist ein Lineal, das an einem Ende mit einer Querleiste versehen ist. Damit kann man gerade Linien ziehen, rechte Winkel zeichnen, Gitter herstellen (wie zum Spannen von Stickereien notwendig) und Mittelpunkte markieren

Farbe und Pinsel braucht man, um ein Muster auf den Stramin zu malen. Acrylfarben, mit Wasser verdünnt, eignen sich gut dafür

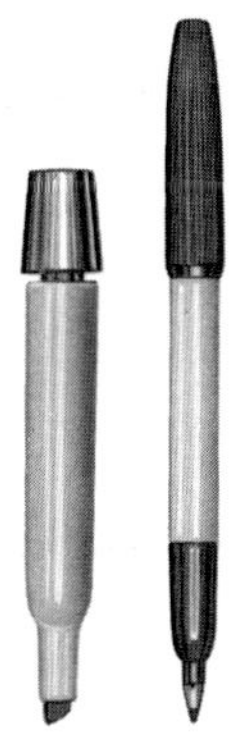

Filzstifte sind mit feiner oder breiter Spitze erhältlich

Verschiedene Hilfsmittel

Unten sind einige Hilfsmittel abgebildet, die bei der Stickerei gute Dienste leisten.

Das Spannbrett aus Weichholz und die rostfreien Dekorationsnadeln braucht man, um die fertige Stickerei zu spannen und zu glätten; wie dies gemacht wird, zeigt die Seite 185.

Mit der großen Schere schneidet man Stoffe und Stramin, mit der Stickschere das Garn. Um die Kanten des Stramins zu versäubern, ist Klebeband gut geeignet. Der Einfädler und die Lupe erleichtern die Arbeit bei sehr feinen Stickereien. Ein Maßband darf nicht fehlen.

Das Spannbrett ist aus Weichholz und muß größer als die zu spannende Arbeit sein. Es ist in jedem Heimwerkergeschäft zu kaufen

Dekorationsnadeln (rostfrei) befestigen die gespannte Stickerei

Maßbänder sind meist 1,50 m lang und in Zentimeter und Millimeter eingeteilt

Mit Klebeband werden die Straminkanten eingefaßt. Es ist in verschiedenen Breiten erhältlich

Eine Schneiderschere braucht man, um den Stramin zuzuschneiden. Auch Modelle für Linkshänder sind erhältlich

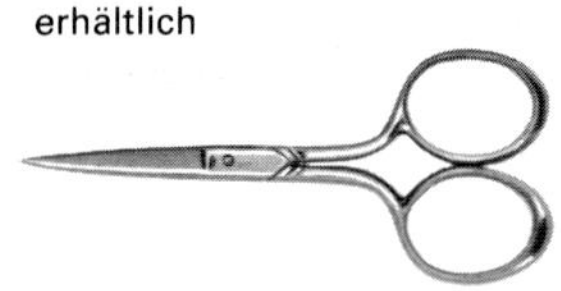

Die Stickschere ist klein mit scharfen Spitzen und für feine Arbeiten unentbehrlich

Der Einfädler erleichtert das Einfädeln von Fäden aller Art

Mit einer Lupe kann man selbst feinste Arbeiten sticken, ohne die Augen zu überanstrengen

Sticharten der Tapisserie

Allgemeine Hinweise
Stichspannung und Deckungsfähigkeit des Garns
Grundtechnik
Diagonalstiche
Geradstiche
Gekreuzte Stiche
Kombinierte Stiche
Schlingenstiche
Weitere Sticktechniken

Allgemeine Hinweise

Der kleine schräge Gobelinstich, auch halber Kreuzstich genannt (siehe unten), ist der gebräuchlichste Grundstich der Straminstickerei.

Es gibt aber noch viele andere Stiche, die alle ein charakteristisches Aussehen haben und verschieden angewendet werden. Je mehr Sticharten man beherrscht, desto abwechslungsreicher und individueller kann man eine Stickerei gestalten.

Auf den folgenden 40 Seiten wird eine Vielzahl an Stichen beschrieben. Sie sind in Gruppen zusammengefaßt, und zwar nach der Richtung, in der der Arbeitsfaden verläuft. Es gibt fünf Gruppen: Diagonalstiche, Geradstiche, gekreuzte Stiche, kombinierte Stiche und Schlingenstiche. Zur Verdeutlichung des Ablaufs ist der Schritt-für-Schritt-Erklärung jeweils ein Foto des fertigen Stichs in Originalgröße beigefügt.

Die Technik eignet man sich am besten an, indem man die einzelnen Stiche nachstickt. So merkt man auch, welche Stiche schnell zu arbeiten sind, welche mehr Zeit verlangen und wieviel Garn sie jeweils benötigen. Es empfiehlt sich, die Stiche auf einem Mustertuch zu arbeiten, nach dem man später die Stiche für ein Projekt wählen kann. Auf Seite 162 sind weitere Hinweise zur Stichauswahl für bestimmte Muster zu finden. Für das Mustertuch verwendet man am besten Wollstickgarn auf einfädigem Dreherstramin. Diese Kombination eignet sich für die meisten Stiche; nur einige wenige müssen auf zweifädigem Stramin gearbeitet werden.

Die Garnstärke hängt von der Stichart ab. Beispiele für richtige und falsche Stichspannung und -stärke sind rechts abgebildet; allgemeine Sticktechniken werden auf der gegenüberliegenden Seite beschrieben. Die Stiche in diesem Abschnitt sind für Rechtshänder dargestellt. Wie man sie als Linkshänder ausführt, ist auf Seite 161 erklärt.

Stichspannung und Deckungsfähigkeit des Garns

Wesentlich für die Straminstickerei sind die korrekte Stichspannung und Garnstärke.

Nur durch die richtige Fadenspannung erhält man ein gleichmäßiges Stickbild. Ist sie zu locker, verschieben sich die Stiche und lassen den Stramin durchscheinen. Dies wirkt sich auch ungünstig auf die Haltbarkeit der Stickerei aus; die lockeren Fäden können viel eher hängenbleiben und ausreißen. Eine zu starke Stichspannung verzieht die Gewebefäden des Stramins; auch wird das Stickgarn durch die starke Dehnung dünner, so daß die Stiche den Stramin nicht mehr vollständig bedecken. Das Ergebnis ist in der Abbildung ganz unten links zu sehen.

Die richtige Garnstärke wird sowohl durch die Anzahl der Gewebekaros bzw. -fäden als auch durch den jeweiligen Stich bestimmt. Im allgemeinen gilt, je weniger Karos/cm (d.h. je größer die Löcher) und je länger der Stich, desto stärker sollte das Garn sein. Sollten verschiedene Stichgrößen und -arten auf der gleichen Stickarbeit kombiniert werden, muß man meist auch mit verschiedenen Garnstärken arbeiten.

Die unten gezeigten Stiche sind auf Dreherstramin mit vier Gewebekaros/cm gestickt. Die Deckung ist im ersten Beispiel gut, weil die Stichspannung korrekt ist. In der Abbildung darunter ist die Spannung zu straff. Bei beiden senkrechten Gobelinstichen (rechts daneben) ist die Stichspannung richtig, aber das dünnere Garn im zweiten Musterbeispiel deckt den Stramin nicht richtig ab.

Spannung/Stärke richtig

Spannung/Stärke richtig

Zu feste Spannung

Zu dünnes Garn

Grundtechnik

Einige Arbeitstechniken betreffen alle Stiche der Straminstickerei. Dazu gehören die Teilung der Garnfäden und das Einfädeln (siehe *Stickerei*). Der Arbeitsfaden sollte höchstens 50 cm lang sein; ein längerer Faden scheuert sich während der Arbeit ab. Die Garnstärke bzw. Anzahl der Fäden hängt von der Stichart und vom Stramin ab (siehe gegenüberliegende Seite).

In der Straminstickerei gibt es spezielle Methoden, die Fadenenden zu sichern. Zu Beginn läßt man etwa 3–5 cm Faden auf der Rückseite liegen. Dieses Fadenende hält man fest am Stramin und überstickt es mit den ersten Stichen. Wenn das Fadenende fest vernäht ist, kann der Rest abgeschnitten werden. Ist der Faden verbraucht, sticht man auf die Rückseite durch und zieht den Faden durch die letzten Stiche. Dann wird der Fadenrest abgeschnitten. Anfang und Ende der Fäden sollten so über die Stickerei verteilt werden, daß nicht alle Verdikkungen nebeneinanderliegen.

Die Stiche unterscheiden sich durch die Art, in der das Garn um die Gewebefäden gelegt wird. Damit das Garn sauber aufgestickt werden kann, muß der Stramin während des Stickvorgangs richtig gehalten werden. Für die meisten Stiche wird der Stramin so gehalten, daß die Längsfäden (Kettfäden) senkrecht zum Körper verlaufen; eine der offenen Kanten wird als oben bezeichnet. Bei einigen Stichen ist es erforderlich, den Stramin während des Stickvorganges um 180 Grad zu drehen. Manchmal wird er, etwa beim Gobelinstich (wie auf Seite 121 gezeigt), für jede neue Reihe gedreht. Wenn die Stickerei beendet ist, liegen dennoch alle Stiche in der gleichen Richtung. Gelegentlich wird der Stoff nur um 90 Grad gedreht, beispielsweise, um eine besondere Oberflächenstruktur (S. 163) zu schaffen. Meist geschieht es jedoch nur, um den Stickvorgang bei einigen Stichen zu erleichtern, wie etwa beim Dreieckstich (S. 155), bei dem das Garn nacheinander in vier gegenläufige Richtungen gelegt wird.

Die Abbildungen dieses Kapitels zeigen fast alle Stiche auf einfädigem Stramin gestickt. Das heißt jedoch nicht, daß sie nur auf dieser Straminart gearbeitet werden können; wo es notwendig ist, einen besonderen Stramin zu verwenden, wird dies ausdrücklich vermerkt. Die Abbildungen zeigen auch nur eine Art der Nadelführung, bei der der Einstich und der Ausstich in einem Arbeitsgang ausgeführt werden. Bei der anderen Methode wird die Nadel nach hinten durchgestochen und dann in einem zweiten Arbeitsgang wieder nach vorne geholt. Diese Methode empfiehlt sich, wenn mit einem Rahmen gestickt wird, da es sehr schwierig ist, die erste beim straff gespannten Stoff anzuwenden.

Die Arbeitsmethoden sind unten abgebildet. Bei beiden besteht die Gefahr, daß das Garn zu stark gedreht wird. Stark verdrehtes Garn verursacht Schlingen und Knoten und wirkt auch dünner. Um den Faden wieder aufzudrehen, läßt man ihn von Zeit zu Zeit mit der Nadel frei durchhängen, bis er wieder glatt ist.

Fadenenden sichern

Anfangs 3–5 cm Faden auf Rückseite liegen lassen; diese mit den ersten Stichen fassen, dann Rest abschneiden

Am Ende des Fadens nach hinten durchstechen. Faden auf der Rückseite durch einige Stiche ziehen, dann den Rest abschneiden

Wie man den Stramin hält

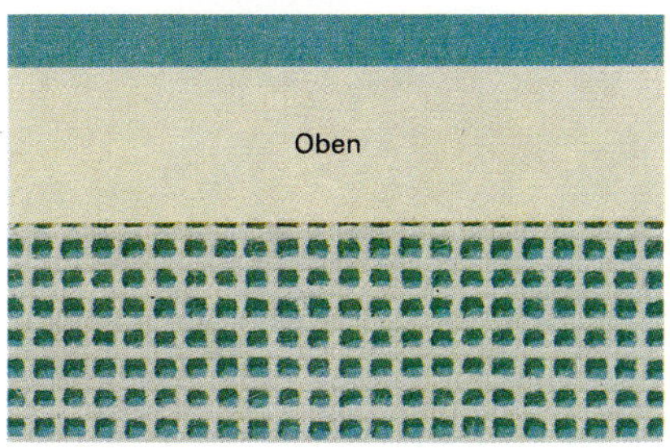

Stramin so halten, daß die obere (offene) Kante oben ist. Entsprechende Kante vor Arbeitsbeginn bezeichnen

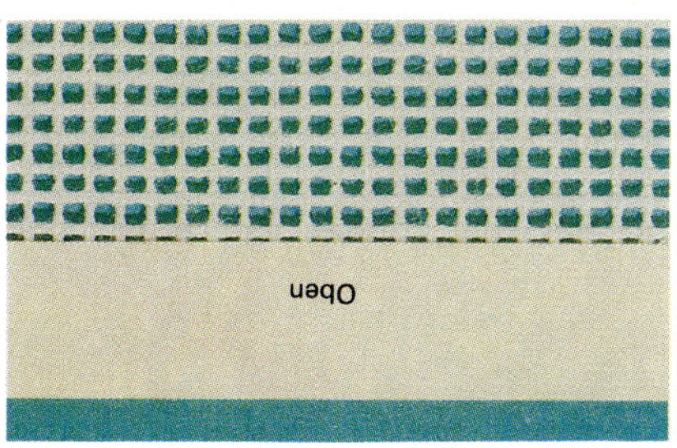

Bei einigen Stichen wird der Stramin um 180 Grad gedreht. Beim Gobelinstich (S. 121) den Stramin nach jeder Reihe drehen

Nadelführung

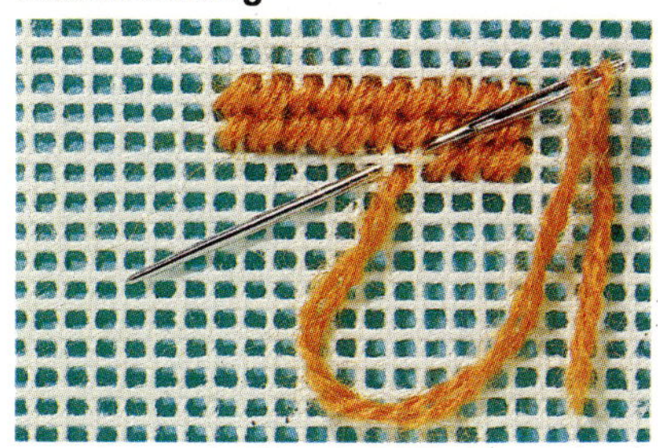

Einhändiges Sticken: 1. Nadel in einem Arbeitsgang ein- und ausstechen. Ausstich ist Ausgangspunkt des neuen Stiches

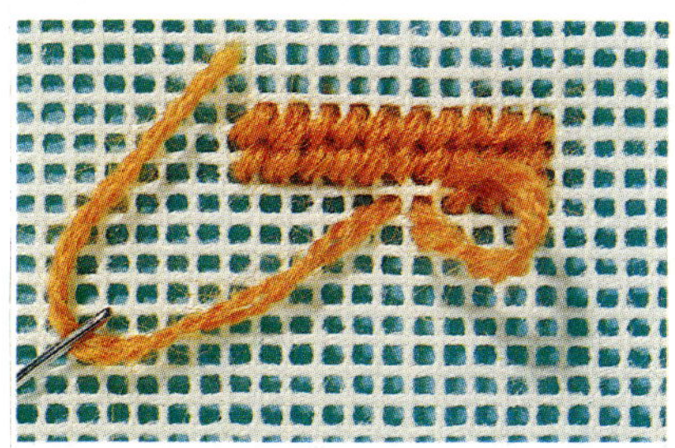

2. Anschließend werden Nadel und Faden durchgezogen; so wird das Garn über die entsprechenden Gewebefäden gelegt

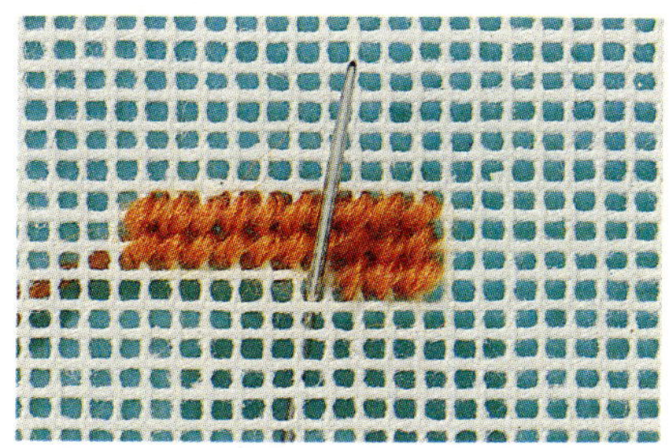

Beidhändiges Sticken: 1. 2 Arbeitsgänge für einen Stich erforderlich. Von hinten ausstechen, dann Nadel und Faden durchziehen

2. Einstechen und von hinten Nadel und Faden durchziehen. Garn wird erst beim zweiten Arbeitsgang um die Gewebefäden gelegt

Tapisserie · Sticharten

Diagonalstiche

Die Diagonalstiche werden als Gruppe zusammengefaßt, weil sie alle schräg über die Gewebefäden gestickt werden. Zu dieser Gruppe gehören auch die Gobelinstiche, die bekanntesten und am häufigsten verwendeten Stiche in der Straminstickerei. Sie ergeben eine gleichförmige Oberfläche, die für jedes Muster geeignet ist. Alle anderen Diagonalstiche haben ein charakteristisches Aussehen. Welche Diagonalstiche man wählt, hängt davon ab, ob sie von der Größe und Struktur her zum Muster passen, ist aber auch weitgehend eine Frage des persönlichen Geschmacks.

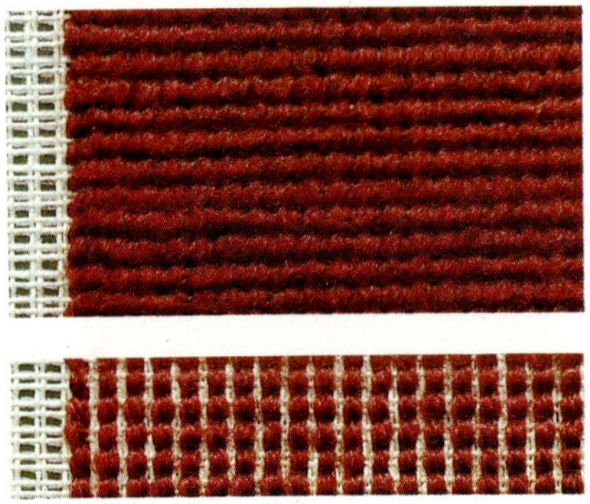

Halber Kreuzstich (Vorder- und Rückseite)

Gobelinstich (Vorder- und Rückseite)

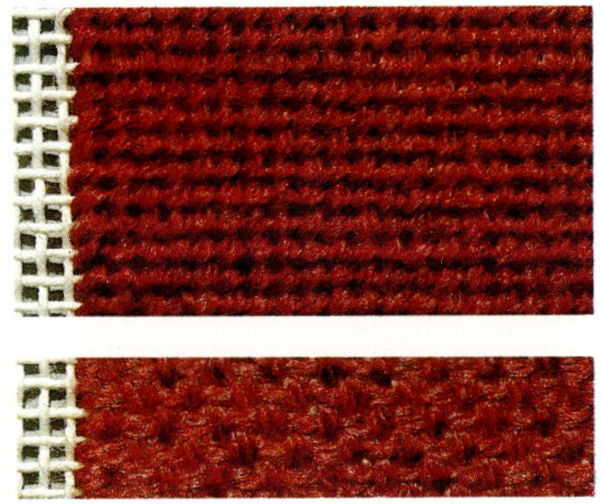

Gobelinstich diagonal (Vorder- und Rückseite)

Gobelinstiche

Die Gobelinstiche sind schräge Stiche über ein Fadenkreuz. Es gibt verschiedene Methoden, sie zu arbeiten. In senkrechten, waagrechten und diagonalen Reihen gestickt, ergeben sie eine haltbarere Stickerei als die halben Kreuzstiche. Dies erkennt man auch an der dichten Struktur der Rückseite der Stickarbeit. Halbe Kreuzstiche sollten nicht auf einfädigem Stramin gearbeitet werden, da sie leicht über den Fadenkreuzen dieser Straminart verrutschen.

Halber Kreuzstich (waagrecht): Oben links beginnen und jede Reihe von links nach rechts arbeiten. Bei 1 aus- und bei 2 wieder einstechen. Am Ende jeder Reihe den letzten Stich arbeiten und die Nadel auf der Rückseite lassen. Dann den Stramin um 180 Grad drehen und die neue Reihe direkt über der ersten sticken

Stramin um 180 Grad gedreht

Halbe Kreuzstiche (senkrecht gestickt): Unten rechts beginnen und alle Reihen von unten nach oben arbeiten. Bei 1 aus- und bei 2 einstechen. Am Ende jeder Reihe den letzten Stich arbeiten und die Nadel auf der Rückseite lassen. Den Stramin um 180 Grad drehen und die neue Reihe neben der ersten sticken

Stramin um 180 Grad gedreht

Gobelinstich (in waagrechten Reihen gearbeitet): Oben rechts beginnen und jede Reihe von rechts nach links arbeiten. Bei 1 aus- und bei 2 einstechen. Am Reihenende den letzten Stich arbeiten und die Nadel auf der Stoffrückseite lassen. Dann den Stramin um 180 Grad drehen und die nächste Reihe direkt über der ersten arbeiten

Stramin um 180 Grad gedreht

Gobelinstich (in senkrechten Reihen gearbeitet): Oben rechts beginnen und jede Reihe von oben nach unten arbeiten. Bei 1 aus- und bei 2 einstechen. Nach dem letzten Stich der Reihe die Nadel auf der Stoffrückseite lassen. Dann den Stoff um 180 Grad drehen und die nächste Reihe direkt neben der ersten arbeiten

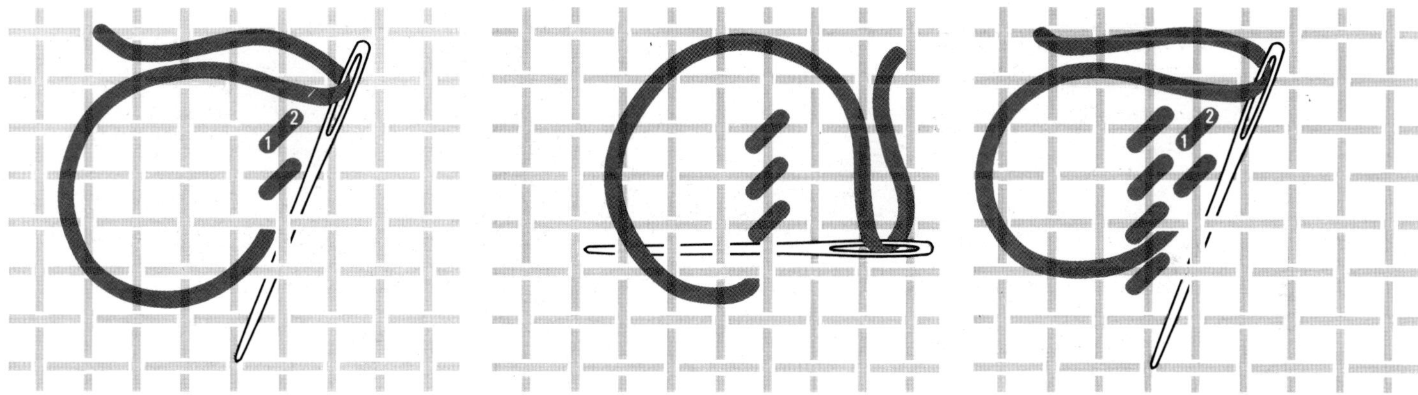

Stramin um 180 Grad gedreht

Gobelinstich (diagonal gearbeitet): Die Reihen abwechselnd nach unten und nach oben arbeiten. Bei 1 aus- und über ein Fadenkreuz bei 2 einstechen. Um nach unten zu arbeiten, die Nadel zwischen den Stichen senkrecht führen; direkt unter dem letzten Stich den ersten der neuen, nach oben verlaufenden Reihe arbeiten. Um nach oben zu sticken, die Nadel zwischen den Stichen waagrecht führen; neben den letzten Stich den ersten der neuen, nach unten verlaufenden Reihe sticken. Zum Schluß die Ecke über der ersten Reihe ausfüllen

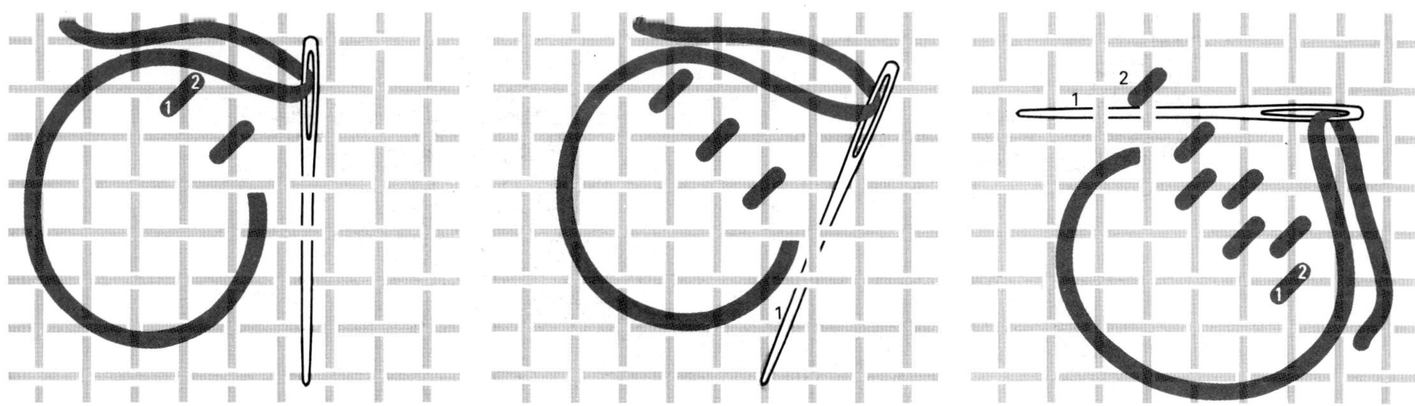

Tapisserie · Sticharten

Diagonalstiche

Verlängerter Gobelinstich

Ineinandergreifender verlängerter Gobelinstich

Verlängerte Gobelinstiche

Die verlängerten Gobelinstiche werden beide in der gleichen Weise gestickt und können im gleichen Maße in der Größe variieren (siehe unten). Durch die jeweilige Anordnung der Stichreihen unterscheiden sie sich jedoch stark voneinander. Jede Reihe des einfachen verlängerten Gobelinstichs wird einzeln gestickt; so entsteht eine klare Reihenstruktur. Die Reihen des ineinandergreifenden verlängerten Gobelinstichs überschneiden sich und ergeben somit eine geschlossene Oberfläche.

Verlängerter Gobelinstich Oben rechts beginnen und die Reihen abwechselnd von rechts nach links und von links nach rechts arbeiten. Bei 1 aus- und bei 2 einstechen. Der Abstand zwischen 1 und 2 beträgt 2–5 Querfäden und 1–2 Längsfäden. In der Abbildung rechts ist der Abstand 2 Querfäden und ein Längsfaden. Am Ende jeder Reihe die Stickrichtung wechseln. Punkt 1 der Stiche der neuen Reihe liegt eine Stichlänge unterhalb von Punkt 1 der ersten Reihe

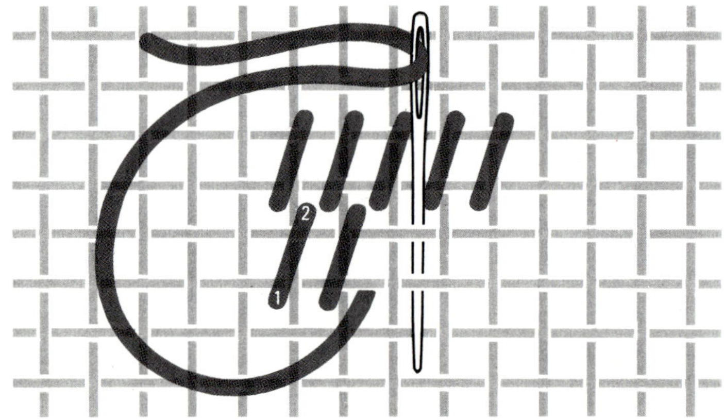

Ineinandergreifender verlängerter Gobelinstich Oben rechts beginnen und die Reihen abwechselnd von rechts nach links, dann von links nach rechts arbeiten. Bei 1 aus- und bei 2 einstechen. Der Abstand zwischen 1 und 2 variiert wie beim einfachen verlängerten Gobelinstich. Hier beträgt er 3 Querfäden und einen Längsfaden. Am Ende jeder Reihe die Stickrichtung ändern. Punkt 2 der Stiche der neuen Reihe liegt ein Loch oberhalb und rechts von Punkt 1 der ersten Reihe

Byzantinischer Stich

Jacquardstich

Der byzantinische Stich

Der byzantinische Stich und seine Variante, der Jacquardstich, bilden kräftige, treppenartige Diagonalmuster. Jeder byzantinische Stich ist lang und schräg; beim Jacquardmuster wechseln Reihen von langen byzantinischen Stichen mit Reihen im kurzen Gobelinstich. Die Größe und Länge der Stiche können variieren (siehe unten). Beide sind ideal für die Gestaltung des Hintergrundbereichs. Um das zweifarbige Muster zu sticken, wechselt man einfach nach jeder Reihe die Garnfarbe.

Byzantinischer Stich In der linken oberen Ecke beginnen. Die erste Reihe diagonal in Stufen nach unten arbeiten. Jede Reihe besteht aus Wiederholungen von 6 oder 8 Stichen (hier 6). Die Hälfte (hier 3) wird waagrecht nebeneinander gestickt, die andere Hälfte senkrecht, um die Stufen zu bilden. Alle Stiche über 2–4 Straminfäden (hier 2) sticken. Die folgenden Reihen wechselweise nach oben und nach unten arbeiten. Die Stiche der zweiten Reihe denen der ersten anpassen (Abb. ganz rechts)

Jacquardstich Zwischen den Reihen im byzantinischen Stich wird hier jeweils ein Fadenkreuz frei gelassen. In diese Zwischenräume werden Gobelinstiche (S. 121) gearbeitet. Alle Reihen von unten nach oben arbeiten, dabei nach jeder Reihe die Stickarbeit um 180 Grad drehen. Die waagrechten Reihen wie gewohnt arbeiten, d. h. bei 1 aus- und bei 2 einstechen. Bei den senkrechten Reihen umgekehrt vorgehen, d. h. bei A aus- und bei B einstechen

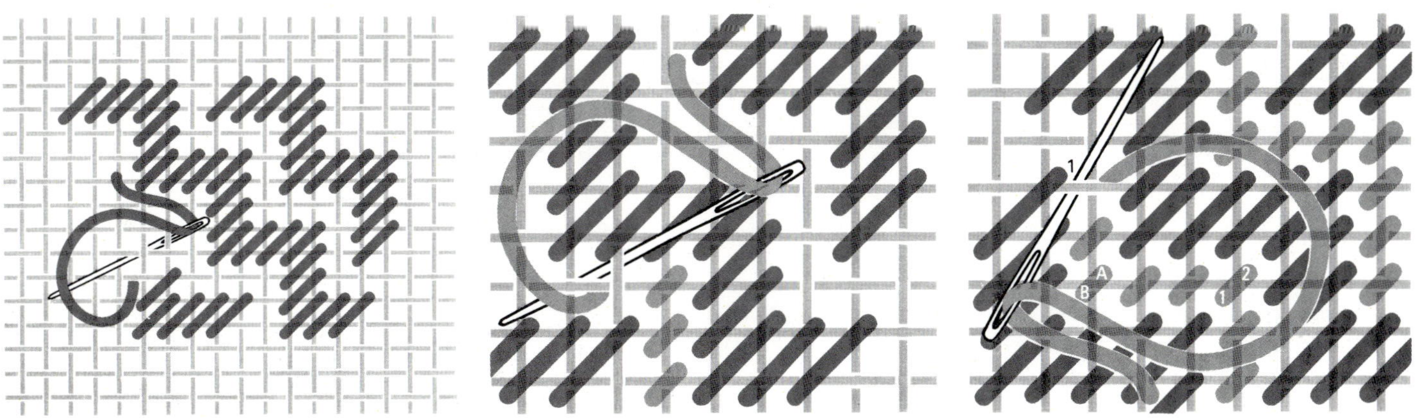

Stramin um 180 Grad gedreht

Tapisserie · Sticharten

Diagonalstiche

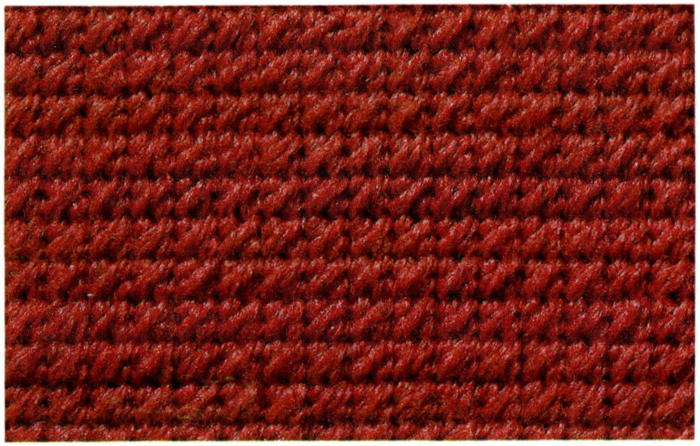
Mosaikstich

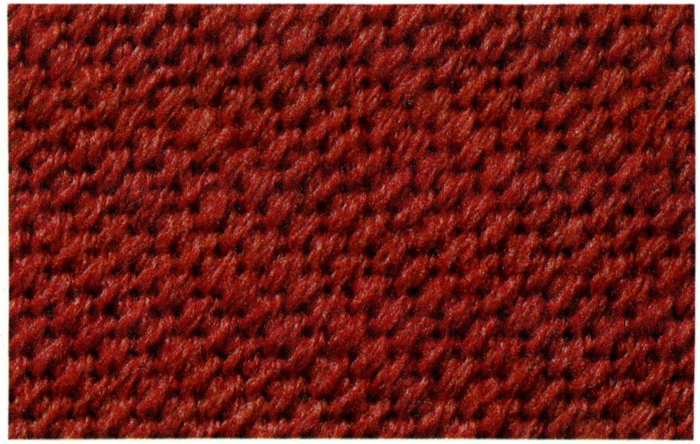
Dichter Mosaikstich

Der Mosaikstich

Durch die Wiederholung von drei Stichen entsteht beim Mosaikstich ein blockähnliches Muster. Sie können in waagrechten und in diagonalen Reihen gestickt werden. Verwendet man nur eine Garnfarbe, ergeben beide Methoden das gleiche Bild, mit zwei Farben entstehen jedoch sehr unterschiedliche Muster (S. 160). Beim dichten Mosaikstich werden zwei Stiche wiederholt; so entsteht eine dichtere Oberfläche. Er wird stets diagonal gearbeitet. Beide Stiche sind sowohl für kleine als auch für große Flächen geeignet.

Mosaikstich (waagrecht gestickt): Oben rechts beginnen. Die Reihen von rechts nach links arbeiten. Jede besteht aus wiederholten Blöcken von 3 Stichen. Block wie folgt arbeiten: Einen Gobelinstich von 1 nach 2, einen Stich über 2 Fadenkreuze von 3 nach 4, dann noch einen Gobelinstich von 5 nach 6 sticken. Nächsten Block ein Loch weiter nach links beginnen. Am Reihenende die Nadel auf der Stoffrückseite lassen und den Stramin um 180 Grad drehen. Blöcke der nächsten Reihe nach der ersten ausrichten

Stramin um 180 Grad gedreht

Mosaikstich (diagonal gestickt): Oben links beginnen und die erste Reihe diagonal nach rechts unten arbeiten. Die folgenden Reihen abwechselnd nach oben und nach unten sticken; zuerst den oberen, dann den unteren Bereich füllen. Jede Reihe besteht aus Wiederholungen der Stichblöcke (Folge 1–6), die schräg untereinander angeordnet werden; zwischen ihnen bleibt ein Loch frei. Am Ende der Reihe die Stickrichtung wechseln. Die neuen Blöcke nach oben zwischen die der Vorreihe sticken

Dichter Mosaikstich Links oben beginnen. Die erste Reihe diagonal nach rechts unten, die folgenden Reihen abwechselnd nach oben und nach unten arbeiten. Zuerst den oberen Bereich, dann den unteren füllen. In jeder Reihe wechselweise einen Gobelinstich von 1 nach 2 und einen langen Spannstich über 2 Fadenkreuze von 3 nach 4 sticken. Am Ende jeder Reihe die Stickrichtung wechseln. In der nächsten Reihe stoßen die Gobelinstiche an die langen Stiche der Vorreihe

Schottischer Stich

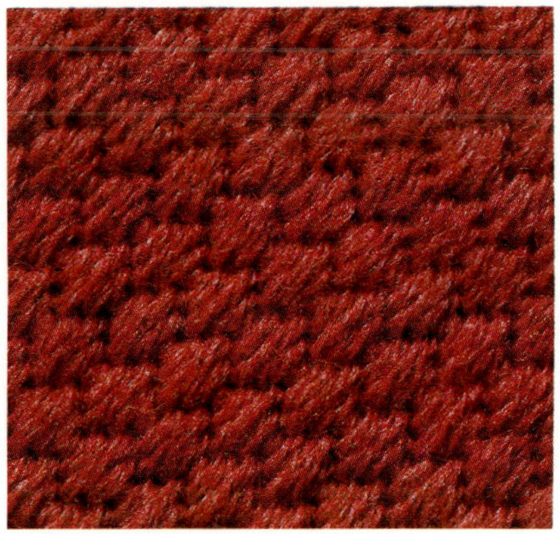
Dichter schottischer Stich

Schachbrettstich

Der schottische Stich

Wie der Mosaikstich ergibt der schottische Stich, in waagrechten und in diagonalen Reihen gestickt, ein Blockmuster. Die Blöcke bestehen aus fünf, seltener aus drei Stichen. Der dichte schottische Stich wird immer diagonal in Gruppen von vier, seltener fünf Stichen gestickt. Bei der Schachbrettstich genannten Variante wechseln Blöcke im schottischen Stich mit gleich großen Blöcken im Gobelinstich ab. Die schottischen Stiche sind etwas größer als die Mosaikstiche und für kleine Bereiche nicht geeignet.

Schottischer Stich (waagrecht gestickt): Oben rechts beginnen; von rechts nach links arbeiten. Jede Reihe besteht aus sich wiederholenden Blöcken zu je 5 Stichen. Für jeden Block einen Gobelinstich von 1 nach 2, je einen Stich über 2 Fadenkreuze von 3 nach 4, über 3 Fadenkreuze von 5 nach 6 und über 2 Fadenkreuze von 7 nach 8, dann einen Gobelinstich von 9 nach 10 sticken. Den nächsten Block links anschließen. Am Ende jeder Reihe den Stramin um 180 Grad drehen. Die nächste Reihe genau nach der ersten ausrichten

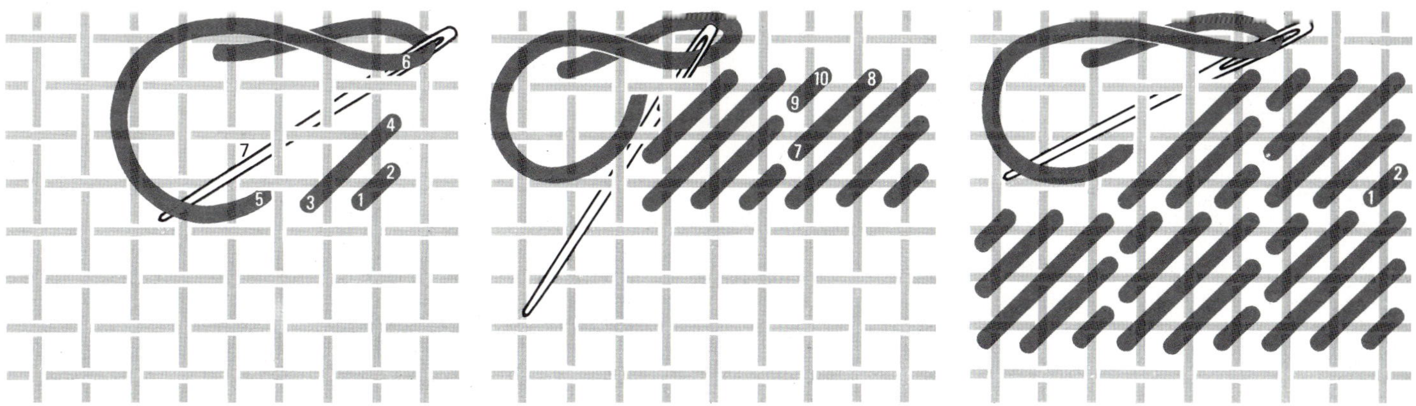

Stramin um 180 Grad gedreht

Tapisserie · Sticharten

Diagonalstiche

Schottischer Stich (diagonal gestickt): Oben links beginnen. Die erste Reihe schräg nach unten rechts, die übrigen abwechselnd nach oben und unten arbeiten. Zuerst den Bereich oben rechts, dann den unteren linken füllen. Jede Reihe besteht aus Blöcken (Folge 1–10). Die Blöcke schräg untereinander anordnen; dazwischen je ein Straminloch frei lassen. Am Ende jeder Reihe die Stickrichtung wechseln und die Blöcke der neuen Reihe zwischen die der ersten arbeiten

Dichter schottischer Stich Oben links beginnen. Die erste Reihe nach rechts unten, die nachfolgenden abwechselnd nach oben und nach unten arbeiten. Zuerst den oberen, dann den unteren Bereich füllen. Für jede Reihe folgende 4 Stiche wiederholen: einen Gobelinstich (1–2), je einen Stich über 2 Fadenkreuze (3–4), über 3 Fadenkreuze (5–6) und über 2 Fadenkreuze (7–8). Am Reihenende die Stickrichtung wechseln. In der nächsten Reihe stoßen die Gobelinstiche an die längsten Stiche der Vorreihe

Schachbrettstich Oben rechts beginnen und stets von rechts nach links arbeiten. Für jede Reihe Blöcke abwechselnd im schottischen Stich und im Gobelinstich sticken. Mit schottischen Stichen beginnen, dann Gobelinstiche über eine gleich große Fläche sticken (3 × 3 Fadenkreuze). Für die in diagonalen Reihen gestickten Gobelinstiche (S. 121) die Folge A bis I sticken. Am Ende der Reihe den Stramin um 180 Grad drehen. In der neuen Reihe Gobelinstiche oberhalb der Blöcke im schottischen Stich und umgekehrt sticken

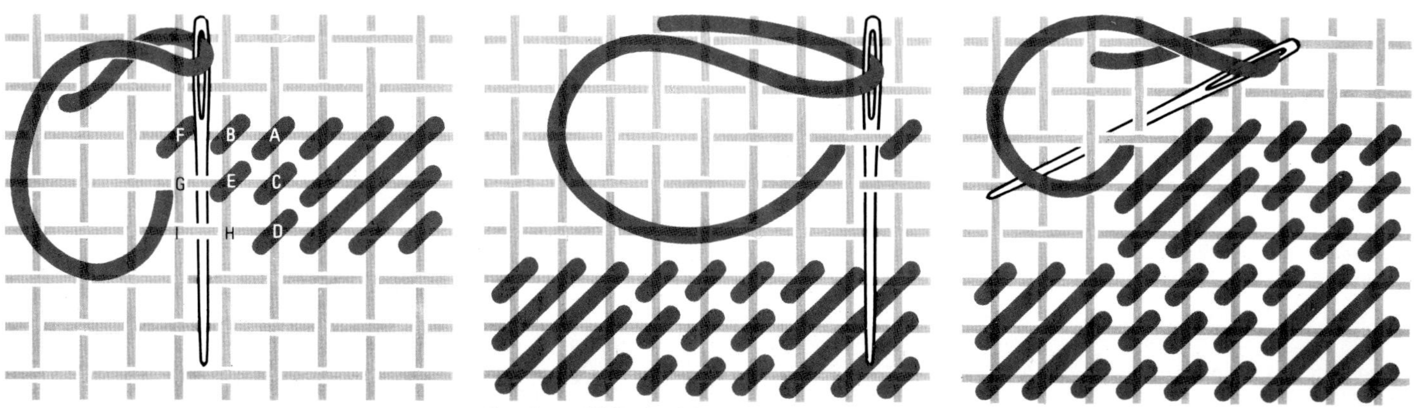

Stramin um 180 Grad gedreht

Stramin um 180 Grad gedreht

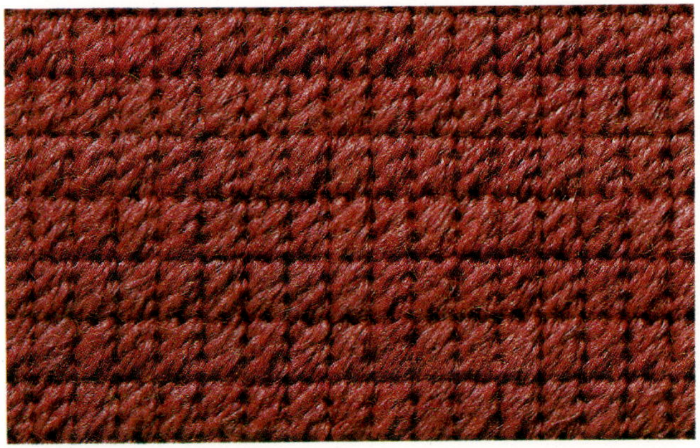

Kaschmirstich

Dichter Kaschmirstich

Der Kaschmirstich

Kaschmirstiche bilden wie Mosaikstiche und schottische Stiche blockähnliche Muster auf dem Stramin; die Blöcke sind hier jedoch rechteckig und nicht wie bei den anderen quadratisch. Jeder Block von Kaschmirstichen besteht aus vier Einzelstichen. Die Reihen werden waagrecht oder diagonal gestickt. Beim dichten Kaschmirstich besteht ein Block aus drei Stichen; er wird stets diagonal gearbeitet. Kaschmirstiche sind für fast alle Musterteile geeignet, am besten jedoch für die Gestaltung des Hintergrunds.

Kaschmirstich (waagrecht gestickt): Oben rechts beginnen und stets von rechts nach links arbeiten. Jede Reihe besteht aus rechteckigen Blöcken, die durch je 4 Stiche gebildet werden. Für jede Gruppe folgende Stiche arbeiten: Einen Gobelinstich (1–2), dann 2 lange Stiche (3–4 und 5–6) über je 2 Fadenkreuze und wieder einen Gobelinstich (7–8). Den nächsten Block links neben dem ersten sticken. Am Ende jeder Reihe den Stramin um 180 Grad drehen. Die Blöcke der nächsten Reihe genau über die der Vorreihe sticken

Stramin um 180 Grad gedreht

Kaschmirstich (diagonal gestickt): Die erste Reihe von oben links nach unten rechts, die folgenden abwechselnd nach oben und nach unten arbeiten. Zuerst den oberen rechten Bereich, dann den unteren linken füllen. Für eine Gruppe von 4 Stichen die Folge 1 – 8 sticken. Jede Gruppe schräg neben der vorhergehenden sticken; dazwischen je ein Straminloch frei lassen. Am Ende jeder Reihe die Stickrichtung wechseln. Die Blöcke der neuen Reihe zwischen die der ersten arbeiten

Tapisserie · Sticharten

Diagonalstiche

Dichter Kaschmirstich Die erste Reihe oben links beginnen, die folgenden abwechselnd nach oben und nach unten arbeiten. Zuerst den oberen rechten Bereich, dann den unteren linken füllen. Jede Reihe besteht aus wiederholten Gruppen von 3 Stichen: einem Gobelinstich (1–2) und 2 langen Stichen über 2 Fadenkreuze (3–4 und 5–6). Am Ende jeder Reihe die Stickrichtung wechseln. Die Gruppen der nächsten Reihe zwischen denen der Vorreihe arbeiten

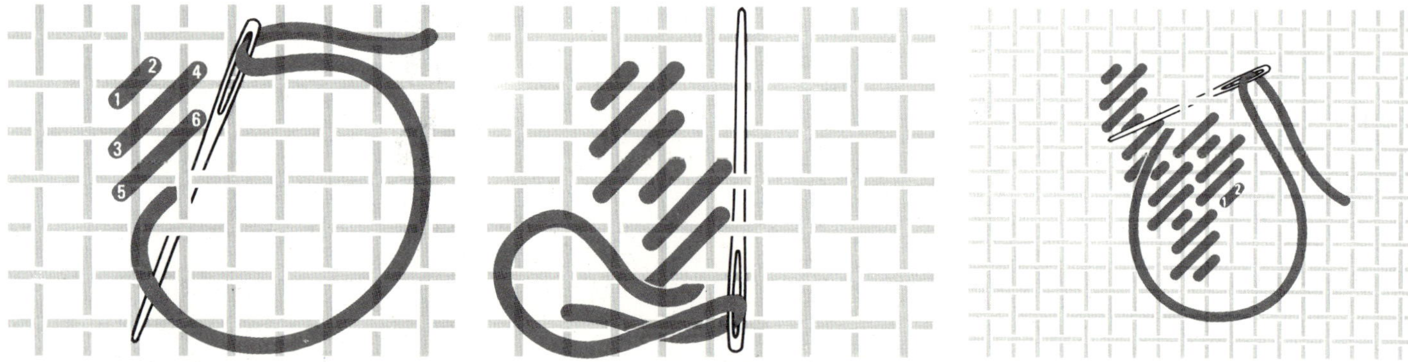

Mailänder Stich

Maurischer Stich

Der Mailänder Stich

Der Mailänder Stich und seine Variante, der maurische Stich, ergeben große, ausgeprägte Muster und sind für kleine Flächen nicht geeignet. Der Mailänder Stich setzt sich aus in Reihen gestickten Dreiecken zusammen. Beim maurischen Stich sind die Reihen so angelegt, daß dazwischen noch lange Diagonalstiche gestickt werden können. Wird der maurische Stich einfarbig gestickt, entsteht eine stufenartige Struktur. Verwendet man für die Diagonalstiche eine zweite Farbe, erhält man das links abgebildete Muster.

Mailänder Stich Die erste Reihe von links oben nach rechts unten, die nachfolgenden abwechselnd nach oben und nach unten arbeiten. Zuerst den oberen, dann den unteren Bereich füllen. In jeder Reihe wird eine Gruppe von 4 Stichen wiederholt, die zusammen ein Dreieck bilden. Für das Dreieck einen Gobelinstich (1–2) und 3 Stiche (3–4, 5–6 und 7–8) über je 2, 3 und 4 Fadenkreuze sticken. Die Stickrichtung am Reihenende wechseln. Die neuen Stichgruppen so anordnen, daß der Gobelinstich an den längsten Stich der Vorreihe anstößt; die Dreiecke umgekehrt sticken

Maurischer Stich Reihen im Mailänder Stich wie folgt anordnen: Oben links beginnen; die Reihen abwechselnd nach unten und nach oben arbeiten. Zuerst die obere Hälfte, dann die untere füllen. Die Dreiecke in jeder zweiten Reihe umgekehrt sticken und so anordnen, daß die jeweils längsten Stiche aneinander stoßen. Dadurch bleiben zwischen den Dreiecken Rechtecke offen, die in jeder Reihe abwechselnd waagrecht und senkrecht liegen

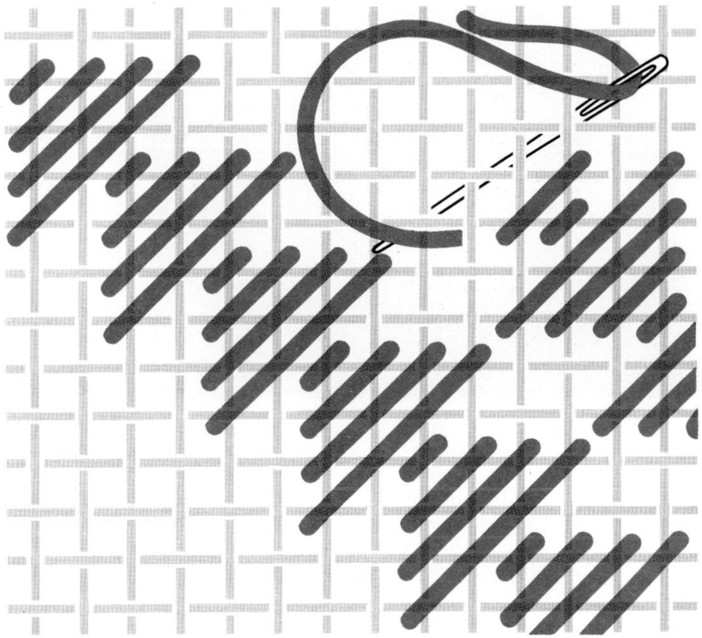

Die offenen Bereiche wie folgt füllen: Mit dem ersten offenen Rechteck in der oberen linken Ecke beginnen. Die Reihen diagonal abwechselnd nach unten und nach oben arbeiten, d. h. die senkrecht verlaufenden Rechtekke nach unten und die waagrechten nach oben. In jedem offenen Bereich 3 diagonale Stiche über je 2 Fadenkreuze sticken (1–2). In den senkrechten Rechtecken die Stiche untereinander, in den waagrechten Rechtecken nebeneinander arbeiten. Alle Stiche sollten schräg von links unten nach rechts oben verlaufen. All diese Stichgruppen stoßen an die Mailänder Stiche an. Werden ausgleichende Stiche (S. 161) gestickt, um die Randbereiche zu füllen, muß das Muster genau eingehalten werden

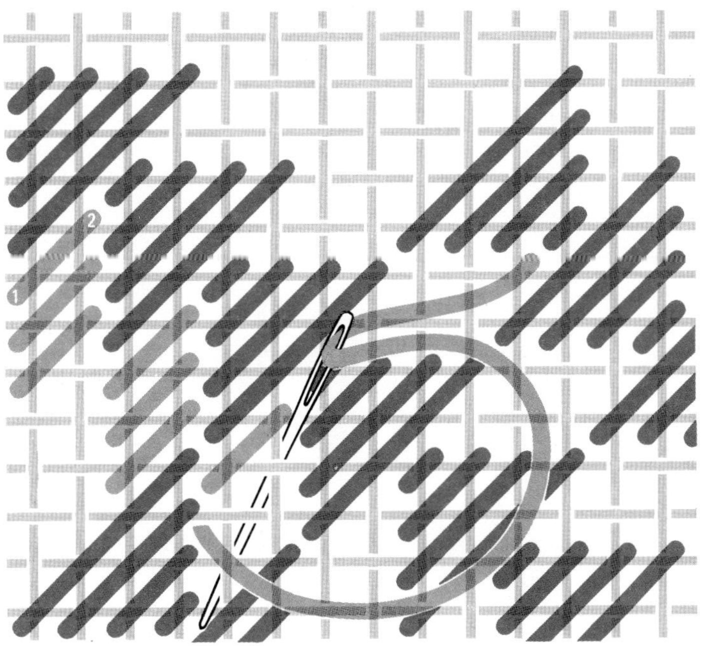

Tapisserie · Sticharten

Diagonalstiche

Kelimstich

Stengelstich

Der Kelimstich

Der Kelimstich und seine Abwandlung, der Stengelstich, bilden Muster, die wie gestrickt aussehen. Das Kelimstichmuster weist waagrechte Rippen auf; die vom Stengelstich gebildeten sind senkrecht. Beide Muster setzen sich aus Reihen diagonaler Stiche zusammen, wobei in jeder zweiten Reihe die Stiche entgegengesetzt verlaufen. Beim Stengelstich werden zwischen den Kelimstichreihen Rückstiche gearbeitet. Beide Stiche sind für große und kleine Musterbereiche geeignet; der Kelimstich wird auch für Teppiche verwendet.

Kelimstich Oben rechts beginnen und die Reihen abwechselnd von rechts nach links und von links nach rechts arbeiten. Jeder Stich wird über einen Querfaden und 2 Längsfäden des Stramins gestickt. Bei den von rechts nach links gestickten Reihen bei 1 aus- und bei 2 einstechen; um bei den von links nach rechts gestickten Reihen die Richtung zu wechseln, bei 3 aus- und bei 4 einstechen. Die Reihen direkt untereinander arbeiten

Stengelstich Oben links beginnen. Gruppen von je 3 Reihen arbeiten: Eine Reihe Diagonalstiche nach unten und eine nach oben arbeiten; als dritte Reihe Rückstiche (S. 138) von oben nach unten zwischen den ersten beiden arbeiten. Jeden Diagonalstich über 2 Fadenkreuze sticken. Die Stiche der ersten Reihe schräg nach links oben (1–2), die der zweiten schräg nach rechts oben (3–4) arbeiten. Die Rückstiche (A–B) über je einen Querfaden arbeiten. Nächste Folge rechts neben der ersten sticken

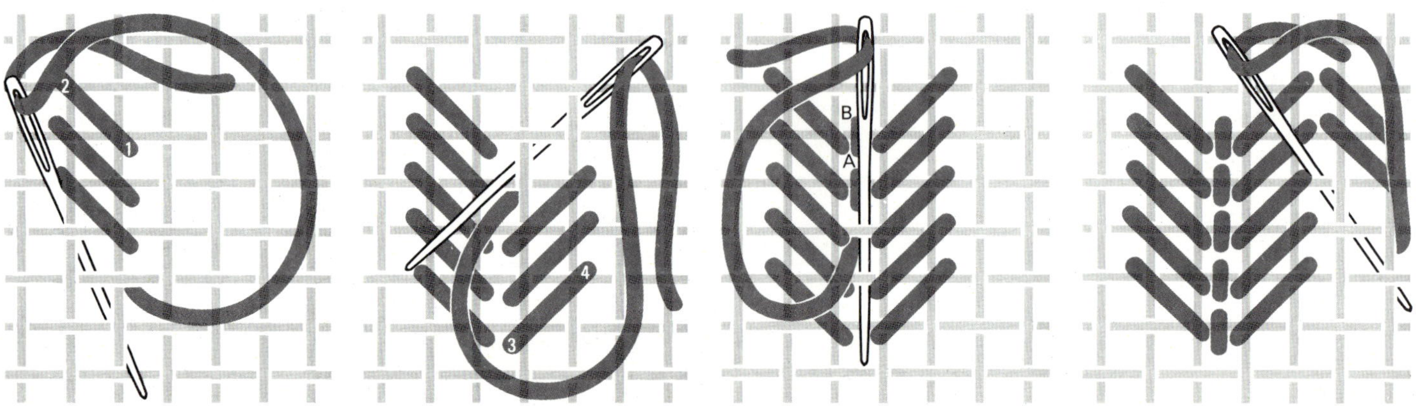

Geradstiche

Alle Stiche dieser Gruppe, mit Ausnahme des schräg gearbeiteten Rückstiches, verlaufen parallel zu den Gewebefäden, und zwar meist zu den Längs- oder Kettfäden. Nur der Stopfstich und der waagrecht gearbeitete Rückstich, die parallel zu den Schußfäden verlaufen, bilden eine Ausnahme. Zur Gruppe der Geradstiche gehören auch der Florentiner Stich und seine Varianten, welche die beliebten Zickzackmuster der Bargellostickerei bilden. Die besondere Technik der Bargello- oder Florentiner Stickerei wird auf Seite 173 ausführlicher behandelt.

Gerade Gobelinstiche

Der gerade Gobelinstich und der ineinandergreifende gerade Gobelinstich werden zwar ähnlich gearbeitet, sehen aber verschieden aus. Dies liegt an der jeweiligen Anordnung der Stichreihen. Der gerade Gobelinstich ergibt ein ausgeprägtes Reihenmuster, der ineinandergreifende gerade Gobelinstich dagegen eine geschlossene Oberfläche, da die Reihen sich überlappen. Beide Stiche können in der Länge variieren und sind daher für alle Musterbereiche geeignet.

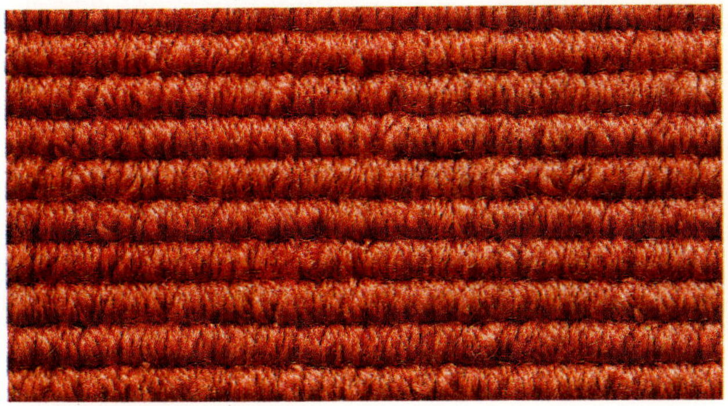

Gerader Gobelinstich

Ineinandergreifender gerader Gobelinstich

Gerader Gobelinstich Oben rechts beginnen und die Reihen abwechselnd nach links und nach rechts arbeiten. Für jeden Stich bei 1 aus- und bei 2 einstechen. Der Abstand zwischen 1 und 2 beträgt 2–5 Querfäden; hier sind es 2. Am Ende jeder Reihe die Stickrichtung wechseln. In der nächsten Reihe ist der Ausstichpunkt 1 genau eine Stichlänge unter dem der ersten Reihe

Ineinandergreifender gerader Gobelinstich Oben rechts beginnen und die Reihen abwechselnd von rechts nach links und von links nach rechts arbeiten. Für jeden Stich bei 1 aus- und bei 2 einstechen. Der Abstand zwischen 1 und 2 beträgt 2–5 Querfäden; hier sind es 3. Am Ende jeder Reihe die Stickrichtung wechseln. Der Einstich 2 der neuen Reihe liegt ein Gewebefaden über dem Ausstich 1 der Vorreihe und durchgehend entweder links oder rechts davon (hier liegt er links)

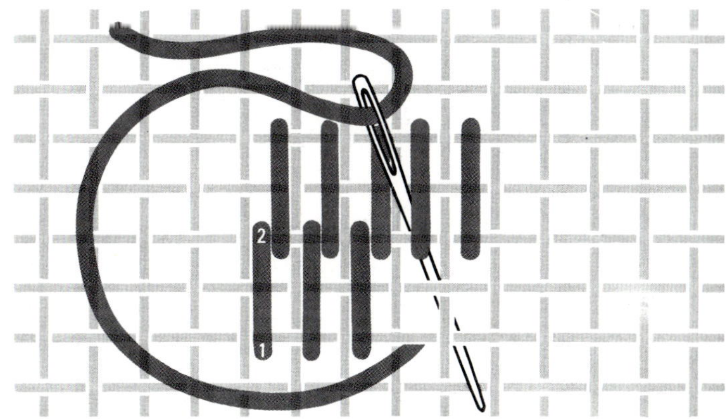

Tapisserie · Sticharten

Geradstiche

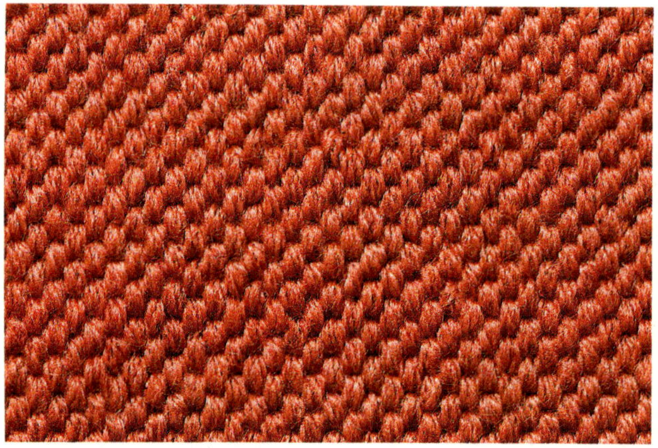

Versetzter gerader Gobelinstich

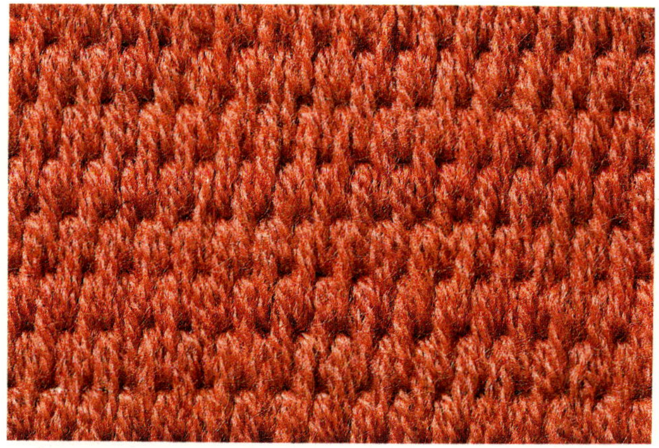

Gobelinfüllstich

Versetzte gerade Gobelinstiche

Der versetzte gerade Gobelinstich und der Gobelinfüllstich ergeben sehr ähnliche Muster. Jeder versetzte gerade Gobelinstich wird jedoch über nur zwei Straminfäden gestickt, der Gobelinfüllstich dagegen über sechs. Ähnlich sind bei beiden ebenfalls die Sticktechniken (siehe unten), die austauschbar sind. Nach der einen Methode, die hier für den versetzten geraden Gobelinstich verwendet wird, bildet jede Reihe ein Zickzackmuster. Nach der zweiten Methode, die hier für den Gobelinfüllstich angewendet wird, entsteht die Zickzacklinie erst nach zwei Reihen.

Versetzter gerader Gobelinstich Oben rechts beginnen und die Reihen abwechselnd nach links und nach rechts sticken. Jede Reihe wird über 3, der einzelne Stich jedoch nur über 2 Querfäden gearbeitet. Die Stichanordnung ist in jeder Reihe gleich: Der erste Stich wird über die beiden oberen Fäden gestickt, der zweite über die beiden unteren. Für alle Stiche bei 1 aus- und bei 2 einstechen. Am Ende jeder Reihe die Stickrichtung wechseln. Die Stiche der neuen Reihe stoßen an die der Vorreihe

Gobelinfüllstich Oben rechts beginnen und die Reihen abwechselnd nach links und nach rechts arbeiten. Für jeden Stich bei 1 aus- und über 6 Querfäden bei 2 einstechen. Zwischen allen Ein- bzw. Ausstichen bleibt jeweils ein Straminloch frei. An jedem Reihenende die Stickrichtung wechseln. Die Stiche der neuen Reihe so anordnen, daß die obere Hälfte zwischen den Stichen der Vorreihe liegt

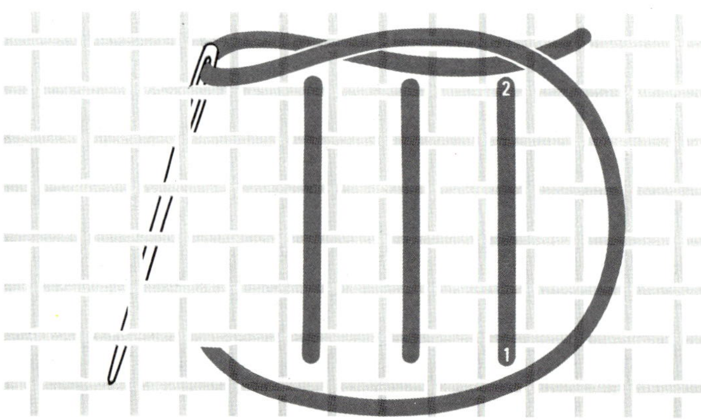

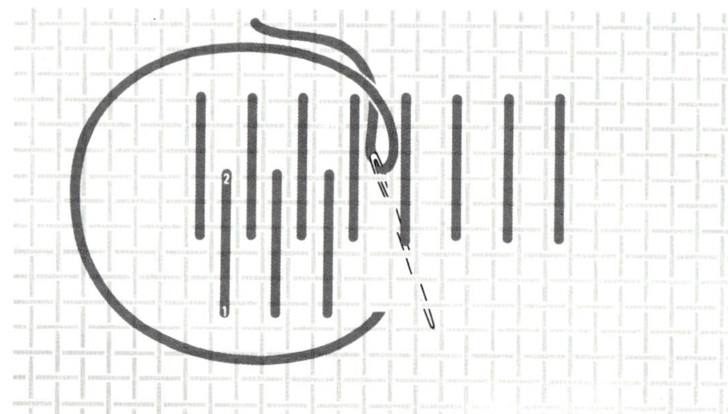

Florentiner Stich

Zwei Varianten des Florentiner Stiches

Florentiner Stiche

Die Zickzackmuster des Florentiner Stiches und seiner Varianten sind auch unter dem Namen Bargello bekannt. Die oberen Punkte der Zacken werden als Spitzen (Berge) bezeichnet, die unteren als Täler. Jede Reihe besteht aus Geradstichen, die diagonal nebeneinander im Zickzack angeordnet werden. Als Stufe wird die Anzahl der Querfäden zwischen zwei nebeneinanderliegenden Stichen bezeichnet. Stichlänge und Stufe werden durch eine Art Kurzschrift angegeben, und zwar in Form von zwei Ziffern mit einem Punkt dazwischen, z. B. 3.1, wobei die erste Ziffer die Stichlänge, die zweite die Stufenhöhe bezeichnet. Die Zahl für die Stufe ist immer kleiner als die für die Stichlänge. Das Florentiner Muster entsteht durch Veränderung der Stichlänge und der Stufenhöhe. In seiner Grundform bildet der Florentiner Stich ein gleichmäßiges Zackenmuster, das jedoch vielfach variiert werden kann. Zwei Varianten sind hier abgebildet; weitere Einzelheiten sind auf Seite 173 zu finden.

Florentiner Stich Die erste Reihe in 2 Arbeitsgängen waagrecht von der Mitte des Stramins aus nach links, dann nach rechts arbeiten. Die nachfolgenden Reihen oberhalb bzw. unterhalb der ersten in einem Arbeitsgang von der rechten zur linken Kante oder umgekehrt sticken. Die Stiche der neuen Reihen stoßen an die der Vorreihe. Ein Mustersatz umfaßt meist einige Reihen; hier sind es 3, wobei die zweite und dritte oberhalb der ersten liegen. In jeder Reihe liegen 3–8 Stiche zwischen Bergen und Tälern (hier 4). Die Stiche werden über 2–8 Querfäden gestickt (Stichlänge). Die Stufenhöhe muß mindestens einen Querfaden weniger als die Stichlänge sein. Die hier abgebildeten Stiche sind 4, die Stufen 2 Fäden lang (4.2)

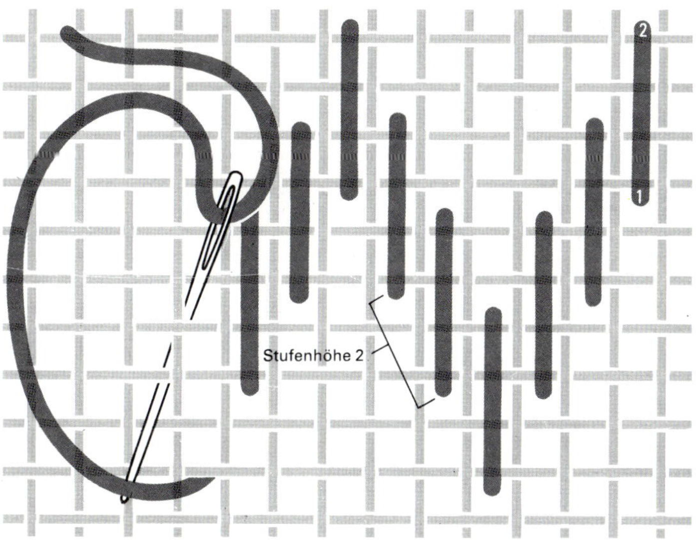

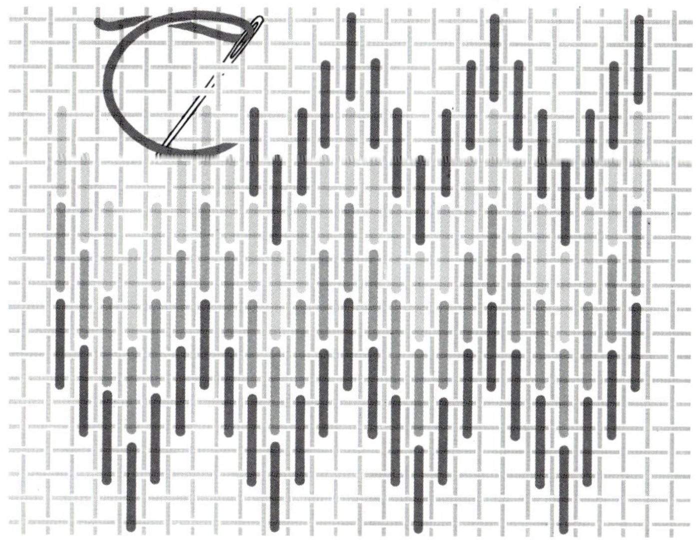

Tapisserie · Sticharten

Geradstiche

Eine Variante des Florentiner Stichs erzielt man durch verschiedene Berg- und Talgrößen. Dieses Grundmuster, das man nach Belieben abwandeln kann, heißt Flammenstich. Je mehr Stiche zwischen Berg und Tal gestickt werden, je länger sind diese Stiche, und je größer die Stufe zwischen den Stichen ist, desto steiler und höher ist die Spitze. Normalerweise sind alle Stiche einer Reihe gleich lang; die Stufe wird variiert, um eine unregelmäßig verlaufende Zackenlinie zu bilden. Die Stichlänge kann man in den nachfolgenden Reihen jeweils verändern, die jeweilige Stufenhöhe sollte aber beibehalten werden. Die nebenstehende Abbildung zeigt die erste Reihe; in der verkleinerten Darstellung rechts außen ist die erste Reihe die mittlere (dunkel). In jeder Reihe wird eine andere Stichlänge verwendet; die jeweilige Stufenhöhe ist in allen Reihen gleich

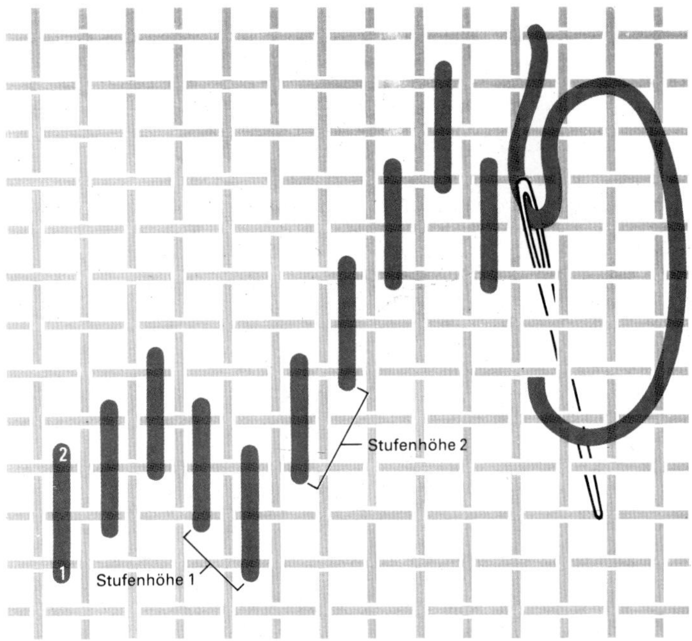

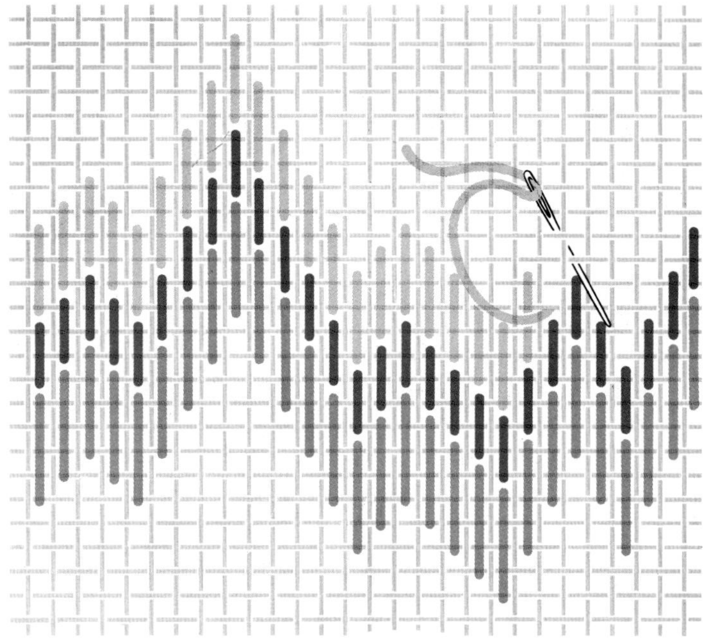

Eine weitere Variante des Florentiner Stiches besteht darin, die Spitzen und Täler durch die Verwendung von Stichblöcken abzurunden (die Abbildungen zeigen nur abgerundete Spitzen). Ein Block wird aus 2–6 Stichen gebildet. Die Anzahl der Blöcke für die Abrundung kann variieren. Je mehr Blöcke und je mehr Stiche pro Block gearbeitet werden, desto runder ist die Spitze. Alle Stiche eines Blockes sind gleich lang; die Stufenhöhe zwischen den Blöcken kann sich je nach Stichlänge verändern. Das Reihenmuster kann aus spitzen und abgerundeten Bergen und Tälern zusammengesetzt werden. Die Anlage der Berge und Täler in der ersten Reihe (der obersten Reihe in der Abbildung rechts außen) ist maßgebend für die anderen beiden Reihen, die Stichlänge muß aber nicht in allen Reihen gleich sein

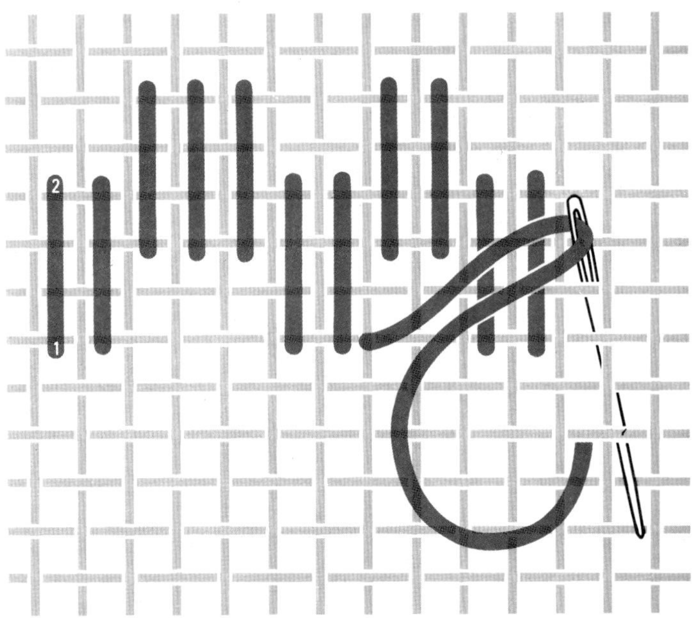

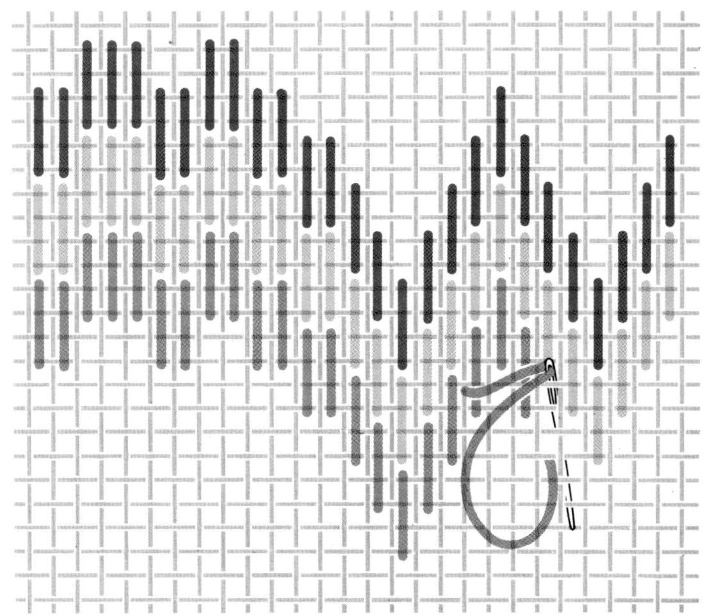

Ungarischer Stich

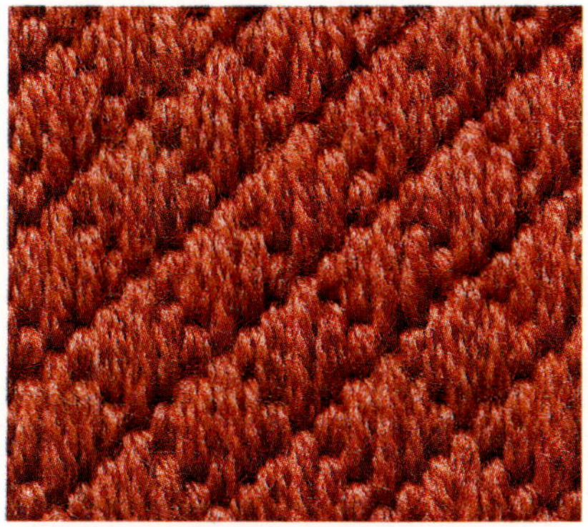

Ungarischer Karostich

Ungarischer Flächenstich

Der ungarische Stich

Der ungarische Stich und seine Variante, der ungarische Karostich, bilden ein Rautenmuster. Die Rauten des ungarischen Stiches bestehen aus je drei Stichen; beim ungarischen Karostich werden sie aus fünf Stichen gebildet und sind entsprechend größer. Für den ungarischen Flächenstich stickt man abwechselnd eine Reihe im ungarischen Stich und eine Reihe im Florentiner Stich. Alle drei Stiche sind besonders gut dafür geeignet, große Musterflächen oder Hintergrundbereiche zu füllen.

Ungarischer Stich Oben rechts beginnen; die Reihen abwechselnd nach links und nach rechts arbeiten. Eine Gruppe von 3 Stichen wird über die ganze Reihe wiederholt. Für jede Gruppe je einen Stich über 2 Querfäden von 1 nach 2, über 4 Querfäden von 3 nach 4 und über 2 Querfäden von 5 nach 6 arbeiten. Ein Straminloch frei lassen und die nächste Gruppe sticken. Die Gruppen der neuen Reihe zwischen die der Vorreihe arbeiten

Ungarischer Karostich Oben rechts beginnen und die Reihen abwechselnd nach links und nach rechts arbeiten. Jede Reihe besteht aus sich wiederholenden Gruppen von 5 Stichen. Für jede Gruppe je einen Stich über 2 Querfäden von 1 nach 2, über 4 Querfäden von 3 nach 4, über 6 Querfäden von 5 nach 6, über 4 Querfäden von 7 nach 8 und schließlich über 2 Querfäden von 9 nach 10 arbeiten. Ein Straminloch frei lassen und die nächste Gruppe sticken. Am Ende jeder Reihe die Stickrichtung wechseln. Die Gruppen der neuen Reihe zwischen denen der Vorreihe arbeiten

Tapisserie · Sticharten

Geradstiche

Ungarischer Flächenstich
Eine Reihe Florentiner Stiche in der Mitte des Stramins arbeiten (S. 133): Berge und Täler 3 Stiche tief, Stiche 4 Querfäden lang, Stufen einen Querfaden hoch. Eine Reihe ungarischer Stiche sticken, die langen Stiche unter den Bergspitzen. Eine Reihe Florentiner Stiche arbeiten, die Täler unter den langen Stichen der Vorreihe. Über den unteren Bereich wiederholen, Stramin um 180 Grad drehen und den noch offenen Bereich füllen

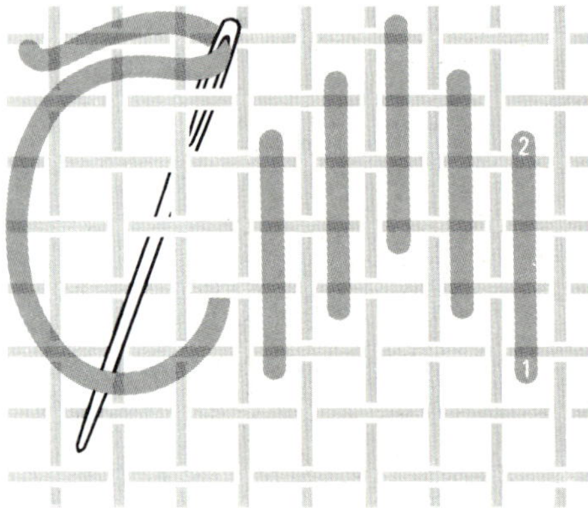

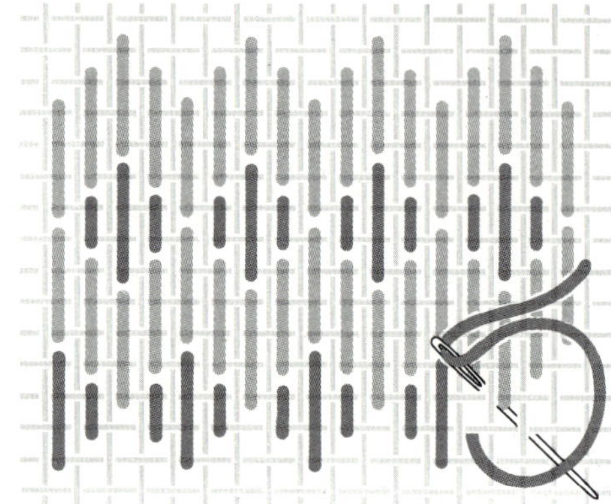

Pariser Stich

Doppelter Pariser Stich

Der Pariser Stich

Der Unterschied zwischen dem einfachen Pariser Stich, der eine sehr dichte, regelmäßige Oberfläche bildet, und dem doppelten Pariser Stich, der wie ein Korbgeflecht wirkt, besteht, wie der Name andeutet, hauptsächlich in der Länge der einzelnen Stiche. Die Struktur der Reihen ist dagegen sehr ähnlich (siehe unten und gegenüberliegende Seite). Beim einfachen Pariser Stich wird innerhalb jeder Reihe abwechselnd je ein kurzer und ein langer Stich gearbeitet. Beim doppelten Pariser Stich wechseln stets zwei kurze Stiche mit zwei sehr langen.

Pariser Stich Oben rechts beginnen und die Reihen abwechselnd nach links und nach rechts arbeiten. In jeder Reihe abwechselnd je einen Stich über 2 Querfäden (1–2) und einen langen Stich über 4 Querfäden (3–4) sticken. Am Ende jeder Reihe die Stickrichtung wechseln. Die Stiche der neuen Reihe so anordnen, daß die kurzen Stiche an die langen Stiche der Vorreihe stoßen

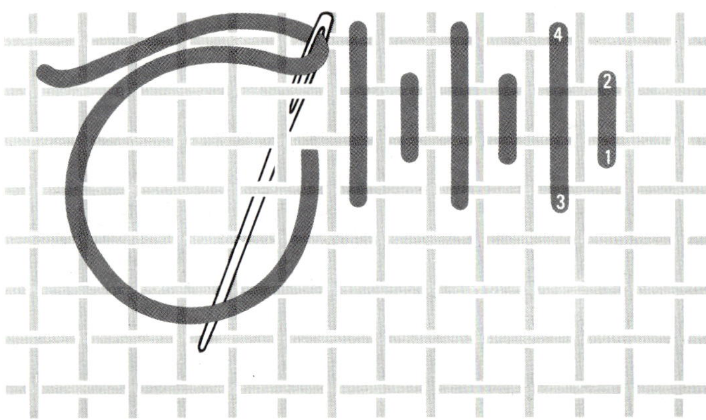

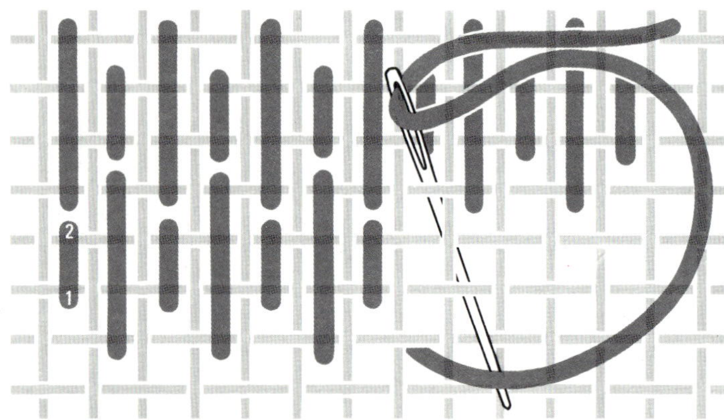

Doppelter Pariser Stich Oben rechts beginnen. Die Reihen abwechselnd nach links und nach rechts arbeiten. In jeder Reihe 2 kurze, dann 2 lange Stiche sticken, die kurzen über 3 Querfäden von 1 nach 2 und von 3 nach 4, die langen über 9 Fäden von 5 nach 6 und von 7 nach 8. An jedem Reihenende die Stichrichtung wechseln. Die kurzen Stiche der neuen Reihe stoßen an die langen Stiche der Vorreihe und umgekehrt

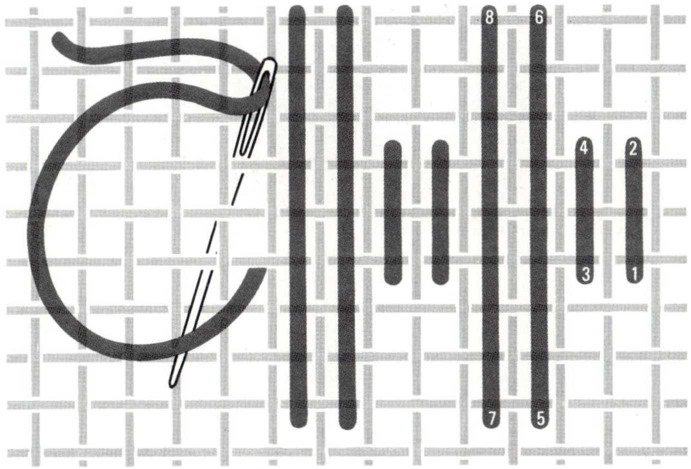

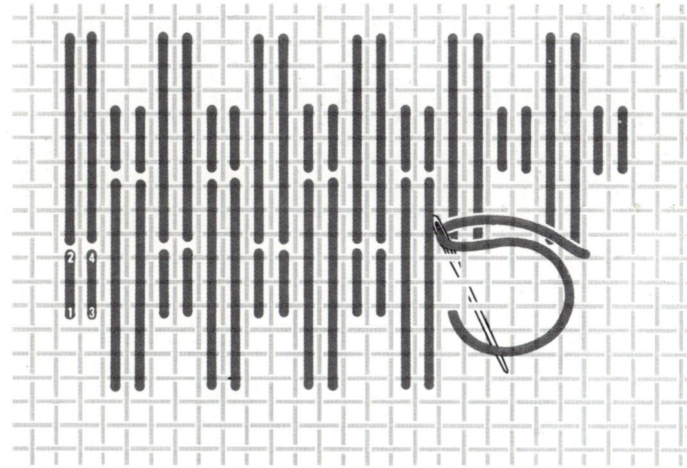

Stopfstich

Vergrößerung des Stopfstiches

Der Stopfstich

Der Stopfstich ergibt eine sehr feste Oberfläche. Er wird waagrecht gestickt. Jede Reihe wird in vier Arbeitsgängen ausgeführt; es entsteht ein Geflecht von kurzen und langen Stichen innerhalb von zwei Querfäden des Stramins. Eine Abbildung ist stark vergrößert, damit die Stiche deutlicher erkennbar sind.

Stopfstich Jede Reihe in 4 Arbeitsgängen innerhalb von 2 Querfäden des Stramins sticken. Oben links beginnen und jeweils über 4 Kettfäden (von 1 nach 2), dann unter 2 Kettfäden (von 2 nach 1) nach rechts sticken. Am Reihenende die Stickrichtung wechseln. Beim zweiten Arbeitsgang jeweils über 2 Längsfäden (von 1 nach 2) und unter 4 Längsfäden (von 2 nach 1) nach links sticken. Den dritten Arbeitsgang wie den ersten und den vierten wie den zweiten ausführen. Die nächste Folge zwischen den nächsten beiden Querfäden sticken (1)

Erster Arbeitsgang

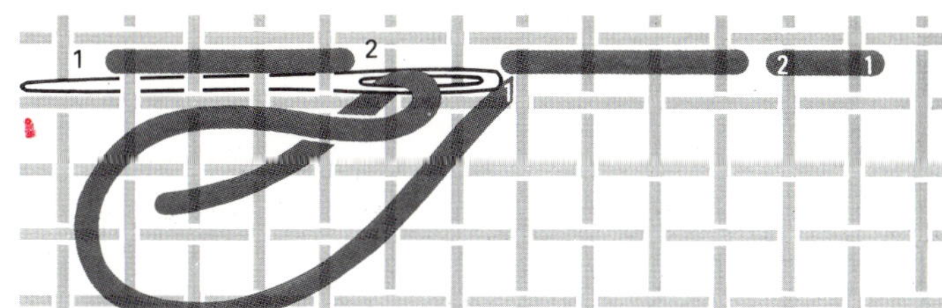
Zweiter Arbeitsgang

Dritter Arbeitsgang

Vierter Arbeitsgang

Tapisserie · Sticharten

Geradstiche

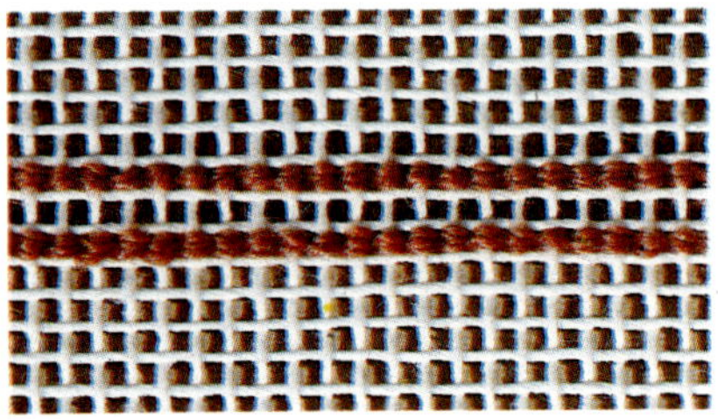

Rückstich (waagrecht gearbeitet)

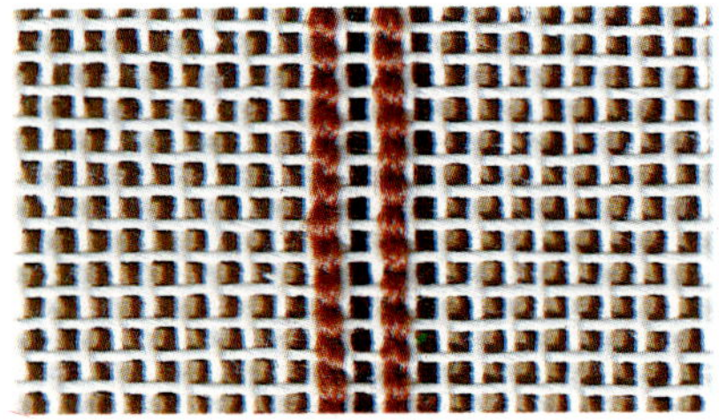

Rückstich (senkrecht gearbeitet)

Rückstich (diagonal gearbeitet)

Der Rückstich

Rückstiche dienen nie dazu, ganze Musterbereiche zu füllen. Sie werden vielmehr in einzelnen Reihen gearbeitet, um von anderen Stichen gefüllte Bereiche zu umranden oder um die Straminfäden abzudecken, die andere Stiche frei lassen (S. 153, Strahlensternstich). Sie können in alle Richtungen gestickt werden.

Rückstich (waagrecht gestickt): Die Reihen können entweder von rechts nach links (erste Abbildung) oder von links nach rechts (zweite Abbildung) gearbeitet werden. Bei 1 ausstechen, über einen Kettfaden nach hinten bei 2 einstechen und für den nächsten Stich unter 2 Kettfäden nach vorne beim neuen Punkt 1 ausstechen

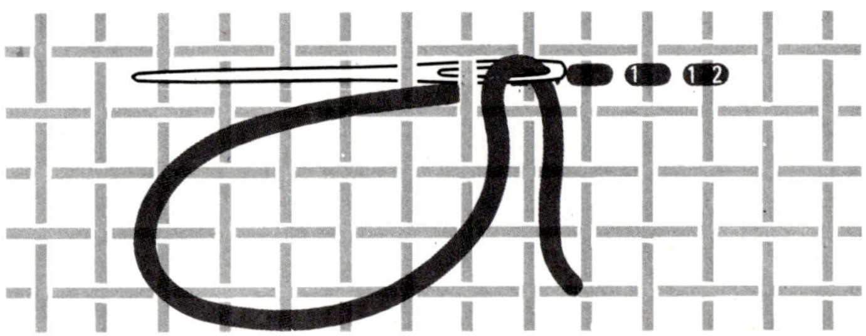

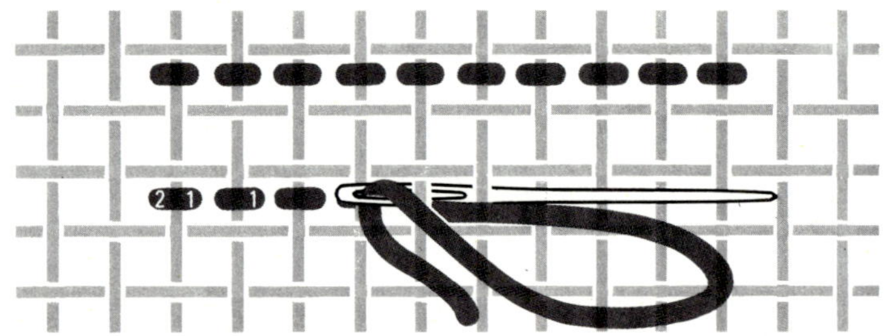

Rückstich (senkrecht gestickt): Die Reihen können von oben nach unten (erste Abbildung) oder von unten nach oben (zweite Abbildung) gearbeitet werden. Bei 1 ausstechen, über einen Querfaden nach oben bzw. unten bei 2 einstechen und für den nächsten Stich unter 2 Querfäden nach unten bzw. oben beim neuen Punkt 1 ausstechen

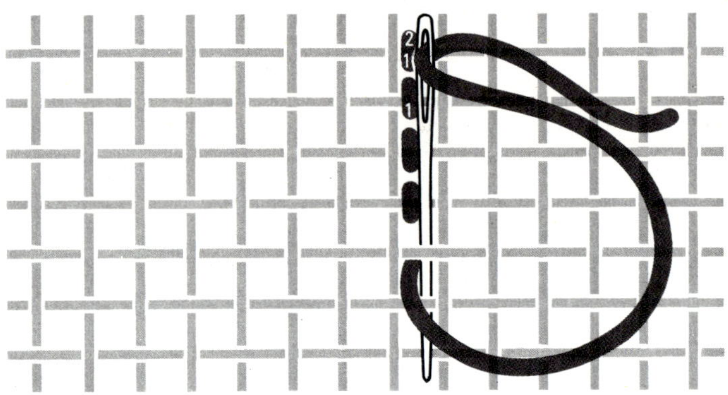

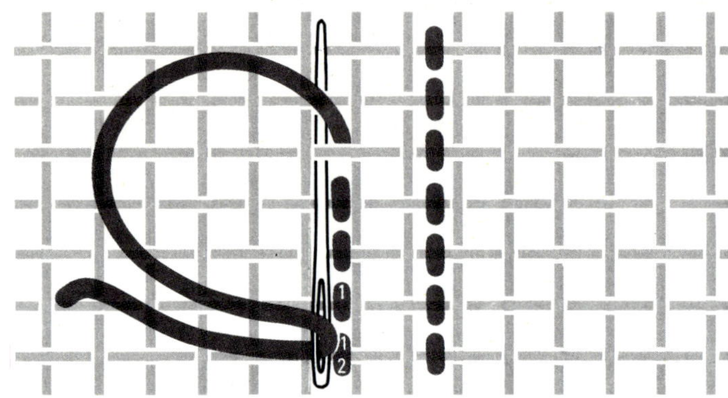

Rückstich (diagonal gestickt): Die Reihen von rechts oben nach links unten (erste Abbildung) oder von links unten nach rechts oben (zweite Abbildung) sticken. Bei 1 ausstechen, über ein Fadenkreuz nach oben bzw. unten bei 2 einstechen und für den nächsten Stich unter 2 Fadenkreuze nach unten bzw. oben beim neuen Punkt 1 ausstechen

Gekreuzte Stiche

Wie der Name besagt, weisen alle Stiche dieser Gruppe bzw. die von ihnen gebildeten Muster überkreuzte Fäden auf. Einige werden schräg, andere gerade gestickt. Manche, wie der Kreuzstich, bestehen nur aus zwei Einzelstichen, manche aus mehreren – beim doppelten Leviathanstich sind es beispielsweise acht. Die Kreuze entstehen meist innerhalb des Stiches selbst oder innerhalb einer Reihe von Sticheinheiten.

Ausnahmen sind der Flechtstich und der Perspektivenstich, bei denen die Kreuze von zwei Reihen Diagonalstichen gebildet werden.

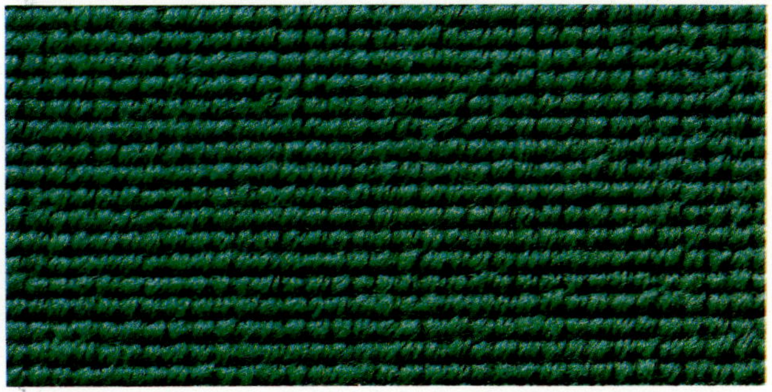

Kreuzstich Der Deckstich verläuft von links unten nach rechts oben

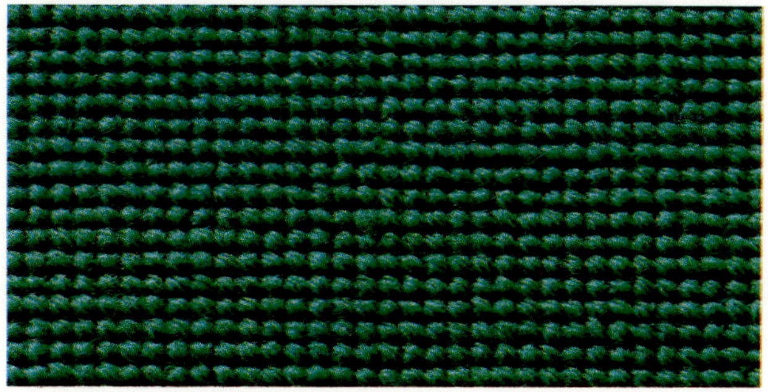

Kreuzstich Der Deckstich verläuft von rechts unten nach links oben

Der Kreuzstich

Ein Kreuzstich besteht aus zwei schrägen Stichen, die sich in der Mitte überschneiden. Meist wird er über ein Fadenkreuz gestickt. Es gibt zwei Methoden, Kreuzstiche zu arbeiten. Auf Dreherstramin und zweifädigem Stramin kann man nach beiden Methoden sticken; auf einfädigem Stramin wendet man nur die Methode I (unten) an. Um die Schrägrichtung des Deckstichs bei jedem Kreuzstich zu ändern, siehe Seite 140.

Kreuzstich (Methode I, waagrecht gestickt): Oben links beginnen und die Reihen abwechselnd nach rechts und nach links arbeiten. Für jeden Kreuzstich zuerst den Grundstich sticken (bei 1 aus- und bei 2 einstechen), dann den Deckstich (bei 3 aus- und bei 4 einstechen). Am Ende jeder Reihe die Stickrichtung wechseln und die Stiche der neuen Reihe direkt unter die der Vorreihe arbeiten

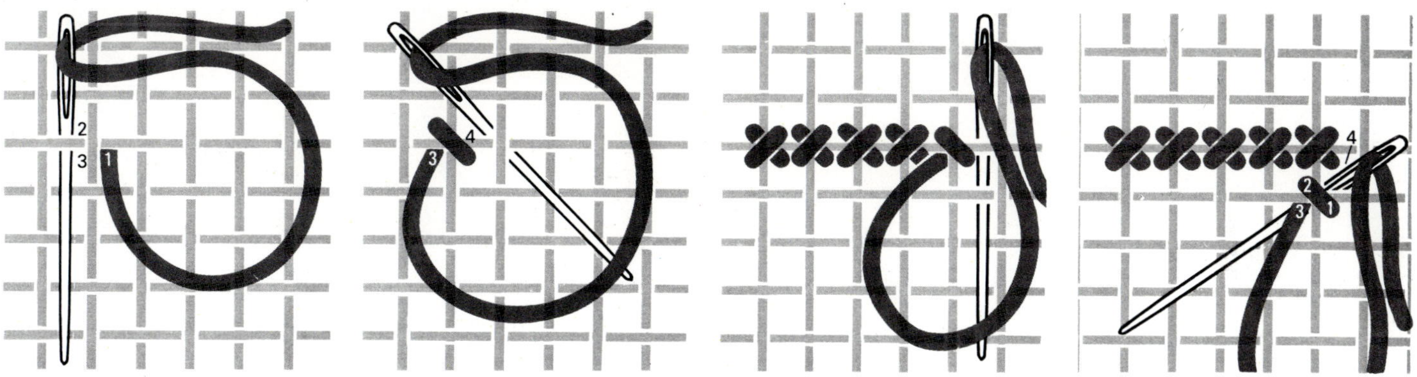

Kreuzstich (Methode I, senkrecht gestickt): Oben links beginnen; jede Reihe nach unten arbeiten. Zuerst den Grundstich bilden (bei 1 aus- und bei 2 einstechen), dann den Deckstich (bei 3 aus- und bei 4 einstechen). Am Ende jeder Reihe den letzten Stich sticken und die Nadel auf der Rückseite lassen. Den Stoff um 180 Grad drehen und die Kreuzstiche der neuen Reihe direkt neben die der Vorreihe sticken

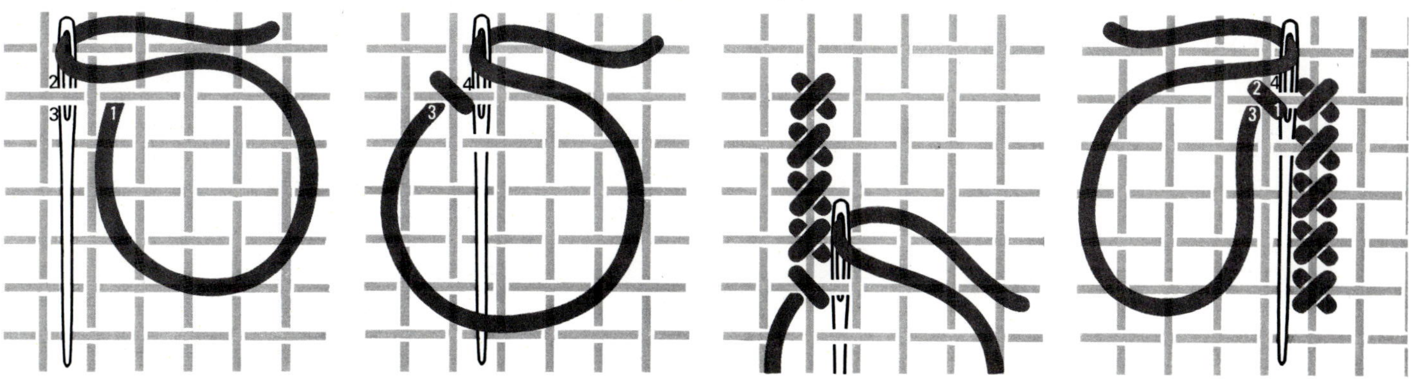

Stramin um 180 Grad gedreht

Tapisserie · Sticharten

Gekreuzte Stiche

Kreuzstich (Methode II, waagrecht gestickt): Oben rechts beginnen; jede Reihe in 2 Arbeitsgängen sticken. Auf der Hinreihe von rechts nach links die Grundstiche bilden (bei 1 aus- und bei 2 einstechen); auf der Rückreihe die Deckstiche arbeiten (bei 3 aus- und bei 4 einstechen). Die nächste Reihe direkt darunter arbeiten

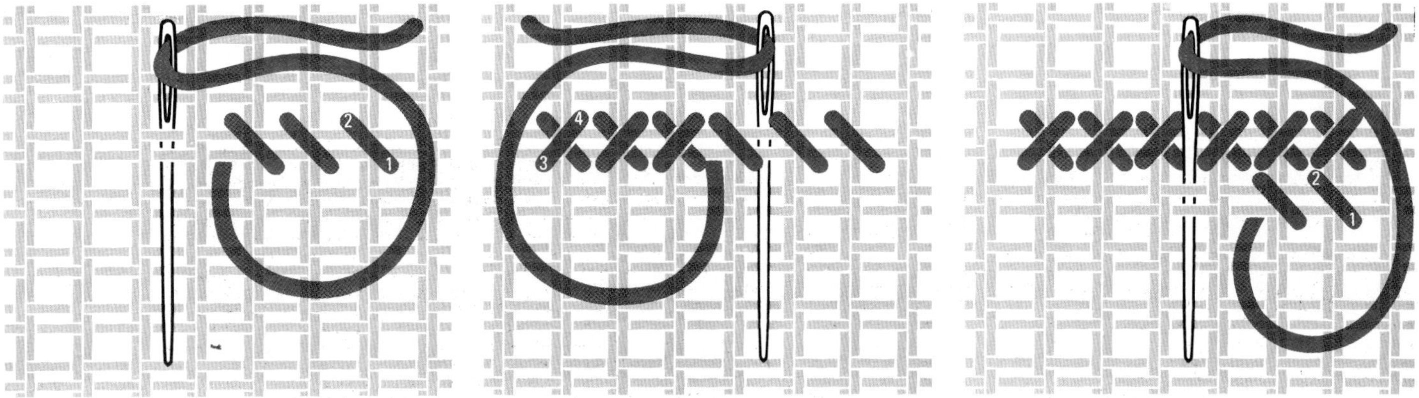

Kreuzstich (Methode II, senkrecht gestickt): Oben rechts beginnen; jede Reihe in 2 Arbeitsgängen sticken. Zuerst nach unten die Grundstiche bilden (bei 1 aus- und bei 2 einstechen), dann die Stickrichtung wechseln und nach oben die Deckstiche arbeiten (bei 3 aus- und bei 4 einstechen). Die nächste Reihe links von der ersten sticken

Schrägrichtung des Deckstichs ändern Den Kreuzstich kann man auch umgekehrt arbeiten, d. h., der Grundstich (1–2) verläuft von links unten nach rechts oben, der Deckstich (3–4) von rechts unten nach links oben. Bei der Methode I bleibt die Stickrichtung, ob senkrecht oder waagrecht, für beide Kreuzsticharten gleich. Bei der Methode II ist sie umgekehrt, d. h. für waagrechte Reihen oben links und für senkrechte Reihen unten links beginnen

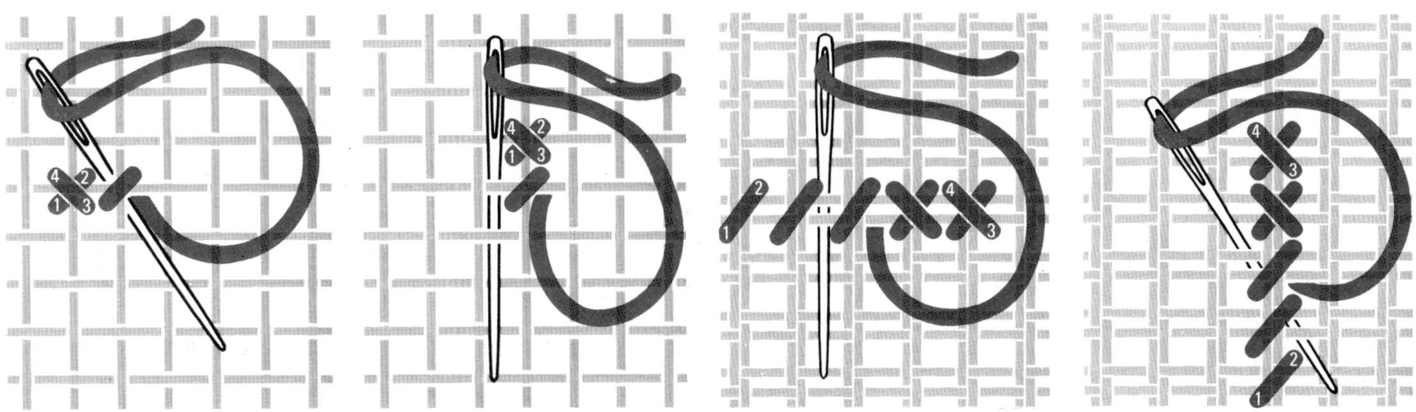

Länglicher Kreuzstich

Länglicher Kreuzstich mit Rückstichen

Doppelstich

Der längliche Kreuzstich

Beim länglichen Kreuzstich sind die Einzelstiche so verlängert, daß er eine rechteckige Fläche bedeckt. Alle drei links abgebildeten Muster sind mit dem länglichen Kreuzstich allein oder in Verbindung mit anderen Stichen gearbeitet. Das erste Beispiel zeigt den einfachen länglichen Kreuzstich, das zweite den länglichen Kreuzstich mit einem Rückstich, der über die Mitte gestickt wird. Im dritten wurden abwechselnd Kreuzstiche über ein Fadenkreuz und längliche Kreuzstiche gestickt; Seite 160 zeigt eine zweifarbige Variante.

Länglicher Kreuzstich Oben rechts beginnen; jede Reihe in 2 Arbeitsgängen sticken. In der Hinreihe die Grundstiche (1–2) nach links bilden. Der Abstand zwischen 1 und 2 beträgt einen Längsfaden und 2 Querfäden. Am Ende der Hinreihe die Richtung wechseln und die Deckstiche (3–4) nach rechts sticken. Der Abstand zwischen 3 und 4 beträgt ebenfalls einen Längsfaden und 2 Querfäden. Die Stiche der neuen Reihe stoßen an die der Vorreihe

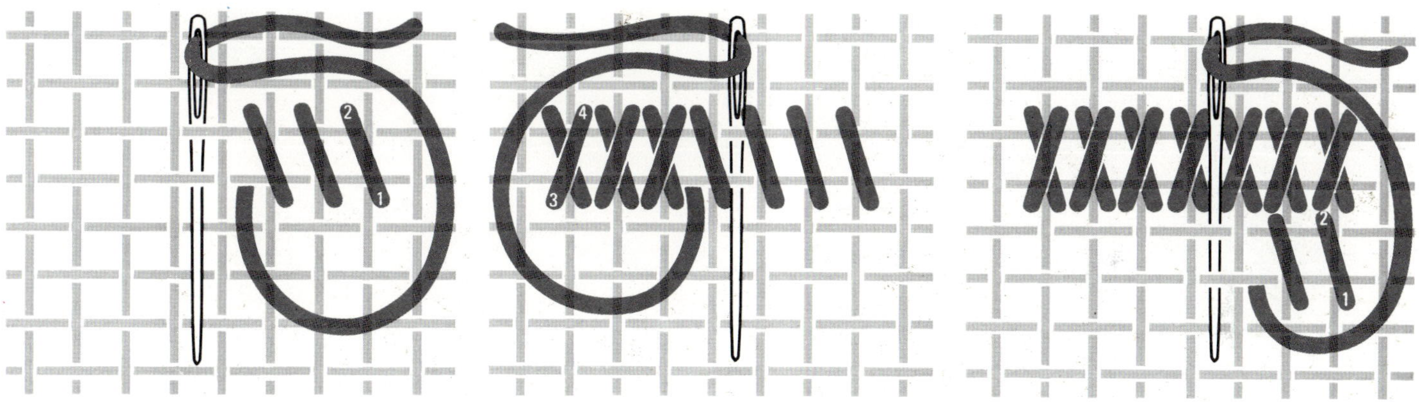

Länglicher Kreuzstich mit Rückstich Oben rechts beginnen; die Reihen abwechselnd von rechts nach links und von links nach rechts arbeiten. Zuerst einen vollständigen länglichen Kreuzstich sticken (1–2 und 3–4), bei 5 ausstechen, dann einen Rückstich (5–6) über den Kreuzstich legen. Größe des länglichen Kreuzstichs siehe oben; den Rückstich über einen Längsfaden arbeiten. Am Reihenende Stickrichtung wechseln. Die Kreuzstiche der nächsten Reihe stoßen an die der Vorreihe; die Stickrichtung 5–6 umkehren

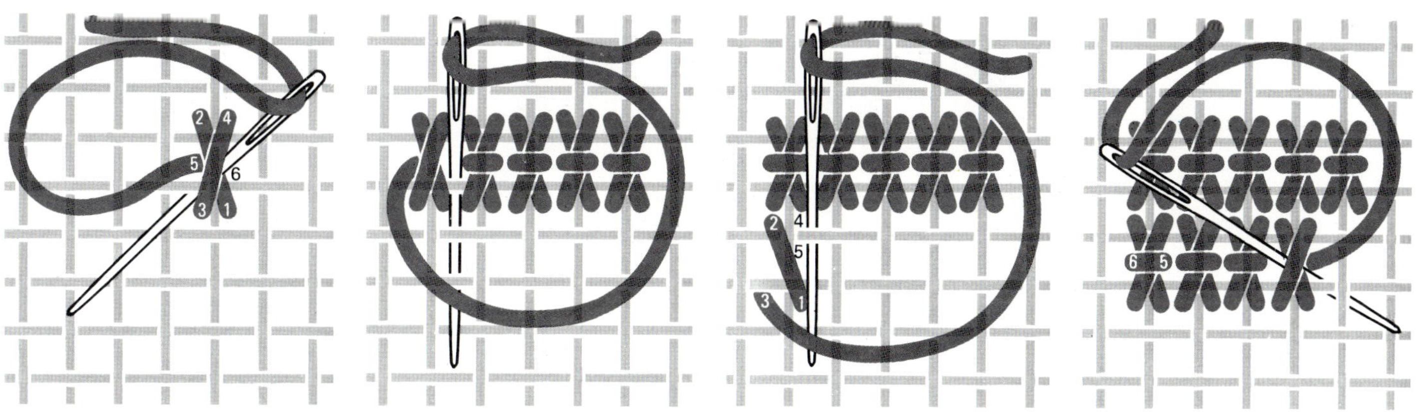

Gekreuzte Stiche

Doppelstich Oben links beginnen und die Reihen abwechselnd von links nach rechts und von rechts nach links arbeiten. In jeder Reihe abwechselnd einen länglichen Kreuzstich über einen Längsfaden und 3 Querfäden (1–2 und 3–4) und einen Kreuzstich über ein Fadenkreuz (5–6 und 7–8) sticken. Am Ende jeder Reihe die Stickrichtung wechseln. Die Stiche der nächsten Reihen so anordnen, daß die einfachen Kreuzstiche an die länglichen Kreuzstiche der Vorreihe stoßen

Gerader Kreuzstich

Doppelter Kreuzstich

Der gerade Kreuzstich

Jeder gerade Kreuzstich besteht aus zwei Geradstichen, die sich in der Mitte schneiden. Der Grundstich verläuft parallel zu den Längsfäden, der Deckstich parallel zu den Querfäden. Gerade Kreuzstiche allein ergeben eine noppenartige Oberfläche; mit großen einfachen Kreuzstichen zusammen bilden sie ein doppeltes Kreuzstichmuster. Dieses schöne, gitterartige Muster wirkt noch eindrucksvoller, wenn es mit zwei verschiedenen Farben gestickt wird. Wie man mit zwei verschiedenen Garnfarben arbeitet, zeigt die Seite 160.

Gerader Kreuzstich Oben links beginnen und die Reihen abwechselnd nach rechts und nach links arbeiten. Für den Grundstich bei 1 aus- und bei 2 einstechen, für den Deckstich bei 3 aus- und bei 4 einstechen; beide Stiche können über je 2 oder 4 Gewebefäden gearbeitet werden (hier über 2). Am Reihenende die Stickrichtung wechseln. Die Kreuze der nächsten Reihe zwischen die der Vorreihe sticken

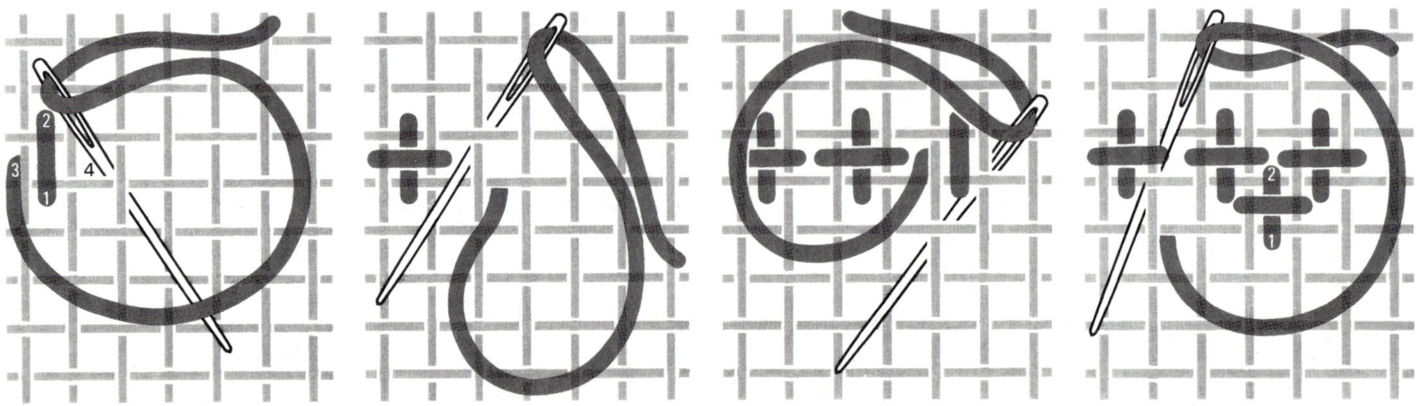

Doppelter Kreuzstich Oben links beginnen; die Reihen von links nach rechts und von rechts nach links arbeiten. In jeder Reihe abwechselnd einen großen Kreuzstich über 4 Gewebefäden (1–2 und 3–4) und einen geraden Kreuzstich über 2 Gewebefäden (5–6 und 7–8) sticken. Am Reihenende die Stickrichtung wechseln. Die großen Kreuzstiche der neuen Reihe direkt unter die der Vorreihe arbeiten. Zum Schluß die offenen Bereiche zwischen den Reihen mit geraden Kreuzstichen füllen (A–B und C–D)

Doppelter gerader Kreuzstich

Leviathanstich

Doppelter Leviathanstich

Doppelter gerader Kreuzstich/Leviathanstich

Alle drei Stiche dieser Gruppe bilden große, erhabene Sticheinheiten, die aus mehreren übereinandergestickten Kreuzen über je vier Querfäden und vier Längsfäden bestehen. Die Sticheinheiten des doppelten geraden Kreuzstiches sind jedoch rautenförmig, die des einfachen und des doppelten Leviathanstiches dagegen quadratisch. Um die saubere Anordnung und das charakteristische Stickbild zu erzielen, müssen diese Stiche stets mit großer Sorgfalt und Genauigkeit gearbeitet werden.

Doppelter gerader Kreuzstich Oben links beginnen und reihenweise von links nach rechts, dann von rechts nach links arbeiten. Für jeden Stich einen großen geraden Kreuzstich über jeweils 4 Gewebefäden (1–2 und 3–4), dann einen großen Kreuzstich über die Mitte des geraden Kreuzes und über je 2 Fadenkreuze (5–6 und 7–8) sticken. Für den nächsten Stich 4 Löcher rechts von 1 wieder ausstechen. Am Reihenende die Stickrichtung wechseln. Die Stiche der neuen Reihe genau zwischen die der ersten sticken

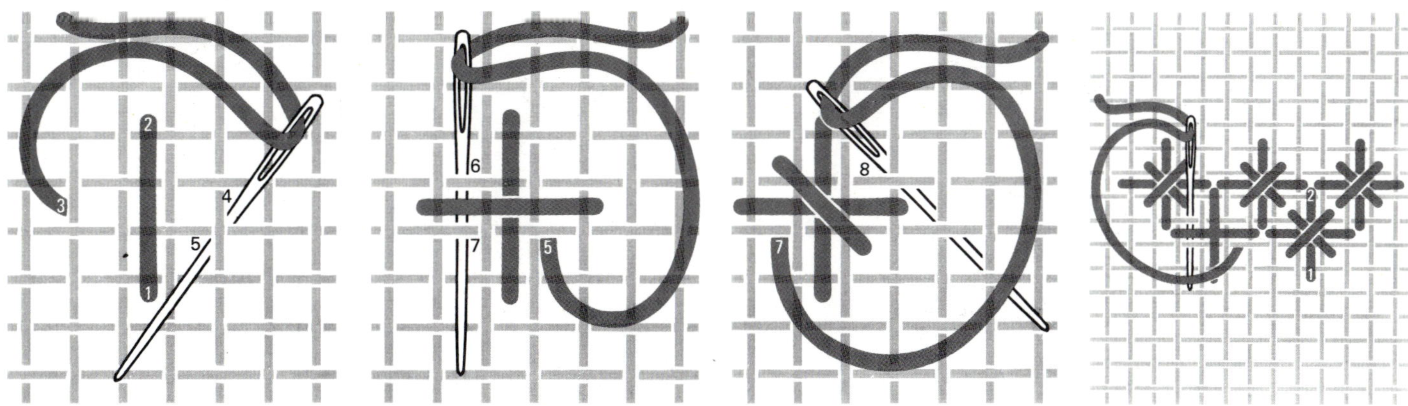

Tapisserie · Sticharten

Gekreuzte Stiche

Leviathanstich Oben links beginnen und die Reihen abwechselnd von links nach rechts, dann von rechts nach links arbeiten. Für jeden Stich einen großen Kreuzstich über je 4 Gewebefäden (1–2 und 3–4) und einen großen geraden Kreuzstich über jeweils 4 Gewebefäden (5–6 und 7–8) sticken. Am Ende jeder Reihe die Stickrichtung wechseln. Die Stiche der neuen Reihe direkt unter die der Vorreihe sticken

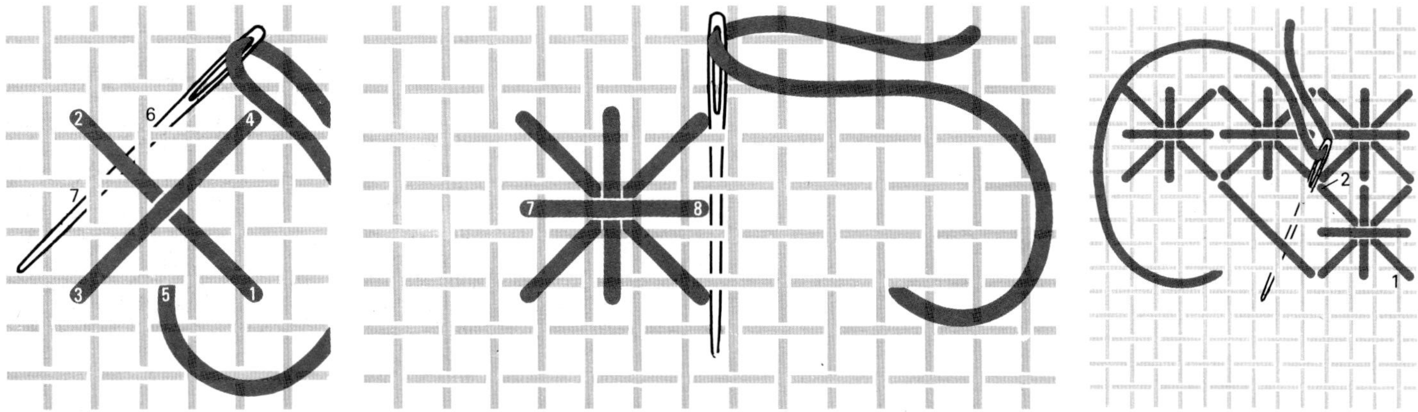

Doppelter Leviathanstich Oben links beginnen und die Reihen abwechselnd von links nach rechts und von rechts nach links arbeiten. Für jeden Stich einen großen Kreuzstich über 4 Quer- und 4 Längsfäden (1–2 und 3–4) sticken, dann bei 5 ausstechen, bei 6 ein- und bei 7 ausstechen, bei 8 ein- und bei 9 ausstechen, bei 10 ein- und bei 11 ausstechen, bei 12 ein- und bei 13 ausstechen

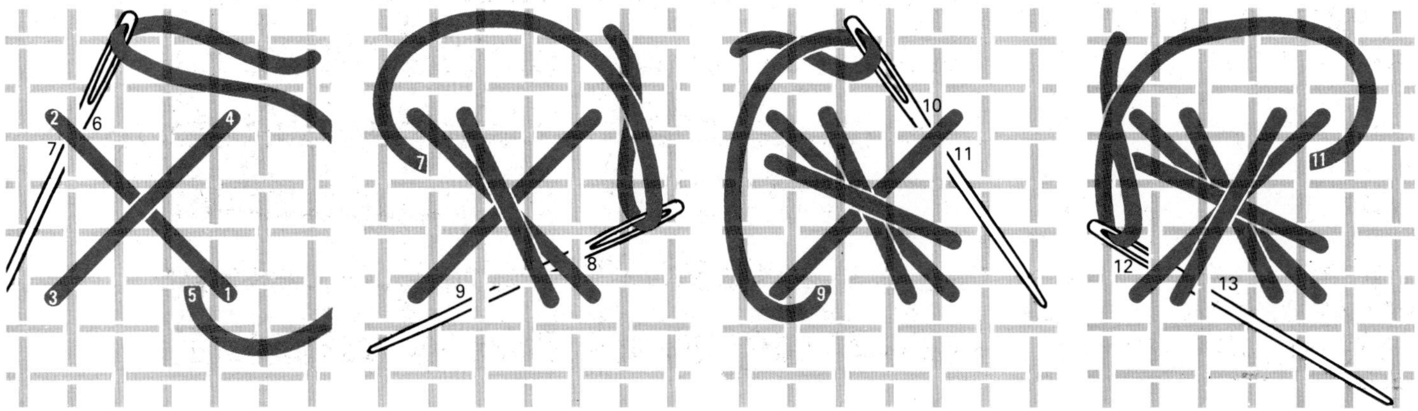

Um den Stich zu vollenden, abschließend noch ein großes gerades Kreuz sticken (13–14 und 15–16). Am Reihenende die Stickrichtung wechseln. Die Stiche der neuen Reihe stoßen genau an die der Vorreihe

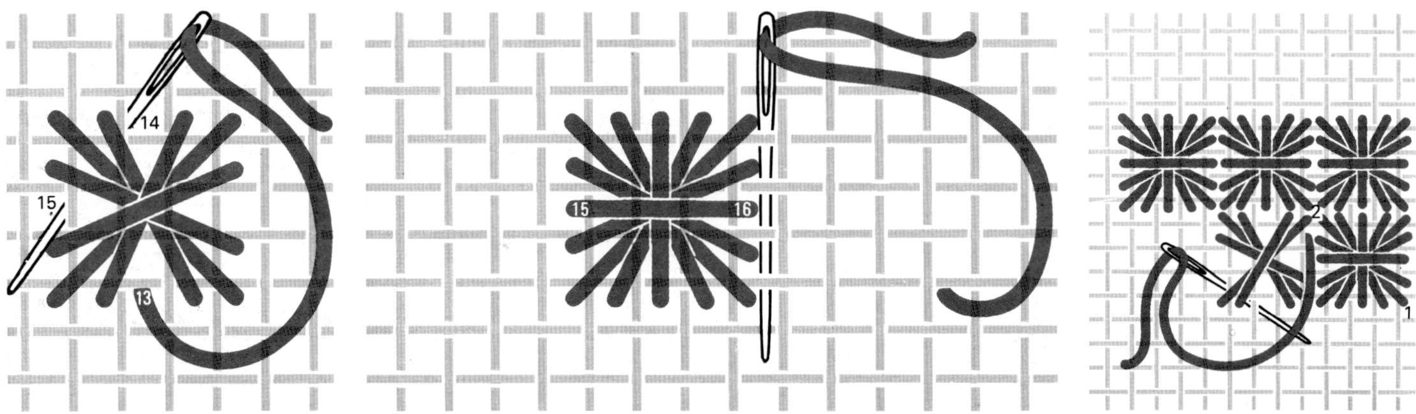

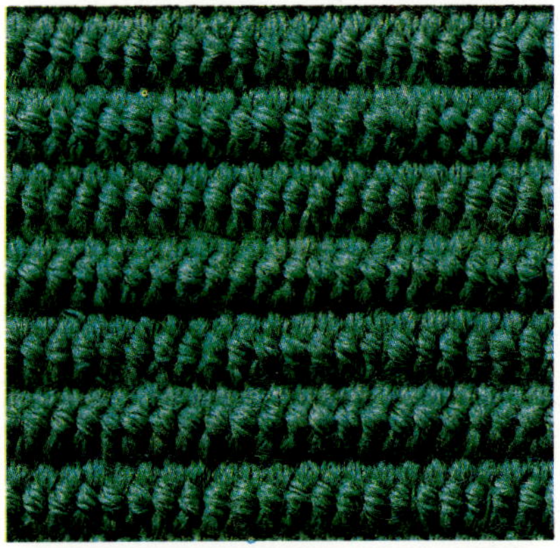

Überkreuzter Gobelinstich

Rokokostich

Doppelter Rokokostich

Gebundene Stiche

Die links abgebildeten Stiche, der überkreuzte Gobelinstich, der einfache und der doppelte Rokokostich, bestehen aus langen Stichen, über die kleine Überfangstiche gelegt werden. Beim überkreuzten Gobelinstich verlaufen sowohl die langen Spannfäden als auch die kleinen Überfangstiche schräg. Beim einfachen und doppelten Rokokostich werden gerade Spannfäden mit den Überfangstichen bogenförmig auseinandergezogen. Von diesen drei überkreuzten Füllstichen ist der doppelte Rokokostich der größte und auffälligste.

Überkreuzter Gobelinstich Oben rechts beginnen und die Reihen abwechselnd nach links und nach rechts arbeiten. Für jeden Stich bei 1 aus- und über 3 Querfäden und einen Längsfaden bei 2 einstechen. Bei 3 aus- und über ein Fadenkreuz bei 4 einstechen. Bei den von rechts nach links gearbeiteten Reihen den Überfangstich (3–4) von oben nach unten, bei den nach rechts gearbeiteten Reihen von unten nach oben sticken. In der neuen Reihe liegt der Einstich (2) ein Loch über und rechts vom Ausstich (1)

Rokokostich Oben rechts beginnen und die Reihen abwechselnd nach links und nach rechts arbeiten. Einen Spannstich (1–2) über 4 Querfäden, dann einen Überfangstich (3–4) über einen Längsfaden sticken; über einen zweiten Spannstich (5–6) ebenfalls einen Überfangstich (7–8) legen. Links vom Ausstich 1 bzw. 5 ein Loch überspringen und für den neuen Stich durchs nächste Loch ausstechen. Die Stiche der nächsten Reihe auf halber Höhe zwischen denen der Vorreihe arbeiten

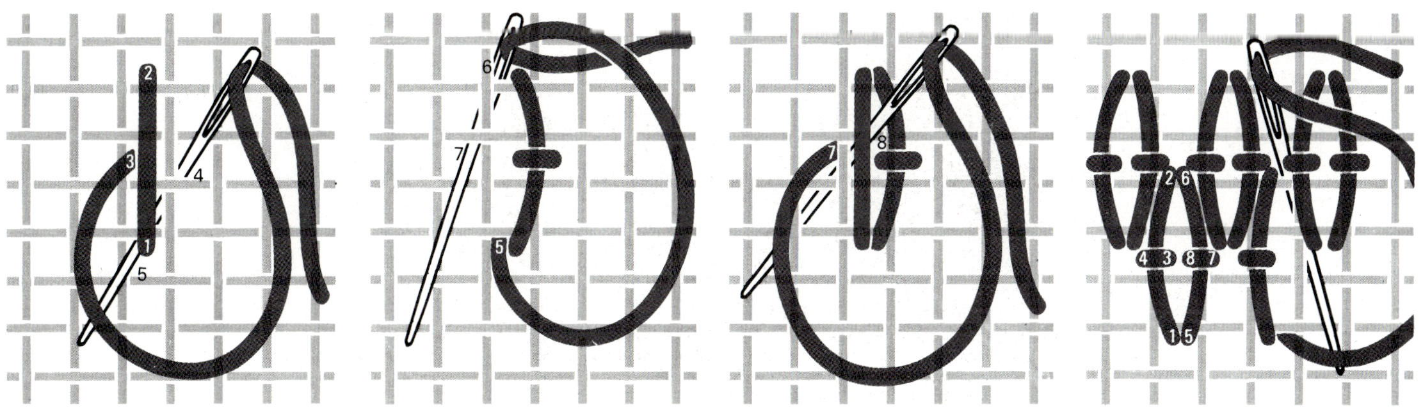

Tapisserie · Sticharten

Gekreuzte Stiche

Doppelter Rokokostich
Oben rechts beginnen und in Reihen von rechts nach links und von links nach rechts arbeiten. Ein Stich besteht aus 4 Spannstichen mit gemeinsamem Ein- bzw. Ausstich, die durch Überfangstiche auseinandergezogen werden. Für den ersten Stich die Folge 1–16 arbeiten. Zwischen dem Ausstich (1) des ersten und dem des zweiten Stichs bleiben drei Straminlöcher frei. Am Reihenende die Stickrichtung wechseln. Die Stiche der nächsten Reihe auf halber Höhe zwischen denen der Vorreihe sticken

Reisstich

Reisstich vergrößert

Der Reisstich

Der Reisstich ergibt eine sehr feste, dichte Oberfläche. Jede Sticheinheit besteht aus einem großen Kreuzstich und vier kleinen Stichen, die über die vier Kreuzarme gestickt werden. Das Beispiel ganz links zeigt den Reisstich in Originalgröße; in der Vergrößerung daneben sind die Struktur und das Muster deutlicher zu erkennen.

Den Reisstich kann man nach Belieben zweifarbig sticken: Zuerst arbeitet man die großen Kreuze in einer Farbe, dann die kleinen Stiche in der zweiten. Mehrfarbiges Sticken siehe auch Seite 160.

Reisstich Oben rechts beginnen und die Reihen abwechselnd von rechts nach links und von links nach rechts arbeiten. Für jeden Reisstich zuerst das große Kreuz (1–2 und 3–4) über 2 Quer- und 2 Längsfäden, dann je einen kleinen Stich über die 4 Arme des Kreuzes (5–6, 7–8, 9–10, 11–12) sticken. Am Reihenende die Stickrichtung wechseln. Die Stiche der neuen Reihe direkt unter denen der Vorreihe arbeiten

Grätenstich und Farnstich

Der Grätenstich bildet eine gewellte Oberfläche, der Farnstich senkrechte Streifen, beide Stiche sind aber in der Sticktechnik ziemlich ähnlich. Jeder wird in senkrechten Reihen gearbeitet; die Reihen des Grätenstichs stickt man abwechselnd nach unten und nach oben, die des Farnstichs immer von oben nach unten. Jeder Grätenstich besteht aus einem langen schrägen Stich, der an einem Ende von einem kurzen Überfangstich überkreuzt wird. Der Farnstich wird durch zwei lange Stiche gebildet, die sich am unteren Ende überschneiden.

Grätenstich

Farnstich

Grätenstich Oben links beginnen und die Reihen nebeneinander abwechselnd nach unten und nach oben arbeiten. Für jeden Grätenstich einen langen Spannstich über 3 Quer- und 2 Längsfäden und einen kurzen Überfangstich über ein Fadenkreuz sticken. Bei den nach unten gestickten Reihen den Spannstich (1–2) von unten nach oben sticken und am oberen Ende den Überfangstich (3–4) anbringen. Bei den nach oben gestickten Reihen den langen Stich (5–6) nach unten sticken und am unteren Ende den Überfangstich (7–8) anbringen

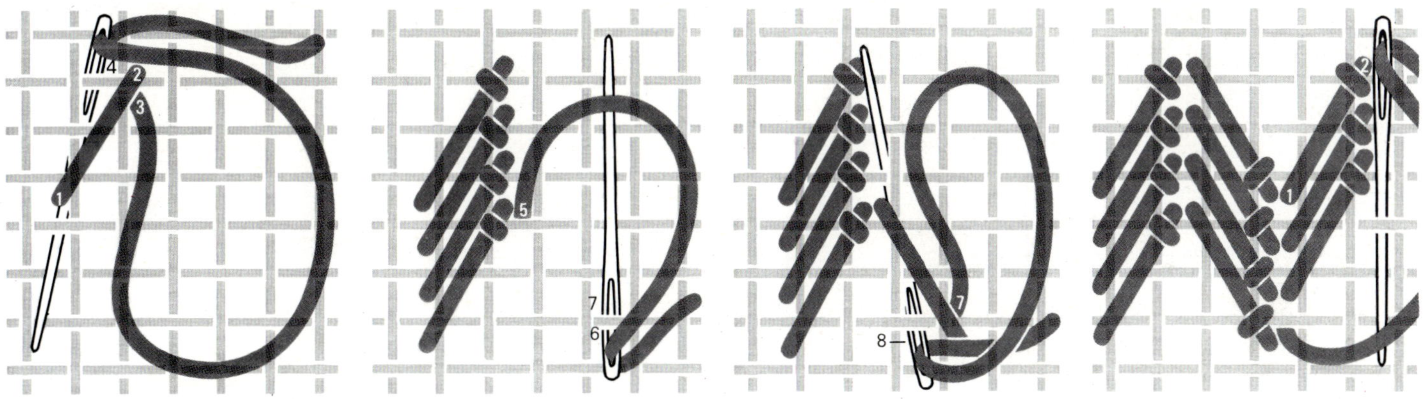

Farnstich Oben links beginnen und alle Reihen nach unten arbeiten. Für jeden Stich bei 1 aus- und über 2 Fadenkreuze bei 2 einstechen, unter einem Längsfaden bei 3 aus- und über 2 Fadenkreuze bei 4 einstechen. Den zweiten Stich ein Loch unter dem Ausstich 1 des ersten beginnen. Die zweite Stichreihe unmittelbar rechts neben der Vorreihe sticken

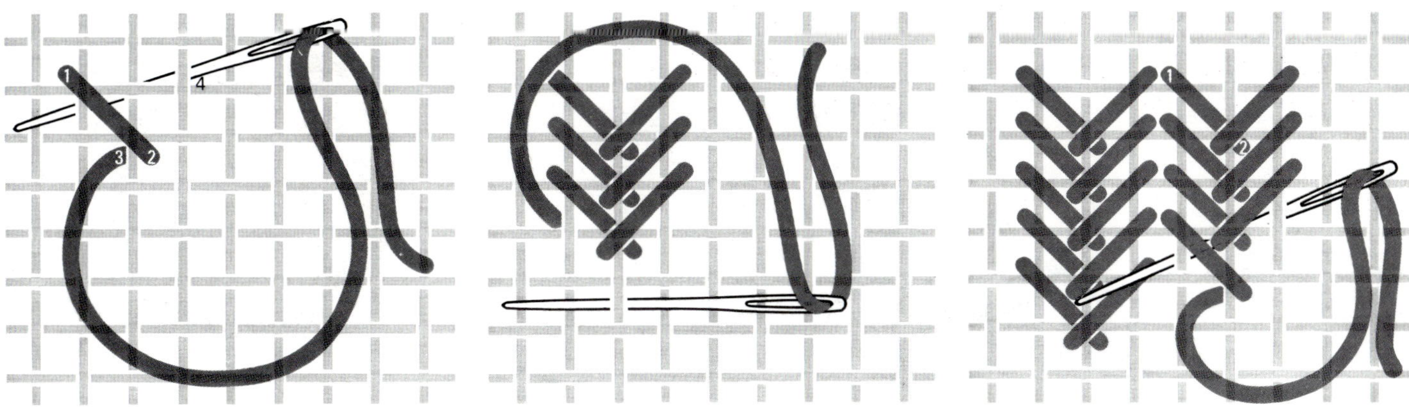

Tapisserie · Sticharten

Gekreuzte Stiche

Hexenstich

Doppelter Hexenstich

Griechischer Stich

Der Hexenstich

Der Hexenstich und seine Variante, der doppelte Hexenstich, ergeben eine feste Struktur, die wie gewebt wirkt; der griechische Stich dagegen ähnelt eher einem Geflecht. Alle drei Stiche werden in waagrechten Reihen gearbeitet und bestehen aus Spannstichen, die sich an den Enden überkreuzen. Der einfache und der doppelte Hexenstich sind sehr fest und können für Teppiche verwendet werden, der griechische Stich ist jedoch nicht so stabil. Der doppelte Hexenstich wird meist mit zwei Kontrastfarben ausgeführt (links und unten).

Hexenstich Oben links beginnen und alle Reihen von links nach rechts arbeiten. Für jeden Stich bei 1 ausstechen, nach unten über 2 Fadenkreuze bei 2 ein- und unter einen Längsfaden bei 3 ausstechen, dann nach oben über 2 Fadenkreuze bei 4 einstechen. Für den nächsten Stich unter einen Längsfaden links ausstechen. In der neuen Reihe liegt der Ausstich 1 ein Straminloch tiefer als der Ausstich 1 der Vorreihe

Doppelter Hexenstich Oben links beginnen; alle Reihen von links nach rechts arbeiten. Den gesamten Bereich mit Hexenstichen (oben) bedecken; die Stiche der zweiten Reihe stoßen an die der Vorreihe. Dann wieder oben links beginnen und über den gesamten Bereich umgekehrte Hexenstiche arbeiten: Bei A ausstechen, über 2 Fadenkreuze bei B ein-, dann unter einen Längsfaden bei C ausstechen und über 2 Fadenkreuze bei D einstechen. Für den nächsten Stich unter einen Längsfaden links ausstechen

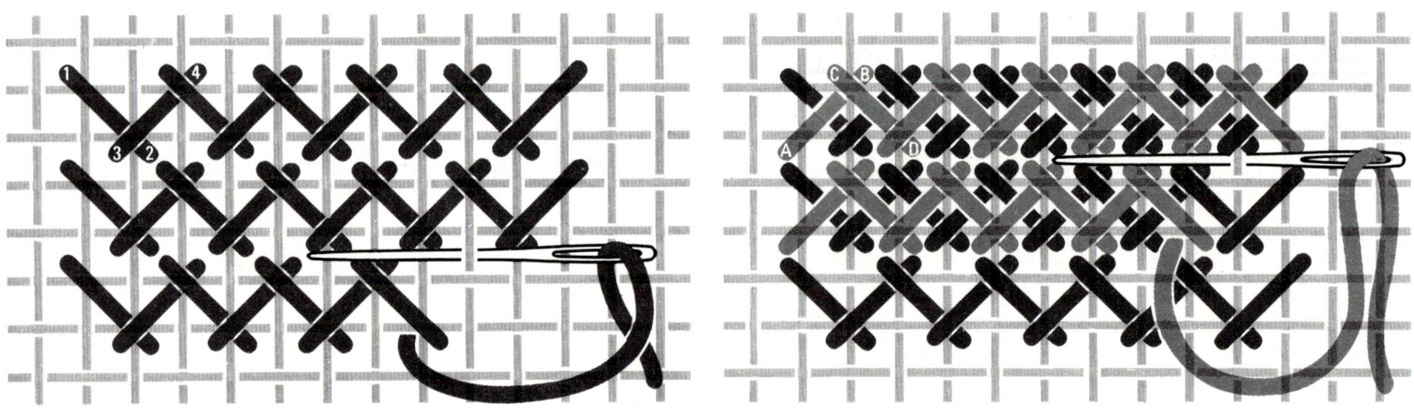

Griechischer Stich Oben links beginnen; alle Reihen von links nach rechts arbeiten. Für jeden Stich bei 1 ausstechen, über 2 Fadenkreuze bei 2 ein- und unter 2 Längsfäden bei 3 ausstechen, dann bei 4, dem vierten Straminloch rechts von 1, einstechen. Für den neuen Stich unter 2 Längsfäden nach links zurückstechen. Die Reihe mit dem Teilstich 1–2 beenden, dann den Stramin um 180 Grad drehen und die nächste Reihe bei 1 beginnen

Stramin um 180 Grad gedreht

Flechtstich

Perspektivenstich

Flechtstich und Perspektivenstich

Bemerkenswert an diesen beiden Stichen ist die Art, wie die einzelnen Stiche sich überkreuzen. Dies geschieht nicht innerhalb einer einzelnen Reihe, sondern erst die Stiche der jeweils nachfolgenden Reihe überkreuzen die der Vorreihe. Die vom Flechtstich gebildete Struktur sieht aus wie ein dickes Gewebe; der Perspektivenstich ergibt ein Muster mit dreidimensional wirkenden Würfeln. Dieser Effekt wird noch gesteigert, wenn die Reihen in verschiedenen Schattierungen einer Farbe (links) gestickt werden.

Flechtstich Oben rechts beginnen und die Reihen abwechselnd nach links und nach rechts arbeiten. Für jeden Stich bei 1 ausstechen und über 4 Quer- und 2 Längsfäden bei 2 einstechen. Für den nächsten Stich durch das zweite Straminloch links von Punkt 1 ausstechen. Bei den nach links gearbeiteten Reihen die Stiche schräg nach rechts sticken; bei den nach rechts gearbeiteten Reihen die Stiche schräg nach links sticken. Am Reihenende die Stickrichtung wechseln. Die Stiche der nachfolgenden Reihen so anordnen, daß der Einstich (2) im zweiten Straminloch über dem Ausstich (1) der Vorreihe liegt

Tapisserie · Sticharten

Gekreuzte Stiche

Der Perspektivenstich wird in einer Serie von 4 Reihen gearbeitet, die jeweils aus senkrechten Gruppen von 3 diagonalen Stichen bestehen. Jeder Stich wird über 2 Fadenkreuze gearbeitet; Verlauf der Stiche und Stickrichtung wechseln von Gruppe zu Gruppe. Meist wird in 2 Kontrastfarben gestickt (S. 149); man wechselt die Garnfarbe in jeder Reihe

Erste Reihe Bei 1–2 beginnen und eine Gruppe von 3 Stichen nach unten arbeiten; jeder Stich verläuft schräg von links unten nach rechts oben über 2 Fadenkreuze. Die Stiche (3–4) der nächsten Gruppe von rechts unten nach links oben jeweils über 2 Fadenkreuze arbeiten. Über die ganze Breite wiederholen. Am Reihenende Nadel auf Rückseite lassen und Stramin um 180 Grad drehen

Die zweite Reihe mit einer Gruppe beginnen, deren Stiche denen der Vorreihe entgegengesetzt verlaufen; nach Bedarf mit der Gruppe 1–2 oder 3–4 anfangen. Alle Stiche sämtlicher Gruppen so anordnen, daß sie die Stichgruppen der vorhergehenden Reihe wie gezeigt überkreuzen. Am Reihenende den Stramin wieder um 180 Grad drehen

In der dritten Reihe die Stiche in der gleichen Richtung wie die der Vorreihe sticken; nach Bedarf mit der Gruppe 3–4 oder 1–2 beginnen. Die Stiche der neuen Reihe direkt unter der Vorreihe sticken. Am Reihenende Stramin wieder um 180 Grad drehen

Die vierte Reihe mit einer Gruppe beginnen, deren Stiche denen der Vorreihe entgegengesetzt verlaufen (nach Bedarf 3–4 oder 1–2). Alle Stiche der neuen Reihe so anordnen, daß sie die der Vorreihe wie ganz rechts gezeigt überkreuzen. Am Ende der vierten Reihe den Stramin wieder um 180 Grad drehen. Diese 4 Reihen wiederholen

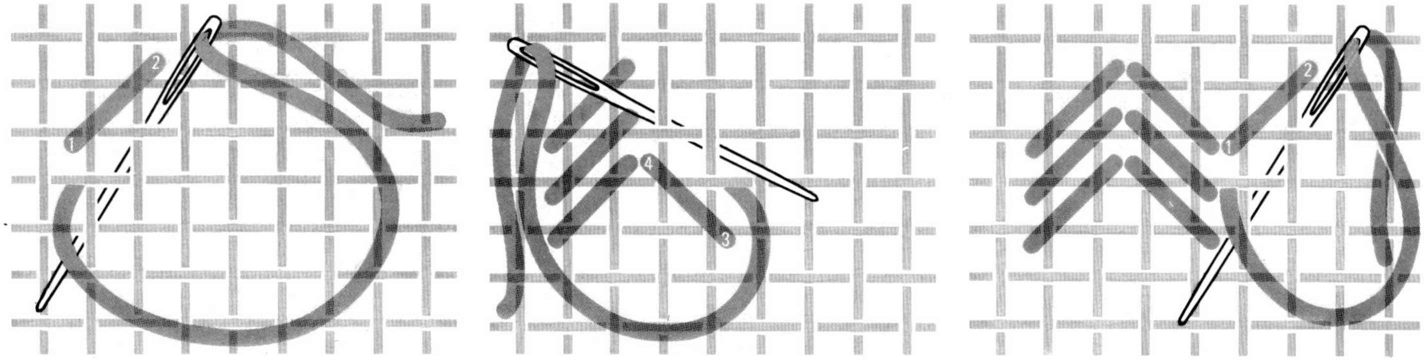

Erste Reihe

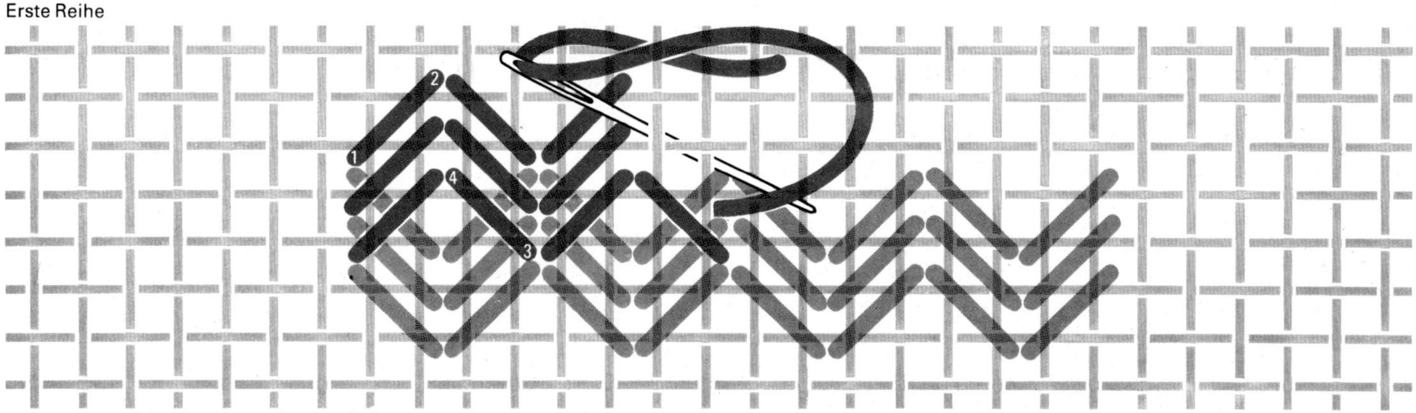

Zweite Reihe: Stramin um 180 Grad gedreht

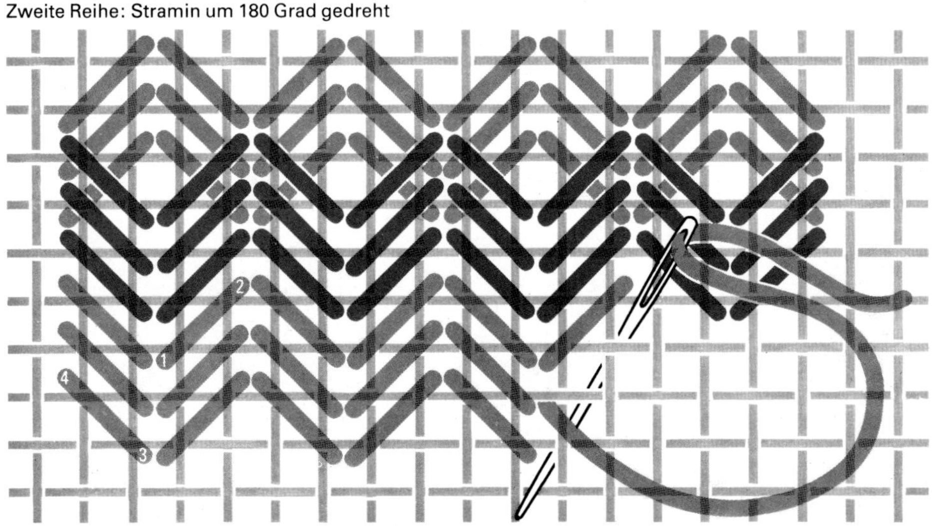

Dritte Reihe: Stramin um 180 Grad gedreht

Vierte Reihe: Stramin um 180 Grad gedreht

Kombinierte Stiche

Die Stiche dieser Gruppe setzen sich, wie der Name andeutet, aus mehreren anderen Sticharten zusammen. Zum Beispiel besteht der Sternstich aus Geradstichen und Diagonalstichen, der Dreieckstich (S. 155) aus Geradstichen und Kreuzstichen. Außer dem einfachen Sternstich sind alle kombinierten Stiche groß und bilden eher ausgeprägte Musterformen als eine geschlossene Oberfläche. Wie bei jedem großen Stich deckt das Garn den Stramin oft nicht ganz ab. Dies läßt sich bis zu einem gewissen Grad vermeiden, wenn man das Garn nicht zu fest anzieht.

Sternstich

Großer Sternstich mit Rückstichen

Der Sternstich

Jede Sticheinheit, ob sie normal oder vergrößert gearbeitet wird, besteht aus acht kleinen Stichen, die sternförmig um einen gemeinsamen Mittelpunkt gestickt werden. Bei der Wahl des Garns muß man darauf achten, daß es achtmal durch ein Straminloch geführt werden kann, ohne daß die Stickerei sich verzieht. Wenn das Garn den Stramin nicht genügend abdeckt, stickt man um jede Einheit Rückstiche (siehe links und unten).

Sternstich Oben rechts beginnen und die Reihen abwechselnd nach links und nach rechts arbeiten. Für jede Sticheinheit 8 Stiche (Folge 1–8) um ein Mittelloch (A) arbeiten, dazu jeweils, bei 1 beginnend, bei einer Ziffer aus- und über ein Fadenkreuz bzw. einen Gewebefaden bei A einstechen. Bei den von rechts nach links gestickten Reihen die 8 Stiche im Uhrzeigersinn, in den von links nach rechts gestickten entgegen dem Uhrzeigersinn arbeiten. Die Reihen direkt untereinander anordnen

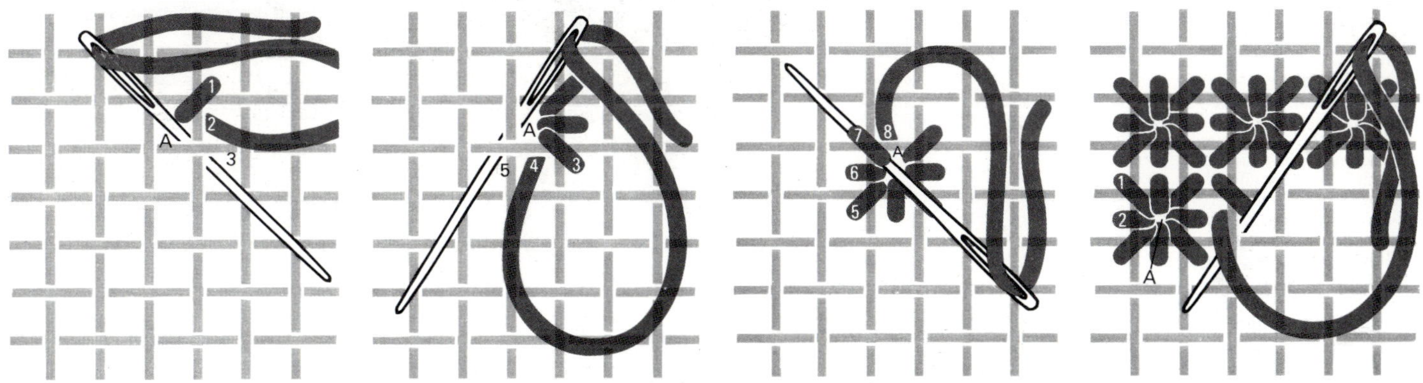

Der große Sternstich ist lediglich eine vergrößerte Ausführung des oben beschriebenen Sternstiches. Der einzige Unterschied besteht darin, daß die Stiche über 2 Gewebefäden bzw. Fadenkreuze gearbeitet werden. Beim großen Sternstich kann es besonders schwierig sein, den Stramin vollständig abzudecken. Abhilfe schafft man, indem man um die Sternstiche herum Rückstiche (S. 138) arbeitet. Dazu verwendet man das gleiche oder ein andersfarbiges Garn (hier Kontrastfarbe)

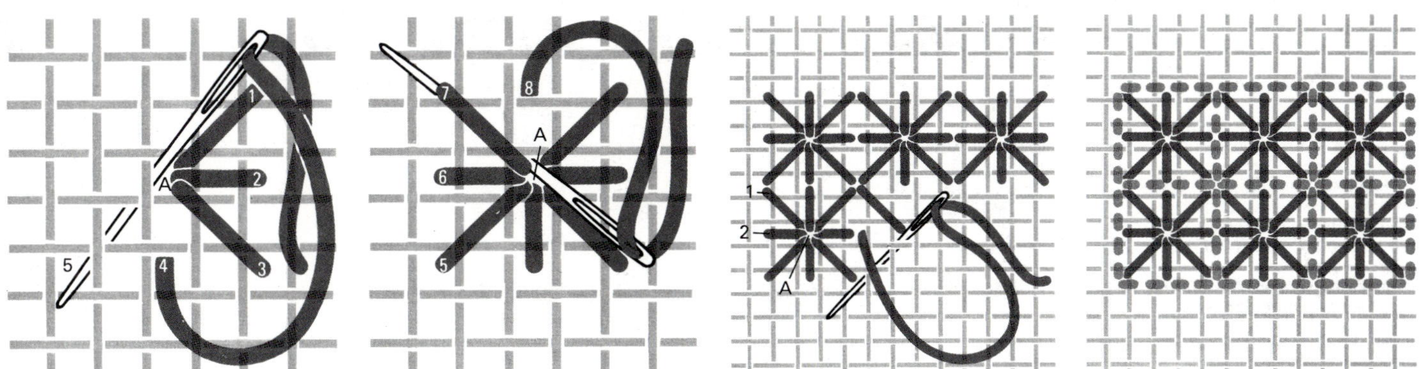

Tapisserie · Sticharten

Kombinierte Stiche

Strahlenstich

Doppelter Strahlenstich

Der Strahlenstich

Der einfache sowie der doppelte Strahlenstich bestehen aus mehreren Spannstichen, die strahlenförmig von einem gemeinsamen Straminloch ausgehen. Der quadratische Strahlenstich wird durch sieben Stiche gebildet; der rechteckige doppelte Strahlenstich besteht aus 13 Stichen. Das Garn muß mehrmals durch ein Straminloch geführt werden können, ohne daß die Stickerei sich verzieht. Bei beiden Stichen sollte das Garn nicht zu fest angezogen werden. Varianten ergibt ein Farbwechsel von Reihe zu Reihe oder von Sticheinheit zu Sticheinheit.

Strahlenstich Oben links beginnen und die Reihen abwechselnd nach rechts, dann nach links arbeiten. Jeder Strahlenstich bedeckt eine Straminfläche von 3 × 3 Gewebefäden. Für jede Sticheinheit 7 Stiche (Folge 1–7) entgegen dem Uhrzeigersinn zu einem gemeinsamen Straminloch (A) hin arbeiten; dazu jeweils, bei 1 beginnend, bei einer Ziffer aus- und bei A einstechen. An jedem Reihenende die Stickrichtung wechseln. Die Stiche der neuen Reihe direkt unter denen der Vorreihe anordnen.

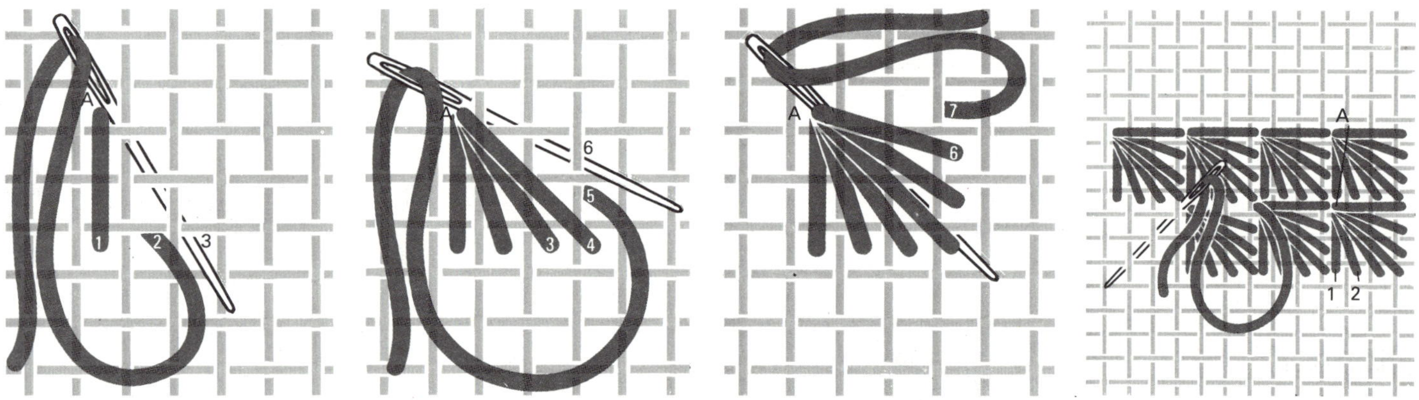

Doppelter Strahlenstich Oben links beginnen; Reihen abwechselnd nach rechts und nach links arbeiten. Jede Sticheinheit bedeckt eine Straminfläche von 6 Längsfäden und 3 Querfäden; 13 Stiche (Folge 1–13) zu einem Straminloch (A) hin arbeiten; dazu jeweils, bei 1 beginnend, bei einer Ziffer aus- und bei A einstechen. Bei den nach rechts gearbeiteten Reihen gegen den Uhrzeigersinn, bei den nach links gearbeiteten im Uhrzeigersinn sticken. Die Stiche der neuen Reihe direkt unter denen der Vorreihe anordnen

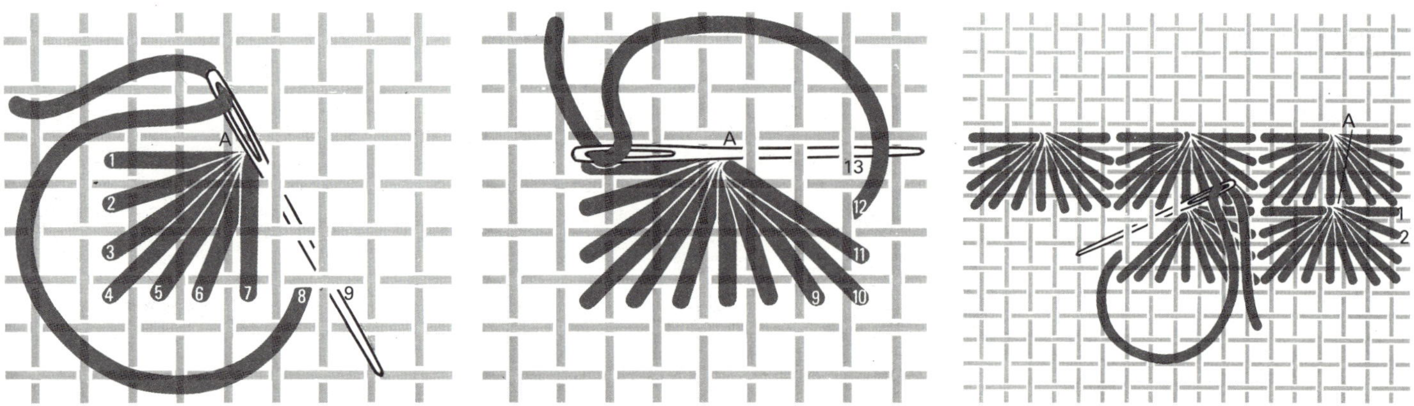

Strahlensternstich

Strahlensternstich mit Rückstichen

Der Strahlensternstich

Dieser Stich ist sehr groß und kann sogar einzeln als Musterelement verwendet werden. Jede Sticheinheit besteht aus 16 Stichen, die von einem Straminloch ausgehen. Das Garn muß fein genug sein, um 16mal durch das Straminloch gezogen zu werden, ohne daß die Stickerei sich verzieht. Dekken die Stiche den Stramin nicht ganz ab, können Rückstiche darüber gestickt werden (links und unten). Der Strahlensternstich ist für Gebrauchsgegenstände nicht geeignet, da die langen Spannfäden sich leicht abscheuern.

Strahlensternstich Oben links beginnen und die Reihen abwechselnd nach rechts und nach links arbeiten. Jeder Strahlensternstich erstreckt sich über 8 Quer- und 8 Längsfäden. Für jede Sticheinheit 16 Stiche (Folge 1–16) im Uhrzeigersinn um ein Mittelloch (A) arbeiten; dazu jeweils, bei 1 beginnend, bei einer Ziffer aus- und bei A einstechen. Der Ausstich 1 der ersten Einheit ist das fünfte Straminloch von links; jede neue Einheit beginnt 8 Löcher vom Ausgangspunkt der vorhergehenden entfernt

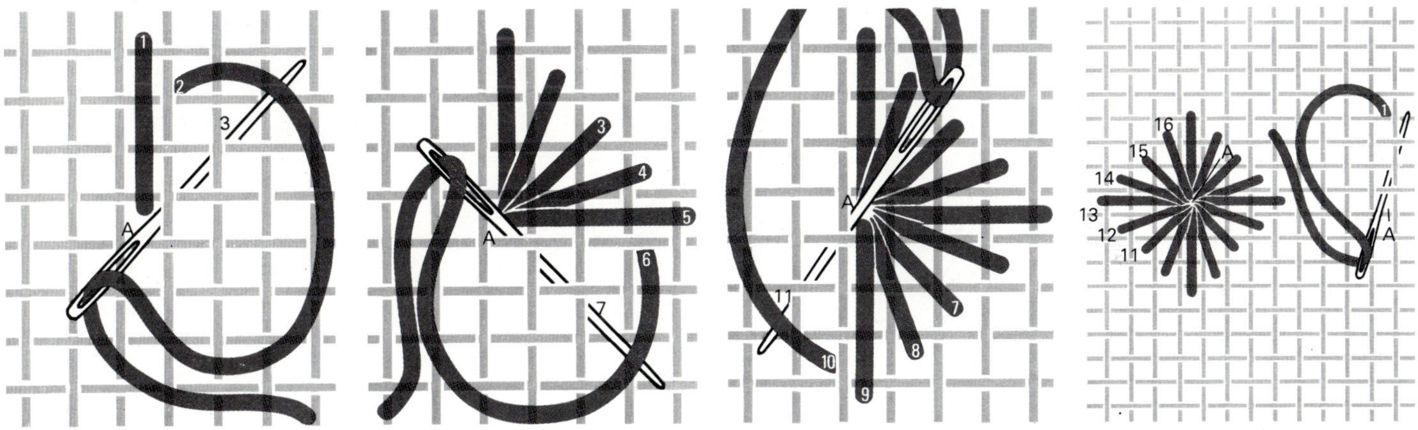

Am Reihenende die Stickrichtung wechseln. Die Stiche der neuen Reihe genau zwischen denen der Vorreihe sticken. Nach Belieben die durchscheinenden Straminfäden zwischen den Strahlensternstichen mit Rückstichen übersticken; dazu das gleiche oder kontrastfarbenes Garn verwenden

Kombinierte Stiche

Blattstich

Blattstich mit Rückstichen

Der Blattstich

Dieser verhältnismäßig große Stich, der sich aus elf Einzelstichen zusammensetzt, kann einzeln oder in Gruppen verwendet werden. Die Blattspitze bilden fünf fächerartig angeordnete Stiche; zu beiden Seiten werden je drei Stiche in senkrechten Reihen gestickt. Um das Blattmotiv zu verlängern, arbeitet man entsprechend mehr Stiche in den senkrechten Reihen. In der Mitte jeder Einheit kann man zur Ausschmückung mit dem gleichen oder einem kontrastfarbenen Garn Rückstiche anbringen.

Blattstich Oben links beginnen und die Reihen abwechselnd nach rechts, dann nach links arbeiten. Jede hier gezeigte Sticheinheit besteht aus 11 Stichen: 3 seitlich links, 5 für die Blattspitze und 3 seitlich rechts. (Um das Motiv zu verlängern, die Zahl der Stiche auf jeder Seite gleichmäßig erhöhen.) Zuerst die Seitenstiche links (1–6), die Spitzenstiche (7–16) und dann die Seitenstiche rechts (17–22) arbeiten, dazu bei den ungeraden Zahlen aus- und bei den geraden Zahlen einstechen. Bei den von links nach rechts gearbeiteten Reihen die Einzelstiche im Uhrzeigersinn, bei den von rechts nach links gearbeiteten gegen den Uhrzeigersinn sticken. Jeden neuen Stich im sechsten Straminloch vom Ausgangspunkt des vorigen Stiches beginnen

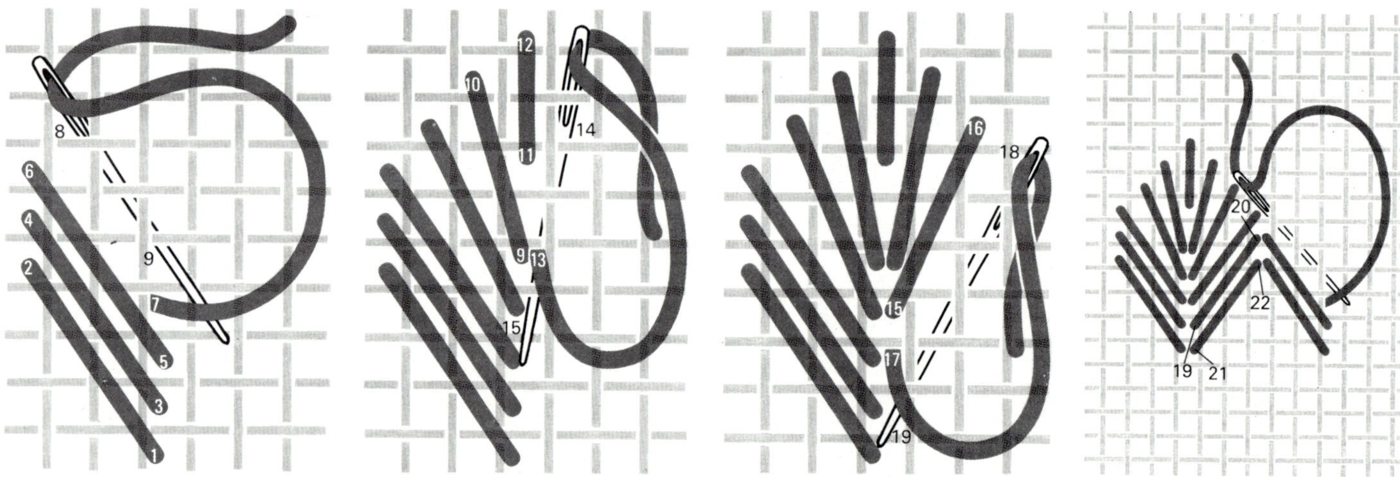

Am Reihenende die Stickrichtung wechseln. Die Stiche der neuen Reihe genau zwischen denen der Vorreihe anordnen. Nach Belieben Rückstiche (S. 138) zur Ausschmückung mit dem gleichen oder einem andersfarbigen Garn in der Mitte des Blattmotivs nach oben oder unten sticken

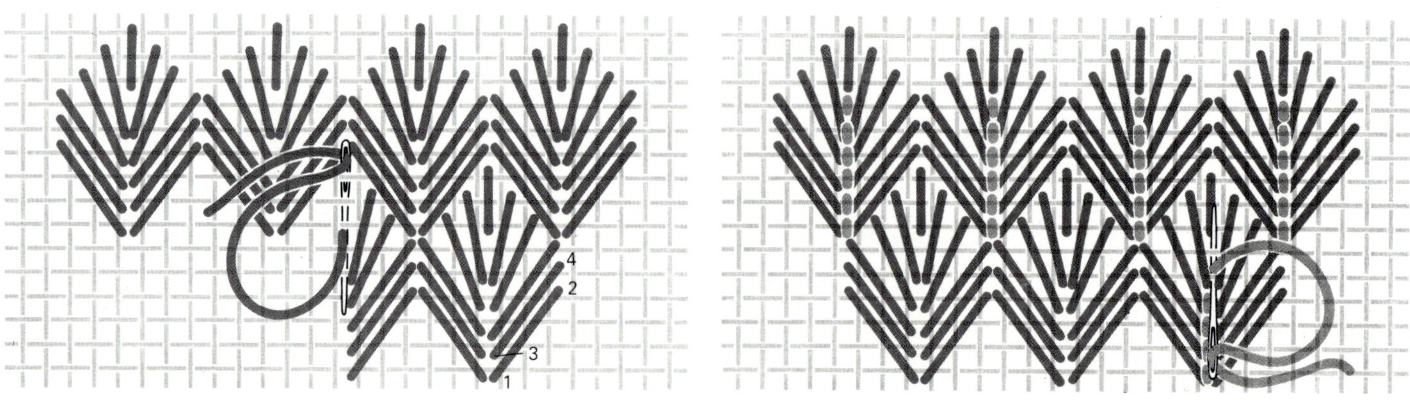

Dreieckstich (einfarbig)

Dreieckstich (zweifarbig)

Der Dreieckstich

Der Dreieckstich, der im ganzen ein Quadrat bildet, setzt sich aus vier Dreiecken zusammen. An jeder Ecke vervollständigt ein großer Kreuzstich die quadratische Form. Das Gesamtmuster wirkt sehr apart. Werden alle Stiche in der gleichen Farbe gearbeitet, ist die quadratische Grundform manchmal weniger ausgeprägt; dafür treten Gruppen von Dreiecken stärker hervor und bilden neue Muster. Die Verwendung einer zweiten Farbe ermöglicht verschiedene interessante Abwandlungen.

Dreieckstich Jede Sticheinheit (siehe vierte Abb. unten) besteht aus 4 zur gemeinsamen Mitte hin angeordneten Dreiecken. Die Ecken werden mit Kreuzstichen ausgefüllt. Oben links beginnen; Reihen abwechselnd nach rechts und nach links arbeiten

Für jedes Dreieck 7 Geradstiche (Folge 1–14) arbeiten; dazu bei den ungeraden Ziffern aus- und bei den geraden einstechen. Zuerst das obere Dreieck sticken. Alle Einheiten und Stiche entgegen dem Uhrzeigersinn arbeiten. Die Dreiecke wie abgebildet anordnen; der Ausstich 7 ist für alle Dreiecke dasselbe Straminloch. Nach Belieben den Stramin jeweils nach jedem Dreieck um 90 Grad drehen (hier nicht gezeigt)

Die Sticheinheit mit einem Kreuzstich (S. 139) über je 2 Fadenkreuze an jeder Ecke vervollständigen. Dazu in der rechten oberen Ecke beginnen und viermal die Folge A–D arbeiten (der erste Kreuzstich wird anders gearbeitet als die übrigen!). Den nächsten Dreieckstich im zehnten Straminloch vom Ausgangspunkt der vorhergehenden Einheit beginnen. Am Reihenende Stickrichtung wechseln. Stiche der neuen Reihe direkt unter denen der Vorreihe anordnen

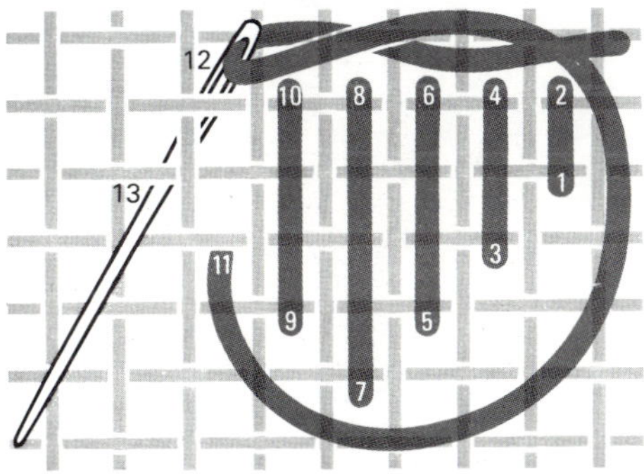

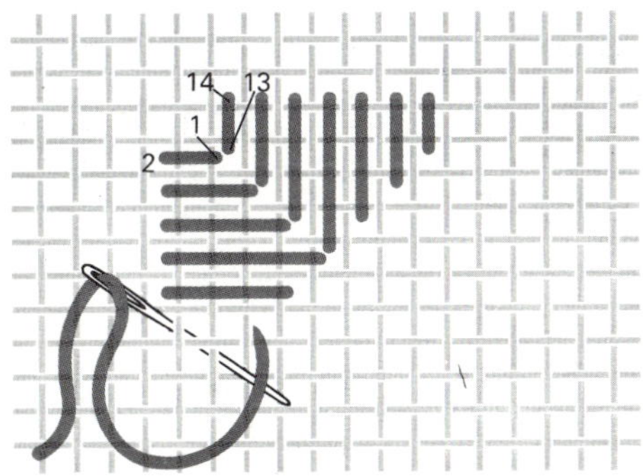

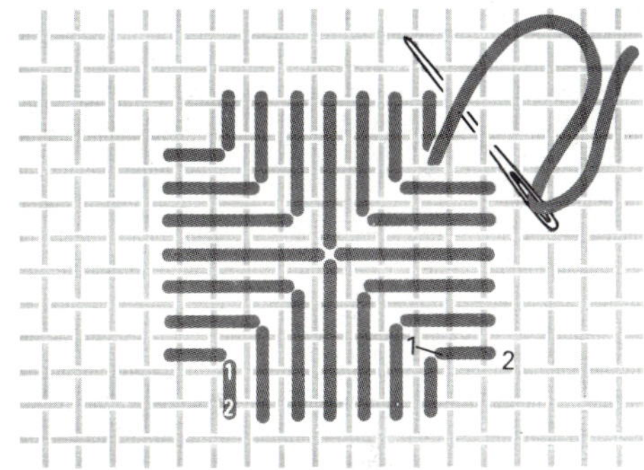

Tapisserie · Sticharten

Kombinierte Stiche

Würfelstich (einfarbig)

Würfelstich (zweifarbig)

Der Würfelstich

Der Würfelstich wird durch Reihen von diagonalen Stichen gebildet, die in Blöcken gearbeitet werden; die Schrägrichtung der Stiche wechselt von Block zu Block. Jede neue Stichreihe ist ein Spiegelbild der vorhergehenden. Ein gerader Kreuzstich füllt die Lücke, die jeweils zwischen vier Blöcken entsteht. Er kann in der gleichen Farbe wie die übrigen Stiche oder in einer Kontrastfarbe gearbeitet werden (siehe links).

Würfelstich Die Reihen bestehen aus Blöcken von je 5 diagonalen Stichen. Die Schrägrichtung wechselt mit jedem Block. In der Lücke zwischen 4 Blöcken wird ein gerader Kreuzstich gestickt

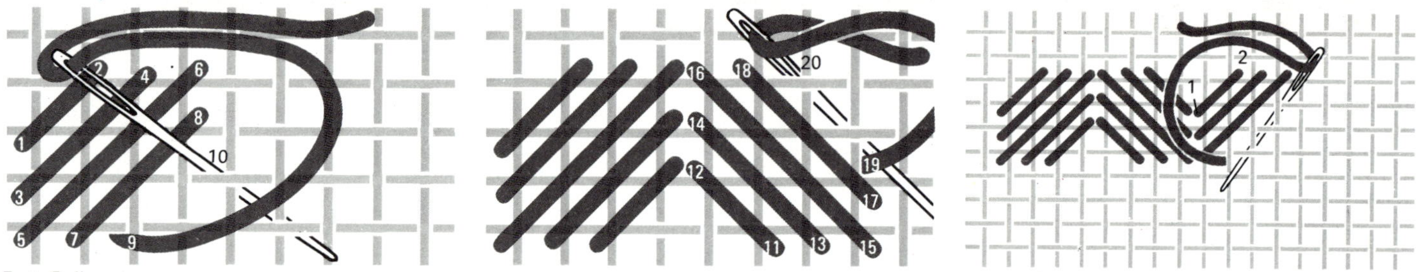

Erste Reihe

Oben links beginnen und alle Reihen von links nach rechts arbeiten. Beim ersten Block der ersten Reihe verlaufen die Stiche von links unten nach rechts oben (1–10), beim zweiten Block (11–20) von rechts unten nach links oben. Die Schritte 1–10 und 11–20 über die ganze Reihe wiederholen. Am Reihenende die Nadel auf der Rückseite lassen und den Stramin um 180 Grad drehen

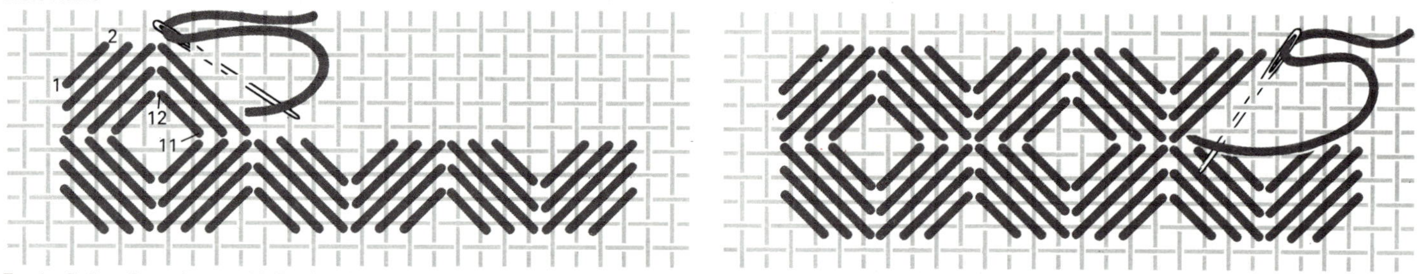

Zweite Reihe: Stramin um 180 Grad gedreht

Jede neue Reihe mit einem Block beginnen, dessen Stiche in die entgegengesetzte Richtung zu denen der Vorreihe verlaufen, d.h. je nachdem mit der Folge 1–10 oder 11–20

Den gesamten Musterbereich mit diesen Stichreihen bedecken. Dann in den offenen Bereich zwischen den Blöcken je einen geraden Kreuzstich (A–D), wie auf S. 142 beschrieben, arbeiten

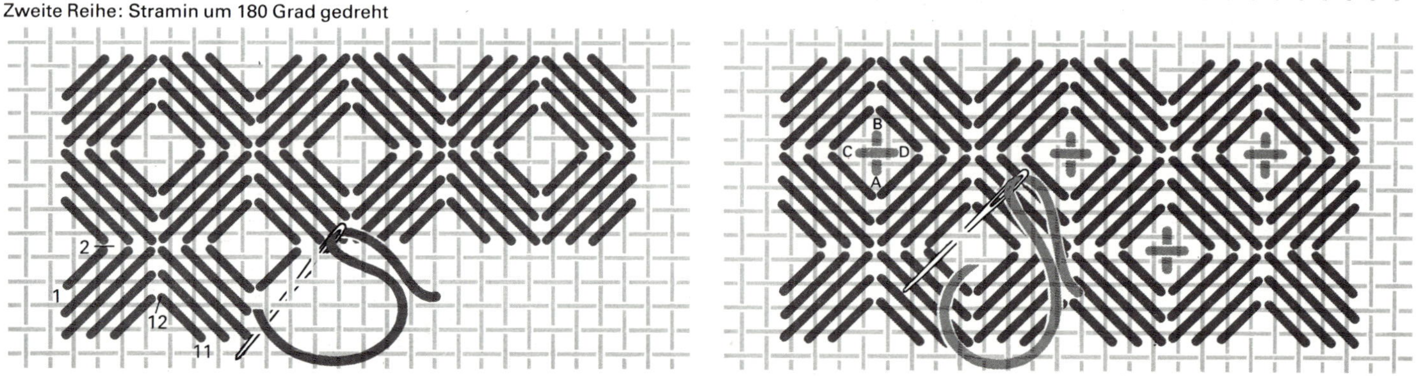

Dritte Reihe: Stramin um 180 Grad gedreht

Schlingenstiche

Zu dieser Gruppe gehören nur drei Stiche, die einander sehr ähnlich sind. Alle bilden eine als Flor bezeichnete Oberflächenstruktur aus Schlingen, die nach Belieben aufgeschnitten werden können. Wie man die Schlingen aufschneidet, wird auf der nächsten Seite beim Velourstich erklärt; die Anweisungen gelten jedoch für alle Stiche dieser Gruppe.

Die Schlingenstiche werden in der Hauptsache für Teppiche und Wandbehänge verwendet, mit ihnen kann man aber in der Straminstickerei interessante Effekte erzielen und bestimmte Bereiche betonen.

Ryastich

Velourstich

Surreystich

Ryastich, Velourstich und Surreystich

Diese drei Stiche sehen zwar ähnlich aus, unterscheiden sich jedoch in der Stickart und manchmal auch in der Anordnung. Die Anordnung hängt von der jeweiligen Straminart ab. Die Unterschiede werden bei der Anleitung für den jeweiligen Stich behandelt. Einzelheiten über Stramine sind auf Seite 114 zu finden.

Ryastich (auf einfädigem oder Teppichstramin): Unten links beginnen. Alle Reihen von links nach rechts arbeiten. Für ersten Stich jeder Reihe Faden auf Vorderseite festhalten. Unter einem Längsfaden durchstechen (1–2); durchziehen. Faden oberhalb der Stiche legen, wieder unter Längsfaden durchstechen (3–4) und durchziehen. Schlinge in gewünschter Länge bilden und festhalten, dann nächsten Stich arbeiten (1–2 und 3–4). Neue Reihe über der Vorreihe sticken. Nach Belieben Schlingen aufschneiden (S. 158)

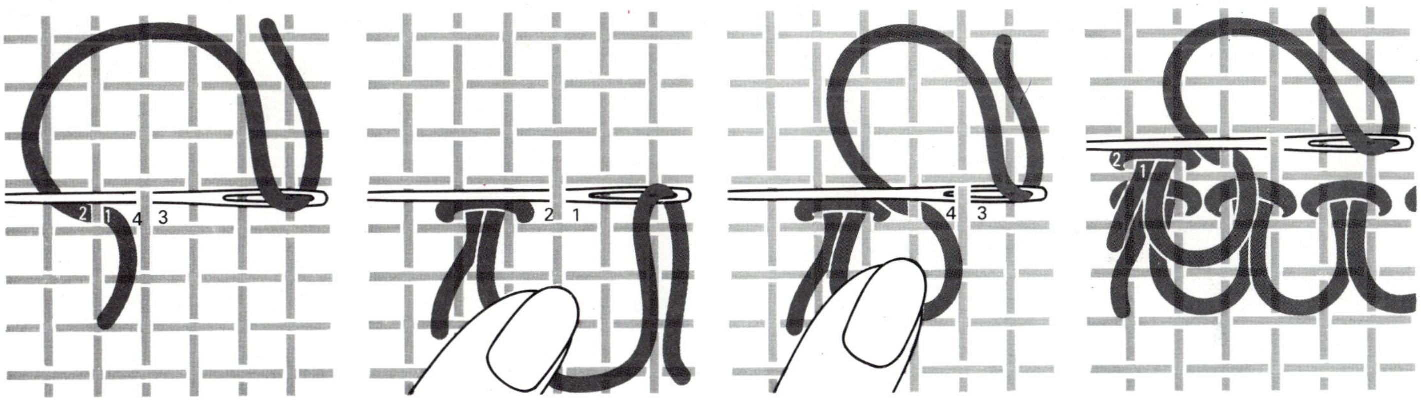

Ryastich (auf zweifädigem Stramin): Stichart und Reihenanordnung sind wie oben, doch die Anordnung des Stiches kann variieren. Auf zweifädigem Stramin kann man jeden Ryastich über 2 Doppelfäden wie oben oder über einen Doppelfaden wie rechts abgebildet arbeiten. Im zweiten Fall den Doppelfaden wie 2 einzelne Fäden behandeln: Unter dem einen Faden (1–2), dann unter dem nächsten (3–4) durchstechen

Schlingenstiche

Velourstich (auf einfädigem und Teppichstramin): Unten links beginnen. Die Reihen von links nach rechts arbeiten. Jeden Velourstich wie folgt sticken: Bei 1 ausstechen, über 2 Fadenkreuze nach rechts oben bei 2 ein- und bei 3 (=1) wieder ausstechen. Eine Schlinge in der gewünschten Länge bilden und festhalten. Bei 4 (=2) einstechen und unter 2 Querfäden (bei Teppichstramin 2 Fadenpaare) bei 5 ausstechen, dabei die Nadel unter die Schlinge führen. Über 2 Fadenkreuze nach links oben bei 6 ein- und bei 5 wieder ausstechen

Über die ganze Reihe wiederholen. Die Stiche jeder neuen Reihe links beginnen und genau über denen der Vorreihe sticken. Den ganzen Bereich ausfüllen, dann erst die Schlingen, falls erwünscht, aufschneiden

Schlingen aufschneiden Eine Scherenspitze durch einige Schlingen schieben, die Schlingen mit der Schere straffziehen und aufschneiden. Zur nächsten Schlingengruppe weitergehen und in der gleichen Weise aufschneiden

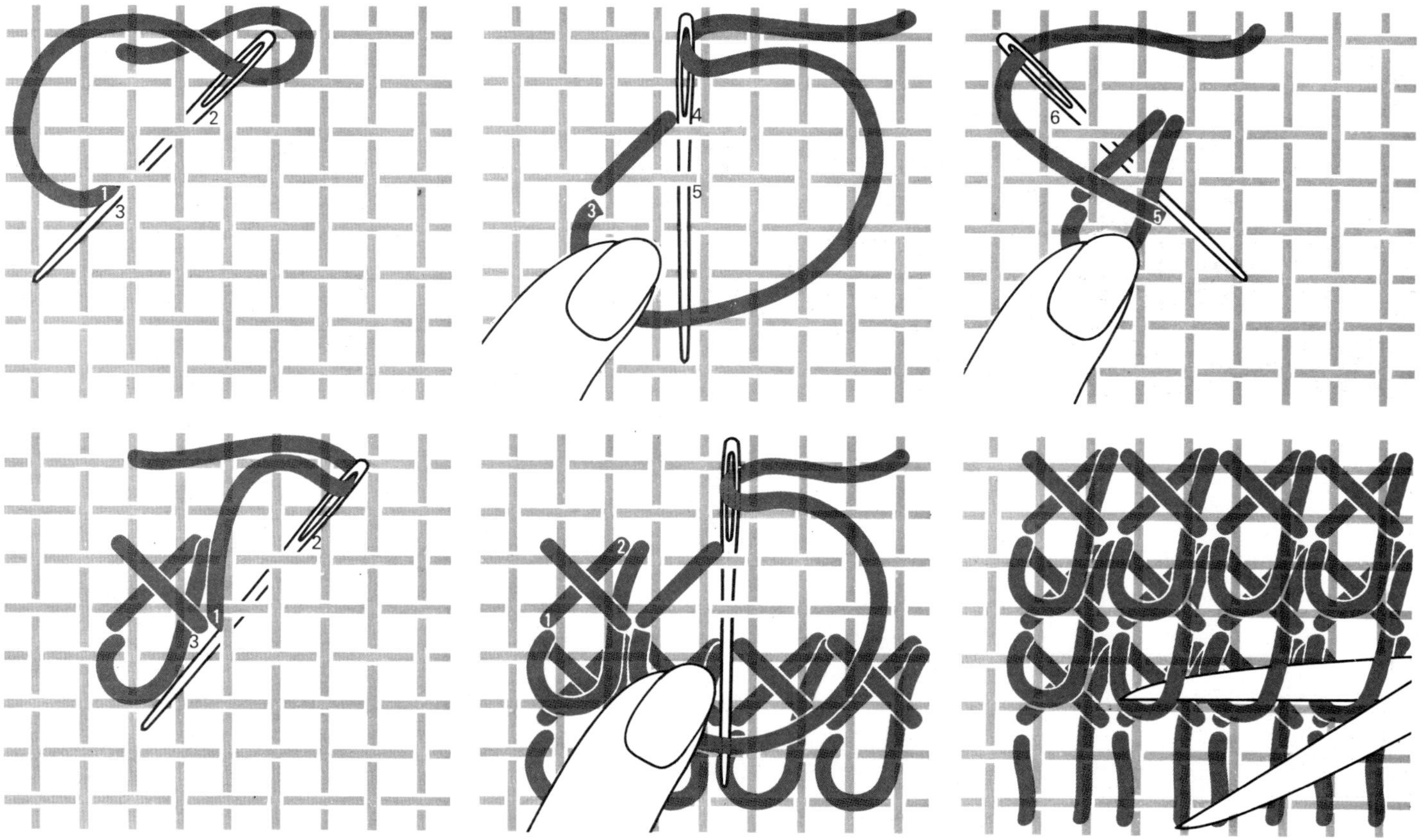

Velourstich (auf zweifädigem Stramin): Reihen und Stiche wie oben arbeiten. Jeder Velourstich kann aber über 2 Doppelfäden, wie oben, oder über einen Doppelfaden, wie rechts abgebildet, gearbeitet werden. Im zweiten Fall bei 1 ausstechen, über ein Doppelfadenkreuz bei 2 ein- und bei 3 (=1) ausstechen. Eine Schlinge lassen, über dasselbe Doppelfadenkreuz bei 4 (=2) einstechen und unter einen doppelten Querfaden bei 5 ausstechen. Über das Doppelfadenkreuz bei 6 ein- und wieder bei 5 (Ausgangspunkt des neuen Stiches) ausstechen

Surreystich (auf einfädigem oder Teppichstramin): Unten links beginnen; alle Reihen von links nach rechts arbeiten. Beim ersten Stich jeder Reihe das Fadenende auf der Vorderseite liegen lassen. Alle Stiche wie folgt arbeiten: Bei 1 einstechen und unter 2 Querfäden (beim Teppichstramin 2 Doppelfäden) bei 2 ausstechen. Den Faden durchziehen und bogenförmig um den Stich legen (Abb. 2). Über 2 Fadenkreuze bei 3 einstechen und unter 2 Längsfäden bei 4 ausstechen; den Faden unter die Nadelspitze legen und durchziehen. Eine Schlinge in der gewünschten Länge bilden und mit dem Daumen festhalten. Punkt 3 ist jetzt Punkt 1 des neuen Stiches. Beim Ausstich 2 die Nadel über die Garnschlinge führen

Jede neue Reihe links beginnen und die neuen Stiche über denen der Vorreihe sticken. Sind alle Reihen beendet, die Schlingen, falls gewünscht, aufschneiden (S. 158)

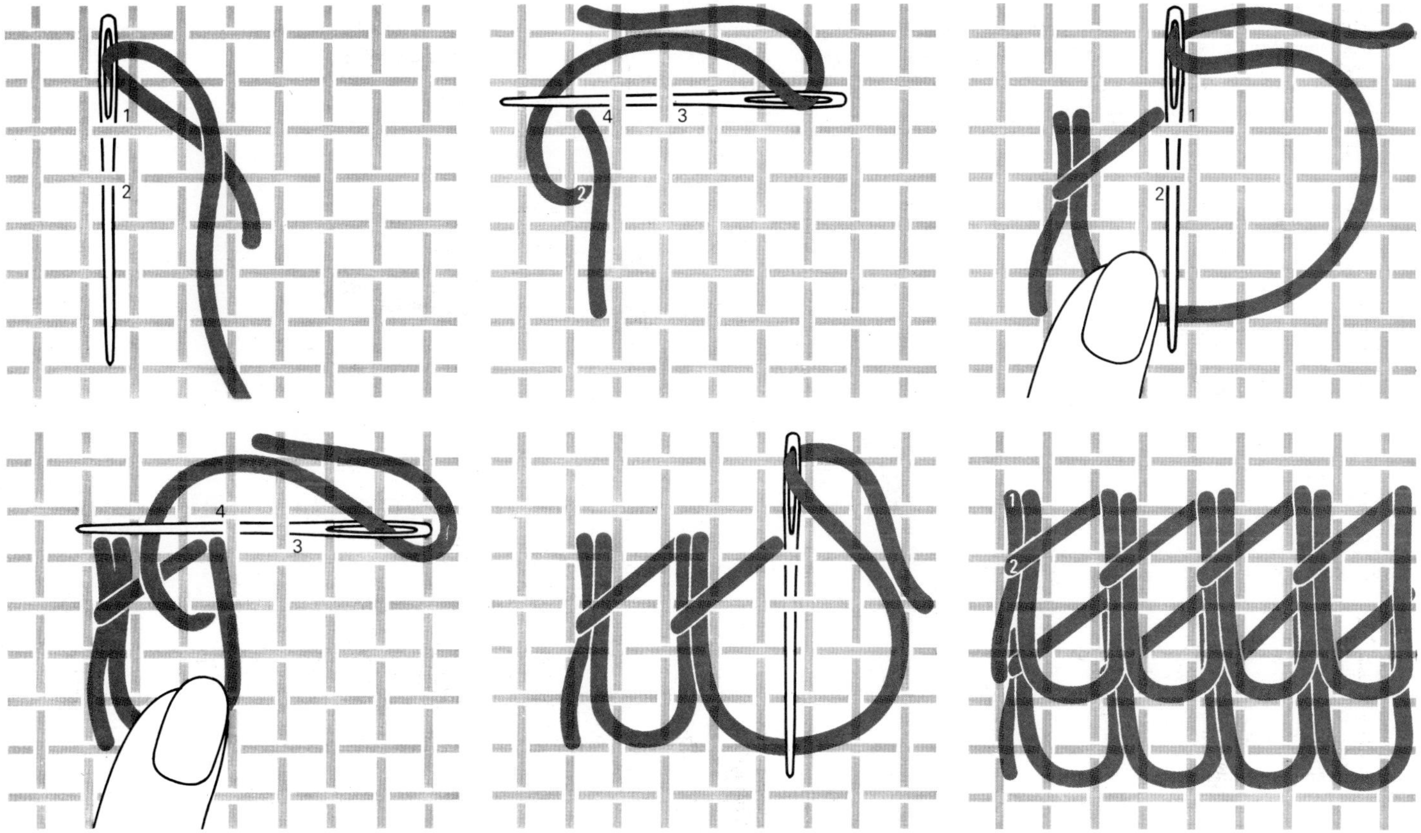

Surreystich (auf zweifädigem Stramin): Die Reihen und Stiche, wie oben beschrieben, sticken; die Stichanordnung kann man variieren. Auf zweifädigem Stramin kann jeder Surreystich über 2 Doppelfadenkreuze wie oben oder über ein Doppelfadenkreuz (rechts) gestickt werden. Im zweiten Fall einen Doppelfaden wie 2 einzelne behandeln und den Stich wie rechts gezeigt (1–2 und 3–4) arbeiten

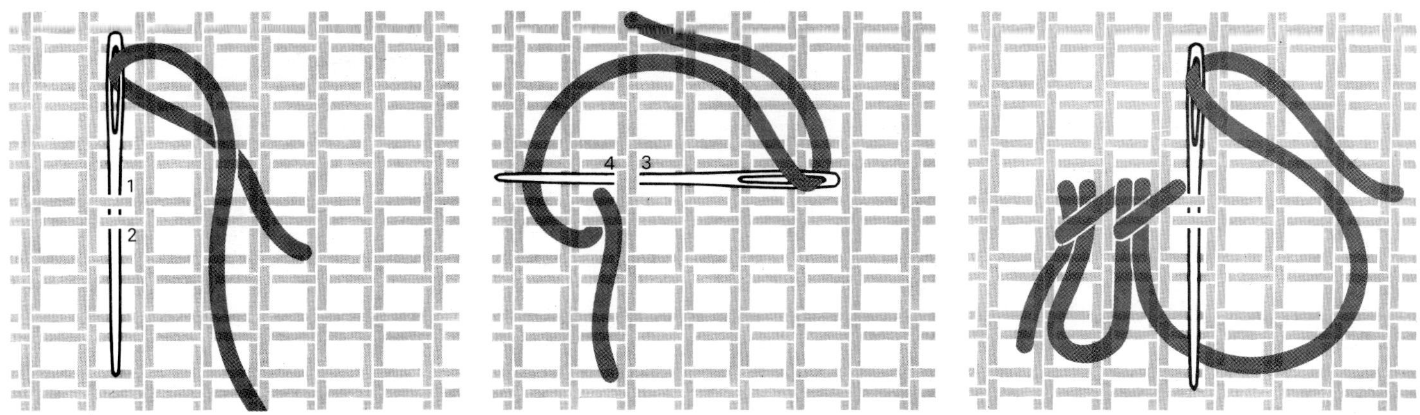

Weitere Sticktechniken

Ein mehrfarbiges Muster entsteht, wenn man die Garnfarbe mit jeder neuen Reihe oder innerhalb der einzelnen Reihe des jeweiligen Bereichs wechselt. Diese Technik des mehrfarbigen Stickens wird unten beschrieben.

Auf der gegenüberliegenden Seite oben wird gezeigt, wie die Ausgleichsstiche an den Rändern eines Musterbereichs gearbeitet werden. Darunter wird erklärt, wie die Anleitungen und Abbildungen zu den Stichen, die in diesem Kapitel behandelt werden, von Linkshändern entsprechend umgesetzt werden können.

Mehrfarbiges Sticken

Es gibt zwei Möglichkeiten, die verschiedenen Farben einzubringen: durch einen Farbwechsel von Reihe zu Reihe (Methode I) oder innerhalb einer Reihe (Methode II). Bei beiden Methoden werden die einzelnen Stiche wie gewohnt gestickt; lediglich die Reihen werden anders gearbeitet.

Methode I: Die neue Farbe wird beim Reihenwechsel eingebracht. Die Reihen werden in Reiheneinheiten gearbeitet, wobei jede Einheit aus so vielen Reihen besteht, wie Farben verwendet werden. Bei einfarbigem Sticken wird am Reihenende die Stickrichtung gewechselt bzw. der Stramin um 180 Grad gedreht. Beim mehrfarbigen Sticken dagegen erfolgt der Wechsel bzw. die Drehung mit der ersten Reihe der neuen Einheit. Bei Methode I wird für jede Garnfarbe eine gesonderte Nadel verwendet. Wenn am Reihenende noch Garn übrig ist, wird es mit der Nadel auf die Vorderseite geholt und außerhalb des Arbeitsbereichs vorläufig gesichert. Wird später mit dieser Farbe weitergestickt, holt man sie wieder auf die Rückseite und zum Ausgangspunkt der neuen Reihe.

Methode II: Hier wird die Farbe innerhalb der Reihe gewechselt. Dies gelingt am besten, wenn man zwei Farben bei einem Muster verwendet, das aus zwei Sticharten besteht. Ein solches Muster ist der Doppelstich (S. 142), bei dem längliche Kreuzstiche und Kreuzstiche über ein Fadenkreuz abwechselnd gearbeitet werden. Zuerst werden alle Reihen in einer Stichart und einer Farbe ausgeführt; den Raum dazwischen läßt man für die anderen Stiche frei. Dann arbeitet man in den Zwischenräumen die Stiche in der zweiten Farbe.

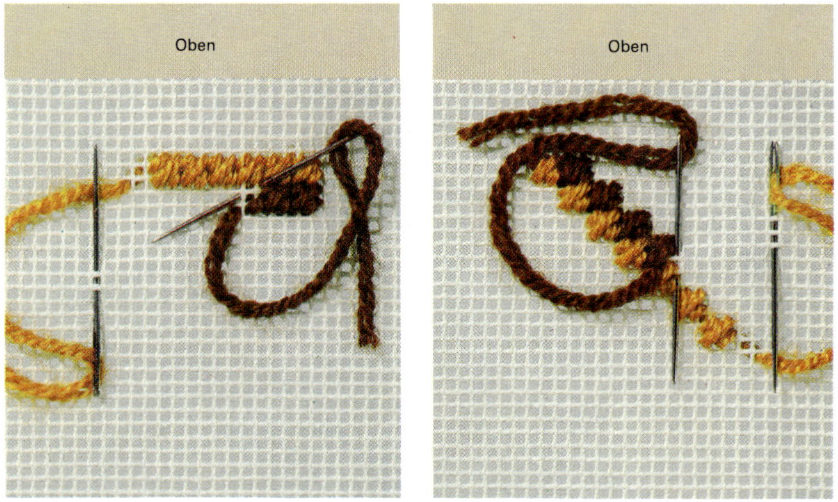

Methode I: 1. Stiche wie gewohnt sticken; Farbe mit jeder Reihe wechseln; Reihen in Einheiten arbeiten. Hier Mosaikstiche in 2 Farben gestickt, d. h., 2 Reihen bilden eine Einheit. Links: beide Reihen von rechts nach links gestickt. Rechts: beide diagonal nach unten

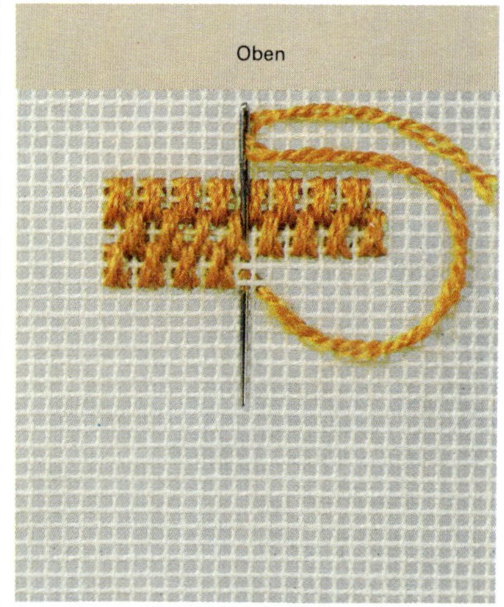

Methode II: 1. Alle Reihen einer Stichart arbeiten; Raum für die anderen Stiche frei lassen. Hier längliche Kreuzstiche

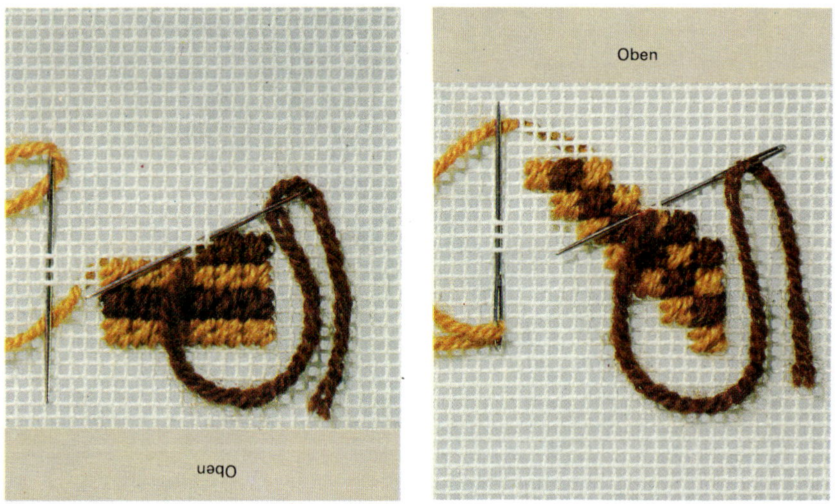

2. Für die erste Reihe der neuen Einheit den Stramin um 180 Grad drehen bzw. die Stickrichtung wechseln, je nachdem, wie die Stiche üblicherweise ausgeführt werden. Beim linken Beispiel wurde der Stoff gedreht, beim rechten die Stickrichtung gewechselt

2. Die zweite Stichart mit der zweiten Farbe in den freien Raum sticken. Hier Kreuzstiche über ein Fadenkreuz

Ausgleichsstiche

Die unten abgebildeten Details aus der Stickerei auf Seite 113 zeigen, wie Ausgleichsstiche angewendet werden, d.h. Teile der Stichmuster, die an den Rändern eines Musterbereichs gearbeitet werden. Sie füllen die noch offenen Flächen, die zu klein sind, um ein vollständiges Stichmuster aufzunehmen, und dienen dazu, das Stich- und Farbmuster bis hin zu den Kanten ununterbrochen fortzusetzen. Die Länge des jeweiligen Ausgleichsstiches hängt von der offenen Fläche ab, die zwischen dem Rand des Musterbereichs und dem letzten vollständigen Stich liegt.

Sticken für Linkshänder

Alle Stiche in diesem Kapitel sind für Rechtshänder beschrieben und abgebildet, Linkshänder können jedoch auch ohne große Mühe nach diesen Anleitungen arbeiten.

Zunächst sollte man sich als Linkshänder damit vertraut machen, wie der Stich vom Rechtshänder ausgeführt wird. Dann dreht man Buch und Stramin um 180 Grad. Mit dem Sticken fängt man nun in der angegebenen Ecke an, wie sie jetzt in der umgedrehten Abbildung erscheint.

Auch die Reihen werden in die Richtung gearbeitet, die die umgedrehte Zeichnung zeigt. Den umgedrehten Zahlen folgt man, bei 1 beginnend, in der richtigen Reihenfolge. Wo in der Anleitung angegeben, wird der Stramin auch gedreht bzw. die Stickrichtung gewechselt.

Wenn alle Reihen in einer Richtung ausgeführt werden sollen, stickt man in die Richtung, die die umgedrehte Abbildung zeigt. Rechts sind drei Stiche abgebildet. Die oberen Abbildungen zeigen die Arbeitsweise für Rechtshänder; darunter sind sie um 180 Grad gedreht, wie sie von Linkshändern benutzt werden.

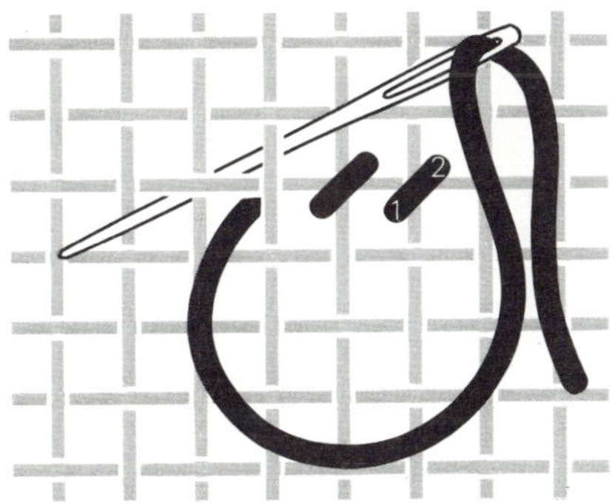

Gobelinstich (waagrecht) von rechts nach links sticken; Stramin am Reihenende drehen

Mosaikstich erst diagonal nach unten sticken; Stickrichtung jede Reihe wechseln

Farnstich oben links beginnen und alle Reihen nach unten sticken

Linkshänder drehen Stramin. Von links nach rechts sticken; Stramin jede Reihe drehen

Linkshänder drehen Stramin. Nach oben sticken; Stickrichtung jede Reihe wechseln

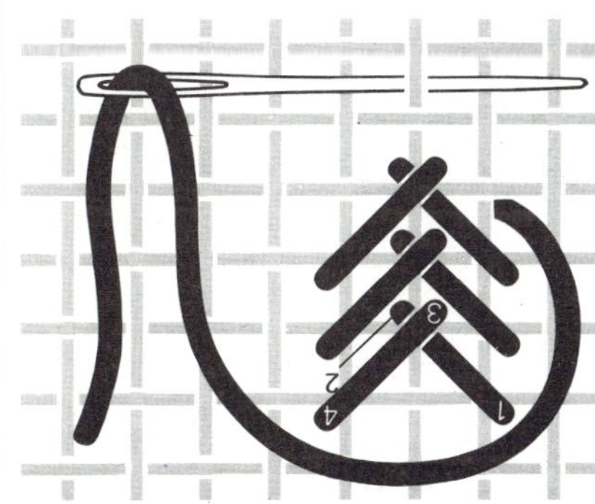

Linkshänder drehen Stramin. Unten rechts beginnen; alle Reihen nach oben arbeiten

Mustergestaltung und Ausführung einer Straminstickerei

Mustergestaltung

Eine Straminstickerei besteht aus mehreren Elementen. Bei einer gekauften Vorlage sind diese Elemente bereits aufeinander abgestimmt, wenn man jedoch ein eigenes Muster gestaltet, sind verschiedene Dinge zu beachten, beispielsweise die drei charakteristischen Effekte, die durch die Wahl der Stiche erzielt werden; diese Effekte werden auf Seite 113 behandelt.

Ebenso wichtig ist die genaue Kenntnis des Materials, also der Stramine und Garne (S. 114–115), und der Stiche (S. 118–161). Je mehr man darüber weiß, desto einfacher ist es, die auf diesen beiden Seiten behandelten Musterelemente vorteilhaft zu kombinieren. (Diese eignen sich nicht für Florentiner Muster; dazu siehe Seite 173.)

Der wichtigste Faktor ist das Gesamtmuster, das den fertigen Gegenstand ergänzen und ihm in der Größe und Form entsprechen sollte. Ein Muster kann aus einem Motiv auf einem einfarbigen Hintergrund bestehen oder aus verschiedenen Elementen zusammengesetzt sein.

Viele solche Flächenmuster sind Wiederholungen von Einzelmotiven (S. 170–171). Die meisten Muster der Straminstickerei sind asymmetrisch, beispielsweise das Bild auf Seite 113. Einige sind symmetrisch, d.h., die Teile (Hälften oder Viertel) sind spiegelbildlich angeordnet (S. 167–169). Wer gut zeichnet, kann eigene Muster entwerfen, sonst übernimmt man am besten eine Vorlage aus einem Buch, von einem Stoffdruck usw. Den Entwurf kann man später nach Bedarf beliebig vergrößern oder verkleinern (S. 12–15).

Die Wahl des Stramins hängt davon ab, wie viele Details ein Muster enthält. Für ein Muster mit einfachen Linien oder großen Farbflächen genügt ein großmaschiger Stramin. Ein einfaches Muster mit normalen Rundungen sowie ein paar Einzelheiten und Farbschattierungen kann auf einem Stramin mit mittlerer Webdichte gestickt werden. Enthält ein Muster enge Kurven, kleine Details und feine Schattierungen, ist eine feine Straminart erforderlich.

Von der Webdichte des Stramins hängen wiederum der Arbeits- und Zeitaufwand sowie die Haltbarkeit der fertigen Arbeit ab. Je feiner der Stramin ist, desto mehr Zeit braucht man in der Regel für die Stickerei; dafür ist sie jedoch haltbarer. Falls man die empfohlene Straminart nicht verwenden will, kann man entweder ein anderes Muster aussuchen, das zu der bevorzugten Straminart besser paßt, oder das Muster entsprechend abändern. Ein sehr feines Muster kann beispielsweise mit weniger Einzelheiten und weniger ausgeprägten Rundungen neu gezeichnet werden, um es einem Stramin mittlerer Webdichte anzupassen.

Wie viele Einzelheiten die Stickerei schließlich erhält, kommt auf die Größe und Struktur der ausgewählten Stiche an. Grundsätzlich gibt es nur zwei Gruppen, die Gobelinstiche und die Phantasiestiche. Die Gobelinstiche sind die kleinsten Stiche in der Straminstickerei und können daher am besten die Einzelheiten wiedergeben. Mit ihnen kann man so viele Details arbeiten, wie es die Webdichte des Stramins zuläßt. Die Phantasiestiche (ausgenommen der Kreuzstich über ein Fadenkreuz) sind größer und daher weniger geeignet, Linien und Details zu sticken. Jeder bildet jedoch eine interessante Oberflächenstruktur, die für besondere Effekte eingesetzt werden kann.

Will man ein Muster für Phantasiestiche entwerfen, muß man auf einfache, klare Linienführung achten und auf kleine Details verzichten. Wie stark die Linien vereinfacht werden müssen, hängt von der Fläche ab, die für einen bestimmten Stich benötigt wird. Mit Hilfe der Beispiele auf den Seiten 118–161 läßt sich die für einen bestimmten Stich benötigte Fläche bestimmen. Man darf auch nicht vergessen, daß Gobelinstiche und Phantasiestiche zusammen in einem Muster verwendet werden können. Beim Entwurf ordnet man die Elemente provi-

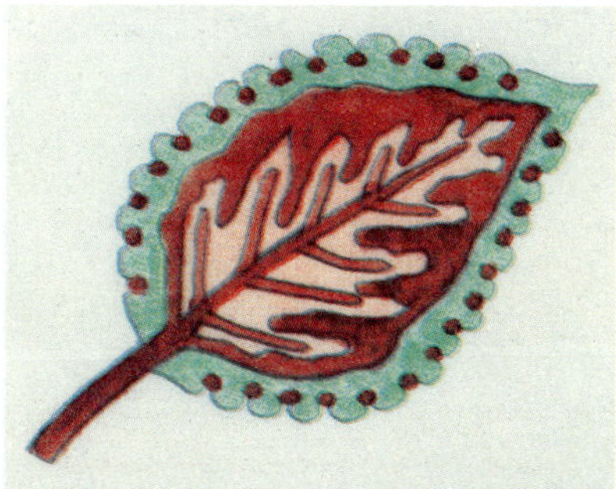
Zeichnung eines Blattes

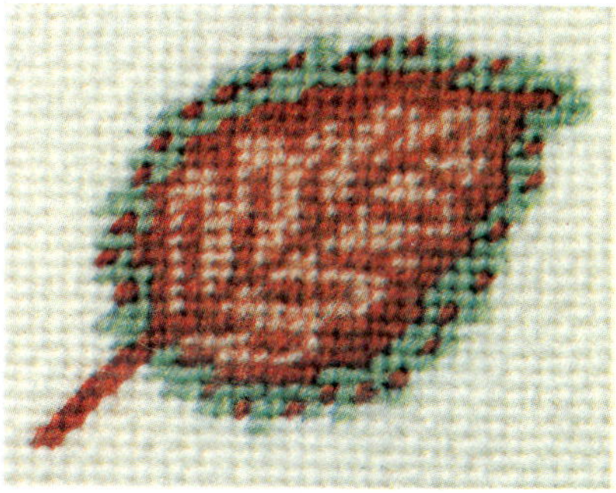
Gobelinstiche auf feinem Stramin

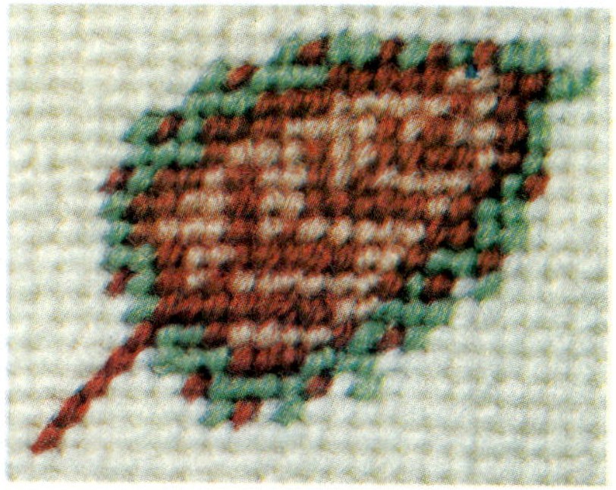
Gobelinstiche auf mittlerem Stramin

Wahl der Farben 13
Allgemeine Arbeitstechnik 183–185

sorisch an; er kann später während des Stickens verbessert werden. Für eine besonders genaue Vorlage zeichnet man das Muster auf Karopapier (S. 172). Wenn das Muster symmetrisch ist oder aus sich wiederholenden Motiven besteht, muß es aufgezeichnet werden.

Die Abbildungen unten auf der vorigen und auf dieser Seite zeigen ein Blatt, das auf verschiedenen Straminarten gestickt ist. Die ersten drei Beispiele sind im Gobelinstich, das vierte ist im byzantinischen Stich ausgeführt. Alle haben dieselbe Zeichnung als Vorlage, und jedes Blatt ist gleich groß. Das erste wurde auf einem feinen Stramin, das zweite auf einem mittleren und das dritte auf grobem Stramin gestickt. Für das Blatt im byzantinischen Stich wurde ein Stramin gewählt, der in der Webdichte zwischen dem mittleren und dem groben liegt. Vergleicht man diese vier Beispiele miteinander, erkennt man ganz deutlich, wie die Details spärlicher und die Linien einfacher werden, je weitmaschiger der Stramin und je größer die Stiche sind. Als weiteres Beispiel für die Effekte, die durch die Stichart erzielt werden können, dienen die Stickbilder auf Seite 113.

Verändert man die Richtung, in der die Stiche gearbeitet werden, ändert sich auch das Aussehen der Stickerei (siehe rechts). Dies ist bei jedem Stich anwendbar, mit Ausnahme derjenigen, die wie der Sternstich nach allen Richtungen gestickt werden. Als Folge ändert sich auch der Verlauf ganzer Muster: Wenn beispielsweise der Farnstich (S. 147) wie üblich gestickt wird, erhält man ein senkrecht gestreiftes Muster; wenn er wie rechts beschrieben gearbeitet wird, verlaufen die Streifen quer.

Auch die Garnart wirkt sich auf die Struktur der Stickerei aus. Flauschige, locker gedrehte Garne wirken weicher als fester gedrehte. Schimmernde Garne wie Perlgarn oder auch Metallgarn verleihen der Stickerei Glanzlichter. Garne aus Wolle, Baumwolle oder Synthetics sind meist fester und daher auch strapazierfähiger als beispielsweise Metallfäden.

Die Farbzusammenstellung ist eine Frage des persönlichen Geschmacks, sollte aber auch das Muster möglichst vorteilhaft hervorheben. Auswahl und Wirkung der Farben werden im Kapitel *Stickerei* behandelt. Es empfiehlt sich, die Zeichnung oder Mustervorlage entsprechend den gewählten Farben zu kolorieren, damit man schon vor Arbeitsbeginn beurteilen kann, wie sie miteinander harmonieren. Beim Garneinkauf dient die kolorierte Vorlage lediglich als allgemeine Richtlinie, denn Stickgarne sind heute in sehr vielen fein abgestimmten Schattierungen erhältlich.

Gobelinstiche auf grobem Stramin

Byzantinischer Stich auf mittlerem Stramin

Stichrichtung ändern

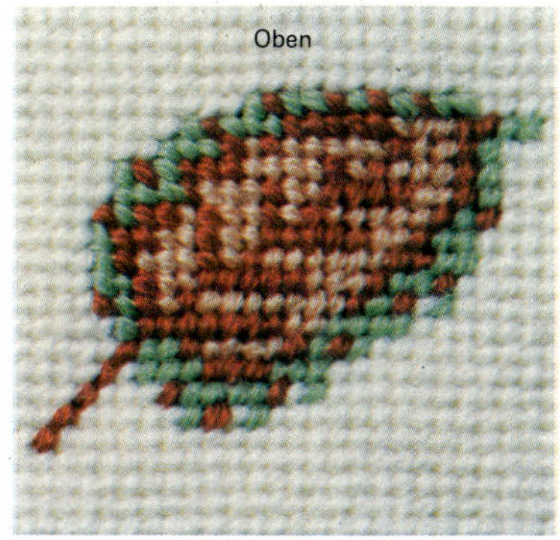

Um die Richtung eines Stiches oder einer Stichgruppe zu ändern, stickt man den Stich wie gewohnt, dreht aber den Stramin so, daß die obere Kante seitlich liegt. Wird der Stramin für jede neue Reihe gedreht, muß die obere Kante abwechselnd an der rechten und linken Seite liegen. Beim fertigen Blatt (links) verlaufen die Gobelinstiche in entgegengesetzter Richtung. Die Abbildung unten links zeigt die Lage des Stramins für den normalen Gobelinstich (untere Hälfte des Blattes). Unten rechts liegt die obere Kante des Stramins an der Seite; so entstehen Gobelinstiche, die entgegengesetzt verlaufen (obere Blatthälfte). Der Übersichtlichkeit halber kennzeichnet man die obere Kante des Stramins

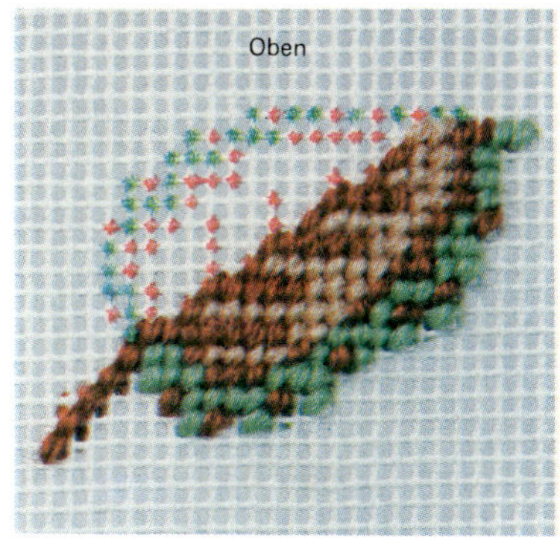

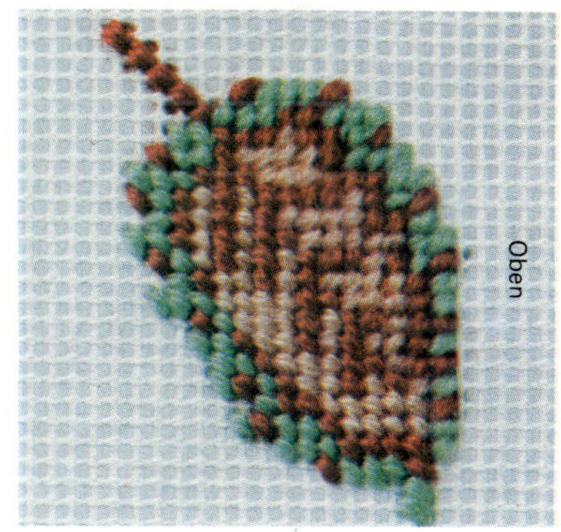

Wahl der Arbeitstechnik

Bei der Straminstickerei gibt es viele verschiedene Arbeitstechniken. Viele betreffen die Art, wie das Muster auf den Stramin übertragen wird. Die Übertragung der Vorlage wird auf Seite 164–165, das Sticken nach Zählvorlagen auf Seite 166–171 behandelt. Die Techniken der Florentiner Stickerei, die auch nach Zählvorlagen gearbeitet wird, beginnen auf Seite 173. Es ist ratsam, vor Arbeitsbeginn diese Seiten alle durchzulesen, damit man die Methode wählen kann, die sich für das Muster am besten eignet. Vor der Musterübertragung muß der Stramin entsprechend vorbereitet werden (S. 164). Allgemeine Arbeitstechniken, die bei jedem Muster angewendet werden können, sind auch in diesem Kapitel beschrieben. Wie man den Garnbedarf berechnet, wird ebenfalls angegeben (S. 166); dies ist besonders bei eigenen Entwürfen nützlich. Weitere Techniken – Stramine in einen Rahmen spannen, Stiche auftrennen, Stramine reparieren, fertige Stickereien spannen – tragen zum Erfolg der Stickerei bei. Ideen und Anregungen für Stickarbeiten sind am Ende dieses Kapitels zu finden.

Material für die Musterübertragung 117 Verschiedene Hilfsmittel 117
Garnbedarf berechnen 183 Straminstickereien spannen 185

Vorbereitungen

Zunächst schneidet man ein Stück Stramin in der fertigen Größe des Musters plus mindestens 5 cm Zugabe an jeder Kante zu. Bei einem auf dem Stramin aufgezeichneten Muster ist die fertige Größe vorgegeben. Wird das Muster nach einer Zählvorlage gearbeitet, hängen die fertigen Maße von der Anzahl der Gewebefäden ab, über die insgesamt gestickt wird, sowie von der Webdichte des Stramins. Ist der Stramin zu schmal, können Stücke angesetzt werden (Mitte rechts). Bevor das Muster übertragen wird, fertigt man ein Papiermuster des vorbereiteten Stramins an (ganz rechts), nach dem die fertige Arbeit gespannt wird.

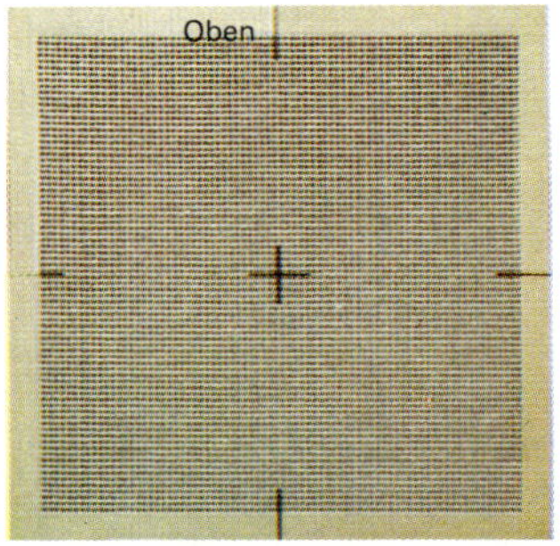

Stramin vorbereiten In fertiger Größe plus 5 cm an jeder Seite zuschneiden. Kanten einfassen. Obere Kante kennzeichnen. Senkrechte und waagrechte Mittellinie markieren. Liegen sie jeweils auf einem Faden, wie oben markieren; liegen sie zwischen 2 Fäden, mit Heftfaden markieren (S. 167)

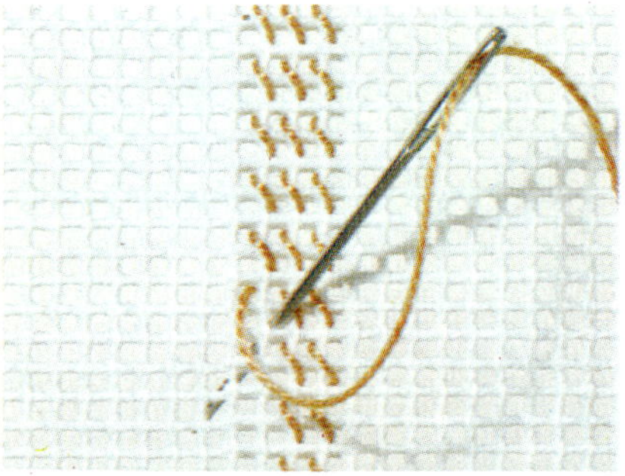

Stramin verbinden 2 Teile in entsprechender Höhe zuschneiden. Je eine Webkante abschneiden. Offene Kanten so aufeinanderlegen, daß sie sich um 3–4 Längsfäden überlappen. Mit starkem, dünnem Faden in Reihen von oben nach unten über jedes zweite Fadenkreuz der Doppellage zusammennähen

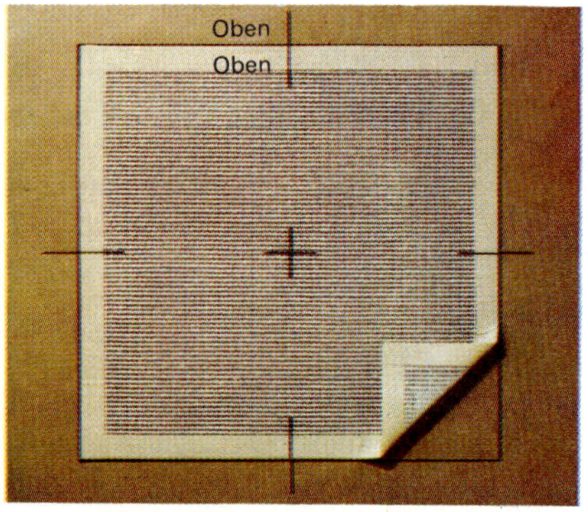

Papierschnitt anfertigen Vorbereiteten Stramin auf Packpapier legen; die Umrisse nachzeichnen. Die obere Kante kennzeichnen; die Mitte jeder Kante markieren. Später zum Spannen der fertigen Stickerei benutzen

Muster anordnen/Methode I

Bei dieser Methode werden die Musterformen und auch die Farben auf den Stoff übertragen. Die Stiche arbeitet man über dem vorgezeichneten Muster. Diese Methode empfiehlt sich besonders bei Stickereien ohne Zählvorlage, insbesondere wenn nur Gobelinstiche verwendet werden.

Bevor die Zeichnung übertragen wird, muß sie entsprechend den Maßen der fertigen Arbeit notfalls vergrößert oder verkleinert werden. Für die Übertragung auf den Stramin muß man Farben verwenden, die garantiert nicht wasserlöslich sind; wasserlösliche Farben könnten später während des Spannens der fertigen Arbeit auslaufen.

Nach dem bemalten Stramin kann man den Garnbedarf berechnen.

1. Eine waagrechte und eine senkrechte Mittellinie auf der Zeichnung markieren. Obere Kante kennzeichnen; den Stickbereich klar abgrenzen. Stramin wie oben gezeigt vorbereiten

2. Vorbereiteten Stramin so auf die Zeichnung stecken, daß die Mittellinien übereinstimmen. Muster in den Farben der zu verwendenden Stickgarne auf den Stramin malen

3. Farben trocknen lassen. Stiche direkt über dem Muster arbeiten. Jeweils nur einen Farbbereich sticken. Stiche so nah wie möglich an den Rand des Bereichs hin arbeiten

Ausgleichsstiche 161 Nach Zählvorlagen arbeiten 166
Stramin in einen Rahmen einspannen 184

Muster anordnen/Methode II

Bei dieser Methode werden nur die Umrisse des Musters auf den Stramin übertragen. Sie empfiehlt sich für alle Muster ohne Zählvorlage, insbesondere wenn Phantasiestiche verwendet werden. Stramin und Zeichnung werden wie bei Methode I vorbereitet; bei Phantasiestichen wird die jeweilige Stichart auf dem entsprechenden Musterbereich notiert. Für die Übertragung der Musterlinien verwendet man wasserfeste Filz- oder Farbstifte in hellen, möglichst gedämpften Farben. Bei der Ausführung der Phantasiestiche werden Größe und Form des Bereichs auf die von den Stichen benötigte Fläche abgestimmt. Will man den Musterbereich vorher festlegen, erstellt man eine Vorlage, wie unten beschrieben.

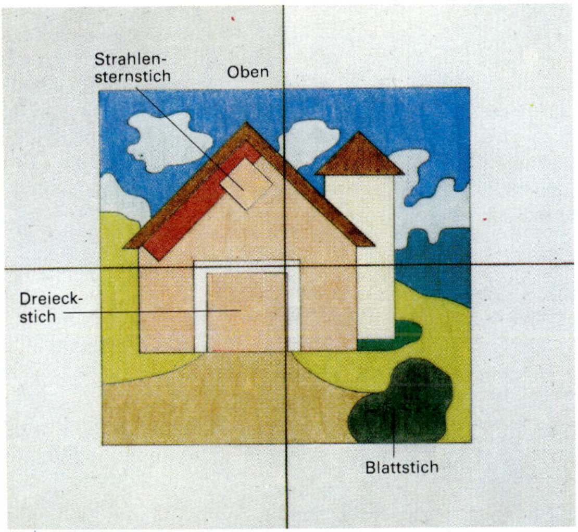

1. Eine waagrechte und eine senkrechte Mittellinie auf der Zeichnung markieren. Namen der vorgesehenen Phantasiestiche eintragen. Stramin vorbereiten (S. 164)

2. Stramin so auf die Zeichnung stecken, daß Mittellinien übereinstimmen. Musterlinien übertragen. Um Bereiche vor der Übertragung genau zu berechnen, siehe unten

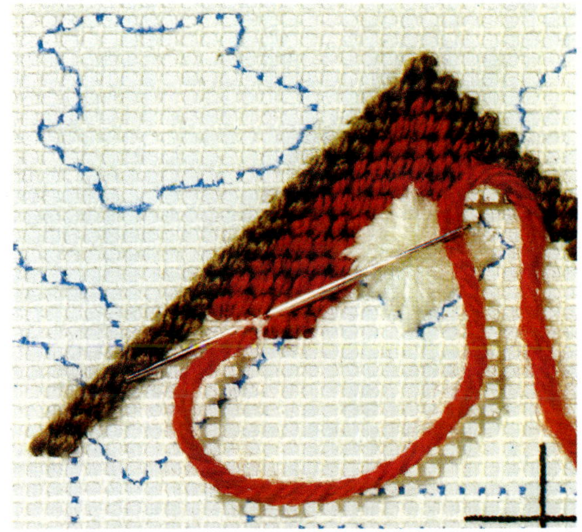

3. Farben trocknen lassen. Garnfarben und Stiche nach der Zeichnung ausrichten. Bei Phantasiestichen Ausgleichsstiche für Lücken verwenden oder Fläche den Stichen anpassen

Berechnung der Musterbereiche

1. Die Zeichnung unter den Stramin legen. An den breitesten Stellen des Bereichs die Quer- und Längsfäden zählen. Das hier zu berechnende Motiv ist der Busch im Muster rechts unten; es soll mit Blattstichen ausgestickt werden

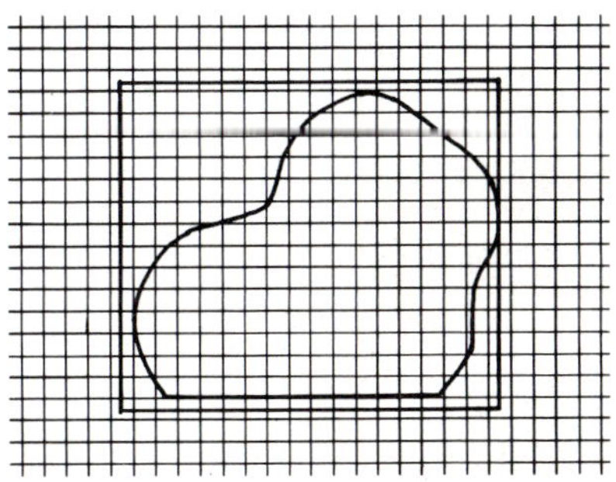

2. Auf Karopapier beliebiger Karogröße die gleiche Anzahl Längs- und Querlinien wie Fäden im Motiv auszählen und diesen Bereich umranden. Dann die Umrisse des Motivs auf dem Karopapier genau nachzeichnen

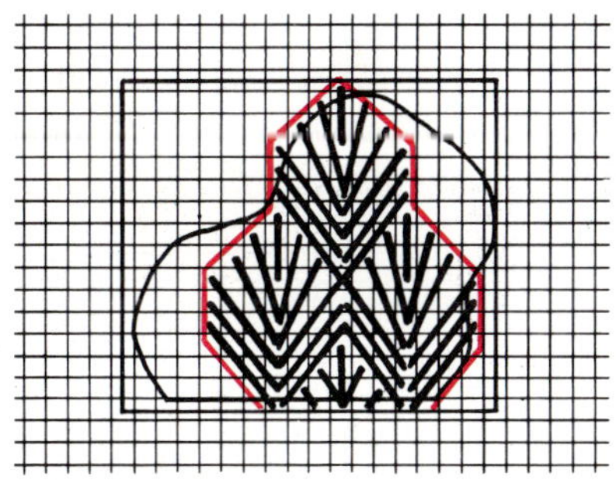

3. Innerhalb der Umrisse die Stiche einzeichnen. Wird der Bereich fast gefüllt, genügen am Rand Ausgleichsstiche. Decken die Stiche zuviel oder zuwenig Fläche ab, die Umrisse den Stichen anpassen (oben) oder anderen Stich wählen

4. Die Umrisse des Motivs mit eventuellen Änderungen auf den Stramin übertragen. Die Musterlinien müssen die Fäden genauso überkreuzen wie die Linien des Karopapiers. Beim Sticken die Stiche nach der Karopapiervorlage anordnen

Tapisserie · Mustergestaltung

Nach Zählvorlagen arbeiten

Manche Muster der Straminstickerei sind in Form von Zählvorlagen erhältlich, d.h., die Stichanordnung ist auf Karopapier aufgezeichnet.

Es gibt zwei verschiedene Arten von Zählvorlagen. Bei der einen Methode stellen die Karos auf dem Papier die Fäden bzw. Fadenkreuze des Stramins dar. Beim Gobelinstich bedeutet ein Quadrat ein Fadenkreuz. Bei Geradstichen oder Phantasiestichen bedeutet ein Quadrat einen Faden oder ein Fadenkreuz der gesamten Stichgröße; so besteht die gesamte durch einen Stich zu überstickende Fläche aus der entsprechenden Anzahl von Kästchen; diese ist dunkel umrandet.

Zum Beispiel wird ein gerader Gobelinstich, über vier Fäden gestickt, durch vier umrandete Kästchen und ein großer Sternstich, der viermal vier Fadenkreuze überdeckt, durch eine Gruppe von viermal vier Quadraten dargestellt.

Bei der zweiten Methode zeigt die Vorlage genau, wie die Stiche über die Gewebefäden und Fadenkreuze gestickt und angeordnet werden. Einen Gobelinstich stellt ein schräger Strich über einen Schnittpunkt zweier Linien dar. Ein gerader Gobelinstich, vier Fäden lang, ist ein gerader Strich über vier Querlinien. Ein großer Sternstich wird durch acht Linien dargestellt, die über eine Gruppe von Schnittpunkten und Linien führen und sich im mittleren Quadrat treffen.

Bei beiden Arten sind die Garnfarben angegeben, entweder mit Farbsymbolen (Typen) in Schwarz und Grautönen oder durch die Farben selbst. Bei der ersten Methode sind die Quadrate entweder in der entsprechenden Farbe koloriert oder mit einem Symbol versehen; bei der zweiten liegen die Typen, die auch entweder farbig oder schwarz sein können, auf den entsprechenden Linien. Da es kein einheitliches System gibt, sind die Symbole von Vorlage zu Vorlage verschieden. Manchmal geben die Farbsymbole auch bestimmte Garnarten an; bei wieder anderen Vorlagen werden Farben, Stiche und Garne durch Buchstaben oder Ziffern dargestellt.

Zu Vorlagen, die mit Symbolen arbeiten, gehört ein Schlüssel, der die einzelnen Zeichen erklärt. Jedes Muster kann einen oder mehrere Schlüssel haben. Einige Vorlagen enthalten zusätzlich eine vereinfachte, schematische Zeichnung, die besondere, nicht vom Schlüssel erklärte Aspekte des Musters verdeutlicht. Beispiele beider Arten sind rechts abgebildet.

Um ein Muster nach einer Zählvorlage zu sticken, benötigt man ein Stück Stramin, das mindestens die Gesamtzahl der für das Muster benötigten Gewebefäden enthält. Diese Zahl ergibt sich daraus, wie viele Fäden auf der Vorlage für die Breite und die Höhe angegeben sind und wie oft der angegebene Rapport wiederholt werden muß, um das vollständige Muster zu arbeiten. Stellt die Vorlage ein komplettes Muster dar (S. 167), wird es nicht wiederholt; somit entspricht die Gesamtzahl der benötigten Gewebefäden derjenigen der Vorlage. Zeigt die Vorlage jedoch nur einen Teil des Musters, muß er wiederholt werden, um ein ganzes Muster zu erhalten. Um die Gesamtzahl der benötigten Fäden zu ermitteln, multipliziert man die Fadenzahl der Vorlage mit der Zahl der Wiederholungen (S. 168–171).

Steht die Stramingröße fest, wird er mit einer Zugabe von 5 cm an jeder Seite zugeschnitten und entsprechend vorbereitet. Die Maße des vorbereiteten Stramins variieren mit der Webdichte: Stickt man nach einer Zählvorlage auf feinem Stramin, wird die fertige Arbeit kleiner sein als eine Stickerei nach derselben Vorlage auf grobem Stramin.

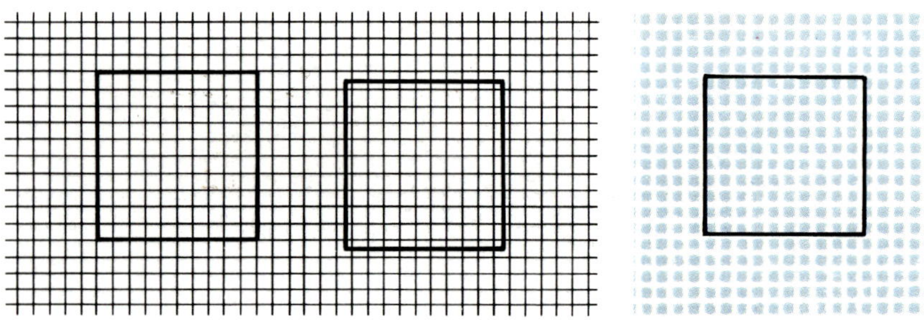

Um den Straminbedarf bei Zählvorlagen zu berechnen, zunächst die auf der Vorlage angegebenen Quer- und Längsfäden zählen, dann die gleiche Anzahl auf dem Stramin. Die Fläche links oben zeigt 10 × 10 Fäden für Methode I, die mittlere 10 × 10 Fäden für Methode II. Die Abbildung rechts zeigt die entsprechende Fläche auf dem Stramin (10 × 10 Fäden)

Symbole (Typen) der Zählvorlagen

Methode I		Stiche	Farben
Mit Farben	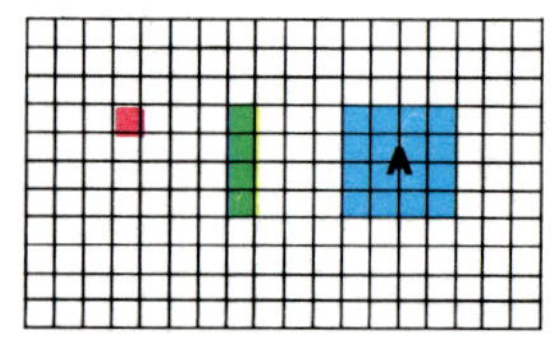	□ = Gobelinstich ▯ = gerader Gobelinstich über 4 Gewebefäden A = großer Sternstich	Kein Schlüssel erforderlich
Mit Symbolen (Typen)	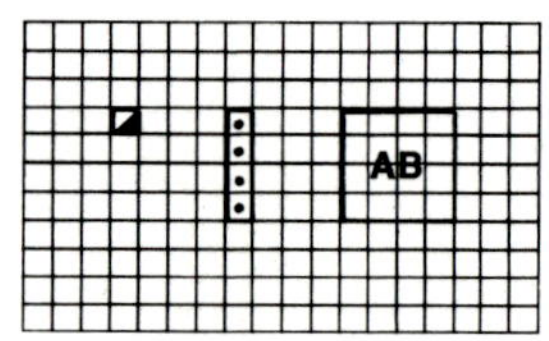	□ = Gobelinstich ▯ = gerader Gobelinstich über 4 Gewebefäden A = großer Sternstich	◩ = Rot ⁝ = Grün B = Blau

Methode II		Stiche	Farben
Mit Farben	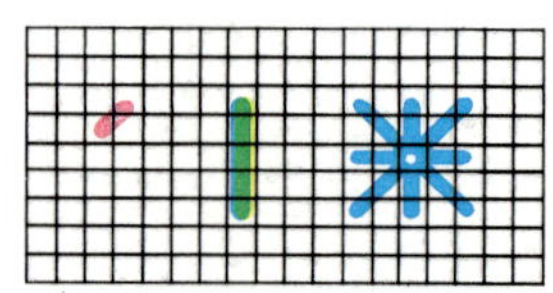	Kein Schlüssel erforderlich	Kein Schlüssel erforderlich
Mit Symbolen	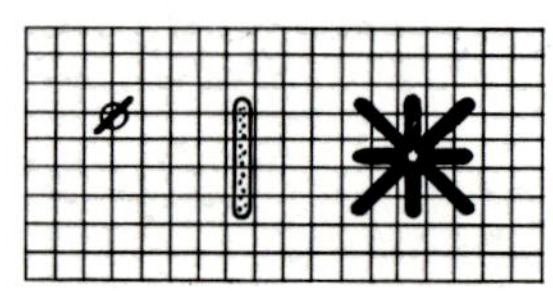	Kein Schlüssel erforderlich	Ø = Rot ▯ = Grün ▮ = Blau

Vorlagen für Gesamtmuster

Eine Vorlage, die das vollständige Muster enthält, ist erforderlich, wenn alle Musterbereiche verschieden sind, beispielsweise im Bild unten. Bei solchen Vorlagen ist die Anzahl der Fäden auf der Vorlage gleich der Anzahl der Fäden auf dem Stramin.

Manche Vorlagen werden mit einer kompletten Materialpackung verkauft. Ist dies nicht der Fall, muß man die zu bestickende Fläche auf dem Stramin auszählen. Zuerst stellt man fest, nach welcher Methode die Zählvorlage angelegt ist (S. 166), dann zählt man die Quer- und die Längsfäden, die in der Vorlage angegeben sind. Anschließend rechnet man aus, wieviel Stramin benötigt wird, um die gleiche Fadenzahl zu erhalten, und gibt an jeder Kante mindestens 5 cm dazu.

Die Stramingröße variiert je nach der Webdichte: Je feiner der Stramin (d.h. je mehr Fäden/cm), desto kleiner die fertige Arbeit. Die Straminart muß sowohl auf das Muster (S. 162–163) als auch auf den späteren Verwendungszweck der Stickerei abgestimmt sein. Falls die Webdichte des ausgewählten Stramins zu große oder zu kleine Fertigmaße ergeben würde, hat man einige Korrekturmöglichkeiten. Man kann einen Stramin mit einer anderen Webdichte nehmen, welche die richtige Größe ergibt. Besteht das Muster aus einem Motiv auf einem Hintergrund, kann dieser vergrößert oder verkleinert werden, indem man einige entsprechende Stiche anfügt oder wegläßt. Wenn das Muster vergrößert werden muß und keinen Hintergrund hat, kann man einen hinzufügen, falls es dem Charakter der Stickerei entspricht. Ein Muster ohne Hintergrund kann nicht verkleinert werden, es sei denn durch die Wahl einer feineren Straminart.

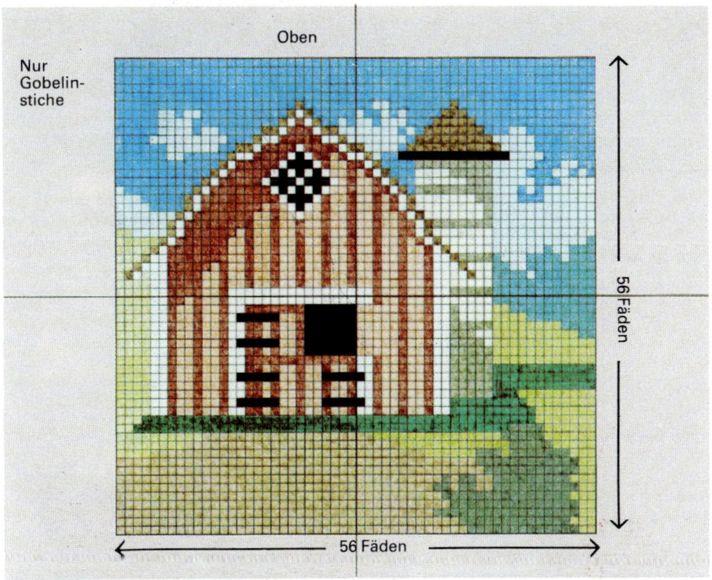

1. Die waagrechte und die senkrechte Mittellinie auf der Vorlage einzeichnen. Falls erforderlich, die obere Kante der Vorlage kennzeichnen. Die für das Muster notwendigen Längs- und Querfäden zählen

2. Den Stramin vorbereiten: Die Maße berechnen, um sicherzustellen, daß die für das Muster erforderliche Anzahl Längs- und Querfäden vorhanden ist, dann an jeder Kante mindestens 5 cm zugeben. Den Stramin zuschneiden. Die Kanten mit Klebeband versäubern und die obere Kante kennzeichnen. Waagrechte und senkrechte Mittellinie markieren. Hat das Muster eine ungerade Fadenzahl, liegt die Mitte auf einem Faden (S. 164); hat es eine gerade Fadenzahl, liegt die Mitte zwischen 2 Fäden und wird mit Heftfaden markiert (siehe rechts). Zum Heften helles Garn verwenden und beim Sticken übernähen oder entfernen

3. Das Muster sticken. Stichart, Anordnung und Farbe gibt die Vorlage an. Die Mittellinien als Orientierungshilfe benutzen. Das Muster von der Mitte aus arbeiten; jeweils eine Fläche bzw. eine Farbe fertigsticken, dann zur nächsten übergehen. Falls das Motiv einen Hintergrund hat, diesen zuletzt arbeiten

Tapisserie · Mustergestaltung

Vorlagen für Teilmuster

Eine Vorlage wird nur für einen Teil des Musters erstellt, wenn das Gesamtmuster aus Wiederholungen dieses Teils besteht. Solche Mustervorlagen sind in verschiedenen Arten erhältlich: Das Wiederholungsmuster wird auf Seite 170 beschrieben; die Vorlagen für die Florentiner Stickerei (S. 173), bei der Reihen wiederholt werden, gehören auch dazu. Auf dieser und der gegenüberliegenden Seite werden Vorlagen für Halb- und Viertelmustersätze erklärt.

Ein symmetrisches Muster besteht aus zwei oder vier Wiederholungen, die in der Mitte des Musters spiegelbildlich zusammentreffen. Bei einem halben Mustersatz treffen sich die beiden Teile entweder an der waagrechten Mittellinie (Fisch oben rechts) oder an der senkrechten Mittellinie (Schmetterling unten rechts). Ein Viertelmustersatz ist auf der gegenüberliegenden Seite abgebildet. Er wird viermal um den Schnittpunkt der waagrechten und senkrechten Mittellinie gestickt.

Die Gesamtzahl der Straminfäden, die für ein symmetrisches Muster erforderlich sind, beträgt zweimal die Zahl der Längs- bzw. Querfäden, die auf der Vorlage angegeben ist, je nachdem, ob es sich um eine Halb- oder eine Viertelmustervorlage handelt. Die Berechnung des Bedarfs wird anhand der einzelnen Vorlagen erklärt. Wenn man das Halb- bzw. Viertelmuster stickt, wie es auf der Vorlage erscheint, werden alle Bereiche wie auf der Vorlage angeordnet. Die andere Hälfte bzw. die anderen Viertel werden so angeordnet, daß sie den ersten Teil spiegelbildlich wiederholen. Man braucht den Stickvorgang nicht an der Mittellinie zu unterbrechen, sondern arbeitet gegengleich weiter. Eine Ausnahme gibt es nur, wenn man die Richtung der Stiche in der anderen Hälfte oder in den anderen Vierteln ändern will (S. 169 unten).

Waagrechter Halbmustersatz

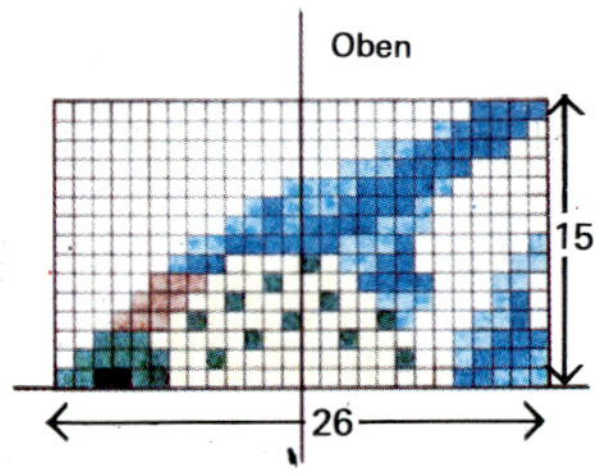

1. Die obere Kante der Vorlage kennzeichnen. Eine senkrechte und eine waagrechte Mittellinie einzeichnen. Für das Gesamtmuster benötigt man die gleiche Anzahl Längsfäden wie auf der Vorlage und die doppelte Anzahl Querfäden. Den Stramin vorbereiten. Die obere Straminkante kennzeichnen; die senkrechte und die waagrechte Mittellinie markieren (S. 167)

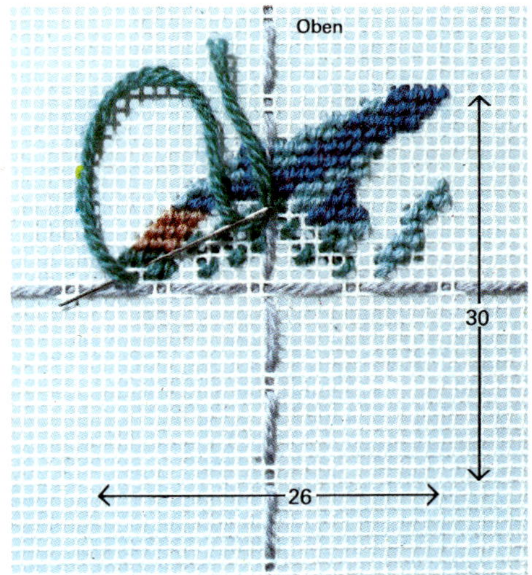

2. Die obere Hälfte des Musters arbeiten. Dabei die Mittellinien auf Vorlage und Stramin als Orientierungshilfe benutzen und die verschiedenen Bereiche genau wie auf der Vorlage sticken

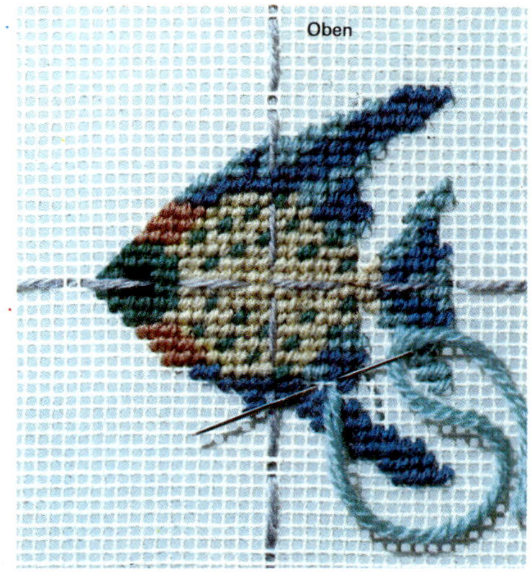

3. Anschließend die untere Hälfte des Musters sticken. Dazu die Stiche innerhalb der einzelnen Reihen wie auf der Vorlage anordnen, die Reihen jedoch gegengleich sticken

Senkrechter Halbmustersatz

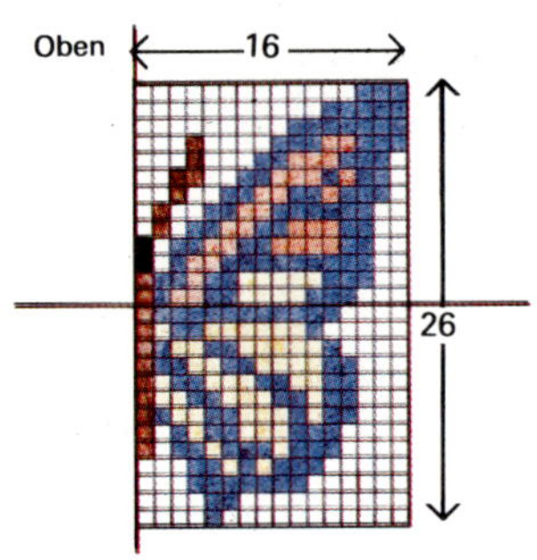

1. Die obere Kante der Vorlage kennzeichnen. Die senkrechte und die waagrechte Mittellinie markieren. Für das Gesamtmuster benötigt man die gleiche Anzahl Querfäden wie auf der Vorlage und die doppelte Anzahl Längsfäden. Den Stramin vorbereiten. Die obere Straminkante kennzeichnen; die senkrechte und die waagrechte Mittellinie markieren

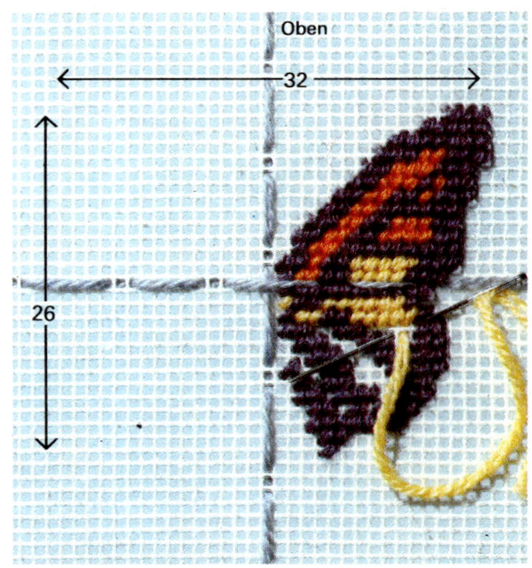

2. Zuerst die rechte Hälfte des Musters arbeiten. Die Mittellinien auf Vorlage und Stramin als Orientierungshilfe benutzen; die verschiedenen Bereiche wie auf der Vorlage sticken

3. Anschließend die linke Hälfte des Musters sticken. Dazu die Reihen wie auf der Vorlage anordnen, die Stiche innerhalb der einzelnen Reihen jedoch gegengleich sticken

Viertelmustersatz

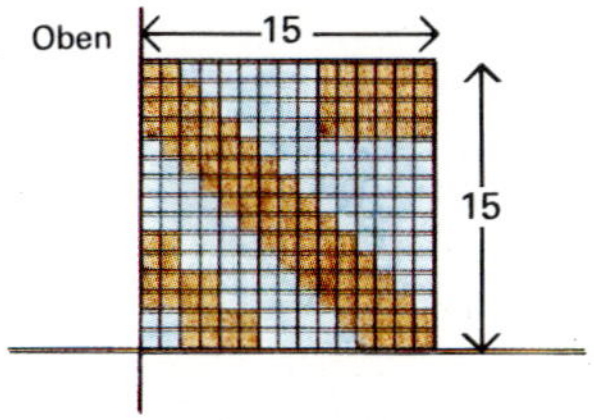

1. Die obere Kante der Vorlage kennzeichnen. Die senkrechte und die waagrechte Mittellinie markieren. Für das gesamte Muster benötigt man jeweils die doppelte Anzahl Quer- und Längsfäden. Den Stramin vorbereiten: Die obere Straminkante kennzeichnen; die senkrechte und waagrechte Mittellinie markieren (S. 167). Mit dem oberen rechten Viertel beginnen und genau wie auf der Vorlage arbeiten

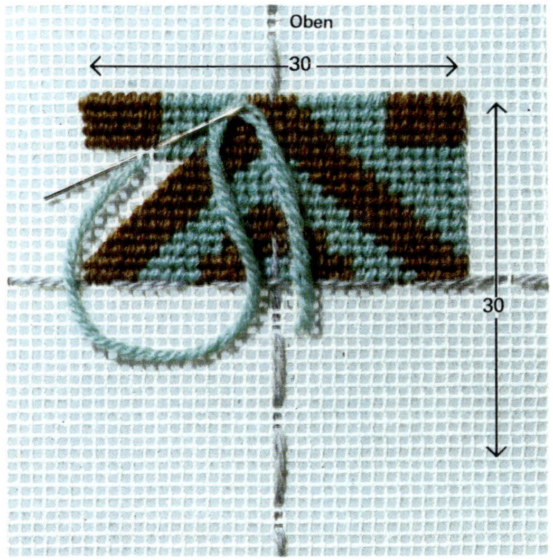

2. Anschließend das obere linke Viertel sticken. Dazu die Reihen wie auf der Vorlage, die Stiche innerhalb der einzelnen Reihen jedoch gegengleich anordnen

3. Um die beiden unteren Viertel zu sticken, die Mustervorlage um 180 Grad drehen. Die Bereiche des unteren linken Viertels wie in der Vorlage anordnen

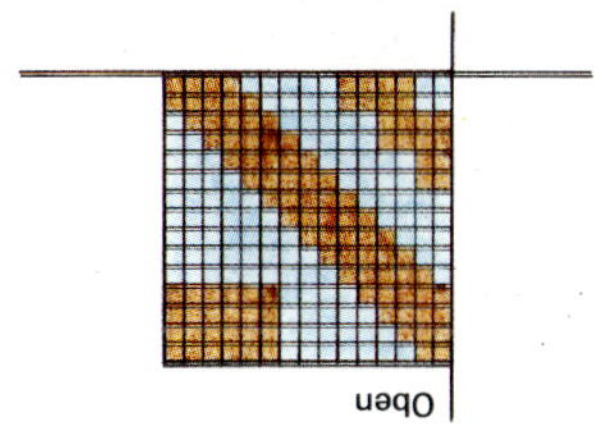

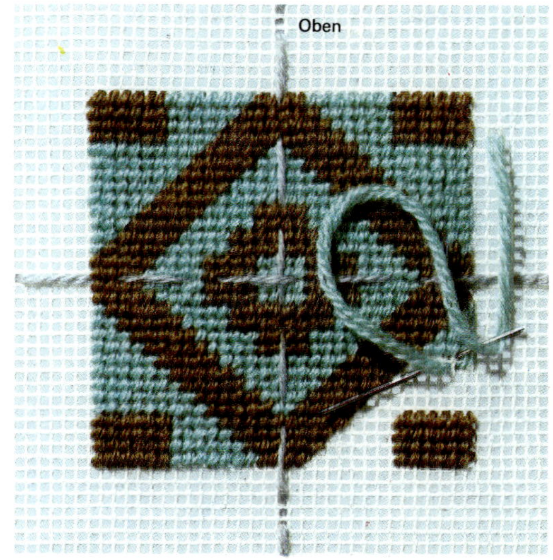

4. Zum Schluß das untere rechte Viertel sticken. Dazu die Reihen wie auf der Vorlage, die Stiche innerhalb der einzelnen Reihen jedoch gegengleich anordnen

Änderung der Stickrichtung in jedem Musterviertel

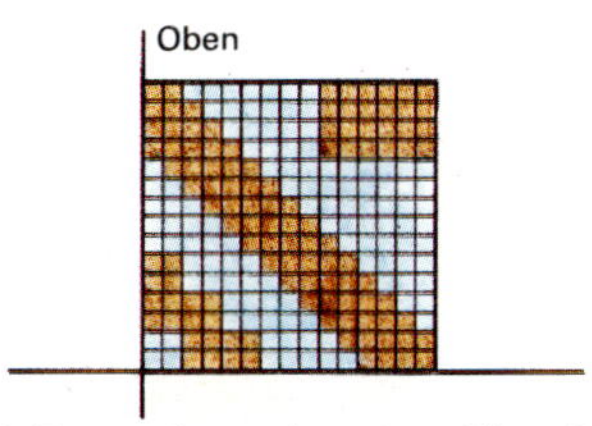

1. Zuerst das rechte obere Viertel arbeiten; die Bereiche genau nach der Vorlage anordnen

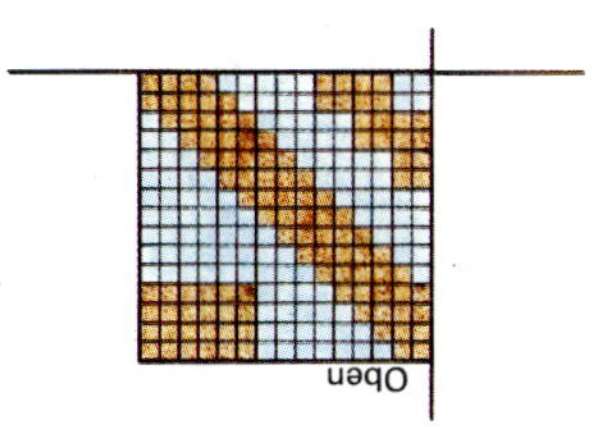

2. Für das linke untere Viertel die Vorlage um 180 Grad drehen und die Bereiche so sticken, wie sie darauf erscheinen

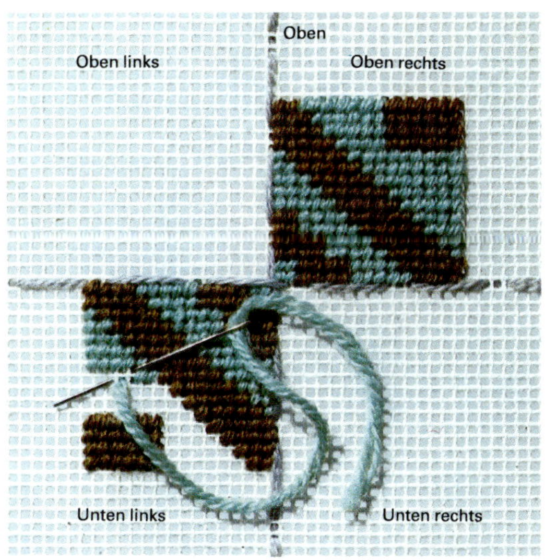

3. Um das linke obere Viertel zu sticken, den Stramin um 90 Grad drehen. Dann genau nach der Vorlage arbeiten, wie sie bei Schritt 1 erscheint

4. Für das untere rechte Viertel bleibt der Stramin in dieser Position. Genau nach der Vorlage arbeiten, wie sie bei Schritt 2 erscheint

Wiederholungsmuster

Ein Wiederholungs- oder Vielfachmuster besteht aus einem Motiv, das nach einem bestimmten Schema wiederholt wird.

Will man selber ein Wiederholungsmuster zusammenstellen, muß als erstes die Anordnung des Motivs ausgearbeitet und eine Mustervorlage geschaffen werden. Die Fadenzahl der fertigen Arbeit muß durch die Fadenzahl des Motivs teilbar sein. Wie man die Größe der Wiederholungseinheiten oder Rapporte berechnet, zeigt die Seite 171 gegenüber.

Das Motiv kann man selbst entwerfen oder von irgendeiner Vorlage übernehmen. Vielleicht paßt ein Motiv aus einer anderen Zählvorlage, ohne daß es viel oder überhaupt geändert werden muß. Handelt es sich um einen Halb- oder Viertelmustersatz, zeigen die Abbildungen rechts, wie die Form vervollständigt wird. Man stellt mehrere Kopien des Motivs her und schneidet das überschüssige Papier weg; ist ein Hintergrund erwünscht, läßt man einen Rand stehen. Die Kopien ordnet man in verschiedener Weise an, bis das Ergebnis zufriedenstellend ist.

Rechts unten sind aus einer Vielzahl von Möglichkeiten die drei gebräuchlichsten Anordnungen abgebildet. Das erste Bild zeigt die Motive in waagrechten und senkrechten Reihen, im zweiten und dritten Beispiel sind sie versetzt. Um die Motive waagrecht zu versetzen, schneidet man in jeder zweiten Reihe ein Motiv senkrecht durch. Die beiden Hälften bilden dann jeweils Reihenanfang und -ende. Für die senkrecht versetzten Musterreihen schneidet man ein Motiv waagrecht durch und ordnet je eine Hälfte oben und unten an.

Auf das endgültige Muster legt man Transparentpapier und zeichnet alle Motive und Linien nach. Diese Zeichnung dient als Grundlage für die Berechnung der Motivgröße und für die Ausführung der Stickerei.

Das Einzelmotiv herstellen

Ein Motiv kann man selbst entwerfen oder aus einem Buch, von einem Stoffdruck oder einer fertigen Mustervorlage übernehmen

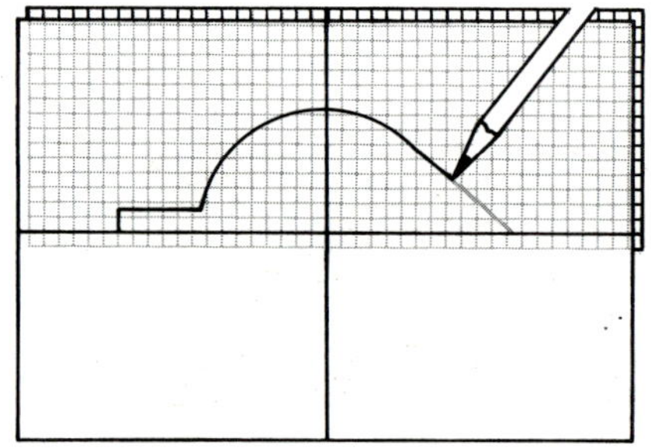

Von Halbmustersatz: **1.** Auf Transparentpapier Waagrechte und Senkrechte nach Vorlage ausrichten, Motivhälfte nachzeichnen

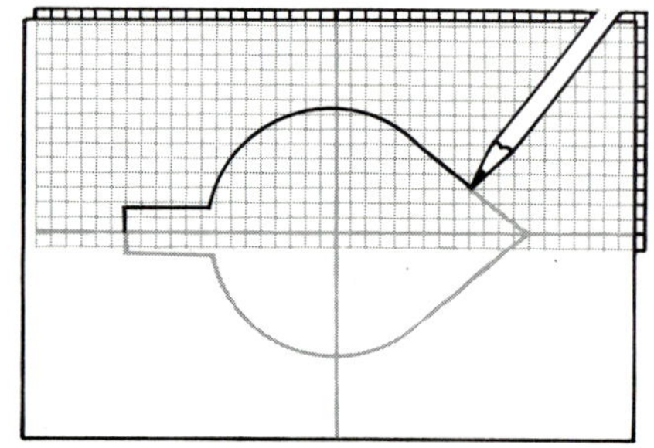

2. Transparentpapier umdrehen, die andere Hälfte nach der Vorlage ausrichten und die Motivhälfte noch einmal nachzeichnen

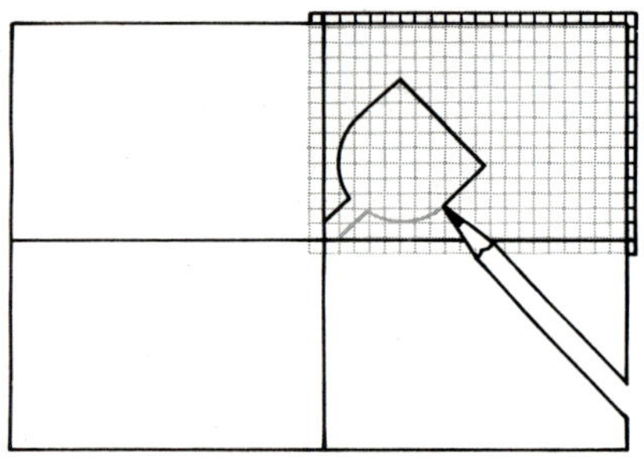

Von Viertelmustersatz: **1.** Auf Transparentpapier Waagrechte und Senkrechte nach Vorlage ausrichten, Motiv nachzeichnen

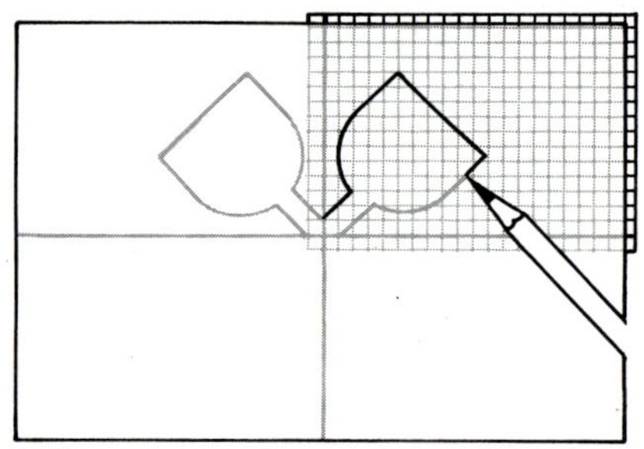

2. Transparentpapier wenden, nebenstehendes Viertel nach Vorlage ausrichten und Motivviertel nochmals nachzeichnen

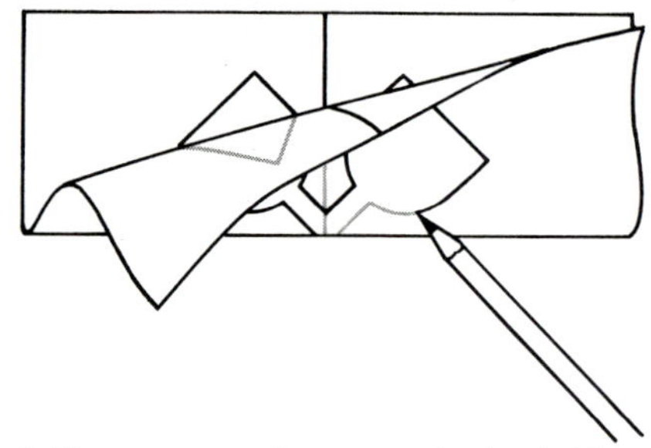

3. Transparentpapier waagrecht durch Mitte falten, durchscheinende Motivhälfte nachzeichnen, Papier auseinanderfalten

Beispiele der Motivanordnung

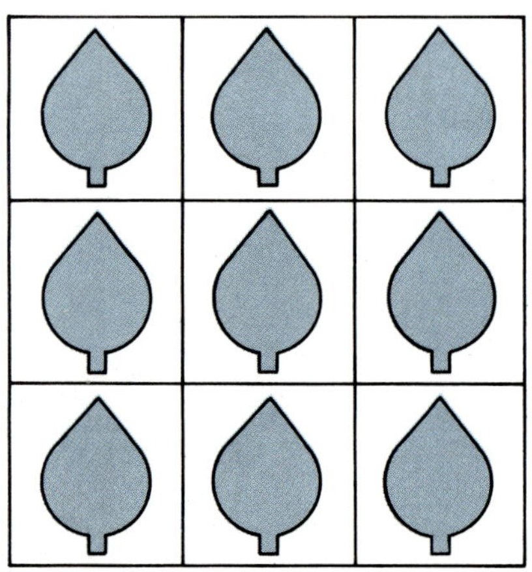

Regelmäßige Reihen

Versetzte waagrechte Reihen

Versetzte senkrechte Reihen

Wiederholungseinheiten: Größe berechnen und Motive ausführen

Um aus einem Originalmotiv eine Vorlage für ein Wiederholungsmuster herzustellen, muß man zunächst Länge und Breite einer Einheit sowie die Anzahl der Quer- und Längsfäden ermitteln, die für diese Größe erforderlich sind. Die Länge erhält man, wenn man die fertige Länge der Stickerei durch die Zahl der Einheiten in einer senkrechten Reihe teilt. Für die Breite teilt man die fertige Breite der Arbeit durch die Zahl der Einheiten in einer waagrechten Reihe. Die Fadenzahl ergibt sich aus der Länge bzw. Breite der Einheit multipliziert mit der Fadenzahl/cm des Stramins. Die Webdichte des Stramins muß auf Muster und Verwendungszweck der fertigen Arbeit abgestimmt sein (S. 112, 162–163). Ist die Fadenzahl ermittelt, kann man die Vorlage herstellen (S. 172). Beispiel A (unten) zeigt eine einfache Berechnung der Fadenzahl.

Manchmal kann man ein vorhandenes Zählmuster unverändert übernehmen. Sonst kann eventuell die Fadenzahl der fertigen Stickerei oder die des Einzelmotivs verändert werden. Hat das Einzelmotiv auf der Vorlage keinen Hintergrund, kann man die fertige Größe der Vorlage ändern oder einen Stramin mit anderer Webdichte (Beispiel B) wählen.

Bei Motiven mit Hintergrund ist es oft möglich, den Hintergrundbereich entsprechend zu verringern oder zu vergrößern (Beispiel C). Manchmal muß man aber feststellen, daß die fertige Zählvorlage sich nicht auf die gewünschten Maße bringen läßt.

Zur Vorbereitung der Stickerei schneidet man den Stramin in der fertigen Größe plus mindestens 5 cm Zugabe an allen Kanten zu und versäubert alle Kanten. Die obere Kante wird gekennzeichnet; die waagrechten und senkrechten Außenlinien des Stickbereichs werden markiert. Beim Sticken des ersten Motivs folgt man der Vorlage; für die Wiederholungseinheiten richtet man sich entweder nach der Vorlage oder nach den schon gestickten Motiven. Eventuelle Teilmotive werden der zur Verfügung stehenden Fläche entsprechend gestickt (Beispiel B).

Beispiel B

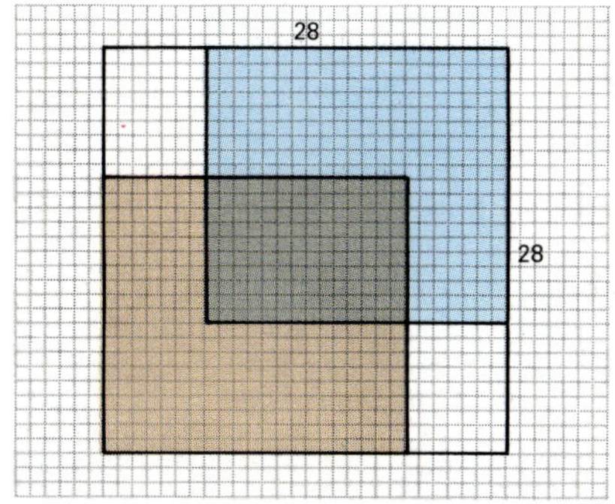

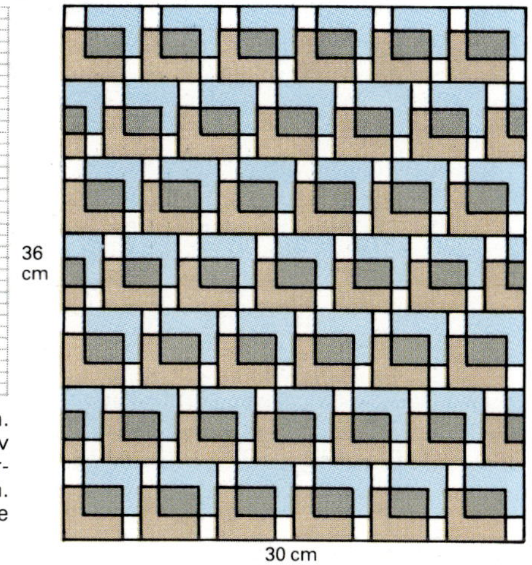

Problem: Fertige Stickerei mißt 30 × 36 cm. Stramin hat 5 oder 6 Gewebekaros/cm. Motiv wurde von einem fertigen Zählmuster übernommen und braucht 28 × 28 Gewebefäden. Musterreihen sind waagrecht versetzt mit je 6 bzw. 7 Motiven

Lösung: Da jedes Motiv 28 × 28 Gewebefäden erfordert, braucht das Gesamtmuster von 6 Motiven in 7 Motivreihen 168 × 196 Fäden. Ein Stramin mit 5 Gewebekaros/cm hat bei den Maßen von 30 × 36 cm (fertige Größe der Arbeit) jedoch nur 150 × 180 Gewebefäden. Ein Stramin mit 6 Gewebekaros/cm hat bei den gleichen Maßen wiederum 180 × 210 Gewebefäden. In diesem Fall muß man auf eine Zwischendichte von 5,5 Gewebekaros/cm ausweichen, um die erforderliche Fadenzahl zu erhalten. Bei den Teilmotiven an den Seiten muß man darauf achten, daß auf der linken Seite der rechte Motivteil und auf der rechten Seite der linke Motivteil gestickt wird

Beispiel A

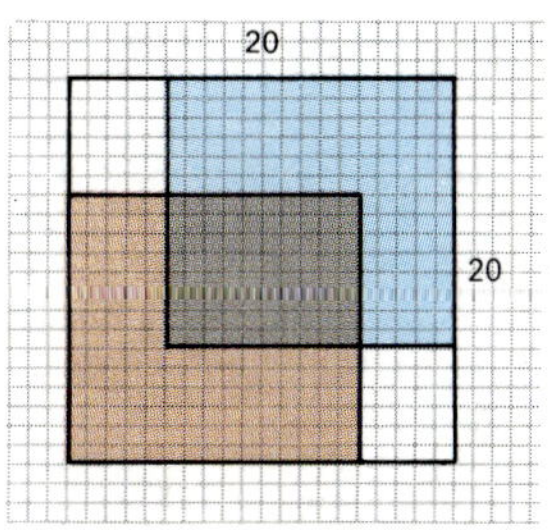

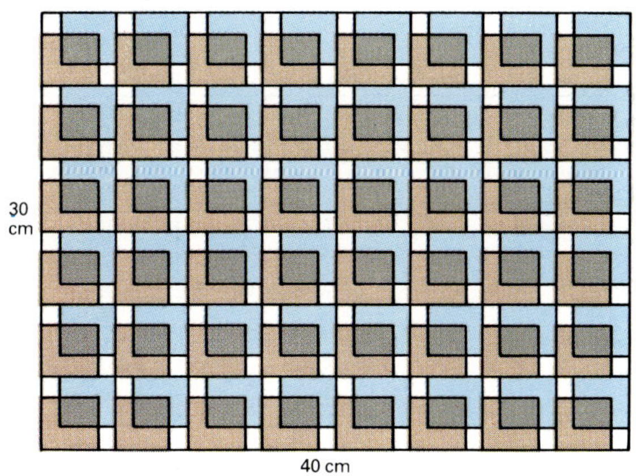

Problem: Fertige Stickerei mißt 40 × 30 cm. Stramin hat 4 oder 5 Gewebekaros/cm. Das Motiv ist in waagrechten und senkrechten Reihen zu je 8 bzw. 6 Motiven angeordnet

Lösung: Bei einer fertigen Größe von 40 × 30 cm und waagrechten bzw. senkrechten Reihen von 8 bzw. 6 Motiven mißt jedes Motiv 5 × 5 cm. Hat der Stramin 4 Gewebekaros/cm, braucht jedes Motiv 20 × 20 Gewebefäden; hat er 5 Gewebekaros/cm, braucht jedes Motiv 25 × 25 Gewebefäden. Die Vorlage nach der entsprechenden Webdichte des für das Projekt vorgesehenen Stramins anfertigen; siehe dazu Seite 172

Beispiel C

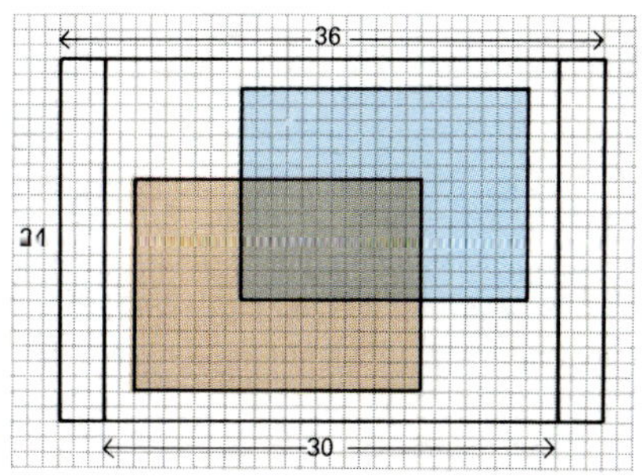

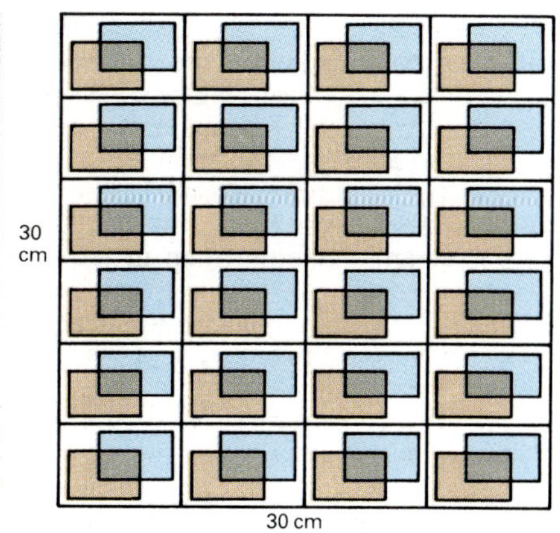

Problem: Motiv mit Hintergrund auf Zählvorlage; in waagrechten und senkrechten Reihen zu je 4 bzw. 6 Motiven angeordnet, benötigt 30 × 24 Gewebefäden. Fertige Maße 30 × 30 cm; Stramin hat 4,8 Gewebekaros/cm

Lösung: Ein 30 cm großer Stramin mit 4,8 Gewebekaros/cm hat 144 × 144 Fäden. Stickt man genau nach der Vorlage, braucht man 120 × 144 Fäden, also 24 Fäden weniger in der Breite als vorgesehen. Wenn man diese übrigen Fäden (24) durch die Anzahl der Motive je Reihe (4) teilt, erhält man die Fadenzahl (6), die jedem Motiv zugeschlagen werden muß. Jedes Motiv wird also um je 3 Fäden an jeder Seite erweitert

Muster vergrößern oder verkleinern 14–15

Mustervorlagen anfertigen

Bevor man ein eigenes Muster aufzeichnet, empfiehlt es sich, fertige Vorlagen zu Rate zu ziehen und sich damit vertraut zu machen, wie die Symbole und Farben verwendet werden; dazu siehe die Seiten 166–171.

Beim eigenen Muster legt man zunächst die fertige Größe der Stickerei fest und zählt dann die benötigten Gewebefäden für das Gesamtmuster bzw. für eine Wiederholungseinheit aus (S. 171). Muster, die aus einem einzigen Motiv bestehen, müssen meist vergrößert oder verkleinert werden (siehe *Stickerei*). Man zeichnet eine senkrechte und eine waagrechte Mittellinie auf der Vorlage ein und kennzeichnet die obere Kante. Dann wird der Stramin, der die passende Webdichte haben muß (S. 162–163), mit einer Zugabe von mindestens 5 cm an jeder Seite zugeschnitten. Man versäubert die Kanten mit Klebeband, kennzeichnet die obere Kante und markiert die beiden Mittellinien (S. 167). Nun legt man den Stramin so auf die vorbereitete Mustervorlage, daß die Mittellinien übereinstimmen, und zählt die Fäden, die vom Gesamtmuster bzw. vom Wiederholungsmotiv benötigt werden. Ist das Muster bzw. Motiv asymmetrisch, zählt man die Quer- und Längsfäden über die Gesamtfläche. Bei einem symmetrischen Muster bzw. Motiv, dessen obere und untere Hälfte gegengleich sind, zählt man nur die obere Hälfte aus. Sind die linke und die rechte Hälfte gegengleich, zählt man nur die rechte Hälfte aus. Bei vierfach symmetrischen Vorlagen, die sowohl waagrecht als auch senkrecht gegengleich sind, genügt es, wenn man ein Viertel auszählt.

Steht die Fadenzahl des Musters bzw. des Wiederholungsmotivs fest, überträgt man es auf Karopapier, wobei ein Karo einem Gewebekaro entspricht. Handelt es sich um eine Einheit für ein Wiederholungsmuster, legt man eine Vorlage in Fertiggröße unter den vorbereiteten Stramin und beginnt mit Schritt 2 (unten).

1. Auf Vorlage in Fertiggröße vorbereiteten Stramin feststecken. Gewebefäden für Gesamtmuster bzw. Musterteil auszählen

2. Auf Karopapier mit beliebiger Karogröße erforderliche Fadenzahl auszählen. Fäden entweder als Kästchen oder als Linien darstellen (1 Kästchen = 1 Gewebefaden oder 1 Linie = 1 Gewebefaden). Musterbereich einrahmen. Mittellinien markieren: Für ein Gesamtmuster (oben) beide Linien, für waagrecht symmetrisches Muster die senkrechte, für senkrecht symmetrisches Muster die waagrechte; bei vierfacher Symmetrie sind linke und untere Linie der Umrahmung gleichzeitig die Mittellinien

3. Entsprechend dem Muster unter dem Stramin die Musterlinien aufs Karopapier mit Bleistift übertragen. Die Mittellinien als Orientierungshilfe benutzen. Einen Bereich vollständig übertragen, dann erst zum nächsten übergehen

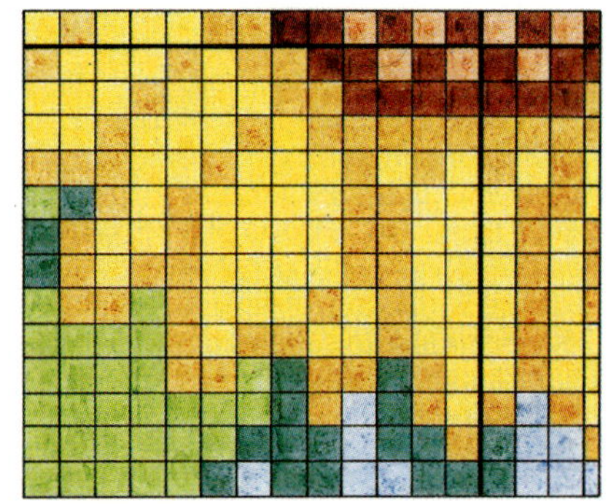

Für Gobelinstiche ein Zählmuster mit Kästchen erstellen. Die Umrisse entsprechend den Kästchen stufenartig gestalten. Die geplanten Farben eintragen oder Symbole mit einem Farbschlüssel verwenden

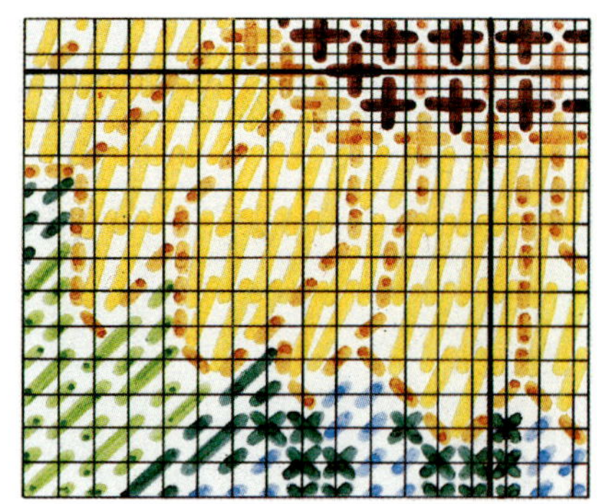

Für Phantasiestiche Straminfäden durch Linien darstellen. Stiche im entsprechenden Bereich skizzieren, dann Umrisse den Stichen anpassen (S. 165). Farben oder Symbole mit Schlüssel (S. 166) eintragen

Florentiner Stickerei entwerfen und ausführen

Arten der Florentiner Stickerei
Stickmuster
Farben
Material
Reihenmuster
Motivmuster
Vierfache Motivmuster

Arten der Florentiner Stickerei

Als Florentiner Stickerei oder Bargello wird eine besondere Art der Tapisserie oder Straminstickerei bezeichnet, deren ausdrucksvolle Muster ausschließlich mit dem Florentiner Stich oder einer seiner Varianten gestickt werden. Die Technik wird auf den nächsten Seiten ausführlich beschrieben.

Die drei grundlegenden Arten der Florentiner Stickerei sind rechts abgebildet. Jede besteht aus einer sich wiederholenden Mustereinheit (zur Verdeutlichung ist diese Einheit im Bild jeweils schwarz umrandet). Um das Muster gleichmäßig sticken zu können, braucht man für die Mustereinheit eine Vorlage.

Die drei nebenstehenden Muster unterscheiden sich hauptsächlich in der Art der einzelnen Wiederholungseinheiten.

In einem Reihenmuster (oben) besteht die Einheit aus mehreren Reihen Florentiner Stiche, welche das in der ersten Reihe festgelegte Muster genau wiederholen. Wie man ein Reihenmuster entwirft und ausführt, ist auf den Seiten 176–177 genau erklärt.

Bei einem Motivmuster (Mitte) spiegeln sich die erste und die letzte Reihe einer Einheit und umrahmen so den dazwischenliegenden Bereich. Dieser Bereich wird mit Florentiner Stichen oder anderen zur Form des Bereichs passenden Geradstichen aus gefüllt. Motivmuster werden auf den Seiten 178–179 erklärt.

Unten ist das vierfache Motivmuster abgebildet; es besteht aus vier gleichen Dreiecken, die alle im rechten Winkel zueinander angeordnet und gestickt werden. Dem abgebildeten Muster liegt eine Wiederholungseinheit wie beim Reihenmuster zugrunde; für diese Art der Florentiner Stickerei kann man jedoch auch eine Einheit wie beim Motivmuster verwenden. Den Entwurf und die Ausführung von vierfachen Motivmustern zeigen die Seiten 180–182.

Reihenmuster sind die einfachsten der Florentiner Stickerei. Die Wiederholungseinheit besteht aus mehreren Reihen von Florentiner Stichen, die sich alle am von der ersten Reihe vorgegebenen Muster orientieren. Es entsteht ein wellenartiger Effekt

Motivmuster bilden medaillonartige Wiederholungen quer über den Stramin. Die Einheit besteht aus einer oberen und einer gegengleichen unteren Reihe, die den dazwischenliegenden Bereich umrahmen. Dieser Bereich wird mit Florentiner Stichen oder anderen Geradstichen gefüllt

Vierfache Motivmuster werden durch vier gleiche Details gebildet, die im rechten Winkel zueinander angeordnet sind. Sowohl ein Reihenmuster als auch ein Motivmuster kann als Grundlage dienen. Das hier abgebildete Muster basiert auf einem Reihenmuster

Florentiner Stickmuster gestalten

Obwohl es nur drei grundlegende Arten der Florentiner Stickerei gibt, ist die Zahl der möglichen Muster nahezu unbegrenzt, und zwar deswegen, weil die Länge der einzelnen Florentiner Stiche vielfach variiert werden kann.

Das Zickzackmuster jeder Florentiner Stickerei besteht aus geraden Gobelinstichen, die in Stufen angeordnet werden. Durch die Stufen werden die Stiche in der Höhe versetzt und bilden jeweils Bergspitzen oder Täler. Die Abbildung unten zeigt, wie verschiedene Stichlängen und Stufen sich auswirken.

Unter jedem Beispiel steht eine Ziffernkombination. Die erste Ziffer gibt die Stichlänge an, die zweite die Stufenhöhe zwischen den Stichen. Die Stiche werden über zwei bis acht Gewebefäden gestickt.

Die Stufe, d. h. die Anzahl der Gewebefäden, um die die Stiche nach oben bzw. nach unten versetzt werden, muß mindestens um einen Faden kleiner als die Stichlänge sein. Wie die Beispiele zeigen, wird die Zackenspitze desto steiler und höher bzw. tiefer, je größer die Stichlänge und die Stufen sind. Wenn zwischen den Spitzen und Tälern mehr als drei Stiche gearbeitet werden, ist die Wirkung noch extremer.

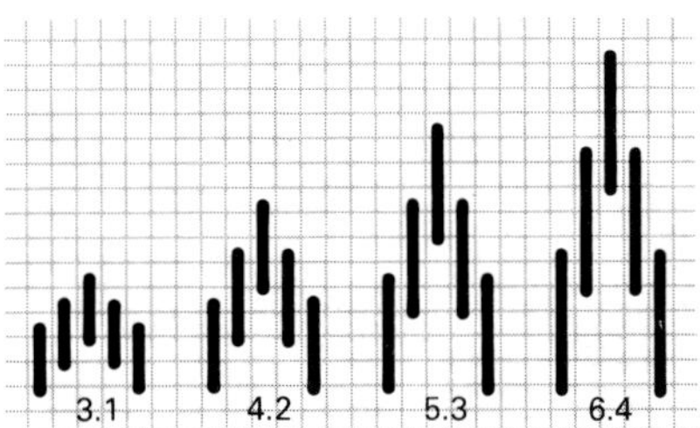

Wirkung verschiedener Stichlängen und Stufen

Die Reihenmuster der Florentiner Stickerei bestehen aus der Kombination von Zackenspitzen (Bergen) und -tälern. Haben alle Spitzen und Täler die gleiche Größe, entsteht ein gleichmäßiges Zickzackmuster, welches das Grundmuster der Florentiner Stickerei darstellt. Werden sie in verschiedenen Größen (Werten) kombiniert, entstehen Varianten wie etwa das Flammenmuster. Andere Abwandlungen werden durch Abrunden der Spitzen und Abflachen der Täler erreicht. Dazu werden Blöcke aus zwei bis sechs geraden Gobelinstichen gestickt; diese können sowohl an den Zackenspitzen oben und unten als auch zwischen beiden angeordnet werden.

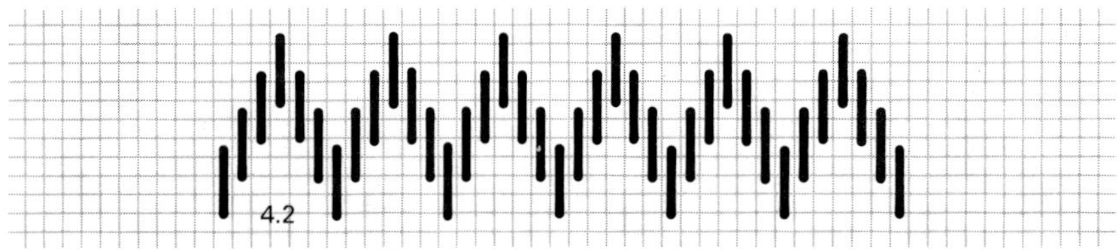

Grundmuster der Florentiner Stickerei ist ein gleichmäßiges Zickzackmuster aus Bergen und Tälern mit gleichen Werten (Größen). Große Stichlängen ergeben steilere Zacken, kleinere Stiche bilden flachere Zacken. Die Stichlänge bleibt innerhalb des Musters stets gleich

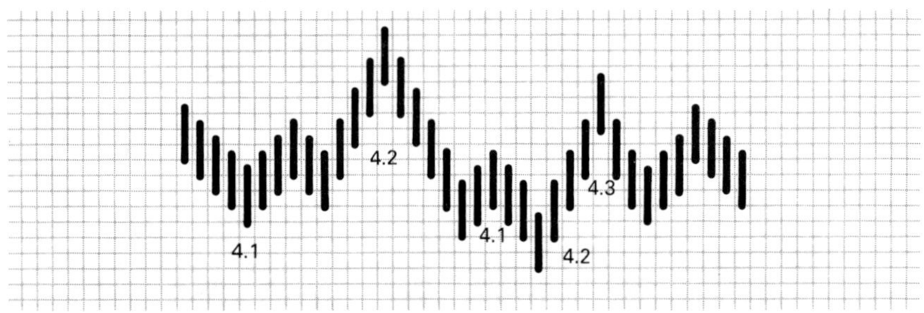

Ungleichmäßige Zackenmuster entstehen durch verschieden große Berge und Täler. Die oben abgebildeten Stiche sind alle vier Gewebefäden lang, die Stufenhöhe zwischen den Stichen sowie die Anzahl der Stiche zwischen Berg und Tal sind jedoch verschieden

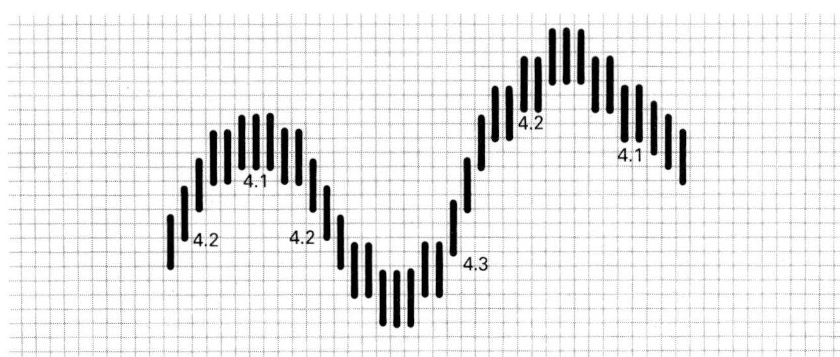

Um Spitzen abzurunden, an entsprechender Stelle Stichblöcke arbeiten. Zwischen 2 Blöcken die Stufen beibehalten, zwischen den einzelnen Stichen eines Blockes jedoch nicht

Farben

In der Florentiner Stickerei hat jede Reihe bzw. jeder Bereich eine eigene Farbe. Sorgfältig ausgesuchte und angeordnete Farben unterstreichen die Wirkung des Gesamtmusters und verleihen der fertigen Arbeit ein eigenes Gepräge. Diese Effekte kann man steuern, indem man die einzelnen Farbbereiche größer oder kleiner macht. Um Farben möglichst vorteilhaft zusammenzustellen, sollte man etwas über die Farbenlehre wissen.

Im Farbkreis sind sechs Farben enthalten: Gelb, Orange, Rot, Violett, Blau und Grün. Rot, Gelb und Orange treten stark hervor; Blau, Grün und Violett wirken zurückhaltender. Jede dieser Farben variiert nach Helligkeit, Intensität und Trübung. Um einen hellen Ton zu erhalten, gibt man Weiß dazu; für eine dunklere Schattierung verwendet man Schwarz oder Grau. Weißmischungen treten meistens hervor, Schattierungen zurück. In welchem Maße dies geschieht, hängt von der Intensität der jeweiligen Grundfarbe und dem Mischungsverhältnis mit Schwarz, Weiß oder Grau ab. Rosa besteht beispielsweise aus Rot und Weiß und tritt meist stärker hervor als etwa Hellblau, dessen Grundfarbe Blau weniger kräftig ist.

Die Wirkung jeder Farbe hängt noch von den Nachbarfarben ab. Ähnliche Farben geben eine harmonische Zusammenstellung und wirken beruhigend. Eine kontrastreiche Zusammenstellung ergibt eine lebhafte Wirkung. Die harmonischste Kombination besteht aus Variationen einer Farbe, ist also eine Ton-in-Ton-Zusammenstellung. Harmonisch wirkt auch die Verwendung von verwandten Farben wie Blau mit Blaugrün und Grün. Kontraste schafft man durch unterschiedliche Farbhelligkeit oder die Verwendung von Komplementär- oder Gegenfarben, d. h. Farben, die sich im Farbkreis gegenüberstehen (S. 175).

Farbwerte verändern

Dunklere Werte durch Zugabe von Schwarz

Klares Rot

Klares Blau

Hellere Werte durch Zugabe von Weiß

Farbzusammenstellungen

Harmonische Farbzusammenstellungen erreicht man durch Ton-in-Ton-Kombinationen, wie das Beispiel oben links zeigt, oder durch die Verwendung einiger verwandter Farben, wie dies im zweiten Beispiel der Fall ist

Kontrastierende Farbzusammenstellungen entstehen, wenn man sehr unterschiedliche Töne einer Farbe (links oben) oder nicht miteinander verwandte Farben (rechts oben) miteinander kombiniert

Farbkreis

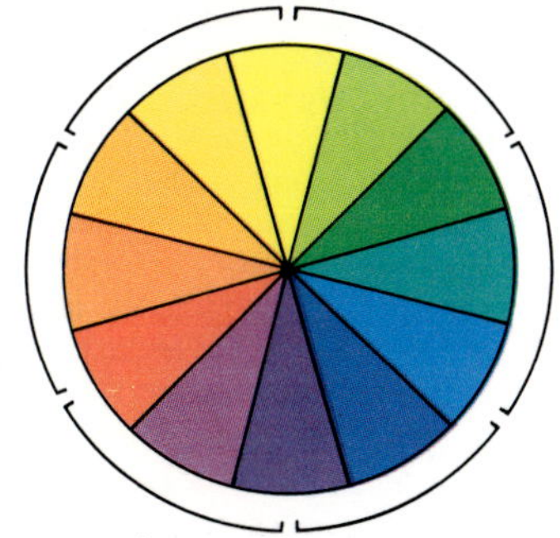

Verwandte Farben liegen im Farbkreis nebeneinander: Rot, Rot-Orange, Orange; Blau, Blau-Violett, Violett

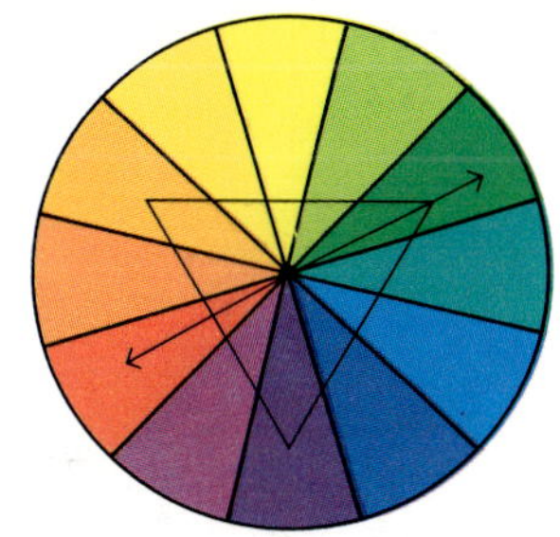

Nicht verwandte Farben berühren sich im Farbkreis nicht, beispielsweise Rot und Grün; Grün, Orange und Violett

Material

Für eine Florentiner Stickerei benötigt man eine Mustervorlage, die entsprechende Menge Stramin und Garn. Da es sich um eine Art Wiederholungsmuster handelt, muß die Gesamtfadenzahl des Stramins durch die Fadenzahl einer Wiederholungseinheit teilbar sein. Wie man den Straminbedarf berechnet, zeigen die nächsten Seiten. Will man ein eigenes Muster entwerfen, braucht man auch Karopapier und Farben. Nützlich ist ein Spiegelsatz, der aus Filz, Klebstoff und zwei gleich großen Handspiegeln gefertigt wird.

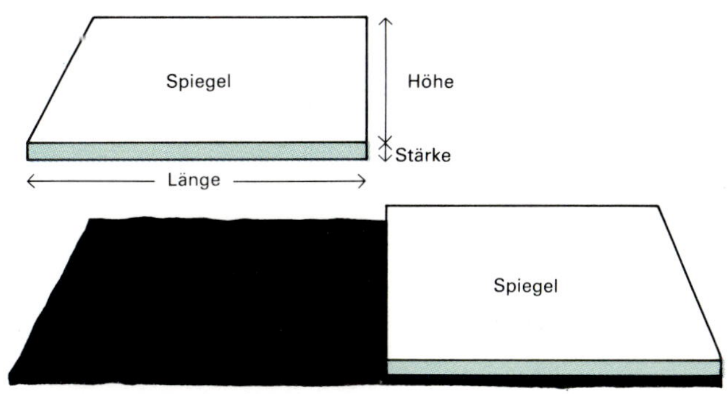

Einen Spiegelsatz herstellen: 1. Ein Stück Filz zuschneiden: Breite = Spiegelhöhe; Länge = zweimal Spiegellänge plus zweimal Spiegelstärke

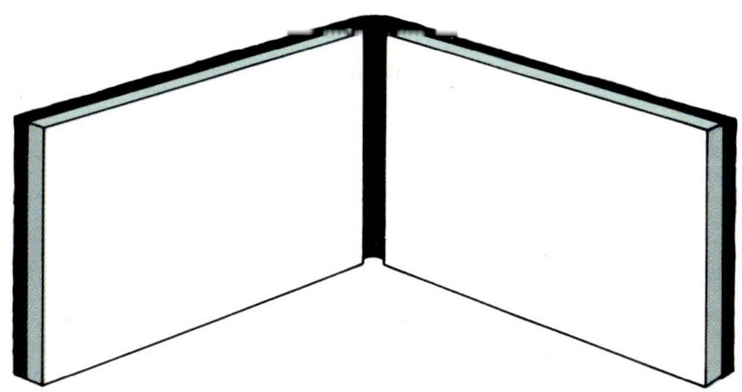

2. Rückseite beider Spiegel mit Klebstoff bestreichen, Spiegel so auf Filz legen, daß die Außenkanten übereinstimmen. Fest andrücken. Überschüssigen Klebstoff entfernen und trocknen lassen

Vorlagen für Reihenmuster

Um ein Muster für eine Florentiner Stickerei zu entwerfen, legt man zunächst die einzelne Reihe fest, auf der die Wiederholungseinheit basiert. Die einfachste Methode besteht darin, einen Projektionsspiegel (S. 175) an einer vorgezeichneten Reihe entlanggleiten zu lassen.

Wie die Spiegel angesetzt werden, hängt von der Art der Wiederholungseinheit ab, die man entwerfen möchte. Hier wird gezeigt, wie man eine Wiederholungseinheit für ein Reihenmuster aufzeichnet. Motivmuster und vierfache Motivmuster sind auf den Seiten 178, 180 und 181 erklärt.

Um eine Reihenmustereinheit zu gestalten, muß man die gesamte erste Reihe festlegen. Dazu läßt man einen Spiegel an einer vorgezeichneten Stichreihe entlanggleiten (Schritte 2 und 3 unten) und beobachtet, wie das Muster sich ständig verändert. Weitere Muster entstehen, wenn man die Reihe um 180 Grad dreht. Hat man eine ausgewogene Reihe gefunden, fertigt man eine Stichvorlage (S. 166) auf einem neuen Stück Karopapier an. Dann zeichnet man die restlichen Reihen der Wiederholungseinheit unter der ersten Reihe (Schritte 4, 5 und 6). Jede neue Reihe kann eine andere Stichlänge erhalten, solange die jeweilige Stufenhöhe stets der ersten Reihe entspricht. Bei der Aufzeichnung der Vorlage verwendet man für jede Reihe eine andere Farbe; es müssen nicht die späteren Garnfarben sein, doch sobald diese ausgewählt sind, sollten sie auch auf der Vorlage festgehalten werden.

Wenn man ein eigenes Wiederholungsmuster entwirft, empfiehlt es sich, bevor man zu sticken anfängt, alle Reihen der Wiederholungseinheit in ganzer Breite aufzuzeichnen, damit die Wirkung des gesamten Musters beurteilt werden kann.

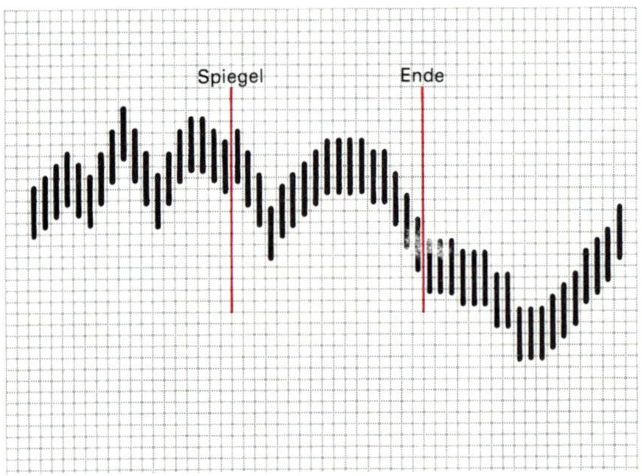

1. Zunächst eine Reihe Florentiner Stiche mit Bergen und Tälern in verschiedenen Größen und Anordnungen aufzeichnen. Die roten Linien zeigen die Position des Spiegels und das Ende der in Schritt 3 festgelegten Reiheneinheit

2. Den Spiegel parallel zu den Stichen langsam an der Reihe entlangschieben und die Stiche zusammen mit ihrem Spiegelbild beobachten. Dort anhalten, wo sich ein ausgewogenes Doppelmuster bildet

3. Den Spiegel festhalten. Einen Stich nach dem anderen abdecken, bis man einen passenden Endpunkt für die Einheit findet. Diesen markieren und an der Kante des Spiegels eine Linie ziehen

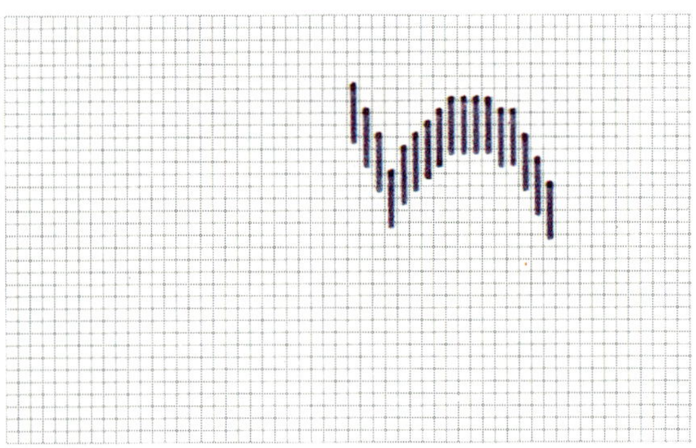

4. Auf einem neuen Blatt Karopapier die Stiche aufzeichnen, die zwischen den beiden in Schritt 3 angebrachten Markierungen liegen. Stichlänge, Stufenhöhe und Anordnung müssen genau dem Original entsprechen

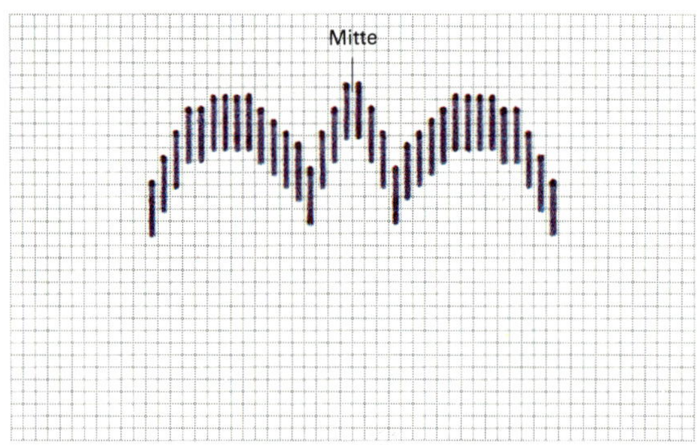

5. Dann die andere Hälfte der Wiederholungseinheit spiegelbildlich aufzeichnen. Dabei müssen Stichlänge und Stufenhöhe jeweils denen der anderen Hälfte entsprechen. Die Mitte des Musters markieren

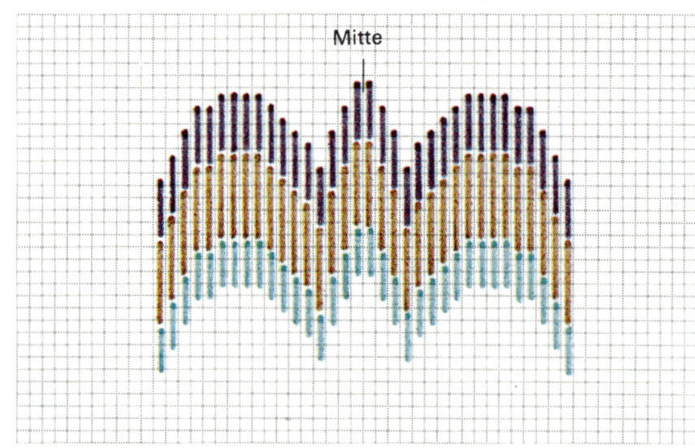

6. Die weiteren Reihen der Einheit jeweils mit einer anderen Farbe eintragen. Die Stichlänge kann in jeder Reihe variieren; sie muß lang genug sein (hier über mindestens 4 Fäden), um die Stufenhöhe der ersten Reihe beizubehalten

Reihenmuster vorbereiten und ausführen

Florentiner Muster sehen am besten aus, wenn die Wiederholungen mittig angeordnet sind. Dazu legt man die Mitte einer Wiederholungseinheit an die senkrechte Mittellinie des Stramins (A) oder ordnet je eine volle Einheit links und rechts der senkrechten Mittellinie an (B). Anschließend

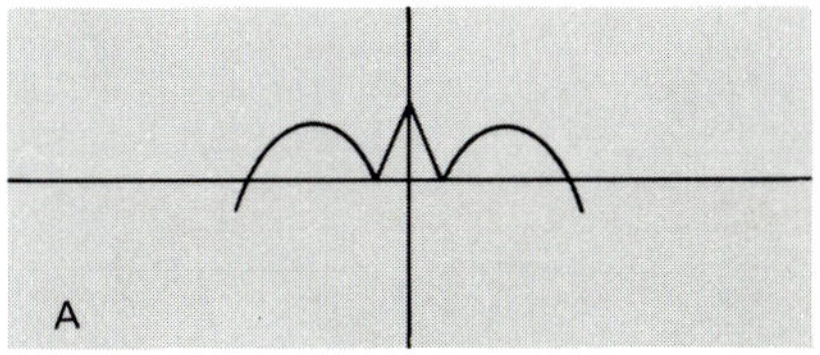

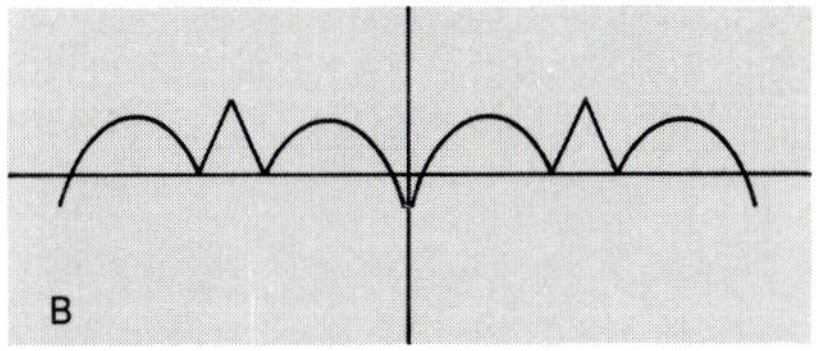

berechnet man, wie viele Wiederholungseinheiten in das Gesamtmuster hineinpassen. Um die Anzahl der erforderlichen Längsfäden festzustellen, multipliziert man die Anzahl der Wiederholungen über die ganze Breite mit der Anzahl der Längsfäden je Wiederholungseinheit. Die Zahl der Querfäden erhält man, wenn man die Anzahl der Wiederholungen über die ganze Höhe mit der Anzahl der Querfäden je Einheit multipliziert. Die Ergebnisse dividiert man durch die Webdichte (Anzahl der Fäden/cm) des Stramins, um die Maße der fertigen Stickerei zu erhalten. Wird sie zu klein, fügt man ganze Wiederholungseinheiten oder Teile davon hinzu. Wird sie zu groß, entfernt man einige Einheiten oder verwendet einen feineren Stramin. Man schneidet den Stramin in der fertigen Größe plus mindestens 5 cm Zugabe an jeder Seite zu, versäubert die Kanten, kennzeichnet die obere Kante und markiert die Mittellinien (S. 167).

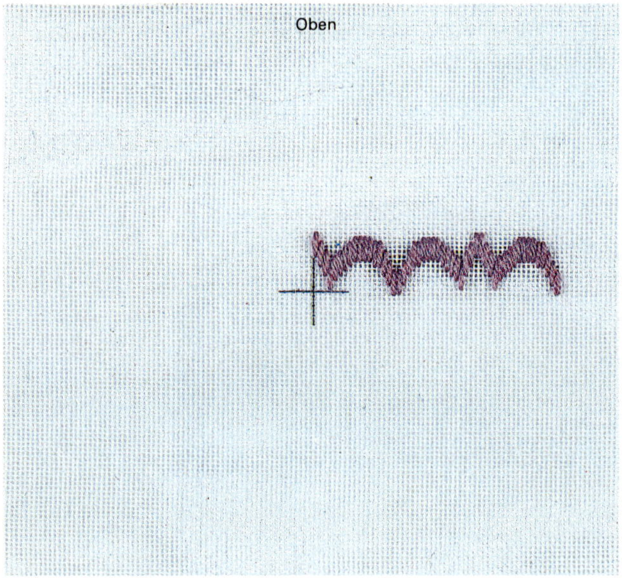

1. In der Mitte beginnen. Oberste Reihe der Wiederholungseinheiten auf rechter Stoffhälfte arbeiten. Farben und Stichanordnung nach Vorlage ausrichten

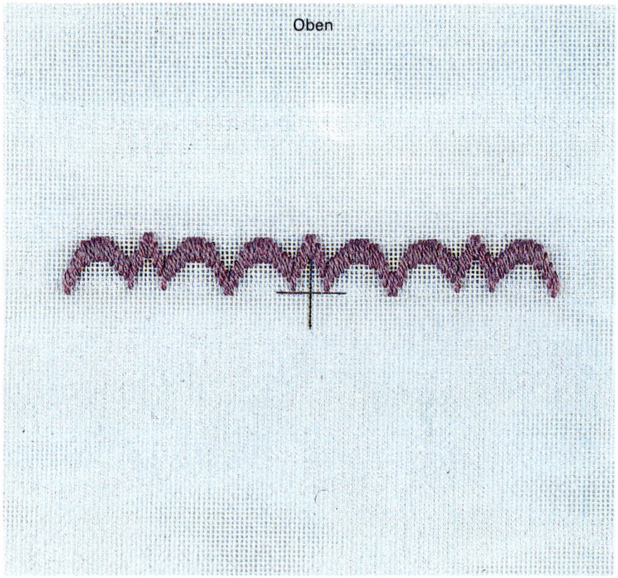

2. Wieder in der Mitte beginnen. Obere Reihe der Wiederholungseinheit auf linker Straminhälfte arbeiten. Fertige Reihe auf die richtige Stichanordnung prüfen

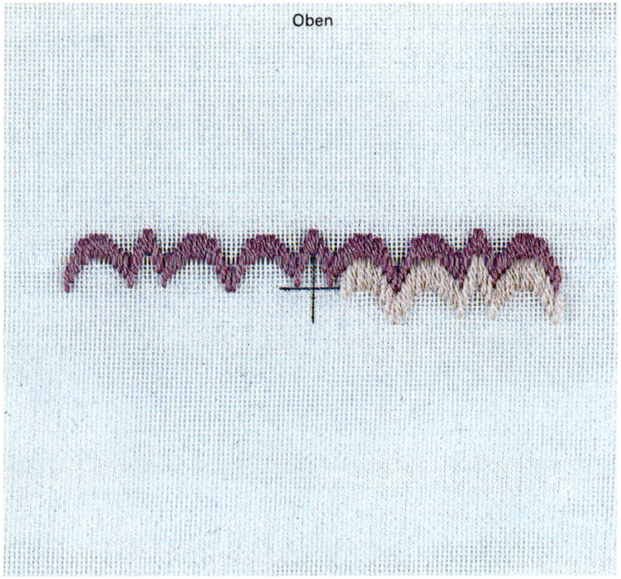

3. Nachfolgende Reihen nach der ersten ausrichten und durchgehend von einer Seite zur anderen in entsprechenden Farben arbeiten

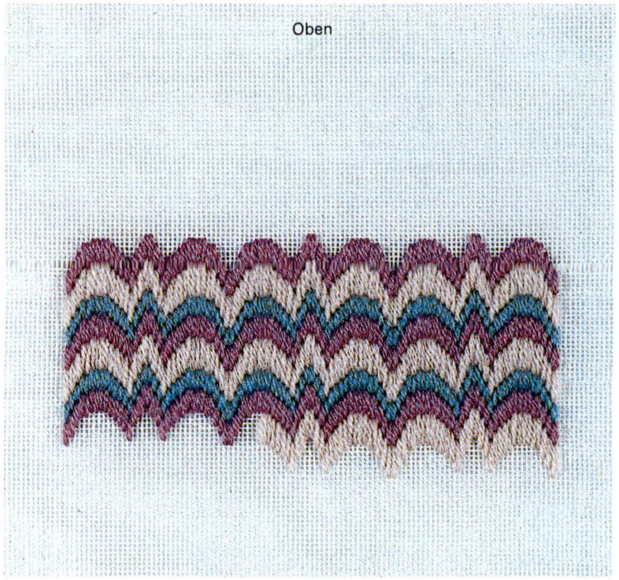

4. Erst untere Hälfte der Arbeit, dann obere sticken. Alle Reihen durchgehend von links oder rechts in entsprechenden Farben arbeiten

Vorlagen für Motivmuster

Um die Wiederholungseinheit eines Motivmusters zu entwerfen, muß man die obere und die untere Reihe festlegen. Diese Reihen sind identisch und werden mit Hilfe von zwei Spiegeln (S. 175) ermittelt, die im rechten Winkel zueinander und zu einer Reihe Florentiner Stiche gehalten werden. Wie unten gezeigt, entsteht durch die dreifache Spiegelung eine Art Rahmenmuster.

Innerhalb des Rahmens liegt ein offener Bereich, der mit Florentiner Stichen oder anderen Geradstichen ausgefüllt wird. Bei vielen Mustern bilden diese Bereiche sogar eigenständige Zweitmotive.

Wenn man ein eigenes Muster entwirft, empfiehlt es sich, mehrere Motive aufzuzeichnen (Schritt 4), damit man die Wirkung der Zweitmotive beurteilen kann. Viele Fertigvorlagen zeigen nur jeweils eine Hälfte des Haupt- bzw. des Zweitmotivs.

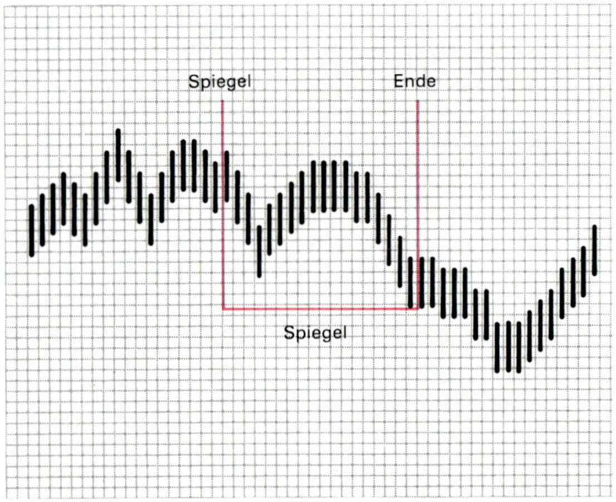

1. Eine Reihe Florentiner Stiche mit verschiedenen Zackenformen und -höhen (S. 174) aufzeichnen. Die roten Linien bezeichnen die Position der Spiegel und das Ende der Wiederholungseinheit, die in Schritt 2 festgelegt wird

2. Rechtwinklig aufgestellte Spiegel der Reihe entlangschieben, bis Muster entsteht. Um Höhe der Einheit festzulegen, Spiegel nach oben und unten schieben. Ende der Einheit markieren; an Spiegelkanten Linien ziehen

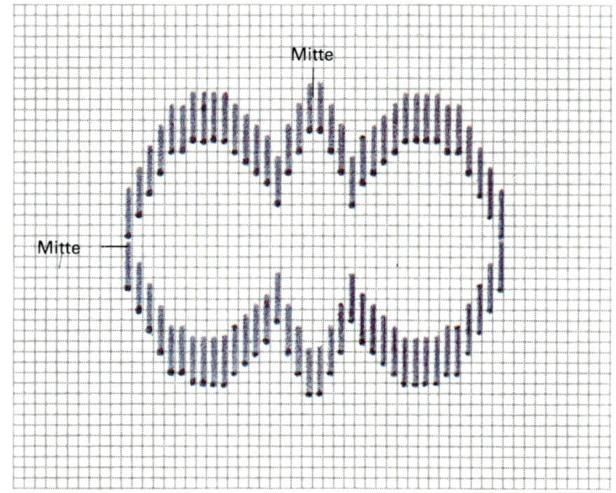

3. Stiche zwischen den Markierungen neu aufzeichnen. Dann andere Hälfte der Reihe gegengleich aufzeichnen und Mitte markieren (S. 176). Untere Reihe spiegelbildlich zur oberen zeichnen und waagrechte Mittellinie markieren

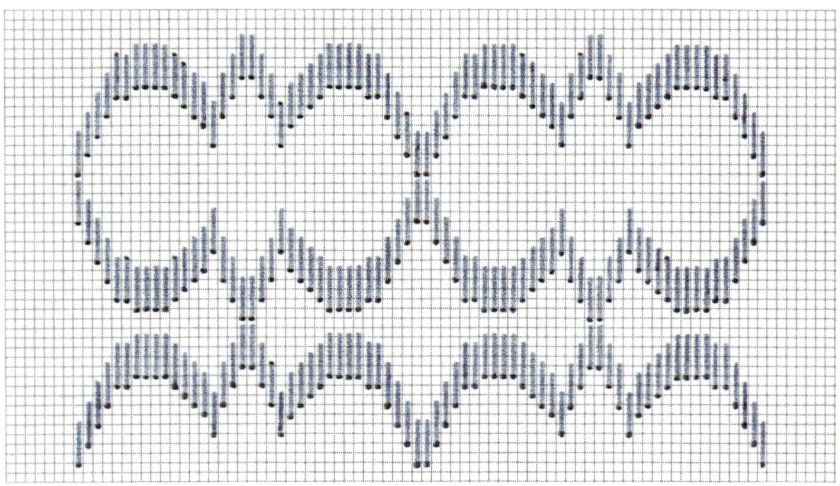

4. Ein zweites Motiv neben dem ersten und die obere Reihe beider Motive darunter aufzeichnen; die senkrechten Mittellinien stimmen überein, und die höchsten und tiefsten Stiche der einzelnen Reihen stoßen jeweils aneinander

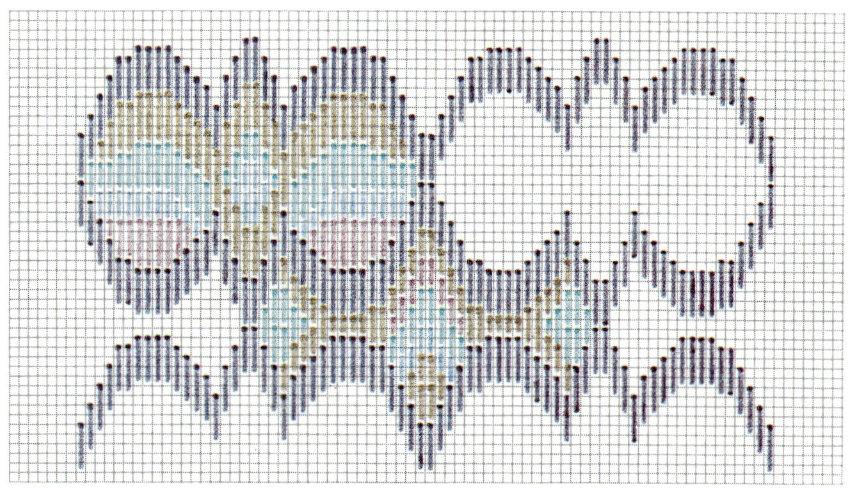

5. Offene Bereiche mit Florentiner Stichen oder anderen Geradstichen füllen, die interessante Muster bilden und der Form des jeweiligen Bereichs entsprechen. Für jede Reihe oder Fläche eine andere Farbe verwenden

Motivmuster vorbereiten und ausführen

Bei Motivmustern kann man eine Wiederholungseinheit in der Mitte des Stramins (A) oder je eine volle Einheit rechts und links der senkrechten Mittellinie anordnen (B). Manchmal

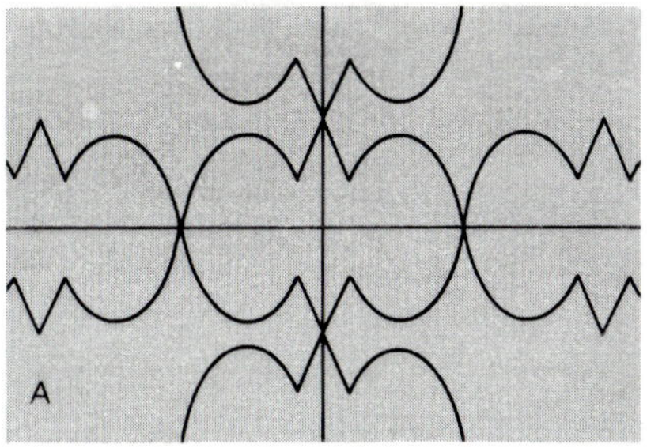

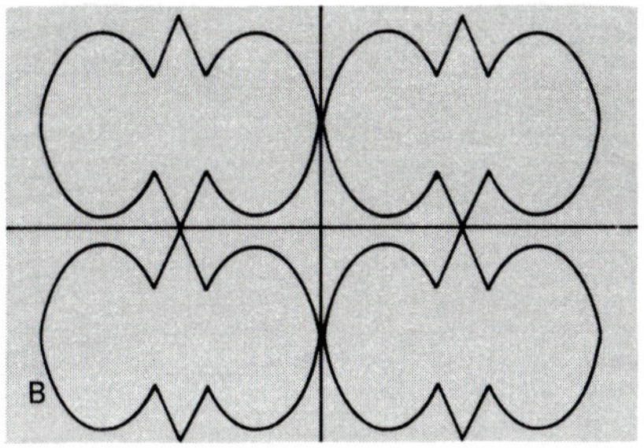

werden beide Methoden kombiniert: Rechts liegen die Motive auf der waagrechten Mittellinie und je eins an jeder Seite der senkrechten Mittellinie. Als nächstes entscheidet man, wie viele Wiederholungen für das Gesamtmuster verwendet werden sollen. Dann wird der Stoffbedarf berechnet und der Stramin vorbereitet (S. 177). Zuerst wird die oberste Reihe der Motive gestickt, die in der waagrechten Mitte liegen. Sollen die Motive auch waagrecht vermittelt werden, arbeitet man die oberste Reihe genau oberhalb der waagrechten Mittellinie (A); soll je ein ganzes Motiv oberhalb und unterhalb der Mittellinie liegen, wird die oberste Reihe vom unteren Motiv unterhalb der waagrechten Mittellinie gestickt (B).

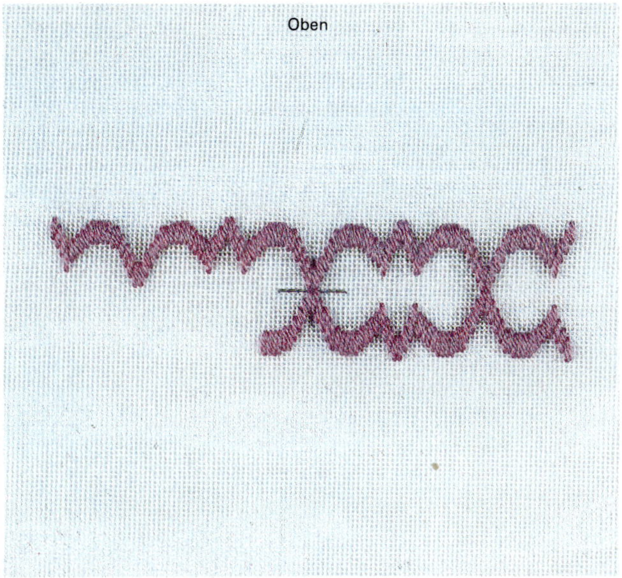

1. Die obere Reihe von der senkrechten Mitte aus, die untere durchgehend arbeiten

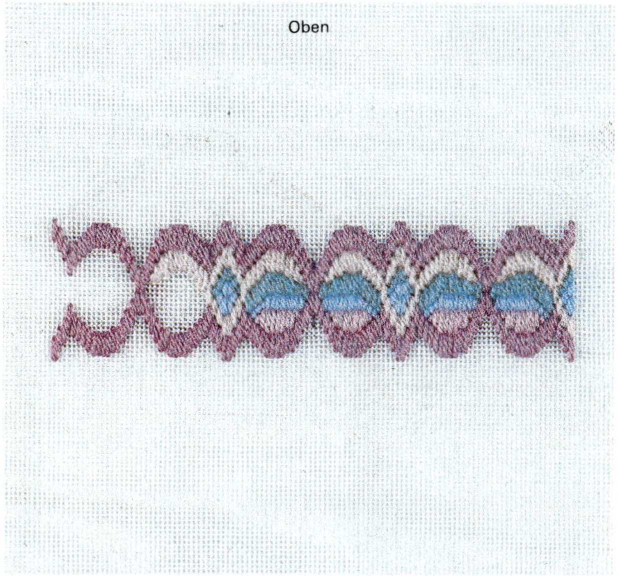

2. Farben und Stiche der offenen Bereiche nach Vorlage ausrichten. Bereiche einzeln oder gleichfarbige nacheinander füllen

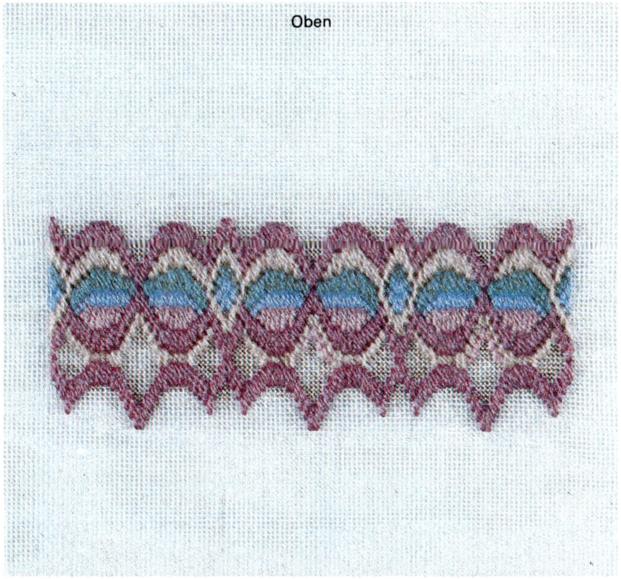

3. Obere Reihe der nächsten Wiederholung durchgehend arbeiten. Die Bereiche zwischen den Wiederholungsreihen füllen

4. Über die ganze untere Hälfte der Stickerei wiederholen, dann die obere Hälfte von unten nach oben aussticken

Ausgleichsstiche 161
Nach Zählvorlagen arbeiten 166

Vierfache Motivmuster

Ein vierfaches Motivmuster besteht aus vier gleichen Dreiecken, die zu einem Quadrat zusammengefügt sind und deren Stichreihen jeweils im rechten Winkel zueinander verlaufen. Man zeichnet ein vollständiges Dreieck auf und stickt viermal nach dieser Vorlage. Das Muster kann auf der Wiederholungseinheit eines Reihenmusters (wie hier) oder eines Motivmusters (S. 181) basieren. Die Methoden unterscheiden sich in der Art, wie die Reihe oder das Motiv erstellt und im Dreieck angeordnet wird. Wie man vierfache Motivmuster stickt, zeigt die Seite 182.

1. Eine Reihe Florentiner Stiche zeichnen (oben Reihe von S. 176). Einen Spiegel parallel zu den Stichen, zweiten im Winkel von 45 Grad dazu aufstellen. Beide an den Stichen entlangschieben, um Ausschnitt festzulegen; nach oben und unten versetzen, um Höhe des Musters und Entfernung vom Mittelpunkt zu verändern. An Spiegelkanten Linien ziehen

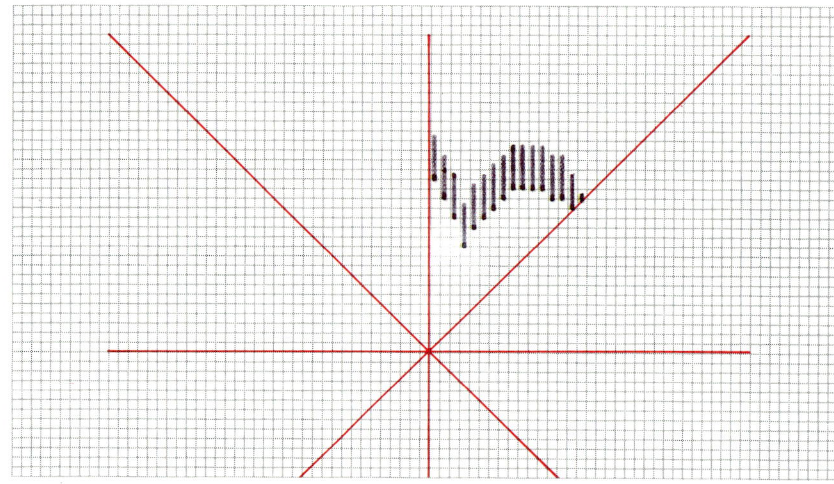

2. Auf frischem Karopapier waagrechte und senkrechte Mittellinie, dann Diagonalen einzeichnen. Bei Reihenmuster mit Mittelstich Stichlinien zwischen den Karolinien zeichnen; sonst Stichlinien auf den Karolinien markieren. Hälfte der Reihe im bereits festgelegten Abstand vom Mittelpunkt zeichnen; an Diagonalen Stich unterbrechen

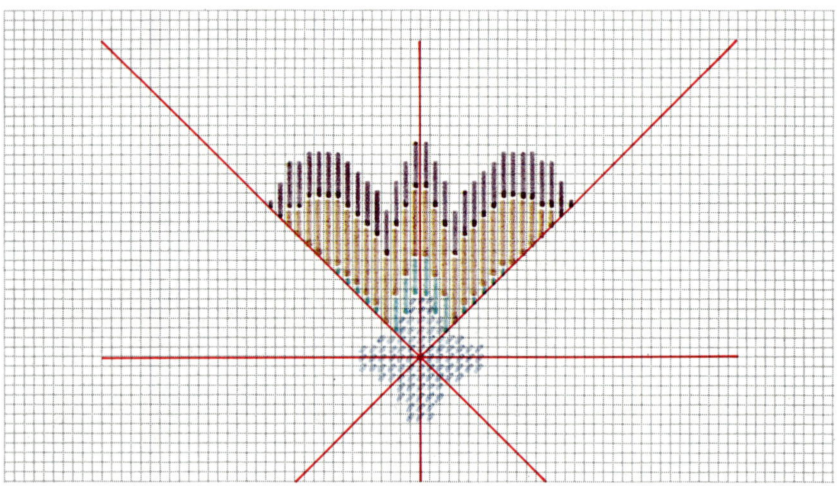

3. Zweite Hälfte der Reihe spiegelbildlich zeichnen (S. 176). Weitere Reihen zur Mitte hin nach der ersten ausrichten. Wird der Raum zwischen den Diagonalen zu knapp für ein Reihenmuster, mit geraden Gobelinstichen oder Phantasiestichen füllen. Dieses Mittelstück im ganzen für alle vier Dreiecke aufzeichnen. Eine andere Möglichkeit zeigt S. 181

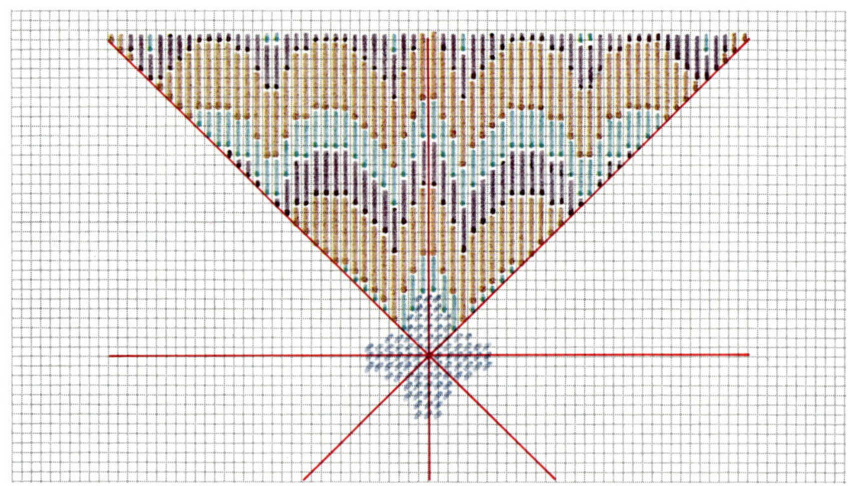

4. Das breite Ende des Dreiecks so ausfüllen, daß die äußere Kante gerade wird. Dazu Phantasie- oder Gobelinstiche verwenden (S. 181) oder weitere Reihen, wie hier gezeigt, entsprechend der ersten Reihe und jeweils verlängert einzeichnen. Um eine gerade Kante zu erhalten, Reihenteile und Ausgleichsstich verwenden

Vorlagen für vierfache Motivmuster

Bei einer Vorlage für vierfache Motivmuster muß die Reihe bzw. das Motiv mittig in einem Dreieck angeordnet werden. Eine Reihe wird bei der Umwandlung in ein vierfaches Motivmuster automatisch vermittelt (Schritt 1, S. 180). Wird ein Motiv verwendet, entwirft man zunächst die obere und untere Reihe (Schritt 1 unten) und ordnet es dann an (Schritt 2). Dies erfolgt in zwei Stufen, da man die Spiegel nicht so stellen kann, daß sie gleichzeitig sowohl die obere und untere Reihe als auch die Anordnung des Motivs in einem Vierfachmuster spiegeln.

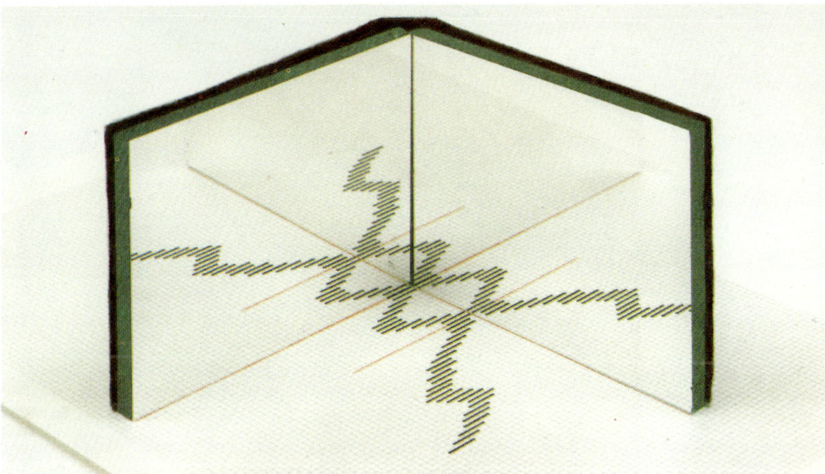

1. Eine Reihe Florentiner Stiche entwerfen. Die Spiegel im rechten Winkel zueinander und zu den Stichen aufstellen und an den Stichen entlang sowie nach oben und unten schieben, bis ein passender Ausschnitt in der richtigen Höhe gefunden ist. Das Ende des Motivs markieren und an den Spiegelkanten entlang Linien ziehen

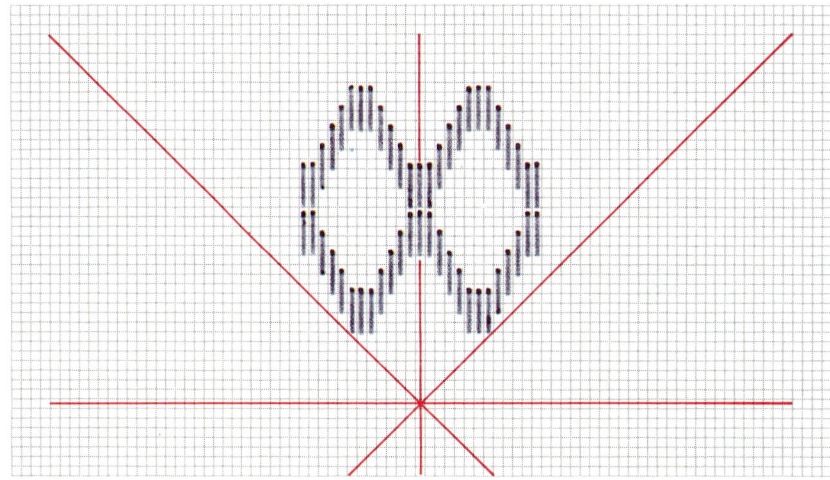

2. Die obere und untere Reihe des Motivs aufzeichnen (S. 178). Die senkrechte Mittellinie markieren. Direkt unter dem Motiv die Diagonalen so einzeichnen, daß sie die senkrechte Mittellinie schneiden; dabei dürfen sie jedoch keine Stiche berühren. Die waagrechte Mittellinie einzeichnen

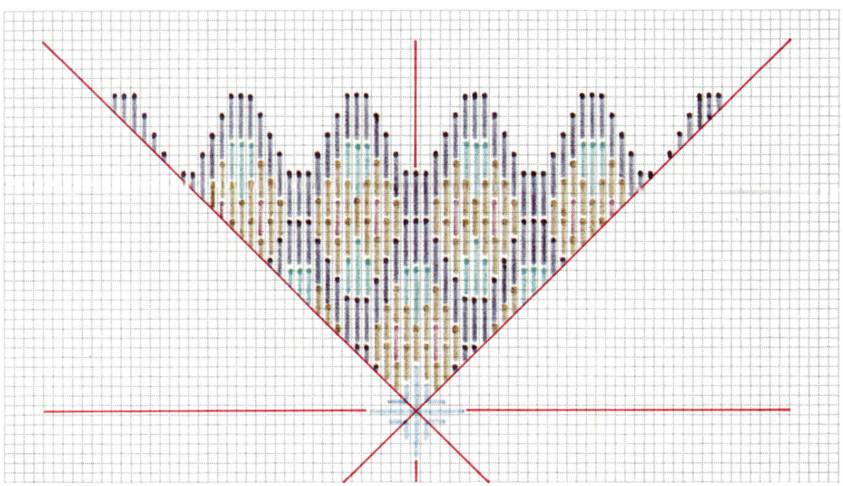

3. Füllt der obere Teil des Motivs den Bereich zwischen den Diagonalen nicht aus, zeichnet man Teilmotive ein. Den Mittelbereich jedes Motivs, dann die Reihen und die Spitzen der vier Dreiecke zur Mitte hin aufzeichnen (hier wurden Phantasiestiche verwendet; das Muster auf der gegenüberliegenden Seite hat Gobelinstiche in der Mitte)

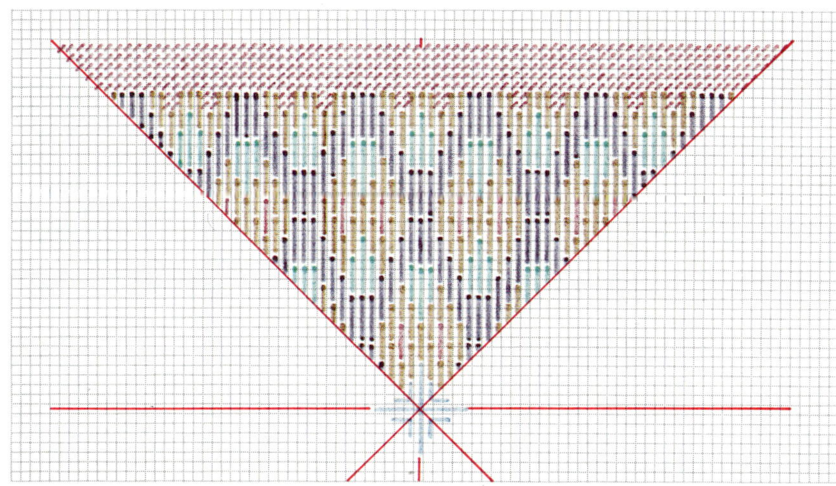

4. Das breite Ende des Dreiecks so gestalten, daß eine gerade Kante entsteht. Nach Belieben diesen Bereich entweder mit Teilmotiven wie bei Schritt 4 auf der gegenüberliegenden Seite, mit Gobelin- oder Phantasiestichen oder wie oben mit einer Kombination aus Teilreihen und anderen Stichen ausfüllen

Tapisserie · Florentiner Stickerei

Vierfache Muster vorbereiten und ausführen

Die Wiederholungseinheiten eines vierfachen Florentiner Musters werden in der Vorlage mittig angeordnet; diese Vorlage ist für alle vier Dreiecke des Gesamtmotivs maßgeblich.

Um das ganze Muster sticken zu können, muß man die erforderliche Straminggröße ermitteln. Dazu zählt man die Fäden an der Außenkante des Dreiecks und teilt sie durch die Webdichte (Anzahl der Gewebefäden/cm) des Stramins. Da alle vier Seiten des Motivs gleich sind, genügt diese eine Berechnung. Einige fertig gekaufte Vorlagen zeigen je eine Hälfte von zwei nebeneinanderliegenden Dreiecken, die durch eine Diagonale getrennt sind (unten). Hier muß man die Zahl der Fäden an der Außenkan-

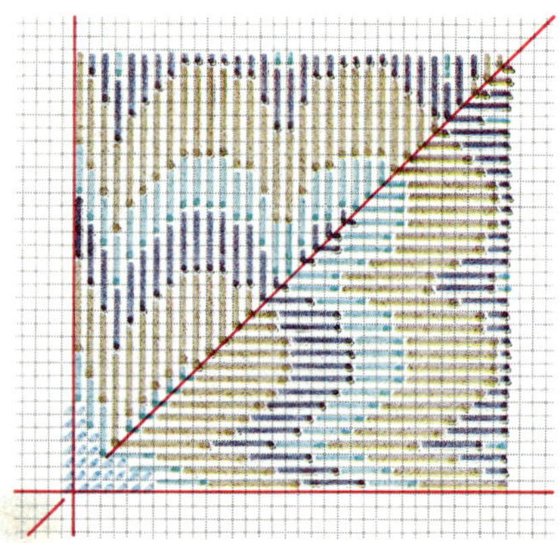

te verdoppeln, um die Gesamtzahl für ein ganzes Dreieck zu erhalten.

Man schneidet ein Stück Stramin in der fertigen Größe plus mindestens 5 cm Zugabe an jeder Seite zu, versäubert alle Kanten (S. 16), kennzeichnet die obere Kante und markiert dann die Mittellinien (S. 167). Die Diagonalen werden mit Heftfaden markiert. Die Abbildungen rechts zeigen, wie ein Reihenmuster gestickt wird; ein Motivmuster wird nach derselben Methode gearbeitet.

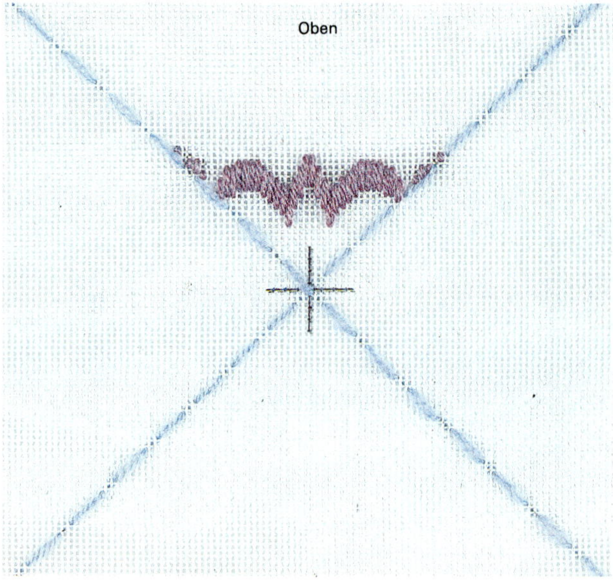

1. Mittlere Reihe des oberen Viertels von der senkrechten Mitte aus arbeiten. Farben und Stichanordnung nach der Vorlage ausrichten

2. Bereich unter erster Reihe, dann Mittelbereich des Gesamtmusters, dann oberen Bereich füllen. Alle Reihen durchgehend sticken

3. Stramin um 90 Grad drehen; die Reihen des nächsten Dreiecks in beliebiger Folge sticken. Reihen treffen sich an den Diagonalen

4. Drittes und viertes Dreieck wie zweites sticken. Farben und Anordnung nach Vorlage oder bereits gestickten Dreiecken arbeiten

Allgemeine Arbeitstechniken

Garnbedarf berechnen

Der Garnbedarf für eine Stickerei hängt nicht nur von der fertigen Größe, sondern auch von der Stichart und der Webdichte des Stramins ab. Um den Gesamtbedarf zu berechnen, muß man zunächst feststellen, wieviel Garn für jede Stichart über 5 cm^2 Stramin benötigt wird. Die Stichproben müssen auf Stramin ausgeführt werden, der die gleiche Webdichte hat wie der Stramin, den man später für die Stickerei verwenden will. Die Garnstärke muß auf die Stichart und die Webdichte des Stramins abgestimmt sein (S. 118).

Für die Stichprobe schneidet man vom Garn mehrere 50 cm lange Fäden ab. Mit ihnen stickt man eine Fläche von 5 × 5 cm aus und notiert die Anzahl der benötigten Fäden. Wird von einem Faden nur ein Teil verbraucht, rechnet man ihn trotzdem voll dazu. Dann stellt man fest, wie viele Quadratzentimeter mit diesem Stich, und zwar ungeachtet der Farbe, insgesamt bestickt werden sollen, teilt sie durch fünf und multipliziert das Ergebnis mit der Garnmenge, die für die Probefläche ermittelt wurde. Diese Gesamtmenge teilt man den vorgesehenen Farben entsprechend auf.

Nach dieser Methode wird der Garnbedarf auch für alle anderen Sticharten berechnet, dann werden die Ergebnisse nach Farben zusammengezählt. Um eventuelle Fehler in der Berechnung oder während der Arbeit auszugleichen, gibt man 10–15% der Garnmenge zu.

Stiche heraustrennen

Wenn man während des Stickens einen Fehler merkt, der nur über ein paar Stiche geht, fädelt man die Nadel einfach aus, zieht die fehlerhaften Stiche mit dem Nadelöhr heraus und stickt sie neu.

Handelt es sich um mehr als nur ein paar einfache Stiche, oder entdeckt man den Fehler erst nach Fertigstellung des Bereichs, schneidet man sehr vorsichtig die falschen Stiche, wie rechts gezeigt, auf und zieht die Fäden auf der Rückseite mit dem Nadelöhr heraus. Die freigelegte Fläche wird anschließend neu bestickt.

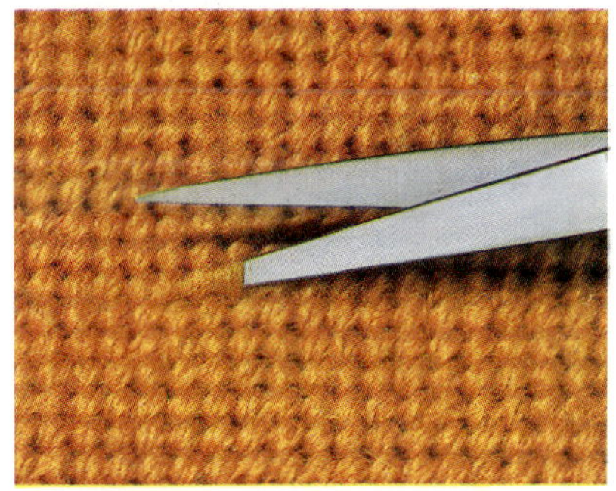

1. Auf der Vorderseite die Schere unter einige Stiche schieben, die Fäden anheben und durchschneiden

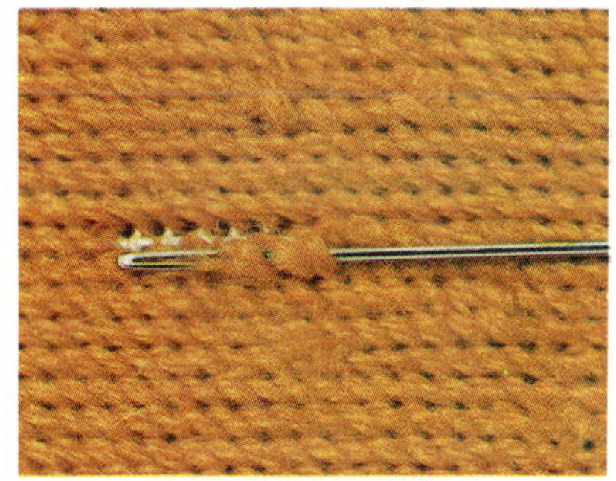

2. Auf der Rückseite die Fäden mit dem Nadelöhr herausziehen. Garnenden herausziehen und auf der Rückseite vernähen

Beschädigten Stramin ausbessern

Hat man beim Aufschneiden der Stiche aus Versehen den Stramin beschädigt, kann man ihn mit einem Straminflicken mit der gleichen Webdichte ausbessern. Dazu müssen rund um den Schnitt genügend Stiche entfernt werden, damit der Flicken Platz hat. Dieser muß auf allen Seiten um einige Fadenkreuze größer als der Schnitt und etwas kleiner als die freigelegte Fläche sein. Der Straminflicken wird wie rechts abgebildet aufgebracht. Die neuen Stiche werden über beide Straminlagen gestickt. Überstehende Straminfäden schneidet man zurück.

1. Flicken so unter den Schnitt legen, daß sich die Fäden beider Lagen decken. Heften

2. Über beide Straminlagen sticken. Überstehende Straminfäden zurückschneiden

Tapisserie · Allgemeine Arbeitstechniken

Stramin in einen Stickrahmen spannen

Eine Tapisserie läßt sich am besten arbeiten, wenn man den Stramin in einen Stickrahmen spannt. Stickereien, die im Rahmen ausgeführt werden, bleiben sauber und glatt, und die fertige Arbeit ist auch viel weniger verzogen.

Wie auf Seite 116 erläutert, gibt es verschiedene Arten von Rahmen, die alle ihre besondere Verwendung haben. Unten wird beschrieben, wie man den Stramin in einen mit Gurten versehenen Rahmen einspannt. Bei anderen Typen wird der Stramin ohne Nähen befestigt. Es ist nützlich, sich beim Kauf im Fachgeschäft beraten zu lassen. Für Tapisserien verwendet man meist viereckige Rahmen; nur besonders feine Stramine können im Stickring eingespannt werden – dazu siehe das Kapitel *Stickerei*.

Die meisten Stickrahmen, die es zu kaufen gibt, sind verstellbar und für verschiedene Straminbreiten und -höhen geeignet. Bei dem einen Typ sind die Querstangen oben und unten drehbar; er kann jede Straminlänge aufnehmen, die größte Breite bestimmt jedoch die Breite des Rahmens. Andere bestehen aus vier verstellbaren Rahmenteilen, haben aber den Nachteil, daß sie nicht an einem Stativ oder einem Ständer befestigt werden können. Platzsparend ist ein einfaches Rundholz, auf dem man die Stickerei aufrollen kann.

Verstellbarer Rahmen

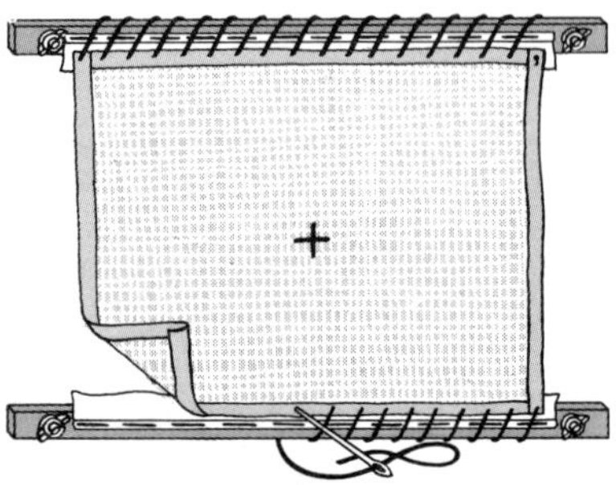

1. Die obere Kante des vorbereiteten Stramins mittig auf das Gurtband legen. Einen starken Faden verknoten und die Straminkante annähen; dabei um den Rahmen stechen. Zum Schluß den Faden mit Rückstichen sichern. An der unteren Kante wiederholen

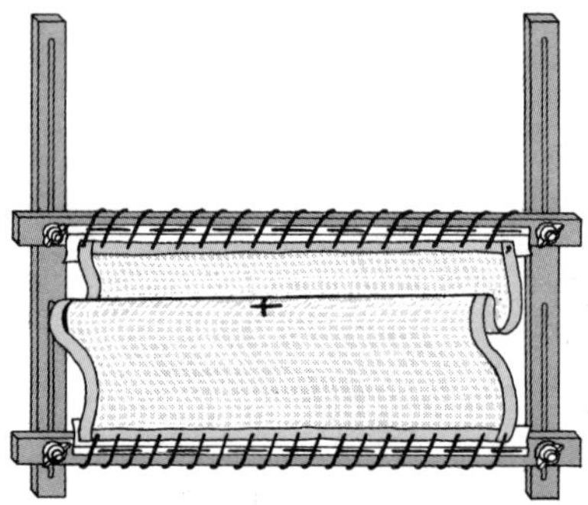

2. Anschließend die beiden Seitenteile des Rahmens flach hinlegen, und zwar im richtigen Abstand und parallel zueinander. Darauf das obere und untere Rahmenteil mit dem angenähten Stramin so legen, daß die Schrauben in die Führungsrillen passen

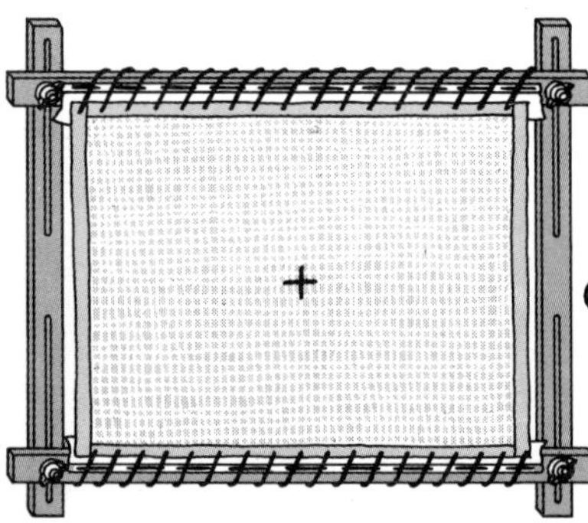

3. Ober- und Unterteil auseinanderziehen, bis der Stramin im Rahmen gleichmäßig und straff gespannt ist, dann die Schrauben anziehen

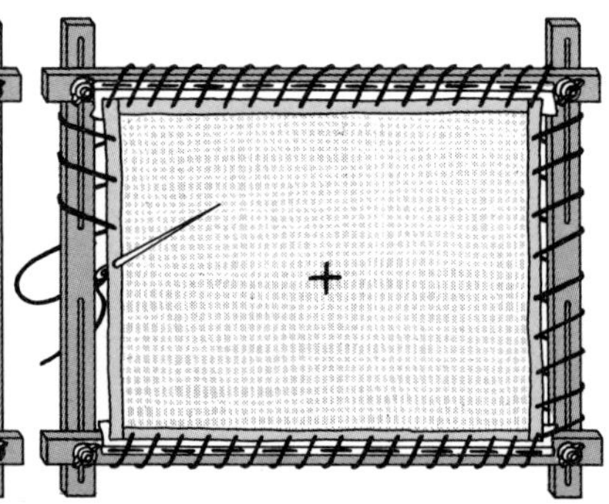

4. Die Seitenkanten des Stramins mit Überwendlingsstichen seitlich am Rahmen so befestigen, daß er nach allen vier Seiten gleichmäßig gespannt ist

Drehbarer Rahmen

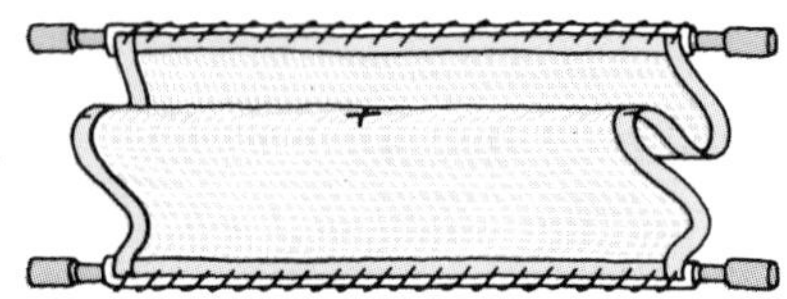

1. Die obere und untere Straminkante, wie links beim verstellbaren Rahmen beschrieben, am oberen und unteren Rahmenteil befestigen. Die Griffe an den Enden der Rahmenteile entfernen

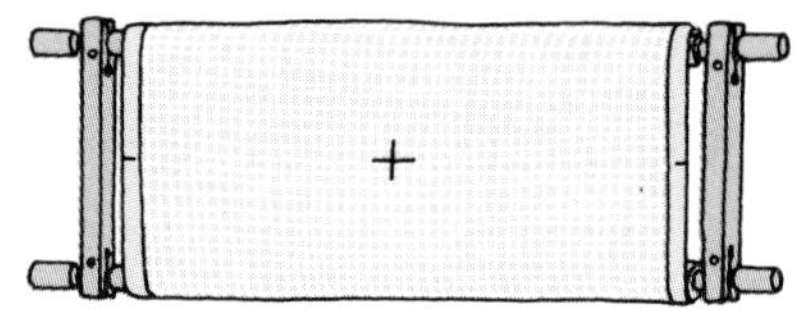

2. Ober- und Unterteil mit den seitlichen Rahmenteilen verbinden und drehen, bis der Stramin gespannt ist. Der Stramin kann seitlich an den Rahmen genäht werden (siehe links)

Starrer Rahmen

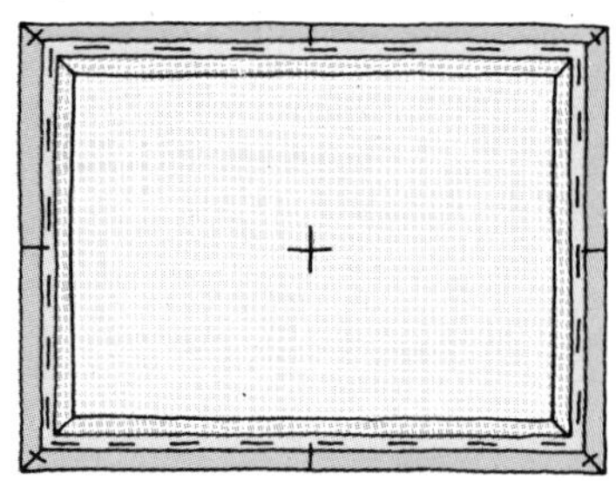

Einen einfachen, nicht verstellbaren Stickrahmen kann man auch selber machen. Im Geschäft für Bastlerbedarf läßt man Holzleisten entsprechend zuschneiden; diese werden dann an den Ecken mit Klammern verbunden. Man markiert die Mitte jeder Leiste und legt den vorbereiteten Stramin mittig darauf; dabei muß die ganze zu bestickende Fläche des Stramins frei sein, d.h., sie darf nicht auf dem Rahmen aufliegen. Zum Schluß werden alle vier Straminkanten mit Klammern am Rahmen befestigt

Holzstab

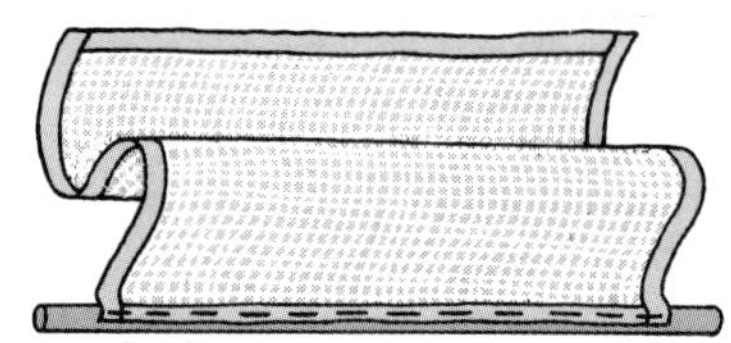

1. Die obere oder untere Kante des vorbereiteten Stramins mit Klammern an einem entsprechend langen Rundholz befestigen

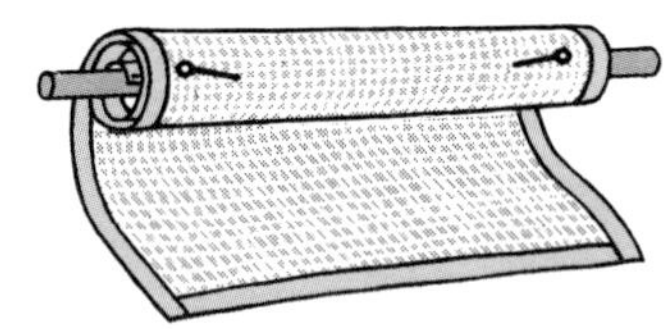

2. Den Stramin auf dem Rundholz straff und gleichmäßig aufrollen, dabei nur die jeweils zu bestickende Fläche frei hängen lassen. Die Straminrolle mit langen Dekorationsnadeln befestigen. Nach Bedarf die Rolle aufwickeln

Straminstickereien spannen

Die fertige Straminstickerei wird gespannt, um sie zu begradigen und auf die ursprüngliche Größe zu bringen. Dies ist erforderlich, weil sich der Stramin während der Arbeit, auch bei Verwendung eines Stickrahmens, immer etwas verzieht.

Es gibt drei Methoden, die Stickerei zu spannen; welche man anwendet, hängt davon ab, wie stark die Arbeit verzogen ist.

Die Methode I (unten) verwendet man, wenn die Stickerei nur wenig verzogen ist. Dazu benötigt man nur ein Bügeleisen und ein Bügeltuch, um die Stickerei leicht zu dämpfen. Die Methode II (oben rechts) ist für Stikkereien geeignet, die sich merklich verzogen haben. Ganz extrem verzogene Stickereien werden nach der Methode III (rechts Mitte und unten) gespannt. Mit jeder der beiden letzten Methoden wird die Stickerei mit Hilfe des schon vor Arbeitsbeginn angefertigten Musters (S. 164) wieder auf die ursprünglichen Maße gebracht. Bei jeder Methode ist es wichtig, die Stikkerei vollständig trocknen zu lassen, ehe sie vom Spannbrett bzw. Bügelbrett entfernt wird. Wenn sie immer noch nicht die richtige Form hat, kann man sie noch einmal spannen, und zwar nach der gleichen oder einer der anderen Methoden.

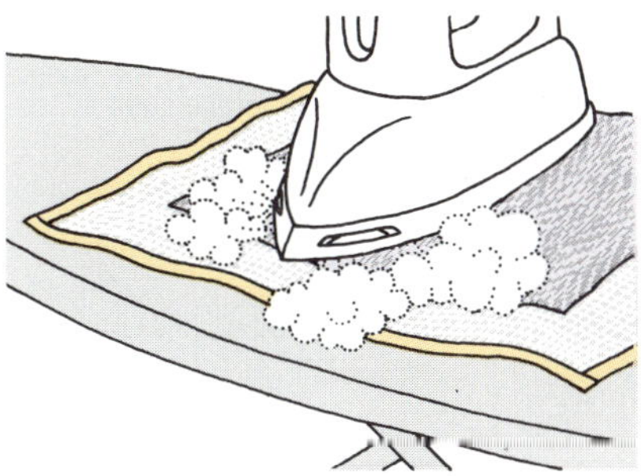

Methode I Stickerei von der Rückseite her leicht dämpfen und vollständig trocknen lassen

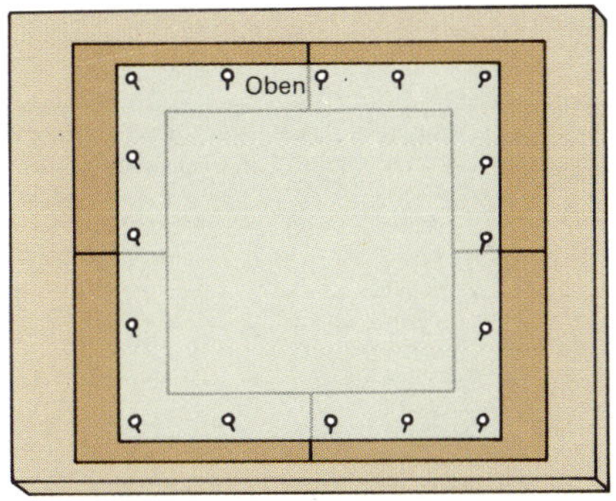

Methode II: 1. Muster der Stickerei (S. 164) auf das Spannbrett legen und mit Seidenpapier abdecken. Beide Lagen befestigen

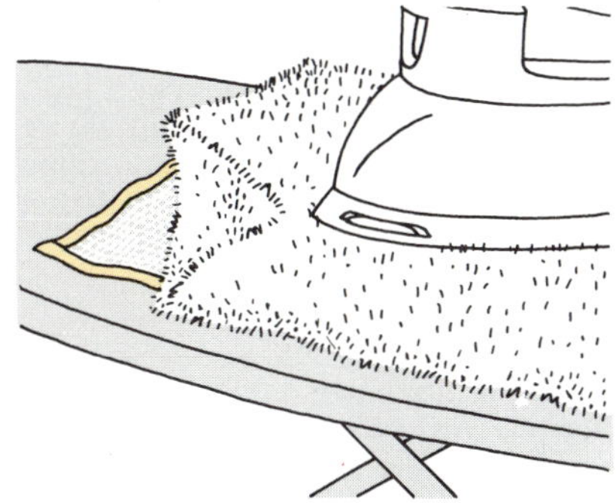

2. Die Stickerei mit der Vorderseite nach unten auf ein Bügelbrett legen und mit einem Frottiertuch dämpfen und anfeuchten

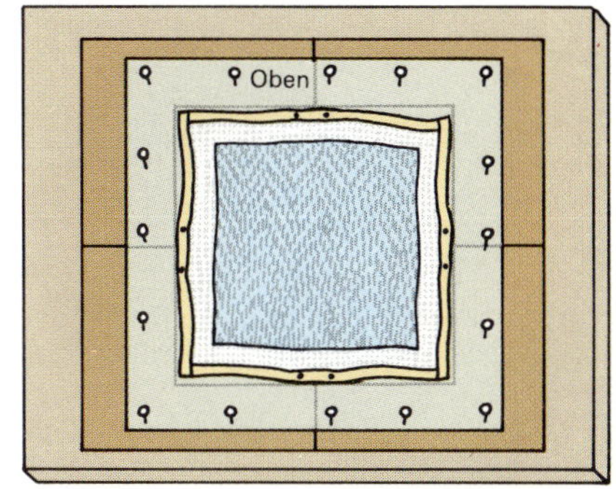

3. Stickerei mit der Vorderseite nach unten auf das Muster legen und entsprechend spannen. Rundum befestigen, trocknen lassen

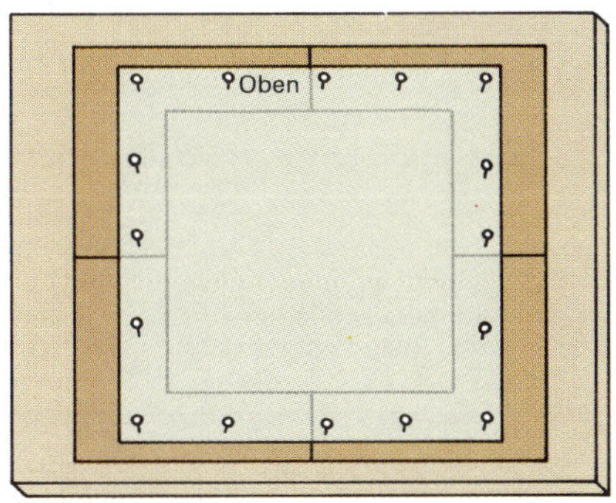

Methode III: 1. Muster der Stickerei (S. 164) auf das Spannbrett legen; mit Seidenpapier abdecken. Beide Lagen befestigen

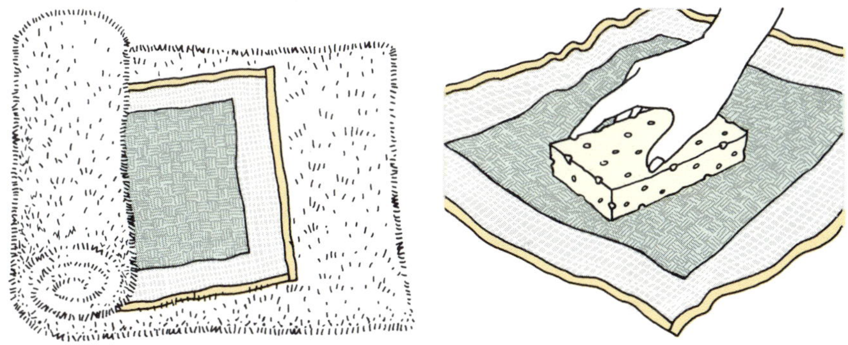

2. Die Stickerei gut befeuchten. Man kann sie entweder in ein feuchtes Frottiertuch rollen und die Feuchtigkeit einziehen lassen (oben links) oder sie mit einem Schwamm und warmem Wasser besprengen oder betupfen (oben rechts)

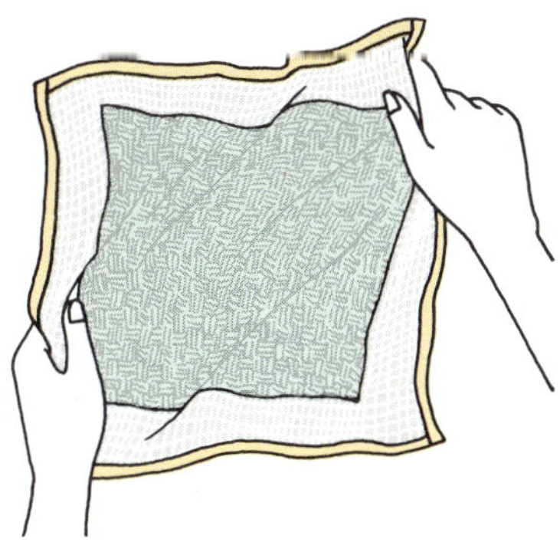

3. Stramin in richtige Form ziehen. Bei den gegenüberliegenden Ecken beginnen, dann an den gegenüberliegenden Kanten ziehen

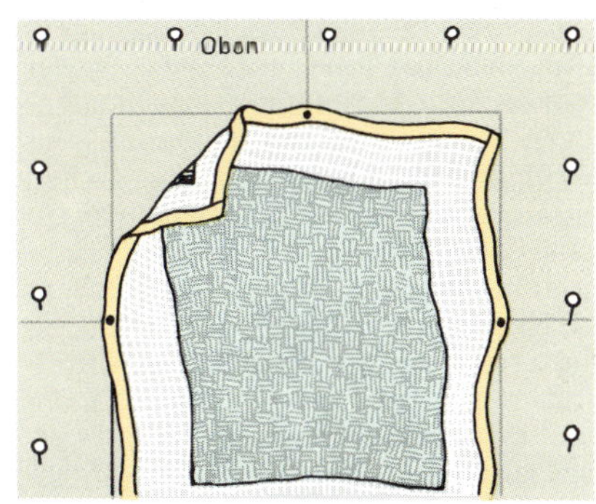

4. Stickerei mit Vorderseite nach unten auf das Muster legen; so spannen, daß die Mittellinien übereinstimmen, und befestigen

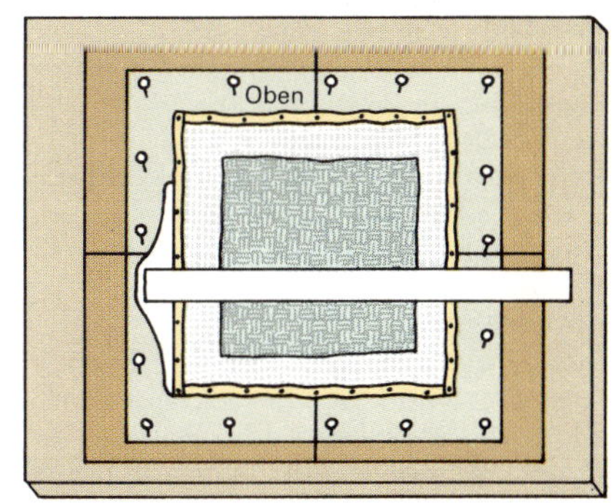

5. Stramin spannen, bis Stickerei- und Musterkanten übereinstimmen; rundum befestigen. Mit Reißschiene Fadenlauf prüfen

Brillenetui im Florentiner Muster

Das Etui trägt das Initial des Besitzers

Material

28 × 30 cm Stramin (11 Gewebekaros/2 cm)
20 × 22 cm Futterstoff
Kelimwolle in Hellblau, Mittelblau, Königsblau, Gold und Ocker
Sticknadel ohne Spitze
Nähfaden, Nähnadel

Vorbereitung

Den Stramin zuschneiden, die Kanten versäubern und die obere Kante kennzeichnen. Senkrechte und waagrechte Mitte zwischen den Gewebefäden markieren (S. 167). Die senkrechte Mitte ist gleichzeitig die Faltlinie zwischen Vorder- und Rückseite des Etuis. Die Umrisse des Etuis markieren. Die obere bzw. untere Kante auf dem 50. Gewebefaden oberhalb bzw. unterhalb der waagrechten Mittellinie markieren. Die rechte bzw. linke Kante liegt auf dem 53. Gewebefaden rechts bzw. links der senkrechten Mittellinie.

Stickerei

Nach der Vorlage auf S. 187 sticken. An der senkrechten Mittellinie im 20. Gewebekaro oberhalb der waagrechten Mittellinie ausstechen und zwei Zackenspitzen zur rechten Kante hin arbeiten. Dann zwei Zackenspitzen von der Mitte aus nach links sticken. Jede Zackenspitze oben und unten besteht aus nur einem Stich. Das Reihenmuster über die ganze Höhe des Stramins wiederholen; unten eine gerade Kante bilden. Mit Gobelinstichen das entsprechende Initial zwischen zwei Zackenspitzen auf der Vorderseite des Etuis arbeiten; auf der Vorlage ist die für das Initial vorgesehene Fläche rot umrandet. Die noch offenen Bereiche mit Gobelinstichen füllen. Die fertige Stickerei spannen (S. 185).

Fertigstellung

Jede Kante auf 1 cm zurückschneiden. Die obere Kante entlang der Gobelinstiche, die anderen am Gewebefaden direkt außerhalb der Florentiner Stiche nach innen umschlagen. Die Ecken wie rechts abgebildet einschlagen. Die Stickerei links auf links an der senkrechten Mittellinie so zusammenlegen, daß alle Kanten übereinstimmen, und mit Überwendlingsstichen unten und seitlich zusammennähen. Zur Verstärkung der oberen Ecke dreimal durch dasselbe Loch stechen; die Stiche fächerförmig verteilen. Den Futterstoff an der senkrechten Mittellinie rechts auf rechts falten, 1,5 cm von der Kante entfernt unten und seitlich zusammennähen und die Nahtzugabe zurückschneiden. Obere Kante 1 cm nach innen umschlagen. Futter ins Etui stecken und festnähen.

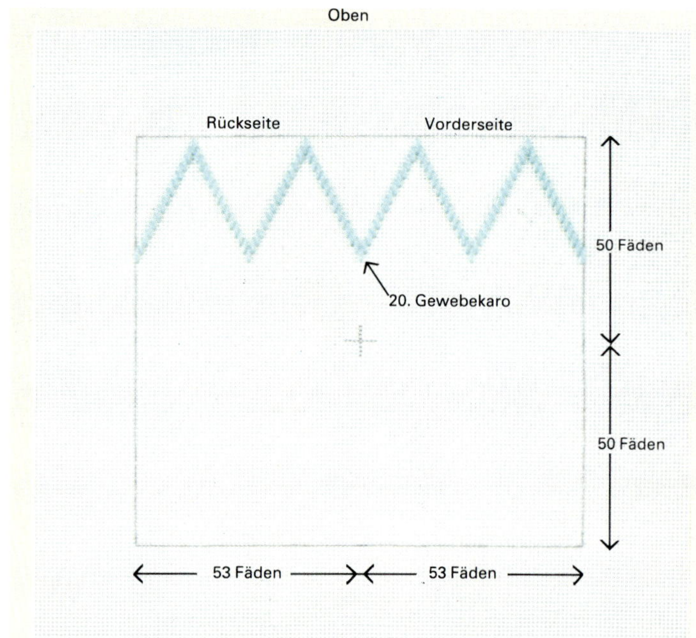

Die Straminmaße schließen eine Zugabe von 5 cm an allen Kanten mit ein. Um die Maße des Etuis und den Ausgangspunkt der Stickerei zu ermitteln, zählt man die Gewebefäden aus

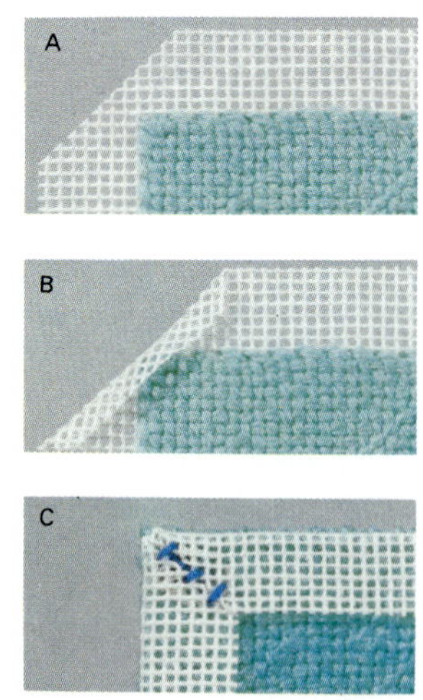

Die Zugabe wird oben an der letzten Stichreihe, sonst am ersten Gewebefaden außerhalb der Stickerei nach innen umgeschlagen. An den Ecken den Stramin diagonal abschneiden (A) und nach innen umschlagen (B); die Kanten beiderseits der Ecke umschlagen und heften (C)

Zusammennähen: 1. Stickerei links auf links an senkrechter Mittellinie so falten, daß Kanten übereinstimmen; unten und seitlich mit Überwendlingsstichen verbinden; dabei unten an der Faltlinie beginnen. An oberer Ecke dreimal durch dasselbe Loch stechen; Stiche fächerförmig anordnen

2. Futter rechts auf rechts 1,5 cm breit zusammennähen. Nahtzugabe zurückschneiden. Oberkante nach innen umschlagen. Ins Etui stecken und oben annähen

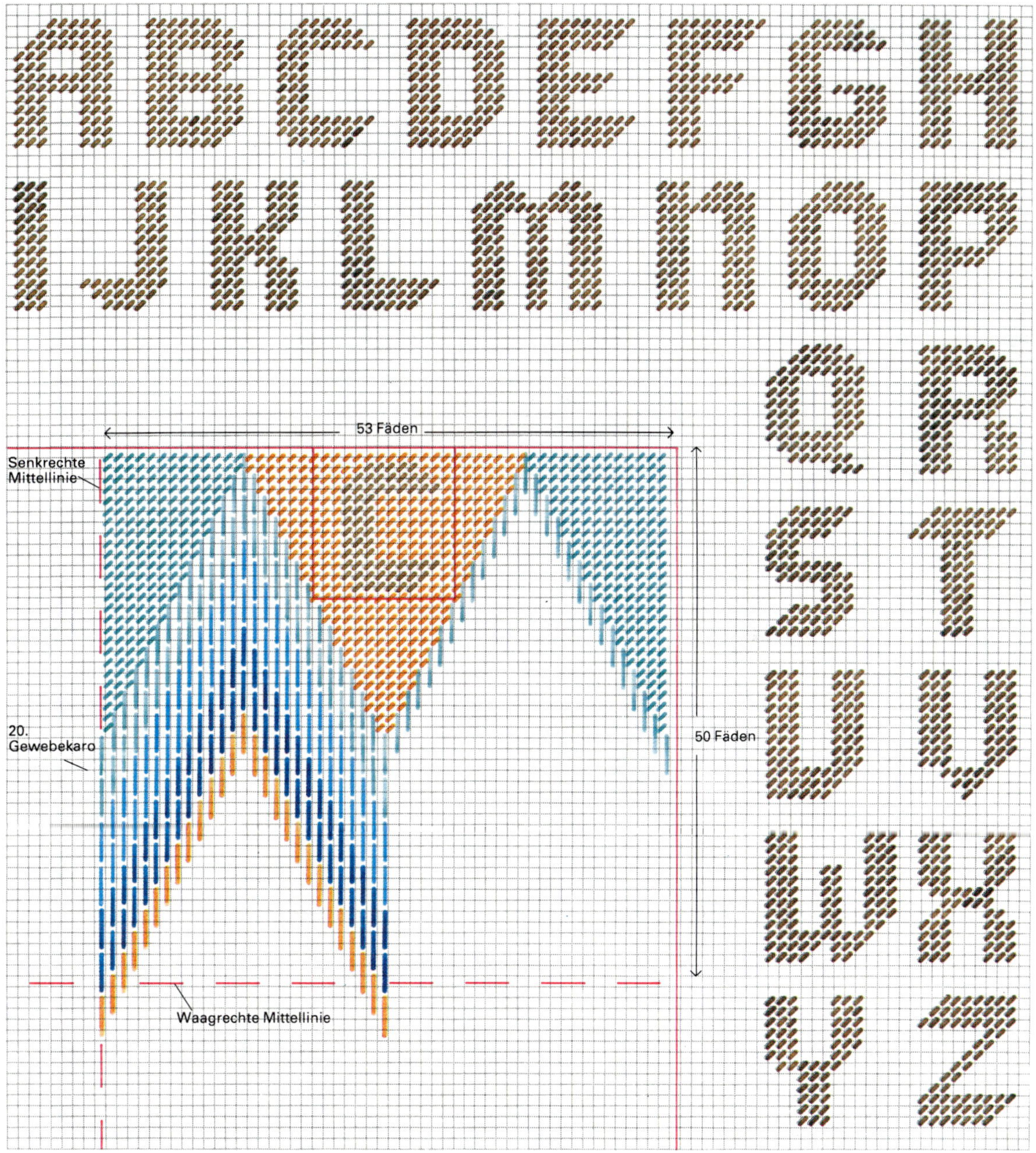

Auf dieser Vorlage ist jeder Stich durch einen Strich in der entsprechenden Garnfarbe dargestellt

Fernöstliches Muster für eine Fußbank

Das Muster wurde auf den Stramin gemalt und dann in Gobelinstichen ausgeführt

Um das Muster zu vergrößern, verwendet man einen Raster mit 1 cm großen Quadraten (S. 14)

Die Anleitung und das Material sind für eine Fußbank berechnet, deren Platte 20 × 30 cm mißt. Die Stickerei wird mit Gobelinstichen in geraden und diagonalen Reihen gearbeitet. Die Anleitung kann für jeden Stuhlbezug verwendet werden; sollen die Maße geändert werden, müssen die Stoff- und Garnmengen neu berechnet werden (rechts und S. 183).

Material

20 × 30 cm große Weichholzplatte
60 cm Stramin mit 11 Gewebekaros/2 cm
Kelimwolle in Hellgrau (20 Strängchen), Gelb (2), Rot (2), Dunkelgrün (1), Türkis (1), Senfgelb (1)
Sticknadel ohne Spitze
Heftapparat (Tacker)
Papier, Bleistifte, Farben
Ungebleichter Musselin, Polstermaterial und Klebeband

Vorbereitung

Auf die Weichholzplatte mehrere Lagen Polstermaterial legen, um eine fertige Höhe von 5 cm zu erreichen; die Kanten nach unten umschlagen und auf der Unterseite mit Klammern befestigen. Überschüssiges Material abschneiden. Musselin darüberlegen und ebenfalls an der Unterseite befestigen. Dieses Polster ausmessen – Länge plus Höhe auf jeder Seite sowie Breite plus Höhe auf jeder Seite – und zu diesen Maßen jeweils 2 cm zugeben; dies ergibt die gesamte für Muster und Hintergrund benötigte Fläche einschließlich Einschlag auf jeder Seite. Hinzu kommt an jeder Seite eine Zugabe von 8 cm. Den Stramin entsprechend zuschneiden; für ein 20 × 30 × 5 cm großes Polster benötigt man 48 × 58 cm. Das Muster nach der Vorlage oben vergrößern (S. 14). Um eine Zeichnung von 16 × 24 cm zu erhalten, ein Raster mit 1 cm großen Quadraten verwenden. Um sie merklich kleiner oder größer zu machen, die Maße des Rasters entsprechend ändern. Soll das Muster für eine quadratische oder runde Fläche verwendet werden, versetzt man die Eckenmotive oder läßt sie weg. Das Muster auf den Stramin übertragen (S. 164–165).

Stickerei

Das Muster auf dem Stramin mit Gobelinstichen in geraden oder diagonalen Reihen (S. 121) arbeiten. Vorher ausprobieren, ob das Garn den Stramin abdeckt (S. 118). Die fertige Stikkerei spannen (S. 185) und vom Spannbrett abnehmen, solange sie noch etwas feucht ist.

Polster beziehen

Die Stickerei mit der Oberseite nach unten ausbreiten und das Polster, auch mit der Oberseite nach unten, mittig darauflegen. Die Stickerei auf zwei gegenüberliegenden Seiten auf die Unterseite der Holzplatte umschlagen, straff anziehen und mit Klammern befestigen. Die Weite an den Ecken zusammenfalten. Die Straminkanten zurückschneiden. Die Stikkerei trocknen lassen. Das Polster auf der Fußbank befestigen.

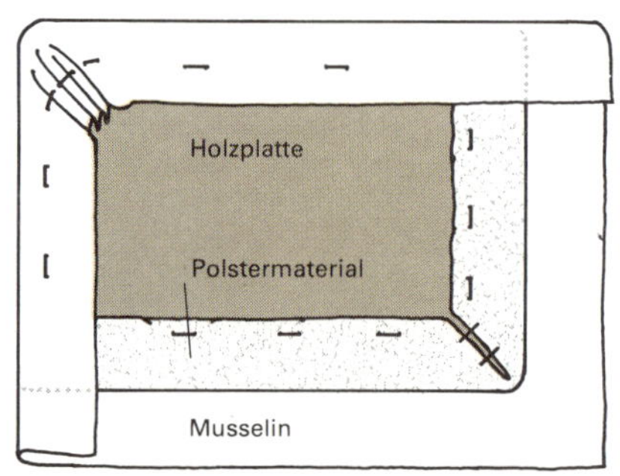

Polstermaterial um die Holzplatte schlagen; auf der Unterseite befestigen. Überschuß abschneiden. Mit Musselin überziehen

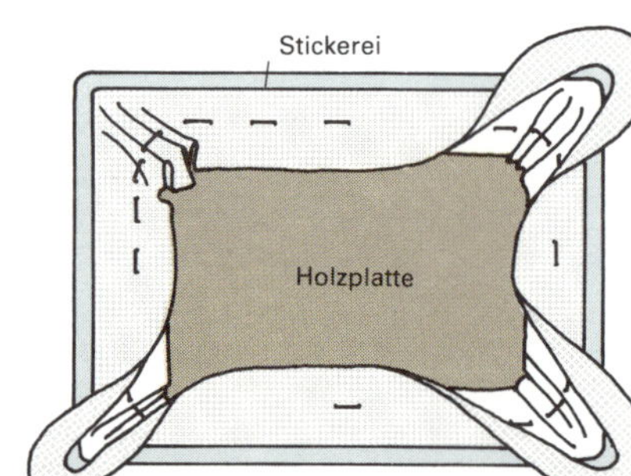

Polster mittig auf die Stickerei legen; Straminkanten auf der Unterseite befestigen. An den Ecken und Rundungen Falten legen

Gürtel

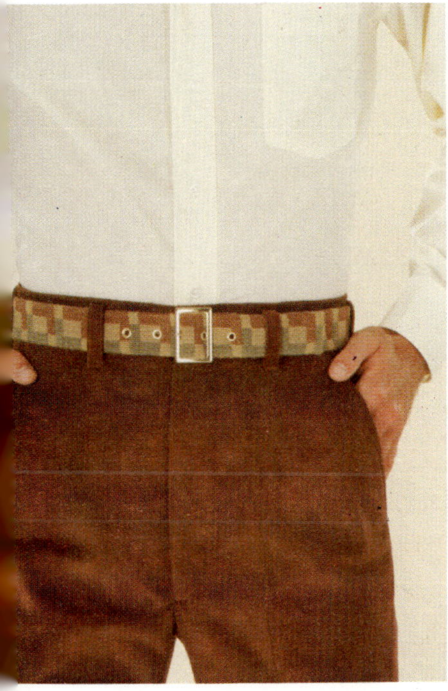

Der Gürtel ist als Geschenk gut geeignet

Das Muster dieses Gürtels besteht aus Wiederholungen eines Einzelmotivs; die Vorlage ist auf Seite 171 abgebildet. Wie oft es wiederholt werden muß, hängt vom Taillenumfang des Trägers ab; diese Anleitung geht von einer Bundweite von 84 cm aus.

Material

Ein 14 cm breiter Streifen Stramin mit 11 Gewebekaros/2 cm und in der Länge des Taillenumfangs plus 25 cm

3 cm breites Ripsband in der Länge des Taillenumfangs plus 15 cm

Kelimwolle in Rostrot (5 Strängchen), Olivgrün (5), Helloliv (3) und Beige (3)

Sticknadel ohne Spitze

Nähfaden

Nähnadel

Gürtelschließe, 3,5 cm breit

Ahle

Metallösen

Zange

Vorbereitung

Die Kanten des Stramins versäubern (S. 16). Eine Linie 5 cm von der oberen Kante entfernt, dann eine weitere parallel dazu und 20 Gewebefäden darunter zeichnen. Für das rechte Gürtelende eine senkrechte Linie 5 cm von der rechten Kante entfernt zeichnen. In der Länge des Taillenumfangs plus 15 cm, vom rechten Gürtelende aus gemessen, eine zweite Senkrechte für das linke Gürtelende zeichnen. Dann eine Markierung 4 cm vom linken Ende entfernt für die Gürtelschließe anbringen. Von diesem Punkt aus die Länge des Taillenumfangs minus die Länge des Dorns markieren; dies ergibt den Punkt, wo die mittlere Öse angebracht wird. Markierungen für weitere Ösen rechts und links davon im Abstand von je 2,5 cm anbringen.

Stickerei

Die Stickerei nach der Vorlage für das Beispiel A auf Seite 171 mit Gobelinstichen arbeiten. Zunächst auf dem Stramin ausprobieren, ob das Garn gut abdeckt (S. 118). Die erste Wiederholungseinheit rechts von der Markierung für den Dorn sticken, die weiteren bis zum rechten Ende. Um die Ösen vier Fadenkreuze frei lassen. Zum Schluß eine Wiederholungseinheit links vom Dorn arbeiten; auch hier vier Fadenkreuze frei lassen. Die fertige Stickerei wie auf Seite 185 beschrieben spannen.

Fertigstellung

Alle Kanten auf 1 cm zurückschneiden und nach innen einschlagen. Die Ecken bilden (S. 186). Mit einer Ahle durch die Markierung für den Dorn stechen, das Gürtelende durch die Schließe stecken und den Dorn durch das Loch schieben. Das Gürtelende um den Steg der Schließe so zurückschlagen, daß die oberen und unteren Stoffkanten übereinstimmen, und festnähen. Das Ripsband an beiden Enden 1 cm einschlagen und so auf die Rückseite der Stickerei legen, daß das eine Ende mit dem Gürtelende übereinstimmt und das andere den Einschlag an der Schließe etwas überlappt. Beide Lagen an allen Kanten stecken, heften und mit kleinen Stichen festnähen. Mit der Ahle durch die Markierungen für die Ösen stechen und mit der Spezialzange die Metallösen anbringen.

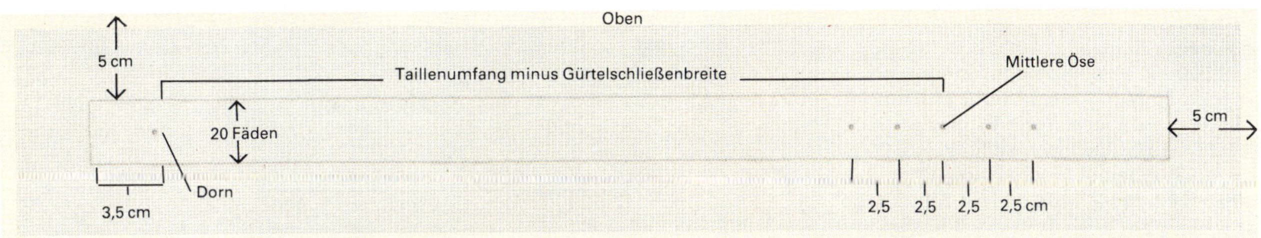

Der Stramin ist 14 cm breit und hat die Länge des Taillenumfangs plus 25 cm

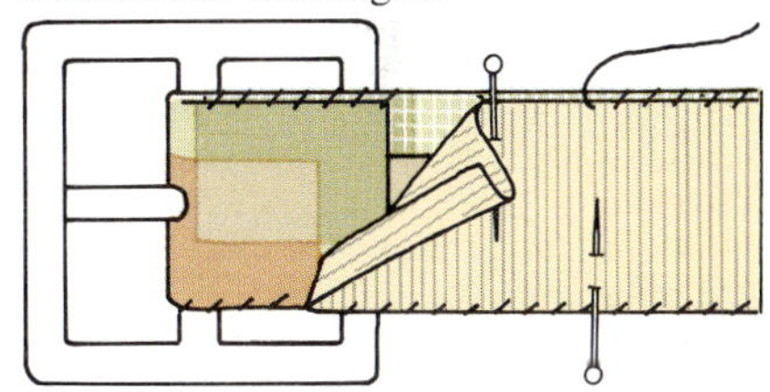

Ripsband in der Länge des fertigen Gürtels zuschneiden. Die beiden Enden 1,5 cm einschlagen

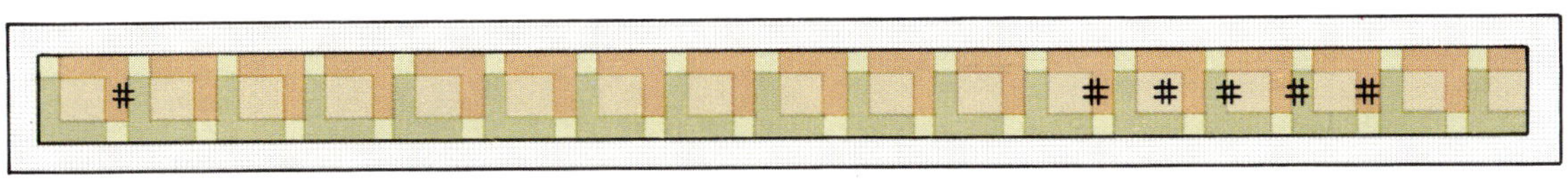

Die Wiederholungseinheiten werden mit Gobelinstichen vom Dorn aus nach rechts, dann nach links gestickt

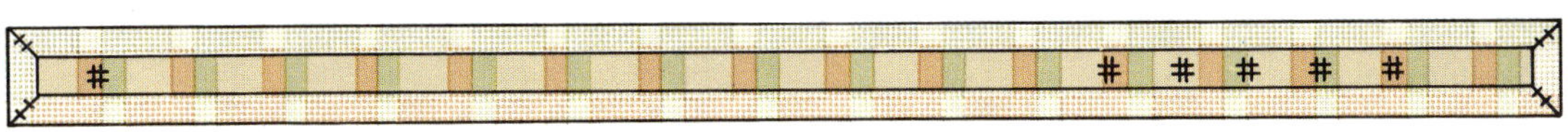

Zur Ausarbeitung werden die Straminkanten nach innen eingeschlagen; die Ecken arbeitet man wie auf S. 186 gezeigt

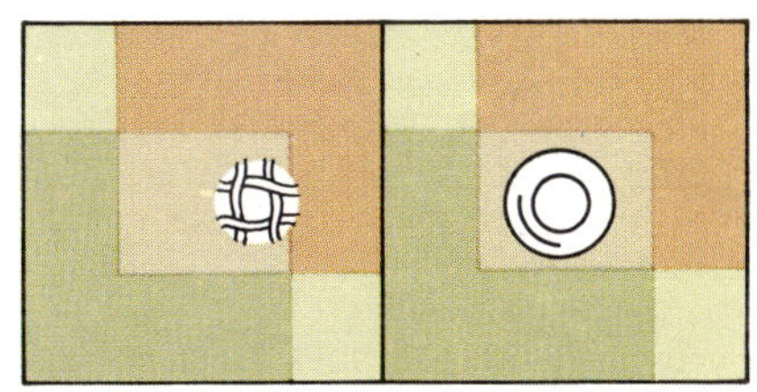

Mit einer Ahle durch die unbestickten Fadenkreuze und das Ripsband stechen und die Ösen einsetzen

Adreßbuchhülle

Eine aparte Idee für eine Buchhülle

Das Motiv ist über 56 × 56 Gewebefäden (etwa 14 cm) eines Stramins mit vier Gewebekaros auf 1 cm gestickt.

Material

23 × 18 cm großes Notizbuch, etwa 4 cm stark

Stramin (4 Gewebefäden/cm) in der Höhe des Buches plus 15 cm und in der doppelten Breite plus Stärke des Buches plus 15 cm

Kelimwolle in Beige (18 Strängchen), Mittelblau (2), Hellrot (2), Dunkelrot (2), Lachs (2), Hellblau (1), Hellgrün (1), Weiß (1), Dunkelgrün (1), Ocker (1), Schwarz (1), Mittelgrün (1), Blaugrün (1), Creme (1)

Sticknadel ohne Spitze

Futterstoff in Höhe des Buches plus 2 cm und in der doppelten Breite plus Stärke des Buches plus 6 cm

Nähfaden, Nähnadel

Vorbereitung

Den Stramin zuschneiden (hier 38 cm lang und 55 cm breit) und die Kanten versäubern (S. 16). Die obere Kante kennzeichnen. Das Buch öffnen und mittig auf den Stramin legen. Den Stramin wie folgt markieren: Je eine Linie 5 mm oberhalb und unterhalb der Buchkante sowie an den Seitenkanten zeichnen. Die Stärke des Buches auf der unteren und oberen Linie markieren. Das Buch entfernen und die vordere Kante des Buchrückens mit einer durchgehenden Linie markieren. Die Mitte der Vorderseite kennzeichnen (rechts).

Einen Streifen Futterstoff in der Höhe des Buches plus 2 cm und in der Stärke des Buches plus 6 cm (hier 25 × 10 cm) zuschneiden; er dient als Futter für den Buchrücken. Zwei Streifen Futterstoff in der Höhe des Buches plus 2 cm und in der gleichen Breite wie das Buch (hier 25 × 18 cm) zuschneiden; sie dienen als Futter für Vorder- und Rückseite der Buchhülle. Obere und untere Kanten der drei Stoffstücke 1 cm, die seitlichen 5 mm einschlagen und mit der Nähmaschine säumen.

Stickerei

Das Motiv in der Mitte der Vorderseite nach der Vorlage auf Seite 167 mit Gobelinstichen arbeiten. Vorher ausprobieren, ob das Garn richtig deckt. Den noch offenen Bereich mit Phantasiestichen besticken (hier wurde der ungarische Stich verwendet). Falls erforderlich, eine andere Garnstärke wählen (S. 118). Die fertige Stickerei spannen (S. 185).

Fertigstellung

Die Straminkanten auf 2 cm zurückschneiden und an der letzten Stichreihe nach innen umschlagen. Ecken bilden (S. 186). Futterteile wie rechts gezeigt anbringen. Die Hülle und die Buchdeckel nach hinten klappen und die beiden Buchdeckel zwischen Futter und Stickerei schieben. Buchdeckel wieder schließen.

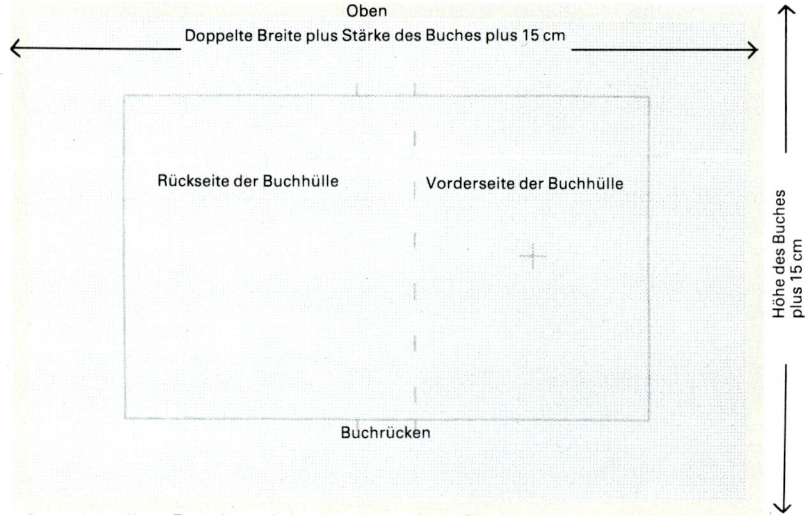

Stramin zuschneiden und vorbereiten (siehe oben und links). Der Vorderseite der Hülle entspricht die rechte Hälfte der Stickerei, der Rückseite die linke Hälfte

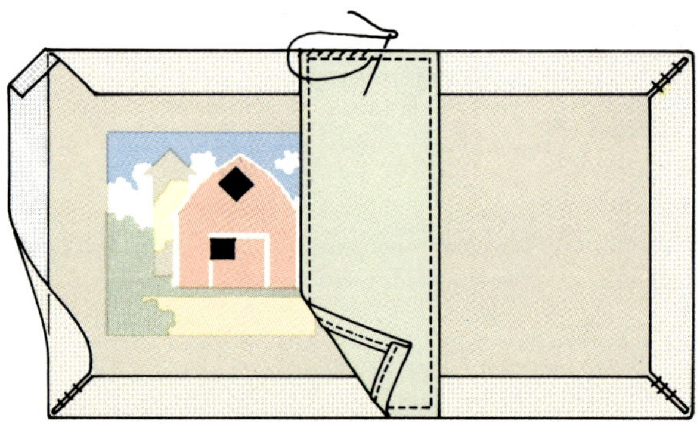

Futter anbringen:
1. Futterteil für den Buchrücken links auf links auf den entsprechenden Bereich der Stickerei legen und an den oberen und unteren Kanten mit kleinen Überwendlingsstichen befestigen

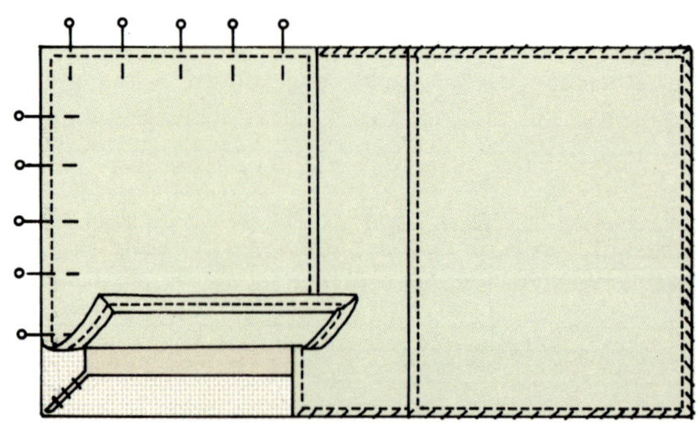

2. Die Futterteile für Vorder- und Rückseite links auf links auf die Stickerei stecken; obere, untere und seitliche Außenkanten stimmen überein. An diesen Kanten mit kleinen Überwendlingsstichen befestigen

Applikation

Wandbehang in Applikationstechnik, *Landschaft mit Berg,*
Größe 85 × 110 cm

Grundtechnik der Applikation

- Material und Zubehör
- Muster entwerfen
- Schablonen anfertigen
- Muster übertragen
- Applikationen zuschneiden
- Rundungen und Ecken
- Applizieren von Hand
- Applizieren mit der Nähmaschine
- Applikationen aufbügeln
- Applikation mit mehreren Lagen
- Schrägstreifen verarbeiten
- Eine Applikation unterlegen
- Eine Applikation wattieren
- Applikationen verzieren

Material und Zubehör

Für die Applikation, die im wesentlichen eine Näharbeit ist, braucht man in etwa das gleiche Zubehör und Material wie fürs Nähen.

Stoffe verschiedener Art bilden natürlich die Grundlage aller Applikationen, sie sind aber nicht unbedingt in großen Mengen erforderlich; für ein kleines Projekt genügen gewöhnlich Reste. Am einfachsten lassen sich leichte bis mittelschwere Stoffe mit einer glatten Oberfläche verarbeiten. Bei Gegenständen, die gewaschen werden sollen, müssen alle verwendeten Stoffe gleich behandelt werden können, d. h. die gleichen Pflegeeigenschaften besitzen. Nicht zu empfehlen sind locker gewebte oder sehr dicke Stoffe, da sie schwer zu handhaben sind. Will man dennoch ein lockeres Gewebe verwenden, unterlegt man es mit einer aufbügelbaren Einlage (S. 199). Vor Arbeitsbeginn bügelt man alle Stoffe glatt.

Angenäht wird eine Applikation mit Allzwecknähgarn. Ziersticheführt man meist mit Sticktwist oder Perlgarn aus. Für das Nähen von Hand eignen sich mittellange Nähnadeln, die es in verschiedenen Größen für die unterschiedlichen Stoffqualitäten gibt. Mit Sticknadeln, die ein größeres Öhr haben, kann man auch dickere Garne vernähen.

Sehr wichtig ist eine scharfe Schere; im Idealfall hat man zwei, eine mittelgroße Schneiderschere und eine kleine, spitze Stickschere.

Zum weiteren Zubehör zählen feine Stecknadeln, Schneiderkreide in Stiftform oder ein harter Bleistift zum Markieren; ein Fingerhut, wenn man ihn gewöhnt ist, und ein Stickrahmen, sofern er die Arbeit erleichtert. Schweres Transparentpapier und Buntpapier vereinfachen das Kopieren und Ausschneiden von Mustern.

Applikationen können auch aufgebügelt werden (S. 197). Gewebeverbindende Materialien sind als Meterware oder fertig abgepackt erhältlich.

Muster entwerfen

Als Anregung für Applikationsmuster dienen unter anderem Malbücher, Grußkarten und alltägliche Gegenstände. In der Regel sind traditionelle Motive schlicht und eher naiv als kunstvoll. Ein typisches Muster besteht aus einem zentralen Motiv, das in einem Stück geschnitten oder aus zwei oder mehreren Stücken zusammengesetzt wurde. Mehrere Motive zu einem Bild zusammenzusetzen ist dagegen etwas schwieriger. Es ist ratsam, mit Entwürfen aus wenigen großen Stücken zu beginnen.

Ein Monogramm ist ein typisches Einzelmotiv. Es wird auf Transparentpapier nachgezeichnet, die einfachste Methode, ein Muster zu erhalten. Hat die Zeichnung nicht die gewünschte Größe, kann sie nach der im Kapitel *Stickerei* geschilderten Methode vergrößert oder verkleinert werden

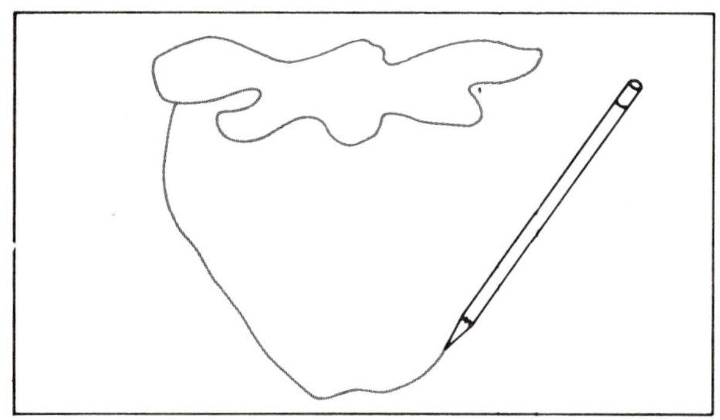

Die einzelne Erdbeere ist ein Beispiel eines einfachen Motivs aus zwei Hauptteilen. Sie wird freihändig nach der Phantasie oder einer Vorlage gezeichnet. Solche Zeichnungen brauchen nicht peinlich genau zu sein; vereinfachte Linien und Details lassen sich am besten arbeiten

Für das Schäfchenbild wurden zuerst einzelne Formen aus Buntpapier ausgeschnitten und dann zu einem stilisierten Bild zusammengestellt

Schablonen anfertigen

Hat man für einen Entwurf Formen aus Buntpapier, aus einer Zeitschrift oder aus Stoff ausgeschnitten, bilden diese Stücke die Schablonen. Wurde jedoch ein Motiv nachgezeichnet oder frei gezeichnet, muß man für jede Form des Musters eine Schablone anfertigen (unten). Bei Applikationen auf Patchwork kann dasselbe Motiv mehrmals wiederholt werden, d.h., dieselbe Mustervorlage wird immer wieder gebraucht. Hier empfiehlt es sich, die Formen aus Karton auszuschneiden, damit sie sich nicht zu rasch abnutzen (siehe *Patchwork*).

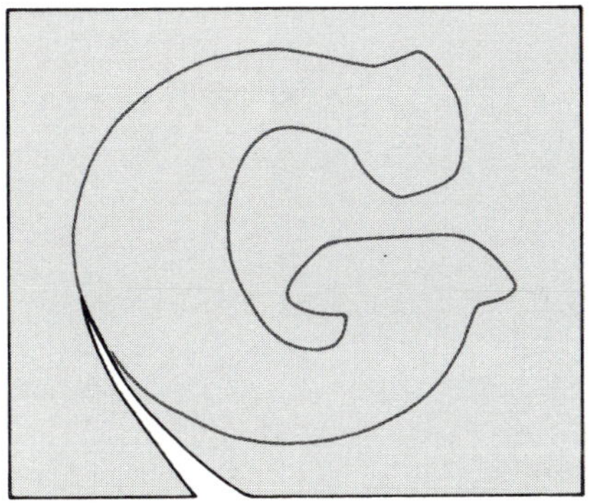

Schablone von einer Zeichnung anfertigen Form an der Umrißlinie ausschneiden. Soll die Schablone mehrmals benützt werden, noch einmal aus Karton ausschneiden

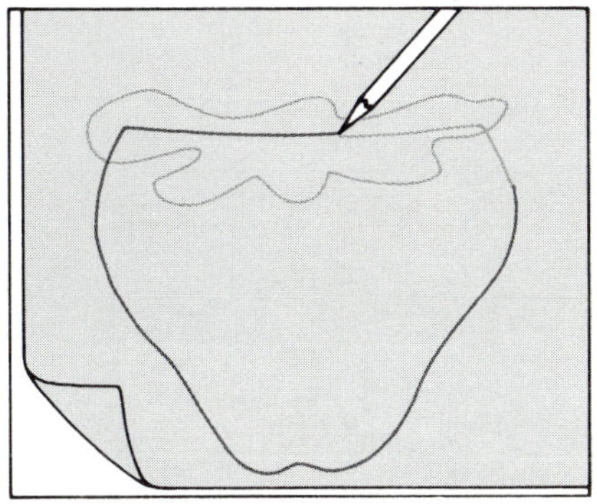

Entwurf aus zwei oder mehr Teilen: 1. Jedes Stück einzeln nachzeichnen. Kanten, die von einem anderen Teil überdeckt werden, nicht ineinanderpassen, sondern begradigen

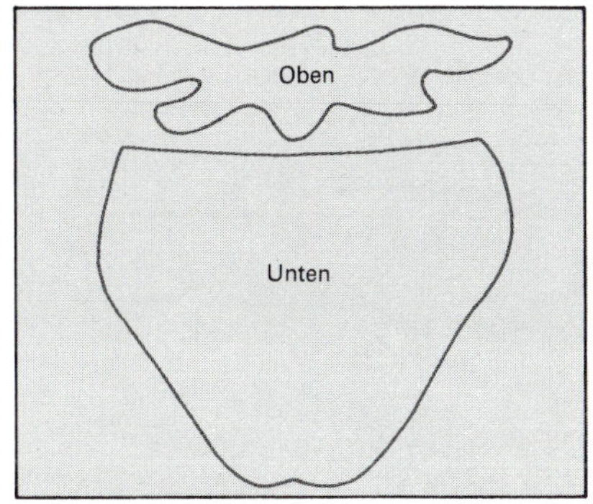

2. Jedes Stück entlang der Umrißlinie ausschneiden. Um beim Ausschneiden Fehler zu vermeiden, die rechte Seite jeder Form benennen oder kennzeichnen

Muster übertragen

Als erstes schneidet man den Untergrundstoff – z.B. eine Patchworkeinheit oder einen Kissenbezug – in der gewünschten Größe zu. Dann markiert man die waagrechte und senkrechte Mittellinie des Untergrunds. Diese Mittellinien sind besonders bei Patchwork hilfreich, weil man mit ihrer Hilfe die Applikationen auf jeder Einheit an genau derselben Stelle anbringen kann. Bei einem Einzelmotiv kann man notfalls auf eine weitere Markierung des Untergrunds verzichten, wenn die Mittellinien als Anhaltspunkte ausreichen.

Um Mittellinien zu bestimmen, Untergrundstoff waagrecht, dann senkrecht durch die Mitte falten. Stoff wieder ausbreiten und die Faltlinien mit Heftfaden markieren

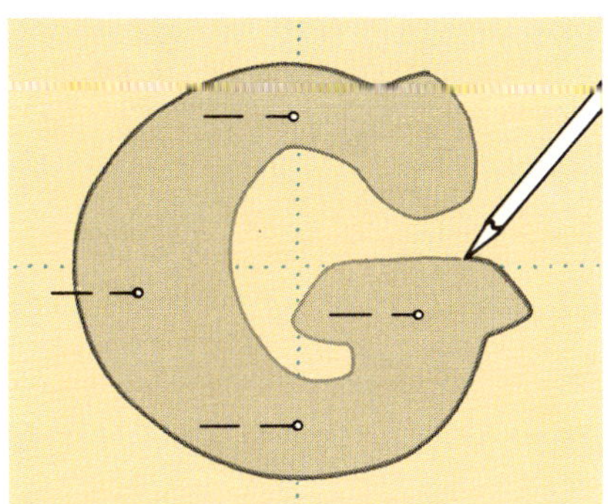

Um das Muster zu übertragen, Schablone mit der rechten Seite nach oben auf dem Stoff feststecken. Konturen mit Schneiderkreide oder einem harten Bleistift nachziehen

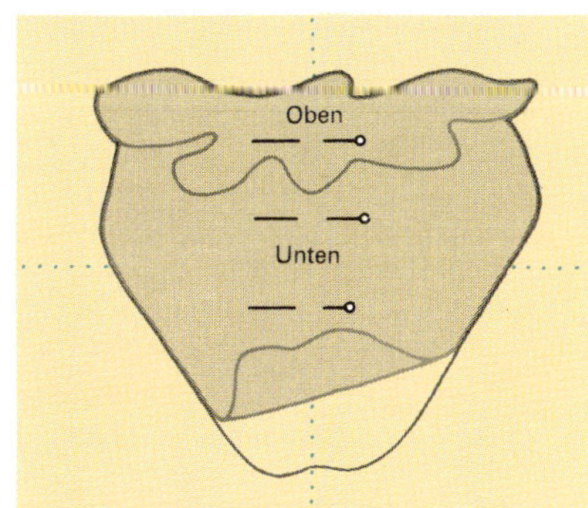

Besteht ein Motiv aus zwei oder mehr Teilen, alle Teile in die richtige Position bringen und auf dem Stoff feststecken. Dann die Umrisse der kombinierten Schablonen nachziehen

Weitere Entwürfe

Scherenschnitte ergeben hübsche Motive. Diese Schneeflocke sieht man oft auf Stepparbeiten aus Hawaii. Da sie kompliziert ist, näht man sie von Hand auf; meist wird sie durch Echostepperei ergänzt (S. 200)

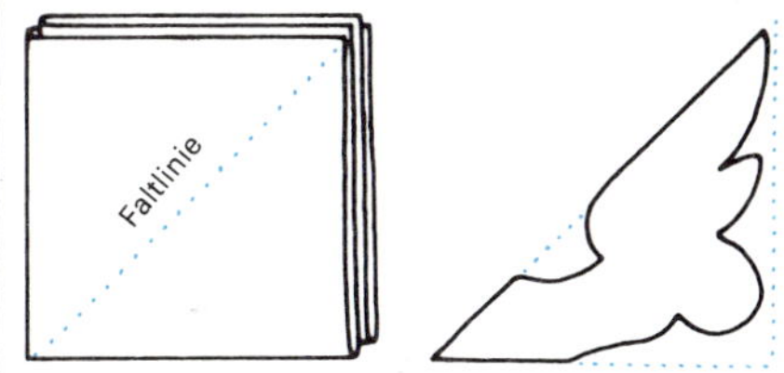

Scherenschnitt Quadratisches Stück Papier längs, quer, dann diagonal falten. Durch alle Lagen Stücke ausschneiden; auffalten

Ein Stoffdruck liefert oft hübsche Motive. Man schneidet sie mit 1,5–2,5 cm Zugabe aus und näht sie mit der Maschine auf den Untergrundstoff (S. 196)

Applikation · Grundtechnik

Applikationen zuschneiden

Will man mehrere Applikationen zuschneiden, sortiert man als erstes die Stoffreste und entscheidet, für welche Stücke sie jeweils in Frage kommen. Farben, gemusterte und einfarbige Stoffe sowie Strukturen müssen aufeinander abgestimmt werden. Haben die ausgewählten Stoffe kräftige Muster oder ausgeprägte Strukturen, muß man sorgfältig überlegen, wie diese angeordnet werden. Ein gestreifter Stoff kann beispielsweise so zugeschnitten werden, daß die Streifen senkrecht, waagrecht oder schräg verlaufen. Bei jeder Entscheidung müssen auch die umgebenden Stoffe berücksichtigt werden.

Eine weitere Überlegung gilt den Pflegeeigenschaften von Applikations- und Untergrundstoff. Wenn der Gegenstand nicht gewaschen werden soll, ist fast jede Stoffzusammenstellung möglich; sonst sollten alle verwendeten Stoffe gleiche Pflegeeigenschaften haben.

Wie man eine Applikation ausschneidet, zeigen die Anleitungen rechts. Eine Stütznaht erleichtert das Umschlagen der Kanten. Bei Rundungen und Ecken wird die Nahtzugabe eingeschnitten oder eingekerbt, damit sie glatt liegt.

1. Die Schablone auf die rechte Seite des Stoffs stekken. Das Muster mit einem Schneiderkreidestift nachziehen. Die Schablone abnehmen. Außerhalb der gezeichneten Nahtlinie 5 mm Nahtzugabe markieren, bei locker gewebten Stoffen etwas mehr

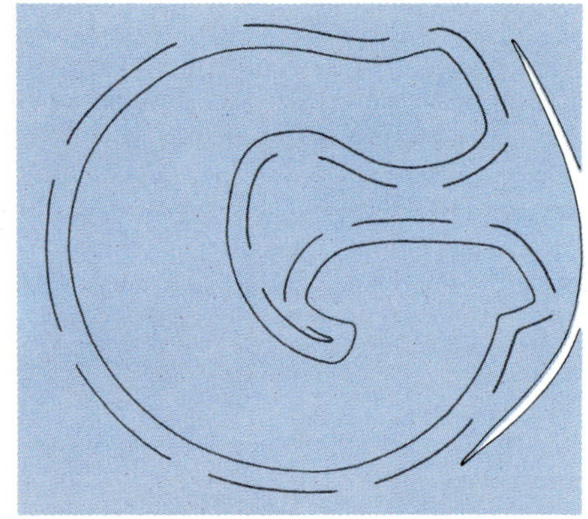

2. Die Applikation außerhalb der markierten Linien ausschneiden. Durch den breiteren Rand läßt sich die Stütznaht beim nächsten Arbeitsgang einfacher anbringen

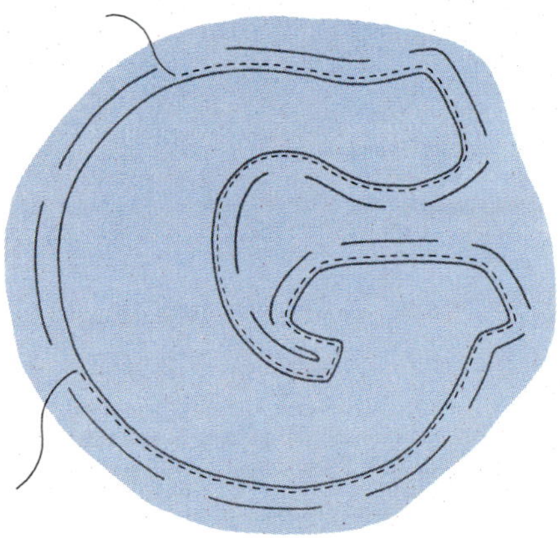

3. Um das Umschlagen der Kanten zu erleichtern, dicht entlang der inneren Markierungslinie eine Stütznaht anbringen. Die Nähmaschine auf eine Stichlänge von 1,5–2,5 mm einstellen

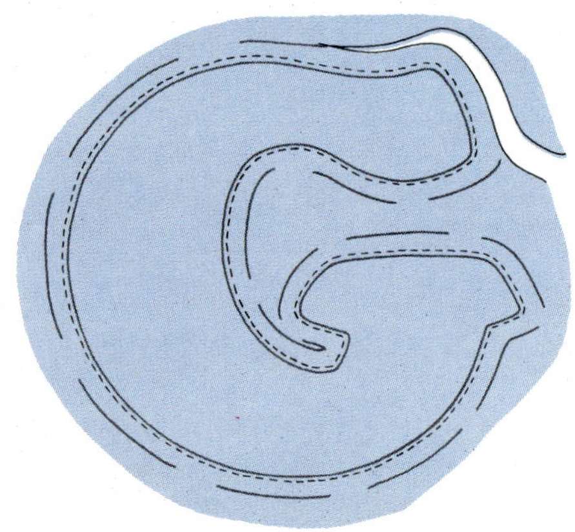

4. Den überschüssigen Stoff wie gezeigt entlang der äußeren Markierungslinie abschneiden. Die Nahtzugabe an den Rundungen und Ecken einschneiden, damit sie richtig eingeschlagen werden kann

Rundungen und Ecken

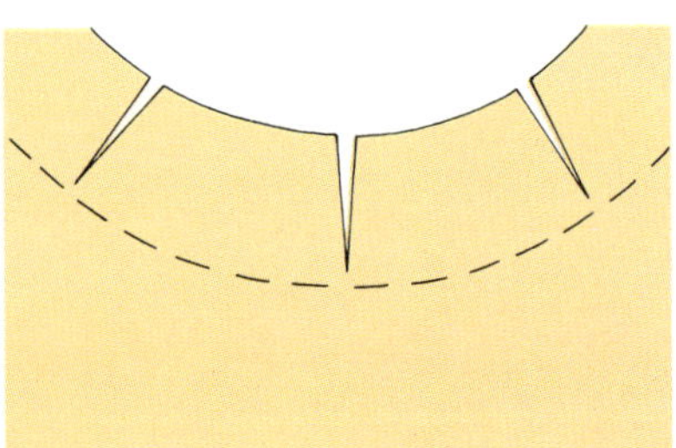

Bei Innenkurven die Nahtzugabe bis zur Stütznaht einschneiden. Bei engeren Kurven mehr Einschnitte anbringen

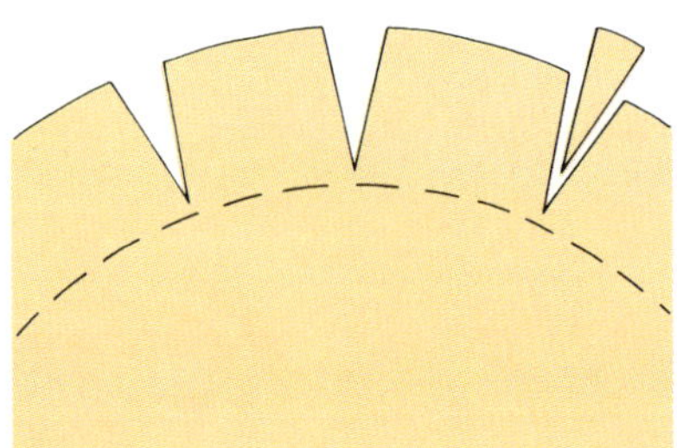

Bei Außenkurven die Nahtzugabe einkerben, damit sich beim Umschlagen der Kanten keine Falten bilden

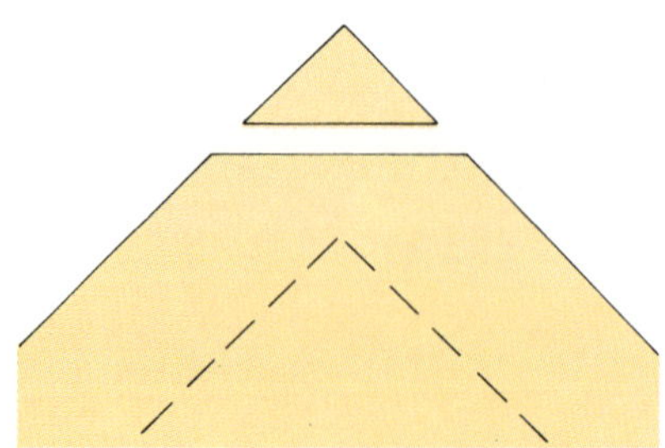

Bei Außenecken die Nahtzugabe, wie gezeigt, abschneiden, damit die eingeschlagenen Kanten wenig auftragen (S. 195)

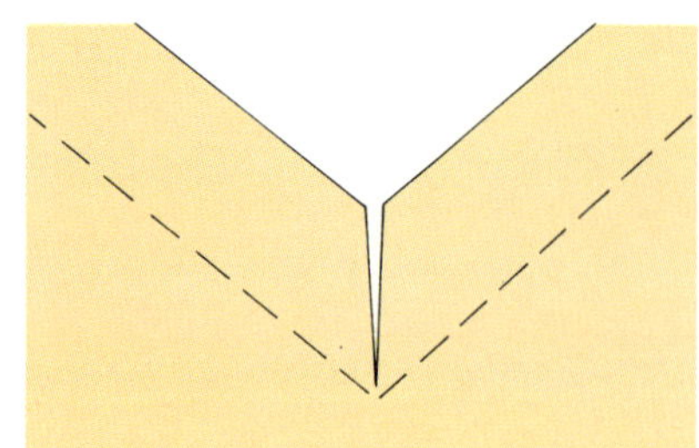

Bei Innenecken einmal an der Ecke bis zur Stütznaht einschneiden, um die Kanten einschlagen zu können

Applizieren von Hand

Eine Applikation kann auf zweierlei Weise aufgenäht werden. Beide Methoden werden unten gezeigt.

Die erste, etwas zeitraubende Methode wird Anfängern empfohlen. Bevor man die Applikation auf den Unterstoff steckt, wird die Nahtzugabe umgeschlagen und geheftet, was das Aufbringen der Applikation auf den Untergrund erleichtert. Bei der zweiten Methode wird die Nahtzugabe nicht geheftet. Die Applikation wird aufgesteckt, die Kanten werden eingeschlagen und angenäht.

Um die Kanten zu befestigen, wird ein kleiner Staffierstich empfohlen; er hält gut und ist, sorgfältig ausgeführt, fast unsichtbar. Kleine Teile, die leicht ausfransen, werden am besten mit Überwendlingsstichen genäht; diese kleinen, geraden Stiche sind zwar nicht unsichtbar, können jedoch verhindern, daß die kurzen Stoffäden hervorragen (unten).

Ziersticke wie Pariser Stich (rechts), Vorstich und Kreuzstich können ebenfalls zum Annähen verwendet werden. Sie sollen sichtbar sein und ein Teil des Musters werden (S. 200).

Man kann nach Belieben auch mit einem Stickrahmen arbeiten.

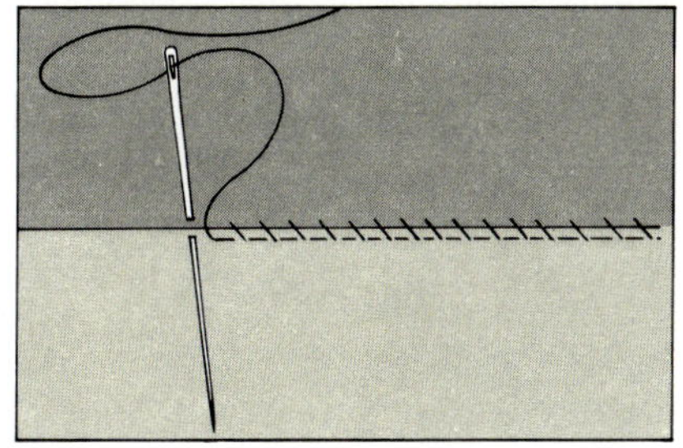

Pariser Stich Durch Unterstoff ausstechen. Links davon senkrecht durch Applikation und Unterstoff ein- und ausstechen. Beim ersten Ausstich ein- und beim zweiten ausstechen, um Rückstich auf dem Unterstoff zu bilden

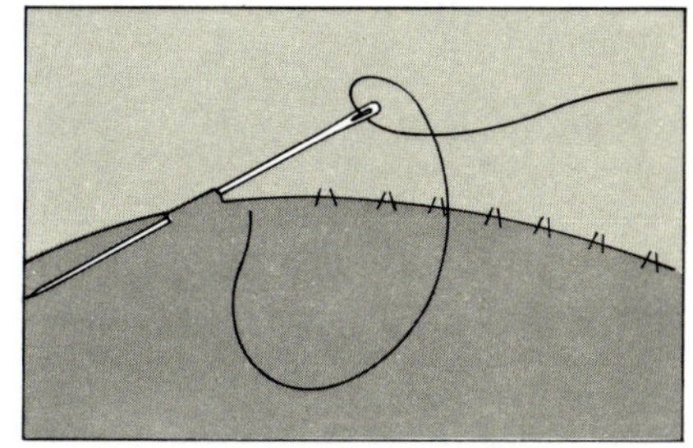

Staffierstich Durch Faltkante der Applikation ausstechen. Direkt gegenüber wenige Fäden des Unterstoffs fassen, in die Faltkante ein- und etwa 3 mm weiter links ausstechen; Faden durchziehen

Methoden des Applizierens von Hand

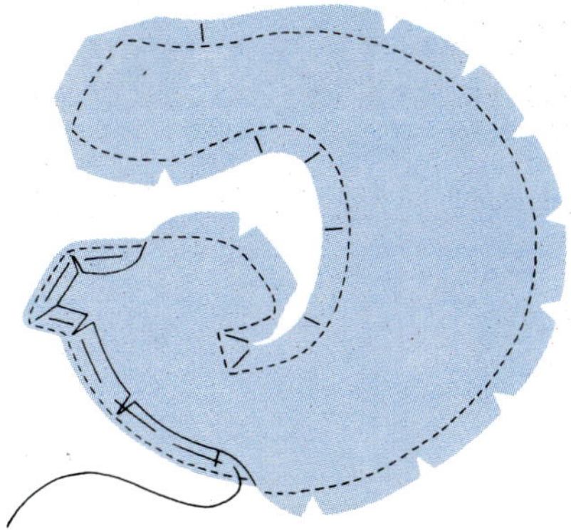

Methode I: 1. Die Nahtzugabe entlang der markierten Nahtlinie auf die linke Seite schlagen und mit den Fingern andrücken; dabei die umgeschlagene Kante heften. Die Stütznaht liegt innerhalb der Nahtzugabe

2. Die Applikation auf dem Untergrund feststecken und notfalls mit senkrechten Heftstichen befestigen. Mit kleinen Staffierstichen entlang den eingeschlagenen Kanten annähen. Heftfäden entfernen

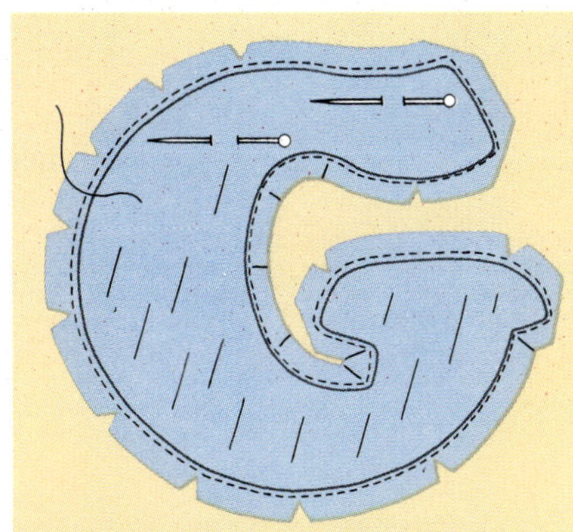

Methode II: 1. Die ausgeschnittene Applikation auf den Unterstoff stecken (die Kanten sind noch nicht eingeschlagen). Notfalls mit senkrechten Heftstichen befestigen, doch so, daß sie den Bereich über der später nach innen geschlagenen Nahtzugabe nicht berühren

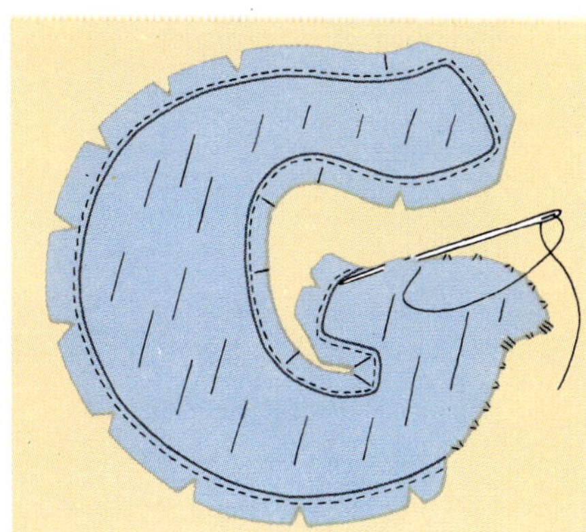

2. Mit der Nadelspitze die Nahtzugabe so weit nach innen rollen, daß die Stütznaht nicht mehr sichtbar ist, und die umgeschlagenen Kanten um die ganze Applikation hohl annähen. Die Heftfäden entfernen

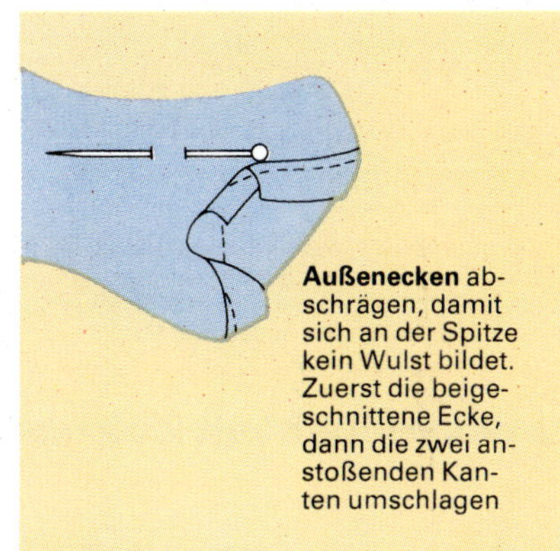

Außenecken abschrägen, damit sich an der Spitze kein Wulst bildet. Zuerst die beigeschnittene Ecke, dann die zwei anstoßenden Kanten umschlagen

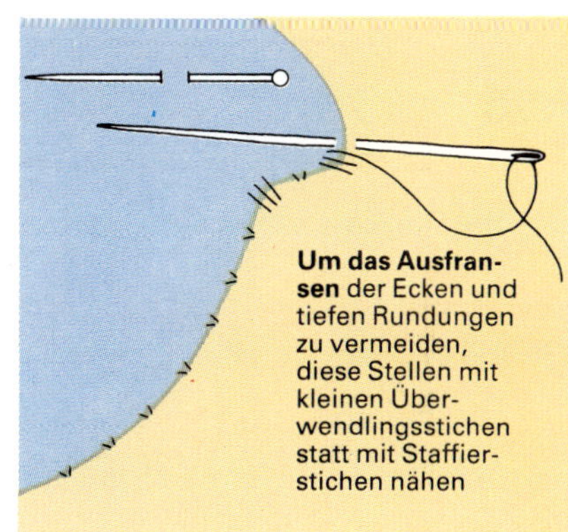

Um das Ausfransen der Ecken und tiefen Rundungen zu vermeiden, diese Stellen mit kleinen Überwendlingsstichen statt mit Staffierstichen nähen

Applikation · Grundtechnik

Applizieren mit der Nähmaschine

Heute werden Applikationen häufig mit der Nähmaschine angenäht. Mit ihr kann man die Arbeitszeit um mehr als die Hälfte verkürzen. Ob eine Applikation mit der Maschine oder von Hand aufgenäht werden soll, hängt von verschiedenen Faktoren ab. Sind die Stoffe, die man verwenden will, eher dick und fest, lassen sie sich leichter mit der Maschine verarbeiten. Zu berücksichtigen ist auch die Verwendung des Gegenstands. Soll er strapazierfähig sein (wie etwa ein Kleidungsstück für ein Kind), ist eine Maschinenapplikation praktischer. Es gibt zwei Methoden des maschinellen Applizierens. Bei der einen wird nur mit Geradstich gearbeitet; für die andere, wesentlich festere verwendet man eine Kombination aus Gerad- und Zickzackstich.

Vor Arbeitsbeginn prüft man, ob Fadenspannung und Druck der Nähmaschine richtig eingestellt sind. Die Stichlänge beträgt gewöhnlich 2 bis 2,5 mm. Die Zickzackstiche werden in der Regel mit geringer Breite und Länge genäht.

Applikationen mit Geradstich aufnähen

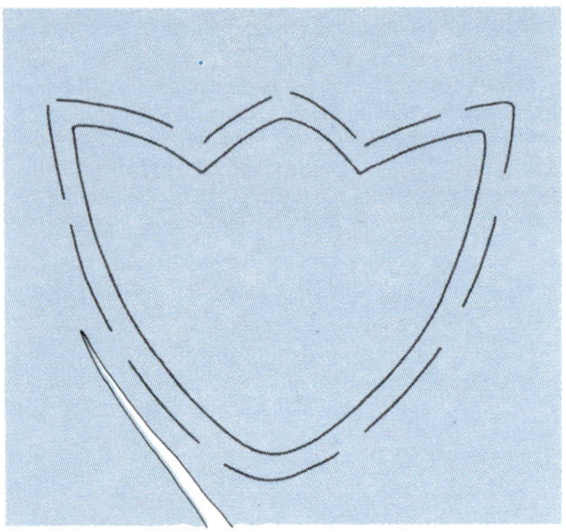

1. Schablone auf rechte Stoffseite stecken. Form nachzeichnen, Schablone entfernen. 5 mm Nahtzugabe markieren. Applikation außerhalb Markierungen ausschneiden

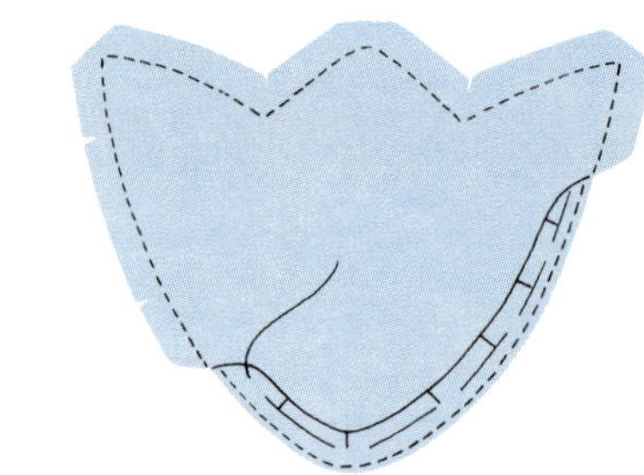

2. Knapp außerhalb innerer Linie Stütznaht steppen. Entlang äußerer Linie schneiden. Kurven und Ecken einschneiden oder einkerben. Nahtzugabe einschlagen und heften

3. Die Applikation auf die rechte Seite des Unterstoffs stecken; notfalls wie gezeigt mit senkrechten Stichen heften, damit sie beim Annähen nicht verrutscht

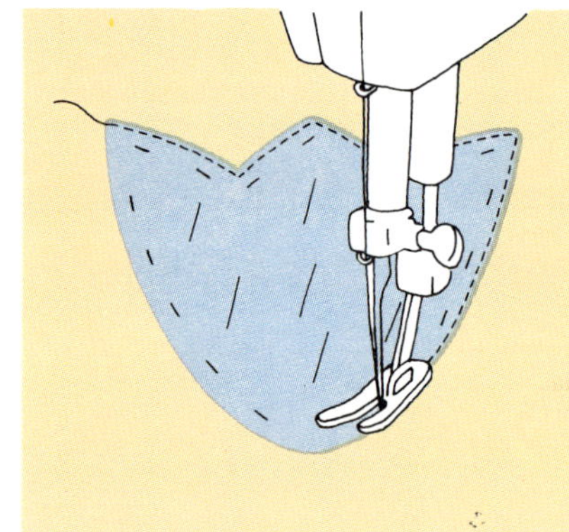

4. Mittlere Stichlänge (2–2,5 mm) einstellen. Entlang eingeschlagener Kanten der Applikation steppen. Fadenenden auf linker Seite verknoten. Heftfäden entfernen

Applikationen mit Zickzackstich aufnähen

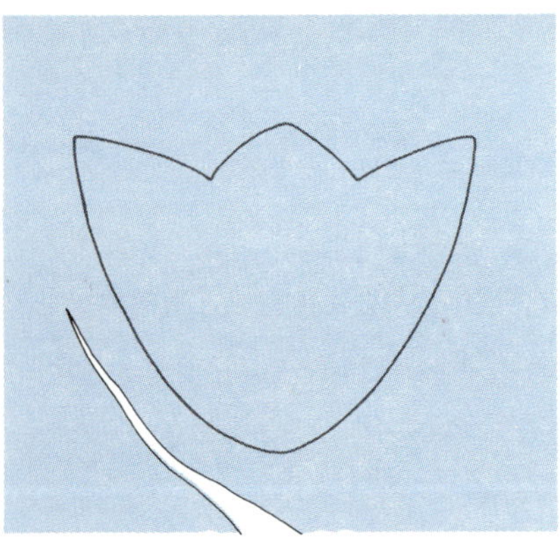

1. Schablone auf rechte Stoffseite stecken. Form nachzeichnen. Schablone entfernen. Die Applikation 1,5–2,5 cm außerhalb der Markierungslinien ausschneiden

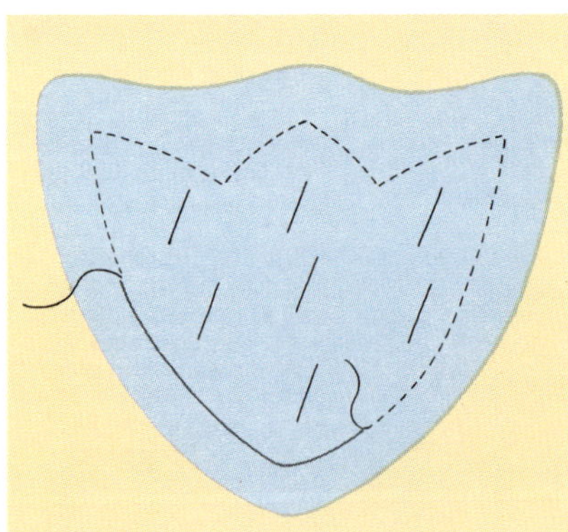

2. Applikation auf die rechte Seite des Unterstoffs stecken; notfalls wie gezeigt anheften. Mit Geradstichen direkt auf der Markierungslinie annähen

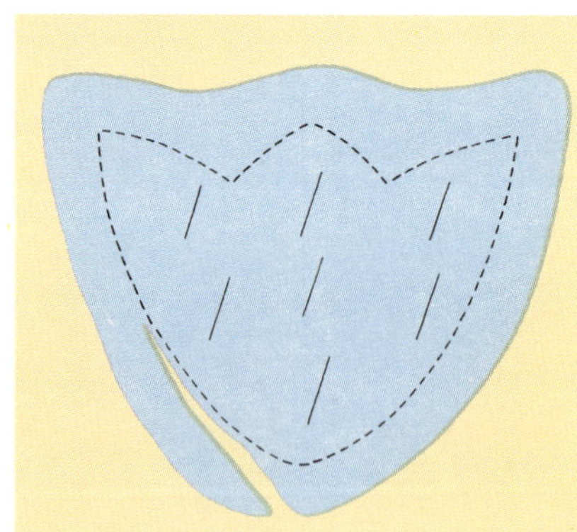

3. Die Nahtzugabe mit einer spitzen Stickschere dicht an der Nahtlinie abschneiden; darauf achten, daß weder Naht noch Unterstoff verletzt wird

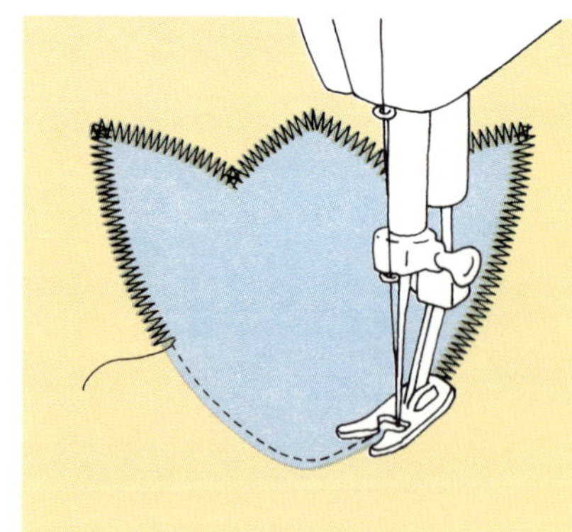

4. Offene Kanten und Nahtlinie mit engen, kurzen Zickzackstichen übernähen. Fäden auf linker Seite verknoten. Heftfäden entfernen. Ecken und Kurven siehe Seite 197

Ecken und Rundungen mit Zickzackstichen nähen

Rechtwinklige Ecken Eine Seite der Ecke mit Zickzackstichen nähen und an der mit einem Punkt gekennzeichneten Stelle halten; die Nadel steckt im Stoff. Bei einer Außenecke liegt der Punkt außerhalb der Applikation, bei einer Innenecke auf der Applikation. Den Nähfuß lüften, den Stoff um die Nadel drehen und die andere Seite nähen

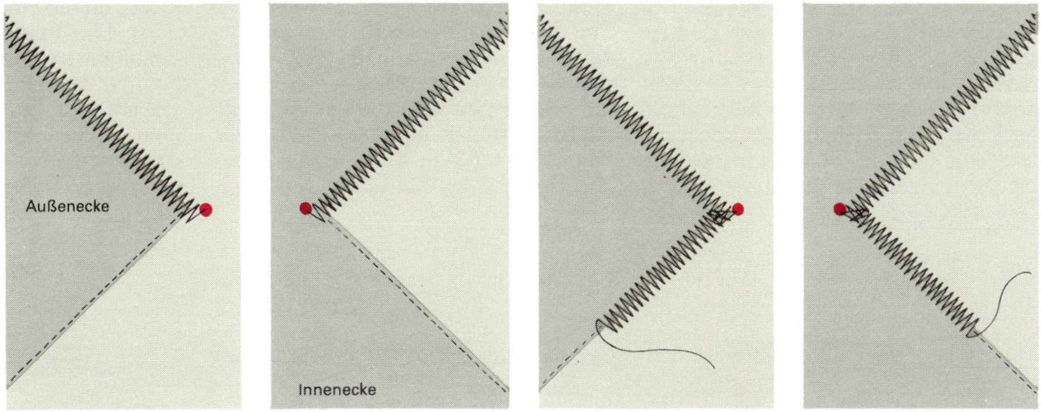

Stumpfe Ecken Eine Seite der Ecke mit Zickzackstichen nähen und anhalten, wenn die Nadel eine (gedachte) Linie durch die Mitte der Ecke am markierten Punkt erreicht. Für eine Außenecke die Nadel in den Punkt außerhalb der Ecke einstechen. Für eine Innenecke die Nadel in den Punkt innerhalb der Ecke einstechen. Den Nähfuß lüften, den Stoff um die Nadel drehen und die andere Seite nähen

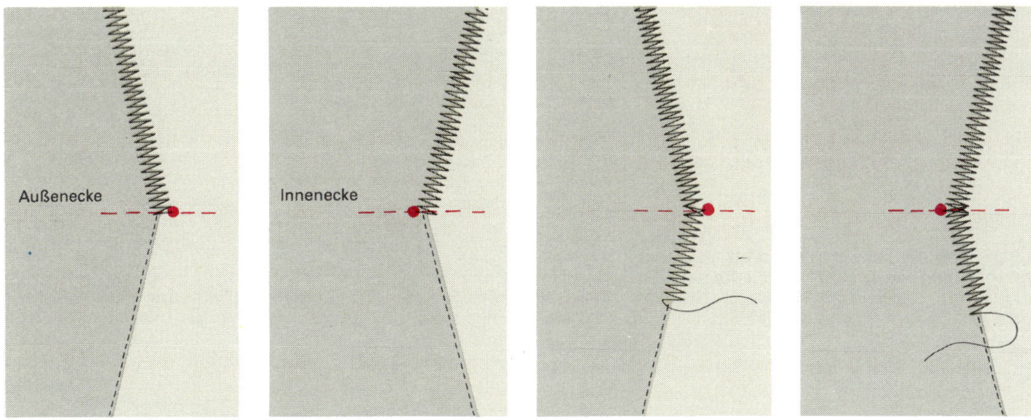

Spitze Ecken Eine Seite der Ecke mit Zickzackstichen nähen. Kurz vor der Spitze die Stichbreite verringern. Über die Ecke hinaus weiternähen, dabei den Stich immer schmaler werden lassen. Den Nähfuß lüften, den Stoff um die Nadel drehen und die andere Seite nähen; dabei den Stich auf die ursprüngliche Breite vergrößern. Diese Technik gilt für Außen- und Innenecken

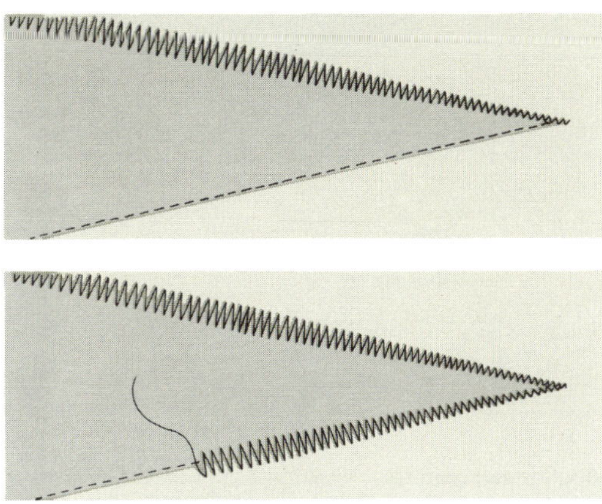

Enge Rundungen Eine Seite bis zur Rundung nähen. In der Rundung immer wieder anhalten und den Stoff um die Nadel drehen; diese steht bei jeder Drehung auf der engeren Seite der Rundung. Diese Technik gilt für Innen- und Außenkurven

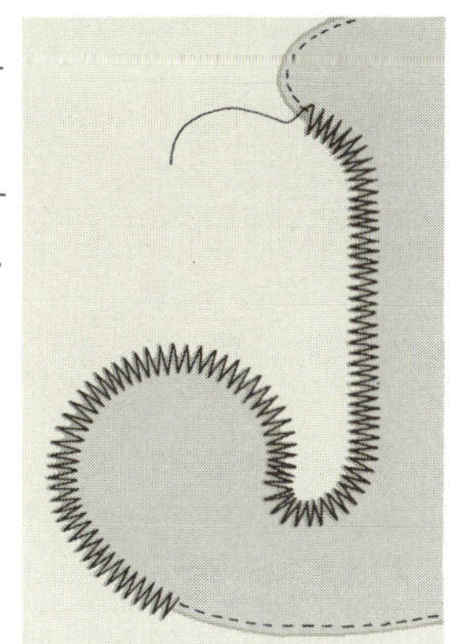

Applikationen aufbügeln

Befestigen kann man Applikationen auch mit einem gewebeverbindenden Material, das zwischen den Stofflagen zum Schmelzen gebracht wird. Dies eignet sich am besten für große Applikationen; bei kleinen oder komplizierten Formen ist das Ausrichten schwierig. Für gute Ergebnisse die Anweisungen des Herstellers beachten!

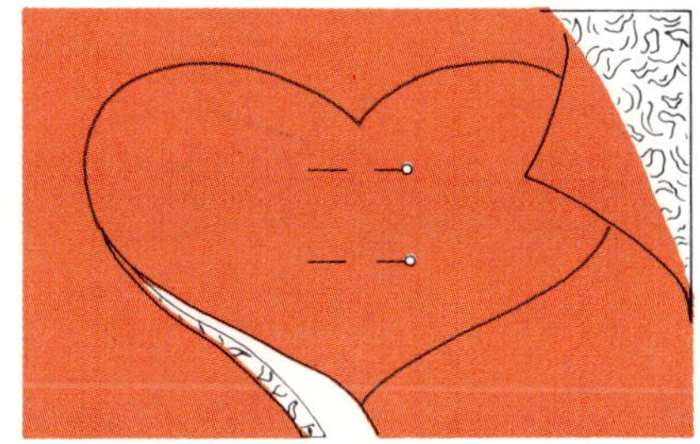

1. Gewebeverbindendes Material auf linke Seite der Applikation stecken. Form auf rechte Seite zeichnen; beide Lagen ausschneiden

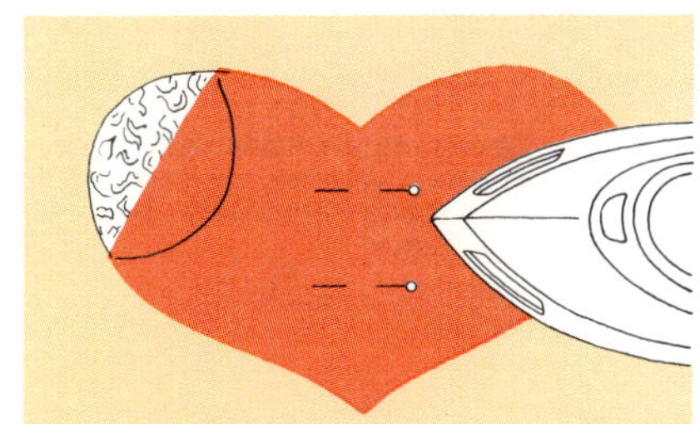

2. Applikation auf den Unterstoff stecken. Mit Spitze des heißen Bügeleisens zwischen den Stecknadeln leicht andrücken

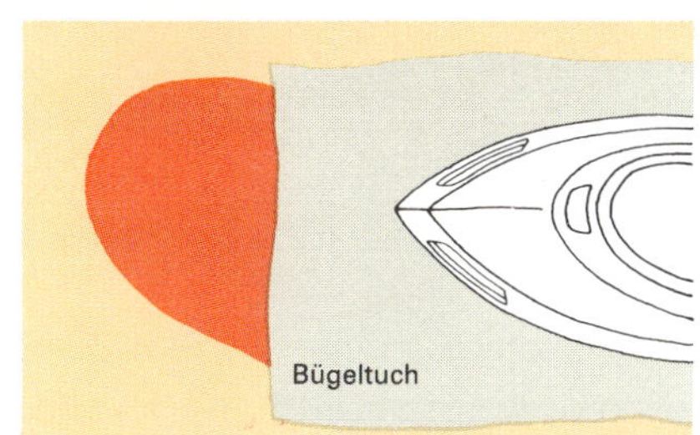

3. Nadeln entfernen. Die Applikation aufbügeln. Bügeleisen aufsetzen, lüften, aufsetzen; nicht schieben!

Applikation · Grundtechnik

Applikation auf Patchwork 226–229

Applikationen mit mehreren Lagen

Besteht die Applikation aus mehreren Teilen, legt man als erstes die Reihenfolge fest, in der die Applikationsstükke aufgebracht werden. Dies ist erforderlich, damit Einzelelemente, die unter anderen hervorschauen sollen, auch entsprechend angeordnet werden können. Diese Planung ist besonders wichtig bei Mustern, die aus vielen Einzelteilen bestehen (unten rechts).

Man verwendet eine Skizze des Musters als Vorlage und numeriert darauf die Teile in der Reihenfolge, in der sie aufgelegt werden, d.h., man beginnt mit denjenigen, die zuunterst liegen. Steht die Reihenfolge fest, wird jedes Teil ihr entsprechend aufgenäht, bis das Muster vollständig ist.

Eine Ausnahme kann gemacht werden, wenn man mehrere solche Applikationseinheiten gleichzeitig arbeitet. Dann werden alle Teile in der richtigen Reihenfolge übereinander aufgesteckt und in einem Arbeitsgang angenäht. Das Ergebnis ist weder so sauber noch so stabil, da die verdeckten Kanten nicht befestigt sind. Es geht jedoch schneller, und wenn es sich um eine Stepparbeit handelt, bekommt die Applikation durch die Stepplinien den nötigen Halt.

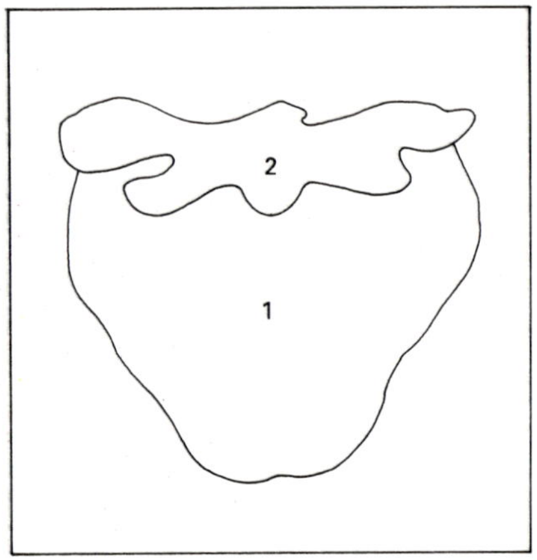

1. Auf der Zeichnung die Reihenfolge, in der die Teile aufgenäht werden, notieren; dabei von unten nach oben numerieren. Die Teile zur Kontrolle auflegen

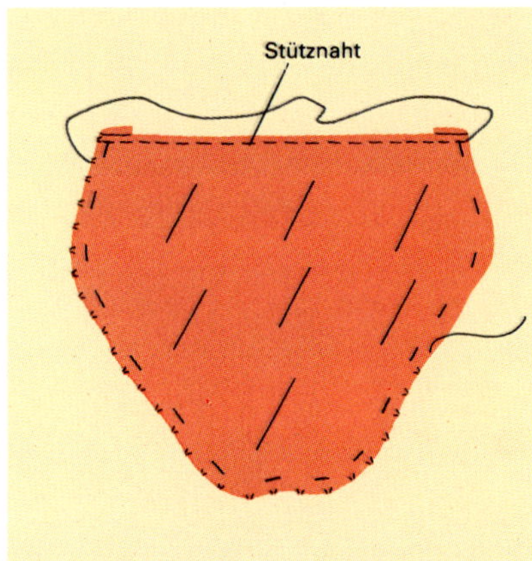

2. Alle Teile bis auf die mit 1 gekennzeichneten entfernen. Diese annähen; die Kanten, die von einem anderen Teil bedeckt werden, nicht einschlagen (hier obere Kante)

Eine numerierte Vorlage ist besonders bei komplizierten Entwürfen wie diesem Schäfchenmuster wichtig. Wie aus der Numerierung hervorgeht, wurde mit 4 Lagen gearbeitet

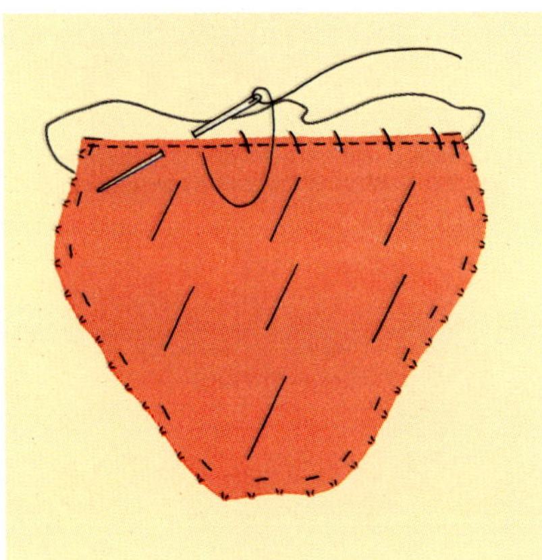

3. Anschließend die offene Kante wie oben gezeigt mit Überwendlingsstichen annähen; so zeichnet sie sich nicht als Wulst unter dem zweiten Teil ab

4. Zweite Lage stecken und annähen, dabei die offene Kante der ersten abdecken. Besteht die Applikation aus mehreren Lagen, bei allen weiteren wiederholen

Den Aufbau der Komposition zeigt die Abbildung oben. Die erste Lage (Wolke, Hügel, Füße der Schafe) sind schon angenäht, die zweite (Körper) ist aufgesteckt

Schrägstreifen verarbeiten

Wird für ein Muster ein dünner, leicht gebogener Stoffstreifen benötigt (z.B. für einen Stengel), verwendet man einen Schrägstreifen, der leichter zu handhaben ist als ein entsprechend zugeschnittenes fadengerades Stoffstück. Praktisch sind fertig abgepackte Schrägstreifen, die es in vielen Farben zu kaufen gibt. Um einen Schrägstreifen zuzuschneiden, den Stoff diagonal so falten, daß eine gerade Kante im Querfadenlauf parallel zum Längsfadenlauf liegt (1). Die Falte bügeln, den Stoff ausbreiten und von der Faltlinie aus Parallele in der gewünschten Breite des Schrägstreifens plus 1 cm Nahtzugabe markieren (2)

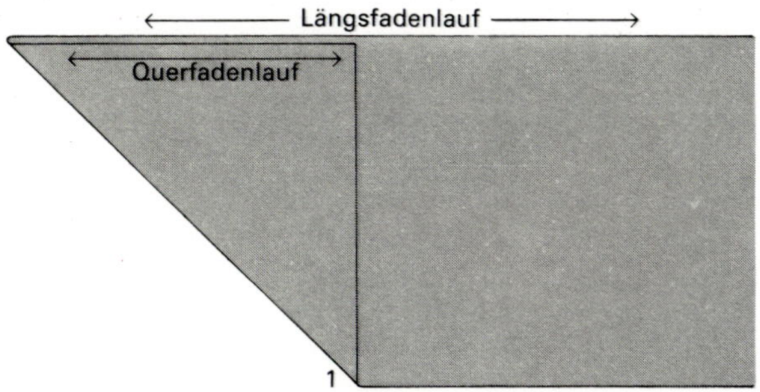

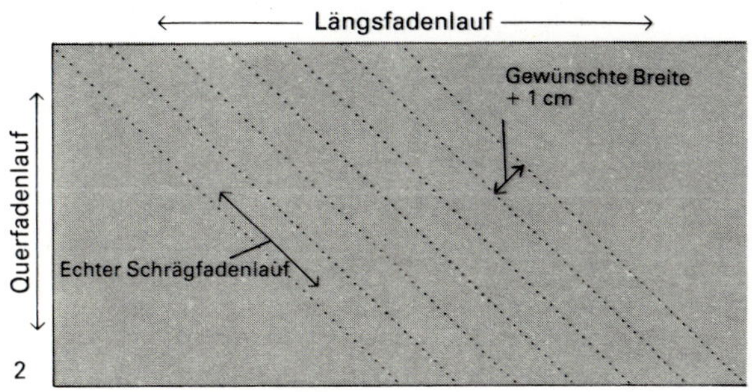

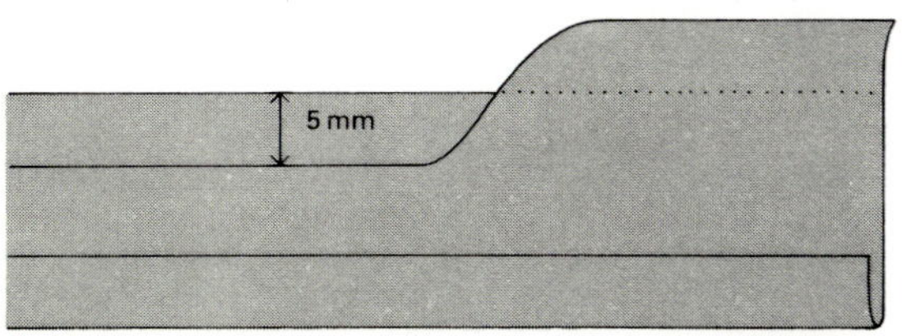

Schrägstreifen entlang der markierten Linie zuschneiden. Auf beiden Längsseiten die Nahtzugabe umbügeln

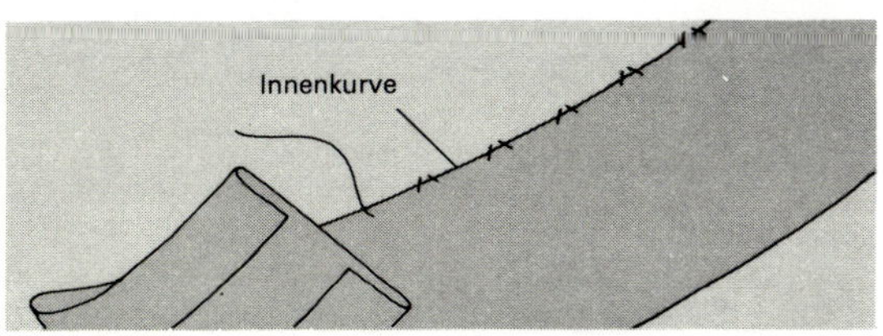

Schrägstreifen am Unterstoff feststecken und leicht dehnen, damit er sich der Rundung anpaßt. Den Streifen zuerst an der Innenkurve annähen

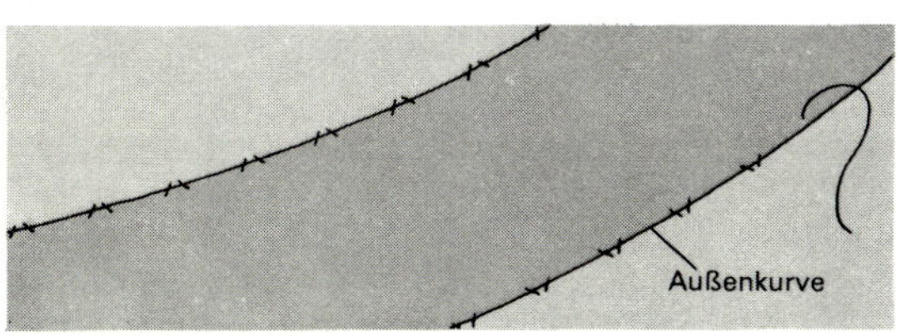

Den Außenrand des Schrägstreifens vorsichtig zur entsprechenden Rundung dehnen und befestigen. Annähen und bügeln

Eine Applikation unterlegen

Weiche oder locker gewebte Stoffe brauchen gewöhnlich eine Unterlage, damit sie etwas fester werden und somit leichter zu handhaben sind. Leichte aufbügelbare Einlagen, als Meterware im Handel erhältlich, sind am praktischsten. Die linke Seite der Einlage ist mit einem Klebemittel versehen, das bei Hitzeeinwirkung schmilzt und am Stoff haftet. Das Motiv wie üblich ausschneiden (S. 194). Schablone auf die linke Seite der Einlage legen und nachzeichnen. Genau auf der Markierung ausschneiden

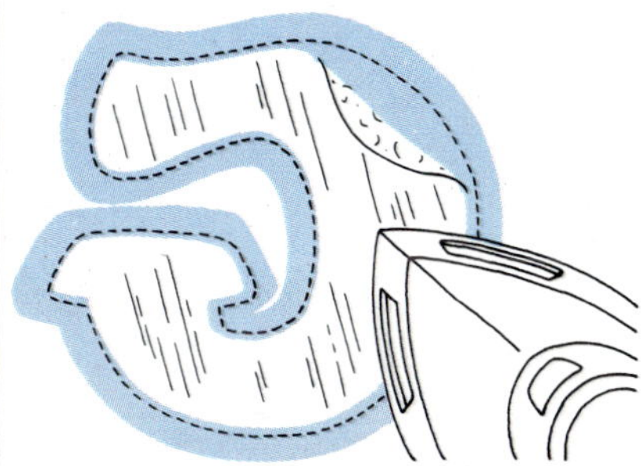

Die Einlage links auf links auf die Applikation legen und gemäß den Anweisungen des Herstellers aufbügeln. Die unterlegte Applikation genau wie eine einfache Stofflage behandeln

Eine Applikation wattieren

Eine erhabene Applikation entsteht, wenn man sie ganz oder teilweise mit Wattiermaterial polstert

1. Zuerst das Muster wie auf den Seiten 194–195 beschrieben ausschneiden und befestigen, dabei aber an einer günstigen Stelle eine kleine Öffnung lassen. Mit einer stumpfen Nadel oder einem Stöckchen wird das Wattiermaterial hineingeschoben und gleichmäßig verteilt. Auf keinen Fall zu stark polstern, da sich die Applikation verziehen könnte

2. Zum Schluß die Öffnung zunähen. Ist das Wattiermaterial an dieser Stelle etwas flach gedrückt, mit der Nadelspitze vorsichtig lokkern

Applikationen · Verzierungen

Stickstiche 22–53
Ziersteppeei 239

Applikationen verzieren

Fast alle Applikationen können zusätzlich mit Stickerei und Ziersteppeei versehen werden. Die Auswahl an Stickstichen, die dafür geeignet sind, ist sehr groß; mit ihnen kann man Details ausarbeiten, besondere Effekte erzielen oder die Applikation auf dekorative Weise befestigen.

Auch durch Ziersteppeei kann man eine Applikation noch dekorativer gestalten; dies gilt insbesondere für Applikationen in Patchworktechnik. Ehe man mit der Stepparbeit beginnt, heftet man eine Lage Wattiermaterial und eine Lage Musselin auf die Rückseite des Grundstoffs der Applikation. Am einfachsten ist es, die Konturen der Applikation ganz oder teilweise nachzusteppen, um die Form zu betonen. Die Konturen einer Form können auch durch mehrere konzentrische Linien nachgesteppt werden; diese Technik, die man Echostepperei nennt, verleiht dem Muster eine ganz neue Dimension. Steppstiche können sogar wie beim Bild unten rechts als Teil der Komposition verwendet werden.

Durch die gestickten Details wirkt die applizierte Erdbeere viel plastischer

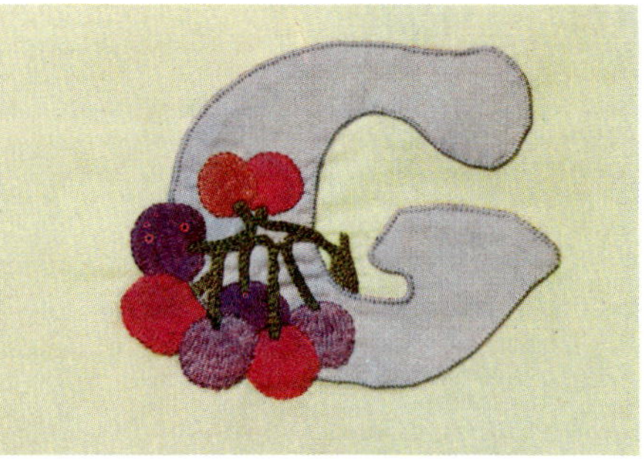

Die aufgestickte Weintraube gibt der applizierten Initiale eine individuelle Note

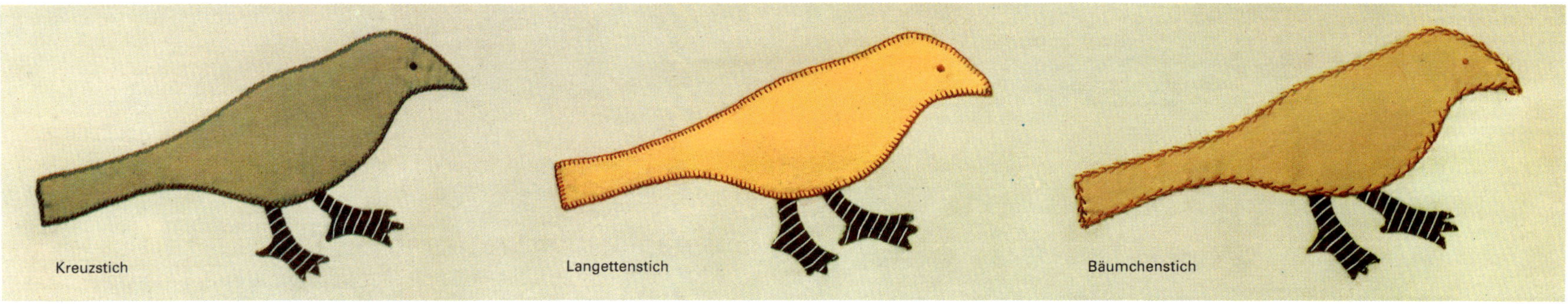

Jede dieser Vogelapplikationen wurde mit einem anderen Stickstich befestigt. Durch die dekorativen Stiche bekommen die einzelnen Figuren zusätzlich Farbe und Struktur

Die nachgesteppten Konturen dieses Ausschnitts aus einem Stoffdruck heben das Motiv hervor

Bei der Echostepperei wird die Form der Applikation durch konzentrische Linien wiederholt

Steppstiche können auch in das Muster mit einbezogen werden. Hier stellen die Stepplinien einen Regenschauer dar

Indianische Applikation

Einführung

Wie auch gewöhnliche Applikationen bestehen sogenannte indianische Applikationen aus mehreren Stofflagen, die jedoch anders verarbeitet werden. Bei der indianischen Technik heftet man die Lagen übereinander und schneidet aus den oberen Lagen bestimmte Formen aus, um die unteren Lagen freizulegen. Die Ausschnittkanten werden auf dem darunterliegenden Stoff festgenäht.

Diese Technik hat vor allem bei den Cuna-Indianern im Gebiet des Isthmus von Panama ihre höchste Vollendung gefunden, und auch heute noch zieren die herrlichen Muster mit ihren leuchtenden Farben die Blusen oder *molas* der Frauen. Die Motive sind stilisierte Darstellungen von Menschen, Pflanzen und kleinen Tieren, die von abstrakten Formen umgeben werden. Aus dieser alten Handarbeitsform hat man die moderne Technik der Ausschnittapplikation entwickelt. Der Hauptunterschied zwischen der herkömmlichen und der neuen Art liegt in der Reihenfolge, in der die Stofflagen verarbeitet werden. Es erfordert mehr Geschicklichkeit, die komplizierten Formen der traditionellen indianischen Applikationen zu schaffen, die von unten entstehen: Jede Stofflage muß man einzeln aufbringen, ausschneiden und festnähen.

Die einfacheren Muster der Ausschnittapplikationen sind von der Technik her viel weniger anspruchsvoll. Hier werden alle Stofflagen zunächst zusammengeheftet. Dann erst schneidet man die Formen aus, mit der oberen Lage beginnend; die Ausschnitte werden von Lage zu Lage kleiner. Durch Variationen in der Technik kann man besondere Farbeffekte erzielen; diese werden auf den folgenden Seiten beschrieben. Für beide Techniken eignen sich am besten dichtgewebte, leichte und undurchsichtige Stoffe. Zu jedem Stoff braucht man Nähgarn in der passenden Farbe.

Indianische Applikationen werden durch eine Kombination aus konkreten und abstrakten Formen gekennzeichnet. Man arbeitet von der untersten zur obersten Stofflage

Ausschnittapplikationen wirken wie Schablonen. Bei diesem phantasievollen Sonnenmuster wurde die obere Stofflage, dann der Reihe nach die unteren ausgeschnitten und genäht

Applikation · Indianertechnik

Klassische Indianertechnik

Um indianischen Applikationen ihr charakteristisches Aussehen zu geben, muß man die Grundtechnik beherrschen und dabei stets bedenken, daß die Gebiete innerhalb und außerhalb der aufgezeichneten Form gleich wichtig sind. Arbeitet man mit nur zwei Lagen, wird die Form aus der oberen ausgeschnitten. Je nachdem, wie ausgeschnitten wurde, entstehen nun drei Effekte (rechts). Mit ihnen kann man eine Vielfalt linearer Bilder schaffen, ob man mit zwei Lagen arbeitet oder eine dritte hinzufügt. Selten, selbst in den scheinbar kompliziertesten Entwürfen, werden mehr als drei Lagen verwendet.

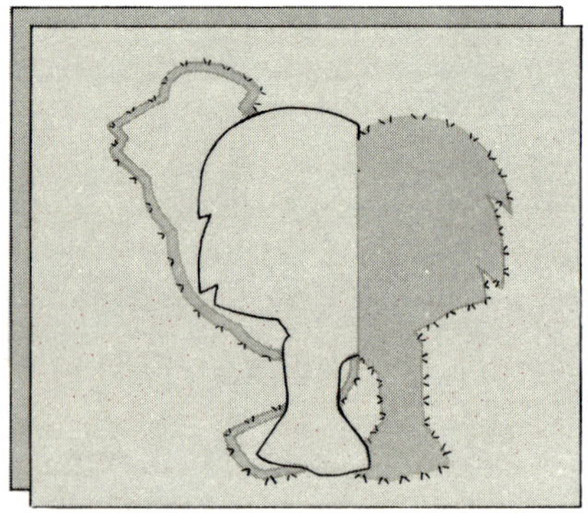

1. Möglichkeit Form aus oberer Lage schneiden; Innenbereich entfernen. Kanten des Außenbereichs einschlagen und annähen

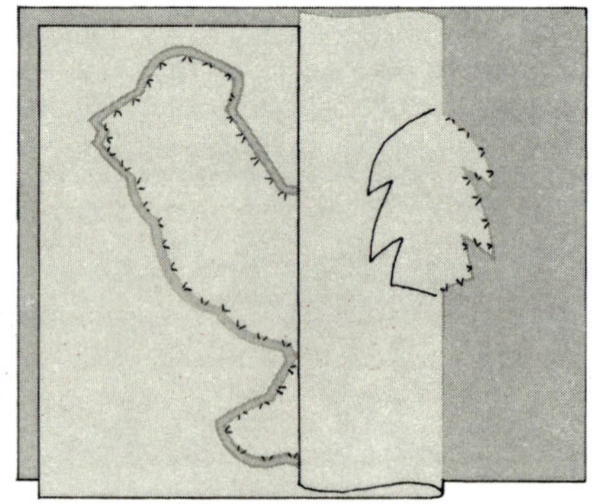

2. Möglichkeit Form aus oberer Lage schneiden; Außenbereich entfernen. Kanten des Innenbereichs einschlagen und annähen

3. Möglichkeit Form ausschneiden. Kanten von Innen- und Außenbereich einschlagen; so annähen, daß ein Zwischenraum entsteht

Mit zwei Stofflagen arbeiten

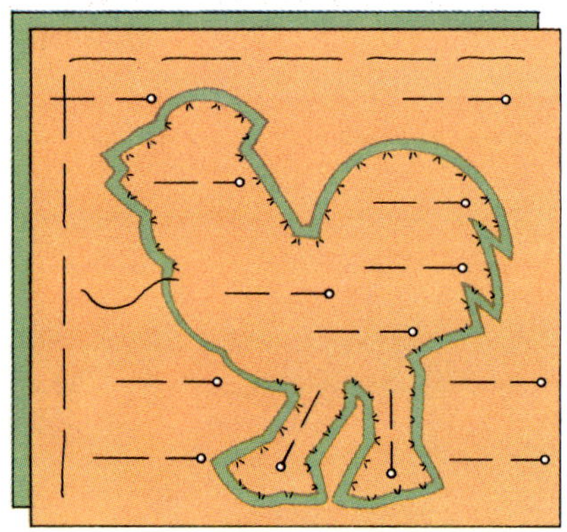

Schon mit 2 Stofflagen kann man den typisch linearen Effekt der indianischen Applikation erzielen

1. Die zweite Stofflage auf die erste legen und an 2 Seiten heften. Die Hauptform auf die obere Lage zeichnen und beide Stofflagen innerhalb und außerhalb der gezeichneten Linie zusammenheften

2. Entlang der Umrißlinie schneiden, dabei die untere Lage nicht verletzen. Mit der Nadelspitze die Schnittkanten des Innenbereichs umschlagen und mit Staffierstichen am Untergrund befestigen; Rundungen notfalls einkerben. Stecknadeln aus dem Innenbereich entfernen

3. Die Schnittkanten des Außenbereichs ebenso einschlagen und annähen. Rings um die Form erscheint die untere Lage als Umrißlinie. Stecknadeln entfernen

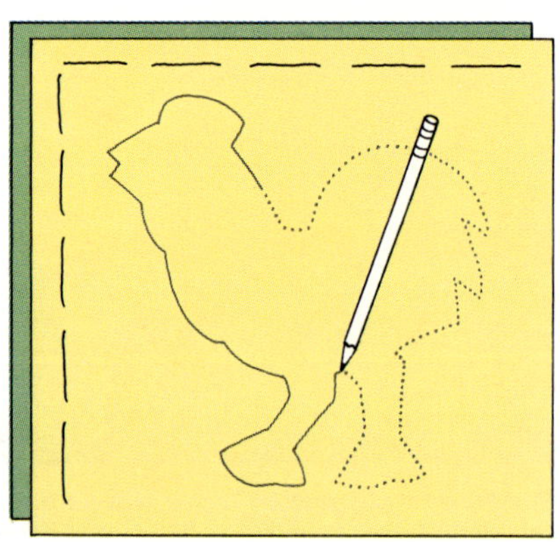

Als Variation kann man eine dritte Farbe hinzunehmen. Diese kann entweder den Innen- oder den Außenbereich der aufgezeichneten Form decken (hier den Außenbereich)

1. Die Schritte 1 und 2 (oben) ausführen. Heftfaden herausziehen und die nicht angenähten Bereiche der oberen Lage entfernen

2. Die dritte Stofflage an 2 Seiten auf die beiden ersten heften. Mit einem spitzen Bleistift die Kanten der darunterliegenden Form abtasten und nachziehen. Außerhalb der Umrißlinie die Stofflagen zusammenstecken

3. Aus der oberen Lage die aufgezeichnete Form ausschneiden. Den Innenbereich entfernen, so daß die zweite Farbe darunter zum Vorschein kommt. Die Schnittkanten einschlagen und an die unterste Lage nähen. Dies ergibt 3 Farben, aber nur 2 vollständige Stofflagen

Mit drei Stofflagen arbeiten

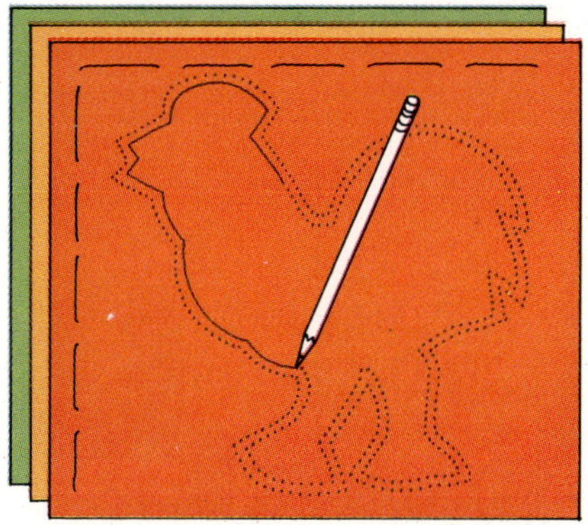

Mit 3 Stofflagen kann man noch kunstvollere Effekte erzielen
1. Die beiden ersten Lagen verarbeiten (S. 202), dann die dritte darauflegen und alle an 2 Seiten zusammenheften
2. Mit einem spitzen Bleistift die darunterliegenden Kanten abtasten und nachziehen. Alle 3 Lagen innerhalb und außerhalb der Doppellinie feststecken. Nun muß man entscheiden, welcher Bereich weggeschnitten wird (S. 202 oben); hier wird nur eine Möglichkeit für die Handhabung der dritten Stofflage gezeigt
3. Zuerst entlang der inneren Markierungslinie schneiden. Dann die Schnittkanten des Innenbereichs einschlagen und annähen. Entlang der äußeren Linie schneiden; die Schnittkanten so einschlagen und annähen, daß eine dreifache Umrißlinie entsteht

Geschlitzte Motive

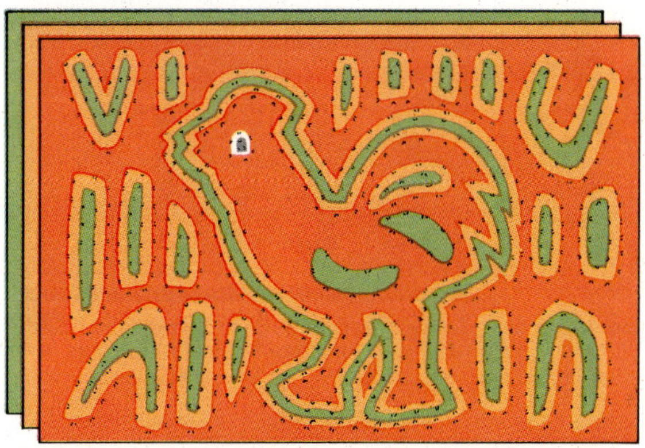

Die Reihe länglicher Schlitze im Hauptmotiv und im Hintergrund ist ein typisches Merkmal der indianischen Applikation. Die Schlitze sind entweder gerade, eckig oder gebogen und werden je nach den Erfordernissen der Mustergestaltung eingesetzt. Schlitze können in die zweite und in die dritte Lage gearbeitet werden

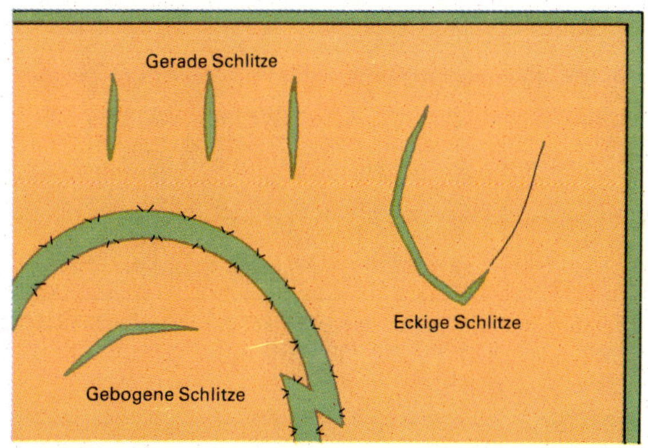

1. Die gewünschten Schlitze auf die oberste Stofflage zeichnen. Sie können in jeder Richtung verlaufen. Auf der Markierung nur durch die oberste Lage schneiden

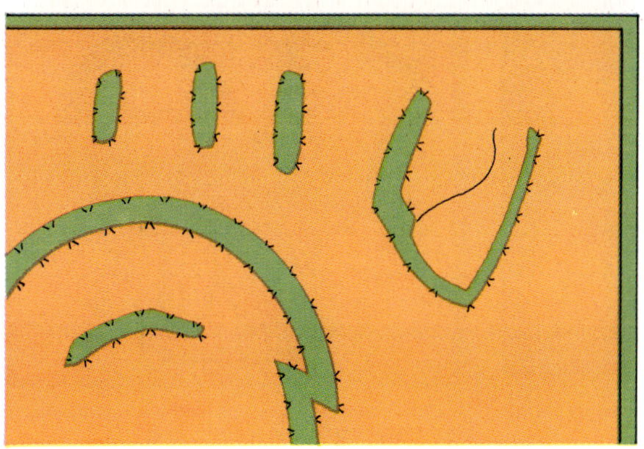

2. Mit der Nadelspitze die Kanten einschlagen und an die darunterliegende Lage nähen; dabei Rundungen und Ecken einschneiden

Wird eine dritte Lage auf eine bereits mit Schlitzen versehene Applikation aufgebracht, zuerst, wie oben beschrieben, das Hauptmotiv arbeiten. Dann mit einem spitzen Bleistift die Konturen der Schlitze abtasten und nachziehen. Entlang der Markierung schneiden, die Kanten einschlagen und an den darunterliegenden Stoff annähen. Rings um die ursprünglichen Einschnitte entsteht ein zweiter Farbstreifen. In die dritte Lage können auch neue Schlitze eingearbeitet werden

Applikation · Indianertechnik

Mit farbigen Flicken arbeiten

Mit farbigen Flicken kann man eine indianische Applikation noch bunter gestalten, ohne eine ganze Stofflage hinzufügen zu müssen. Diese Technik kann überall dort angewendet werden, wo ein paar neue Farbtupfen gewünscht sind. Man heftet die Flicken in der gewünschten Farbe und Größe zwischen zwei Stofflagen und schneidet dann kleine Formen und Schlitze so aus, daß die neue Farbe zum Vorschein kommt. Hier wurden Flicken sowohl auf die erste als auch auf die zweite Stofflage aufgebracht. Man verwendet starke Kontrastfarben.

1. Hauptmotiv arbeiten (S. 202 unten links). Flicken anordnen und heften

2. Die nächste Stofflage auflegen und an 2 Seiten zusammenheften

3. Das Hauptmotiv, wie auf Seite 202 beschrieben, fertigstellen

4. Schlitze über den Flicken anbringen und umnähen, um deren Farbe freizulegen

5. Mehrere Flicken auf der obersten Stofflage anordnen und heften

6. Eine weitere Stofflage darauflegen und an 2 Seiten zusammenheften

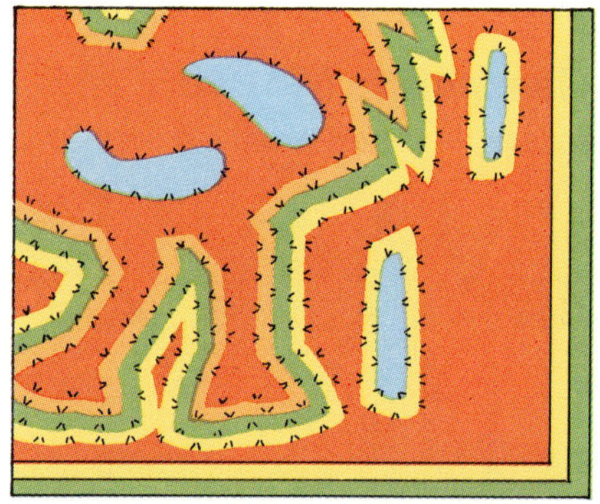

7. Das Hauptmotiv, dann Schlitze bzw. kleinere Formen über den Flicken fertigstellen

Mit Formflicken arbeiten

Mit Formflicken bringt man nicht nur eine neue Farbe, sondern auch eine bestimmte Form auf. Dies bedeutet, daß man den Flicken in diese Form schneiden und die Kanten sauber annähen muß, bevor die nächste Stofflage aufgebracht wird. Formflicken können wie gewöhnliche Flicken zwischen zwei beliebige Lagen gelegt werden. Am Rand eines Hauptmotivs unterlegt, verändern sie die Silhouette (siehe rechts). Bei diesem Beispiel wurde der Flicken auf die erste Stofflage gelegt, nachdem das Hauptmotiv bereits aufgenäht war (S. 202).

1. Flicken in die richtige Form schneiden und anordnen. Kanten einschlagen; annähen

2. Die nächste Stofflage darauflegen und an 2 Seiten zusammenheften

3. Das Motiv nachziehen und so fertigstellen, daß der Formflicken freigelegt wird

Applikation · Ausschnittapplikation

Einführung

Für eine Ausschnittapplikation werden alle Stofflagen zusammengeheftet, dann die Formen ausgeschnitten. Fünf Lagen sind das Maximum. Die erste Form wird aus der obersten Lage ausgeschnitten; sie muß so groß sein, daß alle anderen Formen innerhalb ihrer Umrisse Platz haben. Die Entwürfe sind gewöhnlich großflächig und können daher auch mit der Maschine genäht werden (S. 206).

Eine Stofflage kann auch außerhalb der Reihenfolge freigelegt werden, indem man durch zwei darüberliegende Lagen schneidet. Auch bunte Flicken können eingearbeitet werden.

Grundtechnik

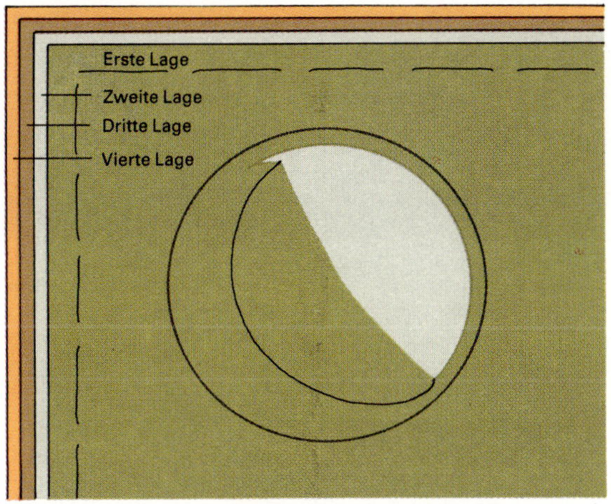

1. 4 gleich große Stofflagen an Außenkanten zusammenheften. Hauptform (Gesicht) auf oberste Lage zeichnen. 3 mm innerhalb der Markierung durch eine Lage schneiden

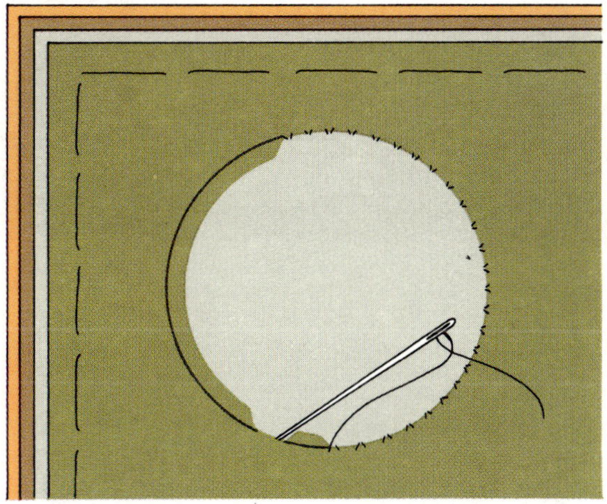

2. Mit der Nadelspitze die Schnittkante einschlagen; Nahtzugabe nach Bedarf einschneiden. Mit Staffierstichen an untere Lage annähen; einige Stiche durch alle Lagen nähen

3. Kleinere Musterteile aufzeichnen; dabei überlegen, welche Formen die dritte Schicht freilegen sollen (hier der Mund). Schneiden und annähen wie bei großer Form

Besondere Techniken

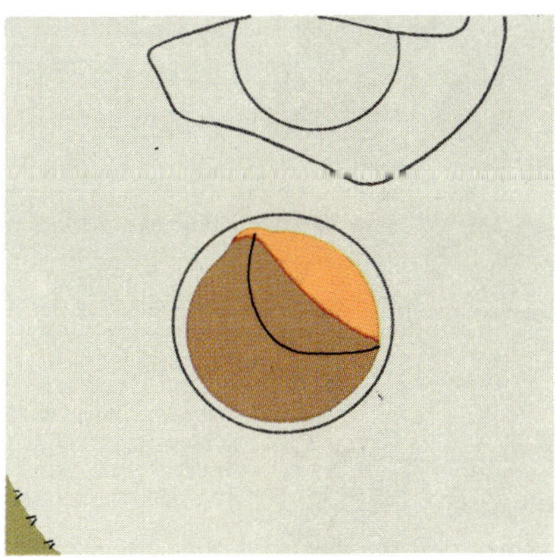

Um eine Lage zu überspringen, Form aus 2 Lagen so ausschneiden, daß die untere etwas größer ist. Kanten der oberen Lage einschlagen, an die freigelegte Lage nähen

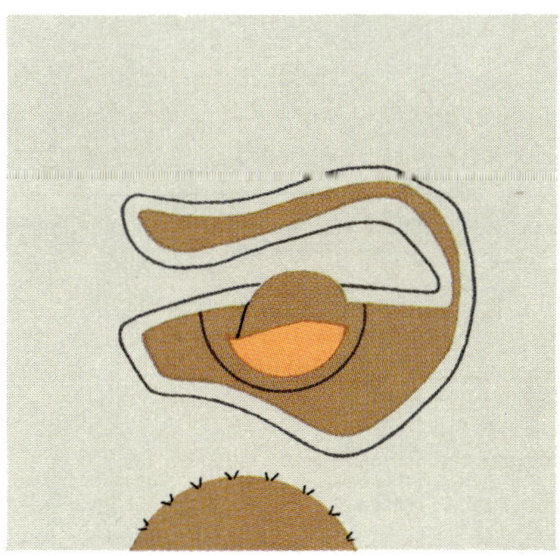
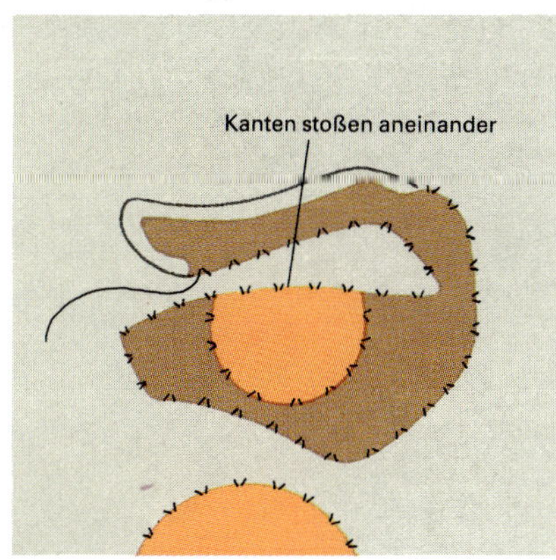

Um 2 Formen aneinanderstoßen zu lassen, wird diese Technik etwas abgewandelt. Die größere Form (Auge) aus der obersten Lage schneiden; Kanten nicht befestigen. Auf die freigelegte Lage die kleinere Form (Augapfel) aufzeichnen und ausschneiden. Zuerst die Kanten der kleineren Form, dann die der größeren einschlagen und annähen

Weitere Farbbereiche auf oberste Lage zeichnen und ausschneiden (Sonnenstrahlen). Flikken 5 mm größer als Ausschnitt darunter legen, Kanten einschlagen und annähen

Applikation · Ausschnittapplikation

Maschinengenähte Ausschnittapplikationen

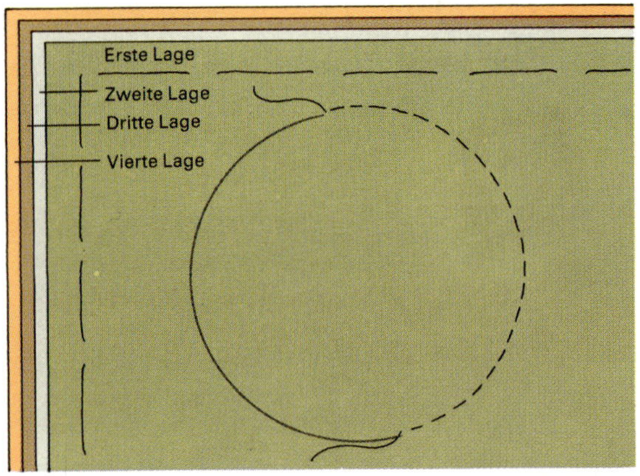

1. Gewünschte Anzahl gleich großer Stofflagen an Außenkanten zusammenheften. Hauptmotiv (Gesicht) auf oberste Lage zeichnen. Mit 2–2,5 mm Stichlänge an Markierung steppen

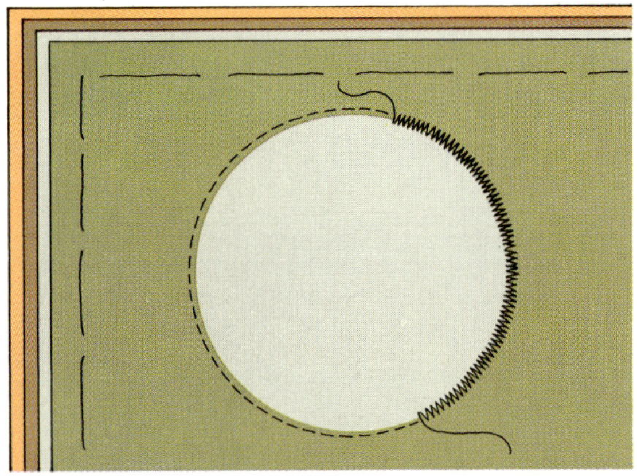

2. Oberste Lage knapp innerhalb der Stepplinie ausschneiden. Mit engem, kurzem Zickzackstich so um den Ausschnitt nähen, daß Schnittkanten und Stepplinie abgedeckt werden

3. Kleinere Formen innerhalb der Hauptform aufzeichnen, dabei überlegen, welche Formen die dritte Lage freilegen sollen (hier der Mund). Ausschneiden und nähen

Besondere Techniken

Eine Lage überspringen: 1. Um die vorgezeichnete Form herumsteppen und die Form (Wangen) aus der zweiten und dritten Lage herausschneiden, um die vierte freizulegen

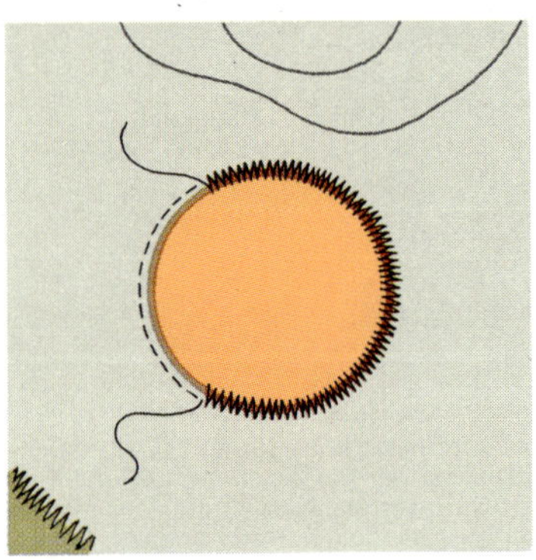

2. Mit Zickzackstich entlang der Schnittkanten nähen, so daß diese und die Stepplinie überdeckt werden

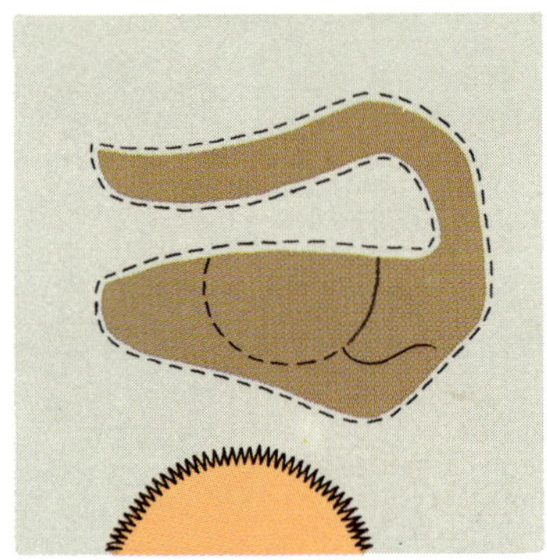

Aneinanderstoßende Formen:
1. Entlang der größeren markierten Form (das Auge) steppen und knapp innerhalb der Stepplinie ausschneiden. Auf der freigelegten Lage die kleine Form (Augapfel) markieren und steppen

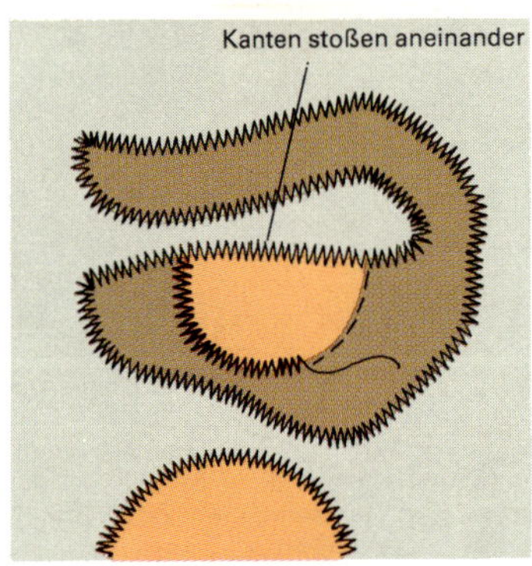

2. Die kleine Form knapp innerhalb der Stepplinie ausschneiden. Die Schnittkanten der großen und der kleinen Form mit Zickzackstich übernähen

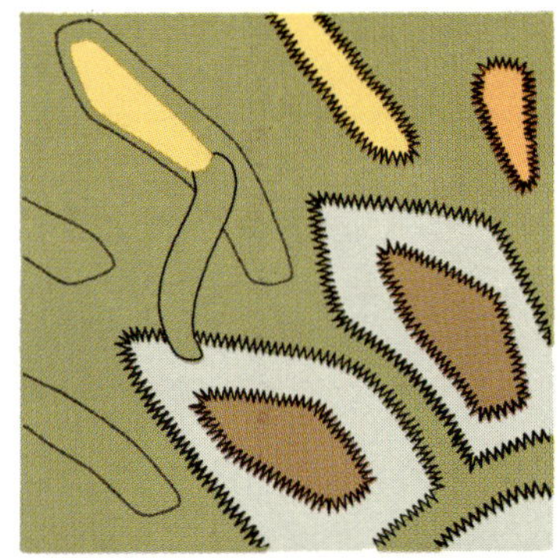

Zusätzliche Farbbereiche: 1. Die Form (Sonnenstrahl) auf die obere Lage zeichnen und 3 mm innerhalb der markierten Linie ausschneiden. Den Flicken 5 mm größer als den Ausschnitt zuschneiden

2. Flicken unter den Ausschnitt in der oberen Lage schieben. Auf der markierten Linie steppen. Stoffkanten ganz knapp an der Steppnaht abschneiden und mit Zickzackstich übernähen

Patchwork

Detail einer Patchworkdecke *Aurora;* der Ausschnitt mißt 120×150 cm
© Michael James, 1978

Grundtechnik des Patchworks

Patchworkarten

Unter Patchwork versteht man die Technik, einzelne Stoffstücke, meist in verschiedenen Farben und Mustern, zu einer neuen, größeren Stoffeinheit zu verbinden. Manche Patchworkmuster sind einfach und leicht überschaubar, andere dagegen sind so kompliziert, daß sich nur schwer feststellen läßt, wie sie zusammengesetzt sind.

Am einfachsten ist ein Patchwork, bei dem alle Stücke dieselbe Form und Größe haben. In einer einzigen Farbe wirkt es sehr reizvoll; zwei oder mehr Farben, geschickt zusammengesetzt, ergeben ein hübsches Muster (siehe unten).

Jedes andere Patchwork wird als Blockpatchwork bezeichnet, da die Stoffstücke zu einem Block verarbeitet werden, der die Grundform bildet. Blockeinheiten können entweder aus zusammengesetzten Stoffstücken oder aus Applikationen bestehen. Die zusammengesetzten werden meist aus geometrischen Formen gebildet, die innerhalb eines Quadrats ein bestimmtes Muster bilden; wenn man mehrere dieser Einheiten zusammensetzt, kann wie beim einfachen Stern (unten) ein neues Muster entstehen. Auch das Crazy Patchwork (unten) ist ein zusammengesetztes Blockpatchwork, doch hier sind die Stücke innerhalb des Blocks beliebig geformt und angeordnet. Die andere Blockart besteht aus einem Unterstoff und einer aufgenähten Applikation. Die Applikationen sind häufig stilisierte Darstellungen von Blumen, Blättern o.ä. (siehe unten); der Unterstoff ist gewöhnlich quadratisch. Weitere Patchworkmuster sowie die entsprechenden Anleitungen sind auf den Seiten 210–215 zu finden.

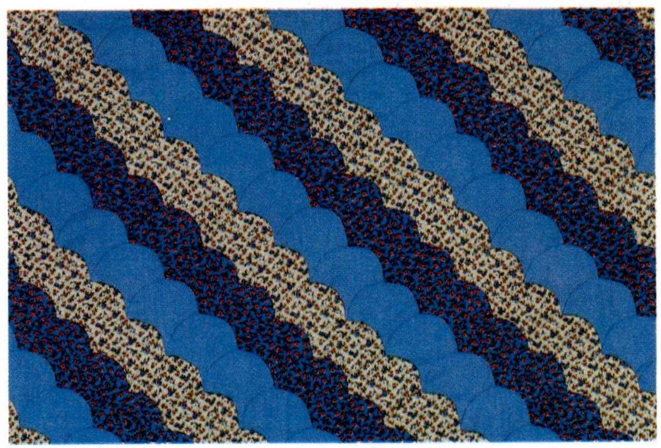
Muschelmuster: Sämtliche Teile haben die gleiche Form

Einfacher Stern, ein Blockpatchwork aus geometrischen Formen

Crazy Patchwork: Unregelmäßige Formen bilden die Blöcke

Rosenmuster, ein Blockpatchwork mit Applikation

Allgemeine Hinweise

Bevor man ein Patchwork beginnt, muß man zwei Fragen entscheiden: Welchen Verwendungszweck soll das Patchwork haben? Soll es zu einem Rock, einem Kissen, einer Steppdekke verarbeitet werden? Und zweitens: Welcher Art soll das Muster sein? Bestimmte Gesichtspunkte müssen bei der Entscheidung berücksichtigt werden. Anfänger sollten beispielsweise lieber mit einem kleineren Projekt und einem einfachen Muster beginnen, das aus nicht zu vielen Einzelteilen besteht. Es ist auch leichter, ein Muster zu kopieren, als ein neues zu entwerfen.

Zu berücksichtigen sind auch die verschiedenen Patchworktechniken. Beide Methoden sind rechts kurz erläutert. Die eine eignet sich vor allem für ein Patchwork aus einer Form, dessen Teile sich nur schwer auf andere Weise genau verbinden lassen. Diese Art näht man besser von Hand als mit der Maschine. Die zweite Methode wird für Blockpatchwork angewendet, das man entweder von Hand oder mit der Maschine zusammensetzen kann. Formen, die mit geraden Nähten verbunden werden können, lassen sich leichter nähen als solche mit Rundungen und Ecken. Näheres über das Zusammennähen von Blockeinheiten ist auf Seite 230–231 zu finden.

Eine weitere Überlegung gilt der Größe und der Zahl der Stücke, die für das ganze Patchwork benötigt werden. Beides läßt sich mit Hilfe einer Vorlage (S. 217) feststellen. Im allgemeinen gilt: Je mehr Stücke zu einem Muster gehören, desto mehr Zeit erfordert die Herstellung. Ein großes Patchwork bedeutet aber nicht unbedingt eine große Anzahl von Einzelstücken. Ein einzelner Block des einfachen Sterns (S. 208) kann in der Größe einer Steppdecke oder eines Kopfkissens gearbeitet werden. Ungeachtet der Größe besteht jeder Block aus derselben Anzahl von Stücken; hier sind es 17.

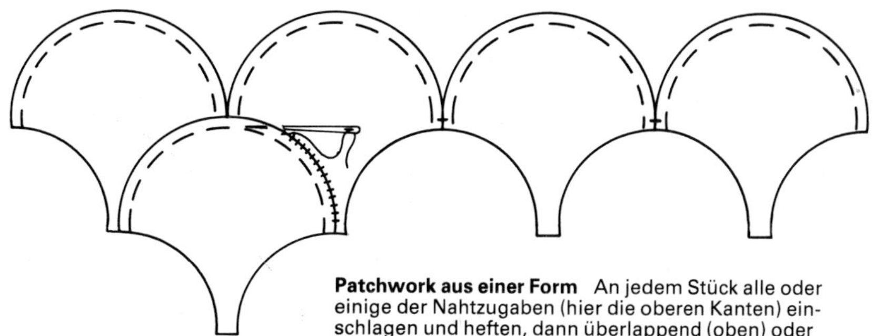

Patchwork aus einer Form An jedem Stück alle oder einige der Nahtzugaben (hier die oberen Kanten) einschlagen und heften, dann überlappend (oben) oder aneinanderstoßend von Hand zusammennähen

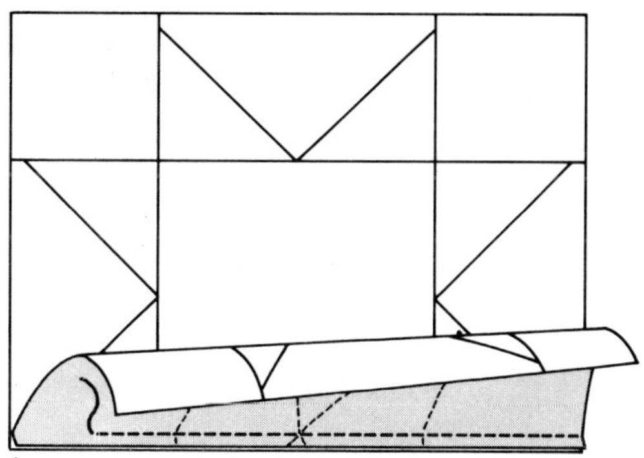
1

Blockpatchwork Diese Art Patchwork kann von Hand oder mit der Maschine genäht werden. Zuerst die einzelnen Blockeinheiten anfertigen (Abb. 1). Besteht der Block aus mehreren Einzelstücken, diese zusammennähen; für einen Applikationsblock die Applikation auf den Unterstoff nähen. Dann die Blökke zu Streifen zusammennähen (Abb. 2); schließlich die Streifen zum fertigen Patchwork zusammensetzen (Abb. 3)

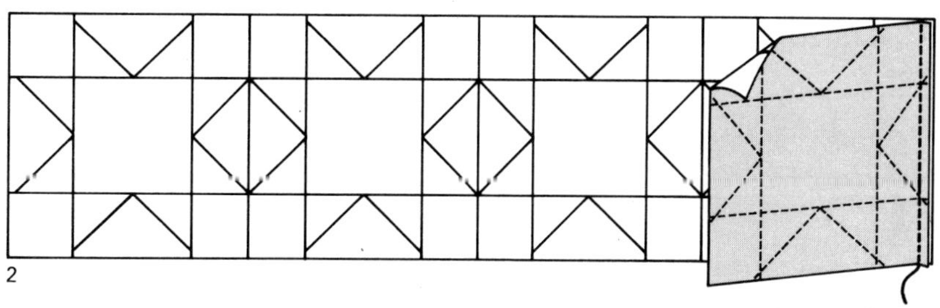
2

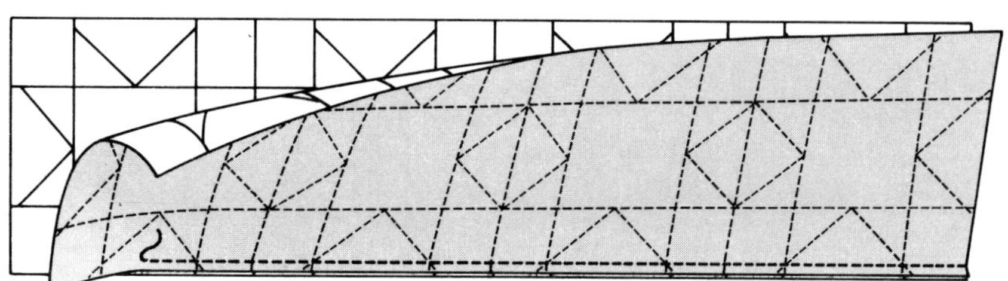
3

Stoffe und Zubehör

Alle Stoffe für eine Patchworkarbeit sollten in Gewicht, Struktur und Pflegeeigenschaften möglichst gleich sein. Ähnliche Stoffe sind leichter zu verarbeiten und vertragen sich besser innerhalb der fertigen Arbeit. Mittelschwere, gleichmäßig gewebte Stoffe sind für Patchworkarbeiten am besten geeignet. Wenn alle die gleichen Pflegeeigenschaften haben, kann der fertige Gegenstand ohne Gefahr je nach Beschaffenheit gereinigt oder gewaschen werden.

Vor dem Stoffeinkauf fertigt man am besten eine Vorlage des gesamten Patchworkprojekts (S. 217) an. So erhält man einen Überblick über das Gesamtmuster und außerdem noch eine Grundlage, auf der man Farben und Stoffe ausprobieren kann. Anhand einer Vorlage kann man auch die genaue Größe jedes Stücks bestimmen und entsprechende Schablonen anfertigen. Mit den Schablonen läßt sich außerdem errechnen, wieviel von jedem Stoff benötigt wird (S. 219). Beim Stoffkauf sucht man Farben und Drucke aus, die denen auf der Vorlage entsprechen. Ist man nicht sicher, ob die Farben und Stoffe zusammenpassen, kauft man von jedem Stoff nur eine kleine Menge und macht zuerst ein Probestück.

Außer den Stoffen braucht man Zeichen- und Nähzubehör: für den Entwurf und die Vorlage Bleistifte, Millimeterpapier, Radiergummi, Lineal und Farben; einen Zirkel für Rundungen und Kreise; einen Winkelmesser für Kreisausschnitte; Karton oder feines Schmirgelpapier für die Schablonen. Für die Näharbeit benötigt man Schere, Stecknadeln, Nähnadeln oder Maschinennadeln und Faden. Der Faden sollte entweder weiß oder zu den Stoffarben passend sein. Um die Formen und ihre Nahtzugaben zu markieren, verwendet man Schneiderkreidestifte, und zwar weiße für dunkle, graue oder pastellfarbene für helle Stoffe.

Patchwork · Grundtechnik

Entwürfe mit Quadraten und Diagonalen

Das Quadrat wird bei Patchwork am häufigsten verwendet. Sehr genau läßt es sich auf Millimeterpapier zeichnen. Beim Entwurf eines Blocks kann es beliebig groß sein; bevor jedoch die Schablone angefertigt wird, muß es in der fertigen Größe gezeichnet werden (S. 218). Es wird quer und längs in kleine Quadrate gleicher Größe geteilt. Die inneren Quadrate bilden den Raster, auf dem das Muster entsteht. Die einfachste Aufteilung sind je zwei Quadrate längs und quer, d.h. ein 2×2-Raster; auch feinere Unterteilungen sind möglich. Je mehr Quadrate ein Raster hat, desto größer ist die Zahl der möglichen Formen. Die Blockmuster auf diesen zwei Seiten reichen von einfach bis kompliziert. Um die Grundstruktur leichter erkennbar zu machen, wurde der Grundraster in den Zeichnungen betont.

Einige der Blockmuster bestehen nur aus Rasterquadraten, z.B. das Schachbrett (1). Bei anderen, etwa dem Irrgarten (9), werden die Rasterquadrate zu Rechtecken oder größeren Quadraten gruppiert.

Komplizierte Formen entstehen mit Hilfe von Diagonalen, d.h. geraden Linien, die durch Quadrate oder Rechtecke von einer Ecke zur schräg gegenüberliegenden gezogen werden. Wird eine Diagonale durch ein Quadrat gezogen, entstehen zwei rechtwinklige gleichschenklige Dreiecke; wird durch ein Rechteck eine Diagonale gezogen, entstehen zwei rechtwinklige Dreiecke. Die Dreiecke können so verwendet oder mit anderen Dreiecken, Quadraten oder Rechtekken zu anderen Formen gruppiert werden. Aus gleichschenkligen Dreiecken besteht die Windmühle (2).

Solche Dreiecke, paarweise angeordnet, bilden auch die vier größeren Dreiecke an den Seiten des einfachen Sterns (4). Paarweise angeordnete gleichschenklige Dreiecke, durch parallel verlaufende Diagonallinien gebildet, stellen die rautenförmigen Flikken im Korb (6) dar. Der waagrechte und der senkrechte Mittelstreifen des Harlekins (14) entstehen durch die Verbindung von zwei länglichen rechtwinkligen Dreiecken mit einem Rasterquadrat. Die ungewöhnliche Form in den Ecken des Diamanten (15) ist eine Gruppierung aus drei Rasterquadraten und zwei gleichschenkligen Dreiecken.

Die Wirkung eines Blockmusters hängt weitgehend von der Farbgebung ab; dazu siehe Seite 216.

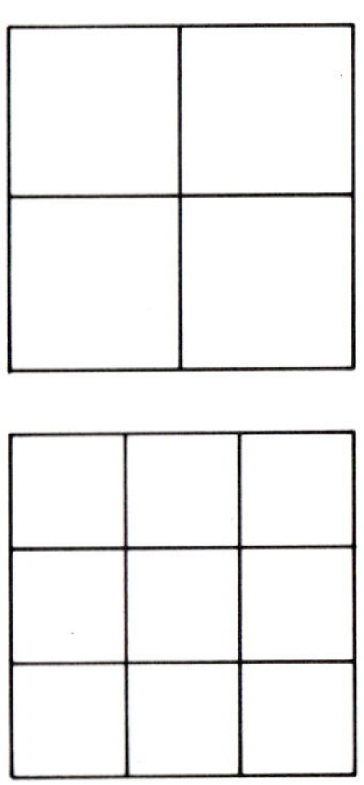

Ein Raster entsteht, wenn man ein Quadrat in kleinere, gleich große Quadrate aufteilt. Dazu Quadrat messen, dann jede Seite in gleiche Abschnitte einteilen; die Teilungspunkte markieren. Die Markierungen mit geraden Linien längs und quer verbinden. Links oben ein 2×2-Raster, links unten 3×3, rechts oben 4×4 und rechts unten 5×5

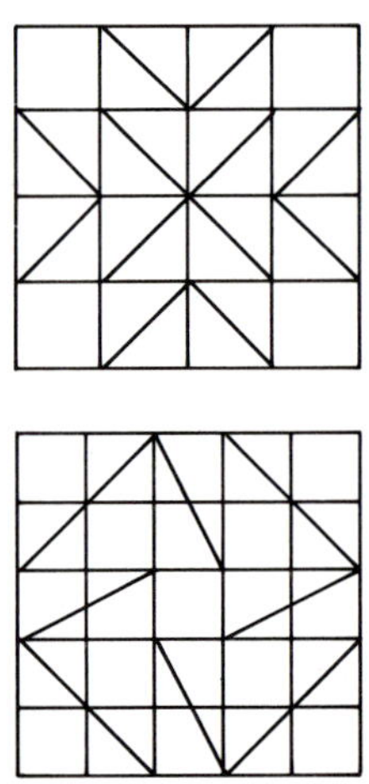

Eine Diagonale, zwischen 2 schräg gegenüberliegenden Ecken eines Quadrats oder Rechtecks gezogen, ergibt 2 Dreiecke. Dreiecke können so als Musterformen verwendet oder mit anderen Dreiecken, Rechtecken oder Quadraten zu anderen Formen gruppiert werden. Oben die Diagonalen für die Formen des achtstrahligen Sterns (S. 222), unten für die Formen des Harlekins (14)

2×2-Raster

(1) Schachbrett

(2) Windmühle

4×4-Raster

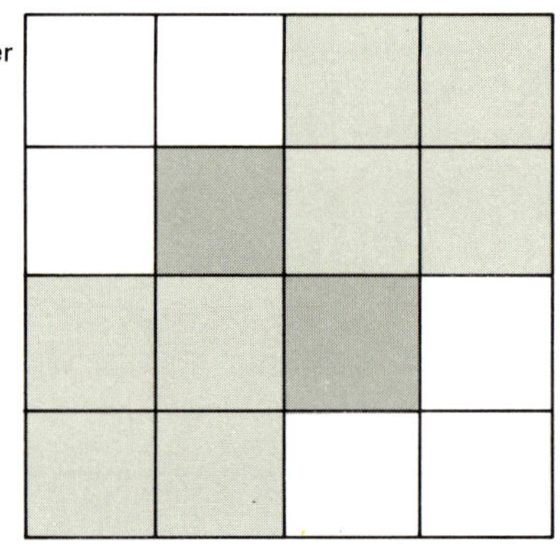

(3) Gemischte Quadrate

(4) Einfacher Stern

8×8-Raster

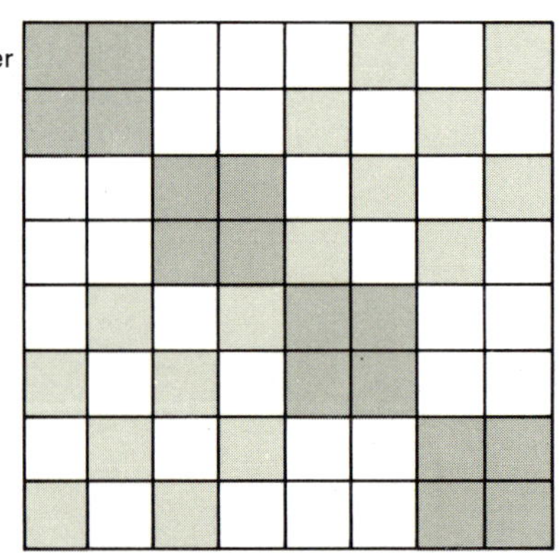

(5) Große und kleine Quadrate

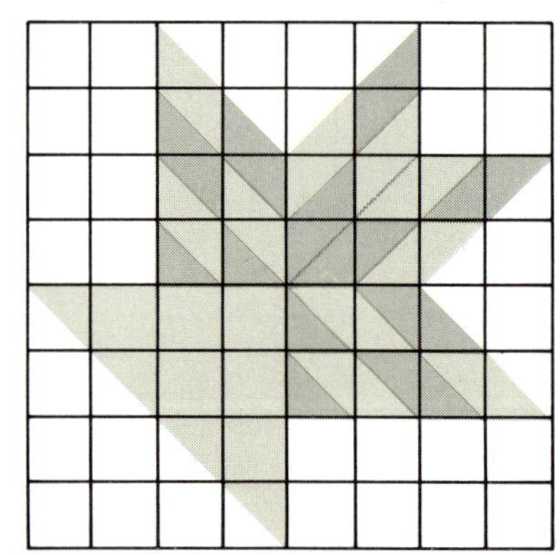

(6) Flickerlkorb

3×3-Raster

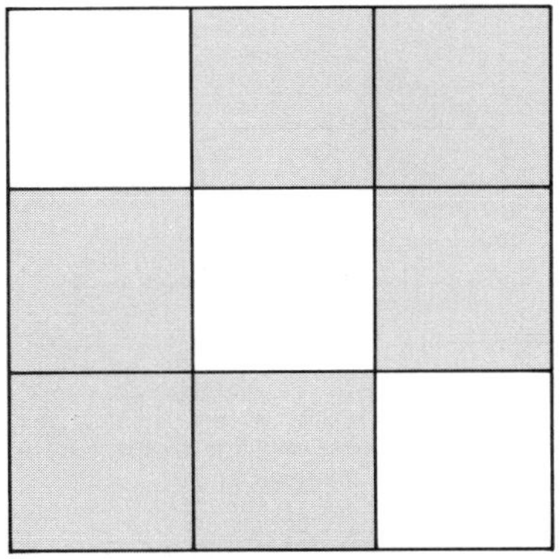

(7) Sechs plus drei

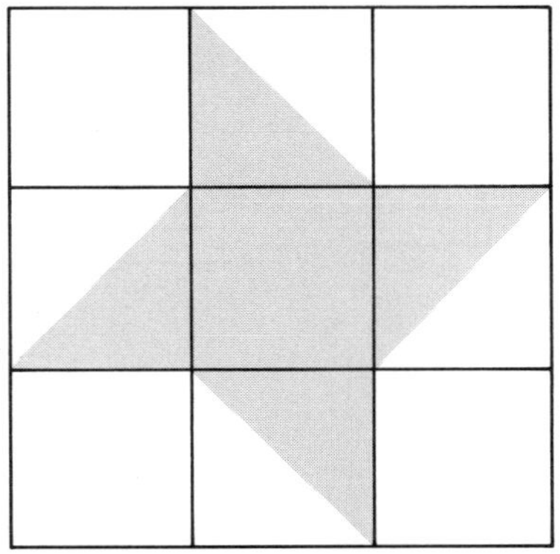

(8) Polarstern

6×6-Raster

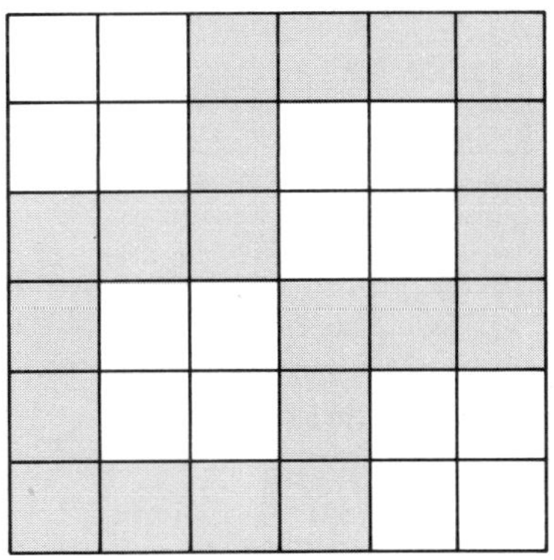

(9) Irrgarten

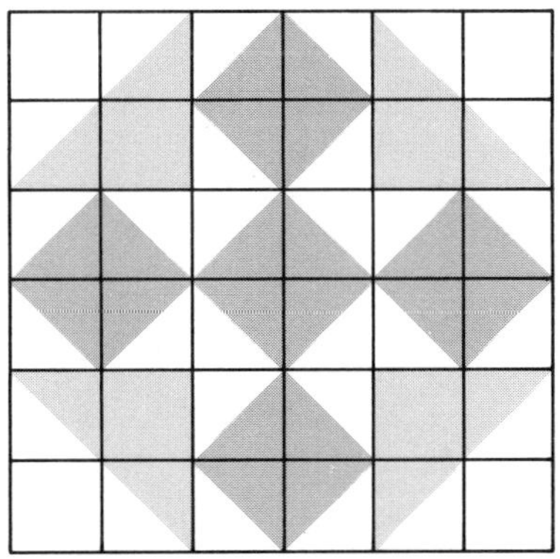

(10) Sägezahn

9×9-Raster

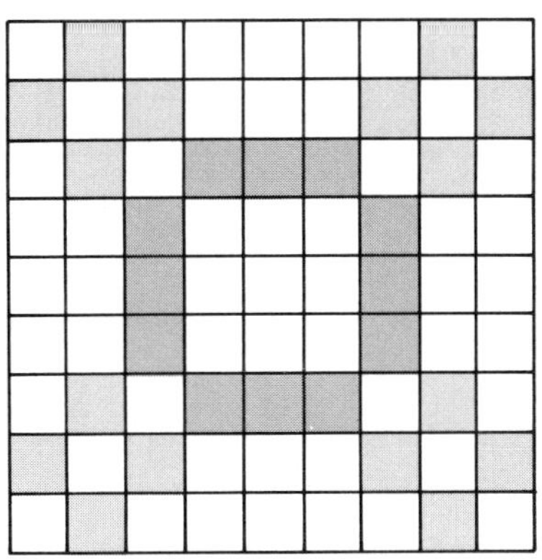

(11) Mosaik

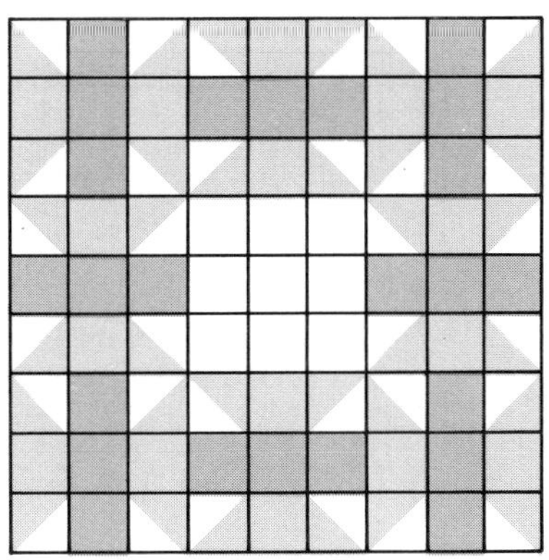

(12) Facettenspiel

5×5-Raster

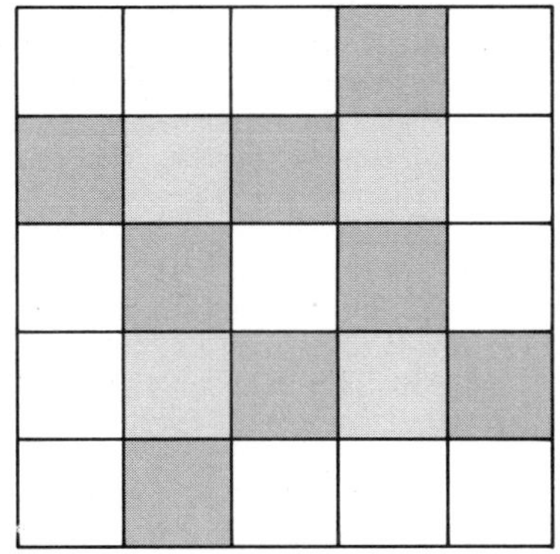

(13) Propeller

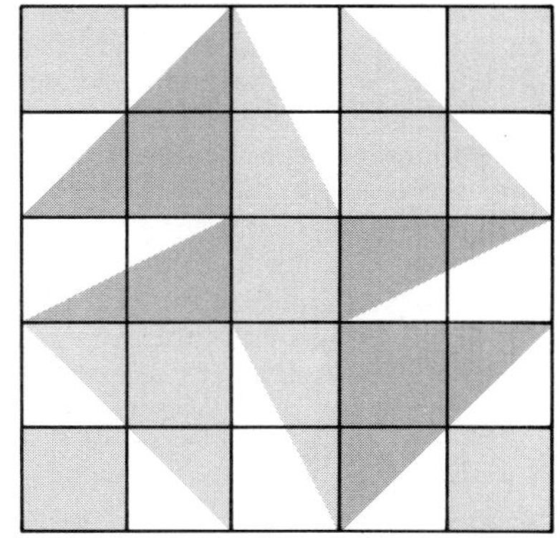

(14) Harlekin

7×7-Raster

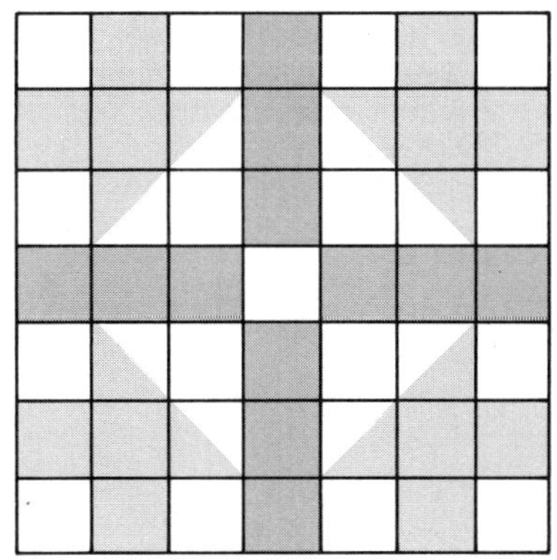

(15) Diamant

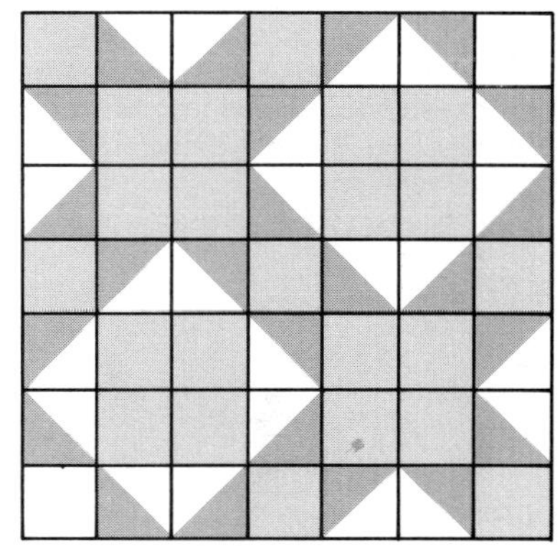

(16) California

10×10 Raster

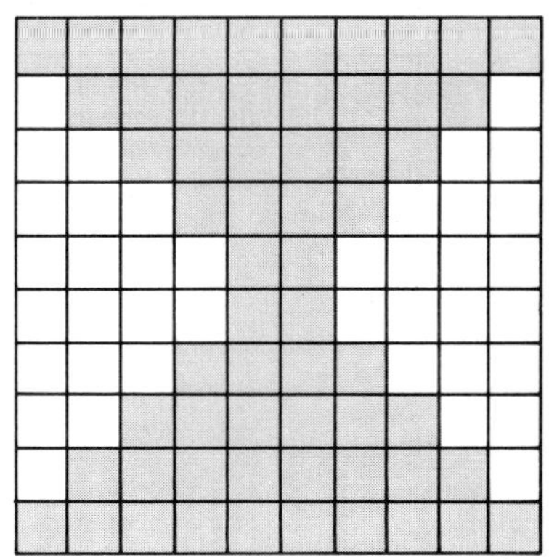

(17) Blockhaus

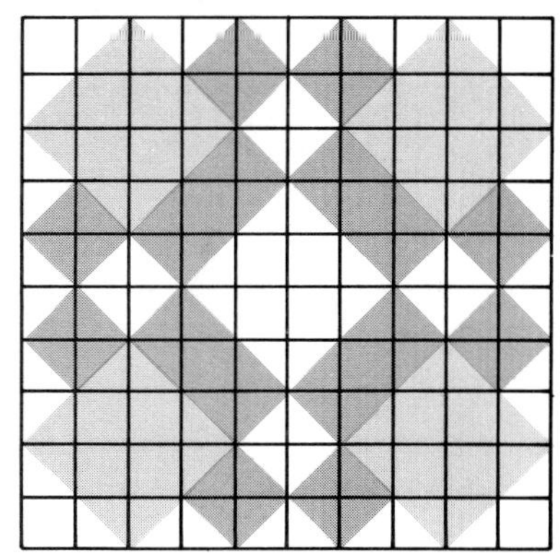

(18) Dominosteine

Patchwork · Grundtechnik

Entwürfe mit Kreisen und Kreisausschnitten

Die Beispiele auf diesen Seiten zeigen, wie aus Kreisen und Kreisausschnitten Patchworkmuster zusammengestellt werden.

Ein Kreis ist eine geschlossene Kurve, auf der alle Punkte gleich weit vom Mittelpunkt liegen. Die Kreislinie wird als Umfang bezeichnet; der Abstand von ihr zum Mittelpunkt ist der Radius. Der Durchmesser verläuft durch den Mittelpunkt über die ganze Breite des Kreises und entspricht somit dem doppelten Radius. Jeder Kreis hat 360 Grad.

Kreise werden mit einem Zirkel gezeichnet. Um eine bestimmte Größe zu erhalten, zeichnet man den Kreis am besten in einem Quadrat. Die Größe von Quadrat und Kreis hängt vom Muster ab (Dahlie; Blumengarten). Ihr gemeinsamer Mittelpunkt wird mit Hilfe der Senkrechten und Waagrechten, die auch Durchmesser und Radius darstellen, ermittelt.

Ein Teil des Umfangs, Kreisbogen genannt, dient ebenfalls dazu, Musterformen zu bilden. Teilt man den Umfang in sechs Kreisbögen und verbindet die Teilungspunkte mit geraden Linien, erhält man ein Sechseck (S. 213, oben). Ein Kreisbogen, von zwei Radien begrenzt, bildet einen Sektor. Die Bogenlänge hängt vom Winkel zwischen den Radien ab. Ein Bogen in der Länge des halben Umfangs und vom Durchmesser begrenzt ist ein Halbkreis mit 180 Grad (Muschel). Ein Bogen, der ein Viertel des Umfangs umspannt und von zwei Radien begrenzt wird, ist ein Viertelkreis mit 90 Grad (Muschel; Vexierbild). Einen Sektor von weniger als 90 Grad zeichnet man mit dem Winkelmesser (Dahlie).

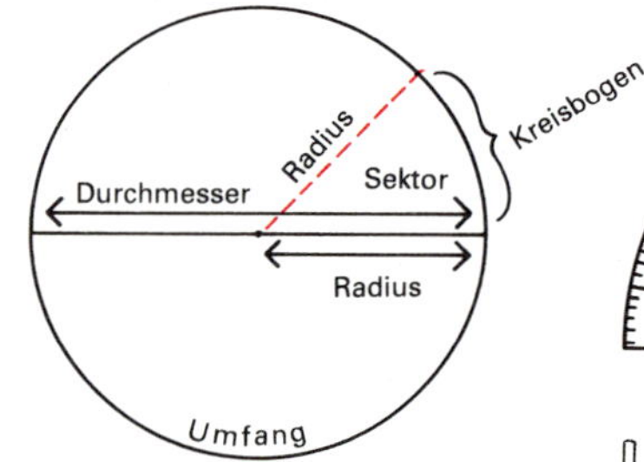

Teile eines Kreises Die Kreislinie heißt Umfang, ein Teil davon Bogen. Die Entfernung vom Mittelpunkt zur Kreislinie ist der Radius, über die ganze Breite der Durchmesser. Ein Sektor ist ein von zwei Radien begrenzter Bogen

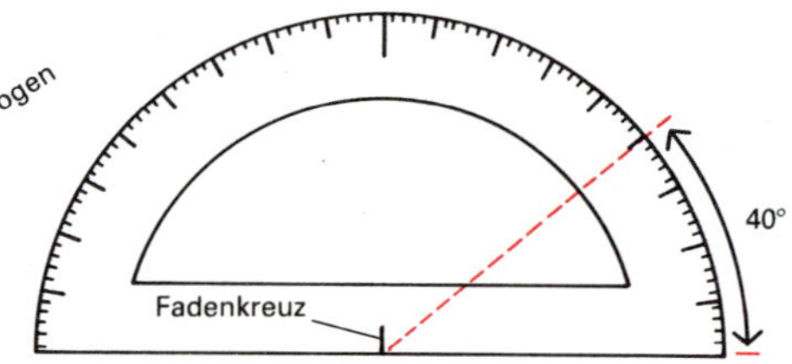

Mit einem Winkelmesser werden die Grade gemessen. An der geraden Seite ist ein Fadenkreuz, die runde ist in Grade eingeteilt

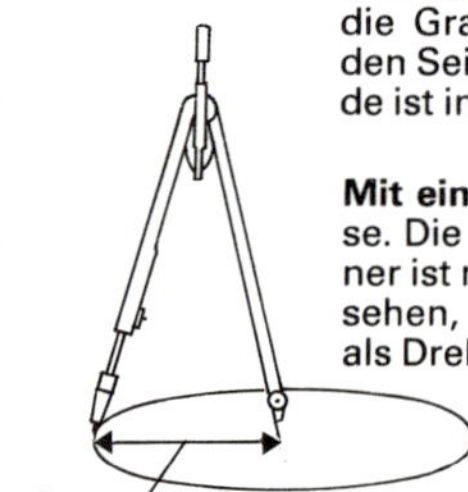

Mit einem Zirkel zeichnet man Kreise. Die Schenkel sind verstellbar; einer ist mit einem Zeicheneinsatz versehen, der andere mit einer Spitze als Drehpunkt

Kreise/Kleiner Sektor

Dahlie

Konzentrische Kreise in einem Quadrat liefern die Formen für dieses applizierte Blockmuster. Aus dem großen Kreis entsteht der Sektor für die keilförmigen Stücke. Der kleine Kreis ist das Mittelstück

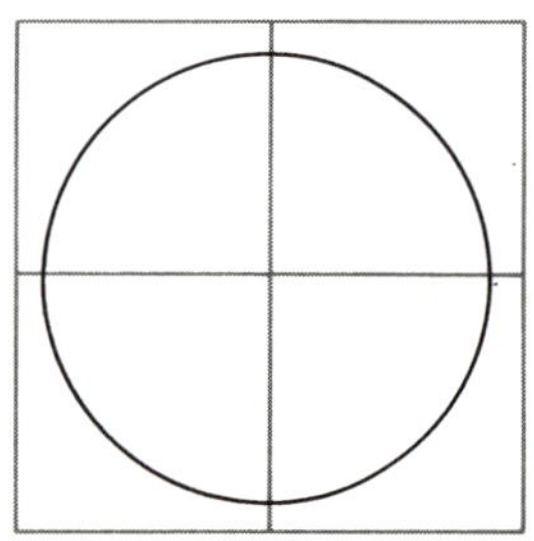

1. Ein Quadrat zeichnen (in der fertigen Größe, sofern man Schablonen anfertigen will). Die Mitte jeder Seite markieren. Die Markierungen quer und längs mit geraden Linien verbinden; der Schnittpunkt ist die Quadratmitte. Mit dem Zirkel in die Quadratmitte stechen. Den Zeichenschenkel bis nahe an die Seite des Quadrats spreizen (etwa 4 cm davon entfernt, wenn man eine Schablone der fertigen Größe anfertigen will). Den Kreis ziehen

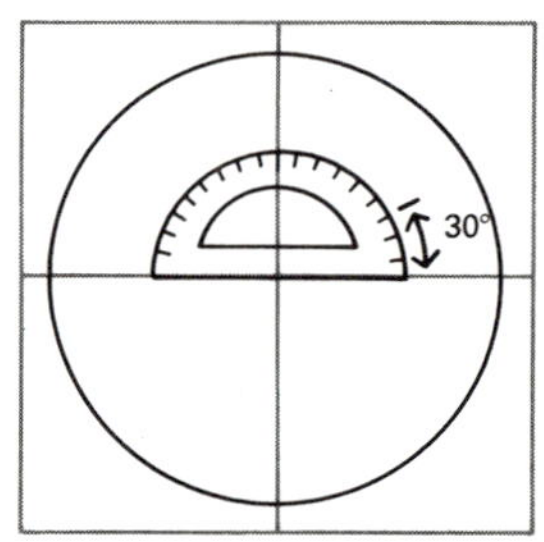

2. Um den Winkel für jeden Keil zu bestimmen, zuerst die Anzahl der Keile festlegen. Dann die 360 Grad des Kreises durch die Zahl der Keile teilen. Die Applikation links hat 12 Keile, jeder mit 30 Grad. Den Sektor wie folgt zeichnen: Die gerade Seite des Winkelmessers so auf die waagrechte Mittellinie legen, daß das Fadenkreuz genau auf der Senkrechten liegt. Auf dem runden Rand den gewünschten Winkel ablesen und markieren (hier 30 Grad)

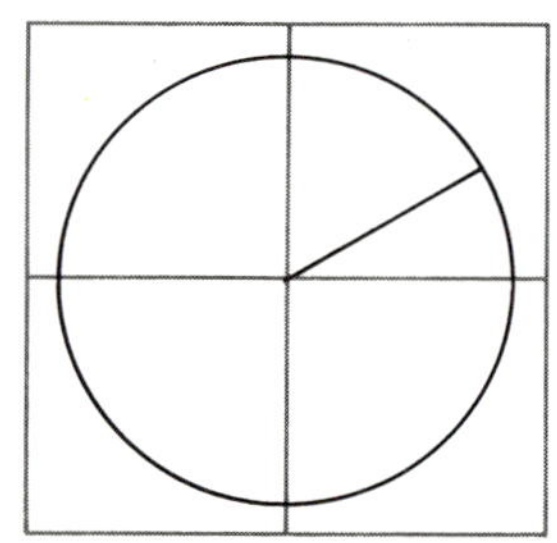

3. Nun mit einem Lineal von der Quadratmitte durch die Winkelmarkierung bis zur Kreislinie einen Radius ziehen. Die rechte Hälfte der waagrechten Mittellinie des Quadrats dient als zweiter Radius für den Sektor

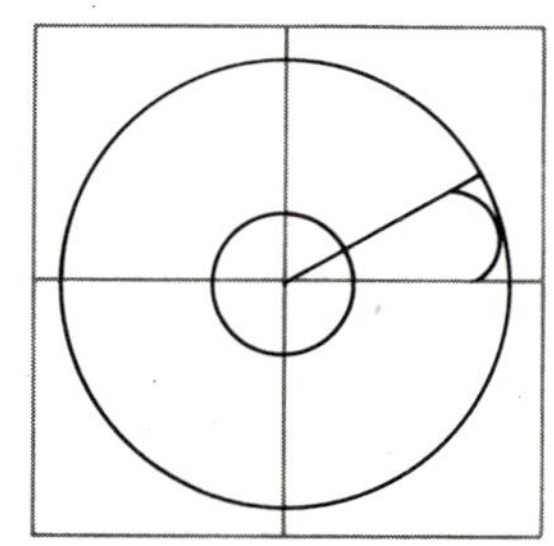

4. Den Außenrand des Sektors wie gezeigt freihändig abrunden. Dann mit dem Zirkel in die Quadratmitte stechen und einen kleinen Kreis als Mittelstück der Applikation zeichnen. Der Sektor vom gebogenen Außenrand bis zum kleinen Kreis ist die fertige Form für alle Keile in der Applikation. Fertigt man schon Schablonen an, werden nur diese 2 Formen gezeichnet. Ist man noch beim Entwurf, werden die anderen Keilformen roh skizziert

Kreise/Kleine Bogen

Blumengarten

Klötzchen

Ein in 6 Bogen unterteilter Kreis ergibt ein Sechseck, die Grundeinheit der beiden Muster links. Der Blumengarten, das erste Beispiel, besteht ausschließlich aus kleinen Sechsecken; die Sechsecke im Klötzchenmuster sind groß, und jedes setzt sich aus 3 gleich großen Rauten zusammen. Zuerst ein Quadrat zeichnen, dessen Seitenlänge der gewünschten Höhe des Sechsecks entspricht. (Das fertige Sechseck hat die gleiche Höhe wie das Quadrat, ist aber etwas schmaler). Die Seitenlänge des Quadrats für den Blumengarten mißt 4 cm, für die Klötzchen 15 cm

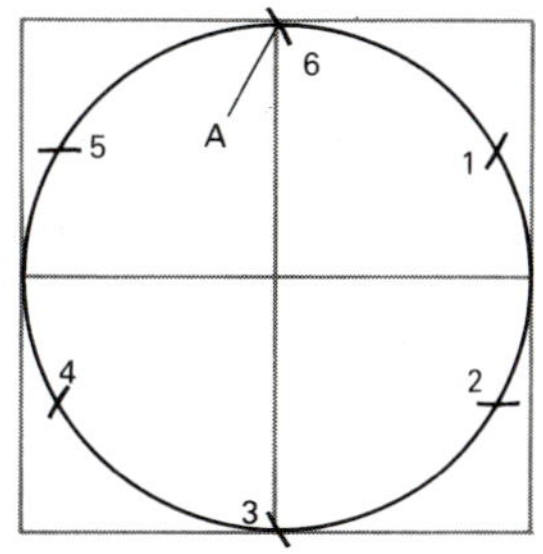

Sechseck bilden: 1. Ein Quadrat zeichnen und den Mittelpunkt bestimmen (Schritt 1, S. 212). Einen Kreis mit demselben Durchmesser wie die Seitenlänge des Quadrats zeichnen. Mit derselben Zirkeleinstellung bei A einstechen und den Kreisumfang in 6 Bogen einteilen, dabei für jeden neuen Bogen dort einstechen, wo der letzte Bogen die Kreislinie schneidet

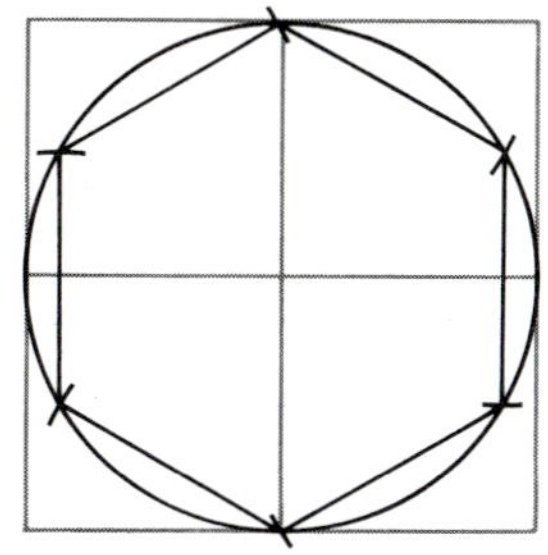

2. Um die 6 Seiten des Sechsecks zu zeichnen, je 2 nebeneinanderliegende Schnittpunkte mit einer Geraden verbinden

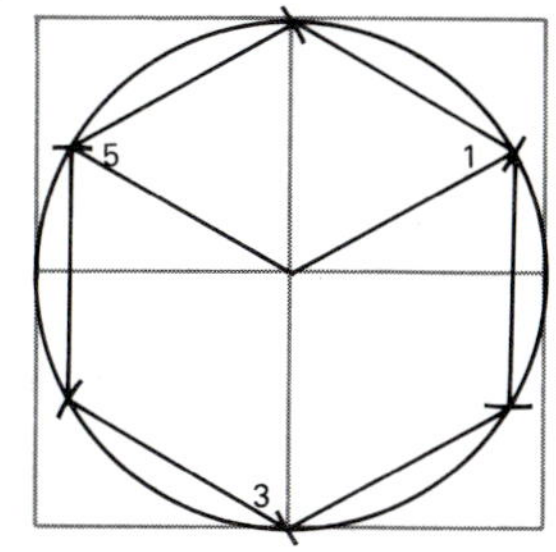

Für die Klötzchen ein Sechseck zeichnen und in 3 gleich große Rauten wie folgt teilen: Eine Gerade von Schnittpunkt 1 zum Mittelpunkt und eine weitere von Schnittpunkt 5 zum Mittelpunkt ziehen. Die untere Hälfte der senkrechten Mittellinie vom Mittelpunkt bis zu Schnittpunkt 3 ist die dritte Teilungslinie

Halbkreis/Viertelkreis

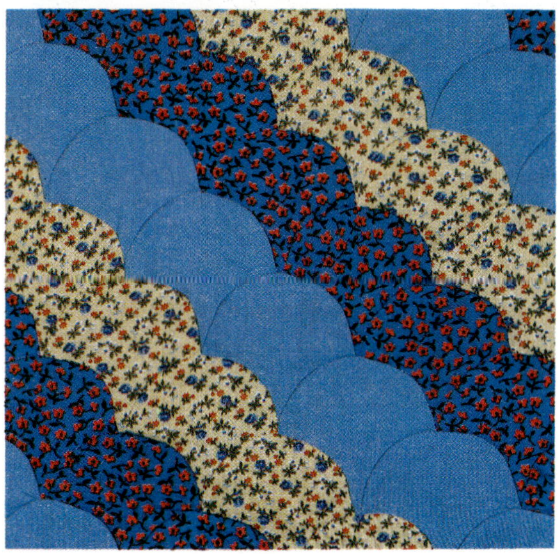

Muschel

Ein Halbkreis und zwei Viertelkreise ergeben die Wiederholungseinheit des Muschelmusters. Zunächst zeichnet man ein Quadrat in der gewünschten Höhe und Breite der fertigen Muschel (sie sind identisch, hier 7,5 cm)

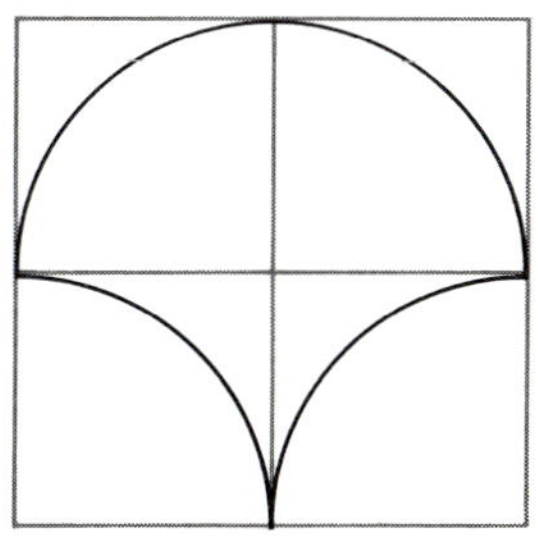

Ein Quadrat zeichnen und den Mittelpunkt bestimmen (Schritt 1, S. 212). Den Zirkel in der Mitte einstechen und den Schenkel mit dem Zeicheneinsatz entlang der waagrechten Mittellinie bis zur Seite des Quadrats spreizen; in der oberen Hälfte des Quadrats einen Halbkreis ziehen. Den Zirkel mit derselben Einstellung in der unteren linken Ecke einstechen und einen Viertelkreis ziehen; nun rechts unten einstechen und einen zweiten Viertelkreis zeichnen

Vexierbild

Ein Viertelkreis innerhalb eines Quadrats bildet die Wiederholungseinheit des Blockmusters. Der Block besteht aus einem Quadrat mit einem 4×4-Raster; anhand eines 16×16-Rasters werden gleich große Viertelkreise gezogen

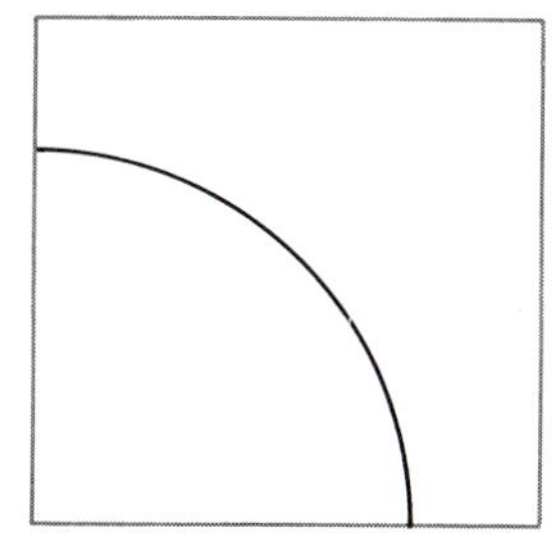

Ein Quadrat zeichnen und in einen 4×4-Raster unterteilen (S. 210). Zirkel in einer Ecke des Rasterquadrats einstechen; den anderen Schenkel auf Dreiviertel der Seitenlänge des Quadrats spreizen und einen Viertelkreis zeichnen. Für die Schablonen muß nur ein Viertelkreis gezeichnet werden. Beim Entwurf in jedes Rasterquadrat einen gleich großen Viertelkreis zeichnen. Die Anordnung der Viertelkreise zeigt die Abbildung links

Patchwork · Grundtechnik

Entwürfe mit Applikationen

Applizierte Blockeinheiten bestehen meist aus Applikationen mit einer oder mehreren Lagen auf einem quadratischen Untergrund. Die Motive der aus einer Lage gearbeiteten Applikationen sind gewöhnlich einfache, stilisierte Formen wie etwa das Ahornblatt. Für eine kompliziertere Form wie die Schneeflocke macht man einen Scherenschnitt (S. 193). Applikationen mit mehreren Lagen können mehrfarbig und ihre Muster, ob nachgezeichnet oder frei entworfen, naturalistischer sein; Beispiele hierfür sind die Rose und der Blumenkorb.

Beim Entwurf können Grundquadrat und Applikation beliebig groß sein; erst für die Schablone zeichnet man sie in der fertigen Größe. Die Applikation muß in das Quadrat hineinpassen; zwischen der Applikation und den Seiten des Quadrats kann etwas Raum als Hintergrund gelassen werden. Wie man die Entwürfe auf die richtige Größe bringt, siehe Seite 14–15; für einen Scherenschnitt verwendet man ein Stück Papier von der Größe der Applikation.

Es gibt zwei weitere Arten von applizierten Blockeinheiten: Die zusammengesetzte Applikation auf einem Quadrat Unterstoff wird so entworfen, daß sie in das Quadrat paßt; der Bereich, in dem sie aufzubringen ist, wird in ihre einzelnen Formen aufgeteilt. Ein Beispiel ist die Dahlie (S. 212). Die andere Art besteht aus einer Applikation mit einer oder mehreren Lagen auf einem zusammengesetzten Block. Ein Beispiel ist der Blumenkorb. Für eine solche Einheit zeichnet man ein Quadrat, unterteilt es in einen Raster (hier 6×6) und entwirft ein zusammengesetztes Blockmuster (S. 210–211). Dann entwirft man eine Applikation (hier Blumen und Henkel), die in einen Bereich des Blocks paßt.

Ahornblatt

Schneeflocke

Rose

Dahlie

Blumenkorb

Crazy Patchwork

Crazy Patchwork ist insofern eine Ausnahme unter den zusammengesetzten Blockmustern, als die Musterteile von beliebiger Größe, Form und Farbe sind. Ursprünglich wurde ein Crazy Patchwork als eine große Blockeinheit gearbeitet, es ist jedoch einfacher, die Stücke erst zu Blockeinheiten und dann die Blöcke zusammenzunähen. Nur die Unterstoffquadrate, auf die die Stücke genäht werden, müssen alle gleich sein; dies wird bei der Erstellung der Vorlage festgelegt (S. 217).

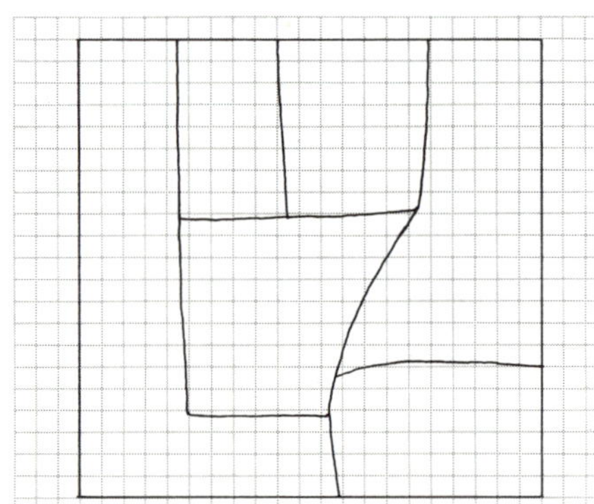

Eine Skizze von der Anordnung der Formen für einen oder sämtliche Blöcke kann bei Entwurf und Ausführung eines Crazy Patchwork hilfreich sein. Das schwierigste ist, sich vorzustellen, wie die unregelmäßigen Formen in der Zusammenstellung wirken werden. Anhand einer Skizze kann man das Muster beurteilen und die eine oder andere Form ändern, bevor man mit dem Zuschneiden beginnt. Eine kolorierte Skizze dient auch als Anhaltspunkt für die Verteilung der Farben. Nach Belieben kann man sie in der fertigen Größe erstellen, zerschneiden und die Stoffstücke nach den Papierstücken zuschneiden. Jedem Stück muß eine Nahtzugabe von etwa 6 mm hinzugefügt werden

Verbindungsstreifen und Umrandungen

Verbindungsstreifen und Umrandungen werden aus meist schmalen Stoffstreifen gefertigt und dienen, wie die Namen besagen, dazu, Blöcke oder Blockgruppen zu verbinden bzw. die äußeren Kanten des Patchworks einzufassen. Sie werden am besten schon bei der Erstellung der Mustervorlage (S. 217) berücksichtigt; da kann man das Gesamtmuster überblicken und rechtzeitig entscheiden, ob eine Umrandung bzw. Verbindungsstreifen dazu passen oder sogar erforderlich sind, um das Patchwork auf die gewünschte Größe zu bringen. Solche Streifen lassen sich auch ohne andere Elemente zu reizvollen Mustern zusammenstellen.

Je nachdem, welchen Effekt man anstrebt, können die Streifen aus durchgehenden Stoffbahnen oder zusammengesetzten Teilen bestehen. Für durchgehende Streifen ermittelt man lediglich Länge und Breite und gibt 6 mm Nahtzugabe auf jeder Seite zu. Notfalls sctzt man ein Stück an, um die erforderliche Länge zu bekommen. Zur Verzierung können Applikationen aufgenäht werden; man legt die Anordnung fest und entwirft dann ein passendes Wiederholungsmotiv. Für die Applikationen sind Schablonen in der fertigen Größe erforderlich.

Zusammengesetzte Streifen bestehen aus kleinen und relativ einfachen zusammengesetzten Blockeinheiten. Zunächst wählt man ein Blockmuster, das geeignet ist, über die Länge des Streifens wiederholt zu werden. Einige Entwürfe sind rechts abgebildet, weitere auf Seite 210–211. Bei der Auswahl muß man die Ecken und anderen Stellen berücksichtigen, wo die Streifen zusammentreffen, da manche zusammengesetzte Muster hier nicht zusammenpassen. Am einfachsten ist es, ein einfarbiges Quadrat einzusetzen; bei einigen zusammengesetzten Mustern genügt es, die Farben anders anzuordnen.

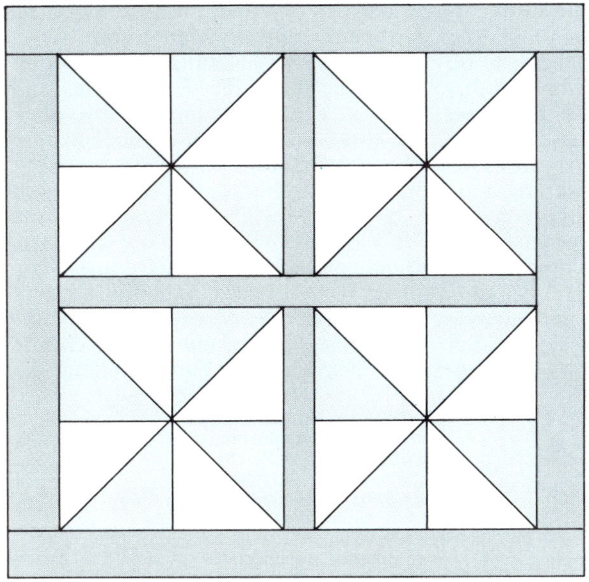

Durchgehende Verbindungsstreifen und Umrandungen wurden im Patchwork oben verwendet. Sie können einfarbig sein (wie oben) oder mit Applikationen verziert; unten einige Beispiele

Zusammengesetzte Verbindungsstreifen und Umrandungen wie oben bestehen aus sich wiederholenden zusammengesetzten Blöcken. Die Blockeinheiten sind unten rot gekennzeichnet

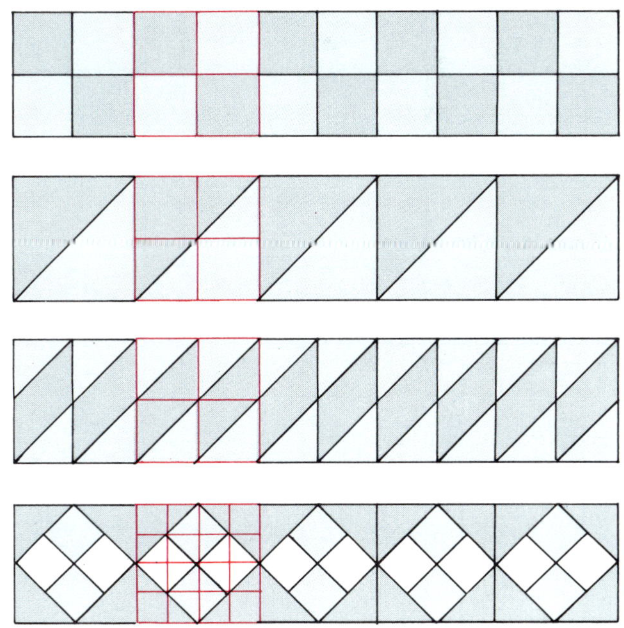

Patchwork · Grundtechnik

Die Farbgebung beim Patchwork

Wahl und Anordnung der Farben sind für die Gesamtwirkung eines Patchworks von wesentlicher Bedeutung. Die Farben für einen einzelnen Block zusammenzustellen ist leicht; für eine Patchworkarbeit aus mehreren Blökken muß man jedoch berücksichtigen, wie die Farben wirken werden, wenn viele Blöcke zum Schluß miteinander verbunden sind.

Die Wahl der Farben ist Geschmackssache. Die Anordnung hängt davon ab, ob das Muster der einzelnen Einheiten vorherrschen soll oder ob man aus den kombinierten Einheiten ein sekundäres Gesamtmuster entwickeln möchte. Im zweiten Fall muß man sich wiederum entscheiden, ob das Gesamtmuster stärker betont werden soll als die einzelnen Einheiten oder ob eher eine Wechselwirkung zwischen beiden wünschenswert wäre.

Um die gewünschte Wirkung zu erzielen, muß man mit den Farben und ihrer Anordnung experimentieren, und zwar am besten auf einer Vorlage wie ganz rechts auf Seite 217.

Rot, Gelb und Orange wirken kräftiger als Blau, Grün und Violett. Bei Kombinationen von Rot und Grün benutzt man das Rot, um eine Stelle zu betonen. Hellere Töne treten meist stärker hervor als dunklere, wobei es aber auch auf die Grundfarbe ankommt. Rosa, das von Rot abgeleitet ist, tritt stärker hervor als ein entsprechender Blauton. Je größer die Farbfläche, desto stärker die Wirkung.

Soll das Muster des Einzelblocks im Vordergrund stehen, betont man den Innenbereich der Einheit; legt man mehr Wert auf das Gesamtmuster, betont man den Randbereich. Um beide gleichzustellen, bemüht man sich um eine ausgeglichene Farbverteilung innerhalb aller Einheiten des Projekts.

Auch durch die Anordnung der Einheiten entstehen verschiedene Effekte. Eine diagonale Anordnung (unten rechts) ergibt ein kräftiges, eher unruhiges Muster. Auf Seite 217 liegen einfarbige Blöcke und Streifen zwischen den zusammengesetzten Blöcken, betonen dabei deren Muster, schaffen aber auch eine andere Art Sekundärmuster. Bei bedruckten Stoffen wählt man am besten kleine Muster, deren Farbqualität sich sehr wenig verändert. Drucke mit geraden Linien wirken wie Streifen.

Eine Farbe wurde für die gesamte Sternform genommen. Sie wirkt daher so stark, daß die Blockeinheit im Gesamtmuster vorherrschend bleibt. Da die Farbe des Sterns als Hauptkomponenten Gelb und Rot hat, unterstreicht sie diese Wirkung

Diese ausgewogenen Farben und Flächen sind gleichmäßig über das ganze Patchwork verteilt. Wenn man das Auge über das Gesamtmuster von einer Form zur anderen schweifen läßt, wird das Wechselspiel zwischen Muster der Blockeinheit und Sekundärmuster deutlich

Diagonal angeordnete Blöcke mit starker Farbbetonung der Randbereiche veranschaulichen die Effekte, die durch die Anordnung geschaffen werden. Das Sekundärmuster kommt so stark zur Geltung, daß es sogar einiger Mühe bedarf, das Blockmuster zu erkennen

Einfarbige und zusammengesetzte Blöcke, abwechselnd angeordnet, heben am deutlichsten die Muster der Einheiten hervor. Diese Methode empfiehlt sich für die ersten Versuche, weil man damit die Schwierigkeiten umgeht, die sich ergeben können, wenn zusammengesetzte Blöcke direkt miteinander verbunden werden. Die einfarbigen Blöcke können eine völlig andere Farbe haben als die Teile der zusammengesetzten Einheiten; es ist jedoch einfacher und wirkt auch besser, wenn ein Farbton aus den zusammengesetzten Blöcken wiederholt wird

Verbindungsstreifen bringen das Muster der Einheiten zur Geltung wie ein Rahmen ein Bild. Hier wurden sie aus durchgehenden Stoffbahnen angefertigt; sie können aber auch zusammengesetzt werden (S. 215). Verbindungsstreifen werden häufig dazu verwendet, das Patchwork auf die erforderliche Größe zu bringen. Will man die Blöcke unmittelbar aneinandernähen, kann man durch Umrandungen das Patchwork vergrößern. Auch eine Kombination von beiden ist möglich. Weitere Einzelheiten darüber sind auf Seite 215 zu finden. Wie Verbindungsstreifen und Umrandungen mit Blöcken verbunden werden, zeigen die Seiten 230–231

Eine Patchworkvorlage erstellen

Bevor man eine Patchworkvorlage anfertigt, bestimmt man die Maße der verschiedenen Einheiten und prüft, ob sie zusammen die ungefähren fertigen Maße des Patchworks ergeben. Ist dies nicht der Fall, muß man die Größe bzw. Zahl der Einheiten entsprechend ändern. Das fertige Patchwork soll beispielsweise etwa 200 × 240 cm messen, in der Breite fünf und in der Länge sechs Blöcke sowie Verbindungsstreifen zwischen allen Blöcken enthalten. 30 cm große Blöcke ergeben eine Fläche von 150 × 180 cm. Sind die Streifen 7,5 cm breit, ist die Gesamtfläche 180 × 217,5 cm, also wesentlich kleiner als gewünscht. Fügt man eine 10 cm breite Umrandung hinzu, erreicht man etwa die genaue Gesamtgröße. Eine andere Einteilung, die genau 200 × 240 ergeben würde, ist unten gezeigt. Hier werden größere Blöcke (40 cm), dafür aber weniger (vier quer, fünf längs) verwendet sowie eine 20 cm breite Umrandung. Die Blöcke ergeben eine Fläche von 160 × 200 cm; die Umrandung gleicht auf 200 × 240 cm aus.

Die Einheiten zeichnet man dann maßstabgerecht auf Millimeterpapier und notiert die Fertigmaße. Um die Farben zu bestimmen, legt man Transparentpapier über die Vorlage und probiert darauf verschiedene Möglichkeiten aus; für jeden Versuch verwendet man ein neues Stück Papier. Den endgültigen Farbenplan befestigt man auf der Vorlage. Beide dienen als Orientierung für die Anfertigung und Anwendung der Schablonen (S. 218–219) sowie beim Nähen des Patchworks.

Fertige Größe
200 × 240 cm
Einheiten 20 Blöcke mit einfachem Stern je 40 × 40 cm groß und in der abgebildeten Farbgebung
4 braune Umrandungsstreifen, je 21 × 201 cm groß (die Maße enthalten 5 mm Nahtzugabe an jeder Seite)

Eine Blockeinheit vorbereiten und nähen

Schablonen anfertigen und verwenden
Reihenfolge fürs Zusammennähen bestimmen
Allgemeine Nähtechniken
Gerade Nähte
Eckige Nähte
Abgerundete Nähte
Blöcke auf Unterstoff nähen
Allgemeine Technik für applizierte Blöcke
Blöcke mit Applikationen aus einer Lage
Blöcke mit Applikationen aus mehreren Lagen
Blöcke mit zusammengesetzten Applikationen
Zusammengesetzte Blöcke mit Applikationen
Blöcke, Verbindungsstreifen und Umrandungen zusammennähen

Schablonen anfertigen

Um ein Patchwork zu arbeiten, muß man als erstes eine Markierungsschablone und eine Zuschneideschablone für die verschiedenen Musterformen anfertigen. Dazu zeichnet man jede Patchworkeinheit, für die eine Schablone benötigt wird, in der fertigen Größe. (Bis auf Crazy Patchwork sowie durchgehende Verbindungsstreifen und Umrandungen, Seite 214–215, brauchen alle Einheiten Schablonen.) Wie man sie zeichnet, ist auf Seite 210–215 beschrieben. Dann stellt man fest, welche Einzelteile sich am leichtesten verbinden lassen, um das Muster der Blockeinheit zu bilden. Ist beispielsweise der einfache Stern farblich so gestaltet wie unten, scheint er aus einem Stück, das von Dreiecken und Quadraten umgeben ist, zu bestehen. Aber auch der Stern hat mehrere Teile – ein großes Quadrat in der Mitte und kleine Dreiecke, die die Strahlen darstellen –, denn so ist er leichter zusammenzufügen. Warum das so ist, wird auf Seite 220 erklärt. Hat man die Formen festgelegt, macht man von ihnen entsprechende Schablonen aus Karton oder feinem Sandpapier, wie unten beschrieben.

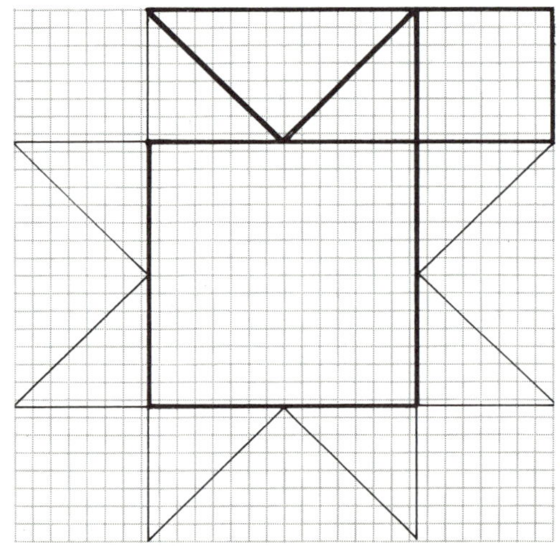

Schablonen anfertigen
1. Die Patchworkeinheit auf Millimeterpapier in der fertigen Größe zeichnen
2. Feststellen, welche Formen Schablonen brauchen
3. Aus der Zeichnung jeweils eine der benötigten Formen vorsichtig ausschneiden, für den einfachen Stern z. B. ein großes und ein kleines Quadrat sowie ein großes und ein kleines Dreieck. Diese Formen sind in der Abbildung links dunkel umrandet

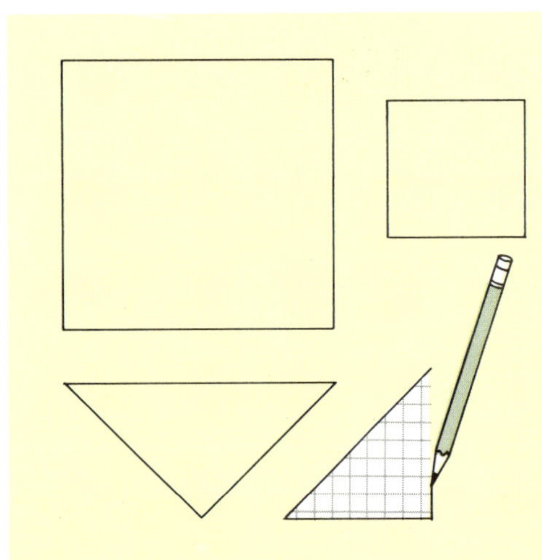

Markierungsschablone

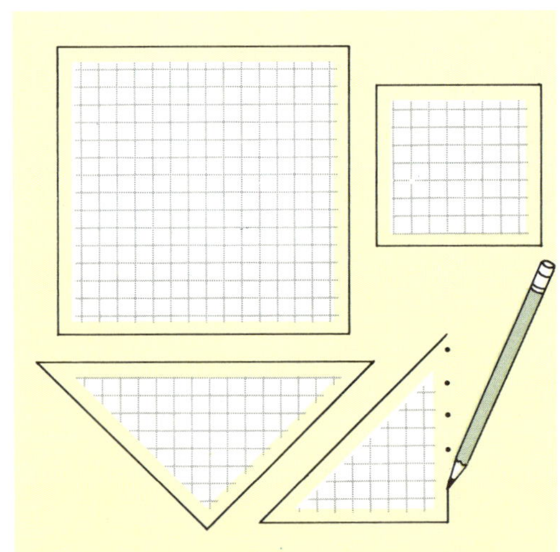

Zuschneideschablone

4. Die ausgeschnittenen Formen auf starkes Papier legen und ihre Umrisse nachziehen, dann die neuen Stücke ausschneiden; diese sind die Markierungsschablonen
5. Die aus dem Millimeterpapier ausgeschnittenen Formen wieder auf starkes Papier im Abstand von etwa 2,5 cm legen; leicht ankleben. 5 mm vom Rand jeder Form entfernt Markierungen anbringen, die Markierungspunkte verbinden und entlang dieser Linien die neuen Stücke ausschneiden. Diese sind die Zuschneideschablonen. Die Zugabe von 5 mm ist der Einschlag, der für das Zusammennähen erforderlich ist

Stoffe und Zubehör 209
Patchworkvorlage erstellen 217

Zuschneideschablonen

Zuschneideschablonen dienen zunächst zur Errechnung des Stoffbedarfs, dann zum Ausschneiden der Stücke (rechts). Um den Stoffbedarf auszurechnen, notiert man anhand der Vorlage (S. 217), wie oft jede Form in jeder Farbe vorkommt. Dann teilt man die Stoffbreite (meist 90 cm) durch die Breite einer der Schablonen. Durch diese Zahl teilt man die Gesamtzahl der gleichfarbigen Wiederholungen dieser Form; das Ergebnis multipliziert man mit der Höhe einer Reihe (eigentlich einer Form), um die benötigte Gesamtlänge des Stoffs zu ermitteln. Diese Berechnung wiederholt man für jede Form und Farbe und addiert dann die Gesamtlänge für jede Farbe. Es empfiehlt sich, etwas mehr Stoff zu kaufen, um Schnittverluste auszugleichen.

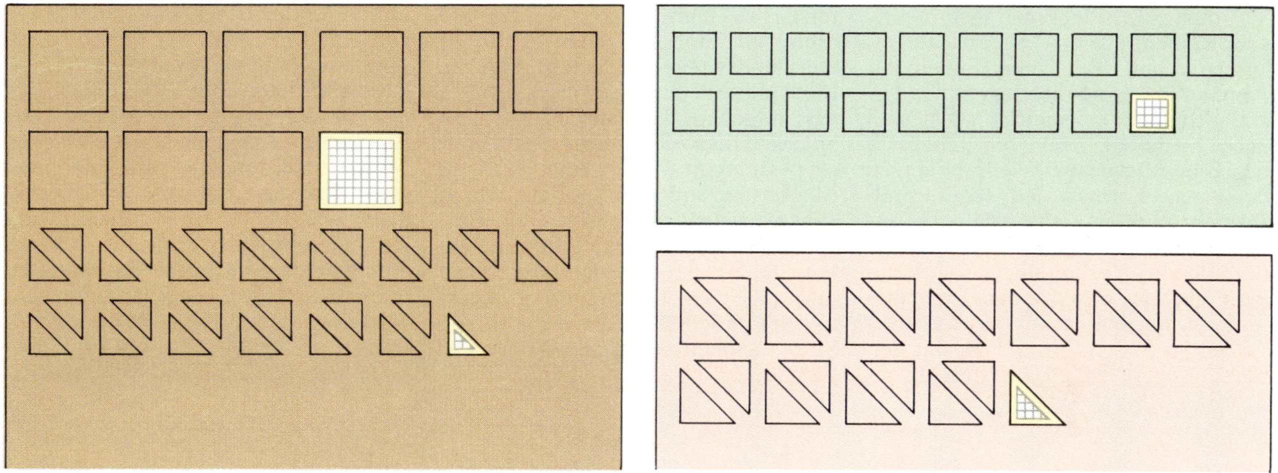

Zuschneideschablone auf linke Seite des entsprechenden Stoffs legen; die Umrisse mit Schneiderkreide nachziehen. Wiederholen, bis alle Stücke aufgezeichnet sind, dann entlang der Markierungslinien ausschneiden. Die verschiedenen Formen getrennt aufbewahren

Sonderfälle

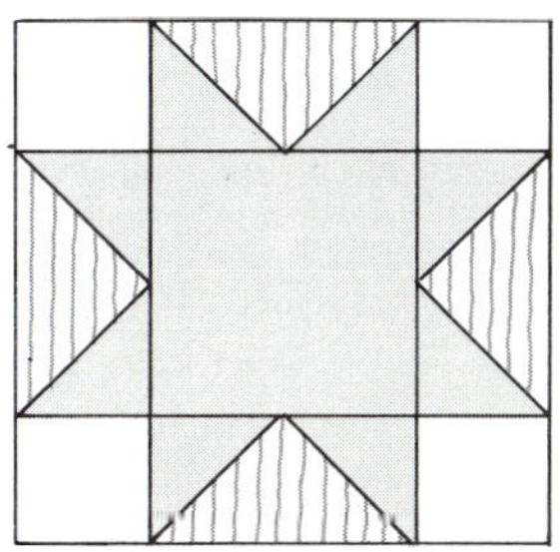

Bei einseitig ausgerichteten Mustern die Formen so auf den Stoff übertragen, daß die Musterelemente später im fertigen Block richtig verlaufen. Für den Block oben werden die gestreiften Dreiecke wie unten zugeschnitten

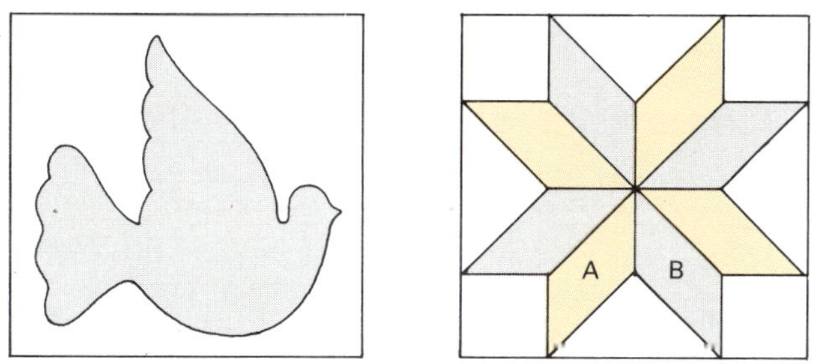

Bei einseitig ausgerichteten Formen wie der applizierten Taube (oben links) und den Rhomben im achtstrahligen Stern (oben rechts) eine Schablone aufzeichnen. Diese seitenverkehrt auf die linke Stoffseite legen. Das ausgeschnittene Stück, auf die rechte Seite gewendet, weist in die richtige Richtung. Die Abbildungen unten zeigen die Formen, einmal auf die linke Stoffseite aufgezeichnet, daneben ausgeschnitten und auf die rechte Seite gewendet

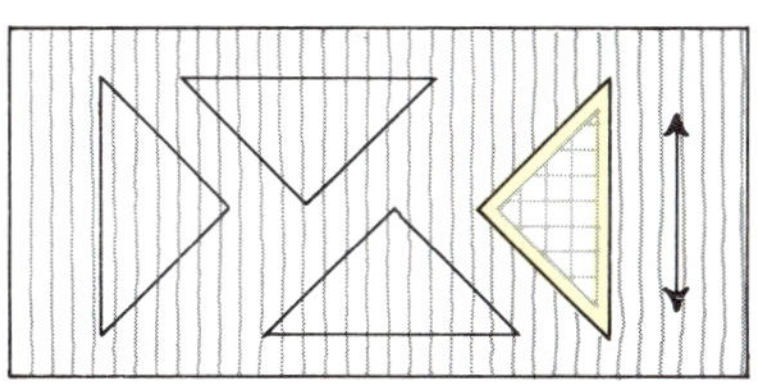

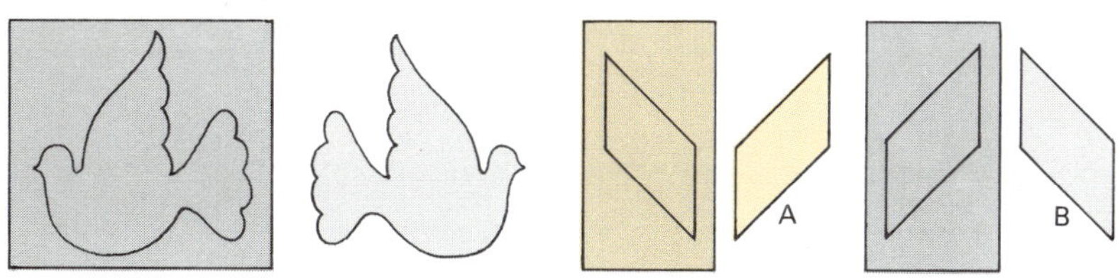

Markierungsschablonen

Mit den Markierungsschablonen werden die ausgeschnittenen Stücke zum Nähen vorbereitet; dabei dient eine Markierungsschablone hauptsächlich zum Markieren der Nahtlinien (unten). Bei Applikationen werden Stütznaht und Einschlag nach den markierten Nahtlinien ausgerichtet; manchmal wird die Markierungsschablone beim Umbügeln der Nahtzugabe zu Hilfe genommen (S. 227). Für manche Patchworkarbeiten aus einer Form werden nach der Markierungsschablone Papierunterlagen ausgeschnitten (S. 233)

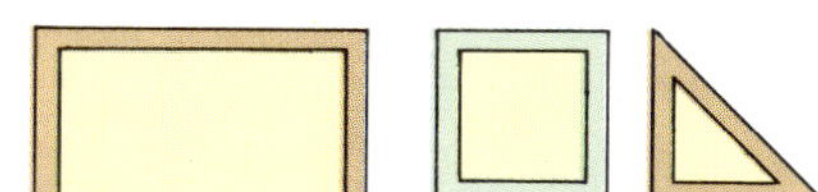

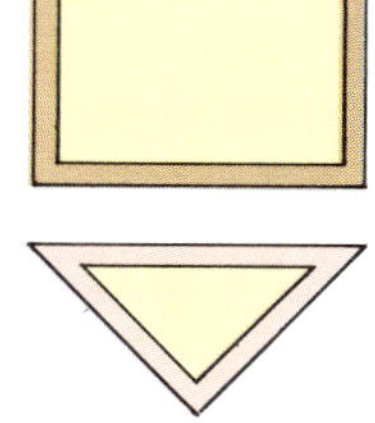

Nähte markieren
Markierungsschablone mittig auf linke Seite der ausgeschnittenen Form legen und Umrisse mit Schneiderkreide nachziehen

Patchwork · Blockeinheit vorbereiten und nähen

Reihenfolge fürs Zusammennähen bestimmen

Vor dem Nähen legt man fest, in welcher Reihenfolge die Teile zusammenzusetzen sind. Bei einer Einheit mit Applikation wird die Lagenfolge bestimmt (S. 226). Zunächst sucht man nach kleineren Einheiten innerhalb des Blocks, die aus Wiederholungen derselben Formen aufgebaut sind. Dann prüft man, ob bei den daran angrenzenden Formen weitere sich wiederholende Verbindungen vorkommen, die aus den kleinen Einheiten größere werden lassen. Die kleinen Einheiten bilden, zusammen mit den hinzugefügten Teilen, Streifen, die ihrerseits zusammengesetzt werden und zahlreiche Blöcke ergeben (einfacher Stern und Vexierbild, unten). Manche Blockmuster werden von der Mitte aus aufgebaut (achtstrahliger Stern, unten). Die so festgelegte Reihenfolge prüft man anhand eines einzigen Blocks und ändert sie notfalls. Dann näht man alle Blöcke gleichzeitig, d. h., man bildet zuerst die kleinsten Einheiten aller Blöcke, fügt dann die Stücke hinzu, die diese Einheiten vergrößern, und verbindet schließlich die größeren Streifeneinheiten, bis alle Blöcke fertig sind.

Allgemeine Nähtechniken

Die Teile der Blockeinheiten können von Hand oder mit der Maschine zusammengenäht werden. Eine Applikation wird gewöhnlich von Hand auf den Block genäht (S. 226–229). Die Blockteile werden meist mit einfachen Nähten verbunden (ausgenommen die Garbe und Crazy Patchwork, S. 226–229). Für eine einfache Naht legt man die Teile rechts auf rechts so aufeinander, daß die Stoffkanten übereinstimmen; gesteckt und genäht wird durch beide Lagen auf der Nahtlinie. Die Stecknadeln entfernt man beim Nähen. Von Hand wird mit kleinen Vorstichen genäht (unten). Die Maschinenstichlänge stellt man auf 2–2,5 mm ein. Der Faden paßt farblich zum Stoff. Die Art der Naht – gerade, abgerundet oder eckig – hängt von der Form der Stücke ab (gerade Nähte, siehe unten und gegenüber; eckige und abgerundete, S. 222–223). Die Nahtzugaben bügelt man auf eine Seite (ausgenommen bestimmte eckige Nahtzugaben, die auseinandergebügelt werden). Bei Nahtkreuzungen werden die Nahtzugaben abwechselnd auf die eine, dann auf die andere Seite gebügelt, damit sie weniger auftragen.

Einfacher Stern

Vexierbild

Achtstrahliger Stern

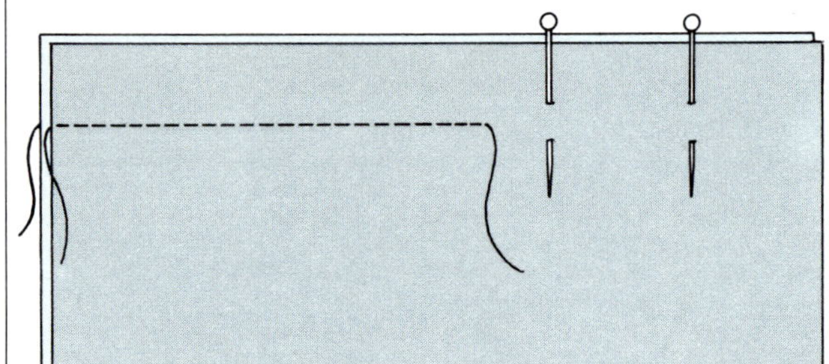

Maschinennaht Zuerst Stichlänge (2–2,5 mm), Fadenspannung und Nähdruck prüfen. Entlang der Nahtlinie steppen; die Naht nicht durch Rückstich sichern; notfalls die Fadenenden verknoten (S. 222)

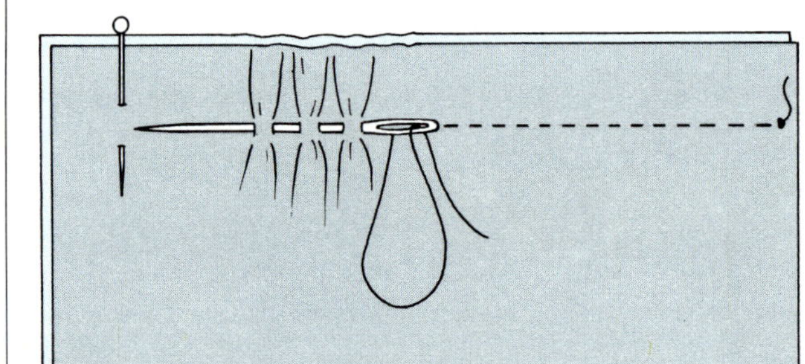

Handnaht Kurze, gleichmäßige Vorstiche verwenden. Die Nadel mehrmals ein- und ausstechen, dann den Faden durchziehen. Den Faden verknoten, um den Anfang der Naht zu sichern

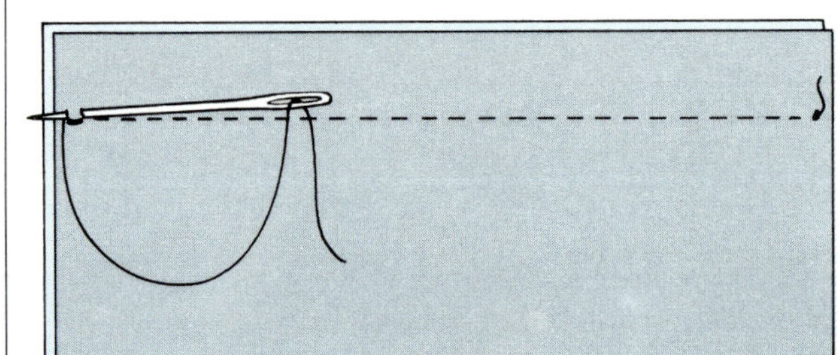

Um Nähte zu verriegeln, ein paar kleine Rückstiche übereinander nähen

Gerade Nähte

Ein Großteil der Stücke in einem zusammengesetzten Blockmuster hat gerade Kanten, die mit geraden Nähten verbunden werden. Im einfachen Stern kommen beispielsweise nur gerade Nähte vor. Dieser Block besteht aus 17 Teilen – einem großen Quadrat in der Mitte, vier kleinen Eckquadraten, vier großen und acht kleinen Dreiecken –, die wie rechts erläutert verbunden werden.

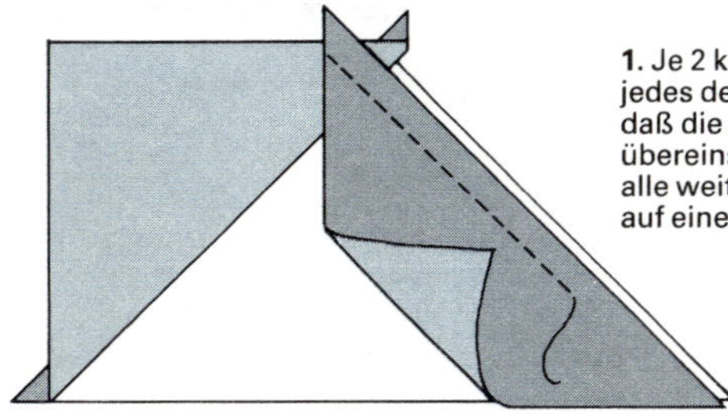

1. Je 2 kleine Dreiecke so an jedes der 4 großen nähen, daß die schrägen Nahtlinien übereinstimmen. Diese und alle weiteren Nahtzugaben auf eine Seite bügeln

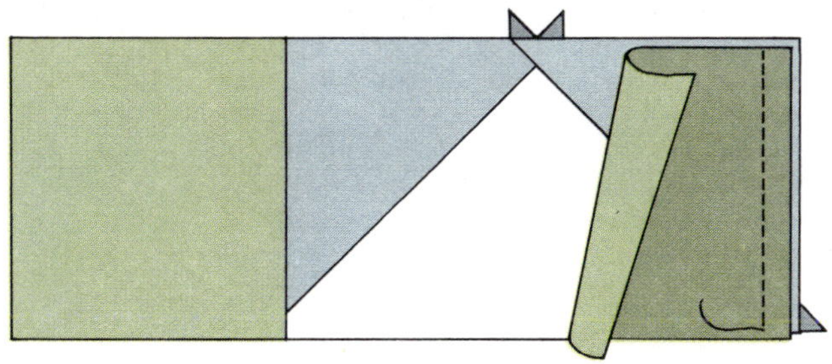

2. Um die unteren und oberen Streifen des Sternblocks zu bilden, ein kleines Quadrat an jedes Ende von 2 der Dreieckeinheiten nähen, die in Schritt 1 oben gebildet wurden

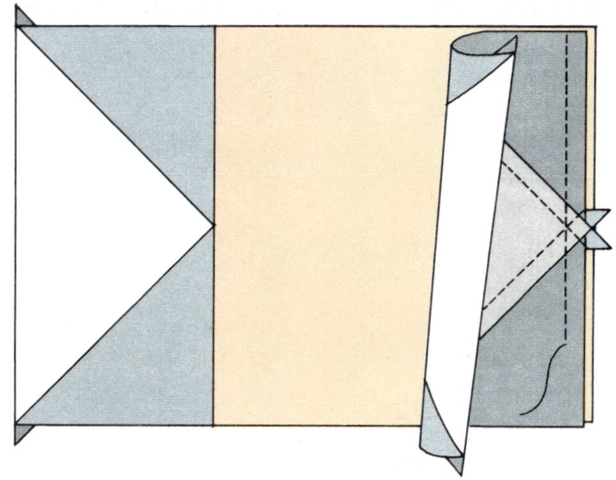

3. Um den Mittelstreifen des Blocks zu bilden, die 2 verbleibenden Dreieckeinheiten aus Schritt 1 an gegenüberliegende Kanten des großen Quadrats nähen. Dabei darauf achten, daß die Spitze des großen Dreiecks wie oben angeordnet und genäht wird. So erreicht man, daß die Spitze des Dreiecks sichtbar bleibt und zur Mitte des Blocks weist

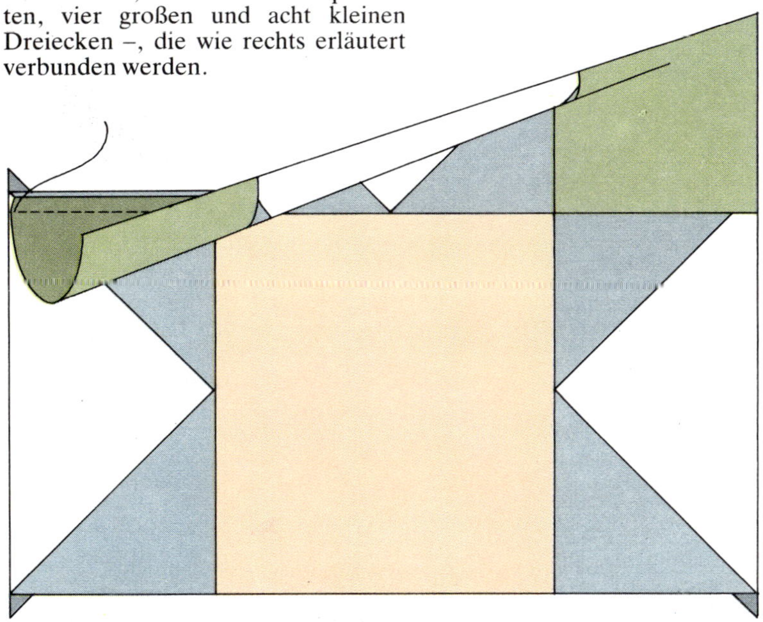

4. Den oberen Streifen so an den mittleren nähen, daß alle Nahtkreuzungen übereinstimmen. Über die Spitze des großen Dreiecks wie bei Schritt 3 steppen

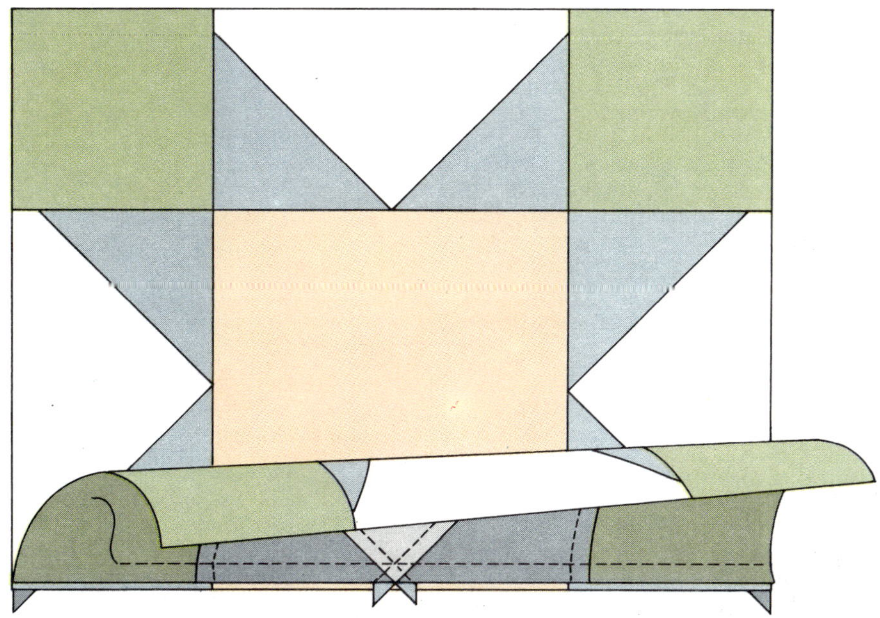

5. Den unteren Streifen so an die freie Kante des mittleren nähen, daß alle Nahtkreuzungen übereinstimmen. Dreieckspitze wie bei Schritt 3 behandeln

Patchwork · Blockeinheit vorbereiten und nähen

Eckige Nähte

Eckige Nähte werden verwendet, um eine Innenecke mit einer Außenecke zu verbinden. Ein Beispiel liefert das oben abgebildete Muster: Zwischen jedem der hellen Quadrate und Dreiecke (Außenecken) und dem Stern (Innenecken) liegt eine eckige Naht. Um sie vorzubereiten, wird die Innenecke eingeschnitten, damit die Stoffkanten auseinandergezogen und denen der Außenecke angepaßt werden können. Wenn die Innenecke aus zwei durch eine Naht verbundenen Teilen besteht (wie hier der Fall), entsteht der Einschnitt automatisch, wenn man die Verbindungsnaht nur bis zur Nahtlinie der Innenecke führt (Abb. 1, 2 und 3). Wird die Innenecke aus einem durchgehenden Stoffstück gebildet, muß man sie durch eine Steppnaht verstärken und dann einschneiden; dazu siehe Seite 223.

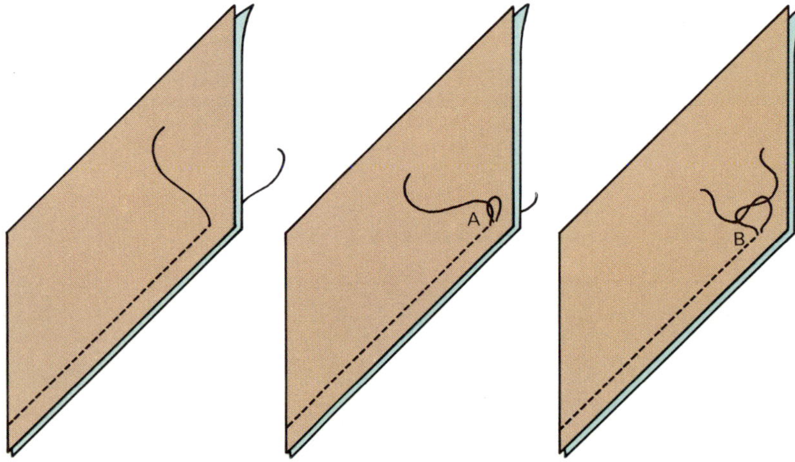

1. Lange Kanten von 2 Rhomben von Kante der spitzen Ecke bis Nahtlinie der Quernaht an der stumpfen Ecke verbinden. Unterfaden heraufholen (A); Faden verknoten (B)

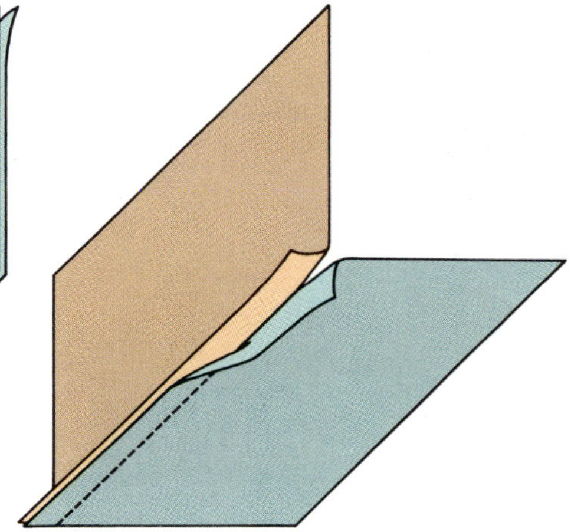

2. Weitere 3 Rhombenpaare in gleicher Weise zusammennähen; alle Nähte auseinanderbügeln

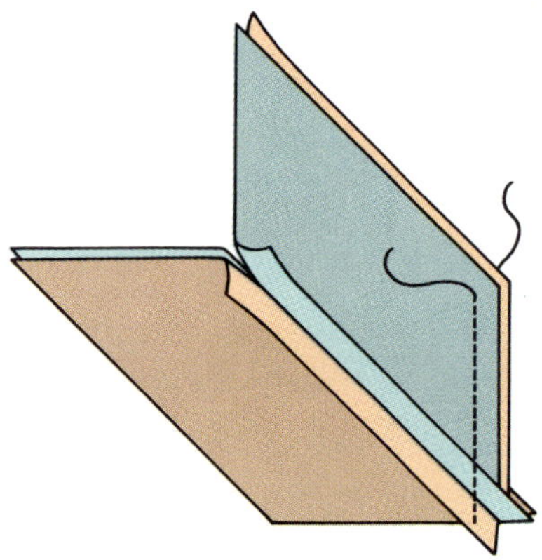

3. Je 2 Rhombenpaare zusammennähen; die Nähte wie in Schritt 1 beginnen und enden lassen; die Fadenenden verknoten

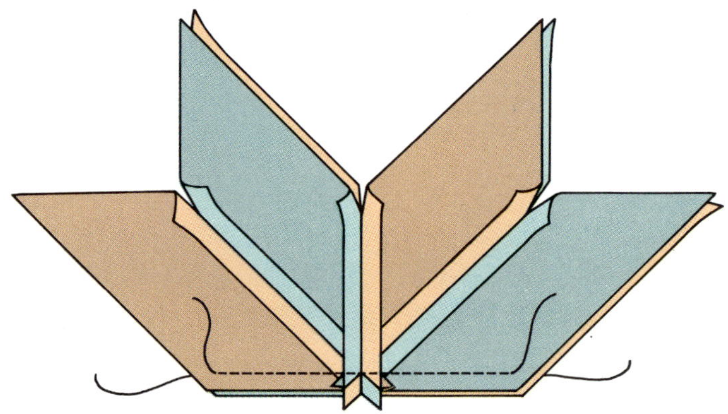

4. Die in Schritt 3 abgebildeten Doppelpaare rechts auf rechts so zusammenstecken, daß die Quernähte aufeinanderliegen. Die Naht an der Nahtlinie der Quernähte beginnen und enden lassen. Die Fadenenden verknoten und die Naht auseinanderbügeln

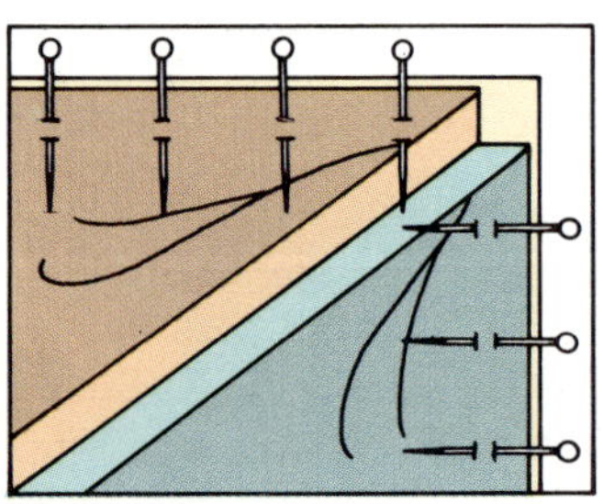

1. Die Innenecke des Sterns auseinanderziehen und rechts auf rechts so auf die Außenecke des hellen Quadrats bzw. Dreiecks legen, daß die Kanten übereinstimmen. So feststecken, daß die Nahtzugaben des Sterns auseinanderliegen

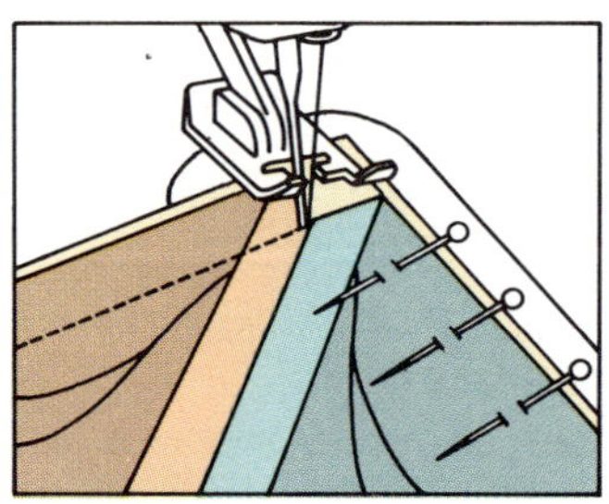

2. Zunächst die Naht von der Außenkante zur Ecke steppen, die Nadel im Stoff lassen, den Nähfuß lüften und den Stoff auf der Nadel so drehen, daß die zweite Hälfte der Naht davorliegt

3. Den Nähfuß herunterlassen und die zweite Hälfte der Naht bis zur Außenkante des Stoffs steppen

Eine Innenecke aus einem durchgehenden Stoffstück wird, wie hier unten gezeigt, durch eine Verstärkungsnaht gesichert und dann wegen der Dehnbarkeit eingeschnitten.

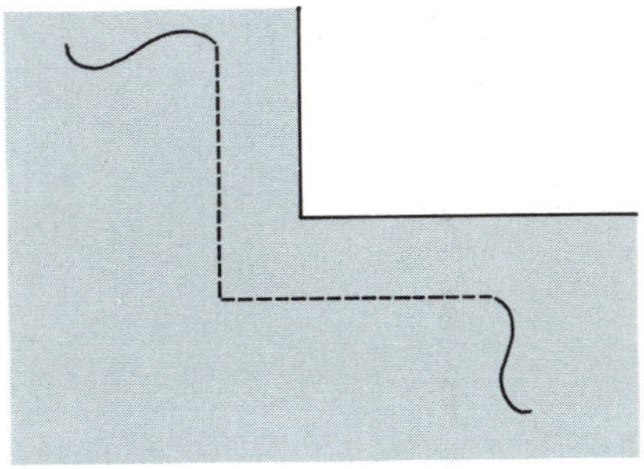

1. Die Innenecke beiderseits der Ecke durch eine je 3 cm lange Steppnaht gerade innerhalb der Nahtlinie verstärken

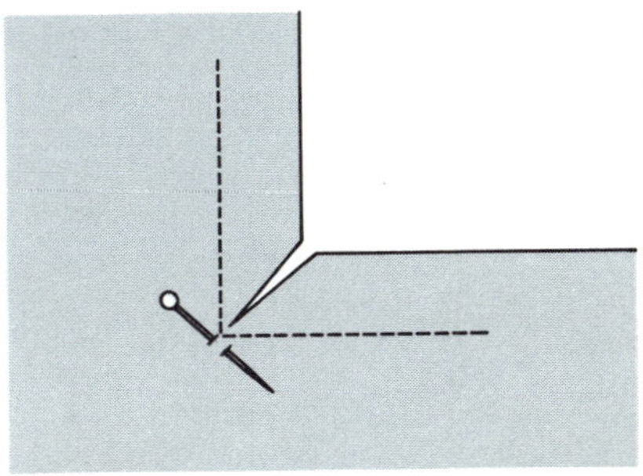

2. Die Ecke einschneiden; um die Naht nicht zu verletzen, die Ecke mit einer Stecknadel sichern

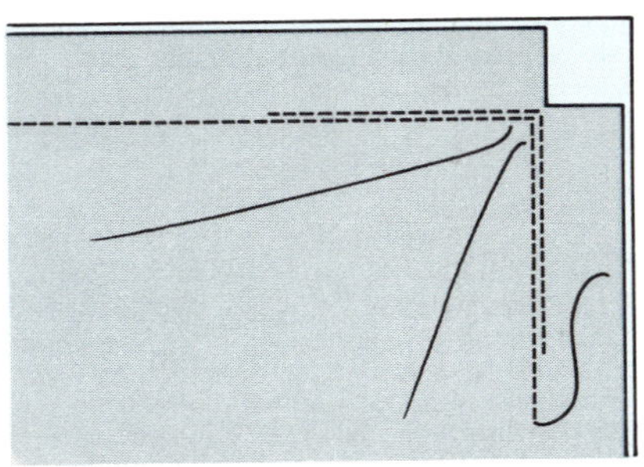

3. Die eingeschnittene Ecke auseinanderziehen, die Kanten auf die der Außenecke stecken und feststeppen (S. 222, unten)

Abgerundete Nähte

Eine Außenrundung und eine Innenrundung werden durch eine abgerundete Naht verbunden, z. B. bei den 16 Einheiten, die zusammen das abgebildete Muster ergeben. Damit die beiden Kurven aneinandergepaßt werden können, wird die Innenkurve mit einer Verstärkungsnaht gesichert und eingeschnitten (Schritt 1). Dann wird sie auseinandergezogen, auf die Außenkurve gelegt und entlang der Nahtlinie festgesteppt (Schritt 2). Damit abgerundete Nähte flach liegen, werden die Nahtzugaben zur Innenkurve hin gebügelt. Sind alle Einheiten gebildet, werden je vier zu einem Streifen zusammengenäht (Schritt 3); die Streifen verbindet man mit geraden Nähten (Schritt 4).

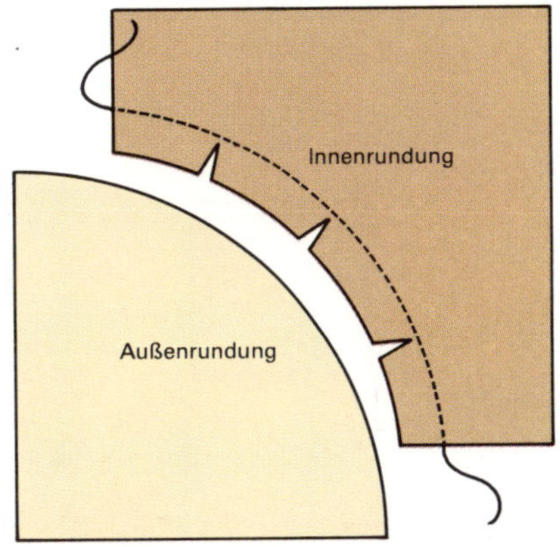

1. An der Innenkurve eine Stütznaht gerade innerhalb der Nahtlinie steppen, dann die Nahtzugabe an einigen Stellen einschneiden, ohne die Naht zu verletzen

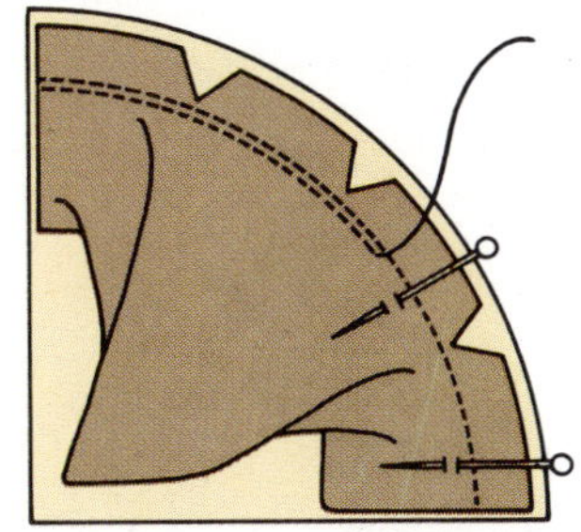

2. Die Innenrundung auseinanderziehen und rechts auf rechts auf die Außenrundung stecken. Entlang der Nahtlinie steppen. Bei den weiteren 15 Einheiten wiederholen

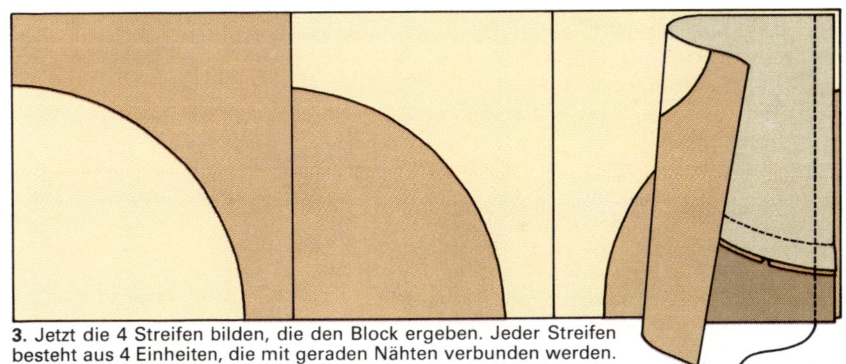

3. Jetzt die 4 Streifen bilden, die den Block ergeben. Jeder Streifen besteht aus 4 Einheiten, die mit geraden Nähten verbunden werden. Wie die Einheiten zusammengesetzt werden, zeigt die Abbildung des fertigen Musters (oben)

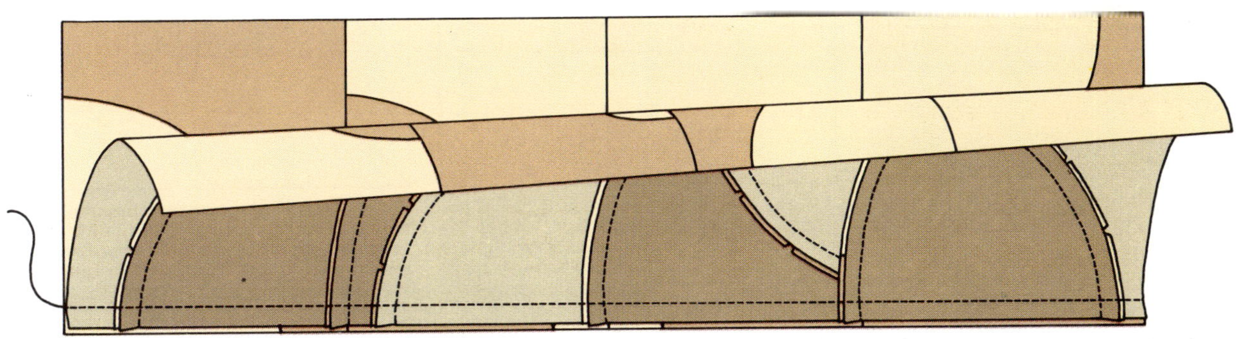

4. Die 4 Streifen mit geraden Nähten verbinden; die Zusammensetzung zeigt ebenfalls die Abbildung des fertigen Blocks oben. Sämtliche Quernähte müssen vor dem Nähen genau aufeinander ausgerichtet sein

Patchwork · Blockeinheit vorbereiten und nähen

Blöcke auf Unterstoff nähen/Blockhaustechnik

Die Teile eines Blockhausmusters werden zusammengenäht und gleichzeitig an einen Unterstoff gesteppt. Man fängt stets in der Mitte des Blocks an; die Reihenfolge, in der die Teile (hier Streifen) aufgebracht werden, hängt vom jeweiligen Muster ab; wie man die Garben (oben) bildet, wird rechts gezeigt.

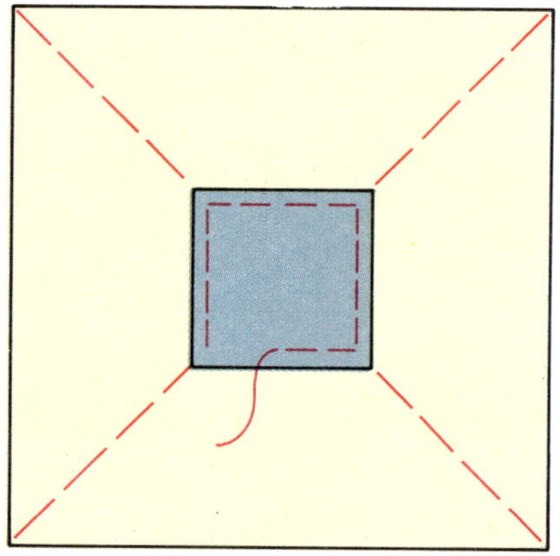

1. Den Unterstoff zweimal diagonal falten und die Faltlinien leicht bügeln. Wieder ausbreiten, die Faltlinien mit Heftfäden markieren und den Stoff glattbügeln. Das Mittelquadrat mit der rechten Seite nach oben nach den gehefteten Linien ausrichten und genau in die Mitte des Blocks legen. Feststecken und heften

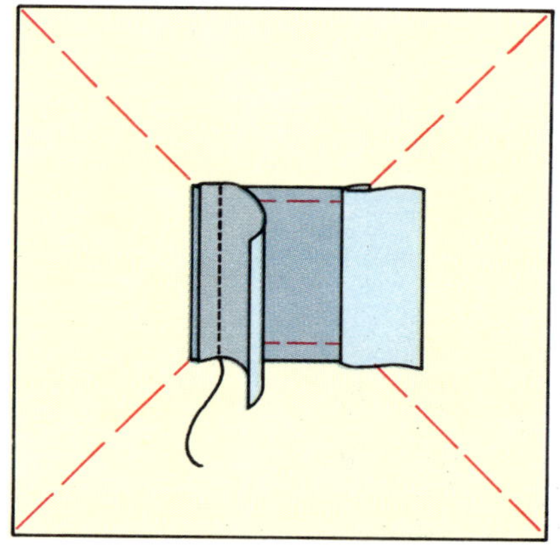

2. Die kürzesten Streifen wie folgt an gegenüberliegende Seiten des Mittelquadrats nähen: Einen Streifen rechts auf rechts so auf das Quadrat legen, daß die Kanten übereinstimmen, feststecken und nähen. Auf die rechte Seite wenden und flachbügeln. Den anderen Streifen ebenso befestigen, wenden und bügeln

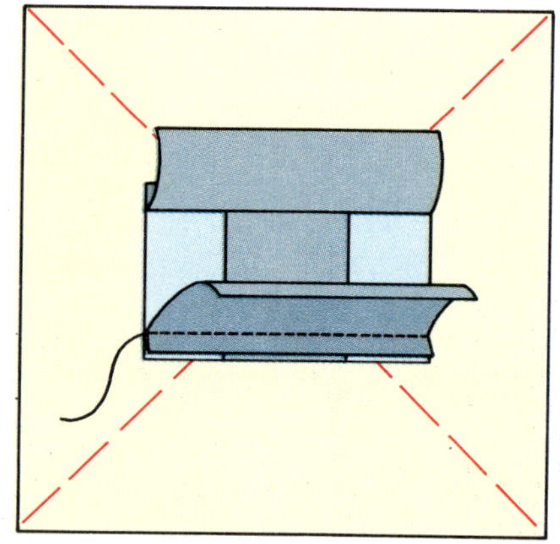

3. Das nächstgrößere Streifenpaar an die oberen und unteren Kanten des Mittelquadrats und der bereits daran befestigten Streifen nähen, auf die rechte Seite wenden und bügeln. Diese Folge mit den jeweils nächstgrößeren Streifenpaaren wiederholen, bis alle Streifen am Block befestigt sind; die losen Kanten der letzten Streifen an den Unterstoff heften

Bei dieser Blockhausvariante sind helle und dunkle Streifen jeweils rechts und links einer diagonalen Mitte angeordnet. Dieses Muster unterscheidet sich von dem ganz oben abgebildeten auch durch die Reihenfolge, in der die Streifen auf den Unterstoff genäht werden (rechts).

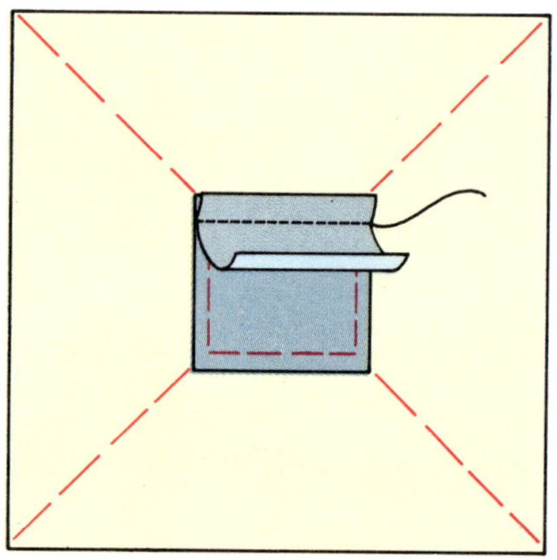

1. Den Unterstoff markieren und das Mittelquadrat heften, wie bei Schritt 1 oben beschrieben. Dann den kürzesten hellen Streifen rechts auf rechts auf die obere Kante des Quadrats stecken und nähen. Auf die rechte Seite wenden und flachbügeln

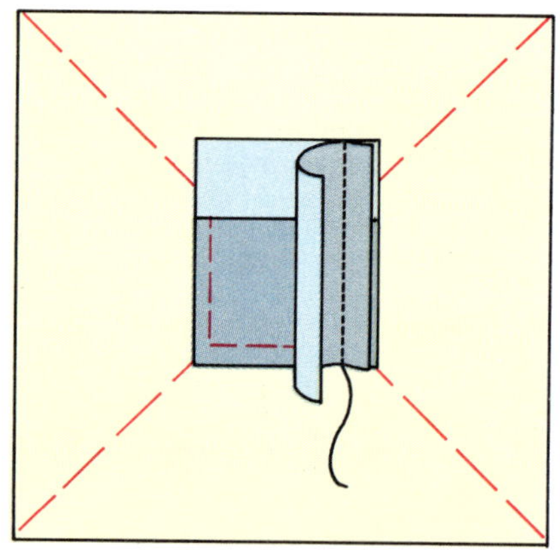

2. Den nächstlängeren hellen Streifen rechts auf rechts auf die rechte Kante des Mittelquadrats und des in Schritt 1 aufgebrachten Streifens stecken und nähen. Auf die rechte Seite wenden und bügeln

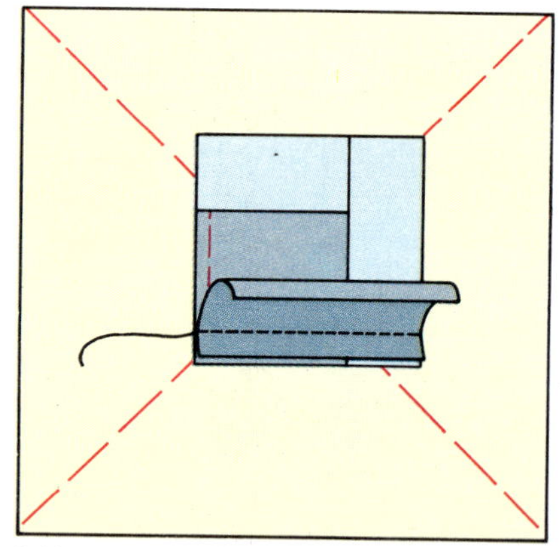

3. Nun den kürzesten dunklen Streifen rechts auf rechts an die untere Kante des Mittelquadrats und des in Schritt 2 aufgebrachten Streifens stecken und nähen. Auf die rechte Seite wenden und bügeln. Im Uhrzeigersinn fortfahren, dabei immer längere helle und dunkle Streifen am Block befestigen. Mit dem längsten dunklen Streifen enden. Die losen Kanten der letzten Streifenrunde an den Unterstoff heften

Blöcke auf Unterstoff nähen/Crazy Patchwork

Crazy Patchwork ist insofern eine Ausnahme unter den Patchworkmustern, als für den Zuschnitt nur eine Skizze des Blockmusters nötig ist (S. 214). Einzigartig ist auch die Technik, in der die Teile verbunden und auf einen Unterstoff genäht werden (rechts).

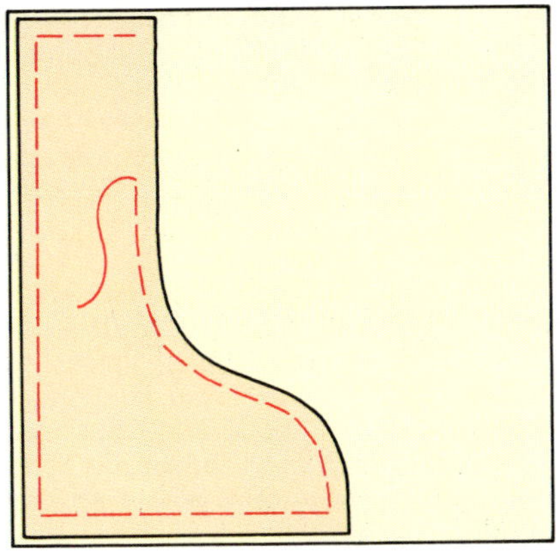

1. Anhand der Blockmusterskizze (S. 214) ermitteln, welcher Teil zuerst aufgenäht wird. Im allgemeinen legt man das erste Stück am besten an eine Blockkante (hier die linke). Ein Stoffstück in der skizzierten Form plus mindestens 5 mm Saumzugabe an allen Kanten zuschneiden. Mit der rechten Seite nach oben auf den Unterstoff stecken und heften

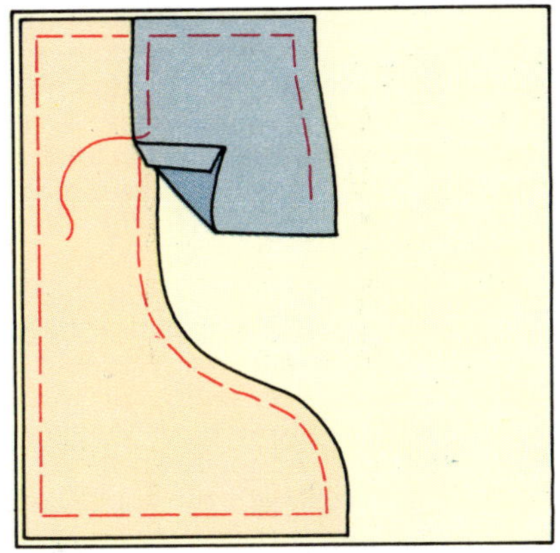

2. Den nächsten Teil ermitteln und in der ungefähren Form mit einer Nahtzugabe von mindestens 5 mm zuschneiden. Mit der rechten Seite nach oben so auf den Block legen, daß er den in Schritt 1 aufgehefteten Teil entsprechend überlappt. Die Nahtzugabe der Kanten, die im fertigen Block sichtbar sein werden, einschlagen und den Teil rundum festheften. Rundungen und Ecken wie auf Seite 227 beschrieben einschlagen

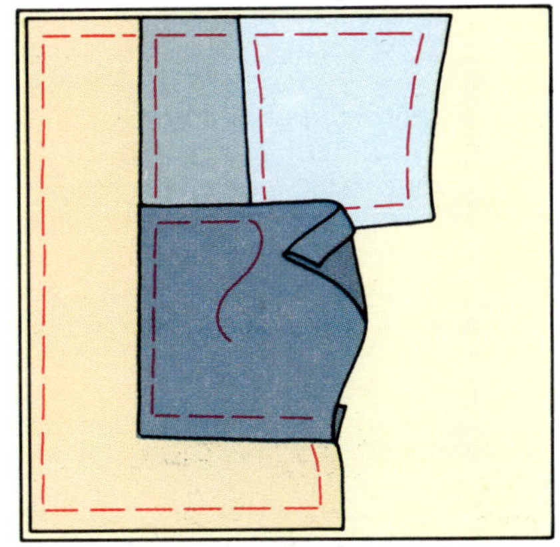

3. Bei allen weiteren Teilen wiederholen, dabei stets beim Zuschneiden die Nahtzugabe berücksichtigen und diese vor dem Heften einschlagen, falls die entsprechende Kante im fertigen Block sichtbar sein wird. Zum Schluß die an den Kanten des Grundstoffs überstehenden Kanten abschneiden

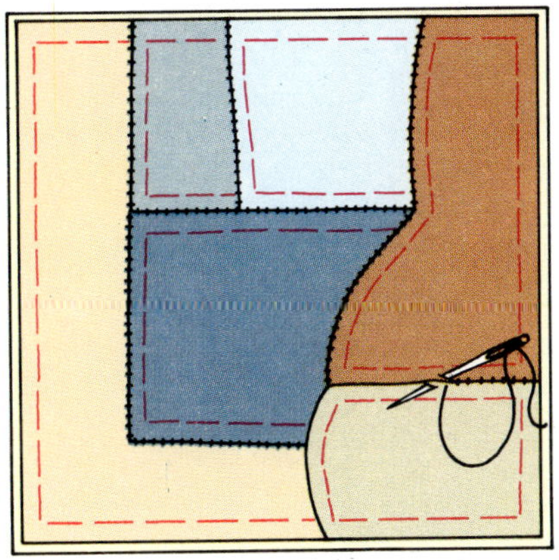

4. Alle umgeschlagenen Kanten von Hand festnähen. Sollen die Stiche möglichst unsichtbar sein, den Saumstich verwenden (rechts oben). Für einen dekorativeren Abschluß den Zickzackstich (Mitte rechts) oder den Bäumchen- oder Federstich (rechts unten) oder einen anderen Stickstich wählen, der beide Seiten der Nahtlinie erfaßt. Zum Schluß alle Heftfäden bis auf die an den Blockkanten entfernen

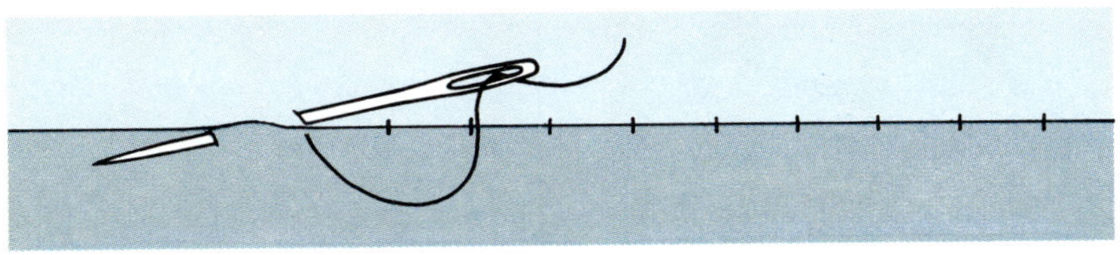

Saumstich Von rechts nach links arbeiten. Von hinten durch die umgeschlagene Kante stechen. Direkt gegenüber dem Ausstich einen kleinen (5 mm langen) Stich durch den Block machen und durch die Faltkante wieder ausstechen. Faden durchziehen und wiederholen

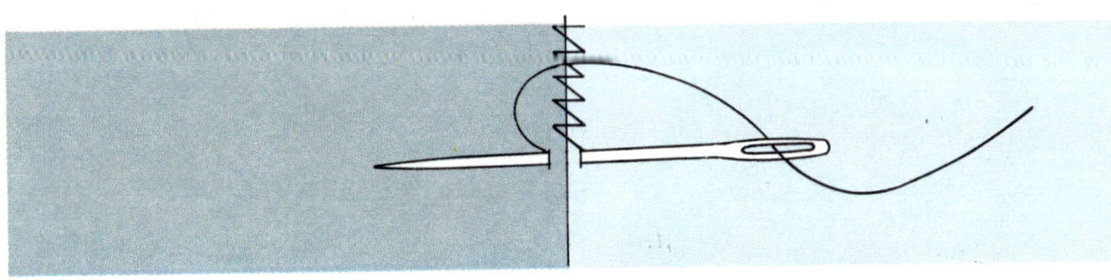

Zickzackstich Kleine Rückstiche über die Faltkante durch alle Stofflagen im Abstand von etwa 5 mm legen; dabei von oben nach unten arbeiten

Bäumchen- oder Federstich Die Stiche beiderseits der Faltkante arbeiten. Auf einer Seite der Nahtlinie ausstechen und den Faden durchziehen. Auf der gegenüberliegenden Seite einen kleinen schrägen Stich zur Nahtlinie hin machen, den Faden unter die Nadelspitze legen und durchziehen; dabei den Faden nicht zu straff anziehen. Auf der gegenüberliegenden Seite wiederholen

Patchwork · Blockeinheit vorbereiten und nähen

Stickstiche 21–53

Allgemeine Technik für applizierte Blöcke

Um eine applizierte Blockeinheit zu arbeiten, schneidet man als erstes Schablonen in der fertigen Größe (S. 218) für alle Formen der Applikation sowie des Blocks, sofern dieser zusammengesetzt wird (dies ist beispielsweise beim Blumenkorb, unten, der Fall). Besteht der Block aus einem Stück, braucht man nur die fertigen Maße. Andere Elemente wie die Stiele (bei der Rose unten) und der Henkel beim Blumenkorb können aus Schrägstreifen geformt werden (S. 199); auch diese Teile erfordern keine Schablone.

Als nächstes wird die Reihenfolge bestimmt, in der die Applikationsstücke aufeinandergelegt werden. Für eine Applikation aus einer Lage (Schneeflocke) ist dies nicht erforderlich. Für Applikationen, die aus mehreren Lagen bestehen (Rose), oder für bestimmte zusammengesetzte Applikationen (Dahlie) legt man die Teile wie folgt auf: Die unterste Lage zuerst, wobei von der Mitte des Blocks nach außen gearbeitet wird. Der Plan für die Rose ist unten abgebildet. Weitere Beispiele sowie herkömmliche Techniken für applizierte Blockeinheiten sind auf den Seiten 228–229 zu finden. Weitere Applikationsmethoden siehe Seite 192–206.

Bei der Festlegung der Reihenfolge kennzeichnet man die Kanten, die unter andere Teile gelegt werden können, und solche, die sichtbar sein werden und deshalb eingeschlagen werden müssen. Die gepunkteten Linien in der schematischen Zeichnung der Rose (unten) kennzeichnen verdeckte Kanten; alle anderen werden eingeschlagen. Es ist meist einfacher, die Kanten einzuschlagen, bevor die Teile aufgenäht werden. Die Kante schlägt man entlang der Nahtlinie ein; die Faltkante wird mit den Fingern geknifft oder gebügelt. Läßt sich der Stoff nur schwer umschlagen, steppt man entlang der Nahtlinie eine Stütznaht oder nimmt die Markierungsschablone zu Hilfe (S. 227). Eckige oder abgerundete Kanten werden eingeschnitten oder eingekerbt, damit sie später flach liegen.

Man heftet alle Stücke auf den Block und näht dann die Applikation mit der Hand auf, entweder mit Saumstich (S. 225) oder mit einem dekorativen Stickstich.

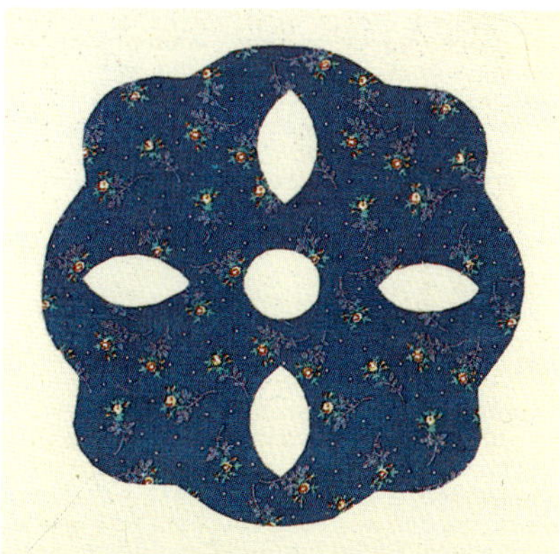

Schneeflocke

Rose

Dahlie

Blumenkorb

Die Reihenfolge, in der die Teile aufgelegt werden, geben die Zahlen an. Zu überlappende Kanten sind durch gepunktete Linien gekennzeichnet; alle übrigen werden eingeschlagen

Kanten einschlagen

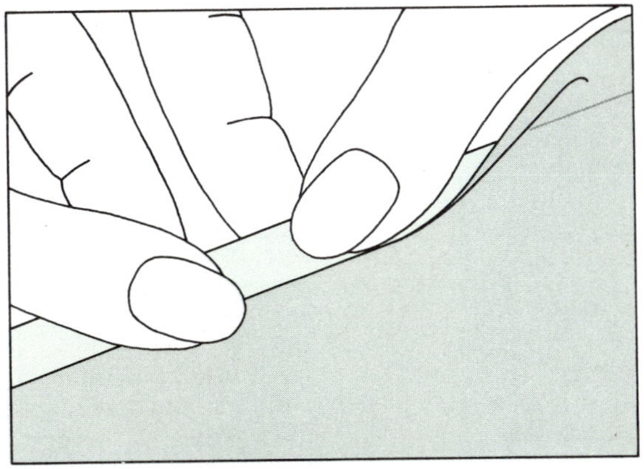

Mit den Fingern kann man eine Faltlinie bilden. Die Kante entlang der Nahtlinie einschlagen und die Falte, wie oben gezeigt, fest zwischen den Fingern drücken

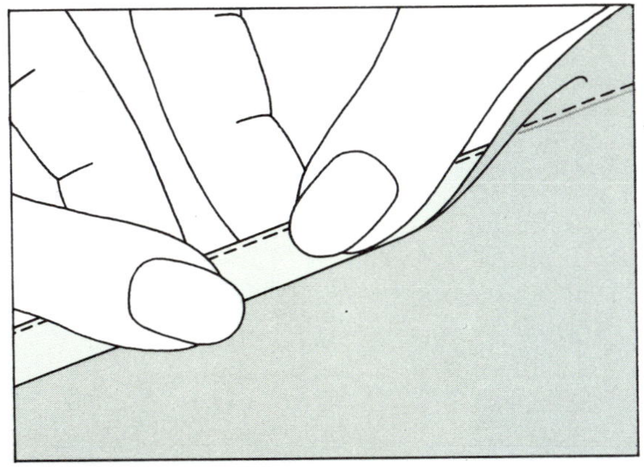

Eine Stütznaht (Geradstiche) innerhalb der Nahtlinie erleichtert das Einschlagen der Kanten. Dabei mit dem Bügeleisen oder den Fingern eine Faltkante bilden

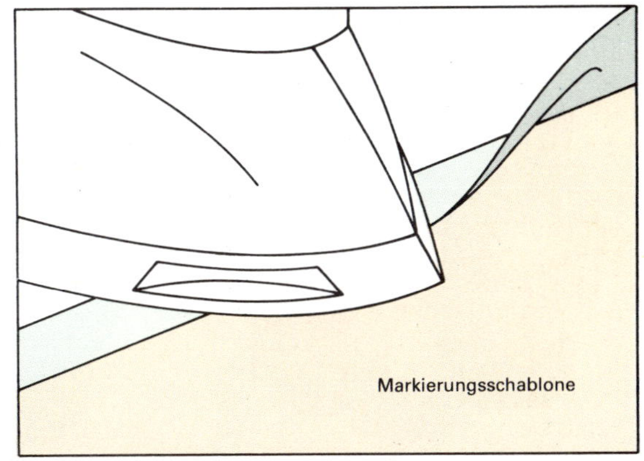

Eine Markierungsschablone dient auch als Hilfe beim Einschlagen. Auf der linken Seite des Teils festhalten, dann die Kante über die Schablone bügeln

Rundungen und Ecken

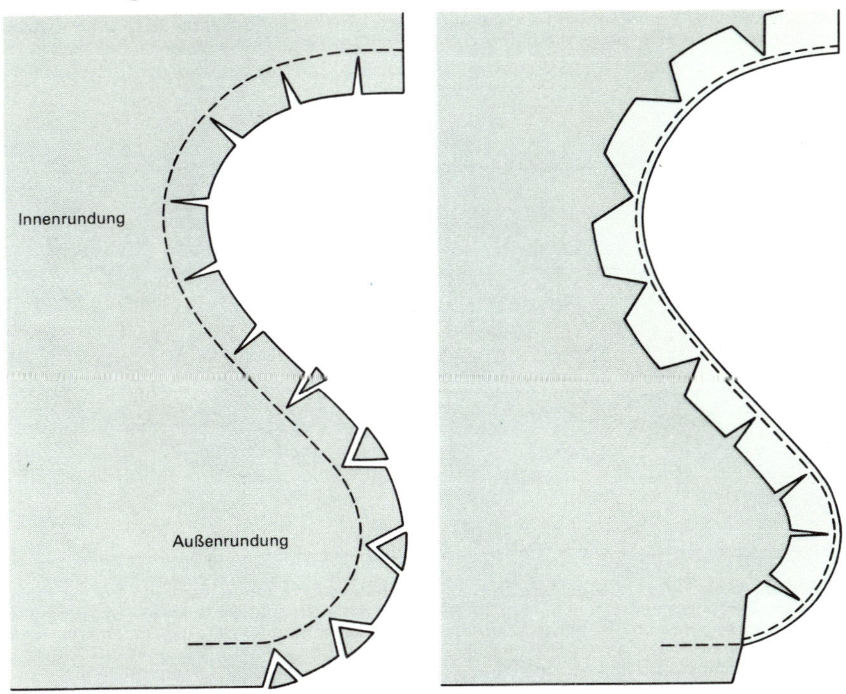

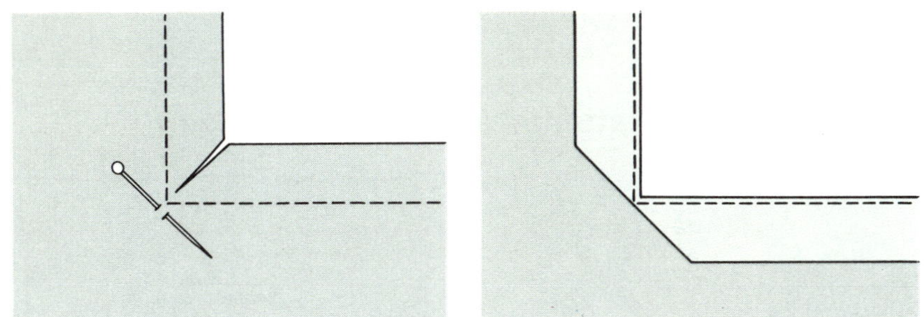

Abgerundete Kanten mit einer Stütznaht versehen. Bei einer Innenrundung die Nahtzugabe einschneiden, damit sie sich beim Umschlagen dehnen kann. Bei einer Außenrundung die Nahtzugabe einkerben, um die überschüssige Weite beim Umschlagen zu entfernen

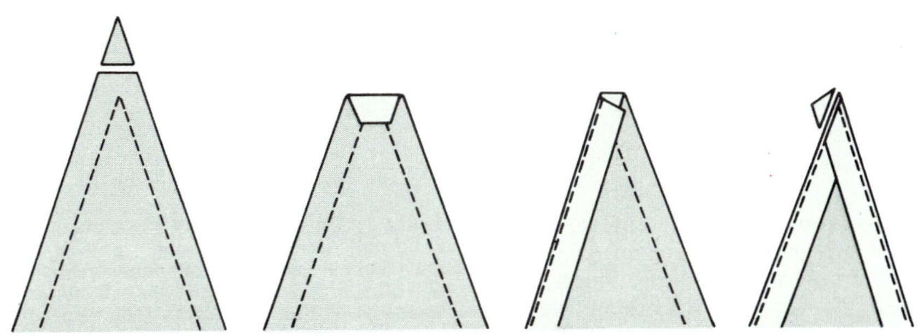

Innenecke Eine Stütznaht über mindestens 2,5 cm zu beiden Seiten der Ecke nähen. Durch die Stiche an der Ecke eine Stecknadel stecken, dann bis knapp davor einschneiden; die Nadel verhindert, daß man die Stiche verletzt. So liegt die umgeschlagene Kante flach auf

Außenecke Eine Stütznaht über mindestens 2,5 cm zu beiden Seiten der Ecke nähen. Die Nahtecke zur Hälfte beischneiden; den Rest quer zur Spitze einschlagen. Die Nahtzugabe auf beiden Seiten der Ecke einschlagen und die überstehenden Kanten beischneiden

Patchwork · Blockeinheit vorbereiten und nähen

Stickstiche 21–53

Blöcke mit Applikationen aus einer Lage

Für Blockeinheiten mit einer Applikation aus einer Lage wie beispielsweise der Schneeflocke oben benötigt man nur zwei Stofflagen: eine für die Applikation und eine für den Block. Alle Kanten der Applikation werden eingeschlagen.

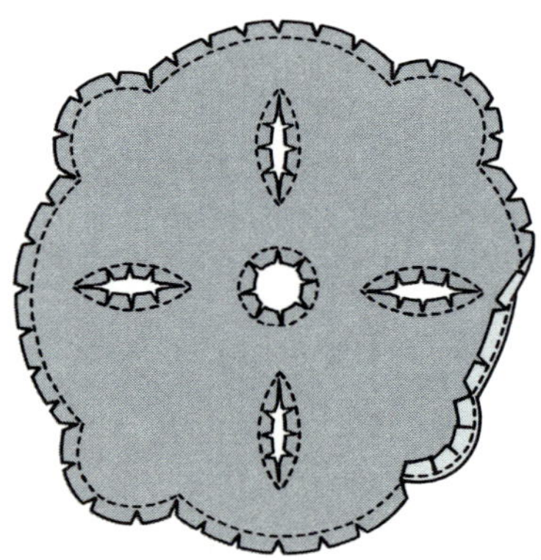

1. Nach den auf Seite 227 beschriebenen Methoden alle Kanten der Applikation einschlagen; da diese abgerundet sind, sind Stütznähte erforderlich. Die Kanten der Innenrundungen einschneiden, die der Außenrundungen einkerben

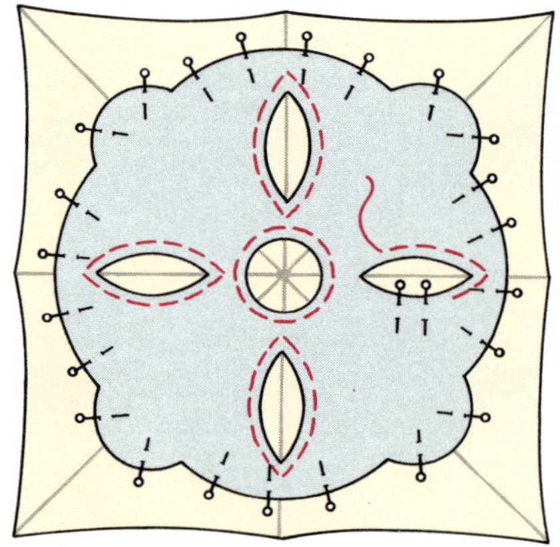

2. Den Stoff des Blocks längs, dann quer falten. Müssen Teile der Applikation diagonal vermittelt werden (hier die vier „Ecken"), den Block auch noch zweimal schräg falten. Alle Falten leicht bügeln; den Block wieder ausbreiten. Anhand der Faltlinien die Applikation mittig anordnen, feststecken und von der Mitte nach außen heften; dabei die eingeschlagenen Kanten mitfassen

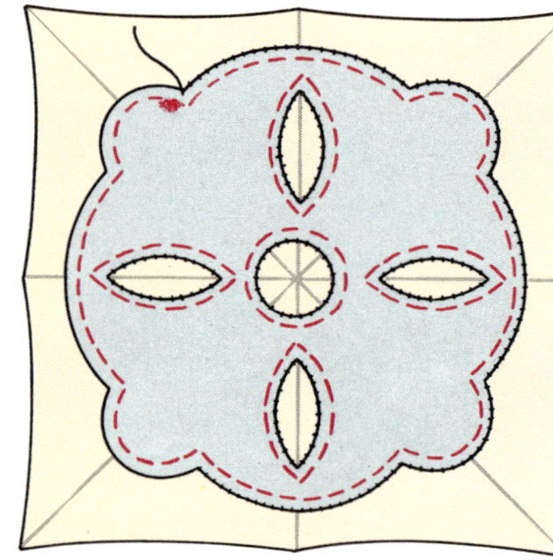

3. Die Applikation von Hand an den Block nähen; dabei von der Mitte nach außen arbeiten. Sollen die Stiche unsichtbar sein, Saumstiche (S. 225) mit einem farblich zur Applikation passenden Faden nähen. Für einen dekorativen Abschluß einen Stickstich mit passendem oder kontrastierendem Faden sticken. Heftfäden entfernen und die Einheit bügeln

Blöcke mit Applikationen aus mehreren Lagen

Bei einem Block mit einer Applikation aus mehreren Lagen (oben) bestimmt man zuerst die Reihenfolge, in der die Teile aufgebracht werden. Dann kennzeichnet man, welche Kanten unter andere Stücke geschoben und welche eingeschlagen werden.

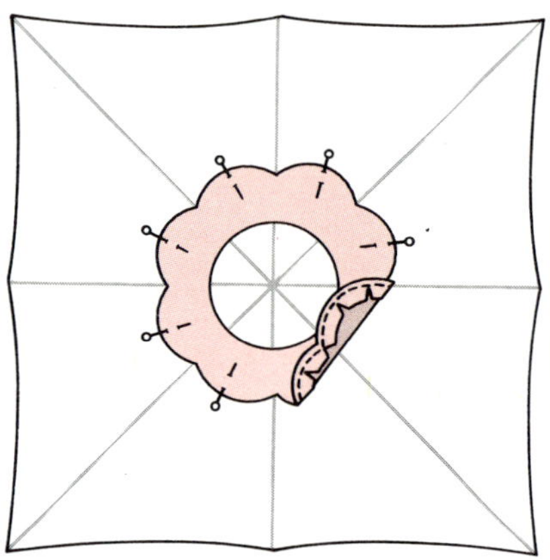

1. Alle Teile der Applikation vorbereiten. Anhand der numerierten Vorlage (S. 226) und nach den auf Seite 227 beschriebenen Methoden die Ränder einschlagen, die sichtbar sein werden. Den Stoff des Blocks quer, längs und notfalls diagonal falten (Schritt 2, oben). Die Teile nach den Faltlinien ausrichten; dabei mit den mit 1 gekennzeichneten Teilen beginnen

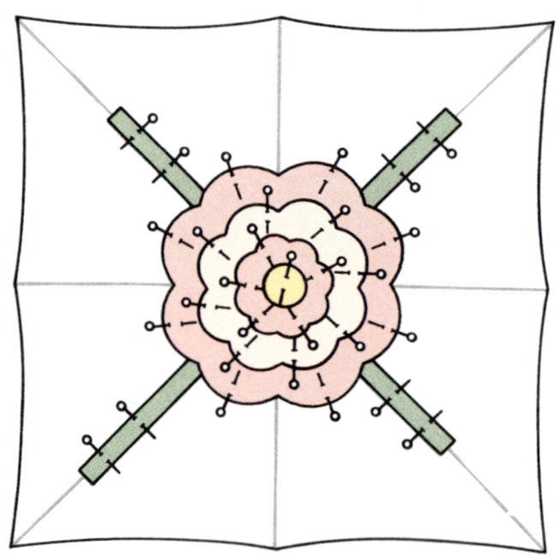

2. Die weiteren Teile nach der Vorlage aufstecken. Die entsprechenden Kanten anheben, um einen anderen Teil darunterzuschieben (oben werden die Stiele unter den Rand der Rose geschoben)

3. Alle Teile heften; dabei von innen nach außen arbeiten. Die Stecknadeln während des Heftens entfernen. Die Applikation von Hand auf den Block nähen, wie oben bei Schritt 3 erklärt

Blöcke mit zusammengesetzten Applikationen

Bei einigen applizierten Blockeinheiten wird die Technik für zusammengesetzte Blöcke für die Applikation angewendet. Wird wie hier mehr als eine Lage verarbeitet, bestimmt man die Reihenfolge und kennzeichnet die umzuschlagenden Kanten.

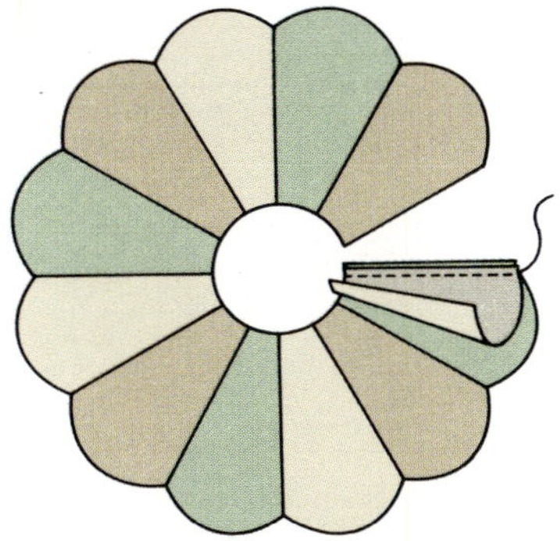

1. Die Applikationsteile nach der Methode für zusammengesetzte Blöcke (S. 220–225) verbinden. Die Nähtechnik entsprechend dem Mustertyp wählen. Wo möglich, die Nähte auseinanderbügeln. Der zusammengesetzte Teil der Dahlie (oben) besteht aus geraden Nähten, die alle auseinandergebügelt werden können

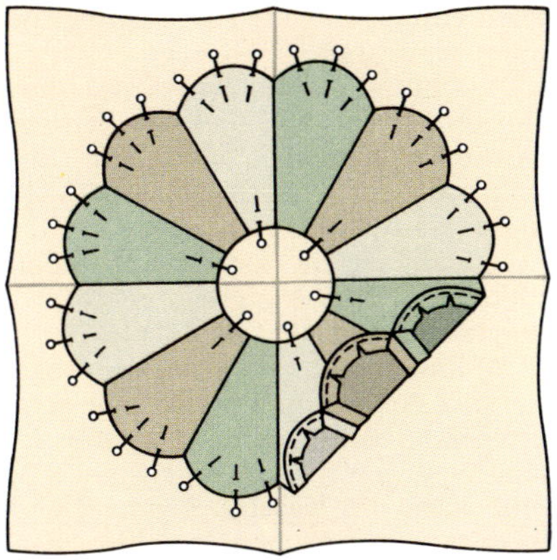

2. Entsprechend der festgelegten Reihenfolge und nach den Methoden auf Seite 227 die sichtbaren Kanten der Applikation (bei der Dahlie die des Mittelkreises und die Außenkanten) mit einer Stütznaht versehen, einschneiden oder einkerben und einschlagen. Die Mitte des Blocks bestimmen (Schritt 2, S. 228, oben). Mit der ersten Lage beginnend, die Teile auf dem Block feststecken

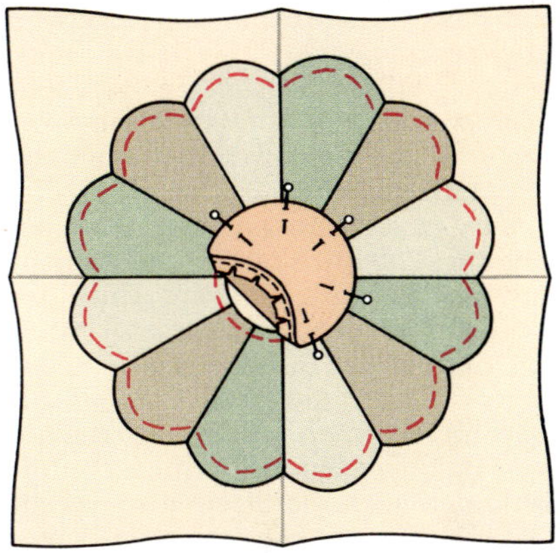

3. Alle Teile heften; dabei die Stecknadeln entfernen. Auch die eingeschlagenen Kanten mit den Heftstichen fassen. Dann die Applikation von Hand auf den Block nähen (Schritt 3, S. 228, oben). Heftfäden entfernen und bügeln

Zusammengesetzte Blöcke mit Applikationen

Bestimmte applizierte Blockeinheiten bestehen aus einem zusammengesetzten Block und einer Applikation mit einer oder mehreren Lagen (oben). Der Block mit Korb ist zusammengesetzt; Blumen und Henkel sind eine Applikation aus mehreren Lagen.

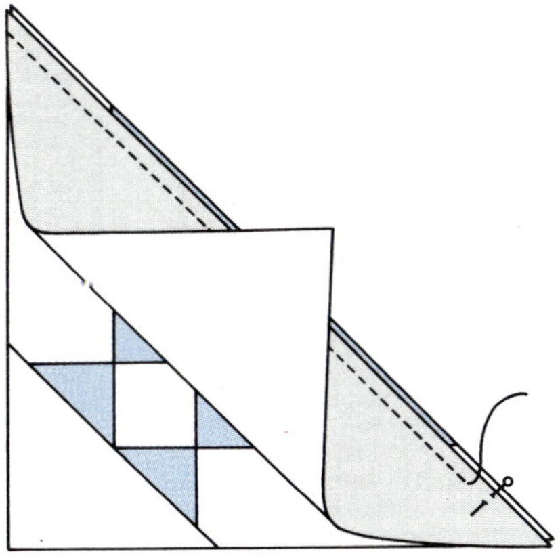

1. Den Block nach der entsprechenden Methode (S. 220–225) zusammensetzen. Alle Teile im Block oben wurden mit einfachen geraden Nähten verbunden; Dreieckpaare sind die kleinste Wiederholungseinheit. Die untere Hälfte zusammensetzen, dann an die obere, ein großes Dreieck, nähen

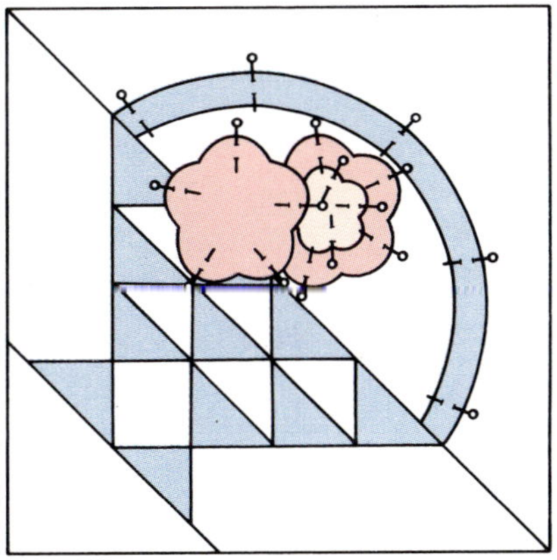

2. Anhand der Vorlage (S. 226) die entsprechenden Kanten der Applikation einschlagen; dabei nach den Methoden auf Seite 227 arbeiten. Den Block notfalls falten, um Anhaltspunkte für die Anordnung zu erhalten (Schritt 2, S. 228, oben). Die Applikationsteile auflegen und feststecken. Für den Henkel einen Schrägstreifen zu einem Bogen formen (S. 199)

3. Alle Applikationsteile heften. Während des Heftens die Stecknadeln entfernen; darauf achten, daß die eingeschlagenen Kanten mitgefaßt werden. Die Applikation von Hand auf den Block nähen (Schritt 3, S. 228, oben). Heftfäden entfernen und bügeln

Patchwork · Blockeinheit vorbereiten und nähen

Blöcke, Verbindungsstreifen und Umrandungen zusammennähen

Ein Patchwork wird in der Regel wie folgt zusammengesetzt: Die Blockeinheiten verbindet man zu Streifen, dann werden die Streifen zusammengenäht; zum Schluß bringt man die Umrandungen an.

Um zu bestimmen, wie eine bestimmte Patchworkarbeit zusammenzusetzen ist, faßt man mit Hilfe der Vorlage die Blockeinheiten zu Streifen zusammen. Bei den meisten Mustern verlaufen die Streifen waagrecht (rechts). Werden jedoch senkrechte Verbindungsstreifen eingearbeitet, verlaufen auch die Streifen senkrecht (S. 231, oben links); bei einer diagonalen Anordnung (S. 231, rechts) verlaufen sie schräg.

Besteht ein Patchwork nur aus Blöcken, setzen sich auch Streifen aus Blöcken zusammen. Werden nur senkrechte oder nur waagrechte Verbindungsstreifen verwendet, gibt es diese und auch Blockstreifen. Werden senkrechte und waagrechte Verbindungsstreifen eingearbeitet (S. 231, unten links), gibt es dementsprechend dreierlei Arten von Streifen. Die weitere Ausarbeitung eines Patchworks hängt vom jeweiligen Gegenstand ab; siehe dazu das Kapitel *Stepperei* und die dort beschriebenen Projekte.

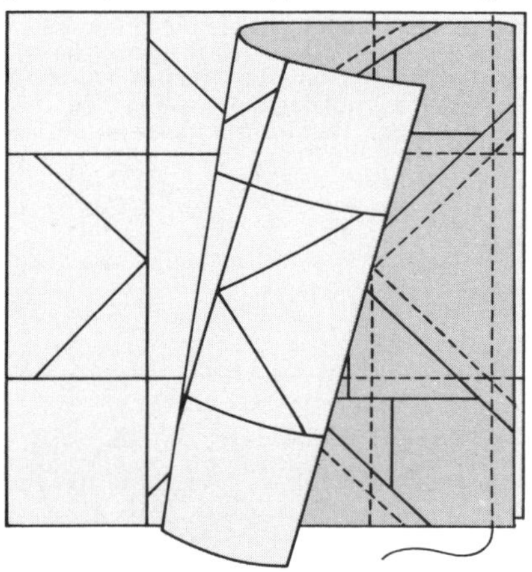

1. Die Einheiten zu Streifen verbinden. Die Zahl der Einheiten und die der Streifen hängen vom Muster ab. Die Nahtzugabe beträgt 6 mm; die Nahtkreuzungen stimmen überein

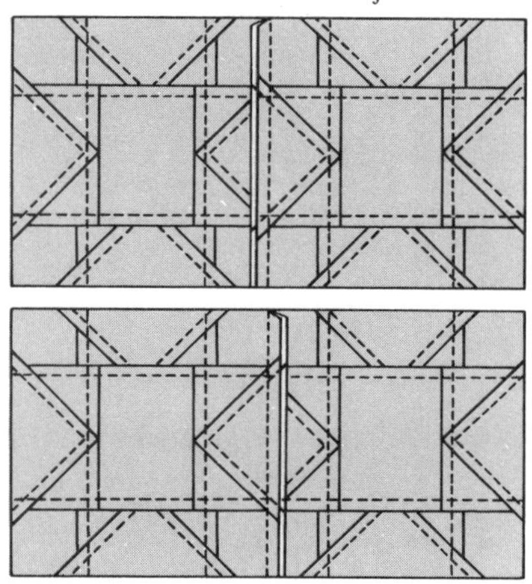

2. Die Nahtzugaben zwischen den Einheiten auf eine Seite bügeln, und zwar von Streifen zu Streifen abwechselnd nach links und nach rechts

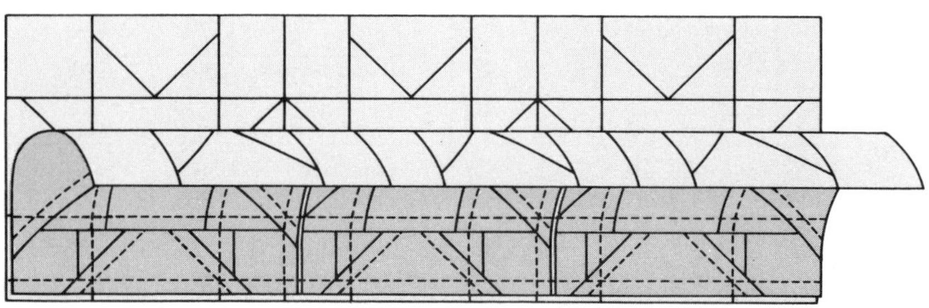

3. Die Streifen, wie im Muster vorgesehen, verbinden. Die Nahtzugabe beträgt 6 mm; die Nahtkreuzungen müssen übereinstimmen. Diese Nahtzugaben nach unten bügeln

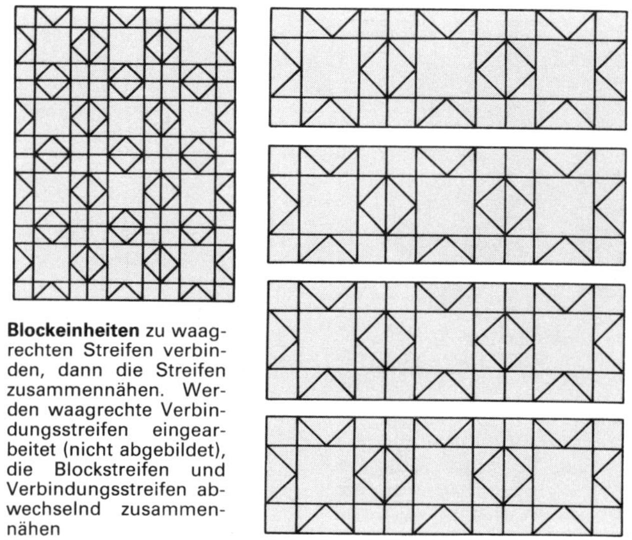

Blockeinheiten zu waagrechten Streifen verbinden, dann die Streifen zusammennähen. Werden waagrechte Verbindungsstreifen eingearbeitet (nicht abgebildet), die Blockstreifen und Verbindungsstreifen abwechselnd zusammennähen

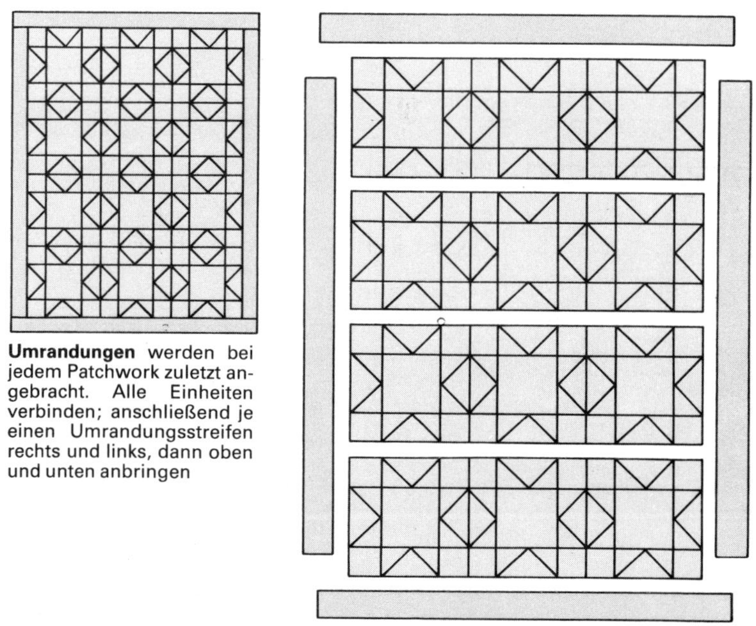

Umrandungen werden bei jedem Patchwork zuletzt angebracht. Alle Einheiten verbinden; anschließend je einen Umrandungsstreifen rechts und links, dann oben und unten anbringen

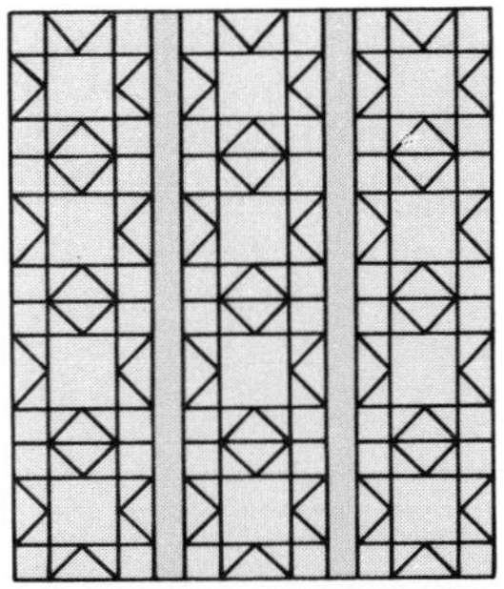

Senkrechte Verbindungsstreifen Aus Blöcken senkrechte Streifen bilden und diese wechselweise mit den Verbindungsstreifen zusammennähen

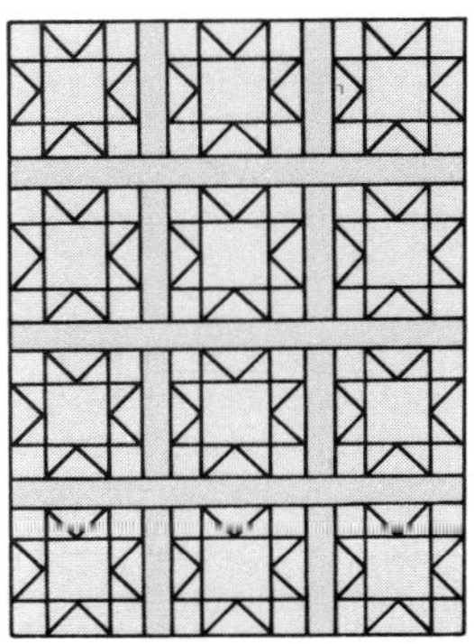

Senkrechte und waagrechte Verbindungsstreifen Blöcke und kurze senkrechte Verbindungsstreifen wechselweise zu waagrechten Streifen zusammennähen. Diese Streifen dann wechselweise mit den waagrechten Verbindungsstreifen zusammennähen

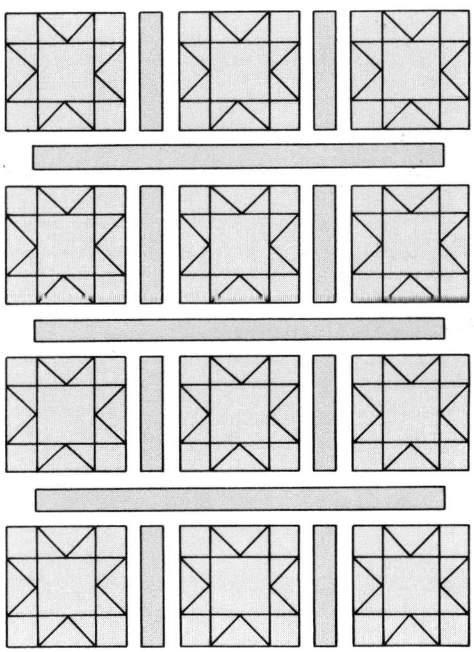

Diagonale Anordnung Hier werden die Einheiten so zusammengenäht, daß die Streifen schräg angeordnet werden können. Die Zahl der Einheiten in einem Streifen hängt von der Position dieses Streifens im Patchwork ab. An den Streifenenden müssen meist Teileinheiten als Ausgleich angebracht werden, um die Außenkanten des fertigen Patchworks zu begradigen; manche Streifen bestehen nur aus Teileinheiten. Unten das rechts abgebildete Patchwork in seine einzelnen Streifen zerlegt. Jeder Streifen ist anders; die obere rechte Ecke besteht aus einem Viertelblock, die untere linke aus 2 diagonal geteilten Blöcken. Die Zahlen geben an, in welcher Reihenfolge die Streifen verbunden werden

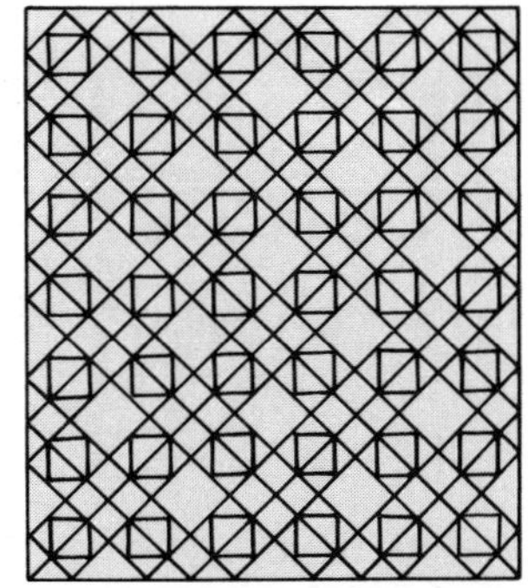

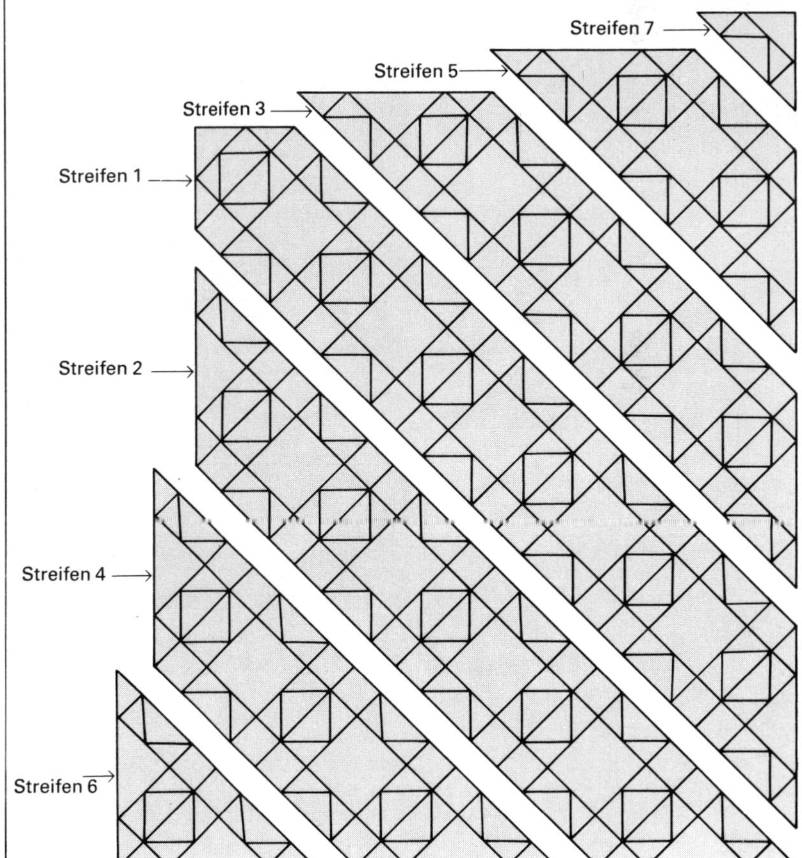

Muster aus einer Form vorbereiten und nähen

Vorbereitungen

Muscheln, Rhomben und Sechsecke sind besonders beliebte Patchworkformen. Wie sie gezeichnet werden, zeigt die Seite 213.

Ein Patchwork aus einer Form wird im wesentlichen wie ein Patchwork aus Blockeinheiten vorbereitet. Man erstellt zunächst eine Vorlage und legt die Farbzusammenstellung fest (S. 216–217). Anschließend werden Markierungs- und Zuschneideschablonen in der fertigen Größe angefertigt und dann die Stoffteile zugeschnitten (S. 218–219). Beim Muschelpatchwork (unten) verwendet man die Markierungsschablone, um die Nahtlinien jeder Muschelform zu markieren. Bei den Rhomben und Sechsecken dient die Markierungsschablone als Muster für die Papierformen in der fertigen Größe (S. 233–234).

Muscheln

Ein Muschelpatchwork ermöglicht viele Farbzusammenstellungen. Die oben abgebildete Anordnung ergibt diagonale Streifen. Sollen die Außenkanten des Patchworks gerade sein, bringt man dort Teilformen an, für die man Markierungs- und Zuschneideschablonen anfertigt; sie werden wie ganze Formen genäht. Die Kanten, welche die Außenkanten des Patchworks bilden, schlägt man ein.

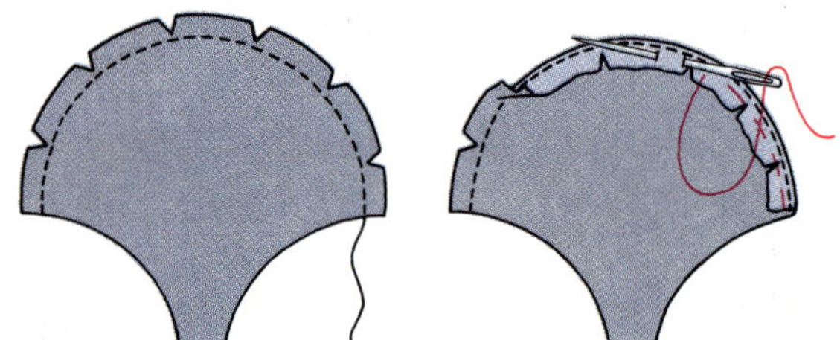

1. An der Außenrundung der Muschelform eine Stütznaht nähen; die Kanten einkerben (S. 227). Die Nahtzugabe einschlagen und heften

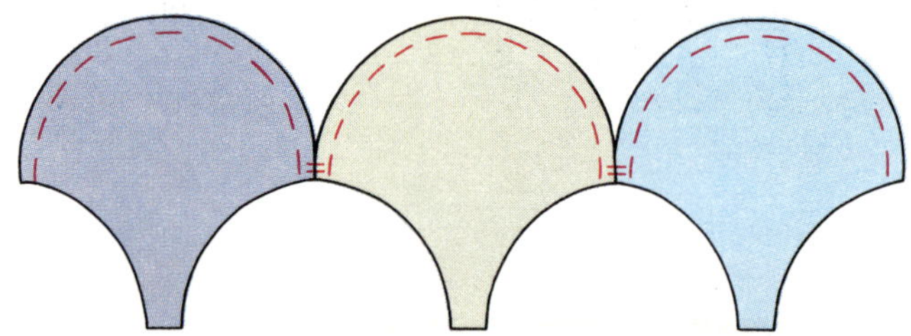

2. Die Formen der oberen Reihe nach der Farbvorlage mit einigen Stichen innerhalb der Nahtzugaben aneinanderheften

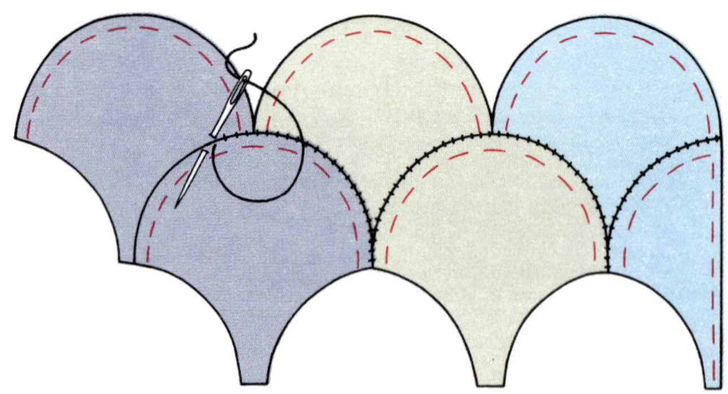

3. Für jede folgende Reihe Muscheln leicht überlappend auf die Innenrundungen der Vorreihe legen. Mit Saumstich (S. 225) verbinden

Klötzchen (Rhomben)

Werden die Farben entsprechend gewählt und angeordnet, wirken die Rhomben dieses Musters wie dreidimensionale Klötzchen. Diesen Effekt erzielt man mit drei Schattierungen der einen Farbe, die in jedem Block gleich angeordnet werden (Schritt 2). Im Beispiel oben bildet der hellste Stoff die Oberseite des Klötzchens; der dunkelste Ton ist links angeordnet, der mittlere rechts. Soll das Patchwork gerade Kanten haben, setzt man entsprechende Teilformen an den Rand (S. 232, Schritt 3).

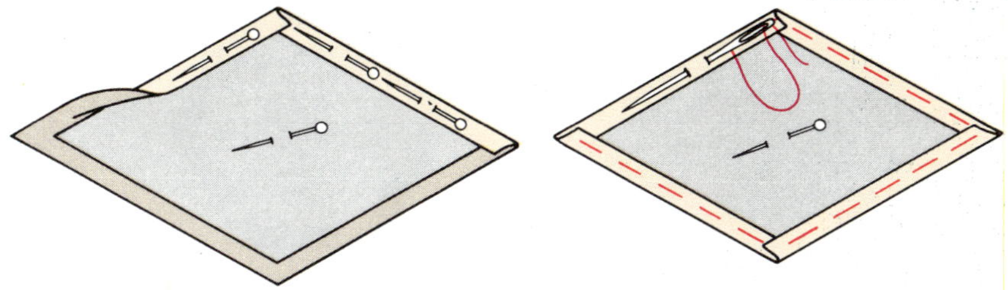

1. Mit Hilfe der Markierungsschablone einen Papierrhombus für jeden Stoffrhombus ausschneiden. Jeweils einen Papierrhombus auf die linke Seite des Stoffrhombus legen, die Nahtzugaben umschlagen und heften

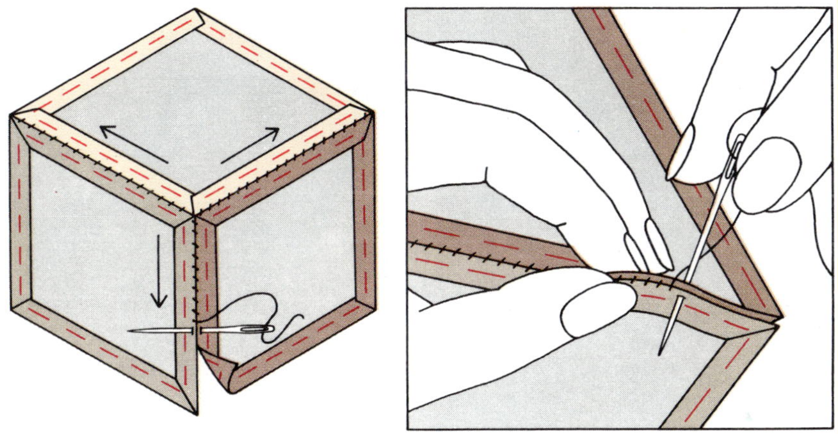

2. Um ein Klötzchen zu bilden, einen Rhombensatz (3 Teile), wie ganz links abgebildet, zusammennähen. Von der Mitte des Klötzchens nach außen arbeiten und die Rhomben rechts auf rechts so halten, daß die Kanten übereinstimmen. Diese mit kleinen Überwendlingsstichen verbinden (links)

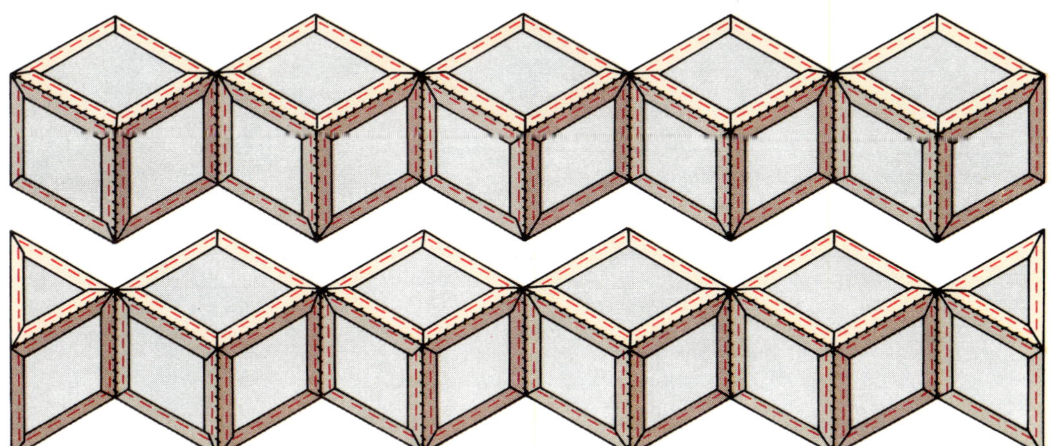

3. Mit kleinen Überwendlingsstichen die Klötzchen zu Streifen verbinden. Anhand der Vorlage (S. 217) Zahl der erforderlichen Klötzchen und Streifen errechnen. Streifen zusammennähen; Papierunterlagen entfernen

Patchwork · Muster aus einer Form

Blumengarten (Sechsecke)

Die beliebteste Farbzusammenstellung für den Blumengarten sind bunte Farben für die „Blumen“ und Weiß für die „Wege“ dazwischen. Die runden Felder bestehen aus einem Sechseck in der Mitte, umgeben von sechs gleichfarbigen Sechsecken sowie von weiteren zwölf in einer anderen Farbe. Die Farbe für jede „Blume“ kann dieselbe oder von Blume zu Blume verschieden sein. Soll das Patchwork gerade Kanten haben, setzt man an die Außenkanten Teilformen (Muschel, S. 232).

1. Mit Hilfe der Markierungsschablone für jedes Stoffsechseck ein Papiersechseck ausschneiden und mittig auf die linke Seite des Stoffteils legen

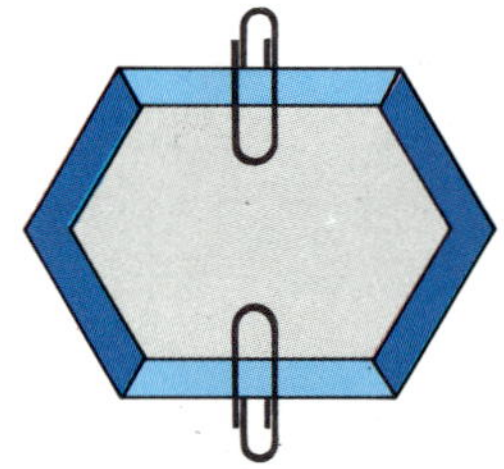

2. Die Nahtzugaben von 2 gegenüberliegenden Kanten des Stoffteils um die Papierunterlage einschlagen und mit Heftklammern befestigen

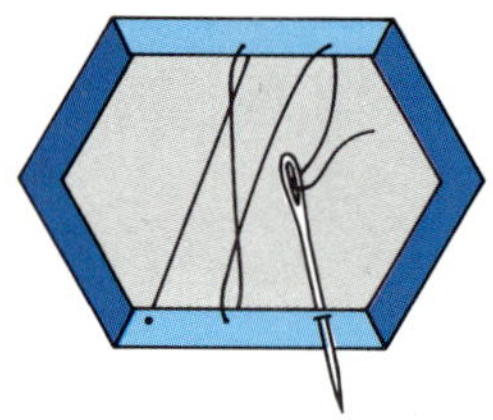

3. Die umgeschlagenen Stoffkanten mit langen Spannstichen verbinden. Diese müssen straff genug sein, um die Kanten festzuhalten, dürfen die Form aber nicht verzerren

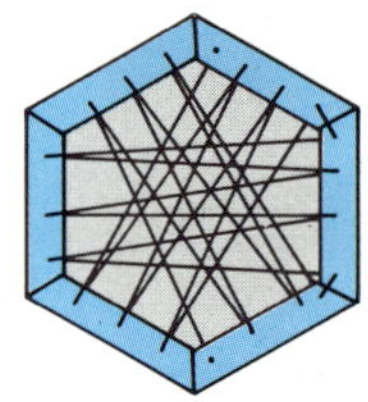

4. Die restlichen 4 Kanten paarweise umschlagen, befestigen und wie oben heften. An den Ecken jeweils eine Falte bilden und mit einem kleinen Heftstich sichern

5. Nach der Farbvorlage die Sechsecke verbinden. Sollen die Stiche unsichtbar sein, Überwendlingsstiche nähen (S. 233, Schritt 2), sonst den Zickzackstich (siehe auch S. 225) arbeiten

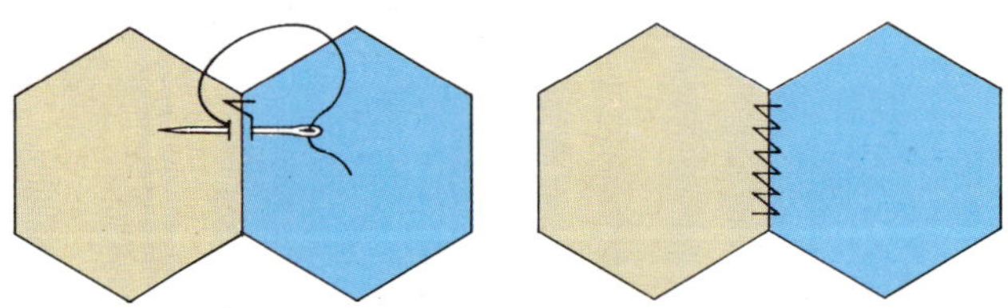

6. Den Zickzackstich von oben nach unten nähen. Er besteht aus einer Reihe von Rückstichen, die untereinander statt nebeneinander gearbeitet werden. Nach Belieben Garn in Kontrastfarbe wählen

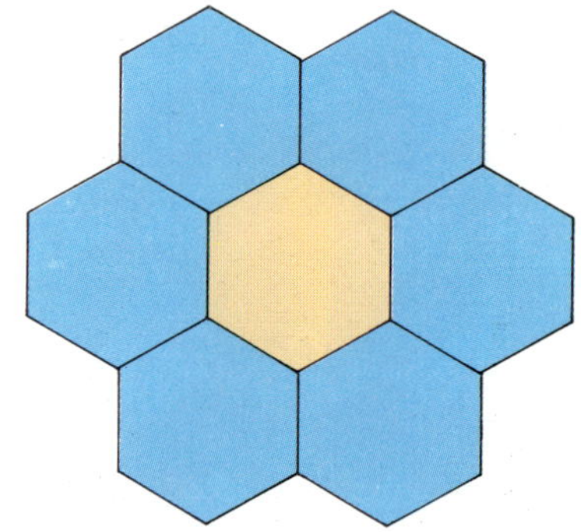

7. Für die Blumen 6 Sechsecke der entsprechenden Farbe und ein Mittelstück zusammennähen

8. Weitere 12 Sechsecke um die in Schritt 7 gebildete Einheit annähen und untereinander verbinden. Eventuelle Teileinheiten ebenso bilden. Für die Gartenwege je 2 Sechsecke zusammennähen; mit ihnen die Blumeneinheiten wie oben verbinden. Zum Schluß die Papierunterlagen entfernen

Stepperei

Amerikanische Steppdecke, entstanden um 1890, Amish, Lancaster County, Pennsylvania
Quelle: America Hurrah Antiques

Steppen und Stepparbeiten

Einführung
Material und Zubehör
Einen Rahmen bauen

Einführung

Wie so viele Handarbeiten hat auch die Stepperei eine alte Tradition. Seit Jahrhunderten wird diese Technik, die darin besteht, mit einfachen Vorstichen – heute auch mit maschinengenähten Geradstichen – weiches Füllmaterial zwischen zwei Stofflagen zu befestigen, besonders für warme Kleidung und Bettdecken angewendet. Die Stiche werden gewöhnlich nach einem bestimmten Schema gearbeitet, um eine kunstvoll strukturierte Stoffoberfläche zu schaffen. Steppmuster (S. 239–243) können allein oder zusammen mit Patchwork oder Applikationen verwendet werden.

Obwohl die grundlegende Stepptechnik in erster Linie mit Steppdekken in Zusammenhang gebracht wird, hat sie heute auch eine dekorative Funktion bei modischer Kleidung wie Jacken und Westen, bei Morgenmänteln, aber auch bei Heimartikeln wie Kissen und Wandbehängen.

Gesteppte Ornamente auf einfarbigem Stoff gestalten diese Decke

Die Konturenstepperei unterstreicht hier das Patchworkmuster

Material

Die obere Lage oder dekorative Seite einer Stepparbeit kann aus bedrucktem oder einfarbigem Stoff, aus einem Patchwork, einer Applikation oder einer Stickerei bestehen. In jedem Fall sollten die Stoffe glatt, leicht bis mittelschwer und undurchsichtig sein. Beliebt sind feine Woll- und Baumwollstoffe mit und ohne Muster; auch feine Leinengewebe oder Flanell sind geeignet. Samt, Satin oder Seide sowie hauchdünne Stoffe (Voile, Organdy, Organza) über einem undurchsichtigen Oberstoff bleiben kostbaren Gegenständen vorbehalten. Man sollte möglichst keine schweren oder steifen Stoffe verwenden; sie passen sich den gesteppten Konturen schlecht an. Praktisch sind farbige und gemusterte Wäschestoffe, die es heute in verschiedenen Breiten zu kaufen gibt.

Die untere Lage (Futter) bestand früher aus leichten, neutralen Stoffen wie Nessel. Heute wird auch die Unterseite meist aus dekorativen Stoffen passend zur oberen Lage gearbeitet. Soll die untere Lage auch als Einfassung dienen (S. 257), muß sie größer als die obere zugeschnitten werden. Es empfiehlt sich, vor dem Steppen Baumwoll- und Leinengewebe zu krumpfen, d. h., sie werden gewaschen, getrocknet und glattgebügelt, damit sie später nicht mehr einlaufen.

Wattier- oder Füllmaterial aus Baumwolle oder Synthetics ist als Meterware erhältlich. Baumwollwattierung ist leicht, warm und läßt sich gut steppen. Synthetics besitzen all diese Eigenschaften, sind aber noch fester und müssen nicht so dicht gesteppt werden. Sie ergeben zudem erhabenere Steppkonturen, sind waschbar und in verschiedenen Stärken erhältlich. Eine gute Qualität ist von einheitlicher Stärke und Dichte, was das Zusammensetzen eines Projekts erleichtert. Wattiermaterial gibt es in verschiedenen Breiten; es empfiehlt sich, ein Stück in der fertigen Größe zu kaufen; falls dies jedoch nicht möglich ist, kann man zwei Stücke zusammensetzen (S. 247). Andere, weniger beliebte, aber durchaus geeignete Füllmaterialien sind dicker Woll- oder Syntheticflausch, alte Wolldecken und Baumwollflanell.

Für einige besondere Stepptechniken (S. 253–256) wird loses Füllmaterial benötigt. Auch dieses ist in Baumwolle und Kunstfaser erhältlich. Kapok und Schaumstoffflocken können hierfür ebenfalls verwendet werden.

In der Regel werden Stepparbeiten mit einer langen Nähnadel mittlerer Stärke (8, 9) ausgeführt; für schwere Stoffe kann auch Stärke 7, für feinere Stoffe Stärke 10 verwendet werden.

Der Faden muß stark sein. Gewachster Baumwoll- oder Polyesterfaden ist zu empfehlen, ebenso die Mehrzweck- oder Universalfäden, die vorwiegend aus Polyester bestehen und für alle Stoffarten und -mischungen geeignet sind. Der Arbeitsfaden wird weniger strapaziert und verheddert sich beim Nähen nicht, wenn man ihn vorher durch ein Stück Bienenwachs zieht. Kostbarere Gegenstände näht man mit glänzendem Seidentwist.

Fingerhut und Stickschere sind hilfreiches Zubehör. Für große Stepparbeiten ist ein Rahmen zu empfehlen. Er hält die drei Lagen zusammen, so daß sie weder verrutschen noch bauschen, noch knittern, und man hat beide Hände frei für die Näharbeit. Alle im Handel erhältlichen Rahmen funktionieren nach demselben Prinzip, sind jedoch von unterschiedlicher Größe und Ausführung. Findet man keinen passenden, kann man selbst einen bauen (unten). Ein Ring hält die Lagen ebenfalls fest zusammen und kann für jedes Projekt verwendet werden. Bei großen Stepparbeiten wird er entsprechend versetzt. Die Größen variieren, der Ring sollte jedoch einen Durchmesser von mindestens 45 cm haben. Manche gibt es auch mit Ständer, so daß man beide Hände für die Näharbeit frei hat.

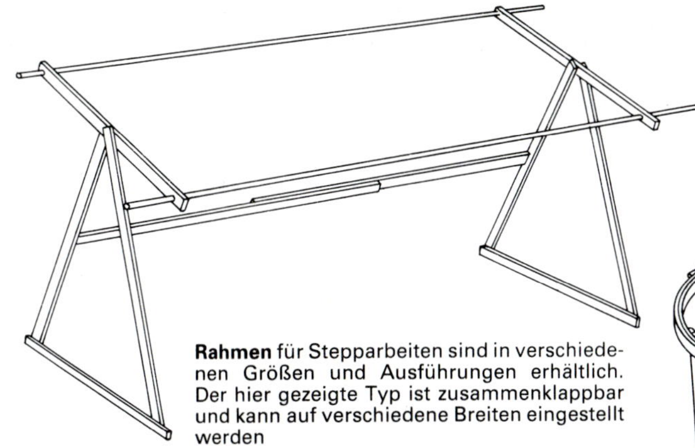

Rahmen für Stepparbeiten sind in verschiedenen Größen und Ausführungen erhältlich. Der hier gezeigte Typ ist zusammenklappbar und kann auf verschiedene Breiten eingestellt werden

Ringe gibt es in mehreren Durchmessergrößen. Er sollte nicht zu klein gewählt werden. Dieses Modell hat einen praktischen Ständer

Einen Rahmen bauen

Nach den untenstehenden Anleitungen kann man einen stabilen, zerlegbaren Rahmen für Stepparbeiten ohne Mühe selbst bauen.

Material

Für den Rahmen braucht man vier 2,5 cm starke und 5 cm breite Holzleisten; diese müssen glattgehobelt sein, damit die Stoffe nicht hängenbleiben. Auf zwei dieser Leisten wird der Stoff aufgewickelt; ihre Länge beträgt die Breite der Stepparbeit plus 30 cm für die Eckverbindungen. Die zwei übrigen Leisten bilden die Seitenteile; 60–90 cm Länge plus 30 cm für die Eckverbindung müßte für die meisten Projekte ausreichen. Außerdem benötigt man acht 15 cm große Schraubzwingen und zwei Drellstreifen, 5–7 cm breit und ebenso lang wie die Spannleisten, an denen sie mit Reißzwecken oder Klammern befestigt werden (siehe Detailzeichnung, rechts). Der Rahmen wird auf zwei Sägeböcke in einer bequemen Arbeitshöhe gelegt.

Montage

An den Spannleisten bringt man je einen Drellstreifen wie unten an (die Enden der Stepparbeit werden an diese Drellstreifen genäht). Die vier Leisten legt man im rechten Winkel so aufeinander, daß die Seitenleisten unten sind, und befestigt sie an jeder Außenecke mit einer Schraubzwinge. Der Rahmen wird so auf die Böcke gelegt, daß die Seitenleisten flach aufliegen, und mit weiteren Schraubzwingen gesichert. Die Stepparbeit spannt man, wie auf Seite 248–249 beschrieben, ein.

Drellstreifen längs falten; mit Klammern an den Spannleisten befestigen

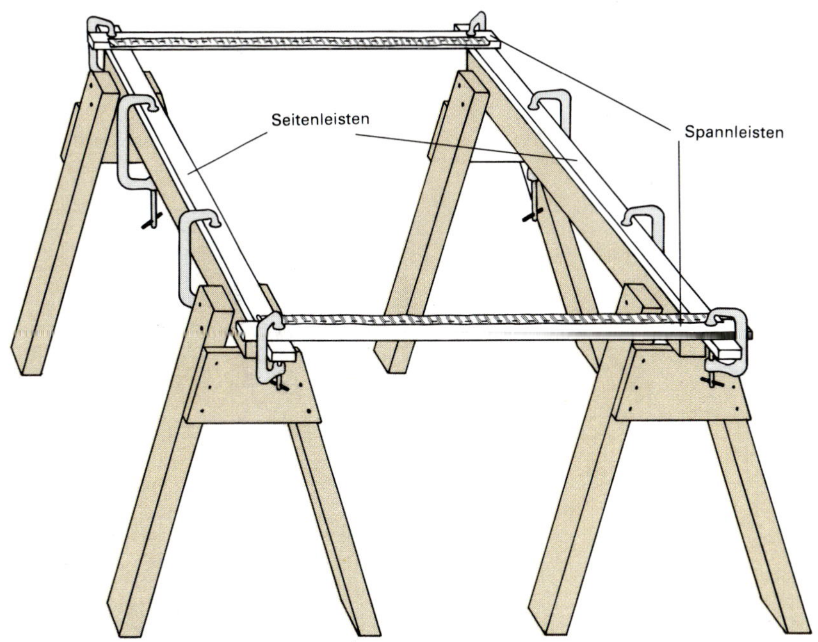

Um den Rahmen zusammenzusetzen, Spann- und Seitenleisten mit Schraubzwingen verbinden. So auf die Böcke legen, daß die Seitenleisten aufliegen; mit Schraubzwingen sichern

Steppmuster

Hilfsmittel beim Entwurf

Für die Erstellung oder Übertragung von Mustern gibt es eine ganze Reihe von Hilfsmitteln, aber nicht alle sind für jedes Projekt erforderlich; das benötigte Zubehör hängt vom Muster und der Übertragungsmethode ab.

Mit einer gekauften Matrize, Schablone oder Stechpause ist das Problem rasch und einfach gelöst, allerdings ist die Auswahl begrenzt. Man kann aber auch selbst ein Muster entwerfen (S. 245).

Millimeterpapier ist nützlich für den Entwurf und die maßstabgerechte Aufzeichnung eines Musters. Für Steppereientwürfe in fertiger Größe und für Stechpausen eignet sich Transparentpapier am besten.

Haltbare Schablonen und Matrizen fertigt man aus sehr steifem Packpapier oder aus leichtem Karton an. Mit Schneiderkopierpapier und einem Kopierrädchen lassen sich Markierungen übertragen.

Ein Lineal oder Meterstab dient sowohl zum Messen als auch zum Markieren gerader Linien. Mit einem Zirkel oder einem runden Gegenstand (z. B. einer Tasse) zeichnet man Rundungen und Kurven. Matrizen und Schablonen lassen sich mit einem Klingenmesser sauber ausschneiden.

Der Stoff wird mit einem harten Bleistift oder Schneiderkreide in Stiftform markiert. Stechpausen überträgt man mit Hilfe von Pauspulver.

Ein Steppmuster planen

Beispiele der zahlreichen Arten von Steppmustern, die alle eine eigene Wirkung haben, sind auf den Seiten 239–243 abgebildet.

Entscheidend für die Wahl eines Musters ist die Beschaffenheit der oberen Stofflage. Das Muster soll den fertigen Gegenstand schmücken, seinen Charakter jedoch nicht verändern. In der Regel wirkt beispielsweise eine bereits mit Patchwork oder Applikationen versehene Oberseite am besten mit einer schlichten, eher unauffälligen Stepperei.

Häufig wird nur um die vorhandenen Formen gesteppt. Andererseits heben sich kunstvolle Steppmuster sehr wirkungsvoll von einfarbigen Stoffen ab. Eine typische Stepparbeit früherer Zeit hatte ein zentrales Hauptmotiv, das von kleineren Motiven und einem flächigen Hintergrundmuster umgeben war. Beide Mustertypen kann man in einer Stepparbeit kombinieren, beispielsweise eine kunstvoll gesteppte einfarbige Umrandung mit einem sparsam gesteppten Patchwork.

Auch das Füllmaterial kann den Entwurf beeinflussen. Unter den bereits erwähnten Arten (S. 236) ist Baumwolle am wenigsten fest und erfordert ein dichtes Steppmuster, damit die Füllung nicht verrutschen oder klumpen kann; bei einer Baumwollwattierung dürfen die Stepplinien höchstens 7 cm auseinanderliegen. Für Synthetics oder eines der festeren Füllmaterialien ist dagegen weitaus weniger Stepparbeit nötig; hier können zwischen den Linien bis zu 25 cm liegen. Für eine relativ flache Gesamtoberfläche wählt man, ungeachtet des Wattiermaterials, ein dicht gestepptes Muster. Lichte Steppmuster drücken die Füllung weniger stark zusammen und ergeben eine erhabene Oberfläche.

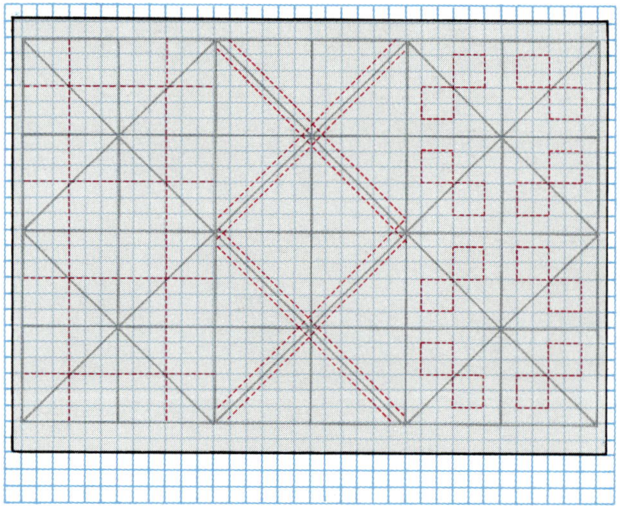

Um ein Muster für eine Steppdecke oder einen größeren Gegenstand zu entwerfen, eine Skizze auf Millimeterpapier zeichnen. Für Patchwork zuerst das fertige Patchworkmuster auf Millimeterpapier zeichnen, dann einen Bogen Transparentpapier darüberlegen und darauf, wie gezeigt, ein Steppmuster zeichnen. Mehrere Entwürfe machen und den wählen, der das Patchwork am besten zur Geltung bringt.

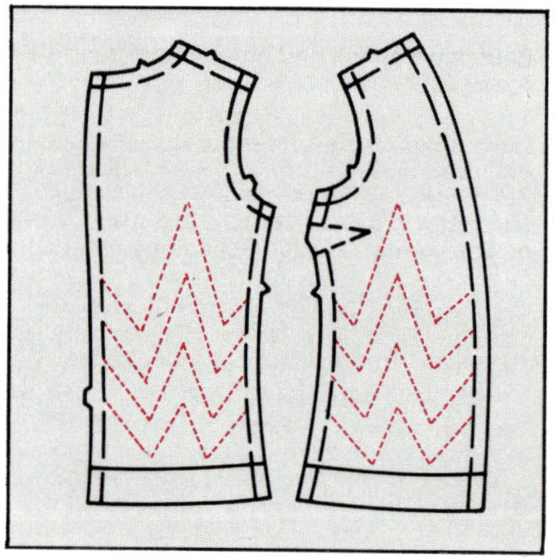

Bei unregelmäßigen Formen Steppmuster auf Schnitteilen entwerfen. Stepplinien stimmen an den Nähten überein. Vor dem Nähen Füllmaterial aus den Abnähern entfernen

Steppmustertypen/Konturenstepperei

Die Konturenstepperei folgt den Umrissen bereits vorhandener Formen; sie wird am häufigsten bei Patchwork und Applikationen angewendet. Die Stepplinien verlaufen im Abstand von etwa 5 mm parallel zu den Außenkanten der Formen

Jede einzelne Form kann umrandet werden; in der ersten Abbildung sind alle Patchworkteile umsteppt

Bestimmte Flächen werden umsteppt, wie in der zweiten Abbildung der Stern, um einen Aspekt des Musters hervorzuheben

Bei der Echostepperei wird die Kontur einer Form mit konzentrischen Stepplinien wiederholt. Diese Technik findet man häufig bei Applikationen

Steppmustertypen/Flächendeckende Muster

Flächendeckende Muster entstehen durch die Wiederholung einer oder mehrerer Formen. Sie sind für jede Fläche geeignet. Die schlichten, unauffälligen Linien können die gesamte Oberfläche gestalten oder freie Flächen innerhalb oder außerhalb anderer Motive füllen

Geradlinige Muster sind die einfachsten; sie werden mit einem Lineal oder Meterstab vorgezeichnet. Die erste Abbildung zeigt senkrechte parallele Linien

Gekreuzte Diagonale ergeben wie in der zweiten Abbildung ein Rautenmuster

Rauten umgeben und betonen das zentrale Motiv der dritten Abbildung

Flächendeckende Kurvenmuster bilden einen interessanten Hintergrund; sie werden mit Schablonen gezeichnet. Einige entstehen durch Überlappung der Formen; die Schnittpunkte werden auf den Schablonen markiert

Das Muschelmuster in der ersten Abbildung entsteht durch die Wiederholung einer einzigen Form

Die überlappenden Kreise der nächsten Abbildung werden mit einer runden, an den Schnittpunkten markierten Schablone gezeichnet

Das Sichelmuster wird mit zwei verschieden großen, runden Schablonen gebildet. Für den unteren und oberen Bogen der Sichelform wird jeweils ein bestimmter Kreisbogen nachgezogen

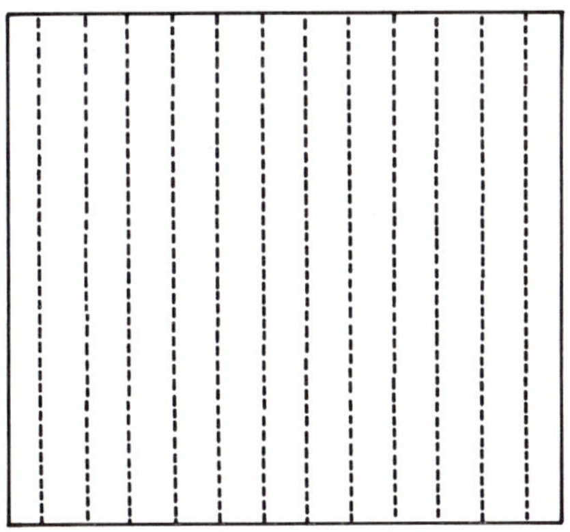

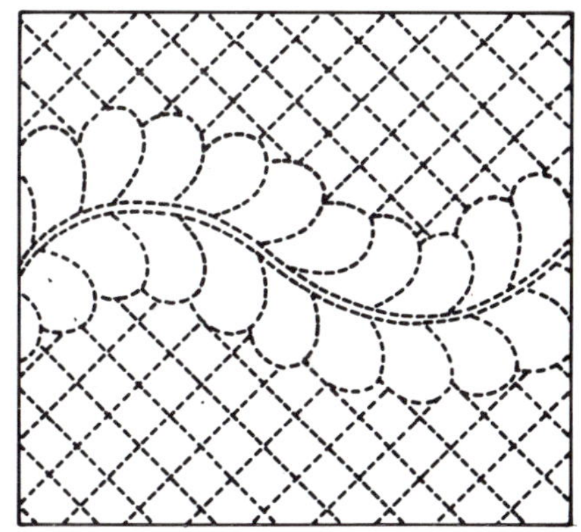

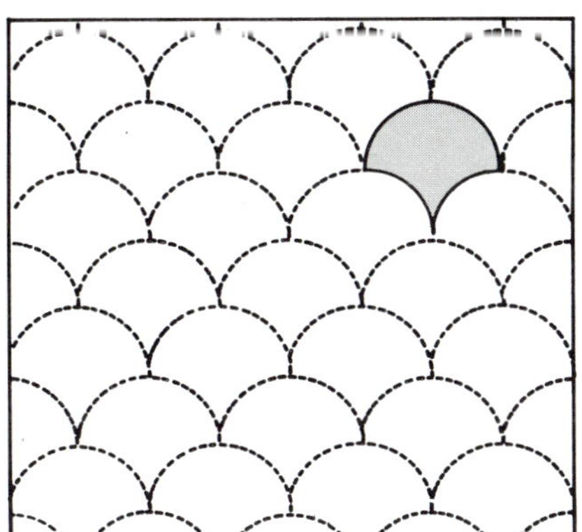

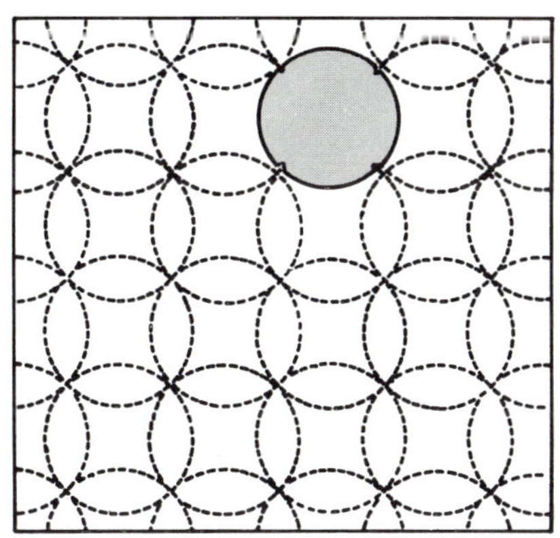

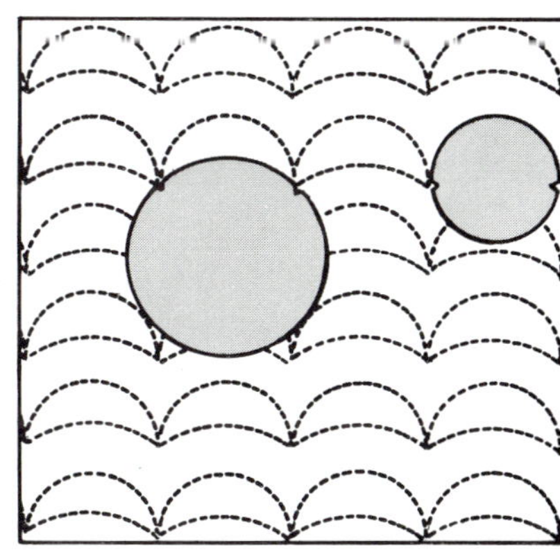

Stepperei · Steppmuster

Steppmustertypen/Ornamente

Eine weitere Steppmusterart besteht aus Ornamenten, meist stilisierten Darstellungen traditioneller Motive. Diese Motive enthalten gewöhnlich komplizierte Details, wie die Abbildungen auf diesen Seiten zeigen, die am besten auf einfarbigen Stoffen wirken.

Bei vielen Stepparbeiten aus früherer Zeit dienen die großen, kunstvollen Ornamente als Zentralmotiv; kleinere Motive sind um sie herum und auch in den Ecken angeordnet. Sollen bei einer Arbeit zwei oder mehr Motive kombiniert werden, zeichnet man die Entwürfe zuerst auf Millimeterpapier. Ein einziges Ornament auf einzelnen Patchworkblöcken wirkt sehr dekorativ.

Vorlagen für Steppornamente gibt es zu kaufen; eine Stechpause kann man selber anfertigen (S. 245). Man verwendet sehr feine Stiche, damit die engen Kurven, die für viele dieser Muster typisch sind, nachgebildet werden können.

Obstkorb

Blumenmotiv

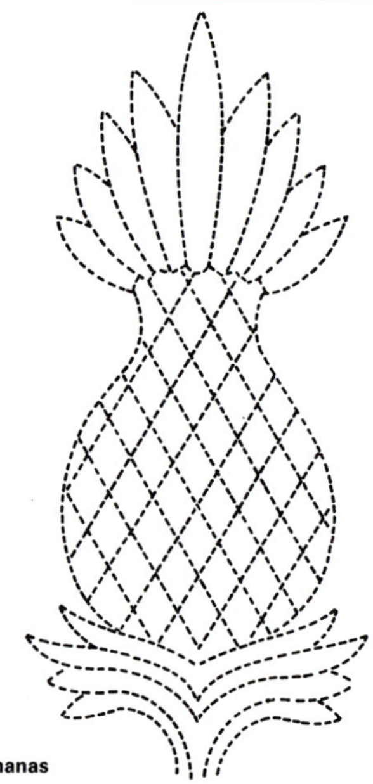

Ananas

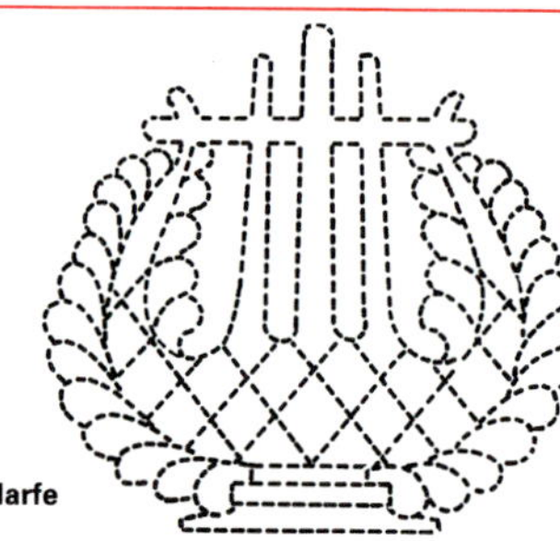

Harfe

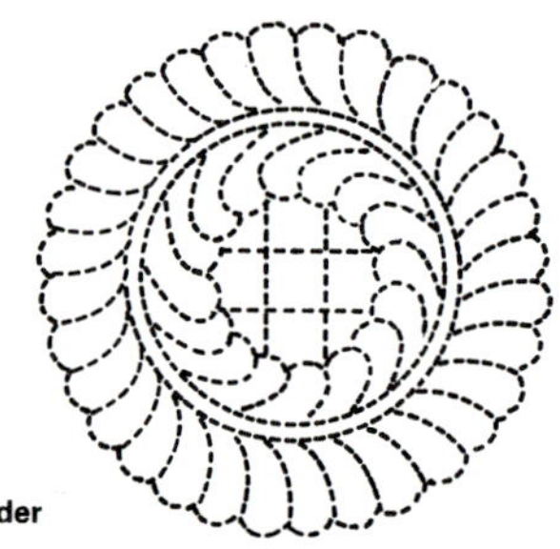

Feder

Schmetterling

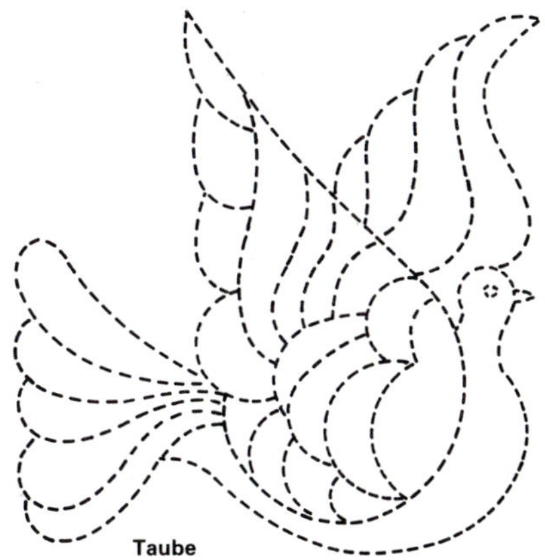

Taube

Tulpe

Amerikanischer Adler

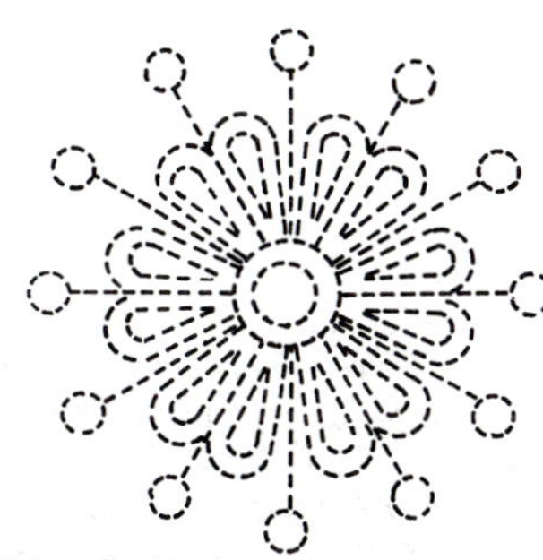

Schneeflocke

Wilde Rose

Stepperei · Steppmuster

Steppmustertypen/Umrandungen

Muster für Umrandungen bestehen aus Wiederholungsmotiven, die den jeweiligen Hauptmusterbereich einer Stepparbeit unterstreichen und ergänzen. Sie sollen dem Charakter der Gesamtarbeit entsprechen. Früher wurden Motive mit fließenden Linien, wie Federn und zierliche Ranken, verwendet. Heute wird fast jedes Muster genommen, das sich für lange, schmale Bereiche eignet, sogar einfache geometrische und flächendeckende Formen. Einige sind starr aufgebaut und müssen besonders geplant werden (S. 243). Alle Muster müssen ohne Unterbrechung um die Ecken verlaufen und auf jeder Seite ausgewogen sein (unten).

Umrandungsmuster auf Millimeterpapier aufzeichnen. Muster und Eckmotiv bestimmen, dann von den Ecken aus zur Seitenmitte hin die Wiederholungen verteilen. Oben erscheint das Tulpenmotiv in jeder Ecke und Seitenmitte; dazwischen sind zierliche Ranken

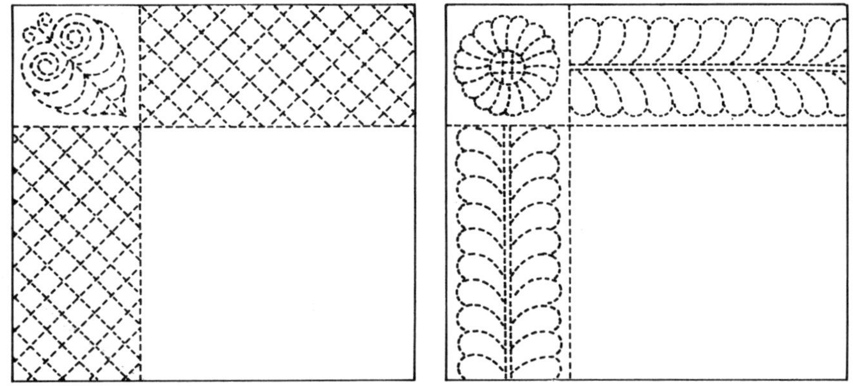

Ecken: **1.** Ein neues Motiv einbringen; die Umrandung auf jeder Seite ausgleichen

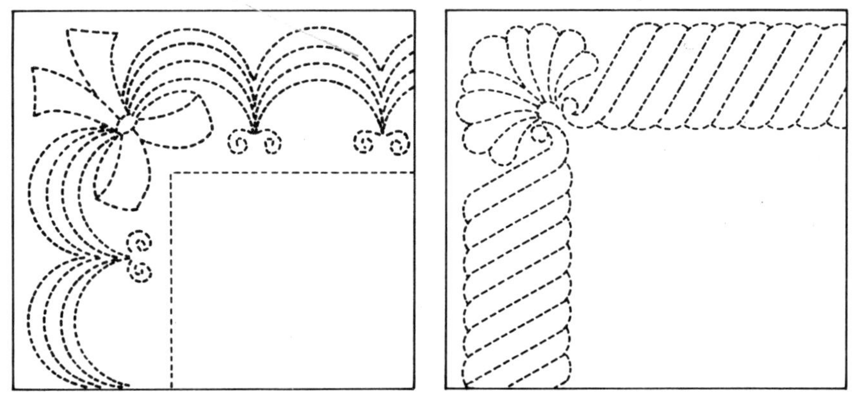

2. Ein verwandtes Motiv in die Ecken als Abschluß für die Umrandung setzen

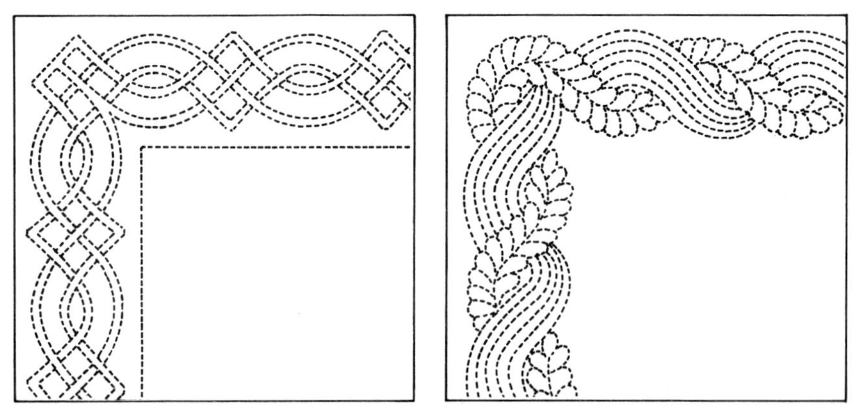

3. Das Umrandungsmuster so abändern, daß es sich der Ecke anpaßt

Streng gegliederte Muster basieren auf einem Quadrat und müssen den Maßen dieses Quadrats entsprechend angeordnet werden. Die Umrandung muß so lang und so breit sein, daß vollständige Wiederholungen hineinpassen; Teilmotive stören die Symmetrie. Ein solches Randmuster entwirft man am besten auf Millimeterpapier; notfalls muß man die Größe der Stepparbeit ändern. Da an jeder Kante nur vollständige Wiederholungen vorkommen, bereiten die Ecken keine Schwierigkeiten. Haben Wiederholungen verschiedene Motive oder Muster (ganz rechts), muß man im voraus bestimmen, welches Motiv an der Ecke liegen soll.

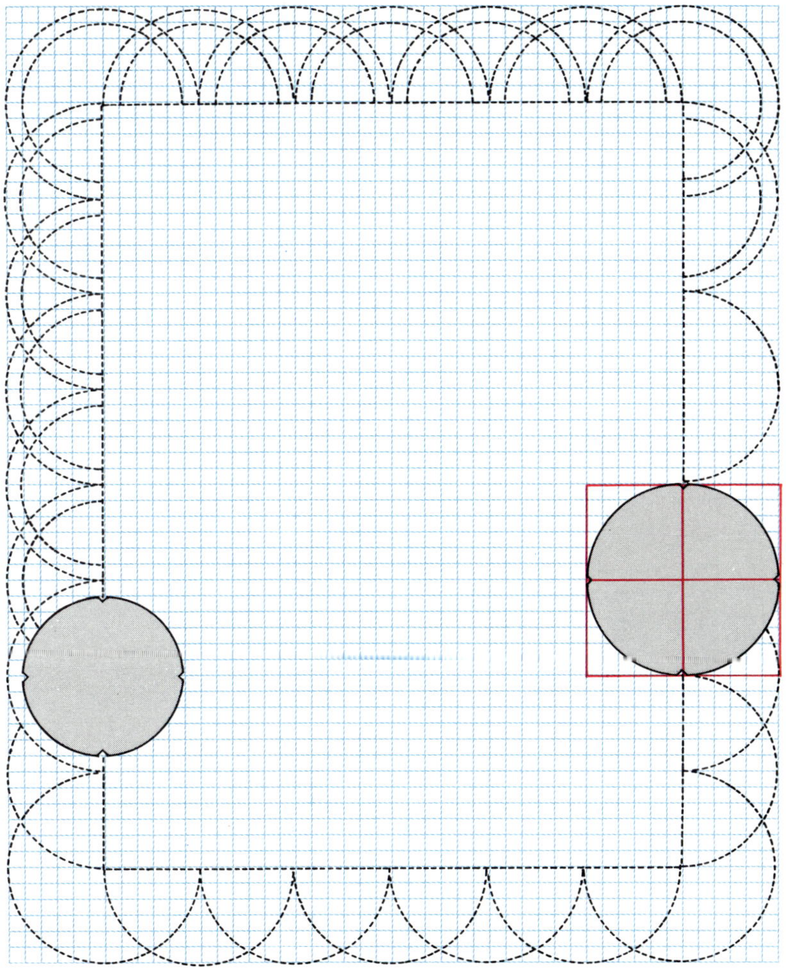

Vorlage für geometrisches Umrandungsmuster Rand in gleich große Quadrate teilen; diese können die Wiederholung bilden (ganz rechts oben). Hier werden aus den Quadraten Kreise entwickelt; die Schablonen sind eingekerbt, um Anordnung und Schnittpunkte anzuzeigen

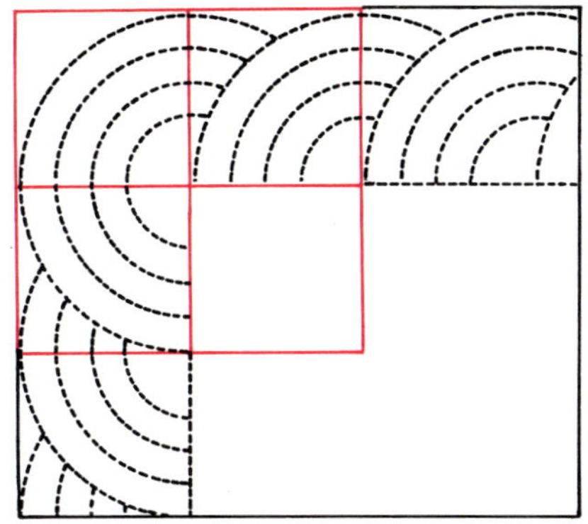

Die konzentrischen Kreise sind wie die im Muster links, wurden jedoch anders überlappt

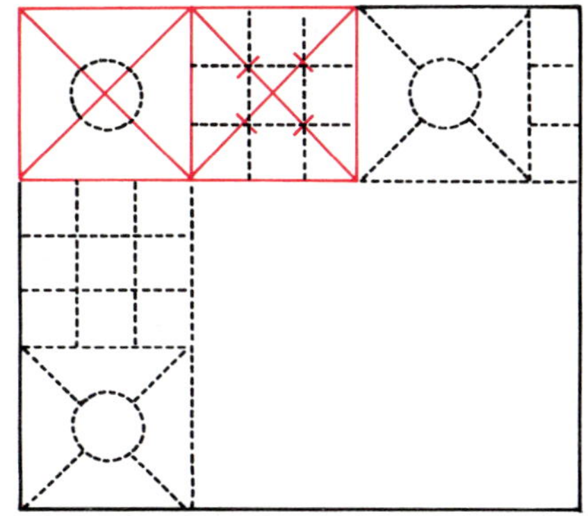

Quadratpaare Jede Seite hat eine ungerade Quadratzahl, damit alle Ecken das gleiche Motiv aufweisen

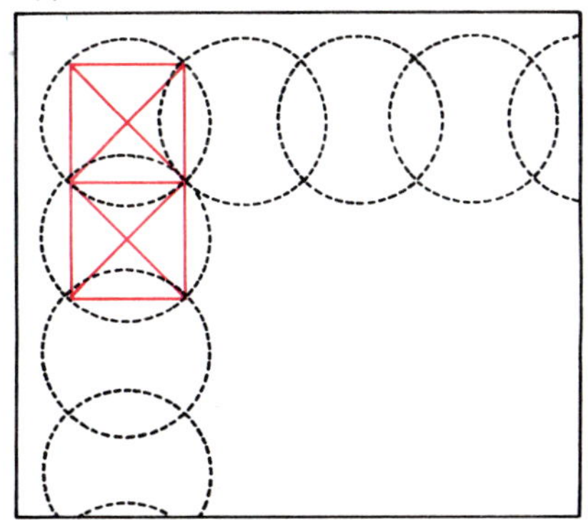

Weinglasmuster Einen Kreis um das Quadrat zeichnen, dann eine entsprechende Schablone anfertigen

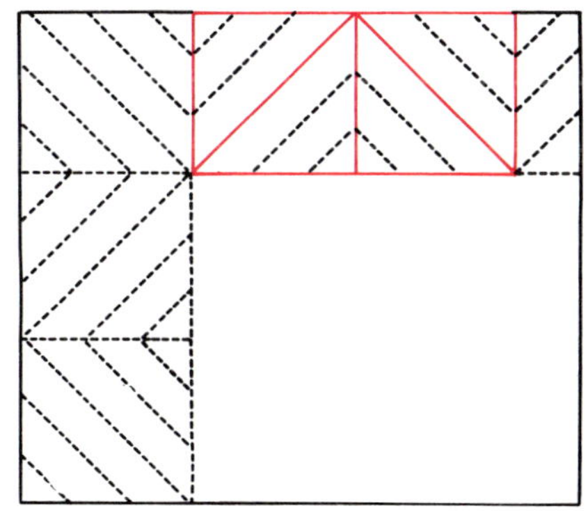

Diagonale Jede Seite hat eine gerade Quadratzahl, damit die Ecklinien nach innen weisen

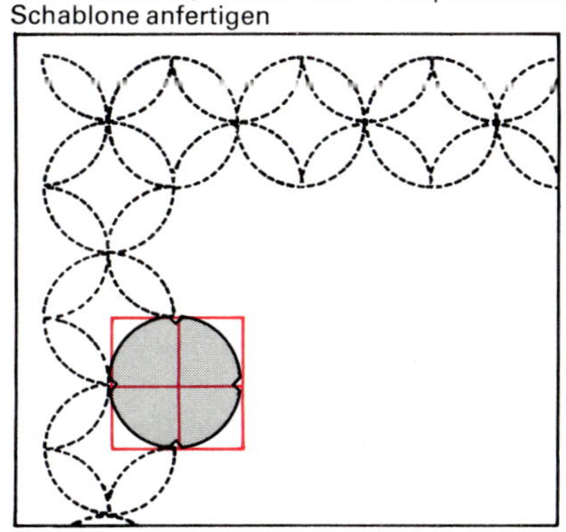

Blütenblätter Die Schablone nach einem Kreis innerhalb des Quadrats anfertigen

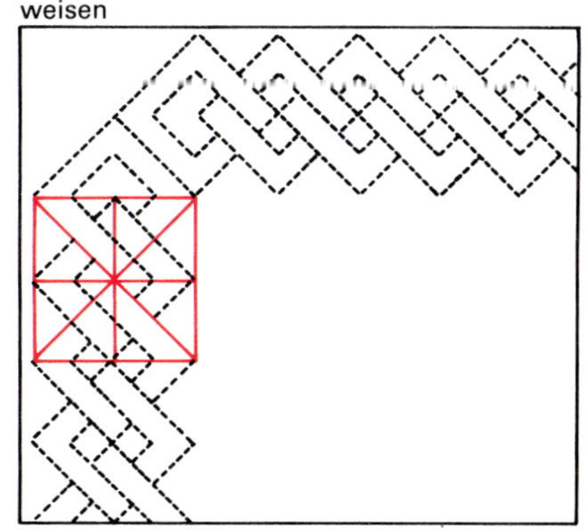

Kettenglieder Form und Anordnung entwickeln sich aus dem Grundquadrat

Stepperei · Steppmuster

Muster übertragen und markieren

Steppmuster können je nach Mustertyp auf verschiedene Weise auf den Stoff übertragen werden. Die Methode hängt auch davon ab, ob im Rahmen oder ohne markiert wird.

Arbeitet man mit einem Rahmen, werden zunächst die drei Lagen übereinander eingespannt, dann markiert man die Musterteile, die auf den gespannten Arbeitsbereich passen. Bei dieser Methode braucht man nur leicht haftende Markierungen, denn jeder Abschnitt wird anschließend sofort gearbeitet; so vermeidet man Schmierflecken auf dem Stoff.

Arbeitet man ohne Rahmen (ganz rechts und S. 245), markiert man die Oberseite der Stepparbeit, bevor sie mit den anderen Lagen verbunden und in den Rahmen gespannt wird. Mit dieser Methode kann das ganze Muster auf einmal aufgetragen werden, was bei komplizierten Entwürfen ein Vorteil ist. Diese Markierungen müssen gut haften.

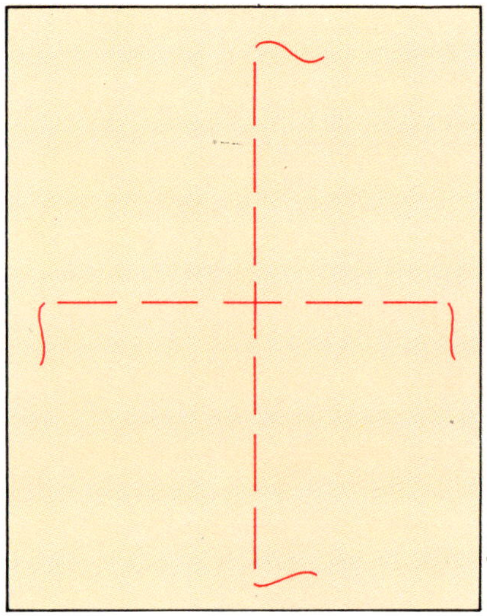

Stoff zum Markieren vorbereiten Zuerst bügeln, um Knitterfalten zu entfernen. Für die Musteranordnung an allen 4 Seiten die Mitte markieren und zwischen den Markierungen längs und quer heften

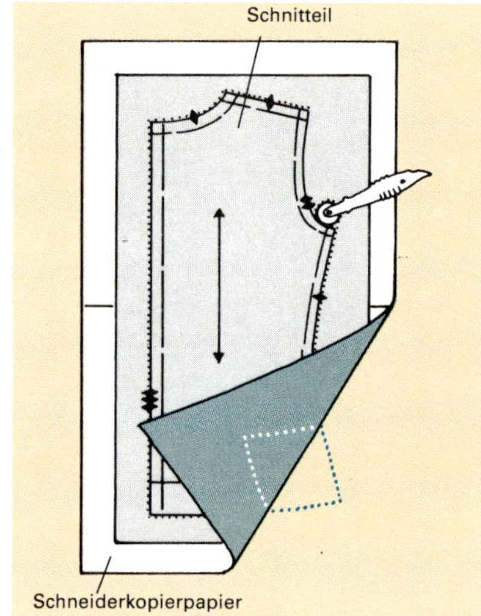

Unregelmäßige Formen markieren Bei Kleidungsstücken o. ä. Umrisse des Schnitteils mit Schneiderkopierpapier auf den Stoff übertragen. Steppmuster markieren, Stepperei arbeiten, dann Teil zuschneiden

Im Rahmen markieren

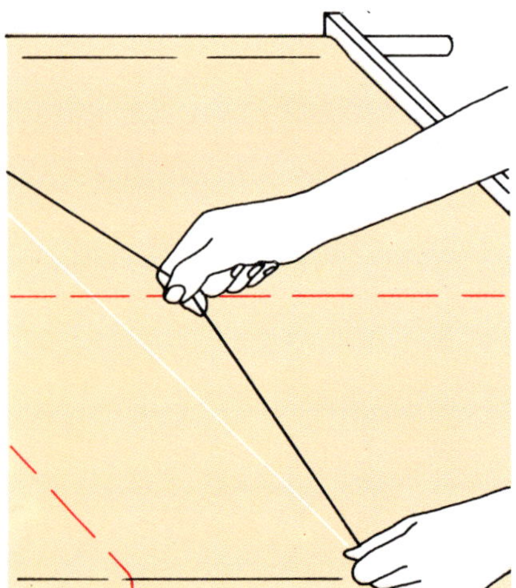

Mit Kreide und Schnur kann man geradlinige Muster wie Quadrate und Diagonale leicht markieren. Über die Stepparbeit eine mit Kreide bestrichene Schnur spannen, hochziehen und niederschnellen lassen

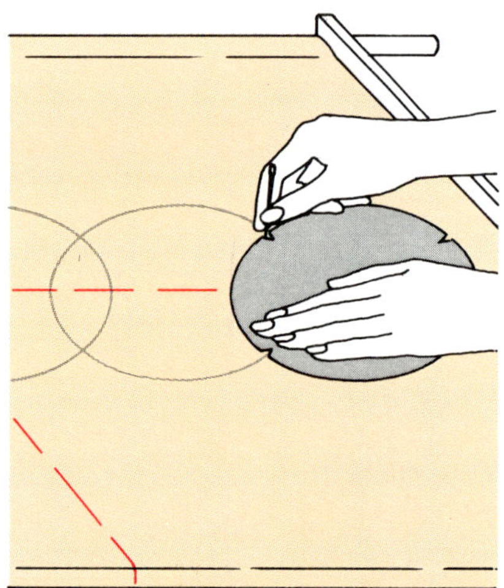

Die Nadelmarkierung ist praktisch, aber nicht dauerhaft; sie ist für gerade Linien oder Muster nach Schablonen und Matrizen geeignet. Die Nadel wie einen Bleistift halten und fest über den Stoff ziehen

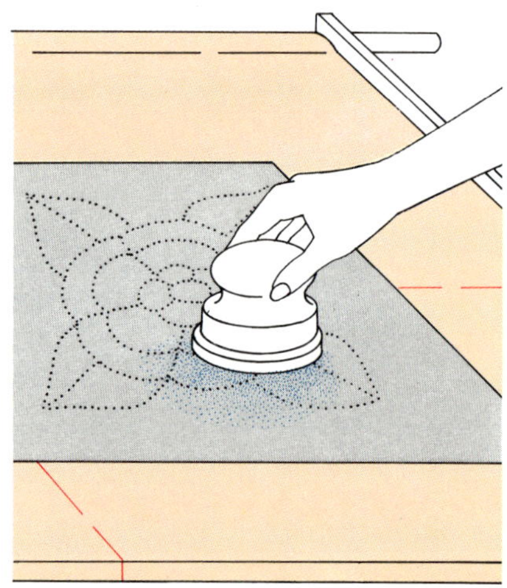

Stechpausen werden gewöhnlich verwendet, um komplizierte Muster zu übertragen. Wie auf Seite 245 beschrieben anfertigen und anwenden, die gepunkteten Linien auf dem Stoff jedoch nicht nachziehen

Ohne Rahmen markieren

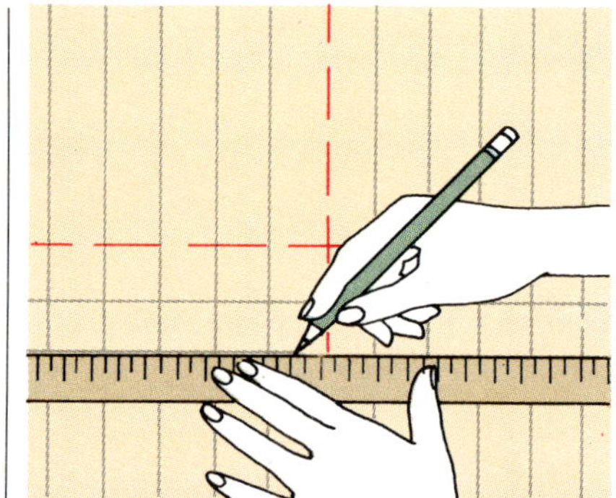

Bei geradlinigen Mustern mit den Mittellinien beginnen. Für ein Gitter aus Quadraten von den Heftlinien aus arbeiten

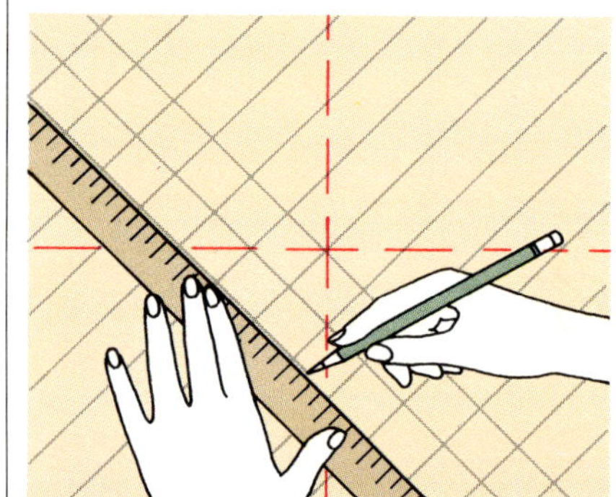

Für ein Rhombengitter die Diagonalen durch die Mitte markieren, dann von diesen aus weiterarbeiten

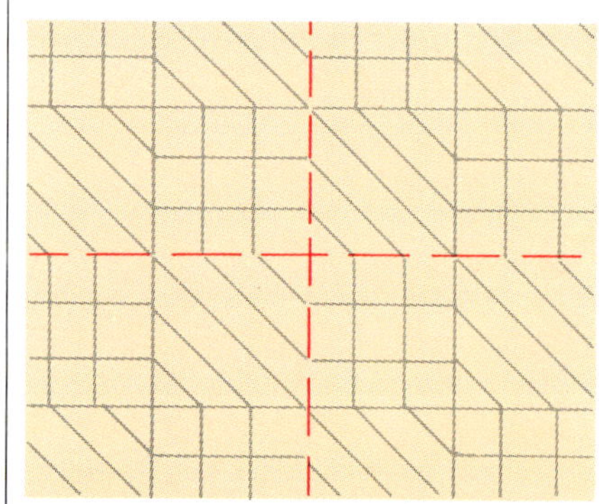

Kombinierte Gittertypen Die Diagonalen stoßen auf die senkrechten und waagrechten Linien

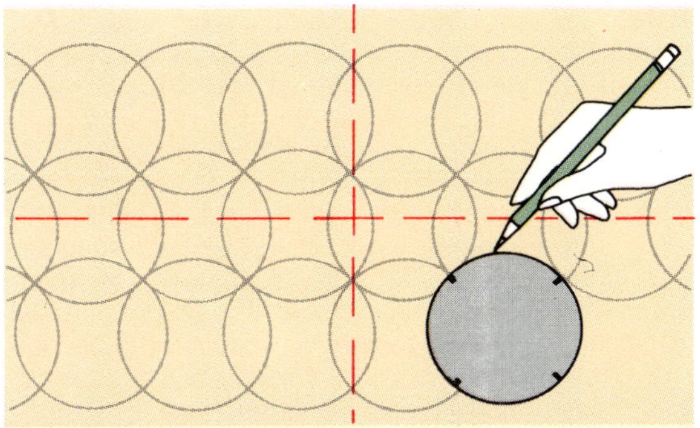

Schablonen sind Musterformen aus leichtem Karton, deren Umrisse man nachzeichnet. Die Schablone für dieses Muster ist am Rand eingekerbt, wo sich die Formen überschneiden

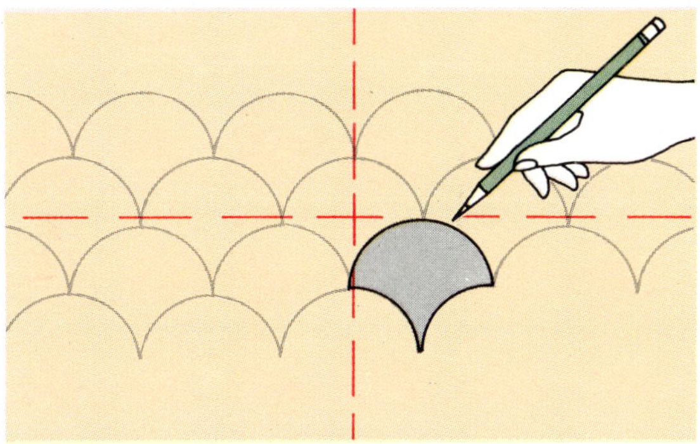

Schablonen werden häufig für Wiederholungsmuster wie dieses Muschelmotiv verwendet. Um ein solches Muster mit einer Schablone zu markieren, beginnt man in der Mitte

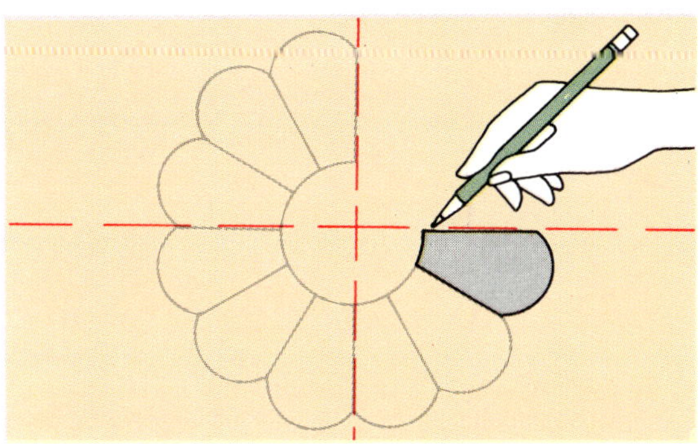

Eine Schablone kann auch als Grundform für ein größeres Motiv dienen – hier ein keilförmiges Stück, ein Sektor aus einem Kreis, das eine Blumenform ergibt

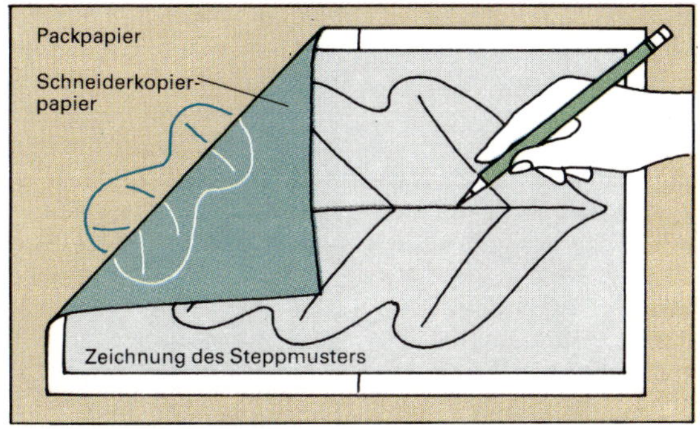

Matrizen kann man selbst anfertigen: Zunächst ein Muster mit möglichst klaren Linien aufzeichnen und mit Schneiderkopierpapier auf Packpapier oder Karton übertragen

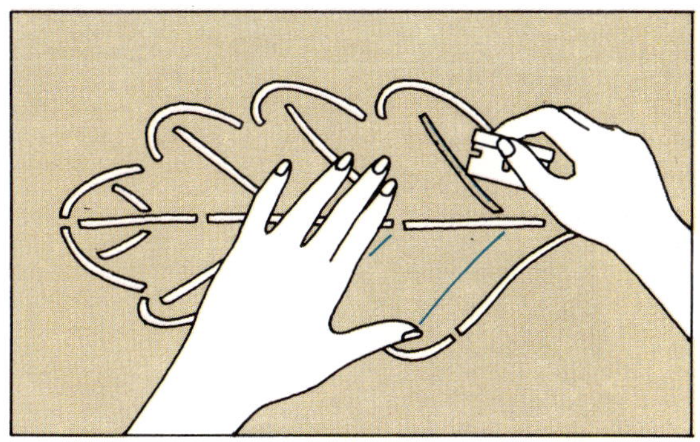

An den Musterlinien mit einer Rasierklinge schmale Schlitze ausschneiden; nicht ganz bis zu den Schnittpunkten der Linien schneiden, sonst halten die Teile nicht zusammen

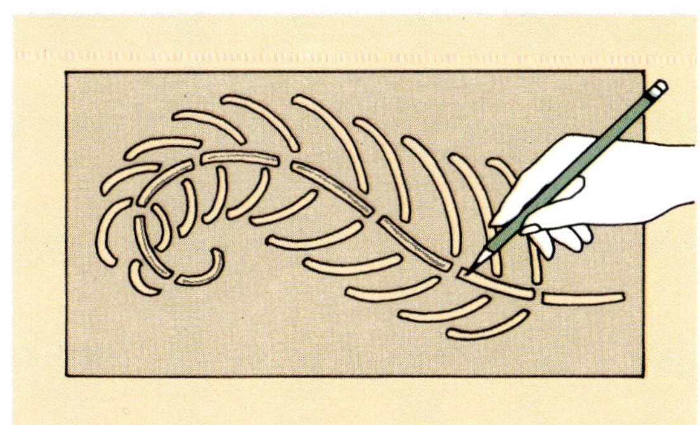

Den Stoff auf eine feste Unterlage ausbreiten, die Matrize darauflegen und die ausgeschnittenen Linien mit einem harten Bleistift oder Schneiderkreide nachziehen

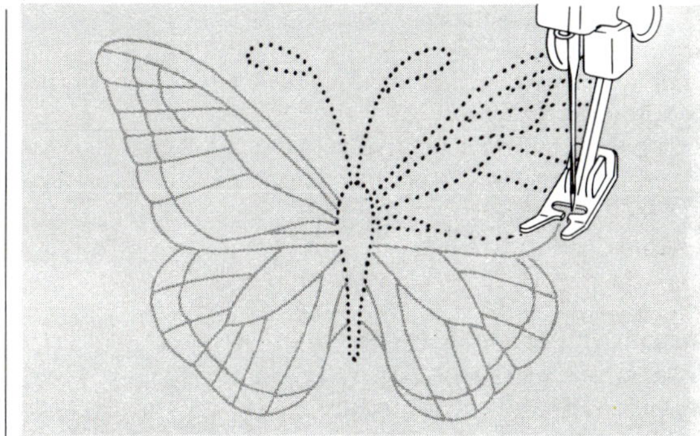

Eine Stechpause wird zum Übertragen komplizierter Muster verwendet. Die Musterlinien von Hand mit einer Nadel oder mit der Maschine ohne Faden perforieren

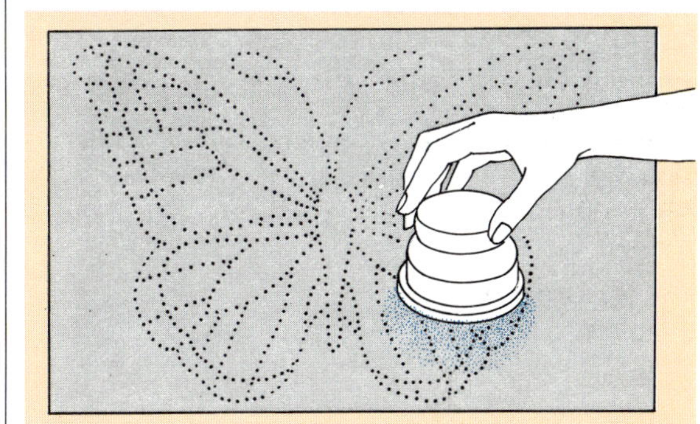

Die Stechpause auf den Stoff legen und mit Pauspulver leicht einreiben; auf dem Stoff darunter zeichnen sich die gepunkteten Umrisse des Musters ab

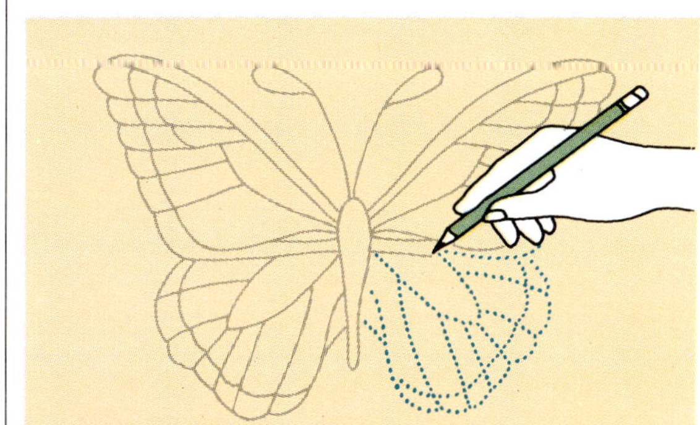

Um die Pulvermarkierungen zu verstärken und dauerhaft zu machen, die punktierten Linien mit einem harten Bleistift oder mit Schneiderkreide nachziehen

Grundtechnik der Stepperei

Größe und Stoffbedarf einer Tagesdecke errechnen

Um die Größe einer Tagesdecke zu bestimmen, mißt man als erstes mit einem Maßband das Bett mit Laken, Decken und Kissen ab (unten). Sind an den Seiten und am Fußende Behänge sowie ein Einschlag für die Kissen vorgesehen, wird die entsprechende Stoffmenge dazugerechnet. Zum Beispiel hat eine Tagesdecke gewöhnlich einen Behang, der bis zum Fußboden reicht, und eine zusätzliche Länge von etwa 40 cm für den Einschlag unter die Kissen. Ein Bettüberwurf ist dagegen kürzer und wird meist nicht unter die Kissen eingeschlagen. Die Länge des Behangs ist häufig Sache des persönlichen Geschmacks. Um ganz sicherzugehen, legt man ein Laken über das Bett, faltet und steckt es, bis man eine geeignete Größe und harmonische Proportionen gefunden hat. Dann mißt man das Laken ab. Anhand dieser Maße wird die Gesamtgröße der Decke errechnet: Länge des Betts plus Länge des Behangs plus Einschlag (falls vorgesehen) ergibt die Länge der fertigen Decke. Breite des Betts plus doppelte Länge des Behangs ergibt die Breite der fertigen Decke.

Um auszurechnen, wieviel Meter Stoff benötigt werden, berechnet man zuerst die Flächen der Schnitteile. Der Stoffbedarf für eine zusammengesetzte Oberseite hängt vom vorgesehenen Patchworkmuster ab (siehe *Patchwork*). Besteht die Oberseite aus einem Stück, wird die Stoffmenge von Stoffbreite und Deckenbreite bestimmt. Ist z. B. die Decke schmaler als die Stoffbreite, benötigt man nur einmal die Länge der Decke. Ist die Decke breiter als eine Stoffbahn und schmaler als zwei, braucht man zweimal die Deckenbreite. Soll die Einfassung aus demselben Stoff gearbeitet werden, benötigt man etwas mehr Stoff.

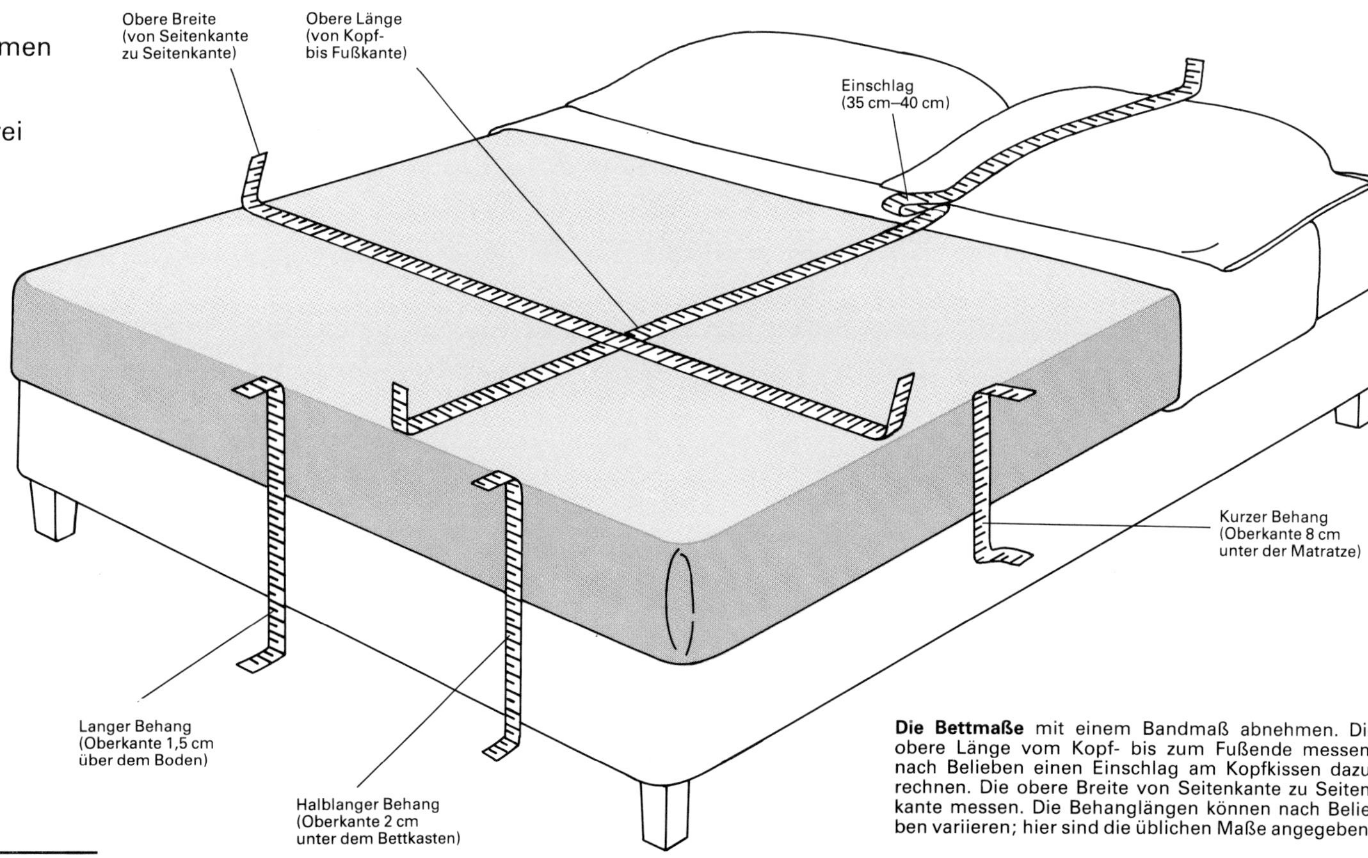

Die Bettmaße mit einem Bandmaß abnehmen. Die obere Länge vom Kopf- bis zum Fußende messen; nach Belieben einen Einschlag am Kopfkissen dazurechnen. Die obere Breite von Seitenkante zu Seitenkante messen. Die Behanglängen können nach Belieben variieren; hier sind die üblichen Maße angegeben

Ober- und Unterstoff für eine Tagesdecke zuschneiden

Beim Zuschneiden der einzelnen Teile der Decke sind außer den Fertigmaßen auch folgende veränderliche Größen zu berücksichtigen: Je nach Randabschluß muß man an allen Kanten eine Nahtzugabe von einem bis mehreren Zentimetern zugeben. Durch das Steppen zieht sich die Stofffläche zusammen; als Ausgleich fügt man den Gesamtzahlen einige Zentimeter hinzu. Eine Decke kann nach dem Steppen bis zu 15 cm kleiner sein. In der Regel gilt: Je dicker die Wattierung ist und je dichter gesteppt wird, desto stärker zieht sich das Stück zusammen. Nach den ermittelten Maßen schneidet man Ober- und Unterstoff zu, bügelt sie glatt und markiert an beiden Stücken die Mitte aller Kanten.

Ist der Stoff nicht breit genug, für Ober- bzw. Unterseite Bahnen zusammensetzen. Eine Mittelnaht vermeiden; eine Stoffbahn, gewöhnlich in voller Breite, als Mittelstreifen verwenden und passende Teile seitlich ansetzen. Nähte auseinanderbügeln. Jede Deckenoberseite, ob Patchwork, Applikation oder Stickerei, kann notfalls durch eine entsprechend breite Umrandung vergrößert werden

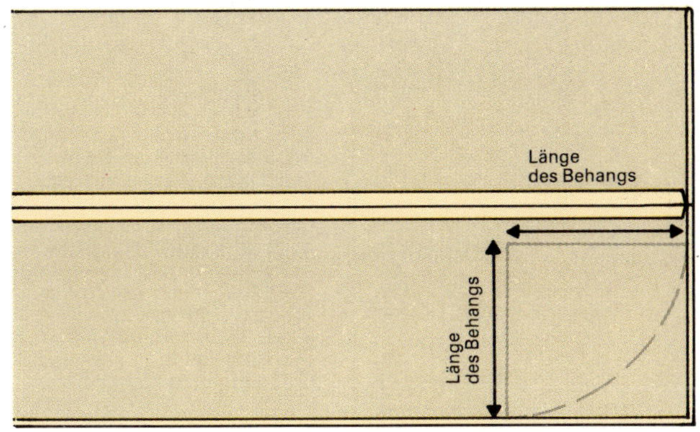

Ecken abrunden Auf der linken Seite des Oberstoffs in einer Ecke des Fußendes ein Quadrat markieren, dessen Seitenlänge der Behanglänge entspricht. Darin, wie links gezeigt, einen Bogen markieren und heften. An der anderen Ecke wiederholen. Nach dem Steppen den Bogen zuschneiden

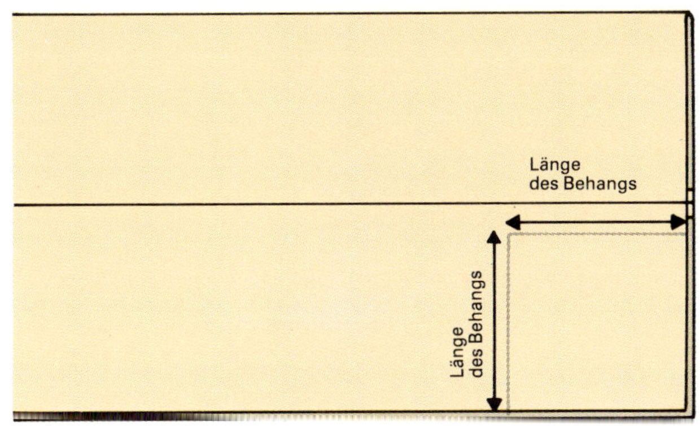

Ecken ausschneiden (für Betten mit Bettpfosten): Auf der rechten Seite des Oberstoffs in einer Ecke des Fußendes ein Quadrat markieren, dessen Seitenlänge der Länge des Behangs entspricht. An der gegenüberliegenden Ecke wiederholen. Nach dem Steppen die Ecken entlang der markierten Linien ausschneiden

Die Wattierung zuschneiden

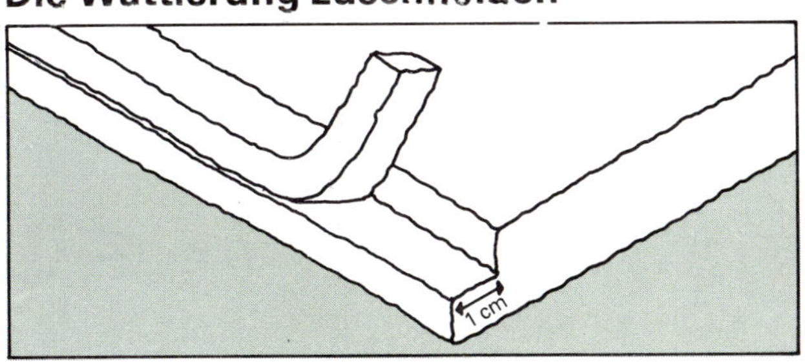

1. Die Wattierung in der Größe des Dekkenoberstoffs zuschneiden. Um Teile zusammenzusetzen, das Material entlang der zu verbindenden Kanten in 2 Lagen teilen und jeweils von einer Lage einen 1 cm breiten Streifen abschneiden

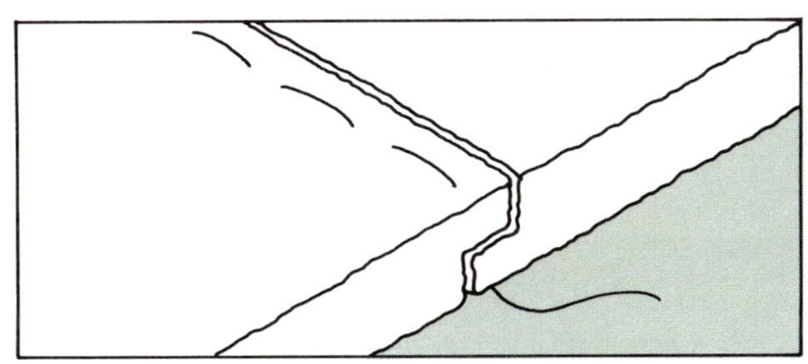

2. Die ausgeschnittenen Kanten, wie links abgebildet, übereinanderlegen und durch beide Lagen heften; so entsteht kein Wulst

Grundtechnik der Stepperei

Lagen zusammenheften

Bei allen Stepparbeiten werden zunächst Oberstoff, Füllung und Unterstoff genau übereinandergelegt und sorgfältig geheftet, damit sie während der Stepparbeit glatt bleiben. Auch wenn man mit einem Rahmen oder Ring arbeitet, ist das Heften wichtig, vor allem bei einer umfangreichen Stepparbeit. Die Heftstiche halten die Lagen zusammen und verhindern, daß die Füllung verrutscht oder klumpt. Bei kleinen Projekten wie Kissenbezügen genügt es meist, wenn die Lagen zusammengesteckt werden. Arbeitet man ohne Rahmen (S. 249, unten rechts) oder steppt man mit der Maschine (S. 251), ist sorgfältiges Heften unerläßlich.

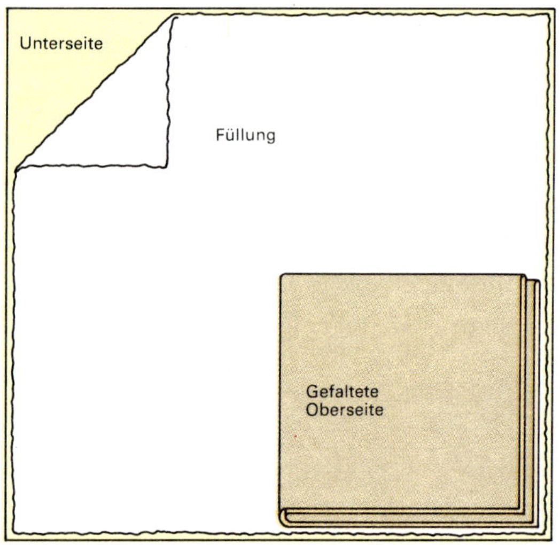

1. Den Unterstoff mit der linken Seite nach oben auf einen Tisch legen. Das Füllmaterial darüberbreiten; darauf den Oberstoff mit der rechten Seite nach oben legen. Für große Decken die untere Lage auf den Fußboden legen, die Wattierung darüberbreiten und mit einem Meterstab darüberstreichen, um Falten zu beseitigen. Die Wattierung nicht dehnen; sie könnte reißen. Den Oberstoff längs und quer falten, so daß die rechte Seite innen ist, und wie gezeigt auf eine Ecke des Füllmaterials legen; dabei die markierten Mittelpunkte auf der oberen und unteren Lage (S. 244) zum Ausrichten benutzen. Die obere Lage vorsichtig auffalten und mit dem Meterstab glätten; dabei nicht auf dem Stoff knien oder stehen

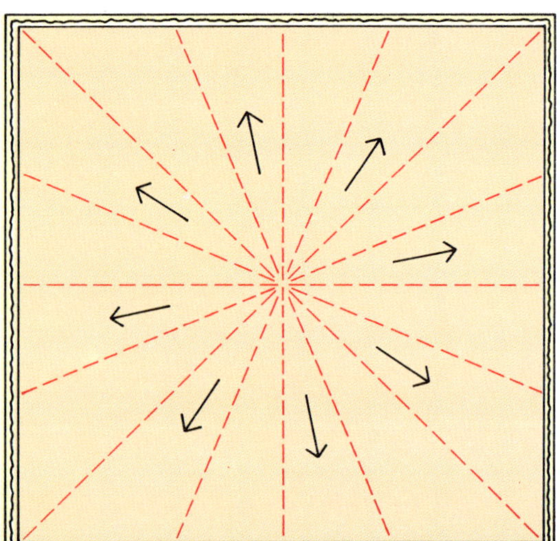

2. Von der Mitte aus heften, damit das Füllmaterial sich nicht in der Mitte ballt. Mit großen Vorstichen stets von oben heften; dabei darauf achten, daß sich die Lagen nicht verschieben. An den Kanten sollte der Abstand zwischen den Heftlinien höchstens 15 cm betragen. Wird ohne Rahmen oder Ring gearbeitet, ein paar Linien mehr heften. Die Heftfäden während des Steppens nach Bedarf entfernen

Stepparbeit in den Rahmen spannen

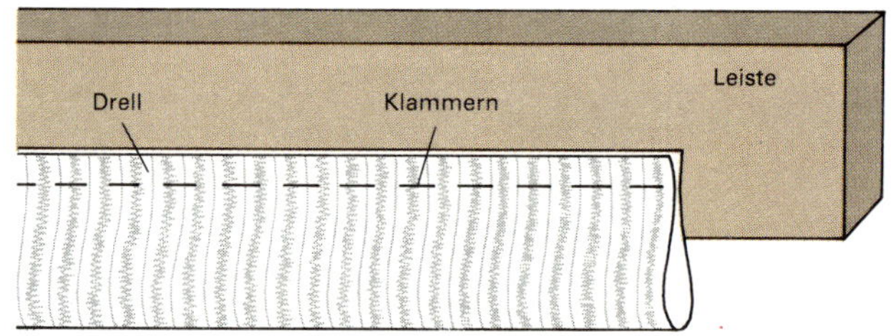

1. Drell oder einen anderen kräftigen Stoff, wie auf Seite 237 gezeigt, mit Klammern an den Leisten befestigen. Die jeweilige Leistenmitte markieren, um die Stepparbeit genau ausrichten zu können

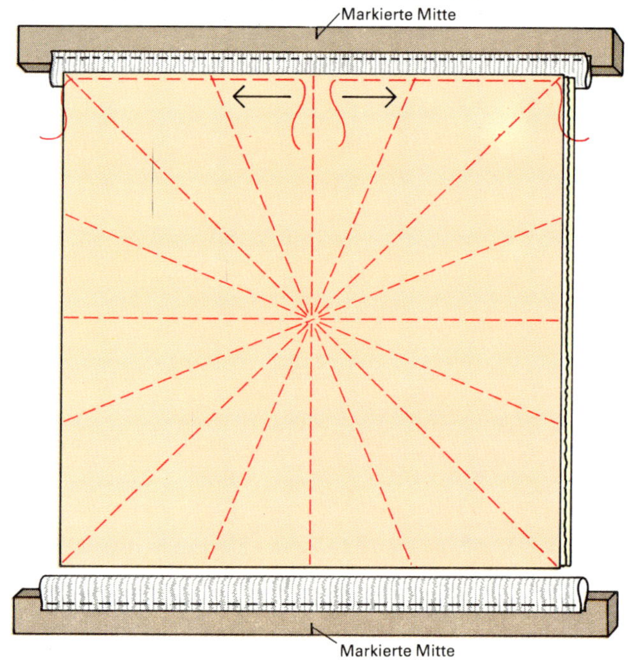

2. Die geheftete Arbeit auf dem Fußboden ausbreiten und an jedes Ende eine Leiste so legen, daß die Mittelpunkte von Leisten und Stoffkanten übereinstimmen. Die Stepparbeit an die Drellstreifen heften, dabei von der Mitte aus zu den Seiten hin arbeiten

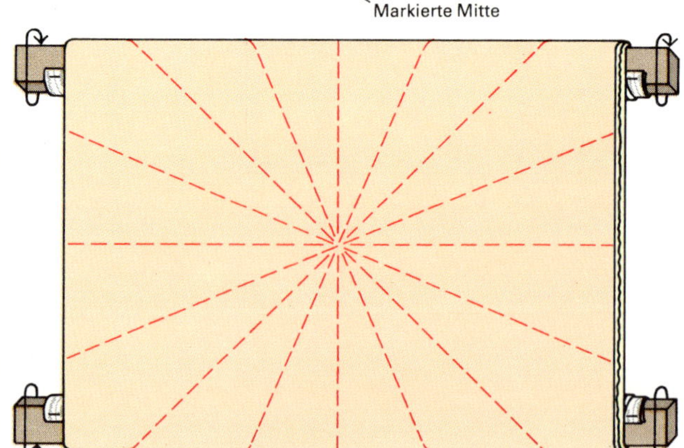

3. Die Stepparbeit straff und gleichmäßig auf beiden Leisten aufrollen; ein Arbeitsbereich bleibt frei

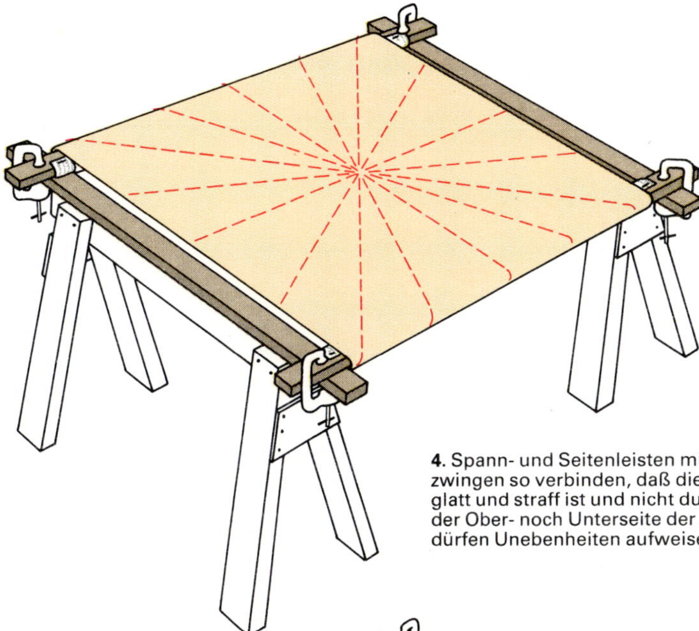

4. Spann- und Seitenleisten mit Schraubzwingen so verbinden, daß die Stepparbeit glatt und straff ist und nicht durchhängt. Weder Ober- noch Unterseite der Arbeitsfläche dürfen Unebenheiten aufweisen

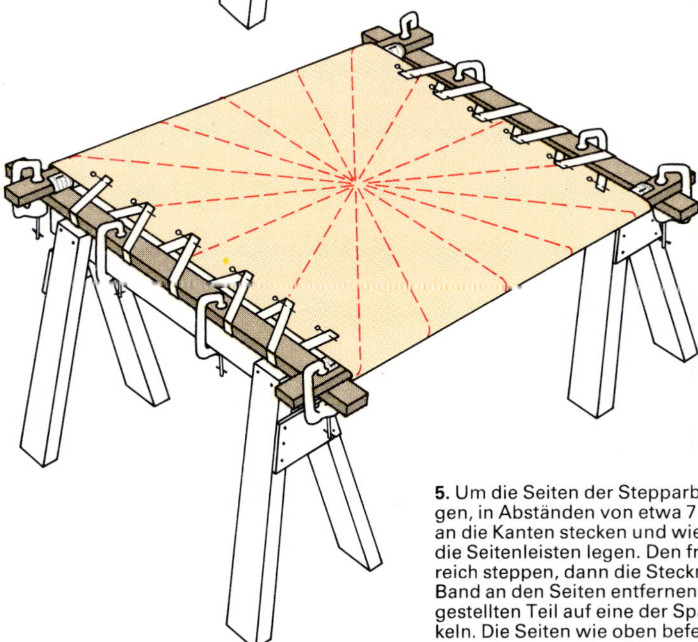

5. Um die Seiten der Stepparbeit zu befestigen, in Abständen von etwa 7 cm Twillband an die Kanten stecken und wie gezeigt um die Seitenleisten legen. Den freigelegten Bereich steppen, dann die Stecknadeln und das Band an den Seiten entfernen und den fertiggestellten Teil auf eine der Spannleisten wikkeln. Die Seiten wie oben befestigen und den neu freigelegten Bereich steppen

Stepparbeit in den Ring spannen

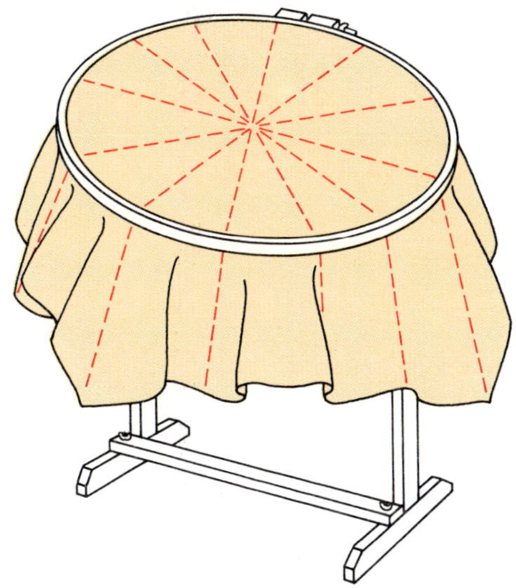

Um eine Stepparbeit in einen Ring zu spannen, das geheftete Stück mittig auf den inneren Ring legen und glätten. Den äußeren Ring daraufdrücken und die Regulierschraube anziehen, um die Lagen straff zu halten. Den eingespannten Bereich steppen, dann den Ring abnehmen und einen neuen Abschnitt einspannen. Von der Flächenmitte zu den Rändern hin arbeiten. Für die Kanten einen kleineren Ring verwenden oder ohne Ring arbeiten

Stepparbeiten ohne Rahmen

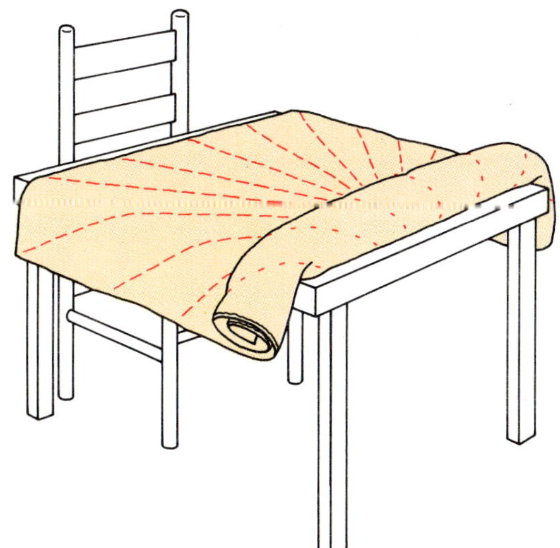

Um eine Stepparbeit ohne Rahmen auszuführen, das geheftete Stück so auf einen Tisch oder ein Bügelbrett legen, daß das volle Gewicht aufliegt; es darf lediglich an den Seiten etwas überhängen, sonst verschieben sich die Lagen. Die Seiten notfalls einrollen oder einschlagen, damit sie richtig aufliegen. Kleine Projekte kann man auf dem Schoß ausbreiten

Stepperei · Grundtechnik

Grundtechnik der Handstepperei

Beim Steppen von Hand näht man kleine, gleichmäßige Vorstiche, die so eng gesetzt sind, daß der Eindruck einer durchgehenden Linie entsteht (unten). Häufig wird mit weißem Faden genäht, man kann aber auch eine passende oder kontrastierende Farbe wählen. Der Arbeitsfaden sollte höchstens 45 cm lang sein.

Im Idealfall sehen die Steppstiche auf der Oberseite und auf der Unterseite der Arbeit gleich aus. Nach einiger Übung kann man mehrmals ein- und ausstechen, bevor man den Faden durchzieht; mit der Zeit entwickelt man dabei einen gewissen Rhythmus. Um diese rhythmische Bewegung zu erleichtern, spannt man die Stepparbeit nicht ganz so straff ein, falls man mit einem Rahmen oder Ring arbeitet.

Man beginnt mit dem Nähen am besten an einem Punkt, der eine Armlänge entfernt liegt, und steppt zu sich hin. Besonders dicke Füllungen sind schwer zu steppen, vor allem bei komplizierten Mustern, und sollten am besten vermieden werden.

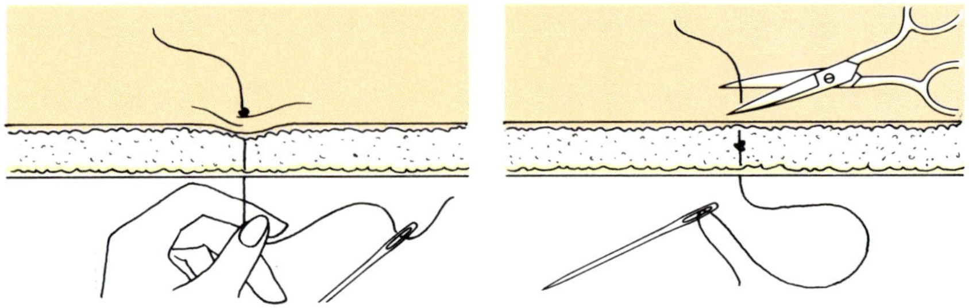

Am Anfang einer Stepplinie Fadenende verknoten und mit der Nadel von oben durch alle 3 Lagen stechen. Faden vorsichtig, aber kräftig nach unten ziehen, so daß der Knoten durch den Oberstoff rutscht und in der Füllung steckenbleibt. Überstehendes Fadenende abschneiden

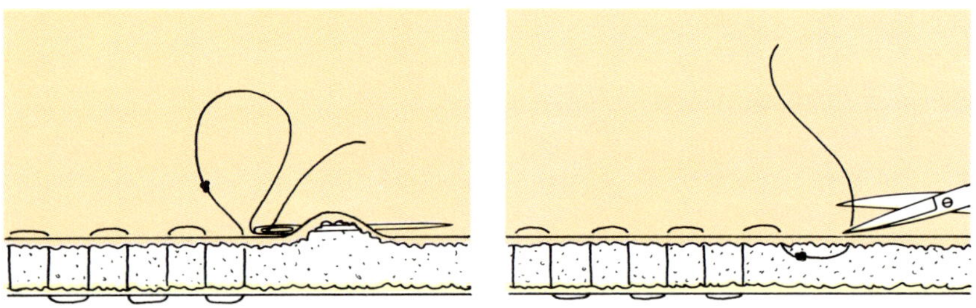

Am Ende einer Stepplinie auf der Oberseite den Faden verknoten. Eine Stichlänge weiter einstechen; durch die Füllung nach oben ausstechen; Faden vorsichtig nachziehen, so daß der Knoten durch die obere Lage in die Füllung schlüpft. Fadenende abschneiden

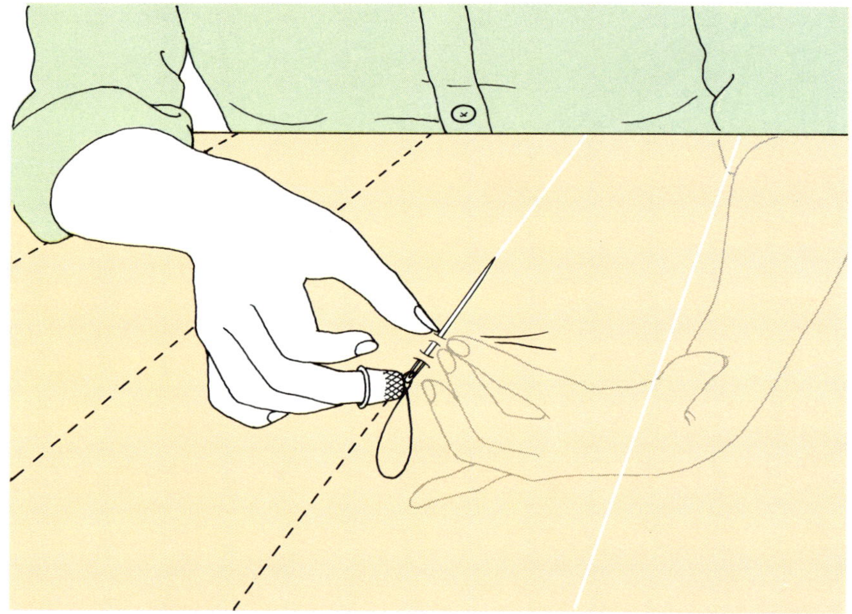

Beim Steppen mit Vorstichen die Nadel mit Daumen und Zeigefinger halten, ein paarmal ein- und ausstechen und die Nadel mit dem Mittelfinger durchschieben. Mit der anderen Hand von unten prüfen, ob bei jedem Stich die Nadelspitze durch alle Lagen sticht

Tips für die Handstepperei

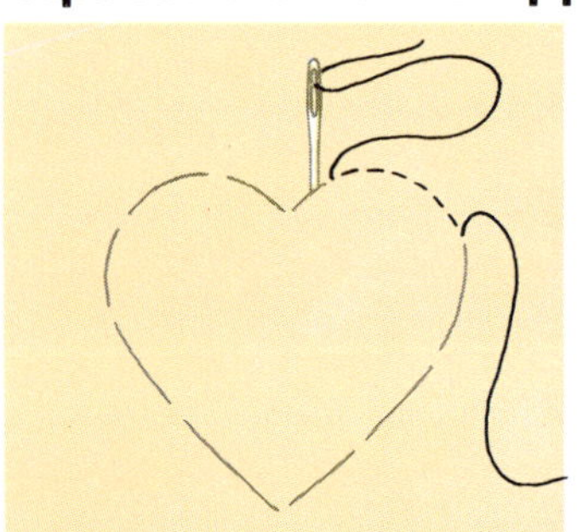

Für Kurven oder Kreise die doppelte Fadenlänge verwenden und von oben rechts jeweils mit der halben Fadenlänge zuerst in die eine, dann in die andere Richtung arbeiten. So näht man stets zu sich hin

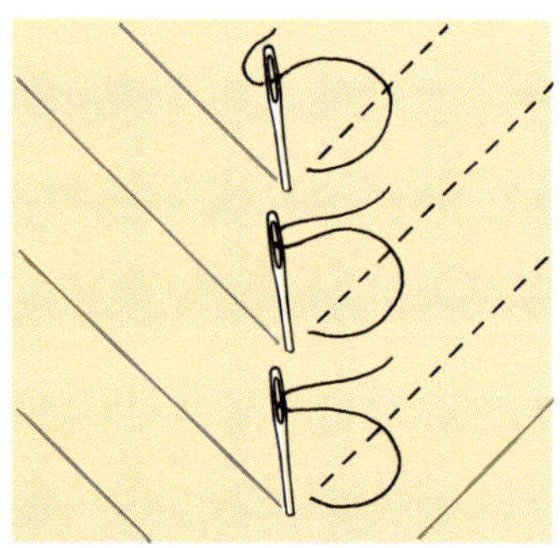

Mit mehreren Nadeln arbeiten Alle gleichlaufenden Linien steppen, bis sie die Richtung wechseln oder die freie Arbeitsfläche zu Ende ist. Nadeln jeweils auf der Oberseite steckenlassen. Stellung ändern bzw. neue Arbeitsfläche einspannen, dann weitersteppen

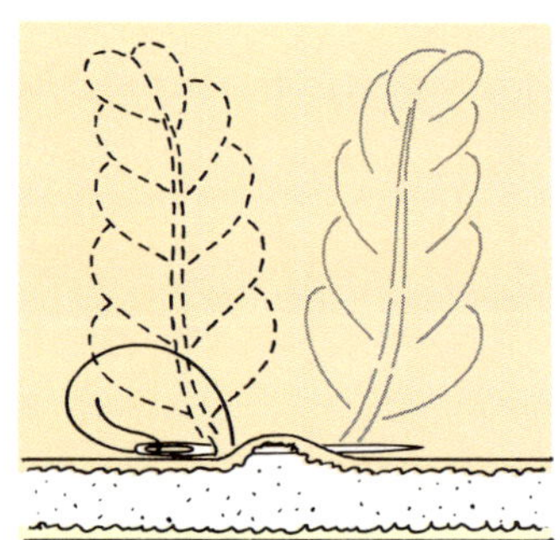

Unnötige Unterbrechungen vermeiden Bei eng gesetzten Motiven keinen Knoten setzen, sondern die Nadel durch das Füllmaterial vom fertigen zum neuen Motiv schieben

Maschinenstepperei

Mit der Nähmaschine bildet man stabile und gleichmäßige Stepplinien, die im Vergleich zur Handstepperei nur einen Bruchteil der Zeit erfordern. Man kann zwar fast jede Stepparbeit auf der Maschine nähen, dies ist jedoch nicht immer praktisch. Die Maschinenstepperei eignet sich besonders für kleine Projekte wie Babysteppdecken, Teile von Kleidungsstücken und Heimartikel – Kissen, Sets usw. –, da sie beim Nähen leicht zu handhaben sind und sich notfalls unter dem Arm der Nähmaschine zusammenlegen oder -rollen lassen. Für große Projekte, wie Tagesdecken, muß die Arbeitsfläche, auf welcher der Stoff beim Nähen liegt, entsprechend erweitert und die Reihenfolge, in der gesteppt wird, genau festgelegt werden, damit die großen Stoffmengen durch die Nähmaschine passen. Wenn möglich, zerlegt man ein großes Projekt in kleinere Einzelteile, einen Bettüberwurf beispielsweise in Streifen oder Blöcke, die einzeln gesteppt und später zusammengefügt werden (S. 255).

Es ist nicht ratsam, komplizierte oder kurvenreiche Muster auf der Nähmaschine zu steppen; das häufige Drehen unter der Nadel ist lästig und auch zeitraubend. Einfache und geradlinige Steppmuster lassen sich auf der Nähmaschine rascher und leichter arbeiten, insbesondere flächendeckende Gittermuster, wie unten rechts abgebildet.

Um eine Arbeit vorzubereiten, heftet man zunächst sehr gründlich, damit die Lagen sich nicht verschieben, wenn sie durch die Maschine laufen. Um unansehnliche Kräusellinien auf dem Stoff zu vermeiden, lockert man die Fadenspannung und verringert den Nähdruck. Die Stichlänge beträgt 2–2,5 mm. Die Einstellung prüft man auf einem vollständigen Probestück, das genau wie die Stepparbeit aus Oberstoff, Unterstoff und Füllmaterial zusammengeheftet wurde.

Um die Arbeitsfläche für ein großes Projekt zu erweitern, die Nähmaschine frei aufstellen. Ein großes Stück Karton oder ein Brett auf Böcke oder Stühle in der Höhe der Nähmaschine legen und seitlich an sie heranrücken. Auf dieser Unterlage haben große Stoffmengen Platz und sind leichter zu handhaben

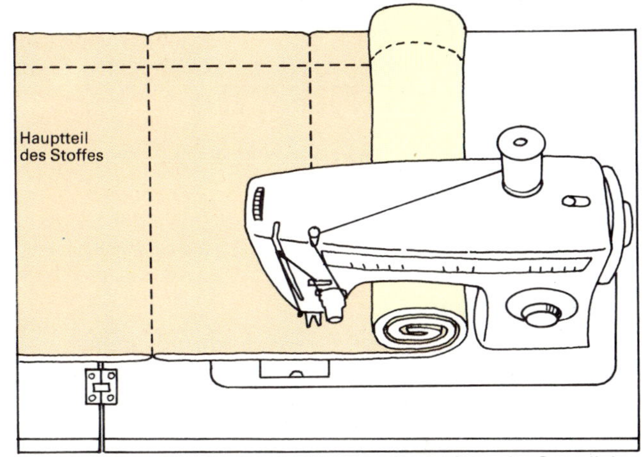

Bei der Maschinenstepperei Richtung und Reihenfolge der Stepplinien genau planen, damit der Hauptteil des Projekts stets links von der Nadel liegt. Für ein großes Projekt die Arbeitsfläche, wie links gezeigt, vergrößern; die Arbeit notfalls zusammenrollen, so daß es unter den Nähmaschinenarm paßt

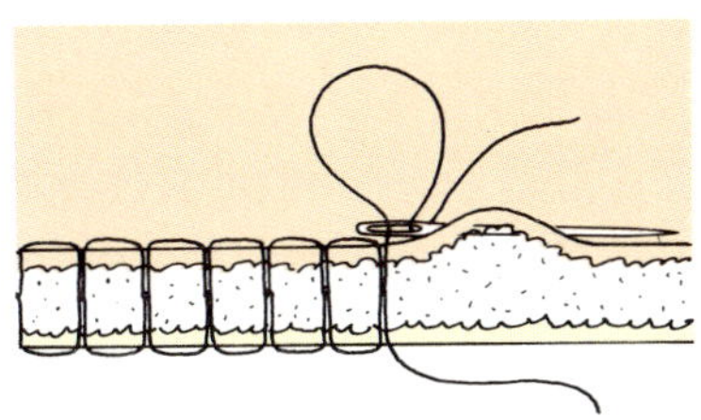

Fadenenden sichern:
1. Liegen diese nicht an einer Kante, einen langen Ober- und Unterfaden stehenlassen. Die Fäden einzeln in eine Nähnadel fädeln und ein kurzes Stück durch das Füllmaterial stechen

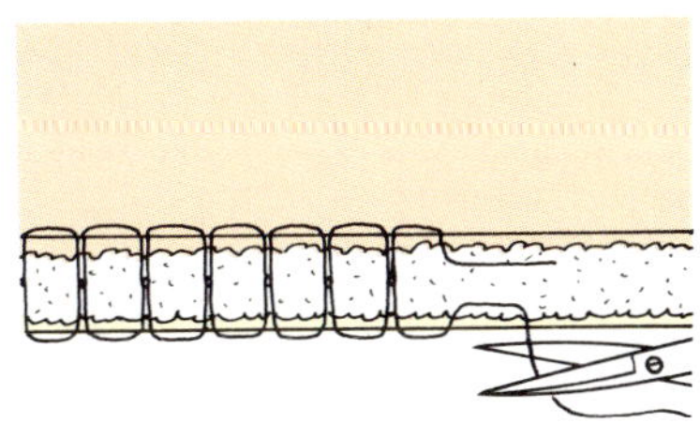

2. Mit der Nadel nach oben ausstechen und das Fadenende dicht an der Oberfläche der Stepparbeit abschneiden. Mit dem anderen Faden wiederholen

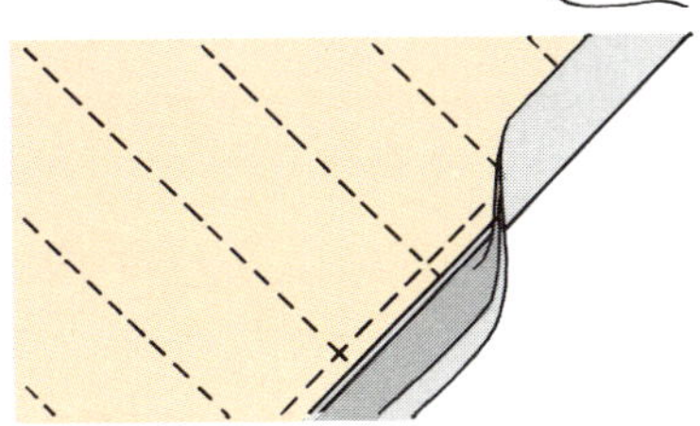

Fadenenden an den Kanten brauchen nicht gesichert zu werden. Das Nahtende wird vom Kantenabschluß (z. B. einer Einfassung) verdeckt

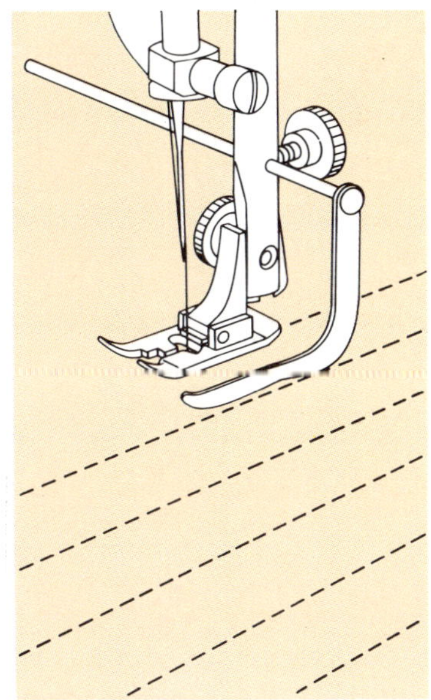

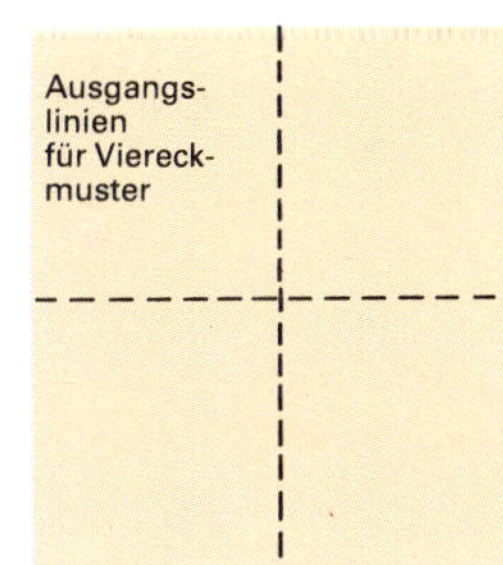

Wattierlineal Die Ausgangslinien (siehe kleine Abb.) anbringen. Bei allen anderen läuft der verstellbare Gleiter neben dem Nähfuß auf einer Führungslinie, so daß jede Stepplinie im gleichen Abstand genäht werden kann

Crazy Patchwork 214
Stoff zum Markieren vorbereiten 244

Weitere Stepptechniken

Eine Steppdecke knüpfen

Bei der Knüpfmethode wird eine Stepparbeit ohne durchgehende Stepplinien zusammengehalten. In regelmäßigen Abständen wird durch alle Lagen ein einziger Stich genäht; die Fadenenden müssen lang genug sein, um auf der Oberseite der Stepparbeit verknotet zu werden. Mit dieser Technik arbeitet man rascher als mit Vorstichen, und dicke Füllungen lassen sich leichter handhaben. Die Knüpfmethode eignet sich allerdings nicht bei einer Baumwollwattierung, die meist leicht verrutscht und mehr Halt benötigt. Zum Knüpfen braucht man eine Nadel mit großem Öhr und einen starken dekorativen Faden wie Sticktwist, Perlgarn, schmales Band oder Strickgarn.

Durch Fadenknoten werden Oberseite, Wattierung und Unterseite zusammengehalten

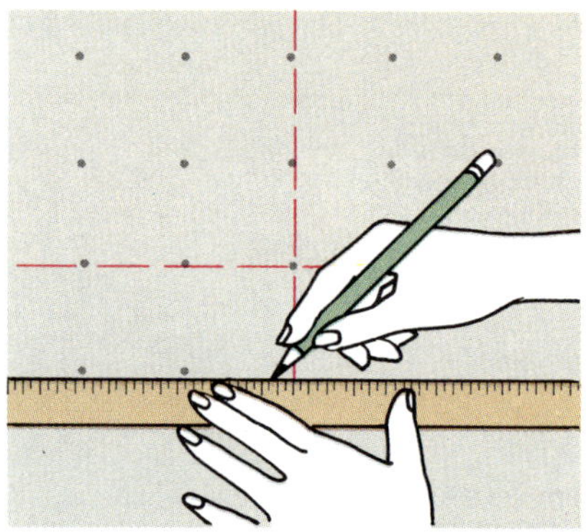

Um die Oberseite vorzubereiten, die senkrechte und waagrechte Mittellinie mit Heftfäden markieren. Von diesen Führungslinien ausgehend, mit Lineal und Bleistift oder Schneiderkreide die Lage der Knoten markieren. Die Abstände zwischen den Knoten sollten höchstens 10–15 cm groß sein

Bei einer Patchworkoberseite die Lage der Knoten nach dem Muster ausrichten, dabei die Abstände möglichst gleichmäßig halten und keine größeren Flächen frei lassen

Nach dem Markieren die Lagen zusammenheften (S. 248)

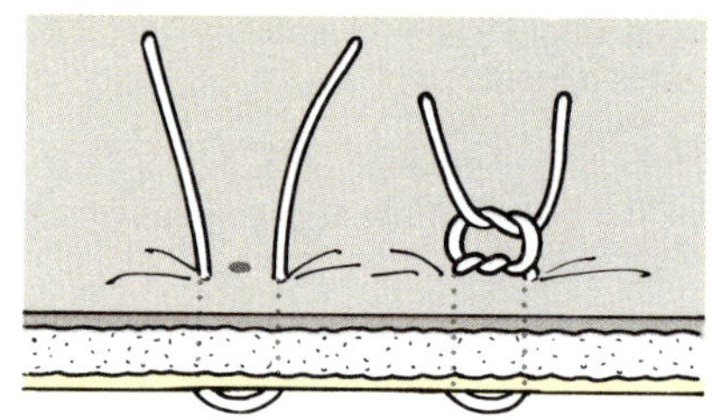

Um Knoten zu bilden, bei jeder Markierung auf dem Oberstoff durch alle 3 Lagen nach unten, dann wieder nach oben stechen. Die Fadenenden zu einem Knoten schlingen und auf 2,5 cm zurückschneiden

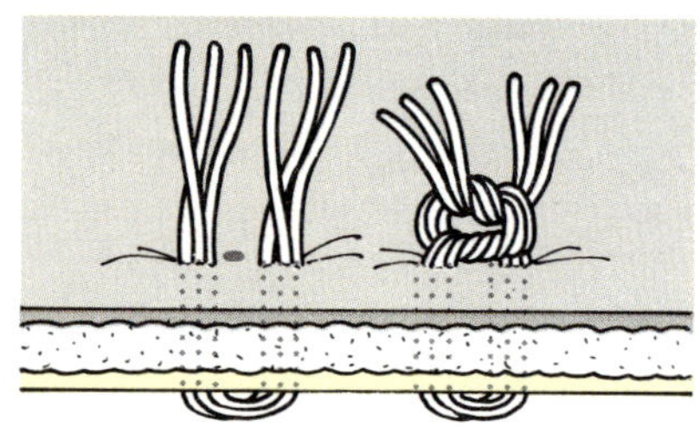

Für Quasten mehrere Garnlängen einfädeln und einen Stich wie oben nähen. Alle Fadenenden zu einem Knoten schlingen und gleichmäßig abschneiden

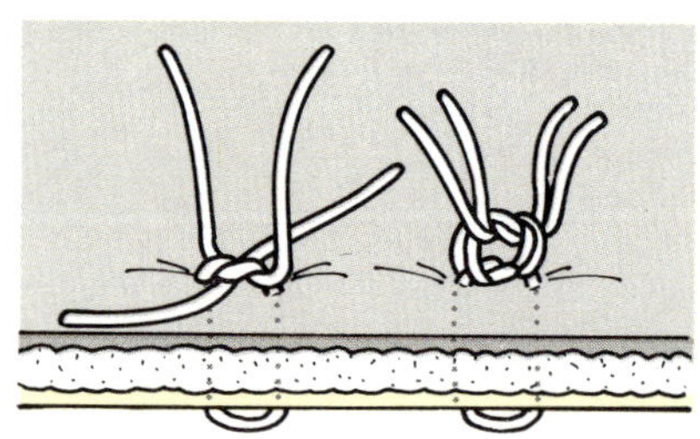

Eine andere Methode, Quasten zu bilden, wenn die Stepparbeit mit mehreren Fäden schwer zu durchstechen ist: Den Stich mit einer Fadenlänge ausführen und beim Knoten weitere Garnlängen wie gezeigt mitknüpfen

Englische Stepperei

Bei der englischen Stepperei werden nur bestimmte Teile des Musters wattiert; dadurch treten sie plastisch hervor. Diese Technik kommt auf einfarbigen Stoffen besonders gut zur Geltung.

Man steppt das Muster durch zwei Lagen (Oberseite und Futter); durch einen Schlitz auf der Rückseite wird dann das Füllmaterial (Kunstfaser oder Baumwolle) hineingeschoben. Für die obere Lage wählt man gewöhnlich einen dichtgewebten Stoff wie feine Wolle oder Baumwollsatin. Für das Futter eignet sich am besten ein locker gewebter Baumwollstoff wie Nessel oder Käseleinen.

Um die Unterseite der Stepparbeit zu schützen und die unschönen zugenähten Füllschlitze zu verdecken, wird die Arbeit mit einem zur Oberseite passenden Stoff abgefüttert oder unterlegt. Gesteppt wird mit einem Baumwoll- oder Polyesterfaden. Für feinere Arbeiten kann man auch Twist verwenden.

Am besten für diese Art der Stepperei geeignet sind Motive, die sich aus vielen kleinen, abgerundeten Teilen zusammensetzen; die Abbildung rechts zeigt ein typisches Beispiel. Große Flächen gleichmäßig auszustopfen ist schwierig. Diese Technik kann auch für einen Stoffdruck mit einem ausgeprägten, passenden Motiv angewendet werden; das Motiv wird wie unten beschrieben plastisch herausgearbeitet.

Blätter und Blütenblätter des Motivs wurden von der Rückseite her mit Wattiermaterial gefüllt

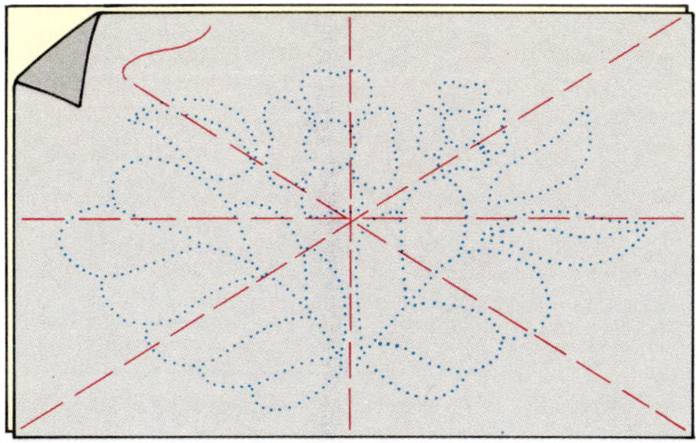

1. Steppmuster mit Pauspulver oder durch Nadelmarkierung auf den Stoff übertragen. Für eine kräftigere Markierung Muster mit Bleistift oder Schneiderkreide spiegelverkehrt auf Futter übertragen. Oberstoff und Futter links auf links so aufeinanderlegen, daß der Fadenlauf und die Kanten übereinstimmen. Beide Lagen entlang der waagrechten und senkrechten Mittellinie sowie der Diagonalen heften

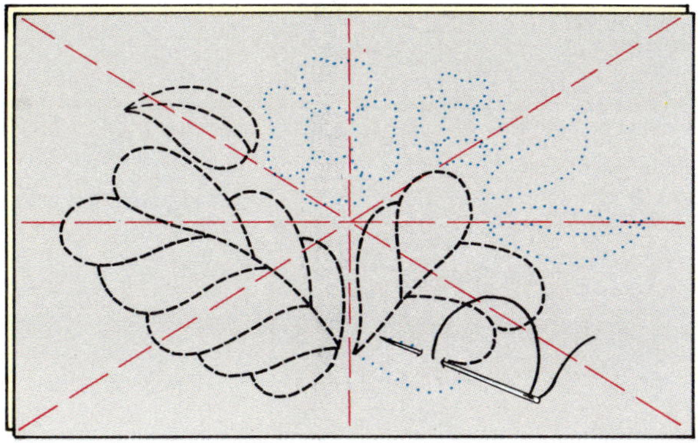

2. Die Stofflagen entlang der Musterlinien mit einem Rückstich oder einem gleichmäßigen Vorstich zusammennähen oder mit der Maschine steppen. Mit kleinen, gleichmäßigen Stichen nähen. Die Heftfäden nach Beendigung der Stepperei entfernen

3. In der Mitte eines kleinen Motivteils einen Schlitz in den Unterstoff schneiden; dabei etwas vom Fadenlauf abweichen, um den Stoff nicht zu schwächen. Den Abschnitt mit Wattiermaterial so füllen, daß die Fläche erhaben, aber nicht so prall gestopft ist, daß der Stoff sich verzieht

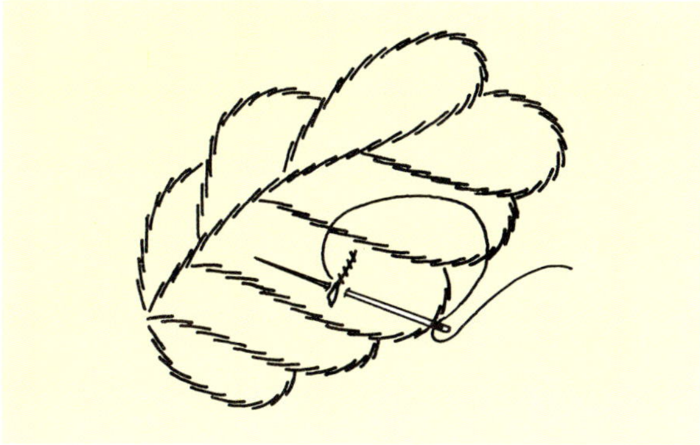

4. Den Schlitz wie gezeigt mit Überwendlingsstichen schließen. Bei jedem Abschnitt wiederholen, bis alle vorgesehenen Musterteile wattiert sind

Stepperei · Weitere Techniken

Rahmen und Ringe 237
Steppmuster übertragen 244

Schnurstepperei

Bei der Schnurstepperei werden lineare Muster durch eine Schnurfüllung erhaben gearbeitet. Sie wird häufig mit englischer Stepperei kombiniert.

Es gibt zwei Möglichkeiten, diese plastische Wirkung zu erzielen. Die übliche Methode besteht darin, parallele Linien durch zwei Stofflagen zu steppen; in die entstandenen Tunnel wird Einziehkordel gezogen. Baumwollkordel muß vor der Verarbeitung gewaschen werden, damit sie später nicht einläuft und den Stoff zusammenzieht. Der Oberstoff sollte dicht gewebt, der Unterstoff locker gewebt sein. Gesteppt wird mit Baumwoll-

oder Polyesterfaden, bei einer feineren Arbeit mit Twist. Das Stück wird gefüttert, um die Fülleinschnitte zu verdecken.

Für die zweite Methode bedarf es nur einer Stofflage. Die Schnur wird unter den Stoff gelegt und beim Steppen des Musters mitgefaßt. Diese Methode eignet sich für Projekte, bei denen eine Unterlage oder ein Futter nicht gewünscht wird. Als Füllung verwendet man bei beiden Methoden Einziehkordel aus Baumwolle in einer Stärke passend zum Abstand der Parallellinien; sie sollte den Tunnel so ausfüllen, daß er erhaben wirkt, ohne den Stoff zu verziehen.

Methode I

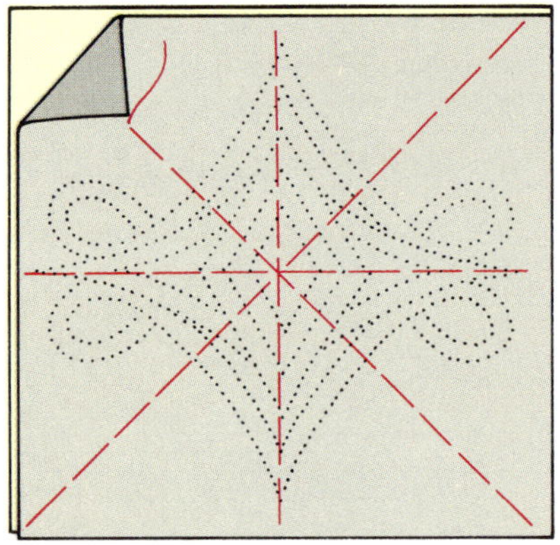

1. Das Steppmuster mit Pauspulver oder Nadelmarkierung auf den Stoff übertragen. Den Oberstoff so auf den Unterstoff legen, daß der Fadenlauf und die Kanten übereinstimmen. Entlang der waagrechten und senkrechten Mittellinie sowie der Diagonalen durch beide Lagen heften

2. Die beiden Stofflagen entlang der markierten Linien mit kleinen Vorstichen oder Rückstichen oder mit der Maschine zusammennähen. Mit kleinen, gleichmäßigen Stichen nähen

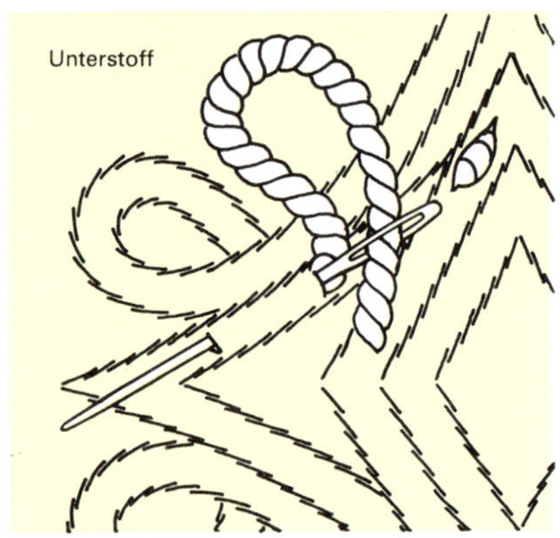

3. In die Rückseite eines durch die Parallelnähte gebildeten Tunnels einen kleinen Schlitz schneiden. Mit einer stumpfen Nadel oder Durchziehnadel die Kordel wie folgt einziehen: Die Nadel etwa 2 cm durch den Tunnel schieben; beim Ausstich wieder ein- und 2 cm weiter wieder ausstechen. Nicht durch den Oberstoff stechen!

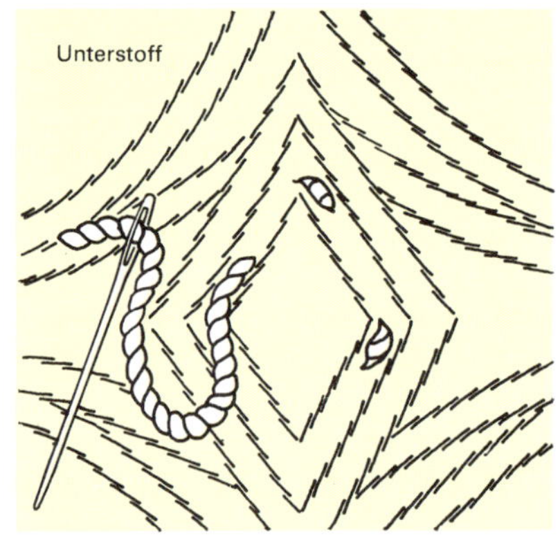

4. Bei einer Kurve oder Ecke wie bei Schritt 3 vorgehen, die Kordel jedoch nicht straffziehen, sondern am Wendepunkt etwas locker lassen, damit sie den Raum ausfüllen kann

Methode II

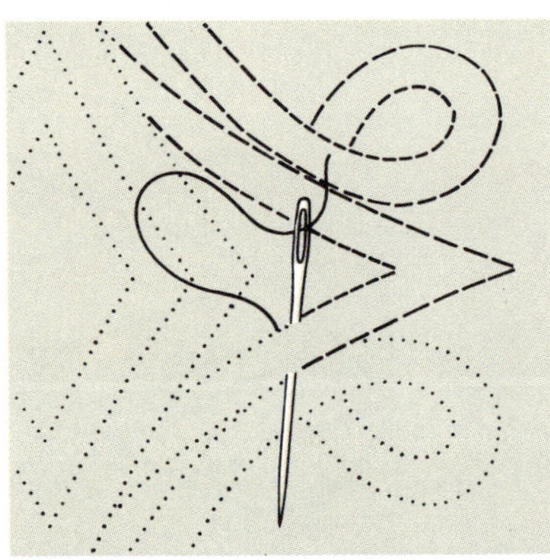

1. Das Steppmuster auf die rechte Stoffseite übertragen. Den Stoff in einen Rahmen oder Ring spannen. Mit einer spitzen Nadel und Sticktwist nähen. Mit einer Hand die Kordel auf der linken Stoffseite führen, mit der anderen Rückstiche entlang der Parallellinien nähen, und zwar abwechselnd einen Stich auf der einen, den nächsten auf der anderen Linie

2. Die gekreuzten Fäden auf der linken Stoffseite befestigen die mitgeführte Kordel zwischen den Musterlinien und drücken sie flach an. Mit gleichmäßiger Stichlänge und -spannung arbeiten

Steppmuster übertragen 244
Maschinenstepperei 251

Zusammengesetzte Stepparbeiten

Eine umfangreiche Stepparbeit ist leichter zu arbeiten, wenn man sie in kleinere Einheiten aufteilt. Nach dieser Methode kann man einen Block oder einen Streifen nach dem anderen steppen und sie erst zum Schluß miteinander verbinden. Alle Stepparbeiten können jedoch ungeachtet ihrer fertigen Größe auf diese Weise aufgeteilt und angefertigt werden. Die Teile sind viel leichter zu handhaben, besonders wenn man mit der Nähmaschine steppen will.

Die Kissenstepperei und die Puffstepperei, die auf Seite 256 beschrieben werden, sind moderne Techniken, bei denen man ebenfalls die Teile erst einzeln wattiert und dann zusammenfügt.

Obwohl diese Methoden im allgemeinen nur bei einfachen Stepp- und Patchworkmustern anwendbar sind, bieten sie doch einige Vorteile: Die Arbeiten können auf kleinstem Raum ausgeführt werden, man braucht keinen Rahmen oder Ring und kann ganz oder teilweise mit der Maschine steppen, was auch eine wesentliche Zeitersparnis bedeutet.

Bei der Aufteilung eines Projekts richtet man sich nach den vorhandenen Nähten; die Oberseite einer Steppdecke aus Patchwork oder mit Applikationen kann beispielsweise so gesteppt werden, daß jeder Block ein Einzelteil ergibt, oder die Decke kann in Blockgruppen zerlegt werden. Die Umrandung einer solchen Stepparbeit könnte etwa ein weiteres Einzelteil ergeben, das separat gesteppt wird. Alle Teile werden fertiggesteppt und dann entsprechend zusammengefügt. Diese Arbeitsweise eignet sich auch für Stepparbeiten an Kleidungsstücken. So können Rücken und Vorderteile einer Jacke einzeln gesteppt und dann an den Seitennähten verbunden werden. Bei der Wahl des Unterstoffs ist zu bedenken, daß er bei dieser Technik als eine Art Futter dient, das alle unversäuberten Kanten abdeckt; zur Versäuberung ist kein zusätzliches Futter nötig.

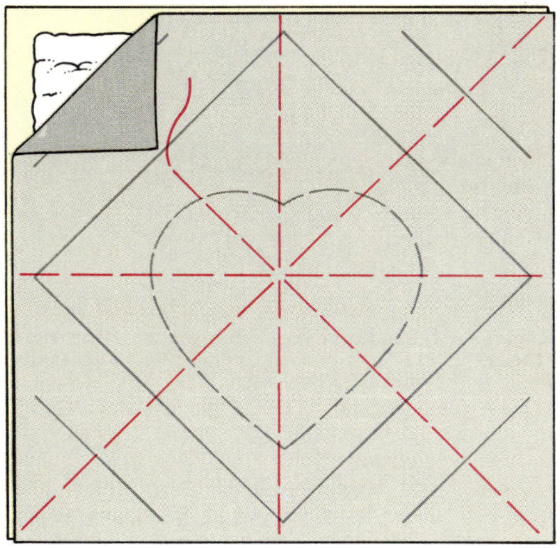

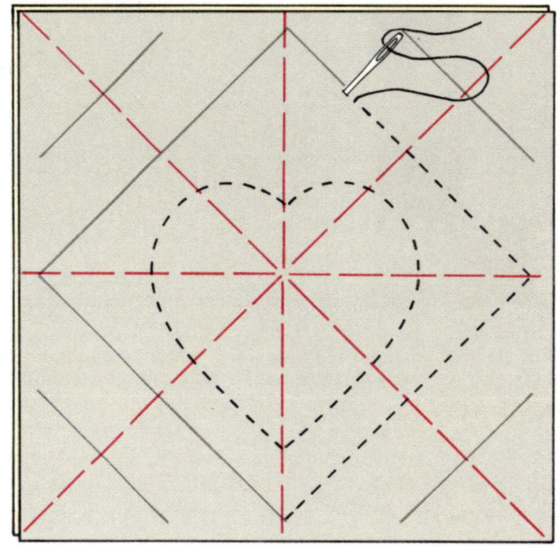

1. Ober- und Unterstoff in derselben Größe mit 6 mm Nahtzugabe an jeder Seite zuschneiden. Füllmaterial für jedes Einzelteil ohne Nahtzugabe zuschneiden. Steppmuster auf den Oberstoff übertragen. Die Lagen wie gezeigt aufeinanderlegen und diagonal durch die Mitte zusammenheften

2. Das Muster bis 1,5 cm von der Kante entfernt steppen, damit die Nahtzugaben beim Zusammensetzen umgeschlagen werden können. Heftfäden entfernen

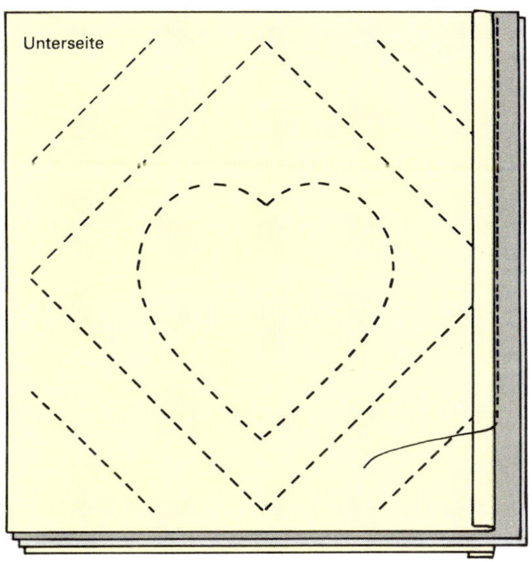

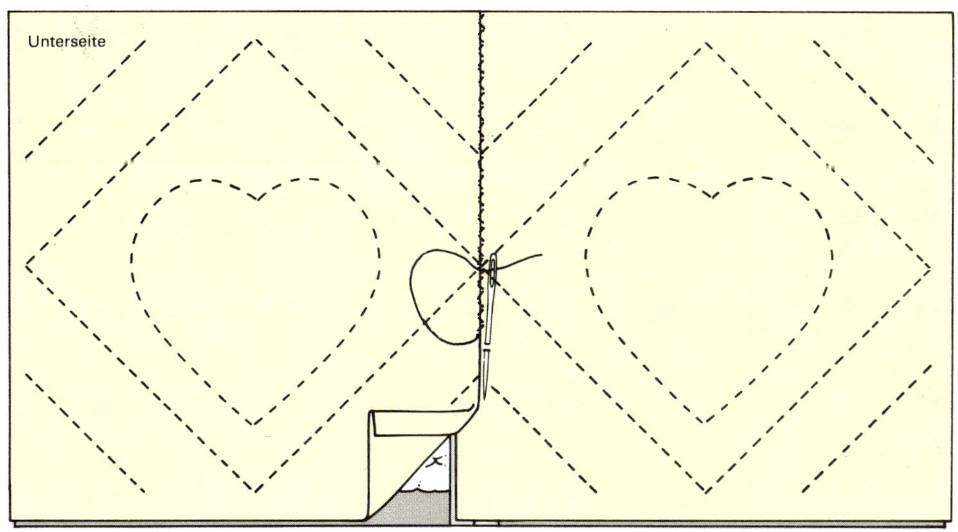

3. Aneinandergrenzende Teile rechts auf rechts aufeinanderlegen und Oberstoffkanten von Hand oder maschinell zusammennähen

4. Teile mit Oberseite nach unten ausbreiten; Naht auseinanderdrücken. Kanten der Füllung notfalls beischneiden, damit sie aneinanderstoßen. Nahtzugabe einer Unterstoffkante einschlagen und fest an den Unterstoff des anderen Teils nähen. Stepplinien, falls erforderlich, an den Nähten vervollständigen

Stepperei · Weitere Techniken

Schablonen anfertigen 218
Konturenstepperei 239

Kissenstepperei

Bei der Kissenstepperei werden Patchworkteile unterlegt, gefüllt, auf allen Seiten versäubert und dann zusammengesetzt. Die fertige Stepparbeit wirkt insofern wie eine Konturenstepperei, als die Form jedes Einzelstücks deutlich hervortritt. Jede Patchworkeinheit von geradliniger, geometrischer Form eignet sich für diese Technik. Man kann Ober- und Unterseite farblich identisch oder verschieden gestalten. Oder man verwendet Reste und schneidet jeden Flicken aus einem anderen Stoff. Zum Füllen nimmt man Kunstfaser- oder Baumwollwattierung.

Die einzelnen Kissen werden zunächst genäht und gefüllt, dann erst zum Schluß zusammengesetzt

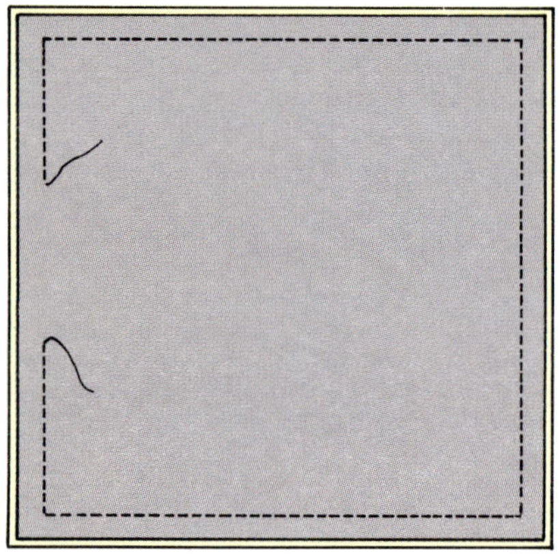

1. Flicken und Unterstoff rechts auf rechts und fadengerade aufeinanderlegen und zusammennähen; zum Wenden Öffnung lassen

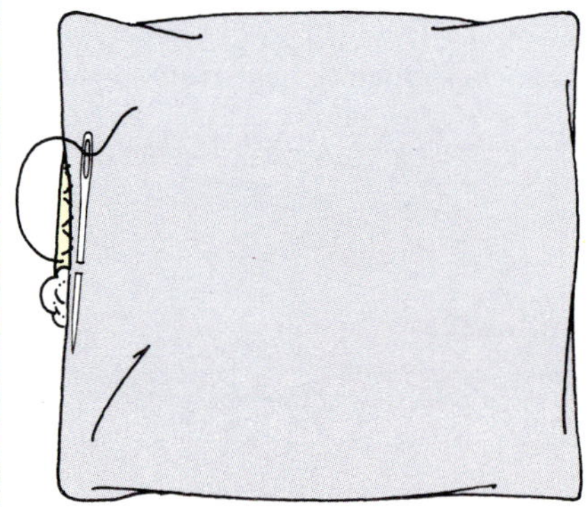

2. Das Stück vorsichtig wenden, dann locker und gleichmäßig füllen. Die Öffnung mit Hohlstichen schließen

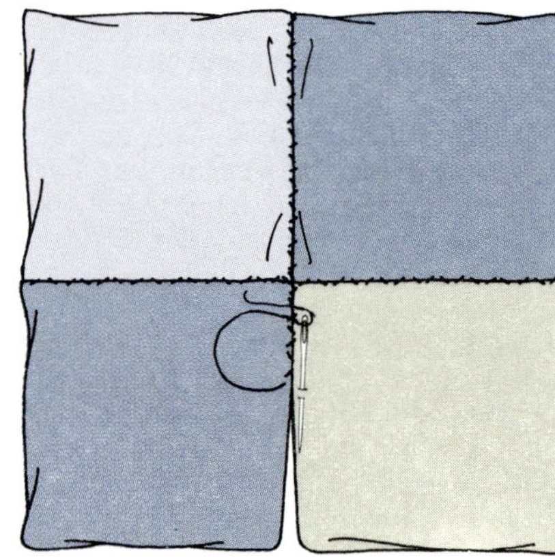

3. Die Stücke von Hand mit Hohlstichen oder mit der Maschine mit einem engen Zickzackstich zusammennähen

Puffstepperei

Bei dieser Technik wird ein Flicken auf ein kleineres Stück Unterstoff genäht und bauschig ausgestopft. Da die Rückseite nach dem Zusammensetzen gefüttert wird, kann man als Unterstoff Nessel o. ä. verwenden. Zum Füllen nimmt man Kunstfaser- oder Baumwollwattierung.

Solche Stepparbeiten sind sehr dick und eignen sich eher für Steppdecken und Kissenbezüge. Geradlinige Formen lassen sich am einfachsten verarbeiten. Man benötigt eine Schablone für den Flicken und eine in derselben Grundform, aber kleiner, für die Unterseite. Der Flicken ist meist eineinhalbmal so groß wie die untere Form. Je größer der Unterschied zwischen Ober- und Unterteil ist, desto bauschiger wird die fertige Einheit.

Bei der Puffstepperei, die sich für Decken besonders eignet, werden die Teile bauschig gefüllt und wirken fast kugelförmig

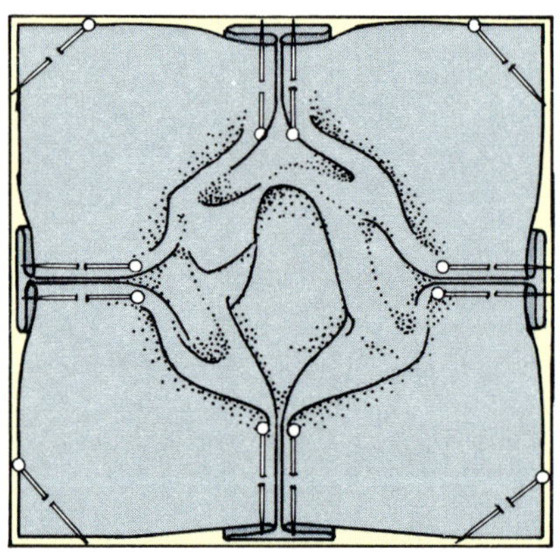

1. Flicken an den Ecken rechts auf rechts an die Unterlage stecken. Den überschüssigen Stoff wie gezeigt falten und feststecken

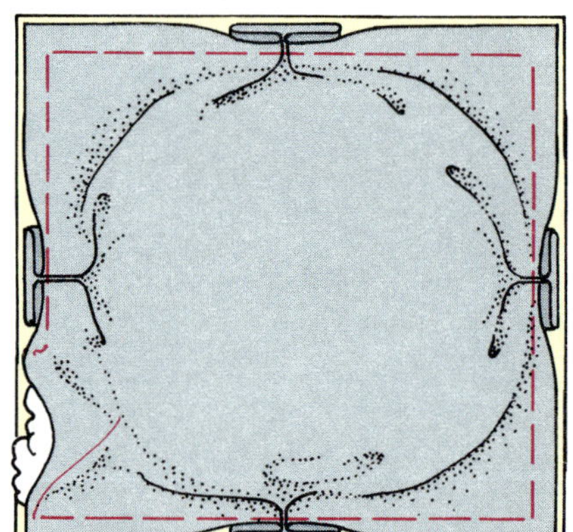

2. Die Kanten heften. Seitlich neben einer Falte eine Öffnung zum Füllen lassen, dann mit Heftstichen schließen

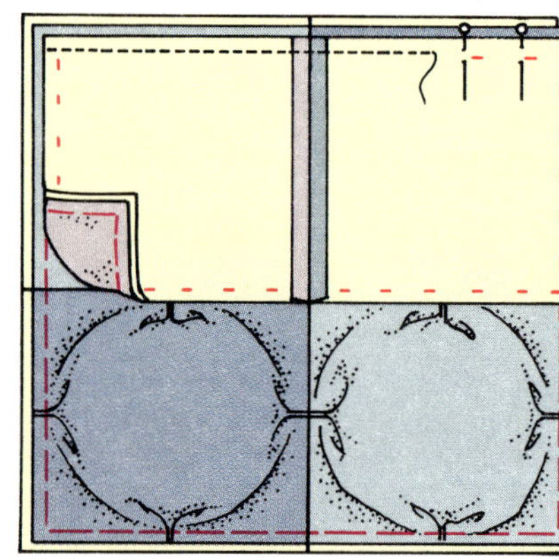

3. Die Einheiten rechts auf rechts zusammennähen. Das ganze Stück wird gefüttert oder unterlegt (S. 260)

Kanten-abschlüsse

Angeschnittene Einfassung

Die Kanten einer Stepparbeit können nach verschiedenen Methoden versäubert werden. Bei zwei dieser Methoden dienen die Kanten von Ober- und Unterstoff gleichzeitig als Einfassung: Die angeschnittene Einfassung, die nur dann gearbeitet werden kann, wenn der Unterstoff von der gleichen Qualität wie der Oberstoff ist, wird unten beschrieben, die hohlgenähte Kante auf Seite 258. Die angeschnittene Einfassung wird bereits beim Zuschneiden berücksichtigt; der Unterstoff muß größer als der Oberstoff zugeschnitten werden, damit er über die offenen Kanten des Oberstoffs geschlagen werden kann. Diese Methode läßt sich auch umgekehrt arbeiten, d. h., der Oberstoff wird größer zugeschnitten und über den Unterstoff geschlagen.

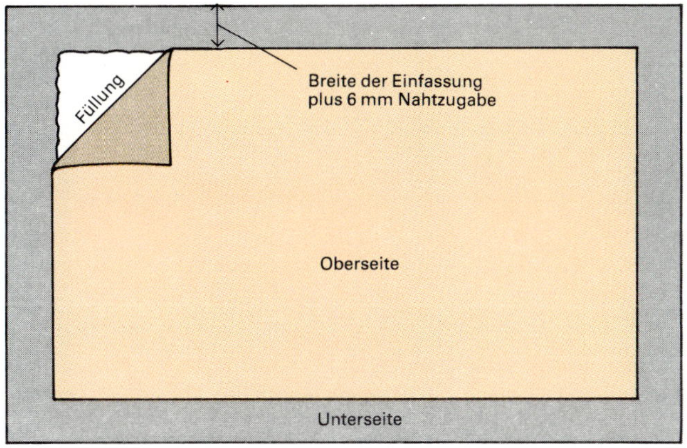

1. Unterstoff so zuschneiden, daß er auf allen Seiten um die Breite der Einfassung plus 6 mm Nahtzugabe größer als der Oberstoff ist. Oberstoff und Wattierung in fertiger Größe zuschneiden

2. Nach dem Steppen die Nahtzugaben des Unterstoffs nach innen bügeln, dann den überstehenden Unterstoff umschlagen und hohl an den Oberstoff nähen. Ecken nach einer der Methoden unten arbeiten

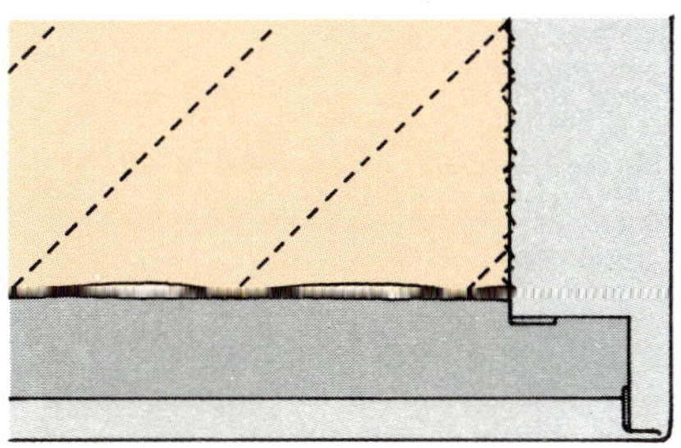

Gerade Ecke: 1. Eine Seite der Einfassung hohl annähen. Um ein Auftragen zu vermeiden, wie links gezeigt, die Ecke beischneiden

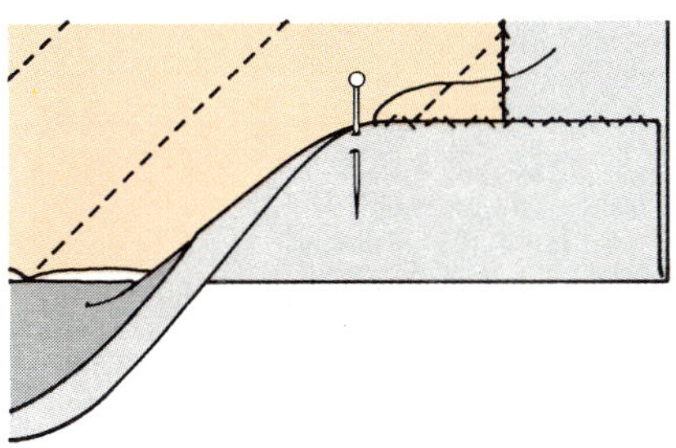

2. Die anstoßende Seite umschlagen und wie gezeigt mit Hohlstichen an der Einfassung bzw. am Oberstoff befestigen

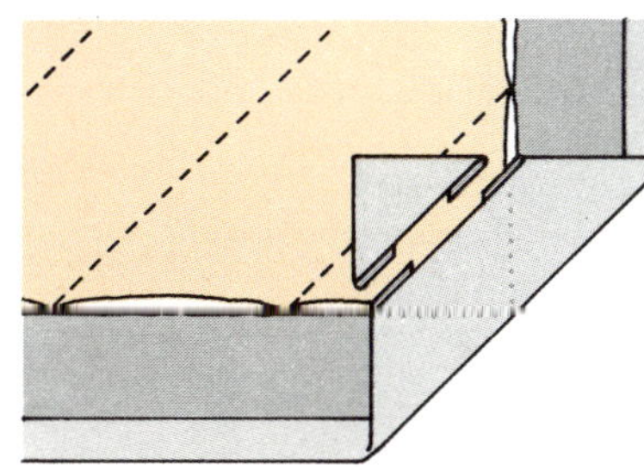

Schräge Ecke: 1. Die Ecke des Unterstoffs diagonal an der Ecke des Oberstoffs umschlagen und wie gezeigt beischneiden

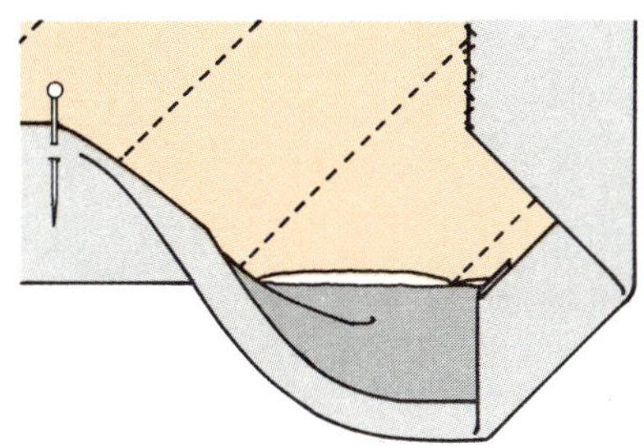

2. Eine Seite der Einfassung umschlagen und hohl annähen, dann die anstoßende Seite ebenso befestigen. Mit Hohlstichen die diagonal verlaufenden Kanten der Einfassung zusammennähen

Stepperei · Kantenabschlüsse

Hohlgenähte Kanten

Hohlgenähte Kanten ergeben bei einer Stepparbeit einen unauffälligen Abschluß. Die Nahtzugaben von Ober- und Unterstoff werden einfach eingeschlagen und die Bruchkanten hohl zusammengenäht. Bei dieser Methode muß kein zusätzlicher Stoff vorgesehen werden; zwischen den Bruchkanten kann man jedoch Schnurpaspel, Zackenlitze oder Rüschen anbringen. Die Stepperei muß etwa 1,5 cm vor der Kante enden, damit die Nahtzugabe eingeschlagen werden kann; größer darf der Abstand aber nicht sein, da die Füllung am Rand sonst nicht befestigt wird.

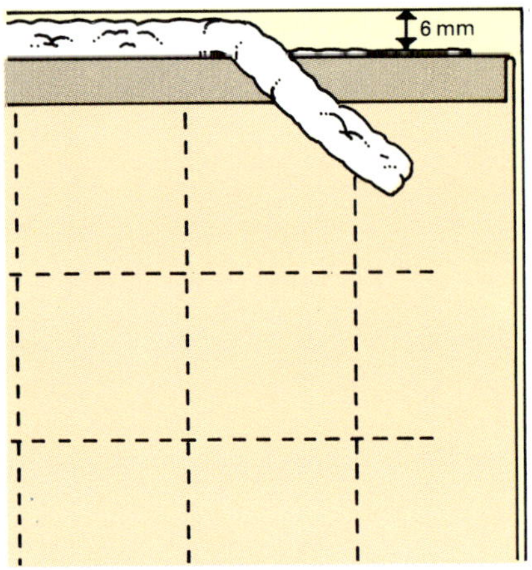

1. Die Kanten von Ober- und Unterstoff gerade ausrichten. Die Wattierung um etwa 6 mm zurückschneiden

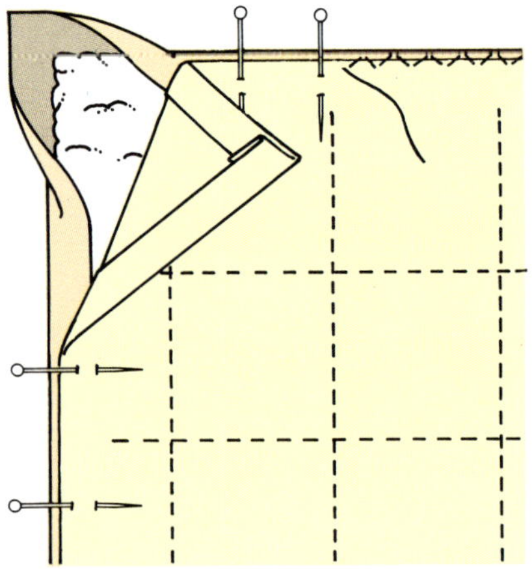

2. Nahtzugabe des Oberstoffs über Füllung schlagen, die des Unterstoffs einschlagen; gerade ausrichten und hohl aneinandernähen

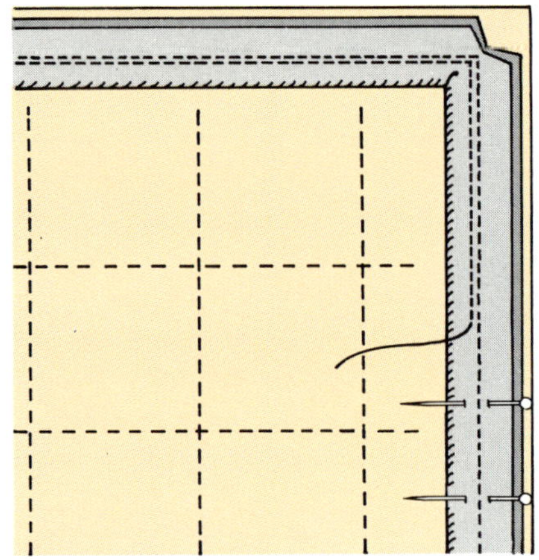

Verzierung anbringen: 1. So an Oberstoff stecken, daß offene Kanten übereinstimmen; entlang der Nahtlinie annähen

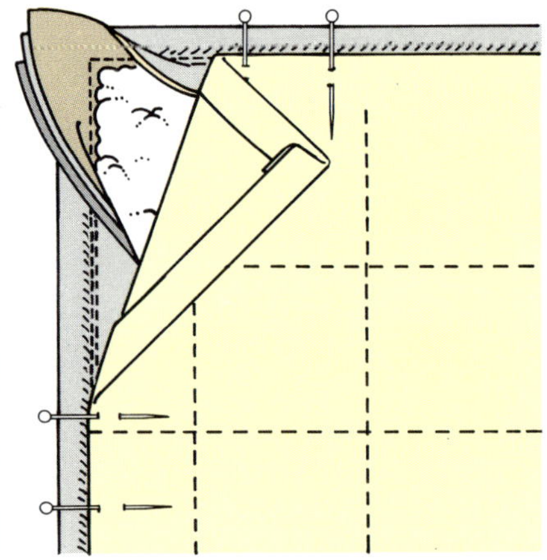

2. Nahtzugabe des Oberstoffs über Füllung schlagen; die des Unterstoffs einschlagen, auf Verzierung stecken und hohl annähen

Eingefaßte Kanten

Für diese Methode benötigt man einen Stoffstreifen, der die offenen Kanten der Stepparbeit einfaßt. Der Abschluß ist sauber, haltbar und besonders angebracht, wenn die Kanten vom Einspannen in den Rahmen ausgefranst sind. Auch für gesteppte Kleidungsstücke empfiehlt er sich, da auf diese Weise wulstige Nähte vermieden werden. Die Einfassung sollte schon beim Stoffkauf berücksichtigt werden. Einfassungen sind im allgemeinen schmal. Aus kontrastierendem Stoff gearbeitet, dienen sie auch als Verzierung. Der Streifen kann entweder fadengerade oder schräg zugeschnitten werden; abgerundete Kanten erfordern Schrägstreifen, bei Ecken und geraden Kanten hat man die Wahl. Meist wird eine einfache Einfassung verwendet, soll sie jedoch besonders haltbar sein, nimmt man sie doppelt.

Schrägstreifen:
1. Stoff genau diagonal zum Fadenlauf in der vierfachen Breite der fertigen Einfassung zuschneiden; für eine doppelte Einfassung in der sechsfachen Breite zuschneiden

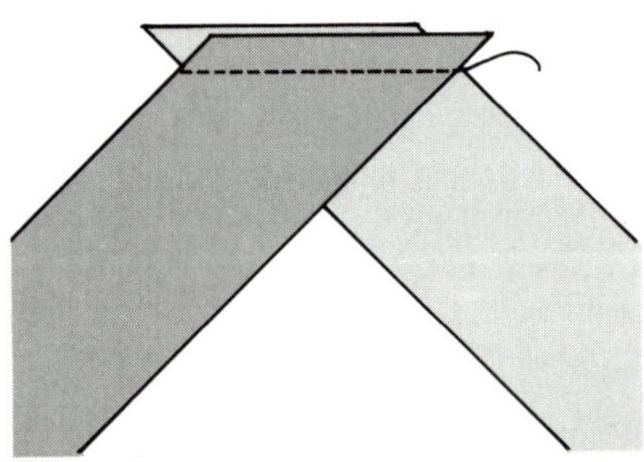

2. Um die Schrägstreifen zusammenzusetzen, wie gezeigt rechts auf rechts aufeinanderlegen und fadengerade zusammennähen. Die Naht auseinanderbügeln

Einfache Einfassung:
1. Streifen links auf links längs in der Mitte falten und leicht über die Bruchkante bügeln

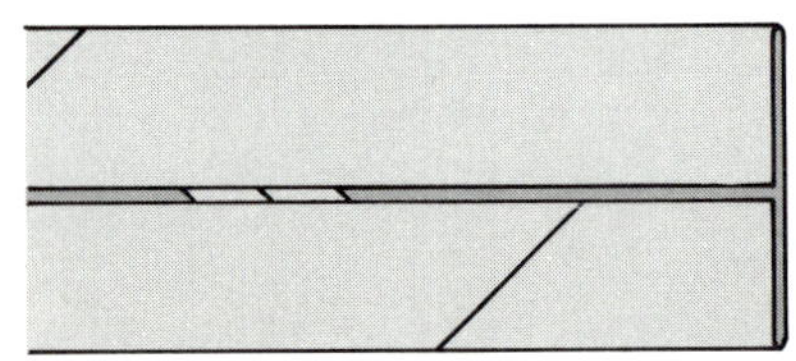

2. Den Streifen aufschlagen und beide Längskanten links auf links so nach innen schlagen, daß sie in der Mitte anstoßen; bügeln

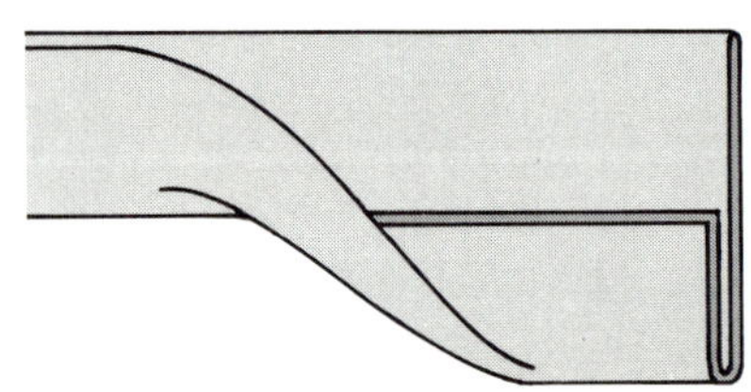

Doppelte Einfassung
Streifen links auf links der Länge nach in der Mitte falten und bügeln. Dann diesen Doppelstreifen zu Dritteln falten und wieder bügeln

Die Einfassung anbringen

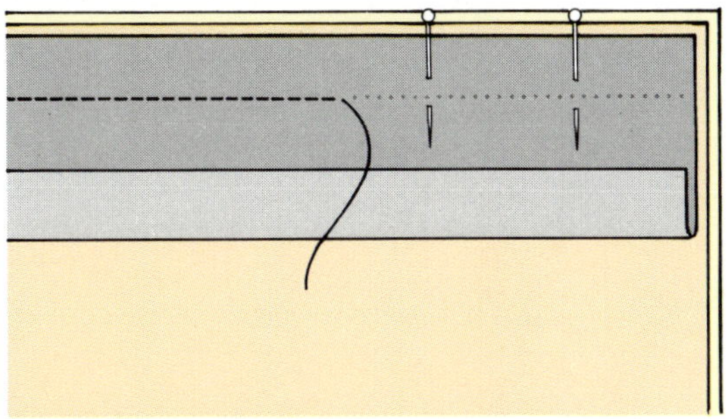

Einfache Einfassung: 1. Eine Längskante aufschlagen und rechts auf rechts auf die Kante des Oberstoffs stecken. Auf der Faltlinie der Einfassung annähen

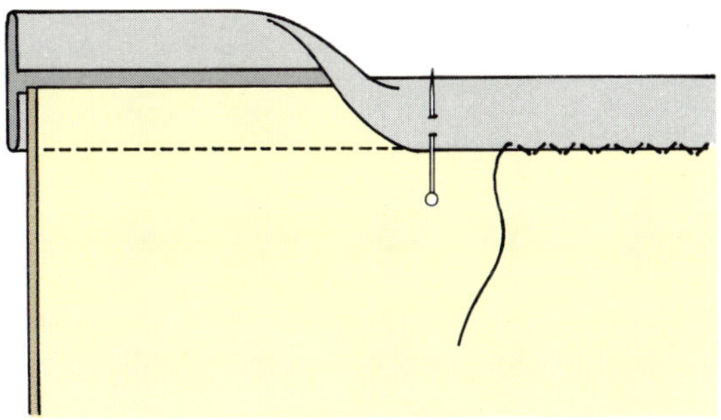

2. Die Einfassung nach oben bügeln und so über die offene Kante schlagen, daß die Bruchkante an der Nahtlinie auf der Rückseite liegt. Stekken und entlang der Nahtlinie hohl annähen

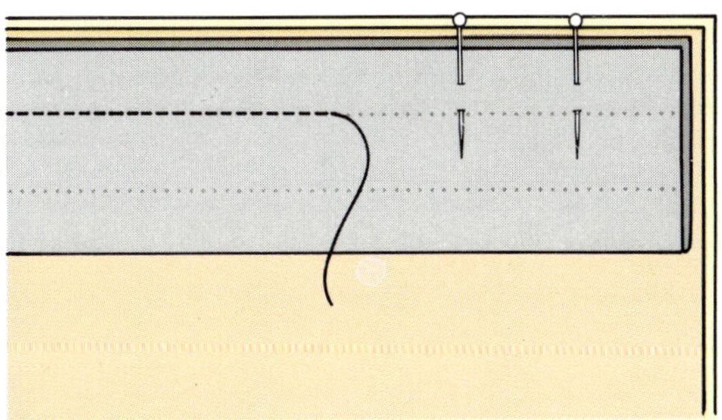

Doppelte Einfassung: 1. Beide Falten aufschlagen. Die Einfassung rechts auf rechts so auf die Oberseite der Stepparbeit legen, daß die offenen Kanten übereinstimmen. An der Faltlinie, die der Kante am nächsten liegt, annähen

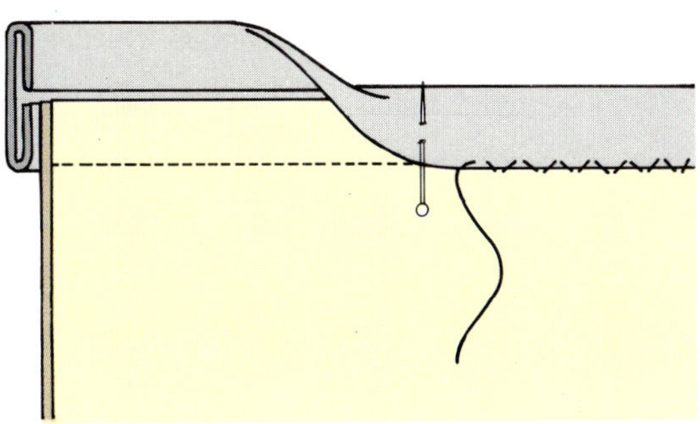

2. Die Einfassung nach oben bügeln und so über die offene Kante schlagen, daß die Falte an der Nahtlinie auf der Rückseite liegt. Stecken und entlang der Nahtlinie hohl annähen

Abgerundete und gerade Ecken verarbeiten

Die Ecken einer Einfassung werden je nach Stepparbeit verschieden behandelt. Für eine abgerundete Ecke braucht man einen Schrägstreifen, der sich der Rundung anpaßt. Rechtwinklige Ecken kann man gerade (unten) oder schräg (S. 260) verarbeiten. Diese Techniken gelten sowohl für einfache als auch für doppelte Einfassungen.

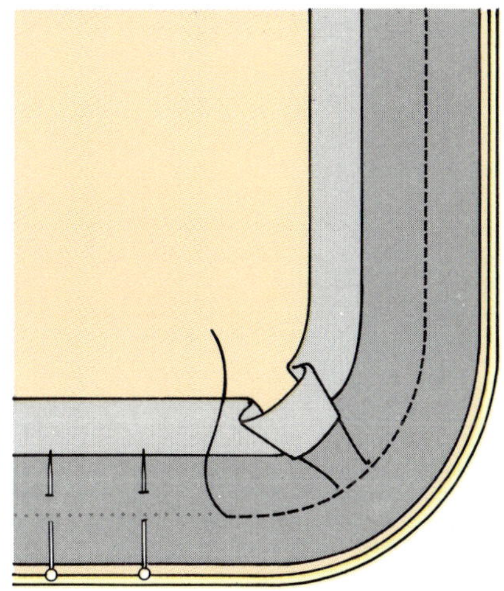

Abgerundete Ecken: 1. Schrägstreifen an die Kante der Stepparbeit stecken; an der Rundung leicht dehnen. An Faltlinie annähen

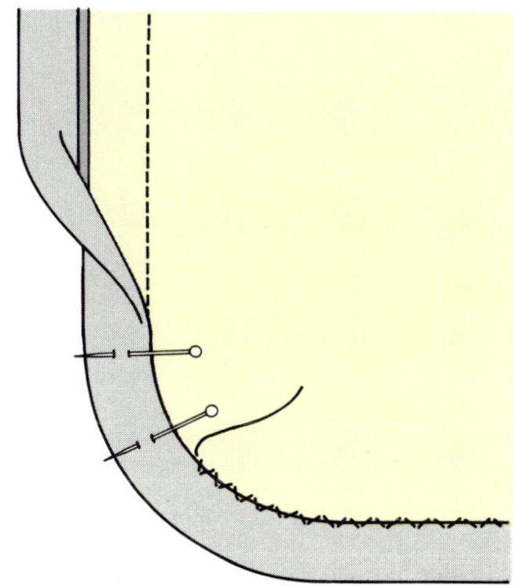

2. Einfassung nach oben bügeln und auf die Unterseite schlagen; sie paßt sich der Rundung an. An Nahtlinie hohl annähen

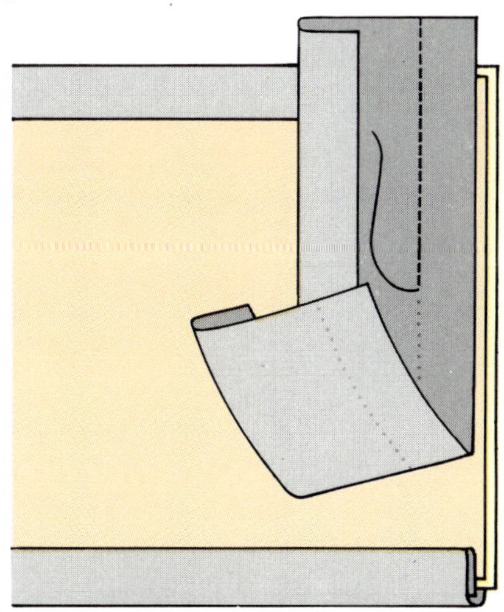

Gerade Ecken: 1. 2 gegenüberliegende Seiten einfassen. Die Einfassung an die dritte Seite nähen; die Enden jeweils 1 cm überstehen lassen

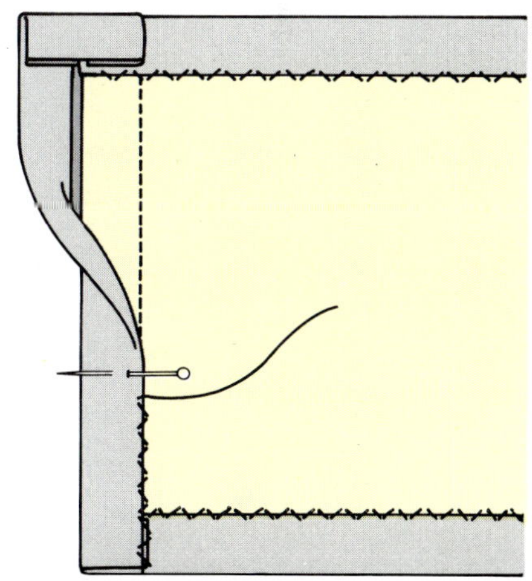

2. Die überstehenden Enden über die eingefaßten Kanten schlagen; die Einfassung umschlagen und annähen. An der vierten Seite wiederholen

Stepperei · Kantenabschlüsse

Ecken schräg verarbeiten

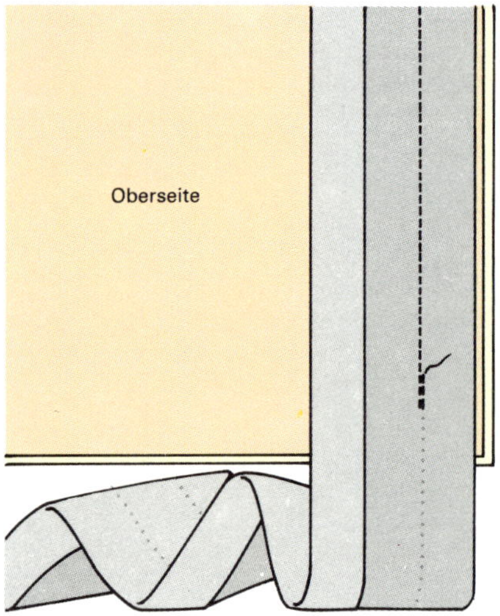

Schräge Ecken: 1. Einfassung an eine Kante der Stepparbeit entlang der Falte nähen. An der Kreuzung mit der Nahtlinie der nächsten Seite anhalten und Naht sichern

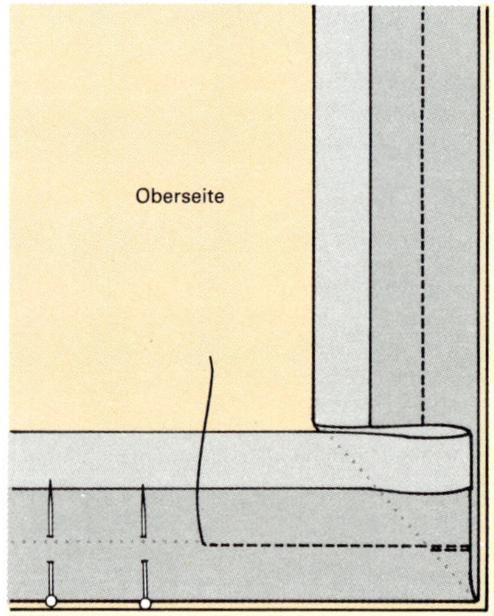

2. Einfassung rechtwinklig zur genähten Kante nach rechts schlagen; die so entstandene diagonale Falte bügeln. Einfassung auf nächste Kante legen und wie gezeigt annähen

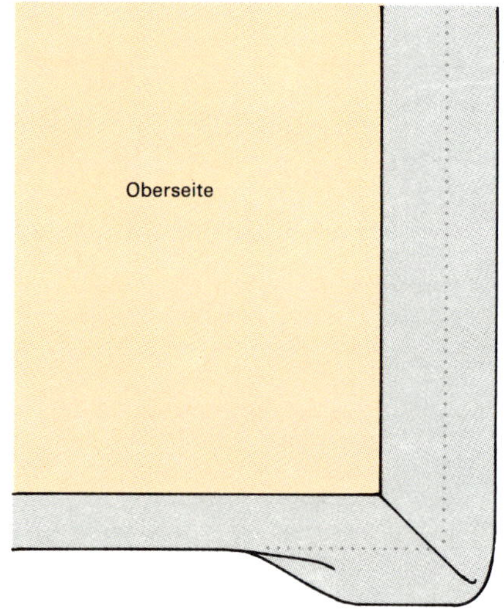

3. Die Einfassung auf der Oberseite nach außen schlagen und bügeln, dann über die offene Kante der Arbeit auf die Unterseite schlagen

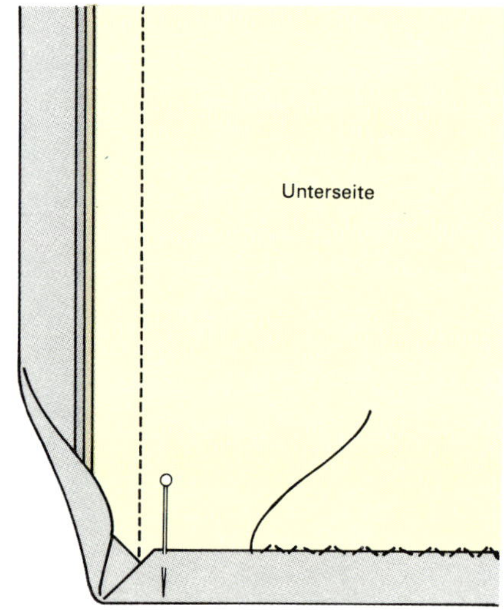

4. Umgeschlagene Einfassung an die Nahtlinie stecken; überschüssigen Stoff an der Ecke schräg einschlagen. Entlang der Falte und an der Schrägung hohl annähen

Füttern und unterlegen

Einige Stepparbeiten, wie beispielsweise die Kissen- und Puffstepperei, müssen gefüttert oder unterlegt werden, damit die Nähte auf der Rückseite der fertigen Arbeit nicht mehr zu sehen sind.

Gegenstände wie etwa Steppdecken, Platzdeckchen o. ä. werden gefüttert. Kleidungsstücke, bei denen die Stepperei mit anderen Teilen verbunden wird, oder Stepparbeiten, die einen eingefaßten Kantenabschluß erhalten, werden unterlegt. Der zusätzliche Stoffbedarf sollte schon bei der Planung des Projekts berücksichtigt werden.

Stepparbeit füttern: 1. Futter in Größe der Stepparbeit zuschneiden. Beide Lagen rechts auf rechts zusammennähen, dabei eine Öffnung zum Wenden lassen

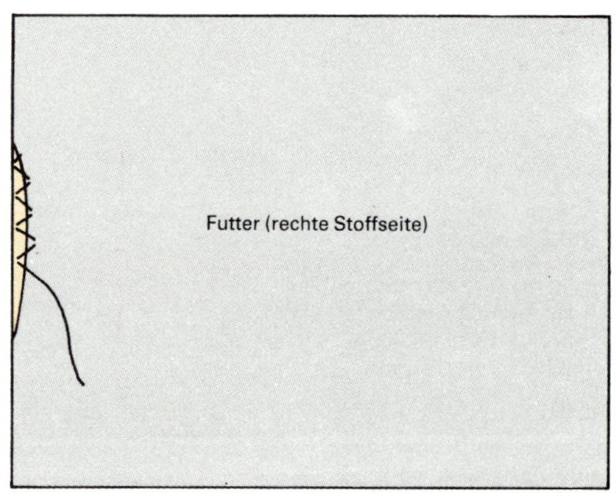

2. Stecknadeln und Heftfäden entfernen. Die Ecken beischneiden. Das Stück wenden, die Nahtzugaben an der Öffnung einschlagen und hohl zusammennähen

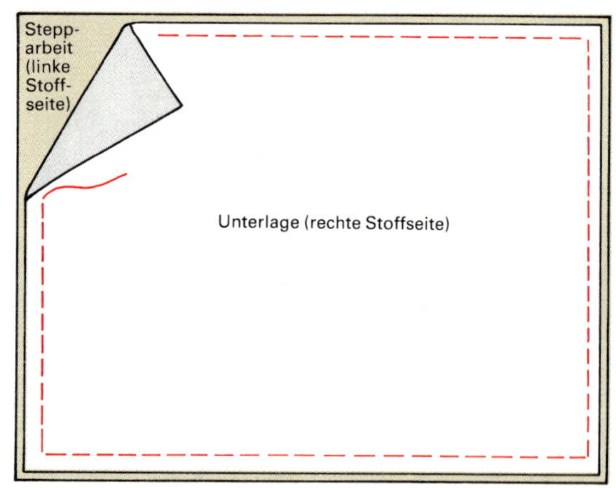

Unterlegstoff in der Größe der Stepparbeit zuschneiden; beide Lagen links auf links heften. Bei der weiteren Verarbeitung Stepparbeit und Unterlegstoff wie eine Lage behandeln

Pflege von Stepparbeiten

Waschen, Trocknen Bügeln, Aufbewahren Ausbessern

Um möglichst lang Freude an einer Stepparbeit zu haben, muß man sie schonend waschen, richtig aufbewahren und Schäden sofort ausbessern. Eine Stepparbeit wird in der Maschine im Schongang mit einem Feinwaschmittel gewaschen. Gesteppte Gegenstände dürfen nicht geschleudert werden; die Steppnähte könnten dabei reißen. Bei der Handwäsche verwendet man eine milde Seifenlauge; die Stepparbeit wringt oder dreht man nicht, sondern rollt sie in Frotteetücher und drückt soviel Feuchtigkeit wie möglich aus.

Trocknen kann man eine Stepparbeit im Trockenautomat, auf der Wäscheleine oder auf einem sauberen Tuch ausgebreitet. Nicht waschbare Stepparbeiten aus Wolle, Seide oder Samt sollten so selten wie möglich chemisch gereinigt werden, da die Chemikalien die Stoffe mit der Zeit angreifen. Zum Bügeln legt man über das Bügelbrett ein dickes Frotteetuch; darauf breitet man das Stück mit der gesteppten Seite nach unten aus und dämpft es leicht.

Da Textilien atmen müssen, bewahrt man eine Stepparbeit nicht im Plastiksack auf, sondern rollt sie in ein sauberes Laken. Eine nicht benützte Stepparbeit hängt man mindestens einmal im Jahr an einem schönen, luftigen Tag ins Freie und wäscht sie alle fünf Jahre, damit sie nicht vergilbt. Muß man sie aus Platzgründen gefaltet aufbewahren, faltet man sie jährlich neu.

Schäden, die bei der Benützung auftreten, lassen sich leicht beheben. Ein Rand kann neu eingefaßt werden; vorher wird die alte Einfassung entfernt. Um den neuen Stoff farblich anzupassen, wäscht man ihn einige Male oder bleicht ihn in der Sonne. Bei gerissenen Steppstichen spannt man den beschädigten Bereich in einen Ring, zieht vorsichtig den alten Faden heraus und näht mit passendem Faden nach.

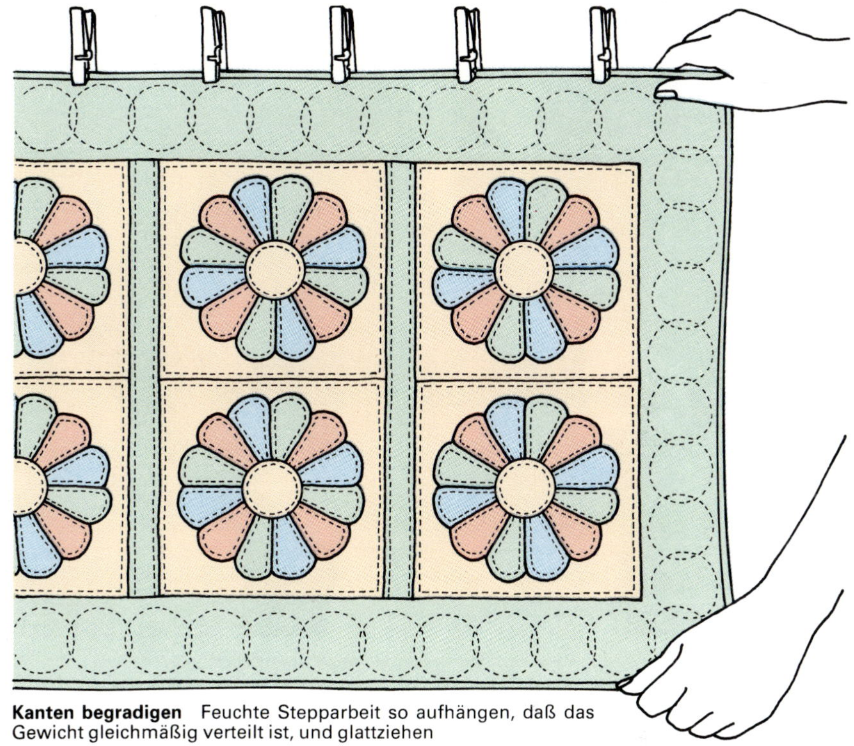

Kanten begradigen Feuchte Stepparbeit so aufhängen, daß das Gewicht gleichmäßig verteilt ist, und glattziehen

Bügeln Mit gesteppter Seite nach unten auf dickes Frotteetuch legen und leicht bügeln

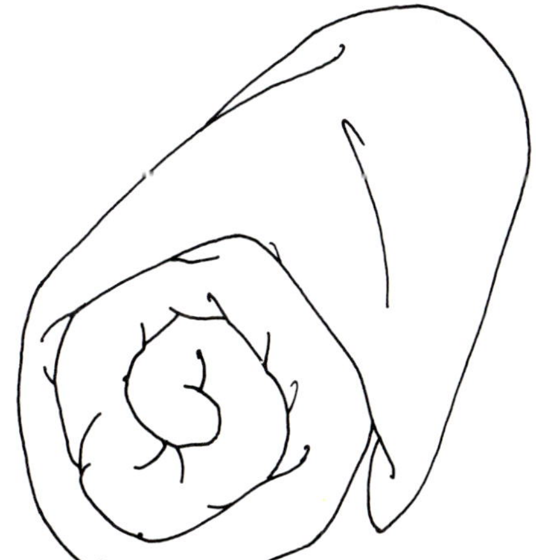

Lagern In ein sauberes Laken rollen; keine Plastiksäcke verwenden

Das Muschelpatchwork wurde nach dem Muster auf Seite 213 gearbeitet

Herrenweste in Patchwork

Material

Je 1 m von zwei verschiedenen Stoffen, 90 cm breit

Nähfaden

Stoff für Rückenteil und Futter laut Schnittmuster

Schablone anfertigen

Zunächst legt man die Zahl der Muscheln auf der Breite des Vorderteils fest und teilt dann die Westenbreite durch diese Zahl. (Die hier gezeigte Weste ist vorn 60 cm breit. Um zwölf Muscheln anzubringen, muß die Schablone 5 cm groß sein.) Die Schablone sollte nicht kleiner als 5 cm sein; Anfertigung siehe Seite 213 und 218.

Stoffbedarf berechnen

Man legt das Schnittmuster des Vorderteils spiegelverkehrt auf ein Stück Papier, zeichnet es nach, schneidet es aus und überträgt die Markierungen. Die beiden Teile legt man auf Millimeterpapier im Abstand von 5 cm. Das Patchwork muß mindestens die Länge und Breite der beiden Vorderteile haben.

Das Muschelmuster wird auf das Millimeterpapier gezeichnet und koloriert. Dann zählt man die Muscheln in jeder Farbe und kauft von jedem Stoff die entsprechende Menge; um den genauen Bedarf zu errechnen, siehe Seite 219. Für die hier abgebildete Weste benötigt man je 1 m von zwei Stoffen, 90 cm breit.

Nähen

Die Muscheln ausschneiden (S. 219) und zusammennähen (S. 232). Das Patchwork bügeln, auf einer ebenen Fläche ausbreiten und die Schnitteile darauflegen. Um das Muster an der vorderen Mitte auszurichten, legt man die Markierungen für die vordere Mitte (die Zugabe ist für den Über- bzw. Untertritt des Knopfverschlusses) jeweils an den Rand einer senkrechten Muschelreihe von der gleichen Farbe. Die Teile zuschneiden. An allen Seiten 1 cm innerhalb der Kante eine Stütznaht anbringen; zum Schluß die Weste wie im Schnittmuster angegeben nähen.

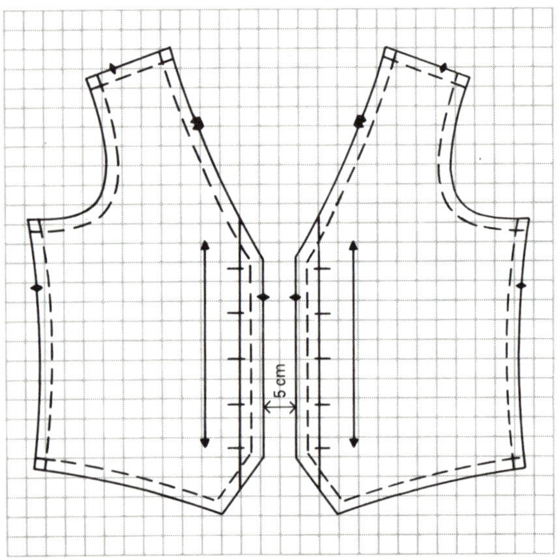

Schnitteil und Gegenstück auf Millimeterpapier legen; 5 cm Abstand lassen, um Muster auszurichten. Patchwork muß mindestens Länge und Breite beider Teile haben

Stoffbedarf ermitteln Muster auf Millimeterpapier zeichnen und kolorieren. Die Muscheln in jeder Farbe zählen und die entsprechende Menge Stoff (S. 219) kaufen

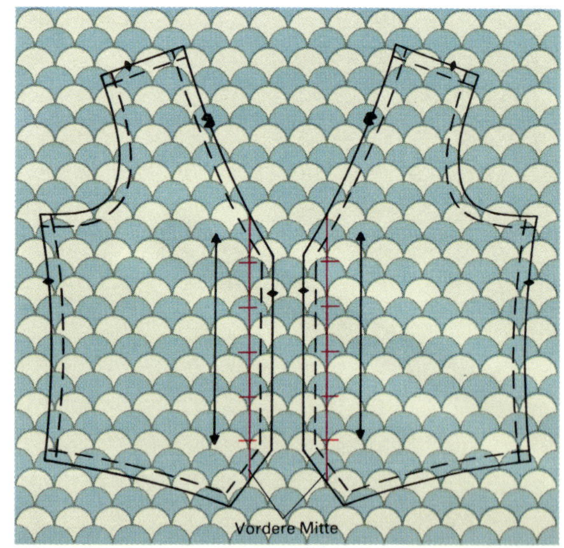

Um das Muster auszurichten, die Markierungen für die vordere Mitte (nicht die Nahtlinie!) an den Rand einer senkrechten Muschelreihe von der gleichen Farbe legen

Maschinenapplikationen sind strapazierfähig und daher für Kinderkleidung gut geeignet

Latzhose mit Applikation

Der Name aus bunt gemusterten Baumwollstoffen und die gepunktete Schildkröte werden mit der Maschine appliziert. Auch an einem Rock oder einem Kleid sieht eine solche Applikation gut aus.

Material

Papier und Bleistift für die Mustervergrößerung

10 cm große Quadrate verschiedener Stoffe

Nähfaden

Muster vergrößern

Einen 5-mm-Raster zeichnen und die entsprechenden Buchstaben sowie die Schildkröte übertragen (S. 14). Die vergrößerten Buchstaben sind 2,5 cm hoch und je nach Buchstabe bis etwa 3 cm breit. Um festzustellen, ob der vorgesehene Name auf die Hose paßt, die Zahl der Buchstaben mit 3 cm multiplizieren; für die Zwischenräume 3–6 mm berechnen.

Die Buchstaben und die Teile der Schildkröte ausschneiden, auf die entsprechenden Stoffe stecken und mit Bleistift nachzeichnen. Die Stoffteile außerhalb der Markierungslinien mit einer reichlichen Nahtzugabe zuschneiden.

Nähen

Die Buchstaben auf das Latzteil stekken. Die Anordnung der Applikation hängt von der Art und der Größe des Kleidungsstücks ab. Hier wurde der Name 2,5 cm über der oberen Taillenbundnaht angebracht. Bei der Schildkröte zuerst den Panzer aufbringen; hier liegt er in der Mitte des Latzes 3 cm unterhalb des oberen Rands. Dann Kopf, Beine und Schwanz so unter dem Rand des Panzers feststekken, daß er sie noch überlappt, nachdem die Nahtzugabe abgeschnitten ist. Auf der Markierungslinie um den Panzer herumnähen, dann den überstehenden Stoff so dicht wie möglich entlang der Nahtlinie beischneiden. Bei Beinen, Kopf und Schwanz sowie den Buchstaben wiederholen.

Alle Applikationsteile mit einem engen Zickzackstich so umnähen, daß die offenen Stoffkanten und die Steppnähte abgedeckt sind (S. 196). Für den Zickzackstich an Ecken und Rundungen siehe Seite 197. Die Fadenenden auf der linken Stoffseite verknoten und abschneiden.

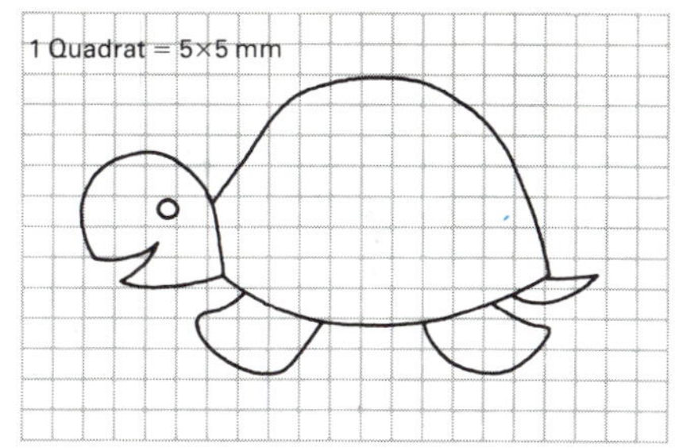

Schildkröte vergrößern Umrisse auf einen 5-mm-Raster übertragen (S. 14)

Um die Buchstaben zu vergrößern, die Umrisse auf einen 5-mm-Raster übertragen (S. 14). Für einen langen Namen den Raster entsprechend kleiner machen

Steppdecke

Eine Steppdecke mit applizierten Tierbildern ist eine hübsche Ergänzung für jedes Kinderzimmer.

Material

Papier und Bleistift für die Musterübertragung
Festes Papier für Schablonen
Je 25 cm von 10 bunten Stoffen
1,20 m weißer Stoff, 90 cm breit
2,50 m gelber Stoff, 120 cm breit
102×132 cm Wattiermaterial
Weißer Steppfaden
Nähnadel
1 Strang schwarzer Sticktwist
Sticknadel
Stickrahmen
Nähfaden

Die Applikationen

Um die Tierbilder zu vergrößern, überträgt man die Formen auf einen 2,5 cm großen Raster (S. 14). Zehn Tierapplikationen bestehen aus zwei Stoffen; für den Seehund benötigt man nur einen, für den Käfer drei. Kopf, Schwanz, Ohren und andere Bereiche, für die man einen zweiten oder dritten Stoff verwendet, sind in Grau eingezeichnet (gegenüberliegende Seite). Für jede Form ist eine Schablone erforderlich; alle Teile jedes Tieres zeichnet man einzeln nach (Schablonen anfertigen und Formen ausschneiden, S. 193–194). Hier wurden zehn verschieden bedruckte und einfarbige Stoffe in Rosa, Gelb, Hellblau und Hellgrün für die Tiere verwendet.

Auf dem weißen Stoff markiert man zwölf 27 cm große Quadrate (ein Quadrat von 25 cm plus 1 cm Nahtzugabe an jeder Seite). Die Tiere werden von Hand auf die Quadrate genäht (S. 195). Für die Reihenfolge der Teile siehe Seite 198. Bei den meisten Tieren wird der Körper zuerst appliziert; Teile wie Kopf, Schwanz oder Ohr werden als zweite Lage aufgenäht. Ausnahmen sind der Schweif des Eichhörnchens, das Bein des Elefanten, der Kopf des Marienkäfers und der Flügel auf dem Rücken des Kükens; diese werden zuerst appliziert. Eine dritte Lage bildet die Nase des Teddys.

Stickerei

Die Details, die für eine Applikation zu klein sind, werden mit schwarzem Sticktwist aufgestickt: die Augen mit Plattstichen (S. 48), Schwänzchen und Fühler mit Rückstichen (S. 22), die Barthaare mit Vorstichen (S. 46). Zum Schluß werden die Quadrate ausgeschnitten.

Oberseite der Steppdecke

Aus dem Unterstoff drei 7×87 cm große Streifen für die waagrechten Verbindungsstreifen und dann acht 7×27 cm große für die senkrechten schneiden.

Für diese Babysteppdecke wurden Applikations-, Patchwork- und Steppereitechniken kombiniert. Die Tierbilder sind appliziert, Blöcke, Verbindungsstreifen und Umrandung als Patchwork zusammengesetzt und die einzelnen Lagen durch Stepperei verbunden. Jeder Applikationsblock wurde zudem mit Stickerei verziert. Man kann die Steppdecke genauso nacharbeiten, wie sie hier abgebildet ist, oder nach eigenen Vorstellungen abändern, z. B. nur ein Tierbild zwölfmal aus verschiedenen Stoffen applizieren oder drei Tiere viermal verschieden oder auch gleich gestalten und harmonisch anordnen. Auch kräftigere Farben als die hier verwendeten Pastelltöne können gewählt werden

Für die Umrandung oben und unten zwei 9,5 × 102 cm große Streifen und für die Seiten zwei 9,5 × 117 cm große Streifen zuschneiden. Diese Maße enthalten 1 cm Nahtzugabe. Die Blökke zusammennähen (S. 230–231): Blöcke und senkrechte Verbindungsstreifen zu waagrechten Streifen verbinden; die Nahtzugaben beim ersten waagrechten Streifen nach rechts, beim zweiten nach links usw. bügeln. Dann waagrechte Streifen und waagrechte Verbindungsstreifen zusammennähen (Anordnung siehe rechts). Zuerst die Seitenstreifen annähen, dann die oberen und unteren Umrandungsstreifen, die beide die Seitenstreifen überlappen. Die Nähte, dann das gesamte Oberteil der Steppdecke bügeln.

Jetzt das Steppmuster für die Umrandung vergrößern (S. 14) und nach der Zeichnung rechts auf den Stoff übertragen (S. 244).

Die Steppdecke zusammenstellen

Aus dem Stoff für die Unterseite und dem Wattiermaterial jeweils ein 102 × 132 cm großes Rechteck schneiden. Den Unterstoff mit der linken Seite nach oben ausbreiten, darüber die Wattierung legen und glätten. Die Oberseite mit der rechten Seite nach innen längs und quer falten (S. 248), auf das untere Viertel der Wattierung legen, auffalten und glätten. Alle Lagen durch die Mitte heften.

Steppen

Jede Tierapplikation mit Konturenstepperei versehen (S. 239). Um jede Tierfigur und innen um jedes Quadrat steppen. Zum Schluß die Umrandung steppen, dann die Heftfäden entfernen.

Fertigstellung

Nach der Methode auf Seite 258 alle Kanten der Ober- und Unterseite knapp 1 cm einschlagen, die Wattierung an allen Seiten um 1 cm zurückschneiden und Ober- und Unterseite hohl zusammennähen; die Wattierung dabei nicht mitfassen.

Tierfiguren vergrößern Die Formen nach der Zeichnung links auf einen 2,5 cm großen Raster übertragen (S. 14). Die grauen Bereiche zeigen, wo ein zweiter Stoff verwendet wird. Die Abbildung gibt die Anordnung der Quadrate an; diese kann aber nach Belieben geändert werden

Zusammennähen Die senkrechten Verbindungsstreifen zuerst an die Blöcke nähen; die so entstandenen waagrechten Streifen und die waagrechten Verbindungsstreifen zusammennähen. Dann die Umrandung anbringen: zuerst die Seitenstreifen, dann die Streifen oben und unten

Gesteppt wird rings um jede Tierfigur sowie innen um jeden Block. Für die Umrandung das Muster mit Hilfe eines 2,5 cm großen Rasters vergrößern, dann auf die Umrandung übertragen (S. 244)

Fertige Größe der Steppdecke:
100 × 130 cm

Schnittmaße der Steppdeckenteile (einschließlich 1 cm Nahtzugabe an allen Kanten):

Grundquadrate
27 cm²

Senkrechte Verbindungsstreifen
7 × 27 cm

Waagrechte Verbindungsstreifen
7 × 87 cm

Oberer und unterer Randstreifen
9,5 × 102 cm

Seitliche Randstreifen 9,5 × 117 cm

Dieser Wandbehang wurde nach der Ausschnittapplikation auf Seite 201 gearbeitet

Wandbehang

Material

Je 50 cm ungebleichter Nessel sowie Baumwollstoff in Grün, Beige und Rost, 70 cm breit
25 cm Baumwollstoff in Orange
50 cm Unterstoff
50 cm Zwischenfutter
Nähnadeln, Nähfaden, Stickschere
2 Vorhangstangen von 1 cm Durchmesser, die sich von 45 cm auf 70 cm ausziehen lassen

Applikation

Das Muster auf einen 1 cm großen Raster übertragen (S. 14). Den Nessel sowie die Stoffe in Beige und Rost zu 40 × 48 cm großen Rechtecken schneiden. Das Muster auf den grünen Stoff zeichnen. Den rostroten Stoff mit der rechten Seite nach oben ausbreiten, darauf den beigefarbenen, den Nessel, dann den grünen Stoff; alle am Rand heften. Aus dem orangefarbenen Stoff werden Flicken eingesetzt (S. 205). Applikation siehe Anleitung auf Seite 205. Wie die Formen ausgeschnitten werden, siehe unten.

Fertigstellung

Aus Unterstoff und Zwischenfutter je ein 40 × 48 cm großes Rechteck schneiden. Letzteres auf die linke Seite des Unterstoffs 5 mm innerhalb der Schnittkante heften. Für die Schlaufen sechs 16 × 9 cm große Rechtecke zuschneiden, rechts auf rechts quer in der Mitte falten und 5 mm innerhalb der Kanten zusammennähen. Diese Schläuche wenden und so bügeln, daß die Naht in der rückwärtigen Mitte liegt, dann so falten, daß die offenen Kanten übereinstimmen und die Naht innen liegt. An jedem Ende und in der Mitte der langen Seiten des Unterstoffs je eine Schlaufe so feststecken, daß die Kanten der Schlaufen und des Unterstoffs übereinstimmen, und 1 cm von der Kante entfernt annähen. Stecknadeln entfernen. Applikation und Unterstoff rechts auf rechts zusammennähen; dabei eine 15 cm lange Öffnung lassen. Ecken beischneiden. Das Stück wenden und bügeln. Die Öffnung von Hand schließen.

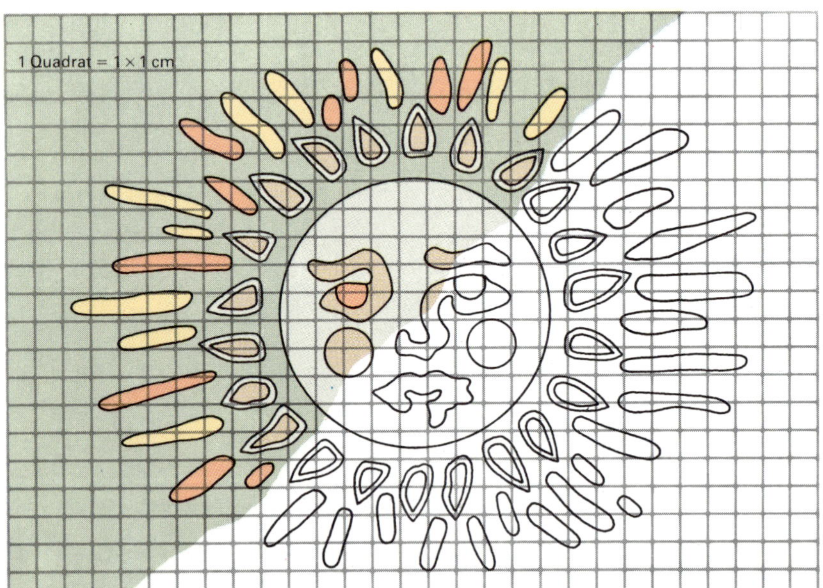

Muster vergrößern Auf einen 1 cm großen Raster übertragen (S. 14)

Formen ausschneiden Nach der Anleitung auf Seite 205 arbeiten; der Farbschlüssel oben zeigt, welche Formen aus welchen Lagen geschnitten werden

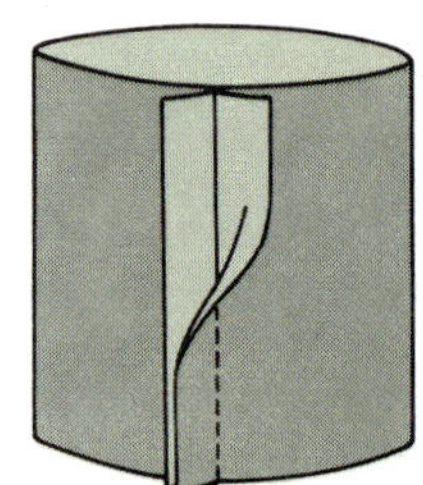

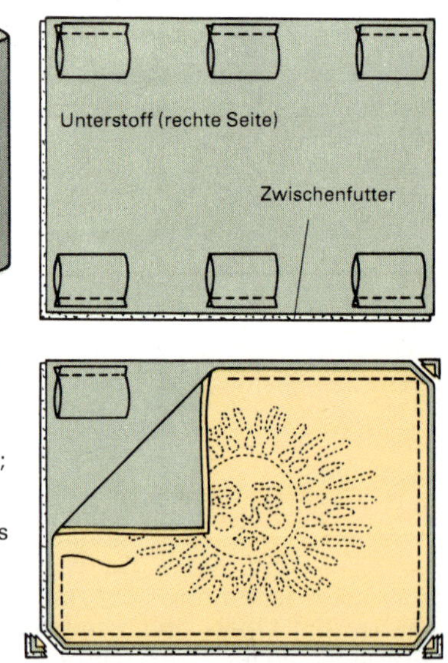

Schlaufen Rechtecke quer falten und 5 mm von der Kante nähen (oben). Wenden, bügeln, so falten, daß offene Kanten übereinstimmen; annähen (oben rechts). Applikation und Unterstoff rechts auf rechts 1 cm von der Kante zusammennähen (rechts). Wenden, bügeln; Öffnung schließen

Das Sitzkissen wurde nach dem Vexierbild-Blockmuster auf Seite 213 gearbeitet

Sitzkissen

Material
Papier, Bleistift, Karton
Je 50 × 70 cm von zwei kontrastierenden Baumwollstoffen
2,40 m ungebleichter Nessel, 70 cm breit (40 cm für die Flicken, 2 m für Patchworkunterseite und Hülle)
65 × 65 cm Stoff für die Unterseite
65 × 65 cm Wattiermaterial
Kissenfüllung
Nähfaden
Steppfaden

Das Patchwork
Das Kissenoberteil besteht aus vier Blöcken im Vexierbildmuster. Jeder Block setzt sich aus 16 8 cm großen Quadraten zusammen, die jeweils aus zwei gerundeten Stücken gebildet sind. Die Schnittmaße der Quadrate betragen 9 × 9 cm einschließlich 5 mm Nahtzugabe. Zur Anfertigung der Schablonen siehe Seite 218. Die Abbildung unten links zeigt, wie viele Stücke aus jedem Stoff zuzuschneiden sind. Das Zusammennähen der Patchworkteile zum Block ist auf Seite 223, das Verbinden der Blöcke auf Seite 230 gezeigt.

Steppen
Aus Nessel und Wattiermaterial je ein 65 cm großes Quadrat zuschneiden. Den Nessel flach ausbreiten, darauf die Wattierung, dann das Patchwork mit der rechten Seite nach oben. Alle Lagen zusammenheften. Die Umrisse der roten Flicken 5 mm innerhalb der Nahtlinien nachsteppen.

Kissen zusammenstellen
Für die Kissenhülle zwei 66 cm große Quadrate aus Nessel zuschneiden und rechts auf rechts 1 cm von der Kante ringsum bis auf eine 25 cm große Öffnung zusammennähen. Die Ecken beischneiden; die Hülle wenden und füllen. Die Öffnung von Hand schließen. Ein 65 cm großes Quadrat aus bedrucktem Stoff mit dem gesteppten Oberteil rechts auf rechts an drei Seiten 5 mm von der Kante zusammennähen. Die Nähte versäubern; das Stück wenden. Das Kissen in den Bezug stecken und die Öffnung schließen.

Das Kissenoberteil besteht aus 4 Blöcken des Vexierbilds. Rote Stoffstücke bilden das Muster; die Hintergrundflicken sind in der Mitte naturweiß und an den Ecken braun

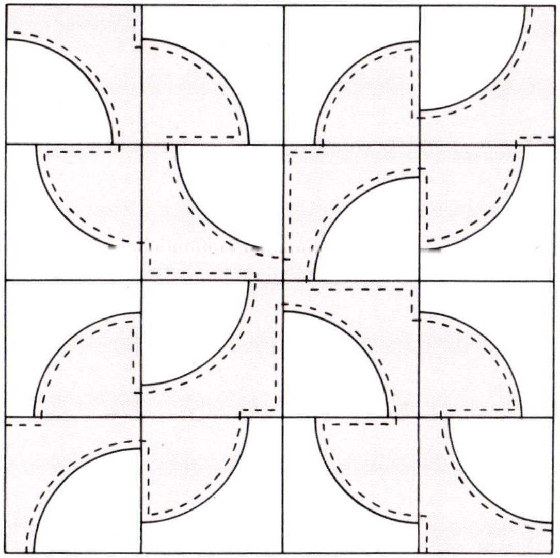

Gesteppt wird um die roten Flicken 5 mm innerhalb der Nahtlinien. Die Abbildung zeigt die Stepplinien für einen Block; die anderen Blöcke werden genauso gearbeitet

Für die Kissenhülle zwei 66 cm große Quadrate aus Nessel bis auf eine 25 cm große Öffnung zusammennähen. Ecken beischneiden; Hülle wenden und füllen. Öffnung schließen

Gesteppte Abendtasche

Das Blumenmotiv auf der Taschenklappe ist die englische Stepperei von Seite 253

Material
Papier und Bleistift
70 cm Satin, 70 cm breit
35 cm Nessel, 70 cm breit
35 × 50 cm Wattiermaterial
1 m Kunstseidenkordel
3 Rollen Knopflochseide
Nähfaden

Das Muster
Das Schnittmuster auf einen 1 cm großen Raster übertragen (S. 14). Das Schnittmuster auf den Satin legen, die Konturen nachzeichnen und mit einer Zugabe von 5 cm zuschneiden. Das Oval und die Stepplinien auf den Stoff übertragen (S. 16–17). Das Blumenmotiv mit Hilfe eines 5 mm großen Rasters vergrößern und auf den Stoff übertragen. Mit Knopflochseide zuerst die englische Stepperei arbeiten (S. 253). Das Schnittmuster der Tasche auf den Nessel und das Wattiermaterial zeichnen und mit etwa 5 cm Zugabe zuschneiden. Den Nessel flach ausbreiten, darauf die Wattierung legen, dann den Satin mit der rechten Seite nach oben. Alle Lagen zusammenstecken und heften. Die Stepparbeit entlang der markierten Linien mit Vorstichen (S. 250) und Knopflochseide ausführen.

Tasche zusammenstellen
Die Stepparbeit entlang der Schnittlinien beischneiden. Anhand des Schnittmusters das Taschenfutter aus Satin zuschneiden. Futter und Tasche rechts auf rechts 1 cm von der Kante bis auf eine 15 cm große Öffnung zusammennähen. Ecken beischneiden; das Stück wenden; die Öffnung von Hand schließen. Für den Taschengriff Kunstseidenkordel in passender Länge schneiden. Zum Versäubern der Enden zwei 2,5 × 5 cm große Rechtecke aus Satin zuschneiden, alle Kanten 5 mm einschlagen und Rechtecke quer in der Mitte falten. In jede Falte ein Kordelende stecken; die oberen Kanten schließen, dabei die Schnur mitfassen. Die Tasche falten (unten rechts) und die Seiten zusammennähen.

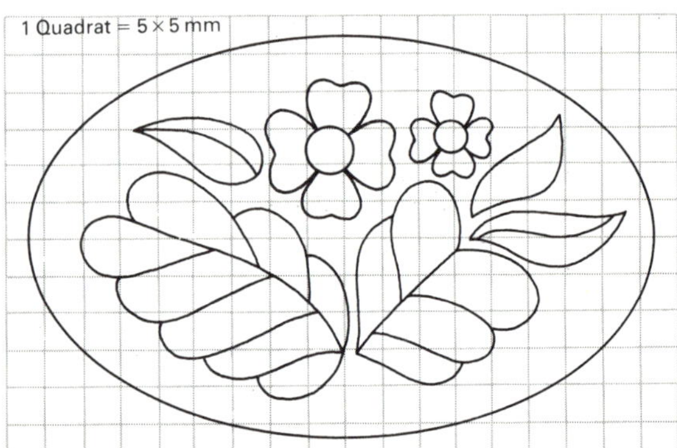

Muster vergrößern Auf einen 5 mm großen Raster übertragen (S. 14). Das Muster auf den ovalen Bereich der Tasche übertragen. Wie die englische Stepperei gearbeitet wird, zeigt die Seite 253

Schnittmuster der Tasche vergrößern Auf einen 1 cm großen Raster übertragen (S. 14). Das ovale Motiv und die Stepplinien, beginnend mit den schwarzen Linien, auf die Tasche übertragen (S. 16–17). Zuerst die englische Stepperei arbeiten, dann die Lagen (Satin, Wattierung, Nessel) zusammenlegen und die Stepperei ausführen

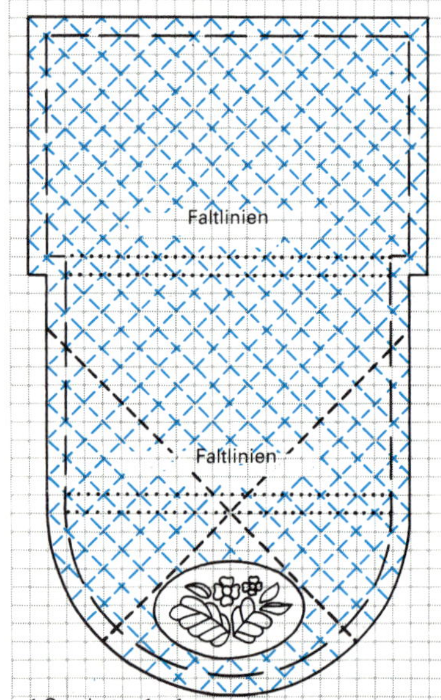

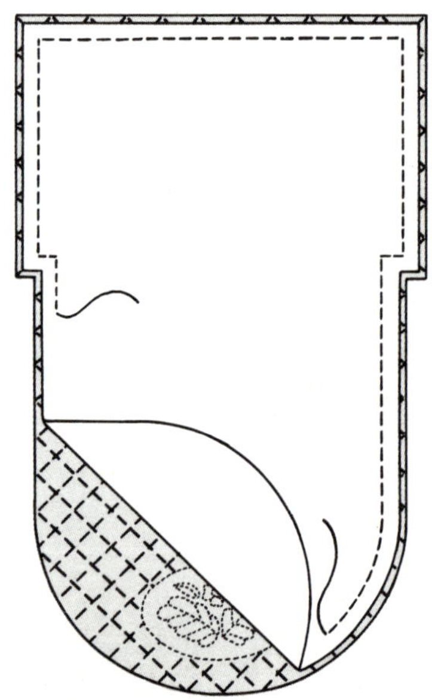

Futter und Tasche rechts auf rechts aufeinanderlegen. 1 cm innerhalb der Kante zusammennähen; dabei eine 15 cm große Öffnung lassen. Naht versäubern; das Stück wenden; Öffnung schließen

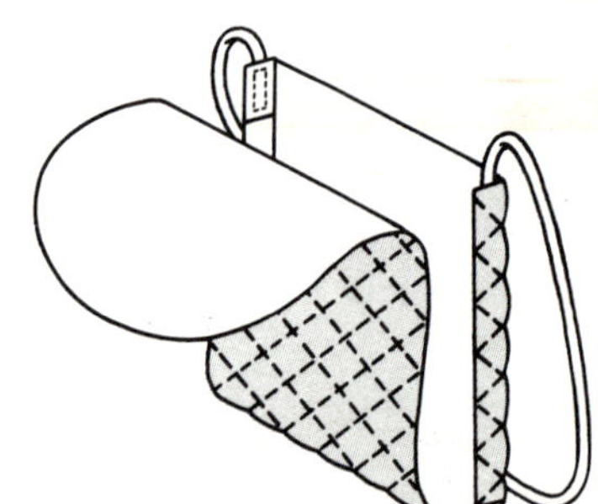

Zusammenstellen Tasche wie oben falten. Die Seiten entlang des Bodens und der Rückseiten schließen. An jeder Seite ein satinüberzogenes Kordelende ans Futter nähen

Häkeln

Detail einer Häkelweste; das Garn wurde mit natürlichen Farbstoffen gefärbt. © Arlene Mintzer

Strickgarne 410
Garn aufwickeln 411

Grundtechnik des Häkelns

Garne
Häkelnadeln
Die Nadel halten / Rechtshänder
Luftmaschen bilden / Rechtshänder
Die Nadel halten / Linkshänder
Luftmaschen bilden / Linkshänder
Grundmaschen
Abwandlungen der Grundtechnik

Garne

Häkeln kann man mit jedem garnähnlichen Material vom feinsten Occhigarn bis Bast, Lederstreifen und Stoffbändern. Einzige Voraussetzung ist, daß das vorgesehene Material dem jeweiligen Zweck entspricht und mit der richtigen Nadelstärke gehäkelt wird; dazu siehe Seite 271.

Unten sind die gängigsten Häkelgarne abgebildet und kurz beschrieben; einen Überblick über Woll- und Syntheticgarne findet man im Kapitel *Stricken* auf Seite 410.

Die meisten Baumwollgarne sind merzerisiert, d. h., sie haben durch ein Veredelungsverfahren (der Name stammt vom englischen Erfinder Mercer) mehr Festigkeit und Glanz erhalten. Manche sind auch kochfest, manche bis 60 °C oder 30 °C waschbar; diese Angaben sind gelegentlich mit anderen nützlichen Hinweisen wie Lauflänge, empfohlener Nadelstärke usw. auf der Banderole zu finden. Auch die Garnnummer ist angegeben: je höher die Zahl, desto feiner der Faden. Wird das Garn als Strang verkauft, empfiehlt es sich, es vor Arbeitsbeginn zu einem Knäuel aufzuwickeln.

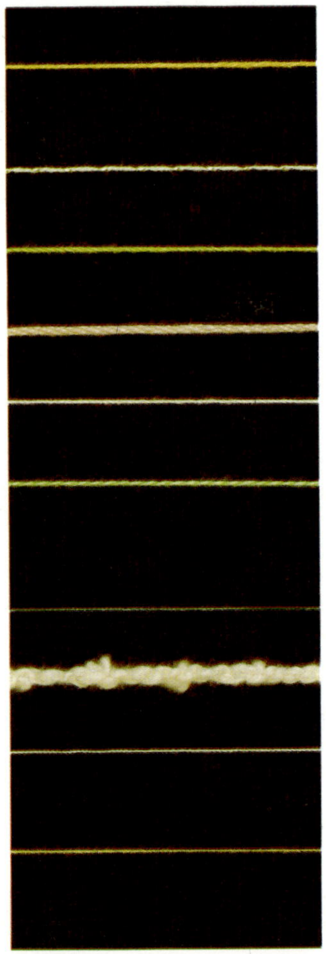

Name	Beschreibung	Stärke	Verwendung
Schulgarn	4fach gut gezwirnt merzerisiert große Farbauswahl	10/4 320–390 Laufmeter pro 100 g	Häkel-, Strick- und Bastelgarn für Schals, Pullover, Bettüberwürfe, Vorhänge usw.
Phantasiezwirn mit Metallfaden	3–4fach synthetisches Garn mit Lurexfaden weiß und schwarz und silber, gold oder multicolor Lurex	350–550 Laufmeter pro 100 g	Jäckchen, Blusen, Kleider, Accessoires
Cablégarn	5fach Cablézwirn merzerisiert, große Farbauswahl, uni und ombré	28/2 × 5 etwa 420 Laufmeter pro 100 g	Schals, Pullover, Bettüberwürfe, Vorhänge usw.
Cablégarn	5fach Cablézwirn merzerisiert mittlere Farbauswahl	etwa 230 Laufmeter pro 100 g	Pullover, Kleider, Bettüberwürfe, Tischdecken
Filethäkelgarn	6fach stark gezwirnt merzerisiert verschiedene Farben	Nr. 5, 10, 15, 20	Schals, Blusen, Decken, Spitzen, Vorhänge
Häkelkunstseide	2fach locker gezwirnt 100% Viscose verschiedene Farben	–	Decken und Deckchen häkeln, Kunststricken
Taschentuch-Häkelgarn	6fach stark gezwirnt verschiedene Farben	Nr. 70 und 80	Taschentuchspitzen
Bouclé	Phantasiegarn weich, genoppt, meist Wolle/Polyacryl gemischt	80–200 Laufmeter pro 100 g	Jacken, Pullover, Accessoires
Glanzhäkelgarn	6fach sehr stark gezwirnt weiß, écru	60, 80, 100	Spitzen, Deckchen
Glanzhäkelgarn	6fach sehr stark gezwirnt weiß, écru	20, 30, 40, 50	Spitzen, Deckchen

Arbeitsmaterial

Häkelnadeln gibt es in vielen verschiedenen Größen und Ausführungen sowie aus unterschiedlichen Materialien. Die Nadelstärke wird wie bei Stricknadeln mit Nummern bezeichnet, wobei die Nummer den Durchmesser der Nadel in Millimetern angibt, d. h. je größer die Ziffer, desto dicker die Nadel. Wie beim Stricken gilt auch beim Häkeln die Standardregel: Dicke Fäden werden mit dicken Nadeln, feine Fäden mit entsprechend dünnen Nadeln verarbeitet. Dickes Garn mit dünnen Nadeln zu verhäkeln ist auf keinen Fall zu empfehlen, denn die Arbeit ist nicht nur sehr mühsam, sondern die Häkelei wird auch bretthart. Umgekehrt kann man jedoch dünne Garne mit dickeren Nadeln verarbeiten. Hauptsächlich dann, wenn man sehr fest häkelt, sollte man eine Nadel verwenden, die eine halbe bis eine Nummer größer ist als für das verwendete Garn empfohlen. Besonders wichtig ist hier die Maschenprobe. Mit ihrer Hilfe kann man die richtige Nadelstärke bestimmen. Wenn man dünne Garne mit extrem dicken Nadeln verarbeitet, entstehen spitzenartige Muster; für Kleidungsstücke, die strapaziert werden, ist diese Maschenstruktur jedoch wenig geeignet. Man bleibt im losen Maschenwerk leicht hängen, und die Arbeit ist wenig formstabil. Es gibt einige Strickhilfen (S. 413), die auch für Häkelarbeiten nützlich sein können, beispielsweise Schablonen, mit denen man Maschenproben auszählt, Schere, Reihenzähler usw.

Garnhäkelnadeln werden meistens aus vernickeltem Aluminium hergestellt; sie sind in den Größen 0,60–1,75 erhältlich und können auch mit einem Kunststoffgriff oder einem Umstecker zum Schutz der feinen Spitze versehen sein

Wollhäkelnadeln gibt es aus vernickeltem Aluminium in den Größen 2–15. Farbig eloxiert, wie oben abgebildet, oder aus perlgrauem Aluminium sind sie in den Größen 2–7 erhältlich

Eine große Holzhäkelnadel mit Knopf eignet sich besonders für Arbeiten mit dickem Garn und für Muster, bei denen sich häufig mehrere Maschen auf der Nadel befinden. Ebensogut kann man sie auch für tunesische Häkeleien verwenden

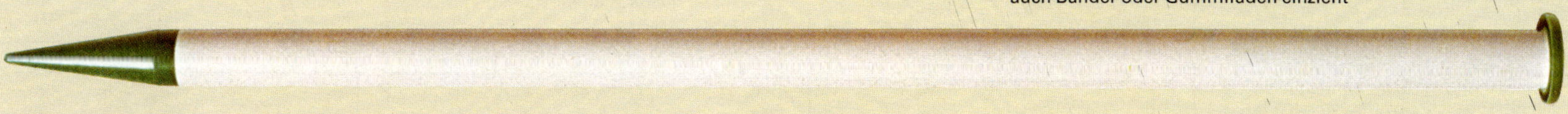

Eine dicke Stricknadel aus Kunststoff oder Aluminium dient als Hilfsmittel bei der Schlingenhäkelei (S. 301)

Tunesische Häkelnadeln gibt es aus Kunststoff oder Aluminium in den Größen 2–7 und 30 sowie 35 cm lang. Der Knopf am Ende verhindert, daß die Maschen von der Nadel fallen

Wollhäkelnadeln aus Kunststoff nimmt man im allgemeinen für größere Arbeiten aus dickem Garn. Sie sind in den Größen 2,5–15 erhältlich

Sticknadeln mit und ohne Spitze und Durchziehnadeln dienen zum Zusammennähen gehäkelter Teile. Für feine Häkeleien verwendet man üblicherweise spitze Nadeln, für Arbeiten aus sehr grobem Garn kann man Durchziehnadeln nehmen, mit denen man auch Bänder oder Gummifäden einzieht

Häkeln · Grundtechnik

Einführung

Alle Häkelmaschen bestehen aus Schlingen, die ineinandergreifen. Die einfachste Masche ist die Luftmasche; wie sie entsteht, ist unten gezeigt. Beim Häkeln wird die Häkelnadel (in manchen Gegenden nennt man sie auch Haken) in der einen Hand gehalten. Der Faden läuft über die andere Hand; diese Hand reguliert auch die Fadenspannung und hält die Arbeit so, daß man die Nadel einstechen kann. Es gibt zwei Methoden, die Häkelnadel in der Hand zu halten (rechts). Man wählt diejenige, die man am bequemsten findet. Den Faden kann man auch verschieden führen; unten eine gängige Methode.

Die Häkelnadel halten / Rechtshänder

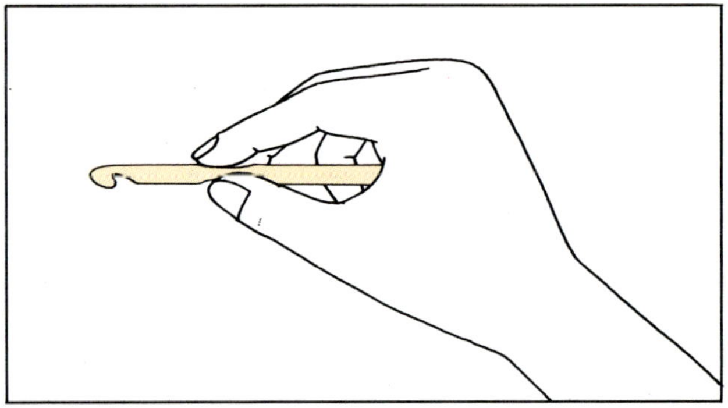

Methode I Der Nadelhaken zeigt nach unten. Man nimmt die Nadel wie eine Stricknadel oder ein Messer in die Hand. Daumen und Zeigefinger greifen nach vorn, die übrige Hand bildet um die Nadel eine Faust

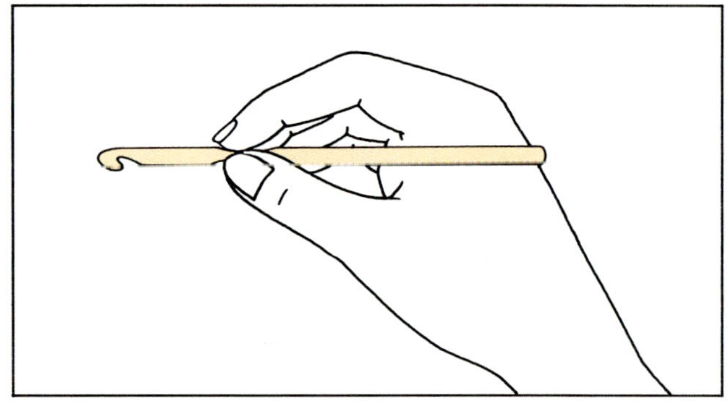

Methode II Der Nadelhaken zeigt nach unten. Zeigefinger und Daumen der rechten Hand halten die Nadel, die auf dem Mittelfinger liegt und wie ein Bleistift gehalten wird

Luftmaschen bilden / Rechtshänder

Die Luftmasche (Lm) ist die Basis bzw. der Anschlag einer Häkelarbeit und darüber hinaus auch Bestandteil vieler Muster. Als Anschlag muß eine Luftmaschenreihe (Luftmaschenkette) so locker gehäkelt werden, daß die Nadel leicht eingestochen werden kann

1. 15 cm vom Garnanfang hängen lassen und eine Schlinge bilden wie gezeigt. (Die Schlinge muß wieder aufgehen, wenn man an beiden Fadenenden zieht.) Nadel von rechts nach links durchschieben

2. Fadenenden anziehen, bis die Schlinge locker um die Nadel liegt

3. Den Faden, der zum Knäuel läuft, um den kleinen Finger wickeln, auf der Handinnenseite über Ring- und Mittelfinger führen und dann um den Zeigefinger wickeln. Das Garn zwischen Zeigefinger und Nadel sollte etwa 5 cm lang sein

4. Mit Daumen und Mittelfinger der linken Hand die Anfangsschlinge unten festhalten. Nadel nach vorn schieben und gleichzeitig unter dem Faden durchführen, so daß sich eine Schlinge um die Nadel legt

5. Nadel zurückziehen. Dabei wird der Faden mit dem Haken durch die Anfangsschlinge gezogen, um die erste Luftmasche zu häkeln. Die neue Masche so locker lassen, daß man in der nächsten Reihe gut einstechen kann

6. Mit Daumen und Mittelfinger der linken Hand stets die Masche festhalten, die der Nadel am nächsten liegt, und Schritt 4 und 5 wdh, bis die gewünschte Anzahl Luftmaschen gehäkelt ist (die Schlinge, die auf der Nadel liegt, nicht mitzählen). Alle Luftmaschen gleichmäßig arbeiten; zu große oder zu kleine Maschen auftrennen und neu häkeln

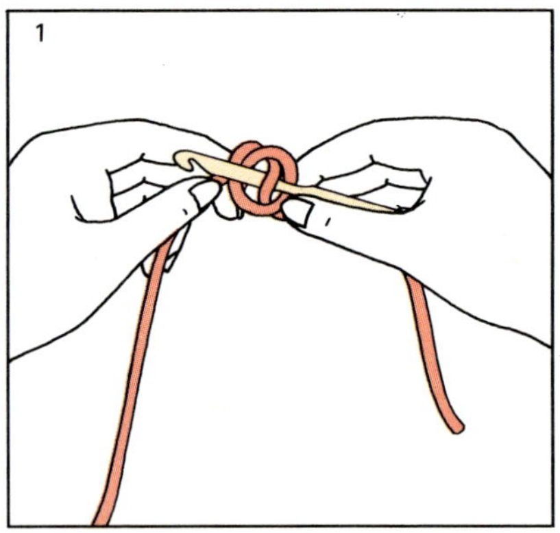

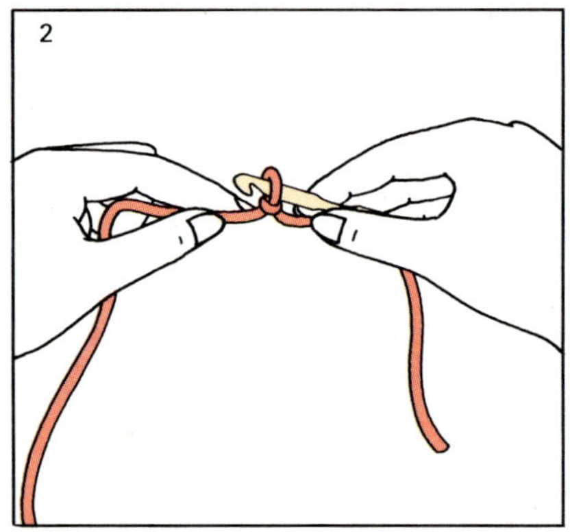

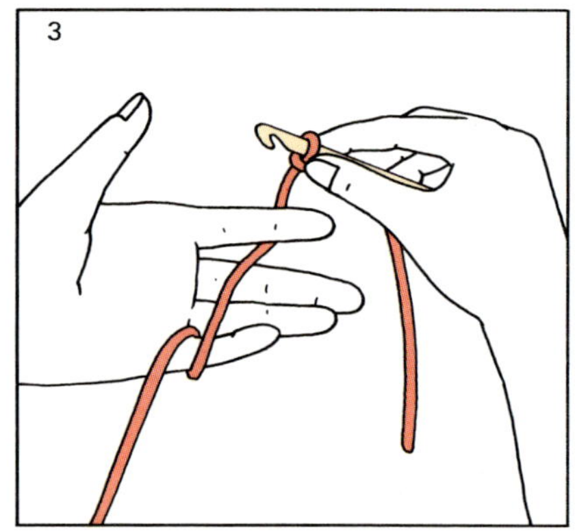

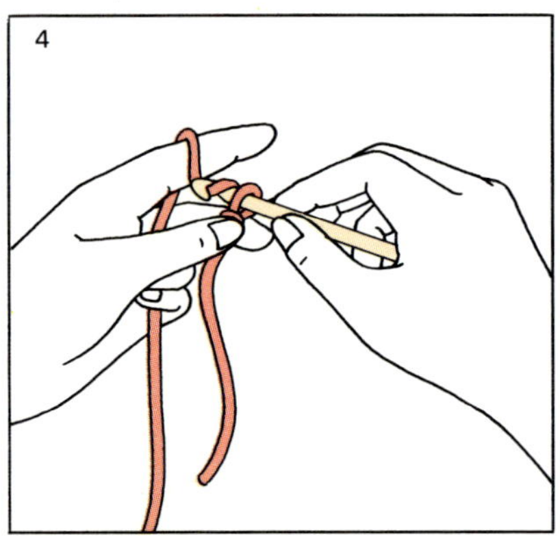

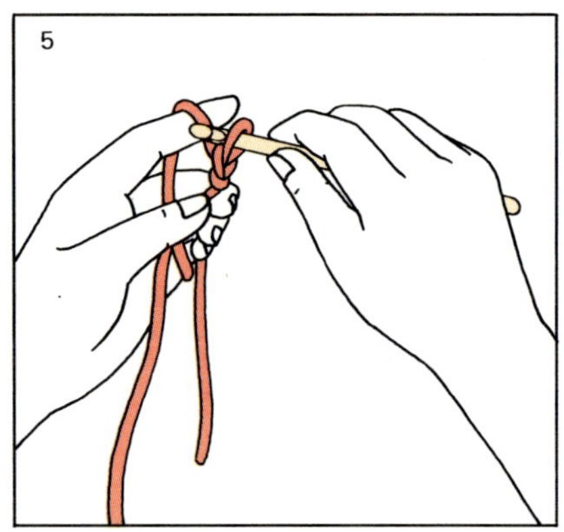

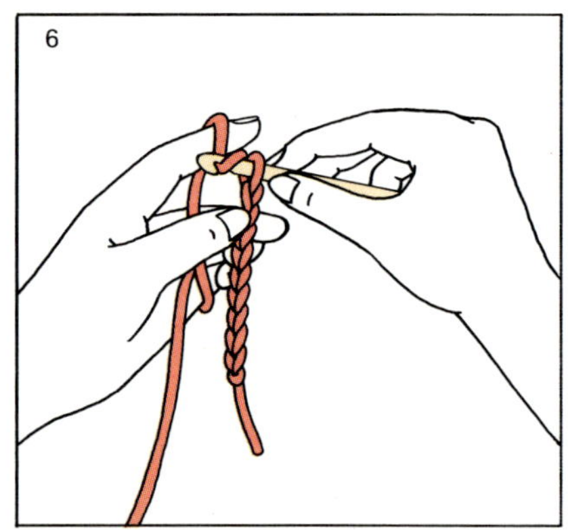

Die Häkelnadel halten / Linkshänder

Man häkelt mit der linken Hand grundsätzlich genauso wie mit der rechten; nur hält man die Nadel und das Garn umgekehrt. Da es nicht einfach ist, sich die Abbildungen spiegelbildlich vorzustellen, wenn man eine neue Technik erlernt, sind die Abbildungen auf dieser Seite für Linkshänder gestaltet worden.

Es gibt zwei Methoden, die Häkelnadel in der Hand zu halten. Man wählt diejenige, die man am bequemsten findet und bei der die Nadel gut in der Hand liegt. Den Faden kann man auch auf verschiedene Weise führen; unten wird eine gängige Methode erklärt.

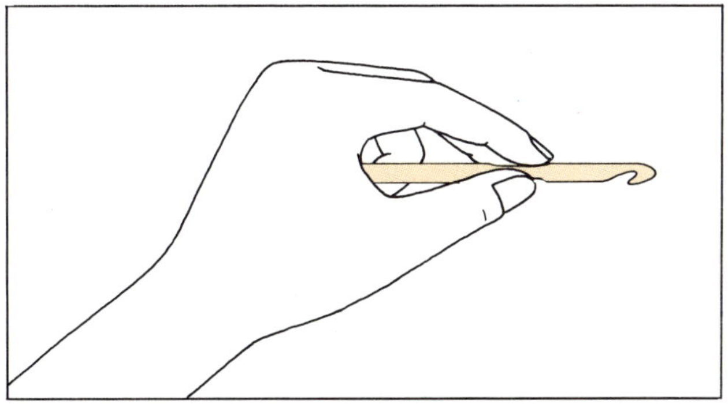

Methode I Der Nadelhaken zeigt nach unten. Man nimmt die Nadel wie eine Stricknadel oder ein Messer in die Hand. Daumen und Zeigefinger greifen nach vorn, die übrige Hand bildet um die Nadel eine Faust

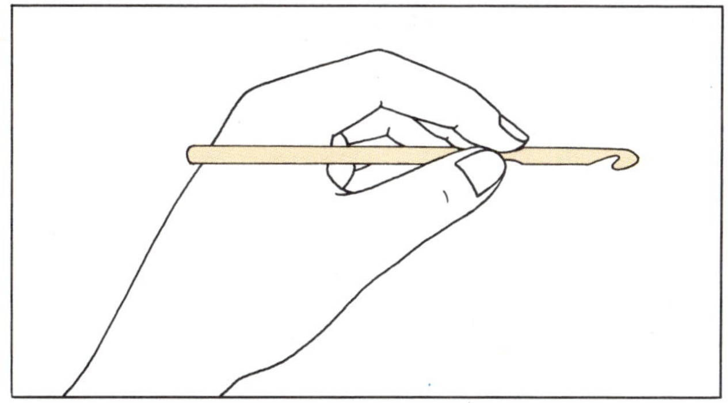

Methode II Der Nadelhaken zeigt nach unten. Zeigefinger und Daumen der linken Hand halten die Nadel, die auf dem Mittelfinger liegt und wie ein Bleistift gehalten wird

Luftmaschen bilden / Linkshänder

Die Luftmasche (Lm) ist die Basis bzw. der Anschlag einer Häkelarbeit und darüber hinaus auch Bestandteil vieler Muster. Als Anschlag muß eine Luftmaschenreihe (Luftmaschenkette) so locker gehäkelt werden, daß die Nadel leicht eingestochen werden kann

1. 15 cm vom Garnanfang hängen lassen und eine Schlinge bilden wie gezeigt. (Die Schlinge muß wieder aufgehen, wenn man an beiden Fadenenden zieht.) Nadel von links nach rechts durchschieben

2. Fadenenden anziehen, bis die Schlinge locker um die Nadel liegt

3. Den Faden, der zum Knäuel läuft, um den kleinen Finger wickeln, auf der Handinnenseite über Ring- und Mittelfinger führen und dann um den Zeigefinger wickeln. Das Garn zwischen Zeigefinger und Nadel sollte etwa 5 cm lang sein

4. Mit Daumen und Mittelfinger der rechten Hand die Anfangsschlinge unten festhalten. Nadel nach vorn schieben und gleichzeitig unter dem Faden durchführen, so daß sich eine Schlinge um die Nadel legt

5. Nadel zurückziehen. Dabei wird der Faden mit dem Haken durch die Anfangsschlinge gezogen, um die erste Luftmasche zu häkeln. Die neue Masche so locker lassen, daß man in der nächsten Reihe gut einstechen kann

6. Mit Daumen und Mittelfinger der rechten Hand stets die Masche festhalten, die der Nadel am nächsten liegt, und Schritt 4 und 5 wdh, bis die gewünschte Anzahl Luftmaschen gehäkelt ist (die Schlinge, die auf der Nadel liegt, nicht mitzählen). Alle Luftmaschen gleichmäßig arbeiten; zu große oder zu kleine Maschen auftrennen und neu häkeln

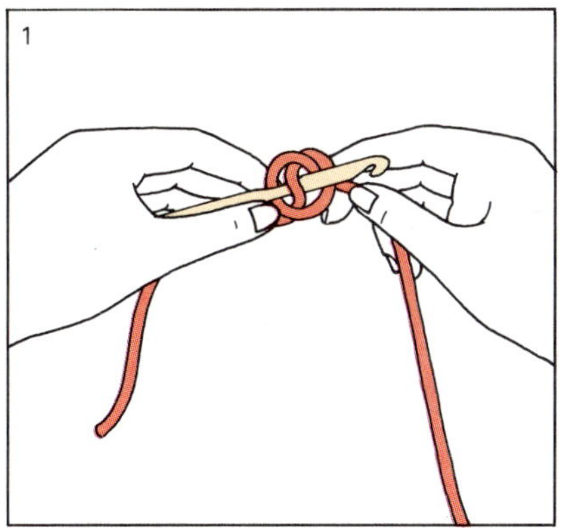

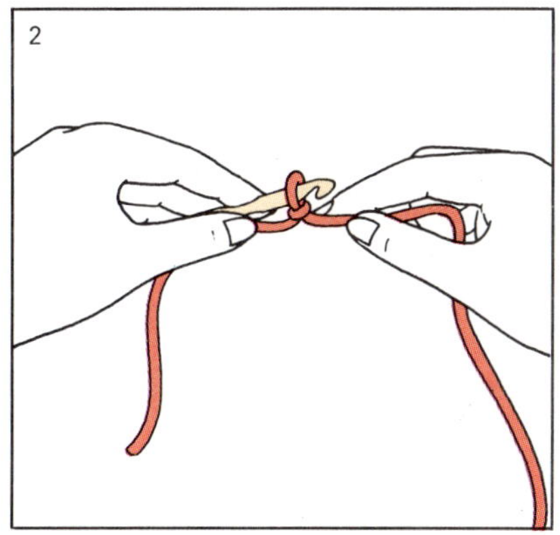

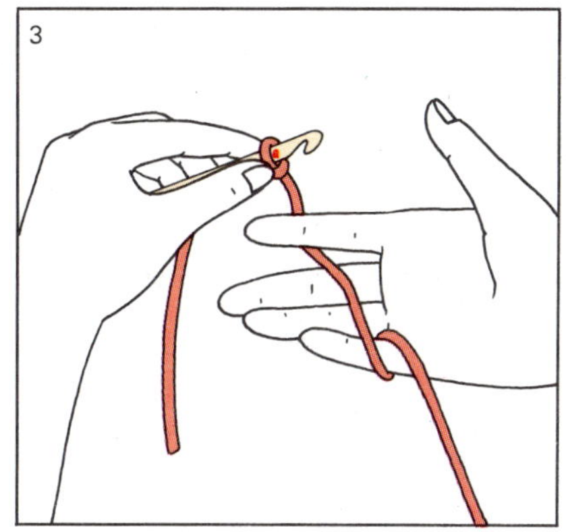

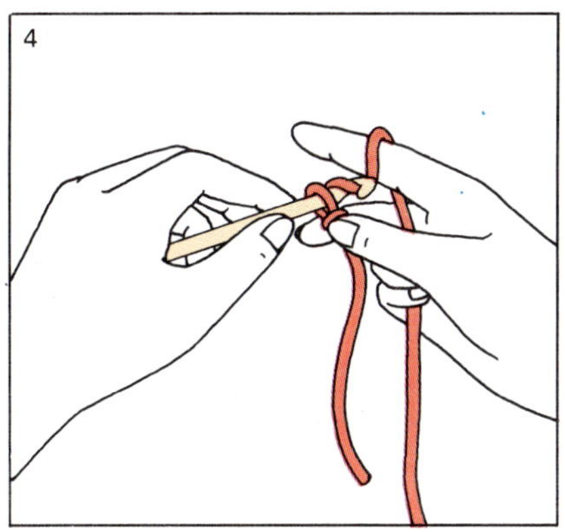

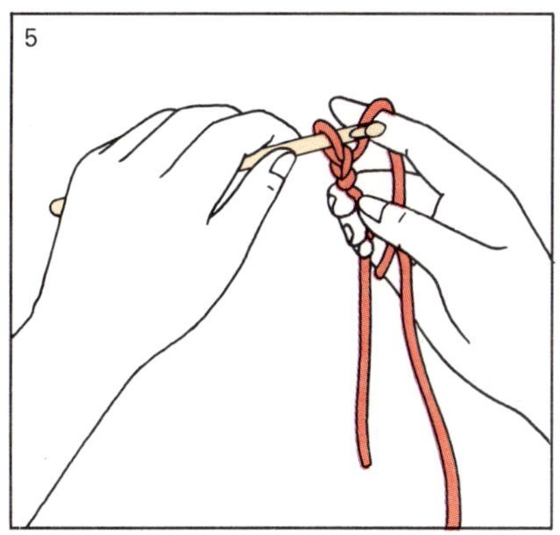

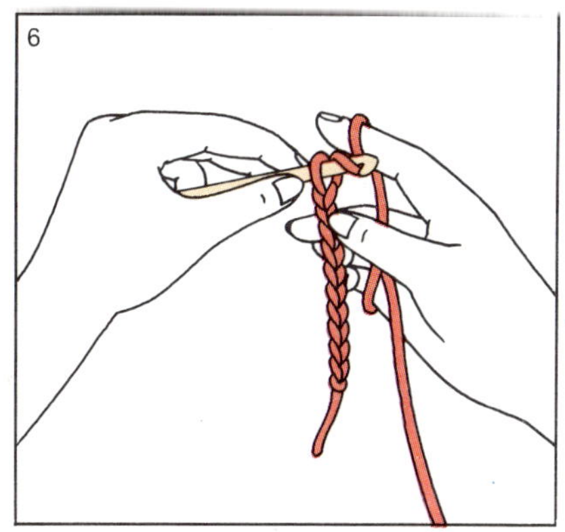

Häkeln · Grundtechnik

Grundmaschen

Feste Maschen (fM) gehören zu den kleinsten Maschen und ergeben ein ebenmäßiges Muster. Zu Beginn der ersten Reihe 1 Wendeluftmasche (WLm) häkeln, dann in die zweite Luftmasche von der Nadel aus einstechen (A). Faden durchholen, so daß 2 Schlingen auf der Nadel liegen. Abmaschen, d. h. Faden holen und durch beide Schlingen ziehen (B). Die nächste feste Masche in die nächste Masche der Vorreihe häkeln. Am Reihenende Arbeit umdrehen, 1 WLm häkeln, dann in die erste Masche stechen usw.

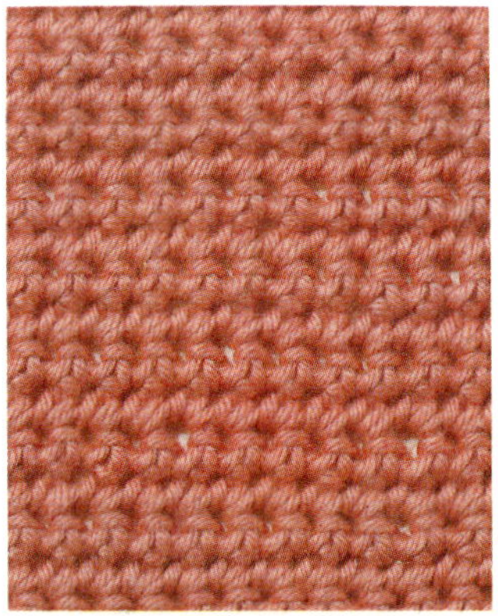

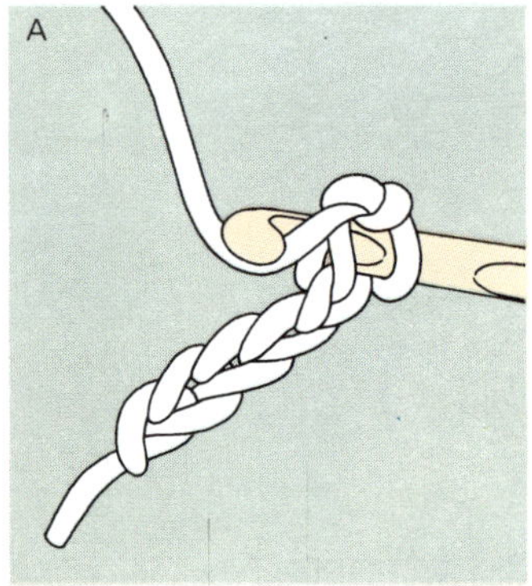

In zweite Lm von der Nadel stechen

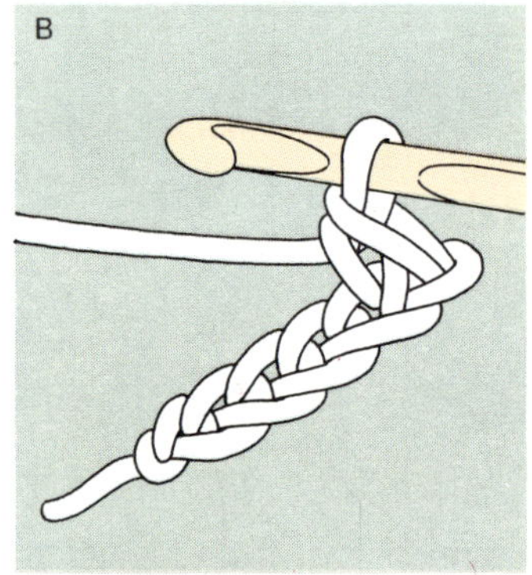

Fertige feste Masche

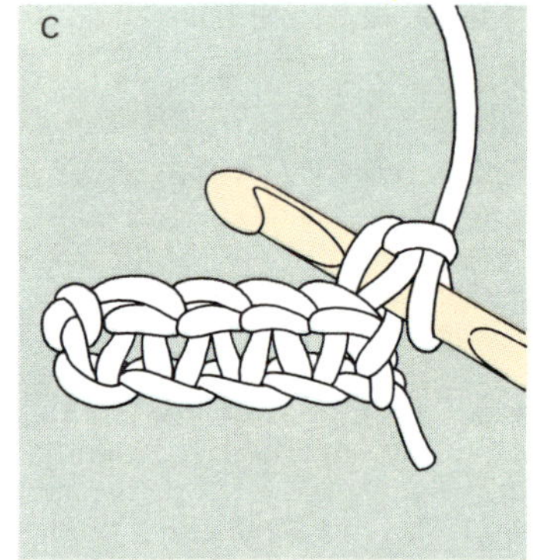

1 WLm, 1 fM in erste fM der Vorr

Halbes Stäbchen (hStb) Diese Masche ist etwas größer als die feste Masche; das Muster hat betonte Querstreifen. Zu Anfang der ersten Reihe 2 WLm häkeln, dann in die dritte Luftmasche von der Nadel aus einstechen, nachdem man den Faden einmal um die Nadel geschlagen hat (A). Faden holen und durchziehen; jetzt liegen drei Schlingen auf der Nadel. Wieder abmaschen, d. h. Faden holen und durch alle Schlingen ziehen (B). Am Reihenende Arbeit umdrehen, 2 WLm häkeln, Faden um die Nadel schlagen, dann in die erste Masche stechen (C)

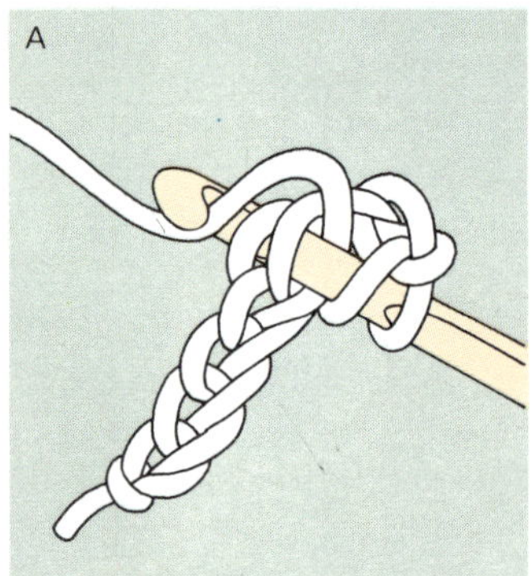

In dritte Lm von der Nadel stechen

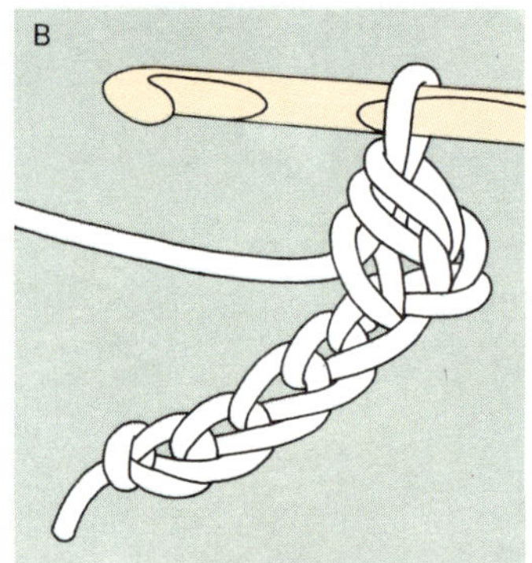

Fertiges halbes Stäbchen

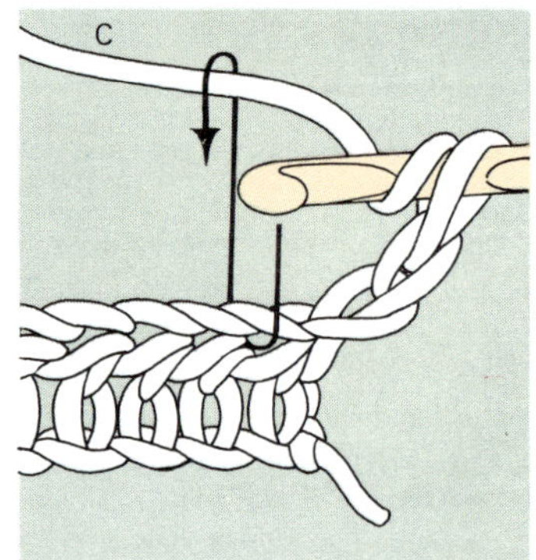

2 WLm, 1 hStb in erstes hStb der Vorr

Stäbchen (Stb) sind doppelt so hoch wie feste Maschen und weniger stabil und fest. Zu Anfang der ersten Reihe 3 WLm häkeln (= 1. Stb einer Reihe), dann in die vierte Luftmasche von der Nadel aus einstechen. Faden umschlagen, einstechen, Faden holen und durchziehen, so daß 3 Schlingen auf der Nadel liegen (A). Faden holen, durch 2 Schlingen ziehen (2 Schlingen bleiben auf der Nadel). Faden holen und durch die restlichen Schlingen ziehen (B). Am Reihenende Arbeit umdrehen, 3 WLm häkeln, dann in das zweite Stb der Vorreihe einstechen (C)

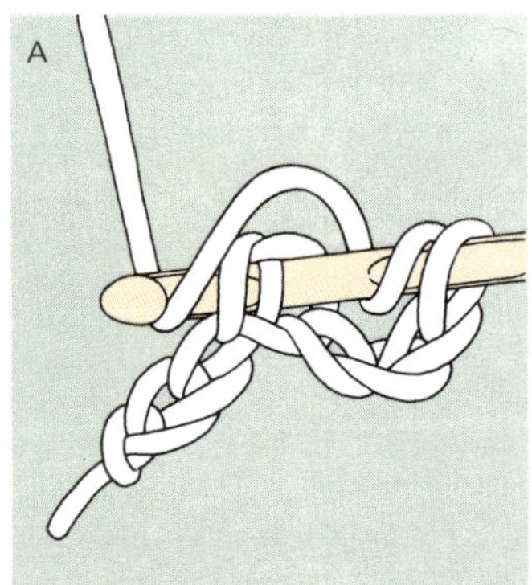

In vierte Lm von der Nadel stechen

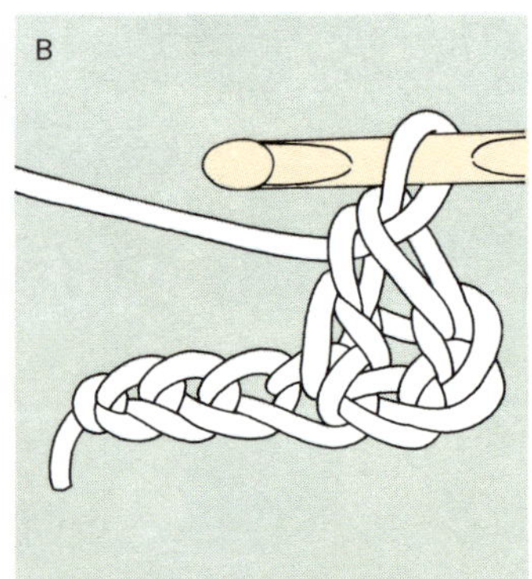

Fertiges Stäbchen

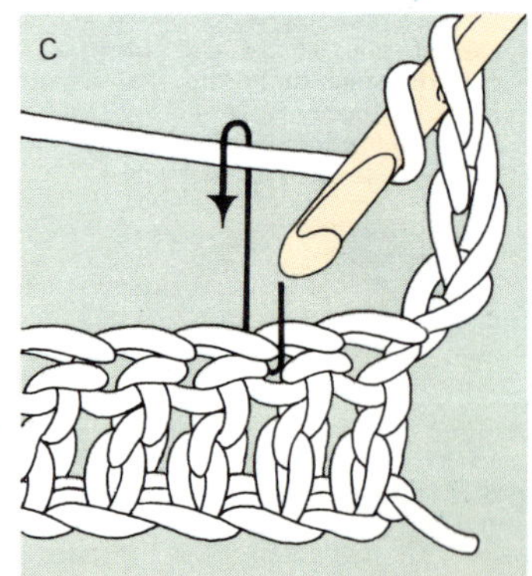

3 WLm, 1 Stb in zweites Stb der Vorr

Doppelstäbchen (DStb) sind sehr groß und ergeben ein luftiges Muster. Man arbeitet das DStb wie ein Stäbchen, nur schlägt man den Faden zweimal um die Nadel, bevor man einsticht. Faden holen und durchziehen; jetzt liegen 4 Schlingen auf der Nadel (A). Faden holen und durch 2 Schlingen ziehen, Faden erneut holen und durch 2 Schlingen ziehen, Faden nochmals holen und abmaschen (B). DStb erfordern 4 WLm; auch hier sind diese WLm das erste DStb jeder Reihe; also stets in die fünfte Masche der Luftmaschenkette bzw. die zweite Masche der Vorreihe stechen

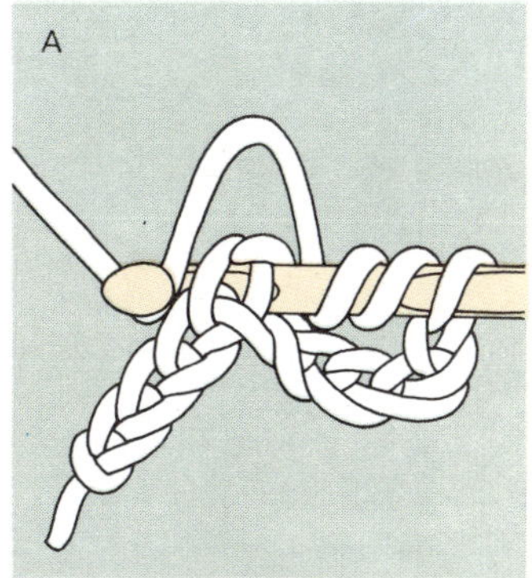

2 Umschläge; in fünfte Lm stechen

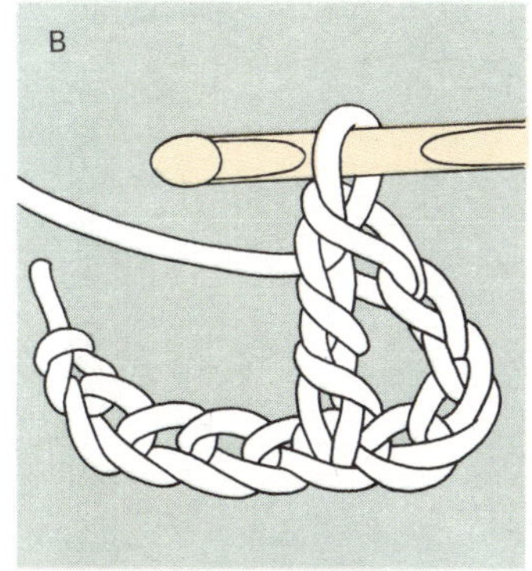

Fertiges Doppelstäbchen

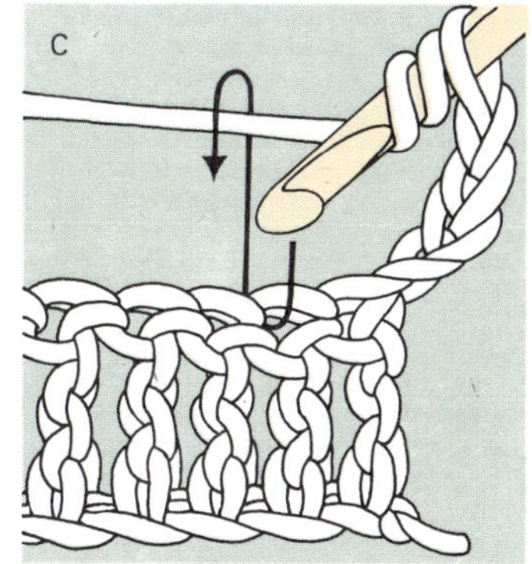

4 WLm; in zweite Masche stechen

Dreifachstäbchen (3f.Stb) sind wie Doppelstäbchen, nur noch größer durch einen dritten Umschlag. Faden dreimal um die Nadel schlagen, bevor man einsticht, Faden holen und durchziehen (A). So oft Faden holen und durch 2 Schlingen ziehen, bis nur noch 1 Schlinge auf der Nadel liegt (B). Zu Beginn in die sechste Masche der Luftmaschenkette einstechen. Am Anfang jeder Reihe 5 Wendeluftmaschen häkeln, die das erste 3f.Stb bilden (C). Am Reihenende auf die WLm ein 3f.Stb häkeln

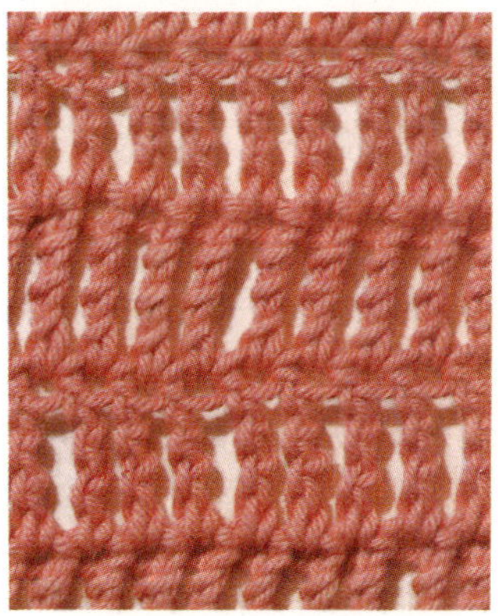

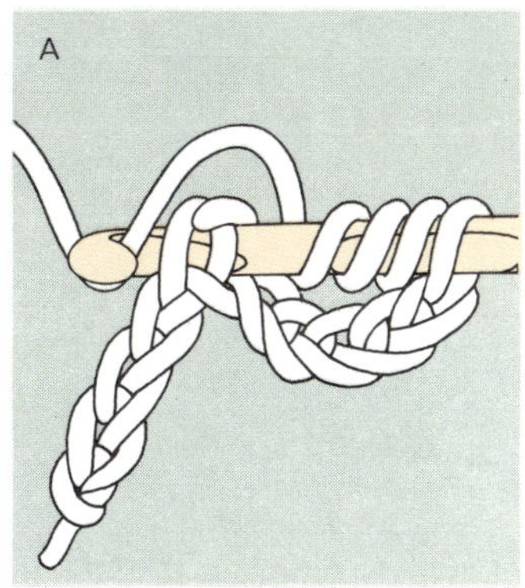

3 Umschläge; in sechste Lm stechen

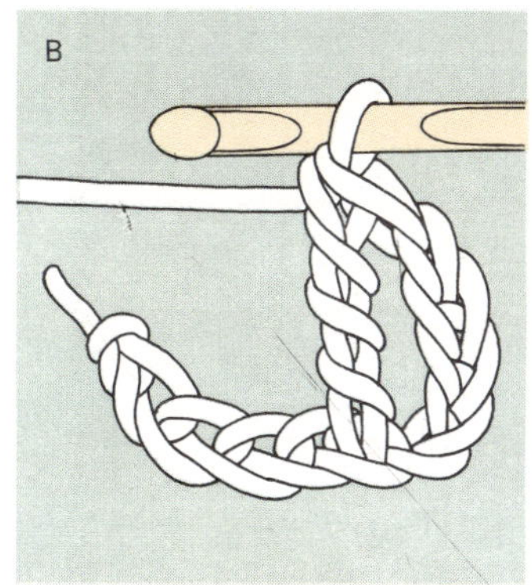

Fertiges Dreifachstäbchen

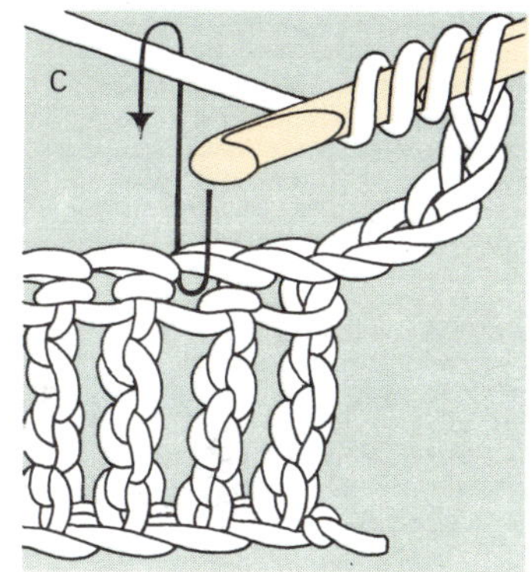

5 WLm; in zweite Masche stechen

Die Kettmasche (Km) ist die kleinste Häkelmasche und wird grundsätzlich nicht mitgezählt. Meist schließt man mit ihr eine Luftmaschenkette zum Ring oder schließt Häkelrunden ab. Auch zum Säumen und Zusammenfügen fertiger Teile kann man die Km verwenden. Da sie kein eigentliches Muster bzw. Häkelstück ergibt, überbrückt man mit ihr auch Teile, Reihen oder Maschen. Nadel einstechen (A) und den Faden sofort durch die auf der Nadel liegende Schlinge mit durchziehen (B)

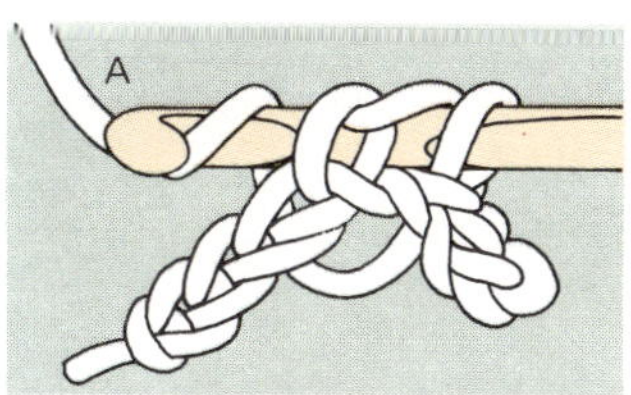

Häkelregeln

1. Die Schlinge, die auf der Nadel liegt, wird nicht mitgezählt, wenn man die Luftmaschenkette abzählt
2. Man sticht immer von vorn nach hinten in eine Masche ein*
3. Man sticht immer so ein, daß die beiden oberen Maschenglieder auf der Häkelnadel liegen*
4. Wenn eine Masche fertig ist, muß eine Schlinge auf der Nadel zurückbleiben

* Außer, wenn es in der Anleitung ausdrücklich anders angegeben ist

Wendeluftmaschen

Am Anfang jeder Reihe (einschließlich der ersten) häkelt man eine bestimmte Luftmaschenzahl als Wendeluftmaschen (WLm), um die Arbeit auf die Höhe der nächsten Reihe zu bringen. Wie viele WLm man braucht, hängt von der Maschenart bzw. Maschenhöhe ab (s. u.). Bei allen größeren Maschen ersetzen die WLm immer die erste Masche jeder Reihe. Damit sich die WLm nicht verdrehen, kann man sie auch schon am Ende einer Reihe häkeln und dann erst die Arbeit wenden. Die WLm bleiben auch in diesem Fall die erste Masche der neuen Reihe.

Feste Maschen	1 WLm, Einstich in die 1. Masche der Vorreihe
Halbes Stäbchen	2 WLm, Einstich in die 1. Masche der Vorreihe oder Einstich in die 2. Masche der Vorreihe
Stäbchen	3 WLm, Einstich in die 2. Masche der Vorreihe
Doppelstäbchen	4 WLm, Einstich in die 2. Masche der Vorreihe
Dreifachstäbchen	5 WLm, Einstich in die 2. Masche der Vorreihe
Vierfachstäbchen	6 WLm, Einstich in die 2. Masche der Vorreihe

Grundmaschen 274–275

Abwandlungen der Grundtechnik

Wenn man beim Einstechen nur ein Maschenglied erfaßt, entsteht ein rippenartiger Effekt. Die Häkelarbeit wird auch nicht so fest, wie wenn man die beiden oberen Maschenglieder erfaßt
Wenn man nur das hintere Maschenglied erfaßt (A), richtet man die Nadel etwas nach unten; sonst häkelt man wie gewohnt
Wenn man nur das vordere Maschenglied erfaßt (B), wird die Nadel nach oben gerichtet; sonst häkelt man wie gewohnt

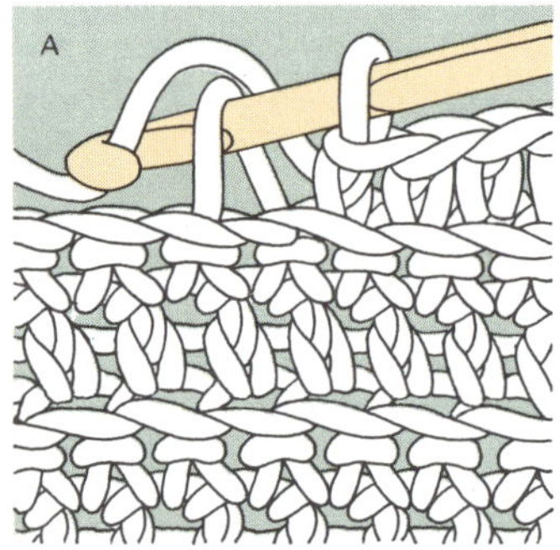

Ins hintere Maschenglied stechen

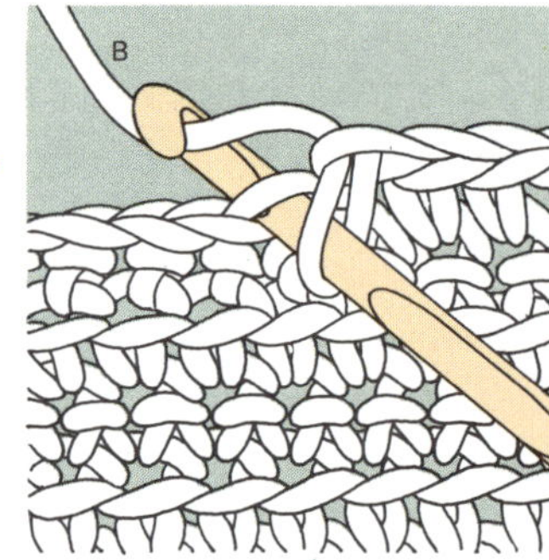

Ins vordere Maschenglied stechen

Versetzte Häkelstiche in oder um Luftmaschen Zwischen anderen Maschen häkelt man eine oder mehrere Luftmaschen und versetzt das Muster in der nächsten Reihe
In die Luftmasche einstechen, Faden holen, durchziehen und die entsprechende Masche arbeiten. Darauf achten, daß die beiden oberen Maschenglieder der Luftmasche auf der Nadel liegen, wenn man einsticht (A)
Um die Luftmasche häkelt man, indem man die Nadel unter der ganzen Luftmasche durchschiebt und den Faden holt; dann die Masche wie gewohnt häkeln

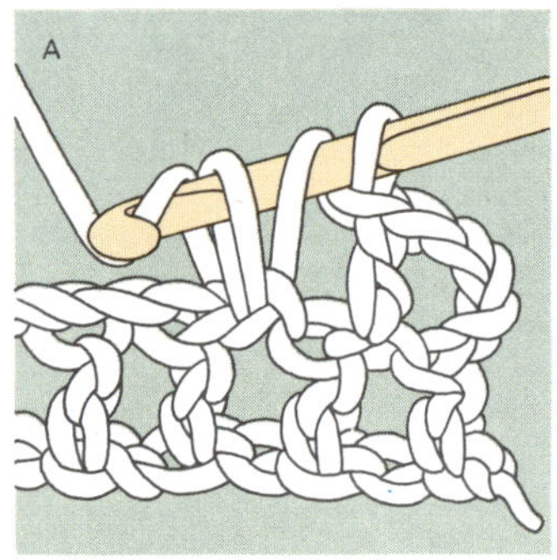

In die Luftmasche häkeln

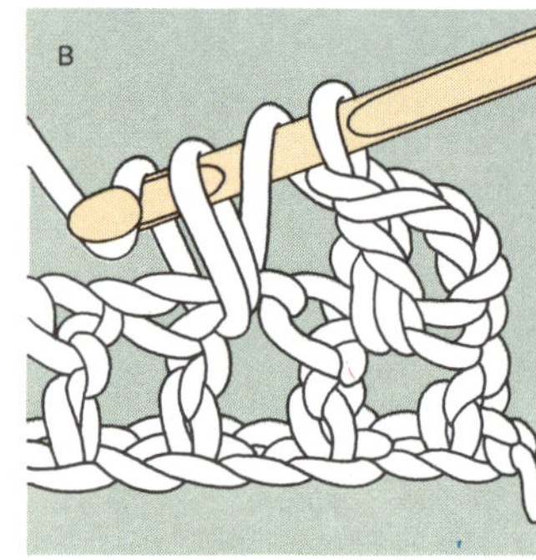

Um die Luftmasche häkeln

Reliefmaschen Diese Technik kann man bei allen Maschenarten anwenden; sie ergibt eine plastischere Oberfläche. Die Reliefmaschen können sowohl auf der Vorderseite als auch auf der Rückseite der Arbeit gehäkelt werden oder aber auch wechselweise oder in wechselnden Reihen, je nach dem gewünschten Effekt. Mehrere Muster in dieser Technik siehe Seite 285; Rippenmuster siehe Seite 310

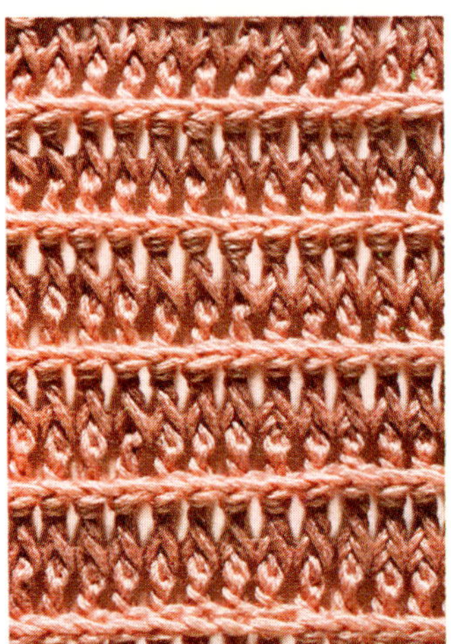

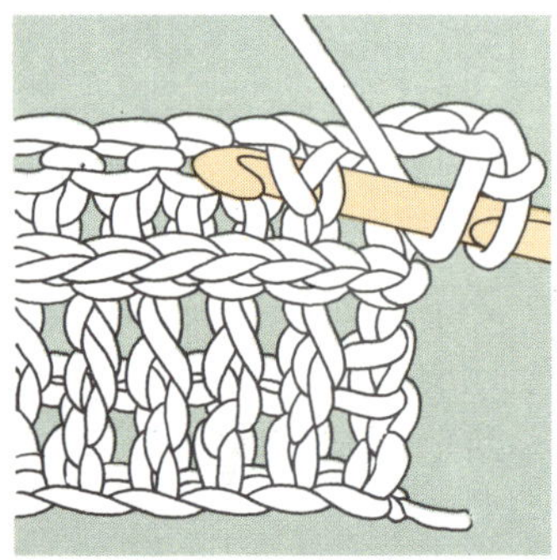
Reliefstäbchen, von hinten gearbeitet Umschlag; zwischen den 1. und 2. Stb der Vorr nach hinten, zwischen dem 2. und 3. Stb wieder nach vorn stechen, so daß das 2. Stb auf der Nadel liegt. Faden holen, Nadel zurückziehen, Stb wie gewohnt häkeln

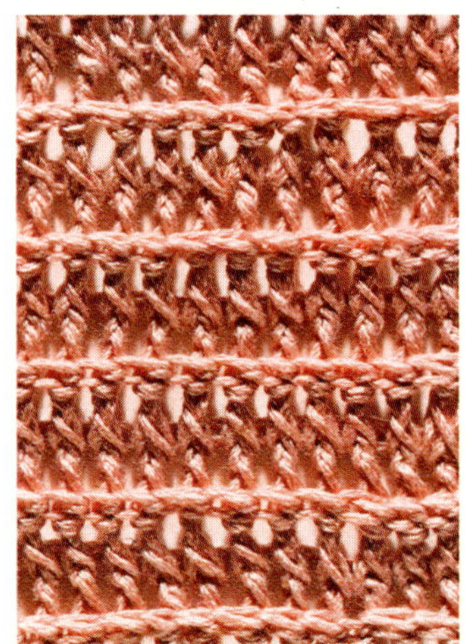

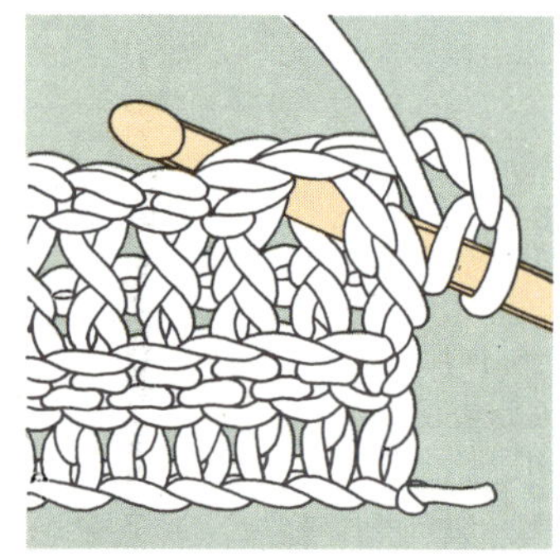
Reliefstäbchen, von vorn gearbeitet Umschlag; zwischen dem 1. und 2. Stb nach vorn, zwischen dem 2. und 3. Stb wieder nach hinten stechen, so daß das 2. Stb hinter der Nadel liegt. Faden holen, Nadel zurückziehen, Stb wie gewohnt häkeln

Der Kettmaschenanschlag ist wesentlich fester als die Luftmaschenkette. Eine Anfangsschlinge machen und 2 Luftmaschen häkeln. In die zweite Luftmasche einstechen, Faden durchholen, so daß 2 Schlingen auf der Nadel liegen. Faden erneut holen und durch beide Schlingen ziehen (A). Nun vorn in die links liegende Schlinge der gerade abgemaschten Masche stechen, Faden durchholen (B). Faden holen und abmaschen (C). B und C fortlaufend wdh

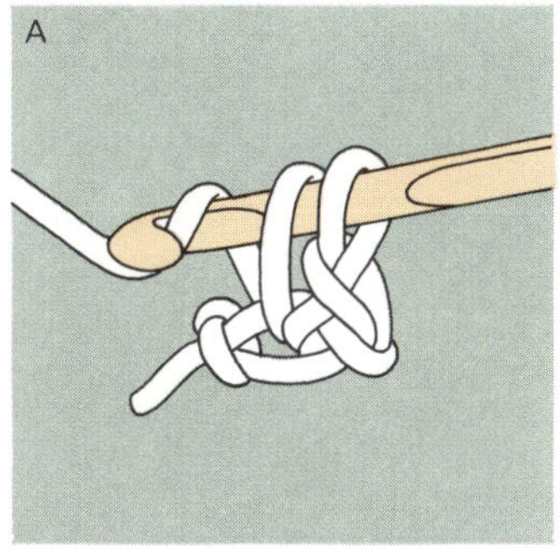

In die zweite Luftmasche stechen

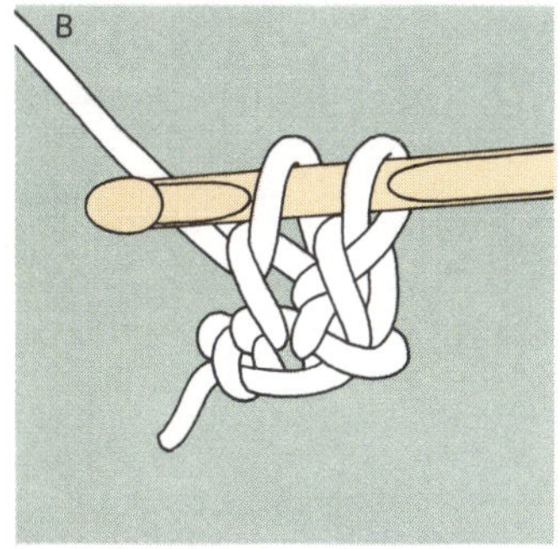

2 Schlingen auf der Nadel

Faden, durch 2 Schlingen geholt

Doppelseitige Maschen ergeben eine Häkelarbeit mit fester, dicker Struktur. Das Muster eignet sich für jede Anzahl Maschen
1. R: 3 WLm * 1 Stb in jede Lm*
2. R: Arbeit um 90° nach rechts (A). 3 WLm;* 1 Umschlag, in das vordere Maschenglied des nä Stb der Vorreihe (oben) und der Lm der vorletzten Reihe stechen, Faden holen (A), durchziehen und 1 Stb häkeln (B)*. Von * bis * bis Reihenende wdh
Alle folgenden Reihen wie die zweite Reihe arbeiten (C)

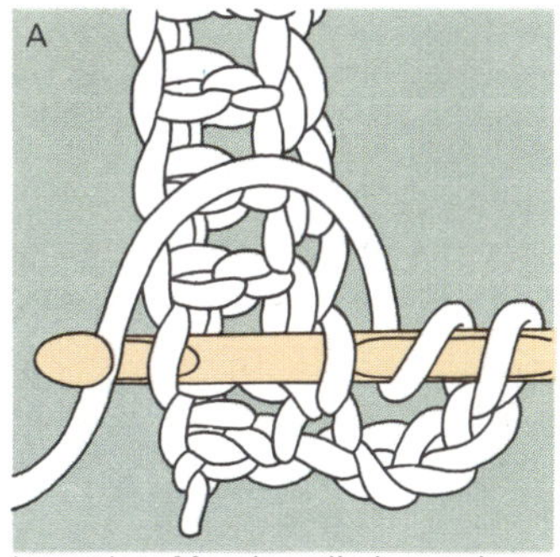

In vordere Maschenglieder stechen

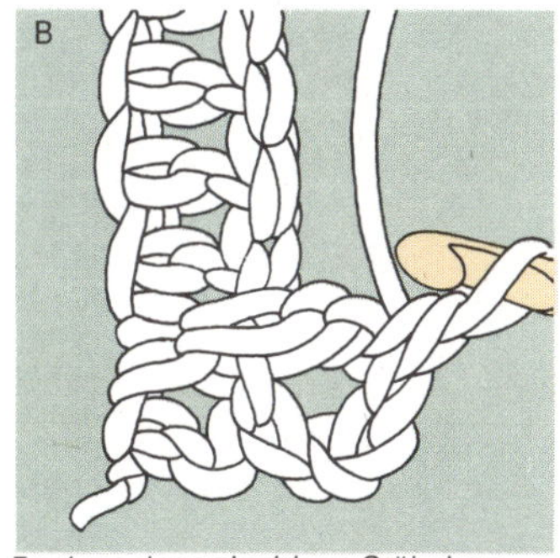

Fertiges doppelseitiges Stäbchen

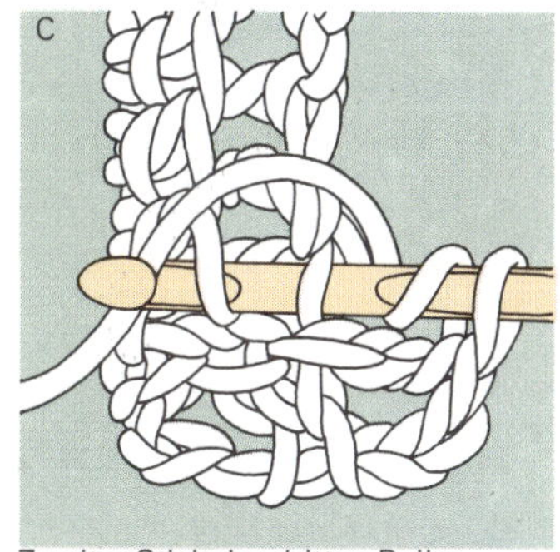

Zweiter Stich der dritten Reihe

Das Netzknotenmuster besteht aus verlängerten Schlingen, die so ineinandergreifen, daß ein netzähnliches Gewebe entsteht. Es empfiehlt sich, die Schlingen etwa 1 cm lang zu häkeln; man kann sie aber auch kürzer oder länger machen. Als Grundregel gilt: je dicker das Garn, desto länger die Schlingen; je feiner das Garn, desto kürzer die Schlingen. Man arbeitet das Muster, wie rechts beschrieben, und achtet besonders darauf, richtig in die lange Schlinge einzustechen, wodurch ein einfacher Knoten gebildet wird

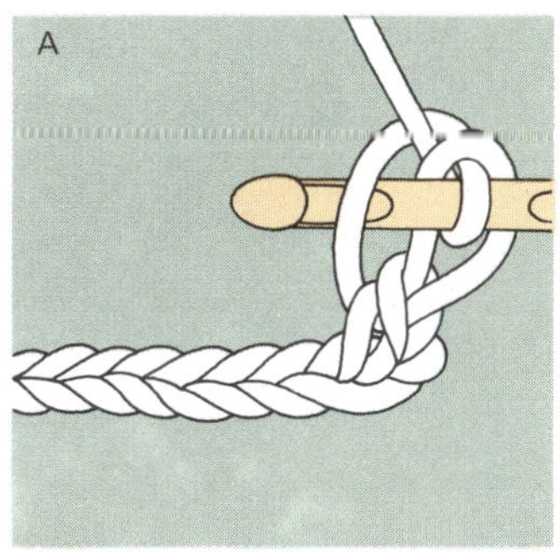

In die 2. Lm 1 fM häkeln. *Schlinge 1 cm hochziehen, durch diese eine neue Schlinge holen, hinten in lange Schlinge stechen und 1 fM häkeln*. Dies ergibt einen einfachen Knoten

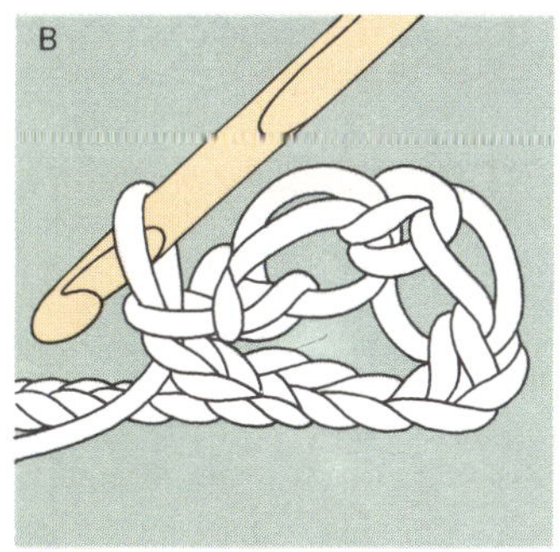

Anleitung A von * bis * wiederholen; jetzt sind 2 einfache (= 1 doppelter) Knoten gehäkelt. * 3 Lm überg, 1 fM in folgende Lm (B); 1 doppelter Knoten*. Von * bis * bis Reihenende wiederholen; zuletzt 3 einfache Knoten häkeln

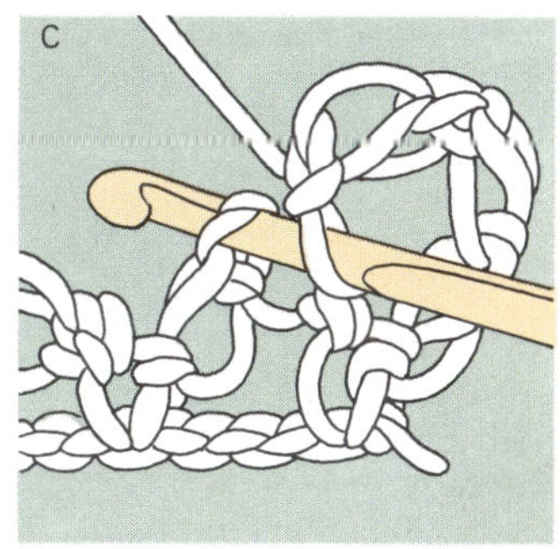

Arbeit wenden. * 1 fM in die Mitte des nä doppelten Knotens *; 1 doppelten Knoten arbeiten *. Von * bis * wiederholen bis Reihenende. Als letzte Masche 1 einfachen Knoten häkeln und wenden. Alle folgenden Reihen wie diese arbeiten

Häkel-anleitungen

Fachausdrücke
Maschenprobe
Einkaufstasche
Neue Fäden ansetzen (Farbwechsel)
Maschen zunehmen
Maschen abnehmen
Geometrische Formen
In Runden häkeln
Drei Mützen

Fachausdrücke und Abkürzungen

Häkelanleitungen bedienen sich meist einer besonderen Terminologie. Oft werden auch Abkürzungen oder Symbole gebraucht. Die Fachausdrücke, die in diesem Buch verwendet werden, sind unten aufgeführt und erklärt. Diese Abkürzungen und Symbole sind die gebräuchlichsten, andere Häkelanleitungen können jedoch geringfügig davon abweichen. Auf jeden Fall sollte man bei Anleitungen jeder Art zunächst den Schlüssel für die Abkürzungen durchlesen. Häkelmuster kann man auch durch Zeichnungen darstellen, in denen verschiedene Symbole verwendet werden. Eine solche Zeichnung nennt man Häkelschrift (S. 302 und 304).

Lm	Luftmasche (S. 272)
fM	feste Masche (S. 274)
hStb	halbes Stäbchen (S. 275)
Stb	Stäbchen (S. 274)
DStb	Doppelstäbchen (S. 275)
3f.Stb	Dreifachstäbchen (S. 275)
4f.Stb	Vierfachstäbchen (S. 275)
Km	Kettmasche (S. 275)
WLm	Wendeluftmasche
RStb	Reliefstäbchen (S. 276)
hRStb	halbes Reliefstäbchen
M	Masche
Umschl	Umschlag
abn	abnehmen (S. 280–281)
zun	zunehmen (S. 280)
überg	übergehen
nä	nächste
zus	zusammen
Anf/Beg	Anfang/Beginn
R	Reihe

Rd	Runde (S. 282)
Vorr	Vorreihe
Vorrd	Vorrunde
Anschl	Anschlag
wdh	wiederholen
* *	Die Anweisungen zwischen den Sternchen fortlaufend wiederholen
( )	In Klammern stehende Maschen alle in gleicher Art und Weise häkeln (Beispiel: mehrere verschiedene Maschen in der Klammer in die gleiche Einstichstelle häkeln) oder mehrmals wiederholen (wie oft, steht hinter der Klammer)
/ /	Zwischen zwei Balken stehen Anweisungen für die Arbeitsmethode und -technik, und zwar für die vor der Klammer genannte Masche
Eine Masche markieren	Ein andersfarbiges Garn um die Masche schlingen
Rapport	Anzahl der Maschen, die nötig sind, um eine Mustereinheit zu häkeln

Maschenprobe

Vor Beginn jeder Häkelarbeit fertigt man vom vorgesehenen Garn mit der passenden Nadel eine Maschenprobe an.

Man schlägt ein Fünftel bis ein Viertel der Maschen an, die man für ein Westenvorderteil braucht. Die Probe wird im vorgesehenen Muster gearbeitet. Man zählt die Maschen und Reihen auf 5 cm, bei groberem Garn auf 10 cm aus (rechts).

Wenn die Probe mit den Angaben in der Anleitung nicht übereinstimmt, muß man eine neue Probe arbeiten, und zwar mit einer dünneren bzw. dickeren Nadel, oder man rechnet die Maschen auf die eigenen Maße um.

Maschenzahl Maßband auflegen; auszuzählende Breite mit Stecknadeln abgrenzen und Maschen zählen. Bei einer halben Masche die auszuzählende Breite erweitern

Reihenzahl Das Maßband in Längsrichtung auflegen, auszuzählende Länge mit Stecknadeln abgrenzen, die dazwischen liegenden Reihen zählen. Die Probe muß glatt liegen

Die Einkaufstasche ist etwa 38 cm hoch, 35 cm breit und am Boden 15 cm tief

Einkaufstasche

Rückstich 485
Überwendlingsstich 485

Material
500 g Teppichwolle oder Schnellstrickwolle (100 g Rot, 200 g Blaugrau, 200 g Beige)
Wollhäkelnadel Nr. 4
2 Rundhölzer, 35 cm lang, 2 cm ∅
15 × 35 cm starker Karton für den Boden (nach Belieben)
Maschenprobe
5 fM = 5 cm; 2 R = 1,8 cm
1. Träger: 11 Lm in Grau anschl. 1. R: 1 Lm überg, 10 fM. 2. R: 1 WLm, 1 fM in jede M der Vorr. 2. R 15mal wdh; Faden durchziehen, abschneiden.
2. Träger: wie den 1. arbeiten.
Obere Kante: 8 Lm, 10 fM über 1. Träger häkeln, 17 Lm, 10 fM über 2. Träger häkeln, 8 Lm.
Tasche: * 1 WLm, 1 Lm überg, 1 fM in jede Lm bzw. fM der Vorr. * (insgesamt 53 fM). Von * bis * wdh, und zwar noch 7 R grau, 2 R rot, 4 R beige, 4 R rot, 8 R grau, 2 R rot, 38 R beige, 2 R rot, 8 R grau, 4 R rot, 4 R beige, 2 R rot, 8 R grau. Faden nochmals durch letzte Schlinge ziehen; abschneiden (Farbwechsel siehe rechts).
3. Träger: 8 fM überg, dann Faden anschlingen; * 1 WLm, 10 fM in Grau * arbeiten. Von * bis * noch 17mal wdh; Faden durchziehen, abschneiden.
4. Träger: 17 fM in der Mitte überg, dann wie 3. Träger weiterarbeiten. Ausarbeiten wie unten erklärt.

Fäden ansetzen und vernähen

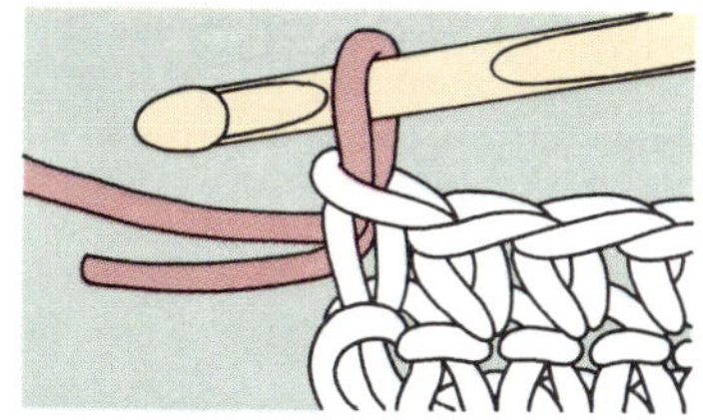

Neuen Faden ansetzen oder neue Farbe beginnen: 1. Letzte Masche mit dem neuen Faden abmaschen

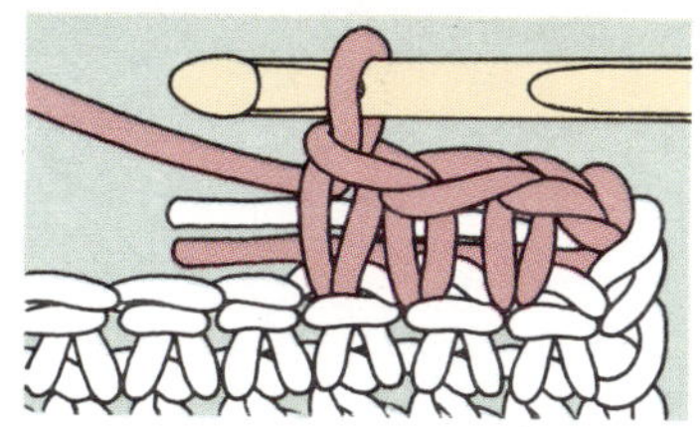

2. Alten Faden auf 5 cm zurückschneiden. Wenden mit WLm; 4–5 M um die Fadenenden herumhäkeln

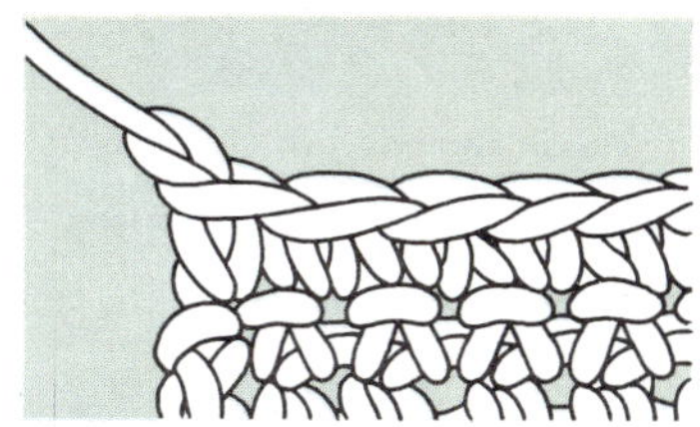

Fadenende sichern: 1. Faden auf 15 cm zurückschneiden; dieses Ende durch letzte Schlinge ziehen

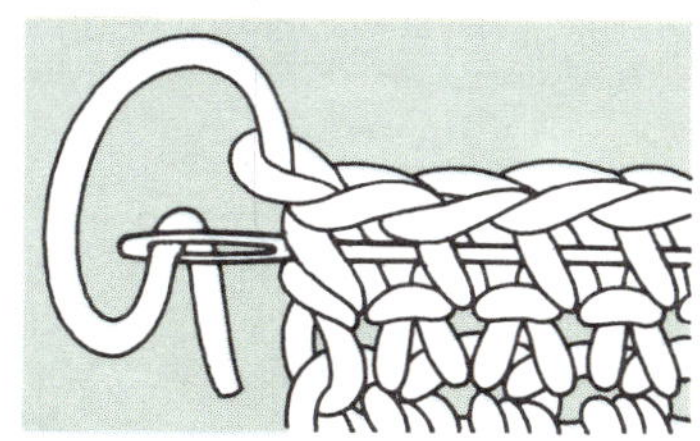

2. Faden in eine Sticknadel ohne Spitze fädeln, auf der Rückseite 3–5 cm lang verweben; abschneiden

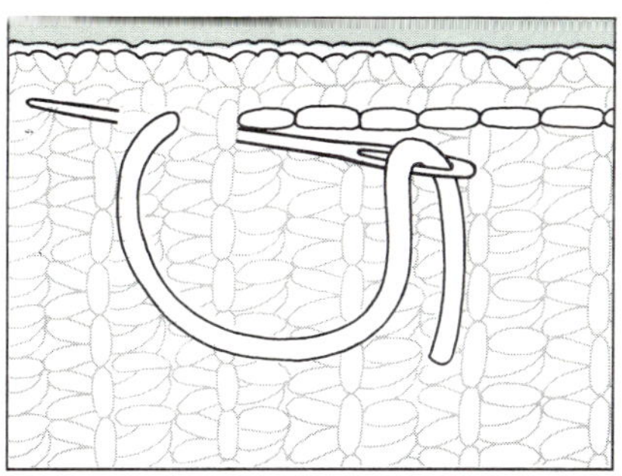

Zusammennähen Taschenteile rechts auf rechts deckungsgleich aufeinanderlegen. 1 cm von der Kante entfernt von unten nach oben über jede fM einen Rückstich arbeiten

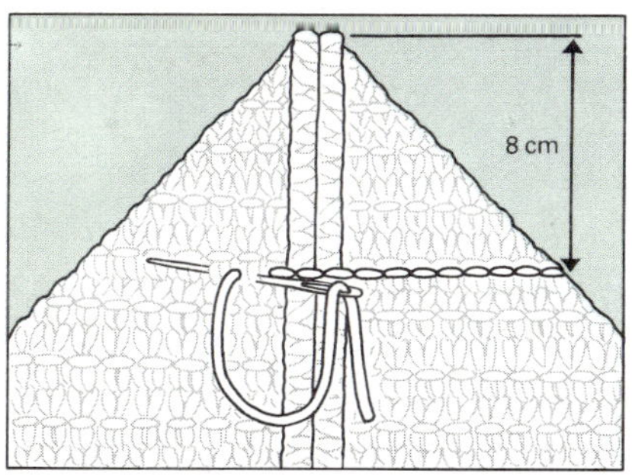

Ecken an der Taschenunterseite Tasche so legen, daß die Seitennaht in der Mitte verläuft und die Ecke ein Dreieck bildet. 8 cm von der Spitze mit Rückstichen abnähen

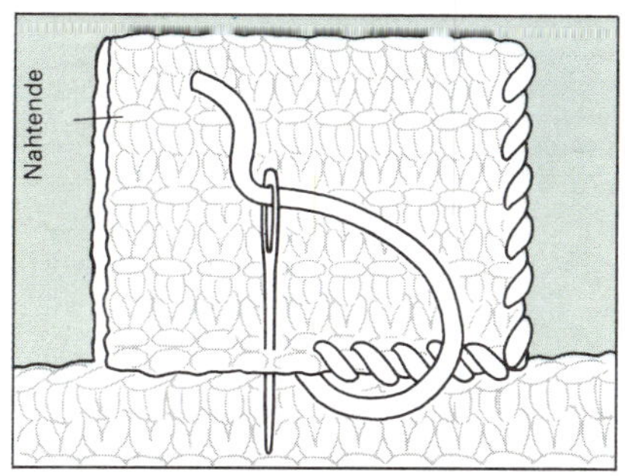

Träger links auf links quer in der Mitte falten. Kanten mit Überwendlingsstichen zusammennähen. An der Außenkante oben beginnen; Nahtende siehe Abbildung

Häkeln · Häkelanleitungen

In Runden häkeln 282

Zu- und Abnehmen

Um eine Häkelarbeit breiter oder schmaler werden zu lassen, muß man Maschen zu- oder abnehmen. Drei Beispiele dazu sind auf Seite 281 und weitere auf Seite 282–283 gezeigt.

Man nimmt zu, indem man in eine Masche der Vorreihe zwei Maschen häkelt. Wenn man in mehreren Reihen nacheinander zunimmt, wandern diese Zunahmestellen nach rechts oder links. Damit dies gleichmäßig geschieht, bringt man Markierungen an. Man schlingt z. B. um die zugenommene Masche einen andersfarbigen Faden. Wenn man rechts zunimmt, liegt die Zunahme vor der Markierung, wenn man links zunimmt, liegt die Zunahme hinter der Markierung.

Man nimmt ab, indem man zwei Maschen zusammenhäkelt.

Zunehmen

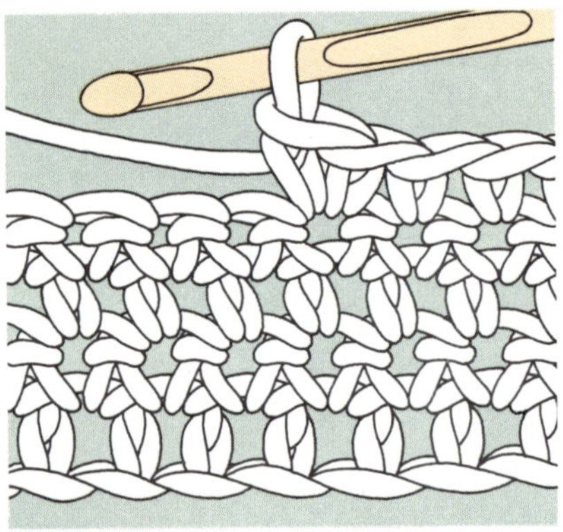

1 Masche zunehmen 2 M in eine M der Vorreihe häkeln. Im Bild wird 1 fM zugenommen; ebenso alle anderen Maschenarten zunehmen

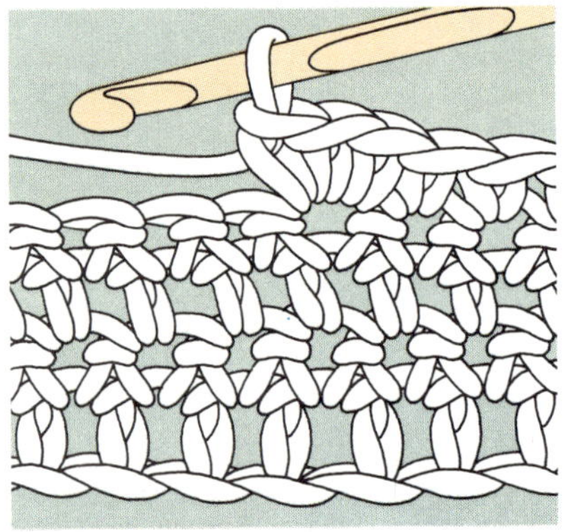

2 Maschen zunehmen 3 M in eine Einstichstelle häkeln. Im Bild werden 2 fM zugenommen; ebenso alle anderen Maschenarten zunehmen

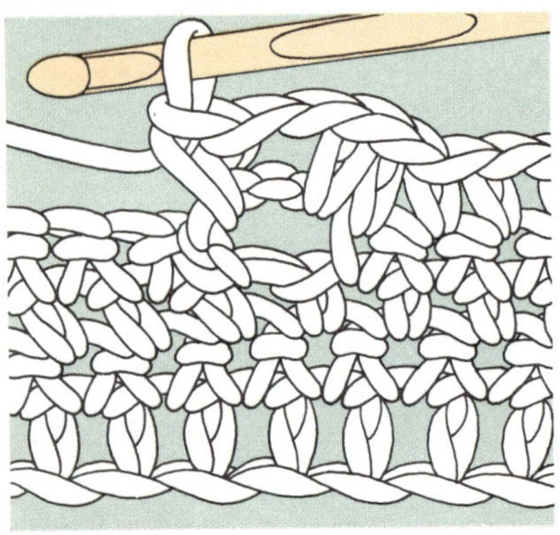

2 Maschen dekorativ zunehmen An der Zunahmestelle zwischen 2 M 2 Lm häkeln. In der nächsten und allen folgenden R um die Lm 1 M, 2 Lm, 1 M häkeln

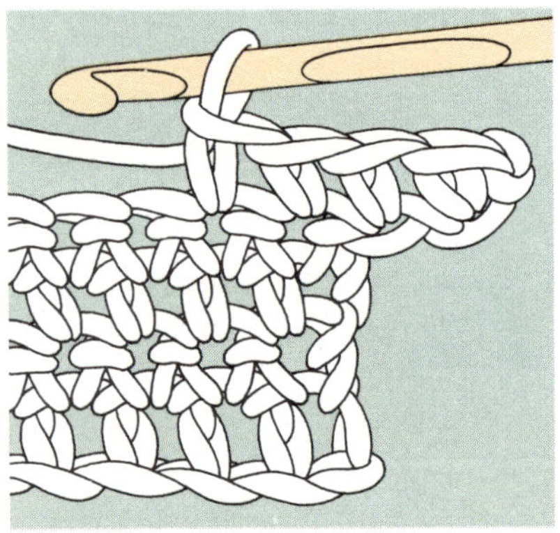

Mehrere Maschen an einer Kante zunehmen Am Reihenende so viele Lm häkeln, wie man M zunehmen will; die nächste R beginnt dann mit WLm

Abnehmen

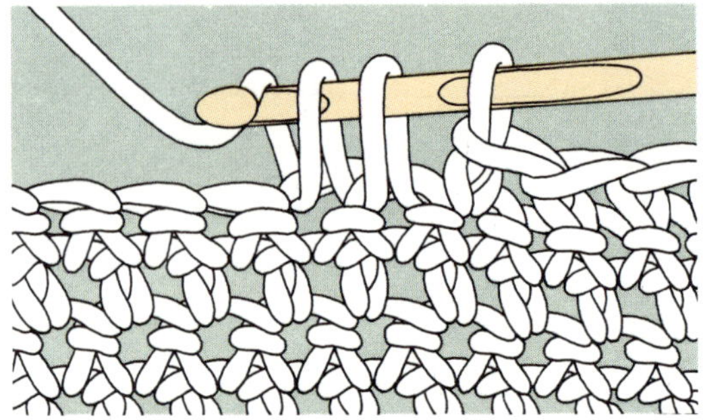

1 feste Masche abnehmen M so weit fertig häkeln, bis noch 2 Schlingen auf der Nadel sind, dann nä M ebenso arbeiten; insgesamt sind dann 3 Schlingen auf der Nadel. Erneut Faden holen und beide M zusammen abmaschen. Am Reihenanfang kann man auch die 1. M überg, statt 2 M zusammenzuhäkeln. Am Reihenende die vorletzte M überg

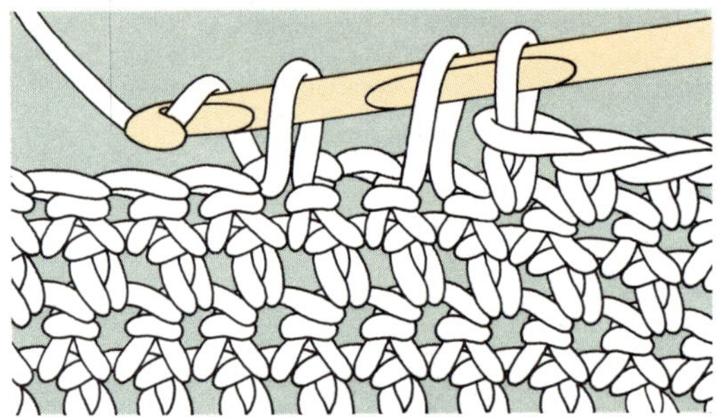

2 M abnehmen Wie bei der einfachen Abnahme oben arbeiten, jedoch zwischen der 1. und der 2. M 1 M überg; dann den Faden holen und die 3 Schlingen abmaschen. Diese Technik gilt auch für hStb, mit dem Unterschied, daß zu den Schlingen zusätzlich noch je 1 Umschl auf der Nadel liegt, bevor abgemascht wird

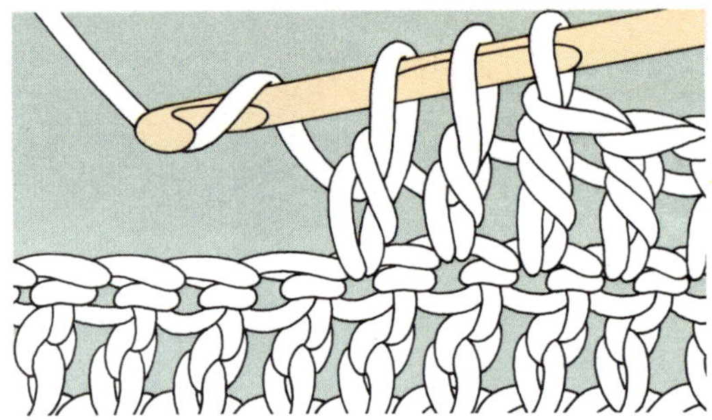

1 Stäbchen abnehmen Erstes und zweites Stb so weit fertig häkeln, bis noch 2 Schlingen auf der Nadel sind, so daß insgesamt 3 Schlingen auf der Nadel liegen. Dann Faden holen und alle 3 Schlingen zusammen abmaschen. Am Reihenanfang kann man auch die 1. M nach den WLm überg. Am Reihenende die vorletzte M überg

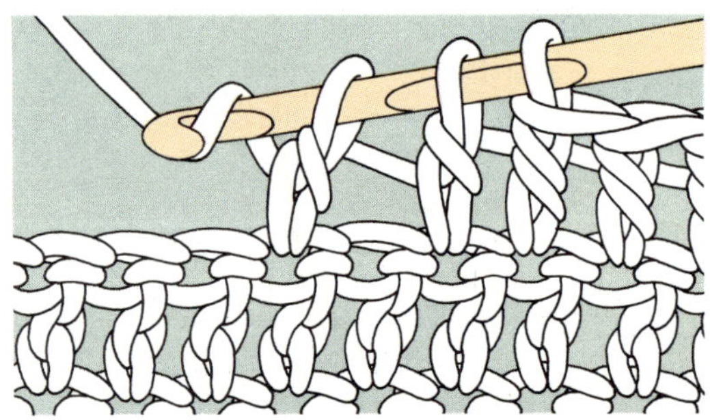

2 Stäbchen abnehmen Wie bei der einfachen Abnahme (oben) arbeiten, jedoch 1 M zwischen dem 1. und 2. Stb überg. Beide Stb zusammen abmaschen

1 Doppelstäbchen abnehmen Erstes DStb so weit fertig häkeln, bis noch 2 Schlingen auf der Nadel sind, nä DStb genauso weit fertig häkeln; jetzt sind 3 Schlingen auf der Nadel. Faden holen und beide DStb zusammen abmaschen

2 Doppelstäbchen abnehmen Wie bei der einfachen Abnahme (oben) arbeiten, jedoch 1 M zwischen dem 1. und dem 2. DStb überg. Die 3 Schlingen zusammen abmaschen

Mehrere Maschen am Reihenanfang abnehmen, ohne daß durch die unterschiedliche Maschenhöhe eine Stufe entsteht: keine WLm arbeiten; so viele Km, wie M abgenommen werden sollen, häkeln, dann 1 fM arbeiten und im Muster fortfahren. Km in der Rückreihe nicht mehr behäkeln

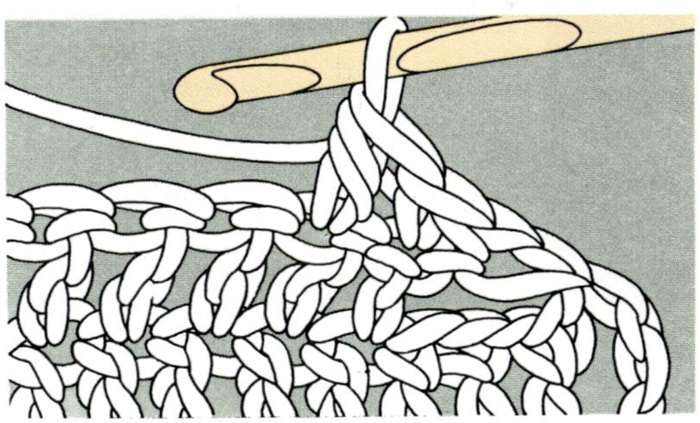

Mehrere Maschen am Reihenende abnehmen, ohne daß durch die unterschiedliche Maschenhöhe eine Stufe entsteht: Die abzunehmenden M überg, 1 Km am Reihenende häkeln, mit 1 WLm wenden, die Km überg und 1 fM in die nächste M häkeln. Dann mit dem Muster fortfahren

Geometrische Formen

Oval In fortlaufenden Runden häkeln (keine Hin- und Rückreihen)
Anschl: 6 Lm
1. R: 1 Lm überg, je 1 fM in die nä 4 Lm, in die 5. Lm 3 fM. Arbeit um 180 Grad drehen
2. R: Je 1 fM in die 5 folgenden M, dabei in die Unterseite der Lm-Kette einstechen; 3 fM in die Lm, die in der ersten R überg wurde
3. und alle folgenden R: * 1 fM in jede M der Vorr *; dabei 2 fM in die letzte M der langen Seite, 2 fM in die Mittel-M der kurzen Seite, 2 fM in die 1. M jeder langen Seite; nach Bedarf auch mehr zunehmen

Ein Dreieck entsteht, wenn man am Reihenanfang und am Reihenende zunimmt. Wenn man nach der letzten Reihe umgekehrt weiterarbeitet, also am Reihenanfang und -ende abnimmt, entsteht eine Raute
Anschl: 2 Lm
1. R: 1 Lm überg, 1 fM; wenden
2. R: 1 WLm, 3 fM in die fM der Vorr; wenden
3. R: 1 WLm, 2 fM in die erste fM der Vorr, 1 fM in jede der nä 2 M, 2 fM in die letzte M der Vorr; wenden
4. R: 1 WLm, * 1 fM in jede M *; wenden
5. R: 1 WLm, 2 fM in die 1. M; * 1 fM in jede nä M *; 2 fM in die letzte M; wenden
R 4 und 5 so lange wdh, bis die gewünschte Größe erreicht ist. Faden sichern; abschneiden

Ein Quadrat entsteht, wenn man in der Reihenmitte zunimmt
Anschl: 2 Lm
1. R: 3 fM in die 2. M von der Nadel aus; wenden
2. R: 1 WLm, 1 fM in die 1. M, 3 fM in die nä M, 1 fM in die letzte M; wenden
3. R: 1 WLm, 1 fM in jede der ersten 2 M, 3 fM in die nä (mittlere) M, 1 fM in die beiden letzten M; wenden
4. R: 1 WLm, 1 fM in die ersten 3 M, 3 fM in die nä (mittlere) M, 1 fM in die letzten 3 M; wenden
Weiterarbeiten wie R 4, dabei in jeder R 1 fM in jede M der Vorr häkeln, nur in die mittlere M 3 fM

Häkeln · Häkelanleitungen

Geometrische Formen, in Runden gehäkelt

Nicht nur flache Motive, sondern auch Kugeln und Röhren häkelt man in Runden. Jede Form beginnt mit einem Ring (siehe unten) und wird dann in Runden erweitert. Alle Runden werden auf der Vorderseite gehäkelt. Es gibt fortlaufende und konzentrische Runden.

Konzentrische Runden beginnen stets mit zusätzlichen Luftmaschen, die die erste Masche ersetzen, und enden immer mit einer Kettmasche, die in die Wendeluftmasche (bei mehreren in die oberste) gehäkelt wird und so die Runde schließt (Schritt 4, unten). Häkelbeispiele sind rechts und auf Seite 290 und 291 gezeigt.

Fortlaufende Runden werden ohne zusätzliche Luftmaschen und Kettmaschen gearbeitet, bilden also eine Spirale. Man sollte bei dieser Methode am Ende der ersten Runde eine Markierung anbringen und diese mit jeder Runde weiterführen, damit man die Arbeit mit einer vollständigen Runde beenden kann. Bei einfachen Formen verschiebt sich die Zu- und Abnahmestelle um eine Masche je Runde. Die Mützen auf Seite 283 sind typische Beispiele für diese Technik.

Um Röhren oder Schläuche zu häkeln, beginnt man mit einem Ring in gewünschtem Durchmesser und häkelt dann fortlaufend um den Ring herum, ohne zu- oder abzunehmen, bis zur erforderlichen Länge.

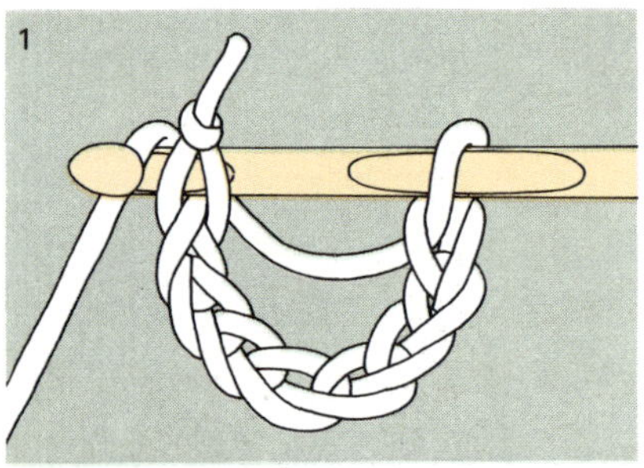

1. Für je 2–4 M der 1. Rd 1 Lm anschl. In die 1. gehäkelte M einstechen

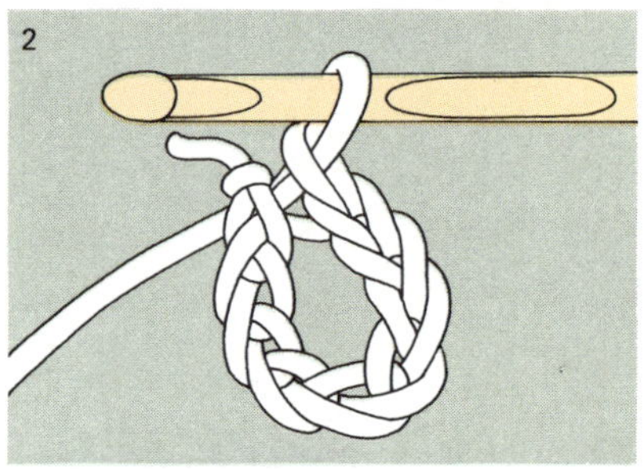

2. Um Kette zum Ring zu schließen, den Faden holen und mit 1 Km abmaschen

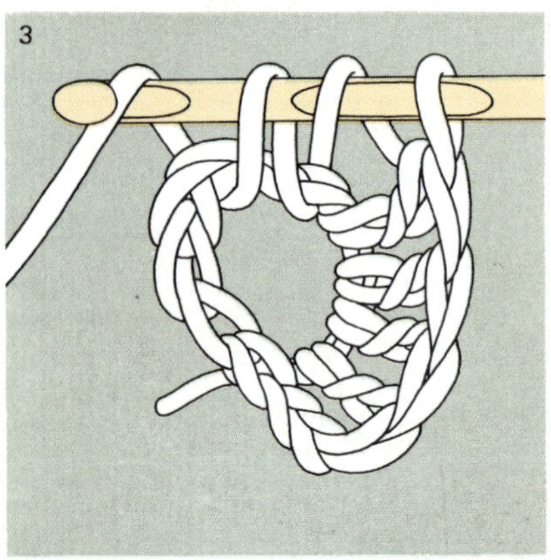

3. 1. Rd mit WLm beginnen und die gewünschten M um die Lm-Kette arbeiten

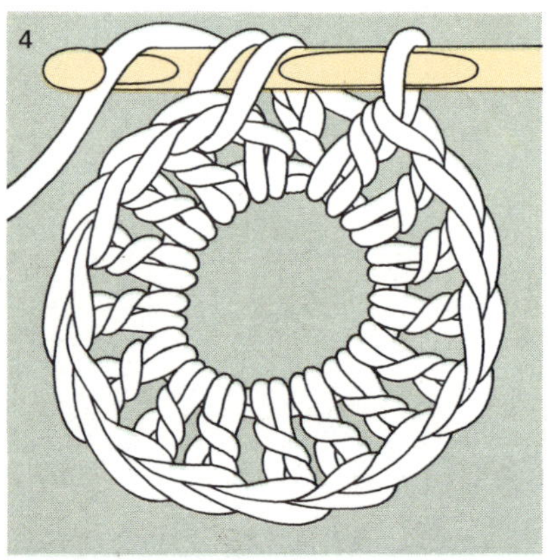

4. Konzentrische Rd mit 1 Km schließen, die in die WLm der Vorrd eingestochen wird

Kreis (Scheibe) Man muß bei jeder Runde genügend Maschen zunehmen, damit keine Kugel entsteht. Wie viele Maschen man zunimmt, hängt vom Garn, von der Nadelstärke und von der Maschenart ab. Üblicherweise nimmt man je Runde so viele Maschen zu, wie man in der 1. Runde gearbeitet hat
Anschl: 6 Lm, mit 1 Km zum Ring schließen
1. Rd: 3 Lm, 11 Stb um die Luftmaschenkette herumhäkeln, 1 Km in die oberste der ersten 3 Lm (= 12 Stb)
2. Rd: 3 Lm, 1 Stb in die Km, 2 Stb in jede nä M, 1 Km in die oberste Lm (= 24 Stb)
3. Rd: 3 Lm, 2 Stb in die nä M, * 1 Stb in die nä M, 2 Stb in die nä M *; von * bis * noch 10mal wdh; 1 Km in die oberste Lm (= 36 Stb)
In der 4. Rd bei jedem 3. Stb zunehmen, in der 5. Rd nur bei jedem 4. Stb usw., d. h., in jeder Rd werden 12 M zugenommen

Quadrat Die Maschenzahl der ersten Runde muß sich durch 4 teilen lassen
Anschl: 6 Lm mit 1 Km zum Ring schließen
1. Rd: 3 Lm, 2 Stb, 1 Lm; * 3 Stb, 1 Lm *; von * bis * 2mal wdh; 1 Km in die oberste Lm (= 12 Stb)
2. Rd: 3 Lm, je 1 Stb in die nä 2 M, für die Ecke 2 Stb, 1 Lm, 2 Stb in den Lm-Bogen der Vorrd häkeln, * je 1 Stb in die nä 3 M der Vorrd, 2 Stb, 1 Lm, 2 Stb in den Lm-Bogen der Vorrd *; von * bis * 2mal wdh; 1 Km in die oberste Lm (= 28 Stb)
3. Rd: 3 Lm, * 1 Stb in jede nä M, 2 Stb, 1 Lm, 2 Stb um die Lm *; von * bis * 3mal wdh; je 1 Stb in die nä 2 M; 1 Km in die oberste Lm
So weiterhäkeln; dabei auf jedes Stb der Vorrd wieder 1 Stb und um die Lm der Vorrd je 2 Stb, 1 Lm, 2 Stb häkeln, d. h., in jeder Rd werden 16 Stb zugenommen

Achteck Die Anzahl der Maschen in der ersten Runde muß durch 8 teilbar sein
Anschl: 4 Lm mit 1 Km zum Ring schließen
1. Rd: 2 Lm, 1 hStb, 1 Lm; * 2 hStb, 1 Lm *; von * bis * 6mal wdh; 1 Km in die oberste Lm (= 16 hStb)
2. Rd: 2 Lm, 1 hStb in die nä M; 1 hStb, 1 Lm, 1 hStb um die Lm der Vorrd; * je 1 hStb in nä 2 M; 1 hStb, 1 Lm, 1 hStb um die Lm *; von * bis * 6mal wdh; 1 Km in die oberste Lm (= 32 hStb)
3. Rd: 2 Lm, 1 hStb in jede der nä 3 M; 1 hStb, 1 Lm, 1 hStb um die Lm der Vorrd herum; * 1 hStb in jede der nä 4 M; 1 hStb, 1 Lm, 1 hStb um die Lm *; von * bis * 6mal wdh; 1 Km in die oberste Lm (= 48 hStb)
So weiterhäkeln; dabei auf jedes hStb der Vorrd wieder 1 hStb und um jede Lm der Vorrd je 1 hStb, 1 Lm, 1 hStb häkeln, d. h., in jeder Rd werden 16 hStb zugenommen

Drei Mützen

Diese drei Mützen sind einfach zu arbeiten und sehen immer gut aus.

BASKENMÜTZE
Für 50–55 cm Kopfumfang
Material
150 g Wolle oder Baumwollgarn
Häkelnadel Nr. 3–3,5
Maschenprobe: 14 hStb = 10 cm
Oberteil: 4 Lm anschl; mit 1 Km zum Ring schließen.
1. Rd: 8 hStb um den Ring herum häkeln, Reihenanfang markieren.
2. Rd: 2 hStb in jede M der Vorrd.
3. Rd: * 1 hStb in die nä M, 2 hStb in die nä M * (= 24 hStb).
4. Rd: * je 1 hStb in die nä 2 M, 2 hStb in die nä M * (= 32 hStb).
5.–14. Rd: In jeder Rd 8 hStb zun, d. h. jeweils in die 1. M der 2er-Zun-Gruppe 2 hStb häkeln, dabei entsteht zwischen den einzelnen Zun-Gruppen in jeder Rd je 1 hStb mehr (= in der 5. Rd 3 hStb oder insgesamt 40 hStb, in der 6. Rd 4 hStb usw. Damit hat man am Ende der 14. Rd 112 hStb.
15.–17. Rd: ohne zun.
18.–21. Rd: 10 M in jeder Rd gleichmäßig verteilt abn (= 72 hStb am Ende der 21. Rd).
Rand: 6 Rd fM; letzte Rd mit 1 Km in die 1. M der Vorrd abschließen; Faden durchziehen, abschneiden, vernähen.

MÜTZE MIT KREMPE
Für 50–55 cm Kopfumfang
Material
150 g Wolle
Häkelnadel Nr. 3–3,5
Maschenprobe: 18 fM = 10 cm
Oberteil: 3 Lm anschl, mit 1 Km zum Ring schließen.
1. Rd: 1 Lm, 9 fM um den Ring arbeiten; den Rundenanfang markieren, Markierung in jeder Rd weiterführen.
2. Rd: 2 fM in jede M (= 18 fM).
3. Rd: * 1 fM in die nä M, 2 fM in die nä M * (= 27 fM).
4. Rd: * je 1 fM in die nä 2 M, 2 fM in die nä M * (= 36 fM).
5. Rd: * je 1 fM in die nä 3 M, 2 fM in die nä M * (= 45 fM).
6. Rd: 1 fM in jede M der Vorrd (keine Zun). Weitere 7 Rd häkeln; dabei in jeder 2. Rd 9 fM zun (= 81 fM am Ende der 13. Rd).
14. und 15. Rd: jeweils 9 M zun (= 99 fM am Ende der 15. Rd). Ohne Zun bis 17,5 cm Höhe (vom Mittelpunkt gemessen) weiterhäkeln.
Krempe: In der 1. Rd in jede 4. M 2 fM arbeiten (= insges. 124 fM). Ohne Zun weiterhäkeln, bis die Krempe 5 cm hoch ist. Letzte Rd mit 1 Km in die erste fM der Vorrd schließen. Faden vernähen; Krempe hochschlagen.

KINDERMÜTZE
Für 4–8 Jahre
Material
150 g Sportwolle
Häkelnadel Nr. 3–3,5
Maschenprobe: 18 fM = 10 cm
Oberteil: 1.–13. Rd wie bei der Mütze mit Krempe arbeiten (= insges. 81 fM). Ohne Zun bis 16 cm Höhe (vom Mittelpunkt gemessen) weiterhäkeln; mit 1 Km schließen.
Krempe: Man häkelt in Reihen und beginnt auf der Innenseite.
1. R: 1 WLm, 1 fM in die Km der letzten Rd, je 1 fM in die nä 80 M.
2. R: 1 WLm, 1 fM in jede M.
3. R: WLm, je 1 fM in die ersten beiden M der Vorr, 1 RStb, von hinten her eingestochen, und zwar um die 3. M der 1. R (S. 276). * 1 fM überg (an deren Stelle tritt das RStb), je 1 fM in die nä 2 M, 1 RStb von hinten her um die nä fM der 1. R *; von * bis * bis Reihenende wdh.
4.–6. R: 1 WLm, * 1 fM in jede M *.
7. R: Wie 3. R arbeiten; dabei RStb um jede 3. M der 5. R häkeln.
4.–7. R einmal wdh und zum Schluß 1 R Km arbeiten. Dann Faden abschneiden, vernähen, offene Schmalseite des Aufschlags zunähen und den Rand hochschlagen.

Fachausdrücke und Abkürzungen 278
Tunesische Häkelei 298–299
Zweifarbige Muster 302–303

Häkelmuster Musterauswahl

Webmuster
Muschelmuster
Büschelmaschen und Noppen
Verschiedene Motive
Patchworkmotive
Gittermuster
Ab- und Zunehmen bei Gittermustern
Filethäkelei
Durchzugtechnik
Irische Häkelei
Tunesische Häkelei
Schlingenhäkelei
Mehrfarbiges Häkeln
Mustervorlagen/Häkelschrift

Musterauswahl

Jede der bisher beschriebenen Maschen ergibt für sich allein schon ihr eigenes, charakteristisches Muster. Kombiniert man nun die verschiedenen Maschen miteinander, hat man vielfältige Möglichkeiten, neue und interessante Muster zu erzielen. Für jedes Muster werden die Maschen in einer ganz bestimmten Reihenfolge gearbeitet, die sich laufend wiederholt. Diese Maschenfolge nennt man Rapport. Ein Rapport kann eine Reihe hoch sein, d. h. in jeder folgenden Reihe genau gleich wie in der ersten Reihe, oder über mehrere Reihen verlaufen, wobei sich Maschenart und Maschenfolge mit jeder Reihe ändern. Viele Mustersätze haben eine Basis- oder Grundreihe; der Rapport beginnt dann erst mit der zweiten Reihe.

Will man ein Muster in Runden arbeiten, beginnt man mit einem Luftmaschenring oder mit einem Fadenring. Die erste Reihe wird in den Ring gearbeitet (S. 282). Alle folgenden Reihen arbeitet man ohne zu wenden auf einer Seite.

In Runden gearbeitete Muster sehen etwas anders aus als dieselben Muster in Reihen gearbeitet, da jede Häkelmasche eine Vorder- und eine Rückseite hat. Ausnahmen bilden nur einige tunesische und bestimmte zweifarbige Muster.

Die meisten Muster können, entsprechend ihrer Struktur, in Gruppen eingeteilt werden. Neben den dichten Häkelmustern gibt es noch viele weitere Gruppen; die wichtigsten sind auf den folgenden Seiten zusammengestellt.

Bei der Auswahl eines Häkelmusters muß man stets darauf achten, daß es für den gedachten Zweck und das vorgesehene Garn auch geeignet ist. Dasselbe Muster kann, in unterschiedlichen Garnarten gearbeitet, ganz verschieden wirken. Vor Beginn jeder Arbeit muß man unbedingt eine Maschenprobe anfertigen.

Webmuster

Wechselmaschenmuster
Anschl: teilbar durch 2 + 2 Lm
1. R: 3 Lm überg, 2 fM in die nä M; * 1 Lm überg, 2 fM in die nä M *
2. R: 2 WLm, * 1 M überg, 2 fM in die nä M *
R 2 fortlaufend wdh

Doppelmaschen
Anschl: teilbar durch 2 + 2 Lm
1. R: 2 M überg, 1 Doppelmasche (= in die nä M einstechen, Faden durchholen, in die nä M einstechen, Faden durchholen, Faden holen und die 3 Schlingen abmaschen); * 1 Doppelm * (die Nadel wird in dieselbe M eingestochen wie vorher der zweite Teil der vorigen Doppelm)
2. R: 2 WLm; * 1 Doppelm *; 1 Doppelm in die letzte M und in die oberste WLm der vorigen R
R 2 fortlaufend wdh

Auf- und Abmaschen
Anschl: teilbar durch 2 + 2 Lm
1. R: 2 M überg, 1 fM in die nä M; * 1 Stb, 1 fM *; 1 Stb
2. R: 2 WLm, 1 M überg; * 1 Stb in die fM der Vorr, 1 fM in die Stb der Vorr *; 1 Stb in die oberste WLm der Vorr
R 2 fortlaufend wdh

Einfaches Schachbrett
Anschl: teilbar durch 10 + 6 Lm
1. R: 2 M überg, 4 fM; * 5 Stb, 5 fM *
2. R: 3 WLm, 1 M überg, 4 Stb; * 5 fM, 5 Stb *; letztes Stb der R auf die oberste WLm der Vorr häkeln
3. R: 2 WLm, 1 M überg, 4 fM; * 5 Stb, 5 fM *; letzte fM auf die oberste WLm der Vorr häkeln
R 2 und 3 fortlaufend wdh

Flaches Webmuster
Anschl: teilbar durch 3 + 3 Lm
1. R: 2 M überg, 1 fM; * 1 Lm, 1 Lm überg, 1 fM *
2. R: 2 WLm; * 1 fM um die Lm der Vorr herum, 1 Lm *; 1 fM in die WLm der Vorr
R 2 fortlaufend wdh

Überkreuzmuster
Anschl: teilbar durch 3 + 2 Lm
1. R: 6 Lm überg, 1 Stb in die nä Lm, 1 Lm, 1 Stb in die 4. Lm, vom Reihenanfang aus gezählt (es kreuzt, nach rückwärts gehäkelt, das 1. Stb); * 2 Lm überg, 1 Stb in die nä Lm, 1 Lm, 1 Stb in die 1. überg Lm *; 1 Stb in die letzte Lm
2. R: 4 WLm, 2 Stb überg, 1 Stb in das nä Stb, 1 Lm, 1 Stb in das letzte überg Stb; * 1 Stb überg, 1 Stb in das nä Stb, 1 Lm, 1 Stb in das überg Stb *; 1 Stb in die 3. WLm der Vorr
R 2 fortlaufend wdh

Diagonalmuster
Anschl: teilbar durch 4 + 1 Lm
1. R: 1 Lm überg; * 1 fM in jede M *
2. R: 2 WLm; * 1 M überg, 1 Stb in jede der nä 3 M; in die überg M einstechen, Faden holen, langziehen, Faden holen und abmaschen *; 1 Stb in die letzte M
3. R: 1 WLm, 1 M überg; * 1 fM in jede M *; 1 fM in die WLm der Vorr
R 2 und 3 fortlaufend wdh

Offenes Kettenmuster
Anschl: teilbar durch 2 + 1 Lm
1. R: 1 M überg; * 1 fM in jede M *
2. R: 2 WLm, 1 hStb; * 1 M überg, 1 hStb in die nä M, 1 hStb in die überg M *; 1 M überg, 1 hStb in die WLm der vorigen R
3. R: 1 WLm * 1 fM /die Nadel in die vordere Schlinge jeder M der vorigen R einstechen/ *
R 2 und 3 fortlaufend wdh

Flechtmuster
Anschl: teilbar durch 6
1. R: 3 Lm überg; * 1 Stb in die nä M *
2. und 3. R: 2 WLm, 1 M überg; * (1 RStb, von vorn gehäkelt) 3 ×, (1 RStb, von hinten gehäkelt) 3 × *; (1 RStb, von vorn gehäkelt) 3 ×; 1 Stb auf die oberste WLm der Vorr
4. und 5. R: 2 WLm, 1 M überg; * (1 RStb, von hinten gehäkelt) 3 ×, (1 RStb, von vorn gehäkelt) 3 × *; (1 RStb, von vorn gehäkelt) 3 ×; 1 Stb auf die oberste WLm der Vorr
R 2–5 fortlaufend wdh

Reliefmuster
Anschl: teilbar durch 2
1. R: 3 M überg; * 1 Stb in jede M *
2. R: 1 WLm; * 1 fM in jede M *
3. R: 2 WLm; * 1 halbes RStb (hRStb), von vorn gehäkelt, 1 Stb *
4. R: 1 WLm; * 1 fM auf das hRStb der Vorr, 1 fM zwischen das hRStb und das Stb *; 1 fM auf die oberste WLm der Vorr
5. R: 2 WLm; * 1 hRStb, von vorn gehäkelt, und zwar um das hRStb der vorletzten R; 1 Stb in die nä fM *
R 4 und 5 fortlaufend wdh

Treppenstufen
Anschl: teilbar durch 0 + 0 Lm
1. R: 2 M überg; * 1 Stb in jede M *
2. und 3. R: 2 WLm, 1 M überg; * 4 RStb, von vorn gehäkelt, 4 RStb, von hinten gehäkelt *; 1 Stb in die oberste WLm der Vorr
4. R: 2 WLm, 1 M überg, 1 RStb, von hinten gehäkelt; * 4 RStb, von vorn gehäkelt, 4 RStb, von hinten gehäkelt *; 3 RStb, von hinten gehäkelt, 1 Stb in die oberste WLm
5. R: 2 WLm, 1 M überg, 3 RStb, von vorn gehäkelt; * 4 RStb, von hinten gehäkelt, 4 RStb, von vorn gehäkelt *; 4 RStb, von hinten gehäkelt, 1 RStb, von vorn gehäkelt, 1 Stb in oberste WLm
R 4 und 5 fortlaufend wdh; dabei das Muster in jeder geraden R um 1 M nach links verschieben

Garnbedarf berechnen 305

Muschelmuster

Drei oder mehr Maschen, meist in einen Einstichpunkt gehäkelt, ergeben eine Muschel. Ihre Breite und Höhe hängen von der Maschenzahl, der Maschenhöhe und den Einstichpunkten ab. Es gibt symmetrische Muscheln, d. h., alle Maschen sind gleich hoch, und asymmetrische Muscheln, bei denen verschieden hohe Maschen miteinander kombiniert werden (siehe rechts und Seite 297).

Die spitzenartig aussehenden Muschelmuster sind sehr beliebt. Wenn man sie mit starkem oder mittlerem Garn häkelt, eignen sie sich beispielsweise für Decken und mit feinem Garn z. B. für Schals, Westen, Babykleidung. In jeder Garnart gehäkelt, bilden die Muscheln schöne Kantenabschlüsse für Strick- und Häkelarbeiten. Beispiele dafür sind auf Seite 313 gezeigt.

Die plastische Struktur der Muscheln kommt mit feinem, weichem Garn am besten zur Geltung. Da diese Muster ziemlich dicht sind, braucht man für sie auch mehr Garn als für einfachere Muster. Das muß man berücksichtigen, wenn man den Garnbedarf für eigene Entwürfe berechnet; Hinweise dazu sind auf Seite 305 zu finden.

Muschelspitzenmuster
Anschl: teilbar durch 6 + 4 Lm
1. R: * 5 M überg, (2 Stb, 3 Lm, 2 Stb) in die nä M *; 3 M überg, 1 Stb in die letzte M
2. R: 3 WLm; * (2 Stb, 3 Lm, 2 Stb) um die 3 Lm der Vorr *; 1 Stb in die oberste WLm der Vorr
R 2 fortlaufend wdh

Dichtes Muschelmuster
Anschl: teilbar durch 6 + 1 Lm
1. R: 3 M überg, 2 Stb in die nä M, 2 M überg, 1 fM in die nä M; * 2 M überg, 4 Stb in die nä M, 2 M überg, 1 fM in die nä M*
2. R: 3 WLm, 2 Stb in die fM der Vorr; * 1 fM zwischen das 2. und 3. Stb der Muschel der Vorr, 4 Stb in die fM der Vorr *; 1 fM in die oberste WLm
R 2 fortlaufend wdh

Weites Bogenmuster
Anschl: teilbar durch 8 + 3 Lm
1. R: 2 M überg; * 1 Stb, 3 Lm, 3 M überg, 1 fM, 3 Lm, 3 M überg *; 1 Stb
2. R: 3 WLm; * 1 fM in die 2. Lm der Dreier-Lm-Gruppe der Vorr, 3 Lm, 1 fM in die 2. Lm der nä Lm-Gruppe der Vorr, 1 Lm, 1 Stb auf das nä Stb der Vorr, 1 Lm *; 1 Stb in die WLm der Vorr
3. R: 3 WLm; * 7 Stb in die Lm-Gruppe der Vorr, 1 Stb auf das nä Stb der Vorr *; 1 Stb auf die WLm
4. R: 3 WLm; * 3 Lm, 1 fM auf das mittlere Stb der Muschel der Vorr, 3 Lm, 1 Stb auf das Stb der Vorr (nach der Muschel) *; 1 Stb auf die WLm
R 2–4 fortlaufend wdh

Einfaches Muschelmuster
Anschl: teilbar durch 6 + 5 Lm
1. R: 3 M überg, 1 Stb in die nä M; * (2 Stb, 1 Lm, 2 Stb) in die nä M, 1 Stb in die nä M / dieses Stb nur so weit arbeiten, daß noch 2 Schlingen auf der Nadel liegen/, 3 M überg, 1 Stb in die nä M / Stb nur halb fertig machen /, dann beide halbfertigen Stb zusammen abmaschen *; 1 Stb in die nä M
2. R: 3 WLm, 1 Stb in das Stb der Vorr, das vor dem 1. Lm-Bogen liegt; * (2 Stb, 1 Lm, 2 Stb) in den Lm-Bogen, 1 Stb in die nä M /halb fertig machen/, 3 M überg, 1 Stb in die nä M /halb fertig machen/, beide halbfertigen Stb zus abmaschen *; letzte M in die oberste WLm der Vorr häkeln
R 2 fortlaufend wdh

Dichtes Bogenmuster
Anschl: teilbar durch 6 + 8 Lm
1. R: 1 M überg, 1 fM in jede der nä 2 M; * 3 Lm, 3 M überg, 1 fM in jede der nä 3 M *; 3 Lm, 3 M überg, 1 fM in jede der nä 2 M
2. R: 1 WLm, 1 fM in die 2. fM der Vorr; * 5 Stb in die Lm-Gruppe, 1 fM in die 2. fM der fM-Gruppe *
3. R: * 3 Lm, 1 fM in jedes mittlere Stb *; 2 Lm, 1 fM in die WLm
4. R: 3 WLm, 2 Stb in die Lm-Gruppe; * 1 fM in die 2. fM der Vorr, 5 Stb in die Lm-Gruppe *; 1 fM in die 2. fM, 3 Stb in die Lm-Gruppe
5. R: 1 WLm, je 1 fM in erste 2 Stb; * 3 Lm, je 1 fM in mittlere 3 Stb der Stb-Gruppe *; 3 Lm, 1 fM ins letzte Stb, 1 fM auf oberste WLm
R 2–5 fortlaufend wdh

Wellenmuster
Die Maschenzahl zwischen den Abnahme- und Zunahmestellen kann beliebig verändert werden; entsprechend verändert sich auch der Anschlag
Anschl: teilbar durch 13
1. R: 3 M überg, je 1 Stb in die nä 4 M, 3 Stb in die nä M, je 1 Stb in die nä 5 M; * 2 M überg, je 1 Stb in die nä 5 M, 3 Stb in die nä M, je 1 Stb in die nä 5 M *
2. R: 3 WLm, 1 M überg, je 1 Stb in die nä 5 M, 3 Stb in die nä M, je 1 Stb in die nä 5 M *; 4 Stb, 1 M überg, 1 Stb in die WLm
R 2 fortlaufend wdh

Fächermuster
Anschl: teilbar durch 14 + 2 Lm
1. R: 1 M überg, 1 fM; * 6 M überg, 13 hochgezogene Stb in die nä M / Umschl und Schlingen lang nach oben ziehen, Stb wie üblich fertig arbeiten / 6 M überg, 1 fM in die nä M *
2. R: 3 WLm, 1 hochgezogenes Stb in die erste M; * 5 Lm, 1 fM in das siebte hochgezogene Stb, 5 Lm, 2 hochgezogene Stb in die fM *; 2 hochgezogene Stb in die letzte fM
3. R: 1 WLm, 1 fM zwischen die 2 hochgezogenen Stb; * 13 hochgezogene Stb in die fM auf der Stb-Gruppe, 1 fM zwischen die 2 hochgezogenen Stb *
R 2 fortlaufend wdh

Sternschnuppenmuster
Anschl: teilbar durch 8 + 10 Lm
1. R: 1 M überg, 1 fM; * 3 M überg, 9 Stb in nä M, 3 M überg, 1 fM in nä M *
2. R: 3 WLm, 1 M überg, 4 zus abgem Stb in die nä 4 M/ (Umschl, einstechen, Faden durchholen, Faden holen, durch 2 Schlingen ziehen) 4mal, Faden holen, Stb zus abm/; * 4 Lm, 1 fM, 3 Lm, 9 zus abgem Stb *; 4 Lm, 1 fM, 3 Lm, 5 zus abgem Stb
3. R: 4 WLm, 4 Stb in Stb-Gruppe, 1 fM in die fM; * 9 Stb in Stb-Gruppe, 1 fM in die fM *; 5 Stb in Vierergruppe
4. R: 3 WLm, 1 M überg; * 9 zus abgem Stb, 4 Lm, 1 fM, 3 Lm *; 9 zus abgem Stb, 4 Lm, 1 fM in WLm
5. R: 1 WLm, 1 fM; * 9 Stb in die Stb-Gruppe, 1 fM *; 1 fM in die WLm
R 2–5 fortlaufend wdh

Sternmuster
Anschl: teilbar durch 3 + 1 Lm
1. R: 3 M überg, (1 Stb, 2 Lm, 1 fM) in die nä M; * 2 M überg, (2 Stb, 2 Lm, 1 fM), in die nä M *
2. R: 2 WLm; * (2 Stb, 2 Lm, 1 fM) in jede Lm-Gruppe der Vorr *
R 2 fortlaufend wdh

Backsteinmuster
Anschl: teilbar durch 4 + 6 Lm
1. R: 3 M überg; * je 1 Stb in die nä 2 M, (1 Stb, 3 Lm, 1 Stb) in die nä M, 1 M überg *; je 1 Stb in die 3 letzten M
2. R: 3 WLm; * (3 Stb, 3 Lm, 1 fM) in die Lm-Gruppe *; 1 Stb zwischen die letzte Stb-Gruppe und die WLm
R 2 fortlaufend wdh

Kleines Wellenmuster
Anschl: teilbar durch 3 + 1 Lm
1. R: 2 M überg, 2 Stb in die nä M; * (1 fM, 2 Stb) in die nä M, 2 M überg *; 1 fM.
2. R: 2 WLm, 2 Stb in die erste fM; * (1 fM, 2 Stb) in jede fM *; 1 fM in die WLm
R 2 fortlaufend wdh

Garnbedarf berechnen 305

Büschelmaschen und Noppen

Büschelmaschen und Noppen sind Gruppen von drei oder mehr Maschen, die man in eine Einstichstelle oder in einen Luftmaschenbogen häkelt. Je nachdem, wie viele Maschen eine Gruppe hat, wird das Muster flacher oder plastischer; leicht erhaben ist jedoch jedes Büschel- und Noppenmuster.

Der Unterschied zwischen Büschelmaschen und Noppen liegt darin, daß Noppen aus mehreren halbfertigen, dann zusammen abgemaschten Stäbchen bestehen, Büschelmaschen dagegen nur aus hochgezogenen, auch zusammen abgemaschten Schlingen.

Am besten wirken alle diese Maschen bei dickem oder mittelstarkem Garn. Wenn man den Garnbedarf berechnet, muß man berücksichtigen, daß Büschelmaschen und Noppen aus mehreren Schlingen bestehen. Man braucht deshalb anderthalb- bis zweimal soviel Garn wie für einfache Maschen.

Büschelmaschen und Noppen müssen locker gehäkelt werden, damit sie keine harten Knoten bilden. Die Muster aus diesen Maschen eignen sich besonders gut für Decken und Jacken, sehen aber auch in Einzelmotiven gut aus (S. 290–291).

Noppen (unechte Büschelmaschen)
Das Muster sieht auf beiden Seiten gleich aus
Anschl: teilbar durch 2 + 4 Lm
1. R: 3 M überg; * 1 Noppe/ 3 halbfertige Stb in 1 Einstichstelle häkeln, dann zusammen abmaschen/, 1 Lm, 1 M überg *; 1 Noppe
2. R: 3 WLm; * 1 Noppe in die Lm der Vorr, 1 Lm *; 1 Noppe in die WLm
R 2 fortlaufend wdh

Ananasnoppen
Anschl: teilbar durch 2 + 4 Lm
1. R: 3 M überg; * 1 Ananasnoppe / (2 Umschl, einstechen, Faden durchholen, Faden holen und durch die ersten 2 Schlingen ziehen) 4mal, jetzt sind 9 Schlingen auf der Nadel; Faden holen, durch 8 Schlingen ziehen; Faden holen und abmaschen/, 1 Lm, 1 M überg *; 1 Ananasnoppe
2. R: 3 WLm; * 1 Ananasnoppe in jede Lm der Vorr, 1 Lm *; 1 Ananasnoppe in den Zwischenraum vor der WLm
R 2 fortlaufend wdh

Spitzenmuster mit Büschelmaschen
Anschl: teilbar durch 6 + 4 Lm
1. R: 3 M überg; * (1 Stb, 2 Lm, 1 Stb) in die nä M, 2 M überg, 1 Büschelm / (Umschl, einstechen, Faden holen und hochziehen) 4mal, alle 9 Schlingen zusammen abmaschen/, 1 Lm, 2 M überg *; (1 Stb, 2 Lm, 1 Stb) in die letzte M
2. R: 3 WLm; * 1 Büschelm in die Lm-Gruppe der Vorr, 1 Lm, (1 Stb, 2 Lm, 1 Stb) in die Büschelm der Vorr *; 1 Büschelm in die letzte Lm-Gruppe, 1 Lm, 1 Stb auf die WLm
3. R: 3 WLm, (1 Stb, 2 Lm, 1 Stb) in die Büschelm der Vorr; * 1 Büschelm in die Lm-Gruppe, 1 Lm, (1 Stb, 2 Lm, 1 Stb) in die Büschelm *; 1 Stb auf die WLm
R 2 und 3 fortlaufend wdh

Bällchenmuster
Anschl: teilbar durch 4 + 3 Lm
1. R: 1 M überg; * 1 fM in jede M *
2. R: 1 WLm, je 1 fM in die nä 3 fM; * 1 Büschelm in die nä M / (Umschl, einstechen, Faden holen und hochziehen) 3mal, alle 7 Schlingen zusammen abmaschen/, je 1 fM in die nä 3 fM *
3. R: 1 WLm; * 1 fM in jede M *
4. R: 1 WLm, 1 fM; * 1 Büschelm, 3 fM *; 1 Büschelm, 1 fM
5. R: 1 WLm; * 1 fM in jede M *
R 2–5 fortlaufend wdh

Noppenmuster
Anschl: teilbar durch 3 + 2 Lm
1. R: 1 M überg; * 1 fM in jede M *
2. R: 1 WLm; * 1 Noppe in die nä fM / 5 halbfertige Stb zusammen abmaschen/, je 1 fM in die nä 2 fM *; 1 Noppe in die letzte fM
3., 5. + 7. R: 1 WLm; * 1 fM in jede M *
4. R: 1 WLm; * 2 fM, 1 Noppe *; 1 fM
6. R: 1 WLm, 1 fM; * 1 Noppe, 2 fM *
R 2–7 fortlaufend wdh

Verschiedene Motive

Motive häkelt man grundsätzlich in Runden. Dabei geht man meist von einem Fadenring, einer einzelnen Luftmasche oder einer Luftmaschenkette aus, die mit einer Kettmasche zum Ring geschlossen wird. Um diesen inneren Ring arbeitet man die erste Runde. Beginnt man mit einer einzelnen Luftmasche, werden alle Maschen der ersten Runde in die Luftmasche gehäkelt. Jede Runde schließt mit einer Kettmasche, die in die erste Masche der Runde eingestochen wird. Um die Höhe der nächsten Runde zu erreichen, arbeitet man Luftmaschen. Bevor man den Faden nach der letzten Runde abschneidet, häkelt man noch eine Luftmasche, schneidet den Faden ab und zieht ihn durch.

Man kann die Motive beliebig groß arbeiten und sie einzeln als Applikationen, Untersetzer, Platzdeckchen oder Topflappen verwenden. Meistens werden Motive jedoch zu größeren Häkelarbeiten zusammengesetzt, z. B. Tagesdecken, Jacken usw.

Besonders gut eignen sich Motive, um Wollreste aufzuarbeiten. Zusammengesetzt werden die Motive mit Überwendlings- oder Rückstichen, oder man häkelt sie mit Kettmaschen bzw. festen Maschen zusammen.

Vierblättriges Kleeblatt Dieses Motiv wird auch in der irischen Häkelei verwendet (S. 296)
Anschl: 4 Lm mit 1 Km zum Ring schließen
1. Rd: 14 fM um den Ring herum
2. Rd: 1 Lm; 2 fM. 1. Blatt: (4 Lm, 3 DStb in die nä M / DStb jedoch nicht abmaschen, d. h., 4 Schlingen liegen auf der Nadel, die dann gemeinsam abgemascht werden / 3 Lm) je 1 fM in die nä 2 M. 2.–4. Blatt ebenso häkeln.
Stiel: 6 Lm, wenden und in jede Lm 1 fM oder 1 Km (bei dickem Garn) häkeln; 1 Km in die 1. fM der Rd

Stern
Anschl: 2 Lm
1. Rd: 5 fM in die 2. Lm; mit 1 Km zur Rd schließen
2. Rd: 1 Lm, 3 fM in jede M, mit 1 Km zur Rd schließen (= 15 fM)
3. Rd: 1 Lm, 1. Zacke: 1 fM in die nä M, 6 Lm, 1 Km in die 2. Lm von der Nadel aus, 1 fM in die nä M, 1 hStb in die nä M, 1 Stb in die nä M, 1 DStb in die nä M, 1 DStb in die 1. fM der Zacke; die folgenden 2 fM überg
2.–5. Zacke ebenso häkeln; mit 1 Km zur Rd schließen

Blumenmotiv
Anschl: 6 Lm; mit 1 Km zum Ring schließen
1. Rd: 2 Lm; 23 fM um den Ring; 1 Km in die Lm
2. Rd: 2 Lm; 2 Lm, 1 hStb in die Km, 1 Lm, * 2 M überg, in die nä M 1 Stb, 2 Lm, 1 Stb häkeln, 1 Lm *, von * bis * noch 6mal wdh; 1 Km in die zweite Lm (= 8 Stb-Gruppen)
3. Rd: 2 Lm; (1 hStb, 2 Lm, 2 hStb) um die 2 Lm der Vorrd, 1 fM um die einzelne Lm; * (2 hStb, 2 Lm, 2 hStb) um die Gruppe, 1 fM um die einzelne Lm *, von * bis * noch 6mal wdh; 1 Km in die erste Lm
4. Rd: * (3 Stb, 1 Lm, 3 Stb) um die Lm-Gruppe, je 1 fM vor und nach der fM *, von * bis * noch 7mal wdh; mit 1 Km zur Rd schließen

Margerite Ein plastisches Motiv
Anschl: 6 Lm; mit 1 Km zum Ring schließen
1. Rd: 14 fM um den Ring, 1 Km in die 1. M
2. Rd: * 1 fM, 6 Lm, 1 fM / nur ins vordere Maschenglied einstechen /*, von * bis * noch 13mal wdh; mit 1 Km zur Rd schließen
3. Rd: * 1 fM, 8 Lm, 1 fM / nur ins rückwärtige Maschenglied aus der ersten Rd einstechen /*, von * bis * noch 13mal wdh; mit 1 Km zur Rd schließen

Chrysantheme Plastisches Motiv, das mehrfarbig am besten wirkt
Anschl: 4 Lm; mit 1 Km zum Ring schließen
1. Rd: 13 fM um den Ring arbeiten
2. Rd: mit zweiter Farbe arbeiten. Jedes Blütenblatt im vorderen Maschenglied der fM der 1. Rd beginnen
Blütenblätter: * 1 fM, 5 Lm; 1 fM in die 2. Lm von der Nadel aus, je 1 hStb in die nä 2 Lm, 1 fM in die nä Lm, 1 fM in die erste fM am Anfang des Blatts*, von * bis * noch 12mal wdh; mit 1 Km in die erste fM zur Rd schließen
3. Rd: Jedes Blütenblatt im rückwärtigen Maschenglied der fM der 1. Rd beginnen
Blütenblätter: * 1 Km, 6 Lm; 1 Lm überg und in die nä 5 Lm je 1 fM arbeiten *, von * bis * noch 12mal wdh; mit 1 Km zur Rd schließen

Neuen Faden ansetzen 279
Büschelmaschen 288

Patchworkmotive

Fenstermotiv
Anschl: doppelter Fadenring
1. Rd: 16 fM um den Fadenring
2. Rd: 1 WLm; * 1 fM, 10 Lm, 3 M überg *, von * bis * noch 3mal wdh; mit 1 Km zur Rd schließen (= 4 Lm-Bogen)
3. Rd: Evtl. Farbe wechseln; 1 WLm; * 11 fM in den folgenden Lm-Bogen der Vorrd, 1 fM in die nä M *, von * bis * noch 3mal wdh; mit 1 Km zur Rd schließen
4. Rd: Evtl. Farbe wechseln; 1 Lm; * je 1 fM in die nä 6 M, 2 fM in die nä M / ergibt die Ecke /, je 1 fM in die nä 5 M *, von * bis * noch 3mal wdh; mit 1 Km zur Rd schließen
5. Rd: Evtl. Farbe wechseln; 1 Lm, * 1 fM in jede M der Vorrd, 2 fM in jede Ecke *, von * bis * noch 3mal wdh; mit 1 Km zur Rd schließen
Rd 5 so lange wdh, bis die erforderliche Größe erreicht ist

Hawaiimotiv
Anschl: 8 Lm; mit 1 Km zum Ring schließen
1. Rd: 3 Lm, 1 vierfache Büschelmasche; * 2 Lm, 1 Büschelm *, von * bis * noch 6mal wdh; 2 Lm, mit 1 Km zur Rd schließen
2. Rd: 3 Lm, 1 Büschelm um die Lm vor der Km; * 2 Lm, 1 Büschelm um die nä Lm-Gruppe, 2 Lm, (1 Stb, 2 Lm, 1 Stb) in die nä Büschelm für die Ecke, 2 Lm, 1 Büschelm um die nä Lm-Gruppe *; von * bis * 3mal wdh, jedoch nach der letzten Ecke 2 Lm, 1 Km in die erste Büschelm.
3. Rd: 3 Lm, 1 Büschelm um die Lm von der Km; * (2 Lm, 1 Büschelm) um jede Lm-Gruppe bis zur Ecke, 2 Lm, (1 Stb, 2 Lm, 1 Stb) zwischen die 2 Stb der Ecke; von * bis * wdh; nach der letzten Ecke 2 Lm, 1 Km in die erste Büschelm.
Rd 3 fortlaufend wdh, dabei in jeder Rd je Seite 1 vierfache Büschelm mehr häkeln, bis das Quadrat groß genug ist

Blume im Quadrat
Anschl: 5 Lm; mit 1 Km schließen
1. Rd: 1 Lm; 12 fM um den Ring, mit 1 Km zur Rd schließen
2. Rd: * 11 Lm, 1 Km in die nä M *, von * bis * noch 11mal wdh
3. Rd: je 1 Km in die ersten 6 Lm der Vorrd; * 4 Lm, 1 fM um den nä Lm-Bogen, 4 Lm, 3 zus abgemaschte Stb um den nä Lm-Bogen, 4 Lm, 3 zus abgemaschte Stb um denselben Lm-Bogen (Ecke), 4 Lm, 1 fM um den nä Lm-Bogen *, von * bis * noch 3mal wdh; mit 1 Km zur Rd schließen
4. Rd: in die nä 2 Lm je 1 Km, 3 Lm, 2 zus abgemaschte Stb um den ersten Lm-Bogen der Vorrd, * 4 Lm, 1 fM um den nä Lm-Bogen, 4 Lm, (3 zus abgemaschte Stb, 4 Lm, 3 zus abgemachte Stb) in den Lm-Eckbogen; 4 Lm, 1 fM in den nä Lm-Bogen, 4 Lm, 3 zus abgemaschte Stb in den nä Lm-Bogen *, von * bis * noch 2mal wdh; 4 Lm, 1 fM in den nä Lm-Bogen, 4 Lm, (3 zus abgemaschte Stb, 4 Lm, 3 zus abgemaschte Stb) in den letzten Eckbogen, 4 Lm, 1 fM in den nä Lm-Bogen, 4 Lm, 1 Km in die oberste M der zus abgemaschten Stb

Altes amerikanisches Quadrat
Meist zwei- oder mehrfarbig
Anschl: 6 Lm; mit 1 Km zum Ring schließen
1. Rd: 3 Lm, 2 Stb um den Ring, 2 Lm, * 3 Stb, 2 Lm *, von * bis * noch 2mal wdh; mit 1 Km in die oberste WLm zur Rd schließen
2. Rd: Evtl. Farbe wechseln; in die folgenden 2 Stb je 1 Km, (1 fM, 3 Lm, 2 Stb, 2 Lm, 3 Stb) um die 1. Lm-Gruppe der Vorrd (Ecke); * (1 Lm, 3 Stb, 2 Lm, 3 Stb) in die nä Lm-Gruppe *, von * bis * noch 2mal wdh; mit 1 Lm, 1 Km zur Rd schließen
3. Rd: Evtl. Farbe wechseln; in die folgenden 2 Stb je 1 Km, (1 fM, 3 Lm, 2 Stb, 2 Lm, 3 Stb) um die 1. Lm-Gruppe; * (1 Lm, 3 Stb) in die Lm-Gruppen zwischen den Ecken, (1 Lm, 3 Stb, 2 Lm, 3 Stb) in die Lm-Gruppen an den Ecken *; mit 1 Lm, 1 Km zur Rd schließen
Rd 3 fortlaufend wdh, bis das Quadrat groß genug ist

Sechseck
Anschl: 6 Lm; mit 1 Km zum Ring schließen
1. Rd: 2 Lm, 2 Stb um den Ring häkeln, 3 Lm, * 3 Stb, 3 Lm *, von * bis * noch 4mal wdh; mit 1 Km in oberste Lm zur Rd schließen
2. Rd: Evtl. Farbe wechseln; je 1 Km in die nä 2 Stb, 1 fM in den nä Lm-Bogen, 3 Lm, (2 DStb, 2 Lm, 3 DStb) in denselben Lm; * (3 DStb, 2 Lm, 3 DStb) in den nä Lm-Bogen *; mit 1 Km zur Rd schließen
3. Rd: Evtl. Farbe wechseln; 3 Lm; * 1 Stb in jedes DStb der Vorrd, (2 Stb, 2 Lm, 2 Stb) in jeden Lm-Bogen an den Ecken *; mit 1 Km zur Rd schließen
4. Rd: Evtl. Farbe wechseln; 3 Lm, 1 Stb nach rückwärts in das Stb vor den Lm; * 1 Stb überg, 1 Stb in das nä Stb, 1 Stb nach rückwärts in das überg Stb *; mit 1 Km zur Rd schließen

Spiralenscheibe
Anschl: 5 Lm; mit 1 Km zum Ring schließen
1. Rd: * 6 Lm, 1 fM in den Ring *, von * bis * noch 5mal wdh. Rd nicht schließen; Rundenende markieren
2. Rd: * 4 Lm, 1 fM in den nä Lm-Bogen *, von * bis * noch 5mal wdh
3. Rd: * 4 Lm, 2 fM in den nä Lm-Bogen *, von * bis * noch 5mal wdh
4. Rd: * 4 Lm, 1 fM in den nä Lm-Bogen, je 1 fM in die nä 2 fM der Vorrd *, von * bis * noch 5mal wdh
5. Rd: * 4 Lm, 1 fM in den nä Lm-Bogen, je 1 fM in die nä 3 M der Vorrd *, von * bis * noch 5mal wdh
So weiterarbeiten, bis das Motiv groß genug ist; dabei entsteht in jeder Rd pro fM-Gruppe 1 fM mehr. Ab der 10. Rd anstelle von 4 je 5 Lm pro Bogen häkeln

Stiefmütterchen
Anschl: 2 Lm
1. Rd: 1 M überg, 8 fM in die nä Lm, mit 1 Km zur Rd schließen
2. Rd: 1 Lm, * 4 Lm, 1 M überg, 1 fM in die nä M *, von * bis * noch 2mal wdh; 4 Lm, mit 1 Km in die Lm
3. Rd: 1 Km in den 1. Lm-Bogen, 4 Lm, 6 Stb in denselben Lm-Bogen; * (2 Lm, 7 Stb) in den nä Lm-Bogen *, von * bis * noch 2mal wdh; 2 Lm, 1 Km in die oberste Lm
4. Rd: 2 Lm, 1 fM in die Km; (je 1 fM in die nä 2 Stb, 2 fM in das nä Stb) 2mal; 3 Lm; * (2 fM in das nä Stb, je 1 fM in die nä 2 Stb) 2mal; 2 fM in das nä Stb, 3 Lm *; mit 1 Km zur Rd schließen
1. Blütenblatt, 1. R: 4 Lm, 1 Stb in die Km, 1 Stb in die nä fM, 2 Stb in die nä fM, 1 Stb in die nä fM, je 2 Stb in die nä 2 fM, 1 Stb in die nä fM, je 2 Stb in die nä 2 Stb
2. R: 2 WLm, wenden; in das 1. Stb 1 fM, in die nä 4 Stb je 1 Stb; in das nä Stb 1 fM, 2 Lm, 2 Stb überg, 1 fM in das nä Stb, in die nä 4 Stb je 1 Stb, 1 fM in das letzte Stb; 1 Km
2.–4. Blütenblatt ebenso arbeiten

Wagenrad
Anschl: 4 Lm; mit 1 Km zum Ring schließen
1. Rd: Lm; * 1 2fache Büschelmasche, 1 Lm *, von * bis * noch 7mal wdh; mit 1 Km in die oberste Lm zur Rd schließen
2. Rd: Evtl. Farbe wechseln; 2 Lm, 1 Stb in die Lm der Vorrd, 2 Lm; * (2 Stb, 2 Lm) um die nä Lm *, von * bis * noch 6mal wdh; mit 1 Km in die oberste Lm zur Rd schließen
3. Rd: Evtl. Farbe wechseln; 1 Km in das nä Stb, 1 fM in den nä Lm-Bogen, 2 Lm, (1 Stb, 1 Lm, 2 Stb, 1 Lm) in den 1. Lm-Bogen; * (2 Stb, 1 Lm, 2 Stb, 1 Lm) um die nä Lm-Gruppe *, von * bis * noch 6mal wdh; mit 1 Km in die oberste Lm zur Rd schließen
4. Rd: Evtl. Farbe wechseln; 1 Km in das nä Stb, 1 fM in den nä Lm-Bogen, 2 Lm, 2 Stb in denselben Lm-Bogen, 1 Lm; (3 Stb, 1 Lm) in jeden nä Lm-Bogen; mit 1 Km zur Rd schließen
Rd 4 fortlaufend wdh, bis das Motiv groß genug ist; dabei ab der 5. Rd 2 Lm zwischen den Stb-Gruppen arbeiten

Häkeln · Häkelmuster

Häkelgarn 270
Strickgarn 410

Filethäkelei

Die Filethäkelei ist immer eine Kombination aus Luftmaschen und Stäbchen. Jedes der unten abgebildeten Maschengitter kann als Filet dienen (S. 294). Die Muster werden dann durch leere und gefüllte Kästchen gebildet, die der Vorlage entsprechend angeordnet werden. Dabei gibt es zwei Möglichkeiten: Entweder man füllt den Hintergrund – das eigentliche Muster wird also durch leere Kästchen dargestellt –, oder man läßt, umgekehrt, die Hintergrundkästchen leer. Die zweite Methode ergibt die traditionelle Filethäkelei. Filets bilden auch die Grundlage für Durchzugarbeiten und ähnliche Techniken, wie sie auf S. 295 beschrieben sind.

Rauten und Wabenmuster (rechts) werden häufig bei der irischen Häkelei verwendet (S. 296), wo sie den spitzenartigen Hintergrund für Blumen- und Blattmotive bilden.

Für die Filethäkelei sind leichte, dünne Garne am besten geeignet, aber auch Topflappenbaumwolle und Sportwolle kann man verarbeiten.

Jedes Filethäkelmuster setzt sich aus den mehrfach wiederholten Rapports und einer Randmasche zusammen, wobei es je einen Rapport für gefüllte und ungefüllte Kästchen gibt.

Gittergrundmuster I
Rapport: 1 Stb, 1 Lm
Anschl: teilbar durch 2 + 6 Lm
1. R: 5 M überg; * 1 Stb in die nä M, 1 Lm, 1 M überg *; 1 Stb in die letzte Lm
2. R: 3 WLm, 1 Lm, 1 M überg; * 1 Stb auf das Stb der Vorr, 1 Lm, 1 M überg *; 1 Stb in die oberste WLm / das ist die 3. M der 5 überg M der Vorr /
R 2 fortlaufend wdh

Gittergrundmuster II
Rapport: 1 Stb, 2 Lm
Anschl: teilbar durch 3 + 8 Lm
1. R: 7 Lm überg; * 1 Stb in die nä M, 2 Lm, 2 M überg *; 1 Stb in die letzte Lm
2. R: 3 WLm, 2 Lm, 2 M überg; * 1 Stb auf das nä Stb der Vorr, 2 Lm, 2 M überg *; 1 Stb auf die oberste (3.) WLm der Vorr
R 2 fortlaufend wdh

Rautenmuster
Anschl: teilbar durch 4 + 2
1. R: 1 M überg, 1 fM in die nä M; * 5 Lm, 3 Lm überg, 1 fM in die nä M *; 1 fM in die letzte Lm
2. R: 5 Lm; * 1 fM in den nä Lm-Bogen, 5 Lm *; 1 fM in den letzten Lm-Bogen
R 2 fortlaufend wdh

Wabenmuster
Anschl: teilbar durch 4 + 10 Lm
1. R: 9 M überg; * 1 Stb in die nä M, 4 Lm, 3 M überg *; 1 Stb in die letzte Lm
2. R: 4 WLm, 4 Lm; * 1 Stb in den nä Lm-Bogen, 4 Lm *; 1 Stb in den letzten Lm-Bogen
R 2 fortlaufend wdh

Rautenmuster mit Picots
Anschl: teilbar durch 7 + 2 Lm
1. R: 1 M überg, 1 fM in die nä M; * 2 Lm, 1 Picot / 5 Lm, 1 Km in die 5. Lm von der Nadel aus /, 3 Lm, 1 Picot, 2 Lm, 6 M überg, 1 fM *
2. R: 2 WLm, 1 Picot, 3 Lm, 1 Picot, 2 Lm, 1 fM in den Lm-Bogen zwischen den Picots der Vorr; * 2 Lm, 1 Picot, 3 Lm, 1 Picot, 2 Lm, 1 fM um die Lm-Kette zwischen den Picots der Vorr *
R 2 fortlaufend wdh

Netzmuster (Salomonischer Knoten)
Wie die Knoten gearbeitet werden, ist auf S. 277 erklärt. Die Schlingen können beliebig lang gemacht werden
Anschl: teilbar durch 4 + 2 Lm
1. R: 1 M überg, 1 fM, 1 einfacher Knoten, 1 einfacher Knoten (= 1 Doppelknoten); * 3 M überg, 1 fM in die nä M, 1 Doppelknoten *; 1 einfacher Knoten
2. R: wenden; * 1 fM in die Mitte des Doppelknotens der Vorr, 1 Doppelknoten *; 1 einfacher Knoten
R 2 fortlaufend wdh

Fachwerkmuster (Brückenmuster)
Anschl: teilbar durch 4 + 6 Lm
1. R: 5 M überg; * 1 Stb in die nä M, 3 Lm, 3 M überg *; 1 Stb in die letzte Lm
2. R: 4 WLm; * 1 fM in die 2. M des Dreier-Lm-Bogens, 2 Lm, 1 Stb auf das nä Stb, 2 Lm *; 1 fM in die oberste WLm der Vorr
3. R: 5 WLm; * 1 Stb auf das Stb der Vorr, 3 Lm *; 1 Stb auf die oberste WLm der Vorr
R 2 und 3 fortlaufend wdh

Offenes Schachbrettmuster
Man kann die Stäbchen entweder in die Lm einstechen oder in die Lm-Bogen häkeln
Anschl: teilbar durch 6 + 3 Lm
1. R: 3 M überg, je 1 Stb in die nä 2 M; * 3 Lm, 3 M überg, je 1 Stb in die nä 3 M *; 3 Lm, 3 M überg, 1 Stb in die letzte M
2. R: 3 WLm, 2 Stb um den ersten Lm-Bogen; * 3 Lm, 3 Stb um die nä Lm-Bogen *; 3 Lm, 1 Stb in die oberste WLm
R 2 fortlaufend wdh

Abnehmen und Zunehmen beim Filethäkeln

Abnehmen/Schräge Kante
Am Reihenanfang läßt man entweder 1 oder 2 Lm zwischen den Stb des 1. Kästchens weg, häkelt die R zu Ende und behäkelt in der nä R die WLm nicht mehr. Dadurch entfällt das letzte Kästchen, und es entsteht eine schräge Kante.
Am Reihenende läßt man 1 oder 2 Lm beim letzten Kästchen weg, bei Grundmuster II ebenfalls das Randstb, statt dessen 1 DStb häkeln. In der nä R wie gewohnt weiterarbeiten. So entfällt ein Kästchen, und es entsteht eine schräge Kante

Abnehmen/Stufenkante
Am Reihenanfang läßt man die WLm weg und häkelt statt dessen je 1 Km in jede M bis zum nä Stb; dann arbeitet man die WLm und das Muster wie gewohnt weiter.
Am Reihenende läßt man den letzten Rapport weg, d. h. die letzten zu häkelnden Lm und das Randstb, wendet und arbeitet wie gewohnt weiter

Zunehmen/Schräge Kante
Am Reihenanfang WLm, 1 bzw. 2 Lm und 1 Stb in dieselbe Einstichstelle häkeln. Am Reihenende in letzte M 2 Stb häkeln, wenden, in der nä R in jedes Stb 1 Stb und dazwischen die Lm arbeiten
Zunehmen/Stufenkante
Am Reihenanfang WLm, (1 bzw. 2 Lm) 2mal, 1 Stb auf das Randstb der Vorr arbeiten

Häkeln · Häkelmuster

Filethäkelei

Das Muster wird durch einfache Stäbchen gebildet, die eng hintereinander gearbeitet werden und so eine dichtere Fläche ergeben. Die Häkelschrift ist meist ein Zählmuster, bei dem die motivbildenden Stiche durch Farbflächen angegeben werden. Die erste Reihe arbeitet man nach der Häkelschrift von rechts nach links, die zweite von links nach rechts usw. Linkshänder gehen umgekehrt vor. Geeignete Motive für die Filethäkelei sind Monogramme, geometrische Muster und stilisierte Blumen. Mit Baumwollgarn kommt diese Technik am besten zur Geltung.

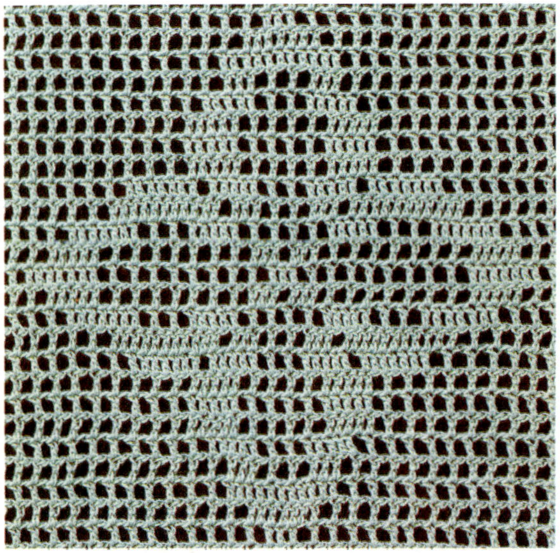

Das Blumenmotiv kann allein stehen oder wiederholt werden

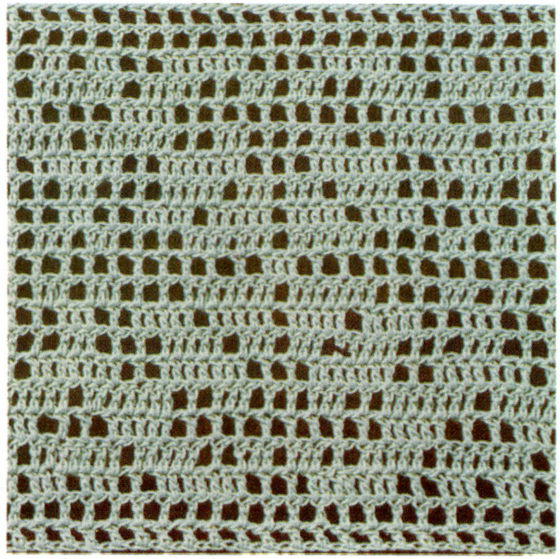

Das Kaleidoskopmuster ist für Borten gut geeignet

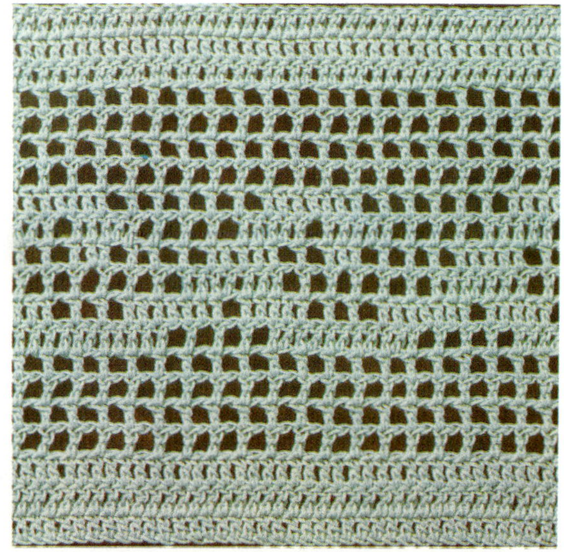

Das geometrische Muster wird gern für Tischwäsche verwendet

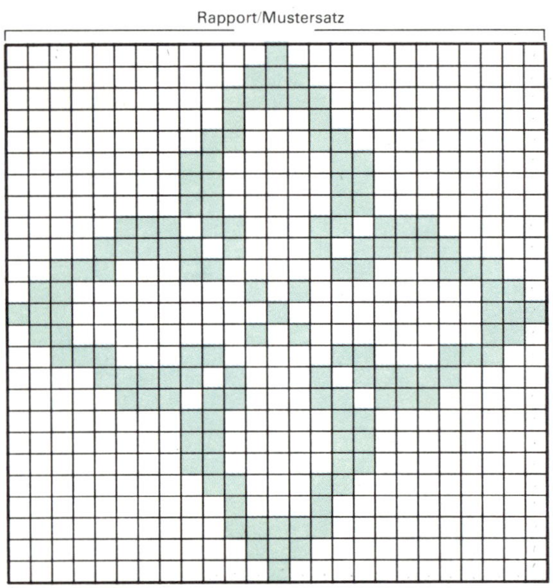

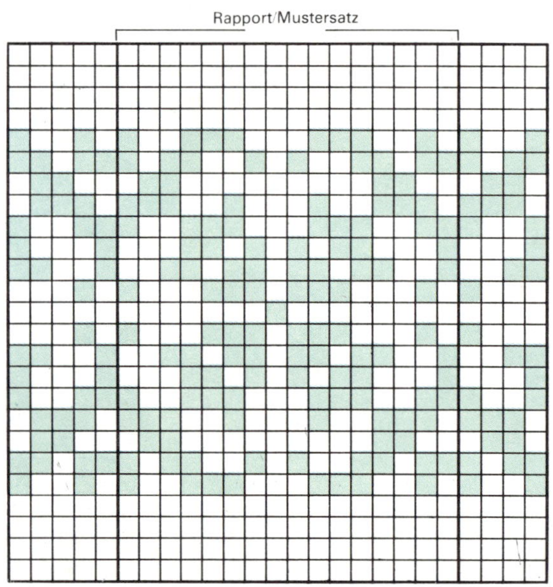

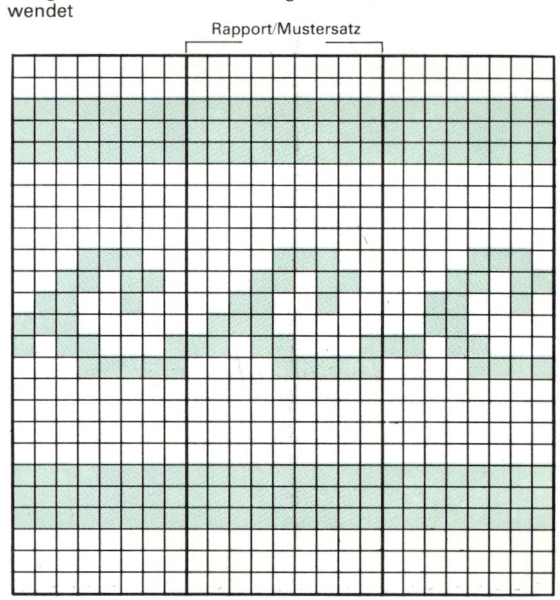

Durchzogene Gittermuster

Luftmaschendurchzug
Die Luftmaschen werden in den Zwischenräumen des Gittermusters gearbeitet – eine leichte und wirkungsvolle Methode, ein Streifen- oder Karomuster zu bilden. Je nach Stärke und Art des Garns kann man diese Technik für Kleidungsstücke, Sets, Kissenbezüge oder Läufer anwenden. Die Farbfolge sollte vor Arbeitsbeginn festgelegt werden

Untergrund nach Gittermuster S. 292 erstellen

Für die Luftmaschen mit doppeltem Faden Anfangsm bilden. Garn hinter die Arbeit legen und Schlinge durch den ersten Zwischenraum in der unteren rechten Ecke nach vorn ziehen. Nadel durch darüberliegenden Zwischenraum von vorn nach hinten stechen, Faden nach vorn holen und durch die Schlinge ziehen. Bis zum oberen Rand des Untergrunds wdh, dann unten wieder anfangen, dabei die Lm gleichmäßig bilden

---

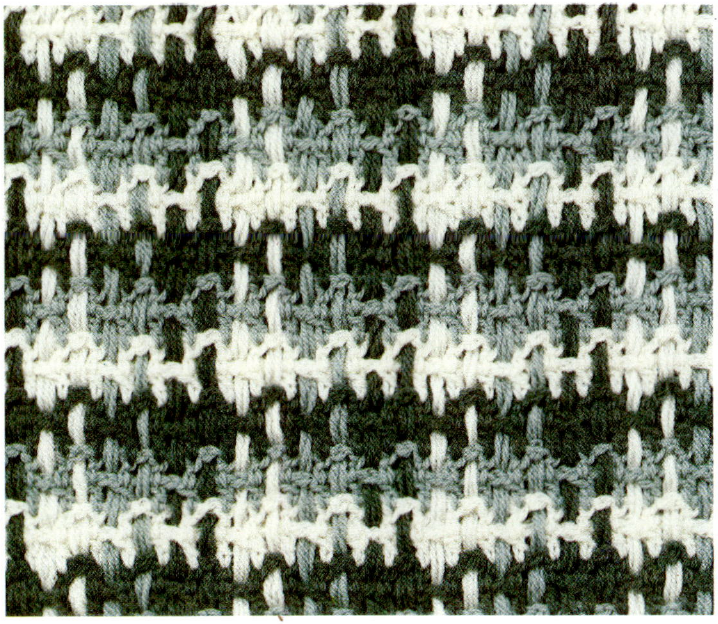

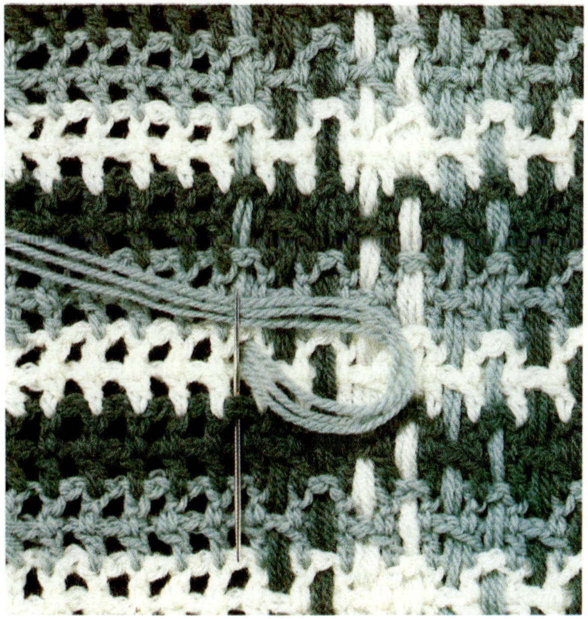

Gewebter Durchzug
Das Garn wird mit dem Untergrund verwoben. Dies ergibt einen festen, dicken Stoff, der für Oberbekleidung und Decken besonders geeignet ist. Obwohl jeder Stich für den Untergrund verwendet werden kann, ist das Gittermuster (links) üblich. Für den Durchzug kann man Garn, Stoffstreifen oder Bänder wählen und diese senkrecht, waagrecht oder diagonal verarbeiten

Untergrund nach Gittermuster S. 292 erstellen

Für den Durchzug einen dreifachen Faden mit einer Sticknadel ohne Spitze jeweils unter und über den Gitterstäben durchziehen; dabei in jeder R die Zwischenräume abwechselnd ausfüllen. Garn fest anziehen, damit sich keine Schlingen bilden, dabei darauf achten, daß sich das Gitter nicht verzieht

Geeignete Gittermuster für den Untergrund 292

Irische Häkelei

Die irische Häkelei, von venezianischen Spitzenmustern beeinflußt, hat sich Mitte des 19. Jahrhunderts entwickelt. Typisch sind Blumenmotive, die ihr reliefartiges Aussehen erhalten, indem man nur entweder in das vordere oder in das rückwärtige Maschenglied der Vorreihe einsticht oder indem man bestimmte Teile über zusätzliche Garnfäden, sogenannte Hilfsfäden, häkelt. Die zarten Muster der irischen Häkelei arbeitet man meist mit feinem Baumwoll- oder Leinengarn; der Hilfsfaden dagegen sollte ungefähr doppelt so dick wie der Arbeitsfaden sein.

Kleeblatt
Anschl: Hilfsfaden, zweimal um den Zeigefinger gewickelt
1. Rd: 2 fM um den Fadenring, 1 Picot / 4 Lm, 1 Km in 1. Lm /; (10 fM um den Ring, 1 Picot) 2mal; 8 fM um den Ring, 1 Km in 1. fM; Hilfsfaden anziehen
2. Rd: 15 fM nur um Hilfsfaden, 1 Picot und 1 fM überg, je 1 fM in nä 7 M (Hilfsfaden mit umhäkeln), 18 fM nur um Hilfsfaden, 1 Picot und 1 fM überg, je 1 fM in nä 7 M (Hilfsfaden mit umhäkeln); 15 fM nur um Hilfsfaden, 1 Picot und 1 fM überg, je 1 fM in nä 7 M
3. Rd: Hilfsfaden hängen lassen, um Blatt 1 häkeln: je (1 Lm, 1 fM) in nä 2 M; (1 Lm, 1 Stb) in nä 3 M; (1 Lm, 1 DStb) in nä 5 M; (1 Lm, 1 Stb) in nä 3 M; (1 Lm, 1 fM) in nä 2 M; 1 Km in die fM zwischen den Blättern. Andere 2 Blätter ebenso häkeln, beim mittleren Blatt aber 7 DStb statt der 5
4. Rd: Hilfsfaden aufnehmen, 1 Lm überg; * 3 fM in jede der nä 2 Lm, 1 Picot * (zum Schluß jedes Blatts den Picot weglassen); 1 Km
Stiel: 30 fM (für langen Stiel 160 fM) um Hilfsfaden, mit 1 Lm wenden, dabei Schlinge stehen lassen, zurückhäkeln, dabei 1 fM in jede M; mit 1 Km an ein Blatt anschlingen

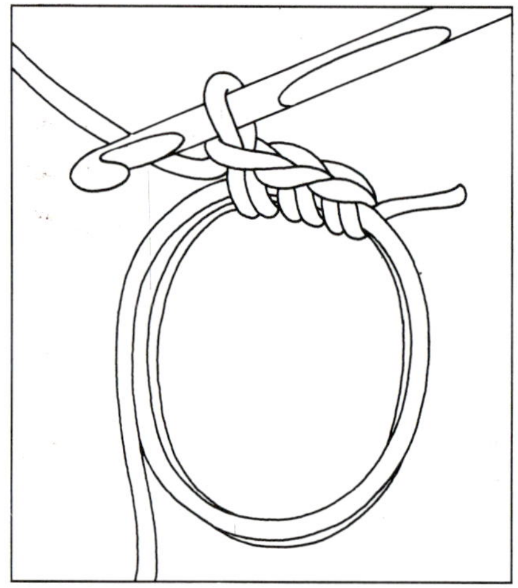

Um den inneren Ring eines Motivs zu bilden, Hilfsfaden 1–3mal (abhängig von der Fadenstärke) um den Zeigefinger wickeln; Ring vom Finger schieben und mit fM umhäkeln. Ist der Ring fertig, Hilfsfaden vorsichtig anziehen. Die nachfolgenden Rd um den Hilfsfaden

arbeiten, wo dies in der Anleitung angegeben ist, und Hilfsfaden vorsichtig anziehen, um die M aneinanderzuschieben
Ausarbeiten Wenn das Motiv fertig ist, Hilfsfaden abschneiden und Fadenende mit einer Sticknadel ohne Spitze vernähen

Blatt
Hilfsfaden immer mit umhäkeln
Anschl: 15 Lm; Hilfsfaden auflegen
1. R: 1 Lm überg; 1 fM in jede nä M; 5 fM in letzte Lm, dann auf anderer Lm-Seite gegengleich weiterarbeiten: 3 fM nur um Hilfsfaden am Ausgangspunkt; nicht wenden; 1 fM in jede nä M / nur ins rückwärtige M-Glied /; letzte 4 M vor Blattspitze frei lassen
2. R: mit 1 WLm wenden; 1 fM in jede nä M / ins vordere M-Glied /; 3 fM in mittlere fM am Ausgangspunkt; nicht wenden; 1 fM in jede nä M / ins vordere M-Glied /; letzte 3 M vor Blattspitze frei lassen; mit 1 WLm wenden
3. R: 1 fM in jede nä M / ins rückwärtige M-Glied /; 3 fM in mittlere M am Ausgangspunkt; nicht wenden; 1 fM in jede nä M / ins rückwärtige M-Glied /; letzte 3 M vor Blattspitze frei lassen
4.+6. R: 1 WLm, wenden, weiter wie R 3, aber nur in vordere M-Glieder
5. R: 1 WLm, wenden; weiter wie R 3

Rose
Anschl: 8 Lm; mit 1 Km zum Ring schließen
1. Rd: 6 Lm in den Ring, * 1 Stb, 3 Lm *, von * bis * noch 6mal wdh; 1 Km in die 3. Lm am Reihenanfang
2. Rd: (1 fM, 1 hStb, 3 Stb, 1 hStb, 1 fM) um jeden Lm-Bogen; 1 Km
3. Rd: Hinter 2. Rd in 1. Rd einstechen: 1 Km in Km der 1. Rd, 5 Lm, * 1 Km in nä Stb der 1. Rd, 5 Lm *, von * bis * noch 6mal wdh; 1 Km
4. Rd: 1 WLm, (1 fM, 1 hStb, 5 Stb, 1 hStb, 1 fM) um jeden Lm-Bogen
5. Rd: Hinter 4. Rd: 1 Km in 1. Km der 3. Rd, 7 Lm; (1 Km in nä Km der 3. Rd, 7 Lm) 6mal; 1 Km
6. Rd: (1 fM, 1 hStb, 7 Stb, 1 hStb, 1 fM) um jeden Lm-Bogen
7. Rd: Hinter 6. Rd: 1 Km in 1. Km der 5. Rd, 9 Lm; (1 Km in nä Km der 5. Rd, 9 Lm) 6mal; 1 Km in die 1. Km
8. Rd: (1 fM, 1 hStb, 9 Stb, 1 hStb, 1 fM) um jeden Lm-Bogen

Kissenplatte in irischer Häkelei

Dieses Kissen enthält die drei irischen Motive von Seite 296; es ist fertig etwa 30 × 30 cm groß, man kann es jedoch auch vergrößern, indem man weitere Gitterreihen hinzufügt.

Material
2–3 Knäuel Glanzhäkelgarn (Baumwolle)
1 Knäuel Baumwollhäkelgarn (Hilfsfaden)
Häkelnadel Nr. 1,75
Sticknadel ohne Spitze, 35 cm Musselin oder ähnlicher Stoff, Bleistift, Lineal, Schere, Heftfaden, Nähnadel
1 Kissen mit Füllung, 30 × 30 cm oder 32 × 32 cm groß

Maschenprobe: 8 Lm = 2,5 cm

Motivmaße: Blatt: 5,6 cm von der Blattspitze bis zur untersten Masche (Ausgangspunkt); Kleeblatt: 5,6 cm von der obersten Masche des mittleren Blattes bis zum Stiel; Rose: 6,25 cm im Durchmesser.

Gitterschablone Ein 30 cm großes Quadrat auf den Musselin zeichnen und an jeder Seite alle 2,5 cm einen Punkt markieren. Dann von jedem Punkt aus Diagonalen zum gegenüberliegenden Punkt ziehen. Mit Hilfe dieser Schablone häkelt man das Gittermuster.

Motive Eine Rose, acht Blätter, zwei Kleeblätter mit kurzem Stiel und zwei Kleeblätter mit langem Stiel arbeiten (S. 296). Da die Stiele der sich gegenüberliegenden Kleeblätter spiegelbildlich angeordnet werden, arbeitet man einen langen und einen kurzen Stiel auf der Rückseite; d. h., man dreht das Motiv um, bevor man die Kettmasche und den Stiel häkelt. Alle Hilfsfäden vernähen, außer an den Kleeblattstielen; Motive verbinden und ins Gitter einfügen (siehe unten).

Gitter R 1 und 2 arbeiten, dann die Arbeit mit der Vorderseite nach oben auf die Schablone heften; weiterarbeiten, wie unten erklärt.

Anschl: 97 Lm. **1. R** (Rückseite): 1 M überg, 1 fM in nä Lm, * 2 Lm, 1 Picot / 5 Lm, 1 Km in die 5. M von der Nadel aus /; 3 Lm, 1 Picot, 2 Lm, 7 Lm überg, 1 fM in die nä M *. **2. R:** wenden; 10 Lm, 1 Picot, 2 Lm, 1 fM um die 3 Lm zwischen den Picots der Vorr; * 2 Lm, 1 Picot, 3 Lm, 1 Picot, 2 Lm, 1 fM um die 3 Lm zwischen den Picots der Vorr *. **3. R:** wenden; 2 Lm, 1 Picot, 3 Lm, 1 Picot, 3 Lm, 1 Picot, 2 Lm, 1 fM um die 3 Lm zwischen den Picots der Vorr; * 2 Lm, 1 Picot, 3 Lm, 1 Picot, 2 Lm, 1 fM um die 3 Lm zwischen den Picots *; die letzte fM um den 10er-Lm-Bogen häkeln.

R 2 und 3 fortlaufend wdh. R 1 und 2 auf die Schablone heften; Arbeit zum Häkeln leicht abheben. Wenn das Gitter an ein Motiv stößt, Motiv und Gitter mit 1 Km verbinden und so viele Lm arbeiten, bis das Gitter wieder mit der Vorlage übereinstimmt. Beim fertigen Gitter obere und linke Kante begradigen: * 8 Lm, 1 fM um jeden 3er-Lm-Bogen *.

Kanten Beginnend an einer Ecke, (5 fM, 5 Lm) 3mal über Hilfsfaden und jeden 8-Lm-Bogen häkeln. Hilfsfaden von Zeit zu Zeit anziehen, damit die Borte flach liegt.

Ausarbeiten Häkelei vorsichtig von der Schablone nehmen und auf die vordere Kissenseite stecken; dabei, wenn nötig, dehnen oder Hilfsfaden anziehen. Häkelarbeit mit doppeltem Faden auf das Kissen nähen; dabei kleine Stiche auf der Kantenrückseite und unter dem Kissenstoff arbeiten. Hilfsfaden vernähen und abschneiden. Die Rose in der Mitte leicht annähen, damit das Ganze nicht hin und her rutscht. Zum Schluß leicht dämpfen.

Motive zusammennähen Motive, wie gezeigt, nebeneinanderlegen. Zuerst 7 Blätter an den roten Punkten zusammennähen, dann Rose und unteres Blatt anfügen. Kleeblätter an den Pikots zusammennähen, Hilfsfäden zum Formen der Stiele anziehen, Stiele annähen. Fäden vernähen. Motive in Schablonenmitte legen, an den Mittelpunkten anheften

Gittermuster 2 R häkeln, dann den Anschl auf die Grundlinie der Schablone heften. Der 10-Lm-Bogen muß auf der rechten Kissenseite liegen. Rechte Gitterseite bis zu den Motiven arbeiten, dort mit Km befestigen und bis zur Oberkante weiter arbeiten; Faden abschneiden, linke Seite hochhäkeln. Gitter mit Fortgang der Arbeit auf die Vorlage heften

Fertige Arbeit auf die Mitte der Kissenvorderseite nähen. Am besten eignet sich dunkler, weicher Stoff als Hintergrund für die Häkelei. Zum Waschen sollte man das Motiv entfernen, damit es eventuell auslaufende Farbe nicht verderben kann. Das Motiv wird vorsichtig separat gewaschen und zum Trocknen auf die Gitterschablone gespannt

Zubehör 271
Spannen 482–483

Tunesische Häkelei

Die tunesische Häkelei ist eine Mischung aus Strick- und Häkeltechniken. Ihre Struktur ist relativ fest und dick; deshalb eignet sich diese Häkelei besonders für Decken, Mäntel und Jacken.

Man braucht dazu eine besondere Häkelnadel, die die Länge einer Stricknadel hat. Man häkelt in zwei Arbeitsgängen, also ohne zu wenden: Im ersten holt man durch jede Masche der Vorreihe eine Schlinge (von rechts nach links arbeiten); im zweiten mascht man die Schlingen nach und nach ab (von links nach rechts arbeiten).

Als Anschlag dient eine Luftmaschenkette, als Schlußreihe wird entweder eine Reihe Kettmaschen oder eine Reihe feste Maschen gearbeitet.

GRUNDMUSTER

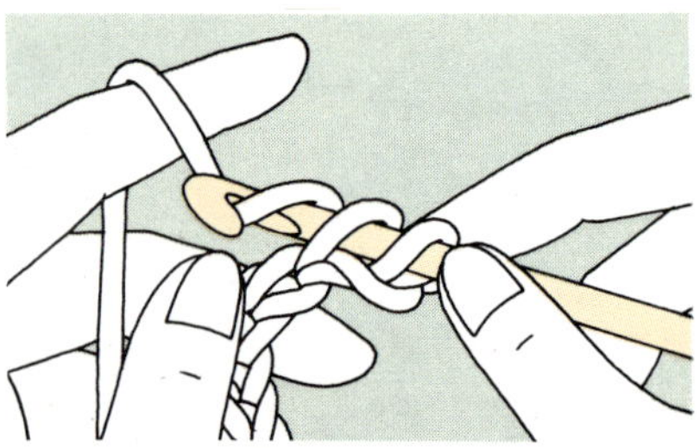

Anschl: gewünschte Maschenzahl + 1 Lm
1. R (Hinr): 1 M überg, * in die nä Ma einstechen, Faden holen, durchziehen; Schlinge auf der Nadel lassen *; nicht wenden

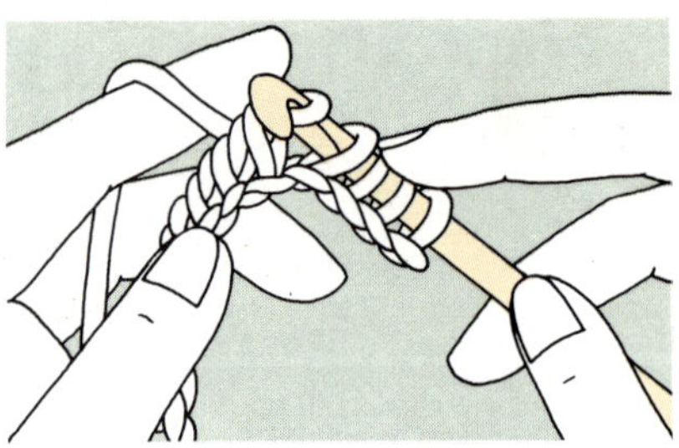

2. R (Rückr): Faden holen, durch 1. Schlinge ziehen; * Faden holen, durch 2 Schlingen ziehen *. Letzte Schlinge bildet 1. M der neuen R

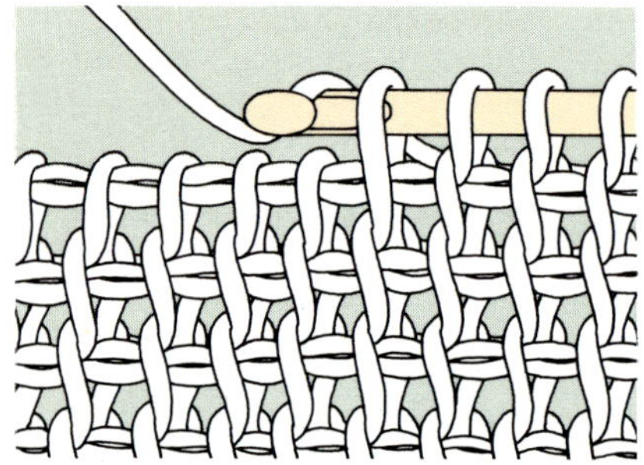

Tunesisches Grundmuster
Für Kreuzstichstickerei geeignet
Anschl: beliebige M-Zahl + 1 Lm
1. R: 1 M überg; * Nadel in die nä M einstechen, Faden holen, durchziehen, Schlinge auf Nadel lassen *
2. R: Faden holen, durch 1 Schlinge ziehen; * Faden holen, durch 2 Schlingen ziehen *
3. R: * Nadel vorn von rechts nach links unter nä senkrechtem M-Glied durchschieben, Faden holen, durchziehen, Schlinge auf Nadel lassen *
4. R: wie R 2 arbeiten
R 3 und 4 fortlaufend wdh

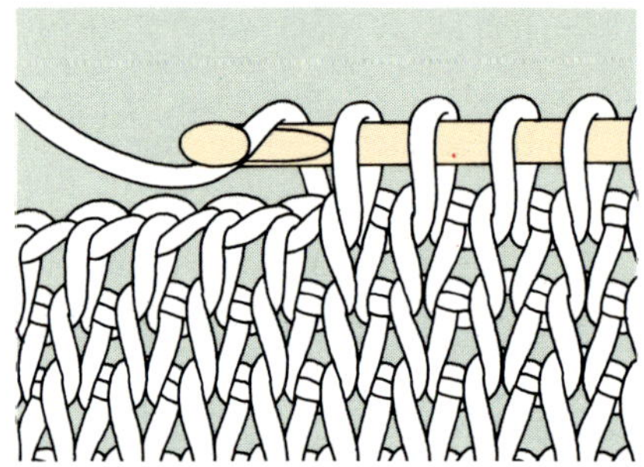

Tunesisches Strickmuster (rechts)
Anschl: beliebige Maschenzahl + 1 Lm
1. + 2. R: wie tunesisches Grundmuster
3. R: * Nadel von vorn nach hinten in die Mitte der nä senkrechten M einstechen, Faden holen, durchziehen, Schlinge auf der Nadel lassen *
4. R: Faden holen, durch 1 Schlinge ziehen; * Faden holen, durch 2 Schlingen ziehen *
R 3 und 4 fortlaufend wdh

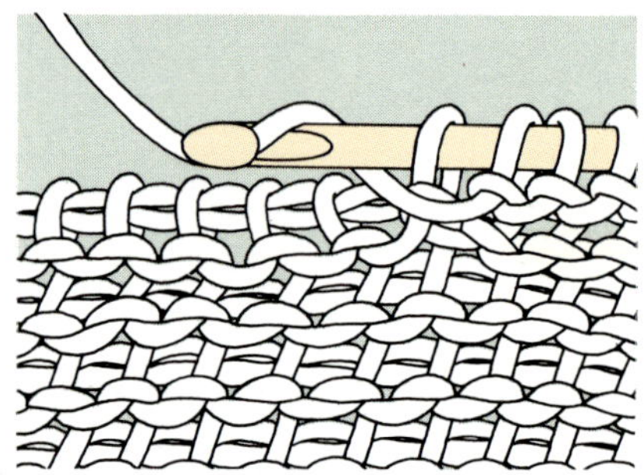

Tunesisches Strickmuster (links)
Den Faden vor der Arbeit halten
Anschl: beliebige M-Zahl + 1 Lm
1. + 2. R: wie tunesisches Grundmuster
3. R: * Garn vor der Arbeit und der Nadel halten, Nadel von rechts nach links unter dem vorderen M-Glied der nä M durchschieben, Faden holen, durchziehen, Schlinge auf der Nadel lassen *
4. R: Faden holen, durch 1 Schlinge ziehen; * Faden holen, durch 2 Schlingen ziehen *
R 3 und 4 fortlaufend wdh

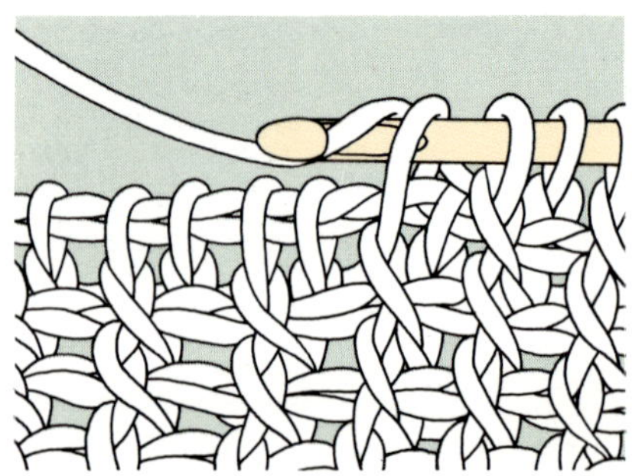

Tunesisches Kreuzstichmuster
Anschl: teilbar durch 2 + 1 Lm
1. + 2. R: wie tun. Grundmuster
3. R: * nä M überg, Nadel unter nä vorderem senkrechtem M-Glied durchschieben, Faden holen, durchziehen, als Schlinge auf Nadel lassen; Nadel von rechts nach links unter vorderem M-Glied der überg M durchschieben, Faden holen, durchziehen, Schlinge auf Nadel lassen *
4. R: Faden holen, durch 1 Schlinge ziehen; * Faden holen, durch 2 Schlingen ziehen *
R 3 und 4 fortlaufend wdh

Tunesisches Stäbchenmuster
Anschl: beliebige Maschenzahl + 1 Lm
1. + 2. R: wie tunesisches Grundmuster
3. R: 1 Lm; * Nadel von rechts nach links unter dem nä senkrechten M-Glied durchschieben, Faden holen, durchziehen, erneut Faden holen und durch 1 Schlinge ziehen, die neue Schlinge auf der Nadel lassen *
4. R: Faden holen, durch 1 Schlinge ziehen; * Faden holen, durch 2 Schlingen ziehen *
R 3 und 4 fortlaufend wdh

Tunesisches Rippenmuster
Anschl: teilbar durch 6 + 4 Lm
1. + 2. R: wie tunesisches Grundmuster
3. R: 1 Lm; * 3 M wie Grundmuster, 3 M wie tunesisches Strickmuster (links) *; 3 M wie Grundmuster
4. R: Faden holen, durch 1 Schlinge ziehen; * Faden holen, durch 2 Schlingen ziehen *
R 3 und 4 fortlaufend wdh

Versetztes tunesisches Kreuzstichmuster wie das tunesische Kreuzstichmuster (S. 298) häkeln, jedoch das Kreuz in jeder R um je 1 M nach links versetzen
1.–4. R: wie tunesisches Kreuzstichmuster (S. 298)
5. R: 1 Schlinge aus dem 1. senkrechten M-Glied holen; * 1 M überg, aus der nä M 1 Schlinge holen, diese Schlinge auf der Nadel lassen, dann aus der überg M 1 Schlinge holen und auf der Nadel lassen *, 1 Schlinge aus der letzten M holen
6. R: Faden holen, durch 1 Schlinge ziehen; * Faden holen, durch 2 Schlingen ziehen *
R 3–6 fortlaufend wdh

Tunesisches Noppenmuster
Anschl: teilbar durch 4 + 5 Lm
1. + 2. R: wie tun. Grundmuster
3. R: 1 Lm, je 1 Schlinge aus nä 4 senkrechten M-Gliedern; * 3 Lm, je 1 Schlinge aus nä 4 senkrechten M-Gliedern *
4. R: Faden holen, durch 1 Schlinge ziehen; * Faden holen, durch 2 Schlingen ziehen *
5. + 6. R: wie tun. Grundmuster
7. R: 1 Lm, je 1 Schlinge aus nä 2 senkrechten M-Gliedern; * 3 Lm, je 1 Schlinge aus nä 4 senkrechten M-Gliedern *; 3 Lm, je 1 Schlinge aus letzten 2 senkrechten M-Gliedern
8. R: Faden holen, durch 1 Schlinge ziehen; * Faden holen, durch 2 Schlingen ziehen *
9. + 10. R: wie tun. Grundmuster
R 3–10 fortlaufend wdh

Tunesisches Wabenmuster
Anschl: teilbar durch 2 + 1 Lm
1. + 2. R: wie tunesisches Grundmuster
3. R: 1 Lm, * 1 linke tunesische Masche durch das nä senkrechte M-Glied holen, 1 Grundm (Grundmuster) durch die nä senkrechte M holen *
4.+6. R: Faden holen, durch 1 Schlinge ziehen; * Faden holen, durch 2 Schlingen ziehen *
5. R: 1 Lm, * 1 Grundm (Grundmuster) durch die nä senkrechte M holen, 1 linke tunesische M durch die nä senkrechte M holen *
R 3–6 fortlaufend wdh

Tunesisches Spitzenmuster
Sehr leicht zu arbeiten
Anschl: teilbar durch 4 + 1 Lm
1. R: Aus jeder M 1 Schlinge holen
2. R: * 3 Lm, Faden holen, durch 5 Schlingen ziehen, Faden holen, durch 1 Schlinge ziehen *
3. R: * Aus dem oberen M-Glied jeder Muschel 1 Schlinge holen, aus jeder Lm 1 Schlinge holen *
4. R: * 3 Lm, Faden holen, durch 5 Schlingen ziehen, Faden holen, durch 1 Schlinge ziehen *
R 3 und 4 fortlaufend wdh

Schlingenflor

Schlingen aus festen Maschen Besonders geeignet für Schals, Stolen
Anchl: beliebige Maschenzahl
1. R: 1 Lm überg; * 1 fM in jede M *
2. R: 1 WLm, diese WLm so lang ziehen, daß der Häkelstab durchgeschoben werden kann, Nadel in der Schlinge lassen, 1 Lm; * in die nä M einstechen, Faden holen und durchziehen, dann langziehen bis zur Höhe des Häkelstabs / die ganze Schlinge muß vor dem Stab liegen /; Faden holen und durch die lange Schlinge ziehen, Faden holen und abmaschen *
3. R: 1 WLm, wenden; * 1 fM in jede M *
R 2 und 3 fortlaufend wdh

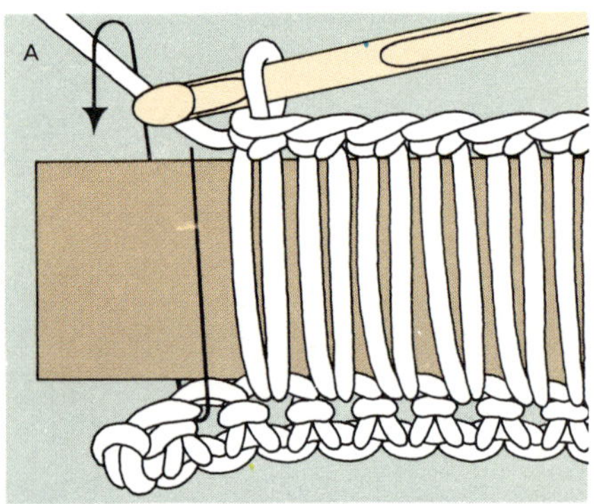

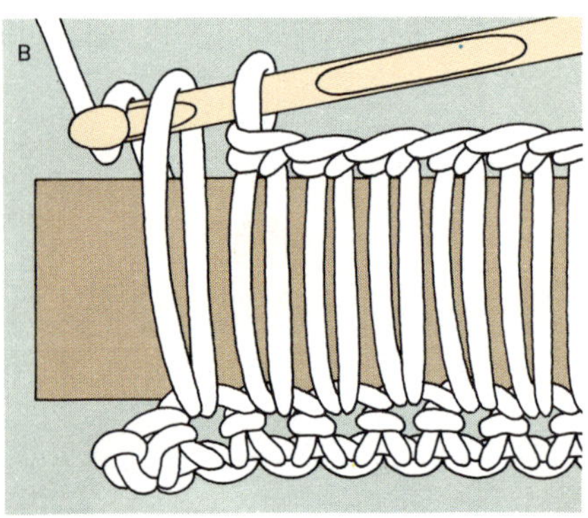

HÄKELTECHNIK

Die Schlingen werden über einen Stab (Filethäkelstab) beliebiger Breite gehäkelt, den man aus stärkerem Karton selbst herstellen kann.
Man beginnt mit 1 R fM, wendet mit 1 WLm, die sofort lang gezogen wird, schiebt den Stab durch diese Schlinge und häkelt 1 Lm durch die lange Schlinge. Der Arbeitsfaden liegt hinter dem Stab. * Mit der Nadel vor dem Stab in die nä M einstechen, Faden von hinten nach vorn durchholen (A), Schlinge nach oben ziehen, Faden holen, durch die lange Schlinge ziehen (B), Faden holen und abmaschen *. Stab am Reihenende herausziehen. Mit 1 WLm wenden; in jede M 1 fM häkeln; dabei für die letzte fM sowohl in die beiden oberen M-Glieder als auch in die lange Schlinge der Vorreihe einstechen. Man kann in jeder 2. R Schlingen häkeln oder aber noch weitere R mit fM dazwischen arbeiten

Gestrickter Schlingenstich 452

Bouclèschlingen werden am oberen Ende nicht abgemascht, liegen also lose auf der Arbeit. Das Muster eignet sich für Jacken, Mäntel, Decken, Kissen und Tierfiguren (Fellstruktur)
Anschl: beliebige Maschenzahl
1. R: 1 M überg; * 1 fM in jede M *
2. R: 1 WLm, wenden; * 1 Bouclèschlinge in jede M *
3. R: 1 WLm; * 1 fM in jede M *
R 2 und 3 fortlaufend wdh

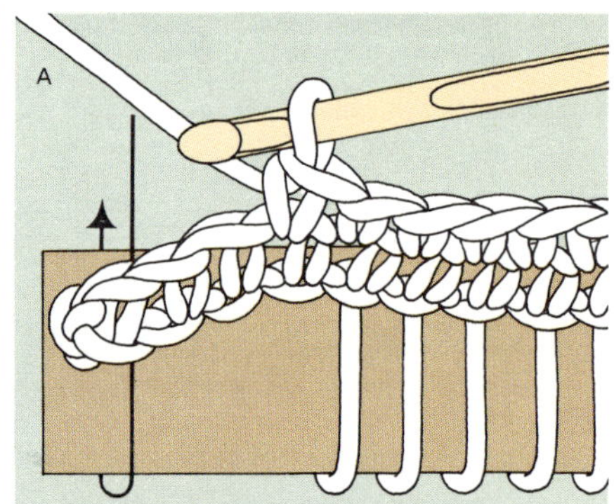

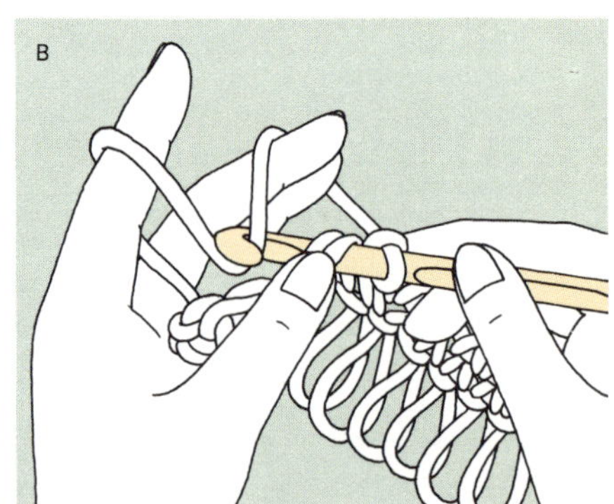

HÄKELTECHNIK

Die Schlingen können über einen Stab, einen Bleistift, einen Kartonstreifen oder auch über 2 Finger der linken Hand gehäkelt werden. Vor Arbeitsbeginn eine Maschenprobe anfertigen, um die Höhe bzw. Länge der Schlingen festzulegen. Die einmal gewählte Schlingenhöhe sollte für die gesamte Arbeit beibehalten werden
Über einen Stab häkeln 1 R fM, 1 WLm, wenden; * Stab oder Kartonstreifen hinter die Arbeit legen und mit der linken Hand festhalten; in die nä M einstechen, mit der Nadel um den Stab herum den Faden holen (A) und durchziehen; Faden holen und durch beide Schlingen ziehen *. Am Reihenende Stab herausziehen, mit 1 WLm wenden; 1 R fM häkeln, dann wieder 1 R Schlingen
Über 2 Finger häkeln 1 R fM, 1 WLm; * in die nä M einstechen und Arbeitsfaden über Mittelfinger und Ringfinger der linken Hand laufen lassen. Faden mit beiden Fingern so weit wegziehen, wie die Schlinge lang werden soll (B), Faden einmal um den Zeigefinger wickeln und 1 fM häkeln, d. h. Faden holen, durchziehen, Faden holen und durch beide Schlingen ziehen; bei diesem Vorgang Ring- und Mittelfinger aus der Schlinge ziehen *; 1 WLm, wenden; 1 R fM häkeln; nä R wieder mit Schlingen arbeiten

Luftmaschenschlingen Die Lm werden auf fM gehäkelt. Unterschiedliche Wirkungen erzielt man mit längeren oder kürzeren Schlingen
Anschl: beliebige Maschenzahl + 2 Lm
1. R: 1 WLm; * 1 fM in jede Lm *
2. R: 1 WLm; * 1 fM in jede fM *
3. R: 1 WLm; * 1 fM, 8 Lm * / alle M werden in das vordere M-Glied der Vorr eingestochen /; 1 fM in die letzte M
4. R: 1 WLm; * 1 fM in jede fM * / bei allen M wird in das vordere Maschenglied eingestochen /
R 1–4 fortlaufend wdh

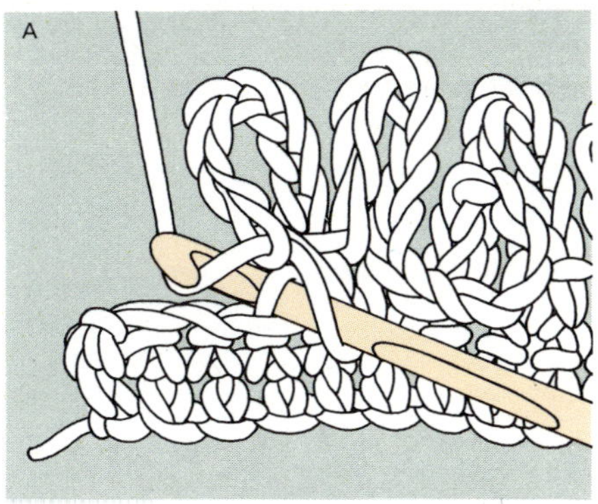

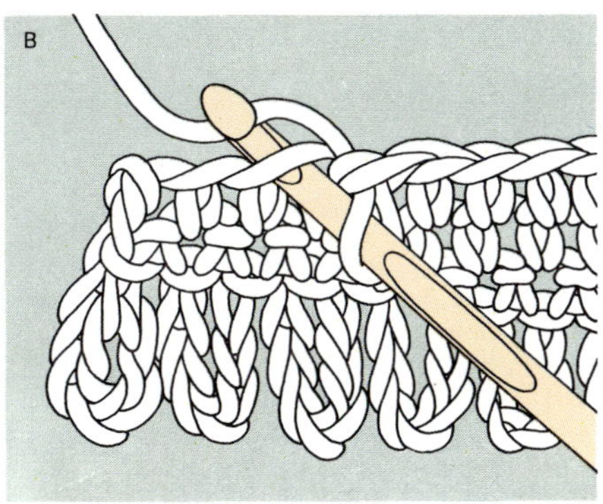

HÄKELTECHNIK

Luftmaschenschlingen entstehen, indem man mehrere Lm zwischen 2 fM arbeitet. Die dicht nebeneinanderliegenden Lm ringeln sich und ergeben eine sehr dichte Oberfläche. Jedes Muster mit Luftmaschenschlingen beginnt mit 2 R fM. Anschließend mit 1 WLm wenden; * Nadel erfaßt beim Einstechen nur das vordere Maschenglied der Vorr (A), 1 fM, 8 Lm *; die R endet mit 1 fM. Die nä R besteht nur aus fM, beim Einstechen nur das vordere Maschenglied erfassen (B)

Spitzenmuster aus Schlingen
Anschl: teilbar durch 5
1. R (Hinr): Die Schlinge von der Nadel auf den Stab legen, Nadel herausziehen; * in die nä M einstechen, Faden holen, Schlinge langziehen und auf den Stab legen, Nadel herausziehen *; nicht wenden
2. R (Rückr): * Nadel durch die letzten 5 Schlingen schieben, und zwar von rechts nach links, und vom Stab herunterheben, Faden durch die 5 Schlingen ziehen, erneut Faden holen und durch 1 Schlinge ziehen, 4 fM auf die 5 zus abgemaschten Schlingen *; nicht wenden
3. R (Hinr): Schlinge von der Nadel auf den Stab legen, Nadel herausziehen; * aus der nä M 1 Schlinge holen und auf den Stab legen, Nadel herausziehen *; nicht wenden
R 2 und 3 fortlaufend wdh

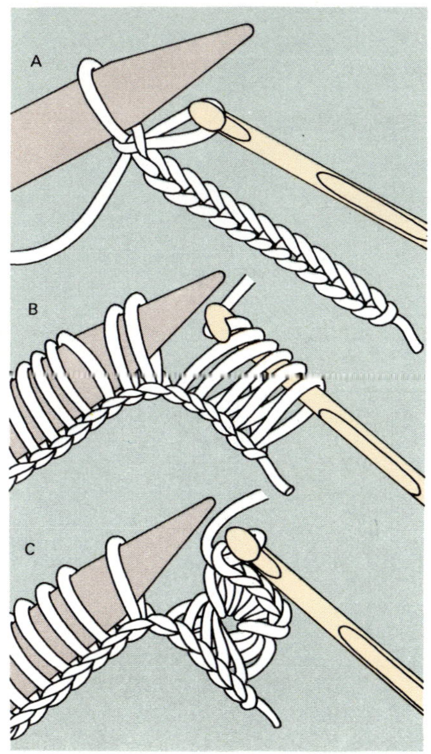

HÄKELTECHNIK

Spitzenmuster aus Schlingen werden über einen Häkelstab oder über eine sehr dicke Stricknadel gehäkelt. Im Gegensatz zu anderen Häkeltechniken wird die Hinr von links nach rechts und die Rückr von rechts nach links gearbeitet, und die Arbeit wird nicht gewendet. Man sichert das Stab- bzw. Stricknadelende, damit keine M herunterfallen.
Man schlägt beliebig viele Lm, teilbar durch 5, an. Hinr: M von der Nadel auf den Stab legen, d. h. den Stab durch die Schlinge schieben und mit der linken Hand festhalten, Nadel herausziehen; * Nadel in die nä M einstechen, Faden holen, durchziehen, langziehen (A) und auf den Stab legen *; nicht wenden. Rückr (von rechts nach links häkeln): * Nadel von rechts nach links durch 5 Schlingen schieben und Faden durchholen (B), durch die eine Schlinge nochmals 1 Schlinge ziehen, 4 fM auf die 5 zus abgemaschten Schlingen arbeiten (C) *; nicht wenden. Als Linkshänder arbeitet man genau umgekehrt

Häkeln · Mehrfarbige Muster

Faden am Reihenende ansetzen 279
Mehrfarbige Strickmuster 456–461

Einführung

Wenn man mehrere Farben verwendet, kann man wie beim Stricken sehr schöne Muster erzielen. Da allerdings die Häkelmaschen relativ groß sind, erscheinen die Muster weniger fein und auch nicht so gut ausgearbeitet. Am besten sehen daher einfache Muster, beispielsweise geometrische Motive, aus, und man arbeitet feste Maschen, besonders dann, wenn viele Farben häufig wechseln.

Es gibt drei Möglichkeiten, mehrfarbige Muster (Jacquardmuster) zu häkeln. Alle drei sind auf Seite 303 gezeigt und beschrieben. Jede hat ihr spezielles Anwendungsgebiet, doch wie man die Farbe wechselt, ist bei allen gleich (rechts).

NACH EINEM ZÄHLMUSTER HÄKELN

Jedes Kästchen im Zählmuster stellt eine Masche dar; jede Kästchenreihe ist eine Häkelreihe. Die leeren Kästchen stehen für die Grundfarbe; farbige Kästchen oder solche mit einem Symbol zeigen das Muster. Bei Kästchen mit Symbolen ist ein Symbol-(Farb) Schlüssel erforderlich. Zählmuster liest man stets von unten nach oben und abwechselnd von rechts nach links und von links nach rechts. Für mehrfarbige Häkelmuster kann man auch Vorlagen für Kreuzstichstickerei, Norwegermuster usw. verwenden. Eine Maschenprobe ist unbedingt erforderlich

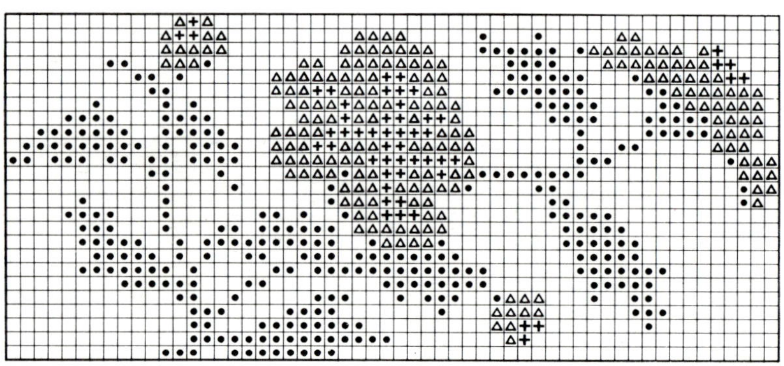

• Grün ▲ Rosa + Beige

Jacquardtechniken

Farbwechsel in der Reihe Das Fadenende der neuen Farbe auf einige M der Vorr legen, bevor die neue Farbe beginnen soll (A). In der alten Farbe weiterhäkeln, dabei den Faden der neuen Farbe mit umhäkeln. Die letzte M in der alten Farbe nicht bis zu Ende arbeiten, sondern nur so weit, bis noch 2 Schlingen auf der Nadel liegen, also nur noch abgemascht werden muß. Dann mit der neuen Farbe abmaschen (B)

Farbwechsel am Reihenanfang Fadenende bereits mit den letzten M der Vorr umhäkeln. Bei dieser Methode muß das Fadenende nicht extra vernäht werden, und die neue Farbe wird mit der letzten M der Vorr aufgenommen

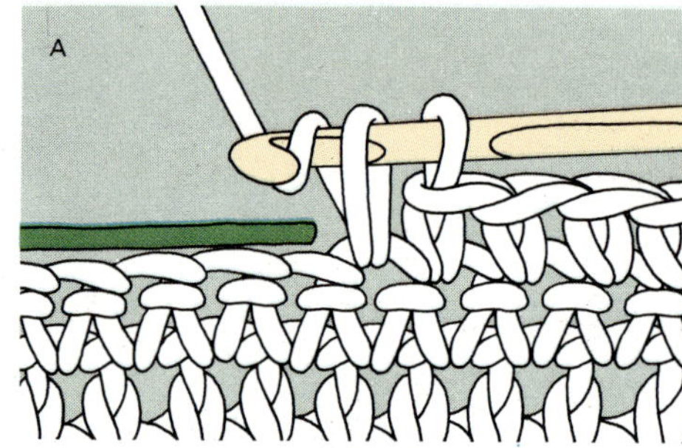

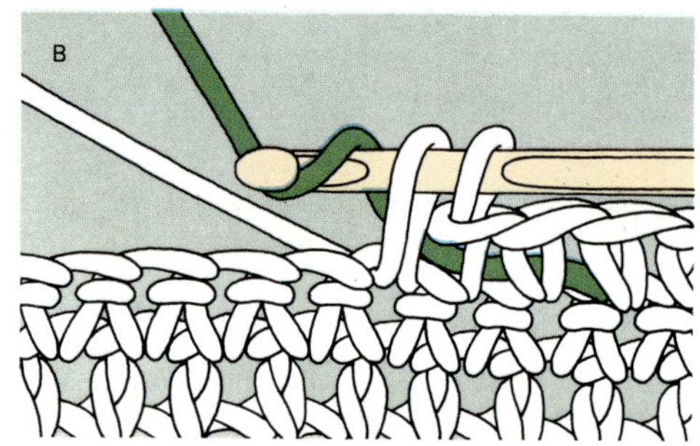

Fäden mitführen Wenn die alte Farbe erst nach mehr als 3 M wieder aufgenommen werden soll, umhäkelt man sie – wie den Fadenanfang – mit den M der neuen Farbe, d. h., man führt sie zwischen den M mit. Faden nicht zu fest anziehen, damit sich die Arbeit nicht wellt. Hierbei muß man die Vorder- und die Rückseite der Arbeit bestimmen

Auf der Vorderseite in die M einstechen, dann unter dem mitgeführten Faden durch (dieser Faden liegt auf der Rückseite) und die M wie üblich fertig häkeln (A)

Auf der Rückseite läuft der mitgeführte Faden vor der Arbeit. Nadel unter dem mitgeführten Garn durchführen, dann in die M einstechen, Faden durchholen (auch um den mitgeführten Faden herum) und M wie üblich fertig häkeln (B)

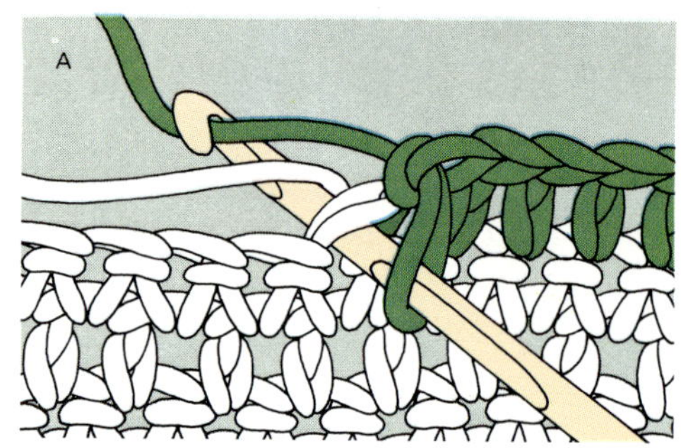

Spannfäden können auf der Rückseite einer zweifarbigen Häkelei gebildet werden, wenn die Arbeit nur eine Schauseite hat und nicht mehr als 4 M überspannt werden müssen
Farbwechsel auf der Vorderseite Letzte M der alten Farbe bis auf 2 Schlingen fertig häkeln, dann den Faden der alten Farbe nach hinten legen, ebenfalls den Fadenanfang der neuen Farbe. Die halbfertige M mit der neuen Farbe abmaschen
Farbwechsel auf der Rückseite Letzte M der alten Farbe bis auf 2 Schlingen fertig häkeln, dann den Faden vor die Arbeit legen, ebenso den Fadenanfang der neuen Farbe. Die halbfertige M mit der neuen Farbe abmaschen

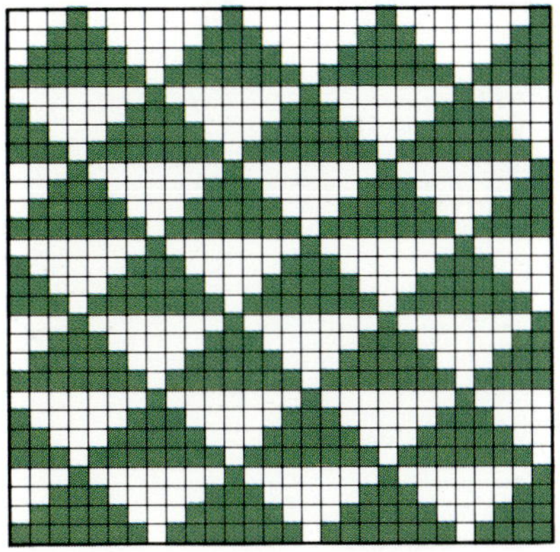

Das Umhäkeln ist eine weitere Möglichkeit, gerade nicht benötigte Farben weiterzuführen. Bei dieser Methode spart man zwar Zeit im Vergleich zu der unten beschriebenen, braucht jedoch mehr Garn, und die gesamte Arbeit wird dicker und schwerer. Man nimmt eine dickere Häkelnadel und wechselt die Farben, wie oben beschrieben, legt dabei aber den gerade nicht benötigten Faden auf die noch unbehäkelten M der Vorr und kann ihn so mit umhäkeln

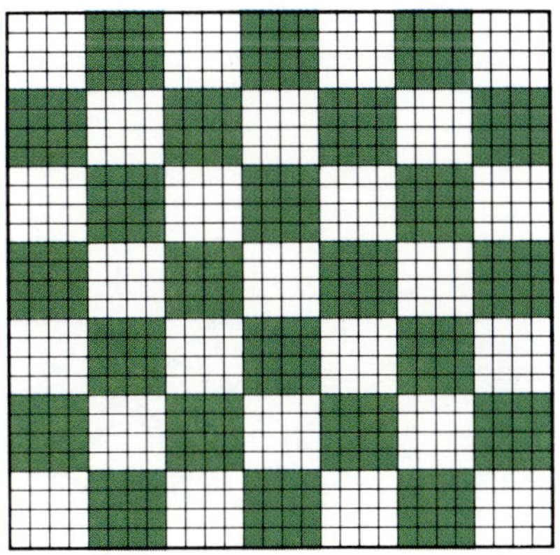

Faden abschneiden und vernähen
Auch mit dieser Methode gibt man der Vorder- und der Rückseite ein gleiches Aussehen. Sie ist vor allem dann zu empfehlen, wenn man dickes Garn verarbeitet, wenn die Farbwechsel sehr weit auseinander liegen und wenn nur vereinzelte Motive eingehäkelt werden. Man wechselt die Farbe, wie ganz oben beschrieben, und schneidet dann den Faden der alten Farbe nach etwa 15 cm ab. Das Fadenende und den Fadenanfang der neuen Farbe mit einer Sticknadel ohne Spitze in die bereits gehäkelten M derselben Farbe vernähen

Fachausdrücke und Abkürzungen 278

Symbole der Häkelschrift

Häkelmuster können durch schriftliche Anleitungen, meist mit abgekürzten Fachausdrücken (S. 278), oder durch eine Häkelschrift mit Hilfe von Symbolen erklärt werden.

Im Kasten rechts sind die Symbole für die meisten Maschenarten aufgelistet und ihre Bedeutung erklärt; die dabeistehenden Seitenzahlen weisen darauf hin, wo die Häkeltechnik für die betreffende Masche beschrieben ist.

Häkelschriften werden in vielen verschiedenen Anleitungen verwendet, nicht nur für Motive, wie unten gezeigt, sondern auch für Reihenmuster; die Symbole sind daher nicht unbedingt einheitlich. Bevor man eine Arbeit beginnt, sollte man sich deshalb stets den Schlüssel zur Häkelschrift genau ansehen.

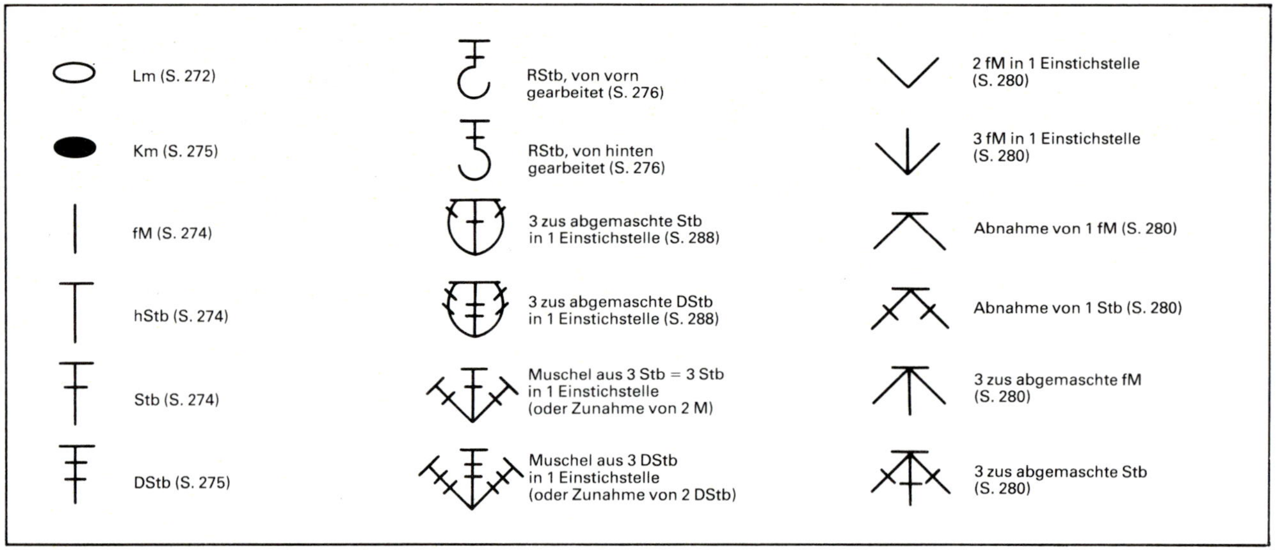

Ein Muster nach der Häkelschrift arbeiten

Quadratisches Motiv

Anschl: 6 Lm; mit 1 Km zum Ring schließen

1. Rd: 3 Lm, 2 zus abgemaschte Stb, 2 Lm; * 3 zus abgemaschte Stb, 2 Lm *, von * bis * noch 6mal wdh, mit 1 Km zur Rd schließen

2. Rd: 3 Lm, 2 Stb um den letzten Lm-Bogen der Vorrd, 2 Lm; * 3 Stb um den nä Lm-Bogen, 2 Lm *, von * bis * noch 6mal wdh; mit 1 Km in die oberste Lm zur Rd schließen

3. Rd: 1 Lm; * 1 fM in das 2. Stb der 3er-Stb-Gruppe, 2 Lm, 3 zus abgemaschte DStb um den nä Lm-Bogen, 2 Lm *, von * bis * noch 7mal wdh; mit 1 Km zur Rd schließen

4. Rd: 1 WLm, jedoch nicht wenden; * 3 fM auf die zus abgemaschten DStb der Vorrd, (3 Stb, 2 Lm, 3 Stb) in die nä fM der Vorrd, 3 fM auf die nä zus abgemaschten DStb der Vorrd, 1 Lm, 1 fM in die nä fM der Vorrd, 1 Lm *, von * bis * noch 3mal wdh; 1 Km

5. Rd: 1 WLm, jedoch nicht wenden; * 1 fM in jede nä M, 3 fM um den 2-Lm-Bogen an der Ecke *; mit 1 Km zur Rd schließen

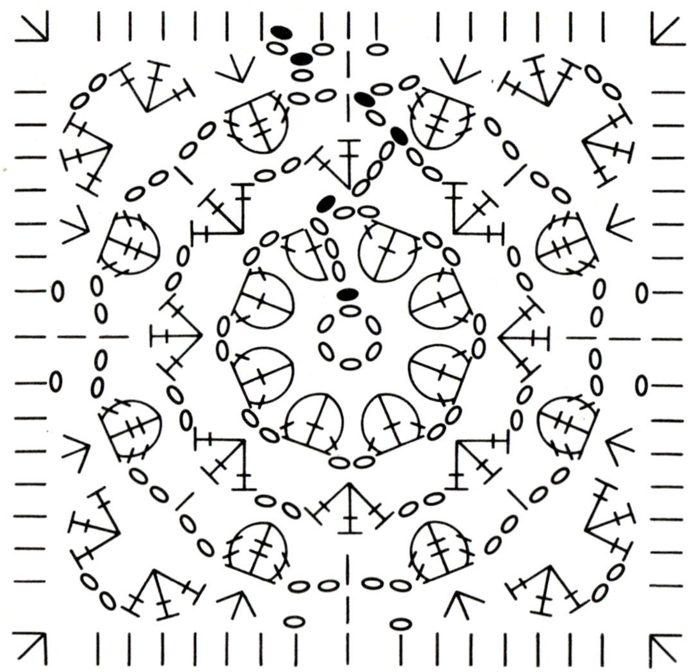

Häkelkleidung

Einführung

Auf dieser und den folgenden Seiten sind die grundlegenden Techniken beschrieben, mit denen man Häkelkleidung herstellt und Muster entwirft.

Vor Arbeitsbeginn liest man die Anleitungen sorgfältig durch und probiert neue Techniken zuerst aus. Nur so kann man sicher sein, daß das Kleidungsstück später auch den Erwartungen entspricht. Die in der Anleitung angegebenen Maße vergleicht man mit den Körpermaßen der Person, für die das Kleidungsstück bestimmt ist (S. 464). Falls keine Maße angegeben sind, können diese mit Hilfe der Maschenprobe errechnet werden (Beispiel: Die Schulter hat 20 Maschen; die Maschenprobe ergibt acht Maschen auf fünf Zentimeter; Berechnung: 20 × 5 : 8 = 12,5 cm).

Man sollte nie auf die Maschenprobe verzichten! Diese vergleicht man mit der Anleitung und wechselt notfalls Nadel- oder Garnstärke.

Häkelkleidung entwerfen

Um ein passendes Schnittmuster für Häkelkleidung herzustellen, verwendet man entweder einen bereits vorhandenen Schnitt, den man, wenn nötig, ändert, oder man fertigt einen neuen Schnitt an. Für beide Möglichkeiten macht man einen Plan, für den man folgende Angaben braucht:

1. Genaue Körpermaße oder Kleidermaße (S. 464).
2. Die Maschenprobe.
3. Die genaue Vorstellung, wie Halsausschnitt, Armausschnitt, Schulter, Ärmel usw. aussehen sollen (S. 308–311).
4. Schnittpapier.

Beim Maßnehmen (S. 464) ermittelt man Weite und Länge für jeden Bereich des Kleidungsstücks; daher muß man den Körpermaßen immer einige Zentimeter zugeben. Für alle Nähte und Säume gibt man noch einen guten halben Zentimeter zu.

Als nächstes sucht man das Garn und das Muster aus. Falls nötig, macht man mehrere Maschenproben und probiert verschiedene Muster aus. Dann mißt man die ausgewählte Probe, notiert die Maße und rechnet sie auf die Schnittmaße um. Zum Beispiel: Das Rückenteil einer Jacke soll 45 cm breit werden. Die Maschenprobe ergibt acht Maschen auf 5 cm. Nun errechnet man die Anschlagszahl: Breite der Jacke mal Maschenzahl der Maschenprobe, geteilt durch die Breite der Maschenprobe (45 × 8 : 5 = 72 Maschen + je eine Masche für die Seitennähte = 74 Maschen für das Rükkenteil).

Die Länge wird genauso berechnet. Zum Beispiel: Die Jacke soll 40 cm lang werden. Die Maschenprobe ergibt sechs Reihen auf 5 cm; man muß also 40 × 6 : 5 = 48 Reihen von der Unterkante bis zum Armausschnitt häkeln.

Um die Abnahme für Armausschnitt, Armkugel und Halsausschnitt zu berechnen, folgt man den Hinweisen auf Seite 308 und 309; dann erstellt man das Schnittmuster (S. 393 und 394) und berechnet anschließend den Garnbedarf.

Garnbedarf Es gibt mehrere Methoden zur Berechnung des Garnbedarfs. In jedem Fall gilt jedoch: Für Büschelmaschen, Muscheln, Noppen und ähnliche Maschen (S. 284) benötigt man etwa zweimal soviel Garn wie für die Grundmaschen.

Wenn man schon einmal ein ähnliches Muster wie das ausgewählte mit der gleichen Garnart gehäkelt hat, kann man den Garnbedarf danach berechnen, indem man das fertige Kleidungsstück einfach wiegt und das Ergebnis auf volle 50 g aufrundet. Da diese Methode nicht sehr exakt ist, kauft man etwas mehr Garn ein; die meisten Geschäfte nehmen nicht angefangene Knäuel wieder zurück.

Häufig kann man sich auch im Handarbeitsgeschäft beraten lassen. Viele Verkäuferinnen und Verkäufer können aus ihrer Erfahrung abschätzen, wieviel Garn man braucht.

Die dritte Methode ist die exakteste, aber auch die aufwendigste. Man kauft ein Knäuel der ausgewählten Wolle, wiegt es und notiert das genaue Gewicht. Dann häkelt man eine etwa 15 × 15 cm große Maschenprobe und notiert Maschen- und Reihenzahl. Bei jedem Schnitt und Schnitteil mißt man die größte Breite und Länge und multipliziert die beiden Maße miteinander; das Ergebnis ist die Fläche. Wenn man alle Flächen addiert, erhält man die Gesamtfläche des Kleidungsstücks. Ebenso mißt man Länge und Breite der Maschenprobe, multipliziert die Maße miteinander und wiegt die Maschenprobe.

Nun rechnet man folgendermaßen: Man multipliziert die Gesamtfläche mit dem Gewicht der Maschenprobe und teilt das Ergebnis durch die Fläche der Maschenprobe; das neue Ergebnis ist dann der Gesamtbedarf.

Beispiel (Jacke)

Rückenteil: 46 × 50 cm	= 2300 cm^2
Vorderteil: wie Rückenteil	= 2300 cm^2
Ärmel: 30 × 58 cm	= 1740 cm^2
Ebenso zweiter Ärmel	= 1740 cm^2
Gesamtfläche	= 8080 cm^2
Maschenprobe: 10 × 8 cm	= 80 cm^2

Gesamtfläche der Jacke, geteilt durch die Fläche der Maschenprobe: 8080 : 80 = 101; diese Zahl gibt an, wie oft die Fläche und damit auch die Garnmenge der Maschenprobe für die gesamte Jacke benötigt wird. Wenn man nun das Gewicht der Maschenprobe (z.B. 10 g) mit der ermittelten Zahl 101 multipliziert, erhält man den Wollbedarf: 101 × 10 = 1010 g. Davon zieht man noch 10 Prozent für Arm- und Halsausschnitt ab.

Damenjacke

Material für Damengröße 38/40
400–450 g Sportwolle
je eine Häkelnadel Nr. 3 und 3½
6 Knöpfe mit 1 cm Durchmesser
Maschenprobe: 8 hStb und 6 R = 5 cm (Nadel 3½)
RÜCKEN: Mit der Nadel Nr. 3½ 73 Lm anschlagen.
1. R: 1 M überg, * 1 fM in die nä M * (insgesamt 72 M).
2. R: 1 WLm, * 1 hStb in die nä M * R 2 fortlaufend wdh bis 36 cm Höhe.
Armausschnitte: Je 1 Km in die ersten 4 M, je 1 hStb in jede nä M, die letzten 4 M nicht behäkeln; 1 WLm, in den nä 4 R jeweils am Anfang und Ende 1 M abnehmen (insgesamt 56 M). Weiter arbeiten bis 20 cm Höhe.
Schultern: Je 1 Km in die ersten 8 M, 9 hStb, 1 WLm, wenden, 1 M abn, je 1 hStb in die nä 6 M, 1 fM, Faden abschneiden; die mittleren 22 M überg, Faden anschlingen und die andere Schulter gegengleich häkeln.
LINKES VORDERTEIL: Mit der Nadel Nr. 3½, 37 Lm anschlagen.
1. R: 1 M überg; * 1 fM in die nä M * (insgesamt 36 M).
2. R: 1 WLm; * 1 hStb in die nä M *.
3. R: 2 WLm, je 1 hStb in die nä 14 M, je 1 RStb, von vorn eingestochen, in die nä 4 M der 1. R, je 1 hStb in die nä 18 M.
4. R: 2 WLm; * 1 hStb in die nä M *.
5. R: 2 WLm, je 1 hStb in die nä 14 M, je 1 RStb, von vorn eingestochen, in die RStb der 3. R, je 1 hStb in jede der nä 18 M.

R 4 und 5 fortlaufend wdh bis 35 cm Höhe (mit einer Rückr enden).
Armausschnitt: Je 1 Km in die ersten 4 M, dann bis Reihenende wie bisher weiterarbeiten. In den nä 4 R am Armausschnitt jeweils 1 M abn (insgesamt 28 M), dann gerade hochhäkeln, bis das Armloch 10 cm hoch ist (mit einer Hinr enden).
Halsausschnitt: Je 1 Km in die ersten 8 M, dann bis Reihenende wie bisher weiterarbeiten. In den nä 4 R am Halsausschnitt je 1 M abn (insgesamt 16 M), dann gerade hochhäkeln, bis das Armloch 20 cm hoch ist (an der Armlochkante enden).
Schulter: Je 1 Km in die ersten 8 M, bis Reihenende weiterarbeiten.
RECHTES VORDERTEIL: Gegengleich zum linken Vorderteil arbeiten.
ÄRMEL: Mit der Nadel Nr. 3½ 33 Lm anschlagen.
1. und 2. R: Wie linkes Vorderteil arbeiten (insgesamt 32 M).
3. R: Je 1 hStb in die nä 14 M, je 1 RStb, von vorn eingestochen, in die nä 4 M, je 1 hStb in die nä 14 M. Muster fortlaufend wiederholen, dabei in jeder 4. R an jeder Seite 8mal 1 M zun (insgesamt 48 M), dann bis 40 cm Höhe gerade hochhäkeln.
Armkugel: Je 1 Km in die ersten 4 M, dann im Muster weiterhäkeln, letzte 4 M freilassen; 1 R ohne Abnahmen häkeln; dann in jeder 2. R auf beiden Seiten 6mal je 1 M abn; danach in jeder R auf jeder Seite 5mal je 1 M abn; restliche 18 M ruhen lassen.
AUSARBEITEN: Seiten-, Schulter- und Ärmelnähte schließen. Mit Nadel 3 2 R fM um alle Kanten häkeln; dabei in jede Ecke 3 M arbeiten. Rechts Knopflöcher markieren; erstes etwa 3 cm vom Halsausschnitt, letztes etwa 3 cm von der Unterkante. Mit fM weiterarbeiten; Knopflöcher häkeln (S. 311) und wieder 3 M in jede Ecke. Noch 2 Rd fM, dabei am Halsausschnitt so viele M abnehmen, daß der Abschluß flach liegt. Je 5 R fM an die Unterkante und an die Ärmel häkeln. Ärmel einsetzen, Knöpfe annähen.

Die Damenjacke für Größe 38/40 ist mit halben Stäbchen und Reliefstäbchen gehäkelt

Eine Schnittvorlage anfertigen

Eine Schnittvorlage ist eine graphische Darstellung der Häkelanleitung. Es gibt zwei verschiedene Arten: die Konturenzeichnung und die Zählvorlage. Eine Konturenzeichnung wird im Maßstab 1:1 angefertigt; darauf sind alle Angaben für die Formgebung notiert. Sie kann später zum Spannen verwendet werden. Auf starkem Packpapier zieht man waagrechte Linien, die der größten Breite des Rückkens entspricht (von Unterarm zu Unterarm). Dann zieht man eine Senkrechte durch die Mitte der Waagrechten. Von diesen Punkten ausgehend, zeichnet man die Umrisse ein. Die übrigen Teile des Kleidungsstücks werden ebenso aufgezeichnet.

Eine Zählvorlage wird auf Karopapier gezeichnet. Jedes Quadrat stellt eine Masche dar, jede waagrechte Quadratreihe eine Maschenreihe. Um eine solche Vorlage anzufertigen, braucht man eine Maschenprobe. Man kann ein vollständiges Schnitteil darstellen oder nur die Bereiche, die geformt werden (S. 307); es genügt auch, wenn nur die rechte oder linke Hälfte aufgezeichnet wird. Eine Zählvorlage gibt ein weniger genaues Bild vom fertigen Kleidungsstück, es läßt sich aber danach leichter arbeiten.

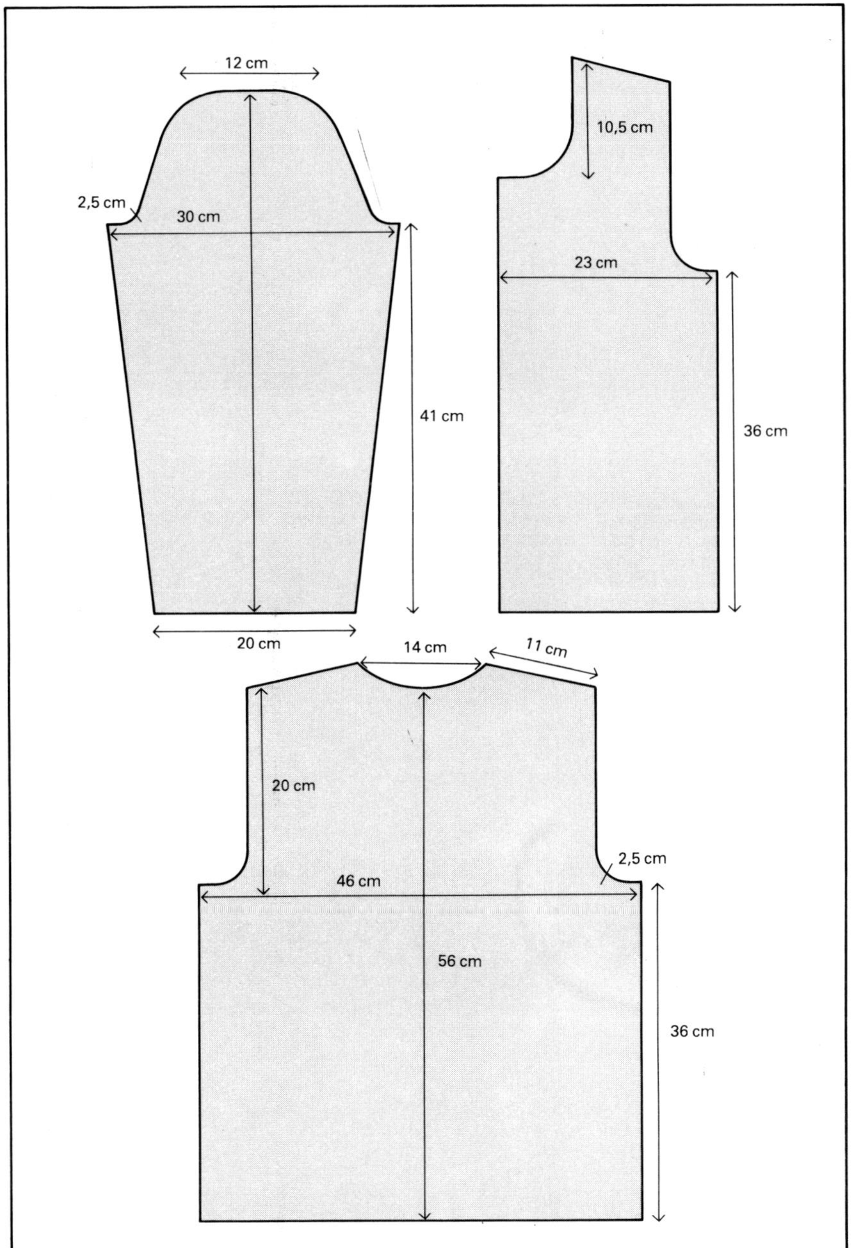

Eine Konturenzeichnung wird in der Originalgröße des Kleidungsstücks angefertigt

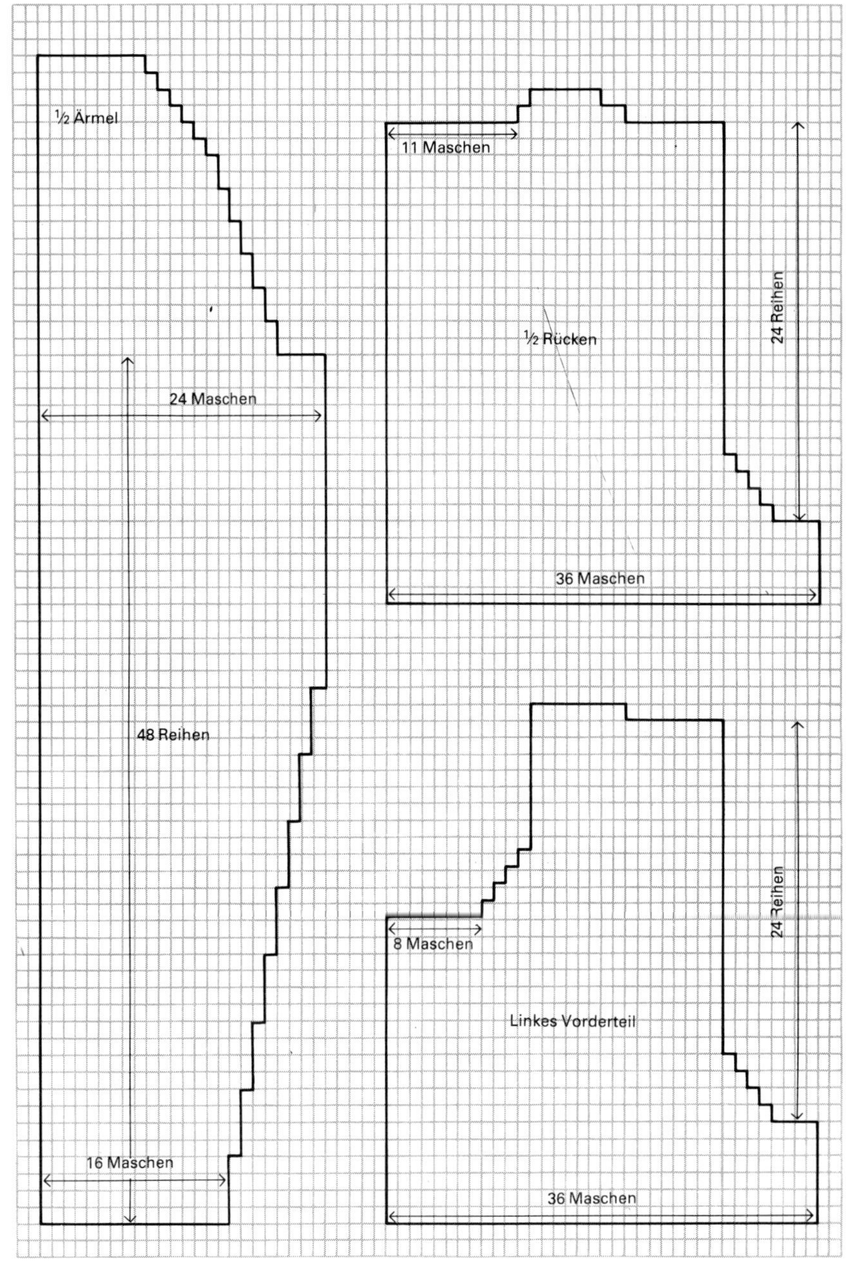

Bei einer Zählvorlage ist ein Kästchen eine Masche und eine Kästchenreihe eine Maschenreihe

Abnehmen 280–281 Kantenverzierungen 313
Maschen aufnehmen 437

Halsausschnitte

Der Halsausschnitt sollte immer besonders sorgfältig gestaltet werden; er muß in einer schönen, gleichmäßigen Linie verlaufen. Da Häkelarbeiten nicht so elastisch wie Strickarbeiten sind, muß man einen halsnahen Ausschnitt meistens mit einem Schlitz versehen, damit das Kleidungsstück gut über den Kopf gezogen werden kann.

Man berechnet den Halsausschnitt mit Hilfe der Rückenbreite, die man in drei gleiche Teile teilt, und zwar zwei Schultern und den Halsausschnitt. Wenn man also die Maschenzahl der beiden Schultern von der vorhandenen Maschenzahl abzieht, bleiben die Maschen für den Halsausschnitt übrig. Die Tiefe des vorderen Halsausschnitts variiert stark nach Mode und Geschmack. Normalerweise ist der rückwärtige Halsausschnitt gerade, d. h., die Maschen des mittleren Drittels werden in der letzten Reihe nicht mehr behäkelt, sondern nur noch die Schultern.

Wenn man den Halsausschnitt häkelt, wird die Arbeit geteilt, also jede Seite einzeln fertiggehäkelt. Wo und wie oft man abnimmt, hängt von der Art des Halsausschnitts ab. Bei kleinen Maschen (festen Maschen, halben Stäbchen) kann man zwischen den Abnahmen durchaus eine oder zwei Reihen übergehen, während man bei großen Maschen wie Stäbchen, Doppelstäbchen und größeren meist in jeder Reihe abnehmen muß.

Man kann den Halsausschnitt so lassen, wie er beim Häkeln der Teile entsteht; eine bessere Form und ein schöneres Aussehen bekommt er jedoch, wenn man die Kanten umhäkelt (S. 313) oder eine Blende anstrickt; dazu nimmt man aus dem Ausschnitt Maschen auf. Bevor man jedoch den Halsausschnitt ausarbeitet, muß man die Schulternähte schließen.

Rechts sind drei Halsausschnitt-Grundformen beschrieben und erklärt, aus denen sich viele andere Formen ableiten lassen.

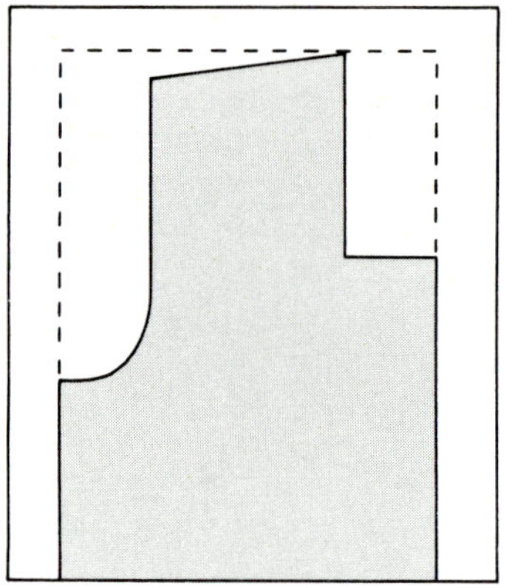

Viereckiger Halsausschnitt Meist 7,5–15 cm tief, vom Beginn der Schulterschrägung gerechnet. Man zieht die Maschen, die man für die Schultern braucht, von der Gesamtmaschenzahl ab und läßt den Rest (das mittlere Drittel) unbehäkelt. Die beiden Seiten werden nacheinander gerade hochgehäkelt. Für den hier gezeigten Abschluß Schulternähte schließen und Ausschnitt mit 2 Rd fM umhäkeln, dabei in jeder Rd an den Ecken je 1 M abnehmen. An einer Schulternaht anfangen und enden

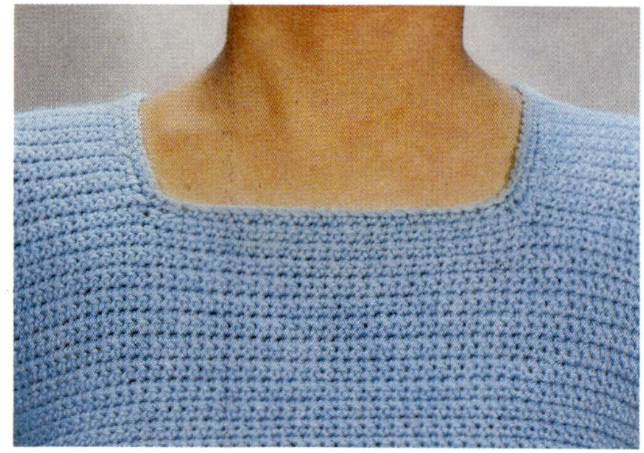

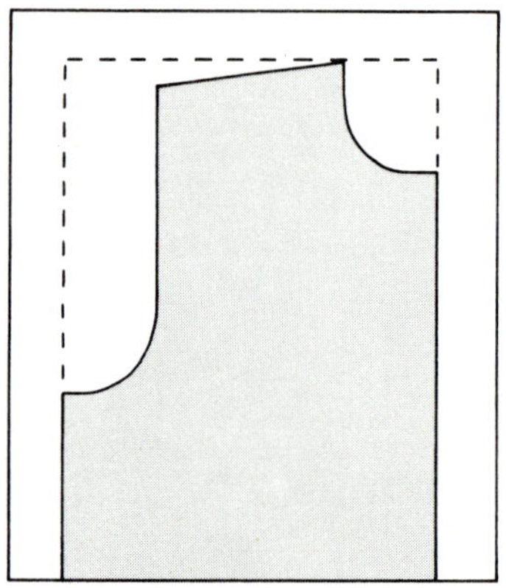

Halsnahe, runde Ausschnitte Etwa 5 cm, bei Kindern etwa 3,5 cm tief. Maschenzahl, wie links beschrieben, berechnen und davon das mittlere Drittel unbehäkelt lassen. Beide Seiten nacheinander fertighäkeln, dabei in jeder Reihe am Ausschnitt 1 M abnehmen, bis nur noch die M für die Schulter übrig sind. Die restlichen Reihen gerade hochhäkeln. Schlitz (7,5–10 cm tief): Rücken teilen und jede Seite, ohne abzunehmen, einzeln fertighäkeln. Für den Abschluß 3 Rd fM um den Ausschnitt häkeln, dabei am Halsschlitz beginnen und enden; nach Bedarf abnehmen

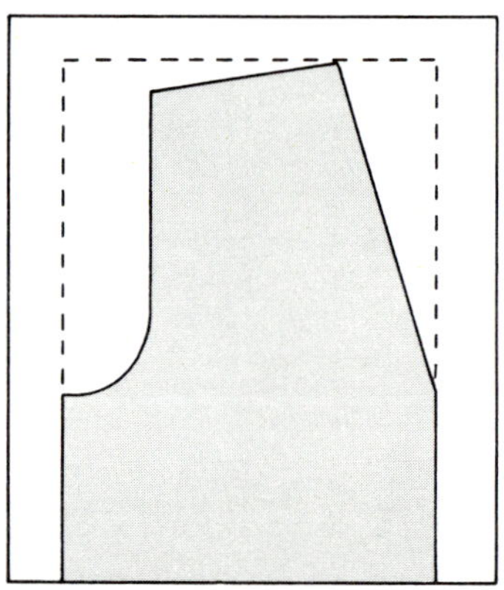

Der V-Ausschnitt ist meist 15–23 cm tief bzw. wird gleich nach dem Armausschnitt begonnen. Arbeit in der Mitte teilen und jede Seite für sich häkeln, dabei auf der Vorderseite in regelmäßigen Abständen abnehmen: für flache Ausschnitte in jeder Reihe 1 M, für spitzere in jeder zweiten oder dritten. Anhand der Maschenprobe die Reihenzahl bis zur Schulternaht ausrechnen; diese durch die Hälfte der Maschenzahl für den gesamten Halsausschnitt teilen. Das Ergebnis ist die Reihenzahl, in der jeweils abgenommen werden muß. Für den Abschluß 1 Rd fM, 1 Rd Krebsstich (S. 313). An der Ausschnittspitze in jeder Rd 2 M abnehmen

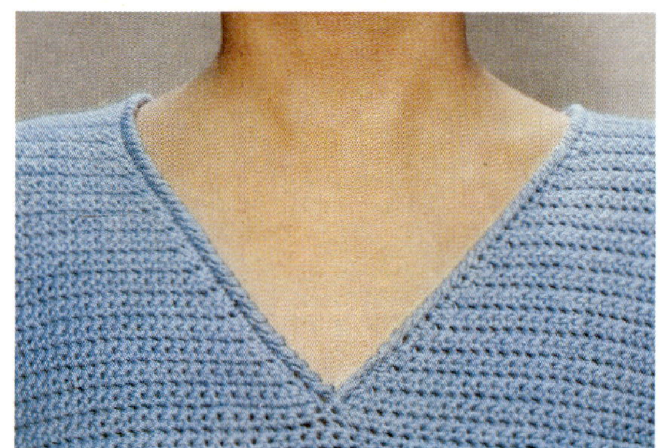

Armausschnitte und Ärmel

Die Paßform eines Kleidungsstücks hängt besonders vom exakt gearbeiteten Armausschnitt und Ärmel ab.

Um eine Schnittvorlage zu erstellen, muß man zuvor einige Maße ermitteln: Rückenbreite, Länge der Schulter (vom Hals bis zur Schulter), Tiefe des Armausschnitts, Halsumfang (nur beim Raglan erforderlich), vordere Breite (halbe Oberweite) und für den Ärmel den Umfang des Handgelenks, Umfang des Oberarms, Länge des Ärmels bis zur Armkugel (Beginn des Ausschnitts), Länge des Ärmels bis zur Schulter.

Normalerweise wird ein Ärmel vom Bündchen zur Schulter gehäkelt. Zwischen Beginn des Ärmels (hinter dem Bündchen) und Beginn des Armausschnitts nimmt man gleichmäßig auf beiden Seiten zu, für die Armkugel dann wieder ab. Damit beim Abnehmen keine Stufen entstehen, arbeitet man, wie auf Seite 281 beschrieben.

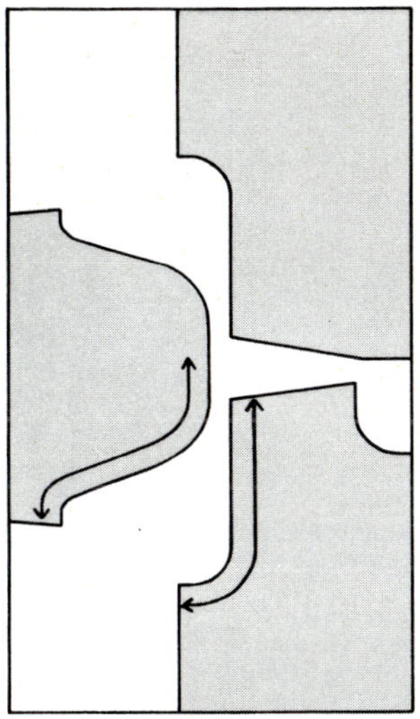

Klassischer Armausschnitt Von der Gesamtbreite des Vorderteils zweimal Schulterlänge plus Halsausschnitt abziehen. Das Ergebnis ist die Zahl der Abnahmen für beide Armlöcher. Auf jeder Seite Maschen für etwa 2,5 cm abnehmen. Die übrigen über nächste Reihen verteilen, dann gerade hocharbeiten. Für Armkugel beidseitig wie zu Beginn des Armlochs abnehmen, dann der Form entsprechend weiter abnehmen

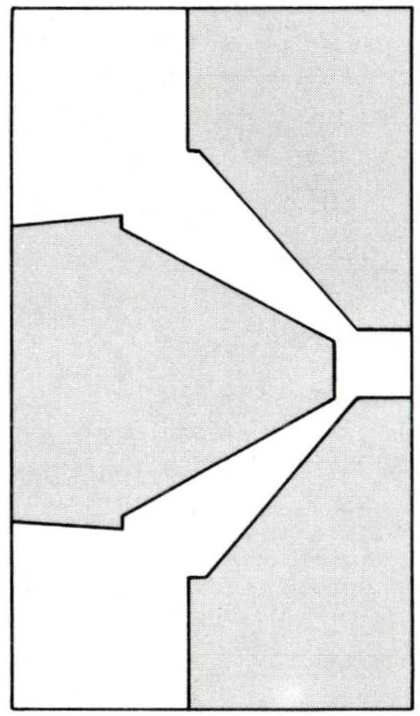

Raglan Armausschnitt und Ärmel enden am Halsausschnitt. Von der Gesamtbreite des Vorderteils die M-Zahl des Halsausschnitts abziehen. Die restlichen M sind je zur Hälfte für die Armausschnitte. Beidseitig Maschen für etwa 1 cm abnehmen. Die übrigen über die noch zu häkelnden Reihen gleichmäßig verteilen. Vorderer Halsausschnitt bleibt als gerade Kante übrig. Armkugel wie Armausschnitt häkeln; hier bleiben 7,5–15 cm als gerade Kante für den Halsausschnitt übrig

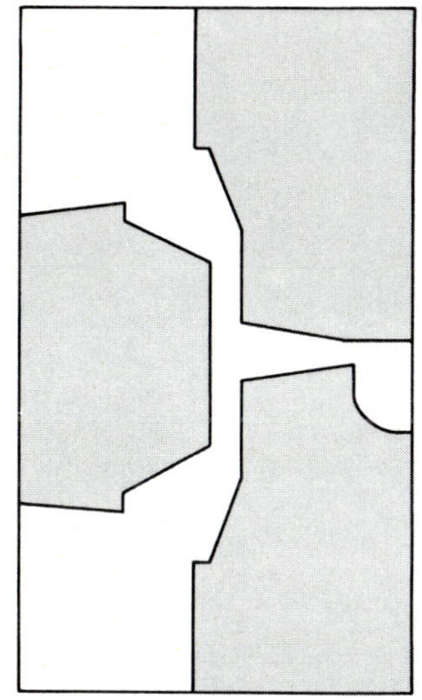

Halbraglan Eine Kombination aus Raglan und klassischem Armausschnitt. Zahl der abzunehmenden Maschen wie beim klassischen Armausschnitt berechnen. 1. R: wie beim Raglan Maschen für etwa 1 cm abnehmen. Übrige gleichmäßig auf noch zu häkelnde Reihen bis zur halben Schulter verteilen. Dann bis zur Schulter gerade hochhäkeln. Für Armkugel symmetrisch ebenso viele Maschen über die gleiche Reihenzahl wie beim Armausschnitt abnehmen; zum Schluß eine gerade Reihe arbeiten

Klassischer Armausschnitt und Armkugel

Raglan in gleichmäßig schräger Linie

Halbraglan, klassischer und Raglanärmel kombiniert

Häkeln · Häkelkleidung

Reliefstäbchen 276 Häkeln eines Rings 282
Gestrickte Rippen (Bündchenmuster) 420 Maschen aufnehmen 437

Rippenmuster (Bündchen)

Gehäkelte Rippenmuster werden meist für Bündchen und Blenden verwendet. Sie sind fester als gestrickte Rippen. Unten sind vier Muster beschrieben; das erste ist am einfachsten: Man häkelt waagrechte Rippen und näht das Bündchen mit der Seitenkante an, oder man häkelt zuerst das Bündchen und dann auf seiner Seitenkante das Kleidungsstück hoch.

Wenn man ein elastischeres Bündchen haben möchte, kann man es auch anstricken. Zuerst werden alle Nähte geschlossen, dann nimmt man die erforderliche Maschenzahl aus der Kante auf. Grundsätzlich gilt, daß für eine Häkelmasche eine Strickmasche aufgenommen wird; zur genauen Berechnung der Maschenzahl sollte man jedoch eine Maschenprobe machen.

Einfache Rippen Das Muster wird waagrecht gehäkelt und das Bündchen dann um 90 Grad gedreht
Anschl: der Bündchenbreite entsprechend
1. R: 1 M überg; * 1 fM in die nä M *
2. R: 1 WLm; * 1 fM in die nä M/ nur ins rückwärtige Maschenglied einstechen /*
R 2 fortlaufend wdh
Ausarbeiten Bündchen zusammennähen

Reliefrippenmuster I Senkrechte Rippen
Anschl: teilbar durch 2 + Lm. **1. R**: 1 Lm überg, in jede nä Lm 1 fM. **2. R**: 1 WLm; * 1 fM in nä fM/ unter der querliegenden M in den Maschenfuß von rechts nach links einstechen; für nä fM in den M-Fuß von hinten einstechen*; 1 fM in letzte fM. **3. R**: 1 WLm; * 1 fM in die nä fM/ in auf der Rückseite der Arbeit liegende große M von rechts nach links einstechen/, für nä fM von re nach li in auf Vorderseite gekreuzt liegende Fäden einstechen *; 1 fM. **4. R**: Wie R 3 arbeiten, jedoch umgekehrt einstechen. R 3 und 4 fortlaufend wdh

Reliefrippenmuster II Senkrechte Rippen (nur auf einer Seite)
Anschl: teilbar durch 2
1. R: 1 M überg; * 1 fM in die nä M *
2. R: 1 WLm, 1 fM; * 1 RStb, von vorn eingestochen, 1 fM in die nä M *
3. R: 1 WLm; * 1 fM in die nä M *
4. R: 1 WLm, 1 fM; * 1 RStb ins RStb der 2. R / Nadel zum Einstechen unter dem RStb von rechts nach links durchschieben, wie üblich weiterhäkeln /, 1 fM in die nä M *
R 3 fortlaufend wdh

Tunesisches Rippenmuster Die Rippen treten nicht so stark hervor wie bei den anderen Mustern
Anschl: teilbar durch 2
1. und 2. R: wie tunesisches Grundmuster
3. R (Hinr): 1 linke tunesische M aus der zweiten M der Vorr; * 1 rechte tunesische M, 1 linke tunesische M *
4. R (Rückr): Faden holen, durch 1 Schlinge ziehen; * Faden holen, durch 2 Schlingen ziehen *
R 3 und 4 fortlaufend wdh

Knöpfe

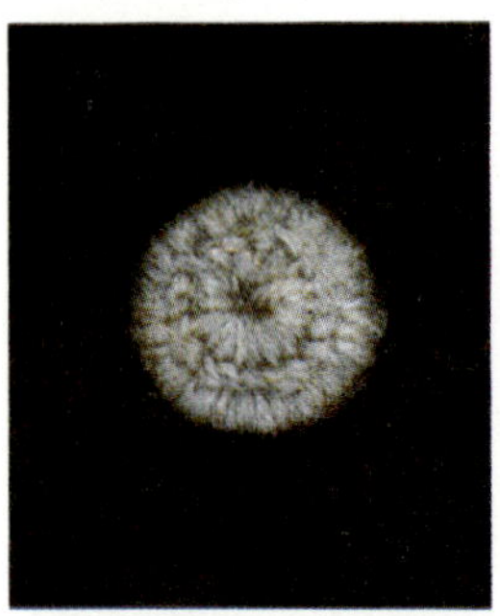

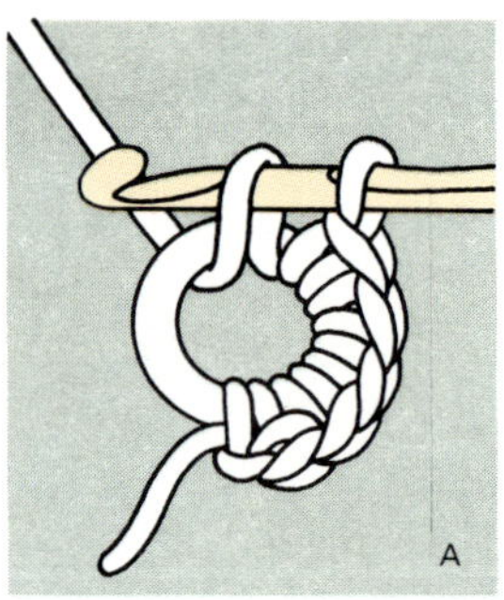

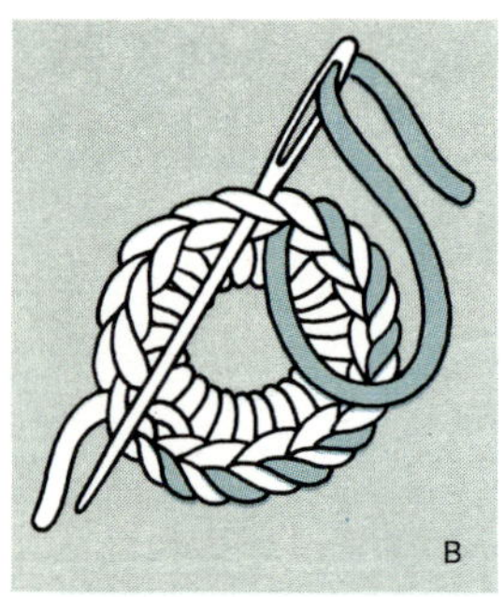

Knopf, um einen Ring gearbeitet 1. Rd um einen Plastikring häkeln, der etwa 3 mm kleiner als der fertige Knopf ist. Faden um den Ring knoten, 1 Rd fM dicht um den Ring arbeiten (A), Rd mit 1 Km schließen. Mit dem etwa 30 cm langen Fadenende die Häkelrunde umstechen, dabei nur das äußere Maschenglied fassen (B). Faden anziehen, bis die fM die Ringöffnung füllen, und ein Kreuz auf die Knopfrückseite nähen (daran wird der Knopf angenäht)

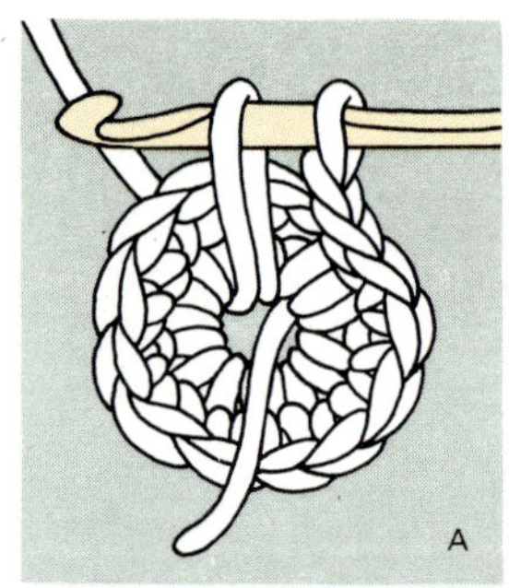

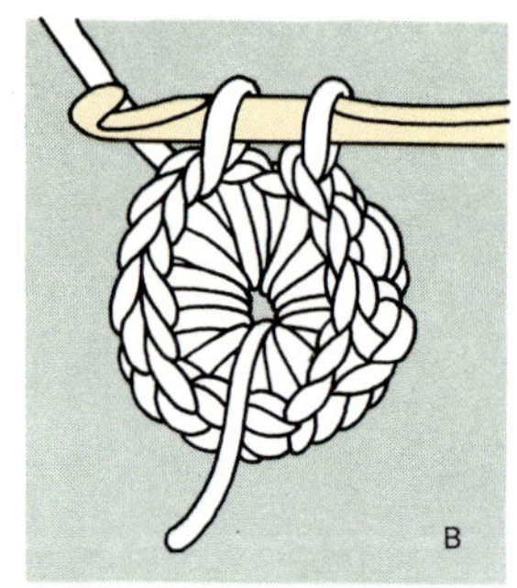

Kugelknopf Knopfgröße und -stärke hängen von der Garnstärke ab. **Anschl**: 3 Lm; mit 1 Km zum Ring schließen. **1. Rd**: 1 Lm, 8 fM um den Ring, mit 1 Km zur Rd schließen. **2. Rd**: 1 WLm, (1 fM in die nä M, 2 fM in die nä M) 4mal, mit 1 Km zur Rd schließen; Fadenanfang durch die Mitte nach vorn ziehen. **3. Rd**: 1 WLm, 16 fM / in die Mitte einstechen, M langziehen (A) /, mit 1 Km zur Rd schließen. **4. Rd**: 1 fM in jede M (B). Knopf bilden, wie links beschrieben

Knopflöcher

Waagrechtes Knopfloch für fM Anfang und Ende des Knopflochs markieren. Zwischen den Markierungen statt der fM entsprechende Anzahl Lm häkeln (meist 1–5 M). Ab Ende des Knopflochs im Muster weiterarbeiten (A)
Nä R: Um die Lm entsprechende Anzahl fM häkeln (B)

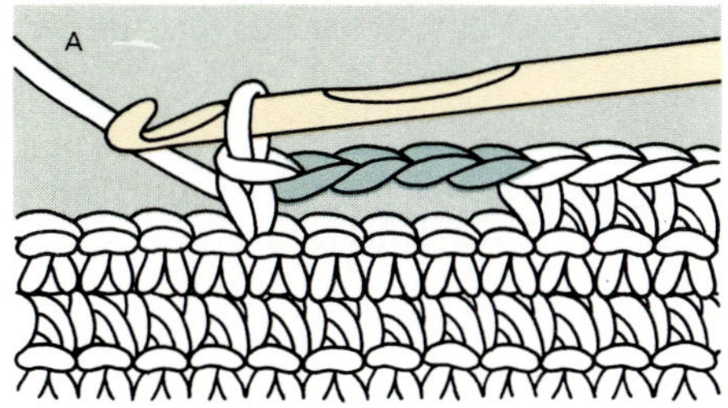

Waagrechtes Knopfloch mit 4 Lm

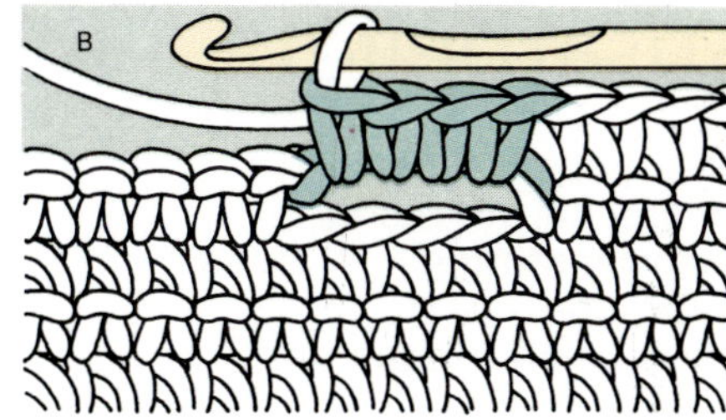

4 fM um die Lm arbeiten

Waagrechtes Knopfloch für Stb Anfang und Ende des Knopflochs markieren. An der Anfangsmarkierung Nadel auf halber Höhe des letzten Stb unter der diagonalen Schlinge einstechen (A), * doppelte Lm-Kette arbeiten/Faden holen, durchziehen, Faden holen, durch 2 Schlingen ziehen, Nadel ins vordere Maschenglied einstechen/ *, von * bis * bis Knopflochende wdh. Gleiche Anzahl M überg und im Muster weiterarbeiten (B)

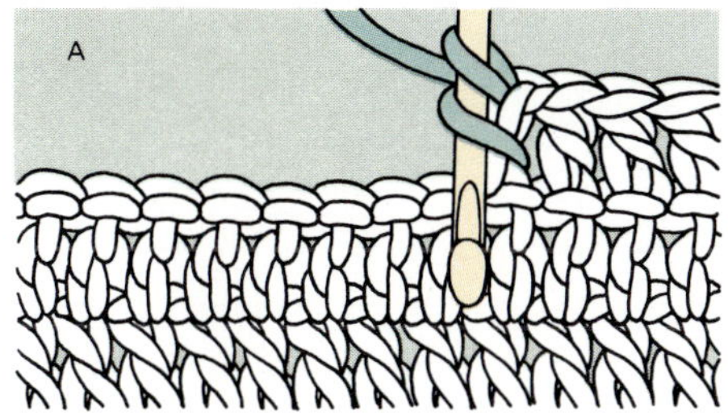

Unter der diagonalen Schlinge einstechen

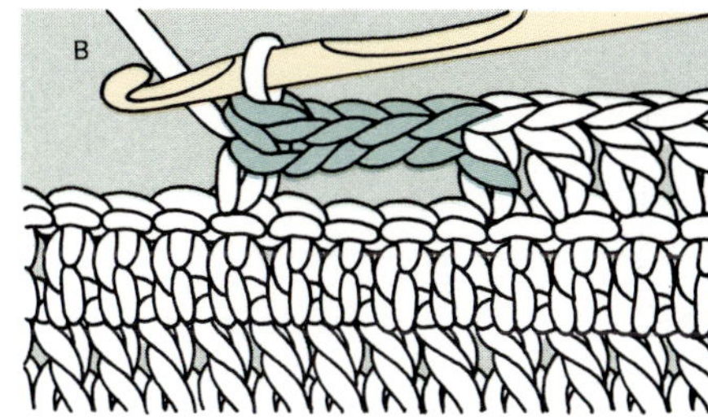

Knopfloch mit doppelter Lm-Kette

Senkrechtes Knopfloch für alle Muster Knopflochanfang markieren; rechts des Knopflochs bis zur Markierung häkeln, wenden und bis Knopflochende hochhäkeln. Bei ungerader Reihenzahl Faden abschneiden (A) und später auf der Rückseite vernähen. Bei gerader Reihenzahl Faden hängen lassen. Neuen Faden an die 1. M links des Knopflochs anschlingen und hochhäkeln. Dann wieder ab Reihenanfang mit dem hängenden Faden an der Kante über alle häkeln (B)

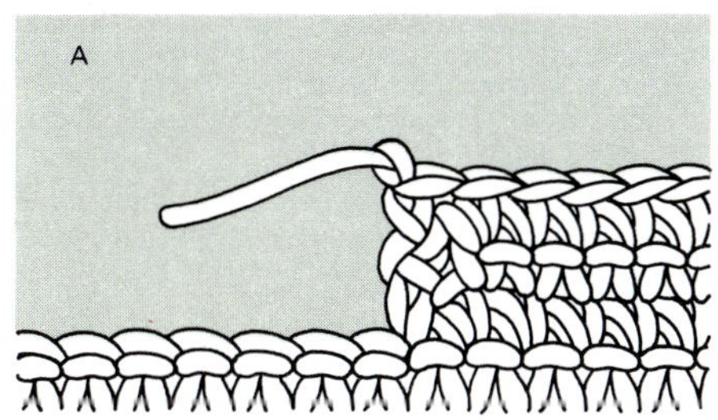

Rechter Teil des senkrechten Knopflochs

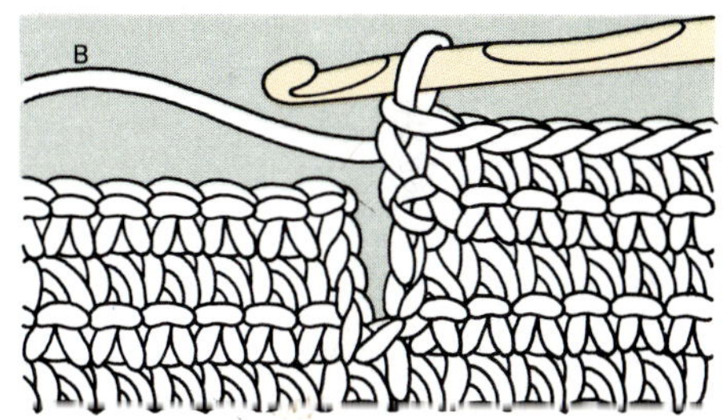

Linker Teil des senkrechten Knopflochs

Knopfschlingen Schlingenanfang und -ende markieren. Auf der Kleidervorderseite bis zur Endmarkierung arbeiten, eine Lm-Kette zurück bis Schlingenanfang häkeln und dort anschlingen. Dazu Nadel aus der letzten Lm ziehen, in die M der Vorr von vorn nach hinten einstechen, Lm durchholen, Nadel in die nä M rechts davon einstechen, Faden holen (A) und durchziehen. Um die Lm-Kette fM häkeln; 1 Km in die fM am Schlingenende (B). Im Muster weiterhäkeln

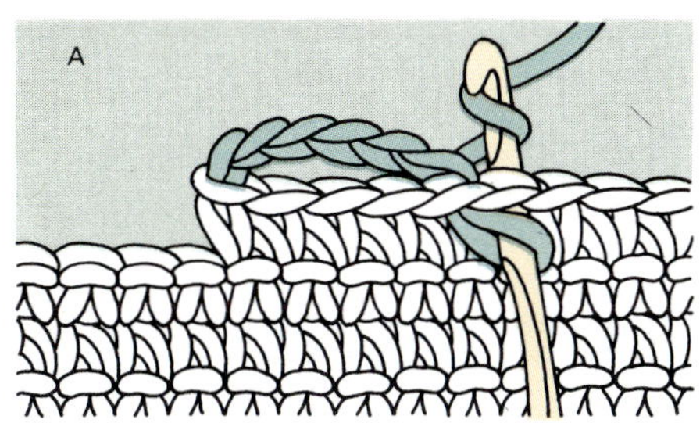

Lm-Kette am Schlingenanfang anschlingen

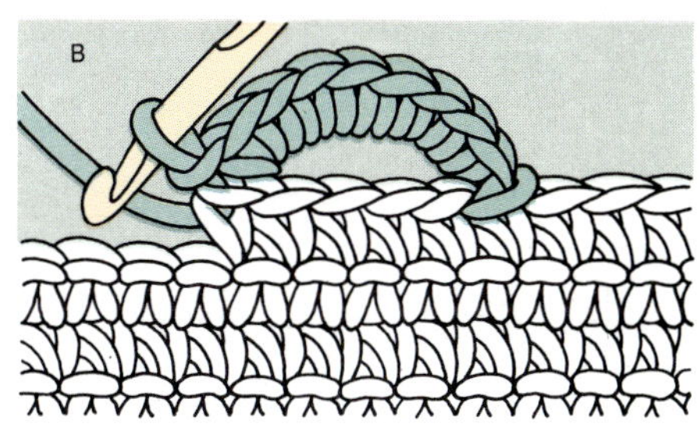

fM um die Lm-Kette häkeln

Ausarbeiten

Allgemeine Hinweise
Teile rechts auf rechts zusammenfügen
Stoßnähte
Kantenverzierungen und Spitzeneinsätze
Tunesisch gehäkelte Decke

Allgemeine Hinweise

Häkelarbeiten kann man auf mehrere Arten fertigstellen. Man wählt die jeweils geeignetste Methode und arbeitet sehr sorgfältig.

Im allgemeinen wird die Arbeit zuerst gespannt. Dadurch bringt man die gehäkelten Stücke in die richtige Form und gleicht leichte Unregelmäßigkeiten im Maschenbild aus. Man kann die Arbeit entweder dämpfen oder anfeuchten (siehe dazu die Anleitungen im Kapitel *Stricken,* Seite 482–483). Zuvor sollte man jedoch die Hinweise auf der Garnbanderole lesen, denn einige Garne dürfen nicht gespannt werden.

Als nächstes werden die Einzelteile der Häkelarbeit zusammengefügt. Dazu sind unten mehrere Methoden beschrieben; welche man wählt, hängt von der Art und Struktur der Häkelei selbst und auch vom persönlichen Geschmack ab. Man verbindet die Teile rechts auf rechts, wenn die Kanten unregelmäßig sind; Stoßnähte arbeitet man an geraden Kanten und bei gleichen Maschen- bzw. Reihenzahlen.

Zum Schluß kann man noch die Kanten verzieren, die dadurch auch stabiler werden (S. 313).

Teile rechts auf rechts zusammenfügen

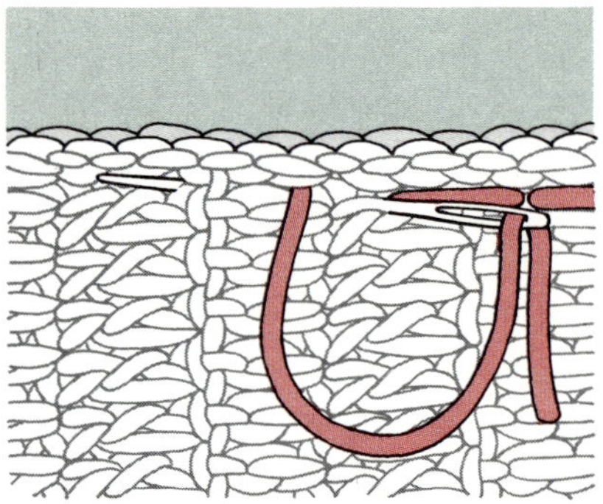

Rückstich Für ungleiche Kanten oder Änderungen geeignet. Teile rechts auf rechts aufeinander ausrichten. In beliebigem Abstand von der Kante ausstechen; jeweils 1–2 Maschen rechts davon ein- und links davon wieder ausstechen; siehe auch Seite 22

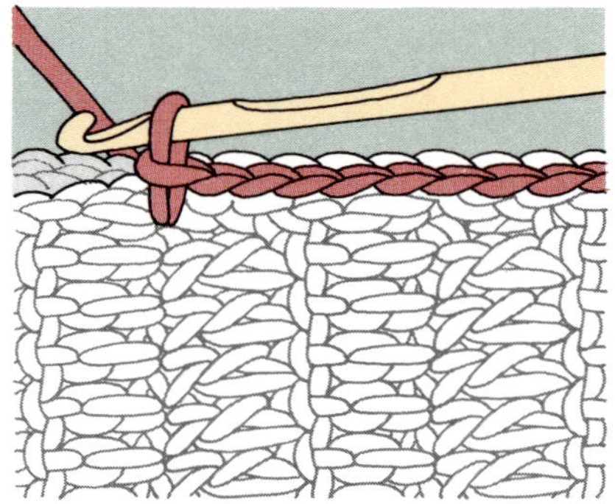

Kettmaschen Vor allem für feste, unelastische Nähte geeignet. Teile exakt rechts auf rechts aufeinander ausrichten; eine Schlinge durch beide Teile holen; * in die nä M einstechen, Faden durch Masche und Schlinge auf der Nadel holen *

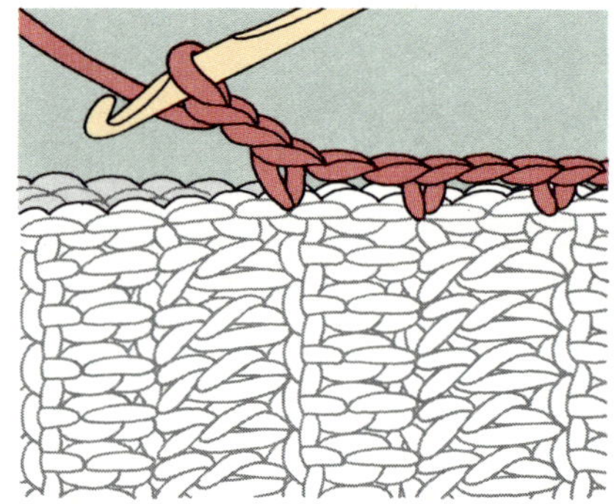

Kettmaschen mit Luftmaschen ergeben eine etwas dehnbarere Naht. Teile exakt rechts auf rechts aufeinander ausrichten; * die Lm immer in Höhe der Reihe häkeln, dann die Km in den Anfang der nächsten Reihe arbeiten *

Stoßnähte

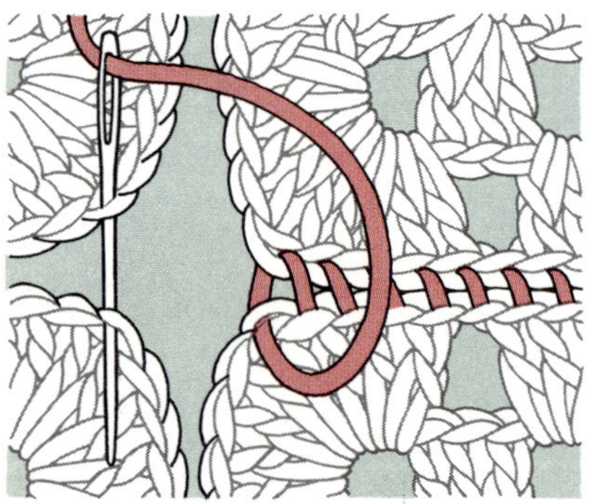

Einzelmotive Teile mit der Schauseite nach oben nebeneinander ausrichten. Rechts beginnen und jeweils nur die hinteren Maschenglieder erfassen. Von oben nach unten stechen, wie im Bild gezeigt

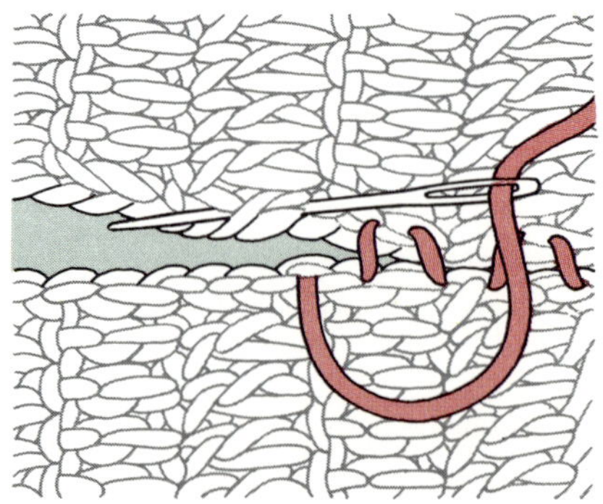

Längsnähte Für größere Maschen und Filethäkeleien. Teile mit Schauseite nach oben nebeneinander ausrichten. Waagrecht durch die Kante des oberen Teils von rechts nach links stechen, dann durch die des unteren

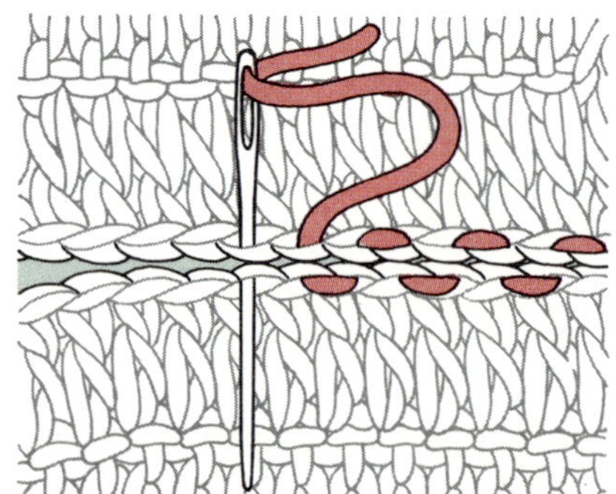

Quernähte Für gerade Ober- und Unterkanten mit gleicher Maschenzahl. Teile mit der Schauseite nach oben nebeneinander ausrichten, mit jedem Stich an beiden Teilen je ein rückwärtiges Maschenglied fassen

Kantenverzierungen und Spitzeneinsätze

Zierkanten sehen nicht nur an Häkelarbeiten, sondern auch an Stricksachen und gewebten Stoffen gut aus und bilden einen festen Abschluß. Bei angehäkelten Borten schließt man alle Nähte. Alle Runden beginnen an einer Naht, z. B. an der Schulternaht. Wenn eine Borte getrennt gehäkelt und nachher angenäht wird, kann man sie entweder quer häkeln – in diesem Fall bestimmt die Maschenzahl die Länge der Borte (mittlere Bildreihe) – oder man häkelt sie längs, d. h., die Reihenzahl bestimmt die Länge (untere Bildreihe). Zierkanten können mit allen Garnarten gearbeitet werden.

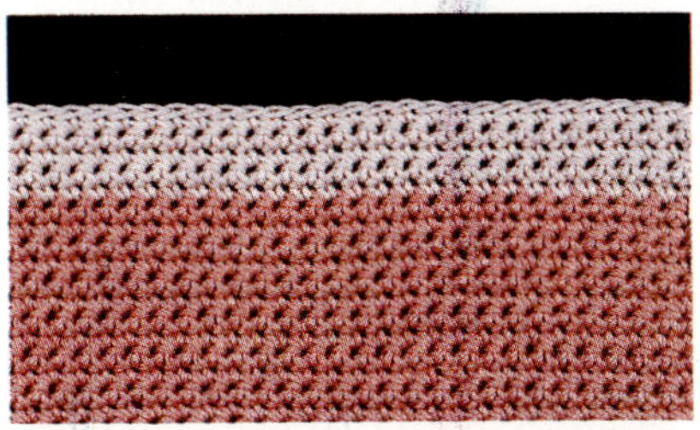

Kanten aus festen Maschen Für Arm- und Halsausschnitte, als Blende und als Bündchen geeignet. **1.–4. R**: fM

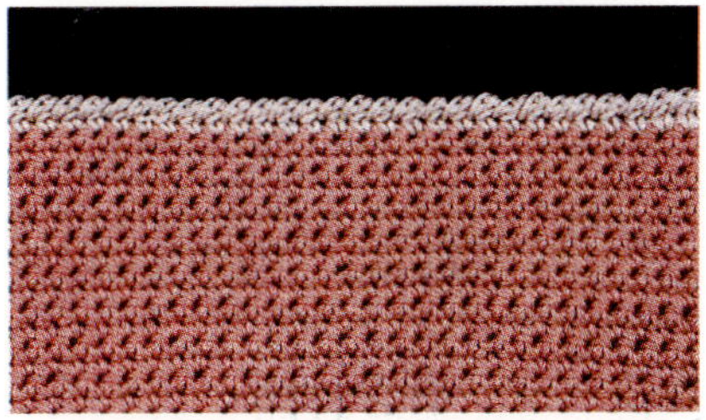

Krebsstich Ziemlich fester Kantenabschluß. **1. R (Rd)**: fM. **2. R (Rd)**: fM, nach rückwärts eingestochen (von links nach rechts häkeln)

Picotkante * Je 1 Km in die nä 2 M, 1 fM in die nä M, 3 Lm, 1 fM in dieselbe Einstichstelle wie die vorherige fM *

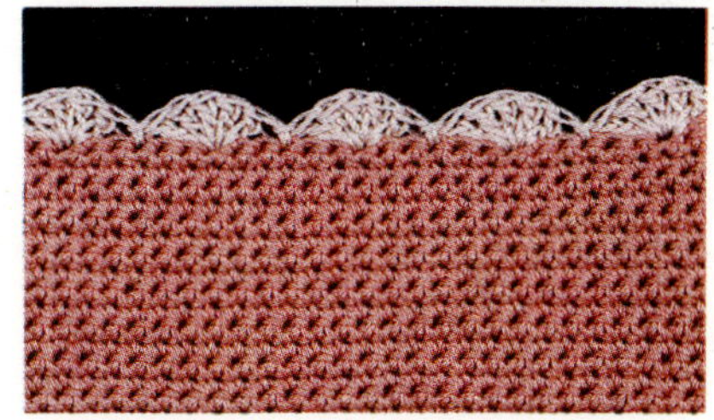

Muschelkante Für spitzenartige Häkelarbeiten geeignet. 1 Km; * 2 M überg, 5 Stb in die nä M, 2 M überg, 1 Km in die nä M *

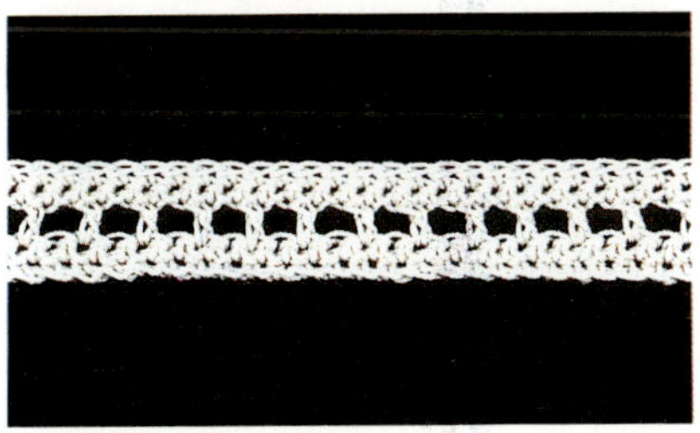

Einfacher Spitzeneinsatz
Anschl: teilbar durch 2 + 2 Lm
1. R: 1 M überg; * 1 fM in die nä M *
2. R: 1 WLm; * 1 fM in die nä M *
3. R: 4 WLm, 2 M überg; * 1 Stb in die nä M, 1 Lm, 1 M überg *; 1 Stb in die letzte M
4. R: 1 WLm; * 1 fM in die nä M *, 1 fM in den nä Lm-Bogen
5. R: 1 WLm; * 1 fM in die nä M *

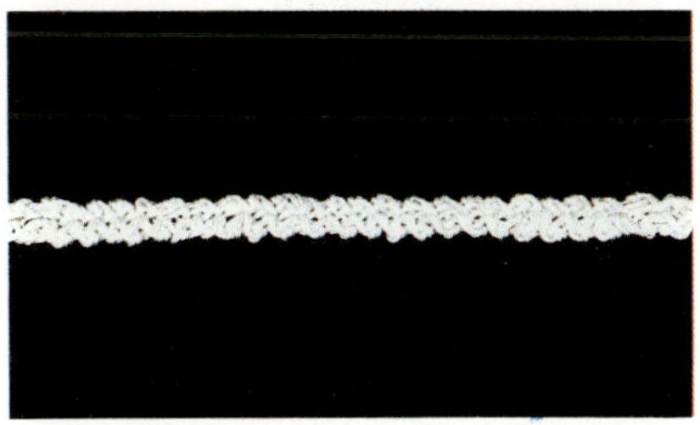

Gedrehte Borte
Anschl: beliebige Lm-Zahl
1 M überg; * in die nä M einstechen, Faden holen, durchziehen, Nadel waagrecht im Uhrzeigersinn um sich selbst drehen, bis sie wieder vorn ist, Faden holen, abmaschen *; am Reihenende 1 Lm häkeln; nicht wenden, auf der Unterseite der Lm-Kette zurückhäkeln, dabei in jede Schlinge eine gedrehte Masche

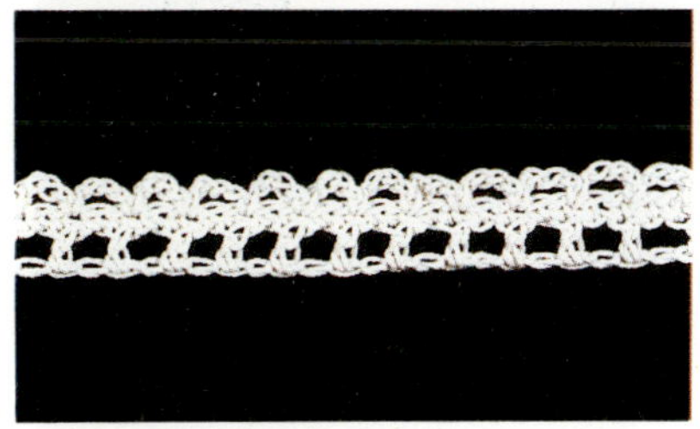

Filetspitze mit Picots
Anschl: teilbar durch 2 + 5 Lm
1. R: 5 M überg, 1 Stb in die nä M; * 1 Lm, 1 M überg, 1 Stb in die nä M *
2. R: 1 WLm; * 1 fM in die nä M *
3. R: 4 WLm, 1 M überg; * 1 Km in die nä M, 4 Lm, 1 M überg *; 1 Km in die vierte Lm zu Beginn der ersten R

Luftige Muschelkante
Anschl: teilbar durch 5 + 3 Lm
1. R: 1 M überg; * 1 fM in die nä M *. **2. R**: Je 1 Km in die nä 2 M; * 3 Lm, 3 M überg, je 1 Km in die nä 2 M *. **3. R**: Je 1 Km in die nä 2 M; * (1 Stb um die Lm der Vorr, 1 Lm) 4mal, 1 Stb um dieselbe Lm; je 1 Km in die nä 2 M *. **4. R**: * (1 fM um die nä Lm der Vorr, 3 Lm) 4mal, je 1 Km in die nä 2 M *

Doppelte Muschelkante **Anschl**: 19 Lm. **1. R**: 9 M überg, 1 Muschel / 4 Stb, 3 Lm, 4 Stb / in nä M, 5 M überg, 1 Muschel in nä M, 2 M überg, 1 3f.Stb in letzte M. **2. R**: 5 WLm, je 1 Muschel um die Lm, 1 3f.Stb in letztes Stb. R 2 fortlaufend wdh. Letzte R endet mit 2 Lm, 1 Stb in letztes Stb der Vorr; nicht wenden. An einer Seite: 1 Lm, 1 fM in gerade gearbeitete Schlaufe; * 3 Lm, 1 fM in nä Schlaufe *; am R-Ende 1 WLm, wenden; 1 fM in nä M; * 3 fM um nä Lm, 1 fM in nä M *

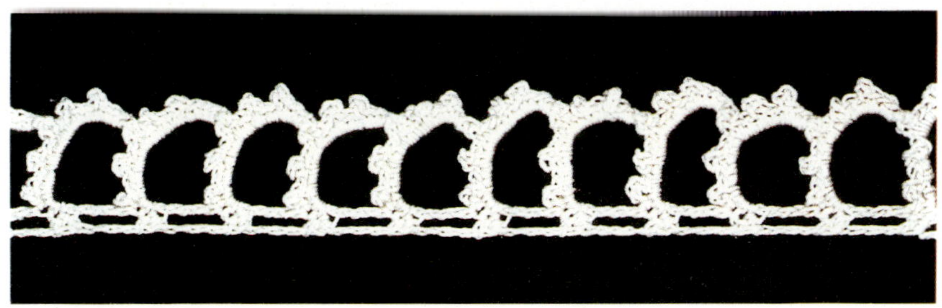

Luftige Bogenspitze **Anschl**: 13 Lm. **1. R**: 6 M überg, 1 DStb in nä M, 9 Lm, 5 M überg, 1 Km in letzte M. **2. R**: 1 WLm, (3 fM, 3 Lm) 5mal um die Lm der Vorr, 2 fM um dieselben Lm, 1 fM in das DStb der Vorr, 2 fM um die überg Lm der Vorr. **3. R**: 5 WLm, 2 M überg, 1 DStb in nä M, 9 Lm, 2 Lm-Bogen der Vorr überg, 1 Km in nä Lm-Bogen. **4. R**: 1 WLm, (3 fM, 3 Lm) 5mal um die Lm, 2 fM um dieselben Lm, 1 fM in das DStb, 1 fM in 4. WLm. R 3 und 4 fortlaufend wdh

Tunesisch gehäkelte Decke

Tunesisches Grundmuster 298
Spannen 482–483

Tunesisch gehäkelte Wolldecke, etwa 120 × 150 cm groß

Diese Decke besteht aus 25 rechteckigen Motiven, die im tunesischen Grundmuster gehäkelt, mit festen Maschen umhäkelt und zuletzt mit Kreuzstichen bestickt sind.

Material

700 g dicke Sportwolle in Blau, 800 g in Beige
Tunesische Häkelnadel Nr. 5–6
Große Sticknadel ohne Spitze

Maschenprobe

8 M und 7 R = 5 cm

Vorbereitung

Wenn man sehr große Knäuel hat, wickelt man daraus mehrere kleine.

MOTIV

34 Lm in Blau anschlagen.

1.–6. R: tunesisches Grundmuster; jedoch beim Beginn der 3. R 1 Lm weglassen und für die letzte M jeder Hinr die Nadel nicht unter dem senkrechten Maschenglied durchschieben, sondern die dahinter liegende M mitfassen. Dies ergibt eine festere Kante.

7. R (Hinreihe): Farbwechsel. Die ersten 3 Schlingen in Blau durchholen und auf der Nadel lassen; die 4. M mit der beige Farbe häkeln, Fadenenden auf der Rückseite hängenlassen; 27 M in Beige häkeln, dann folgen 3 M blau, dabei wieder einen neuen Knäuel anfangen. Bei jedem weiteren Farbwechsel ebenfalls einen neuen Knäuel anfangen. Die Knäuel werden mit den R senkrecht hochgeführt; man darf sie nicht waagrecht weiterführen, damit keine Spannfäden entstehen (in R 27 arbeitet man dann mit 7 Knäueln).

8. R (Rückreihe): Die ersten 2 M wie gewohnt in Blau abmaschen, dann beige Faden um blauen Faden herumschlingen und in Beige weiterhäkeln, d. h., beim ersten Arbeitsgang nach dem Umschlingen wird der beige Faden durch eine blaue und eine beige Schlinge auf der Nadel gezogen. Ebenso bei den weiteren Farbwechseln vorgehen. Motiv genau nach dem Zählmuster häkeln. Nach der letzten R blauen Faden nicht abschneiden; man häkelt damit die Kante weiter.

Kante: Nadel unter dem nä senkrechten Maschenglied von rechts nach links durchschieben, Faden holen, durchziehen, 1 fM häkeln, ins selbe Maschenglied nochmals 1 fM häkeln (= Eckm). Anschließend entlang der oberen Kante und der Anschlagkante in jede M 1 fM, entlang den Seitenkanten in jede doppelte Randschlinge je 1 fM sowie in jede Eckm je 2 fM häkeln. Die Umrandung mit 1 Km in die 1. fM schließen.

KREUZSTICHE

Wie im Zählmuster angegeben, die Mitte jedes Motivs besticken.

AUSARBEITEN

Alle Teile sorgfältig auf die gleichen Maße (etwa 24 × 30 cm) spannen. 10 Motive in 2 R zu je 5 Motiven mit der Vorderseite nach oben aneinanderlegen. Einzelmotive mit einer Stoßnaht (S. 312) mit blauem Garn zusammennähen. Weitere 3 R à 5 Motive hinzufügen; dabei erst waagrechte, dann senkrechte Linien schließen.

AUSSENKANTE

2 Rd fM in Blau um die gesamte Decke häkeln, dabei 1 fM in jede M und in jede Ecke 2 fM. Jede Rd mit 1 Km schließen. Faden vernähen; dämpfen.

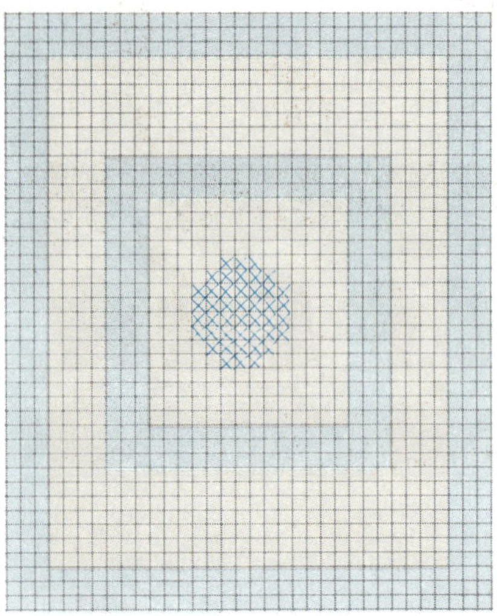

Jedes Motiv wird im tunesischen Grundmuster nach dem Zählmuster links gehäkelt. Ein Kästchen stellt eine Masche dar, eine Kästchenreihe je eine Hin- und Rückreihe; d. h., man arbeitet 84 Reihen mit 34 Maschen. In der Vorlage erscheint das Mittelmotiv nach links verschoben; es ist jedoch nach dem Sticken genau in der Mitte, da jeder Kreuzstich über das senkrechte Maschenglied der beige Stiche gestickt wird. Die Stickerei ist auf der Rückseite nicht zu sehen

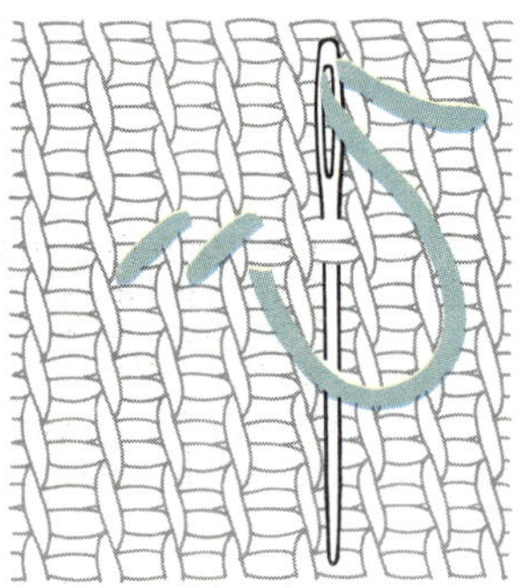

Mit einer Sticknadel ohne Spitze und mit blauem Garn bei × beginnen und den Grundstich von links nach rechts arbeiten, wie im Bild gezeigt (siehe auch S. 35); dabei nur 2 waagrechte Maschenglieder erfassen – nicht nach hinten durchstechen

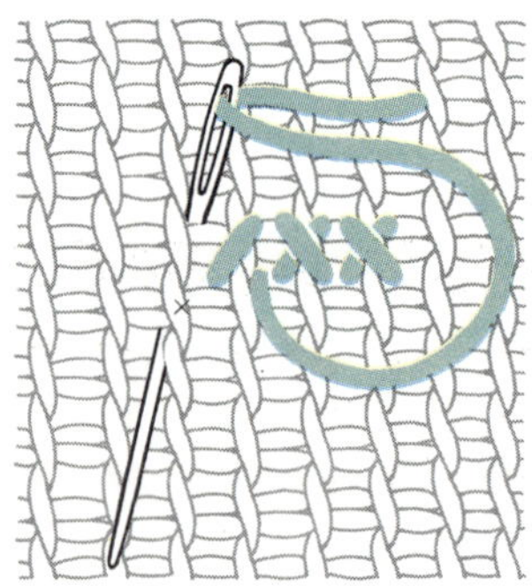

Den Deckstich entsprechend von rechts nach links zum Ausgangspunkt zurückarbeiten. Für die nächste Reihe links vom mit × bezeichneten senkrechten Maschenglied ausstechen. Fertigsticken; Fadenenden unsichtbar auf der Rückseite vernähen

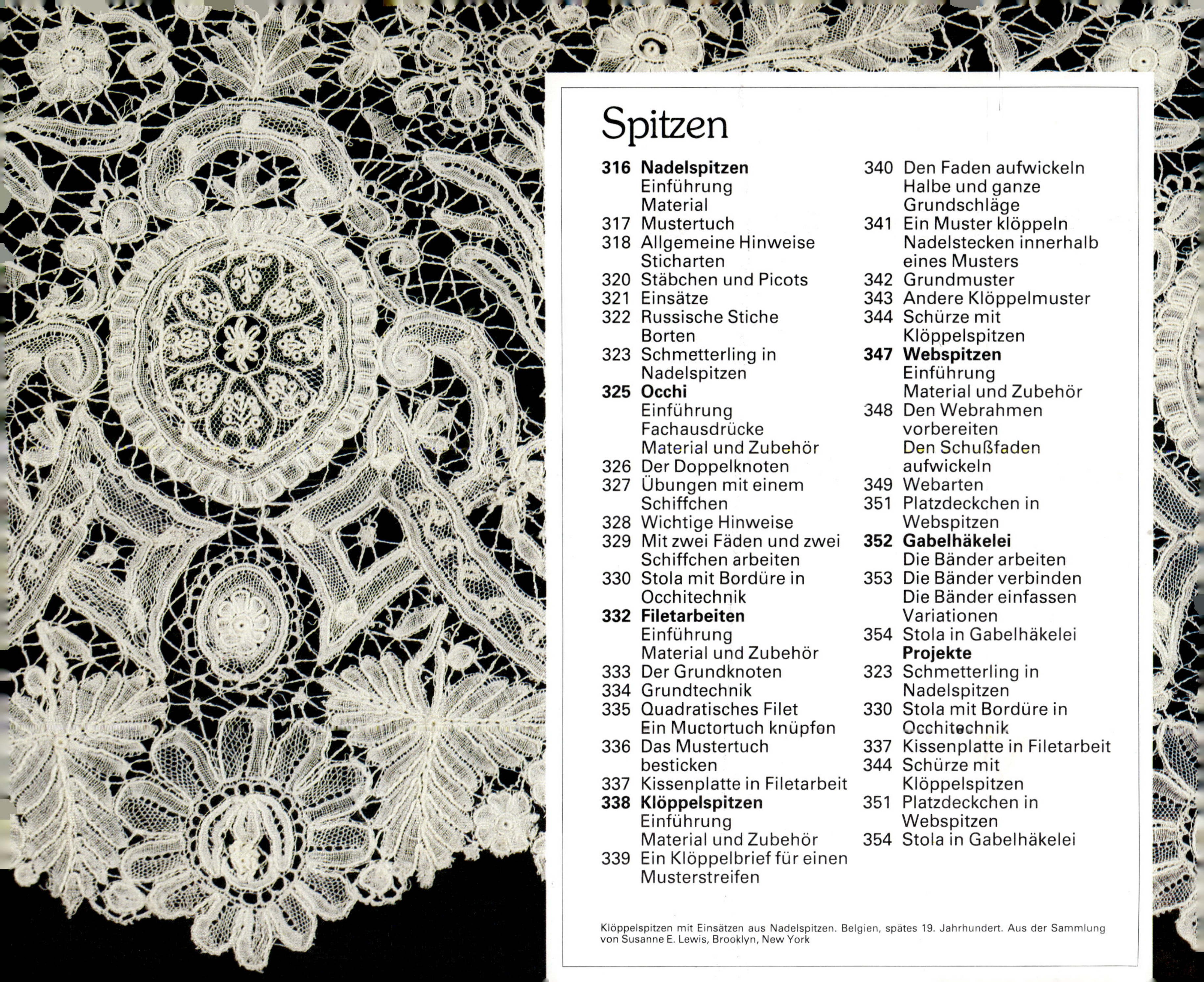

Spitzen

Klöppelspitzen mit Einsätzen aus Nadelspitzen. Belgien, spätes 19. Jahrhundert. Aus der Sammlung von Susanne E. Lewis, Brooklyn, New York

Nadelspitzen

Einführung

Nadelspitzen werden, wie der Name schon verrät, mit Nadel und Faden gearbeitet. Der verwendete Stoff dient lediglich zur Befestigung der Stiche während der Arbeit. Diese hübschen Spitzen kann man in vielen Variationen fertigen; in diesem Kapitel werden einige Grundtechniken vorgestellt, die Anfänger leicht nacharbeiten können. Damit kann man bereits sehr attraktive Spitzen erstellen. Die Stiche werden zwischen Abschnitten eines schmalen Bandes gearbeitet, das zuvor auf eine Unterlage entsprechend den Umrissen des Musters geheftet wurde. Nach Beendigung der Arbeit wird die Unterlage entfernt, und nur die Spitze bleibt zurück.

Zarte Motive, wie oben abgebildet, kann man mit dieser jahrhundertealten Handarbeit fertigen

Material

Wichtig ist zunächst die Wahl des Bandes, weil es zum Garn passen muß. Empfehlenswert sind Bandbreiten von 5 bis 12 mm. Das Band muß dehnbar und locker gewebt sein. Tressen, Bordüren mit Lochmuster und Picoträndern oder auch zwei ineinandergedrehte Zickzackbänder eignen sich; nebenstehend dazu einige Beispiele.

Man verwendet Glanzhäkelgarn in mittlerer Stärke, da es fest gezwirnt ist und von seiner Struktur her die Stiche am besten zur Geltung bringt. Eine Sticknadel ohne Spitze ist empfehlenswert, da man mit ihr nicht so leicht aus Versehen in die Bandunterlage stechen kann. Das Nadelöhr muß groß sein. Man braucht ferner eine normale Nähnadel und Heftgarn, kräftiges Papier für die Unterlage und einen zur Garnfarbe kontrastierenden Stoff, damit sich die Spitze gut abhebt. Ein Bügelstift (S. 11) ist sehr nützlich, weil man damit ein Muster mit dem Bügeleisen auf einen Grundstoff übertragen kann. Unerläßlich sind ein Fingerhut und eine Stickschere sowie ein Gummistift für das Arbeiten der Ringe.

Mustertuch

Material
Etwa 3 m Band (Bänder siehe S. 316), ein Knäuel Perlgarn Nr. 5, Sticknadel, Heftgarn, Nähnadel, etwa 28 × 35 cm kräftiges Zeichenpapier, etwa 28 × 35 cm einfarbiger, weicher Stoff in Kontrastfarbe.

Vorbereitung
Aus dem Band vier Streifen von 20 cm und drei Streifen von 30 cm Länge schneiden; die Restlänge für die Einfassung nehmen. Den Stoff auf das Papier, dann die Streifen auf den Stoff legen, und zwar so, daß die großen mittleren Zwischenräume etwa 6,5 × 4,5 cm messen. Die Streifen durch die Mitte auf den Stoff und das Papier heften. Die Bänder werden an den

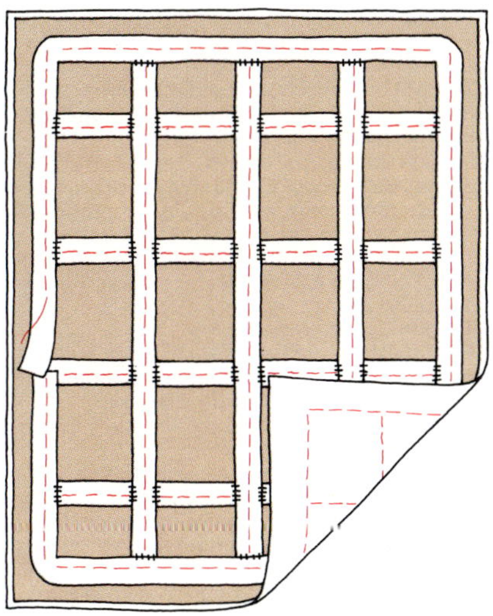

Kreuzungspunkten mit Überwendlingsstichen befestigt. Den Streifen für die Einfassung auf die Streifenenden heften; dabei die Ecken abrunden.

Ausarbeitung
Die Anordnung der Stiche zeigt das Diagramm (oben rechts). Die Muster werden in der Reihenfolge der Numerierung gearbeitet. Die einzelnen Stiche sind auf den Seiten 318–322 erklärt. Wichtig: Niemals in die Unterlage stechen.

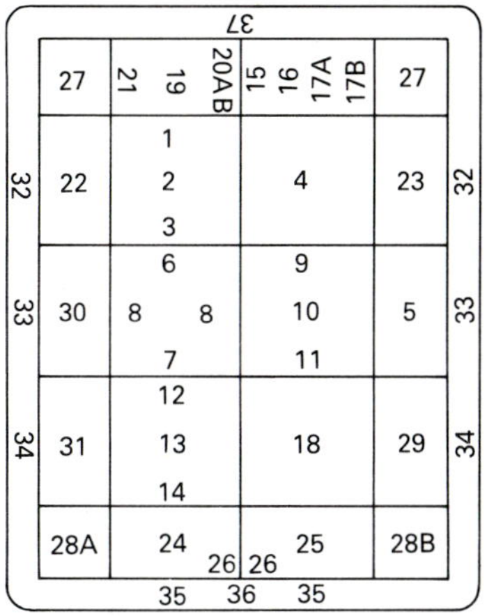

Diagrammschlüssel

1. Einfacher Langettenstich
2. Doppelter Langettenstich
3. Stegstich
4. Brüsseler Langettenstich
5. Erbsstich
6. Venetianischer Stich
7. Venetianischer Lochstich
8. Ven. Stich mit Stickerei
9. Knotenstich
10. Stäbchenstich
11. Rückwärtslangetten
12. Spanischer Stich
13. Gedrehter spanischer Stich
14. Muster im gedrehten spanischen Stich
15. Einfaches gedrehtes Stäbchen
16. Doppeltes gedrehtes Stäbchen

17 A, B Glattes geschlungenes Stäbchen

18. Verzweigte Stäbchen
19. Geschlungenes Stäbchen mit Bogenpicot

20 A, B Geschlungenes Stäbchen mit gestecktem Picot

21. Geschlungenes Stäbchen mit Wickelpicot
22. Zweigeinsatz mit dichten Blättern
23. Zweigeinsatz mit Spinnen
24. Perleinsatz
25. Einsatz mit Räderstich
26. Ringe
27. Rosette

28 A, B Spinnweben

29. Russischer Langettenstich
30. Doppelter russischer Stich
31. Halbe Stäbchen
32. Knotenborte
33. Borte mit verbundenen Picots
34. Borte mit offenen Picots
35. Borte mit Wickelpicot
36. Bogenborte mit Picots
37. Borte mit Rückwärtslangetten

Spitzen · Nadelspitzen

Allgemeine Hinweise

Alle hier gezeigten Stiche sind Variationen des Langettenstiches (S. 25), auch Schling- oder Festonstich genannt, der von links nach rechts und von rechts nach links gearbeitet werden kann. Je nach Muster wird er lok-

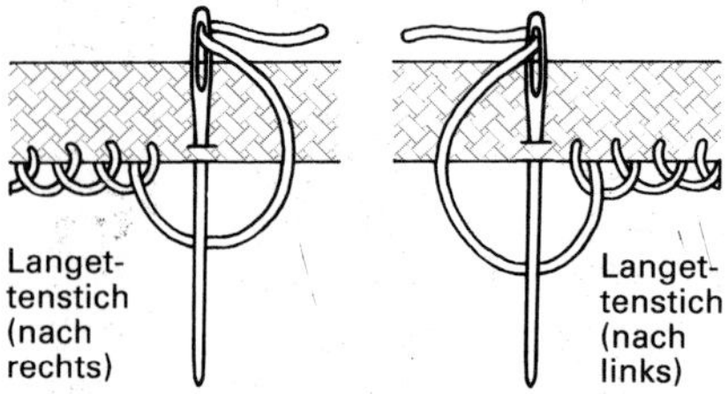

Langettenstich (nach rechts)

Langettenstich (nach links)

ker als Schlinge, dicht nebeneinanderliegend als Steg oder nach einer Seite ausgerichtet. Darüber hinaus variiert man den Langettenstich mit anderen Stickstichen, beispielsweise mit dem Wickelstich (S. 43).

Tips für die Ausarbeitung

1. Die Stiche müssen ausreichend fest angezogen werden, so daß sie sich nicht lockern, aber ohne daß sich die Bandkanten verziehen.

2. Die Bandkante gilt als Führungslinie für die Stiche und Reihen.

3. Zwischen den Reihen werden die Bandkanten, wie in der Abbildung gezeigt, umstochen.

4. Beim Langettenstich oder einem

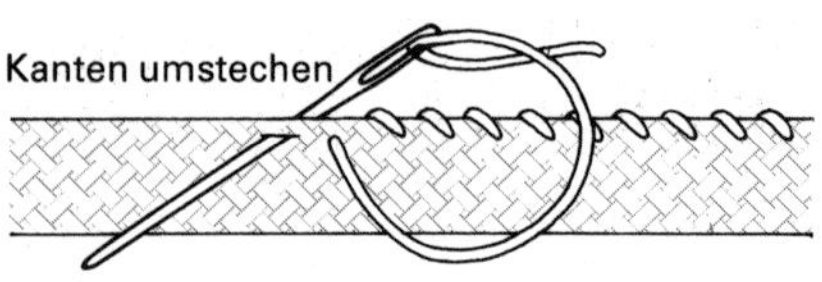

Kanten umstechen

anderen Füllstich bleibt die Anzahl der Schlingen über einen regelmäßig geformten Zwischenraum gleich; bei unregelmäßig geformten Flächen wird entsprechend zu- oder abgenommen, jedoch bleibt die Stichgröße gleich.

5. Besteht ein Muster aus der Wiederholung von nur einer Reihe, wird jede Reihe mit einer ganzen Schlinge begonnen und mit einer halben Schlinge beendet.

Sticharten

Die Stiche auf dieser und der nächsten Seite eignen sich besonders als Füllstiche in einem Spitzenmuster. Zunächst beginnt man mit dem einfachen Langettenstich, den man unterschiedlich variieren kann (siehe diese Seite). Die venetianischen Stiche (obere Reihe, S. 319) werden dicht gearbeitet, so daß eine Webwirkung entsteht. Die Stiche in der mittleren Reihe auf Seite 319 entstehen durch einen zweiten Stich, der seitwärts über den ersten gearbeitet wird. Spanische Stiche (untere Reihe, S. 319) ähneln dem einfachen Langettenstich, haben jedoch in der Schlinge eine Drehung.

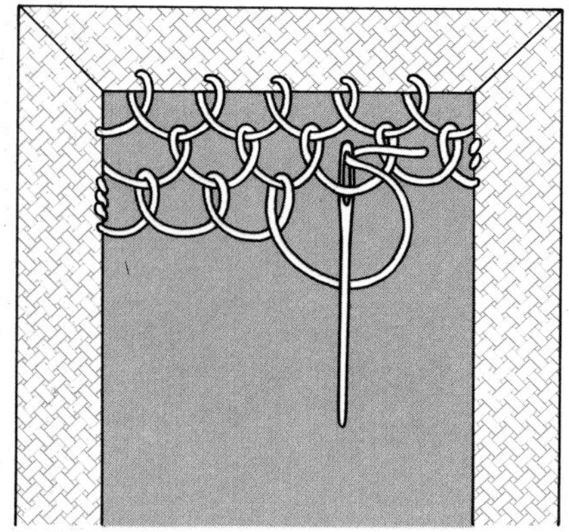

Einfacher Langettenstich

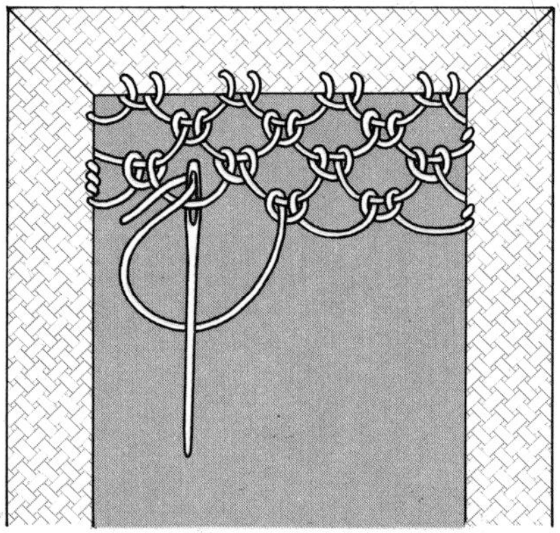

Doppelter Langettenstich

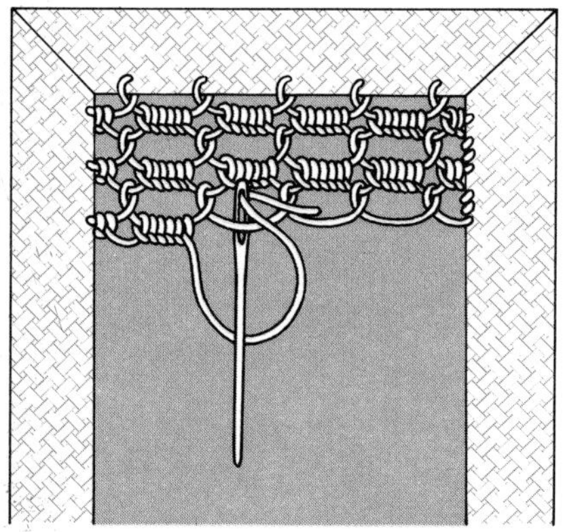

Stegstich

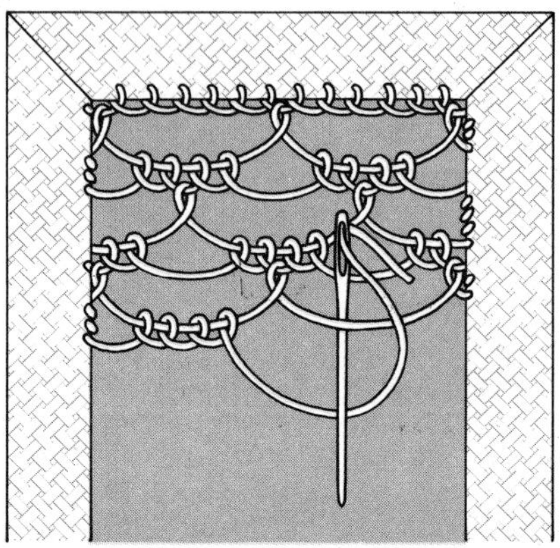

Brüsseler Langettenstich

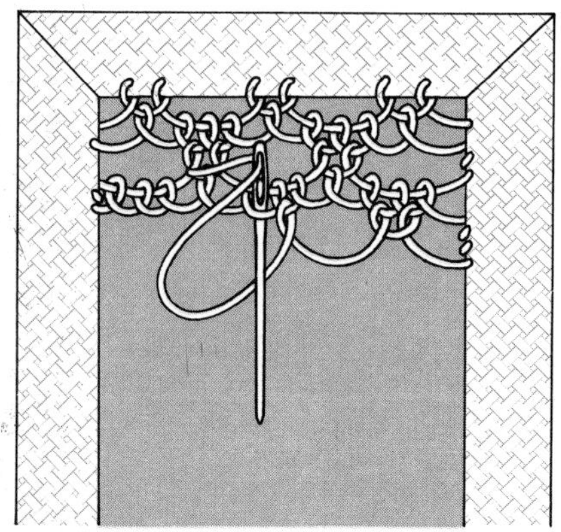

Erbsstich

Einfacher Langettenstich (1) Dieser Stich bildet für viele Muster die Grundlage
1. Reihe: Schlingen gleichmäßig arbeiten; die Größe jeder Schlinge entspricht etwa dem Abstand zwischen zwei Schlingen
2. Reihe: Erste Reihe wiederholen, jeden Stich in die Mitte der großen Schlinge darüber arbeiten. Diese Reihe bildet das Muster
Doppelter Langettenstich (2) Dieser Stich sieht besser aus, wenn die große Schlinge etwas enger als beim einfachen Langettenstich (oben) gearbeitet wird
1.Reihe: Eine große und eine kleine Schlinge abwechselnd arbeiten (leicht zusammenstoßen)
2. Reihe: Erste Reihe wiederholen, dabei die 2 Schlingen in jede der darüberliegenden großen Schlingen arbeiten. Diese Reihe bildet das Muster
Stegstich (3) Bei diesem Stich beginnt man an der rechten Seite, weil die zweite Reihe mit dicht nebeneinanderliegenden Langettenstichen leichter von links nach rechts gearbeitet werden kann. Der Abstand muß gleichmäßig sein, weil der Rapport 2 Reihen hat
1. Reihe: Von rechts nach links Langetten in großen Abständen arbeiten, mit einer halben Schlinge beginnen und enden
2. Reihe: Von links nach rechts arbeiten, jede Schlinge mit dicht nebeneinanderliegenden einfachen Langettenstichen füllen (etwa 6 für jede volle Schlinge, 2 für jede halbe Schlinge)
3. Reihe: Von rechts nach links arbeiten, große Langetten in die kleinen Zwischenräume zwischen den Stegen der Vorreihe arbeiten
Die 2. und 3. Reihe bilden das Muster. Bei der letzten Reihe im Muster zwischen den Stegen in das Band einstechen
Brüsseler Langettenstich (4)
1. Reihe: Dicht nebeneinanderliegende Langetten arbeiten, Schlingenzahl teilbar durch 6 (beim Mustertuch sind es 18 Langetten)
2. Reihe: Eine große Langette in jede sechste der Vorreihe arbeiten
3. Reihe: 4 mittelgroße Langetten in jede darüberliegende große Schlinge arbeiten
4. Reihe: Eine große Langette in die Mitte der 4 Langetten der Vorreihe arbeiten
Die 3. und 4. Reihe bilden das Muster
Erbsstich (5) Auch dieses Muster hat einen Rapport von 2 Reihen
1. Reihe: Eine große und eine kleine Langette im Wechsel arbeiten, mit einer großen Langette enden
2. Reihe: Eine Langette in die kleine Langette der Vorreihe arbeiten und 3 Langettenstiche in die große Langette der Vorreihe; mit 3 Langettenstichen enden
3. Reihe: 2 Langettenstiche in jede Gruppe von 3 Stichen der Vorreihe arbeiten, d. h. einen Stich zwischen die erste und zweite Schlinge und einen Stich zwischen die zweite und dritte Schlinge
4. Reihe: 3 Langettenstiche in jede große Langette der Vorreihe und eine in die kleine Langette der Vorreihe arbeiten

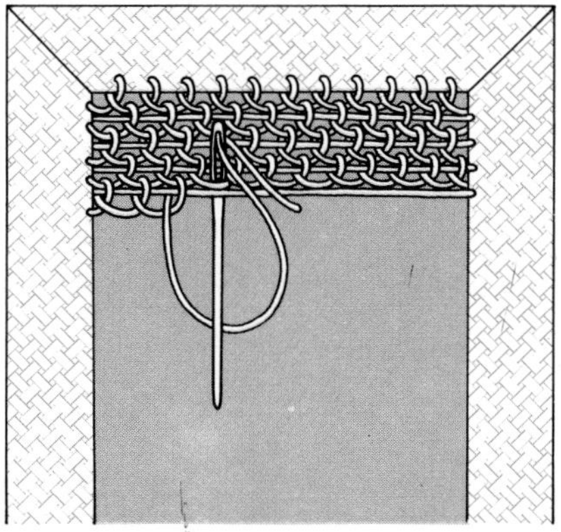
Venetianischer Stich

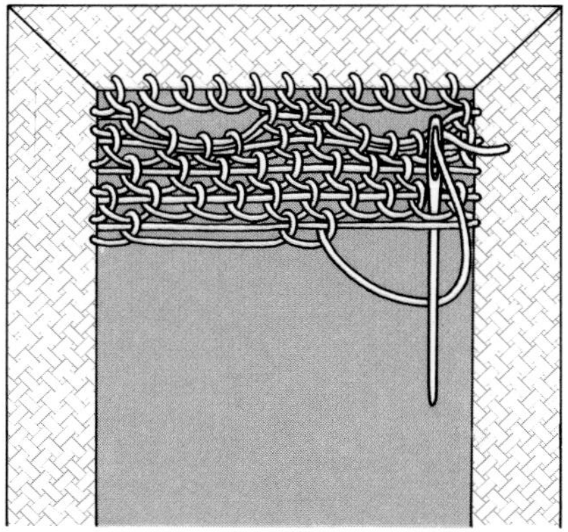
Venetianischer Lochstich

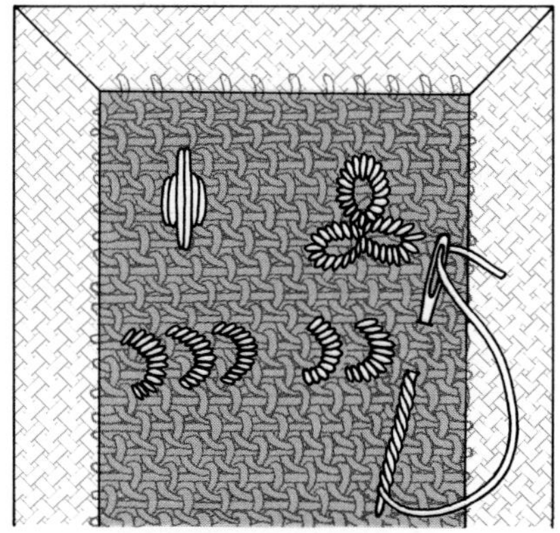
Venetianischer Stich mit Stickerei

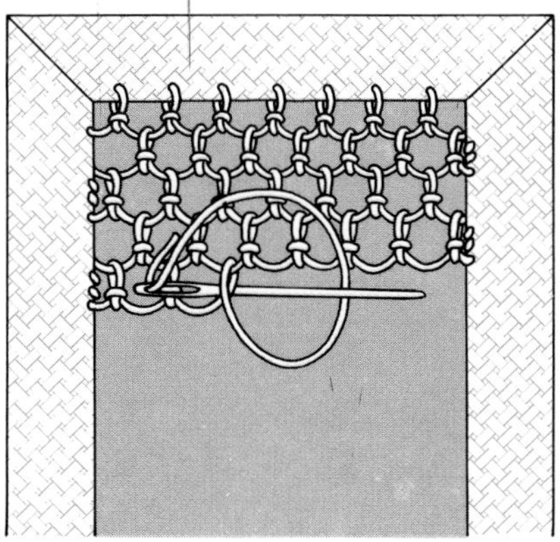
Knotenstich

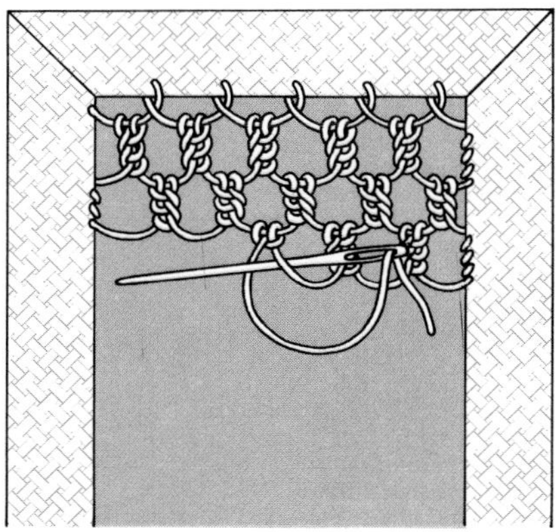
Stäbchenstich

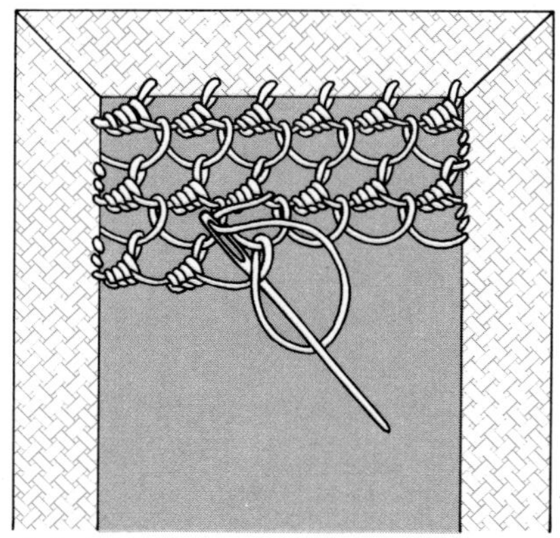
Rückwärtslangetten

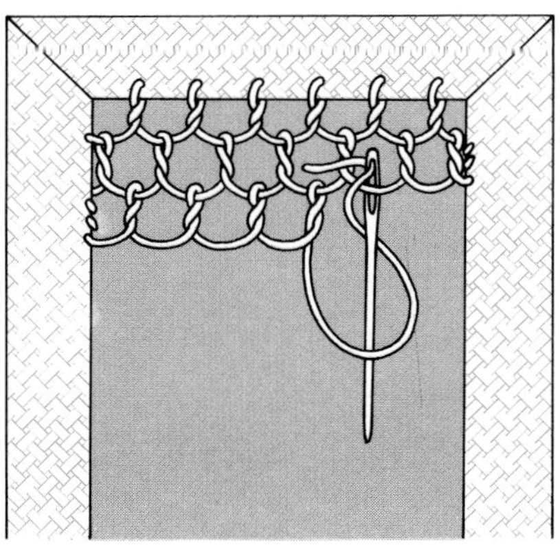
Spanischer Stich

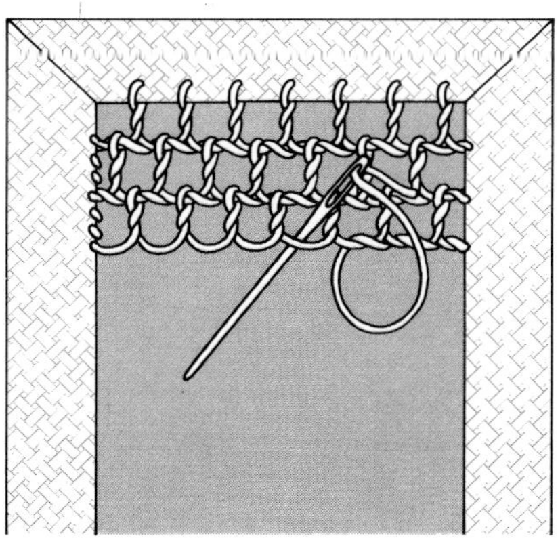
Gedrehter spanischer Stich

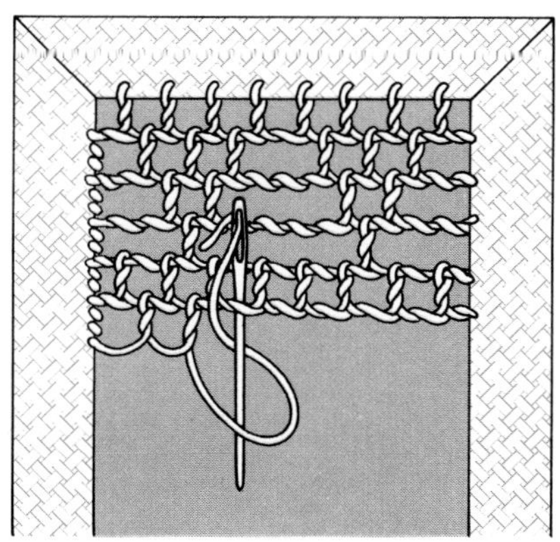
Muster im gedrehten spanischen Stich

Venetianischer Stich (6) **1. Reihe:** Von links nach rechts dicht nebeneinanderliegende einfache Langettenstiche arbeiten, danach den Faden gerade zurück über die Fläche holen. **2. Reihe:** Von links nach rechts einen Langettenstich in jede darüberliegende Langette arbeiten und dabei den losen Faden mitfassen. Den Faden nach links zurückholen; diese Reihe fortlaufend wiederholen

Venetianischer Lochstich (7) **1. Reihe:** Für jedes Loch 4 Langettenstiche überschlagen, den Faden gerade über die Fläche führen. Am Ende der Reihe den Faden nach links zurückholen. **2. Reihe:** Für jedes Loch 3 Langettenstiche über die 3 Fäden arbeiten

Venetianischer Stich mit Stickerei (8) Die Mitte des Motivs oben links besteht aus 2 Plattstichen, die über einen venetianischen Stich und 4 Reihen gearbeitet werden; links und rechts davon werden 2 Plattstiche über einen venetianischen Stich und 2 Reihen gestickt. Die Blätter bestehen aus 3 Wickelstichen; jedes Blatt mit einem Stich in der Mitte der Außenkurve befestigen

Knotenstich (9) **1. Reihe:** Links beginnend einen lockeren Langettenstich arbeiten; die Nadel von links nach rechts hinter die Schlinge und über den Faden führen; den Faden fest anziehen. **2. Reihe:** Von rechts nach links wie 1. Reihe arbeiten, 1. und 2. Reihe wdh

Stäbchenstich (10) **1. Reihe:** Einfache Langettenstiche in größeren Abständen arbeiten. **2. Reihe:** Einen lockeren Langettenstich in die darüberliegende Schlinge, einen zweiten in die gleiche Schlinge arbeiten; fest anziehen. 2 seitliche Stiche unter den zweiten Schlingstich arbeiten. Diese Reihe bildet das Muster

Rückwärtslangetten (11) **1. Reihe:** Links beginnend einen Langettenstich und um diese Schlinge einen weiteren Langettenstich arbeiten; den Faden fest anziehen, so daß dieser Stich am Bandrand anliegt und nach links zeigt. Noch 3 weitere solche Stiche daneben arbeiten, jeden etwas lockerer als den vorhergehenden. Damit ist ein Element fertig; das folgende genauso arbeiten. **2. Reihe:** Von rechts nach links einen Langettenstich zwischen jedes Element arbeiten, die Schlinge jeweils fest anziehen. Weiter mit 1. Reihe

Spanischer Stich (12) **1. Reihe:** Den Faden an der linken Bandkante befestigen und von oben durch die obere Bandkante stechen; die Nadel von oben links durch die entstandene Schlinge führen. **2. Reihe:** 1. Reihe wdh, die Schlingen sind jetzt nach links gerichtet

Gedrehter spanischer Stich (13) **1. Reihe:** Wie bei 1. Reihe des spanischen Stichs arbeiten. **2. Reihe:** Über die darüberliegende Reihe zurückarbeiten; die Nadel einmal zwischen jeder Grundschlinge einstechen. Den Faden fest anziehen, ohne daß sich die Stege verziehen

Muster im gedrehten spanischen Stich (14) Die gedrehten spanischen Stiche wie aus der Abbildung ersichtlich anordnen

Stäbchen und Picots

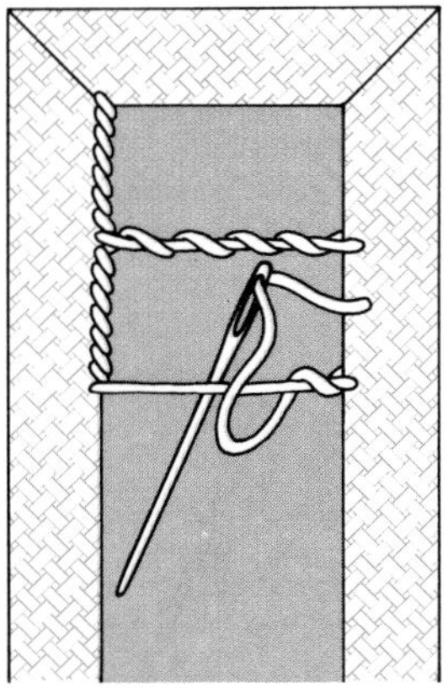

Einfaches gedrehtes Stäbchen (15) Den Faden an der linken Bandkante befestigen, über die Fläche spannen und in die rechte Bandkante einstechen. (Den Grundfaden immer straff spannen, jedoch nicht so fest, daß das Band nach innen gezogen wird.) Von rechts nach links arbeiten, den Faden viermal um den Grundfaden wickeln (je nach Breite der Fläche den Faden auch öfter umwickeln, damit ein festes Stäbchen entsteht)

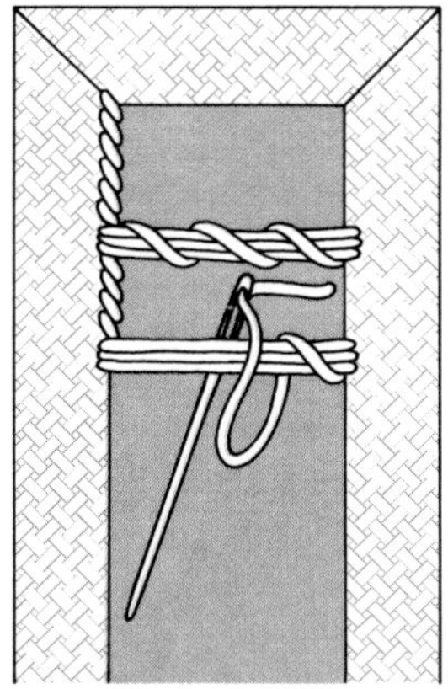

Doppeltes gedrehtes Stäbchen (16) Wie beim einfachen Stäbchen über die Fläche einen Grundfaden spannen, jedoch dreimal anstatt einmal. Zur linken Seite zurückarbeiten, die Grundfäden dabei dreimal umwickeln (hier sind weniger Umwicklungen nötig, um ein festes Stäbchen zu erhalten)

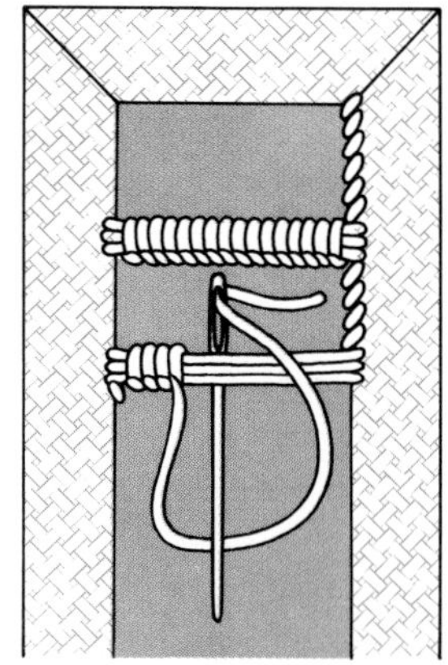

Glattes geschlungenes Stäbchen (17 A) An der rechten Kante beginnen, den Grundfaden dreimal über die Fläche spannen, knapp unterhalb der Spannfäden einen kleinen Stich durch die linke Bandkante nähen, um das Ende des Stäbchens zu sichern, dann über die Spannfäden dicht nebeneinanderliegende Langettenstiche arbeiten. Einen dickeren Steg (17 B) erhält man, wenn man über 5 Grundfäden arbeitet

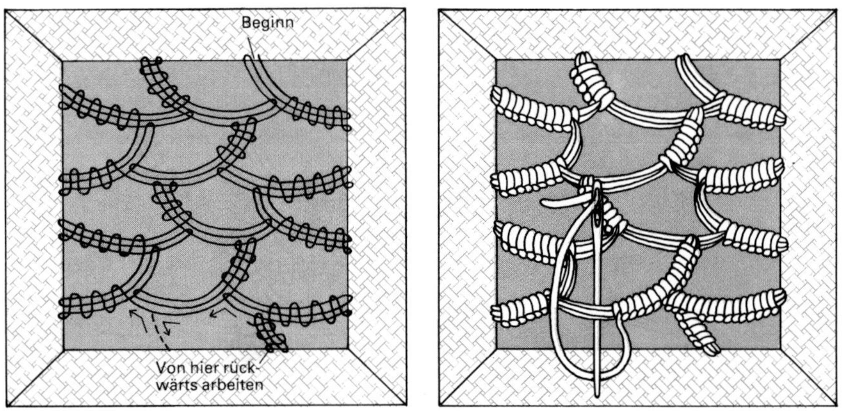

Verzweigte Stäbchen (18) In der oberen rechten Ecke beginnen (Diagramm links außen), einen Grundfaden für ein Stäbchen dreimal spannen; Langettenstiche über die halbe Länge arbeiten. Den Faden zur oberen Kante führen, dreimal spannen, dabei am unteren Rand des letzten Stichs verankern; Langettenstiche über die halbe Länge arbeiten. Die weiteren Stäbchen nach dem Diagramm arbeiten. Sind alle Stäbchen gespannt und zur Hälfte umstickt, über jedes Stäbchen in umgekehrter Richtung zurückarbeiten

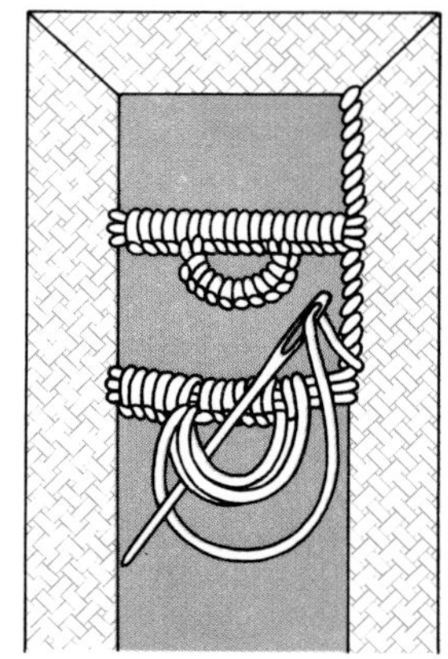

Geschlungenes Stäbchen mit Bogenpicot (19) Ein Stäbchen zu 3 Vierteln mit Langettenstichen versehen oder bis zu 6 Stichen vor der Stelle, an der der Picot beginnen soll. Den Faden zurück nach links holen, zwischen dem sechsten und siebten Stich einstechen, zurück nach rechts und um das Stäbchen, zurück nach links und wieder zwischen die beiden Stiche (unter dem Stäbchen muß eine dreifädige Schlinge hängen). Über diese Schlingen dicht nebeneinanderliegende Langettenstiche arbeiten; Stäbchen beenden

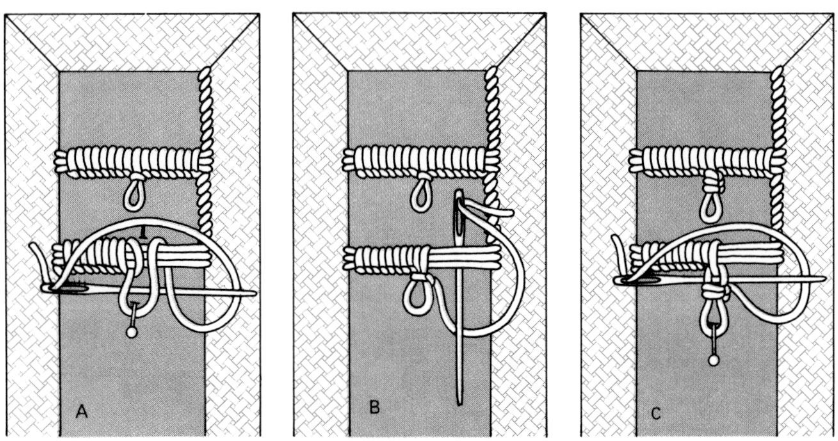

Geschlungenes Stäbchen mit gestecktem Picot (20) Ein Stäbchen mit Langettenstichen bis zu der Stelle arbeiten, an der der Picot liegen soll; eine Stecknadel bis zur gewünschten Tiefe des Picots in die Stoffunterlage einstecken, den Faden um die Stecknadel und hinter den Grundfäden bis zur Außenseite des Picots führen. Einen seitlichen Stich um die Schlinge und den Arbeitsfaden arbeiten (A). Das Langettenstäbchen (B) vervollständigen. Für einen größeren Picot 2 oder mehr seitliche Stiche arbeiten (C)

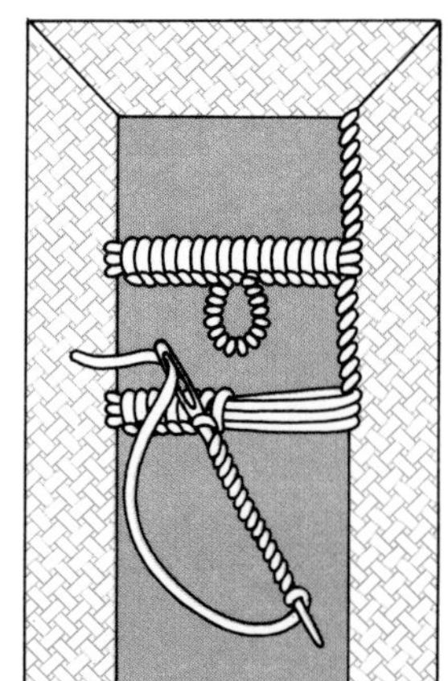

Geschlungenes Stäbchen mit Wickelpicot (21) Ein Stäbchen mit Langettenstichen bis zu der Stelle arbeiten, an der der Picot liegen soll; die Nadel zur Hälfte in die letzte Langette einstechen, den Faden 15mal um die Nadelspitze wickeln (nicht zu dicht), Nadel durchziehen, Faden fest anziehen, so daß die Wickelmasche einen Kreis bildet. Das Langettenstäbchen vervollständigen

Einsätze

Zweigeinsatz mit Spinnen (23) Faden in der Mitte der Länge nach von unten nach oben spannen; oben seitlich einstechen, ebenso links von unten nach oben, rechts von oben nach unten. Um die Mitte weben: viermal über Seitenblätter, unter Stiel und oberes Blatt. Faden zweimal um Stiel wickeln, nächste Spinne (A)

Zweigeinsatz mit dichten Blättern (22) Stiel und 2 Blattgruppen im Abstand von 2,5 cm arbeiten (B); wiederholen, Faden durch dieselben Seitenstiche führen. Oben beginnend, Blätter und Stiel mit plastischen Webstichen füllen (C)

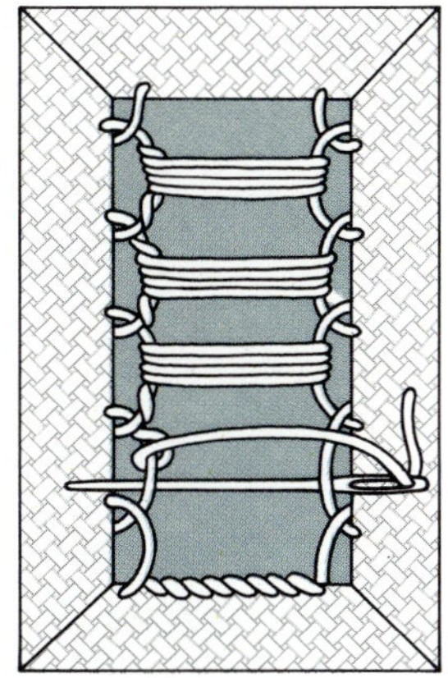

Perleinsatz (24) Eine Reihe große und gleichmäßig verteilte Langettenstiche an den Längskanten entlang arbeiten (für das Mustertuch 7 Langettenstiche). Oben links beginnend, die beiden Langettenreihen durch 4 Stiche in jede Schlinge verbinden. Die Fäden müssen glatt nebeneinander liegen. Nach dem vierten Stich den Faden einmal um die linke Schlinge stechen, bevor man zur nächsten übergeht

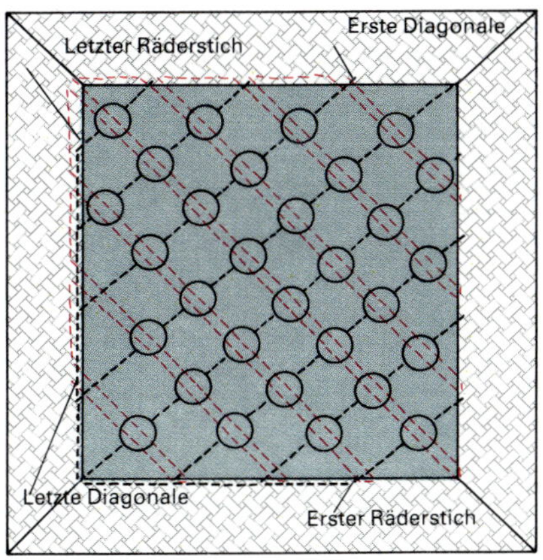

Einsatz mit Räderstich (25) Zunächst den Raum mit diagonal ausgelegten doppelten Fäden füllen (siehe Diagramm). Zwischen den Reihen an der Kante Überwendlingsstiche arbeiten. Den Faden über das Gitter spannen, in die gegenüberliegende Bandkante einstechen, über die Reihe zurück arbeiten. Dort, wo sich die Fäden kreuzen, ein Rad weben: dreimal unter den Diagonalen und über den Spannfaden arbeiten. Jedes folgende Rad in umgekehrter Richtung weben

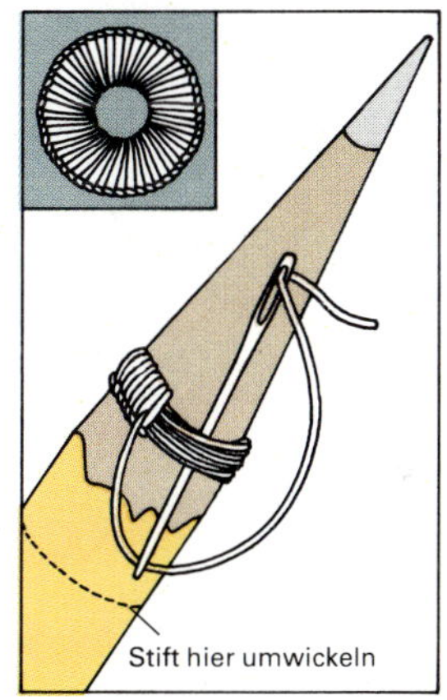

Ringe (26) Die Ringe werden getrennt gearbeitet und anschließend an der hierfür vorgesehenen Stelle aufgenäht. Der Faden wird 15mal um einen Gummistift gewickelt, danach werden Langettenstiche über alle Fäden gearbeitet. (Dies geht leichter, wenn man den Ring zur Spitze hin verschiebt.) Nach Fertigstellung den Ring vom Stift abnehmen, flach hinlegen und an der entsprechenden Stelle annähen

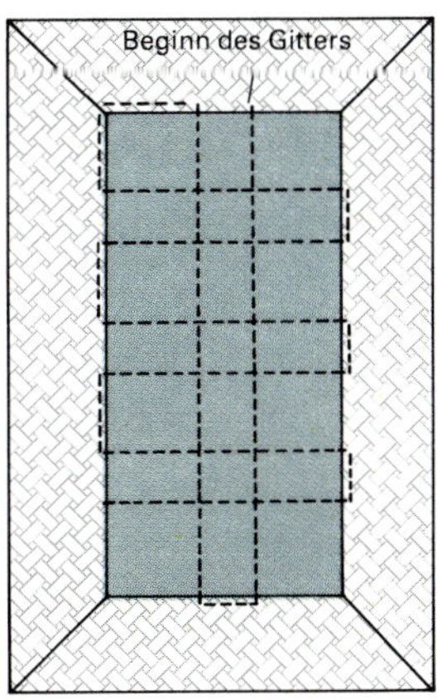

Rosette (27) Dieses Motiv füllt im Mustertuch einen kleinen Zwischenraum. Es kann aber auch mehrfach gearbeitet werden. Zunächst wird ein Gitter gefertigt (siehe Diagramm); man braucht 2 Paare paralleler Grundfäden für jede Rosette. Die Überschneidungsflächen bei jeder Rosette müssen im Abstand von einem Stich liegen; diese Flächen werden miteinander verbunden. Für jede Rosette ein Rad weben: viermal im Kreis arbeiten. Danach Langettenstiche über alle Fäden arbeiten, Bandkante zwischen den parallelen Fäden dreimal, in den Ecken viermal umstechen

Spinnweben (28 A, B) Für ein quadratisches Element 4 gedrehte Stege arbeiten, 2 über die Mitte, 2 diagonal von Ecke zu Ecke (2 Elemente = ein durchgehender Längsfaden). Vierten Steg nur bis Mitte arbeiten, Spinnwebe fertigen, Steg beenden

Gewebt (28 A, links außen) In der Mitte ein Rad weben, Steg am Ende jeder Runde überschlagen, so daß Fäden in jeder Reihe wechselweise angeordnet werden. **Mit Rippen** (28 B) In der Mitte beginnen, Faden nach vorn unter 2 Stegen durch holen, zurückstechen, im Kreis weben, rückwärts über einen Steg, vorwärts unter 2 Stegen

Spitzen · Nadelspitzen

Einsätze/Russische Stiche

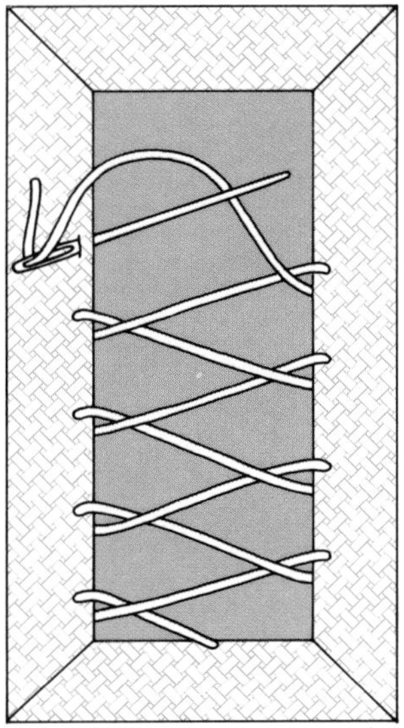
Russischer Grundstich

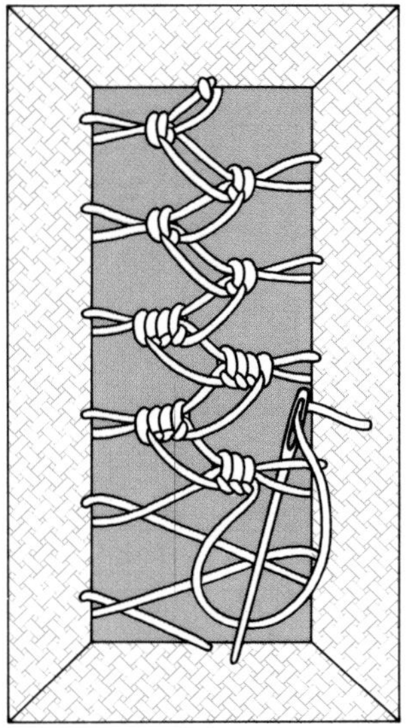
Russischer Langettenstich

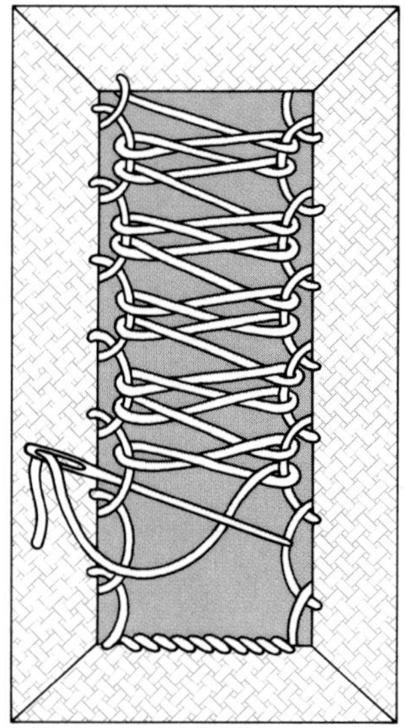
Doppelter russischer Stich

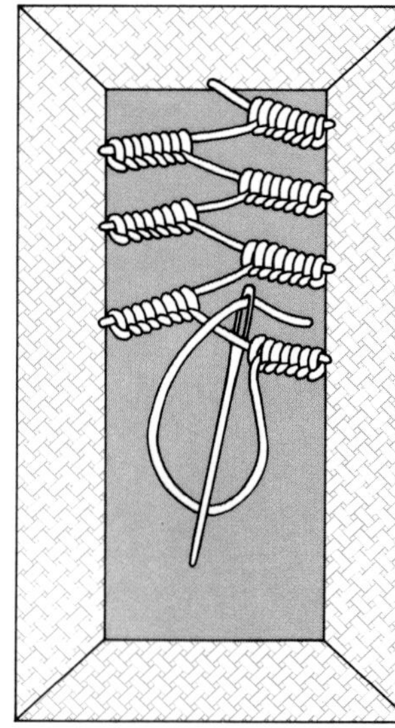
Halbe Stäbchen

Russischer Langettenstich (29) In der unteren Mitte des Zwischenraums beginnen; russische Grundstiche (links außen) arbeiten, den Faden von Seite zu Seite schlingen (im Mustertuch liegen an jeder Seite 9 Schlingen). In die Mitte der oberen Bandkante stechen, danach über der Mitte des Grundfadens nach unten arbeiten. Dichte Langettenstiche über jede große Schlinge arbeiten: 2 Stiche über die ersten 4, 4 Stiche über die folgenden 5, 6 Stiche über die folgenden 4 Paare und 8 Stiche über die letzten 4 Paare

Doppelter russischer Stich (30) An den Längskanten der Bänder je eine Reihe Langettenstiche in gleichmäßigen Abständen arbeiten (im Mustertuch 14 Stiche). Die gegenüberliegenden Schlingenpaare durch 2 russische Grundstiche durch jede Schlinge verbinden. Bei 3 oder 4 Stichen wird das Bild dichter

Halbe Stäbchen (31) In der oberen Mitte beginnen, einen russischen Grundstich in die rechte Bandkante arbeiten, den Stich zu einer lockeren Diagonale hochziehen; nochmal in die Bandkante stechen, um den Steg zu verankern, danach 8 Langettenstiche über den diagonalen Faden arbeiten. Dies wechselseitig wiederholen; Faden jeweils etwas tiefer anschlingen

Borten

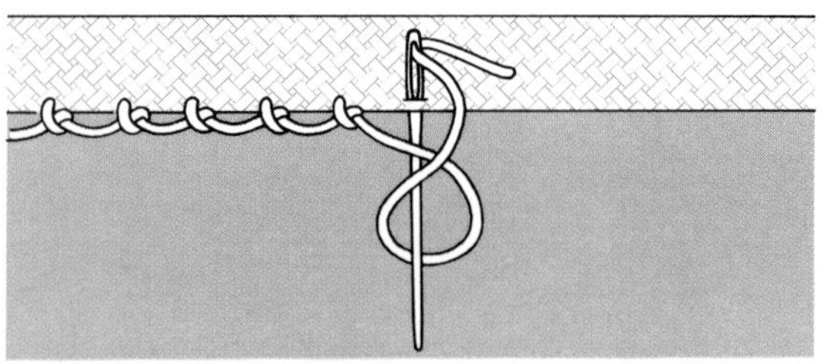
Knotenborte (32) Die Nadel durch die Bandkante stechen, danach durch die Schlinge, hinter dem oberen und vor dem unteren Faden führen. Diese und alle anderen Borten am Mustertuch von links nach rechts arbeiten

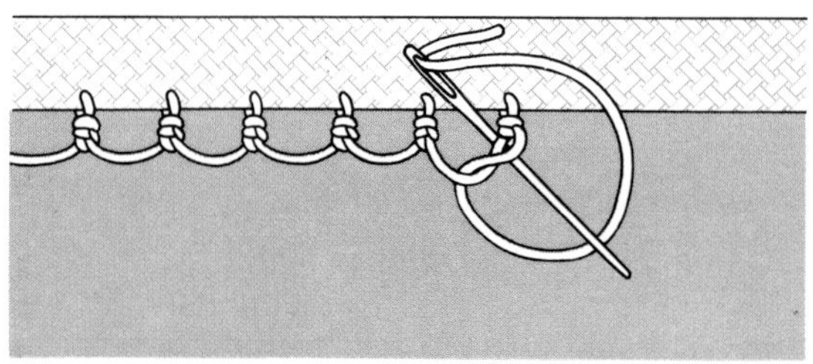
Borte mit verbundenen Picots (33) Langettenstich in die Bandkante, darüber einen seitlichen Stich arbeiten, dicht an das Band heranziehen. Faden durch die untere Schlinge führen, zweiter seitlicher Stich

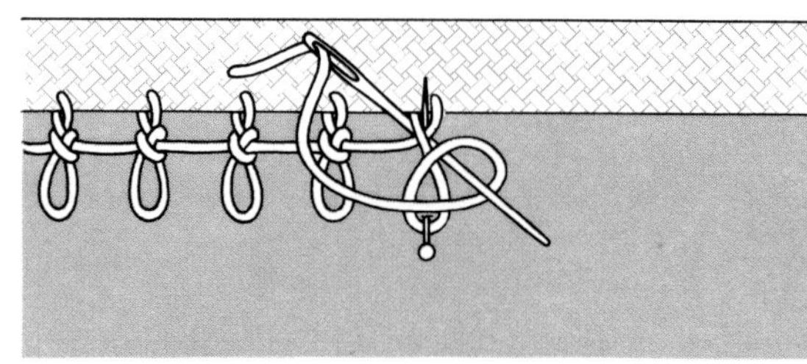
Borte mit offenen Picots (34) Langettenstich in die Bandkante, Stecknadel nach Länge des Picots in die Unterlage stecken; Faden darum herum und davor zur Schlinge legen; durch Stich und Schlinge stechen; fest anziehen

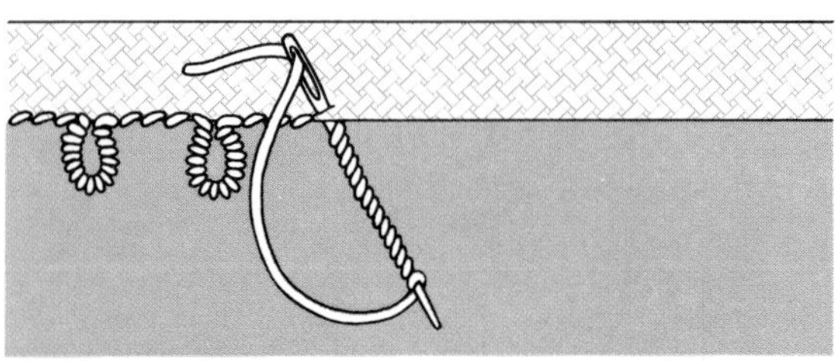
Borte mit Wickelpicot (35) Überwendlingsstiche entlang der Kante; Nadel zur Hälfte durch das Band stechen; Faden 15mal um die Nadel wickeln, durchziehen, Faden zum Picot anziehen

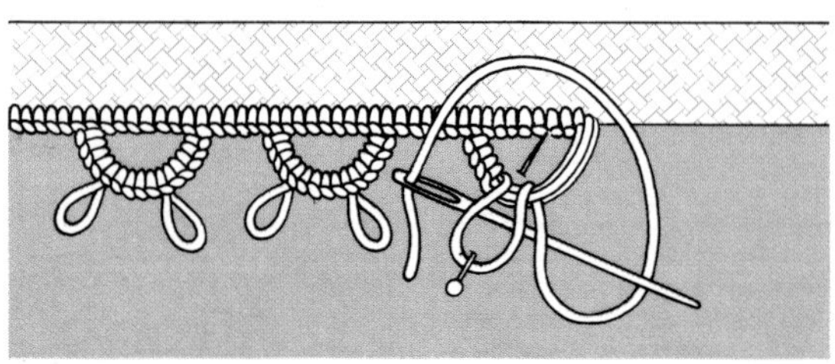
Bogenborte mit Picots (36) Zunächst 7 Langettenstiche an der Bandkante entlang fertigen; Bogen arbeiten (S. 320), mit gestecktem Picot (S. 320) nach je 5 Stichen

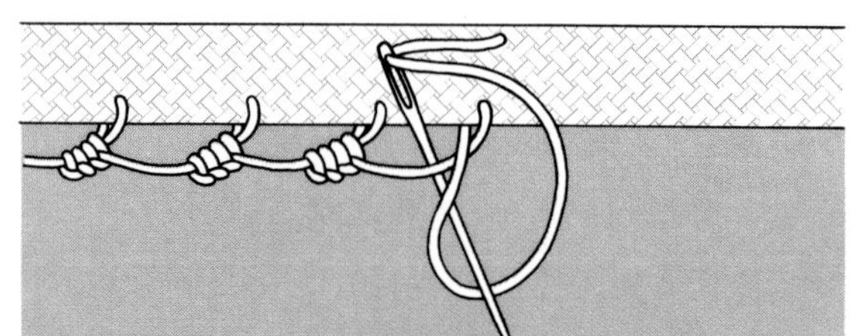
Borte mit Rückwärtslangetten (37) Einen lockeren Langettenstich an der Bandkante arbeiten, dann 4 Rückwärtslangetten über dieser Schlinge, wie auf Seite 319 beschrieben

Schmetterling in Nadelspitzen

Zeitlos durch seine neutralen Farben – das Schmetterlingsmotiv in Nadelspitzen

So dekorativ wirkt die Spitze an einem Kleid

Dieses Schmetterlingsmotiv eignet sich sehr gut als Schmuck für ein langes Kleid (siehe Abbildung). Attraktiv wirkt es auch auf dem Rückenteil einer schlichten Abendjacke. Man kann damit aber ebenso andere Gegenstände, beispielsweise ein Kissen, verzieren.

Material für die Spitze

6 mm breites Band für die Konturen des Musters: 90 cm in Schwarz, 1,40 m in Beige, 1,40 m in Weiß; Perlgarn Nr. 8: je 1 Knäuel in Braun, Schwarz und Weiß; 1 Knäuel mittelstarkes Häkelgarn in Ekrü; Transparentpapier; Bügelstift, mittelstarkes Zeichenpapier; etwa 28 × 35 cm einfarbiger, weicher Stoff in Kontrastfarbe zu den Garnen; Heftgarn (Farbe beliebig); schwarzes Nähgarn zum Aufnähen der Spitze am Kleidungsstück; Stecknadeln und Nähnadel.

Vorbereitung

Mit dem Bügelstift das halbe Schmetterlingsmotiv (S. 324) auf das Transparentpapier übertragen. Es ist wichtig, die Konturen und die verzweigten Stäbchen (die schwarzen Stiche unten und unmittelbar unter den Fühlern) sorgfältig nachzuzeichnen; die übrigen, kleinen Stiche kann man nach Belieben eintragen. Das Papier umdrehen und das Motiv nochmals im Abstand von einigen Zentimetern aufzeichnen, dieses Mal jedoch ohne den Körper. Jetzt wird das Papier auf den Stoff gesteckt; beide Teile, darunter ein Stück Aluminiumfolie, werden auf das Bügelbrett gelegt.

Mit einem mäßig warmen Bügeleisen (Einstellung für Wolle) fest auf die Musterfläche drücken, bei der die Bügelstiftmarkierung auf dem Stoff aufliegt. Die zweite Hälfte des Motivs, die nach oben zeigt, aussparen. Das Bügeleisen nicht hin und her schieben. Das Papier umdrehen, die zweite Hälfte des Motivs auf dem Stoff ausrichten, Muster und Stoff auf dem Bügelbrett feststecken, damit nichts verrutscht, und die Motivhälfte aufbügeln. Das Muster abnehmen. Die Bänder nach dem Muster auf Seite 324 oder dem Foto festheften. Beim Zuschneiden an den Enden etwa 1,5 cm zugeben. Diese Enden werden später vernäht (siehe unten rechts). Mit winzigen Stichen die aneinanderstoßenden Bandenden verbinden. Den Stoff auf das Zeichenpapier heften.

Die Stiche arbeiten

Alle im Schmetterlingsmotiv verwendeten Stiche sind auch im Mustertuch (S. 317) enthalten, doch sind sie dort anders numeriert. Die Namen der Stiche und entsprechende Seitenhinweise auf die Arbeitsanleitungen sind neben dem Muster angegeben. Die Stiche sind in der Reihenfolge numeriert, in der sie gearbeitet werden. Neben jedem Stich befindet sich außerdem die Farbangabe. Jeder Abschnitt wird zunächst mit Füllstichen versehen, dann folgt die Ausarbeitung; zuletzt werden die Bordüren gefertigt.

Ausarbeitung

Die Heftfäden durchschneiden, die Unterlagen entfernen; das Schmetterlingsmotiv vorsichtig behandeln, damit es nicht verzogen wird. Auf der Rückseite jedes Bandende zurückschneiden, mit kleinen Überwendlingsstichen am überlappenden Band annähen (siehe Abbildung rechts). Die Spitze auf das Kleidungsstück aufnähen; hierbei kleine Stiche durch die Rückseite des Bandes nähen. Man muß darauf achten, daß nicht in die Nadelspitzen eingestochen wird.

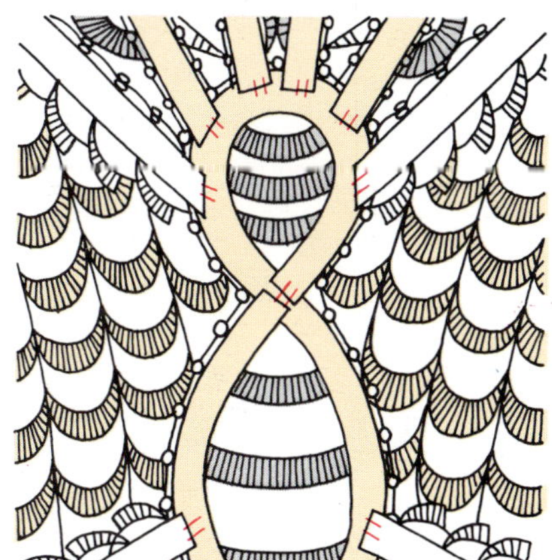

Die Bandenden werden mit Überwendlingsstichen auf das darunterliegende Band genäht. Nicht auf die rechte Seite durchstechen

Schmetterling in Nadelspitzen

1. Stegstich	Ekrü	318
2. Ringe	Weiß	321
3. Stäbchenstich	Ekrü	319
4. Borte mit Rückwärtslangetten	Weiß	322
5. Borte mit verbundenen Picots	Weiß	322
6. Glattes geschlungenes Stäbchen	Braun	320
7. Geschlungenes Stäbchen mit Bogen	Braun	320
8. Bogenborte mit Picots	Schwarz	322
9. Knotenborte	Weiß	322
10. Russischer Langettenstich	Weiß	322
11. Knotenborte	Weiß	322
12. Borte mit Rückwärtslangetten	Schwarz	322
13. Knotenborte	Weiß	322
14. Venetianischer Stich	Schwarz	319
15. Venetianischer Lochstich	Schwarz	319
16. Wickelstich (über Venetianischen Stich)	Braun	319
17. Ringe	Braun	321
18. Einfacher Langettenstich	Braun	318
19. Knotenborte	Braun	322
20. Perleinsatz	Schwarz	321
21. Verzweigte Stäbchen	Schwarz	320
22. Wickelstich	Schwarz	319

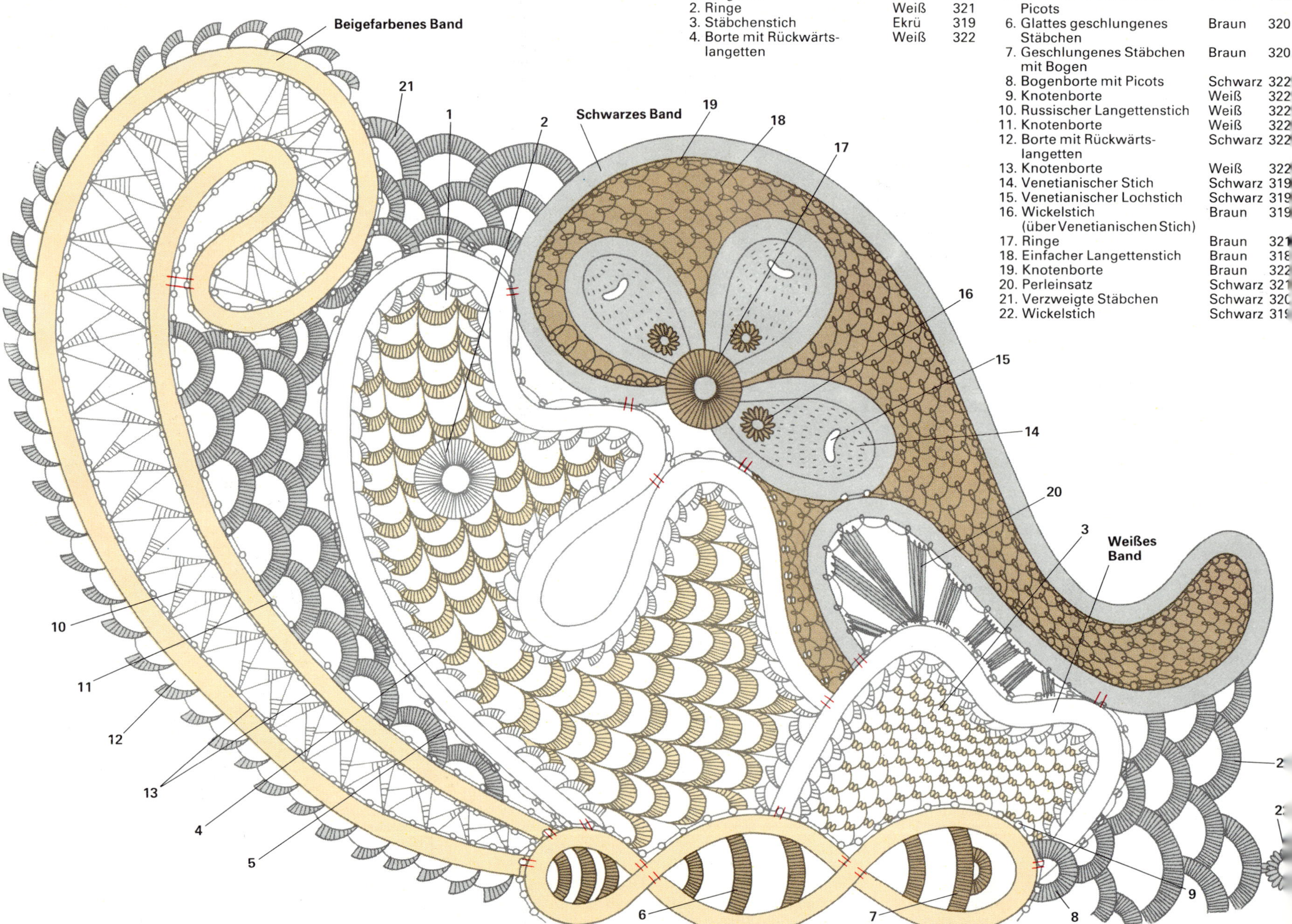

Occhi

Einführung

Occhi – auch als Schiffchenarbeit oder Frivolitätenarbeit bekannt – ist eine zarte Handarbeit mit schiffchenähnlichen Geräten. Die feinen Spitzen eignen sich für die Anfertigung von Bordüren, Deckchen oder Sets. Ein Occhienthusiast kann selbstverständlich auch größere Dinge wie Tischdecken arbeiten. Die Grundtechnik besteht aus einem Doppelknoten, der in Gruppen über einem Faden gearbeitet wird. Bei der Arbeit mit einem Schiffchen entstehen geschlossene Ringe; mit zwei Schiffchen und zwei Fäden kann man auch Bogen arbeiten. Die Formen werden dann zu größeren Gruppen oder Motiven verbunden. Occhispitzen arbeitet man am besten aus feinem Baumwollgarn, das zart aussieht und doch reißfest ist. Das Garn wickelt man um die Spule oder den Steg des Schiffchens. Eine Fadenschlinge hält man mit der linken Hand und führt das mit der rechten Hand gehaltene Schiffchen durch die Schlinge. Über dem vom Schiffchen kommenden Faden entstehen Doppelknoten. Ehe man mit zusammenhängenden Arbeiten beginnt, sollte man den Doppelknoten (S. 326) so lange üben, bis man ihn sicher beherrscht.

In den Arbeitsanleitungen werden bestimmte Fachausdrücke und Abkürzungen verwendet. Diese sind in der Tabelle rechts zusammengestellt.

Abkürzungen

Dk	Doppelknoten, S. 326
R	Ring, S. 327
Bg	Bogen, S. 329
P	Picot, S. 327
Sv	Schlingenverbindung, S. 327
hV	halbe Verbindung, S. 328
zz	zuziehen, S. 327
wd	wenden, S. 328
Zf	nicht verarbeiteter Zwischenfaden
( ) * *	Die Anleitungen in Klammern oder zwischen Sternchen sind so oft zu wiederholen, wie dies anschließend an diese Symbole angegeben ist

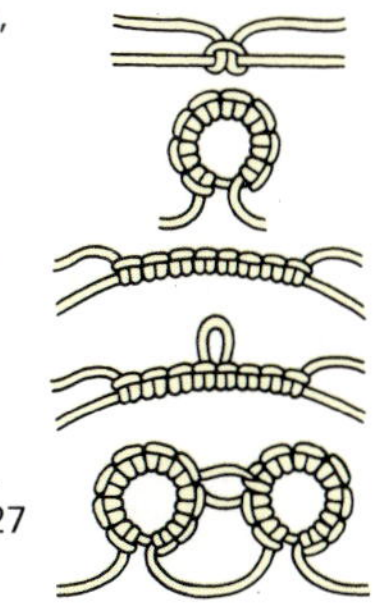

Material und Zubehör

Die Abbildung rechts zeigt zwei der Schiffchenarten, die im Fachhandel erhältlich sind. Die linke Version hat eine herausnehmbare Spule für das Garn und einen Haken am vorderen Ende zum Verbinden der Ringe. Sie eignet sich am besten für feine Garne in den Stärken 70 bis 10 (im rechten Bild, links außen). Bei dem rechten Schiffchen wird der Faden um den Mittelteil (den Steg) gewickelt; es eignet sich für etwas stärkere Garne (im rechten Bild, rechts außen). Wenn man mit einem Schiffchen ohne Haken arbeitet, nimmt man für die Verbindungen eine Stahlhäkelnadel (S. 271). Nötig sind Nadeln zum Vernähen der Fadenenden (S. 328).

Man verwendet fest gezwirntes, geschmeidiges Baumwollgarn. Zum Üben empfiehlt sich ein etwas stärkeres Garn, zum Beispiel Perlgarn Nr. 5.

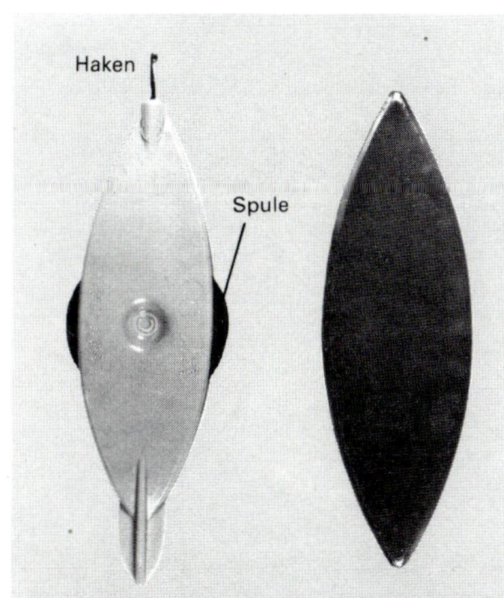

Schiffchen mit Haken und Spule   Schiffchen mit Steg

Spitzen · Occhi

Der Doppelknoten

Der Doppelknoten (Dk) ist die Grundtechnik des Occhi. Er wird in 2 Abschnitten gearbeitet: zuerst ein Anschlag- und dann der Schlußknoten. Dabei führt die rechte Hand das Schiffchen um eine Garnschlinge, die mit der linken Hand gehalten wird. Diese Schlinge bildet die Knoten über dem Schiffchenfaden

Die Spule vorbereiten So viel Garn fest um die Spule oder den Steg wickeln, daß die Fäden nicht über den Rand hinausragen

Fadenführung Faden etwa 40 cm von der Spule abwickeln und an der Rückseite des Schiffchens herunterhängen lassen. Das Fadenende mit Daumen und Zeigefinger der linken Hand festhalten, die Finger spreizen, den Faden um die Finger legen, dann wieder zwischen Daumen und Zeigefinger nehmen. Das Schiffchen waagrecht mit der rechten Hand halten und den vom Schiffchen kommenden Faden von hinten um den kleinen Finger der rechten Hand, dann über den Handrücken legen (A)

Anschlagknoten Das Schiffchen waagrecht halten und unter den obenliegenden Faden der links gehaltenen Schlinge führen (B), dann über den gleichen Faden zurückholen (C). Den Faden von der rechten Hand gleiten lassen und straff anziehen; gleichzeitig die Finger der linken Hand leicht lockern, so daß der Schlingenfaden sich als Knoten um den Schiffchenfaden legt (D)

Schlußknoten Das Schiffchen waagrecht halten. Den Faden mit 2 Fingern nach unten ziehen. Das Schiffchen über den oberen Faden der links gehaltenen Schlinge führen (E), dann unter diesem Faden zurückholen (F). Schiffchenfaden straff anziehen. Den linken Mittelfinger heben, so daß die Schlinge neben die erste gleitet (G)

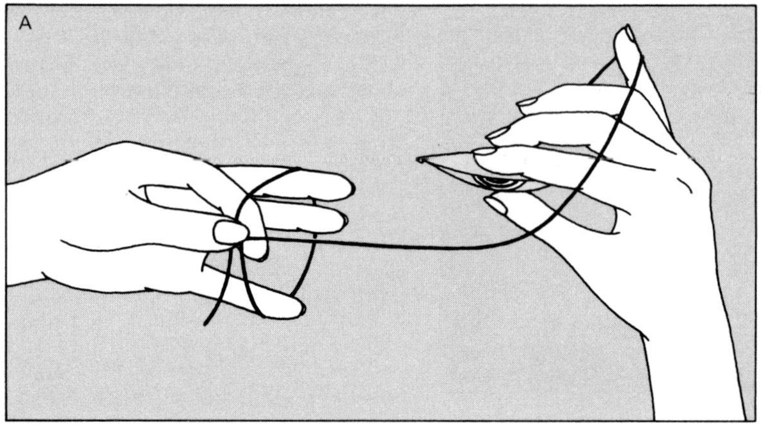

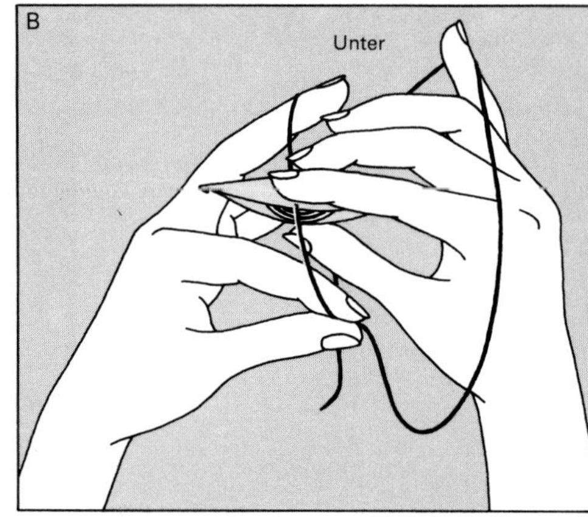

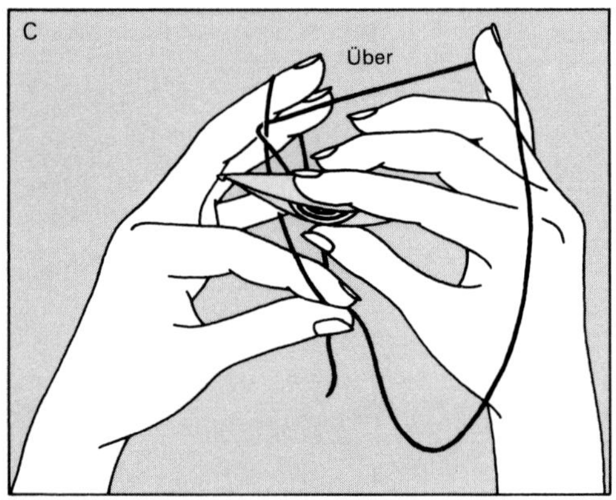

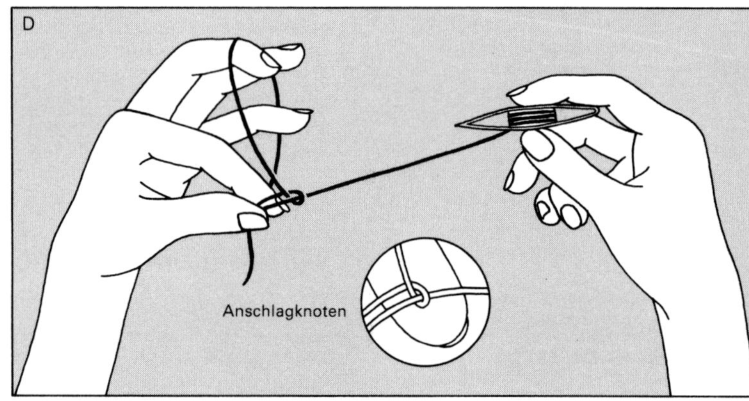

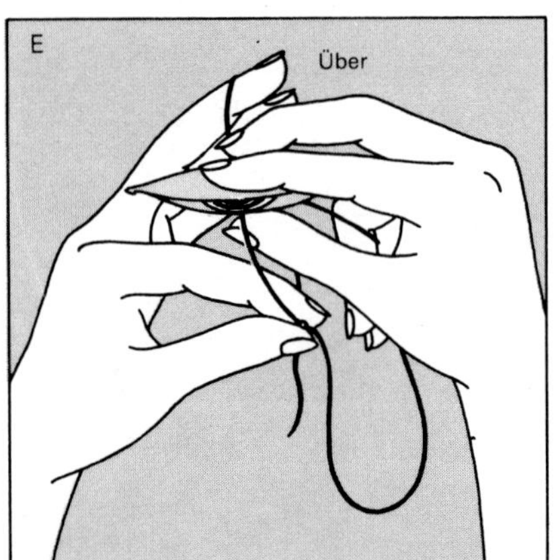

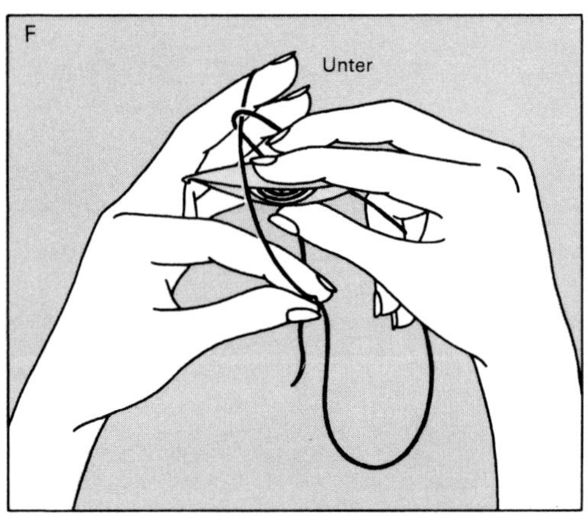

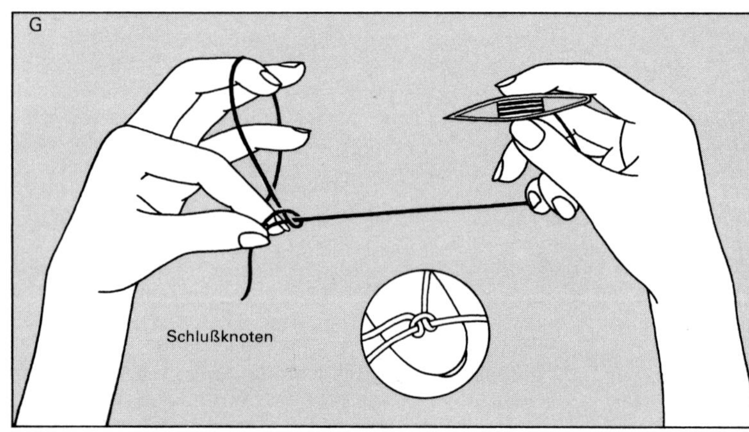

Übungen mit einem Schiffchen

Zwei Grundelemente des Occhi sind Ringe und Picots (Ösen), die man zusammen mit der Schlingenverbindung (ganz unten) beherrschen sollte, bevor man größere Arbeiten beginnt.

Ein Ring besteht aus nebeneinanderliegenden Knoten, wobei einer an den anderen geschoben wird. Die Größe variiert; man kann Halbkreise, Kreise oder Ovale formen.

Ein Picot oder eine Öse ist eine Fadenschlinge zwischen zwei Knoten, die zur Verzierung oder zur Verbindung von Ringen dient. Picots sollten in einem bestimmten Muster gleich groß gearbeitet werden, sofern nicht anders angegeben. Kleine Picots (3–6 mm lang) verwendet man zum Verbinden von Ringen, größere (ab 6 mm) zur Verzierung.

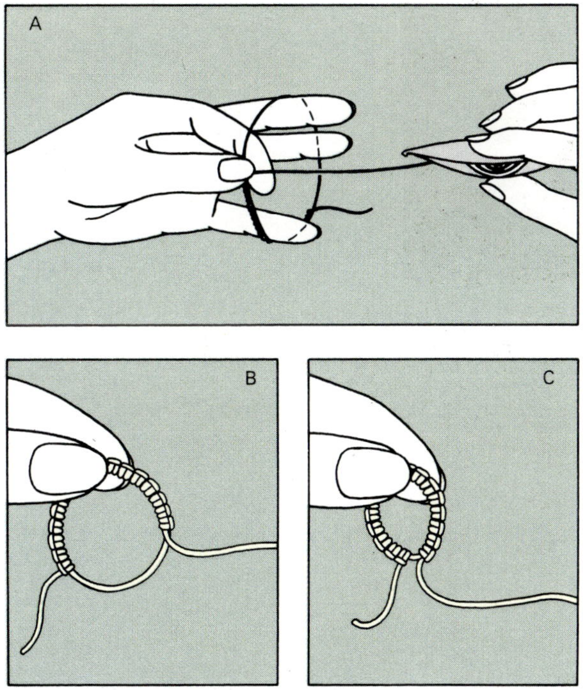

Ein Ring (R) entsteht, wenn man die Fadenschlinge mit den Doppelknoten von der linken Hand gleiten läßt und am Schiffchenfaden zieht, bis sich der erste und letzte Knoten berühren. Dies heißt zuziehen (zz). Als Übung zunächst, wie gewohnt, 20 Dk arbeiten (A). Faden von der linken Hand gleiten lassen; die Knoten zwischen Daumen und Zeigefinger halten (B) und leicht am Schiffchenfaden ziehen, so daß die Knoten zusammengeschoben werden. Weiter ziehen, bis ein Ring entsteht (C)

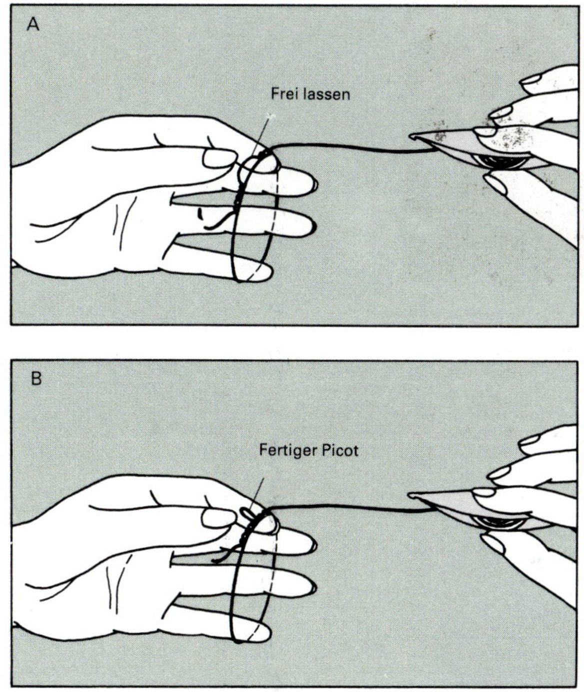

Ein Picot (P) entsteht, wenn man eine Fadenlänge zwischen zwei Doppelknoten frei läßt und die Knoten danach zusammenschiebt. Als Übung 5 Dk arbeiten; vor dem Anschlagknoten des sechsten Knotens 3–6 mm Faden frei lassen (A). Den sechsten Knoten arbeiten und dicht an den fünften schieben, so daß oben ein Picot entsteht (B). (5 Dk, P) 2mal arbeiten, dann 5 Dk, zz. Achtung: Der Knoten, mit dem ein Picot zugezogen wird, gilt als erster der nächsten Knotengruppe

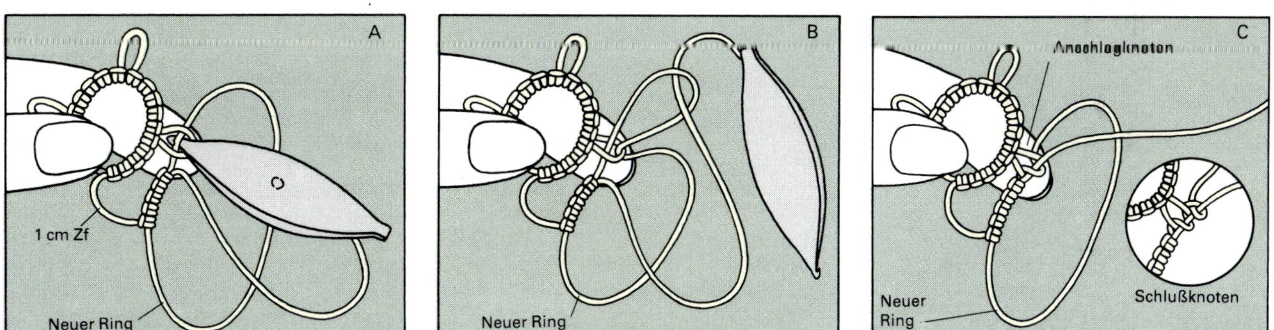

Schlingenverbindung (Sv) Mit ihr werden 2 Ringe miteinander verbunden. Man arbeitet einen Doppelknoten durch einen Picot. Als Übung zunächst 1 R mit 20 Dk und 3 P fertigen. 1 cm Faden frei lassen; den zweiten R mit 5 Dk beginnen (A); den dritten P des ersten R über die Schlinge des neuen Rings legen. Mit einem Haken eine Schlinge durch den Picot ziehen und das Schiffchen durch diese Schlinge führen (B). Den Schiffchenfaden straff spannen, die Schlinge dicht an den letzten Dk ziehen (C). Das ist der Anschlagknoten. Nun den Schlußknoten fertigen (Detail); dies zählt als erster Dk der folgenden Gruppe. R mit (5 Dk, P) 2mal, 5 Dk, zz beenden. Den zweiten R nach Bedarf wiederholen

Spitzen · Occhi

Übungen mit einem Schiffchen

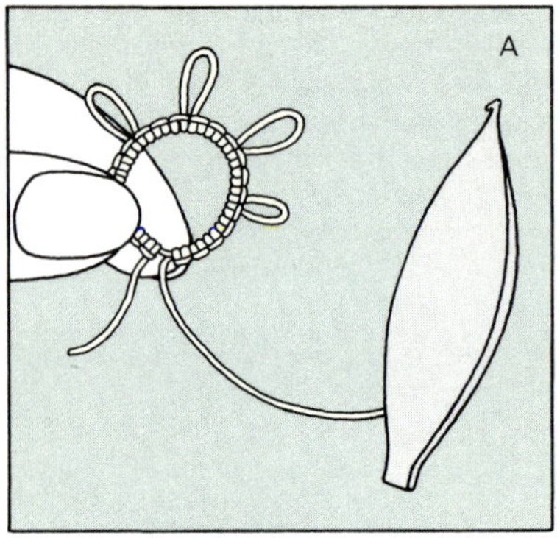

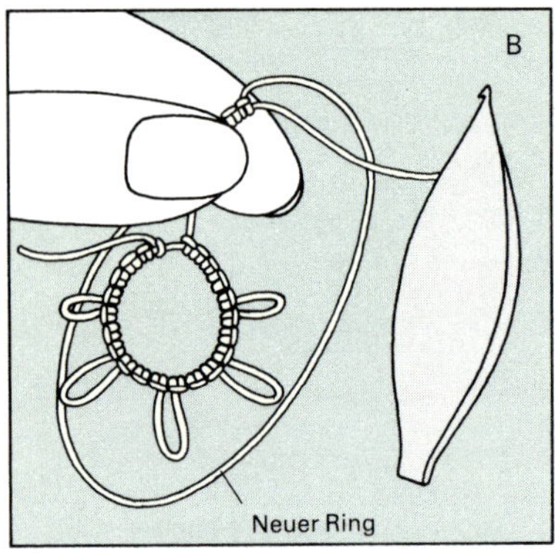

Arbeit wenden (wd) bedeutet, daß man einen fertigen Ring von oben nach unten legt, so daß die Knoten und Picots im nächsten Ring in entgegengesetzter Richtung zu liegen kommen. Mit dieser Technik kann man Muster variieren oder verbreitern. Mit dieser Borte kann man das Wenden üben: R mit 5 Dk, kleiner P, (3 Dk, großer P) 3mal, 3 Dk, kleiner P, 5 Dk, zz (A); wd, 6 mm Zf, zweiten R wie ersten arbeiten (B), wd, 6 mm Zf, dritten R mit 5 Dk arbeiten, Sv an fünften P des ersten R, 3 Dk, großer P, (3 Dk, großer P) 2mal, 3 Dk, kleiner P, 5 Dk, zz. Dritten Ring wiederholen, bis Borte die gewünschte Länge hat. Jeden R an den fünften P des nächsten R anschlingen

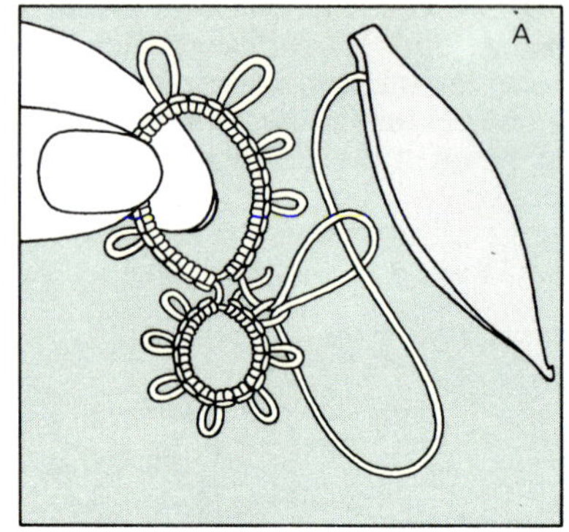

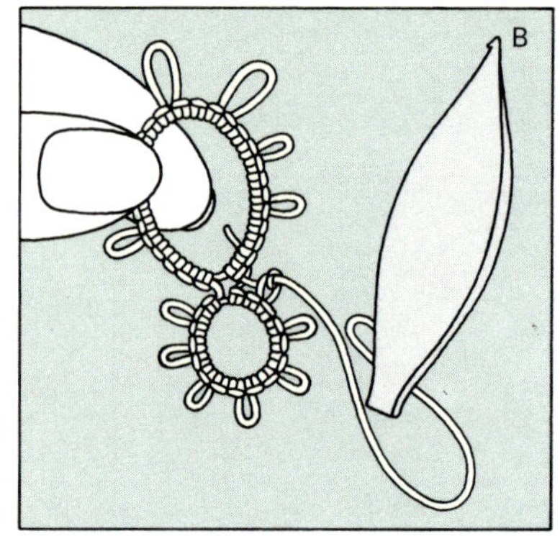

Die halbe Verbindung (hV) ist eine halbe Schlingenverbindung, mit der man ausschließlich fertige Ringe oder Bogen verbinden kann. Hier ein Medaillon zur Übung: Mittelring arbeiten: (2 Dk, kleiner P) 7mal, 2 Dk, zz; am letzten Dk des Mittelringes beginnend, ein Blumenblatt arbeiten: 5 Dk, kleiner P, 3 Dk, kleiner P, (3 Dk, großer P) 3mal, (3 Dk, kleiner P) 2mal, 5 Dk, zz; hV an den Mittelring: eine Schlinge durch ersten P ziehen, Schiffchen durch diese Schlinge führen (A), Schlinge anziehen (B); hV nicht als Dk zählen; 7 Blätter arbeiten: 5 Dk, Sv am letzten P des vorigen Blattes, 3 Dk, Sv am folgenden P, (3 Dk, großer P) 3mal, (3 Dk, kleiner P) 2mal, 5 Dk, zz; hV am folgenden P im Mittelring

Wichtige Hinweise

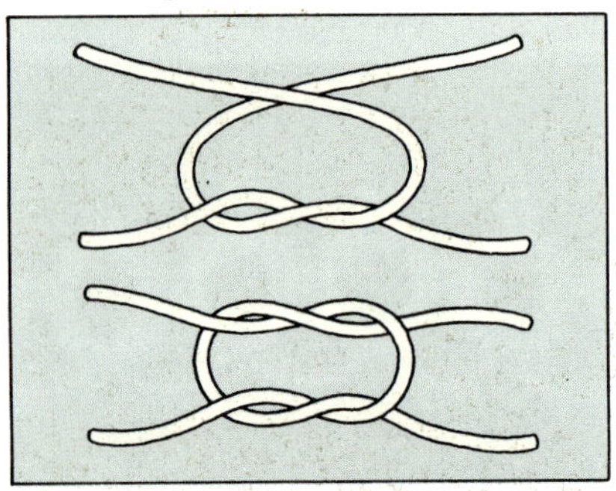

Einen neuen Faden anschlingen kann man nur am Ende eines Ringes oder eines Bogens. Der in der Abbildung gezeigte Knoten eignet sich gut zum Verbinden von Fäden. Die Fäden so lang lassen, daß die Enden auf der Rückseite verwebt werden können

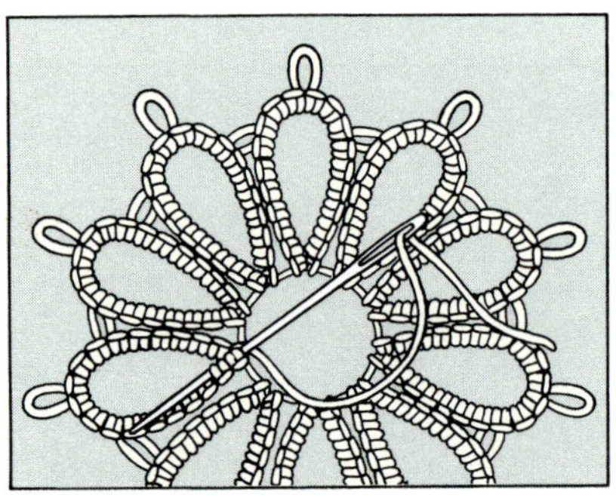

Einen Faden vernähen kann man am besten, indem man ihn unter einigen Knoten durchzieht. Die Nähnadel muß fein genug sein, um unter den Knoten durchgeführt werden zu können. Man kann die Fadenenden auch mit Überwendlingsstichen vernähen

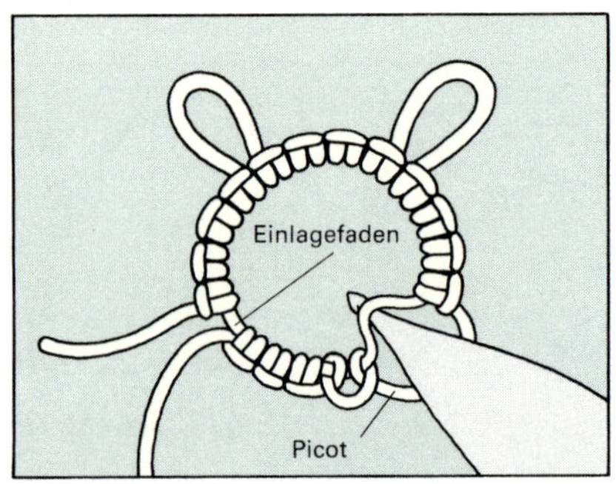

Einen Fehler korrigieren kann man gut, wenn ein Ring noch in Arbeit ist. Falls man jedoch einen Ring öffnen muß, ist es am besten, den Einlagefaden unter einem Picot zu lockern. Andernfalls muß der Faden durchgeschnitten und danach wieder verknotet werden

Praktische Tips für die Occhiarbeit

1. Der in der linken Hand gehaltene Faden bildet die Knoten (Schiffchenfaden zwischen Anschlag- und Schlußknoten immer straff anziehen); wird er zur Schlinge gelegt, erhält man einen Ring; läßt man ihn lose hängen, erhält man einen Bogen.
2. Es wird von links nach rechts gearbeitet. Die Schlingen der Doppelknoten zeigen nach links.
3. Picot bezeichnet nur die Fadenschlinge und nicht die Doppelknoten, die diese umschließen. Der Doppelknoten nach dem Picot gilt als erster Knoten der folgenden Knotengruppe.
4. Niemals in der Mitte eines Ringes oder eines Bogens unterbrechen; der Neuansatz ist schwer.

Arbeiten mit zwei Fäden und zwei Schiffchen

Occhiarbeiten mit zwei Fäden bieten eine größere Palette an Mustern. Man kann sie zweifarbig gestalten, und außerdem können die Zwischenfäden, die die Ringe verbinden, mit Knoten verziert werden (Bogen = Bg). Dazu wird ein Faden über die Finger der linken Hand und um den kleinen Finger gelegt, so daß der Faden gespannt ist (B). Mit dem zweiten Faden in der rechten Hand werden Doppelknoten über den linken gearbeitet.

Will man mit zwei Fäden in einer Farbe arbeiten, verwendet man am besten ein Schiffchen und einen Garnknäuel.

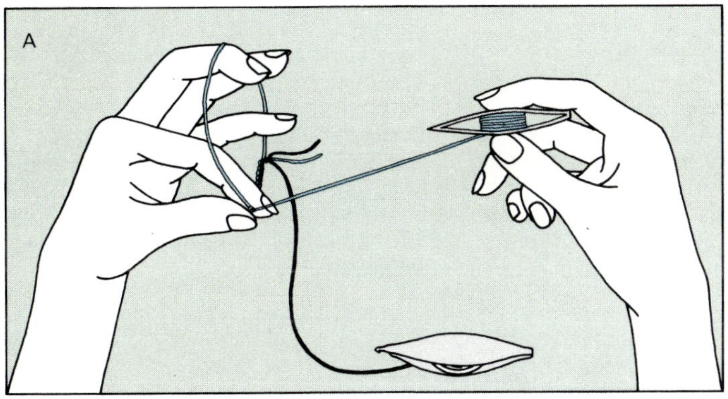

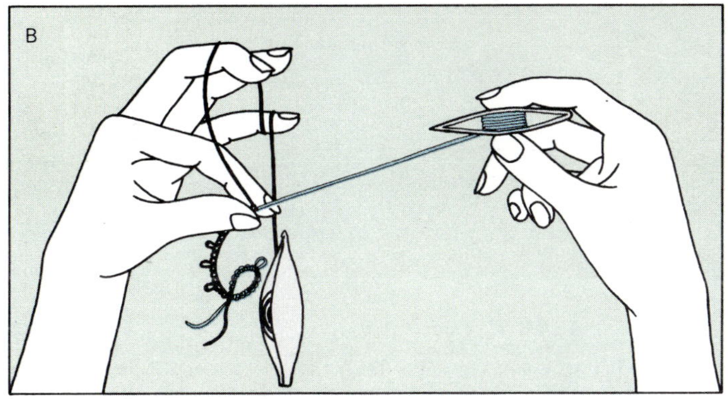

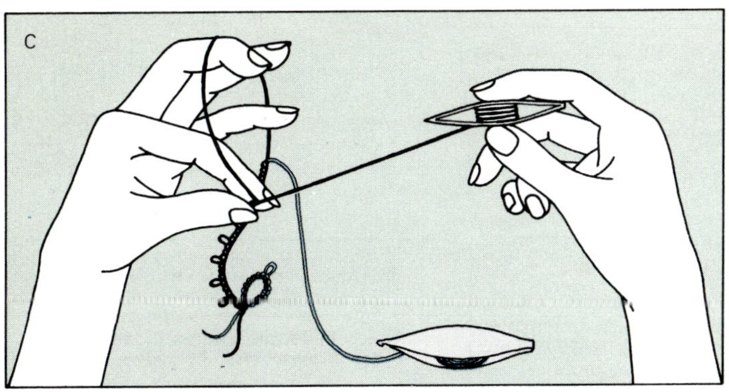

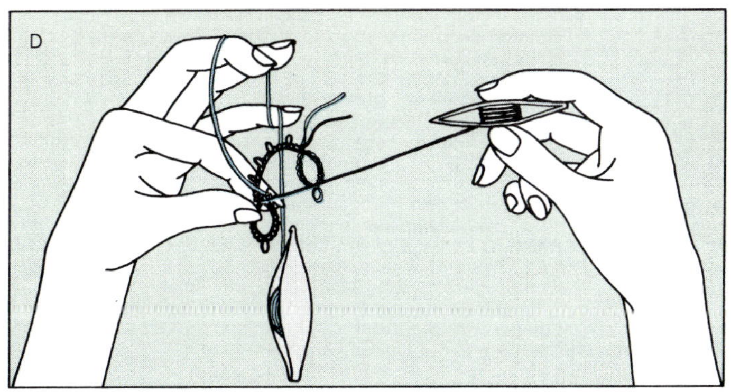

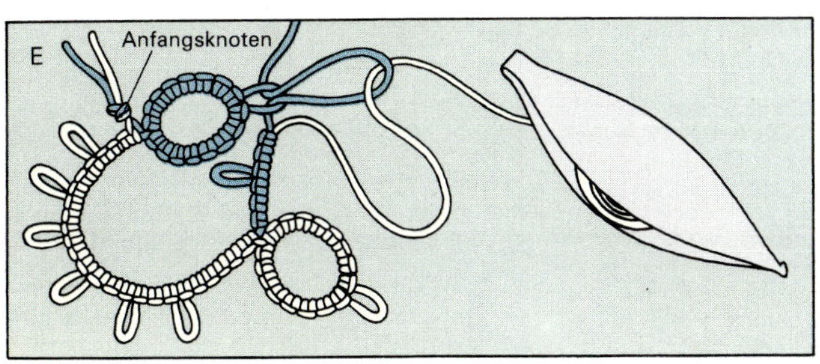

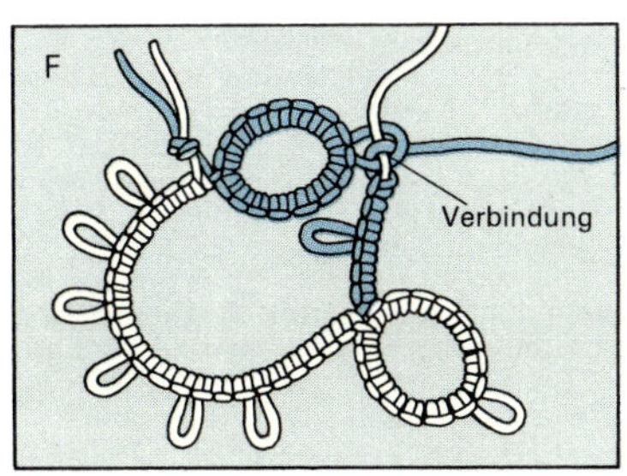

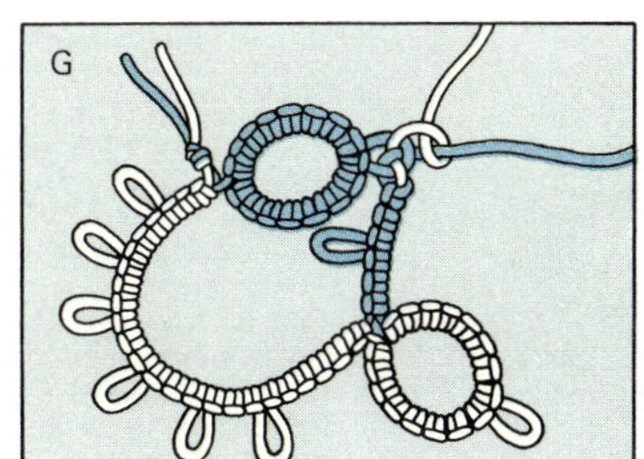

Zweifarbige Bordüre Ringe und Bogen werden in 2 Farben mit zwei Schiffchen gearbeitet. Das ruhende Schiffchen auf dem Schoß oder auf dem Tisch ablegen. Die in der linken Hand gehaltene Farbe bildet die Knoten. Ein Schiffchen wird mit Blau, das andere mit Weiß umwickelt. Die beiden Fadenenden locker zusammenknoten und mit Blau beginnen: R mit 8 Dk, P, 8 Dk (A), zz, wd; Weiß über der linken Hand für Bg spannen und Blau rechts mit Schiffchen halten: Bg mit (3 Dk, P) 6mal, 6 Dk (B), nicht wd; mit Weiß R mit 8 Dk, P, 8 Dk (C), wd; Blau über der linken Hand für Bg spannen und Weiß rechts halten; Bg mit 3 Dk, P, 3 Dk (D), Sv an P des ersten blauen R: Schlinge in Blau hochziehen, Schiffchen mit Weiß durchführen (E), die Schlinge dicht an letzten Dk schieben (F), Sv vervollständigen (G), Bg beenden mit (3 Dk, P) 3mal, 3 Dk, wd; mit Weiß R mit 8 Dk, Sv an P des ersten weißen R, 8 Dk, zz, wd; mit Blau Bg mit (3 Dk, P) 5mal, 3 Dk, wd; noch 2 kleine weiße Ringe arbeiten, diese am P des ersten weißen R und mit einem blauen Bg dazwischen verbinden, nicht wd; mit Weiß Bg mit 6 Dk, Sv am ersten P des gegenüberliegenden weißen Bg, 3 Dk, Sv am folgenden P, (3 Dk, P) 4mal, 3 Dk, wd; mit Blau R mit 8 Dk, Sv am zweiten P des letzten blauen Bg, 8 Dk, zz. Der erste Rapport ist fertig. Nicht wenden, sondern ersten blauen R unmittelbar neben letztem arbeiten, wd; ersten weißen Bg beginnen mit 3 Dk, Sv am ersten P des gegenüberliegenden Bg, enden mit (3 Dk, P) 5mal, 6 Dk. Weiter wie beim ersten Rapport

Stola mit Bordüre in Occhitechnik

Motive anordnen
Grau-gelbe Fransenmotive (3): eines in der Mitte, je eines an den Seiten anbringen. Blumenmotive (12), bestehend jeweils aus einer Blume und zwei Blättern: in der Mitte als Vierergruppe anordnen; zwischen den Fransenmotiven je eine Dreiergruppe aufnähen; jeweils ein Motiv über den letzten Bogen der seitlichen Fransenborten plazieren

Die Occhibordüre besteht aus drei Elementen, die getrennt gearbeitet und anschließend aufgenäht werden.

Material
1,40 m Musselin, 1,40 m breit
70 cm leichter Futterstoff
Passendes Nähgarn
Packpapier für Schnittmuster
2 Occhischiffchen
Perlennadel
Kartonstreifen, 3,5 × 8 cm groß
Perlen und Garn wie unten

Stola
Um die Stoffenden zu begradigen, einen Querfaden herausziehen und den Stoff entlang dieser Linie schneiden. Die Webkanten im Fadenlauf abschneiden. Stoff im echten Schrägfadenlauf zu einem Dreieck zusammenlegen; den Stoffbruch leicht bügeln. Durch beide Lagen von der Stoffbruchmitte zur gegenüberliegenden Ecke heften (Abb. S. 331). Ein Schnittmuster erstellen (S. 331), und den Stoff entsprechend zuschneiden.

Bordüre aufnähen
Jedes Motiv mit einem etwas größeren, schräggeschnittenen Stück Futterstoff unterlegen. Die Mitte der gerundeten Stolakante markieren; von da ausgehend, die Motive gleichmäßig anordnen, aufstecken und mit passendem Faden aufnähen. Überstehenden Futterstoff abschneiden.

Fertigstellung
Die Stola rechts auf rechts in der Mitte falten; Kanten bis auf 15 cm zusammennähen. Wenden, die Naht dämpfen und die Öffnung von Hand schließen.

Blumen und Blätter (oben und unten) arbeitet man getrennt und setzt je eine Blume und zwei Blätter zu einem Motiv zusammen. Für die Blumen verwendet man rote Glasperlen, für die Blätter grüne

BLUMEN (12 anfertigen)
Material: Je Blume 4,20 m Perlgarn Nr. 8 oder 10 in Pink, 3,20 m in Rosa; 15 Perlen in Orangerot. Ein Schiffchen mit Pink umwickeln, das andere mit Rosa. 15 Perlen auf den rosa Faden aufziehen. Ausreichend Faden für mehrere Blumen aufwickeln; die Perlen jeweils vor jeder neuen Blume aufziehen
Mit Rosa: 5 Perlen auf die links gehaltene Schlinge aufziehen, unten in der Schlinge hängen lassen. 4 Dk, großer P (die 5 Perlen nach oben führen, den P über diesen locker anziehen), 4 Dk, zz. 2 weitere Perlen am unteren Rand des Ringes anlegen und locker auf dem Faden lassen. * R mit 4 Dk, Sv in den großen P zwischen der ersten und zweiten Perle, 4 Dk, zz. 2 Perlen am unteren Rand des Ringes anlegen * 4mal, 1 Perle zwischen jede Verbindung im großen P legen, hV am unteren Rand des ersten Ringes, wd. Zweites Schiffchen mit dem pink Garn an dem rosa Faden mit einem Knoten befestigen
Mit Pink: Bg * 10 Dk, hV mit Rosa am unteren Rand des folgenden Ringes * 5mal. Nicht wd
Mit Rosa: Bg * 3 Dk, 8 P, getrennt durch 2 Dk, 3 Dk, hV mit Pink zwischen 2 darunterliegenden Bg * 5mal
Mit Rosa: Bg * 3 Dk, 10 P, getrennt durch 2 Dk, 3 Dk, hV mit Pink zwischen 2 darunterliegenden Bg * 5mal
Mit Pink: Bg * 3 Dk, 12 P, getrennt durch 2 Dk, 3 Dk, hV mit Rosa zwischen 2 darunterliegenden Bg * 5mal
Mit Pink: Bg * 3 Dk, 14 P, getrennt durch 2 Dk, 3 Dk, hV mit Rosa zwischen 2 darunterliegenden Bg * 5mal, Fäden abschneiden. Enden auf der Rückseite verknoten, knapp zurückschneiden

BLÄTTER (24 anfertigen)
Material: Je Blatt etwa 1,90 m Perlgarn Nr. 8 oder 10 in Hellblau für die Ringe, 50 cm Grün für die Bogen; 23 grüne Perlen für jedes Blatt. Ein Schiffchen mit Blau umwickeln, 23 Perlen aufziehen, grünes Garn auf dem Knäuel lassen
1. Bg: 5 Dk, kleiner P, 1 Dk, wd. **R**: (2 Perlen in Schlinge) 10 Dk, Perle, 2 Dk, Perle, 2 Dk, P, 10 Dk, zz, wd. **2. Bg**: 5 Dk, kleiner P, 1 Dk, wd. **R**: (2 Perlen in Schlinge) 5 Dk, Sv am P des ersten R, 5 Dk, Perle, 2 Dk, Perle, 2 Dk, P, 10 Dk, zz, wd. **3. Bg**: 5 Dk, kleiner P, 1 Dk, wd. **R**: (3 Perlen in Schlinge) 5 Dk, Sv am P des 2. R, 5 Dk, Perle, 2 Dk, Perle, 2 Dk, Perle, 8 Dk, P, 2 Dk, zz, wd. **4. Bg**: 2 Dk, wd. **R**: (9 Perlen in Schlinge) 1 Dk, Sv am P des dritten R, 5 Dk, Perle, 2 Dk, Perle, 2 Dk, Perle, 2 Dk, 3 Perlen zusammen, 2 Dk, Perle, 2 Dk, Perle, 2 Dk, Perle, 5 Dk, P, 1 Dk, zz, wd. **5. Bg**: 2 Dk, wd (erste Blatthälfte nach vorn falten, die Dk von hinten arbeiten, die Sv von vorn). **R**: (3 Perlen in Schlinge) 2 Dk, Sv am P des vierten R, 8 Dk, Perle, 2 Dk, Perle, 2 Dk, Perle, 5 Dk, P, 5 Dk, zz, wd. **6. Bg**: 1 Dk, Sv am P des Bg gegenüber (grüne Schlinge hochziehen, Schiffchen durchführen), 5 Dk, wd. **R**: (2 Perlen in Schlinge) 10 Dk, Sv am P des fünften R, 2 Dk, Perle, 2 Dk, Perle, 5 Dk, P, 5 Dk, zz, wd. **7. Bg**: 1 Dk, Sv am P des Bg gegenüber, 5 Dk, wd. **R**: (2 Perlen in Schlinge) 10 Dk, Sv am P des 6. R, 2 Dk, Perle, 2 Dk, Perle, 10 Dk, zz, wd. **8. Bg**: 1 Dk, Sv am P des Bg gegenüber Bg, 5 Dk. Fadenenden zum Verknoten hängen lassen. Um mit Blume zu verbinden, Enden durch Zwischenraum zwischen 2 Bg der letzten Blumenreihe ziehen, auf Rückseite knoten, 2 Blütenblätter frei lassen; zweites Blatt anbringen

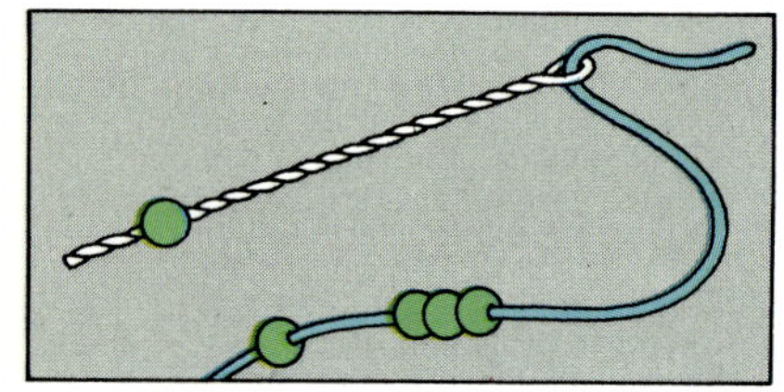

Mit einer Drahtnadel die Perlen auf den Faden aufziehen. Perle auf die Nadel schieben, Faden einfädeln. Die Perle gleitet leicht über die biegsame Öse

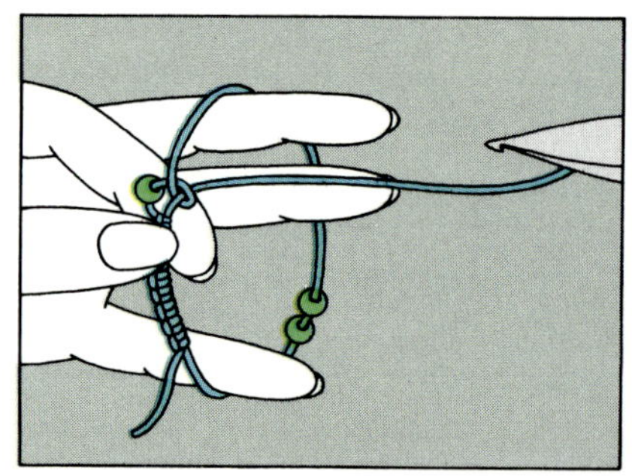

Die Perlen für Blumen und Blätter werden in die um die Hand liegende Schlinge gebracht, ehe man den Ring anfängt, und nach Bedarf eingearbeitet. Die silberfarbenen Perlen für die Fransen werden auf den Knäuelfaden aufgezogen

Die Fransenborte in 3 Abschnitten arbeiten (siehe Schnittmuster)

GRAUE RINGE

Material: Etwa 31 m Perlgarn Nr. 8 oder 10 in Grau je Abschnitt; ein Schiffchen. Ein Rapport besteht aus 8 großen und 7 kleinen Ringen; 1 Abschnitt hat 11 Rapporte

Großer R: 6 Dk, P, 6 Dk, P, 6 Dk, P, 6 Dk, zz, wd, etwa 6 mm Zf. **Kleiner R:** 3 Dk, P, 3 Dk, P, 3 Dk, P, 3 Dk, zz, wd, etwa 6 mm Zf. **2. großer R:** 6 Dk, Sv am 3. P des ersten großen R, 6 Dk, P, 6 Dk, P, 6 Dk, zz, wd, etwa 6 mm Zf. **2. kleiner R:** 3 Dk, Sv am 3. P des ersten kleinen R, 3 Dk, P, 3 Dk, P, 3 Dk, zz, wd, etwa 6 mm Zf

Mit dem zweiten großen und kleinen R weiterarbeiten, bis 8 große und 7 kleine R fertig sind (ein Rapport). Zweiten Rapport mit großem R beginnen, diesen mit letztem kleinem R des ersten Rapports verbinden. Ebenso ersten kleinen R dieses Rapports mit letztem großem R des ersten Rapports verbinden. 11 Rapporte arbeiten. Fäden dicht an den Dk verknüpfen, knapp zurückschneiden

GELBER RAND UND FRANSEN

Material: Je Abschnitt etwa 21 m Perlgarn Nr. 8 oder 10 in Gelb für die Bogen, 3,70 m in Pink für die Ringe, 84 silberfarbene Perlen. Ein Schiffchen mit Pink umwickeln. Den gelben Faden auf dem Knäuel lassen und 84 Perlen aufziehen. Der obere Rand wird zuerst gearbeitet. Die graue Borte so drehen, daß die erste und letzte Gruppe der kleinen Ringe an beiden Enden oben liegt. Beide Fäden am ersten P des ersten kleinen Ringes am linken Ende anschlingen.

Mit Gelb: 6 Dk, P, 6 Dk, hV mit Pink oben am nächsten kleinen R * Bg 6 Dk, P, 6 Dk, wd. **Mit Pink:** Kleiner R 3 Dk, P, 3 Dk, kleinen R unten überschlagen, Sv oben am folgenden kleinen R, 3 Dk, P, 3 Dk, zz, wd. **Mit Gelb:** Bg 6 Dk, P, 6 Dk, kleinen R unten überschlagen, hV mit Pink oben am nächsten kleinen R, 6 Dk, P, 6 Dk, letzten kleinen R überschlagen, hV mit Pink oben am ersten großen R, (6 Dk, P, 6 Dk, hV mit Pink oben am nächsten großen R) 7mal, 6 Dk, P, 6 Dk, ersten kleinen R überschlagen, hV mit Pink oben am folgenden kleinen R. Ab * wiederholen, bis hV am letzten kleinen R fertig ist. **Mit Gelb:** 6 Dk, P, 6 Dk, hV mit Pink am letzten P des letzten kleinen R, 6 Dk, P, 6 Dk, hV mit Pink am ersten P des ersten großen R unten, 6 Dk, P, 6 Dk, hV oben an demselben großen R

Die Fransen sind einfach sehr große mit Perlen verzierte Picots, die über den Kartonstreifen gearbeitet werden (unten rechts)

Mit Gelb: Bg (4 Dk, Fransenpicot, 4 Dk, Fransenpicot, 4 Dk, hV mit Pink oben am folgenden großen R) 7mal, danach über kleinen R wie oben weiterarbeiten; über großen R jeweils die Fransen-Bg wiederholen. Um die Enden wie oben arbeiten; Fäden verknoten, knapp abschneiden

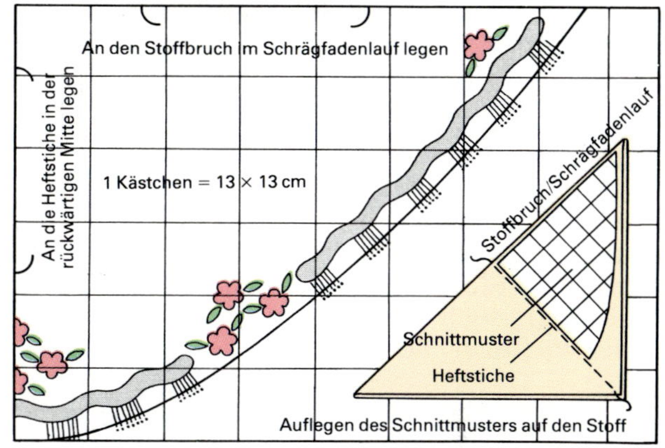

Für das Schnittmuster auf Packpapier einen Raster mit 13 cm großen Quadraten aufzeichnen. Danach die Rundung wie oben einzeichnen. Das Schnittmuster auf die Stola heften, die Rundung nachzeichnen, dann auf der zweiten Hälfte der Stola wiederholen

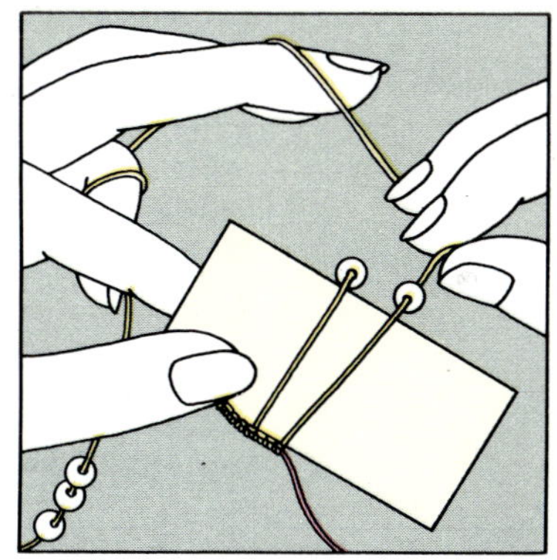

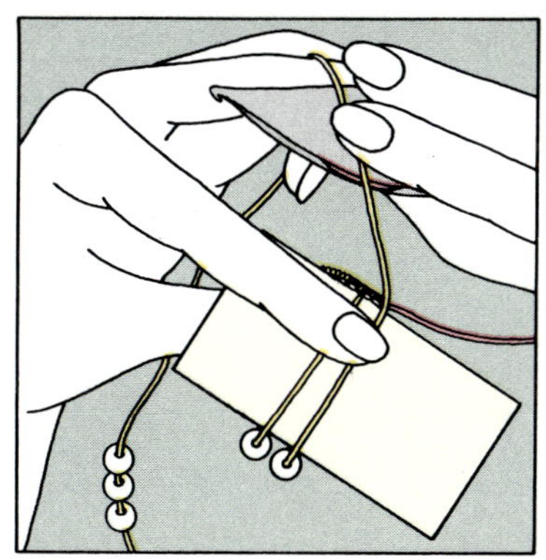

Fransenpicots Nach den ersten 4 Dk des Bg Kartonstreifen waagrecht über der Arbeit halten; vom Knäuel kommenden Faden mit einer Perle einmal von vorn über den oberen Rand um den Karton wickeln. Während des Aufwickelns den Faden zwischen den Fingern in der gleichen Richtung rollen, wie er gezwirnt ist. Den Anschlagknoten des folgenden Dk hinter dem Kartonstreifen arbeiten und bis an die vorigen Dk heranschieben (nicht zu dicht). Den Schlußknoten machen, dann 3 Dk arbeiten, ein Fransenpicot, 4 Dk, hV mit Pink oben am folgenden großen R. Kartonstreifen herausziehen. Über alle großen R wiederholen (je 14 Fransenpicots)

Filetarbeiten

Einführung

Mit der Filettechnik kann man alle möglichen Gegenstände, vom größten Fischernetz bis zu zarten Spitzendeckchen, knüpfen. Die Grundtechnik ist stets die gleiche und besteht aus einem einzigen Knoten (S. 333).

Filetarbeiten bestehen aus Netzmaschen, die rautenförmig oder quadratisch gearbeitet werden; anschließend wird ein Muster aufgestickt. Im Grunde sind alle Maschen zunächst rautenförmig; wie man sie in ein quadratisches Filet umwandelt, wird auf Seite 335 gezeigt.

Diese Technik erreichte den Gipfel ihrer Popularität im 17. Jahrhundert. Ende des 19. Jahrhunderts erfreute sie sich erneut großer Beliebtheit; charakteristisch für diese Zeit waren geometrische Motive in naturfarbenem Baumwoll- und Leinengarn, wie im Bild rechts gezeigt. Heute arbeitet man hauptsächlich mit feinen, nicht zu weichen Häkelgarnen. Die Knoten müssen sauber gearbeitet werden und sollten fast unsichtbar sein. Dazu benötigt man ein glattes, nicht zu fest gezwirntes Garn. Diese Eigenschaften besitzen fast alle Stickgarne, die man ebenfalls für Filetarbeiten verwenden kann.

Bei dieser Filetarbeit sind Grund und Stickerei in Naturfarben ausgeführt

Rautenfilet

Quadratisches Filet

Material und Zubehör

Außer Knüpfgarn braucht man etwa 30 cm eines dickeren Garns für die Anfangsschlinge, in welche die ersten Maschen gearbeitet werden, eine Filetnadel und einen Filetstab; die Breite des Stabes bedingt die Maschengröße. Die Zahl der Anfangsmaschen hängt von der Form ab: mehrere Maschen für eine rautenförmige Arbeit, die an einem Rand beginnt (S. 333 und 334), zwei für ein Rechteck, das in einer Ecke beginnt (S. 335). Statt Filetnadel kann man zwei große Polsternadeln mit Band so zusammenbinden, daß an den Enden jeweils ein Öhr und eine Spitze frei bleiben. Eine Strumpfstricknadel wird statt Filetstab für feine Arbeiten verwendet.

Mit der Filetnadel kann man vor allem sehr feine Netzmaschen knüpfen

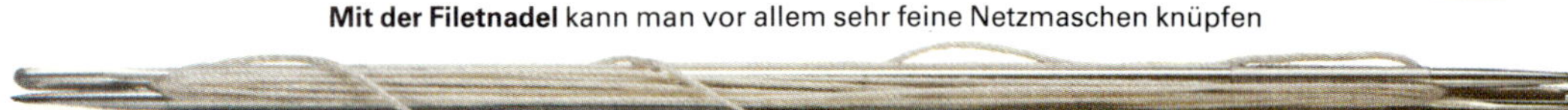

Als Ersatz kann man 2 Polsternadeln mit Klebeband so zusammenbinden, daß jeweils ein Nadelöhr und eine Spitze frei bleiben

Eine Strumpfstricknadel eignet sich als Filetstab, insbesondere für feine Arbeiten

Der Grundknoten/Rautenförmiges Filet

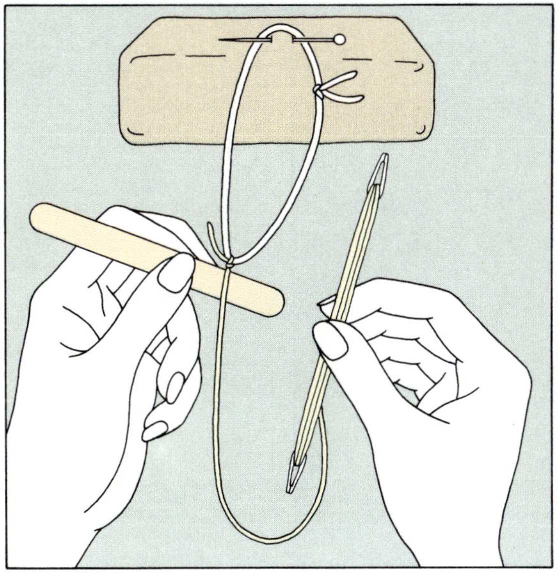

1. Aus dickerem Garn eine Schlinge knoten und gut befestigen, etwa an einem schweren Kissen. Das Ende des um die Filetnadel gewickelten Fadens in die Anfangsschlinge knoten

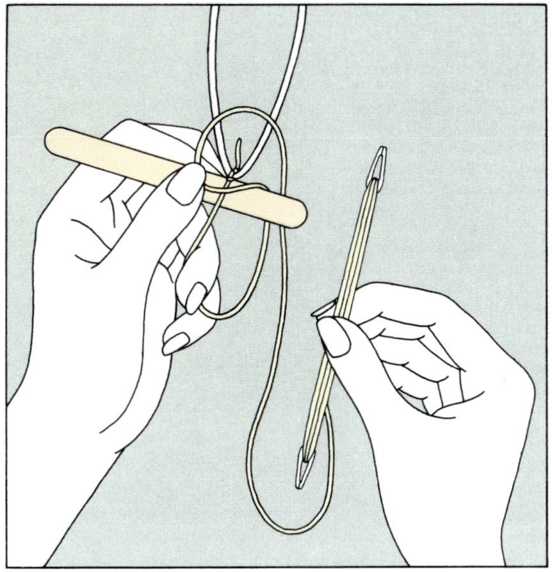

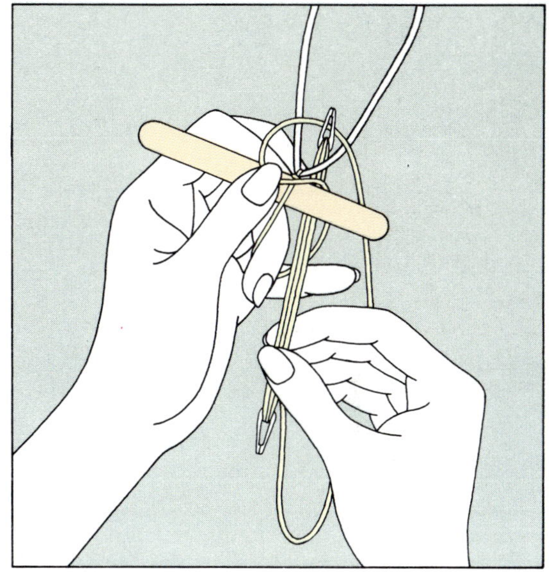

2. Stab zwischen Daumen und Zeigefinger der linken Hand, Nadel rechts halten. Faden über Stab, um Ringfinger und hinter Stab nach oben führen. Faden zwischen Daumen und Stab halten; Schlaufe nach oben legen (links). Nadel von vorn durch Schlaufe am Ringfinger und hinter Stab nach oben durch Anfangsschlinge und obere Schlaufe führen (rechts)

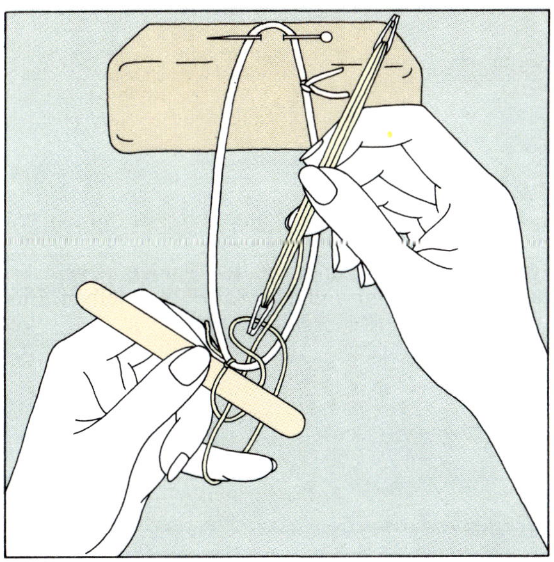

3. Nadel durchziehen, dabei Faden mit kleinem Finger fassen. Schlaufe unter dem Daumen und die am Ringfinger loslassen. Faden straffziehen; nicht vom kleinen Finger gleiten lassen

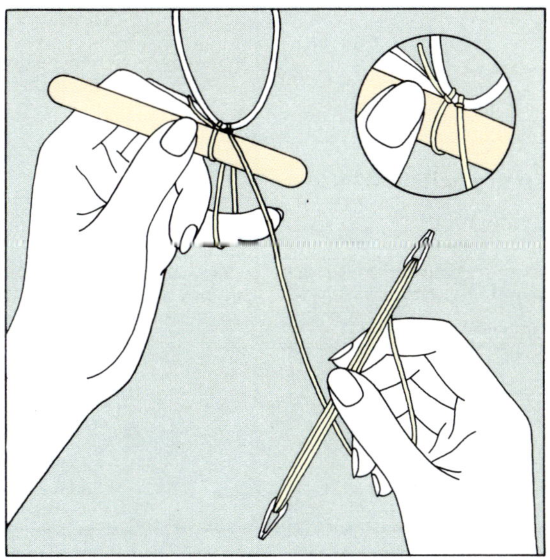

4. Knoten auf obere Kante des Stabes setzen. Faden vom kleinen Finger gleiten lassen und nach vorn ziehen; dabei Anfangsschlinge straff halten. Der erste Knoten ist fertig

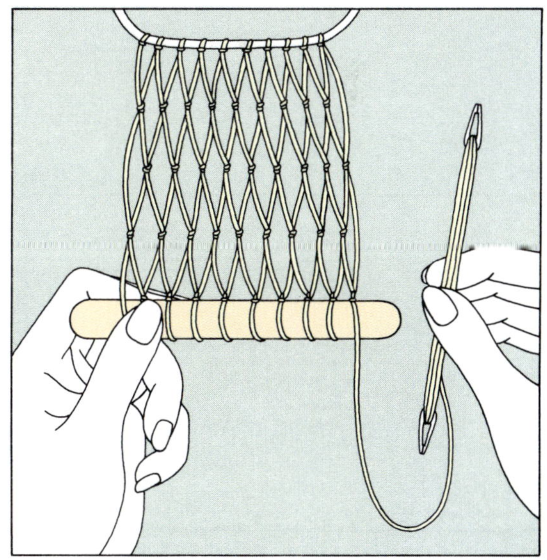

5. Für alle Maschen der ersten Reihe wiederholen (hier 10); Stab entfernen. Arbeit wenden (stets von links aus knüpfen). Für weitere Reihen in Maschen der Vorreihe knüpfen

Spitzen · Filetarbeiten

Langettenstich 25
Kettmaschen 275

Grundtechnik

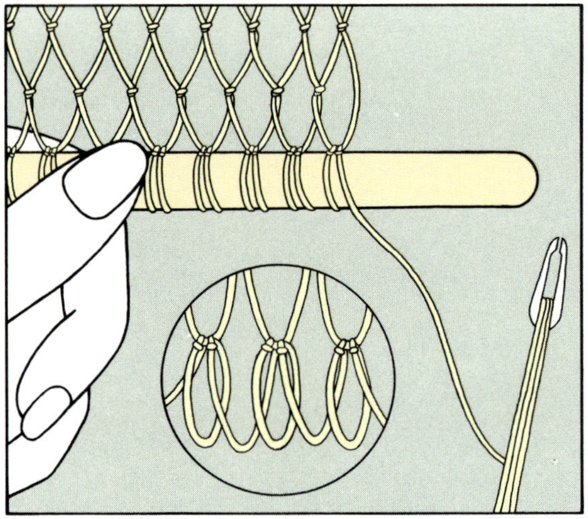

Formgebung Durch Zunahmen (links) wird die Arbeit breiter, durch Abnahmen (rechts) schmaler gemacht. Die Abbildungen auf dieser Seite zeigen die Grundtechnik. Wie man sie beim quadratischen Filet anwendet, wird auf der gegenüberliegenden Seite erklärt

Zunehmen 2 oder mehr Knoten in eine Schlinge arbeiten und in der nächsten Reihe in jede Masche knüpfen. Die betreffende Reihe und alle folgenden Reihen werden dadurch um eine oder mehrere Maschen breiter

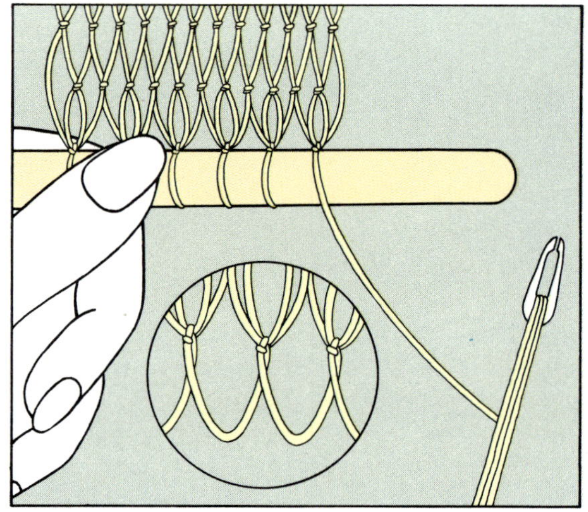

Abnehmen Einen Knoten in 2 oder mehrere Schlingen arbeiten, die dadurch zusammengebunden werden. Die folgenden Reihen haben weniger Maschen. Zunahmen und Abnahmen dienen hauptsächlich dazu, die Arbeit zu formen. Besonders hübsche Effekte können jedoch erzielt werden, wenn man reihenweise oder in festgelegten Abständen abwechselnd zu- und abnimmt

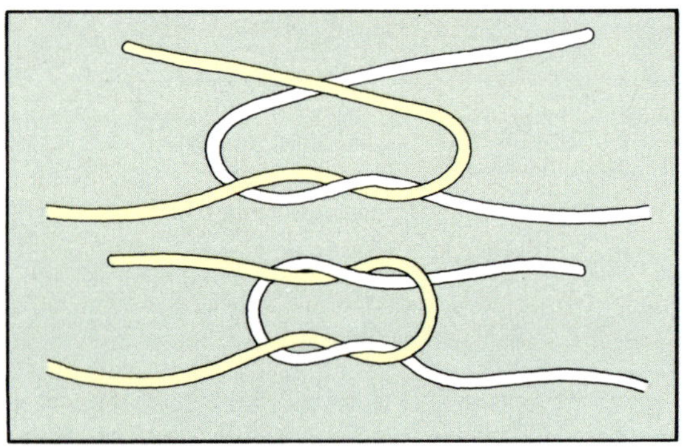

Einen neuen Faden am besten am Ende einer Reihe beginnen. Dazu das Ende des neuen Fadens sehr dicht am zuletzt gearbeiteten Knoten mit einem Flachknoten, wie abgebildet, befestigen. Die Fadenenden dicht am Verbindungsknoten abschneiden

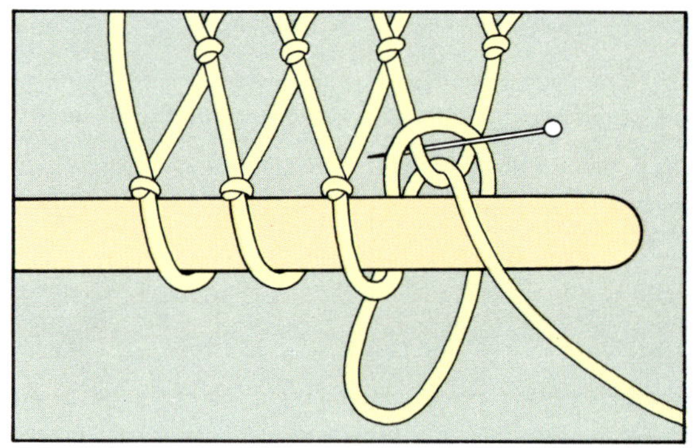

Fehler korrigieren, bevor der Knoten festgezogen wird. Dazu den Knoten mit einer Stecknadel lockern. Geht der Knoten nicht auf, den Faden dicht am Knoten abschneiden, den Knoten auflösen und einen neuen Faden anfangen. Knüpft man sehr feste Knoten, können ganze Abschnitte des Filets abgetrennt werden, ohne daß die Knoten aufgehen

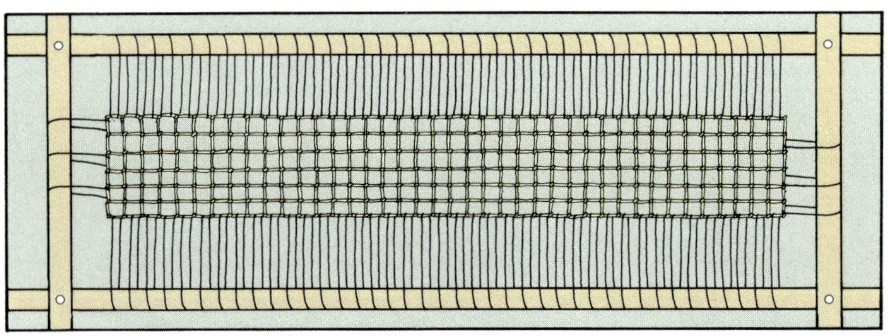

Stickerei Zunächst die Arbeit in einen Rahmen spannen. Zwischen Netz und Innenkante des Rahmens mindestens 3 cm Abstand lassen. Den Faden um den Rahmen und oben und unten durch jede Masche, seitlich durch jede zweite Masche führen. Die Spannung muß gleichmäßig und fest sein. Eine sehr große Arbeit kann in Abschnitten eingespannt werden

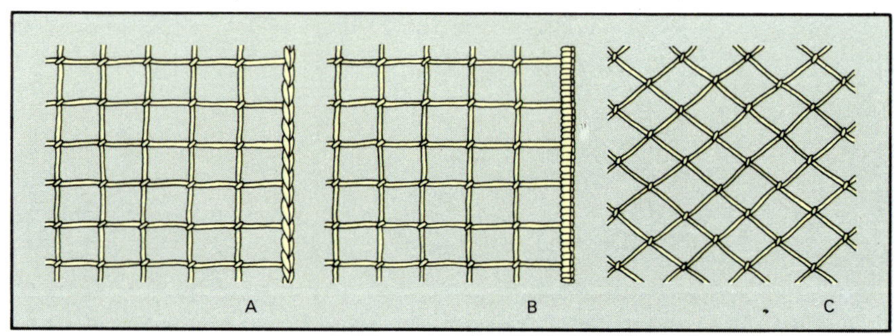

Kantenabschlüsse Stets das Garn verwenden, mit dem geknüpft wurde. Bei quadratischen Filets sind die Randmaschen doppelt. Um dies zu überdecken und eine feste Kante zu erhalten, Kettmaschen (A) oder dichte Langettenstiche (B) als Abschluß arbeiten. Die Ränder des Rautenfilets kann man neben den Knoten zurückschneiden (C); die Knoten lösen sich nicht auf

Quadratisches Filet/Ein Mustertuch knüpfen

Die Abbildungen ganz unten zeigen, wie ein quadratisches Filet für das unten abgebildete Mustertuch gearbeitet wird. Die Anleitungen für die Stickerei sind auf Seite 336 zu finden. Das fertige Tuch ist etwa 5 × 40 cm groß; die Stickerei besteht aus 2 Rapporten zu je 32 Maschen (etwa 15 cm lang) plus einem Dreieck als Ausgleichsmotiv plus sechs zusätzlichen Maschen an beiden Enden, also insgesamt 83 Maschen. Für einen längeren Streifen arbeitet man jeweils einen Rapport (32 Maschen) mehr.

Diese Zahlen beziehen sich auf das Mustertuch, die Technik gilt jedoch für jedes quadratische Filet. Dabei darf man nicht vergessen, die Arbeit nach jeder Reihe zu wenden.

Das Mustertuch wurde mit Baumwollhäkelgarn gearbeitet, die Maschen in Ekrü, die Stickerei in Ekrü oder Weiß, wie angegeben. Außerdem benötigt man einen 4 mm breiten Filetstab (oder eine entsprechend starke Strumpfstricknadel), eine Filetnadel, einen Spannrahmen (S. 334) und eine Sticknadel ohne Spitze.

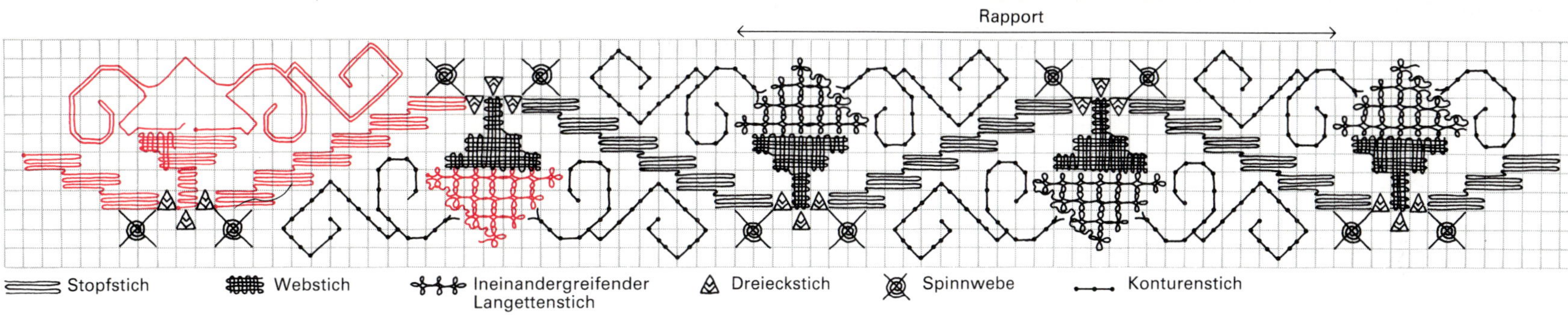

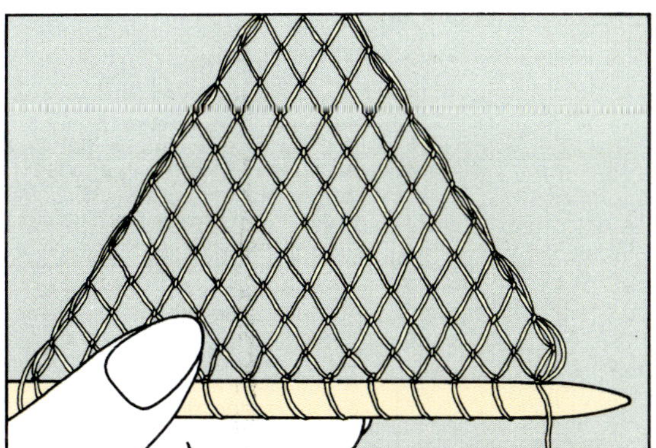

Quadratisches Filet: 1. 2 Knoten in Anfangsschlinge arbeiten. Wenden. Ab zweiter Reihe an jedem Reihenende einen Knoten zunehmen (S. 334), bis genügend Knoten für gewünschte Breite vorhanden sind (hier 13, also 12 Maschen)

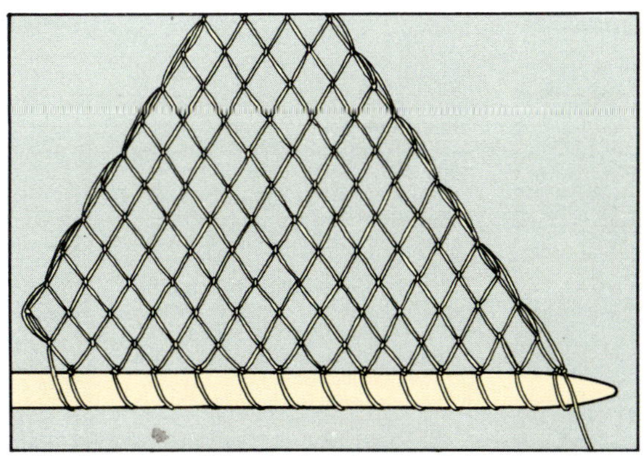

2. Für die geraden Seiten in der folgenden Reihe einen Knoten abnehmen (S. 334), in der nächsten einen zunehmen. Diese beiden Reihen abwechselnd arbeiten, bis die Längsseite die gewünschte Länge hat (hier 83 Maschen)

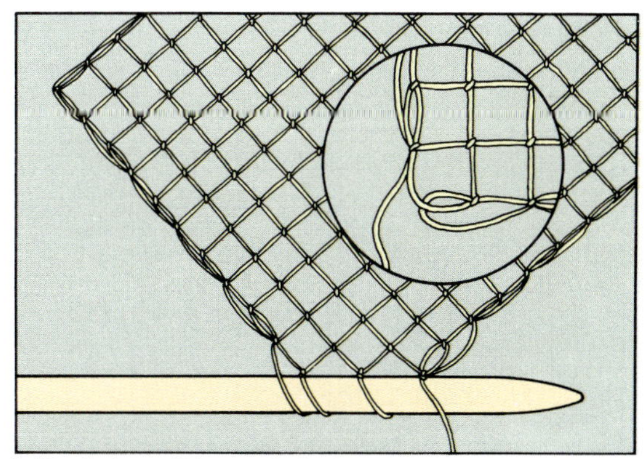

3. Für die letzte Ecke am Ende der nächsten und jeder folgenden Reihe einen Knoten abnehmen, bis 2 Schlingen übrigbleiben. Diese beiden zusammenknüpfen. Faden dicht am Knoten zurückschneiden. Anfangsschlinge entfernen

Spitzen · Filetarbeiten

Das Mustertuch besticken

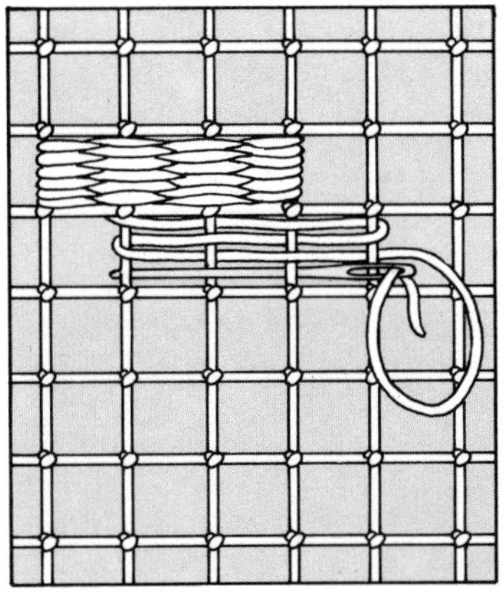

Stopfstich (Ekrü, einfacher Faden): In erster Gruppe am linken Ende Faden in oberer linker Ecke der ersten Masche befestigen und abwechselnd über und unter die Maschen von oben nach unten führen, bis die Zwischenräume ausgefüllt sind (etwa 10–12 Fäden). Für nächsten Abschnitt Faden in unterer linker Ecke der ersten Masche befestigen und nach oben arbeiten

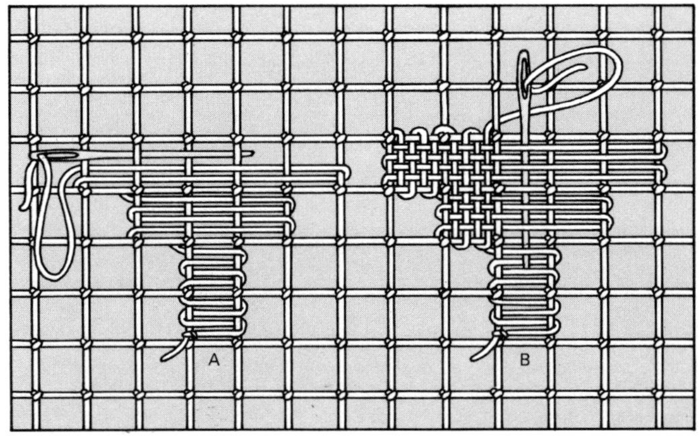

Webstich (Ekrü, einfacher Faden): Zuerst Kett-, dann Schußfäden einweben. A: Faden unten links befestigen. Nach oben arbeiten. Zuerst die einzelnen Maschen mit 4 Fäden je Masche locker ausfüllen. Bei der nächsten Masche den ersten Faden so weben wie den letzten der vorhergehenden Masche; der dazwischenliegende Maschenfaden zählt als Kettfaden. B: Von links oben Faden über und unter die Kettfäden und die dazwischenliegenden Maschenfäden weben; jede Masche mit 4 Fäden ausfüllen. Nach jeder Reihe die Kettfäden etwas anziehen, damit das Gewebe flach und gleichmäßig liegt

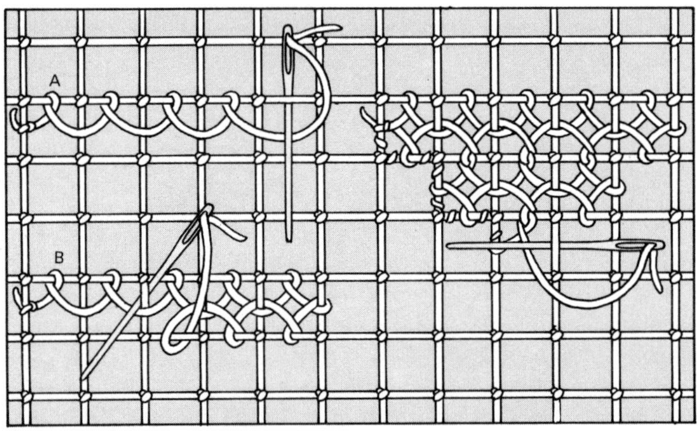

Ineinandergreifender Langettenstich (Weiß, einfacher Faden): Mit längster Reihe beginnen. A: Faden in der Mitte der linken Maschenseite befestigen. Einen Langettenstich in jede Masche arbeiten; er soll die obere Hälfte der Masche überdekken. Am Ende der Reihe einen Langettenstich seitlich arbeiten. B: Von rechts nach links über jede Schlinge der Vorreihe und unter jeden senkrechten Maschenfaden stechen. Um nächste Reihe zu beginnen, letzte Masche seitlich und unten umstechen. Wieder wie bei A arbeiten, jedoch durch untere Schlingen der Vorreihe stechen, so daß Schlingen ineinandergreifen

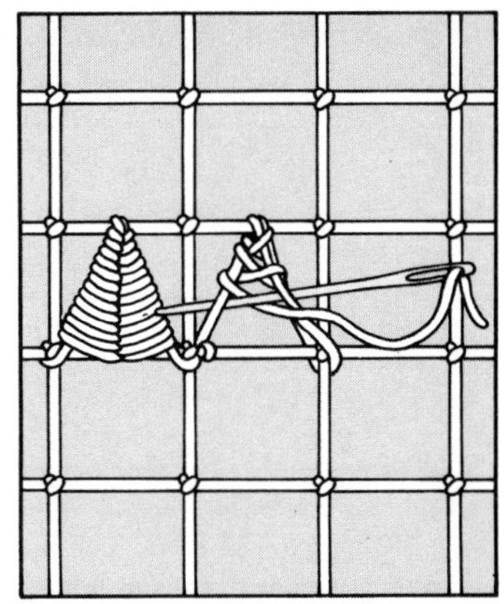

Dreieckstich (Weiß, einfacher Faden): Von oben nach unten arbeiten; links beginnen. Faden in linker unterer Ecke der Masche befestigen, dann um den oberen Maschenfaden, um die untere rechte Ecke und wieder nach oben führen. Oben beginnen und abwechselnd von rechts zur Mitte einen Langettenstich, von links einen Geradstich um die Spannfäden arbeiten. Zum Schluß den unteren Maschenfaden umstechen, um das Dreieck zu befestigen. Faden auf Rückseite zur unteren linken Ecke der nächsten Masche führen und zweites Dreieck sticken

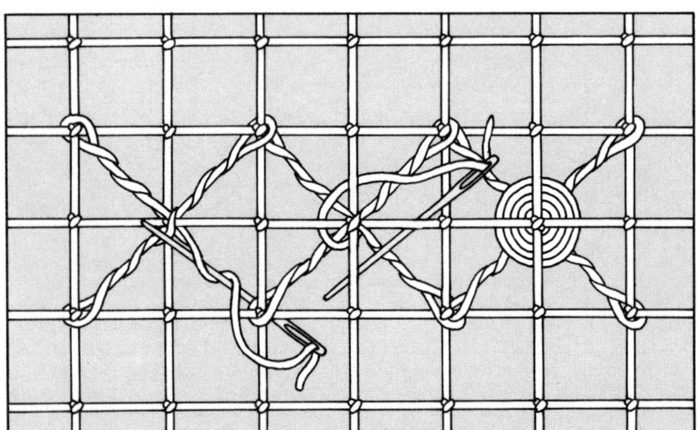

Spinnwebe (Ekrü, einfacher Faden): Faden in der Mitte von 4 Maschen befestigen. Von dort aus zu jeder Ecke des aus 4 Maschen gebildeten Quadrats einen Steg arbeiten; dazu den Faden um jede Ecke führen und zweimal um den Faden stechen. Dann den Faden von der Mitte aus über die Stege und unter die Maschenfäden führen (etwa viermal), bis das Mittelstück die gewünschte Größe hat. Faden auf der Rückseite durch die umwickelten Fäden eines Steges führen oder mit dem Anfangsfaden verknoten

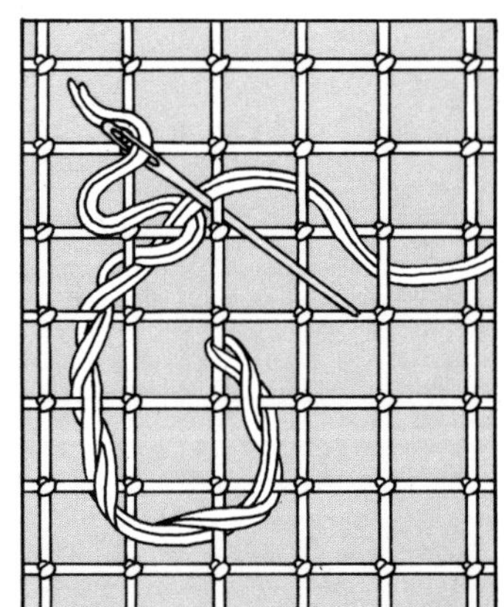

Konturenstich (Weiß, doppelter Faden): In der Mitte der unteren Reihe ineinandergreifender Langettenstiche beginnen; über und unter die Maschenfäden weben, wie in der Vorlage angegeben. Ist die Mitte der ersten Spirale erreicht, am Faden entlang zurückweben; jedoch dabei unter jeden Maschenfaden, der vorher übergangen wurde, und um den bereits gelegten Faden stechen. Zweite Spirale arbeiten, dann die obere Hälfte der ersten. Faden oben um das Dreieck aus Langettenstichen führen und die Spirale auf der anderen Seite arbeiten. Zum Schluß Fadenende mit dem Anfang verknoten

Kissenplatte in Filetarbeit

Material

Eine kleine Filetnadel; eine Stricknadel Nr. 2,5; eine Sticknadel ohne Spitze; Stickschere; ein Spannrahmen (Innenmaß mindestens 30 × 30 cm) und Bindfaden; ein Knäuel Baumwollhäkelgarn in Ekrü; je ein Knäuel Baumwollperlgarn in fünf Blautönen; Kissen. Die Platte ist etwa 25 × 25 cm (= 56 Maschen) groß. Um sie zu vergrößern, verwendet man dickeres Garn und eine stärkere Stricknadel.

Das Filet arbeiten

Zwei Knoten in die Anfangsschlinge knüpfen; wenden. Am Ende der nächsten und aller folgenden Reihen einen Knoten zunehmen, bis 57 Knoten auf dem Stab liegen. Eine Reihe ohne Zunahme arbeiten. Am Ende aller folgenden Reihen einen Knoten abnehmen, bis zwei Knoten bleiben. Diese zusammenknüpfen, Faden abschneiden; die Anfangsschlinge entfernen. Die Arbeit spannen; den Spannfaden durch jede zweite Masche führen. Alle Kanten müssen gleich lang sein.

Stickerei

Die Blautöne sind mit A, B, C, D, E (von Hell bis Dunkel) bezeichnet. Die Stickstiche sind dieselben, die im Mustertuch erklärt wurden, sie werden jedoch nach der unten angegebenen Anleitung gearbeitet. Den Rahmen dreht man so, daß die erhabenen Netzfäden (man kann sie mit den Fingerspitzen ertasten) vorn liegen und senkrecht verlaufen. Die Richtung dieser Fäden ist für die Wirkung der Stopfstiche von Bedeutung.

Für die Kissenplatte wurden traditionelle Muster und Sticktechniken verwendet. Der Fisch ist ein Karpfen, ein Lieblingsmotiv der chinesischen Folklore. Gestickt wird in 5 Blautönen auf ekrüfarbenem Grund. Das Kissen ist etwa 25 × 25 cm groß (56 Maschen), kann aber vergrößert werden, wenn man etwas dickeres Garn und einen entsprechend breiteren Filetstab verwendet

Webstich (Kopf und Umrisse): Die Ziffern auf der Vorlage kennzeichnen jeweils den Anfang des ersten Fadens. Den Linien bis zu der Stelle folgen, wo der Faden die Richtung wechselt, um die Schußfäden zu bilden. Diese so weit wie möglich einweben, dann mit der nächsten Ziffer beginnen und die erste Fläche unvollständig lassen. Jede Masche mit vier Fäden ausfüllen, dabei den ersten Faden in jeder Masche wie den letzten in der vorhergehenden Masche einweben. Fäden, die von einer Reihe zur nächsten mitgeführt werden müssen, werden von den Schußfäden mitgefaßt. Bereiche 1–4 in Farbe A arbeiten, 5–10 in Farbe B, 11 in Farbe C.

Stopfstich (Flossen, Stege im Schwanz, Auge; dunkelste Teile der Umrandung): Etwa 12 Fäden pro Masche einziehen. Stege senkrecht in Farbe B arbeiten; durch die erhabenen senkrechten Maschenfaden wirken sie plastischer. Faden hinten durch den Rand des Webstiches zum nächsten Steg führen. Alle anderen Stopfstiche waagrecht arbeiten. Flossen an linker Seite in den Farben B und A in dieser Reihenfolge arbeiten. Für die kleinen Stege nach der letzten Reihe den Faden dreimal um jede Masche führen, dann zweimal um diese Spannfäden wickeln. Flossen über dem Kopf von oben nach unten in Farbe D arbeiten. Ist die oberste Masche fertig, Fadenende nach unten ziehen, um einen Doppelfaden für die Konturenstiche am Ende jeder Flosse zu erhalten. Auge und Umrandung in Farbe E arbeiten.

Spinnwebe (Auge, Rand): Die Methode ist etwas anders als im Mustertuch. Faden von der gestopften Fläche zur Ecke zwischen den ersten 2 Spinnweben führen. Die diagonalen Stege von der Mitte zu jeder Ecke arbeiten, die erste Ecke hat jedoch nur einen Faden; der zweite wird gelegt, nachdem die Spinnwebe fertig ist. So kann man die zweite Spinnwebe von der angrenzenden Ecke aus beginnen. Ist die zweite Spinnwebe fertig, Faden hinter den Stopfstichen durchführen und zwischen den nächsten 2 zu arbeitenden Spinnweben ausstechen. Bei diesen werden die Stege unter den Maschen gearbeitet; für das Mittelstück also über die Maschenfäden und unter die Stege (etwa 3mal) stechen. Auge in Farbe A, Spinnweben der Umrandung in Farbe D arbeiten.

Ineinandergreifender Langettenstich (Körper, Umrandung): Körper in Farbe A von der oberen linken Ecke nach unten arbeiten. Die mitgeführten Fäden in die Randstiche an der linken Seite einweben. Den Außenrand in Farbe E arbeiten; beginnen und enden, wie rechts angegeben. Umrandung in Farbe C arbeiten; oben am Kopf beginnen und bis zur Unterseite arbeiten, dabei die diagonalen Stiche, wie angegeben, einfügen. Die Vorlage zeigt, wie die Rückreihe der Diagonalen gearbeitet wird (so unter den Netzknoten stechen wie unter den Maschenfaden bei einer geraden Reihe).

Dreieckstich (Zähne): In Farbe D von links nach rechts arbeiten. Die Spannstiche bestehen aus einem Faden links und 2 rechts.

Konturenstich (Auge, Kopf, innere Umrandung): Mit doppeltem Faden arbeiten. Auge in Farbe A umranden, unteren Augenrand in Farbe D, oberen Kopfrand vom letzten Zahn zur ersten Flosse in Farbe B, Unterteil des Kopfes vom Zahn zur Mitte des Hinterkopfes in Farbe A, Umrandung in Farbe D.

Randabschluß: Mit doppeltem Faden in Farbe C in jede Masche um den ganzen Rand 4 Langettenstiche arbeiten, an jeder Ecke 5.

Klöppelspitzen

Einführung

Klöppelspitzen entstehen durch Kreuzen und Drehen von vielen Fäden, die auf kleine Spulen, die sogenannten Klöppel, gewickelt sind. Diese zwei Bewegungen ergeben die Halb- und Ganzschläge (S. 340–342), aus denen die verschiedenen Muster, die sogenannten Gründe, gefertigt werden. Das Spitzenmuster wird in Originalgröße auf kariertes Papier gezeichnet und zur Verstärkung auf dünnen, biegsamen Karton geklebt, der dann mit Stecknadeln auf ein Klöppelkissen geheftet wird (siehe Abbildung). Durch das Muster werden Nadeln in das Kissen gesteckt, die die Fäden an den vorgesehenen Stellen halten. Das Muster ist der Klöppelbrief.

Klöppelspitzen gab es schon im 15. Jahrhundert; ihre Heimat ist Italien. Mit der weiteren Verbreitung entwickelten sich lokale Stilrichtungen. Sie reichen von geometrischen Mustern bis zu schwierigen Blumen- und Bildmotiven (einige Beispiele rechts im Bild).

Material und Zubehör

Das Zubehör für Klöppelarbeiten ist über Jahrhunderte gleichgeblieben: geeigneter Faden, Klöppel, Stecknadeln, eine Vorlage und ein Kissen zum Aufstecken des Musters. Gebräuchliche Fäden waren aus Seide, Leinen oder Metall, alle sehr dünn und äußerst fein versponnen. Für die meisten modernen Klöppelspitzen wird glattes Baumwollgarn bevorzugt. Die Klöppel waren aus Holz, Knochen oder Elfenbein und häufig mit Glasperlen beschwert. Klöppel sind noch immer im Handel erhältlich. Es gibt aber viele Dinge, die man auch als Klöppel gebrauchen kann, zum Beispiel eingekerbte Rundhölzer oder große Nägel. Die ursprünglichen Klöppelbriefe waren aus Pergament. Heute nimmt man kariertes Papier, das zur Verstärkung auf dünnen Karton geklebt wird. Das Kissen soll die Arbeit festhalten; die Nadeln sollen sich leicht einstechen lassen. Die einfachste Lösung ist, eine Wellpappenrolle mit Stoff gleichmäßig zu umwickeln.

Ein längliches Klöppelkissen auf einem hölzernen Untersatz, hier zum Klöppeln von Spitzen und Einsätzen eingerichtet. Klöppelkissen gibt es in verschiedenen Ausführungen. Falls man ein Kissen nicht im Handel bekommt, kann man es auch leicht selbst herstellen

Verschiedene Klöppel (von rechts): alter Klöppel mit Glasperlen zur Beschwerung; 2 moderne Klöppel; Behelfsklöppel (Rundhölzer)

Ein Klöppelbrief für einen Musterstreifen

Dieser Musterstreifen wurde zum Üben der verschiedenen Schläge entworfen. Das Schaubild unten wird auf Karopapier übertragen. Alle Punkte, Linien und Ziffern Kästchen für Kästchen mit wasserfestem Filzstift aufzeichnen; es genügt eine Farbe. Hier wurde nur wegen der Übersicht mit verschiedenen Farben gearbeitet. Für den Klöppelbrief die untere Hälfte noch spiegelbildlich ergänzen.

Vor dem Aufstecken des Klöppelbriefes alle bezeichneten Punkte mit einer Stecknadel vorstechen. Nun den Klöppelbrief an den Ecken und an den Seiten feststecken; etwas Stoff vom Kissen fassen und durch die Pappe ins Kissen stechen.

Unter dem Schaubild sind die Namen der Schläge in der Reihenfolge aufgeführt, wie sie nachher auf dem Klöppelbrief gearbeitet werden. Die Seitenzahlen verweisen auf die Arbeitsanleitungen. Es empfiehlt sich, die Namen der Schläge und die Seitenzahlen auf dem Klöppelbrief zu vermerken. Nachstehend die in der Anleitung verwendeten Abkürzungen:

N Nadel, Nadelpunkt
P Paar
PP Paare
dr drehen
kr kreuzen

Praktische Hinweise für die Arbeit

1. Die Klöppelpaare sind von links nach rechts durchnumeriert, wobei die Nummern jeweils die Position der Klöppel auf dem Brief angeben.
2. Beim Drehen wird der rechte Klöppel über den linken gelegt.
3. Beim Kreuzen wird der rechte Klöppel vom linken Paar über den linken Klöppel vom rechten Paar gelegt.
4. Die Nadeln werden senkrecht durch den Klöppelbrief in das Kissen gesteckt. An den Rändern steckt man sie leicht schräg nach außen.
5. Die Nadeln werden immer zwischen die zuletzt geklöppelten Paare gesteckt.
6. Die Klöppel hängen immer senkrecht am Kissen.
7. Auf dem Kissen sollten die Klöppel nicht hin und her rollen, weil sonst das Garn sich aufdreht. Sie werden paarweise aufgenommen und weggelegt.
8. Das Garnende wird mit dem Anfang vom neuen Klöppel verknotet und zum Schluß kurz abgeschnitten.

Material für den Musterstreifen

Das Klöppelkissen soll ungefähr 60 cm lang und 50 cm breit sein. Diese Maße passen für die Arbeit auf S. 344. Das Kissen kann man aus Wellpappe, die gerollt und mit Filz, Baumwollstoff oder Wollflanell umwickelt wird, selbst herstellen. Jede ähnlich weiche Unterlage kann zum Klöppeln dienen, wenn sie glatt ist. Mit ein paar Stichen prüft man, ob die Nadeln gut hineingehen und festhalten. Wenn die Nadeln auf der Unterseite herausragen, sind sie hinderlich. Dann schiebt man einfach ein dickes Handtuch oder eine andere Unterlage darunter, oder man wählt kürzere Nadeln

Dünne Stahlkopfnadeln oder besser Glaskopfstecknadeln braucht man während des Klöppelns, außerdem ein paar längere Stecknadeln, um die Klöppel zur Seite zu stecken, wenn sie nicht benötigt werden

Klöppel 12 Paare herkömmlicher Art, die man im Fachhandel kaufen oder bestellen kann, oder eine der Behelfsmöglichkeiten, wie sie unter *Material und Zubehör* auf Seite 338 beschrieben sind

Garne aller Art können verwendet werden, wenn sie glatt und nicht zu stark gezwirnt sind. Zum Üben sollte nicht zu dünnes (3- oder 6faches) und ganz glattes Garn genommen werden. Für den Musterstreifen braucht man einen Knäuel Häkelgarn Nr. 10 in Weiß oder Ekrü (S. 270)

Für den Klöppelbrief braucht man 2 DIN-A4-Blätter kariertes Papier und dünnen, biegsamen Karton zum Aufkleben

Eine Garnhäkelnadel (S. 271) braucht man zum Verbinden an verschiedenen Stellen

Ein Tuch zum Abdecken der fertigen Spitze, wenn man an einem anderen Abschnitt weiterklöppelt, oder zum Zudecken, wenn die Klöppelarbeit weggestellt wird

Ein 3-mm-Rundholz, etwa 18 cm lang, zum Befestigen der Klöppel für den Musterstreifen

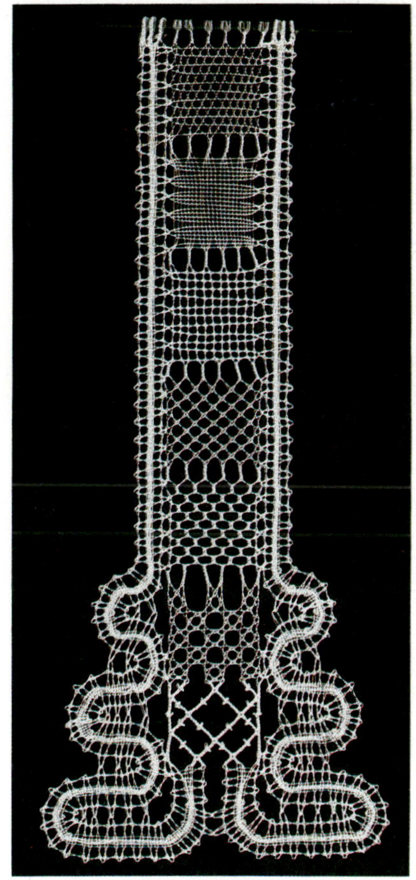

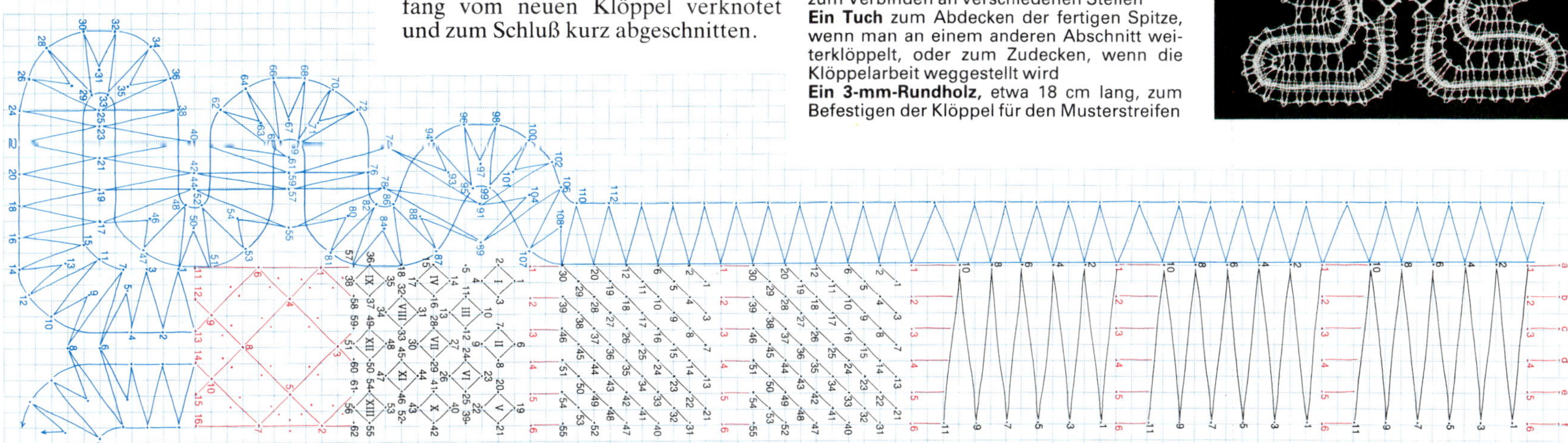

Band oder Streifen 343 | Flechtschlagbändchen mit Picots 343 | Jungferngrund 342 | Zöpfchen | Brüsseler Grund 342 | Zöpfchen | Löcherschlaggrund 342 | Zöpfchen | Gittergrund 342 | Zöpfchen | Leinenschlaggrund 342 | Zöpfchen | Halbschlaggrund 342 | Zöpfchen 340

Spitzen · Klöppelspitzen

Klöppel aufwickeln

Das obere Ende der Klöppel wird gleichmäßig mit so viel Faden bewikkelt, wie die Spule fassen kann. Für den Musterstreifen werden je Klöppelpaar nur 6 m Faden benötigt, also

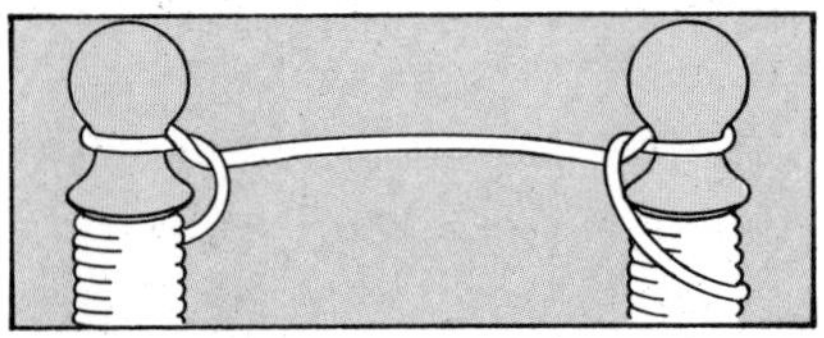

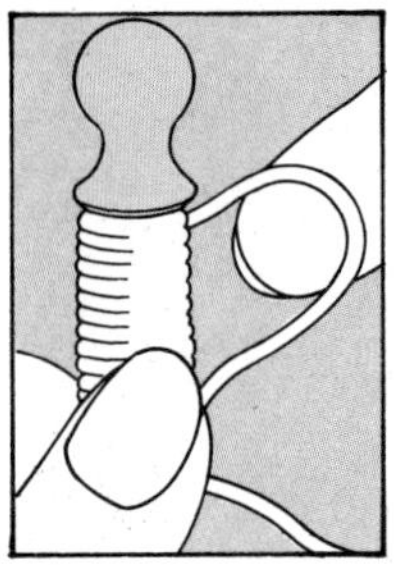

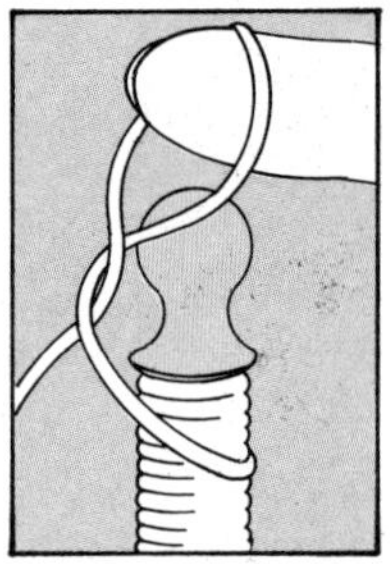

3 m je Klöppel. Den abgemessenen Faden vom Spulenende zur Mitte hin bis auf 40 cm aufwickeln. Alle Klöp-

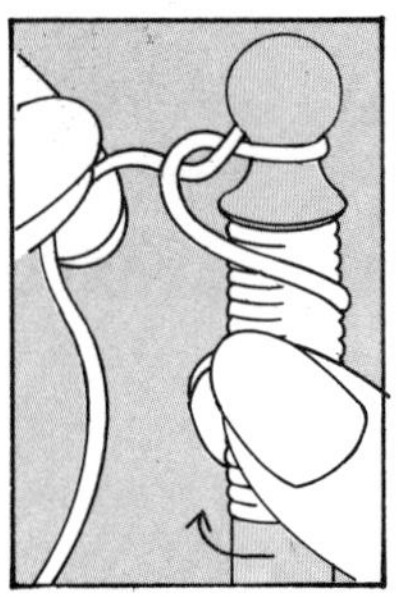

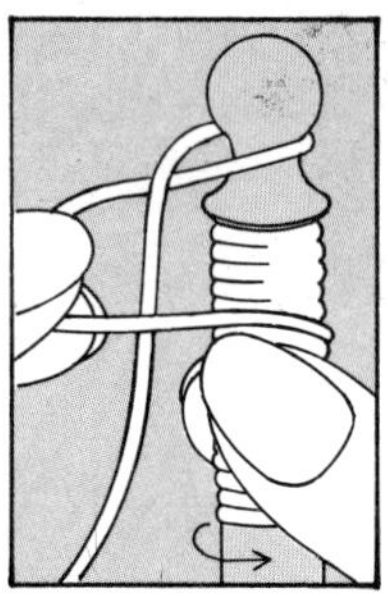

pel müssen nach der gleichen Richtung aufgewickelt werden. Den Faden um den rechten Zeigefinger legen und zweimal von sich wegdrehen; die Schlinge über das Köpfchen schieben. Zwei Klöppelpaare werden mit einer Schlaufe an ein Rundholz angehängt (S. 359). Zwischen die beiden Klöppelpaare eine Nadel auf Punkt a des Klöppelbriefes stecken.

Halbe und ganze Grundschläge

Zunächst übt man mit zwei Klöppelpaaren einen halben Grundschlag. Die Sichtseite (Arbeitsseite) wird später zur Rückseite des fertigen Musters. Man hält das linke Paar in der linken Hand, das rechte Paar in der rechten. Die obere Reihe der Abbildungen veranschaulicht die Schritte zum Halbschlagzöpfchen. Dieses Zöpfchen fertigt man im Musterstreifen jeweils in einer Serie von sechs Stück (Punkte a bis f); alle Paare werden wie die ersten beiden geflochten (PP 1 + 2, N in 1, PP 3 + 4, N in 2; PP 5 + 6, N in 3 usw.).

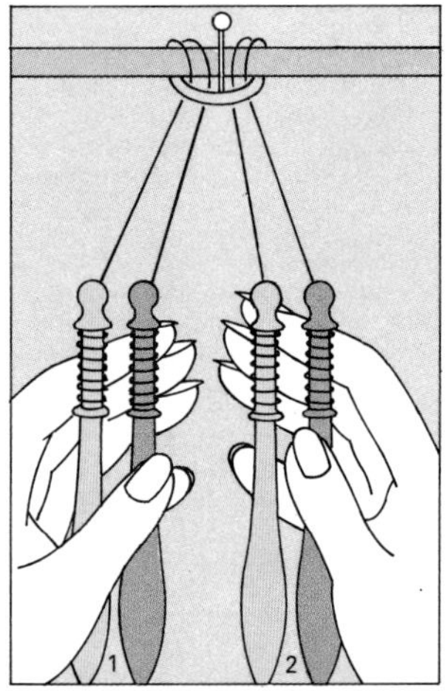

1. Man beginnt bei a mit P 1 in der linken und P 2 in der rechten Hand. Die anderen Klöppelpaare seitlich wegstecken

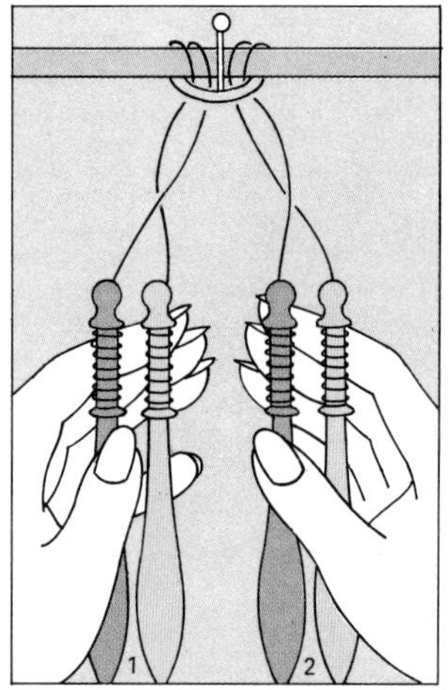

2. Der Halbschlag (dr, kr) beginnt mit Drehen (dr). Den rechten Klöppel von jedem P mit dem Daumen über den linken schieben

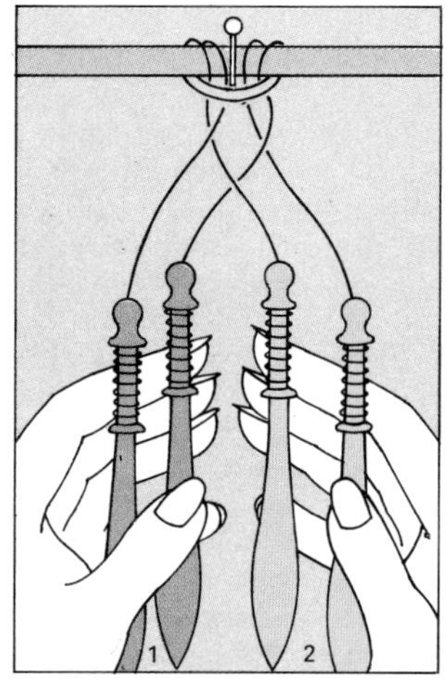

3. Beim Kreuzen (kr) wechseln die inneren Klöppel: der rechte in der linken Hand über den linken in der rechten Hand

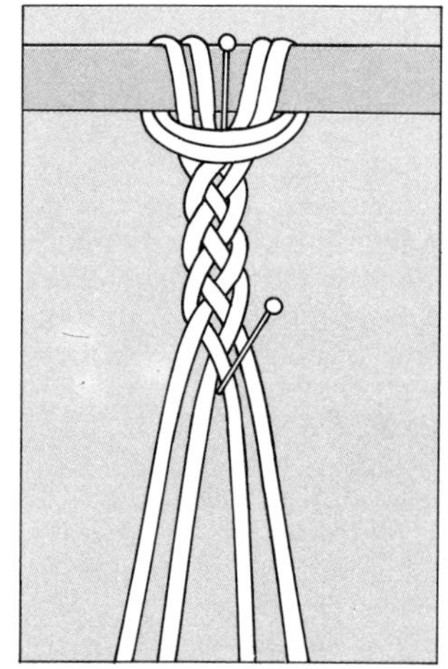

4. Mehrere Halbschläge ergeben Zöpfchen. Bis N 1 klöppeln, eine Nadel zwischen die Paare stecken

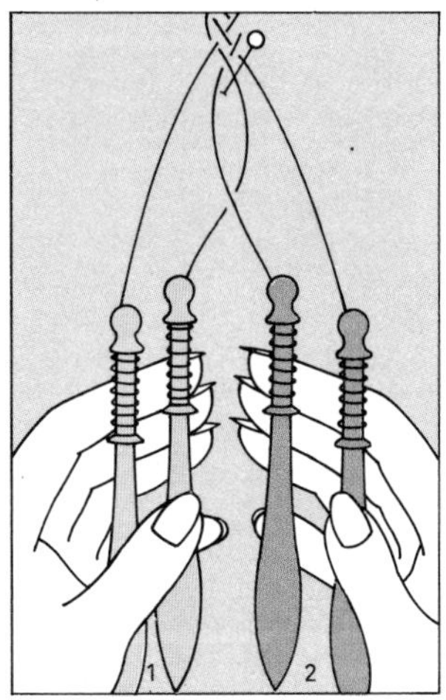

1. Beim Ganzschlag (kr, dr, kr) werden die Paare gekreuzt, gedreht und dann nochmals gekreuzt. Hier das erste Kreuzen

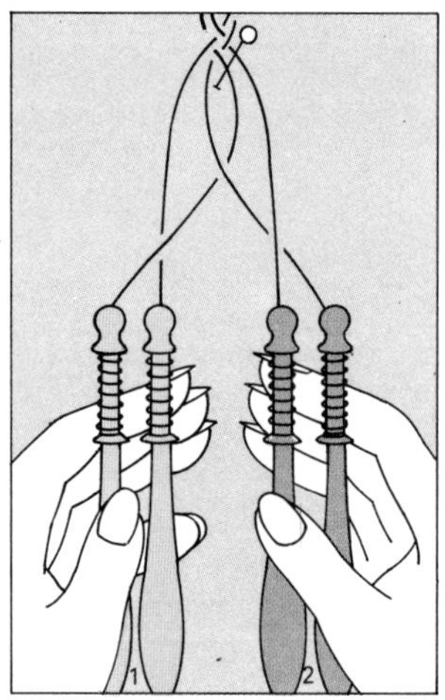

2. Das Kreuzen und Drehen wird wie beim Halbschlag (siehe oben) ausgeführt. Hier sieht man das Drehen

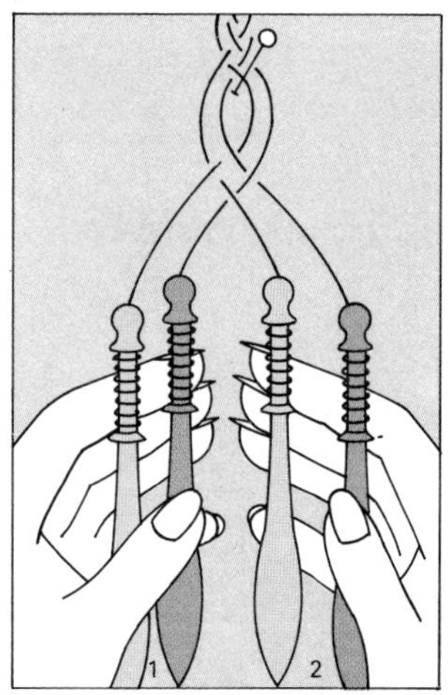

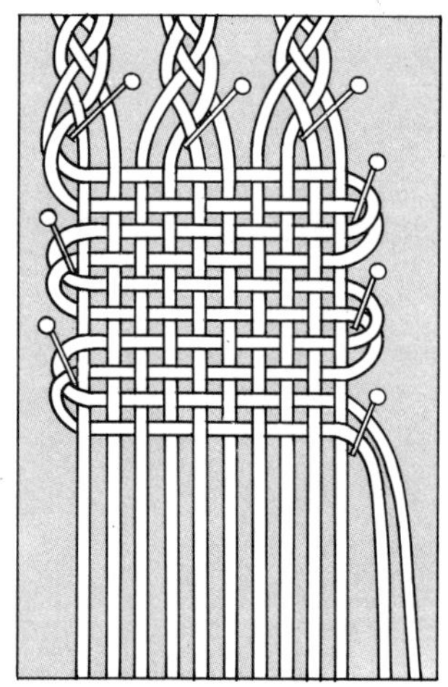

3. Nun kreuzt man zum zweitenmal; damit ist der Ganzschlag beendet. Mit dem Ganzschlag kann man keine Zöpfchen fertigen. Wenn man ihn mit dem jeweils nächstliegenden Paar wiederholt, erhält man den Leinen- oder Ganzschlaggrund, den 4. Grund auf dem Streifen (S. 342)

Ein Muster klöppeln

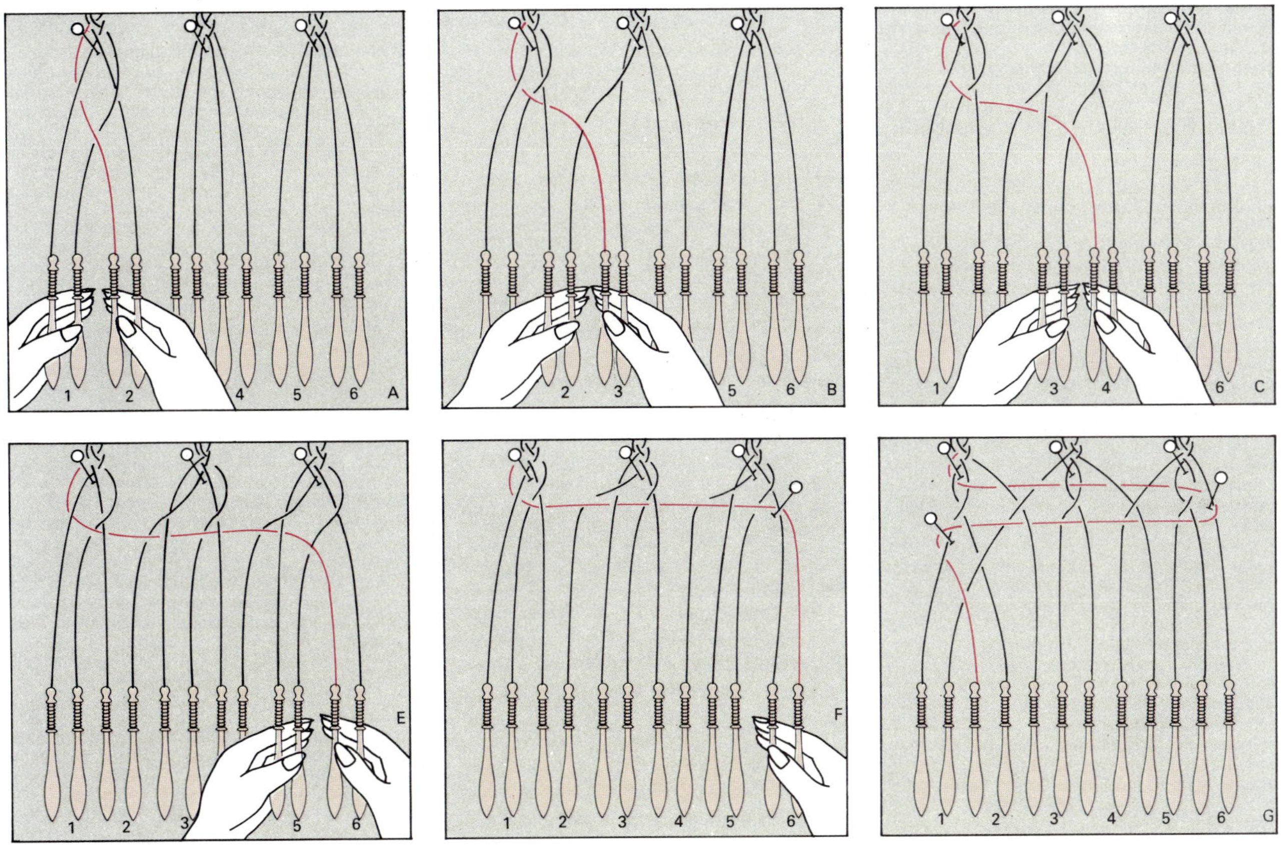

Halbschlaggrund Die Abbildungen A–G zeigen Schritt für Schritt den Halbschlaggrund. Die Ziffern bezeichnen die Lage der Klöppelpaare. Aus Platzgründen kann der Halbschlaggrund hier nur mit 6 Klöppelpaaren gezeigt werden. Für den Musterstreifen braucht man 12 Paare; das Prinzip ist jedoch das gleiche. In A wird der Halbschlag (dr, kr) mit PP 1 + 2 gemacht. B, C, D und E zeigen die dann folgenden Halbschläge mit den PP 2 + 3, 3 + 4, 4 + 5 und 5 + 6. Bei F ist die Reihe von links nach rechts beendet und mit einer Nadel festgesteckt. (Falls nichts anderes angegeben, werden die Nadeln immer zwischen 2 Klöppelpaare nach dem betreffenden fertigen Schlag gesteckt.) Abbildung G zeigt den Halbschlag in Gegenrichtung geklöppelt (PP 6 + 5, 5 + 4, 4 + 3, 3 + 2, 2 + 1). Der Schlag selbst wird, ungeachtet der Richtung, immer gleich gearbeitet. A–G fortlaufend wiederholen

Nadelstecken innerhalb eines Musters

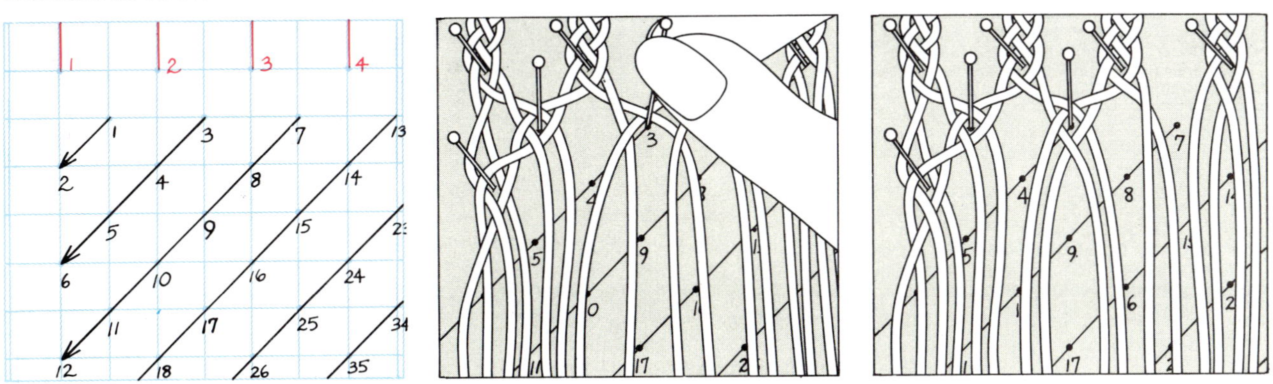

Löcherschlaggrund Damit läßt sich sehr gut ein anderes Steckprinzip üben. Man arbeitet diagonal und muß eine Nadel in jeden Ganzschlag stecken, damit er hält. Das Netz entsteht durch das Drehen beider Paare vor jedem Ganzschlag. Die Drehungen bewirken den Abstand der Schläge voneinander; es entstehen rautenförmige Zwischenräume. Damit der Rand fester wird, werden die Randpaare ebenfalls zusätzlich gedreht. Die Abbildungen zeigen nur den Anfang dieses Klöppelgrundes; die genaue Anleitung folgt auf S. 342. Der Löcherschlag beginnt mit PP 2 + 3 dr, kr, N bei 1, dr, kr. Das ist also ein Ganzschlag mit einer Nadel in der Mitte, wobei aber beide Paare vorher gedreht werden. Dann PP 1 + 2 dr, kr, N bei 2, dr, kr, P 1 (Randpaar) zusätzlich drehen. In der zweiten Diagonale fortfahren mit PP 4 + 5 dr, kr, N bei 3, dr, kr usw.

Spitzen · Klöppelspitzen

Grundmuster (Gründe)

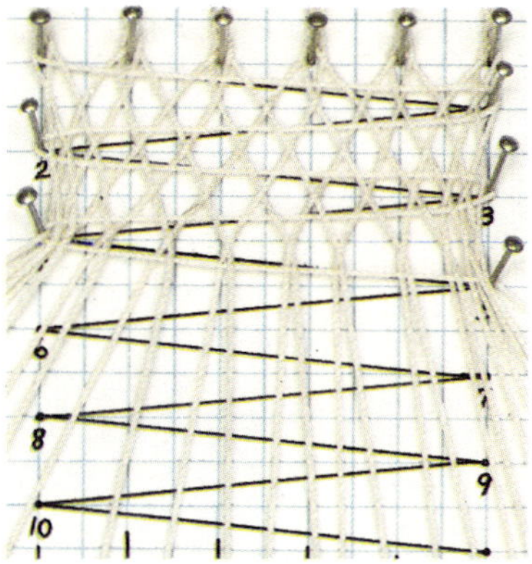

Halbschlaggrund

Zöpfchen (S. 340) werden gleich am Anfang und zwischen den Abschnitten geklöppelt (siehe Musterstreifen, Seite 339)

Halbschlaggrund (auch Netzschlaggrund)

1. PP 1 + 2 dr, kr (das linke Paar = P 1 links weglegen, P 2 in die linke Hand nehmen, P 3 in die rechte). PP 2 + 3 dr, kr (PP wieder wechseln); PP 3 + 4 dr, kr, PP 4 + 5 usw. bis zu PP 11 + 12, N bei 1 zwischen PP 11 + 12. P 12 nochmals drehen, um den Rand zu verstärken. Danach alle Klöppel etwas anziehen, damit die Fäden straff sind

2. Genauso wird die Reihe wieder hinübergearbeitet: PP 12 + 11 dr, kr, rechtes P weglegen, P 11 in die rechte Hand wechseln und mit der linken P 10 aufnehmen; PP 11 + 10 dr, kr, 10 + 9, 9 + 8 usw. bis zu PP 2 + 1, N bei 2 zwischen PP 2 + 1. P 1 zusätzlich drehen

3. Diese 2 Reihen werden wiederholt, bis die letzte Reihe mit N bei 11 fixiert wird

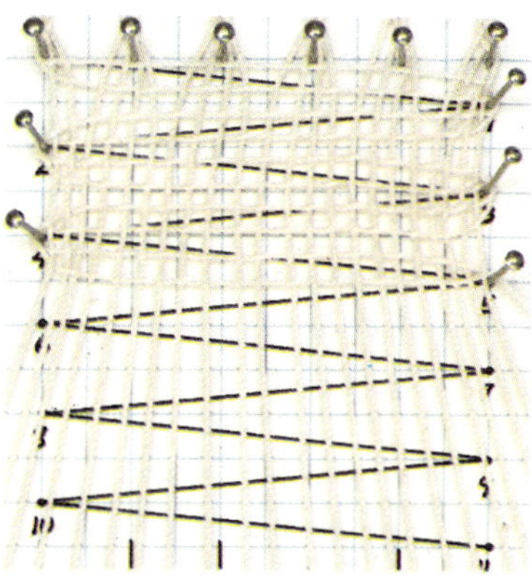

Leinenschlaggrund

Leinenschlaggrund (auch Ganzschlaggrund): Eine mit diesem Schlag geklöppelte Fläche sieht wie eine Leinenbindung aus. Die Paare werden gekreuzt, dann gedreht, dann wieder gekreuzt: kr, dr, kr

1. PP 1 + 2 kr, dr, kr; PP 2 + 3, PP 3 + 4 usw., bis alle Paare durch sind. N bei 1 zwischen PP 11 + 12. P 12 nochmals drehen

2. Die Reihe ebenso zurückklöppeln: PP 12 + 11 kr, dr, kr; 11 + 10, 10 + 9 usw. bis zu PP 2 + 1, N bei 2 zwischen PP 2 + 1. P 1 drehen

3. Die Reihen 1 und 2 werden wiederholt, bis die letzte Reihe mit N bei 11 fixiert wird. Die Klöppel zwischendurch öfter fest anziehen, damit die Fäden immer straff sind

Bei diesem Schlag geht ein Paar, das Laufpaar, immer hin und her durch die anderen Paare, die Rißpaare. Man kann diesen Grund variieren, indem man zwischen den Schlägen oder nach einer Anzahl von Schlägen das Laufpaar bzw. die Rißpaare oder auch beide dreht

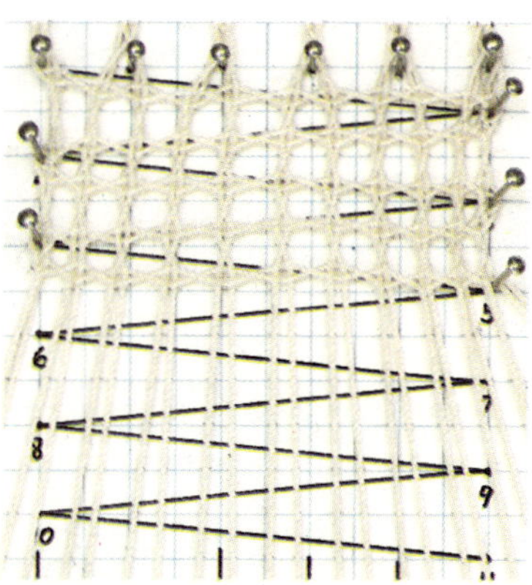

Gittergrund

Der Gittergrund ist eine Variation des Ganzschlaggrundes. Er wird mit Ganzschlägen geklöppelt, nur daß beide Klöppelpaare vor jedem Ganzschlag gedreht werden. Diese Drehungen bewirken die Abstände zwischen den Schlägen und Reihen. Es entstehen kleine Vierecke, die wie ein Gitter wirken

1. PP 1 + 2 dr, kr, dr, kr; 2 + 3, 3 + 4 usw. alle Paare durch bis zu PP 11 + 12, N bei 1 zwischen PP 11 + 12. Bei diesem Muster wird das Randpaar nicht zusätzlich gedreht

2. Die Reihe ebenso wieder zurückklöppeln: PP 12 + 11 dr, kr, dr, kr; PP 11 + 10, 10 + 9 usw. bis zu PP 2 + 1, N bei 2 zwischen PP 2 + 1

3. Die Reihen 1 und 2 werden wiederholt, bis die letzte Reihe mit N bei 11 fixiert wird. Nach jeder Reihe die Fäden mit den Klöppeln sorgfältig anziehen (nur die Klöppel anfassen)

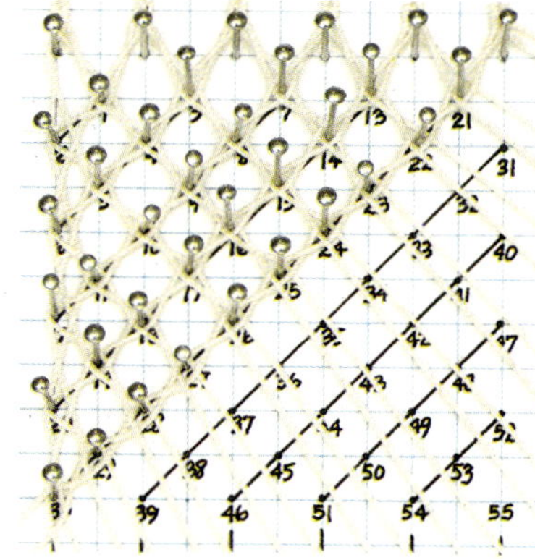

Löcherschlaggrund

Der Löcherschlaggrund (auch Torchongrund) wird diagonal gearbeitet, also muß in der Mitte jedes Ganzschlags eine Nadel gesteckt werden

1. PP 3 + 2 dr, kr, N bei 1, dr, kr (also ein Ganzschlag, aber mit einer Nadel in der Mitte und vorheriger Drehung beider Paare); PP 2 + 1 dr, kr, N bei 2, dr, kr. P 1 nochmals drehen

2. PP 4 + 5 dr, kr, N bei 3, dr, kr; PP 3 + 4 dr, kr, N bei 4, dr, kr; PP 2 + 3 dr, kr, N bei 5, dr, kr; PP 1 + 2 dr, kr, N bei 6, dr, kr. P 1 nochmals drehen

3. PP 6 + 7 dr, kr, N bei 7, dr, kr; PP 5 + 6 dr, kr, N bei 8, dr, kr; 4 + 5 dr, kr, N bei 9, dr, kr; PP 3 + 4 dr, kr, N bei 10, dr, kr; PP 2 + 3 dr, kr, N bei 11, dr, kr; PP 1 + 2 dr, kr, N bei 12, dr, kr; P 1 drehen

4. So fortfahren; die Diagonalen von rechts oben nach links unten arbeiten und jeweils mit den beiden links und rechts des folgenden Nadelpunktes liegenden Paaren den nächsten Schlag machen. Die Randpaare nochmals drehen

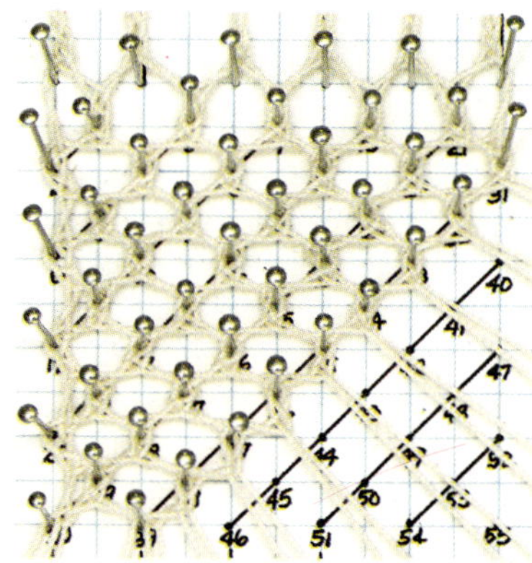

Brüsseler Grund

Der Brüsseler Grund wird in der gleichen Reihenfolge geklöppelt wie der Löcherschlaggrund, nur macht man zwei Ganzschläge an jeden Nadelpunkt; die Nadel wird dazwischen gesteckt

1. PP 2 + 3 dr, kr, dr, kr, N bei 1, dr, kr, dr, kr; PP 1 + 2 dr, kr, dr, kr, N bei 2, dr, kr, dr, kr. Die Randpaare 1 und 12 nicht zusätzlich drehen

2. PP 4 + 5 dr, kr, dr, kr, N bei 3, dr, kr, dr, kr; PP 3 + 4 dr, kr, dr, kr, N bei 4, dr, kr, dr, kr; PP 2 + 3 dr, kr, dr, kr, N bei 5, dr, kr, dr, kr; PP 1 + 2 dr, kr, dr, kr, N bei 6, dr, kr, dr, kr

3. Alle Reihen diagonal von oben nach unten klöppeln (wie beim Löcherschlaggrund, Schritt 4)

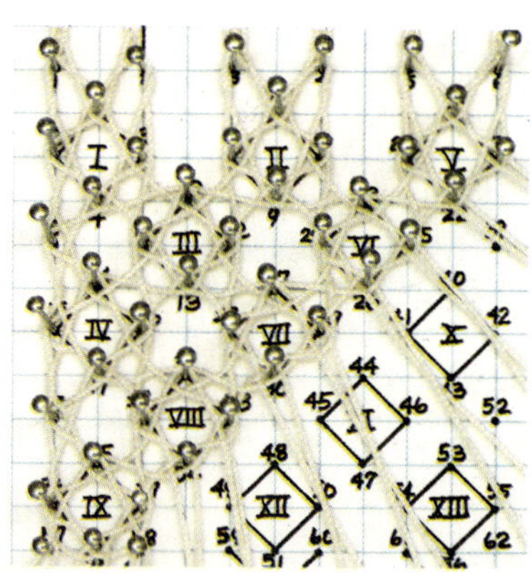

Jungferngrund

Der Jungferngrund wird in einer Reihe großer Rauten geklöppelt. An allen 4 Ecken jeder Raute werden Ganzschläge mit einer Nadel in der Mitte geklöppelt. An den Ecken des umschließenden Vierecks sind nur Halbschläge ohne Nadel

1. PP 2 + 3 dr, kr, N bei 1, dr, kr; P 1 zunächst dr, PP 1 + 2 dr, kr, N bei 2, dr, kr; PP 3 + 4 dr, kr, N bei 3, dr, kr; PP 2 + 3 dr, kr, N bei 4, dr, kr. Raute I ist fertig. P 1 zuerst dr, PP 1 + 2 dr, kr, N bei 5, dr, kr; PP 3 + 4 dr, kr

2. Raute II wird mit PP 6 + 7 begonnen: PP 6 + 7 dr, kr, N bei 6, dr, kr; PP 5 + 6 dr, kr, N bei 7, dr, kr; PP 7 + 8 dr, kr, N bei 8, dr, kr; PP 6 + 7 dr, kr, N bei 9, dr, kr; PP 5 + 6 dr, kr; PP 7 + 8 dr, kr

3. PP 4 + 5 dr, kr, N bei 10, dr, kr; PP 3 + 4 dr, kr, N bei 11, dr, kr; PP 5 + 6 dr, kr, N bei 12, dr, kr; PP 4 + 5 dr, kr, N bei 13, dr, kr; PP 3 + 4 dr, kr; PP 5 + 6 dr, kr

4. PP 2 + 3 dr, kr, N bei 14, dr, kr; P 1 zuerst dr, PP 1 + 2 dr, kr, N bei 15, dr, kr; PP 3 + 4 dr, kr, N bei 16, dr, kr; PP 2 + 3 dr, kr, N bei 17, dr, kr; P 1 zuerst dr, PP 1 + 2 dr, kr, N bei 18, dr, kr; PP 3 + 4 dr, kr

5. Bei Raute V genauso fortfahren. P 12 wird für den Rand wieder zusätzlich gedreht. Jede neue Raute beginnt an dem oberen Nadelpunkt mit den jeweils rechts und links davon liegenden Paaren (PP 10 + 11 bei Raute V). Wenn die Rauten IX, XII und XIII fertig sind, bei N 57–62 unter den Halbschlägen Nadeln einstecken

Andere Klöppelmuster

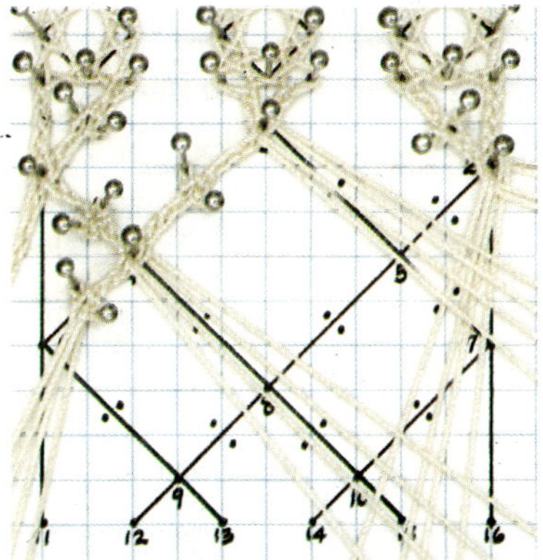

Flechtschlagspitze

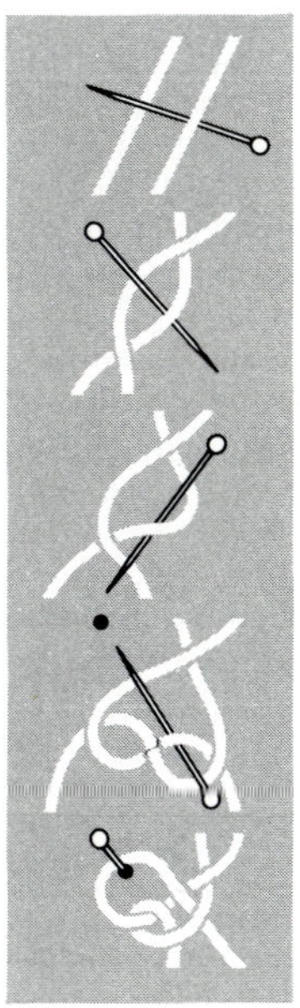

Linker Picot

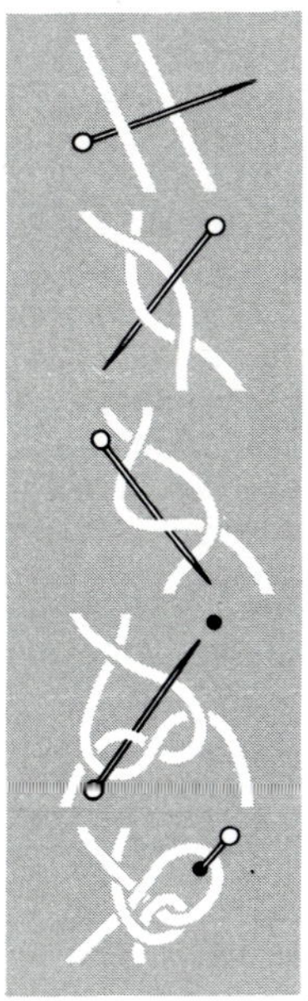

Rechter Picot

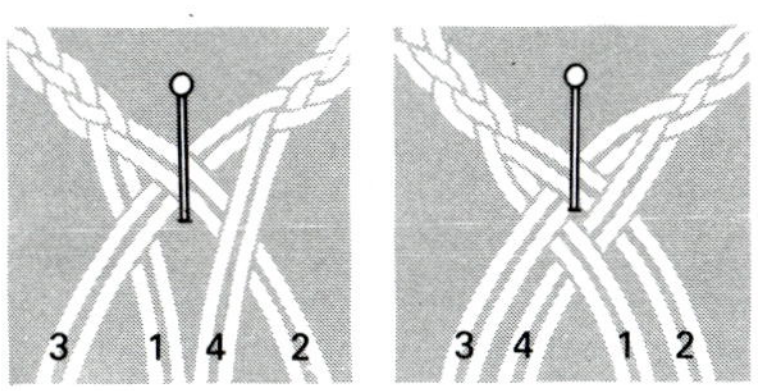

Flechtschlagkreuzung

Die Flechtschlagspitze besteht aus Zöpfchen mit winzigen Picots. Begonnen wird der Flechtschlag mit PP 1 + 2 und weitergeführt bis N 1. Jetzt legt man das eine Zöpfchen zur Seite, ohne eine Nadel zu stecken. Mit PP 3 + 4 Zöpfchen bis zum halben Abstand von N 1 fertigen. Die beiden Nadelpunkte markieren die Stellen für die Picots

Linke und rechte Picots werden jeweils mit dem linken und dem rechten Klöppelpaar gemacht (Abb.). Mit einer Nadel zieht man die Schlinge etwas hoch, sticht dann die Nadel in den dafür vorgesehenen Punkt und zieht beide Klöppel vorsichtig an, bis der Picot die Nadel umschließt. Das Zöpfchen wird bis N 1 weitergearbeitet. Hier wird das erste mit dem zweiten Zöpfchen durch Flechtschlagkreuzung verbunden (unten)

Die Flechtschlagkreuzung ist ein Ganzschlag mit einer Nadel in der Mitte. Jedes Paar Klöppel wird wie ein Klöppel gehandhabt: P 2 über P 3 kr; P 3 über P 1 in der linken Hand kr und P 4 über P 2 in der rechten Hand kr. Dies ist das Drehen beim Ganzschlag. N bei 1 und P 1 über P 4 kr. Damit ist die Flechtschlagkreuzung fertig. Dies wiederholt man mit PP 9–12 und vollendet die nächste Flechtschlagkreuzung bei N 2. Mit PP 5–8 wieder Zöpfchen fertigen und die Flechtschlagkreuzung bei N 3 machen. Weiter nach dem Klöppelbrief. In N 11–16 die Nadeln zwischen die Klöppelpaare am Ende jedes Zöpfchens stechen, damit sie für den nächsten Abschnitt richtig liegen

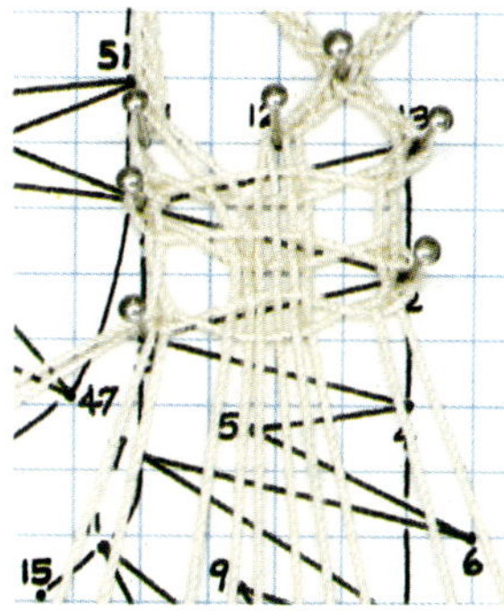

Die Bandspitze erkennt man an den kurvigen Linien und freien Formen. Für die ganze Spitze sind immer nur die Klöppel für eine Bandbreite notwendig. Das Band dreht und biegt sich und wird an verschiedenen Stellen verbunden (unten). Es wird in Leinenschlag geklöppelt. Abwechslung bringen nur die Drehungen der Paare für die Löchlein. Bevor man mit dem Band am Musterstreifen beginnt, entfernt man aus den bisher gefertigten Abschnitten alle Nadeln außer den Nadeln an den Rändern, die man ganz hineindrückt. Die fertige Spitze kann man mit einem Tuch abdecken. Der Klöppelbrief für das Band bleibt frei. Jetzt wird in 2 Etappen weitergeklöppelt, auf jeder Seite mit 6 Paar Klöppeln. Das sechste Paar ist das Laufpaar des linken Bandes, das siebte Paar das Laufpaar für das rechte Band. Die Klöppel der rechten Seite ganz wegstecken und zuerst links klöppeln.

Das Klöppeln des Bandes (von rechts nach links)

1. PP 6 (Laufpaar) + 5 dr, kr, dr, kr; Laufpaar dr; die nächsten 3 Paare im Leinenschlag (kr, dr, kr); Laufpaar mit dem 1. Paar dr, kr, dr, kr, N bei 1

2. Laufpaar und 1. Paar dr, kr, dr, kr; Laufpaar dr; die nächsten 3 Paare im Leinenschlag (kr, dr, kr); Laufpaar dr; Laufpaar mit 5. Paar dr, kr, dr, kr, N bei 2

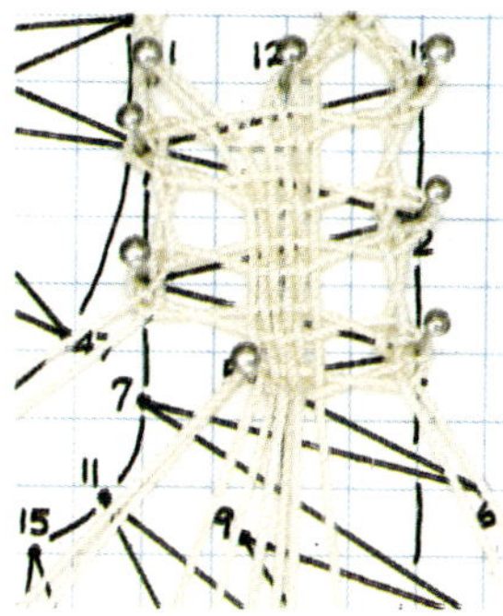

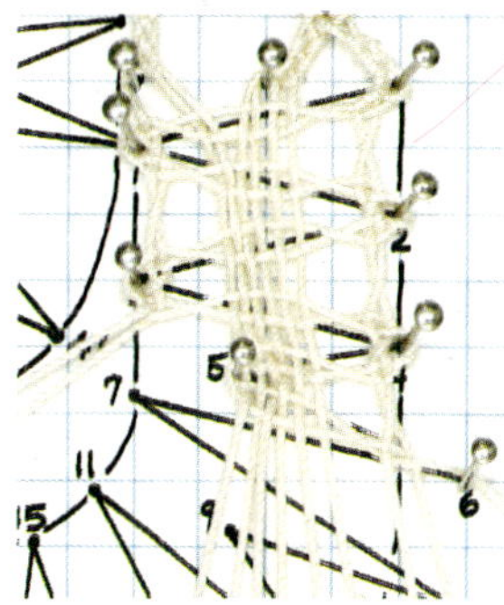

Hilfsnadel beim Schließen (N 5, 9, 13, 27, 31, 35 usw.) Um eine schöne Biegung des Bandes zu erhalten, müssen am äußeren Rand mehr Schläge gemacht werden als innen. Dies erreicht man, wenn das innere Laufpaar von außen nur durch die Leinenschlagpaare nach innen geht, ebenfalls liegenbleibt und das innere Leinenschlagpaar nach dem Nadelstecken als neues Laufpaar nach außen geht. In Kurzfassung: Nach N bei 4 Laufpaar und Randpaar dr, kr, dr, kr; Laufpaar dr; PP 5 + 4, 4 + 3, 3 + 2 kr, dr, kr, Laufpaar weglegen; N bei 5 vor dem letzten Ganzschlagpaar. Dieses Ganzschlagpaar wird neues Laufpaar. Bis N 6 klöppeln: PP 3 + 4, 4 + 5 kr, dr, kr, PP 5 + 6 dr, kr, dr, kr, N bei 6 usw. Diesen Wendevorgang nennt man das Schließen

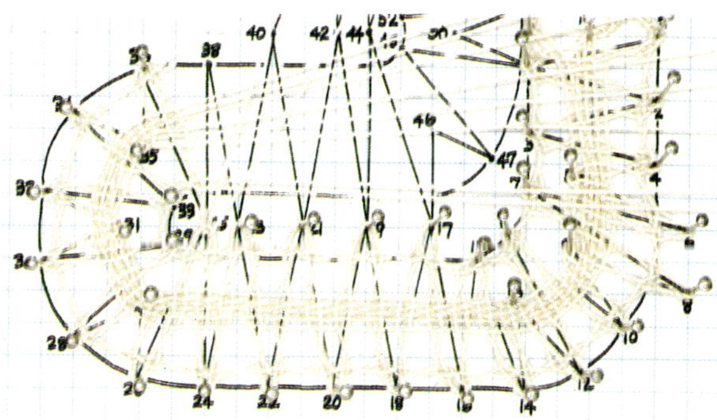

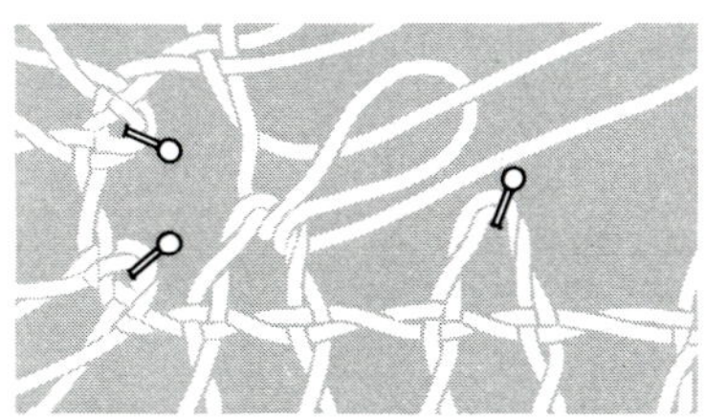

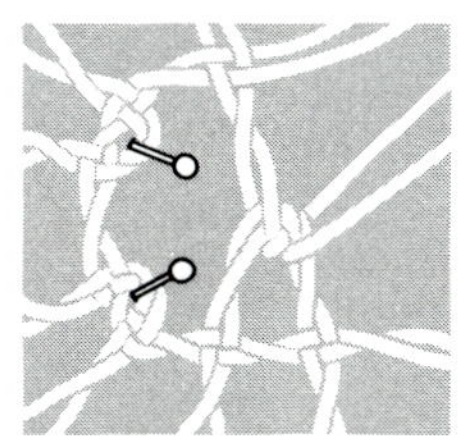

Das Heften So nennt man das Verschlingen des Laufpaares mit dem vorher geklöppelten Band. Geheftet wird bei N 6 und 8 sowie 17, 19, 21, 23, 25 usw. Diese Nadeln werden vorher an den Rand gesteckt und mit einer oder 2 zusätzlichen Drehungen versehen. Bei N 6 und 8 wird später von der rechten Seite her verbunden. Das erste Heften auf der linken Seite erfolgt bei N 36. Wenn diese Nadel gesteckt ist, wird ganz normal in Richtung N 25 geklöppelt und das Laufpaar zusätzlich einmal gedreht. Nun wird die Nadel aus N 25 gezogen, mit der Häkelnadel durch den fertigen Picot der nächstliegende Faden des Laufpaares geholt, durch die Schlinge der zweiten Laufklöppel geschoben und beide Klöppel fest angezogen. Dann die Nadel wieder in N 25 stecken und normal weiterklöppeln. Manchmal heftet man auch ohne zusätzliche Drehung, z. B. bei N 49, bei der Verbindungsstelle zu N 1. Ebenso ist es bei der Verbindung zum Flechtschlag bei N 51 und entlang der Ränder der Gründe. Wenn das Band fertig ist, macht man ein Zöpfchen mit jeweils 4 Klöppeln so lange, bis es um das Rundholz herumreicht. Zum Schluß in den Anfang des Zöpfchens heften (jedes Paar = ein Klöppel). Paarweise verknoten und abschneiden

Bordüre und Medaillon wirken in den hübschen Pastellfarben auf der Schürze dekorativ

Schürze mit Klöppelspitzen

Material für die Spitze
Klöppelkissen; Stecknadeln; kariertes Papier (5 mm) für den Klöppelbrief (61 cm in der Länge); mittelschweres Zeichenpapier für den Klöppelbrief des Medaillons; Karton für die Klöppelbriefe; 14 Klöppelpaare für die Bordüre, 8 Paare für das Medaillon; starkes Baumwollhäkelgarn (Perlgarn Nr. 5 entsprechend), je einen Knäuel Weiß, Ekrü und Hellblau; Häkelnadel zum Heften; Schere, Zeichenstift, Maßband

Die Spitzenmotive sind alle im Löcherschlaggrund gearbeitet (S. 341 und 342). Das Medaillon wird ähnlich wie das Band im Musterstreifen gefertigt (S. 343).

Schürze
Man braucht etwa 1 m Baumwollstoff, 90 cm breit, und dazu passenden Nähfaden. Die Schürze schneidet man 50 cm breit und 60 cm lang zu, die Tasche in Größe und Form des Medaillons mit einer Saumzugabe von 1,5 cm rundherum, den Bund 10 cm breit und 40 cm lang und zwei Bänder, je 6 cm breit und 70 cm lang.

Die beiden Längskanten der Schürze werden gesäumt: Die Kante 5 mm einschlagen und bügeln, dann nochmals 5 mm einschlagen und hohl annähen. Die Bänder an beiden Längsseiten und an einem Ende ebenso säumen. Die Unterkante der Schürze 5 mm einschlagen und bügeln, dann 8,5 cm umschlagen und hohl annähen. Die Spitze wird entlang der Saumlinie und an den Seiten festgenäht. An der Saumlinie der Tasche eine Stütznaht steppen. Die Saumzugabe einschlagen; nach Bedarf einkerben und einschneiden, dann bügeln. Mit zwei Reihen Geradstichen oder mit Zickzackstichen an der Faltkante feststeppen. Offene Kanten zurückschneiden. Die Tasche mit der Saumzugabe nach oben 14 cm über dem oberen Rand der Spitze auf die Schürze hohl annähen. Die Spitze von Hand aufnähen.

Die obere Kante der Schürze in drei gleich große Abschnitte einteilen. An den seitlichen Abschnitten knapp unter der Kante je eine Reihnaht anbringen. Die Mitte von Bund und Schürzenoberkante markieren. Die Schmalseiten des Bunds 6 mm einschlagen und bügeln. Den Bund rechts auf rechts auf die Schürze so feststecken, daß die Markierungen genau übereinstimmen. Die Seitenabschnitte der Schürze so einkräuseln, daß Schürzenbreite und Bundbreite übereinstimmen. Beide Teile stecken, heften und zusammennähen. Bund umschlagen, die zweite Längsseite einschlagen und auf der letzten Seite hohl annähen. Die offenen Enden der Bänder auf jeder Seite in den Bund schieben und festnähen.

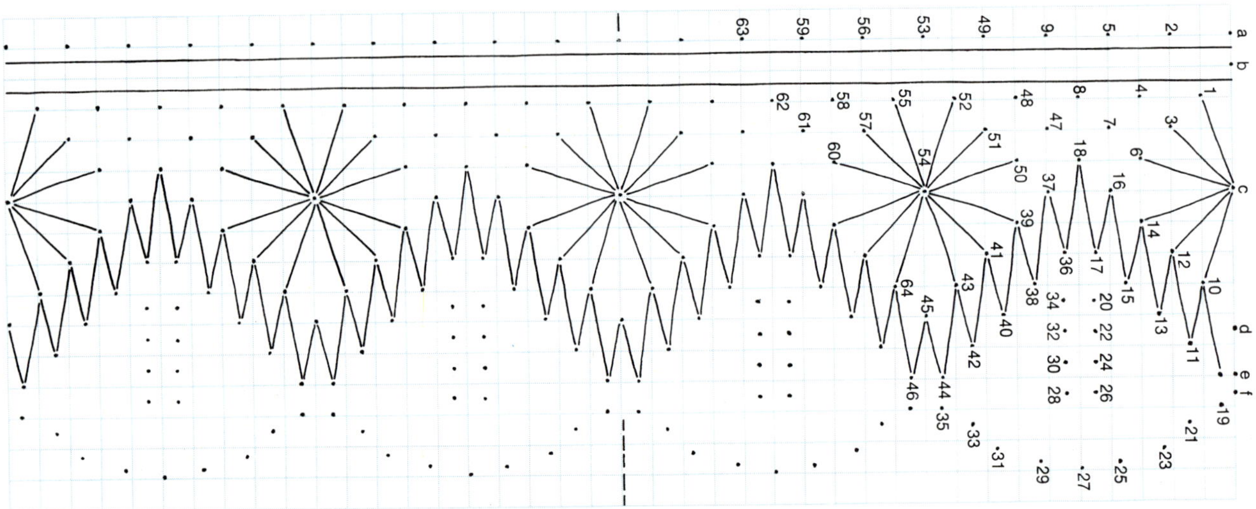

Der vollständige Klöppelbrief für die Bordüre muß 10 Fächer enthalten; Punkte, Linien und Ziffern genau nach dieser Zeichnung übertragen

BORDÜRE (9 × 50 cm)
Dieser Klöppelbrief setzt sich aus 3 Motiven in Löcherschlaggrund zusammen: die Spinne in Weiß mit 6 Paar Klöppeln, das Zickzackband in Ekrü im Leinenschlag, die Fächer in Blau im Gittergrund. Nur der gerade Rand wird aufgenäht

Einen Klöppelbrief mit 10 vollständigen Zacken und Fächern auf Karopapier zeichnen. Die Spinnen beginnen und enden jeweils in der Mitte. Die fertige Musterzeichnung auf biegsamen Karton kleben und auf dem Kissen feststecken

Die 14 Paar Klöppel werden folgendermaßen gewickelt: 2 Paar weiß mit etwa 1,5 m auf jedem Klöppel. Diese beiden Paare an b hängen. Dann 10 Paar weiß, 2 m je Klöppel; von diesen 2 Paar an a, 6 Paar an c und je 1 Paar an d und f. Ein Paar Ekrü mit 4,5 m je Klöppel an e und 1 Paar blau mit 5,5 m je Klöppel ebenfalls an e. Mit ein bis zwei Ganzschlägen die Klöppel an den Nadeln befestigen. Bei e kommt das Paar mit Ekrü nach links, das blaue nach rechts. Einen Ganzschlag machen und eine Nadel zwischen die beiden Paare in die Lücke unter e stecken (kein N dort). Beide Paare drehen und noch einen Ganzschlag klöppeln. Mit den 6 weißen Paaren an c beginnt man mit der halben Spinne und arbeitet wie folgt nur im Leinenschlag: PP 4 + 3, 3 + 2, 2 + 1 kr, dr, kr; das durchgeklöppelte Paar als 1. Füßchen wegstecken. Dann mit PP 5 + 6 genauso verfahren. Paar 5 ist das 2. Füßchen und Paar 6 das 3. Füßchen links. Die PP 3, 2 und 1 sind die Füßchen auf der rechten Seite. Jetzt werden die Ganzschläge sorgfältig angezogen. Die Füßchen links 2mal, Füßchen rechts 3mal drehen

Löcherschlag und Rand P 2 als Laufpaar 2mal drehen, Leinenschlag durch PP 3 + 4, dann mit dem 1. Füßchen der Spinne dr, kr, N bei 1, dr, kr, das rechte Paar weglegen

Rand Mit dem linken Paar als Laufpaar nach außen zu N 2, dr, Ganzschlag durch PP 4 + 3; Laufpaar und Randpaar 2mal dr, Ganzschlag durch PP 3 + 4. (Die Rißpaare immer fest nach unten und das Laufpaar vor dem Nadelstecken in die vorgesehene Richtung ziehen.) Die hängenden PP 5 + 6 dr, kr, N bei 3, dr, kr; PP 4 + 5 dr, kr, N bei 4, dr, kr; Ausführung des Randes zu N 5. PP 6 + 7 dr, kr, N bei 6, dr, kr; PP 6 + 5 dr, kr, N bei 7, dr, kr; PP 5 + 4 dr, kr, N bei 8, dr, kr; Rand bis zu N 9

Zickzackstreifen, 1. Hälfte Mit P 12 (Ekrü) als Laufpaar im Leinenschlag durch PP 11 + 12 nach N 10 (das 1. Spinnenfüßchen wird im Leinenschlag dazugeklöppelt). Ab hier beginnt der Rapport: Laufpaar dr, Ganzschlag durch PP 10 + 11, N bei 11; Laufpaar dr, Ganzschlag zurück durch PP 11, 10 und 9 (2. Füßchen), N bei 12, Laufpaar dr, Ganzschlag durch PP 9 + 10 (P 11 bleibt bei N 11 rechts liegen für die Zacke), N bei 13, Laufpaar dr usw. Ganzschlag durch PP 10, 9 und 8 (3. Füßchen), N bei 14, Laufpaar dr, Ganzschlag durch PP 8 + 9, N bei 15; links vor dem Nadelstekken immer 1 P dazuklöppeln, rechts bleibt immer 1 P nach der Nadel liegen; so bis zu N 18

Fächer (PP 9–14) P 13 (blau) als Laufpaar des Fächers mit P 14 (Randpaar) dr, kr, dr, kr, N bei 19; mit dr, kr, dr, kr alle 5 PP bis zu N 20; mit dr, kr, dr, kr bis zu N 21 usw. hin und her. Bei N 20, 22, 24 jeweils 1 Paar hängenlassen; bei N 30, 32, 34 immer je 1 P mit dr, kr, dr, kr dazuklöppeln bis N 35; P 13 + 14 dr, kr, dr; das blaue Laufpaar liegt links

Zickzackstreifen, 2. Hälfte Mit PP 6–13 im Leinenschlag: das Laufpaar (Ekrü) von N 18 aus dr, im Leinenschlag bis zu N 36 klöppeln; jetzt 1 Paar von der Zacke im Leinenschlag dazuklöppeln, das Paar von der Zacke her, aber vorher 1mal drehen; Laufpaar dr und im Leinenschlag weiter. Dies wiederholt sich bei N 38, 40, 42 und bei N 44 mit dem blauen Laufpaar der Zacke. Bei N 18, 37, 39, 41 und 43 immer 1 P nach dem Nadelstecken weglegen. Bei N 45 nur normal wenden, bei N 46 bleibt wieder das blaue Laufpaar für die Zacke weg

Löcherschlag und Rand (2. Teil mit den ersten 7 Paaren) PP 6 + 5 dr, kr, N bei 47, dr, kr, (einfacher Löcherschlag); PP 5 + 4, N bei 48. Das 4. Paar geht danach mit 1mal dr durch die Leinenschlagpaare als Laufpaar hinaus zu N 49. Der einfache Löcherschlag wird auch an den N 50, 51 und 52 geklöppelt

Die Spinne (mit PP 5–10) PP 5–10 (Füßchen) werden 3mal gedreht; der Körper wird im Leinenschlag mit kr, dr, kr geklöppelt. Mit dem 8. P durch PP 7, 6 und 5 klöppeln; mit dem 9. P durch PP 7, 6 und 5; mit dem 10. P durch PP 7, 6 und 5. Die 1. Spinnenhälfte ist fertig; die Klöppel nach N 54 in der Mitte der 6 Paare festziehen. Die untere Hälfte des Spinnenkörpers ebenso klöppeln. Festziehen; linke Füßchen 2mal, rechte 3mal drehen

Löcherschlag und Rand (1. Teil mit den ersten 7 Paaren) PP 4 + 5 dr, kr, N bei 55, dr, kr, Rand bis N 56; PP 6 + 5 dr, kr, N bei 57; PP 5 + 4 dr, kr, N bei 58, dr, kr, Rand bis N 59. PP 7 + 6 dr, kr, N bei 60, dr, kr; PP 6 + 5 dr, kr, N bei 61, dr, kr; PP 5 + 4 dr, kr, N bei 62, dr, kr, Rand bis N 63

Zickzackstreifen (1. Hälfte mit PP 6–13) P 13 (Laufpaar, Ekrü) dr, mit Leinenschlag durch PP 12, 11 und 10 (1. Spinnenfüßchen), N bei 64 usw. Wenn die Spitze fertig ist, werden die Klöppel paarweise nach den letzten Nadeln zusammengeknotet. Die Enden werden entweder kurz abgeschnitten oder vernäht

MEDAILLON (19 × 21 cm)

S. 346 zeigt den halben Klöppelbrief in Originalgröße. Die rote Blüte wird zuerst gearbeitet; Ranken, Stiele und Blätter sind blau, die Zwischenräume schwarz gezeichnet. Die Punkte sind Nadelpunkte. Die zweite Punktreihe markiert die Picots. Die Punkte im Kreis sind Heftpunkte; 2 Kreise kennzeichnen die Stelle für zweimaliges Heften

Den halben Klöppelbrief auf Transparentpapier durchpausen, das Papier umdrehen, das Muster an der Mittellinie genau ausrichten, und die zweite Hälfte spiegelbildlich wiederholen, mit Ausnahme der Arbeitsrichtung bei den Blütenfüllungen, die auf beiden Seiten von links nach rechts übertragen werden. Der Klöppelbrief wird auf Karton geklebt

BLÜTE

Die Mitte Für die Mitte braucht man 6 Paar Klöppel. 4 Paar werden mit 50 cm blauem Garn je Klöppel bewickelt; 1 Paar mit 50 cm je Klöppel mit weißem Garn, ebenso das Laufpaar mit 1,5 m je Klöppel. Auf die Punkte a und b werden je 2 blaue Paare, auf Punkt c die beiden weißen Paare gehängt, wobei das Laufpaar außen sein muß. PP 1 + 2 dr, kr, dr, kr; PP 2 + 3, 3 + 4, 4 + 5, 5 + 6 kr, dr, kr, N bei 1. Laufpaar dr, Leinenschlag durch PP 5, 4, 3, 2; Randpaar und Laufpaar dr, kr, dr, kr, N bei 2 usw. Nach der Nadel in N 3 das Laufpaar 3mal dr, N bei 4, 2mal dr und weiterklöppeln. Dies noch 3mal dem Klöppelbrief entsprechend wiederholen. Beim letztenmal wird nach dem 3maligen Drehen bei N 4 durch alle 4 Schlingen durchgeheftet, das Laufpaar zurück 2mal gedreht; alle Fäden werden mit dem Anfang verbunden, verknotet und abgeschnitten

Die Blätter werden hauptsächlich im Halbschlag geklöppelt, mit nur einem weißen Paar auf jeder Seite im Leinenschlag, damit die Konturen besser halten. An den inneren Biegungen, zwischen den gestrichelten Linien, erfolgt das Schließen ebenfalls im Leinenschlag. Benötigt werden 6 Paar Klöppel: 2 P weiß mit 1,5 m je Klöppel, 4 P blau mit 2,5 m je Klöppel. An Punkt a werden ein weißes und ein blaues Paar gehängt, dabei das weiße P außen. 2 blaue PP kommen an b; an c 1 weißes und 1 blaues P, dabei das blaue P außen. Begonnen wird an dem Leinenschlagabschnitt: P 6 (Laufpaar) dr, dann Leinenschlag bis N 1, Laufpaar dr, Leinenschlag bis N 2, Laufpaar dr, Leinenschlag bis P 1, dieses dr, mit dem Laufpaar kr, dr, kr und in N 3 heften; Laufpaar dr, Leinenschlag nur durch P 4, Laufpaar weglegen, N bei 4 vor dem 4. Leinenschlagpaar, 4. Leinenschlagpaar zum Laufpaar bis N 5 machen. So bei N 6 wiederholen. Bei N 7 wird geheftet und bis N 11 wieder durch alle Paare der Leinenschlag geklöppelt. Von da ab wird zum Halbschlaggrund gewechselt. An den Rändern Randpaar und Laufpaar dr, kr, dr, kr, N stecken, dr, kr, dr, kr; die inneren Paare im Halbschlag weiter. Nach N 20 wird der 1. Picot gemacht. Wenn alle 5 Blütenblätter fertig sind, werden die Fäden wieder mit dem Anfang verbunden, verknotet und abgeschnitten

RANKE, STIEL UND BLATT

Alle drei werden in einem Band gearbeitet, beginnend im rechten Schnörkel und endend im linken Schnörkel. Das Band läuft an der rechten Seite nach unten, kreuzt die untere Mitte und geht hinüber zur linken Seite der Schleife. Von da aus werden der linke Stiel und das linke Blatt gearbeitet. Danach kommt der obere Teil der Schleife bis zum rechten Stiel mit dem Blatt. Die Bodenschleife ist dann fertig, wenn das Band unten in der Mitte das vorher geklöppelte Stück kreuzt und nach links weitergeht

Bevor man beginnt, zieht man die Nadeln der Picots an den Blütenblättern heraus. Vorbereitet werden 6 P Klöppel wie folgt: 3 P mit 2,5 m Faden in Ekrü je Klöppel, 1 P mit 30 m weißem Faden je Klöppel, 2 P mit 4 m weißem Faden je Klöppel. Die 2 PP mit 4 m weißem Faden kommen an a und c, 2 Ekrü PP an b. Die letzten 2 Paare kommen erst dazu, wenn der Schnörkel fertig ist. Angefangen wird mit den 4 PP an a und c im Ganzschlag. Geschlossen wird nach 2 Rißpaaren und geheftet an drei Stellen, dabei das 3. Mal an a. Ist die Nadel bei N A gesteckt, wird das letzte Ekrü-P zu den beiden anderen an N b und das weiße P an N c geheftet

Ranke Nun läuft die Ranke auf der rechten Seite unten weiter. Sie wird genauso geklöppelt wie das Band am Musterstreifen mit Heftstellen, wie es der Klöppelbrief zeigt. Aufpassen muß man beim Heften auf die Picots. Bei Punkt B werden das Laufpaar und das 1. Rißpaar (beide weiß) zur Seite gesteckt. Stiel und Blatt werden mit den 4 übriggebliebenen Paaren geklöppelt, das Laufpaar ist wieder weiß

Stiel Die untere Hälfte wird wie der Schnörkel mit 4 PP geklöppelt, ebenfalls mit Leinenschlag und einem weißen Laufpaar. Die untere Hälfte wird zuerst gemacht, die obere Hälfte dann, wenn das Blatt fertig ist. Dabei muß der Stiel laufend mit Heften verbunden werden. Bei C das Laufpaar 1mal drehen, Ganzschlag im 1. Nadelpunkt. Der Stiel endet bei D, wobei vorher noch einmal mit 2 PP in einer Reihe geschlossen wird

Blatt Die obere Hälfte wird zuerst geklöppelt, und zwar im Leinenschlag, die untere Hälfte dann im Halbschlag mit Heftstellen in der Mitte und Picots an der Seite. Im Leinenschlag geht das Laufpaar zu N 1 und N 2. Zwischen N 2 und N 14 wird das Laufpaar jeweils zwischen den Schlägen 1mal gedreht. An der Spitze wird ein Leinenschlag geklöppelt. Beim Schließen wieder nur durch 2 Paare in der Reihe arbeiten

Es muß sehr sorgfältig angezogen werden, damit die Spitze glatt bleibt. Bei E wird das Laufpaar weggelegt und das bei N 14 hängende Paar als Laufpaar für den Halbschlag genommen. Mit PP 1 + 2 und 2 + 3 dr, kr, mit den PP 3 + 4 dr, kr, dr, kr, N bei F, Picot, PP 3 + 4 dr, kr, dr, kr und dann den Halbschlag bis zum Heften klöppeln. So arbeiten bis D

Stiel Obere Hälfte: Die Nadel von N G zwischen PP 4 + 3 stecken. Mit P 4 als Laufpaar im Leinenschlag bis N H klöppeln. Heftstellen sind an der Mittellinie des Stiels und an der Blattspitze

Ranke Obere Hälfte: Mit den ersten 2 PP bei N B wird das Band weitergeführt. Die Nadel bei N H gleich als 1. Nadelpunkt wieder benutzen

2. Stiel und 2. Blatt Erst die obere Hälfte des Stiels, dann die untere Hälfte des Blattes klöppeln Forts. S. 346

Schürze mit Klöppelspitzen

Die Ranke bis N B klöppeln. Bei N H beginnt der Stiel wie vorher, mit dem weißen Paar als Laufpaar bis N G. Bei N D Nadel zwischen PP 1 + 2 stecken; es wird mit Halbschlag begonnen, aber mit Ganzschlag durch die weißen Paare gearbeitet wie vorher. Die Nadel in N G gilt als 1. Nadelpunkt. Um die Mittelnadel herum wird 1mal zusätzlich gedreht. Ab N 14 P 1 drehen und PP 1 + 2, 2 + 3 im Halbschlag klöppeln. Bei N E kommt die Nadel zwischen PP 3 + 4. P 4 wird gedreht und dann mit Ganzschlag durch PP 4 + 3, 3 + 2 geführt. Hier und nach dem Heften an der Spitze wird geschlossen. Von Heftstelle N 14 ab folgt der Leinenschlaggrund mit einer Drehung des Laufpaars zwischen den Schlägen bis N 2. Von hier ab den einfachen Leinenschlag klöppeln, bei D heften und den Stiel bis C arbeiten. Bei B Klöppel wieder aufnehmen und Ranke weiterführen, dabei N C wieder benutzen

Rest der Ranke und des Schnörkels Die Nadeln aus dem zu bedeckenden Stück ziehen, damit über den unteren mittleren Teil der Ranke geklöppelt werden kann. An den 4 Ekken muß geheftet werden. Bei N A werden PP 1 + 2 zur Seite gelegt und der Schnörkel wie auf der anderen Seite geklöppelt. Zum Schluß wird das Laufpaar in N A geheftet und verknotet. Auch die übrigen noch hängenden PP werden paarweise geheftet, verknotet und abgeschnitten

Für die Füllungen bewickelt man 8 Paar Klöppel mit 2 m weißem Garn je Klöppel. Alle Zwischenräume werden mit diesen Klöppeln gearbeitet, ohne sie jedesmal neu zu bewickeln. Für die jeweiligen Abschnitte werden die Paare zusammengeknotet. Beim Anheften der geknoteten Paare schiebt man den Knoten an die Heftstelle. Das ähnelt dann dem Verknoten der Paare an den Heftstellen.

Brüsseler Grund (als Füllgrund bei den Blütenblättern) Je 1 P wird an den Punkten a, c, d, f und 2 PP werden zusammen jeweils an b und e befestigt. Jetzt wird der Brüsseler Grund (siehe Musterstreifen) geklöppelt und an den Seiten geheftet. Vor dem Heften dreht man das Paar 1mal. Der Klöppelvorgang: PP 2 + 1 in N 1, P 1 heften an g; PP 4 + 3 in N 22, PP 3 + 2 in N 3, PP 2 + 1 in N 4; P 1 heften an h; PP 6 + 5 in N 5, PP 5 + 4 in N 6, PP 4 + 3 in N 7, PP 3 + 2 in N 8; P 2 heften an i; PP 8 + 7 in N 9; P 8 heften an j; PP 7 + 6 in N 10, PP 6 + 5 in N 11, PP 5 + 4 in N 12, PP 4 + 3 in N 13; P 3 heften an k; PP 8 + 7 in N 14; P 8 heften an l 1; PP 7 + 6 in N 15; P 7 heften an m; PP 6 + 5 in N 16; P 6 heften an n; PP 5 + 4 in N 17, PP 4 + 3 in N 18; P 3 heften an o; PP 6 + 5 in N 19; P 6 heften an p; PP 5 + 4 zusammen anheften an q. Jetzt alle Paare verknüpfen und abschneiden. Damit sind alle Blütenblätter gefüllt

Die Zöpfchen werden mit 4 P Klöppeln vom Brüsseler Grund gearbeitet. Bei A und B werden immer je 2 Paare zusammen angeheftet. An den Kreuzungspunkten die beiden Zöpfchen mit einer Flechtschlagkreuzung verbinden (S. 343) und an den Verbindungsstellen entsprechend dem Klöppelbrief heften. Bei N C werden beide Paare nach dem Heften verknotet, abgeschnitten und bei N F neu befestigt. Mit den anderen 2 Paaren wird nach dem Heften in N D das Zöpfchen nach N E weitergeführt und dort geheftet. Nach dem Füllen dieses Zwischenraums führt man die Zöpfchen über den Stiel: vom blauen H zum blauen C und von der Blattspitze nach G. Dieses Überklöppeln sieht man auf der rechten Seite nicht. Bei I und H wird geheftet, verknotet und abgeschnitten. Genauso arbeitet man die Zöpfchen auf der anderen Seite. Zum Schluß zieht man die Nadeln, dreht die Spitze um und näht sie als hübschen Blickfang auf die Schürzentasche

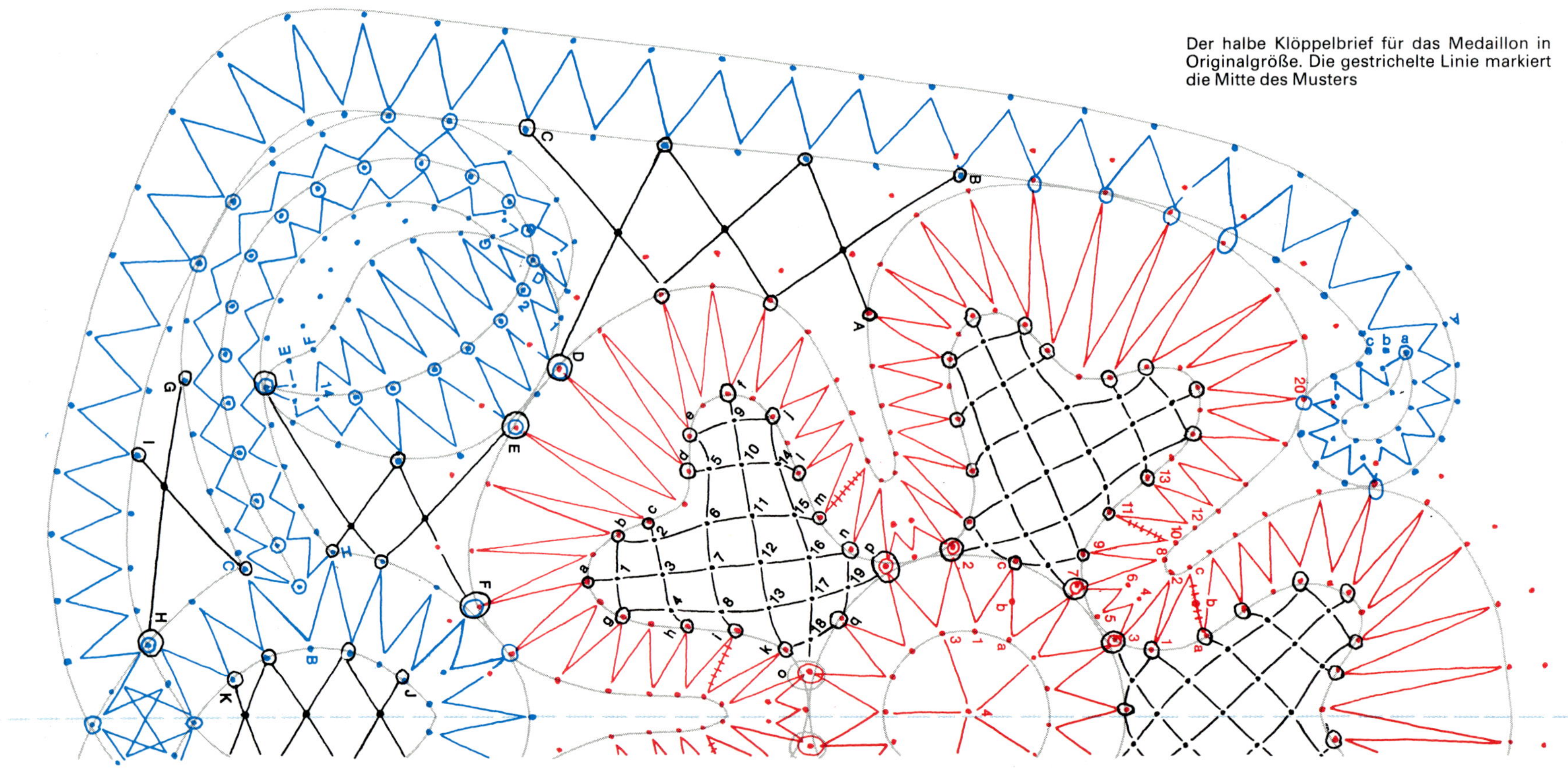

Der halbe Klöppelbrief für das Medaillon in Originalgröße. Die gestrichelte Linie markiert die Mitte des Musters

Webspitzen

Einführung

Bei den meisten Webtechniken liegen alle Quer- oder Schußfäden und alle Längs- oder Kettfäden parallel zueinander. Bei Webspitzen jedoch werden Kette und Schuß so verschoben, daß im Gewebe offene Zwischenräume entstehen. Das Ergebnis ist ein luftiges, offenes Gebilde, das die charakteristischen Merkmale von Spitzen aufweist und für Platzdeckchen, Tischläufer und andere Heimartikel sehr gut geeignet ist.

Webspitzen können auf einem einfachen Webrahmen oder einem komplizierten mechanischen Webstuhl gearbeitet werden. In jedem Fall wird die Arbeit jedoch vom Weber selbst gesteuert, denn es handelt sich bei dieser Technik um das sogenannte Fingerweben, bei dem Schuß- und Kettfäden mit den Fingern oder einem Stab und nicht mit dem Mechanismus des Webstuhls verflochten werden.

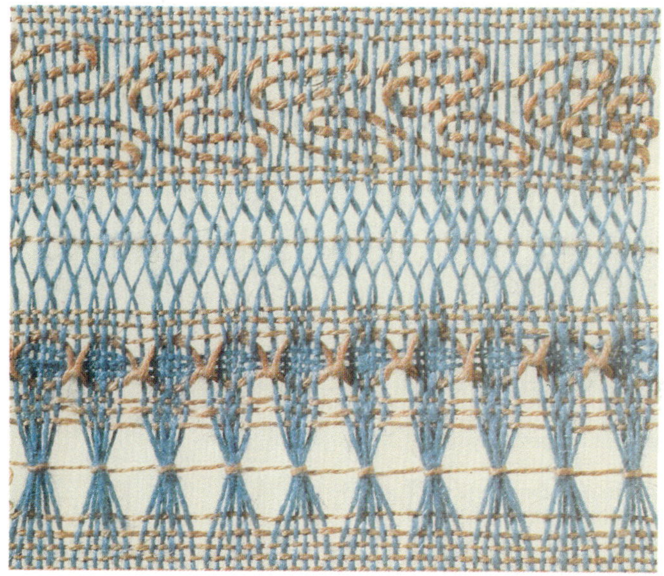

Das gewebte Mustertuch links zeigt eine Auswahl der Webarten, die auf den Seiten 349 und 350 erklärt werden. Von oben nach unten: spanische Spitze, mexikanische Spitze, dänische Medaillonspitze und Bukettspitze

Material und Zubehör

Der Webstuhl oder -rahmen dient dazu, die Längs- oder Kettfäden straff zu halten, während die Quer- oder Schußfäden eingewebt werden. Auf den folgenden Seiten wird gezeigt, wie man Webspitzen auf einem Webrahmen arbeitet, da dieser sowohl einfach in der Anwendung als auch leicht und billig herzustellen ist. Die Muster auf den Seiten 349 und 350 können jedoch auf fast jedem Webgerät hergestellt werden. Um einen Webrahmen zu bauen, benötigt man vier Holzleisten, die in Heimwerker- und Bastelgeschäften in verschiedenen Abmessungen zu kaufen sind. Meist genügt eine Leistenbreite von 4 cm. Nähere Angaben über die erforderliche Größe des Rahmens sowie das Zusammensetzen der Leisten sind auf Seite 348 zu finden. Außerdem benötigt man ein Schiffchen, auf das der Schußfaden aufgewickelt wird, einen Trennstab, der die Kettfäden beim Weben auseinanderhält, und geeignetes Garn.

Holzleisten, die in Fachgeschäften erhältlich sind, werden für die Herstellung des Webrahmens verwendet

Um das Schiffchen, einen flachen Holzstab mit tiefen Einkerbungen an beiden Enden, wird der Schußfaden gewickelt (S. 348)

Die Garne für Webspitzen sollten fein und kräftig sein. Leinenfaden ist besonders gut geeignet

Der Trennstab muß etwas länger sein, als das Gewebe breit ist

Puschel machen 358

Den Webrahmen vorbereiten

Die fertige Größe des Gewebes ist notwendigerweise etwas geringer als die Innenmaße des Rahmens. Die größte Breite ist 2–5 cm geringer, die größte Länge sogar etwa 15 cm geringer; dies liegt daran, daß die Kettfäden durch das Einweben der Schußfäden zum Schluß zu straff gespannt sind, um das Schiffchen noch durchzulassen. Der Rahmen muß also entsprechend größer als das geplante Gewebe sein. Will man beispielsweise eine 25 × 40 cm große Arbeit herstellen, benötigt man einen etwa 40 × 65 cm großen Rahmen (Außenmaße) aus 4 cm breiten Leisten.

Zur Berechnung der erforderlichen Garnmenge für die Kette multipliziert man die Zahl der Kettfäden/cm (Schritt 2, unten) mit der Breite des Gewebes und der Webrahmenlänge. Für die Berechnung des Schußfadens wird die Zahl der Schußfäden/cm mit der Breite und der Länge des Gewebes multipliziert.

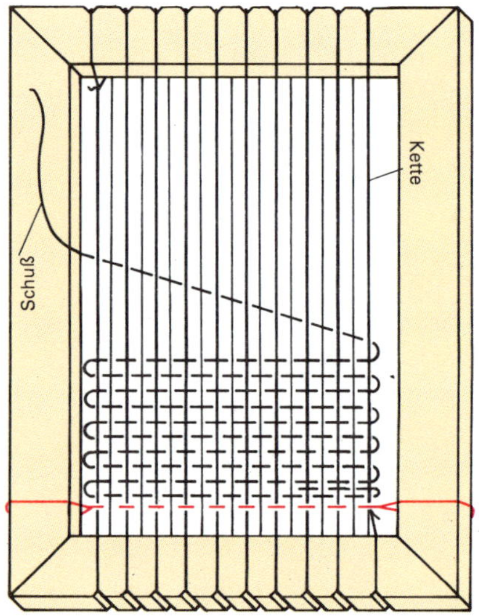

Zunächst spannt man die Kettfäden (Längsfäden) um den Rahmen; danach wird der Schußfaden (Querfaden) abwechselnd unter und über den Kettfäden durchgeführt

Schußfaden aufwickeln

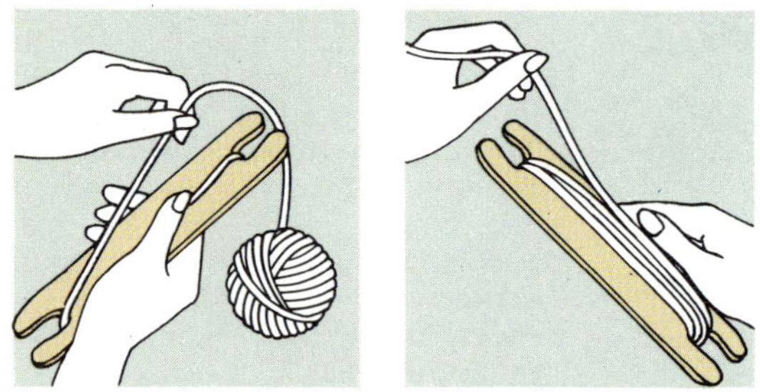

Das Fadenende mit dem Daumen am Schiffchen festhalten (links). Den Faden so um das Schiffchen wickeln, daß das Ende gesichert ist (rechts). Den Faden beim Wickeln nicht dehnen. Nur so viel aufwickeln, daß das Schiffchen leicht zwischen den Kettfäden durchgleitet

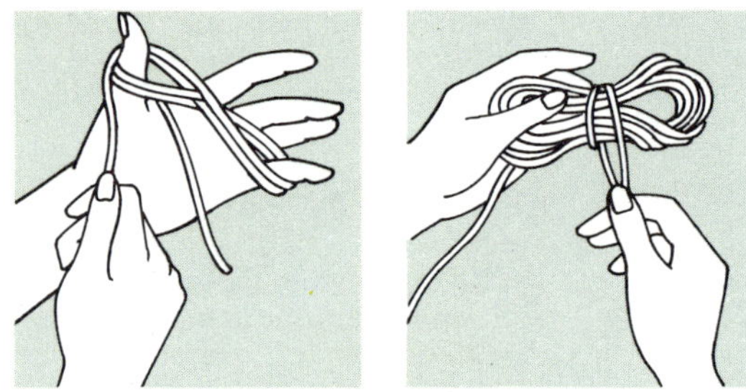

Puschel machen Faden in Achterschlingen um Daumen und kleinen Finger wickeln (links). Puschel von den Fingern nehmen und mit dem Fadenende sichern

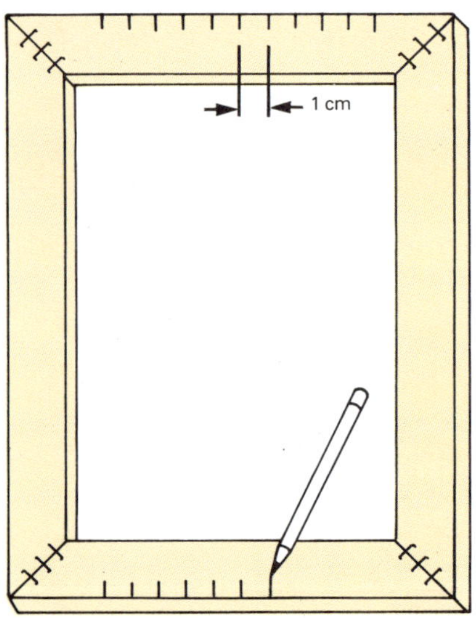

1. Die entsprechend zugeschnittenen Holzleisten an den Ecken verbinden. Die Ecken müssen genau rechtwinklig sein. Mit einem Bleistift oben und unten am Außenrand Markierungen im Abstand von 1 cm anbringen

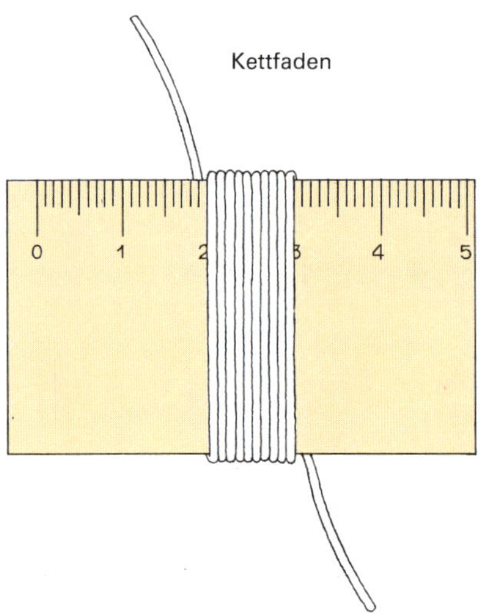

2. Um Zahl der Kettfäden/cm auszurechnen, Garn um ein Lineal wickeln. Zahl der Umwicklungen mit der zu webenden Breite multiplizieren und das Ergebnis durch 2 teilen; dies ergibt die Zahl der Kettfäden vorn bzw. hinten

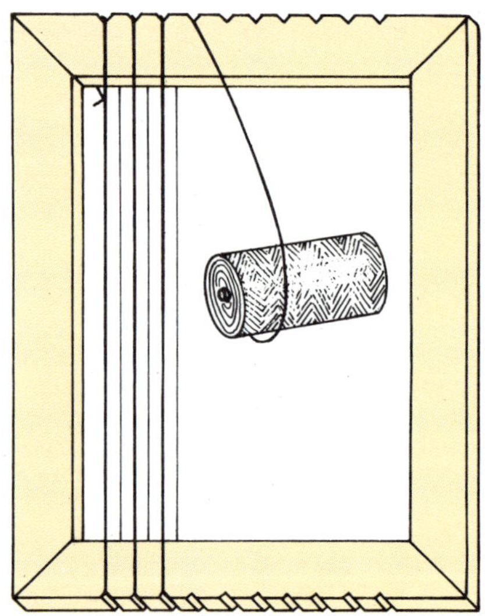

Am Rahmen Fäden/cm markieren; entsprechend Kerben anbringen. Rahmen abschmirgeln. Kettfaden oben links befestigen, jeweils durch eine Kerbe nach unten, um unteren Rand und an Rückseite nach oben führen

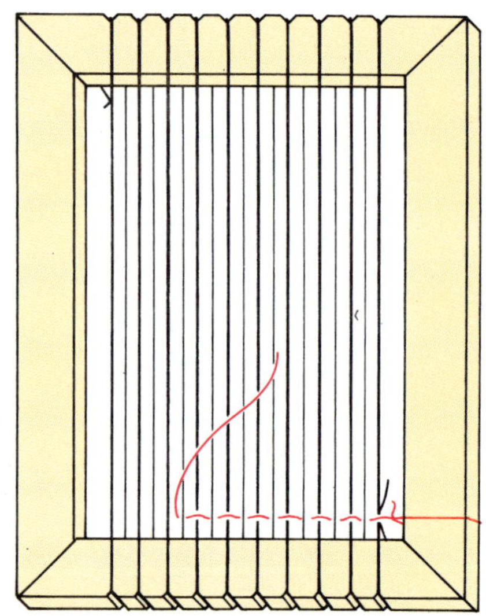

Kette locker spannen. Die Kettfäden verlaufen auf zwei Ebenen – vor und hinter dem Rahmen. Um eine zu erhalten, Verbindungsfaden über den oberen und unter den unteren Fäden durchziehen; an den Seiten befestigen

Webarten

Beim einfachen Webmuster wird der Schußfaden abwechselnd über und unter einen Kettfaden geführt (Leinwandbindung). Das erste Fach (Raum zwischen den Fäden), durch das man das Schiffchen schiebt (A), wird bereits vom Rahmen gebildet. Ein 10 cm langes Fadenende hängen lassen. Für den nächsten Schuß das Schiffchen entgegengesetzt durchfädeln; dazu den Trennstab einlesen, dann hochkant stellen, um ein Fach zu bilden (B)

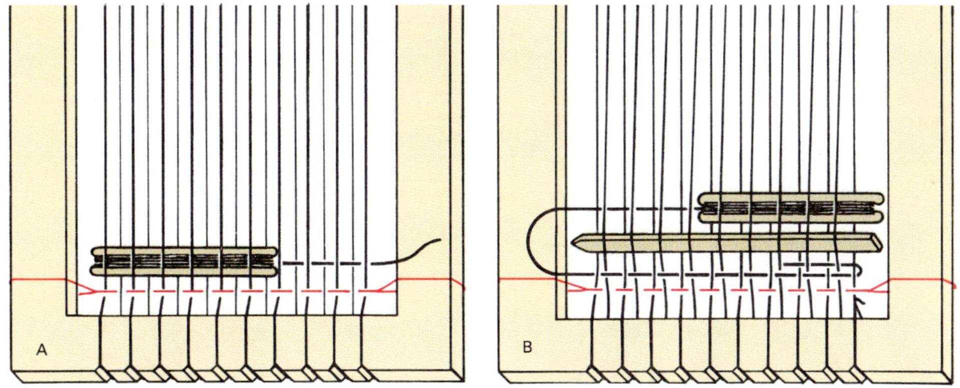

Die Dreherspitze entsteht, wenn man je 2 Kettfäden oder ein Kettfadenpaar gegeneinander verdreht. An der rechten Seite beginnen. Den äußeren rechten Faden aufnehmen und nach links über den zweiten Faden ziehen. Den zweiten Faden mit dem Trennstab aufnehmen und den ersten Faden unter die Stabspitze fallen lassen. Über die gesamte Reihe wiederholen (A). Den Stab hochkant drehen und den Schußfaden durchführen. Anschließend eine Reihe des einfachen Webmusters von links nach rechts arbeiten (B). Diese 2 Reihen fortlaufend wiederholen

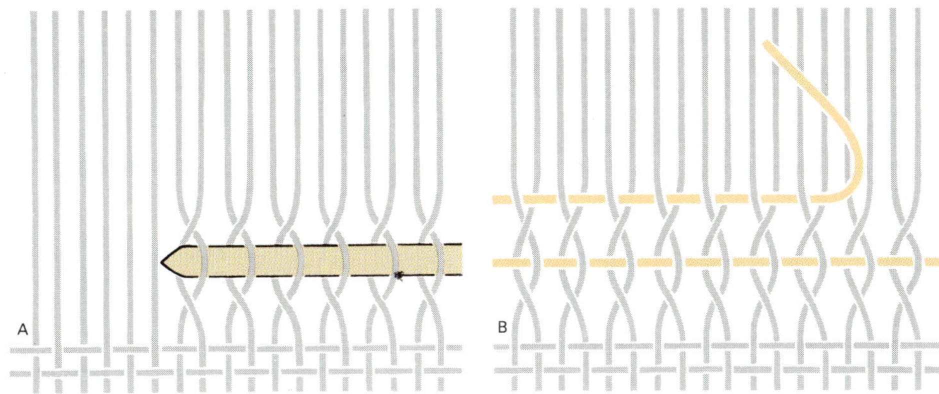

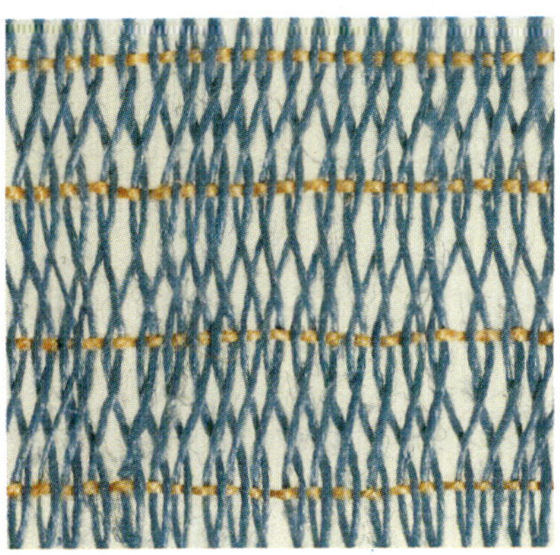

Die mexikanische Spitze ist eine Variante der Dreherspitze. Rechts beginnen. Den ersten Faden über den dritten ziehen, den dritten aufnehmen. Für den Beginn des Rapports den zweiten Faden über den fünften ziehen, den fünften Faden aufnehmen. Den vierten Faden über den siebten ziehen, den siebten aufnehmen. Diese Folge über die ganze Reihe wiederholen (A). Den Trennstab hochkant drehen, um die Drehungen festzuhalten (B). Diese beiden Reihen fortlaufend wiederholen

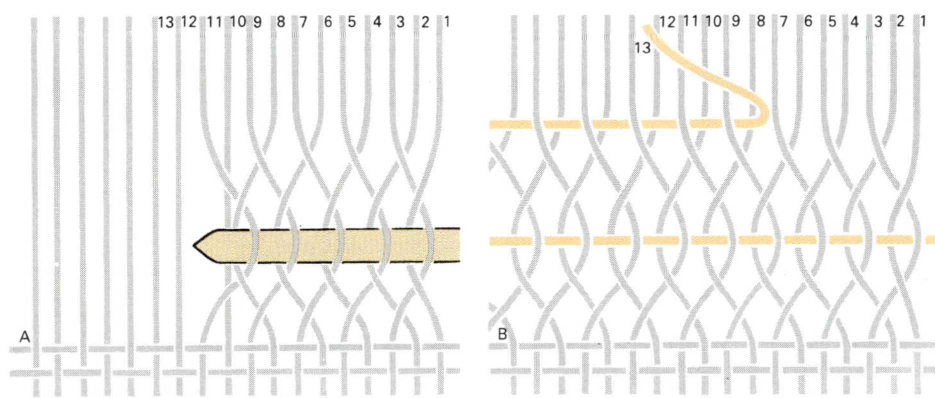

Spitzen · Webspitzen

Die spanische Spitze wird mit einem Puschel statt mit einem Schiffchen gearbeitet. Rechts beginnen. Eine kleine Kettfadengruppe über beliebig viele Reihen (hier sind es 3) im einfachen Muster weben (A). Den Schuß zur nächsten Kettfadengruppe führen und ebenso oft wie bei der ersten Gruppe hin und her weben. Über die ganze Reihe wiederholen. Dieses Muster kann vielfach variiert werden, wenn man in den folgenden Reihen (B) über wechselnde Kettfadengruppen webt

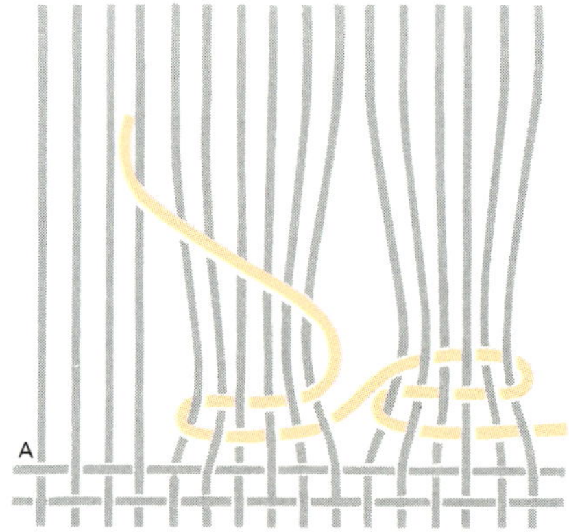

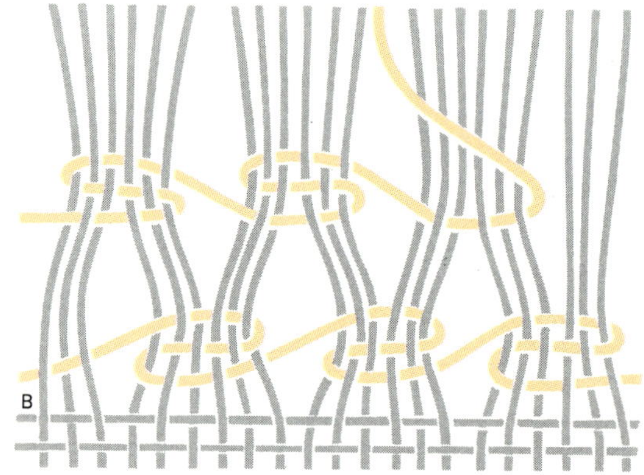

Bukettspitze Mehrere Reihen im einfachen Muster arbeiten. Dann den Schußfaden unter eine Kettfadengruppe führen, über diese zurück, dann nochmals unter der Gruppe nach vorn. Den Schußfaden anziehen, um die Kettfäden zu bündeln (A). Weitere Gruppen zusammenfassen; dabei kann zwischen den Gruppen, wie hier gezeigt, je ein Kettfaden stehenbleiben. In der zweiten Reihe die Kettfäden anders gruppieren, so daß die neue Gruppe jeweils zwischen 2 Gruppen der Vorreihe liegt (B)

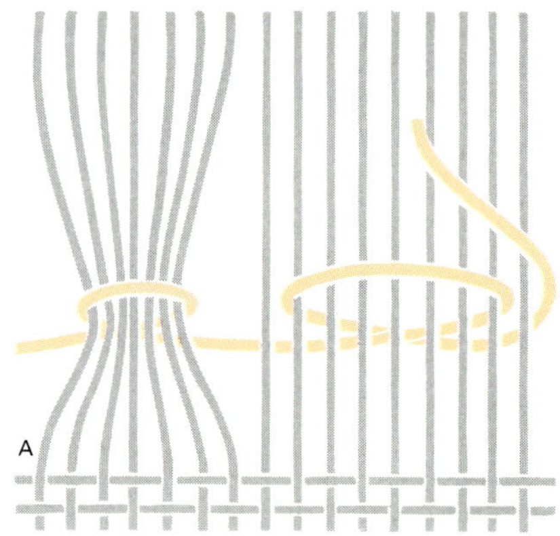

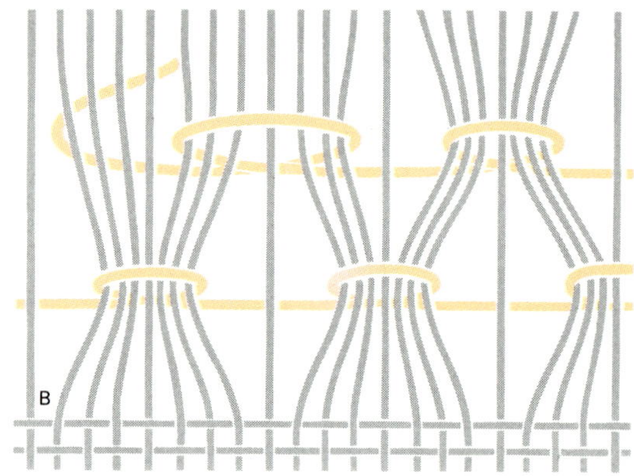

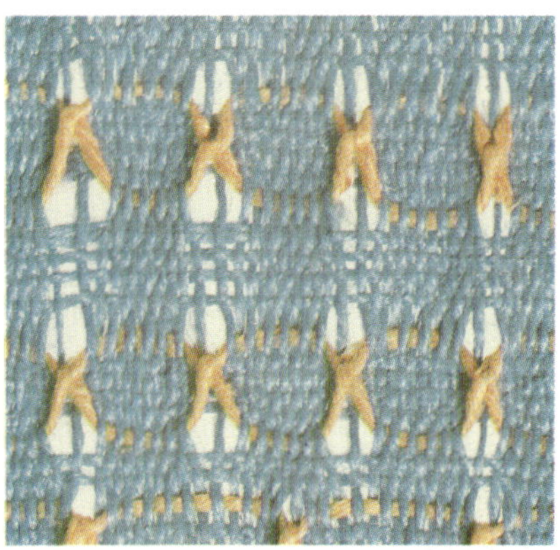

Die dänische Medaillonspitze wird mit 2 verschiedenen Schußfäden gearbeitet. Zunächst eine Reihe mit dem Kontrastfaden von links nach rechts im einfachen Muster weben, dann mehrere Reihen mit dem Hauptfaden. Die Anordnung der Medaillons bestimmen, dann mit einer Häkelnadel eine Schlaufe des Kontrastfadens bis zur halben Höhe des einfachen Musters hochziehen (A). Grundfaden von rechts bis zur ersten Schlinge einweben, dann mit der Häkelnadel durch die Schlaufe ziehen (B). Über die ganze Reihe wiederholen

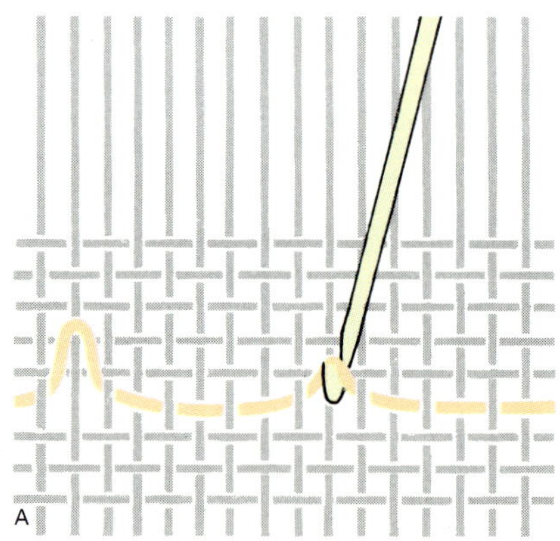

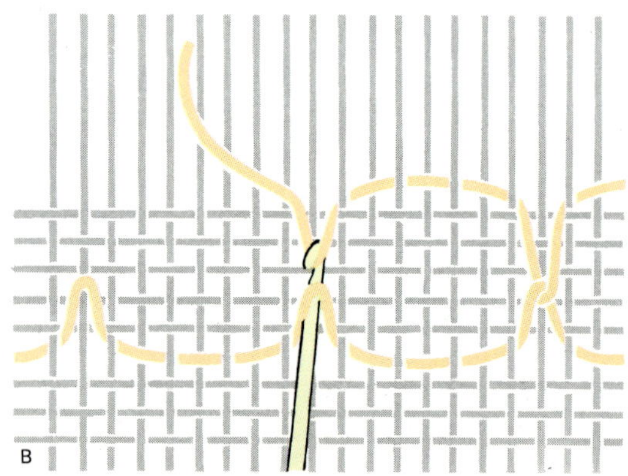

Platzdeckchen in Webspitzen

Die Streifen an beiden Seiten des Deckchens werden in doppelter Dreherspitze gefertigt

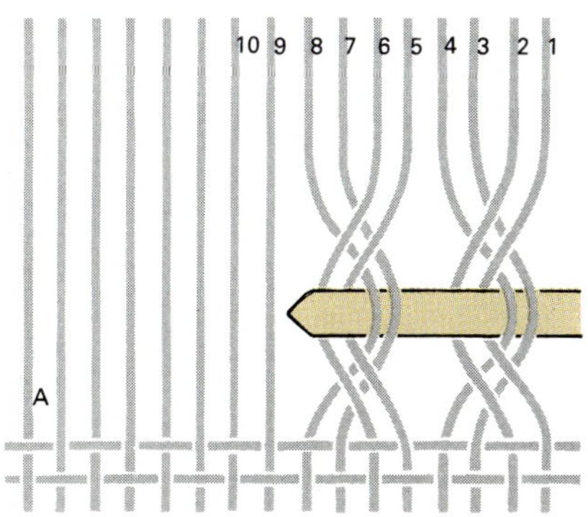

Doppelte Dreherspitze 2 Kettfäden nach links über das nächste Fadenpaar ziehen, zweites Paar mit Trennstab aufnehmen

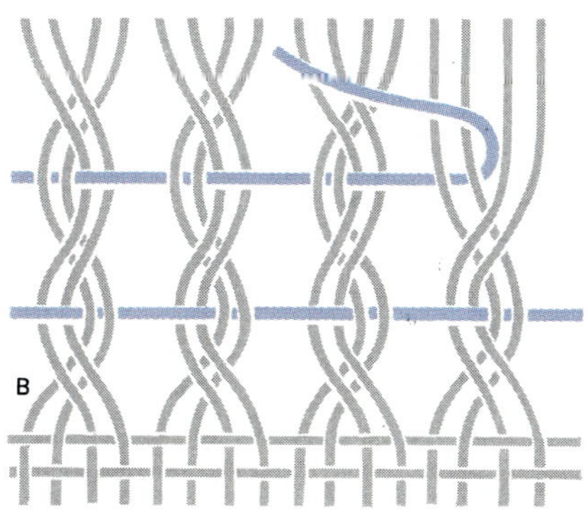

In der zweiten Reihe im einfachen Webmuster unter und über die Fadenpaare arbeiten. Die beiden Reihen abwechselnd weben

Das Platzdeckchen ist 30 × 45 cm groß. Verwendet wird ein rosa Kettfaden und ein zartblauer Schußfaden.

Material

Für 1 Platzdeckchen:
Etwa 90 m Leinenfaden für die Kette
Etwa 55 m Leinenfaden für den Schuß
Etwa 45 × 75 cm großer Webrahmen
Bleistift
Lineal
Kleine Säge
Schmirgelpapier
50 cm Bindfaden
Schiffchen
Trennstab

Das Platzdeckchen

Die Breite des Gewebes entspricht in diesem Fall der Höhe des Platzdeckchens und die Höhe des Gewebes der Breite des Deckchens. Das Deckchen wird im einfachen Webmuster hergestellt (S. 349). An beiden Seiten des Mittelteils wird ein Streifen in Dreherspitze gewebt (S. 349). Bei der doppelten Dreherspitze werden Kettfadenpaare jeweils gegeneinander verdreht, so daß ein Zwischenraum im Gewebe entsteht.

Den Webrahmen vorbereiten

Die Vorbereitung des Rahmens und das Spannen der Kette sind auf Seite 348 erklärt. Auf 2,5 cm kommen zehn Kettfäden. Im Abstand von 2,5 cm zehn Markierungen am Rahmen und entsprechend Kerben anbringen. Den Rand mit Schmirgelpapier glätten. Die Kette spannen; einen Verbindungsfaden über den oberen und unter den unteren Fäden durchziehen und befestigen (Bindfaden).

Das Weben

Mit dem Schußfaden 5 cm im einfachen Webmuster weben (S. 349); zum Schluß den Schußfaden von links nach rechts weben. Mit der Dreherspitze beginnen. Von rechts mit den Fingern die zwei äußeren rechten Fäden aufnehmen, nach links über die folgenden zwei Fäden ziehen. Das zweite Fadenpaar mit dem Trennstab aufnehmen und die ersten zwei Fäden unter den Stab fallen lassen (Abbildung A, links unten). Während diese zwei Fäden noch auf dem Trennstab liegen, die Fäden 5 und 6 nach links über die Fäden 7 und 8 ziehen, die Fäden 7 und 8 aufnehmen. Über die ganze Reihe wiederholen. Wenn die Reihe beendet ist, wird der Stab zur Seite gedreht, so daß ein Fach für den Schußfaden entsteht; der Schußfaden wird durch das Fach von rechts nach links geführt. Die nächste Reihe im einfachen Webmuster arbeiten, jedoch über und unter den Fadenpaaren (nicht den Einzelfäden) weben (Abbildung B, links unten). Diese 2 Reihen wiederholen, bis die Spitze 5 cm breit ist. Anschließend 25 cm im einfachen Webmuster arbeiten, danach wieder 5 cm Dreherspitze. Zum Schluß noch 5 cm im einfachen Webmuster. Den überstehenden Schußfaden abschneiden; etwa 5 cm stehenlassen. Den überstehenden Faden um das Ende des Kettfadens wickeln und auf der Rückseite einweben.

Fransen

Oben und unten am Webrahmen die Kettfäden paarweise abschneiden und verknoten (unten). Jeweils nach dem Schneiden knoten, also nicht alle Fäden gleichzeitig abschneiden. Die Enden auf eine Länge schneiden.

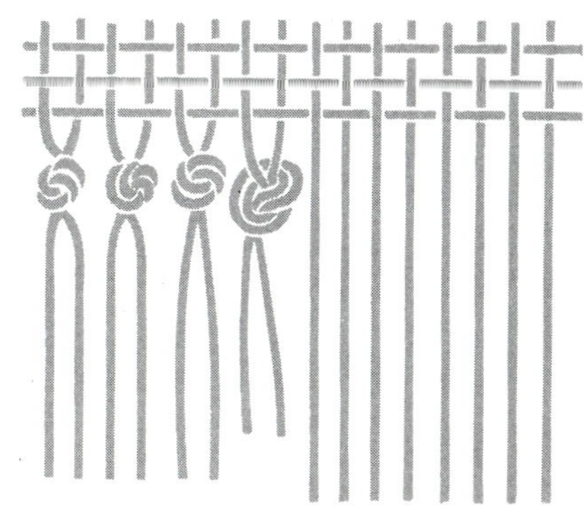

Die Enden jedes Kettfadenpaares werden, wie abgebildet, verknotet und auf eine Länge zurückgeschnitten

Gabelhäkelei

Die Bänder arbeiten

In der Technik der Gabelhäkelei kann man feine Bänder und Borten arbeiten. Man benötigt eine spezielle zweizinkige Gabel und eine Häkelnadel. Das Garn wird in großen Schlingen um die Gabelzinken gewickelt; in der Mitte werden die Schlingen durch gehäkelte Maschen zusammengehalten. Die Bandbreite kann man durch den Zinkenabstand variieren. Es gibt U-förmige vernickelte Netzgabeln in Breiten von 20 bis 100 mm zu kaufen. Man kann aber auch eine Universalnetzgabel nehmen, die auf die jeweilige Breite verstellt werden kann. Die hier abgebildete Gabel hat einen aufschiebbaren Steg, der die Arbeit sichert. Für die Gabelhäkelei kann man sowohl Wolle als auch Baumwollgarn verwenden. Häkelmaschen siehe Seite 273–275.

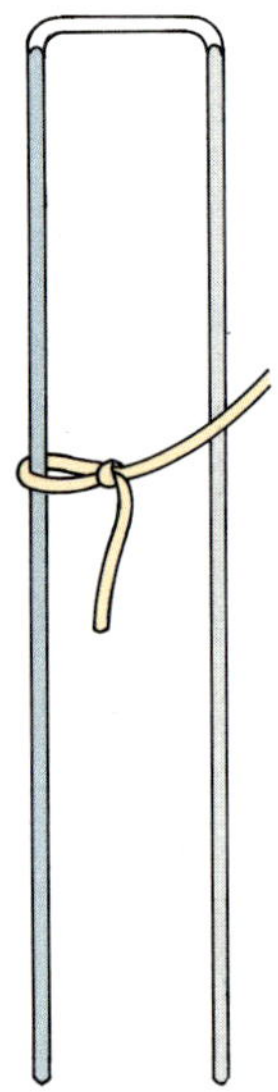

1. Zu Beginn nimmt man den Steg von der Gabel ab und legt um die linke Zinke eine mit der Hand geknotete Schlinge. Der Knoten muß genau in der Mitte zwischen beiden Zinken liegen. Den Steg wieder auf die Gabel schieben

Steg

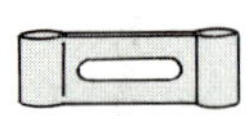

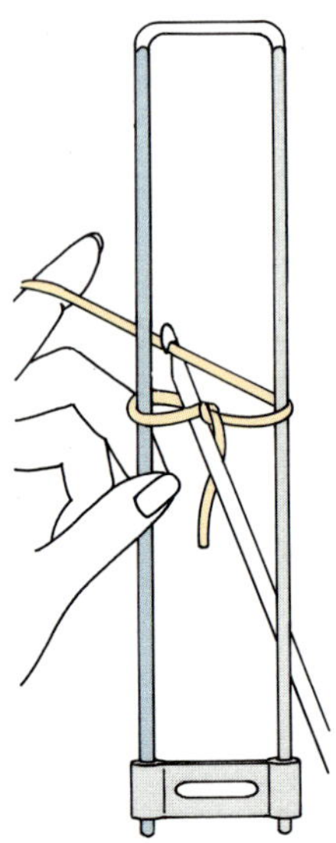

2. Den Faden von vorn nach hinten um die rechte Zinke legen und mit der linken Hand festhalten. Mit der Häkelnadel von unten in die Schlinge einstechen. Mit dem Nadelhaken den hinter der Gabel liegenden Fadenknoten holen und durch die Schlinge ziehen

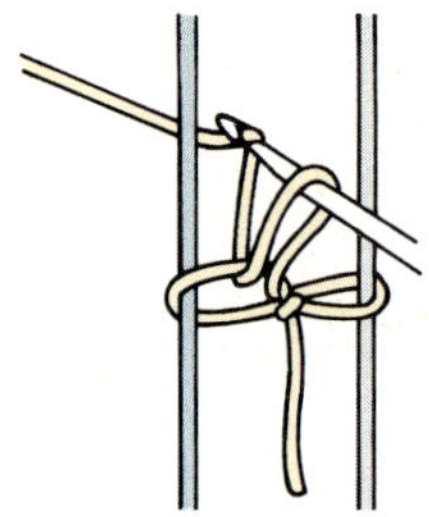

3. Die Schlinge auf der Nadel lassen und den Faden erneut von hinten holen

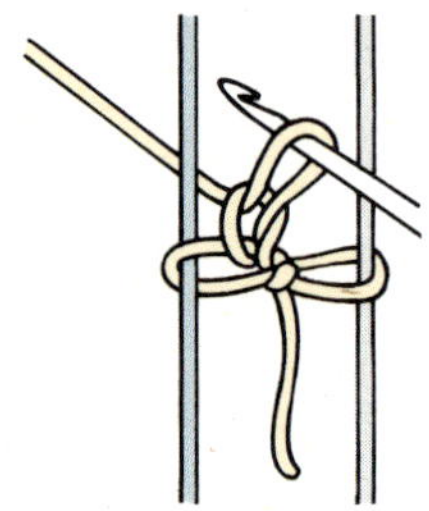

4. Nun abmaschen, d. h., den Faden durch die Schlinge ziehen; es bleibt eine Schlinge auf der Häkelnadel

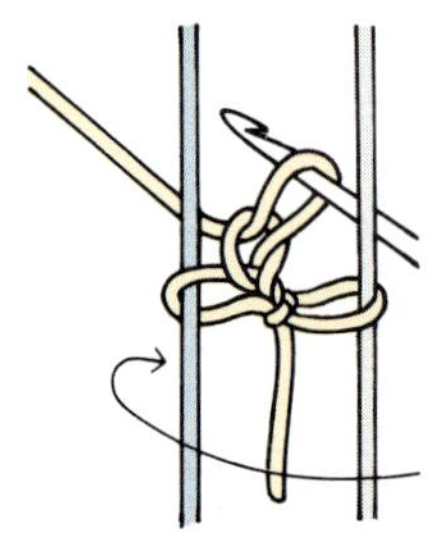

5. Die Häkelnadel aus der Schlinge ziehen, hinter die rechte Gabelzinke und nach hinten legen; in dieselbe Schlinge einstechen. Die Gabel von rechts nach links drehen

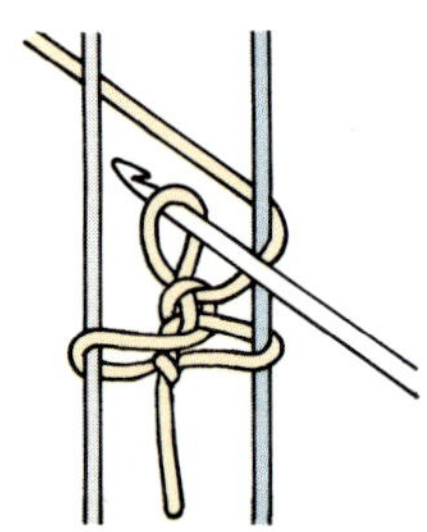

6. Dadurch legt sich der Faden um die jetzt rechts liegende Zinke, so daß eine neue Schlinge entsteht; die Häkelnadel befindet sich jetzt vor der Gabel

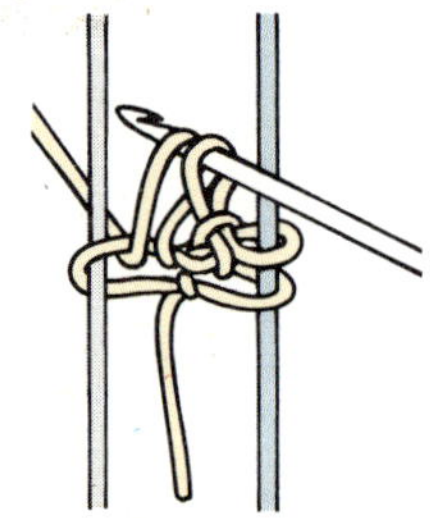

7. Die neue Schlinge mit einer festen Masche festhalten. Die Häkelnadel von oben in die linke Schlinge einstechen, Faden holen und durchziehen. Es liegen 2 Schlingen auf der Nadel

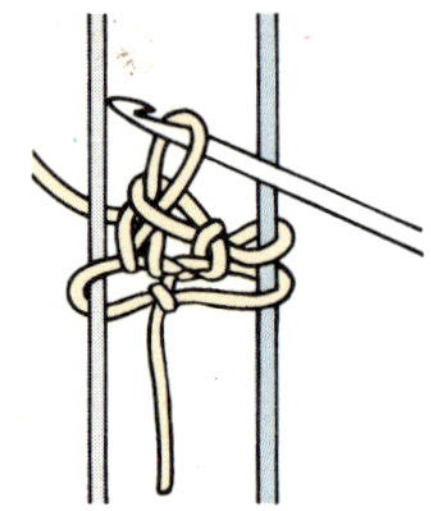

8. Beide auf der Häkelnadel liegenden Schlingen abmaschen. Danach werden die Schritte 5, 6, 7 und 8 wiederholt. Für jede neue Schlinge wird die Gabel gedreht

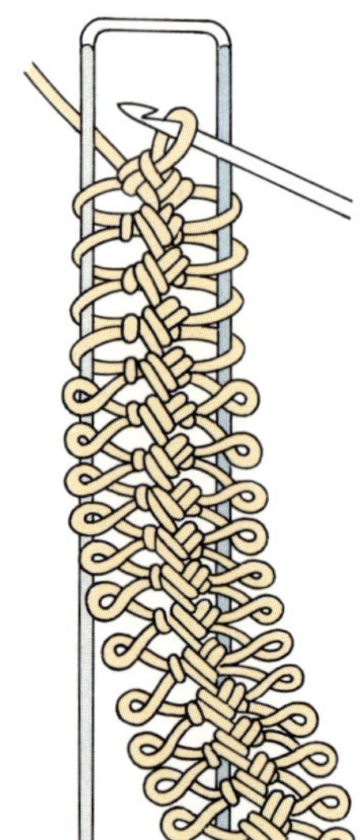

9. Wenn die Gabel voll ist, schiebt man den Steg herunter und zieht die Gabel vorsichtig heraus; die oberen 4 Schlingen bleiben. Steg wieder aufschieben und weiterarbeiten

Steg herunterschieben

Die Bänder verbinden

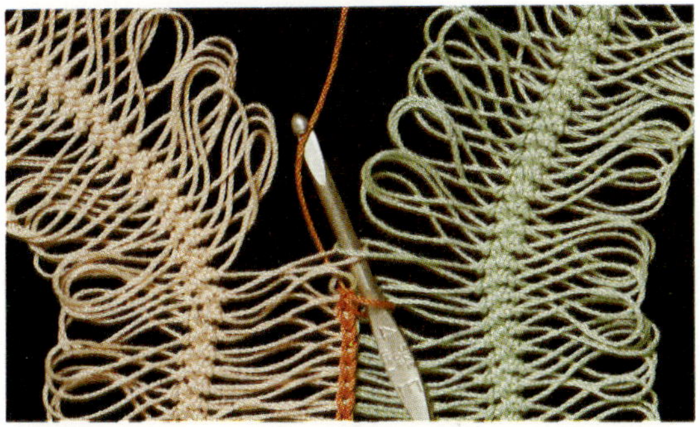

Kettmasche Man verbindet die Bänder mit einem getrennten Faden, der unter der Arbeit gehalten wird. Die Häkelnadel wird in jeweils eine Schlinge des linken und rechten Bandes gestochen, der Faden geholt und abgemascht

Weben Die Nadel in eine, 2 oder 3 Schlingen eines Bandes stechen, danach in die gleiche Anzahl Schlingen des anderen Bandes und durchziehen. Dies über die ganze Bandlänge wiederholen

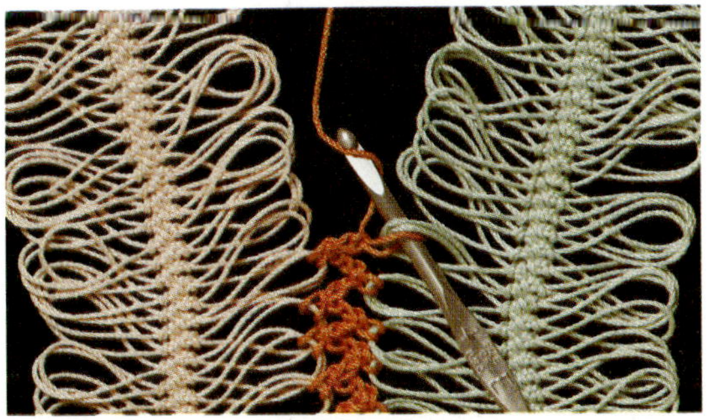

Feste Maschen (fM) und Luftmaschen (Lm) Mit getrenntem Faden 2 Schlingen von einem Band aufnehmen und 1 fM arbeiten. 2 Lm, 2 Schlingen vom anderen Band, 1 fM, 2 Lm häkeln. Dies fortlaufend wiederholen

Die Bänder einfassen

Mit festen Maschen kann man die Bänder am einfachsten einfassen. Mit getrenntem Faden eine Schlinge um die Nadel bilden und eine feste Masche in jede Schlinge am Rand des Bandes häkeln

Für Luftmaschenbogen arbeitet man eine feste Masche in mehrere Schlingen zusammen (sie müssen gedreht bleiben). Zwischen den Schlingengruppen häkelt man eine Luftmaschenkette (je 1 Luftmasche weniger als Schlingen)

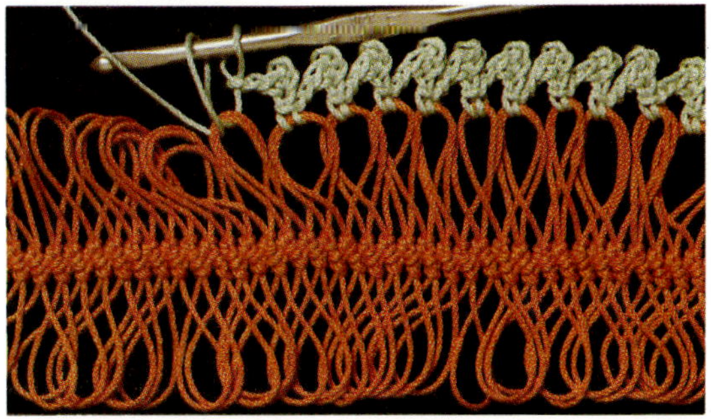

Für einen Picotrand wird eine feste Masche in die ersten zwei zusammengefaßten Schlingen gearbeitet. Anschließend *4 Lm, 1 fM in die 3. Lm ab Häkelnadel, 2 Lm, 1 fM in die nächsten 2 Schlingen*. Ab * wiederholen

Variationen

Einsatz Ein Band arbeiten. Zum Einfassen der Ränder 1 fM in die ersten 4 Schlingen häkeln (Schlingen müssen gedreht bleiben), anschließend 3 Lm. Wiederholen. In der zweiten Reihe 1 fM in die fM der Vorreihe, 3 Lm, 1 fM in die mittlere Masche des Lm-Bogens, 3 Lm. Wiederholen

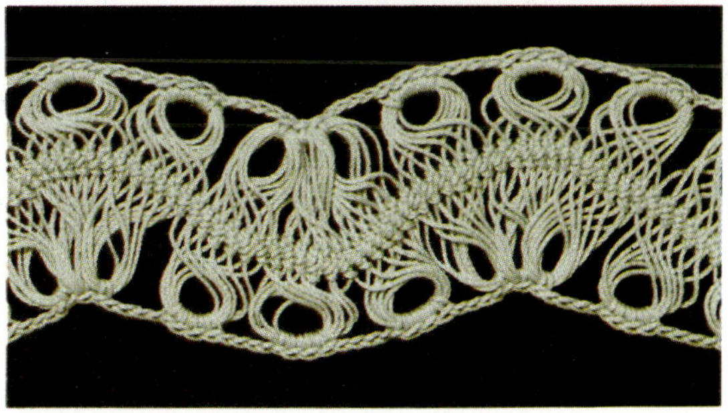

Wellenband Ein Band in der gewünschten Länge arbeiten. Zum Einfassen der Ränder (4 fM in 6 zusammengefaßte Schlingen, 4 Lm) 3mal, danach (1 fM in 6 zusammengefaßte Schlingen) 3mal, 4 Lm häkeln. Auf der anderen Seite mit der 2. Maschengruppe beginnen

Fransen 2 Bänder in der gewünschten Länge arbeiten und durch Weben verbinden. Band mit der Weblinie oben doppelt legen. In diesem Rand 1 fM in den ersten Bogen, 2 Lm, 1 fM in den folgenden Bogen, 2 Lm häkeln. Wiederholen. Untere Schlingen aufschneiden

Stola in Gabelhäkelei

Ovale Stola in Gabelhäkeltechnik

Ein Band wird zur Stola geformt. Abkürzungen S. 278 (Schlinge = Schl).

Material

800 g Chenillegarn in Hell, 450 g in Dunkel; Universalgabel; Häkelnadel; Sicherheitsnadeln.

Das Band arbeiten

Mit hellem Garn auf 8-cm-Gabel: *Ein Band mit 15 fM (8 Schl auf einer Seite, 7 Schl auf der anderen); eine Noppe arbeiten: Stb in den vorderen Faden der letzten Schl, 1 Lm, 4mal (Umschl, in Stb einstechen, Faden holen, Umschl, nur durch 2 Schl ziehen). Umschl durch alle 5 Schl auf der Nadel ziehen, 1 Lm*. Von * bis * wiederholen, bis 151 Noppen fertig sind; das Band mit 16 fM enden. Schl von der Gabel abnehmen, jeweils 8 Schl mit einer Sicherheitsnadel auf der rechten Seite, danach 8 Schl auf der linken zusammenfassen; zwischen den Nadeln bleiben 8 Schl frei.

Die Ränder einfassen

Mit der dunkleren Farbe den Faden an die erste fM am Anfang des Bandes anschlingen, 2 Lm, *Häkelnadel durch 8 Schl stechen, Sicherheitsnadel abnehmen, 4 fM durch die 8 Schl häkeln. 1 Lm, (1 fM, 1 Lm in die folgende Schl, Schl verdrehen) 8mal, 1 Lm*. Von * bis * über Bandlänge wiederholen. Am Ende des Streifens: 2 Lm, fM in die letzte fM des Bandes, 2 Lm. Den Rapport zwischen * und * am anderen Bandrand fortsetzen. Mit 2 Lm enden; Faden durch die erste fM des Bandes ziehen und vernähen.

Das Band verbinden

Das Band spiralförmig auf eine Fläche legen (unten). Verbindungen mit hellem Garn ausführen.

Für die gerade Verbindung *1 Lm, 1 fM in die vierte Schl des darunterliegenden Bandes; 4 Lm, 2 Schl überschlagen, 1 fM in die folgende Schl darüber; 4 Lm, 2 Schl überschlagen, fM in die folgende Schl darunter; 8 Lm, 2 Schl überschlagen, fM in die letzte und die nächste Schl mit den 4 fM darüber; 8 Lm, 2 Schl überschlagen, fM in die letzte und die folgende Schl mit den 4 fM darunter; fM in die Mitte der 4 fM darunter, 1 Lm, 1 Noppe, 1 Lm; fM in die Schl mit den 4 fM und die erste einzelne Schl der folgenden Gruppe darunter; 8 Lm, fM in die Schl mit den 4 fM und die erste einzelne Schl der folgenden Gruppe darüber; 8 Lm, 2 Schl überschlagen, fM in die nächste Schl darunter; 4 Lm, 2 Schl überschlagen, fM in die folgende Schl darüber; 4 Lm, 2 Schl überschlagen, fM in die nächste Schl darunter; 1 Lm, 2 Schl überschlagen, fM in die folgende Schl darüber*. Von * bis * wiederholen. In die mittlere Schl darunter 2 fM häkeln.

Für die Kurven *1 Lm, fM in die vierte der einzelnen Schl des untenliegenden Bandes; 4 Lm, 2 Schl überschlagen, 1 fM in folgende Schl darüber; 8 Lm, 4 Schl überschlagen, 1 fM in letzte und darunterliegende Schl mit den 4 fM; 1 fM in die Mitte der Schl mit den 4 fM darunter, 1 Lm, 1 Noppe, 1 Lm; 1 fM in die Schl mit den 4 fM und die erste einzelne Schl der folgenden Gruppe darunter; 8 Lm, 1 fM in die gleichen Schl wie bei der vorhergehenden fM darüber; 4 Lm, 4 Schl überschlagen, 1 fM in die folgende Schl darunter; 1 Lm, 1 fM in die Mitte der 4 fM darüber; 1 Lm, 1 fM in die Mitte der 4 fM darunter; 4 Lm, 2 Schl überschlagen, 1 fM in die folgenden Schl darüber; 8 Lm, 4 Schl überschlagen, 1 fM in die letzte und die Schl mit den 4 fM darunter; 1 fM in die Mitte der 4 fM darunter, 1 Lm, 1 Noppe, 1 Lm; 1 fM in die Schl mit den 4 fM und die erste Schl der folgenden Gruppe darunter; 8 Lm, 1 fM in die gleichen Schl wie bei der vorherigen fM darüber; 4 Lm, 4 Schl überschlagen, 1 fM in die nächste Schl darunter; 1 Lm, 2 Schl überschlagen, 1 fM in die folgende Schl darüber *. Von * bis * wiederholen. Es gibt drei Ausnahmen: Zur Abschrägung des Bandendes am Anfang den Faden an die mittlere der einzelnen Schl darüber anschlingen und die erste fM in die erste einzelne Schl darunter häkeln. Vor der folgenden fM darunter 4 Schl anstatt 2 überschlagen. Wenn alle Bänder verbunden sind, 2 zusätzliche fM, getrennt durch 1 Lm und 1 Noppe, häkeln. Beim letzten Kurvenrapport werden die 2 mittleren fM mit 1 Lm dazwischen weggelassen.

Fransen

Mit dem dunkleren Garn und einer 10 cm breiten Gabel ein Band mit 480 Schl auf jeder Seite oder 960 fM arbeiten. Zum Anweben der Fransen an die Stola die Häkelnadel in die einzelne Schl und die Schl mit den 4 fM einstechen, die ersten 2 Schl der Franse durchholen und dabei verdrehen. Schl auf der Häkelnadel lassen, in nächste Schl einstechen (links von den 4 fM), die nächsten 2 Schl der Fransen durchholen und dabei verdrehen, mit den ersten 2 Schl auf der Häkelnadel abmaschen. Wiederholen. In jeder vierten einzelnen Schl 4 Fransenschl anstatt 2 durchholen.

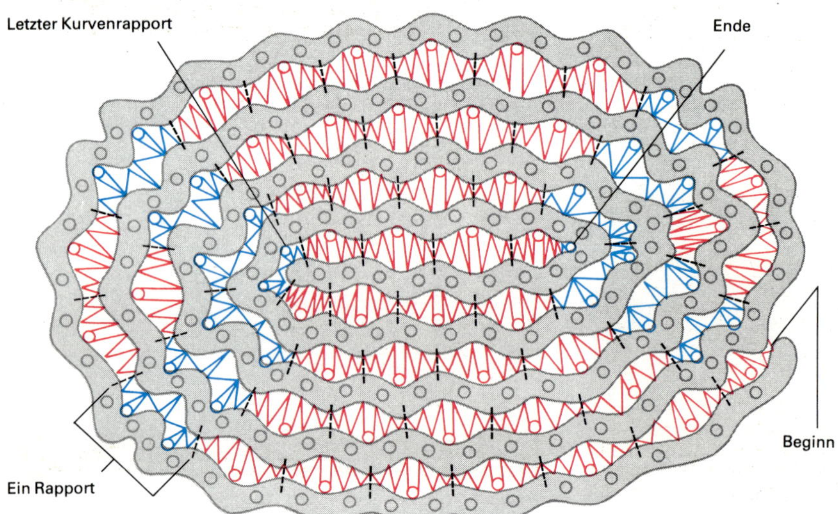

Bevor man das Band verbindet, legt man es spiralförmig aus. Man arbeitet von außen nach innen. Zwischen den gestrichelten Linien liegt jeweils ein Rapport. Rot sind die geraden Verbindungen, blau die Kurvenverbindungen

Makramee

Ausschnitt aus einer Makrameetasche. Entwurf und Ausführung: Marion T. Leyds, 1978

Einführung

Geschichtliches
Knüpfmaterial
Zubehör
Arbeitsvorbereitungen
Fachausdrücke und Abkürzungen
Einen Puschel machen

Geschichtliches

Die Kunst des Makramee entstand im Zusammenhang mit der Weberei: Die Kettfäden an beiden Enden eines gewebten Tuches müssen gesichert werden, damit eine haltbare Kante entsteht – und das geht am einfachsten, wenn man sie verknotet. Mit der Zeit wurden die Knoten immer kunstvoller, und man knotete, unabhängig vom gewebten Stoff, Schnüre aller Art zu dekorativen Kunstwerken.

Makramee erreichte im viktorianischen England den Höhepunkt seiner Beliebtheit in Europa. Man stellte ganze Tischdecken, Vorhänge und Tagesdecken für Betten in dieser Technik her und schmückte auch Kleidungsstücke damit.

Das Wort Makramee kommt aus dem Arabischen und ist von *migrama* abgeleitet, was ursprünglich gestreiftes Tuch oder gestickter Schleier bedeutete. Die Mauren sollen die Makrameekunst nach Spanien gebracht haben, und von dort verbreitete sie sich rasch in ganz Europa und bis nach Übersee. Das ist vor allem den Seeleuten zu verdanken, die sich, an den Umgang mit Tauen und Knoten gewöhnt, in ihren freien Stunden auch feineren Arbeiten zuwandten. Sie knüpften Gürtel, Hängematten und Flaschenhüllen, die sie später an Land verkauften oder ihren Frauen und Bräuten schenkten.

Wandbehang, der als eine Art Mustertuch gearbeitet ist: Er zeigt die Grundknoten und einige Abwandlungen

Knüpfmaterial

Für Makrameearbeiten hat man eine große Auswahl an geeignetem Knüpfmaterial. Viele Schnüre, die im Haushalt vorhanden sind, kann man verarbeiten, z.B. Paketschnur und Kordeln. Wichtig ist, daß die Garne nicht zu elastisch sind und so stark, daß sie beim Knoten nicht reißen.

Am häufigsten werden Schnüre aus Pflanzenfasern wie Baumwolle, Jute, Sisal und Hanf verwendet. Sie sind einfach zu knoten, haben die erforderliche Festigkeit, und es gibt sie in vielen Stärken und Farben. Jute ist allerdings nicht farbecht und sollte daher nicht für Projekte verwendet werden, die längere Zeit starker Lichteinwirkung ausgesetzt sind. Wollgarne sind nur geeignet, wenn sie glatt und nicht zu elastisch sind; Teppichwolle eignet sich besser als Strickwolle. Knoten aus Seidenschnur sehen besonders schön aus; die Seide ist jedoch teuer und nicht überall erhältlich.

Schnüre aus Acryl und Polyester sind einfach zu knoten; es gibt sie in leuchtenden Farben, und sie haben den Vorteil, wetterbeständig zu sein. Manche Schnüre aus Nylon sind seidig glänzend und rutschen beim Knoten leicht; sie sollten daher nicht von Anfängern verarbeitet werden. Wenn man synthetische Garne mit Garnen aus Naturfasern kombiniert, wird die Arbeit fester und hält außerdem länger.

Wenn man glattes Material verarbeitet, tritt das Muster besonders deutlich hervor; bei rauhen Schnüren hingegen fallen kleine Fehler und Ungenauigkeiten weniger auf.

Bei der Garnauswahl ist vor allem wichtig, daß das Material reißfest und möglichst unelastisch ist. Garne, die weniger als 1,5 mm Durchmesser haben, sind schwieriger zu verarbeiten als dickere; man sollte schon etwas geübt sein, wenn man sie verwenden will. Am besten lassen sich Schnüre verarbeiten, die 2–5 mm dick sind; für ein Projekt sollte man möglichst nur Schnüre mit gleichem Durchmesser verwenden.

Auch die Gesamtgröße des Projekts spielt bei der Garnauswahl eine Rolle: je größer die Arbeit, desto stärker die Schnur. Vorhänge und größere Wandbehänge beispielsweise werden mit Schnüren von über 2,5 mm Durchmesser geknüpft.

Makrameeschnüre kann man nicht nur im Bastelgeschäft kaufen; auch in Haushaltswarengeschäften, beim Polsterer und in Läden, in denen Webmaterial verkauft wird, findet man geeignetes Material. Wenn man größere Mengen Schnur braucht, kauft man sie oft günstig in Seilereien oder in Fachgeschäften für Bootsbedarf.

Man kann Schnüre nach der Länge (beispielsweise zehn Meter) und nach Gewicht kaufen. Wenn man nach Gewicht kauft, muß man beachten, daß dickere Schnüre eine geringere Lauflänge haben als dünnere. Bei gleicher Länge haben sie also ein höheres Gewicht.

Bevor man jedoch eine größere Schnurmenge für ein Projekt einkauft, sollte man eine 10 × 10 cm große Probe anfertigen, um festzustellen, wie sich das Garn verarbeiten läßt und wie das geknüpfte Muster in diesem Material aussieht. Falls die fertige Arbeit später gewaschen oder im Freien verwendet werden soll, wäscht man die Probe, um festzustellen, ob sie einläuft und ob sie farbecht ist. Außerdem berechnet man mit Hilfe der Probe die erforderliche Materialmenge; das ist vor allem bei größeren Projekten wichtig.

Zubehör

Makramee ist ein Hobby, zu dem man nur sehr wenige Werkzeuge und Hilfsmittel benötigt. Aber selbst diese wenigen Hilfsmittel sind nicht unbedingt nötig; nur wird mit ihnen das Knoten leichter und das Ergebnis gleichmäßiger.

Eine Arbeitsunterlage, das Knüpfbrett, ist besonders für Anfänger sehr zu empfehlen. Das Knüpfbrett muß stark genug sein, um der Arbeit Halt zu geben, und weich genug, daß man Nägel einschlagen und Nadeln hineinstecken kann. Es eignen sich Faserplatten, dicke Pappe, Kork, Dämmplatten oder eine dicke Lage Schaumstoff. Für kleinere Arbeiten kann man auch ein gepolstertes Bügelbrett verwenden. Um gleichmäßige Knoten zu erzielen, kann das Knüpfbrett mit Papier überzogen werden, das in Quadrate mit 2,5 cm Seitenlänge eingeteilt ist. Schraubzwingen sind nützlich, um das Knüpfbrett am Tisch zu befestigen.

Zu Beginn der Arbeit muß die Kette, das heißt die senkrechten Schnüre, befestigt werden, damit man sie beim Knoten spannen kann. Als Halterung kann man eine Schnur, einen Stab, einen Ring oder eine Gürtelschnalle verwenden.

Um die Knoten am Knüpfbrett festzustecken, nimmt man Stecknadeln mit farbigen Köpfen, Dekorationsnadeln, Krampen oder Nägel. Außerdem braucht man eine scharfe Schere, ein Maßband und Klammern, um die Schnüre, an denen man gerade nicht arbeitet, aus dem Weg zu halten.

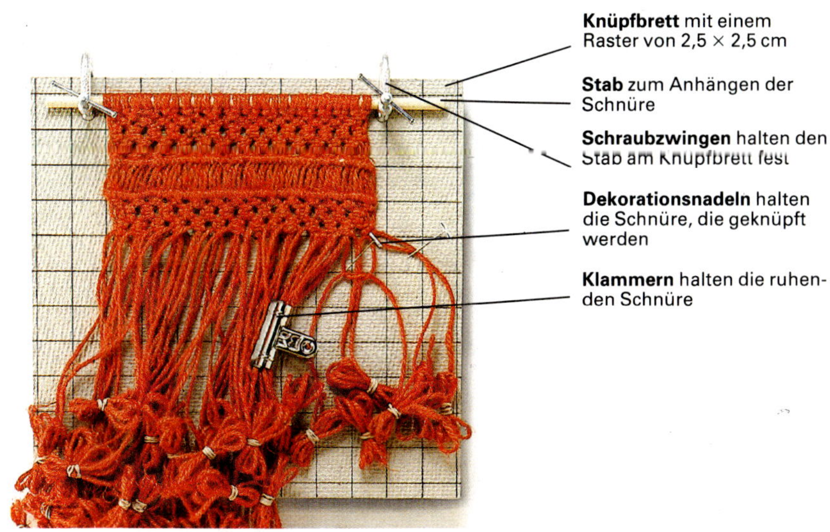

Makramee · Einführung

Arbeitsvorbereitungen

Im Gegensatz zu Strick- und Häkelarbeiten gibt es keine Formel, um die Länge der Schnüre zu berechnen, die man für eine Makrameearbeit braucht. Normalerweise schneidet man jede Schnur sieben- bis achtmal so lang wie die fertige Arbeit zu; dabei ist berücksichtigt, daß die Stränge zum Knüpfen doppelt genommen werden. Das bedeutet, daß die angehängten Schnüre dreieinhalb- bis viermal länger sind als die fertige Arbeit. Man bemißt die Schnüre auf alle Fälle großzügig, damit zum Schluß nicht doch noch ein kleines Stück fehlt.

Wenn ein Muster überwiegend senkrecht verläuft wie bei einem Gürtel oder einem Blumenübertopf, wird weniger Material gebraucht als für ein Muster mit vielen waagrechten Flächen, und wenn ein Muster sehr viele Knoten umfaßt, braucht man mehr Schnur als für ein Muster mit überwiegend freien Fäden. Dicht geknüpfte Knoten benötigen mehr Schnur als Knoten in weiterem Abstand, dicke Schnüre verbrauchen sich rascher als dünne Schnüre. Wenn man einige Arbeiten geknüpft hat, kann man die jeweils erforderliche Garnmenge aus eigener Erfahrung schätzen.

Sollte man sich einmal verschätzt haben und während der Arbeit bemerken, daß man nicht genug Schnur zur Fertigstellung der Arbeit hat, gibt es immer noch Möglichkeiten, Schnüre anzusetzen. Man kann beispielsweise das Ende der alten Schnur und den Anfang der neuen aufdrehen und die beiden Schnüre verspleißen und verleimen; eine neue Trägerschnur legt man neben die alte und knüpft mehrere Knoten darüber; eine neue Arbeitsschnur wird zunächst am Brett festgesteckt, man arbeitet mit ihr weiter und verknotet beide Schnüre nach Fertigstellung der Arbeit – alle diese Möglichkeiten sind auf Seite 366 beschrieben und erklärt.

Um festzustellen, wie viele Schnüre man für eine Arbeit benötigt, muß man zunächst die Breite des geplanten Projekts bestimmen. Ein Gürtel kann beispielsweise 5 cm, ein Wandbehang 40 cm breit sein. Man legt die Schnüre nebeneinander und mißt ab, wie viele auf beispielsweise einem Zentimeter liegen. Die Zahl multipliziert man dann mit der geplanten Breite. Wenn zum Beispiel drei Fäden auf einem Zentimeter liegen und die gesamte Arbeit 3 cm breit werden soll, braucht man neun Schnüre.

Lange Schnüre abmessen und zuschneiden kann mühsam sein; es gibt jedoch mehrere Möglichkeiten, die Arbeit zu erleichtern. Am einfachsten ist es, zunächst eine Schnur an einem Zollstock oder Maßband abzumessen und abzuschneiden; diese Schnur kann man dann als Maßband für die restlichen Schnüre verwenden. Wenn man sehr viele Schnüre schneiden muß, kann man zwei Schraubzwingen oder Scherklammern benützen, die am Tischrand in dem Abstand befestigt werden, der der halben Schnurlänge entspricht. Man knotet dann den Schnuranfang an eine Klammer, führt das Garn um die andere Klammer und wieder zurück zur ersten – das ist die Länge einer Schnur. Dies wiederholt man so oft, bis man die gewünschte Anzahl Schnüre hat; danach werden die Stränge an der ersten Klammer aufgeschnitten. Sie liegen jetzt bereits doppelt und können angehängt werden.

Anstelle der Klammer kann man auch die Rückenlehnen von zwei Stühlen verwenden, die man im gewünschten Abstand zueinander aufstellt. Sehr gut eignet sich auch ein Scherbrett, wie man es beim Weben verwendet. Die Schnüre müssen beim Knoten gespannt sein. Um sie richtig zu befestigen, empfiehlt es sich, ein Knüpfbrett zu verwenden (S. 357). Wenn eine Arbeit für das Knüpfbrett zu groß geworden ist, nimmt man sie ab und hängt sie an einen Haken an der Wand oder an der Decke.

Fachausdrücke und Abkürzungen

Auch beim Makramee gibt es bestimmte Fachausdrücke.

Ein Träger ist die Halterung, an die man die Schnüre anhängt. Der Träger kann selbst eine Schnur sein, ein Stab, ein Ring oder auch eine Gürtelschnalle.

Arbeitsschnüre sind die Schnüre, die geknotet werden.

Mittelschnüre sind die Schnüre innerhalb eines Knotens, die nicht verknotet werden (S. 362).

Um die Trägerschnur werden die übrigen Schnüre, also die Arbeitsschnüre, herumgeknotet (S. 360).

Freie Schnüre sind Schnüre innerhalb eines Musters, um die nicht geknotet wird.

Ein Band ist eine Kette aus gleichen Knoten.

In Makrameeanleitungen werden häufig Abkürzungen verwendet. Diese Abkürzungen sind aber nicht einheitlich festgelegt und können von Anleitung zu Anleitung verschieden sein. Es ist daher sehr wichtig, daß man sich vor Beginn einer Arbeit die Anleitung gründlich durchliest und gleichzeitig im Abkürzungsschlüssel nachsieht, was die einzelnen Abkürzungen bedeuten.

In den folgenden Anleitungen wird nur eine einzige Abkürzung verwendet, und zwar bei dem Gürtel auf Seite 371: Der dort häufig vorkommende diagonale Rippenknoten wird dort als DRK abgekürzt.

In verschiedenen Büchern und Anleitungen sind die einzelnen Knoten oft auch unterschiedlich benannt. Der Flachknoten beispielsweise (S. 362) ist ebenso bekannt als Kreuzknoten, auch wird er manchmal als Quadratknoten oder flacher Doppelknoten bezeichnet. In diesem Buch wird für jeden Knoten ein allgemein gültiger Name verwendet, andere Bezeichnungen sind aber ebenso richtig. Man sollte sich die jeweiligen Knoten genau ansehen, damit man sie auch unter einem nicht so geläufigen Namen erkennen kann.

Einen Puschel machen

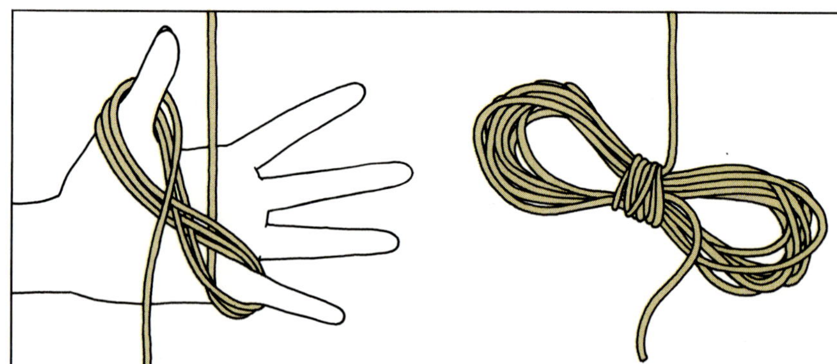

Wenn Schnüre zu lang sind, um sie bequem zu handhaben, bindet man sie zu Puscheln zusammen. Unter dem letzten Knoten läßt man die Schnur 30–60 cm lang frei hängen, nimmt das lose Ende der Schnur auf und windet sie um den Daumen und den kleinen Finger in Achterschlingen (links). Garnbündel von der Hand gleiten lassen und das Fadenende um die Mitte wickeln (rechts). Jetzt läßt sich das Garn nach Bedarf herausziehen, ohne den Puschel abzuwickeln. Nicht am unteren Ende der Schnur beginnen, da sich sonst das Garn nicht herausziehen läßt. Wenn man mit 2 Strängen zusammen arbeitet, wickelt man beide Stränge zu einem Puschel zusammen

Grundtechnik

Anhängen
Schiffchenknoten
Rippenknoten
Formgebung mit Rippenknoten
Flachknoten
Flachknotenbänder
Flachknotennetz
Perlknoten
Geraffter Flachknoten

Anhängen

Zu Beginn jeder Arbeit werden die zugeschnittenen Schnüre angehängt. Da Makrameeknoten unter Spannung geknüpft werden müssen, hängt man die Schnüre an einen Träger; dieser kann selbst eine Schnur, ein Stab, ein Ring sein. Alle Schnüre werden mit einer einfachen Schlaufe an diesen Träger gehängt. Wenn man die Schlaufen aneinanderreiht, entsteht am unteren Rand des Trägers eine waagrechte Rippe. Falls man diese Rippe nicht wünscht, kann man die Schnüre auch umgekehrt, von hinten, anhängen.

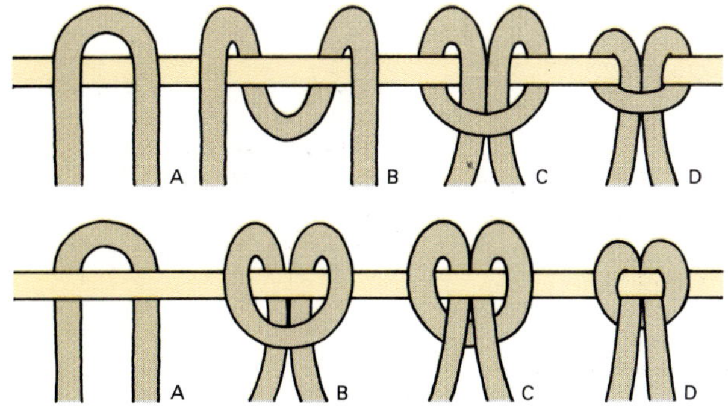

Anhängen von vorn Schnur doppelt nehmen, Schlaufe vor den Träger legen (A). Schlaufe über den Träger nach unten schieben (B), lose Enden durch die Schlaufe fädeln (C), festziehen (D)
Anhängen von hinten Schnur hinter die Schlaufe legen (A). Schlaufe über den Träger schieben (B), Enden durch die Schlaufe fädeln (C), festziehen (D)

Schiffchenknoten

Wenn man einfache Schlaufen senkrecht aneinanderknüpft, erhält man eine Kette aus Schiffchenknoten. Dieser Knoten kann um eine oder mehrere Trägerschnüre geknüpft werden. Auch den Schiffchenknoten kann man von links nach rechts (wie gezeigt) oder von rechts nach links arbeiten. Sehr hübsch sieht es aus, wenn man für ein Band drei oder mehr Schnüre abwechselnd von rechts nach links oder von links nach rechts knüpft.

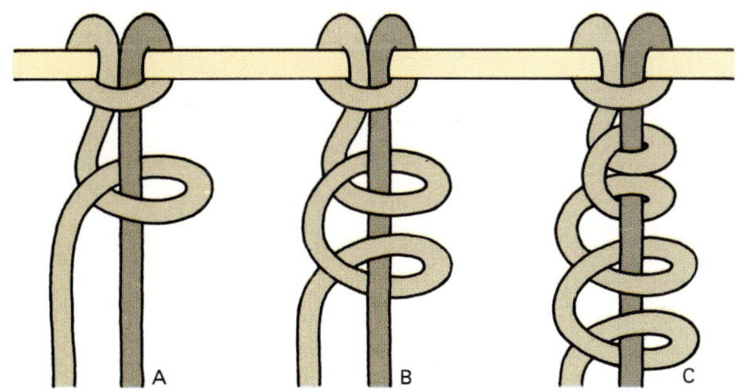

Schiffchenknoten Die Arbeitsschnur über die Trägerschnur legen, darum herum führen und durch den Zwischenraum zwischen beiden Schnüren fädeln (A). Arbeitsschnur nun hinter die Trägerschnur und um sie herum nach vorn führen, dann wieder durch den Zwischenraum zwischen Arbeits- und Trägerschnur fädeln (B). Knoten festziehen und nächsten Schiffchenknoten knüpfen (C)

Variationen

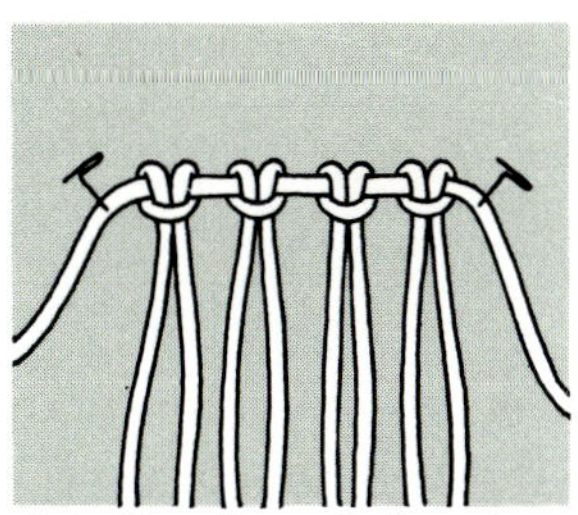

Anstelle eines Stabes kann man eine Halteschnur als Träger verwenden. Man hängt die Schnüre mit einfachen Schlaufen ein. Die Halteschnur bildet dann 2 zusätzliche Arbeitsschnüre, einen auf jeder Seite

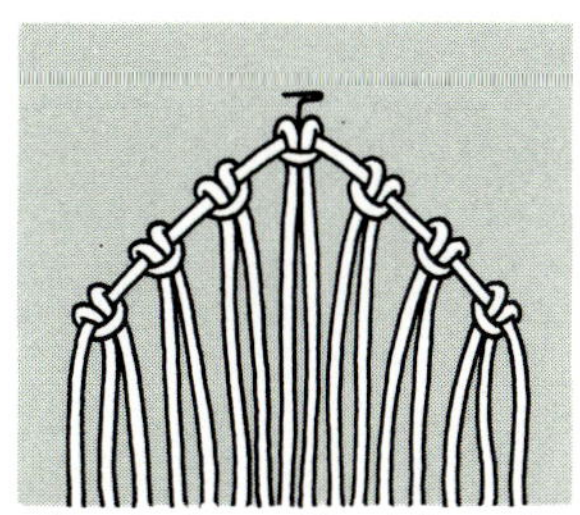

Gürtelanfang: Man hängt eine ungerade Zahl Schnüre an eine Trägerschnur. Man steckt den Mittelknoten fest und legt die Trägerschnur auf beiden Seiten als Arbeitsschnur im gewünschten Winkel nach unten

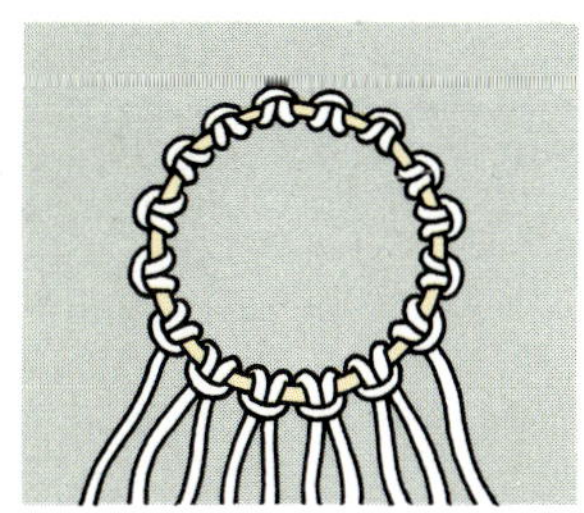

An einen Ring werden die Schnüre wie üblich gehängt. Der Teil des Rings, an dem keine Arbeitsschnüre hängen, kann mit Schiffchenknoten (siehe oben) oder Rippenknoten (S. 360) überzogen werden

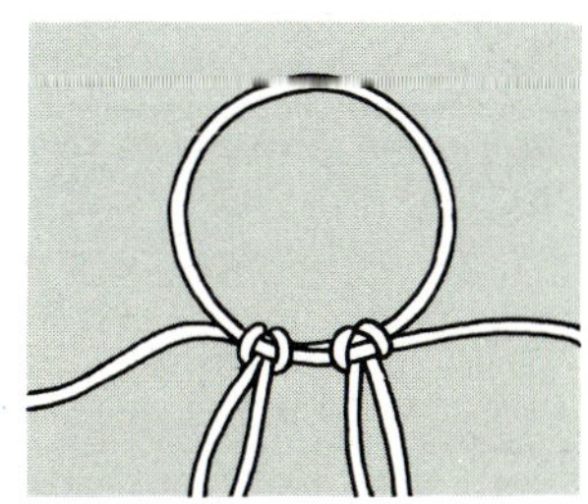

Anstelle eines Rings kann man auch eine Schlaufe verwenden, für die die Trägerschnur zu einem Ring mit überlappenden Enden gelegt wird. Man hängt die ersten Schnüre an der Verbindungsstelle an

Makramee · Grundtechnik

Rippenknoten

Der Rippenknoten und der Flachknoten oder Kreuzknoten (S. 362) sind die eigentlichen Makrameegrundknoten. Der Rippenknoten besteht aus zwei nebeneinanderliegenden halben Schlägen. Ein halber Schlag wird selten allein verwendet; bei manchen Mustern fügt man ihn den Rippenknoten bei, so daß ein Dreifachknoten entsteht. Um einen Rippenknoten zu arbeiten, sind zwei Schnüre erforderlich, die Trägerschnur und die Arbeitsschnur. Die Trägerschnur muß straff gehalten werden, während man knotet. Rippenknoten können waagrecht und diagonal gearbeitet werden; mit diesem einfachen Knoten kann man eine Vielfalt von Mustern erzielen.

Es gibt auch senkrechte Rippenknoten; sie können in waagrechten Reihen oder senkrecht geknüpft werden, beispielsweise zur Herstellung eines Bandes. Wie alle Knoten kann man auch den Rippenknoten regulär (von links nach rechts) und gegenläufig (von rechts nach links) arbeiten.

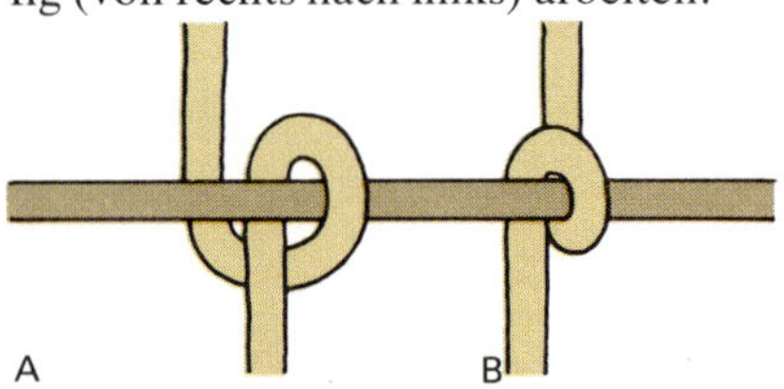

Für einen halben Schlag Arbeitsschnur hinter Trägerschnur legen, unter der Trägerschnur nach vorn, oben und darüber holen, Ende durch Schlaufe fädeln (A), festziehen (B)

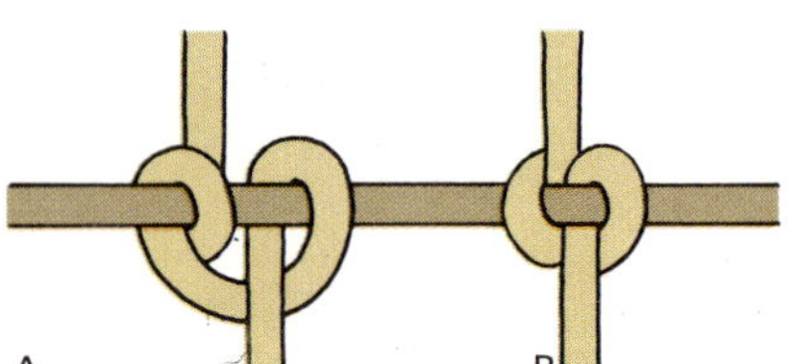

Für einen Rippenknoten arbeitet man einen halben Schlag, wie oben beschrieben, zieht ihn fest und setzt einen zweiten halben Schlag daneben (A). Gesamten Knoten fest anziehen (B)

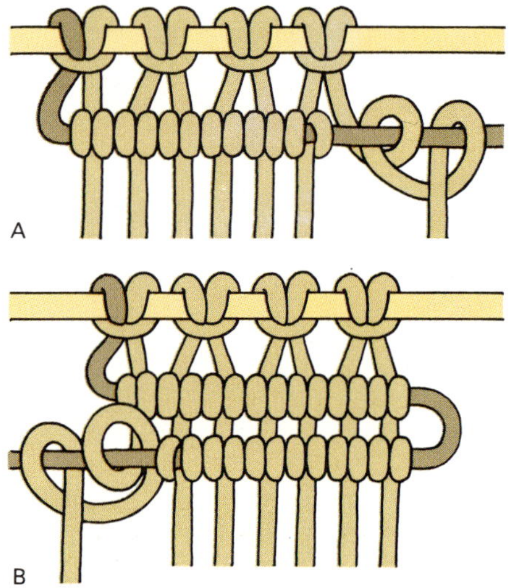

Waagrechte Rippenknoten Die linke Schnur waagrecht über die anderen Schnüre der Reihe nach rechts legen. Mit der zweiten Schnur links beginnen und einen Rippenknoten um die waagrechte Schnur knüpfen, danach mit jeder folgenden Schnur den gleichen Knoten arbeiten (A). Wenn die letzte Schnur ganz rechts auch verknotet ist, legt man die Trägerschnur waagrecht nach links zurück und knotet die Rippenknoten von rechts nach links (B)

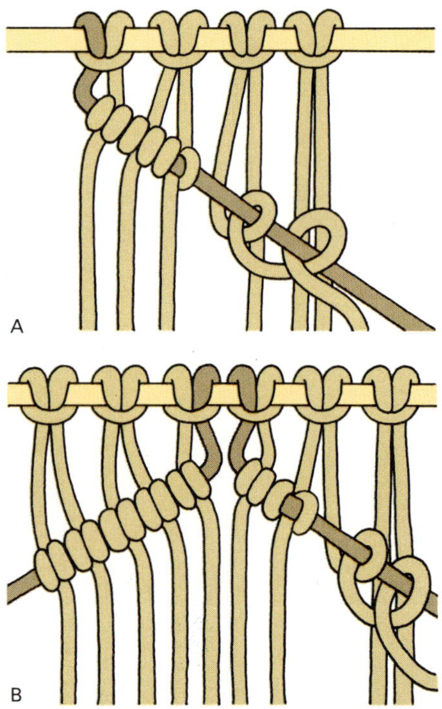

Diagonale Rippenknoten von links oben nach rechts unten (A): Die erste Schnur links diagonal über die Arbeitsschnüre legen und mit jeder Schnur einen Rippenknoten arbeiten. Diagonale von rechts oben nach links unten: die letzte Schnur rechts diagonal über die Arbeitsschnüre legen und von rechts nach links knoten. Diagonale Reihen müssen nicht an den Rändern beginnen, denn jede Schnur kann als Trägerschnur verwendet werden; z. B. können diagonale Reihen von den beiden Mittelschnüren zu den Seiten hin verlaufen (B)

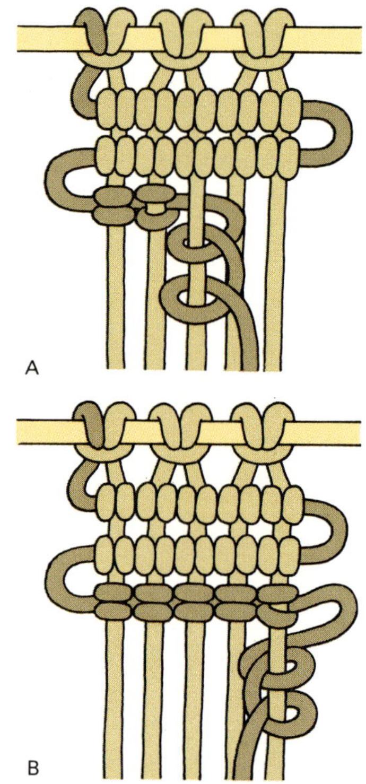

Der senkrechte Rippenknoten ist eine Variante des üblichen Rippenknotens; der Unterschied liegt darin, daß die Trägerschnur zur Arbeitsschnur wird, und jede Arbeitsschnur wird zur Trägerschnur. Senkrechte Rippenknoten in einer Reihe von links nach rechts (A): Mit der Schnur links außen (im Bild dunkelbraun) um jede folgende senkrechte Schnur einen Rippenknoten knüpfen. Senkrechte Rippenknoten von rechts nach links (B): Mit der Schnur rechts außen um jede senkrechte Schnur einen Rippenknoten knüpfen

Ein Band aus Rippenknoten ergibt eine Spirale (A). Eine Variante des Rippenknotenbandes, mit vier Schnüren gearbeitet, bleibt flach (B). Man knüpft Rippenknoten mit der Schnur links außen und der Schnur rechts außen abwechselnd um die beiden Mittelschnüre

Formgebung mit Rippenknoten

Mit waagrechten und senkrechten Rippenknoten kann man schöne und exakte rechte Winkel arbeiten. Die Winkel können von der rechten und von der linken Seite des Projekts ausgehen. Wenn der Winkel nach rechts gerichtet sein soll, verwendet man die erste Schnur links als Trägerschnur und arbeitet Rippenknoten von links nach rechts. Danach nimmt man die zweite Schnur links als Trägerschnur, dann die dritte usw. Soll der Winkel nach links gerichtet sein, beginnt man mit der ersten Schnur rechts und arbeitet von rechts nach links.

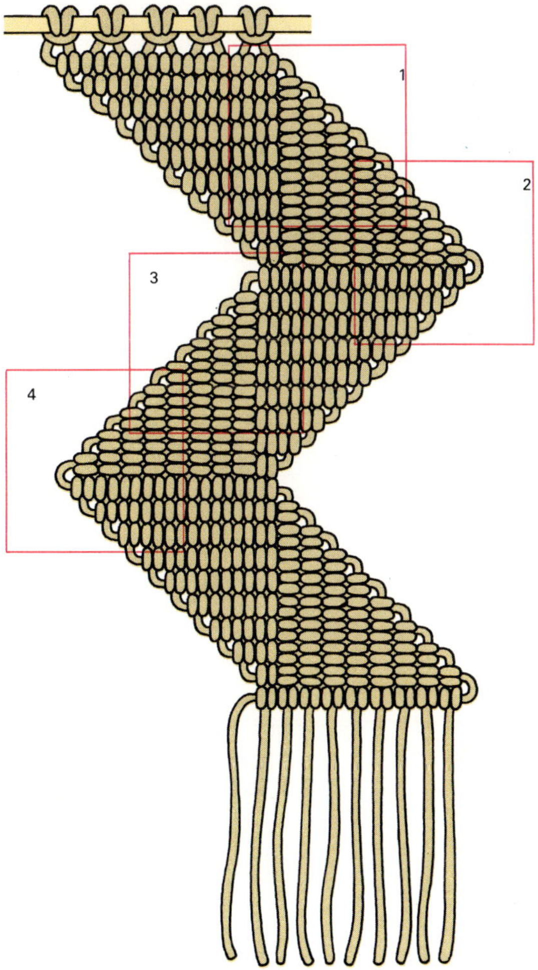

Zickzackkanten entstehen, wenn man abwechselnd Flächen mit waagrechten und Flächen mit senkrechten Rippenknoten arbeitet. Wenn man links beginnt, läuft der linke Rand schräg nach rechts; man knotet dabei eine Fläche mit waagrechten Rippenknoten. Jede Schnur, beginnend mit der ersten Schnur links, wird als Trägerschnur für eine Knotenreihe verwendet. Die verknoteten Schnüre bleiben auf der rechten Seite hängen

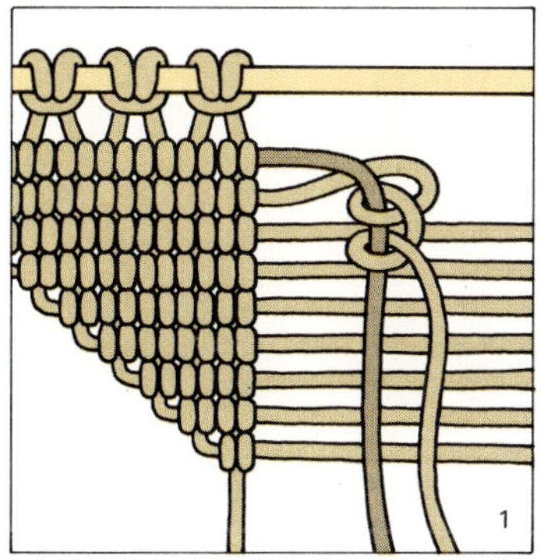

Damit der rechte Rand schräg nach rechts läuft (1), arbeitet man eine Fläche mit senkrechten Rippenknoten. Man legt die Schnur ganz oben senkrecht über die übrigen Schnüre und knotet mit der zweiten Schnur von oben und jeder folgenden einen senkrechten Rippenknoten. Danach wird die zweite Schnur, die jetzt oben liegt, zur Trägerschnur usw.

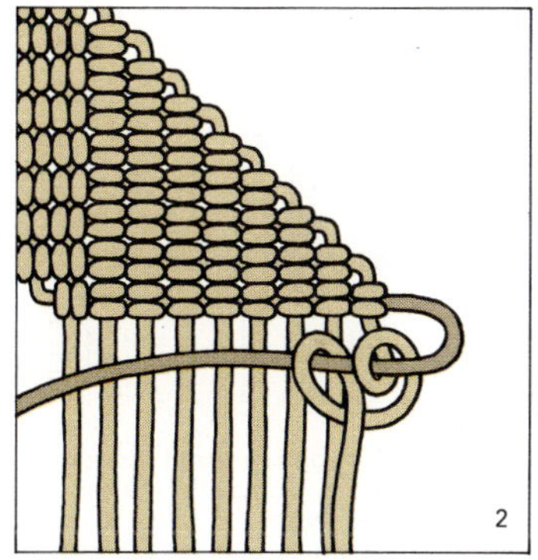

Damit der rechte Rand schräg nach links zurückläuft (2), knotet man eine Fläche mit waagrechten Rippenknoten, und zwar jede Reihe von rechts nach links. Zu Beginn legt man die erste Schnur rechts außen waagrecht über die übrigen Schnüre und knotet mit jeder Schnur von rechts nach links einen Rippenknoten. Danach wird die zweite Schnur zur Trägerschnur usw.

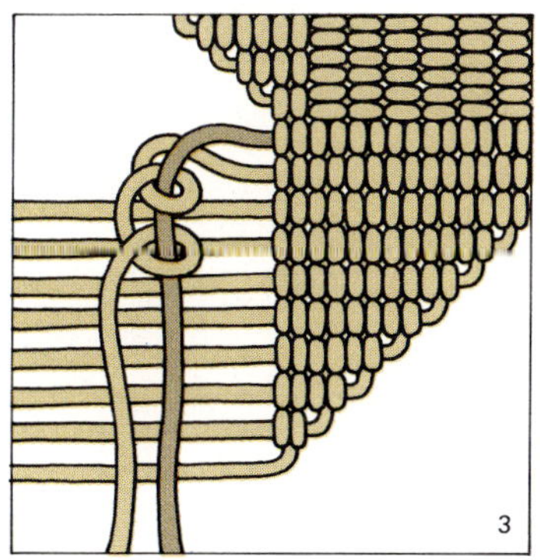

Damit der linke Rand schräg nach links läuft (3), arbeitet man senkrechte Rippenknoten. Schnur ganz oben senkrecht über die übrigen Schnüre legen und mit jeder Schnur von oben nach unten einen senkrechten Rippenknoten knüpfen. Dann werden alle folgenden Schnüre zur Trägerschnur

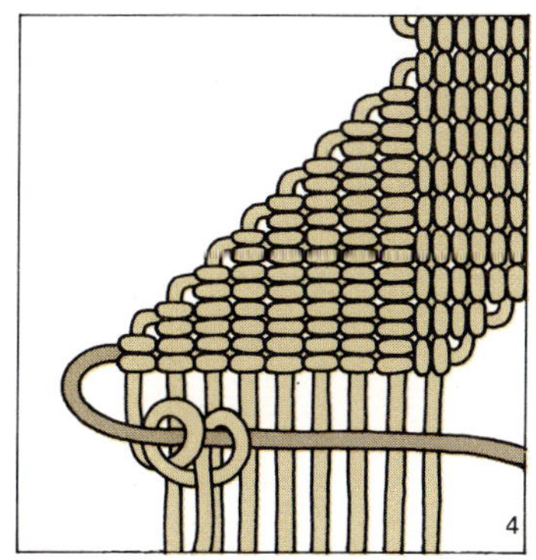

Damit der linke Rand schräg nach rechts zurückläuft (4), waagrechte Rippenknoten arbeiten. Erste Schnur links außen waagrecht über die übrigen Schnüre legen, mit jeder Schnur von links nach rechts einen Rippenknoten knüpfen. Dann werden die anderen Schnüre zur Trägerschnur

Dichte Zickzackbänder knüpft man mit vier Schnüren und, wie links beschrieben, abgewinkelten Kanten. Zwei gegenläufige Bänder kann man überlappend zusammenschieben.

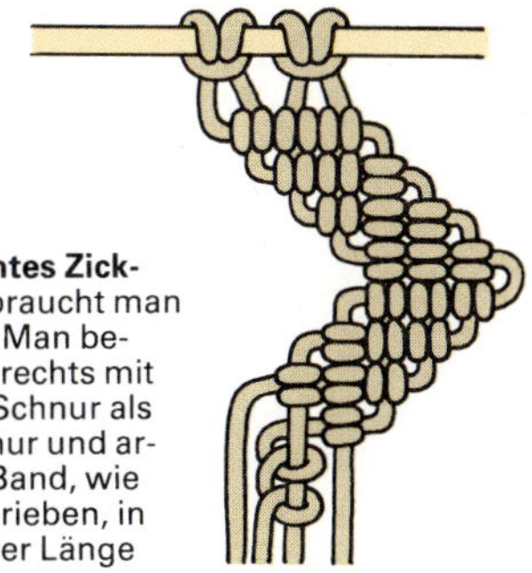

Für ein dichtes Zickzackband braucht man 4 Schnüre. Man beginnt nach rechts mit der linken Schnur als Trägerschnur und arbeitet das Band, wie links beschrieben, in gewünschter Länge

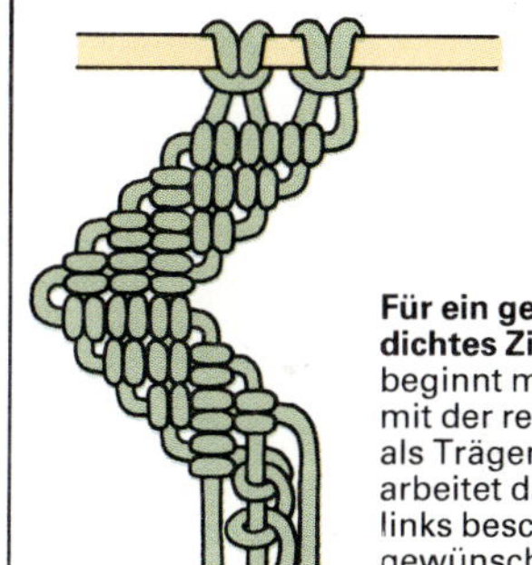

Für ein gegenläufiges dichtes Zickzackband beginnt man nach links mit der rechten Schnur als Trägerschnur und arbeitet das Band, wie links beschrieben, in gewünschter Länge

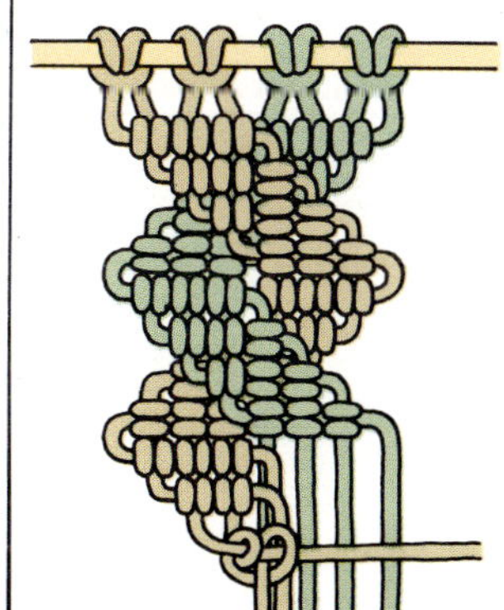

Verflechten kann man die Bänder, indem man sie, wie gezeigt, ineinanderschiebt

Makramee · Grundtechnik

Flachknoten

Der Flachknoten oder Kreuzknoten ist der zweite der beiden grundlegenden Makrameeknoten. Man arbeitet mit zwei Schnurpaaren; die zwei äußeren Schnüre (Arbeitsschnüre) werden um die inneren, ruhenden geknüpft.

Ein Flachknoten, der flach liegt, besteht aus zwei Halbknoten: Einer wird von links und einer von rechts geknüpft. Wenn man Halbknoten nur in eine Richtung knüpft, entsteht eine Spirale.

Beginnt man den Flachknoten mit einem von links geknüpften Halbknoten, nennt man ihn Linksknoten, beginnt man auf einem von rechts geknüpften Halbknoten, heißt er Rechtsknoten. Beide sind korrekt; man wählt die Methode, die besser von der Hand geht. Alle folgenden Abbildungen rechts zeigen den Linksknoten.

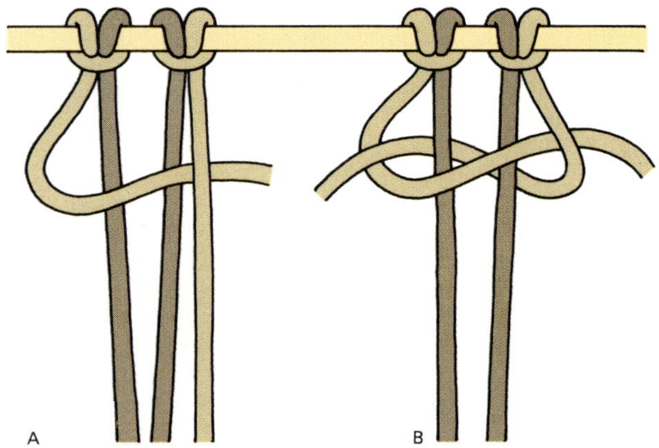

A B

Mit zwei Doppelschnüren arbeitend, die linke Schnur über die 2 Mittelschnüre und unter die rechte Schnur führen (A). Dann die rechte Schnur unter die Mittelschnüre und von unten durch die von der linken Schnur gebildete Schlinge führen (B). Dies ergibt einen Halbknoten, der zugleich die erste Hälfte des Flachknotens bildet

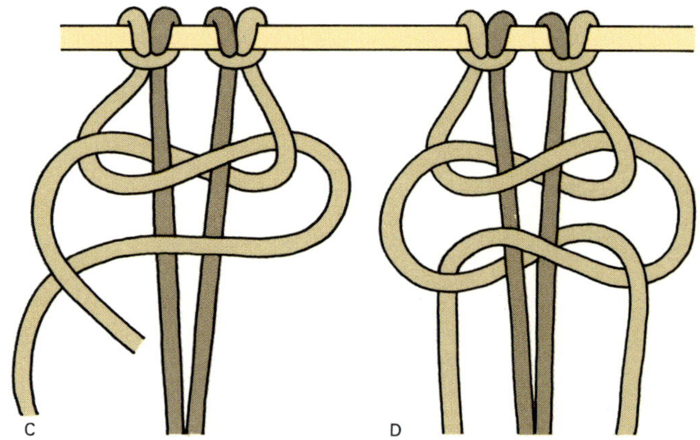

C D

Um den Flachknoten zu vollenden, die neue rechte Schnur über die Mittelschnüre und unter die linke Schnur führen (C). Dann die linke Schnur unter die Mittelschnüre und von unten durch die von der rechten Schnur gebildete Schlinge führen (D). Einen Rechtsknoten immer umgekehrt knüpfen

Flachknotenbänder

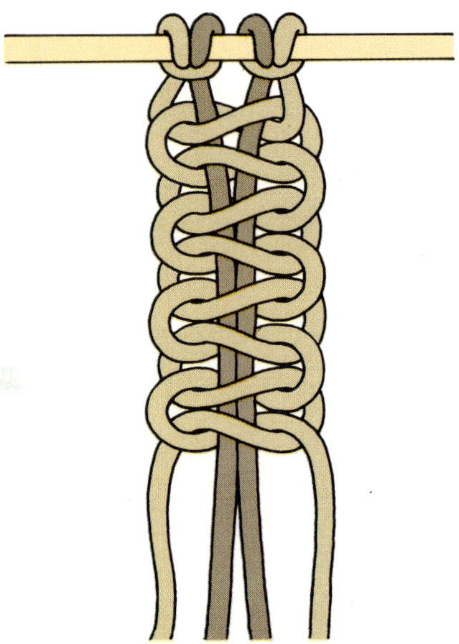

Flachknotenband Eine mit 2 Doppelschnüren geknüpfte Folge von Flach- oder Kreuzknoten ergibt dieses flache, tressenähnliche Band, das als Gürtel, Taschengriff, Hundeleine usw. benutzt oder auch in größere Muster mit einbezogen werden kann

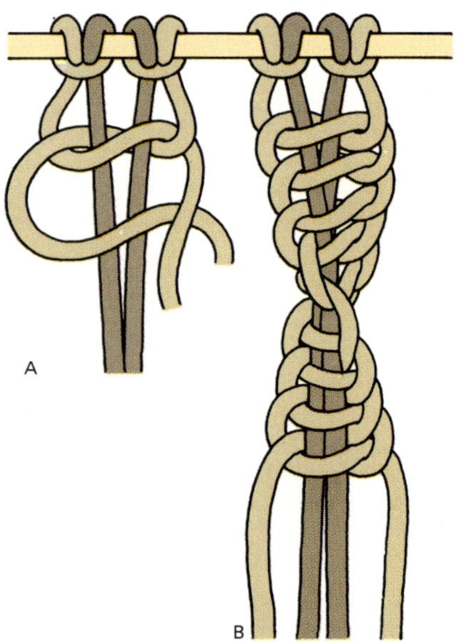

A B

Halbknotenspirale Sie entsteht, wenn man Halbknoten (A) aneinanderreiht. Nach etwa 4 Knoten dreht sich das Band um sich selbst. Dabei trotz Drehung stets mit der linken Schnur arbeiten, sonst dreht sich das Band in die entgegengesetzte Richtung

Band aus Mehrfachschnüren Eine Folge von Flachknoten wird aus 2 oder mehr Arbeitsschnüren und 2 oder mehr Mittelschnüren geknüpft. Knoten jeweils mit den zusammengefaßten Arbeitsschnüren um die Mittelschnüre knüpfen, Einzelschnüre nicht verdrehen

Band aus Wechselschnüren Knoten abwechselnd mit den Arbeits- und Mittelschnüren knüpfen. Einen Flachknoten knüpfen, dann Arbeitsschnüre zur Mitte legen und mit den bisherigen Mittelschnüren Knoten knüpfen. Schnüre in Ausgangsposition bringen

Flachknotennetz

Um ein Flachknotennetz zu bilden, knüpft man abwechselnd mit den Arbeitsschnüren und mit den Trägerschnüren. In der ersten Reihe knüpft man Flachknoten mit zwei Doppelschnüren; für die nächste benützt man die Schnüre von zwei nebeneinanderliegenden Knoten der ersten Reihe. Diese zwei Reihen bilden das Muster zwischen den Knoten, man kann also ein lockeres Netz oder auch ein sehr dichtes Geflecht arbeiten.

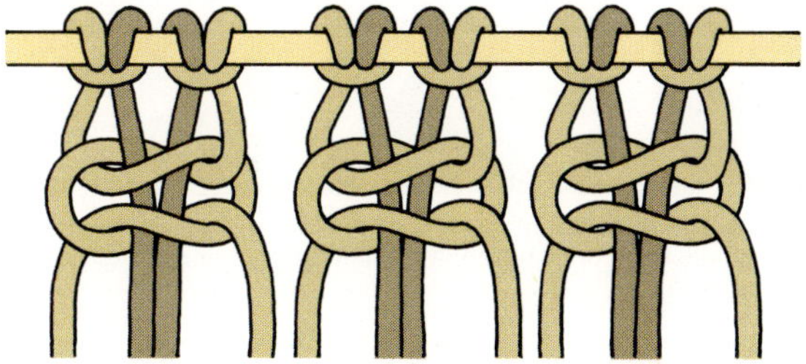

Erste Reihe Mit jeder Schnurgruppe einen Flachknoten arbeiten. Die Gesamtzahl der Schnüre hängt vom geplanten Projekt ab

Zweite Reihe Die ersten beiden Schnüre ruhen lassen. Mit der dritten Schnur des ersten Knotens und der zweiten Schnur des zweiten Knotens einen Flachknoten um die beiden nun innen liegenden Schnüre (die vierte Schnur des ersten und die erste Schnur des zweiten Knotens) knüpfen. Über die ganze Reihe wiederholen. Die beiden letzten Schnüre ruhen lassen

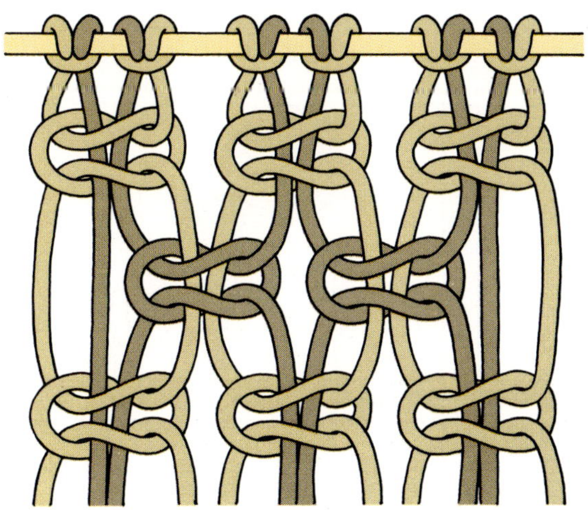

Dritte Reihe Die erste Reihe wiederholen, d. h., die Flachknoten mit den ursprünglichen Schnurgruppen knüpfen. Dann die zweite Reihe wiederholen. Das Muster besteht aus diesen beiden Reihen

Perlknoten

Nach einer Folge von Flachknoten werden die Mittelschnüre zurückgeschlagen und durchgezogen. Durch diesen Knoten erhält ein Muster mehr Struktur; er kann auch als Knopfverschluß dienen.

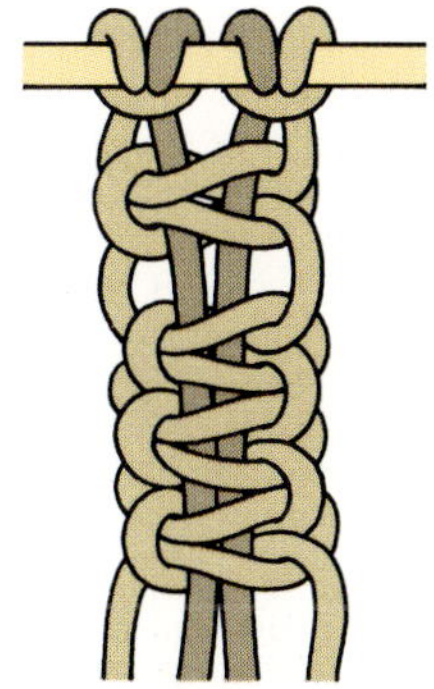

Um einen Perlknoten zu bilden, an der entsprechenden Stelle einen größeren Abstand lassen, dann 3 Flachknoten dicht hintereinander knüpfen. Soll der Perlknoten größer sein, arbeitet man entsprechend mehr Flachknoten

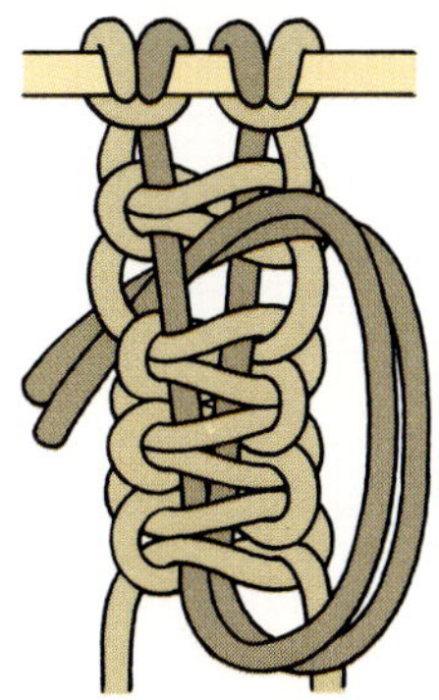

Die Mittelschnüre zurückschlagen, durch die offen gelassene Lücke und zwischen die Mittelschnüre stecken und ziehen, bis die Knoten sich zusammenrollen

Einen Flachknoten direkt unter dem Perlknoten knüpfen, um diesen zu befestigen. Perlknoten kann man einzeln oder als Folge arbeiten

Geraffter Flachknoten

Dieser Knoten wird mit mehreren Schnüren gearbeitet. Er wird dort eingesetzt, wo viele Fäden im Muster zusammengehalten werden müssen, und entsteht wie der auf Seite 362 beschriebene Flachknoten.

Beim gerafften Flachknoten wird mit je einer äußeren Arbeitsschnur um mehrere Trägerschnüre ein Flachknoten geknüpft. So knüpft man Schnüre zu einem Bündel

Mit 4 Arbeitsschnüren, auf jeder Seite 2, hebt sich der Flachknoten besser vom Knotenbündel ab. Die Zahl der Arbeitsschnüre kann beliebig erhöht werden

Diese Variante braucht eine Schnurzahl, die durch 4 teilbar ist. Die Schnüre in 4 Gruppen teilen und einen Flachknoten knüpfen; jede Gruppe als Einzelschnur behandeln

Weitere Techniken

Überhandknoten
Picots
Cavandolitechnik
Josefinenknoten
Beerenknoten
Perlen einknüpfen
Schnüre verlängern
Neue Schnüre einfügen
Schnüre abnehmen
Ränder ausarbeiten
Makramee-Entwürfe

Überhandknoten

Um den Überhandknoten zu arbeiten, braucht man nur eine Schnur, was bei Makramee sonst nicht üblich ist. Es gibt jedoch mehrere Varianten des Überhandknotens, von denen für einige mehr als ein Faden benötigt wird. Die Varianten sind ein Überhandknoten, der um eine Mittelschnur geknotet wird, der verflochtene Überhandknoten und der Wickelknoten. Den Wickelknoten arbeitet man, indem man die Schnur mit dem Arbeitsende mehrfach um die Schlaufe des Überhandknotens wickelt.

Überhandknoten mit Mittelschnur (links) und verflochtene Überhandknoten (rechts) können ein netzartiges Muster bilden, wenn man die Lage der Knoten in wechselnden Reihen ändert

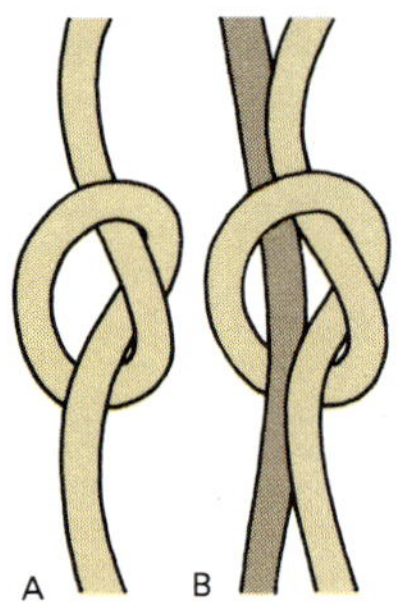

Überhandknoten (A) Man legt eine Schlaufe, fädelt das Ende der Schnur durch die Schlaufe und zieht den Knoten an. Für den Überhandknoten mit einer Mittelschnur (B) legt man eine Schlaufe um die Mittelschnur, fädelt das Schnurende durch und zieht den Knoten zusammen

Verflochtene Überhandknoten Man knotet einen Überhandknoten mit einer Schnur und schiebt, bevor man den Knoten anzieht, die zweite Schnur durch die Schlaufe. Mit der zweiten Schnur auch einen Überhandknoten machen und beide Knoten fest anziehen

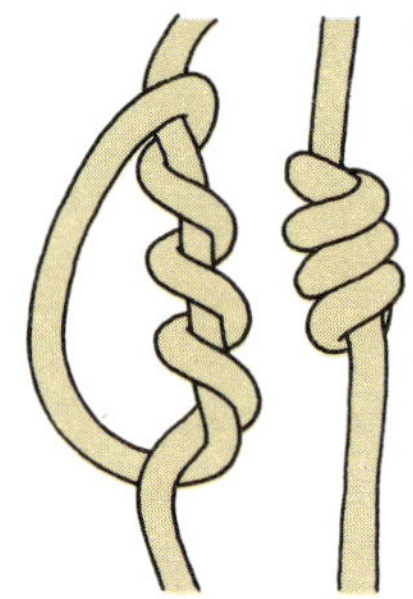

Wickelknoten Man legt eine Schlaufe, wickelt das Schnurende mehrfach um die Schlaufe und zieht den Knoten fest an. Je mehr man wikkelt, desto länger wird der Knoten

Picots

Mit Picots werden Makrameearbeiten verziert: Man arbeitet sie entweder am oberen Rand oder an den Seiten. Am oberen Rand knüpft man die Picots, bevor oder während man die Schnüre anhängt. Hierfür steckt man die Mitte der Schnur über dem Träger fest und arbeitet den Zierknoten über dem Träger und befestigt die Schnurenden mit Rippenknoten (S. 360) am Träger. Picots an den Seiten werden während des Knotens gearbeitet.

Einfache Schlaufenpicots Man steckt die Mitte der Schnur über dem Träger fest; je höher man über den Träger hinausgeht, desto größer wird die Schlaufe. Dann jedes Schnurende mit einem Rippenknoten befestigen

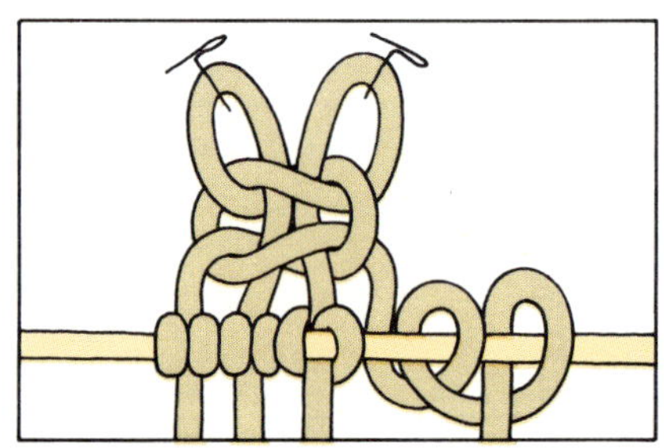

Flachknotenpicot Die Mitten von 2 Schnüren nebeneinander über dem Träger feststecken und um die Mittelschnüre mit den Außenschnüren einen Flachknoten arbeiten (S. 362). Enden mit Rippenknoten befestigen

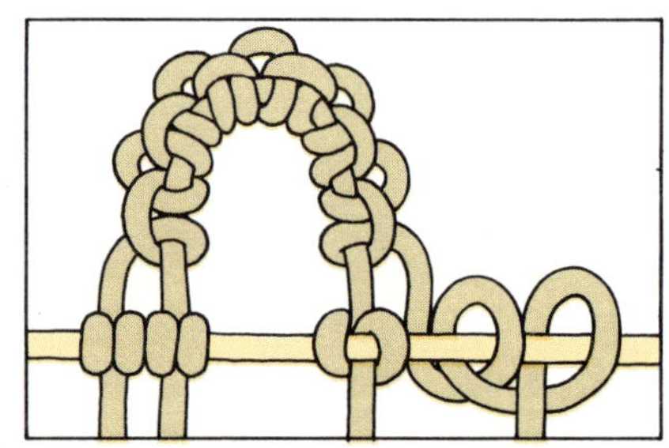

Schiffchenknotenpicot Je einen Teil von 2 Doppelschnüren mit Rippenknoten am Träger befestigen. Mit der linken Schnur Schiffchenknoten (S. 359) um die rechte Schnur knoten. Enden mit Rippenknoten befestigen

Cavandolitechnik

Arbeiten in der Cavandolitechnik bestehen aus dicht gearbeiteten waagrechten und senkrechten Rippenknoten in 2 Farben; die waagrechten Knoten bilden den Hintergrund, die senkrechten das Muster. Diese Technik ist in Italien entstanden

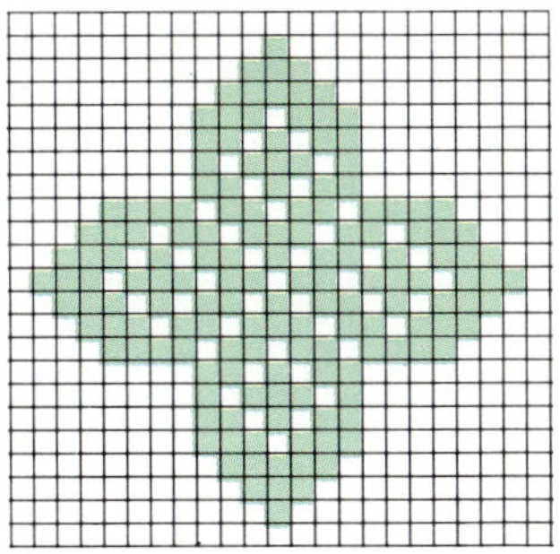

Ein Muster in der Cavandolitechnik kann grafisch als Zählmuster dargestellt werden. Jedes Quadrat stellt einen Rippenknoten dar. Die weißen Quadrate entsprechen dem Hintergrund aus waagrechten Knoten; die farbigen Quadrate entsprechen dem Muster aus senkrechten Knoten

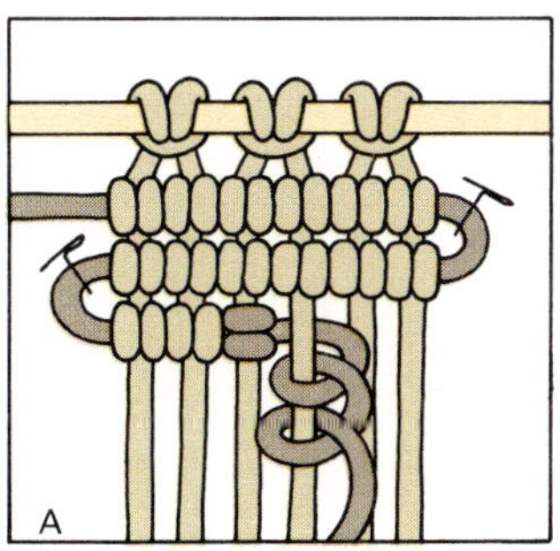

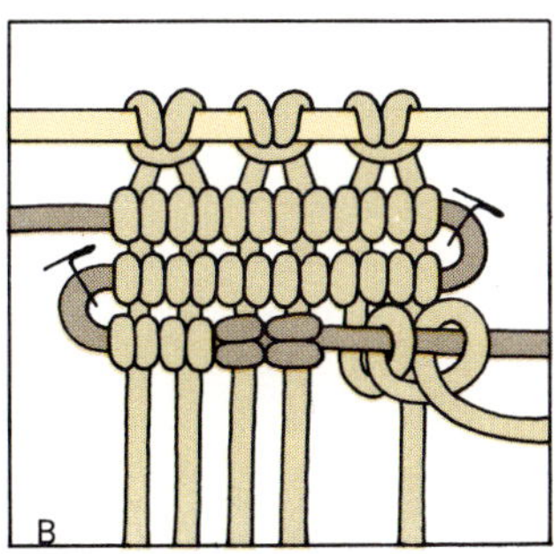

Cavandoliknoten
Die Schnüre in der Hintergrundfarbe werden an einen Träger gehängt; es müssen so viele Schnüre vorhanden sein, wie im Zählmuster Quadrate eingezeichnet sind. Eine Schnur in einer zweiten Farbe dient als Trägerschnur. Man knotet, wie im Zählmuster angegeben, einen waagrechten Rippenknoten für jedes weiße Quadrat und einen senkrechten Rippenknoten für jedes farbige Quadrat; dabei wird die Trägerschnur zur Arbeitsschnur (A). Die Schnur in der Hintergrundfarbe überdeckt die Trägerschnur bei den waagrechten Knoten, bei den senkrechten überdeckt die Musterfarbe den Hintergrund (B)

Josefinenknoten

Den Josefinenknoten kann man beliebig groß arbeiten; wie groß er wird, hängt von der Zahl der verwendeten Schnüre ab. Anstelle von je 2 Schnüren, wie oben abgebildet, kann man den Knoten also auch mit je 4 oder 6 Schnüren knüpfen. Dieser Knoten kann locker bleiben oder festgezogen werden

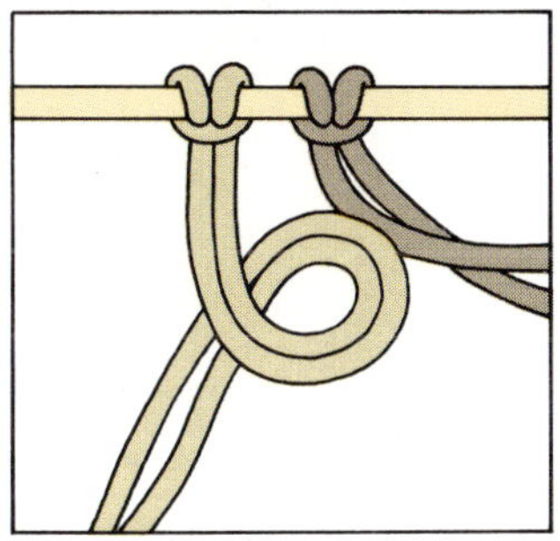

Man hängt 2 Schnüre an, so daß man 4 Arbeitsschnüre hat. Mit den linken Schnüren eine Schlaufe legen; das Arbeitsende liegt unter der Schlaufe, wie abgebildet

Die rechten Schnüre werden über die Schlaufe gelegt; die Arbeitsenden kommen unter die Enden der linken Schnüre, wie abgebildet

Nun die rechten Schnüre von links oben nach rechts unten über und unter die übrigen Schnüre weben; dabei die rechten Schnüre über das erste Schnurpaar unter den Schlaufenbogen, über das zweite Paar in der Schlaufe und unter die Unterseite des Schlaufenbogens führen

Beerenknoten

Der Beerenknoten ist eine Variante des Rippenknotens. Man zieht eine Reihe von Rippenknoten hoch und hält sie mit Flachknoten fest. Für diesen Knoten braucht man 8 Schnüre

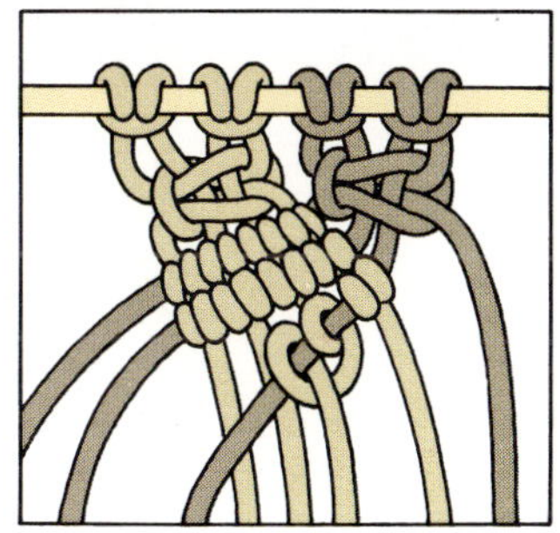

Mit 4 Schnüren einen Flachknoten knüpfen. Die fünfte Schnur als Trägerschnur diagonal über die ersten 4 Schnüre legen und mit den 4 ersten Schnüren Rippenknoten knüpfen. Dann um die sechste, siebte und achte Schnur mit den ersten 4 Schnüren Rippenknoten knüpfen

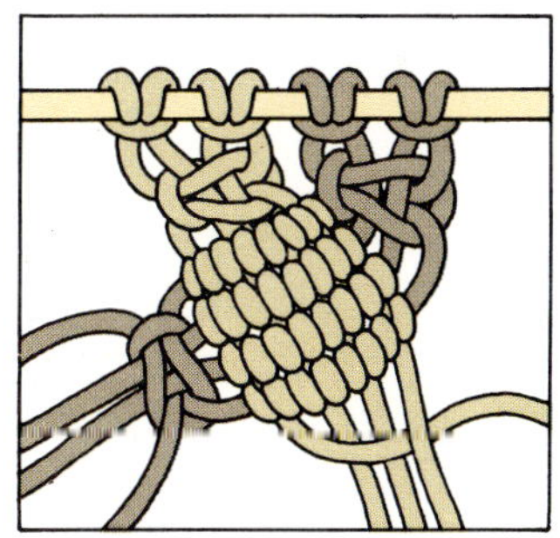

Mit den zweiten 4 Schnüren, die jetzt links liegen, einen Flachknoten knüpfen. Dabei einen Finger unter die Rippenknoten legen und sie nach oben drücken, bis die Beere rund ist, und den Flachknoten nach rechts schieben

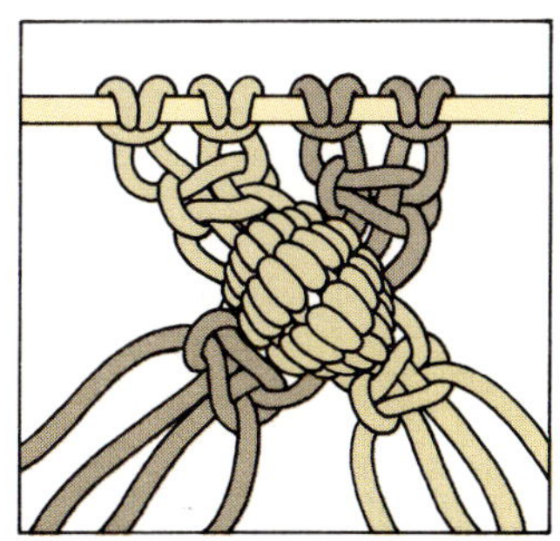

Um den Beerenknoten zu vollenden, arbeitet man einen weiteren Flachknoten mit den ersten 4 Schnüren, die jetzt rechts liegen. Knoten fest anziehen, damit die Form der Beere erhalten bleibt

Makramee · Weitere Techniken

Perlen einknüpfen

Mit Perlen kann man Makrameearbeiten besonders wirkungsvoll verzieren. Eine Perle kann auf eine oder mehrere Schnüre gefädelt werden; das hängt davon ab, wie groß die Perle und wie groß das Loch in der Perle ist, außerdem vom jeweiligen Knotenmuster. Wenn man Perlen auswählt, muß man darauf achten, daß das Loch in der Perle groß genug ist, um die vorgesehene Schnur aufzunehmen. Kleine Perlen passen zu fast jedem Muster. Größere Perlen sollten nur in ein entsprechend großflächiges Muster eingefügt werden.

Mit Überhandknoten Einen Überhandknoten über der Stelle knüpfen, an der die Perle sitzen soll. Perle auf die Schnur schieben und weiteren Knoten darunterknüpfen

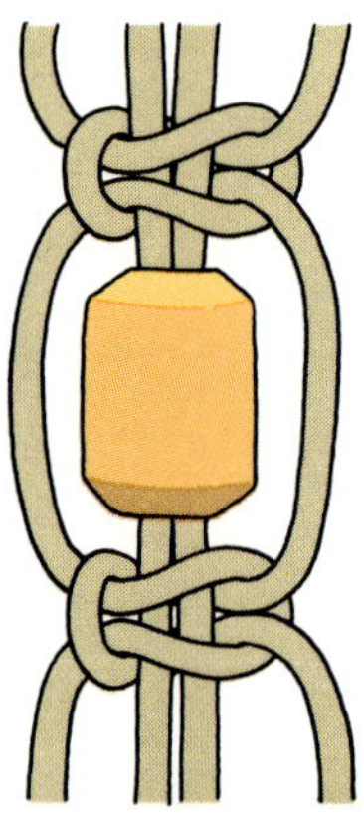

Mit Flachknoten Einen Flachknoten knüpfen, Perle auf die Mittelschnüre schieben und weiteren Flachknoten unter der Perle knüpfen

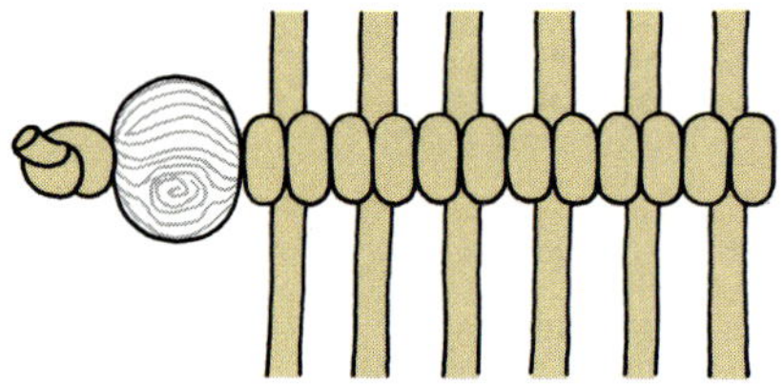

Mit waagrechten Rippenknoten Die Enden einer getrennten Trägerschnur können mit einer Perle gesichert werden. Dazu einen Überhandknoten knüpfen und Perle auffädeln

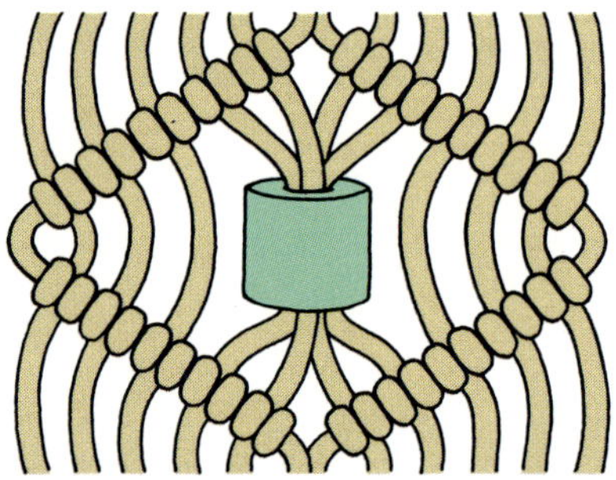

Mit Rippenknoten in Rautenform Zuerst die oberen diagonalen Rippenknoten arbeiten, dann die Perle auffädeln, anschließend die unteren diagonalen Rippenknoten knüpfen

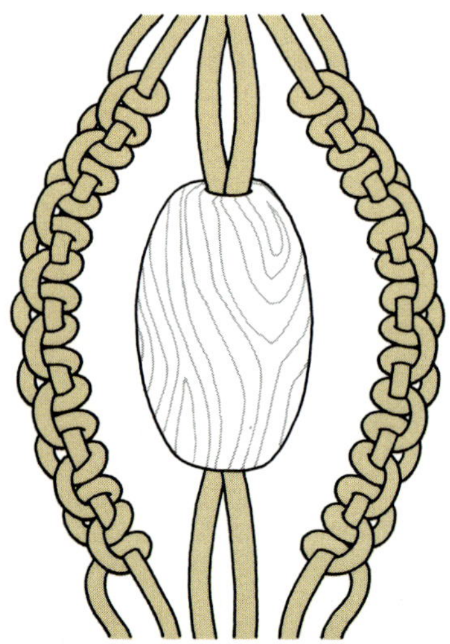

Mit Schiffchenknoten Man braucht 6 Schnüre; Perle auf die 2 mittleren schieben, mit den Außenschnüren Schiffchenknoten knüpfen

Schnüre verlängern

Selbst wenn man die Schnüre genau ausmißt, wird man mitunter eine zu kurze Schnur verlängern müssen. Die beste und schönste Methode ist es, wenn man das Ende der alten und den Anfang der neuen Schnur aufdreht, dann die Schnüre verspleißt und verleimt. Dies dauert allerdings ziemlich lang; einige schnellere Methoden sind deshalb unten gezeigt.

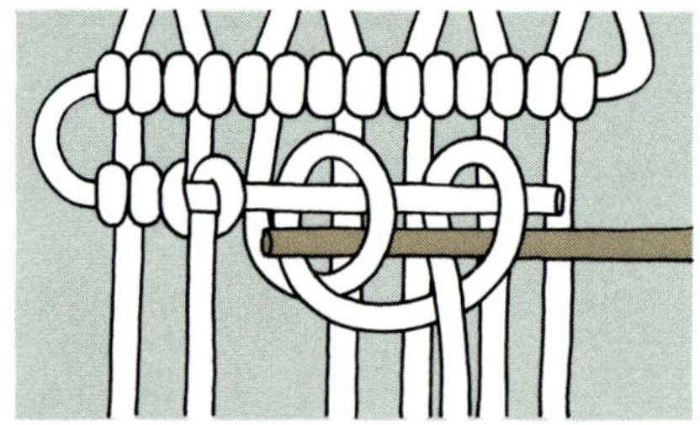

Trägerschnur ansetzen Bei waagrechten Rippenknoten die neue Schnur neben die alte legen und über beide Schnüre mehrere Knoten knüpfen

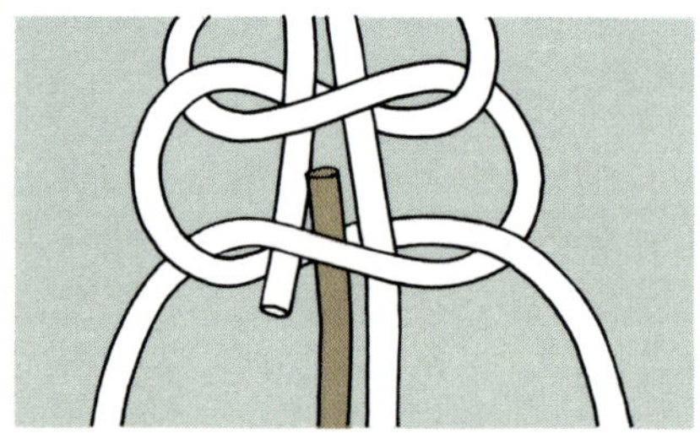

Mittelschnur bei einem Flachknoten ansetzen Die neue Schnur überlappt die alte; dann über beide Schnüre Flachknoten knüpfen

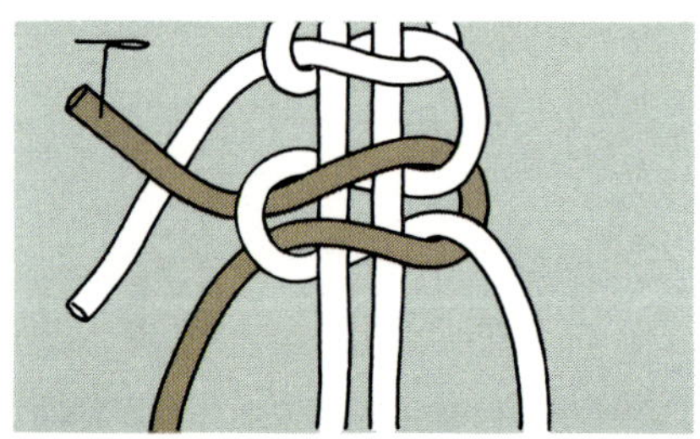

Arbeitsschnur ansetzen Neue Schnur feststecken; alte hängen lassen und neue verwenden. Enden verknoten, zurückschneiden

Neue Schnüre einfügen

Zusätzliche Schnüre braucht man für Arbeiten, die schmal beginnen und sich dann verbreitern. Auch wenn bei einem Projekt eine neue Farbe hinzukommt, fügt man die Schnur nach einer der unten gezeigten Methoden ein. Es gibt mehrere Möglichkeiten, Schnüre so einzufügen, daß die Proportionen nicht gestört werden und die Ansatzstelle unsichtbar ist.

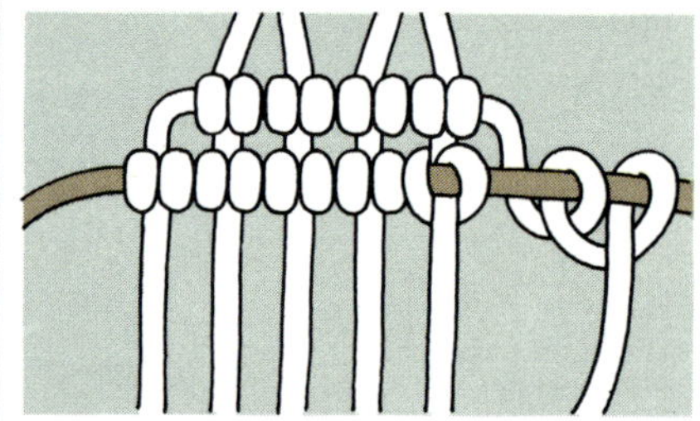

Eine neue Trägerschnur kann in eine Reihe waagrechter Rippenknoten eingefügt werden. Die Enden können Arbeitsschnüre werden

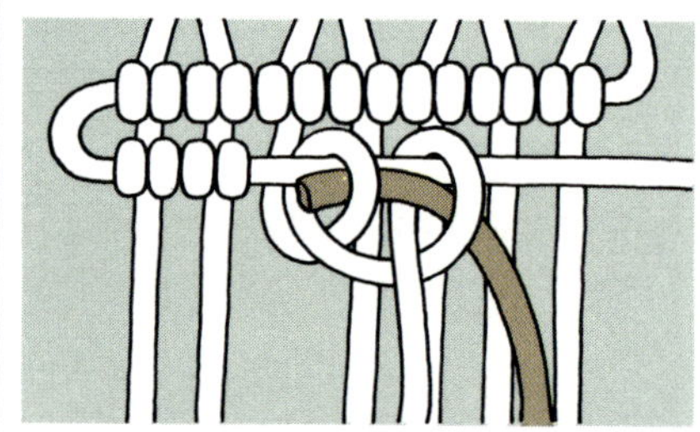

Eine neue Arbeitsschnur kann in eine Reihe waagrechter Rippenknoten eingefügt werden. Schnurende mit mehreren Knoten sichern

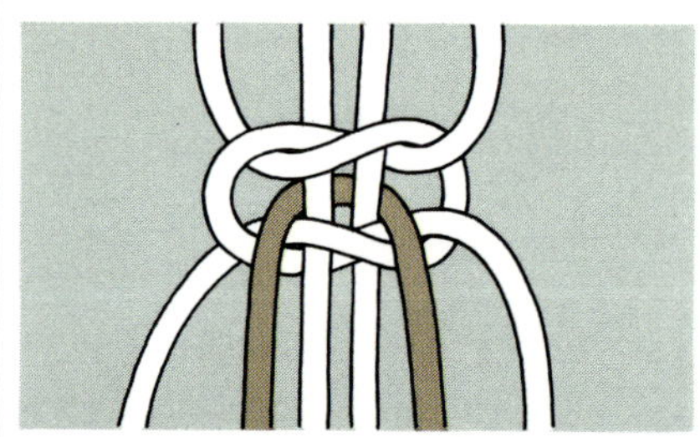

Zwei neue Schnüre können eingefügt werden, indem man eine lange Schnur um die Mittelschnüre eines Flachknotens legt

Schnüre abnehmen

Am einfachsten nimmt man eine Schnur ab, indem man einen Knoten über der Schnur arbeitet; die Schnur bleibt dann auf der Rückseite der Arbeit hängen und kann später abgeschnitten werden. Welche der anderen, unten gezeigten Methoden man verwendet, hängt vom Knüpfmuster ab und ob die Schnur sich in der Mitte oder am Rand befindet.

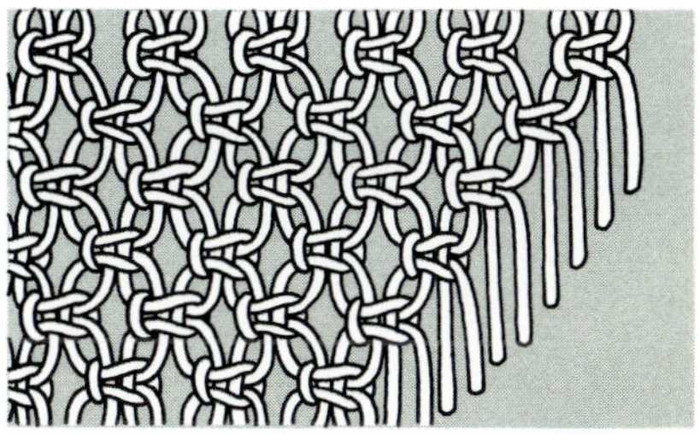

Schnüre an den Rändern nimmt man ab, indem man sie einfach hängen läßt. Die Schnurenden können später auf der Rückseite eingewoben werden

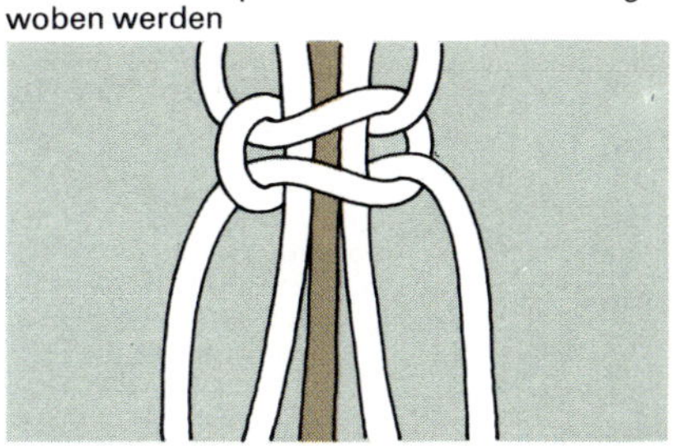

Überflüssige Schnüre können mit einem Flachknoten überknüpft werden. Nachdem man mehrere weitere Knoten geknüpft hat, schneidet man die Enden ab

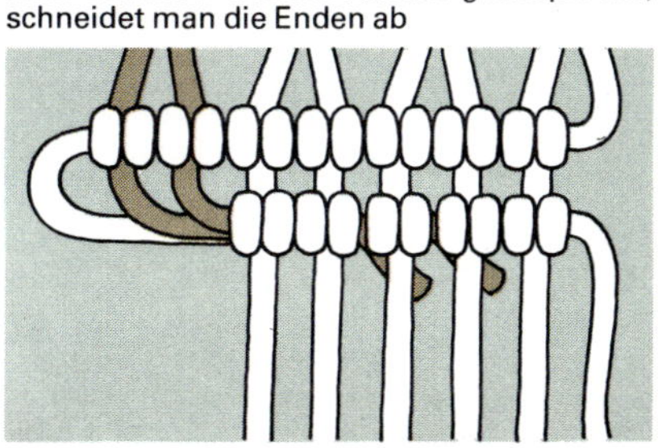

Überflüssige Schnüre können mit waagrechten Rippenknoten überknüpft werden. Enden auf der Rückseite der Arbeit abschneiden

Ränder ausarbeiten

Sauber ausgearbeitete Ränder tragen wesentlich zum guten Aussehen einer Makrameearbeit bei. Häufig läßt man die Schnurenden hängen und verarbeitet sie zu Fransen (S. 368–370). Falls zu einem Projekt keine Fransen passen, kann man die Schnurenden auf der Rückseite einweben, den Rand mit Schrägband versäubern oder Schnurgruppen umwickeln.

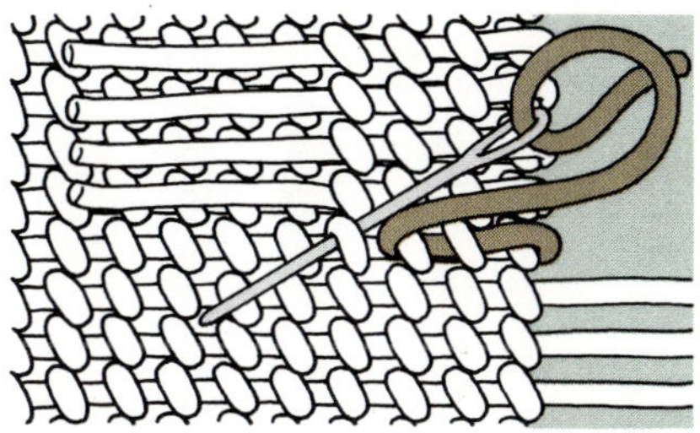

Schnurenden einweben Schnurende in eine Nadel mit großem Öhr fädeln und Nadel auf der Rückseite der Arbeit unter mehreren Knoten durchführen

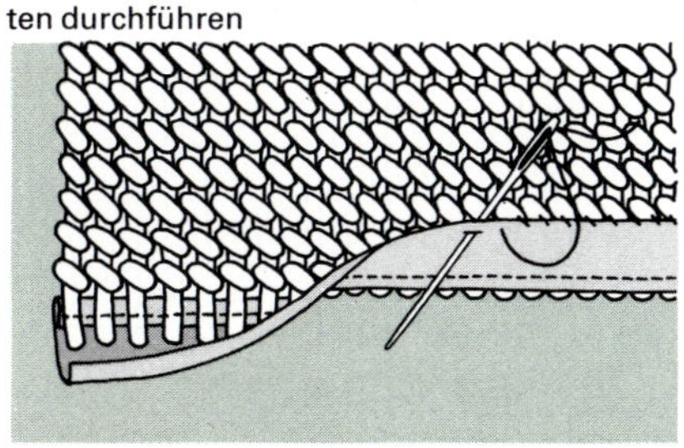

Mit Schrägband einfassen Schnurenden auf etwa 1 cm zurückschneiden. Schrägband auf die rechte Seite steppen, nach hinten umschlagen, ansäumen

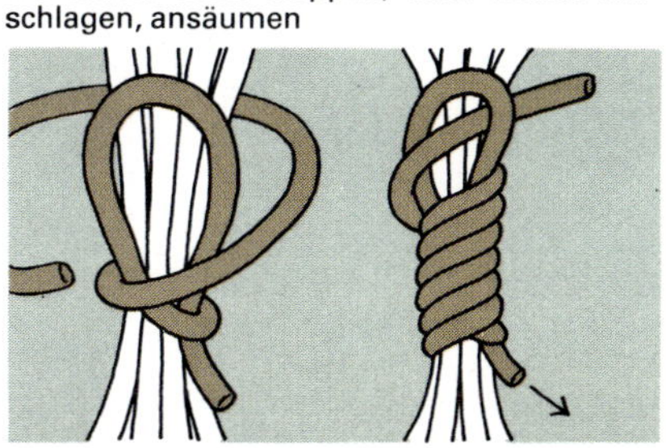

Umwickeln Schlaufe über Schnurbündel legen, von unten nach oben umwickeln, Ende durch Schlaufe, Anfang nach unten ziehen

Makramee-Entwürfe

Beim Entwerfen eines Makrameeprojekts muß man mehrere Faktoren berücksichtigen: die Größe des Projekts, die Schnurart und -farbe sowie das Knüpfmuster. Man überlegt sich zunächst, ob das Projekt praktisch oder dekorativ sein soll.

Ein Gebrauchsobjekt muß vor allem in jeder Beziehung dem Zweck entsprechen: Es muß die richtige Größe und Struktur haben und solide ausgearbeitet werden. Eine dekorative Arbeit hingegen kann man bedeutend freier entwerfen. Die Größe eines Projekts wird durch die Abmessungen selbst und durch die Stärke der verwendeten Schnur bestimmt; eine dikkere Schnur läßt eine Arbeit größer erscheinen.

Die Struktur des Projekts entsteht aus der Verbindung von Schnur und Knüpfmuster: Eine geschmeidige Schnur zeigt die Beschaffenheit der Knoten besser als eine steife Schnur. Die Struktur der Schnur selbst wird durch ihre Bestandteile bestimmt; zum Beispiel ist eine Juteschnur grob und etwas kratzig, während Leinen geschmeidig ist; beide Schnüre halten die Knoten sicher fest. Nylonschnur ist geschmeidig und glänzend, aber schwieriger zu verarbeiten, da sie rutscht. Mit einiger Erfahrung kann man sich an ein Projekt wagen, das durch verschiedenartige Materialien, die zur gleichen Farbfamilie gehören, eine interessante Struktur erhält – man kombiniert dazu geschmeidige und grobe Schnüre, dicke und dünne, stumpfe und glänzende. Auch die Art, wie man die Knoten knüpft, beeinflußt die Struktur einer Arbeit. Fest geknüpfte Knoten, die dicht nebeneinanderliegen, schaffen eine dichte Struktur, während locker oder in größeren Abständen geknüpfte Knoten spitzenartige Effekte erzielen. Im Knüpfmuster ist festgelegt, welche Knoten verwendet und wie sie miteinander kombiniert werden. Die meisten Makrameemuster bestehen aus streng geometrischen Elementen: waagrechten, senkrechten und diagonalen Linien sowie Flächen mit kleinen Motiven. Kreise, Kurven und fließende Linien sind möglich, erfordern jedoch eine gewisse Knüpferfahrung.

Farben können für Makrameearbeiten auf verschiedene Weise eingesetzt werden. Im allgemeinen wird einfarbig geknüpft, gelegentlich fügt man jedoch einige Schnüre in einer Kontrastfarbe ein, etwa um ein Motiv besonders zu betonen. Durch mehrere Schattierungen einer einzigen Grundfarbe erhält ein Projekt eine gewisse Tiefenwirkung. Ob man schmückende Zutaten wie Perlen, Federn oder Muscheln verwendet, ist eine Sache des persönlichen Geschmacks.

Ein kräftiger Farbkontrast sieht bei einem einfachen Knüpfmuster aus Rippenknoten und Flachknoten am besten aus

Fransen

Einführung
Fransenmaße errechnen
Stofffransen
Fransen an Stoffe ansetzen
Fransen an Makramee
Fransen an Ecken
Fransenenden
Quasten

Einführung

Unabhängig davon, ob Fransen an eine Makrameearbeit oder an eine Arbeit aus Stoff geknüpft werden, verwendet man Makrameeknoten. Fransen sind dazu da, einzelne Fadenoder Schnurenden zu einem dekorativen Muster zusammenzusetzen und sie dabei auch zu sichern. Bei grobgewebtem Stoff kann man die Fransen aus den Gewebefäden selbst arbeiten. Hierfür zieht man die querverlaufenden Fäden aus und knotet die längs verlaufenden Fäden zusammen. Bei feiner gewebten Stoffen kann man Fransen ansetzen, nachdem man die Stoffkanten gesäumt hat. Bei einer Makrameearbeit müssen die Fransen nicht unbedingt nur aus den für das Projekt selbst verwendeten Schnüren bestehen; weitere Schnüre kann man auf verschiedene Arten hinzufügen.

Für Fransen kann man Fäden am gesäumten Stoffrand ansetzen und mit verschiedenen Techniken einknüpfen. Das Bild zeigt Fransen aus Leinengarn, die mit Schiffchenknoten an bedruckten Stoff gehängt und dann zu 2 Rautenreihen verknotet sind; die erste Rautenreihe besteht aus diagonalen Rippenknoten, die zweite Reihe aus Flachknotenbändern, die miteinander verflochten sind. Die Fadenenden sind zu Gruppen zusammengefaßt und umwickelt

Fransenmaße errechnen

Will man an ein Projekt Fransen knüpfen, müssen zuvor einige Dinge festgelegt werden: Zunächst entscheidet man, wie viele Fäden man verwendet und wie weit sie voneinander entfernt sein sollen; Fransenfäden können einzeln oder in Gruppen angesetzt werden. Bei Stoffen setzt man die Fäden je nach Fadenstärke im Abstand von etwa ein bis zwei Zentimetern an. Knüpft man Fransen aus den Fäden des Grundstoffes, liegt der Abstand von vornherein fest. Anzahl und Abstand von Makrameefransen können verändert werden, indem man weitere Schnüre hinzufügt. Wie dick diese Schnüre sein müssen, hängt vom gewünschten Aussehen des fertigen Projekts ab. Die Schnüre müssen für einfache Fransen doppelt so lang wie die vorgesehene Fransenlänge sein. Möchte man die Fransen dekorativ verknoten, schneidet man die Schnüre drei- bis viermal so lang wie die fertige Fransenlänge. Nachdem die Fransen eingeknüpft sind, werden die Enden beschnitten.

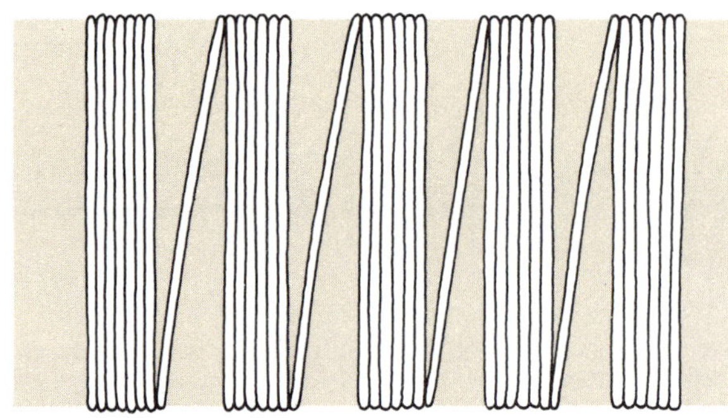

Um Schnüre und Fäden zu gleich langen Fransen zu schneiden, eignet sich ein Kartonstreifen, der so breit ist, wie die Fransen lang werden sollen, und so lang, daß die erforderliche Zahl der Fransengruppen aufgewickelt werden kann. Für jede Fransengruppe wickelt man die Fäden nebeneinander auf, läßt einen Zwischenraum und fährt mit der folgenden Gruppe fort

Nun schneidet man die Fäden am unteren Rand des Kartonstreifens auf. Jede Fransengruppe ist jetzt von der folgenden getrennt und kann verarbeitet werden

Stofffransen

Fransen können, mit Ausnahme von sehr feinen Geweben, aus den Gewebefäden selbst gearbeitet werden. Fransen aus Stoffäden wirken stets feiner als Fransen, die man aus anderen Fäden ansetzt. Man steckt eine Linie ab, die doppelt so weit von der Stoffkante entfernt ist, wie die Fransen lang werden sollen. Dann zieht man die Querfäden vorsichtig aus dem Stoff; danach kann man dann die Längsfäden verknoten. Am besten sehen Fransen aus Stoffäden an Unistoffen aus.

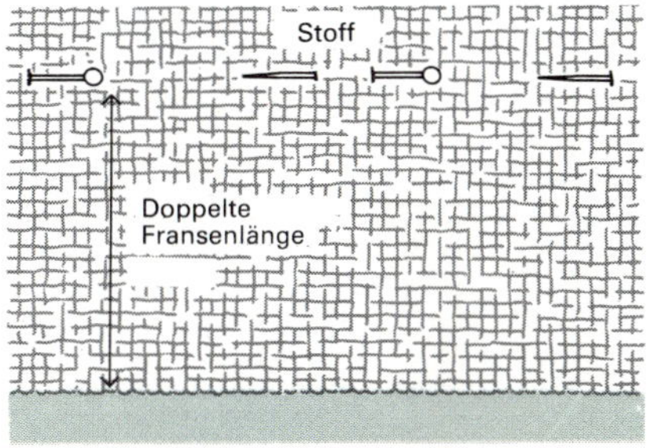

1. Im Abstand der doppelten Fransenlänge von der Stoffkante eine Linie abstecken

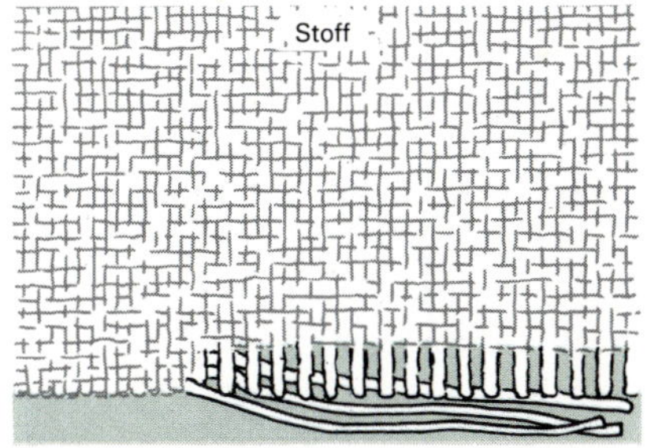

2. Mit einer Nadel jeden Querfaden einzeln nach unten drücken

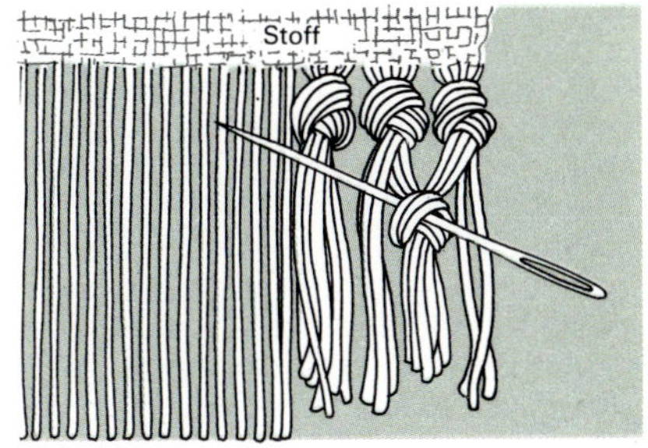

3. Längsfäden in Gruppen verknoten; Fransenenden gleichmäßig zurückschneiden

Fransen an Stoffe ansetzen

Will man an Stoffe zusätzliche Schnüre oder Fäden ansetzen, säumt man zunächst die Stoffränder. Man sieht mindestens 1 cm Saumzugabe vor. Die Saumzugabe wird doppelt umgeschlagen (bei 1 cm also zweimal 5 mm) und der Saum befestigt. In diesem Saum werden dann die Fransen befestigt. Man wählt die Fäden oder Schnüre für die Fransen so aus, daß sie für den Stoff nicht zu dick sind; auch die einzelnen Fransengruppen dürfen nicht zu dick werden, damit der Stoff nicht einreißt.

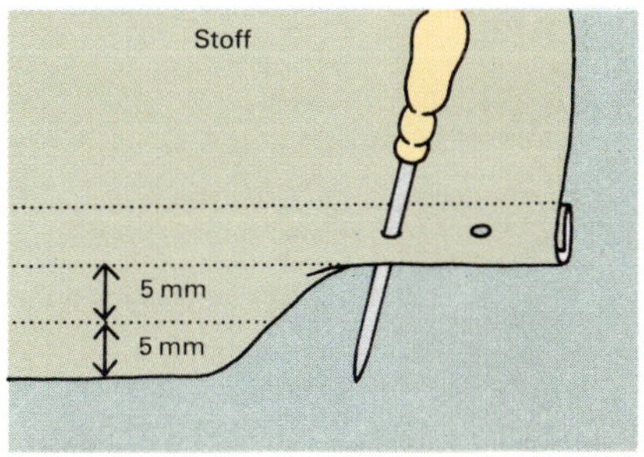

1. Fransenansatzpunkte auf dem Saum markieren und dort mit einer Ahle oder spitzen Stricknadel Löcher durch alle Lagen stechen

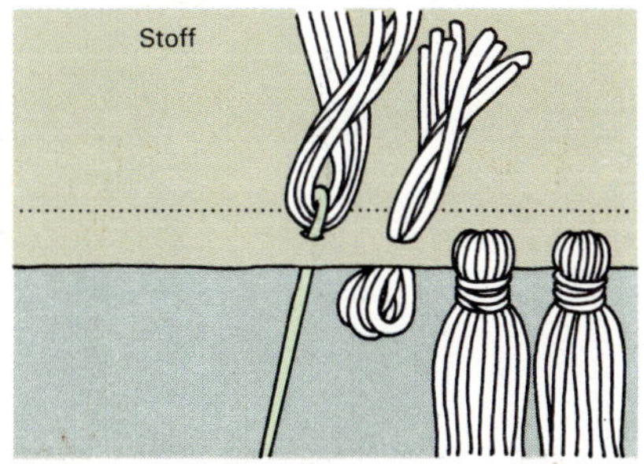

2. Mit einer Häkelnadel von links durch ein Loch stechen; die zur Hälfte gelegten Fäden in der Mitte fassen und durchziehen

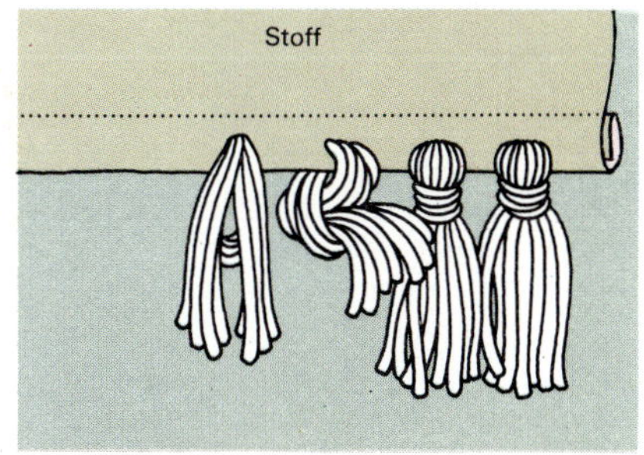

3. Fadenenden durch die Schlaufe schieben und fest anziehen. Alle anderen Fransen ebenso knüpfen

Fransen an Makramee

Wenn man die Schnurenden einer Makrameearbeit hängen läßt, bilden sie einfache Fransen unten an der Arbeit. Will man besonders dekorative Fransen arbeiten, für die man mehr Schnüre als die in dem Projekt vorhandenen benötigt, kann man diese zusätzlichen Schnüre am unteren Rand der Arbeit hinzufügen; welche Methode man dafür wählt, hängt vom Knüpfmuster und von der Struktur der Knoten am Ende der Arbeit ab. Rechts sind drei einfache Methoden gezeigt und beschrieben.

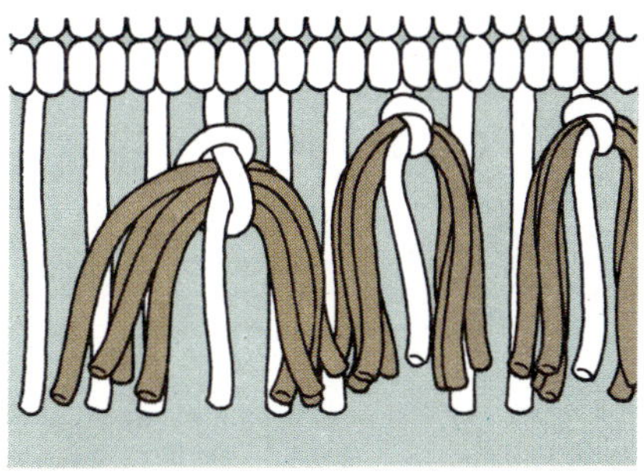
Gruppen befestigen Jede Gruppe an eine Schnur der vorhandenen Fransen knüpfen; zwischen den Gruppen Schnüre frei lassen

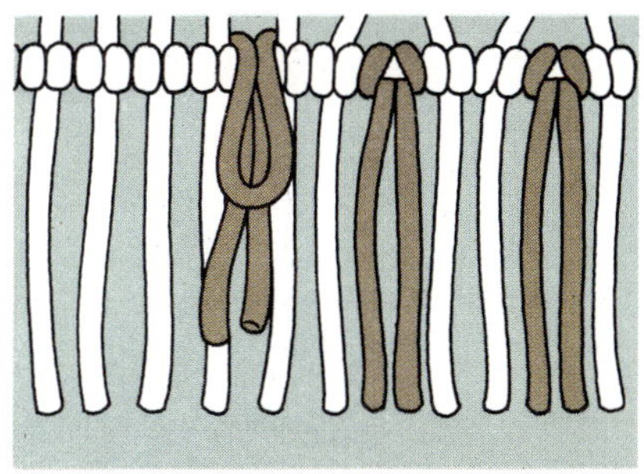
Einzelschnüre befestigen Bei waagrechten Rippenknoten die neuen Schnüre zwischen den Knoten an die Trägerschnur hängen

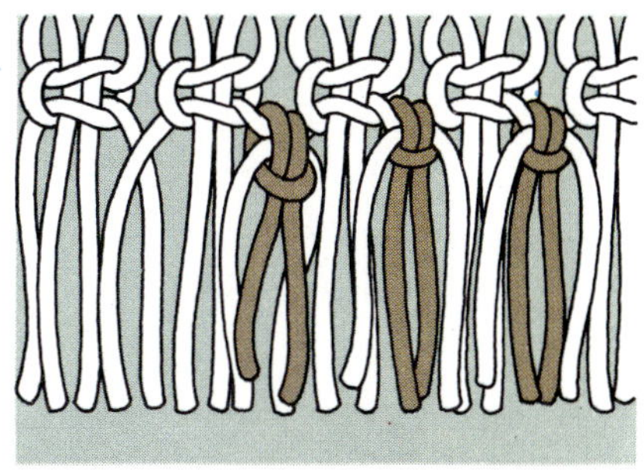
Bei einer Flachknoten-Schlußreihe neue Schnüre über die Arbeitsschnüre zweier nebeneinanderliegender Flachknoten hängen

Makramee · Fransen

Fransen an Ecken

Will man dekorative Fransen an zwei aneinanderstoßende Kanten eines Stoffstücks, z. B. eines Dreieckstuchs, knüpfen, muß man gleich zu Beginn zusätzliche Fäden im Eckloch anhängen, damit die Fransen nachher gleichmäßig über die Ecke weiterlaufen. Im Verlauf der Arbeit kann man in der zweiten oder in weiteren Knüpfreihen nochmals Fransen hinzufügen, damit sich die Ecke nicht verzieht.

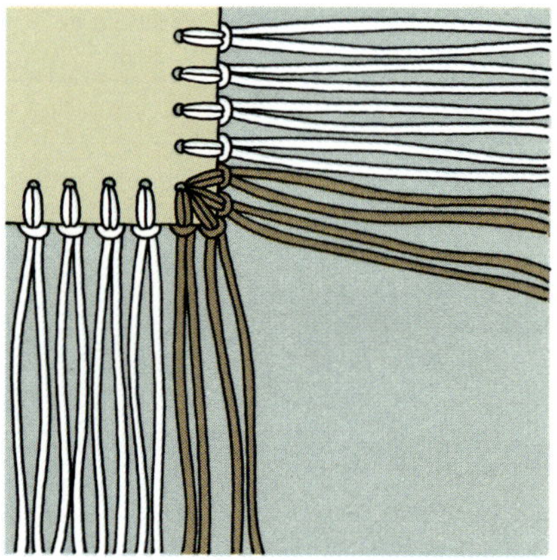

1. 3 zusätzliche Fäden im Eckloch anhängen. Bei Fadengruppen vervierfacht man die Gruppe, die ins Eckloch kommt

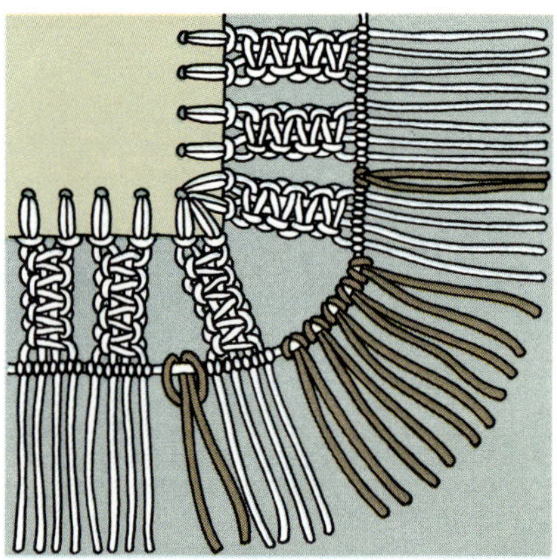

2. Im Verlauf der Arbeit hängt man notfalls weitere Fäden an die waagrechten Trägerschnüre; auch auf beiden Seiten der Ecke

Fransenenden

Bei vielen Schnurarten fransen die Enden leicht aus. Um dies zu vermeiden, gibt es verschiedene Möglichkeiten. Einige dieser Möglichkeiten sind unten gezeigt und beschrieben. Man wählt die Methode aus, die am besten zu dem jeweiligen Makrameeprojekt paßt.

Bei einzelnen Schnüren, die nicht mehr zusammengeknüpft werden sollen, kann man am Fransenende einen Überhandknoten knüpfen und die Fransen unmittelbar unterhalb des Knotens zurückschneiden (A); oder man zwirnt die einzelnen Schnüre auf (B). Bevor man jedoch eine Schnur aufzwirnt, sollte man das an einem Schnurrest ausprobieren, um festzustellen, ob es auch gut aussieht

Einzelne Schnurenden kann man zu Gruppen von 2 oder 4 Schnüren zusammenfassen und Bänder daraus knüpfen. A: Überhandknoten mit 2 Schnüren (S. 364); B: wechselnde halbe Schläge mit 2 Schnüren (S. 360); C: wechselnde Schiffchenknoten mit 2 Schnüren um 2 Mittelschnüre (S. 359)

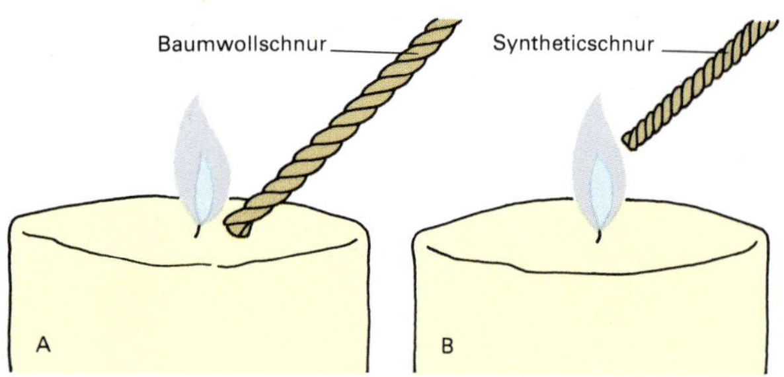

Wenn die einzelnen Schnurenden frei hängen bleiben sollen, gibt es eine einfache Methode, die Enden vor dem Ausfransen zu bewahren. Bei Baumwoll- oder Leinenschnur taucht man die Enden in geschmolzenes Kerzenwachs (A). Bei Syntheticschnur verschmilzt man die Enden in einer offenen Flamme (B)

Quasten

Eine Fransenquaste kann man aus zusätzlichen Fäden der gleichen Schnur arbeiten, die man für die Fransen verwendet hat. Quasten geben einer Franse mehr Fülle und Gewicht; dies kann besonders bei einem Wandbehang wichtig sein, denn das zusätzliche Gewicht läßt den Wandbehang glatthängen. Um zu berechnen, wieviel Garn man braucht, legt man die Länge der Quaste fest, schneidet einen Kartonstreifen zu, der so breit ist, wie die Quaste lang sein soll, wickelt den Faden um den Karton, bis die Quaste dick genug ist, wickelt den Faden wieder ab und mißt ihn; anschließend multipliziert man das Maß mit der geplanten Quastenzahl

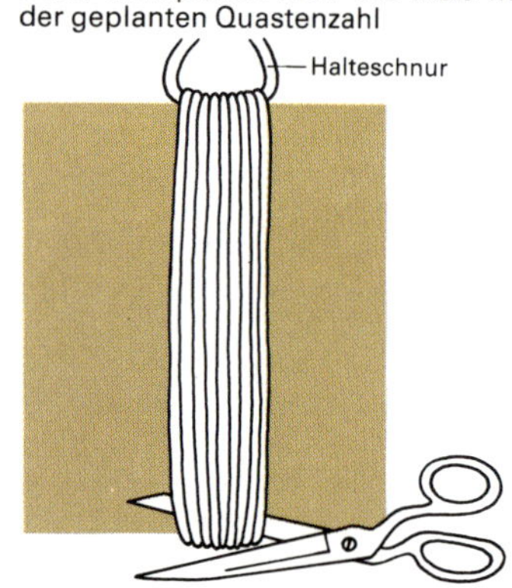

1. Faden um Kartonstreifen wickeln. Oben durch die Fäden eine Halteschnur knoten; Fäden unten aufschneiden

2. Quaste oben nach einem Viertel der Gesamtlänge abbinden und an die Franse setzen, dabei Halteschnur durch Ansatzschnur austauschen

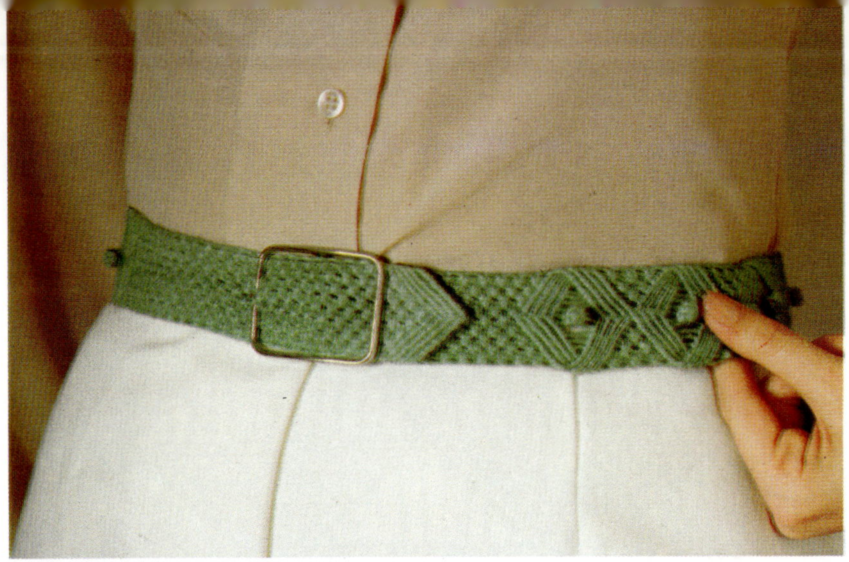

Der Leinengürtel besteht aus Flachknoten, Rippenknoten und deren Varianten

Gürtel

Material
10 Leinenschnüre, je 10 m lang, Gürtelschließe mit 4 cm langem Steg, Knüpfbrett mit einem Raster aus 2,5 cm großen Quadraten, Stecknadeln.

Einführung
Der fertige Gürtel ist 75 cm lang und paßt für eine Taillenweite von etwa 66 cm. Der Gürtel hat zwölf Motive; um ihn zu verlängern oder zu verkürzen, fügt man weitere Motive hinzu oder läßt einige weg (ein Motiv ist etwa 4,5 cm lang). Für jedes zusätzliche Motiv muß man die Schnüre um je 60 cm verlängern; möchte man eines weglassen, kürzt man sie um 60 cm.

Knüpfen
Zu Beginn legt man jede 10 m lange Schnur doppelt und hängt die Schnüre am Mittelsteg der Schließe an (S. 359). Dann wickelt man die Schnurenden zu Puscheln (S. 358). Nun beginnt man zu knüpfen: Zuerst arbeitet man ein 6 cm langes Flachknotennetz (S. 363). Spitze des ersten Motivs: jede Seite getrennt weiter knüpfen, dabei in jeder Reihe einen Knoten abnehmen, bis an jeder Seite nur noch ein Knoten übrigbleibt (Schritt 1).

Das Motiv
Für das Motiv knüpft man mit Schnur 10 einen Rippenknoten (S. 360) über Schnur 11 in der Mitte des Gürtels. Dann legt man Schnur 11 diagonal über die ersten neun Schnüre und Schnur 10 diagonal über die letzten neun Schnüre. Man verwendet nun diese beiden Schnüre als Trägerschnüre und knüpft über sie diagonale Rippenknoten (DRK) mit jeder der übrigen Schnüre. Wie in Schritt 2 beschrieben, knüpft man drei weitere Reihen DRK; so entsteht die obere Hälfte der Raute. Die Trägerschnüre der Vorreihe werden nicht als Arbeitsschnüre verwendet, so daß sich die Zahl der Knoten in jeder Reihe vermindert. Diese Trägerschnüre bleiben an der Seite hängen; sie dienen wieder als Trägerschnüre für die untere Hälfte der Raute. Man arbeitet nun einen Perlknoten (S. 363) mit den mittleren vier Schnüren; der Perlknoten soll etwa 1 cm unter der Innenspitze der oberen Rautenhälfte sitzen. Ein Perlknoten besteht aus fünf Flachknoten, die mit einem sechsten Flachknoten gesichert werden.

Für die untere Hälfte der Raute legt man Schnur 11 diagonal über die ersten neun Schnüre, und zwar etwa 1 cm unter dem Perlknoten. Um Schnur 11 als Trägerschnur mit den folgenden neun Schnüren DRK knüpfen; man arbeitet dabei von links nach rechts. Nun legt man Schnur 10 diagonal über die zweite Gruppe von neun Schnüren und knüpft DRK von rechts nach links; die Trägerschnur der linken Seite (Schnur 11) wird als letzte Arbeitsschnur verwendet. Ebenso knüpft man noch drei Reihen DRK.

Zwischenräume
Um die dreieckigen Bereiche zwischen den Motiven auszufüllen, arbeitet man Flachknotennetze (Schritt 3).

Ausarbeiten
Nach Fertigstellung des letzten Motivs arbeitet man ein 15 cm langes Flachknotennetz von der unteren Spitze des letzten Motivs bis zur Gürtelspitze. Man legt die letzte Schnur als Trägerschnur am linken Rand diagonal zur Mitte und knüpft um sie DRK von links bis zur Mitte. Dann legt man die letzte Schnur am rechten Rand zur Mitte; die Trägerschnur der linken Seite wird dabei als letzte Arbeitsschnur verwendet. Ebenso arbeitet man drei weitere Reihen mit DRK wie bei der unteren Hälfte der Raute (Schritt 4). Schnurenden auf der Gürtelrückseite einweben (S. 367).

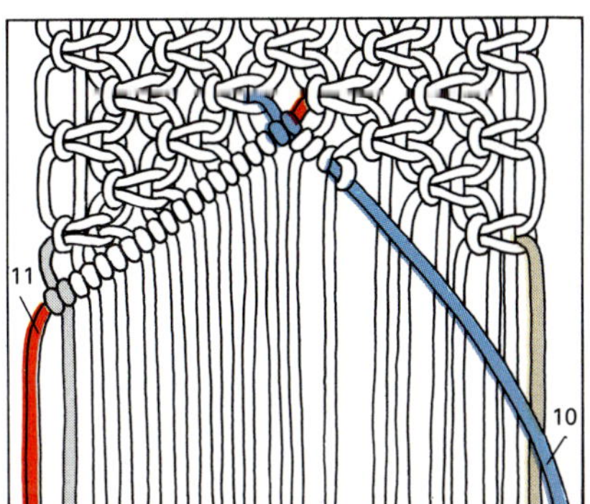

1. Erstes Motiv: Mit Schnur 10 einen Rippenknoten über Schnur 11 knüpfen; dann Schnur 11 als Trägerschnur für die Knoten der linken und Schnur 10 für die der rechten Seite verwenden

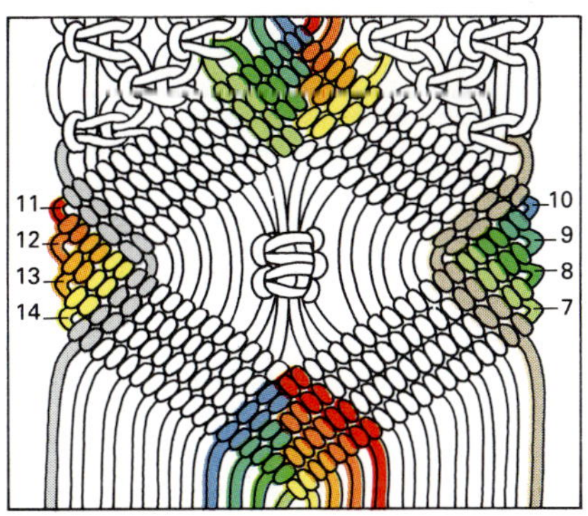

2. Das Motiv ist eine Raute, gebildet aus 4 Reihen diagonaler Rippenknoten. Die Noppe wird in die Mitte gearbeitet, nachdem die obere Rautenhälfte fertig ist

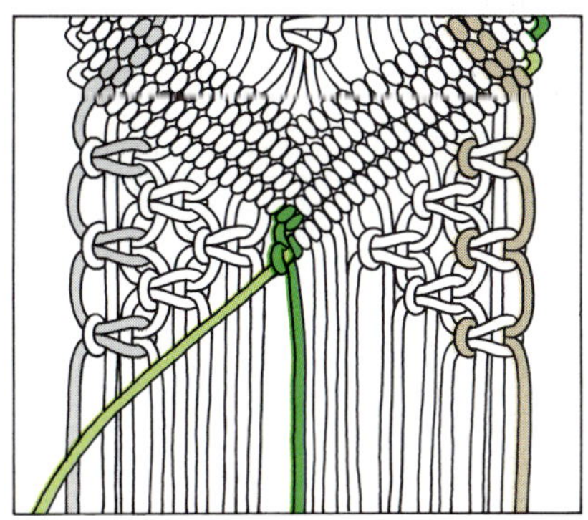

3. Zwischen den Motiven Flachknotennetze arbeiten, dabei die mittleren 4 Schnüre frei lassen. Die letzte Trägerschnur rechts vom letzten Motiv wird die erste Trägerschnur links

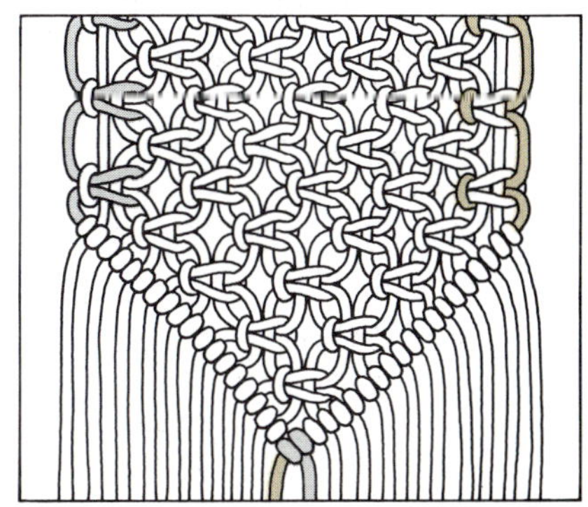

4. Nach dem letzten Motiv ein 15 cm langes Flachknotennetz arbeiten. Für die Gürtelspitze an beiden Seiten in den folgenden Reihen je einen Knoten abnehmen

Vorhang

Material
Etwa 4,5 kg dunkelbraune, dreifädige Jute mit etwa 3 mm ∅
90 cm langer Stab mit 14 mm ∅
90 × 105 cm großes Knüpfbrett
Stecknadeln
Krampen
Papier und Bleistift
Filzstift mit dicker Spitze

Vorbereitung
Um das Muster zu vergrößern, zeichnet man einen Raster mit Quadraten von 2,5 cm Seitenlänge. Das Muster wird nach der Schemazeichnung Kästchen für Kästchen übertragen (S. 14). Man zeichnet die Musterlinien mit dem Filzstift dick nach, befestigt das Muster am Knüpfbrett und heftet den Stab mit Krampen ans Brett. Dann schneidet man 22 je 9 m lange und 42 je 11 m lange Schnüre zu und hängt 11 kurze, 42 lange, 11 kurze Schnüre an; man hat also 128 Arbeitsschnüre. Schnurenden zu Puscheln wickeln (S. 358).

Knüpfen
Abschnitt A besteht aus einem Flachknotennetz. Die Linie 1, eine Reihe Rippenknoten, wird, jeweils von den drei Spitzen ausgehend, nach unten gearbeitet; die Pfeile geben die Knüpfrichtung an. Als Trägerschnüre dienen jeweils die in der untenstehenden Schemazeichnung angegebenen Schnüre. Man knüpft immer zunächst die linke Schnur über die rechte Schnur. Linie 2 ebenso arbeiten; während der Arbeit hält man die freien Schnüre gespannt. Anschließend arbeitet man Linie 3. Für die obere Raute beginnt man mit Halbknotenspiralen, die genau bis zur Mitte der Raute reichen; dann knüpft man ein Perlknotennetz aus vier Flachknoten, die mit dem fünften gesichert werden, in der unteren Hälfte. Darauf arbeitet man Linie 4, knüpft die Mitte der zwei großen Rauten und arbeitet Linie 5. Zwischen der seitlichen Spitze jeder großen Raute und dem seitlichen Rand der Arbeit liegen sechs freie Schnüre. Man arbeitet die Mitte der unteren Raute und knüpft dann Linie 6. Während man Linie 7 und 8 knüpft, hält man wieder die freien Schnüre gespannt. Danach knüpft man ein Flachknotennetz über den ganzen Abschnitt H, anschließend Linie 9.

Schnurenden auf der Rückseite einweben (S. 367). Fünf 29 cm lange Quasten mit je 38 Schnüren arbeiten (S. 370), 2,5 cm hoch umwickeln (S. 367) und an die fünf Spitzen am unteren Rand knüpfen. Vorhang aufhängen und Fransenenden beschneiden.

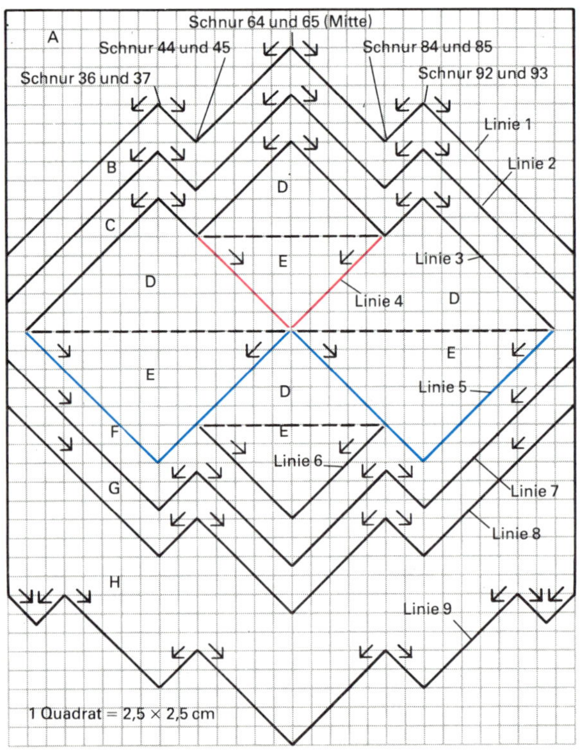

Das Muster wird auf einen Raster mit 2,5 cm großen Quadraten Kästchen für Kästchen kopiert (S. 14)

Schlüssel
A: Flachknotennetz (S. 363)
B und C: Freie Schnüre (S. 358)
D: Halbknotenspiralen (S. 362)
E: Netz aus Perlknoten (S. 363)
F und G: Freie Schnüre
H: Flachknotennetz
Linien 1 und 2: eine Reihe Rippenknoten (S. 360)
Linien 3, 4, 5 und 6: 2 Reihen Rippenknoten
Linien 7, 8 und 9: eine Reihe Rippenknoten

Der Vorhang ist aus dreifädiger Jute mit etwa 3 mm ∅ und mißt ohne Quasten 75 × 100 cm

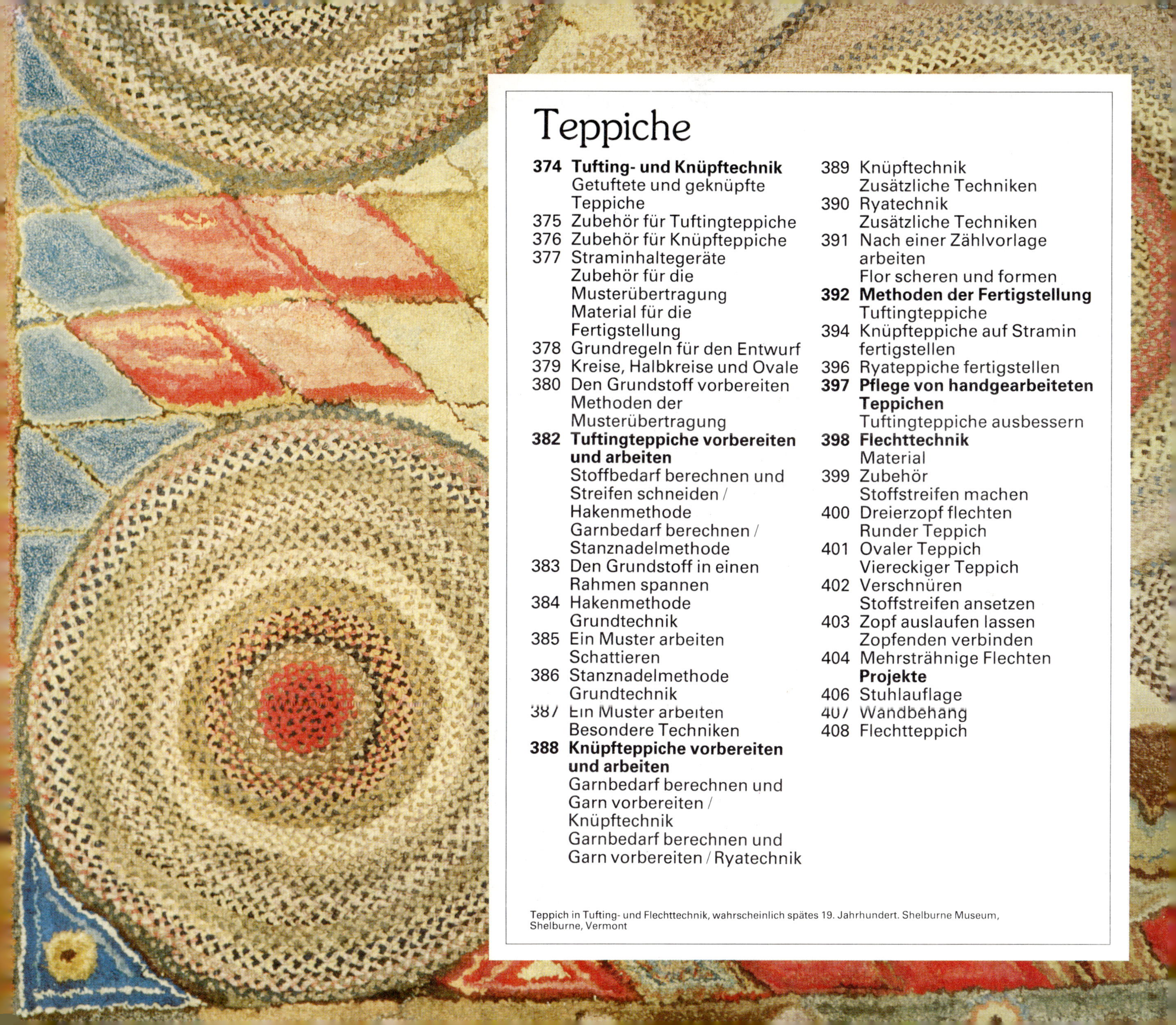

Teppiche

Teppich in Tufting- und Flechttechnik, wahrscheinlich spätes 19. Jahrhundert. Shelburne Museum, Shelburne, Vermont

Tufting- und Knüpftechnik

Getuftete und geknüpfte Teppiche

Tuftingteppiche und Knüpfteppiche bestehen aus einem Grundstoff und einem darauf befestigten Flor. Sie unterscheiden sich durch die Art, wie der Flor aufgebracht wird. Beim Tuftingteppich wird der Flor durch den Grundstoff gefädelt, beim Knüpfteppich wird er geknotet. Tuftingteppiche werden mit einem Haken oder einer Stanznadel gearbeitet, Knüpfteppiche mit einem Knüpfhaken oder einer stumpfen Sticknadel, mit der die Ryastiche gebildet werden. Unten sind Beispiele dieser Teppicharten abgebildet. Jede zeigt einen anderen Flor; die Unterschiede sind ein Ergebnis sowohl der Methode als auch des jeweiligen Materials. Der Flor eines Tuftingteppichs ist im allgemeinen kurz; die Schlingen sind nicht aufgeschnitten (unten). Der Flor eines geknüpften Teppichs ist länger und manchmal zottig. Arbeitet man mit dem Knüpfhaken, entsteht ein offener Flor; ein mit Ryastichen gearbeiteter Flor kann aufgeschnitten oder wie unten als Schlingen belassen werden. Wie bei allen Handarbeiten sind Variationen möglich, sobald man die Grundtechnik beherrscht.

Angaben zum Material für die vier Teppicharten sowie Hinweise zum Entwerfen sind auf den folgenden fünf Seiten zu finden, Anleitungen für Tuftingteppiche auf Seite 382–387, Knüpfmethoden auf Seite 388–391.

Tuftingteppiche

Hakenmethode

Stanznadelmethode

Knüpfteppiche

Knüpftechnik

Ryatechnik

Zubehör für Tuftingteppiche

Arbeitet man mit dem Haken, braucht man einen Grundstoff (gewöhnlich Rupfen), durch den Stoffstreifen gezogen werden, um kleine Schlingen zu bilden. Aus diesen Schlingen entsteht der Flor. Die Florstruktur hängt von der Breite und Beschaffenheit der Streifen ab. Mittelschwere, fein gewebte Wollstoffe wie Flanell eignen sich dafür am besten. Flanell kann in schmale (2 mm), mittlere (3–4 mm) oder breite (5–6 mm) Streifen geschnitten werden. Der Haken sollte in der Größe passend zur Breite der Streifen sein. Die Streifen

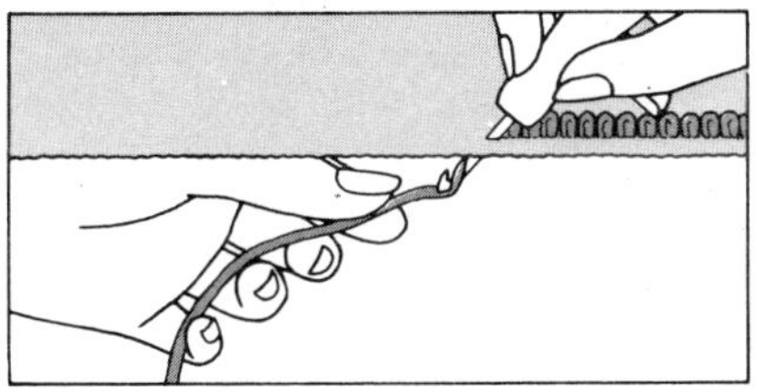

Haken

werden mit der Schere entlang einem Gewebefaden geschnitten.

Für die zweite Methode benötigt man einen Grundstoff, Garn und eine Stanznadel. Um den Flor zu bilden, wird die eingefädelte Stanznadel in bestimmten Abständen in den Grundstoff gestochen. Als Grundstoff eignen sich Rupfen und alle groben Leinengewebe. Man kann fast jedes Garn verwenden, Teppich- und Wollstickgarne sind jedoch zu empfehlen. Die Stanznadel sollte in der Größe zum Garn passen; das Garn muß leicht durch das Nadelöhr gleiten.

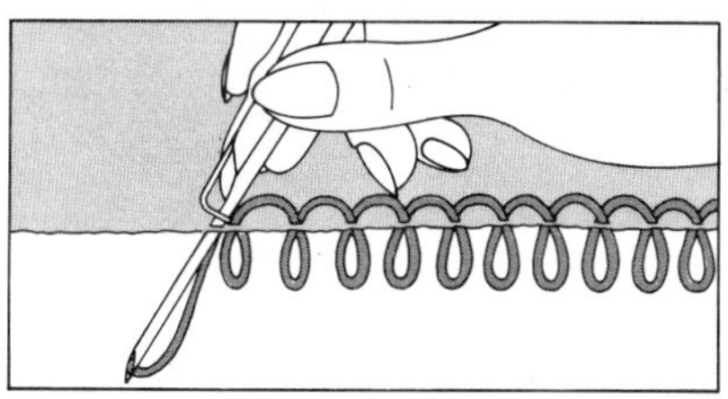

Stanznadel

Hakenmethode

Rupfen wird für diese Methode am häufigsten als Grundstoff verwendet. Dieser Jutestoff ist ziemlich dicht gewebt und in verschiedenen Qualitäten als Meterware erhältlich. Verarbeitet man schmale Streifen, braucht man eine schwere Qualität. Leinengewebe (rechts) kann ebenfalls verwendet werden

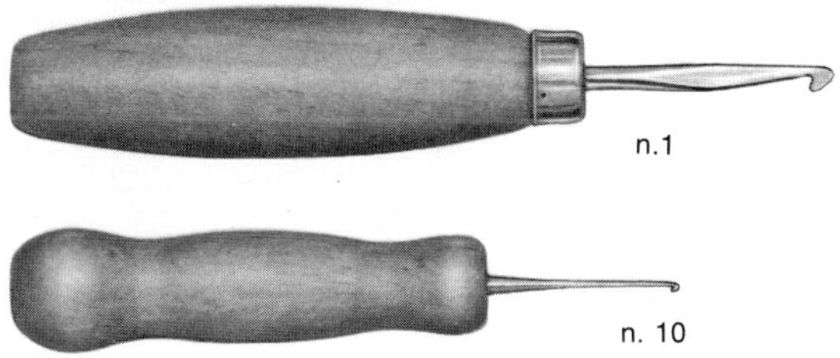

Haken sind in verschiedenen Größen erhältlich; notfalls kann man eine Häkelnadel aus Metall verwenden

Wollflanell ist das ideale Material für die Streifen; er ist dicht gewebt und mittelschwer. Alle dichtgewebten Stoffe, auch Synthetics, die nicht ausfransen, können ebenfalls verwendet werden

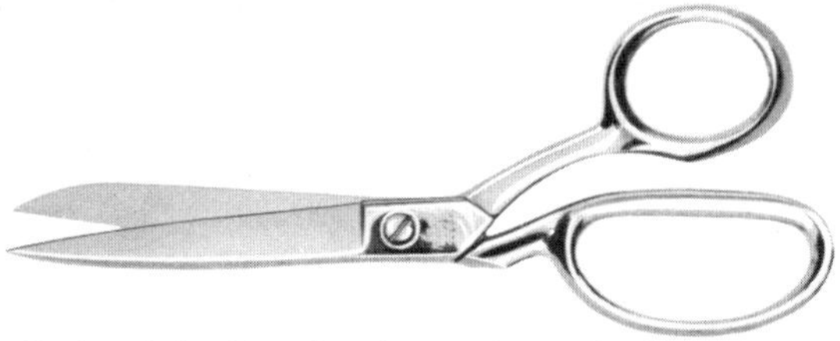

Mit einer Schneiderschere lassen sich die Streifen am besten schneiden; um gleichmäßige Streifen zu erhalten, schneidet man entlang eines Gewebefadens

Stanznadelmethode

Grobe Leinen- und Halbleinengewebe werden für Teppiche verwendet, die mit der Stanznadel angefertigt werden. Sie sind als Meterware in verschiedenen Breiten erhältlich. Manchmal sind in regelmäßigen Abständen Führungslinien eingewebt. Auch Rupfen eignet sich für die Stanznadelmethode

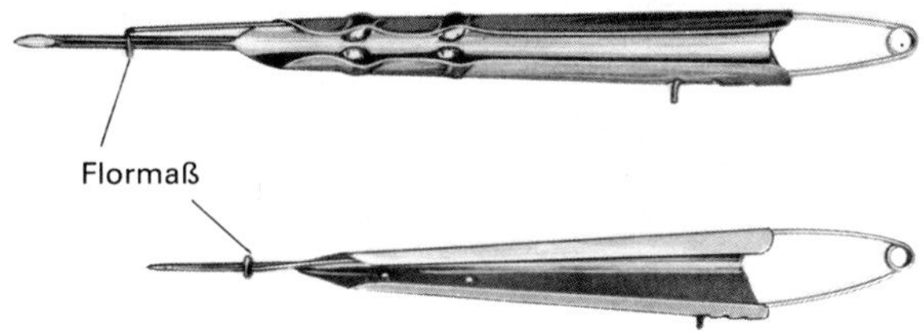

Stanznadeln gibt es in verschiedenen Größen und Ausführungen. Die Nadel muß auf die Garnstärke abgestimmt sein

Teppich- und Wollstickgarne sind glatt und lassen sich gut mit der Stanznadel verarbeiten. Teppichgarn (links) ist schwerer. Beide Garne werden auch aus synthetischen Fasern hergestellt, Wolle ist jedoch vorzuziehen

Teppiche · Tufting- und Knüpftechnik

Zubehör für Knüpfteppiche

Bei einem Knüpfteppich werden Wollfäden mit einem Knüpfhaken um die Gewebefäden des Stramins geknotet. Teppich- und Ryagarne werden hierfür am häufigsten verwendet. Teppichgarn ist schwer und geschmeidig, Ryagarn leichter und stärker gezwirnt. Beide sind vorgeschnitten und abgepackt erhältlich; die Teppichgarne sind 6 cm lang für einen 2,5 cm langen Flor; die Ryagarne sind 11 cm lang für einen 5 cm langen Flor. Andere Garne müssen in Einzelfäden in der doppelten Länge der gewünschten

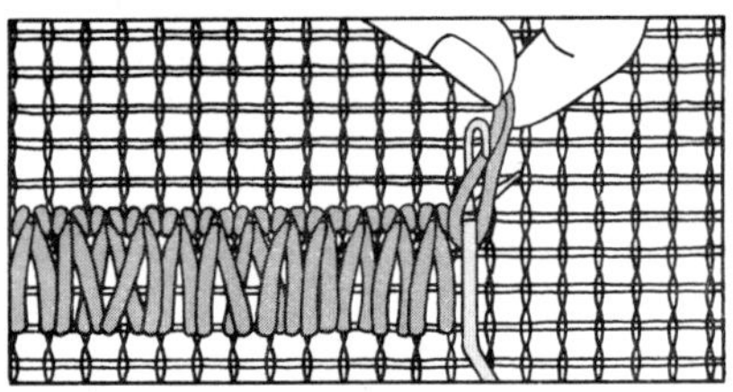

Knüpftechnik

Florhöhe plus 1 cm für den Knoten geschnitten werden.

Der Flor eines Ryateppichs wird mit Ryastichen (oder -knoten) auf den Gewebekreuzen des Grundstoffs gebildet. Die Stiche werden mit einer stumpfen Sticknadel ausgeführt. Die Schlingen zwischen den Stichen (Knoten) werden meist aufgeschnitten. Ein ryaähnlicher Teppich läßt sich mit einem Knüpfhaken und vorgeschnittenem Ryagarn auf Teppichstramin anfertigen; Ryastiche können auch auf Teppichstramin gearbeitet werden (S. 389–390).

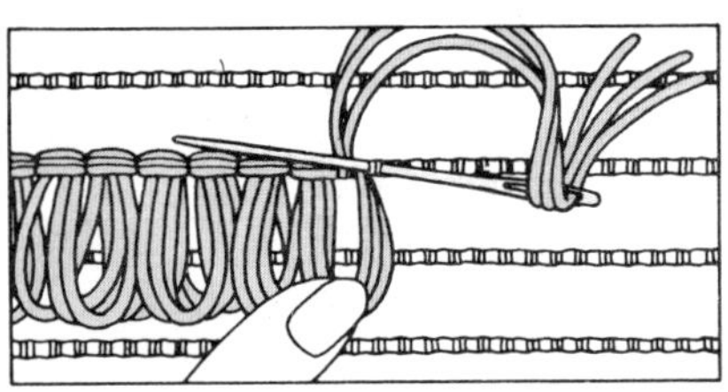

Ryatechnik

Knüpftechnik

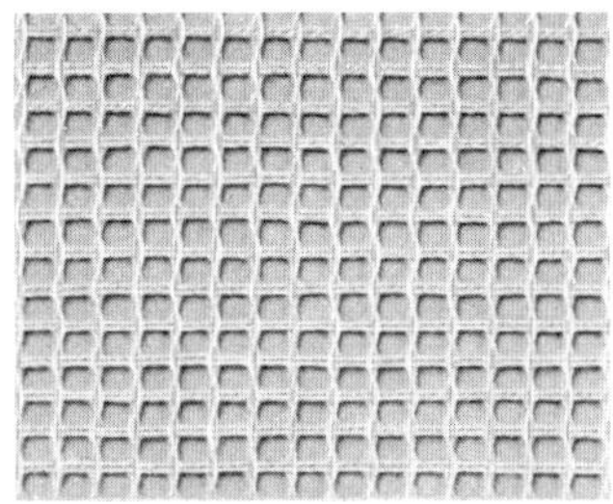

Teppichstramin ist ein schwerer Dreherstramin (S. 114) mit 8 oder 10 Gewebekaros auf 5 cm. Er ist als Meterware in verschiedenen Breiten erhältlich

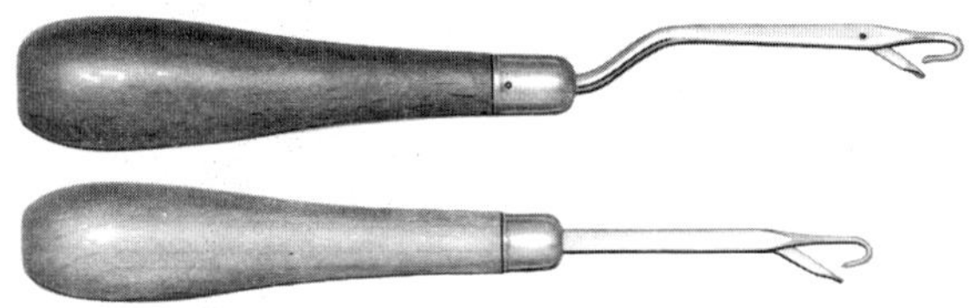

Der Knüpfhaken hat eine bewegliche Zunge, die das Garn bei der Knotenbildung auf dem Haken hält. Er ist in verschiedenen Ausführungen zu kaufen

Ryagarn Teppichgarn

Vorgeschnittenes Garn ist praktisch, aber meist etwas teurer als im Strang. Auf dem Etikett ist die Zahl der Einzelfäden angegeben

Mit einer Schneidmaschine kann man das Garn in gleichmäßige Längen schneiden. Auch mit dem **Schneidestab** läßt sich das Garn schnell und gleichmäßig schneiden

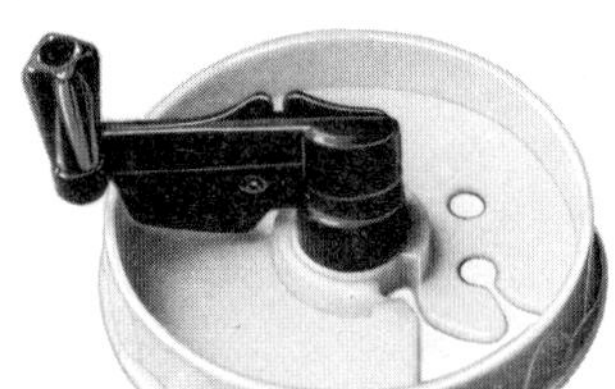

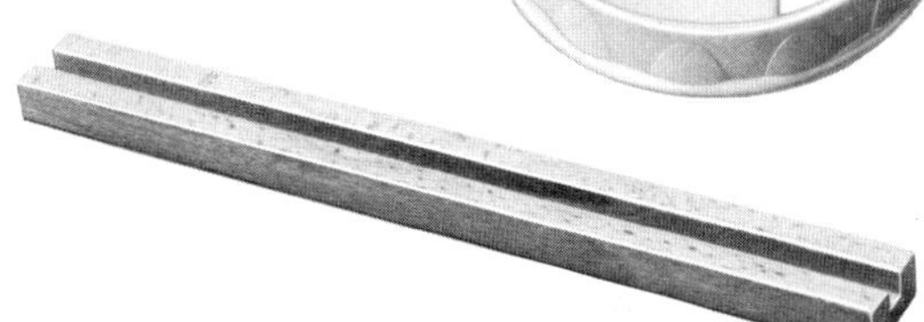

Ryatechnik

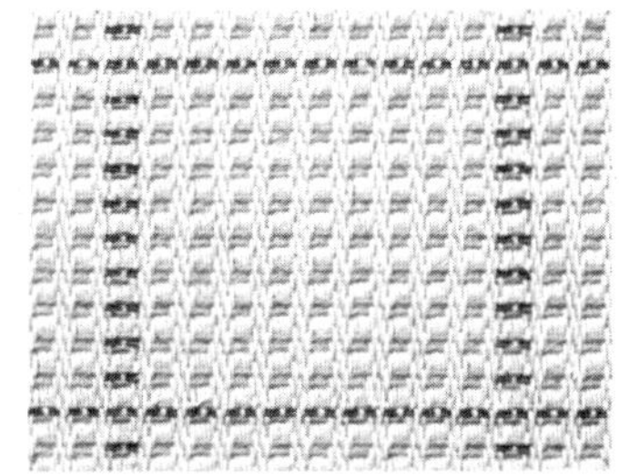

Rya-Grundstoff ist als Meterware in verschiedenen Breiten sowie in einigen Standardgrößen als Stück erhältlich; bei den Stücken sind alle Kanten versäubert

Eine Smyrnanadel ohne Spitze oder eine mit gebogener Spitze wird für die Stiche verwendet

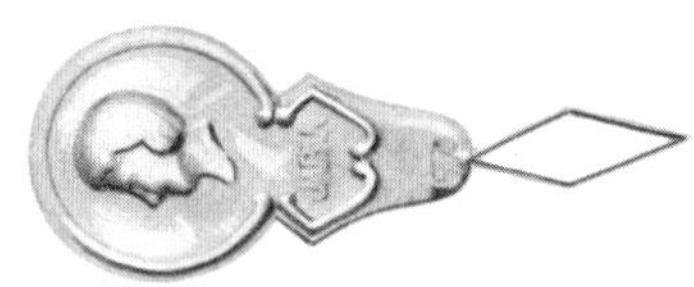

Mit dem Einfädler läßt sich das Garn leicht durch das Nadelöhr ziehen

Mit dem Ryastäbchen lassen sich gleichmäßige Schlingen bilden; mit der Schneidvorrichtung am einen Ende kann man, falls gewünscht, die Schlingen aufschneiden

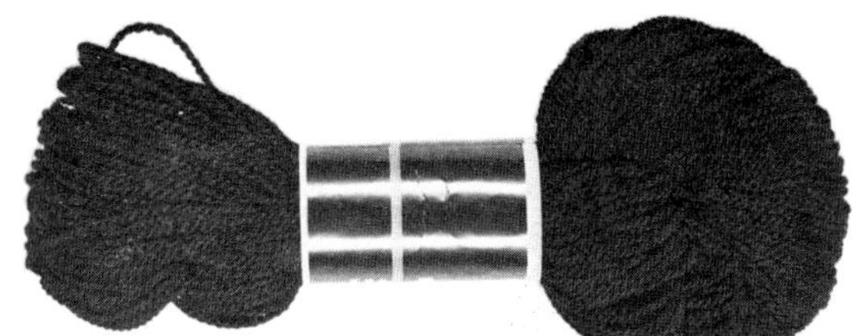

Ryagarn ist ein zweifädiges, stark gezwirntes Garn, das in schweren oder leichten Qualitäten als Strang oder vorgeschnitten und abgepackt erhältlich ist (vorgeschnittenes Garn wird mit dem Knüpfhaken verarbeitet)

Straminhaltegeräte

Im Fachhandel gibt es Knüpftische, Knüpfrahmen und -rollen, die an jeden eckigen Tisch angeschraubt werden können, sowie Knüpfgestelle (unten). Alle sind in verschiedenen Breiten erhältlich.

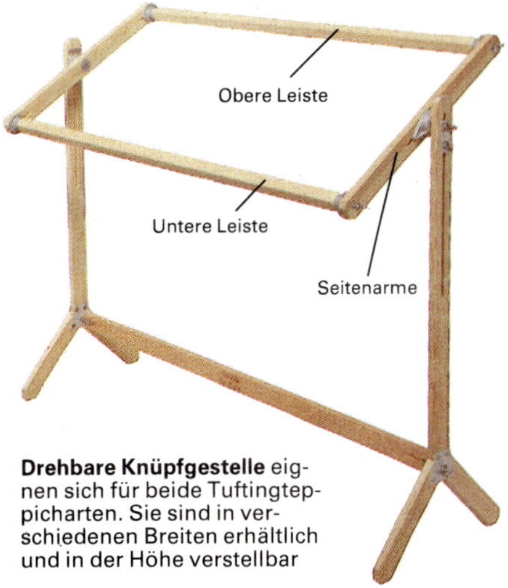

Drehbare Knüpfgestelle eignen sich für beide Tuftingteppicharten. Sie sind in verschiedenen Breiten erhältlich und in der Höhe verstellbar

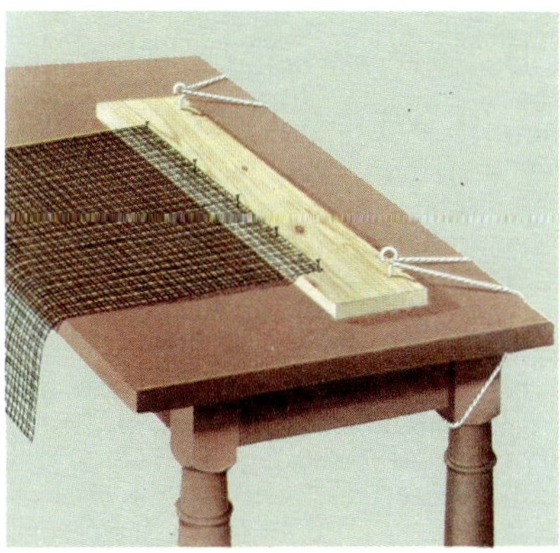

Eine einfache Haltevorrichtung kann man selbst herstellen. Eine entsprechend lange Holzleiste wird mit Ringschrauben und starker Schnur am Tisch befestigt. Der Stramin wird von Stauchkopfnägeln gehalten, die in regelmäßigen Abständen in die Leiste geschlagen wurden

Zubehör für die Musterübertragung

Wenn man einen Teppich selbst entwirft, muß man das Muster auf den Grundstoff übertragen. Welche Methode man anwendet, hängt vor allem davon ab, ob der Untergrund ein relativ dichtes Gewebe oder Stramin ist. Bei dichter gewebten Stoffen – Rupfen oder Leinengewebe – hat man drei Möglichkeiten. Einmal kann man die Musterlinien mit einem Bügelstift oder mit Bügelfarbe nachzeichnen und dann auf den Stoff aufbügeln.

Auch mit Pauspulver und einem Schneiderkreidestift kann man Muster auf ein nicht allzu grobes Gewebe übertragen: Die Linien werden perforiert und mit Pauspulver betupft, so daß sie sich auf dem Stoff abzeichnen; die Pünktchen werden mit dem Stift nachgezogen. Bei der dritten Methode wird das Muster mit Schneiderkopierpapier und einem Kopierrädchen nachgezeichnet. Stramin legt man auf den Entwurf und zieht das Muster mit einem Filzstift nach. Anleitungen für alle Methoden sind auf den Seiten 380–381 angegeben.

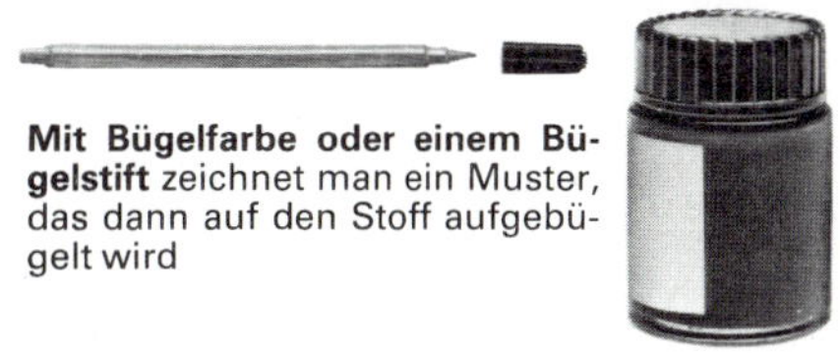

Mit Bügelfarbe oder einem Bügelstift zeichnet man ein Muster, das dann auf den Stoff aufgebügelt wird

Schneiderkopierpapier und Kopierrädchen dienen dazu, Muster direkt auf den Stoff zu übertragen

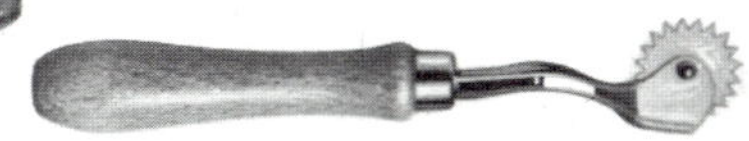

Pauspulver und ein Schneiderkreidestift werden zum Übertragen von Stechpausen verwendet

Mit einem breiten Filzstift wird das Muster auf den Stramin gezeichnet

Material für die Fertigstellung

Zur Fertigstellung von allen Teppichen – die Methoden werden auf den Seiten 392–396 gezeigt – braucht man starke Nähnadeln, einen kräftigen Faden und einen Fingerhut; einiges Sonderzubehör ist rechts abgebildet. Teppichband, ein starker, fest gewebter Stoffstreifen, wird bei einigen Teppicharten zum Versäubern der Kanten verwendet. Es ist in neutralen Farben als Meterware erhältlich. Latex (Kautschukmilch), als dünne Schicht auf der Rückseite eines Teppichs aufgetragen, macht ihn rutschfest; bei Tuftingteppichen verbindet er außerdem den Flor mit dem Grundstoff und verhindert, daß die Schlingen herausgezogen werden. Die gebogene Teppichschere kann beim Scheren des fertigen Teppichs parallel zum Flor gehalten werden.

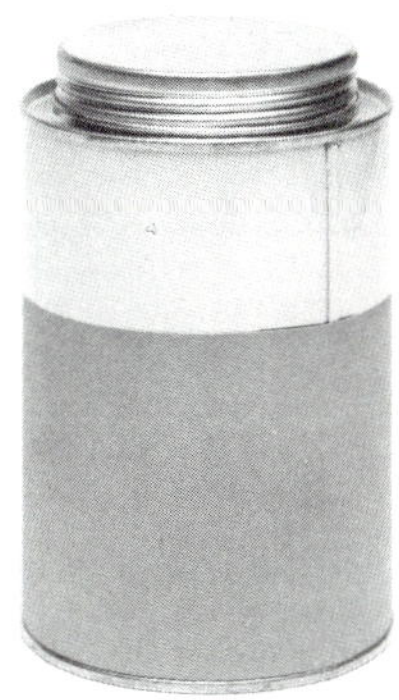

Teppichband wird bei manchen Teppichen verwendet, um die Kanten zu versäubern

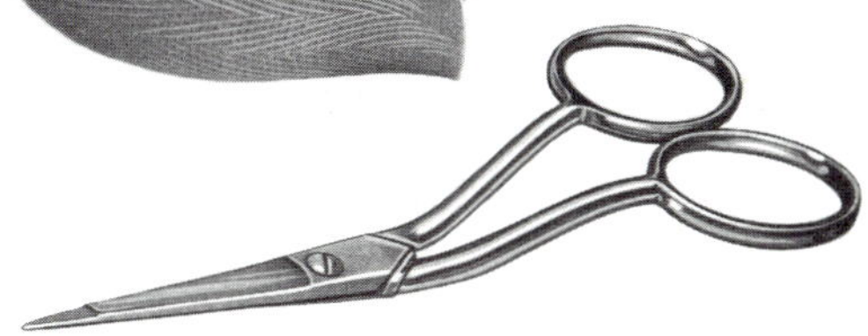

Latex wird auf der Teppichrückseite aufgetragen, um den Flor zu befestigen und um den Teppich rutschfest zu machen

Eine Teppichschere ist so gebogen, daß sie beim Scheren parallel zum Flor gehalten werden kann

Teppiche · Tufting- und Knüpftechnik

Grundregeln für den Entwurf

Will man ein Muster selbst entwerfen, muß man als erstes den Verwendungszweck des fertigen Projekts sowie seine Größe und Form berücksichtigen und das Muster darauf abstimmen. Es kann ein Bodenteppich, ein Wandbehang oder ein Kissenbezug sein; das Muster kann detailliert und naturalistisch, stilisiert oder abstrakt sein; es kann die ganze Form ausfüllen oder als zentrales Motiv auf einem schlichten Hintergrund gestaltet werden.

Sehr häufig bestimmt das Muster die Technik. Im allgemeinen eignen sich beide Tuftingmethoden für ein detailliertes oder naturalistisches Muster besser als die Knüpfmethoden. Mit der Knüpftechnik kann man dagegen stilisierte Entwürfe besser ausführen. Diese Unterschiede ergeben sich aus dem jeweiligen Grundstoff sowie aus den verschiedenen Florarten, die durch beide Techniken entstehen.

Als Grundstoffe werden Rupfen und Leinen- oder Halbleinengewebe für die Tuftingmethode verwendet. Sie sind relativ dicht gewebt, so daß die Florschlingen nah genug aneinandergesetzt werden können, um jeder Musterlinie ziemlich genau zu folgen. Der Flor steht aufrecht auf der Musterlinie, die in der Regel deutlich hervortritt.

Das erste Beispiel unten wurde mit einem Haken und Stoffstreifen auf Rupfen ausgeführt. Es zeigt eine Reihe von Schlingen, die eine Schlangenlinie bilden. Die gezeichnete Linie darüber ist mit der Musterlinie, auf der die Schlingen gearbeitet wurden, identisch. Die Schlingenreihe entspricht fast genau der gezeichneten Linie. Mit Stanznadel und Teppichgarn gearbeitet, würde das Ergebnis fast genau gleich ausfallen, hätte jedoch weniger Schlingen, weil Teppichgarn, mit der Stanznadel verarbeitet, meist dicker und vor allem auftragender ausfällt als die schmalen Stoffstreifen, die mit dem Haken verwendet werden.

Bei den Knüpfmethoden arbeitet man auf Teppichstramin oder Rya-Grundstoff. Stramin eignet sich für beide Methoden, Rya-Grundstoff nur für den Ryastich. Die Gewebestruktur dieser Grundstoffe bestimmt die jeweilige Anordnung der Knoten. Bei Stramin können auf fünf Zentimeter acht oder zehn Knoten quer sowie längs gesetzt werden. Bei Rya-Grundstoff können auf fünf Zentimeter vier Knoten quer gebildet werden, längs jedoch nur zwei oder drei. Da sie außerdem nur an bestimmten Stellen, und zwar an den Gewebekreuzen, gebildet werden können, müssen viele Musterlinien, besonders gerundete oder diagonale, den Bedingungen des Grundstoffs angepaßt werden.

Das zweite Beispiel unten wurde mit dem Knüpfhaken auf Teppichstramin ausgeführt. Die gezeichnete Linie über der Knotenreihe, die der Schlangenlinie des ersten Beispiels entspricht, ist identisch mit der Musterlinie, auf der die Knoten geknüpft wurden. Deutlich zu sehen ist, wie die Kurven stufenartig verlaufen, um die Stellen im Stramin zu schneiden, an denen Knoten geknüpft werden können. Auf Rya-Grundstoff ausgeführt, würde das Beispiel weniger Knoten in Längsrichtung aufweisen. Bei beiden Methoden ist die ursprüngliche Linie, auf der die Reihe beruht, nur noch angedeutet, weil ein geknüpfter Flor oft, je nach Florhöhe, zottig und lang sein kann und dazu neigt, auf eine Seite zu fallen. Dies ist allerdings, sobald mehrere Reihen geknüpft sind, nicht mehr so ausgeprägt, da sich die Reihen dann gegenseitig stützen.

Diese Hinweise bedeuten jedoch nicht, mit der Knüpfmethode lasse sich kein detailliertes Muster und mit der Tuftingmethode kein stilisiertes Muster arbeiten. Mit der Knüpfmethode kann man Details durchaus ausführen, sofern die Flächen groß genug sind, um die nötige Anzahl Knoten aufzunehmen. Außerdem richtet sich ein kurzer Flor, etwa 2,5 cm lang, noch auf und betont die Linien der Motive besser als ein längerer. Arbeitet man ein schlichtes Muster mit der Tuftingtechnik, müssen die Musterbereiche nicht verändert werden, das Ergebnis ist jedoch ganz anders: Durch den steiferen Flor ist das ganze Muster deutlicher ausgeprägt.

Auf der gegenüberliegenden Seite sind vier Beispiele abgebildet; jedes ist mit einer anderen Methode gearbeitet und zeigt die typischen Effekte, die mit diesen Methoden erzielt werden. Nicht gezeigt ist, wie ein melierter Flor entsteht, eine Technik, mit der man interessante Muster gestalten kann. Arbeitet man mit dem Haken, schneidet man die Stoffstreifen für den Flor aus einem mehrfarbigen Stoff. Ein ähnlicher Effekt läßt sich mit der Stanznadel erzielen, wenn man mehrere dünne Fäden in verschiedenen Farben einfädelt (S. 385). Mit dem Knüpfhaken kann man einen melierten Flor auf zweierlei Weise arbeiten: Man nimmt für jeden Knoten eine andere Farbe oder mehrere verschiedenfarbige Fäden eines dünnen Garns (S. 389). Bei der Ryastichmethode fädelt man verschiedenfarbige Garne miteinander in die Nadel ein (S. 390).

Den Entwurf sollte man in einer übersichtlichen Größe zeichnen. Wie man Kreise, Halbkreise und Ovale zeichnet, zeigt die gegenüberliegende Seite. Die Zeichnung wird koloriert, man muß jedoch bedenken, daß die endgültigen Farbtöne von der Farbauswahl der jeweiligen Garne oder Stoffe abhängen.

Ehe man den Entwurf auf den Grundstoff überträgt (S. 378), bringt man ihn auf die fertige Größe (S. 14) und markiert die Mitte. Der Grundstoff muß so groß sein wie der fertige Teppich plus die notwendigen Zugaben für die Kantenabschlüsse (S. 392 bis 396). Für die Berechnung des Garns oder des Stoffs für einen Tuftingteppich siehe Seite 382, für einen geknüpften Teppich Seite 388.

Die Grundstoffe für Tuftingteppiche sind relativ dicht gewebt. Die Schlingen kann man daher fast an beliebiger Stelle bilden; so können beinahe alle Musterlinien genau nachgearbeitet werden

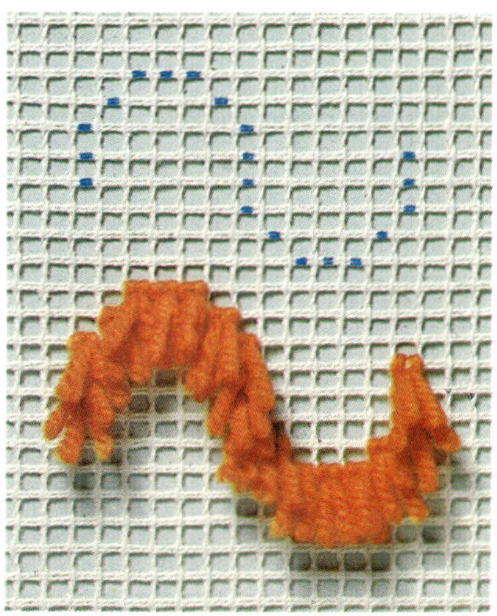

Bei den Grundstoffen für Knüpfteppiche sind die Stellen, an denen Knoten gebildet werden können, durch die Struktur bedingt. So müssen viele Linien, besonders Rundungen und Diagonale, angepaßt werden

Mit dem Haken gearbeitet

Mit der Stanznadel gearbeitet

Die Tuftingtechnik wurde für die beiden Beispiele links angewendet. Das obere wurde mit dem Haken, das untere mit der Stanznadel gearbeitet; beide zeigen dasselbe Muster in derselben Größe. Die Unterschiede ergeben sich aus der jeweiligen Technik und dem Material des Flors. Das mit dem Haken gearbeitete Stück hat feinere Details, da mit schmalen Stoffstreifen mehr Schlingen/cm gesetzt werden können als mit Teppichgarn und Stanznadel. Mit dem Haken kann man sogar verschiedene Farbtöne einbringen, um durch die Schattierungen eine plastische Wirkung zu erzielen. Mit der Stanznadel lassen sich plastische Effekte durch Veränderung der Florhöhe einarbeiten. Eine flauschige Oberfläche erhält man, wenn man einige Schlingen aufschneidet. Für weitere Angaben siehe Seite 382–387

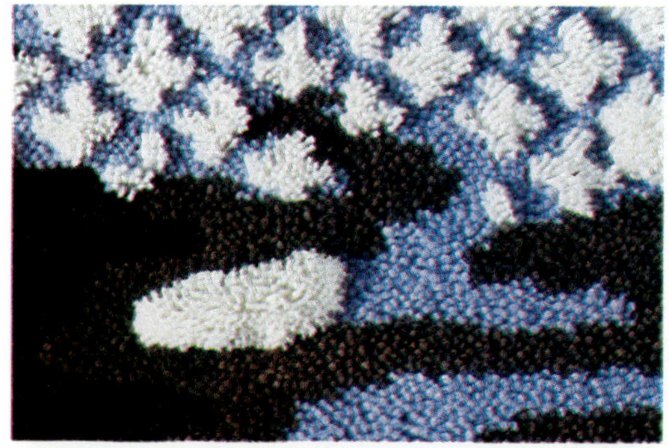

Mit dem Knüpfhaken gearbeitet

Mit Ryastichen gearbeitet

Die Knüpftechnik wurde für die Beispiele links angewendet. Das obere wurde mit dem Knüpfhaken, das untere mit Ryastichen gearbeitet; beide zeigen dasselbe Muster in derselben Größe. Die Unterschiede bei den Musterformen ergeben sich aus der Anordnung der Knoten, die durch die Struktur des Stramins (oben) bzw. des Rya-Grundstoffs (unten) bedingt ist, die Strukturunterschiede aus den Flortypen. Bei der Knüpfhakenmethode ist der Flor stets offen, weil mit vorgeschnittenen Garnlängen geknüpft wird. Die bei den Ryastichen entstandenen Schlingen können so bleiben oder aufgeschnitten werden. Bei beiden Methoden kann der Flor in der Länge variieren oder sogar so geformt werden, daß eine plastische Wirkung entsteht. Für weitere Angaben über die Knüpfmethoden siehe Seite 388–391

Kreise, Halbkreise und Ovale zeichnen

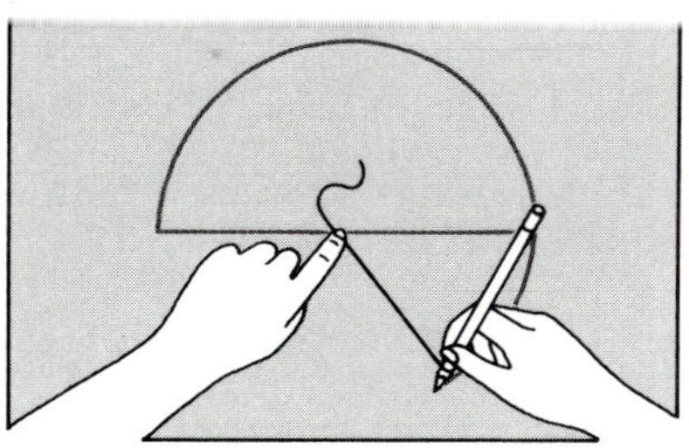

Kreise Durchmesser des Kreises zeichnen; Mitte markieren. Faden an einen Bleistift binden; dessen Spitze am Ende des Durchmessers ansetzen, den Faden straffziehen und am Mittelpunkt festhalten. Mit dem Bleistift einen Kreis ziehen

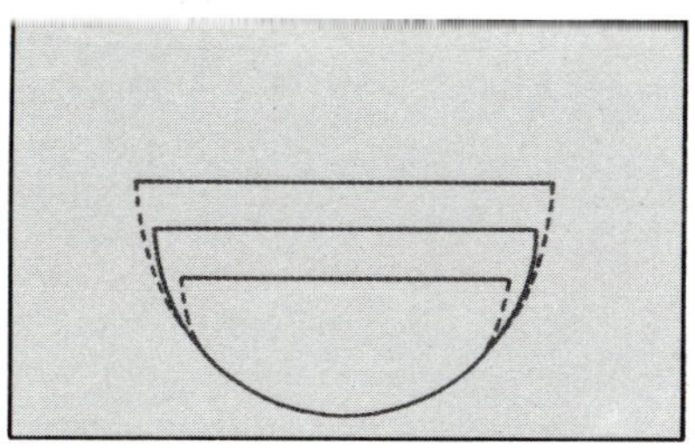

Halbkreis zeichnen. Um ihn abzuflachen, unter dem Durchmesser eine neue Linie ziehen. Die Kreislinien dem neuen Durchmesser anpassen. Für einen tieferen Halbkreis über dem Durchmesser eine neue Linie zeichnen und die Kreislinien anpassen

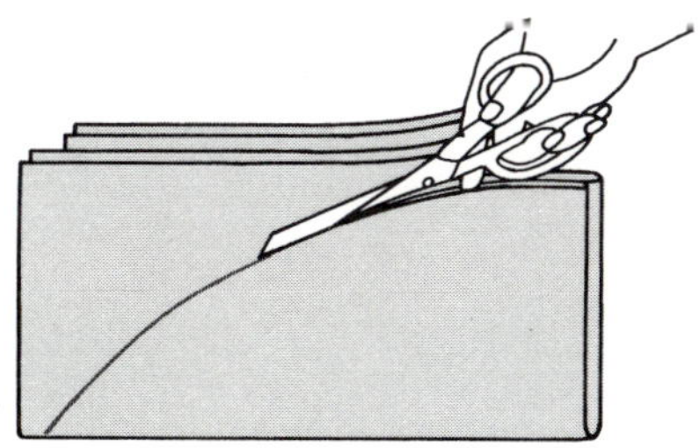

Oval **1.** Ein Rechteck mit der Länge und Breite des gewünschten Ovals ausschneiden und quer, dann längs in der Mitte falten. Darauf von oben rechts nach unten links eine sanft gerundete Linie zeichnen. Entlang dieser Linie schneiden

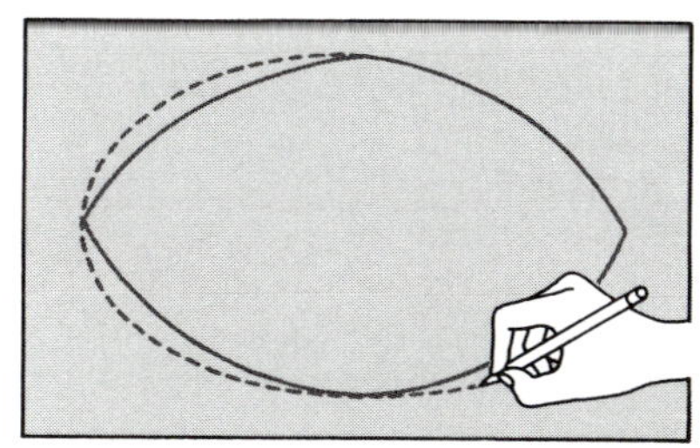

2. Das Papier auffalten, auf ein größeres Stück Papier legen und die Kontur nachziehen. Die ausgeschnittene Form entfernen und die Zeichnung nach Bedarf an den Enden abrunden oder das Oval etwas symmetrischer machen

Teppiche · Tufting- und Knüpftechnik

Teppiche fertigstellen 392–396

Den Grundstoff vorbereiten

Der Grundstoff muß die Größe des fertigen Teppichs plus notfalls eine Zugabe an jeder Seite haben. Für einen Tuftingteppich rechnet man mindestens 8 cm Zugabe, damit er in einen Rahmen gespannt werden kann; sie bildet später den Kantenabschluß. Beim Knüpfteppich gibt man so viel zu, wie für den Kantenabschluß (S. 394–396) nötig ist. (Für Rya-Grundstoff, in der fertigen Größe gewebt, sind keine Zugaben nötig.) Vor Arbeitsbeginn versäubert man alle Schnittkanten. Um das Muster zu übertragen, markiert man die Mitte des Stoffs sowie aller Kanten.

Grundstoff zusammensetzen Um die erforderliche Breite zu erhalten, 2 Stoffbahnen (Rupfen, Rya-Grundstoff) in der erforderlichen Länge zuschneiden (oben). Diese nebeneinanderlegen und die Webkanten abschneiden. Die offenen Kanten 2 cm übereinanderlegen (bei Rya-Grundstoff müssen die Linien übereinstimmen); Lagen zusammennähen. Flor durch beide Lagen arbeiten

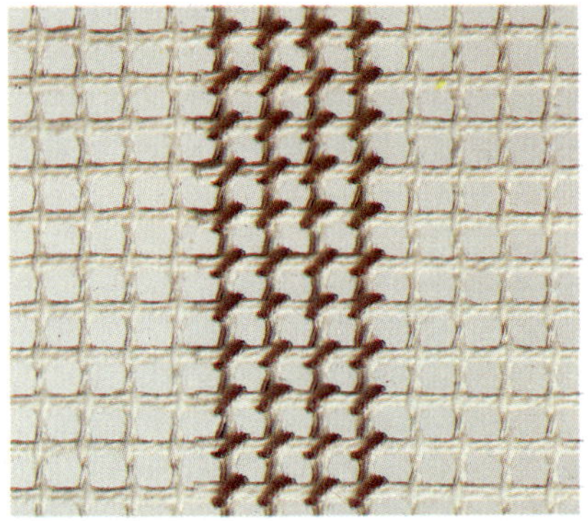

Bei Stramin wie links beschrieben die zu verbindenden Stücke zuschneiden und die Webkanten abschneiden. Die Schnittkanten um 4 Längsfäden so überlappen, daß Längs- und Querfäden jeweils übereinstimmen. Dann in Reihen von oben nach unten über jedes Fadenkreuz der Doppellage einen Überwendlingsstich nähen. Den Flor durch beide Lagen arbeiten

Die Schnittkanten versäubern, damit sie während der Arbeit nicht ausfransen. Bei einem Stoffuntergrund die Schnittkanten 1 cm einschlagen und mit der Nähmaschine säumen (A). Bei Stramin die Kanten mit einem Klebeband einfassen (B)

Die genaue Mitte des Grundstoffs sowie aller Kanten markieren. Stoffe mit Schneiderkreide markieren, Stramin mit einem breiten Filzstift. Diese Markierungen dienen als Anhaltspunkte beim Übertragen des Musters auf den Grundstoff

Methoden der Musterübertragung

Um ein Muster auf einen Grundstoff (Rupfen, Leinengewebe, Rya-Grundstoff) zu übertragen, verwendet man entweder eine Stechpause, einen Bügelstift oder Schneiderkopierpapier und ein Kopierrädchen. Bei Stramin verwendet man Filzstifte. In allen Fällen werden nur die Musterlinien übertragen. Auf Stramin kann man die Bereiche nach Belieben kolorieren; ein

Stechpause

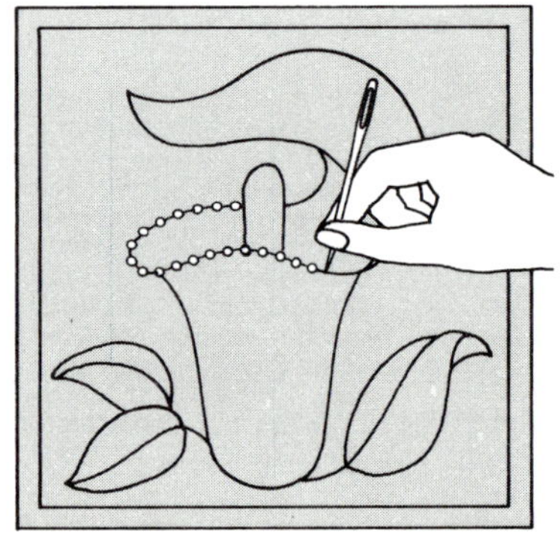

Mit Handhaken oder Ryastichen: 1. Mit einer dicken Nadel entlang der Musterlinien Löcher in die Vorlage stanzen oder entlang der Linien mit der Nähmaschine ohne Faden und mit großen Stichen steppen

2. Die perforierte Zeichnung mit der rechten Seite nach oben auf den Grundstoff stecken. Pauspulver über die Löcher streuen und mit der Quaste oder einem Stück Filz durch die Löcher auf den Grundstoff reiben

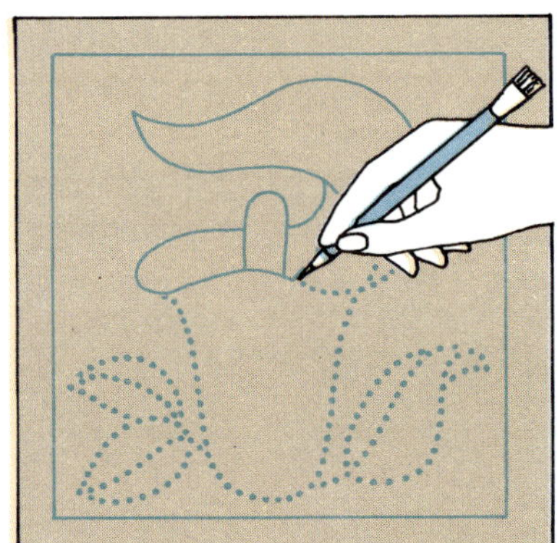

3. Die Zeichnung vorsichtig abheben, damit die Pulvermarkierungen nicht verwischt werden. Mit einem Filzstift oder Schneiderkreidestift die Linien nachziehen, dann das überschüssige Pauspulver vom Stoff abschütteln

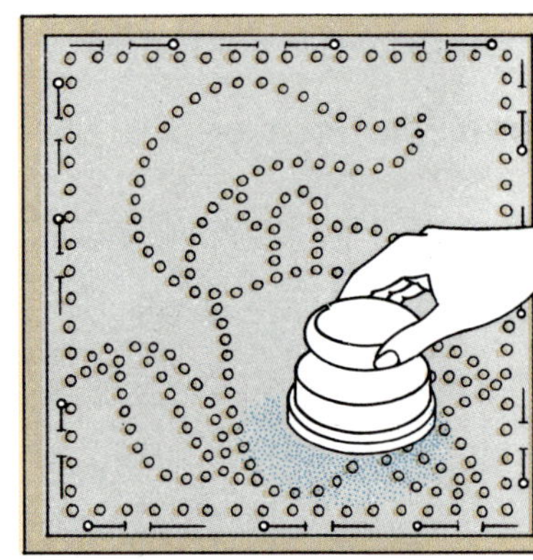

Mit der Stanznadel Zeichnung wie bei Schritt 1 perforieren und mit der rechten Seite nach unten auf den Grundstoff stekken. Pauspulver wie bei Schritt 2 aufbringen. Zeichnung abnehmen und die Punkte verbinden (Schritt 3)

Stoffuntergrund wird im allgemeinen nicht koloriert.

Bei der Übertragung des Musters bestimmt man gleichzeitig die Oberseite (Florseite) und die Unterseite des Teppichs. Arbeitet man mit Haken, Ryastichen oder Knüpfhaken, wird das Muster auf die Seite übertragen, auf welcher der Flor entstehen wird, also auf die Oberseite. Verwendet man eine Stanznadel, wird das Muster auf die Seite übertragen, welche die Unterseite des Teppichs darstellt; der Flor entsteht bei der Stanznadelmethode auf der nicht markierten Seite. Damit das Muster auf der Oberseite des Teppichs richtig verläuft, wird es spiegelverkehrt auf die Rückseite des Grundstoffs übertragen. Für genaue Anleitungen siehe unten.

Bügelstift

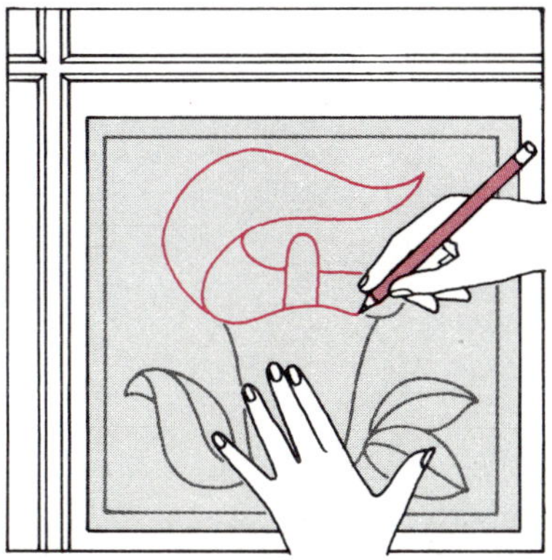

Mit Haken oder Ryastichen: 1. Die Mustervorlage auf die linke Seite wenden und gegen eine helle Fensterscheibe halten. Mit einem Bügelstift die Musterlinien auf der linken Seite der Vorlage genau nachziehen

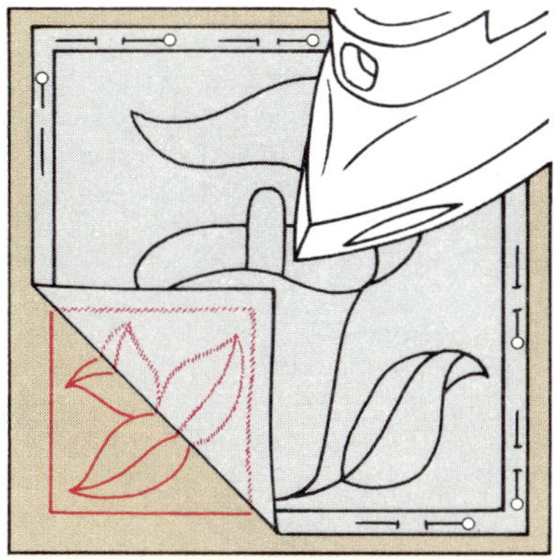

2. Vorlage mit der linken Seite nach unten auf den Grundstoff stecken. Das heiße Bügeleisen kurz aufsetzen, dann anheben. Wiederholen, bis alle Linien übertragen sind; dabei darauf achten, daß der Grundstoff nicht versengt wird

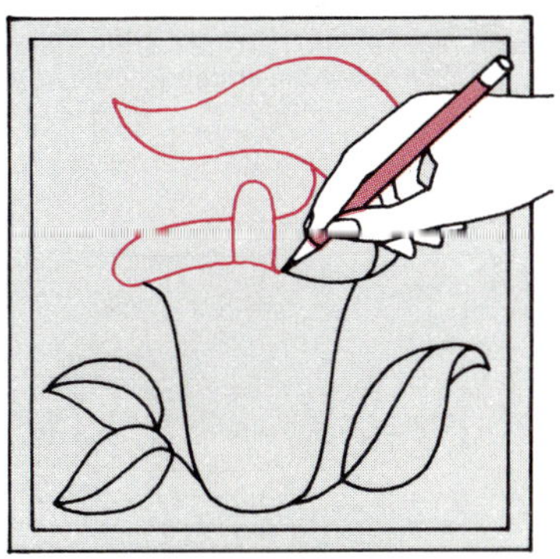

Mit der Stanznadel: 1. Die Vorlage auf einer harten, flachen Unterlage ausbreiten und mit einem Bügelstift oder mit Bügelfarbe und einem Pinsel auf der rechten Seite der Vorlage alle Musterlinien vorsichtig nachziehen

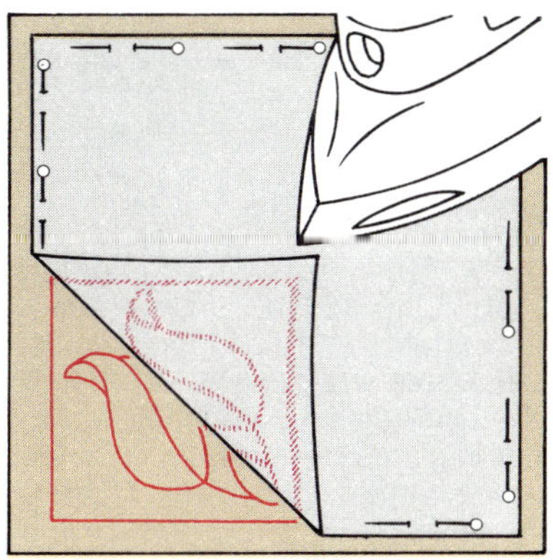

2. Vorlage mit der rechten Seite nach unten auf den Grundstoff stecken. Das heiße Bügeleisen kurz aufsetzen, dann anheben. Wiederholen, bis alle Linien übertragen sind; dabei darauf achten, daß der Grundstoff nicht versengt wird

Schneiderkopierpapier und Kopierrädchen

Mit Haken oder Ryastichen Zeichnung auf Grundstoff legen. Kopierpapier mit beschichteter Seite nach unten unter die Zeichnung schieben. Linien mit dem Kopierrädchen nachfahren

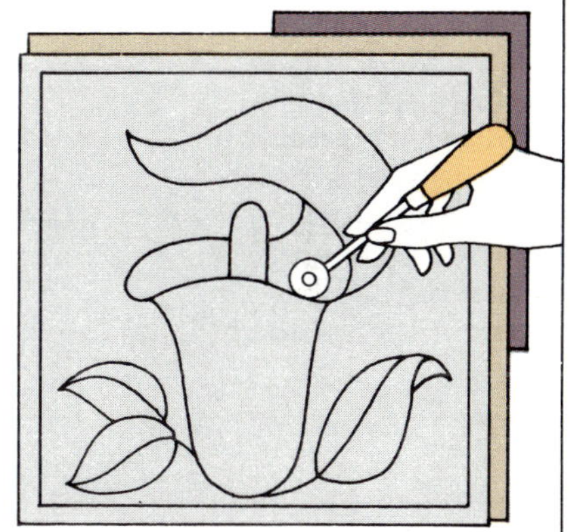

Mit der Stanznadel Vorlage auf den Grundstoff legen. Kopierpapier mit beschichteter Seite nach oben unter den Grundstoff schieben. Die Linien mit dem Kopierrädchen nachfahren

Filzstifte

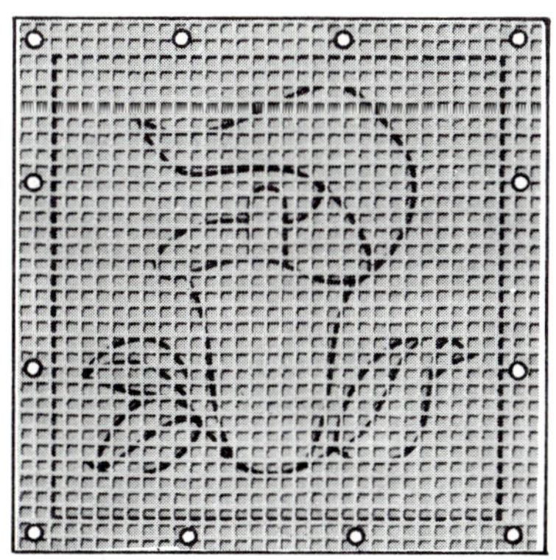

1. Die Vorlage unter den Stramin schieben, ausrichten, beide Lagen befestigen

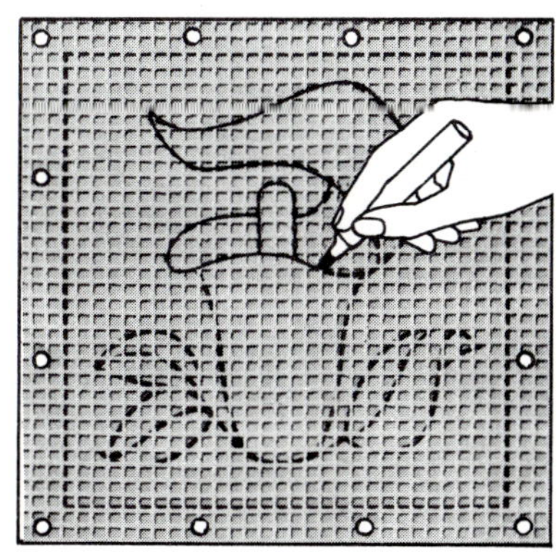

2. Mit einem breiten Filzstift die Musterlinien auf den Stramin zeichnen

Tuftingteppiche vorbereiten und arbeiten

Stoffbedarf berechnen und Streifen schneiden / Hakenmethode

Bei einem nach der Hakenmethode hergestellten Teppich wird der Flor aus schmalen Stoffstreifen gebildet. Die Stoffmenge, die für die Streifen benötigt wird, beträgt flächenmäßig ungefähr viermal die Größe des fertigen Teppichs. Diese Gesamtmenge muß dann auf die verschiedenen Farben im Muster verteilt werden, wobei man vorsichtshalber bei jeder Farbe 15 Prozent hinzurechnet. Hat man vor, feinere Streifen zu verarbeiten, braucht man entsprechend mehr Stoff; bei breiteren Streifen oder einem niedrigeren Flor verringert sich dagegen der Stoffbedarf.

Sobald man einige Musterflächen des Teppichs gearbeitet hat, kann man feststellen, ob die Berechnung stimmt, und die vorgesehenen Mengen notfalls korrigieren.

Will man Naturfasern wie beispielsweise Baumwolle oder Leinen für den Teppichflor verwenden, empfiehlt es sich, den Stoff zu waschen, bevor er in Streifen geschnitten wird. Durch das Waschen zieht sich das Gewebe zusammen und wird oft dichter, so daß es weniger schnell ausfranst. Bei Stoffen aus synthetischen Garnen erübrigt sich dieses Verfahren.

Den Stoff schneidet man stets im Längs- oder Querfadenlauf; Schrägstreifen können nicht verwendet werden, da sie dehnbar sind und sich verziehen. Zuerst wird der Stoff in kleine, ungefähr 10 × 30 cm große Stücke geschnitten, dann in schmale Streifen. Um alle Streifen in genau derselben Breite zu schneiden, richtet man sich am besten nach dem Gewebefaden (Kett- oder Schußfaden).

Der Stoffbedarf für die Florstreifen beträgt flächenmäßig ungefähr das Vierfache von der Größe des fertigen Teppichs

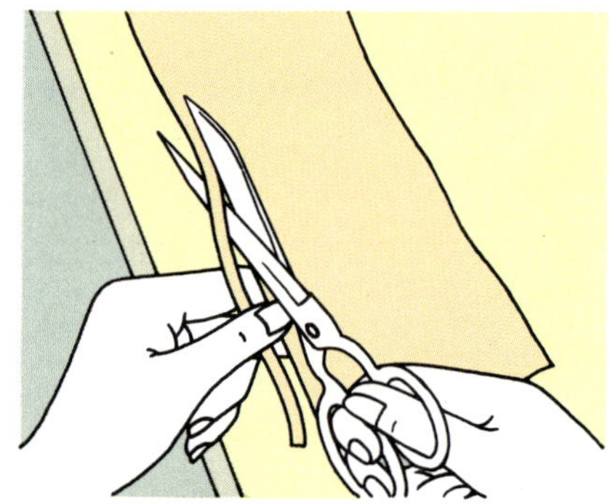

Streifen schneiden Um die Breite einzuhalten, am Gewebefaden entlangschneiden

Garnbedarf berechnen / Stanznadelmethode

Bei der Stanznadelmethode wird der Flor des Teppichs aus Garn (meist Teppichgarn) gebildet. Die Faustregel für die Berechnung des Garnbedarfs lautet: 100 m Garn auf 30 cm^2; um den Gesamtbedarf zu errechnen, stellt man die Größe des Musters in Quadratzentimetern fest, dividiert diese Zahl durch 30 und multipliziert das Ergebnis mit 100. Diese Gesamtlänge verteilt man auf die im Muster vorkommenden Farben und rechnet bei jeder 15 Prozent hinzu. Diese Regel gilt für eine Florhöhe von 1 cm. Will man einen höheren Flor arbeiten oder dünneres Garn verwenden, erhöht sich der Garnbedarf entsprechend. Man benötigt z. B. doppelt soviel Wollstickgarn wie Teppichwolle, weil mit Wollstickgarn etwa doppelt so viele Schlingenreihen gebildet werden müssen wie mit Teppichgarn. Die Berechnung kann man überprüfen, nachdem die ersten Bereiche gearbeitet sind.

Vor Arbeitsbeginn wickelt man Stränge zu Knäueln auf (S. 411), damit das Garn leicht durch die Stanznadel läuft. Dazu hängt man den Strang am besten über eine Stuhllehne.

Stränge zu Knäueln aufwickeln Strang öffnen und über eine Stuhllehne hängen

Den Grundstoff in einen Rahmen spannen

Ein Tuftingteppich läßt sich am besten arbeiten, wenn er straff in einen Rahmen gespannt wird. Die Schlingen sind leichter zu bilden, und die Gefahr, daß sie aus dem Grundstoff herausschlüpfen, ist geringer. Ein drehbarer Teppichrahmen ist am besten geeignet, und zwar für beide Tuftingmethoden. Unten wird gezeigt, wie der Grundstoff darin eingespannt wird. Für einen kleinen Teppich kann man einen Stickrahmen oder einen Steppring benutzen.

Wie man den Grundstoff in einen Stickrahmen spannt, ist auf Seite 184 beschrieben; für das Einspannen in einen Steppring siehe Seite 249. Beim Einspannen muß man stets darauf achten, daß die Stoffseite mit dem Muster oben liegt.

Drehbarer Rahmen

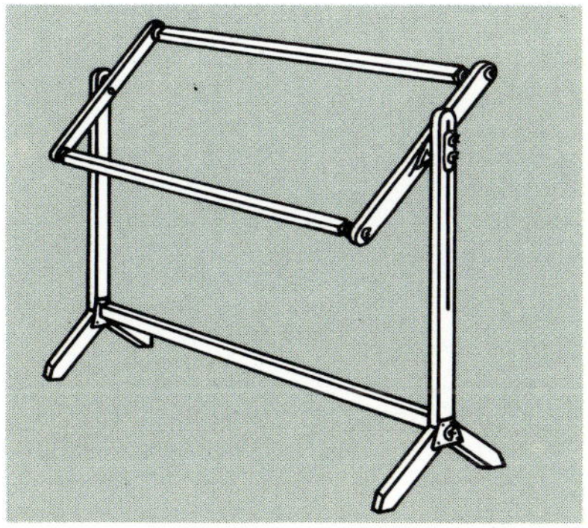

1. Gestell zusammensetzen und Seitenarme anbringen. Die obere und untere Leiste mit den Seitenarmen verbinden. Nach den Anleitungen, die dem jeweiligen Modell beigegeben sind, vorgehen

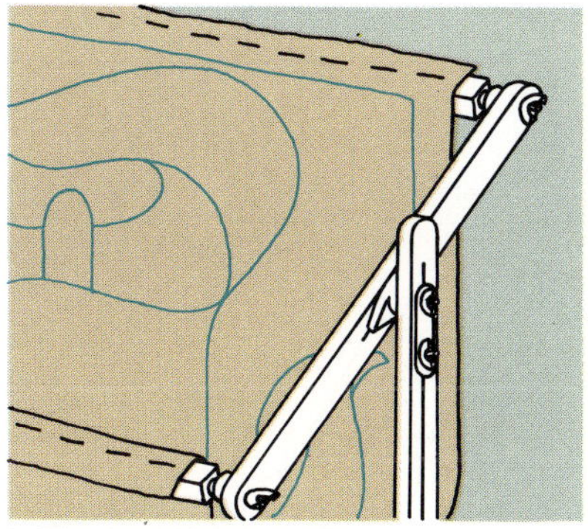

2. Die obere Kante des Grundstoffs auf die obere Leiste legen und mit Reißzwecken oder Klammern befestigen. Die untere Kante des Grundstoffs genauso an der unteren Rahmenleiste befestigen

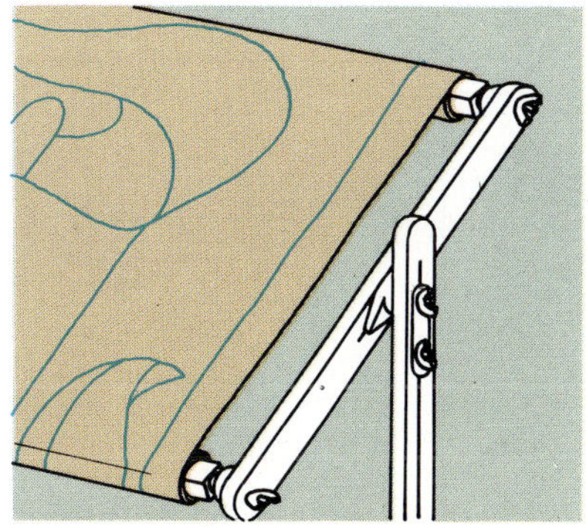

3. Die Schrauben an der oberen und unteren Leiste lockern. Die Leisten drehen und den durchhängenden Grundstoff so aufwikkeln, daß die vorgesehene Arbeitsfläche in der Rahmenmitte erscheint

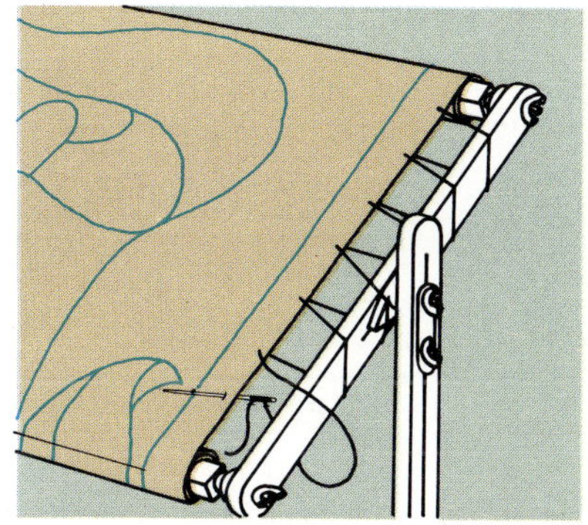

4. Mit starkem Faden Grundstoff an die Seitenarme nähen. Faden anfangs verknoten, zum Schluß mit Rückstichen sichern. Um eine neue Arbeitsfläche freizulegen, die Stiche auftrennen und den Stoff weiterdrehen

Einen schweren Grundstoff einspannen

Wenn man als Grundstoff für einen Tuftingteppich Rupfen oder Leinengewebe in einer schweren Qualität verwendet, kann es schwierig sein, ihn seitlich mit Nadel und Faden festzunähen. Oben und unten wird der Stoff wie gewohnt befestigt und so gespannt, daß die gewünschte Arbeitsfläche frei liegt. Dann steckt man Twillband oben an der Kante fest, wikkelt es um den Seitenarm, steckt es im Abstand von etwa 5 cm wieder an der Kante fest usw., bis die ganze Kantenlänge befestigt ist. Dies wird anschließend auf der anderen Seite wiederholt.

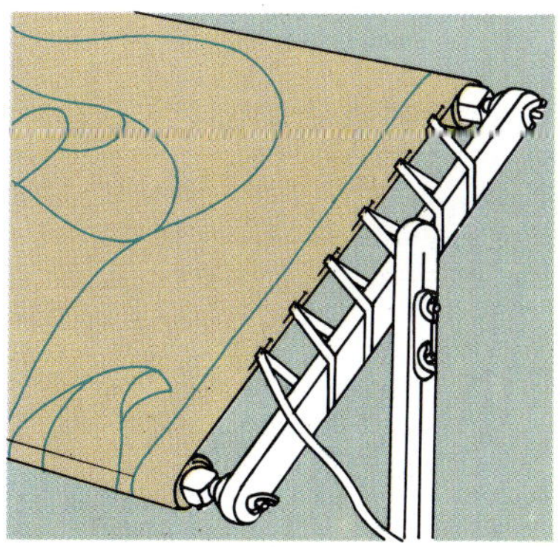

Statt die Kanten eines schweren Grundstoffs seitlich anzunähen, kann man sie auch mit Twillband befestigen

Grundstoff an den Leisten anbringen

Die oberen und unteren drehbaren Leisten einiger Rahmen sind, wie es auch bei Stickrahmen häufig der Fall ist, mit starken Gurtbändern versehen; diese dienen als Hilfsmittel für die Befestigung des Grundstoffs. Dazu wird der Grundstoff am oberen und unteren Ende 1 cm eingeschlagen, dann legt man die eingeschlagenen Kanten jeweils mittig auf ein Gurtband und näht beide mit Überwendlingsstichen zusammen; dabei beginnt man in der Mitte und arbeitet zu den Kanten hin. Dazu siehe auch Seite 184 (Stickrahmen).

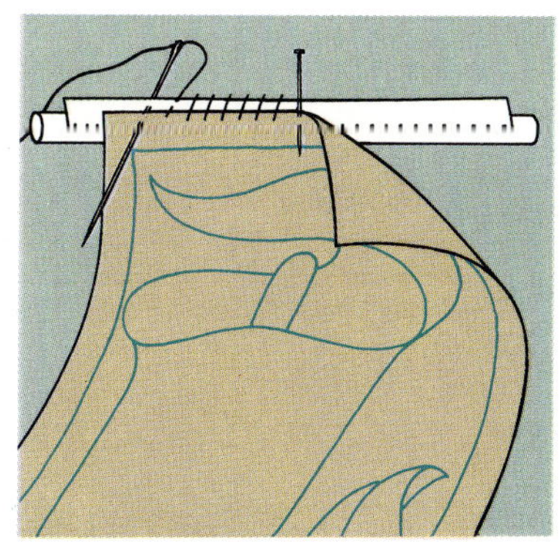

Grundstoff oben und unten jeweils 1 cm einschlagen, Kanten mittig auf die Gurtbänder legen und annähen

Teppiche · Tuftingteppiche arbeiten

Hakenmethode

Der Flor eines mit dem Haken gearbeiteten Teppichs wird mit Stoffstreifen gebildet. Die Streifen können verschieden breit zugeschnitten werden; die Breite hängt hauptsächlich von der Art und Größe der jeweiligen Musterelemente ab.

Im allgemeinen gilt: Je detaillierter das Muster und je kleiner der dafür vorhandene Raum ist, desto schmaler sollten die Streifen sein. Eine mittlere Streifenbreite beträgt 3 mm; mit ihr kann man alle üblichen Musterarten in einer durchschnittlichen Größe ausführen. (Das Projekt auf Seite 406 wurde mit 3 mm breiten Streifen gearbeitet.) Wie man die Streifen schneidet, wird auf Seite 382 beschrieben. Der Haken sollte in der Stärke zur Streifenbreite passen.

Die Schlingen werden in der Regel etwa so hoch wie die Breite des Streifens gebildet; sind die Streifen beispielsweise 3 mm breit, arbeitet man 3 mm hohe Schlingen. Die Grundtechnik für die Hakenmethode ist unten erklärt; für besondere Arbeitstechniken siehe Seite 385.

Grundtechnik

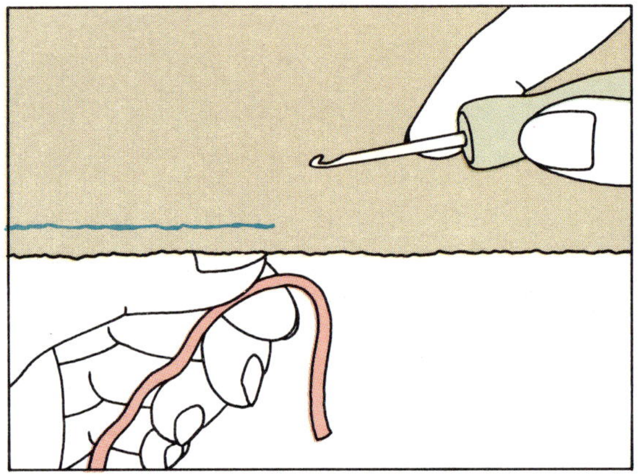

1. Mit der linken Hand Stoffstreifen unter dem Grundstoff halten; mit der rechten Hand Haken über dem Grundstoff führen. Von rechts nach links arbeiten. Als Linkshänder mit umgekehrter Handstellung von links nach rechts arbeiten

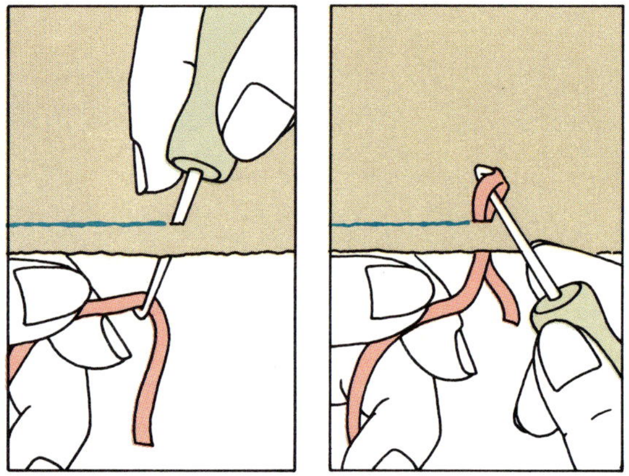

2. Mit dem Haken durch Grundstoff nach unten stechen, Ende des Stoffstreifens fassen und durch den Grundstoff nach oben ziehen. Das Ende wird erst auf die richtige Länge geschnitten, wenn der Teppich fertig ist

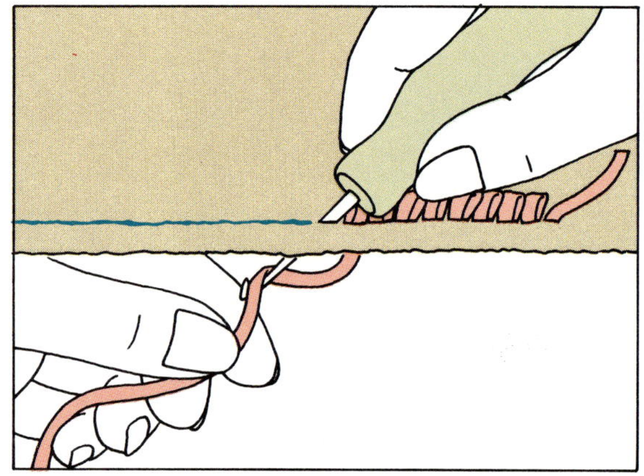

3. Wieder durch Grundstoff nach unten stechen, Streifen fassen und eine Schlinge nach oben ziehen. Notfalls den Haken nach hinten drücken, um das Einstichloch zu vergrößern. Abstand zwischen den Schlingen siehe Seite 385

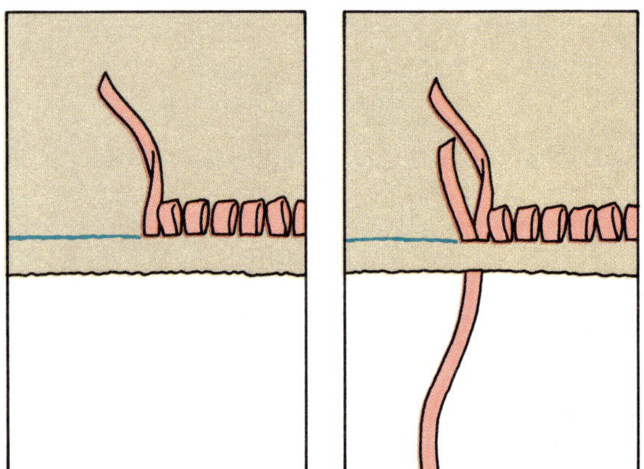

4. Streifenende nach oben ziehen. Für Farbwechsel mitten im Streifen große Schlinge nach oben ziehen, durchschneiden und restlichen Streifen nach unten herausziehen; neuen im selben Loch beginnen. Enden zum Schluß abschneiden

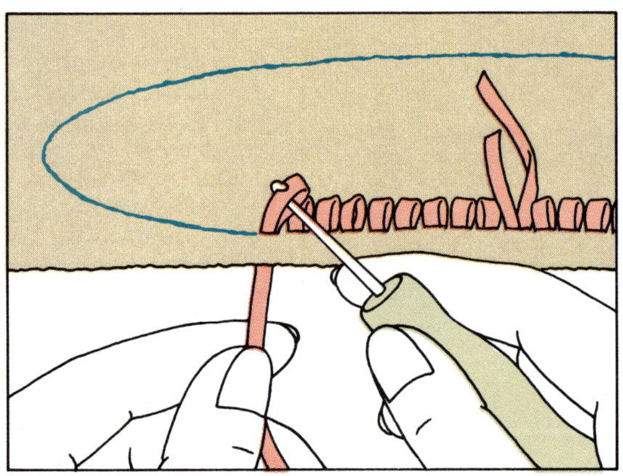

Die Schlingenhöhe mit dem Haken regulieren. Alle Schlingen müssen gleich hoch sein. Ist eine Schlinge zu groß geraten, den Haken in der Schlinge lassen und den Streifen nach unten ziehen, bis sie die richtige Höhe hat

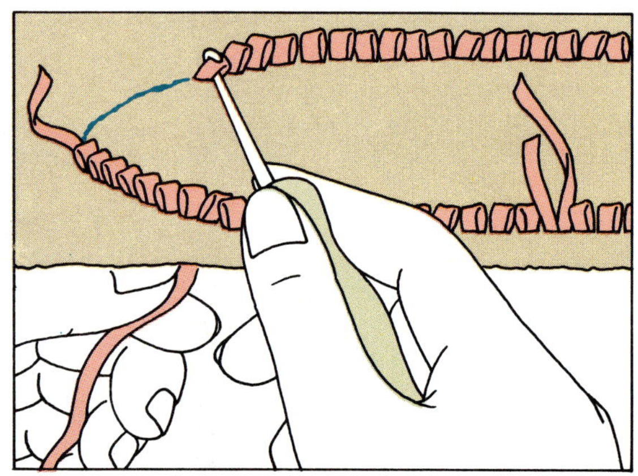

Die Reihen, vor allem die langen, möglichst von rechts nach links arbeiten. Eine Reihe, die in die entgegengesetzte Richtung abbiegt, beenden; den Rest von rechts nach links bis zur Anschlußstelle arbeiten (oben)

Ein Muster arbeiten

Fertigt man einen Teppich mit dem Haken an, arbeitet man zuerst die Details, dann anschließend den Hintergrund. Wenn nicht schattiert wird (das Schattieren wird unten beschrieben), bildet man zuerst die Reihen, welche die Musterform umranden; dann wird die Form ausgefüllt (rechts). Die Reihen arbeitet man von rechts nach links (S. 384) und unterbricht dort, wo es nötig ist, um die Richtung beizubehalten. Der Abstand zwischen den Schlingen bzw. Schlingenreihen hängt von der Streifenbreite ab. Bei 2–3 mm breiten Streifen beträgt der Abstand im allgemeinen zwei Gewebefäden des Grundstoffs, bei 3 mm breiten Streifen zwei bis drei Gewebefäden. Beginnt sich der Teppich zu wellen, müssen die Abstände vergrößert werden; ist der Grundstoff zwischen den Schlingen auf der Florseite des Teppichs zu sehen, werden die Abstände verringert. Den Streifen führt man nicht von einem Musterabschnitt zum nächsten weiter; die dadurch entstehende Unebenheit im Teppich würde sich rasch abnützen. Für einen melierten Flor schneidet man die Streifen aus einem mehrfarbigen Stoff, beispielsweise aus einem Karo.

1. Konturen in Reihen von rechts nach links arbeiten. Reihen jeweils so unterbrechen, daß Arbeitsrichtung beibehalten wird

2. Die umrandete Form mit weiteren Reihen ausfüllen. Die Reihen folgen den Konturen (A) oder verlaufen quer über die Fläche (B). Auch hier die Reihen jeweils so unterbrechen, wie es die Arbeitsrichtung erfordert (siehe Grundtechnik auf Seite 384)

Abstand zwischen Schlingen bzw. Reihen hängt von Streifenbreite ab. Je breiter der Streifen, desto größer die Abstände

Zwischen Musterbereichen Stoffstreifen nicht weiterführen, sondern abschneiden und beim nächsten Bereich neu anfangen

Für einen melierten Flor die Stoffstreifen aus einem mehrfarbigen Stoff zuschneiden, der die gewünschten Farben enthält

Schattieren

Beim Schattieren wird ein Bereich in verschiedenen Farbtönen gearbeitet, um die Lichteffekte und Hell-Dunkel-Bereiche nachzuahmen, die bei einem dreidimensionalen Gegenstand entstehen. Ein Beispiel dieser Technik zeigen die beiden Abbildungen der Birne rechts.

Bei der Planung eines schattierten Bereichs stellt man sich vor, wie sich die Farben am wirklichen Objekt variieren würden. Wie viele Töne verarbeitet werden, hängt von der Form und der Größe des Objekts sowie von der Breite der verwendeten Streifen ab. Als Richtlinie gilt: Je größer die Musterform ist und je schmaler die Streifen sind, desto mehr Farbtöne kann man bei der Schattierung verarbeiten. Den hellsten Farbton setzt man an die Stelle, auf die das meiste Licht fällt, den dunkelsten dort, wo weniger Licht hinkommt. Auf den übrigen Raum verteilt man die Zwischenwerte entsprechend dem jeweiligen Lichteinfall. Anders als bei einem einfachen Detail (oben) werden hier Innenfläche und Umriß gleichzeitig gearbeitet. Hat man genügend Platz, arbeitet man die Reihen leicht versetzt, damit die Farbbereiche ineinander übergehen.

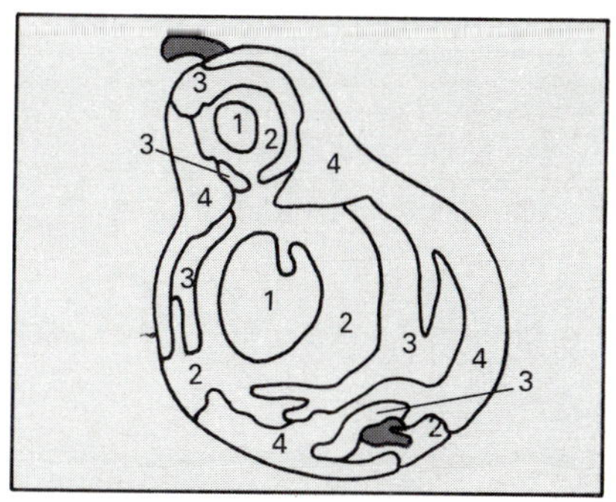

1. Die Farbtöne auf der Vorlage kennzeichnen. Die erhabenste Fläche (1) erhält den hellsten, die niedrigste (4) den dunkelsten Ton

2. Schlingen für jeden Farbbereich reihenweise arbeiten. Nach Möglichkeit durch versetzte Reihen fließende Übergänge schaffen

Teppiche · Tuftingteppiche arbeiten

Stanznadelmethode

Bei dieser Methode wird mit einer hohlen Nadel das Garn schlingenförmig durch einen Grundstoff gezogen. Die Nadel ist in zwei Größen erhältlich, die sich für alle Garnstärken eignen. Die größere Nadel wird für Teppichgarn verwendet, die kleinere für leichtere Garne wie Wollstickgarn. Alle Stanznadeln sind mit einem abnehmbaren und verstellbaren Flormaß versehen (siehe erste Abb., unten), das dazu dient, einen gleichmäßigen Flor in der jeweils eingestellten Länge zu bilden.

Die Stanznadelmethode ist einfach und rasch zu arbeiten. Die Grundtechnik wird unten erklärt; besondere Techniken sind auf Seite 387 zu finden. Die Nadel darf man nicht zu weit über die Oberfläche des Grundstoffs heben, sonst zieht man zuviel Garn durch und reißt möglicherweise bereits gebildete Schlingen heraus. In diesem Fall setzt man die Nadelspitze dort auf, wo die nächste Schlinge gebildet werden soll, zieht das überschüssige Garn durch die Nadel zurück und arbeitet dann wie üblich weiter.

Grundtechnik

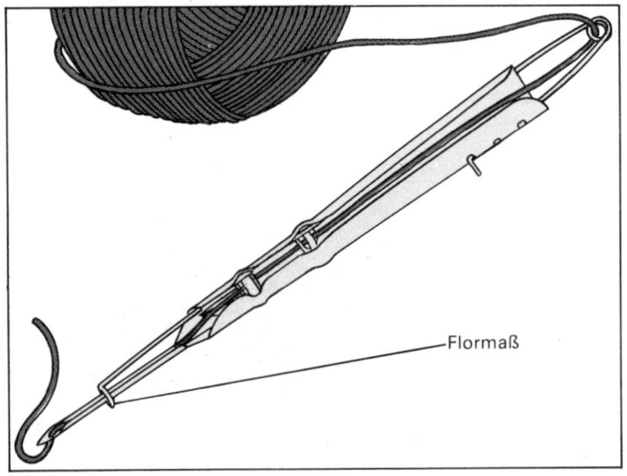

1. Um die Stanznadel einzufädeln, das Garnende durch die Öse der Feder, dann durch das Nadelöhr führen und festhalten. Kräftig am Garn ziehen, damit der Faden in den hohlen Schaft der Nadel schlüpft

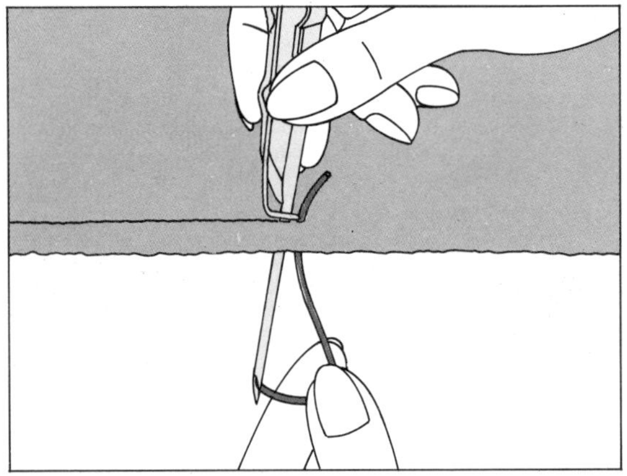

2. Nadel so halten, daß die Rillenöffnung in die Arbeitsrichtung weist. Bis zum Anschlag einstechen. Fadenende nach unten durchziehen. Nadel zurückholen, bis Spitze auf Höhe der Stoffoberfläche ist

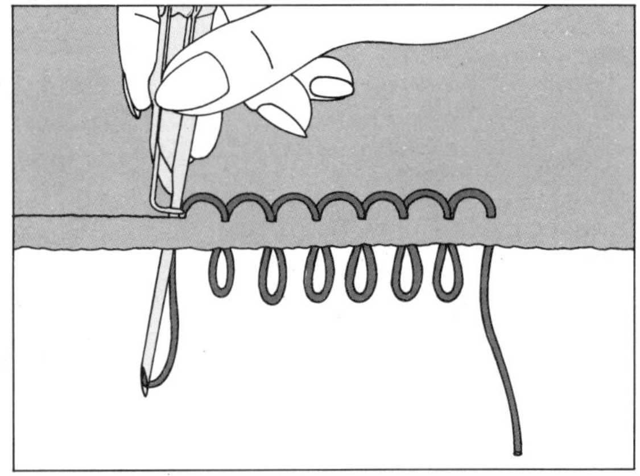

3. Nadel einige Gewebefäden weiter einstechen, nach oben zurückholen und für nächste Schlinge wieder einige Gewebefäden weiter einstechen. Abstand zwischen Schlingen hängt von Garnstärke ab (S. 387)

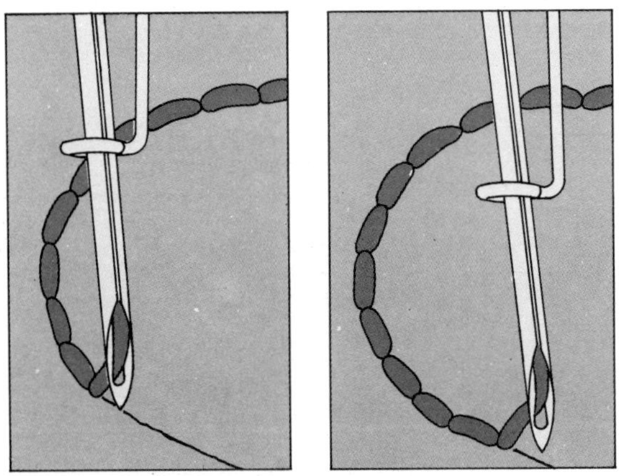

Arbeitsrichtung ändern Die Nadel so drehen, daß die Rillenöffnung in die neue Richtung weist. Wenn diese Führungsrille nicht in die Arbeitsrichtung weist, läuft das Garn nicht richtig durch die Nadel

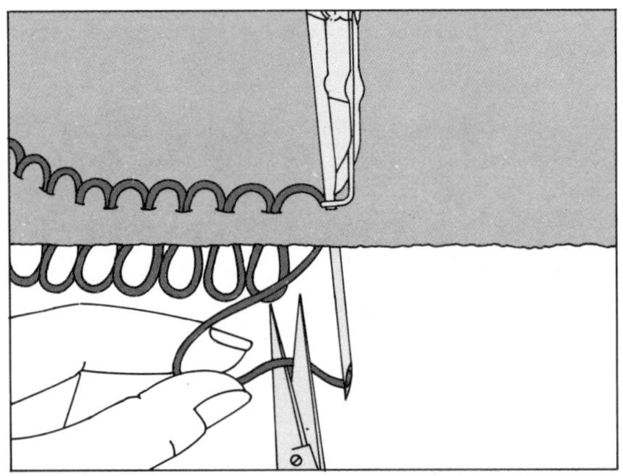

Reihe beenden Nadel einstechen. Etwas Garn nachziehen, dann den Faden hinter dem Öhr abschneiden. Nadel herausziehen. Die überstehenden Garnenden am Anfang und Ende einer Reihe erst zum Schluß auf Florhöhe schneiden

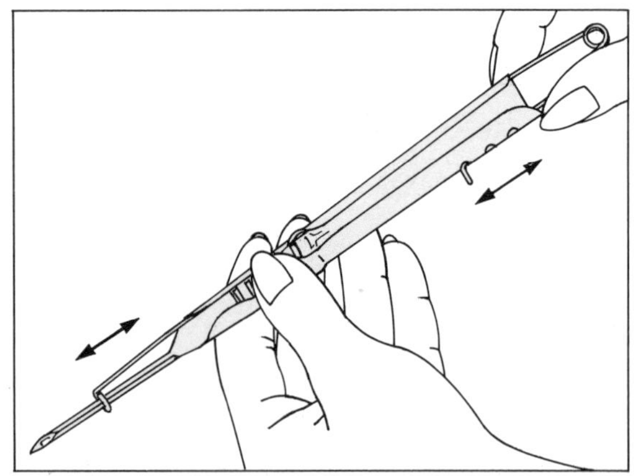

Flormaß neu einstellen Faden ausfädeln. Die Feder zwischen Daumen und Zeigefinger zusammendrücken und nach oben bzw. nach unten verschieben, bis die Arretierung durch das neue Loch schlüpft

Ein Muster arbeiten

Bei einem Teppich arbeitet man die Musterelemente und anschließend den Hintergrund. Bei jedem Element werden zuerst die Konturen gebildet, dann füllt man die Form aus. Die Füllreihen können auf zweierlei Weise ausgeführt werden (rechts); dies ergibt Unterschiede im Flor. Beide Methoden können auch beim Ausfüllen des Hintergrunds angewendet werden. Der Abstand zwischen den Schlingen bzw. Reihen hängt von der Stärke des Garns ab. Bei Teppichgarn überspringt man etwa drei Gewebefäden zwischen den Schlingen bzw. Reihen, bei Wollstickgarn etwa zwei. Da die Zahl der Gewebefäden/cm bei den Grundstoffen variiert, muß man die Zwischenräume notfalls ändern. Im allgemeinen gilt: Wenn sich der Teppich zu wellen beginnt, sind Schlingen und Reihen zu dicht gesetzt; wenn der Grundstoff auf der Florseite zwischen den Schlingen zu sehen ist, sind sie zu weit gesetzt. Das Garn wird nicht von einem Musterbereich zum nächsten weitergeführt (siehe rechts). Die Florseite prüft man von Zeit zu Zeit. Sind einige Schlingen ungleichmäßig, hebt man sie mit einer Stricknadel an, bis alle die gleiche Höhe haben.

1. Zuerst eine Schlingenreihe entlang der Umrißlinie der Form arbeiten. Die Arbeitsrichtung nach Bedarf ändern

2. Den konturierten Bereich mit weiteren Reihen ausfüllen. Diese Reihen können entweder der Kontur der Form folgen (A) oder in geraden Reihen quer über die umrissene Form verlaufen (B). Der Flor wirkt je nach Methode etwas anders

Die Abstände variieren nach Garnstärke. Bei Teppichgarn etwa 3 Gewebefäden überspringen, bei Wollstickgarn 2

Zwischen Musterbereichen das Garn nicht weiterführen, sondern abschneiden und beim nächsten Bereich neu beginnen

Sind einige Schlingen ungleichmäßig, durch mehrere eine Stricknadel schieben und nach oben ziehen, bis alle gleich hoch sind

Besondere Techniken

Der mit der Stanznadel gebildete Flor kann auf verschiedene Weise abgewandelt werden, wie die Abbildungen rechts zeigen.

Ein melierter Flor entsteht, wenn man mehrere verschiedenfarbige Fäden eines dünnen Garns gleichzeitig in die Nadel fädelt. Eine plastische Wirkung entsteht, wenn man den Flor verschieden hoch arbeitet und nur die höheren Schlingen (etwa 1 cm) aufschneidet. Um unterschiedliche Florhöhen zu bilden, wird die Einstellung des Flormaßes entsprechend geändert (siehe gegenüberliegende Seite, Abb. unten rechts).

Um einen melierten Flor zu bilden, mehrere verschiedenfarbige Fäden eines dünneren Garns miteinander in die Nadel einfädeln. Die Schlingen werden nach der üblichen Methode gearbeitet

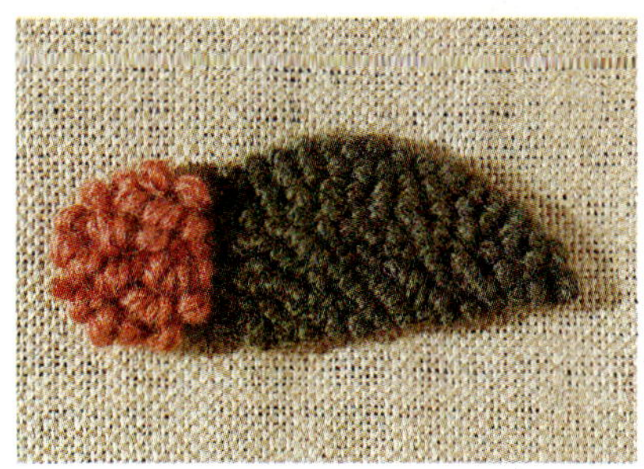

Für unterschiedliche Florhöhen die Einstellung des Flormaßes entsprechend ändern (siehe gegenüberliegende Seite). Für weitere Varianten unterschiedliche Nadel- und Garnstärken verwenden

Um die Schlingen aufzuschneiden, den Teppich aus dem Rahmen nehmen und die aufzuschneidende Fläche mit einer Hand anheben. Eine Klinge der Schere durch mehrere Schlingen schieben und schneiden

Knüpfteppiche vorbereiten und arbeiten

Garnbedarf berechnen und Garn vorbereiten / Knüpftechnik

Der Garnbedarf für einen geknüpften Teppich hängt von der Anzahl der für das Muster benötigten Knoten sowie von der Anzahl und Länge der Einzelfäden (S. 389) ab. Der Einzelfaden, aus dem der Knoten gebildet wird, sollte doppelt so lang sein wie die gewünschte Florhöhe plus 1 cm. Die doppelte Länge ist nötig, weil der Faden beim Knüpfen in der Mitte zusammengelegt wird; den zusätzlichen Zentimeter nimmt der Knoten auf.

Um den Garnverbrauch zu berechnen, ermittelt man zuerst die Zahl der Knoten im Muster (Zahl der Knoten/cm^2 mal Größe des Musters in Quadratzentimetern). Dann ermittelt man die Zahl der Einzelfäden (Knotenzahl mal Fadenzahl je Knoten). Das Ergebnis teilt man entsprechend den Farben und Garntypen im Muster auf und rechnet zu jeder Gesamtsumme 15 Prozent hinzu. Bei abgepackten vorgeschnittenen Garnen teilt man die Gesamtfadenzahl des Teppichs durch die Zahl der Fäden in einer Packung, um die Zahl der benötigten Packungen zu ermitteln. Bei Garn im Strang muß die Gesamtfadenzahl in Meter umgerechnet werden (Fadenzahl mal Fadenlänge). Das Garn wird entweder mit einer speziellen Schneidmaschine oder auf einem Schneidestab (rechts) geschnitten. Notfalls kann man eine Schneidehilfe aus einem Stück Karton anfertigen, dessen Höhe der Fadenlänge entspricht und das so breit ist, daß das Garn, wie unten abgebildet, mehrmals darumgewickelt werden kann.

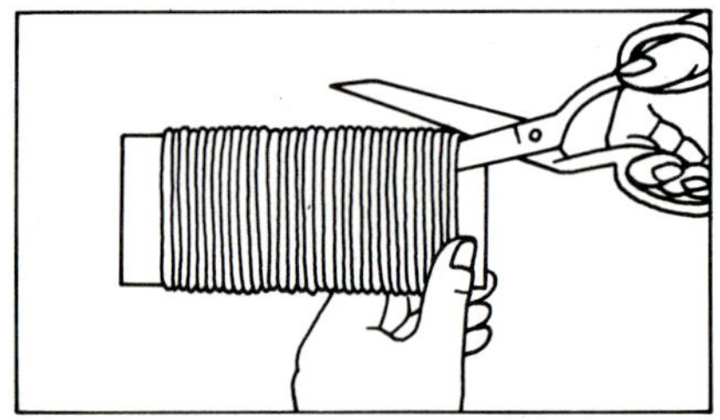
Garn auf einem Karton schneiden

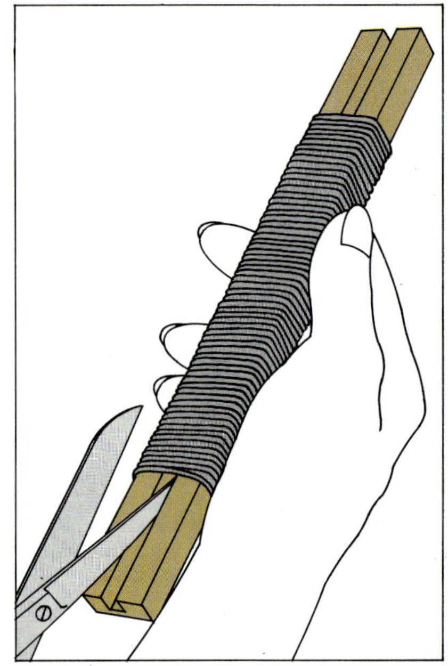
Garn auf einem Schneidestab schneiden

Garnbedarf berechnen und Garn vorbereiten/Ryatechnik

Bei der Ryatechnik werden auf den Gewebekreuzen des Grundstoffs Ryastiche oder -knoten ausgeführt. Jeder Knoten umspannt zwei Gewebekreuze und wird aus drei oder mehr Einzelfäden gebildet. Der Flor ist meistens 5 cm lang, kann aber auch kürzer oder länger sein. Um den Garnbedarf für einen Ryateppich zu errechnen, stellt man fest, wieviel Garn für jeden Knoten benötigt wird, und multipliziert diese Länge mit der Gesamtzahl der Knoten im Muster. Für einen Knoten aus einem Faden benötigt man die doppelte Florlänge plus 1 cm – die doppelte Länge, weil das Garn beim Knüpfen in der Mitte zusammengelegt wird, den zusätzlichen Zentimeter für den Knoten. Wird der Knoten aus mehreren Fäden geknüpft, multipliziert man die Länge des Einzelfadens mit der Zahl der Fäden im Knoten; um den gesamten Garnbedarf für den Teppich zu errechnen, multipliziert man die Länge für einen Knoten mit der Zahl der Knoten im Teppich. (Arbeitet man mit verschiedenen Florlängen, wird der Bedarf für jede Florlänge einzeln berechnet.) Die Gesamtergebnisse werden nach Farben und Garntypen aufgeteilt; zu jedem Ergebnis rechnet man 15 Prozent hinzu. Das Garn schneidet man in etwa 150 cm lange Stücke. Stränge können meist geöffnet und an einer Stelle durchgeschnitten werden, um gleich lange Fäden zu erhalten. Bei Knäueln muß man jede Fadenlänge einzeln abschneiden.

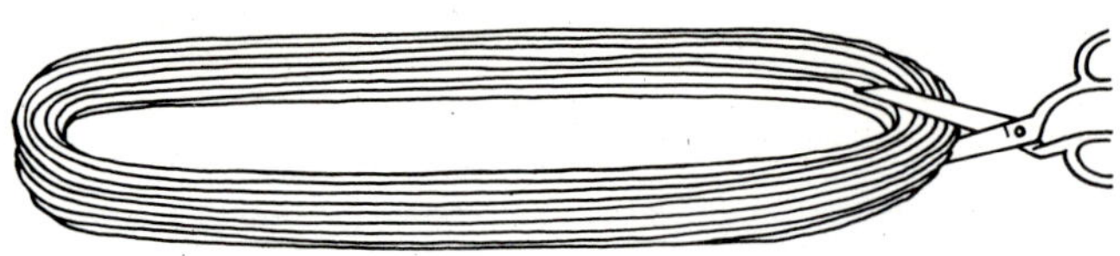
Einen offenen Strang in gleich lange Fäden schneiden

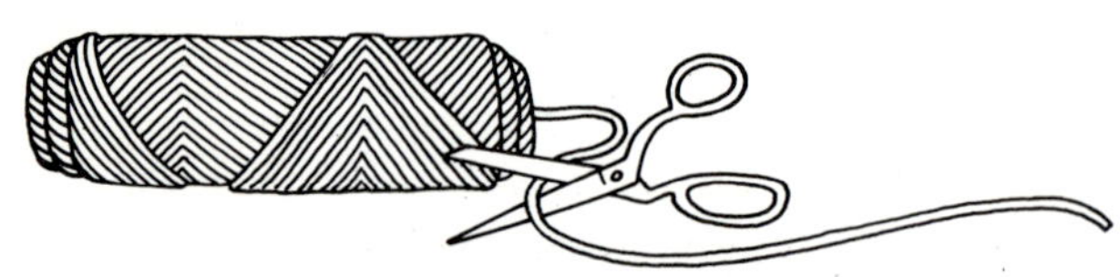
Von einem Knäuel einzelne Fäden abschneiden

Knüpftechnik

Bei der Knüpftechnik werden vorgeschnittene Garnlängen mit einem Knüpfhaken um die Querfäden des Teppichstramins geknotet. Die Knoten arbeitet man in Querreihen von unten nach oben, damit der Knüpfhaken leicht durch die Straminlöcher gleiten kann, ohne die bereits gebildeten Knoten zu beschädigen.

In der Regel wird für jeden einzelnen Knoten ein Einzelfaden Teppichgarn von etwa 6 cm Länge verwendet (rechts); die Florlänge beträgt dann 2,5 cm. Verwendet man diese Garnart, wird in jedem Straminloch ein Knoten geknüpft. Häufig werden jedoch drei oder vier Fäden Rya- oder Wollstickgarn von 11 cm Länge je Knoten verwendet (unten); die Florlänge beträgt dann 5 cm.

Die Mehrfachfäden behandelt man wie einzelne. Für einen dicken Flor aus mehrfädigen Knoten knüpft man einen Knoten in jedem Straminloch; für einen weniger dicken sowie für einen fallenden Flor wird nur in jeder zweiten Lochreihe geknüpft.

Ein melierter Flor kann sowohl mit Knoten aus einem Faden als auch mit Knoten aus mehreren Fäden gebildet werden; die verschiedenen Arbeitsweisen sind unten erklärt.

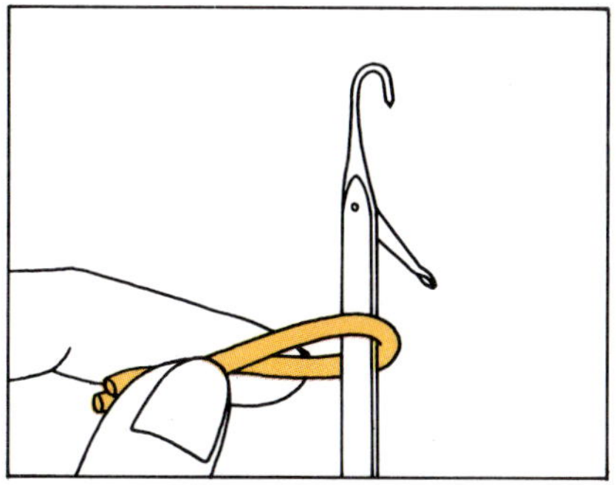

1. Den Faden um den Schaft des Knüpfhakens legen; beide Fadenenden zwischen Daumen und Zeigefinger halten

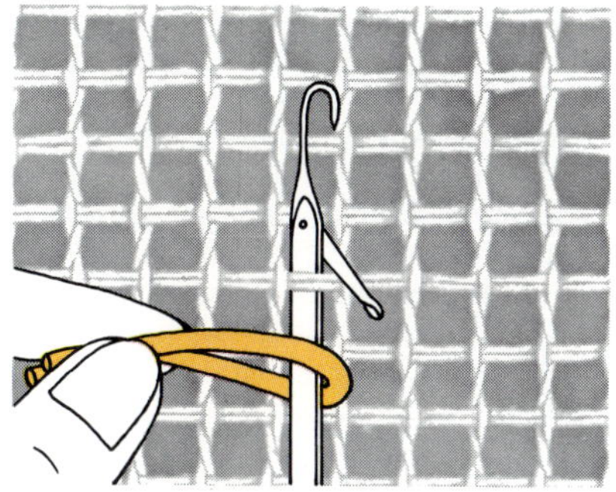

2. Den Kopf des Hakens unter einem Querfaden des Stramins so weit durchstechen, bis die Zunge frei liegt

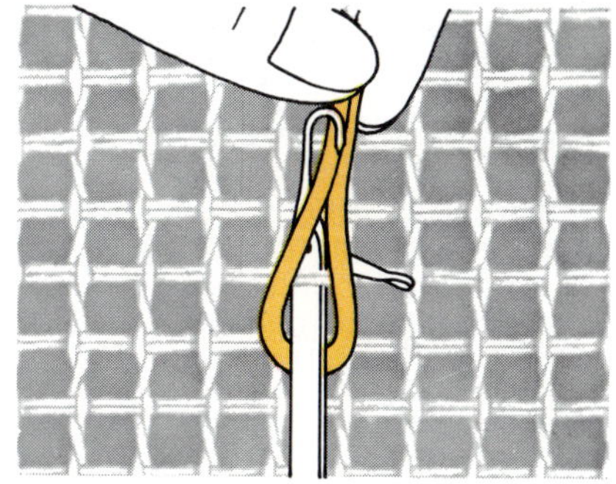

3. Die Garnenden nach oben bringen und, wie abgebildet, auf die Zunge und in den offenen Knüpfhaken legen

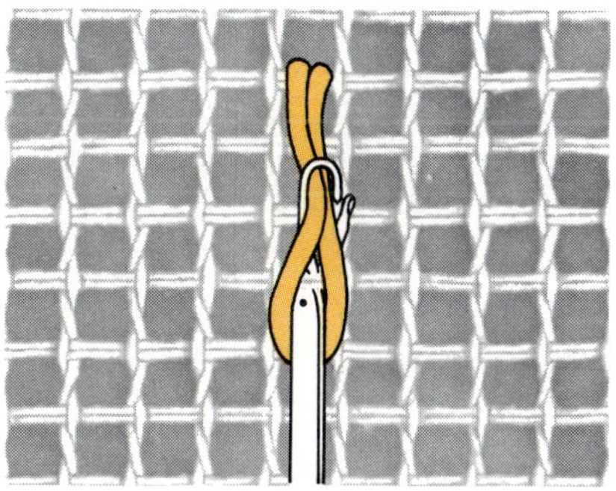

4. Den Haken unter dem Querfaden nach unten ziehen. Wenn sich die Zunge des Hakens schließt, beide Garnenden loslassen

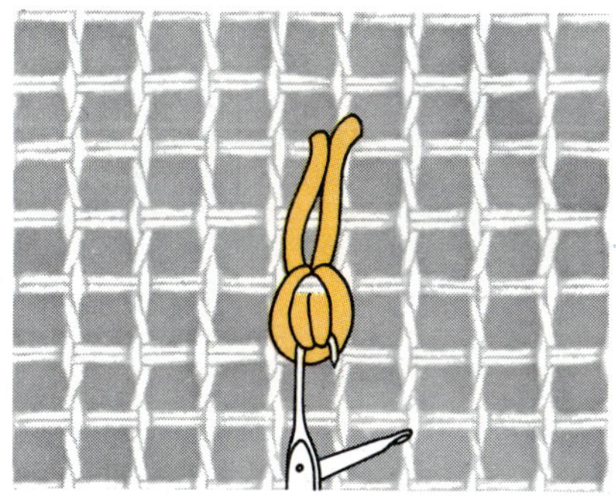

5. Den Haken ganz durchziehen, bis die Garnenden durch die Schlinge schlüpfen und einen Knoten bilden

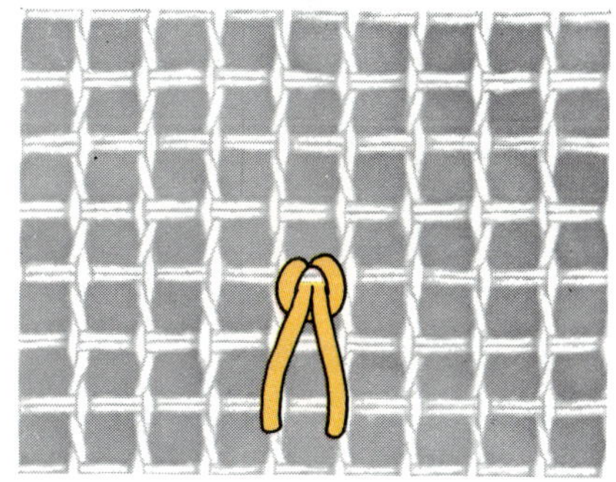

6. An den Garnenden ziehen, um den Knoten zu festigen und beide Garnenden auf die gleiche Länge zu bringen

Zusätzliche Techniken

Um einen mehrfädigen Knoten zu bilden, die Mehrfachfäden wie einzelne behandeln. Den Knoten wie oben beschrieben bilden

Reihen aus mehrfädigen Knoten können in jeder oder in jeder zweiten Querreihe, wie oben gezeigt, gearbeitet werden

Melierter Flor mit einfädigen Knoten Für jeden Knoten eine andere Farbe verwenden; die Farben reihenweise versetzen

Melierter Flor mit mehrfädigen Knoten Verschiedene Farben miteinander in jeder oder jeder zweiten Reihe verknüpfen

Teppich · Knüpfteppiche arbeiten

Nadel einfädeln 19 Zubehör für Knüpfteppiche 376
Muster übertragen 380–381

Ryatechnik

Bei der Ryatechnik werden auf einem speziellen Grundstoff Ryastiche mit einer Nadel mit gebogener Spitze oder einer dicken Sticknadel ohne Spitze reihenweise von unten nach oben ausgeführt. Die Schlingen, die zwischen den Stichen entstehen, bilden den Flor. Die Beschaffenheit des Flors hängt vom Garntyp ab, aber auch davon, mit wie vielen Fäden und wie lang man die Schlingen arbeitet und ob sie aufgeschnitten werden oder nicht.

Ryastiche bildet man im allgemeinen mit drei oder vier Fäden Ryagarn; die Schlingen können beliebig lang sein, sind aber meist 2,5–5 cm. Wenn man ein Stäbchen benutzt, ist die Länge vorgegeben; Geübte können ohne Stäbchen arbeiten und die Stichlänge selbst bestimmen. Bei beiden Methoden muß man darauf achten, daß die Schlingen länger als der Reihenabstand sind, d. h., sie müssen lang genug sein, um die Knoten der darunterliegenden Reihe abzudecken.

Die Schlingenlänge sowie Farbe und Art des Garns können dem Muster entsprechend in der Reihe wechseln. Sieht das Muster einen melierten Flor vor, fädelt man verschiedene Farben miteinander ein.

Ryastiche können auch auf Teppichstramin gearbeitet werden; der wesentliche Unterschied besteht darin, daß die Stichreihen hier dichter gesetzt werden können.

Linkshänder arbeiten die Stiche und Reihen von rechts nach links; die Nadelspitze weist dann nach rechts.

1. Links unten beginnen. Um einen Längsfaden (1–2) stechen; durchziehen, bis Garnende die vorgesehene Schlingenlänge hat

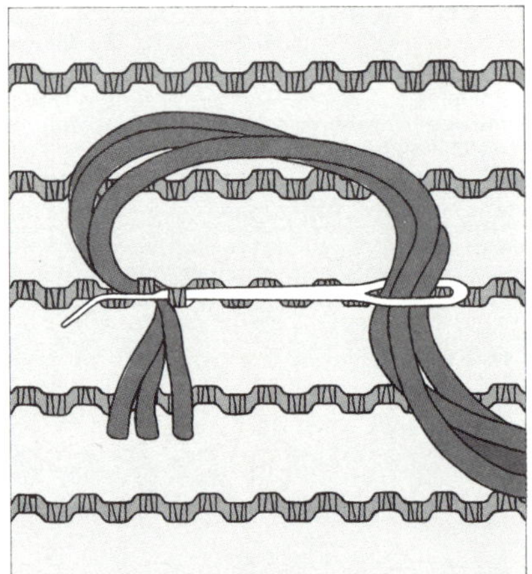

2. Faden nach oben legen, um den nächsten Längsfaden (3–4) stechen und ganz durchziehen, um den ersten Knoten zu bilden

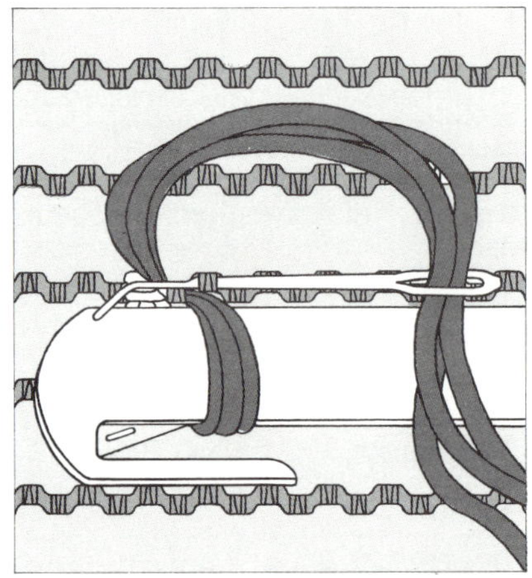

3. Rechts vom ersten Knoten einen zweiten bilden, dabei um das Stäbchen eine Schlinge in gewünschter Länge bilden

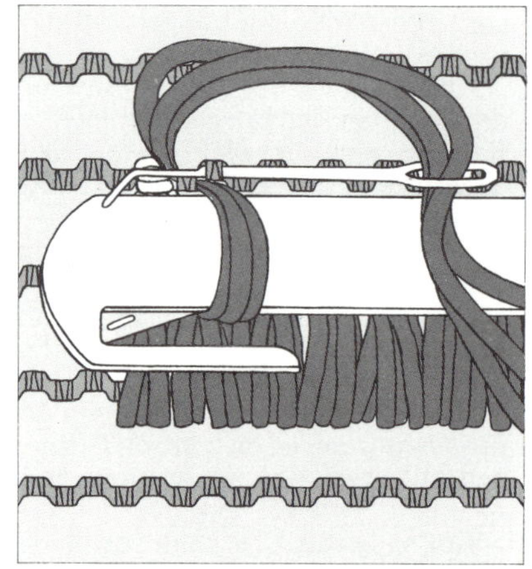

4. Stäbchen vollknüpfen, Schlingen bis auf 2 aufschneiden, Stäbchen wieder vollknüpfen usw. Zweite Reihe über der ersten arbeiten

Zusätzliche Techniken

Für einen melierten Flor Fäden in den gewünschten Farben miteinander einfädeln. Die Stiche wie üblich ausführen

Schlingen aufschneiden Die Schere durch einige Schlingen schieben, die Schlingen straffziehen und durchschneiden

Ryatechnik auf Teppichstramin Den doppelten Längsfaden teilen, unter den linken Einzelfaden (1–2), dann unter den rechten (3–4) stechen. In jeder Reihe wiederholen oder Reihen beliebig überspringen; die Schlingen müssen jedoch die Knoten der Vorreihe überdecken

Nach einer Zählvorlage arbeiten

Manchmal werden Muster für Knüpfteppiche in Form einer Zählvorlage angeboten. Auf solchen Vorlagen stellt jedes Kästchen einen Stich bzw. Knoten dar.

Außer der Anordnung der Stiche bzw. Knoten gibt eine Zählvorlage meist auch die Farben und die Garnsorten sowie die Länge und Zahl der Fäden pro Stich (Knoten) an. Fehlen diese Angaben, muß man die Einzelheiten selber bestimmen.

Die Kästchen werden entweder mit der eigentlichen Farbe oder mit einem entsprechenden Symbol gefüllt. Auch Garntyp sowie Länge und Zahl der Fäden können mit Symbolen gekennzeichnet sein; meistens werden sie jedoch in einer beigefügten Anleitung angegeben. Die Symbole selber werden in einem beigefügten Schlüssel erklärt. Eine Reihe offener Quadrate bedeutet in der Regel eine offene Reihe auf dem Grundstoff.

Der Stoffbedarf für das jeweilige Muster ergibt sich aus der Zahl der Längs- und Querfäden, die auf der Zählvorlage abgebildet ist; hinzu kommt eine entsprechende Zugabe an allen Kanten für das Versäubern (S. 380). Bei der Berechnung des Stoffbedarfs stellt man auch die Garnmenge fest, die für das Muster erforderlich ist (S. 388). Nach der Zählvorlage arbeitet man in Reihen von links nach rechts und von unten nach oben.

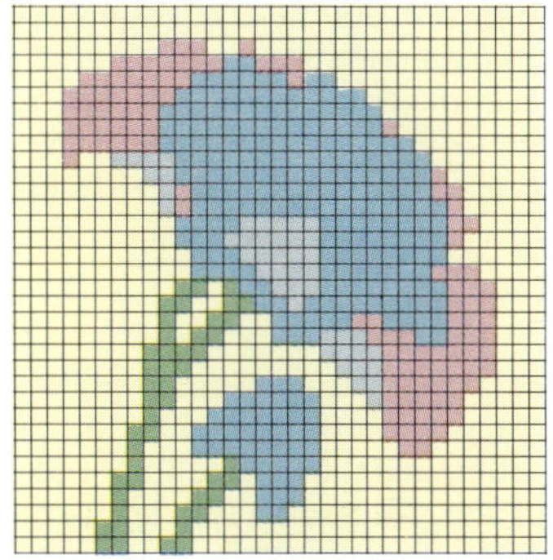

Auf einer Zählvorlage stellt jedes Kästchen einen Stich bzw. Knoten auf dem Grundstoff dar. Oben eine Zählvorlage, rechts dasselbe Muster, mit dem Knüpfhaken auf Stramin gearbeitet (gezeigt ist die Unterseite)

Flor scheren und formen

Bei einem Knüpf- oder Ryateppich werden zum Schluß die Fäden auf eine einheitliche Florhöhe gebracht. Dazu verwendet man am besten eine Teppichschere, die parallel zum Flor gehalten werden kann (S. 394).

Wurden bei einem Knüpfteppich bestimmte Bereiche mit einem längeren Flor gearbeitet, kann es erforderlich sein, diesen (wie beim ersten Beispiel unten gezeigt) auf eine passendere Länge zurückzuschneiden oder so zu formen, daß bestimmte reliefartige Konturen entstehen (zweite und dritte Abbildung). Alle drei Beispiele sind Ausschnitte aus dem Teppich auf Seite 407.

Bei einem Ryateppich mit nicht aufgeschnittenen Schlingen kann man die Florhöhe nachträglich nicht mehr korrigieren; die Schlingen müssen beim Knüpfen in der richtigen Länge gearbeitet werden, um die gewünschten Effekte zu erzielen.

Um den Flor zu kürzen, mehrere Fäden senkrecht hochziehen und waagrecht in gleicher Höhe auf die gewünschte Länge schneiden. Über die ganze Fläche wiederholen

Um eine Fläche reliefartig zu formen, den Flor auf die dazu erforderlichen Längen scheren. Oben links werden die Fäden auf einer Seite kürzer geschnitten; rechts entsteht ein kleiner Hügel, indem die Fäden an den Rändern kürzer geschnitten werden. Schneidet man aus Versehen zu viel ab, die Knoten neu arbeiten und noch einmal scheren

Methoden der Fertigstellung

Tuftingteppiche
Knüpfteppiche auf Stramin
Ryateppiche

Tuftingteppiche fertigstellen

Bevor man mit der Fertigstellung eines mit Haken oder Stanznadel hergestellten Teppichs beginnt, prüft man, ob auf der Oberseite des Teppichs alle Stoff- und Garnenden auf Florhöhe geschnitten wurden, und ob auf der Rückseite lange Querstiche zu sehen sind. Wenn ja, werden sie in der Mitte aufgeschnitten, die Enden auf die Vorderseite gezogen und dort auf Florhöhe geschnitten. Unten und gegenüber wird gezeigt, wie man Latex aufträgt, einen Teppich säumt, einfaßt und füttert und wie ein Kissen angefertigt wird.

Latex auftragen

Latex, eine zähflüssige Gummimasse, wird dazu verwendet, den Flor eines mit der Stanznadel hergestellten Teppichs auf der Rückseite fest mit dem Grundstoff zu verbinden. Bei einem mit dem Haken gearbeiteten Teppich ist dies nicht erforderlich. Latex macht jedoch jeden Teppich strapazierfähiger und rutschfest. Latex wird dünn aufgetragen und gleichmäßig verteilt; der Grundstoff muß ganz abgedeckt werden. Für gute Ergebnisse hält man sich genau an die Anweisungen des Herstellers. Erst wenn der Teppich völlig trocken ist, kann der Kantenabschluß gemacht werden. Dazu benötigt man eine spitze Nadel und einen Fingerhut, um die Nadel durch den mit Latex beschichteten Grundstoff zu stechen.

1. Eine kleine Menge Latex auf die Mitte des Grundstoffs gießen und mit starkem Karton oder einer Spachtel verstreichen

2. Latex dünn, aber deckend auftragen. Jeweils nur kleine Mengen verstreichen, bis die ganze Rückseite bedeckt ist

Säumen

Die Kanten eines Tuftingteppichs können gesäumt werden, wenn der Grundstoff aus Leinen oder Halbleinen besteht und der Teppich nicht allzu groß ist. Gröberer Rupfen ist steif, die Fasern knicken beim Umbiegen und brechen mit der Zeit. Hat man ihn als Grundstoff verwendet, empfiehlt es sich, die Kanten einzufassen (S. 393). Im allgemeinen wird jeder große und vielbegangene Teppich eingefaßt – die Kanten sind dann wesentlich haltbarer. Außerdem ergibt eine Einfassung bei runden und ovalen Teppichen einen schöneren Abschluß. Zum Säumen benötigt man Zwirn oder einen starken Baumwollfaden, eine spitze Nadel und einen Fingerhut.

Um einen Teppich zu säumen, überstehenden Grundstoff an allen Seiten auf 5 cm zurückschneiden. Bei dünneren Stoffen alle Kanten 6 mm einschlagen. Saum an 2 gegenüberliegenden Seiten möglichst dicht an letzter Florreihe umschlagen und auf Rückseite annähen. An restlichen beiden Kanten Saum ebenso umschlagen und, wie oben abgebildet, annähen

Einfassen

Eine Einfassung ergibt bei jedem Teppich einen sehr haltbaren Randabschluß; sie ist unbedingt nötig, wenn die Kanten des Grundstoffs durch das Einspannen in den Rahmen ausgefranst sind oder wenn der Grundstoff aus gröberem Rupfen besteht, da offene Rupfenfäden leicht brechen und sich mit der Zeit abnützen.

Teppichband ist ein festgewebtes Baumwollband; es ist in Beige und in anderen neutralen Farben erhältlich. Da die Einfassung auf der Oberseite des Teppichs nicht sichtbar ist, muß sie farblich nicht genau zum Teppich passen, man kann sie jedoch nach Wunsch färben. Man kauft das Band in der gesamten Kantenlänge des Teppichs plus mindestens 5 cm zum Überlappen. Außerdem braucht man starken Leinen- oder Baumwollfaden und eine starke Nadel. Bei einer Latexbeschichtung ist ein Fingerhut erforderlich, um die Nadel durch den Stoff zu stechen.

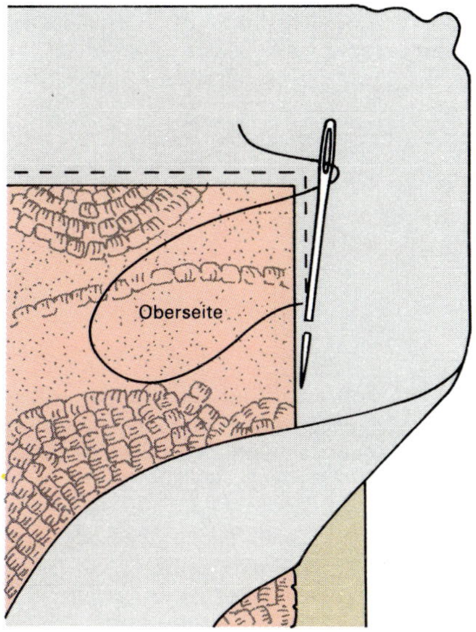

Viereck einfassen: 1. Kanten auf 2 cm zurückschneiden. Band rechts auf den Grundstoff legen, so daß Bandkante und letzte Schlingenreihe übereinstimmen; 3 mm von der Kante mit starkem Faden annähen

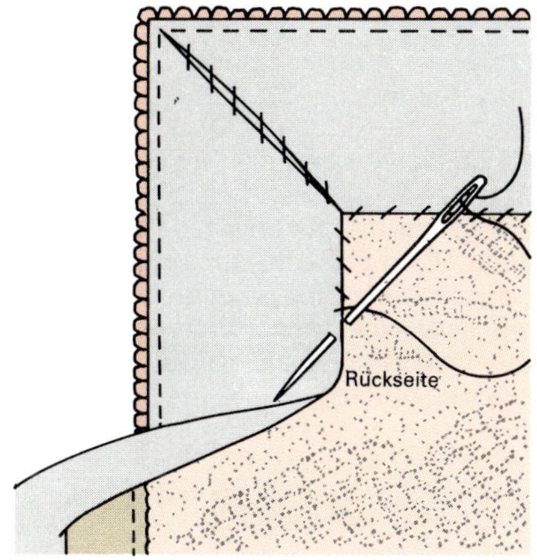

2. Band auf die Rückseite schlagen und feststecken. Die Ecken wie oben schräg einfalten. Die Eckfalten zunähen; das Band locker an den Teppich nähen, damit sich die Ränder nicht kräuseln und werfen

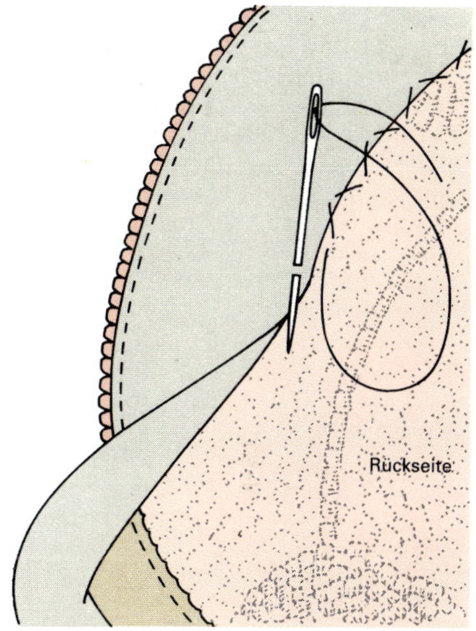

Um einen runden oder ovalen Teppich einzufassen, Schrägstreifen zuschneiden (S. 258). Beim Annähen die Außenkante des Schrägstreifens etwas dehnen; die Innenkante etwas einhalten, um sie der Rundung anzupassen

Füttern

Wird ein selbstgefertigter Teppich voraussichtlich viel begangen werden, empfiehlt es sich, ihn zu unterlegen. Dies kann auf zweierlei Art geschehen. Da bei der einen Methode der Teppich gewendet werden muß, eignet sie sich nur für kleine Teppiche und Kissen. Ist ein Teppich zum Wenden zu groß, schlägt man die Kanten von Futterstoff und Grundstoff ein und näht beide, wie in der Abbildung ganz rechts gezeigt, zusammen.

Als Futterstoff wählt man am besten einen festen, dicht gewebten Baumwollköper. Für einen Kissenbezug genügen weniger haltbare Futterstoffe, die aber in der Regel dekorativ sein sollen. Bei der Anfertigung des Kissenbezugs folgt man der Anleitung rechts, zieht ihn dann über ein Kissen oder füllt ihn mit loser Kunstfaserwatte und schließt die Einfüllöffnung.

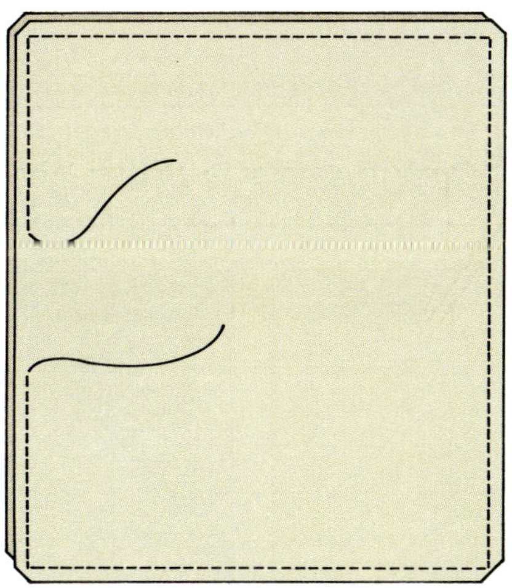

Kleine Teppiche Futter in Fertiggröße plus 1 cm breite Nahtzugaben schneiden. Grundstoff und Futter rechts auf rechts zusammennähen; Öffnung lassen. Ecken beischneiden. Wenden; Öffnung schließen

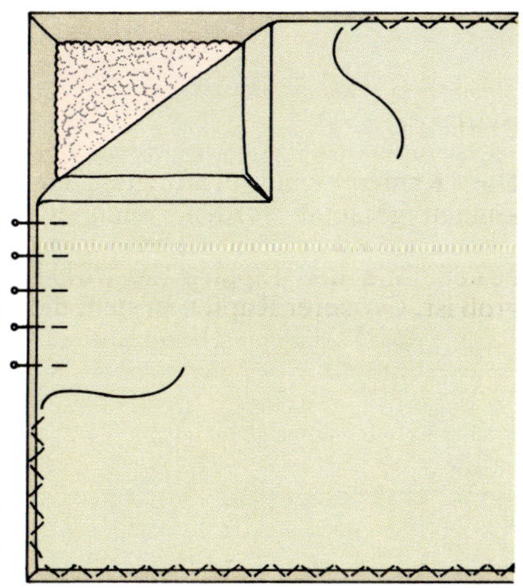

Große Teppiche Futter in Fertiggröße plus 2,5 cm breite Nahtzugaben schneiden. Diese umbügeln. Grundstoffkanten auf 2,5 cm zurückschneiden und einschlagen. Futter links auf links auf Teppich stecken und annähen

Bügeln

Ein Schlingenteppich sollte gedämpft werden. Wird er mit Latex beschichtet, bügelt man ihn vorher, sonst nach der endgültigen Fertigstellung. Man verwendet ein Dampfbügeleisen und ein Bügeltuch; die Schlingen legen sich dadurch gleichmäßig. Den Teppich legt man mit der Oberseite auf ein Bügelbrett. Ist er dafür zu groß, breitet man ihn auf einem Laken auf dem Boden oder auf einem Tisch aus. Man feuchtet ein Handtuch oder ein schweres Baumwolltuch an; das Tuch soll feucht, aber nicht naß sein. Das Tuch breitet man über den Teppich und bügelt darüber. Sobald es trocken wird, feuchtet man es wieder an. Ist die ganze Rückseite gedämpft, kann man den Teppich umdrehen und anschließend auch die Vorderseite behandeln. Der Teppich muß vor der Benutzung gründlich trocknen.

Teppiche · Fertigstellung

Knüpftechnik 389
Flor formen 391

Knüpfteppiche auf Stramin fertigstellen

Bevor man mit der Fertigstellung beginnt, prüft man auf der Rückseite nach, ob ein Knoten ausgelassen wurde (dies ist auf der Rückseite leichter zu erkennen) und füllt die Lücke gegebenenfalls aus. Ein aufgeschnittener geknüpfter Flor kann etwas ungleichmäßig sein. Er wird mit einer gebogenen Teppichschere (S. 377), wie unten gezeigt, zurechtgeschnitten. Wie der Flor geformt wird, zeigt die Seite 391.

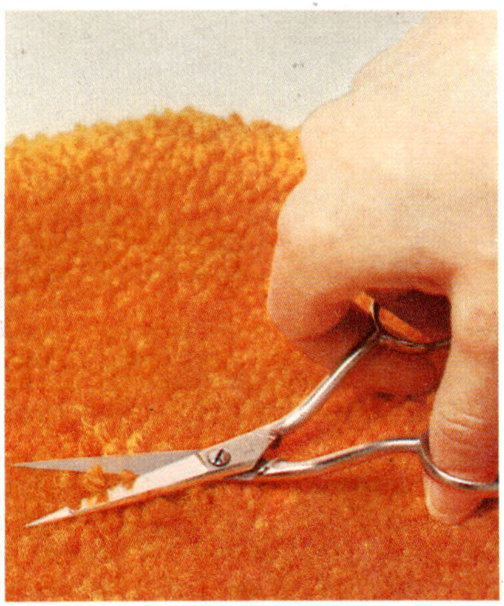

Einen aufgeschnittenen geknüpften Flor mit einer gebogenen Teppichschere scheren. Die Schneide liegt parallel zur Oberfläche

Einfassen

Um einen auf Stramin geknüpften Teppich einzufassen, benötigt man Teppichband, eine starke Nadel und starken Baumwoll- oder Leinenfaden. Nachdem der Teppich vollständig geknüpft wurde, schneidet man die überstehenden Straminkanten auf 2,5 cm zurück; die Ecken werden schräg beigeschnitten. Bei einem viereckigen Teppich braucht der überstehende Stramin nicht auf die Rückseite gefaltet und genäht zu werden. Dies ist jedoch bei einem runden oder ovalen Teppich erforderlich – so läßt sich die Einfassung leichter anbringen; dazu siehe unten.

Viereckige Teppiche 1. Teppichband rechts auf rechts entlang der Florkante auf den Teppich nähen. Die Enden 5 cm überlappen

2. Band so auf Rückseite schlagen, daß es Straminkanten abdeckt; annähen. Ecken schräg falten; Faltkanten zusammennähen

Oval oder Kreis: 1. Stramin auf 2,5 cm zurückschneiden und bis kurz vor der letzten Knotenreihe einkerben

2. Straminkanten auf Rückseite schlagen. Die Teile zwischen den Kerben dürfen sich nicht überlappen. Auf die Rückseite nähen

3. Außenkanten von Band und Teppich zusammennähen. Innenkante des Bands annähen, dabei Überschuß zu Abnähern falten

Füttern

Um einen Teppich zu füttern oder einen Kissenbezug zu nähen, folgt man den Anleitungen für Tuftingteppiche auf Seite 393.

Es gibt jedoch zwei Ausnahmen: Bei einem Kissen oder einem kleinen Teppich muß der Flor an den Kanten nach innen umgelegt werden, damit die Fäden nicht von der Naht mitgefaßt werden. Will man einen großen Teppich füttern, schlägt man die Straminkanten um und näht sie an die Rückseite. So läßt sich das Futter leichter anbringen.

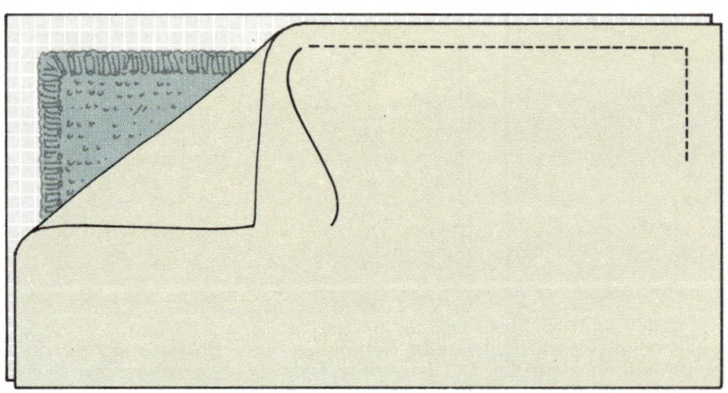

Bei einem kleinen Teppich oder einem Kissen den Flor an den Kanten nach innen umlegen, damit er nicht von der Naht mitgefaßt wird

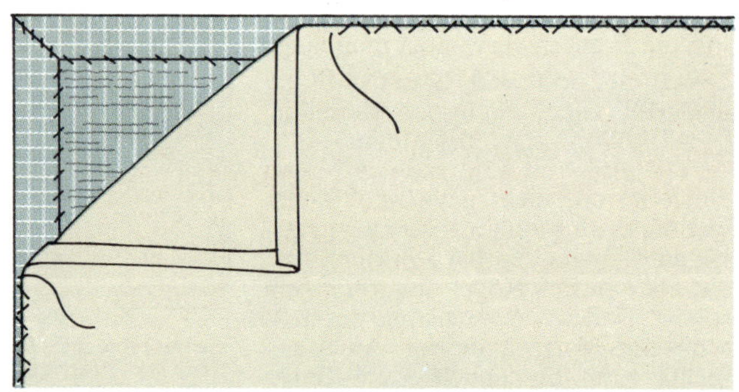

Bei einem großen Teppich die Straminkanten auf die Rückseite nähen. Futterkanten 2,5 cm umbügeln und auf die Straminkanten nähen

Umstochene Kanten

Um die Kanten eines auf Stramin gearbeiteten Teppichs zu versäubern, kann man sie mit einem farblich zum Teppich passenden Garn umstechen. In diesem Fall muß man die Kanten des Stramins an allen Seiten einschlagen, bevor man mit der Knüpfarbeit beginnt. Zum Schluß umsticht man die eingeschlagenen Kanten durch beide Straminlagen. Bei vorgeschnittenem Teppichgarn muß man einen Strang vom selben Garntyp kaufen; bei Rya- oder Wollstickgarn verwendet man beim Umstechen mindestens zwei Fäden, damit der Stramin an der Kante nicht durchscheint.

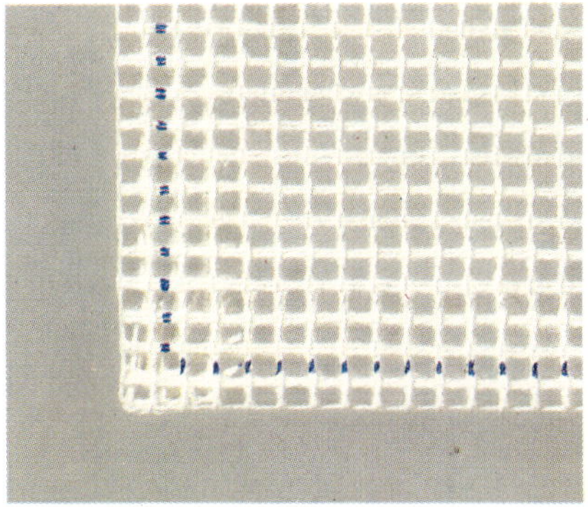

Vor dem Knüpfen die Straminkanten so umschlagen und befestigen, daß eine Lochreihe außerhalb des Musters frei bleibt

Langettenstich (S. 26) 5 cm langes Fadenende lassen. In jedes Loch mindestens 3 Stiche arbeiten. Am Schluß über Fadenende nähen

Umstechen Von hinten durchstechen, Faden über Stramin legen, wieder durchstechen. Die Stiche müssen den Stramin überdecken

Flechtstich Stets von hinten durchstechen. Durch erstes Loch stechen. 4 Löcher überspringen und durch fünftes Loch stechen. Durch zweites, dann durch sechstes Loch, durch drittes, dann durch siebtes Loch stechen usw. Folge über ganze Kante wiederholen

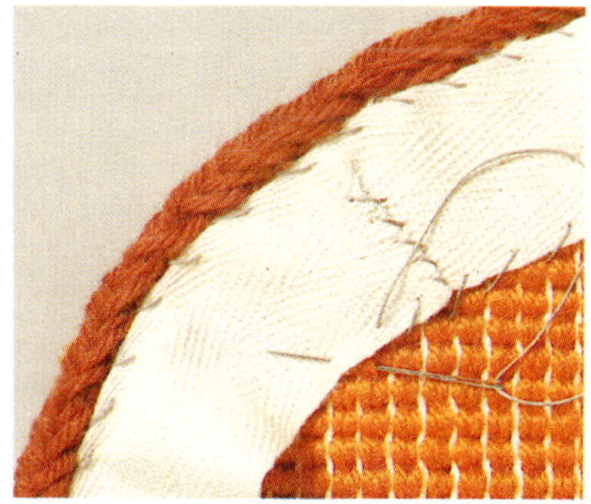

Kante mit Zopfstich umstechen und einfassen Die Straminkanten auf die Rückseite nähen (S. 394), dabei eine Lochreihe am Rand frei lassen. In diese Reihe Zopfstiche nähen; dann das Teppichband anbringen (S. 394). Bei runden und ovalen Teppichen üblich

Fransen

Für die Fransen verwendet man lange Fäden des Garns, mit dem die Knoten geknüpft wurden. Will man einen Orientteppich imitieren, nimmt man starken Bindfaden oder Baumwollhäkelgarn in Beige oder Naturweiß. Orientteppiche haben nur an den Schmalseiten Fransen; andere Teppiche können auf allen Seiten mit Fransen versehen werden. Das Garn schneidet man zu Fäden, die etwas mehr als doppelt so lang wie die fertigen Fransen sind. Zum Schluß kann man noch Teppichband anbringen.

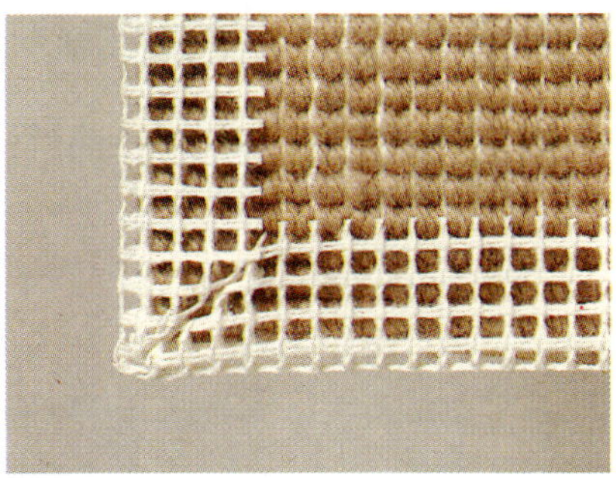

Fransen an 4 Seiten Die Straminkanten so einschlagen, daß je eine Lochreihe frei bleibt. Auf der Rückseite annähen (S. 394)

Fransen an den Schmalseiten Straminkanten so einschlagen und annähen, daß nur an Schmalseiten Lochreihe übersteht

Fransen anbringen Faden in der Mitte mit einer Häkelnadel von hinten durch ein Straminloch ziehen. Enden durch Schlinge ziehen.

Teppich · Fertigstellung

Ryateppiche fertigstellen

Ryastoff ist so gewebt, daß die deutlich sichtbaren, freiliegenden Längsfäden als Anhaltspunkte für die Anordnung der Knoten dienen. Er ist in verschiedenen Breiten erhältlich. Wenn man ihn in der fertigen Breite des Teppichs kauft, werden die Knoten bis zu den Webkanten geknüpft; diese brauchen nicht versäubert zu werden, sondern nur die Ober- und Unterkante. Ryastoff ist auch in Vierecken verschiedener Größe erhältlich; diese Stücke haben an allen vier Seiten eine Webkante, so daß sich ein Kantenabschluß erübrigt.

Bei einem kleinen Kissen hat man möglicherweise auf allen vier Seiten offene Kanten. Diese liegen jedoch auf der Innenseite, nachdem die Rückseite aufgenäht ist (rechts).

Bei den unten gezeigten Kantenabschlüssen werden Teppichband sowie Fransen an das obere und untere Ende des Teppichs angebracht. Ryateppiche haben üblicherweise nur an den Schmalseiten Fransen.

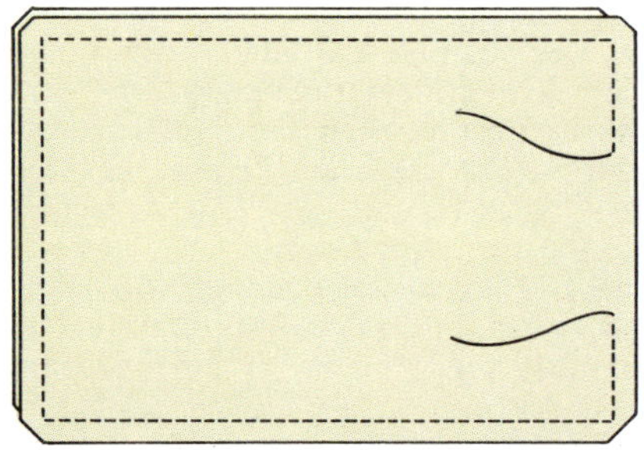

Kissen: 1. Kanten auf 1 cm zurückschneiden. Rückseite 1 cm breit annähen; Öffnung lassen

2. Ecken beischneiden. Den Bezug wenden, füllen und die Öffnung schließen

Einfassen

Da Ryastoff an beiden Seiten Webkanten hat, müssen nur Ober- und Unterkante mit einer Einfassung aus Teppichband versäubert werden. Das Band wird entlang der Gewebekreuze jeweils über der ersten und unter der letzten Knotenreihe des Teppichs angenäht. Wenn es auf die Rückseite geschlagen wird, bleibt ein Rand des Grundstoffs sichtbar, der aber von den Schlingen abgedeckt wird, sobald der Teppich liegt. Außer Teppichband benötigt man eine starke Nadel und einen festen Faden.

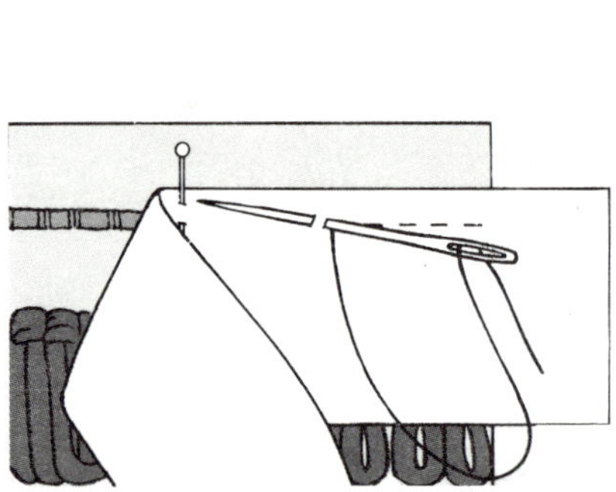

1. Band in Teppichbreite plus 5 cm schneiden. Entlang der Gewebekreuze so annähen, daß beidseitig 2,5 cm überstehen

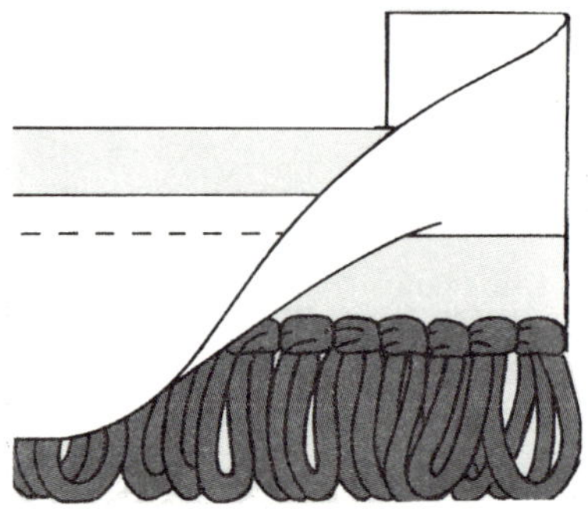

2. Die überstehenden Enden auf die Rückseite schlagen, um eine saubere Kante zu bilden, dann das Band umschlagen

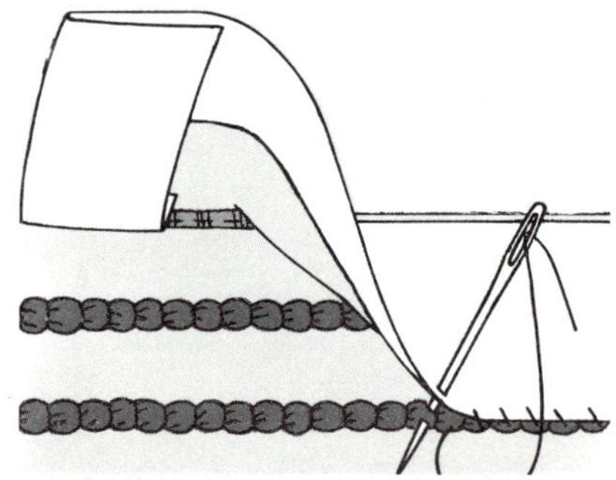

3. Das Band an den Teppich nähen. Dann die eingeschlagenen Enden an der Seitenkante hohl an den Grundstoff nähen

Fransen

Fransen werden üblicherweise nur an den Schmalseiten eines Ryateppichs angebracht. Sie werden aus demselben Ryagarn gearbeitet, das für den Teppich verwendet wurde.

Man knüpft die Fransen durch die Reihe von Längsfäden, die unmittelbar unter der letzten bzw. über der ersten Knotenreihe des Teppichs liegen. Die Fransen sollten mindestens doppelt so lang wie der Teppichflor oder sogar noch etwas länger sein. Die Schlingen können nach Belieben aufgeschnitten werden oder geschlossen bleiben. Das Teppichband wird zum Schluß an diese Kanten angenäht. (ganz rechts).

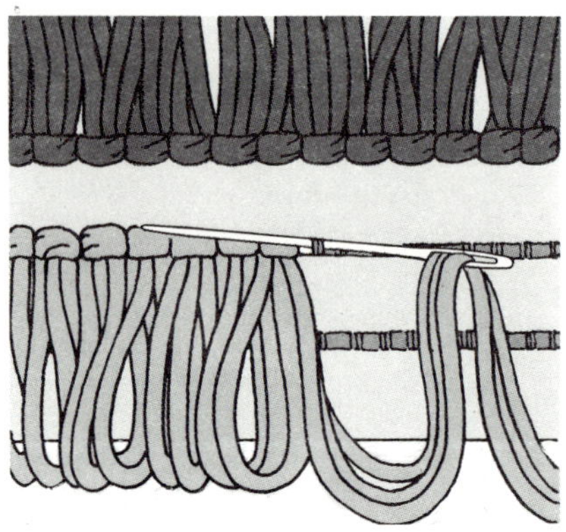

1. Eine Reihe Ryaknoten jeweils über der ersten und unter der letzten Reihe Teppichknoten knüpfen

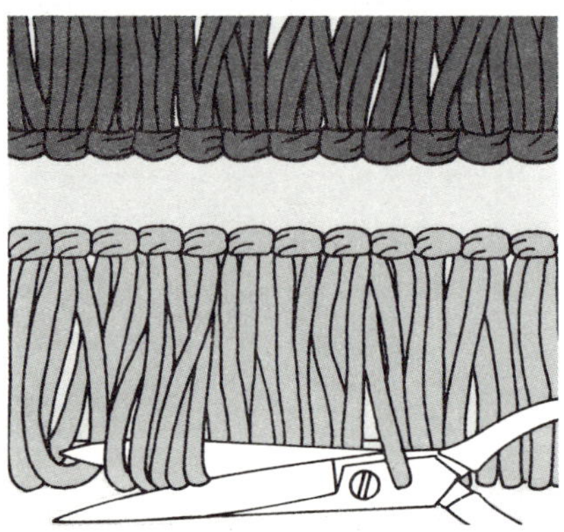

2. Die Schlingen mindestens doppelt so lang wie die im Teppich bilden und nach Belieben aufschneiden oder ganz lassen

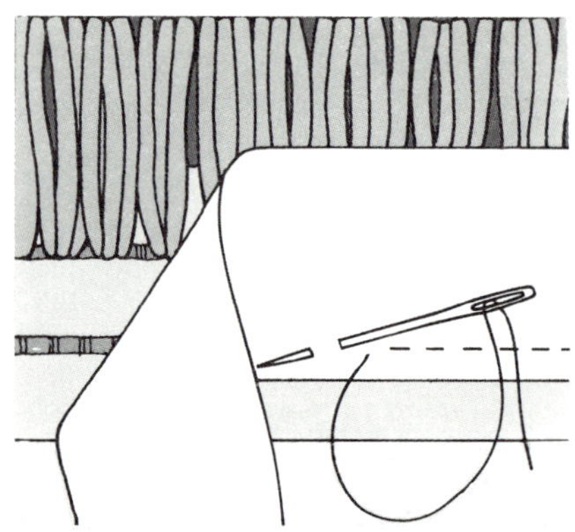

3. Teppichband zum Schluß unmittelbar über der oberen bzw. unter der unteren Fransenreihe annähen

Pflege von handgearbeiteten Teppichen

Ein handgearbeiteter Teppich sieht besser aus und hält länger, wenn man ihn richtig pflegt und behandelt.

Rutschfest machen Um Unfällen vorzubeugen, sollte ein kleiner Teppich mit einer rutschfesten Unterlage versehen werden. Wenn er an einer wenig begangenen Stelle liegt, genügt es, die Ecken mit rutschfesten Streifen zu unterlegen. Eine Teppichrückseite, die mit Latex beschichtet wird, um den Flor zu befestigen, wird dadurch auch rutschfest.

Unterlegen Handgearbeitete Teppiche oder Brücken, die auf Teppichboden liegen, nutzen sich weniger schnell ab. Sollen sie auf Parkett, Fliesen usw. gelegt werden, empfiehlt es sich, sie mit dünnem Schaumstoff zu unterlegen.

Staubsaugen Handgearbeitete Teppiche können und sollen regelmäßig mit dem Staubsauger gereinigt werden. Wolle stößt Schmutz ab; ein Staubsauger nimmt den losen Schmutz von der Oberfläche auf. Kleine Teppiche können umgedreht und auch von links abgesaugt werden. Rya- und Knüpfteppiche haben einen höheren Flor, in dem sich der Schmutz leichter verfängt. Kleinere Stücke schüttelt man vor dem Saugen, damit der Staubsauger den Schmutz leichter aufnehmen kann.

Flecken entfernen Flecken sollten möglichst sofort behandelt werden, sonst setzen sie sich fest und sind später schwer zu entfernen. Man verwendet einen zuverlässigen Fleckenentferner und hält sich an die Anweisungen des Herstellers.

Chemisch reinigen Alle handgearbeiteten Teppiche können chemisch gereinigt werden; wird der Teppich viel begangen, ist dies ein- bis zweimal im Jahr erforderlich. Bei der Abgabe weist man am besten darauf hin, daß es sich um einen handgearbeiteten Teppich handelt.

Waschen Teppiche sollten nie ganz durchfeuchtet werden. Es gibt im Handel mehrere Teppichreinigungsmittel in trockener und flüssiger Form. Ein Trockenreiniger wird auf den Teppich gesprüht und nach einer bestimmten Zeit abgesaugt. Flüssigreiniger werden mit einem feuchten Tuch aufgetragen. Bevor man ein solches Mittel anwendet, saugt man den Teppich gründlich ab. Einige Reinigungsmittel entwickeln starke Dämpfe; die Anleitungen muß man sorgfältig beachten und bei der Anwendung gut lüften.

Ausbessern Mit etwas Garn oder einigen Stoffstreifen in den Farben des Teppichs kann man kleine Schäden, wie ein Brandloch, einen Riß oder einen Fleck, der nicht mehr herausgeht, ausbessern. Die Fläche markiert man mit Stecknadeln (unten), dann wendet man den Teppich, schneidet den beschädigten Flor vorsichtig auf der Rückseite auf und arbeitet die Fläche neu. Ist ein umstochener Rand beschädigt, zieht man die Fäden heraus, vernäht die Enden unter den angrenzenden Stichen und arbeitet die fehlenden Stiche mit passendem Garn neu.

Aufbewahren Um einen Teppich zu lagern oder zu transportieren, rollt man ihn mit dem Flor nach außen auf; so wird der Flor nicht zerdrückt und der Grundstoff nicht unnötig gedehnt. Er soll nie gefaltet werden. Wenn man einen Teppich längere Zeit lagern will, wickelt man ihn in ein altes Laken; Plastiksäcke sind ungeeignet, da sie nicht luftdurchlässig sind. Die meisten Teppichwollgarne sind mottenecht; zusätzlich kann man Mottenkugeln verwenden.

Tuftingteppiche ausbessern

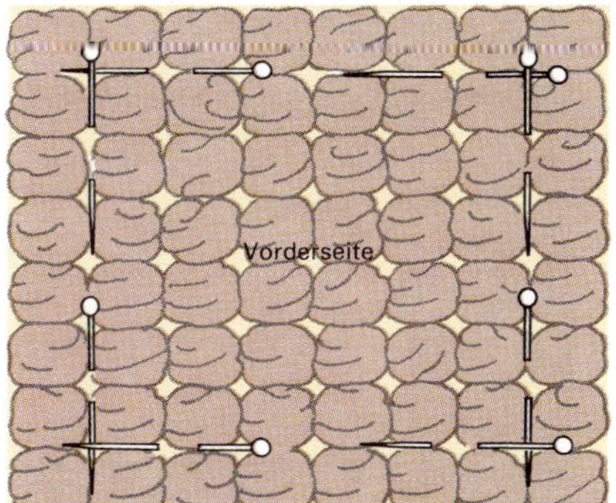

1. Schadstelle auf der Vorderseite mit Stecknadeln kennzeichnen. Notfalls den Flor zur Seite drücken, um die Nadeln anzubringen

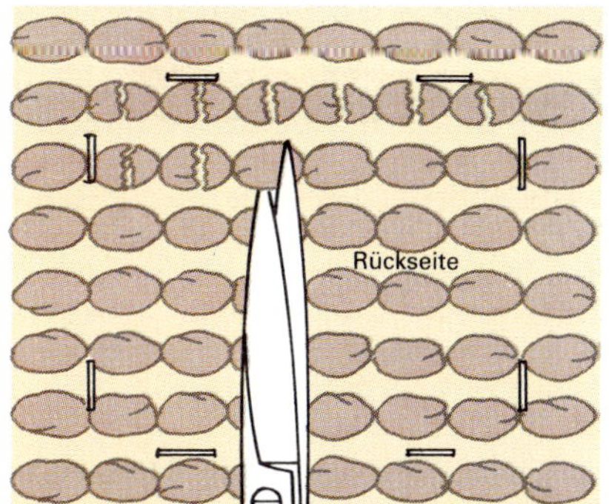

2. Teppich wenden, Garn oder Stoffstreifen im markierten Bereich aufschneiden, vorsichtig entfernen, Enden nach vorn bringen

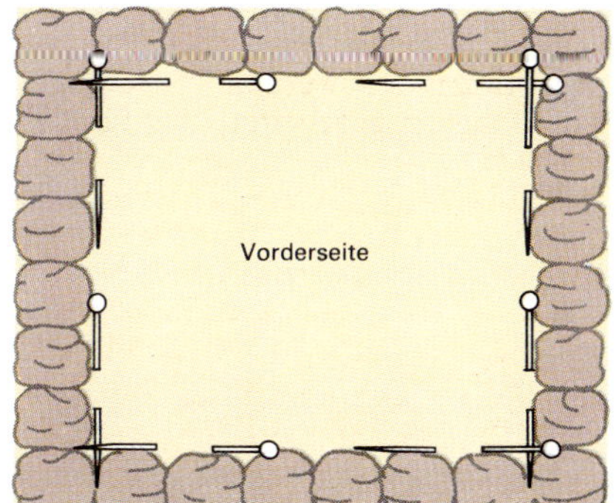

3. Die Schlingen mit passendem Material neu bilden. Enden nach vorn ziehen und auf Florhöhe schneiden. Stecknadeln entfernen

Flechttechnik

Material

Geflochtene Teppiche haben ihren Ursprung vermutlich in geflochtenen Stroh- oder Grasmatten, die auf den Boden aus gestampfter Erde gelegt wurden und wohl auch als Schlafmatten dienten. In der Form, in der wir sie kennen, waren sie ursprünglich eine Möglichkeit, Stoffreste zu verwerten. Viele Flechtteppiche werden noch heute aus Stoffresten oder alten Kleidungsstücken angefertigt. Ob man mit neuen Stoffen oder mit Resten arbeitet, bleibt die Technik im wesentlichen gleich; die folgenden Richtlinien gelten auch in beiden Fällen.

Schwere oder mittelschwere Wollstoffe eignen sich am besten für einen geflochtenen Teppich. Sie sollten schwer und dicht gewebt, weich, aber fest sein. Lockere Gewebe nutzen sich rascher ab; sehr steife Wollstoffe wie Gabardine lassen sich schwer zu Streifen verarbeiten. Baumwoll- und Leinengewebe sind weniger gut geeignet. Die meisten Synthetics besitzen die nötige Strapazierfähigkeit, laden sich jedoch statisch auf. In einem Teppich sollten in jedem Fall nur Stoffe mit einheitlichem Fasergehalt verarbeitet werden.

Will man neue Stoffe verwenden, kann man oft beim Hersteller Reste nach Gewicht günstig kaufen. Am billigsten läßt sich ein Teppich aus alten Mänteln, Anzügen, Röcken und Dekken anfertigen; alle Stoffe, die miteinander in einem Teppich verarbeitet werden, sollten etwa dasselbe Gewicht haben. Man entfernt die Reißverschlüsse, Einlagen, Kragen und Taschen. Abnäher und Nähte werden aufgetrennt. Abgetragene Bereiche wie Ellbogen, Knie und Hosenboden schneidet man heraus, ebenso alle von Motten zerfressenen Stellen. Die Teile wäscht man mit einem Feinwaschmittel und lauwarmem Wasser und hängt sie zum Trocknen auf. Wolle darf nicht im Trockenautomat getrocknet werden.

Der ovale Teppich in Braun und Gold fängt mit einer geraden Flechte in der Mitte an

Kauft man den Stoff als Meterware, rechnet man etwa 1,5 m eines 140 cm breiten Stoffs für 1 m^2 Teppich. Kauft man Wollstoff nach Gewicht oder verwertet man Reste, rechnet man etwa 500 g für 1 m^2 Teppich. Wieviel Stoff man benötigt, hängt auch davon ab, wie breit man die Streifen schneidet und wie straff die Zöpfe geflochten werden.

Die Kleidungsstücke wiegt man, nachdem Reißverschlüsse, Einlagen usw. entfernt wurden; bei gekauften Wollresten zieht man 10–20 Prozent für Abfälle ab. Jede Flechte muß etwa 20 cm länger als die der Vorreihe sein. Ist ein farbiges Muster vorgesehen, schätzt man die benötigten Mengen eher großzügig, damit nicht eine Farbe ausgeht.

Es gibt verschiedene Möglichkeiten, einen Flechtteppich farblich zu gestalten. Die einfachste Art, besonders für einen Anfänger oder bei der Verarbeitung alter Stoffe, ist ein Zufallsmuster – man kombiniert einfach die vorhandenen Farben. Am häufigsten sind farbige Streifen oder Bänder. Will man Farben zusammenstellen, gibt es bestimmte Richtlinien. In der Mitte wirken helle Farbtöne besser als dunkle. Eine dunkle Mitte sieht leicht wie eine Schießscheibe aus; dunkle Farben am Rand rahmen das Ganze ein. Der Mittelbereich sollte in einem ausgewogenen Verhältnis zur Teppichgröße sein. Am besten fertigt man eine Skizze an und koloriert die Reihen; so kann man die Zahl der Reihen für die Mitte bestimmen. Die Flechten müssen nicht einfarbig sein. Einfarbige Stoffe können mit Karo- oder Tweedstreifen verflochten werden. Kräftige Farben wirken am besten mit Beige oder anderen neutralen Farben kombiniert. Man muß auch berücksichtigen, daß die Wirkung einer Farbe auch von den benachbarten Farben abhängt.

Die Farbübergänge sollten fließend sein. Ein Streifen einer neuen Farbe wird in die erste Flechte eingearbeitet, zwei Streifen in die zweite usw., bis ein einfarbiges Band in der neuen Farbe entsteht. Die Farben der Flechten wechselt man stets an einer Kurve gegen Ende einer Runde und jedesmal etwa an der gleichen Stelle, um den Übergang von einem Farbbereich zum nächsten weniger abrupt zu machen.

Zubehör

Die geflochtenen Stoffstreifen für einen Flechtteppich werden entweder zusammengenäht oder verschnürt. Man benötigt eine Nähnadel und Zwirn, um die erste Rundung der Flechte zusammenzunähen, und für die übrigen Flechten eine stumpfe Nadel und Sattler- oder Polstergarn. Die Flechten sichert man mit einer Wäscheklammer, wenn man die Arbeit unterbrechen muß.

Zusätzlich gibt es noch einige Hilfsmittel, die ein schnelleres und bequemeres Arbeiten ermöglichen. Dazu gehört eine gute Schneiderschere, um die Streifen sauber schneiden zu können. Falls man mehrere solche Arbeiten oder ein größeres Projekt vorhat, ist eine elektrische Schere eine große Hilfe. Nützlich ist ebenfalls ein Nahttrenner, wenn man alte Kleidungsstücke auftrennt, Reißverschlüsse entfernt usw.

Kleine Flechtmatten kann man sehr schnell aus dicker Nylonkordel herstellen; sie sind waschbar, sehr strapazierfähig und besonders für das Badezimmer geeignet.

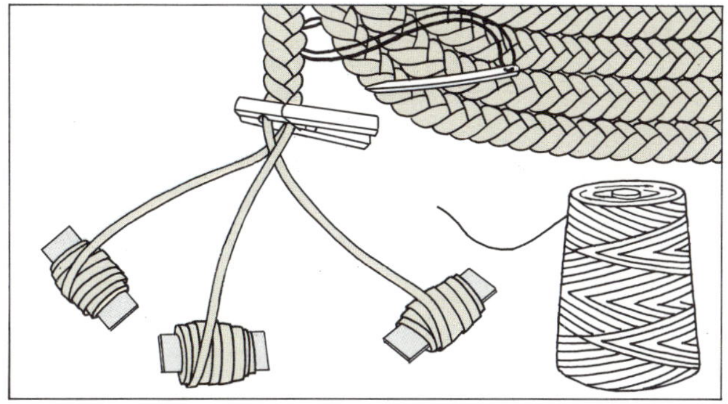

Die Flechte links wird mit einer Wäscheklammer festgehalten, während der bereits fertige Teil verschnürt wird. Die Enden der 3 Stoffstreifen sind auf Kartonstücke aufgerollt, damit sie beim Flechten glatt bleiben und sich nicht verheddern

Stoffstreifen machen

Die Stoffe für einen Flechtteppich werden zunächst in 3–6 cm breite Streifen geschnitten; die Breite hängt von der Schwere des jeweiligen Stoffs ab sowie von der gewünschten Breite der Flechte. Die Streifen schneidet man stets fadengerade (dehnbare Schrägstreifen sind für die Flechttechnik nicht geeignet), und zwar längs oder quer, je nachdem, welche Richtung die längsten Streifen ergibt. Um die optimale Breite der Flechte festzustellen, schneidet man je drei Streifen in verschiedenen Breiten zu, flicht sie zu je einem Zopf und wählt die Breite, die am ausgewogensten wirkt.

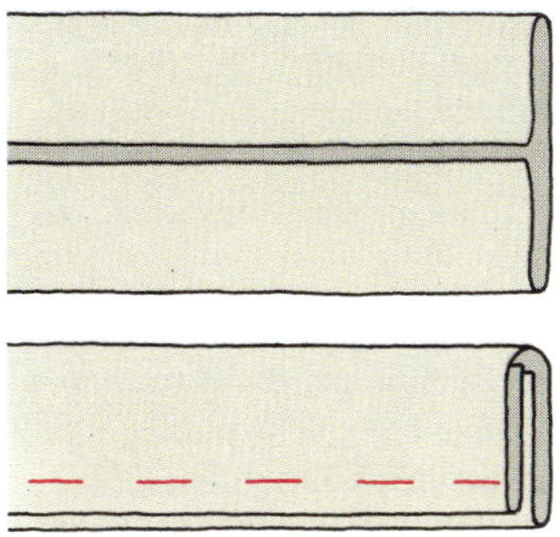

Stoffstreifen so falten, daß die Längskanten in der Mitte liegen (links oben). Dann die Faltkanten aufeinanderlegen (unten) und nach Belieben mit großen Stichen zusammenheften

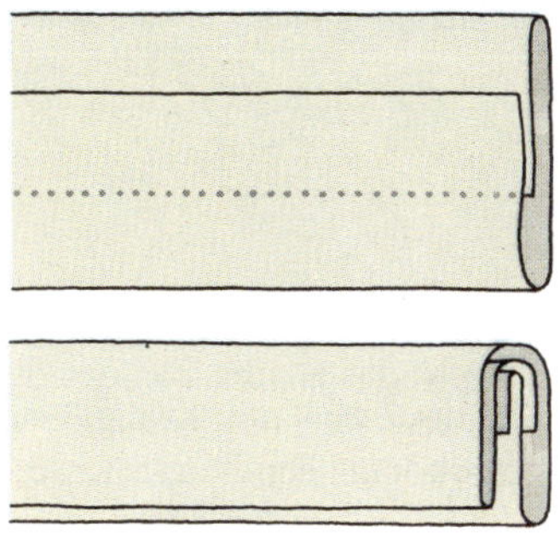

Leichte Stoffe so falten, daß die Schnittkanten in der Mitte überlappen (links oben). Dann die Faltkanten aufeinanderlegen (unten) und nach Belieben zusammenheften

Die Handhabung der gefalteten Streifen ist einfacher, wenn man sie mit dem nicht zu heißen Bügeleisen leicht bügelt

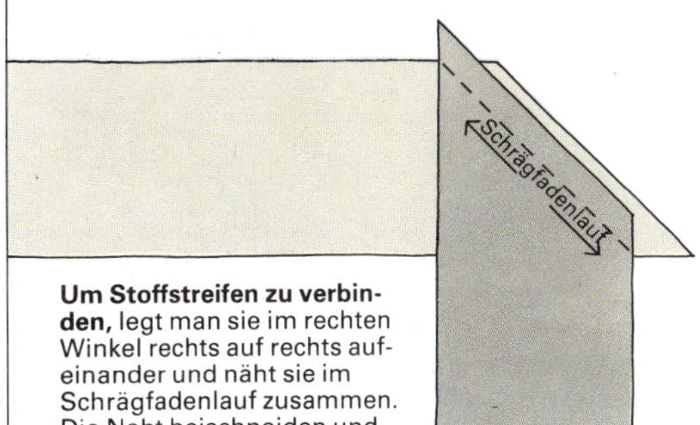

Um Stoffstreifen zu verbinden, legt man sie im rechten Winkel rechts auf rechts aufeinander und näht sie im Schrägfadenlauf zusammen. Die Naht beischneiden und auseinanderbügeln

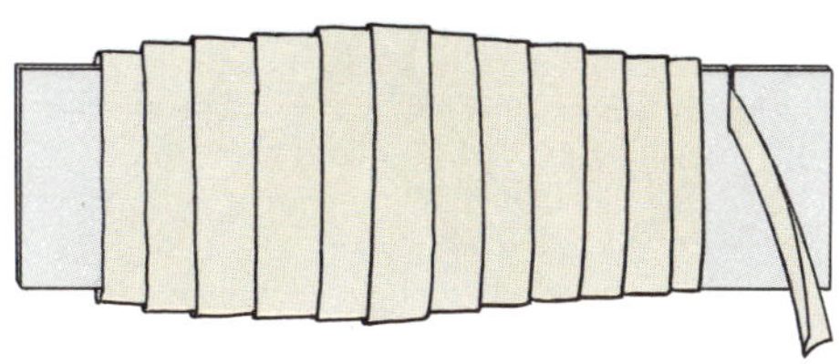

Streifenhalter schneidet man aus festem Karton. Das Streifenende wird durch einen Schlitz im Karton gesichert

Aus dicker Nylonkordel kann man Badematten flechten

Teppiche · Flechttechnik

Einen Dreierzopf flechten

Die einfachste Flechte besteht aus drei Stoffstreifen. Man kann auch vier oder mehr flechten (S. 404–405), mehrsträhnige Flechten sind jedoch für runde oder ovale Teppiche weniger gut geeignet. Mit einem Reißnagel befestigt man die Streifenenden an einem Brett. Die offenen Kanten der Streifen liegen stets rechts. Für einen festen Zopf zieht man beim Flechten jeden Streifen zur Seite. Unterbricht man die Arbeit, sichert man die Flechte am Zopfende mit einer Wäscheklammer. Die Länge der ersten Flechte hängt von der Form des Teppichs ab.

1. Um das T-förmige Stück für den Zopfanfang zu bilden, 2 Stoffstreifen im Schrägfadenlauf verbinden. Das Ende des dritten Streifens so in die Falte schieben, daß die offene Kante rechts liegt, und fest annähen

2. Um mit dem Flechten zu beginnen, den rechten Streifen (3) über den mittleren (2) legen; die offene Kante bleibt wie gezeigt rechts

3. Den linken Streifen (1) über den Streifen (3), der jetzt in der Mitte liegt, legen; dabei den linken so drehen, daß die offene Kante nach rechts weist

4. Abwechselnd rechten Streifen, dann linken über mittleren legen; offene Kanten weisen stets nach rechts

Runder Teppich

Ein runder Teppich muß in der Mitte richtig begonnen werden, damit er später flach liegt. Dazu arbeitet man den Zopf mit einer sogenannten Wende; die Variation in der Flechttechnik bewirkt, daß der Zopf sich einfacher einrollen läßt. Die Wende wird sechs- bis zwölfmal wiederholt, um die Mittelspirale zu bilden. Wie oft man die Wende wiederholt, hängt vom Gewicht des Stoffs, von der Streifenbreite und von der Festigkeit des Zopfs ab. Sobald der Mittelbereich so groß ist, daß sich der Zopf um sich selbst ringelt und flach liegt, flicht man normal weiter.

Flechtenspirale für einen runden Teppich

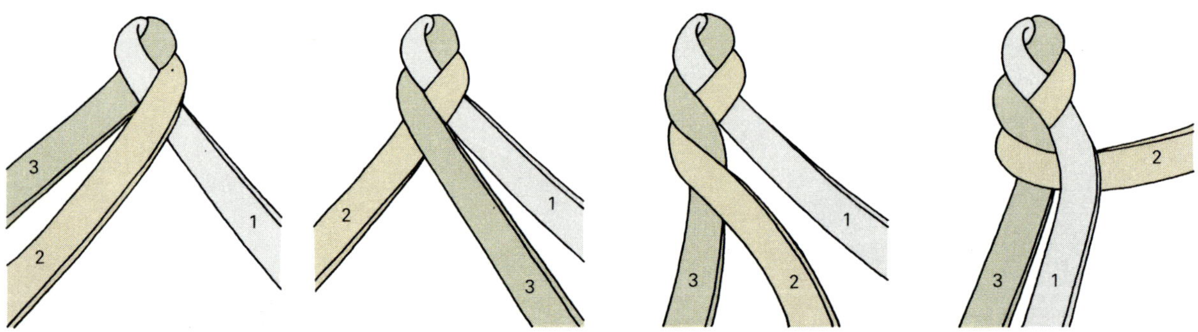

1. Rechts über Mitte, links über Mitte, rechts über Mitte flechten

2. Um die Wende zu beginnen, linken Streifen (3) über mittleren (2) legen

3. Linken Streifen (2) über mittleren (3) legen; rechter (1) bleibt liegen

4. Rechten Streifen (1) über mittleren (2) legen; so entsteht Rechtswende

Ovaler Teppich

Für einen ovalen Teppich wird die Flechte um ein gerades Mittelstück gelegt. Länge minus Breite des fertigen Teppichs ergibt die Länge des Mittelstücks: Ein 90 × 150 cm großer Teppich hat ein 60 cm langes Mittelstück.

Man flicht einen Zopf von der entsprechenden Länge und arbeitet dann drei Wenden wie beim runden Teppich (S. 400), damit der Zopf in die entgegengesetzte Richtung verläuft. Man flicht normal weiter bis zum Zopfanfang und arbeitet wieder drei Wenden. Der restliche Teppich wird normal geflochten.

Ovaler Teppich mit geradem Mittelstück

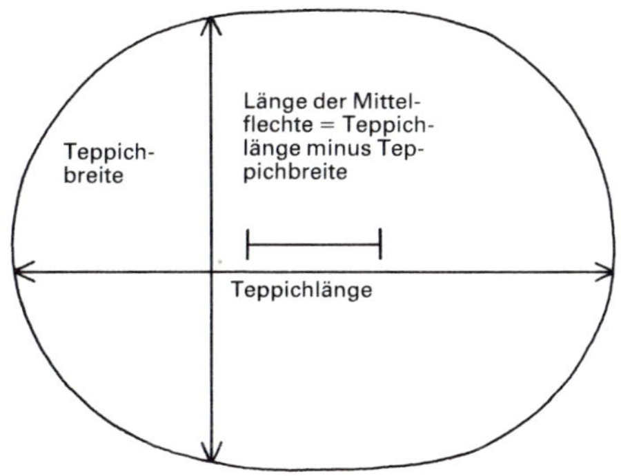

Länge der Mittelflechte ist gleich Länge minus Breite des fertigen Teppichs

Für das Mittelstück Zopf in entsprechender Länge flechten; 3 Wenden, einen geraden Zopf bis zur nächsten Biegung und wieder 3 Wenden arbeiten

Viereckiger Teppich

Eine Flechte kann auch zu einem viereckigen Teppich verarbeitet werden, obwohl diese Form weniger gebräuchlich ist. Um den Zopf zu einem Rechteck zu formen, arbeitet man eine eckige Wende (unten); diese ergibt einen rechten Winkel, so daß die Flechte an der Ecke glatt liegt. Die Länge des Mittelstücks wird genauso bestimmt wie bei einem ovalen Teppich: Fertige Länge minus fertige Breite des Teppichs ergibt die Länge des Mittelstücks. An den vier Seiten wird der Zopf wie üblich geflochten; an jeder Ecke wird in jeder Reihe eine eckige Wende gearbeitet.

Viereckiger Teppich mit eckigen Wenden

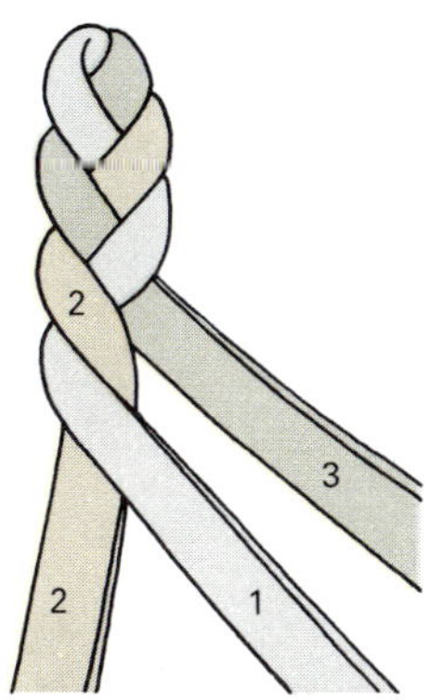

1. Um anzufangen, links über Mitte, dann wieder links über Mitte legen

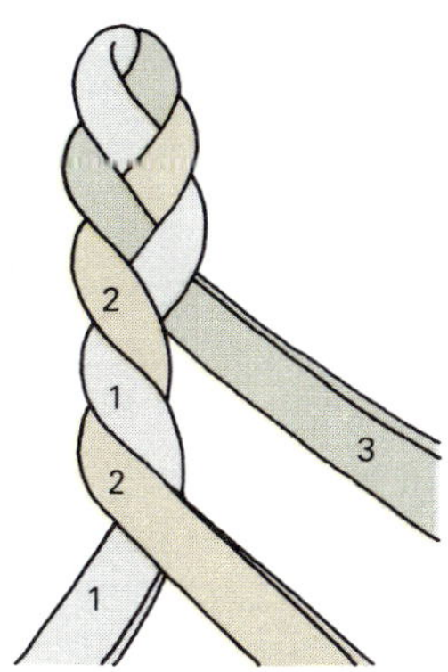

2. Den linken Streifen zum drittenmal über den Mittelstreifen legen

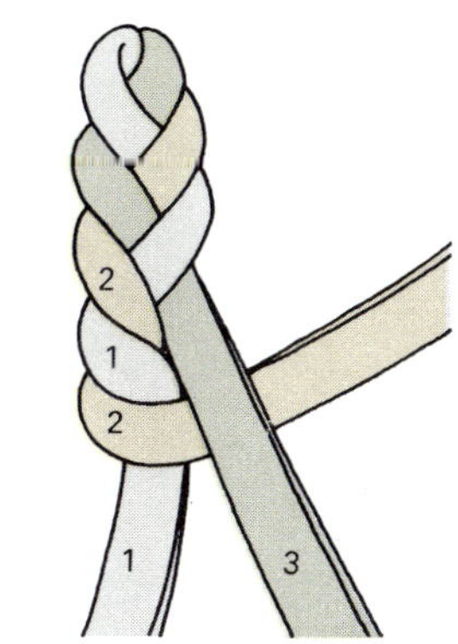

3. Rechten Streifen über mittleren legen; straffziehen. Zopf wendet sich nach rechts

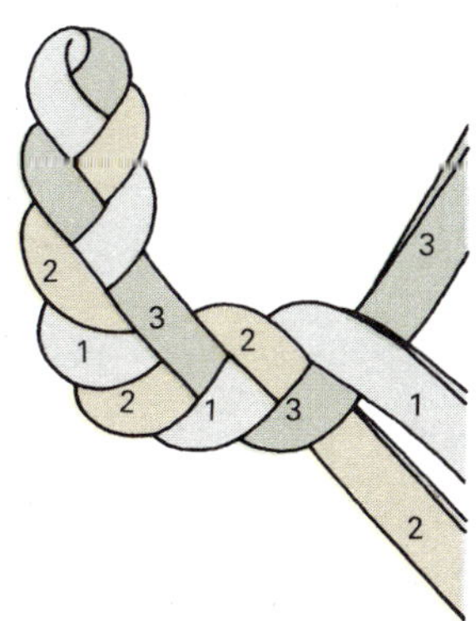

4. Normal weiterflechten: links über Mitte, dann rechts über Mitte

Teppiche · Flechttechnik

Verschnüren

Die Mitte eines Flechtteppichs wird von der ersten Wende aus zusammengenäht; der Rest wird verschnürt. Genäht wird mit Zwirn und einer spitzen Nadel, verschnürt mit einer stumpfen Einziehnadel und einem starken, gewachsten Faden wie Sattler- oder Polstergarn, und zwar stets mit doppeltem Faden. Wenn beim Verschnüren eine Fadenlänge aufgebraucht ist, knüpft man den nächsten mit einem Kreuzknoten an. Man arbeitet am besten auf einem Tisch o.ä., damit der Teppich flach liegt. Er darf nicht an den Seiten überhängen, da er sich sonst verziehen könnte. Den Faden zieht man fest an, damit er in den Zopfsträhnen verschwindet. Ist der Faden auf beiden Seiten unsichtbar, kann man den Teppich wenden.

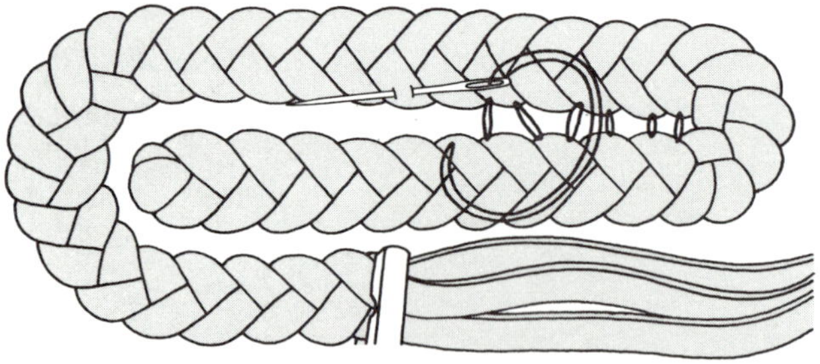

1. An der ersten Wende beginnen (gezeigt ist der Anfang eines ovalen Teppichs). Anfangsknoten im Zopf verstecken. Hin und her durch die Faltkanten der Innenschlaufen stechen; dabei die Flechten fest aneinanderziehen, damit der Faden unsichtbar wird

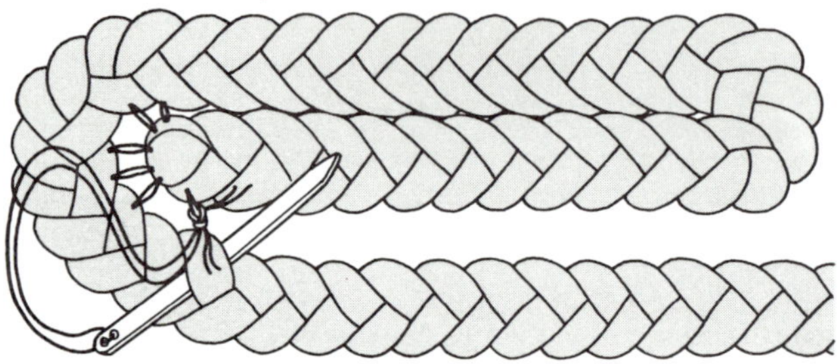

2. Die Schlaufen bis knapp hinter der zweiten Wende zusammennähen. Polstergarn in die Einziehnadel fädeln und das Ende mit einem Kreuzknoten am Nähfaden verbinden

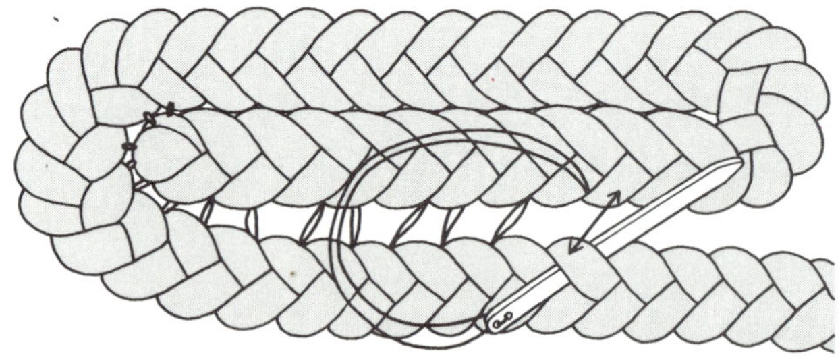

3. Beim Verschnüren die Flechten so nebeneinanderlegen, daß die Strähnen versetzt aneinanderstoßen. Die Nadel schräg unter jeweils eine innere Zopfschlaufe durchschieben; Faden fest anziehen. Nicht durch den Stoff stechen! Alle geraden Strecken so verschnüren

4. An den Rundungen den Faden durch die Schlaufe am inneren Zopf ziehen, dann notfalls eine Schlaufe am äußeren Zopf überspringen und den Faden durch die nächste ziehen, damit der Teppich flach liegt und sich nicht wirft

Stoffstreifen ansetzen

Während des Flechtens muß man neue Stoffstreifen ansetzen, da es zu mühsam wäre, mit genügend langen Streifen für einen ganzen Teppich zu beginnen. Damit es im Zopf keine Verdickungen an den Nahtstellen gibt, beginnt man mit ungleich langen Streifen, so daß jeder an einer anderen Stelle angesetzt wird. Um die Farbe zu wechseln, geht man nach derselben Methode vor. Der Wechsel wird in jeder Runde an der gleichen Stelle vorgenommen (S. 389); so bekommt der Teppich ein einheitlicheres Aussehen.

Der Streifen wird stets angesetzt, wenn er in der Mitte der Flechte liegt, damit die Naht verdeckt wird, wenn der nächste Streifen darübergelegt wird.

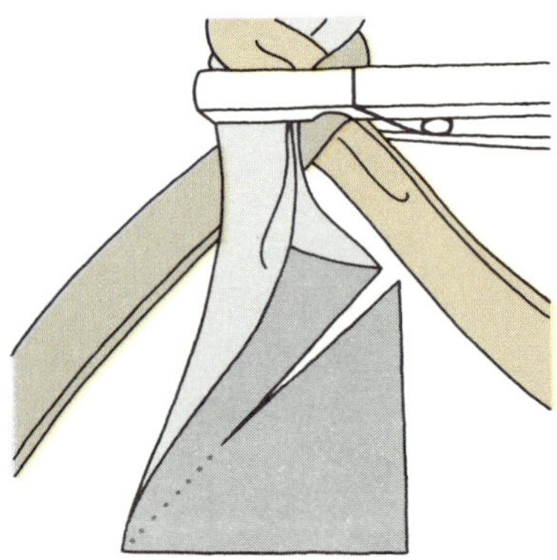

1. Den Zopf mit einer Wäscheklammer sichern. Das Streifenende auffalten und schräg beischneiden

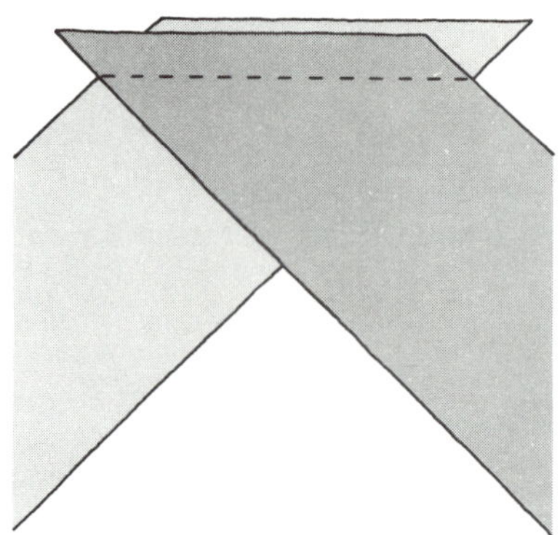

2. Alten und neuen Streifen rechts auf rechts im Schrägfadenlauf zusammennähen. Nahtzugabe zurückschneiden

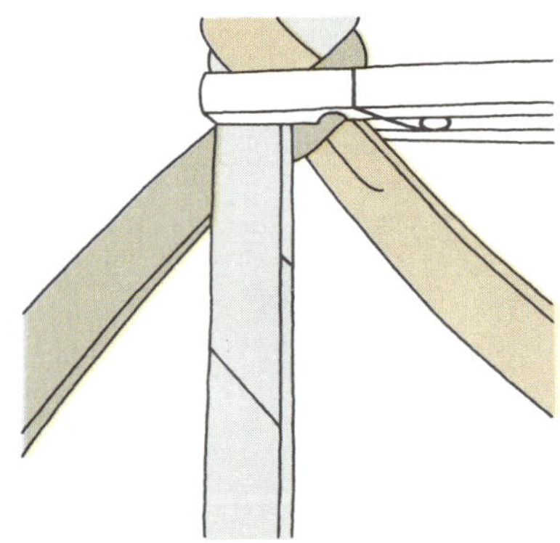

3. Den angesetzten Streifen wieder falten und weiterflechten Die Naht wird durch den nächsten Zopfstreifen verdeckt

Zopf auslaufen lassen

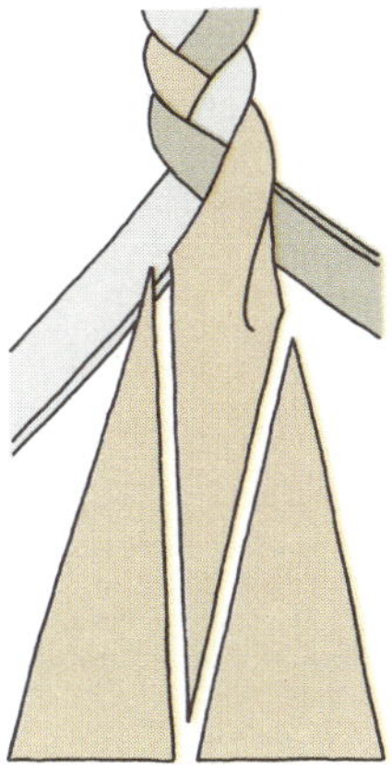

1. Hat der Teppich die gewünschte Größe, die Streifenenden auf 10–15 cm spitz zuschneiden. Die Streifenlängen etwas variieren, damit sie nicht an derselben Stelle enden

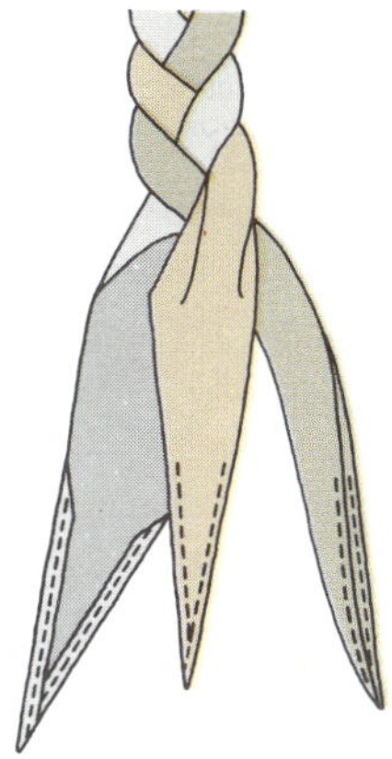

2. Die Kanten auf beiden Seiten der Spitzen einschlagen und auf etwa 4 cm festnähen. Streifen wieder falten, so weit wie möglich flechten und verschnüren

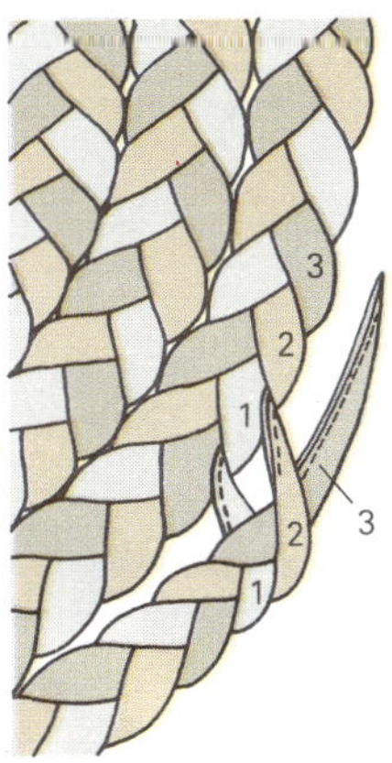

3. Die Streifenenden mit der Einziehnadel in die angrenzenden Zopfschlaufen schieben. Sind Streifenenden und Schlaufe aus demselben Stoff, ist der Abschluß weniger sichtbar. Mit einer spitzen Nadel und passendem Garn die Spitzen unsichtbar an die Schlaufen nähen. Fadenenden dicht über den Schlaufen abschneiden

Zopfenden verbinden

Das Zusammenfügen von Zopfanfang und -ende zu einem geschlossenen Kreis ist eine etwas schwierigere Technik, die einen abrupten Farbenwechsel ermöglicht; sie wird meist in der äußersten Reihe als Abschluß angewendet. Man läßt am Zopfanfang 2,5 cm lange Enden frei und sichert sie mit einer Sicherheitsnadel. Dann flicht man einen Zopf in der Länge des Teppichumfangs; die Enden dürfen nicht an derselben Stelle liegen, an der die letzte Reihe ausläuft. Am Zopfanfang und -ende läßt man vier Schlaufen frei und verschnürt den restlichen Zopf mit dem Teppich. Dann entfernt man die Sicherheitsnadel und verfährt wie unten gezeigt.

1. Zopfanfang und -ende, wie oben abgebildet, gegeneinander hinlegen. Sind die Einzelstreifen nicht durch verschiedene Farben identifizierbar, jedes Streifenende mit einem farbigen Faden kennzeichnen

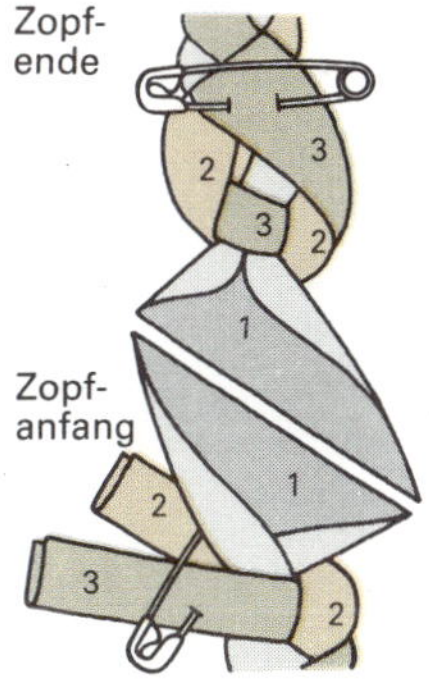

2. Die Streifen 2 und 3 zur Seite stecken. Die Streifen 1 jeweils am Ende auffalten und schräg beischneiden

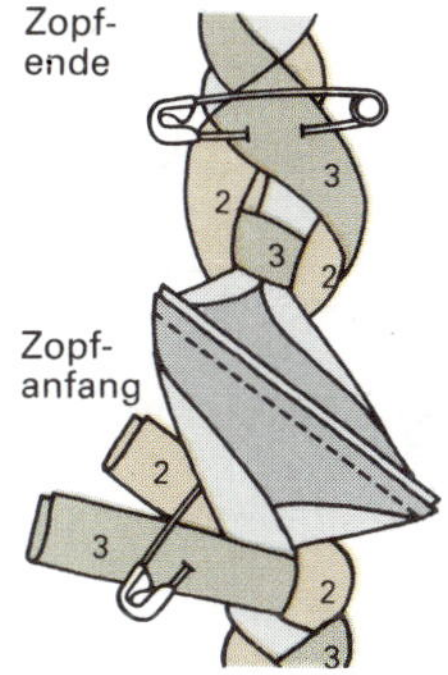

3. Die Enden der Streifen 1 rechts auf rechts legen und 3 mm innerhalb der Kante zusammennähen

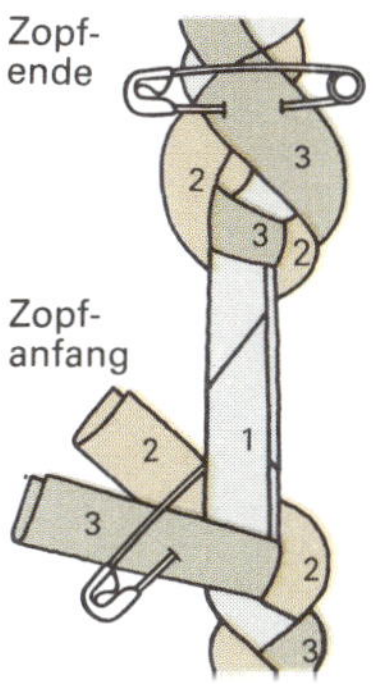

4. Streifen 1 wieder falten; die Nahtzugabe liegt innen

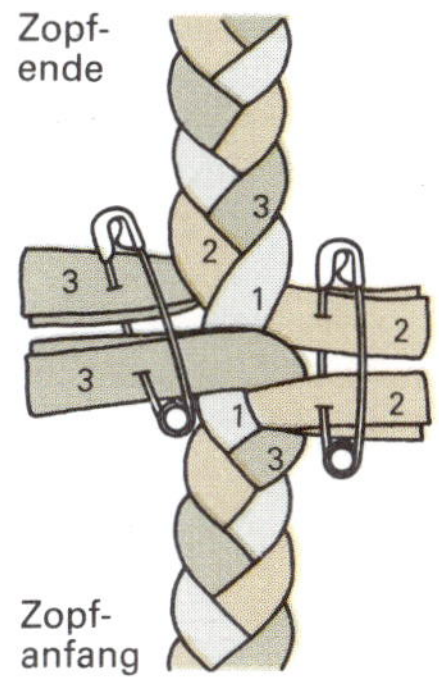

5. Am Zopfende Streifen 3 so über Streifen 1 legen, daß die Naht verdeckt ist. Streifen 2 über Streifen 3 legen; Streifen 2 unter Streifen 1 durchschieben. Am Zopfanfang Streifen 2 unter Streifen 1 hervorholen. Enden der Streifen 2 liegen auf rechter Zopfseite

6. Die Enden der Streifen 2 aus dem Zopf etwas herausziehen, aber nicht zu weit, sonst wird der zusammengesetzte Streifen zu lang und steht heraus

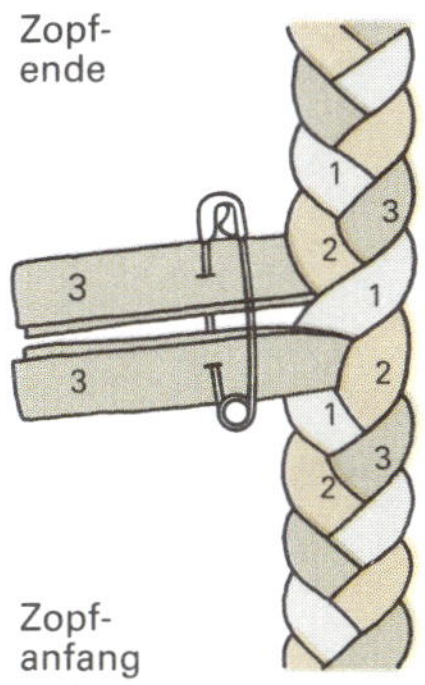

7. Die Enden der Streifen 2 wie bei Streifen 1 zusammensetzen und den Streifen wieder falten. An beiden Zopfenden ziehen, damit der Zopf wieder gleichmäßig wird

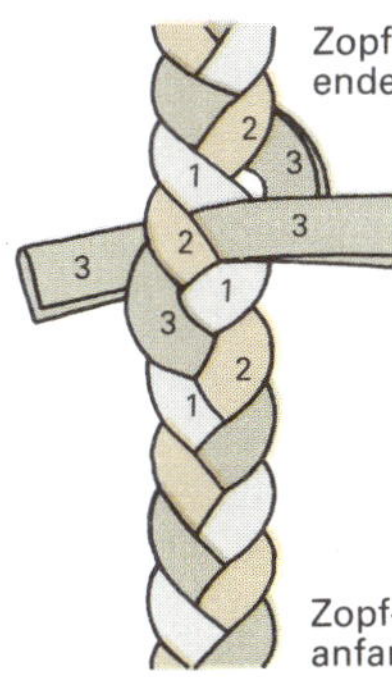

8. Am Zopfanfang Streifen 3 unter Streifen 2 schieben. Am Zopfende Streifen 3 unter Streifen 2 durchziehen

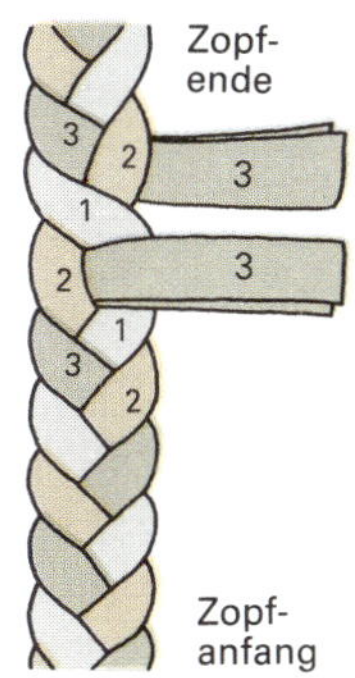

9. Die Enden der Streifen 3 wie bei Streifen 1 zusammennähen. Die Verbindungsstelle auseinanderziehen, damit der Zopf gleichmäßig wird

Teppiche · Flechttechnik

Mehrsträhnige Flechten

Es ist ohne weiteres möglich, Zöpfe mit mehr als drei Strähnen zu flechten; das Ergebnis sieht sehr hübsch aus, ist jedoch nicht flexibel genug, um zu runden, ovalen und viereckigen Teppichen geformt zu werden. Ein Viereck kann man allerdings aus mehrsträhnigen Flechten bilden, wenn man gerade Stücke der Länge nach miteinander verschnürt und die offenen Kanten der Streifenenden säumt.

Mehrsträhnige Flechten dienen auch als Taschengriffe und Tragriemen, Gürtel und Hutbänder.

Am Anfang einer mehrsträhnigen Flechte sichert man die gefalteten Stoffstreifen mit einer großen Sicherheitsnadel oder näht quer darüber, so daß sie flach nebeneinanderliegen. Bei verschiedenfarbigen Streifen ist es zunächst leichter, die etwas komplizierte Flechtfolge und die Struktur des Zopfes zu erkennen. Jede mehrsträhnige Flechte muß wie ein dreisträhniger Zopf straff gespannt werden.

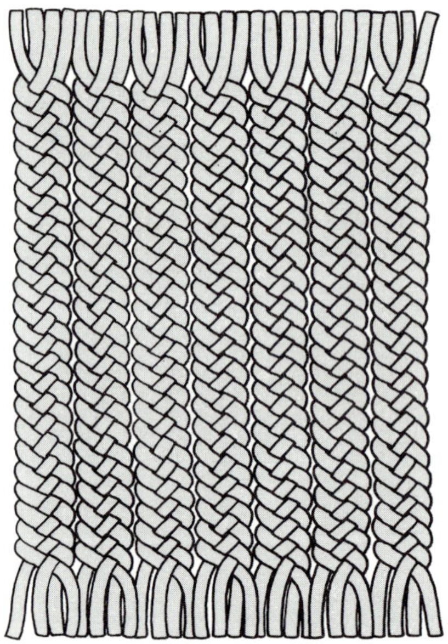

Teppich aus mehrsträhnigen Flechten

Viersträhnige Flechte

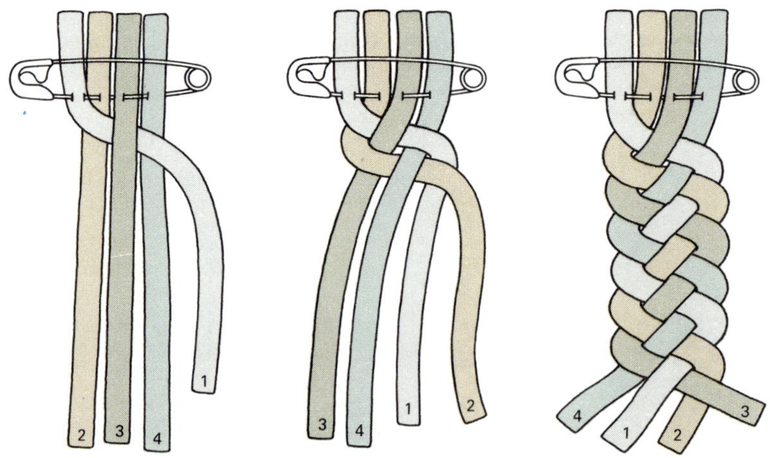

1. Streifen 1 über Streifen 2 und unter Streifen 3, dann über Streifen 4 legen; jetzt ist er ganz rechts

2. Streifen 2 (jetzt ganz links) über Streifen 3, dann unter Streifen 4 und über Streifen 1 legen

3. So weiterflechten, dabei jeweils linken Streifen über, unter, über andere legen

Viersträhnige Variante

Eine viersträhnige Flechte kann man wie eine dreisträhnige flechten (S. 400), indem man die ersten zwei Streifen wie einen behandelt

Fünfsträhnige Flechte

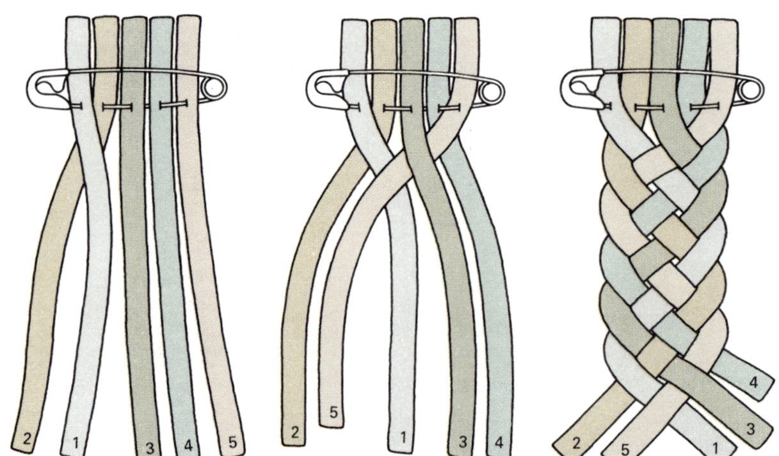

1. Um eine fünfsträhnige Flechte anzufangen, Streifen 1 zunächst einmal über Streifen 2 legen

2. Anschließend Streifen 5 über Streifen 4, unter Streifen 3 und dann über Streifen 1 legen

3. Diese Folge jeweils mit dem äußeren linken, dann dem äußeren rechten Streifen wiederholen

Fünfsträhnige Variante

Eine fünfsträhnige Flechte wird wie eine dreisträhnige geflochten (S. 400), indem man die beiden ersten und letzten Streifen wie einen handhabt

Sechssträhnige Flechte

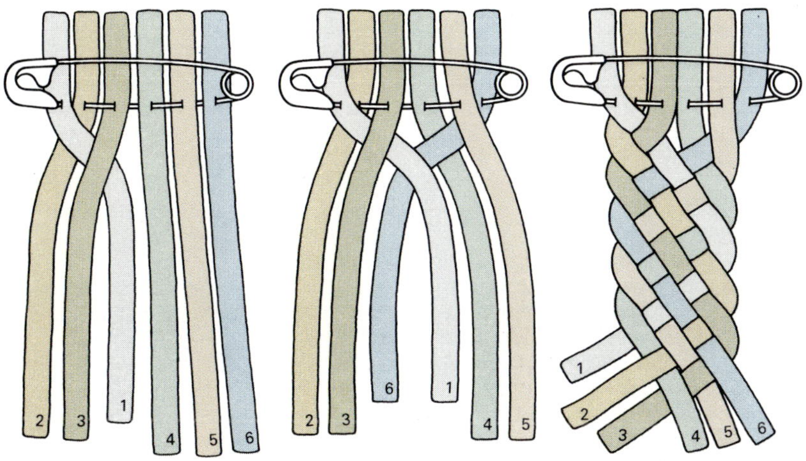

1. Als erstes den äußeren linken Streifen (1) über Streifen 2 und unter Streifen 3 legen

2. Den äußeren rechten Streifen (6) unter Streifen 5, über Streifen 4 und unter Streifen 1 legen

3. Folge jeweils mit dem äußeren linken, dann dem äußeren rechten Streifen wiederholen

Sechssträhnige Variante

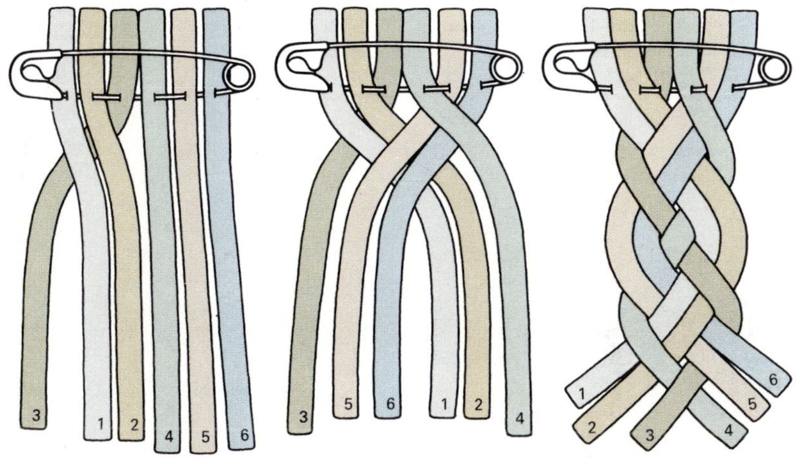

1. Zunächst die beiden Streifen links (1 und 2) wie einen handhaben und über den dritten legen

2. Streifen 5 und 6 wie einen handhaben; unter Streifen 4, dann über Streifen 1 und 2 legen

3. So weiterflechten, dabei je 2 Außenstreifen links und rechts wie einen behandeln

Siebensträhnige Flechte

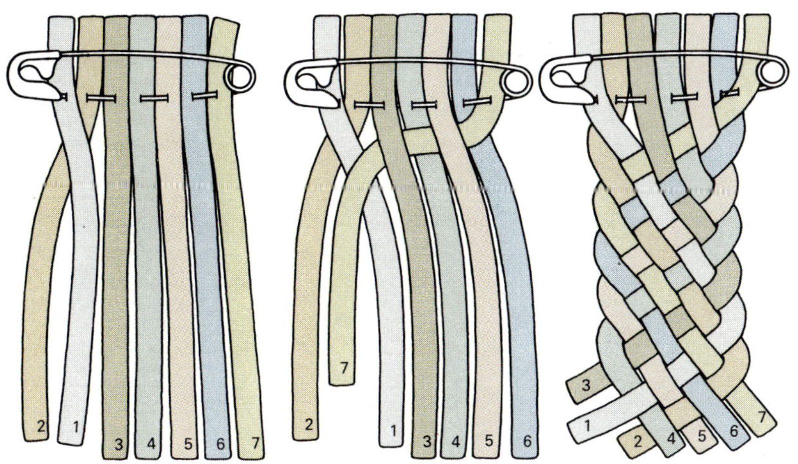

1. Zunächst den äußeren linken Streifen (1) über den rechten Nachbarstreifen (2) legen

2. Den äußeren rechten Streifen (7) über Streifen 6, unter 5, über 4, unter 3 und über 1 legen

3. Diese Flechtfolge fortlaufend wiederholen. Sie gilt für jede ungerade Streifenzahl

Siebensträhnige Variante

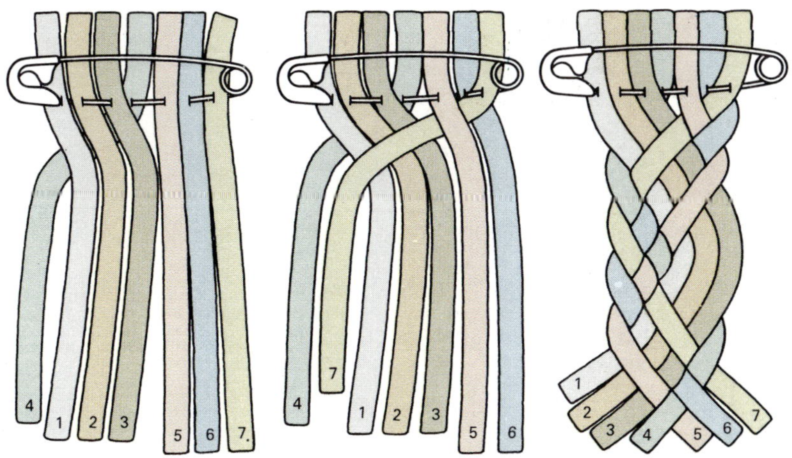

1. Zunächst die ersten 3 Streifen zusammennehmen und über den vierten Streifen legen

2. Den äußersten rechten Streifen (7) über Streifen 6, unter 5 und über die Streifen 1–3 legen

3. Diese Folge wiederholen, dabei stets die Streifen 1–3 wie einen behandeln

Stuhlauflage

Das Blumenmuster wird in der Tuftingtechnik mit dem Haken gearbeitet

Das Blumenmuster der Stuhlauflage wird mit der Handhakenmethode gearbeitet; die Details kommen mit dieser Technik gut zur Geltung.

Material
50 × 50 cm grobes Siebleinen
Haken
Latexbeschichtung
95 cm Teppichband
95 cm Ripsband, 6 mm breit
Starke Nadel und Faden

Wollflanell in folgenden Farben:
je 130 cm^2 in 4 Grautönen
je 150 cm^2 in 4 Blautönen
280 cm^2 in Hellrot
je 170 cm^2 in 3 Rottönen
je 80 cm^2 in 3 Gelbtönen
je 170 cm^2 in Hell- und Dunkeloliv
52 cm^2 in Mitteloliv
je 200 cm^2 in 3 Grüntönen
45 cm^2 in Schwarz
30 cm^2 in Weiß
Teppichrahmen

Vorbereitung
Das Muster mit Hilfe eines 1 cm großen Rasters vergrößern (S. 14). Die Kanten des Leinens versäubern und die Mittelpunkte markieren (S. 380). Das Muster auf den Grundstoff übertragen (S. 380–381) und diesen in den Teppichrahmen spannen (S. 383). Den Wollstoff in 3 mm breite Streifen schneiden (S. 382). Tuftingtechnik siehe Seite 384–385.

Schattieren
Anleitungen für das Schattieren mit verschiedenfarbigen Stoffstreifen sind auf Seite 385 zu finden. Hier wird jede Blume in vier verschiedenen Tönen einer Farbe gearbeitet; der Einfachheit halber sind die Farben mit eins bis vier gekennzeichnet, wobei eins die hellste ist. Die Speichen werden mit drei gearbeitet, die Schatten dahinter mit zwei; die Blütenblätter werden mit eins ausgefüllt. Vier wird für die Konturen der Blüten sowie der einzelnen Blütenblätter verwendet. Die Knospen werden in drei Tönen einer Farbe gearbeitet. Bei den gelben Knospen beginnt man innen mit dem dunkelsten Ton und endet mit dem hellsten an der Spitze. Bei den roten Knospen benützt man die drei Farbtöne, um die Knospe plastisch wirken zu lassen: den hellsten, wo das Licht einfallen würde, den dunkelsten für die Schattenbereiche. Die Blätter werden in je drei Grün- und Olivtönen gearbeitet: Stiele und Blattrippen sind dunkel; mit zwei helleren Tönen werden die Formen ausgefüllt.

Fertigstellung
Latexbeschichtung siehe Seite 392. Der überstehende Stoff wird abgeschnitten und das Teppichband angeheftet (S. 393); dann bringt man die Bänder an, mit denen die Auflage befestigt wird. Dazu schneidet man das Ripsband in zwei gleiche Längen, legt die Auflage auf den Stuhl und markiert die Kante neben den Sprossen, an denen man das Kissen anbinden will. Jedes Band faltet man in der Mitte; die Falte faßt man zwischen Auflage und Teppichband beim Annähen mit.

Um das Muster zu vergrößern, einen 1 cm großen Raster zeichnen und das Muster Quadrat für Quadrat übertragen (S. 14)

Farbenschlüssel
A Weiß
B Rot
C Blau
D Grau
E Gelb
F Oliv
G Grün
H Schwarz

Wandbehang

Die weißen Bereiche des Wandbehangs sind aus Ryagarn und haben eine größere Florhöhe

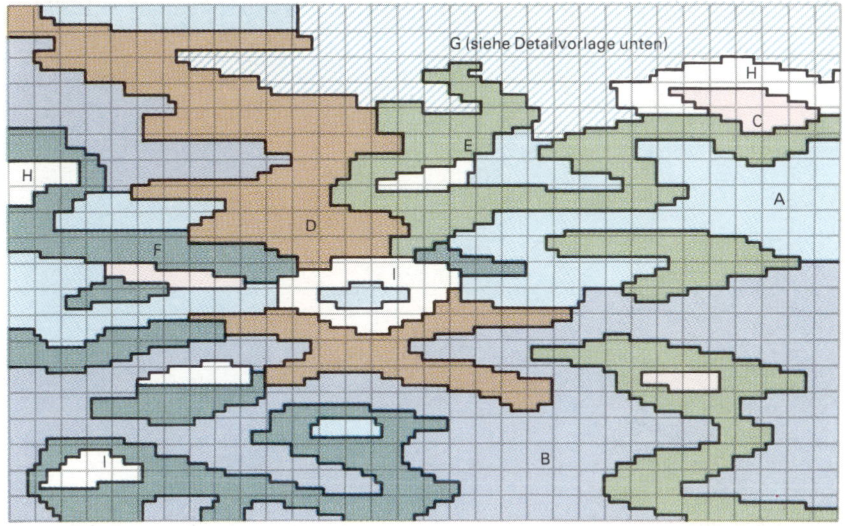

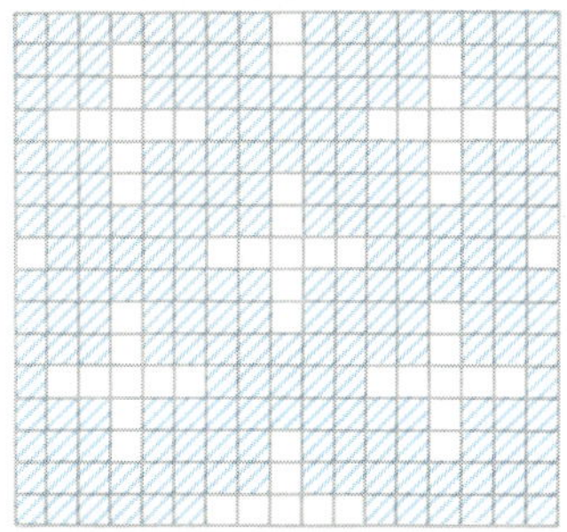

Um das Muster zu vergrößern, einen 2,5 cm großen Raster zeichnen und das Muster Quadrat um Quadrat übertragen (S. 14). Dann das Muster auf den Stramin übertragen (S. 381)

- A Hellblau
- B aus Hellblau und Mittelblau meliert (S. 389)
- C Rosa
- D Braun
- E Oliv
- F Blaugrün
- G Weiß (10 cm lange Fäden) mit Hellblau (siehe Detailvorlage links)
- H Weiß, 10 cm lange Fäden
- I Weiß, 15 cm lange Fäden

Für den etwa 50 × 80 cm großen Wandbehang wurden vorgeschnittene Teppichwolle und Ryagarn in verschiedenen Längen verwendet.

Material
Papier und Bleistift
65 × 95 cm Teppichstramin mit 8 Gewebekaros/10 cm
Klebeband
4 m Teppichband
Knüpfhaken
300 g leichte Ryawolle in Weiß

Vorgeschnittene Teppichwolle (etwa 6 cm lange Fäden) in folgenden Stückzahlen:
3700 Fäden in Hellblau
1300 Fäden in Mittelblau
200 Fäden in Blaßrosa
1300 Fäden in Braun
1400 Fäden in Oliv
1250 Fäden in Blaugrün
5 Plastikringe
75 cm langer Holzstab

Knüpfen
Das Muster mit Hilfe eines 2,5 cm großen Rasters vergrößern (S. 14). Die Straminkanten mit Klebeband einfassen und die Mitte markieren (S. 380). Das Muster auf den Stramin übertragen (S. 381). Die Bereiche mit farbigen, wasserfesten Filzstiften ausmalen oder mit einem Faden in der entsprechenden Farbe kennzeichnen.

Von dem vorgeschnittenen Garn einen Faden für jeden Knoten verwenden. Die Ryawolle in 2000 Fäden von je 10 cm Länge und in 1100 Fäden von je 15 cm Länge schneiden. Die beiden Längen getrennt aufbewahren. Bei Ryagarn jeden Knoten mit vier Fäden arbeiten. Nach dem oben angegebenen Schlüssel und den Anleitungen auf den Seiten 389 und 390 knüpfen.

Fertigstellung
Die weißen Florbereiche formen: Die Kreuze im oberen Bereich auf 5 mm über dem blauen Flor gerade zurückschneiden; dazu die Schere (am besten eine Teppichschere) parallel zum Teppich halten. Die beiden weißen Flächen in der unteren linken Ecke so scheren, daß jede auf der rechten Seite kürzer ist als auf der linken. Die vier weißen Flächen darüber so abrunden, daß sie am Rand kürzer sind.

Um den Wandbehang fertigzustellen, den überstehenden Stramin auf 2,5 cm abschneiden. Das Teppichband anbringen (S. 394). Die fünf Ringe in gleichmäßigen Abständen am oberen Rand des Teppichs an das Teppichband nähen. Den Holzstab durch die Ringe schieben und den Teppich daran aufhängen.

Der Flechtteppich in Braun- und Goldtönen ist auch auf Seite 398 abgebildet

Flechtteppich

Der Teppich ist hauptsächlich in Braun-, Gold- und Weißtönen gearbeitet; zur Auflockerung wurde bei einigen Flechten ein Karo in Braun und Weiß verwendet.

Material
140 cm breite Wollstoffe:
- je 1,40 m Gold und Braun
- 95 cm Mattgold
- 65 cm Karostoff in Braun-Weiß
- 50 cm Naturweiß
- je 30 cm Dunkelgold und Hellbraun
- 25 cm Dunkelbraun

Nähnadel
Zwirn
Einziehnadel
Sattlergarn

Vorbereitung
Die Stoffe entlang eines Gewebefadens in 5 cm breite Streifen schneiden und die Streifen zum Flechten falten (S. 399). Je einen Streifen in den Farben Naturweiß, Mattgold und Braun-Weiß T-förmig verbinden (S. 400) und die Nahtstellen mit Reißzwecken an einem Brett oder Tisch befestigen. Einen 60 cm langen Zopf flechten (Teppichlänge minus -breite) für die Mitte.

Einen ovalen Teppich anfangen
Drei Wenden arbeiten (S. 400), damit sich der Zopf in die entgegengesetzte Richtung krümmt. Dieses Mittelstück wird zusammengenäht; dazu siehe Seite 402. Von der Wende an werden die Flechten miteinander verschnürt; die Technik wird ebenfalls auf Seite 402 beschrieben. Bis zum Anfang des Zopfs weiterflechten, dann wieder drei Wenden arbeiten, damit sich der Zopf um den Zopfanfang legt (S. 401). Für den restlichen Teppich einen geraden Zopf in der erforderlichen Länge flechten.

Farbenwechsel
Um den abgebildeten Teppich nachzuarbeiten, folgt man der Schemazeichnung und dem Schlüssel unten; dieser gibt für jede Reihe die benötigte Zopflänge sowie die drei Stoffarben im Zopf an. Die Schemazeichnung zeigt, wo die Farben gewechselt werden, und zwar in der Kurve und in jeder Runde an der gleichen Stelle. Um Stoffstreifen in einer neuen Farbe anzusetzen, siehe Seite 402.

Fertigstellung
Die Enden der drei Stoffstreifen wie auf Seite 403 gezeigt auslaufen lassen. Die Streifenenden mit farblich passendem Garn in den Zopfschlaufen vernähen.

Teppichlänge minus -breite ergibt Länge des Mittelzopfes

	Reihe	Zopflänge	Farben der Streifen
	1–3	4,30 m	Naturweiß; Mattgold; Karo
	4	1,80 m	Dunkelgold; Mattgold; Karo
	5–6	3,70 m	Dunkelgold; Mattgold; Gold
	7	2,15 m	Gold; Mattgold; Gold
	8	2,30 m	Gold; Mattgold; Karo
	9	2,60 m	Gold; Dunkelbraun; Karo
	10	2,70 m	Naturweiß; Braun; Karo
	11	2,90 m	Naturweiß; Braun; Braun
	12	3 m	Braun; Braun; Braun
	13–14	6,70 m	Braun; Hellbraun; Gold
	15	3,70 m	Braun; Gold; Gold

Stricken

Detail eines handgestrickten Pullovers aus Islandwolle. Quelle: Icelandic Fashions Corporation

Häkelgarne 270

Strickmaterial und -zubehör

Strickgarne
Wahl des Strickgarns
Tips für den Garneinkauf
Garn aufwickeln
Stricknadeln
Zubehör

Strickgarne

Zum Stricken eignen sich viele Garne. Die folgende Aufstellung informiert über Eigenschaften und Verwendung der gängigsten Woll- und Syntheticgarne, die überall erhältlich sind. Mit Baumwollgarnen wird ebenfalls gestrickt, öfter jedoch gehäkelt; aus diesem Grund sind sie im Kapitel *Häkeln* beschrieben.

Außer den hier erwähnten Grundtypen stellen die meisten Firmen verschiedene Spezial- oder Phantasiegarne mit eigenen Bezeichnungen her; darüber kann man sich im Handarbeitsgeschäft informieren.

Name	Beschreibung	Gewicht	Verwendung
Strickgarn	Wollgarn, meist vierfach gezwirnt, sehr vielseitig	Mittelschwer bis schwer	Pullover, Jacke, Hut, Decke
Strickgarn	Syntheticgarn, entspricht Wollstrickgarn	Mittelschwer bis schwer	Wie Wollstrickgarn
Teppichgarn	Wolle oder Synthetics	Sehr schwer	Teppich, Tasche, Modeartikel
Sportwolle	Wolle oder Synthetics, vierfach gezwirnt	Mittelschwer	Pullover, Handschuhe, Weste, Strümpfe
Feinstrickgarn	Wolle oder Synthetics, meist dreifach gezwirnt	Leicht	Babykleidung, Pullover, Schultertuch, Bettjacke
Babywolle	Wie Feinstrickgarn, aber meist lockerer gezwirnt	Leicht	Babykleidung, Babydecke
Mohair	Flauschige Wolle der Angoraziege, manchmal mit anderen Fasern vermischt	Leicht bis mittelschwer	Pullover, Hut, Weste, Schultertuch
Angora	Wolle des Angorakaninchens, sehr weich und flauschig	Leicht	Wie Mohair
Shetland	Locker gezwirnte Wolle des Shetlandschafs	Mittelschwer	Pullover, Weste, Fäustlinge
Naturwolle	Ungebleichte Schafwolle	Schwer	Schwere Pullover und Jacken im irischen Muster
Islandwolle	Handgesponnene Wolle des Islandschafs	Schwer	Pullover, Poncho, Decke
Bouclé	Phantasiegarn aus Wolle oder Synthetics mit Noppeneffekt	Leicht bis mittelschwer	Jacke, Kleid, Hut
Chenille	Phantasiegarn, meist aus Baumwolle oder Synthetics, mit Floreffekt	Leicht bis mittelschwer	Jacke, Kleid, Hut
Lurex	Phantasiegarn, Gemisch aus Metallicfäden und Wolle oder Synthetics	Leicht	Abendkleidung

Wahl des Strickgarns

Das Strickgarn sollte sowohl dem Stil als auch dem beabsichtigten Verwendungszweck des Artikels entsprechen. Von großer Bedeutung ist der Rohstoff, aus dem das Garn hergestellt wird. Wolle und Synthetics halten warm und sind, weil sie zu vielen verschiedenen Stärken und Garntypen versponnen werden können, sehr vielseitig. Durch ihre Elastizität sind sie für Kleidungsstücke besonders geeignet. Die besten Ergebnisse werden mit Wolle erzielt, da sie jedoch knapp ist und zunehmend teurer wird, gewinnen Synthetics immer mehr an Bedeutung. Leinen und Baumwolle werden meist für sommerliche Kleidungsstücke sowie für Heimartikel verwendet. Acryl und Nylon sind in sehr vielen Mischgarnen enthalten, meist um die Garnstruktur zu verbessern.

Wichtig ist auch die Art der Herstellung. Stark gezwirnte Garne sind glatt, leicht zu verarbeiten, meist haltbar und für jedes Strickmuster geeignet. Locker gezwirnte oder handgesponnene Garne sind weniger haltbar, fühlen sich jedoch angenehm weich an und halten aufgrund ihrer Flauschigkeit sehr warm. Phantasiegarne, bei denen Fäden unterschiedlicher Stärke oder verschiedene Fasern miteinander verarbeitet wurden, haben eine interessante Struktur, sind jedoch manchmal weniger haltbar als glatte Garne und nur für schlichte Muster geeignet.

Die Fadenzahl (Zahl der versponnenen Einzelfäden) ist kein wesentlicher Faktor bei der Garnwahl. Sie kann etwas über die Festigkeit aussagen (vier Fäden sind in der Regel fester als zwei), jedoch nichts über die Stärke, da die Einzelfäden von unterschiedlichem Durchmesser sein können.

Bei der Wahl des Garns für ein Kleidungsstück sind Elastizität (Dehnfähigkeit) und Formbeständigkeit wünschenswerte Eigenschaften; von ihnen hängen die gute Paßform und der bequeme Sitz ab. Bei einem Heimartikel sind die Pflegeeigenschaften des Garns oft entscheidend; die Pflegeanleitungen auf der Garnbanderole geben darüber Auskunft.

Tips für den Garneinkauf

Die meisten Strickprojekte erfordern einen beträchtlichen Aufwand an Zeit und Geld. Es ist empfehlenswert, sich vor dem Einkauf zu informieren.

1. Auf der Garnbanderole die Nummer der Farbpartie prüfen und die benötigte Gesamtmenge jeder Garnfarbe aus derselben Partie kaufen.

2. Genügend Garn aus einer Farbpartie kaufen, um den Artikel fertigstellen zu können, und zwar lieber zu viel als zu wenig. Die meisten Handarbeitsgeschäfte nehmen nicht angebrochene Stränge oder Knäuel zurück; beim Einkauf danach fragen.

3. Pflegeanleitungen auf der Banderole beachten. Sind keine angegeben, die Maschenprobe waschen und dämpfen, um festzustellen, wie sich das Garn verhält.

4. Ist auf der Banderole eine bestimmte Nadelstärke empfohlen, höchstens um 2 Nummern davon abweichen.

5. Um eine Strickvorlage nachzuarbeiten, stets die dafür empfohlene Garnart kaufen.

6. Will man ein anderes Garn verwenden, am besten eines wählen, das dem empfohlenen möglichst ähnlich ist. Zunächst nur einen Knäuel kaufen und eine Maschenprobe stricken.

7. Um bei einem anderen Garn als dem empfohlenen oder bei einem eigenen Entwurf den Bedarf auszurechnen, siehe Seite 465.

8. Vor dem Einkauf die Elastizität des Garns prüfen; dazu einen etwa 15 cm langen Faden dehnen und wieder loslassen. Nimmt er seine ursprüngliche Länge nicht an, wird das Gestrick seine Form nicht behalten.

Garn aufwickeln

Bei manchen Knäueln kann man den Faden aus der Mitte herausziehen; so ist die Gefahr, daß er sich verheddert oder zu rasch abwickelt, am geringsten. Wolle im Strang kann man selbst zu einem solchen Knäuel aufwickeln (unten). Als erstes zieht man den Strang über eine Stuhllehne und schneidet den Befestigungsfaden durch. Das Garn wird locker aufgewickelt, sonst wird es zu sehr gedehnt und verliert an Elastizität.

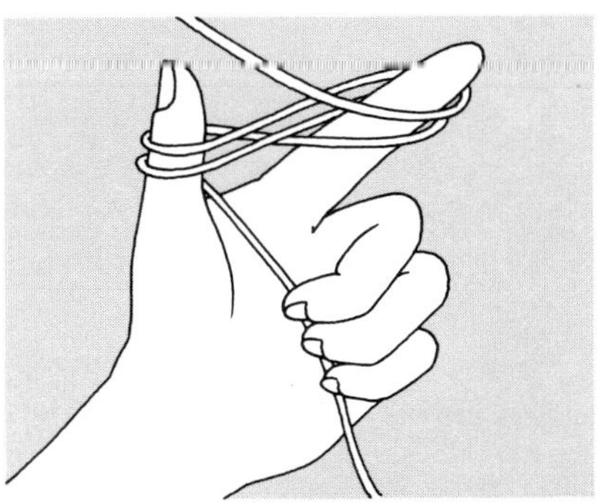

1. Ein etwa 30 cm langes Garnende mit 3 Fingern in der linken Hand festhalten und das Garn sechs- bis achtmal in Form einer 8 um Daumen und Zeigefinger wickeln

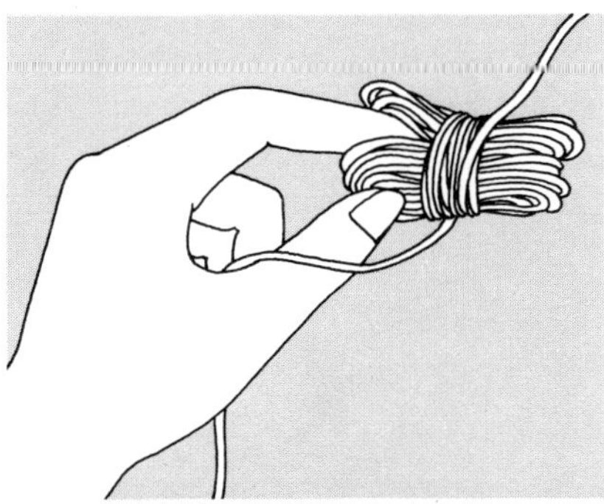

2. Achterschlingen von den Fingern streifen, in der Mitte zusammenlegen, mit Daumen und Zeigefinger festhalten. Garn zwölfmal locker um Bündel und Finger wickeln

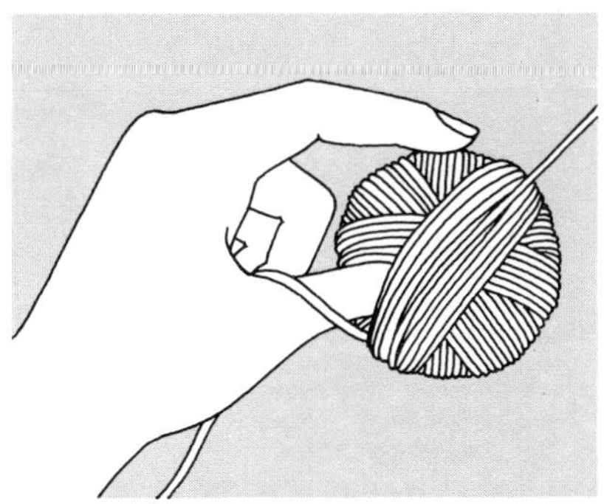

3. Daumen im Knäuel lassen; diesen beim Aufwickeln ständig drehen. Bei 7–8 cm ∅ Daumen herausnehmen; vorsichtig weiterwickeln, dabei das Loch im Knäuel frei lassen

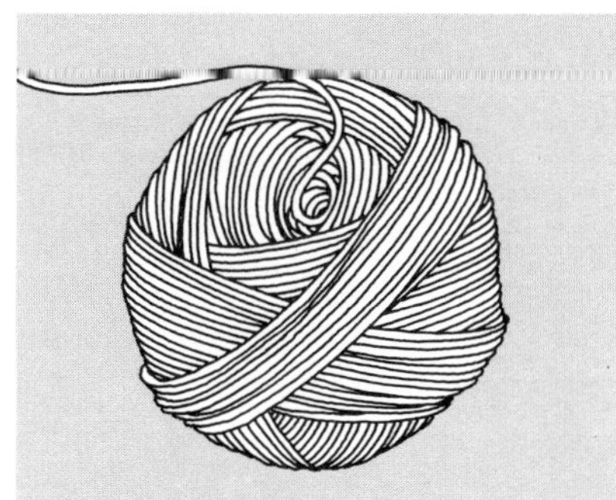

4. Ist alles Garn aufgewickelt, das Ende in den Knäuel stecken. Beim Stricken den Faden aus der Mitte des Knäuels, wie oben gezeigt, herausziehen

Stricken · Material und Zubehör

Mit einer Rundnadel stricken 438
Mit einem Nadelspiel stricken 439

Stricknadeln

Stricknadeln sind mit Nummern versehen; sie geben den Durchmesser der Nadel an. Die feinsten sind 1,25 mm stark, die dicksten 15 mm. Grundsätzlich gilt: Je dicker das Garn, desto stärker die Nadel. Nimmt man eine zu dicke Nadel für eine relativ dünne Wolle, wird die Strickarbeit zu lose. Im umgekehrten Fall – dicke Wolle und dünne Nadel – wird das Gestrick sehr fest und unelastisch. Die Banderole fast aller Wollstränge oder Garnknäuel gibt die empfohlene Stricknadelstärke an. Es ist ratsam, eine Strickprobe mit der vorgeschlagenen Nadelstärke zu machen. Je nach individueller Stricktechnik, d. h., ob man fester oder lockerer strickt, kann man dann die nächst dickere oder dünnere Nadel wählen. Um besondere Effekte zu erzielen, kann man auch sehr dünne Wolle mit extrem dicken Nadeln verstricken und umgekehrt.

Pullover- oder Jackennadeln sind in drei verschiedenen Formen erhältlich: Nadeln mit gleichbleibender Stärke (herkömmlicher Art), Nadeln mit einer der jeweiligen Nadelnummer entsprechend starken Strickspitze und einem dünneren Schaft (Schnellstricknadeln) und Nadeln mit biegsamem Perlonschaft.

Stricknadeln sollten lang genug sein, um alle Maschen zu fassen. Bei sehr großer Maschenzahl ist die Rundstricknadel angebracht, ebenso überall da, wo Nähte nicht in Erscheinung treten sollen. Die Rundstricknadel sollte etwa 10 cm kürzer als die Gesamtrunde der Strickarbeit sein.

Strumpfstricknadeln kauft man als Spiel, d. h. fünf Nadeln gleicher Länge und Stärke mit je zwei Spitzen.

Stricknadeln sind in der Regel heute aus Metall mit perlgrauem, emailartigem Überzug. Sie liegen angenehm in der Hand, sie fühlen sich nicht kalt an und werden deshalb oft als Antirheumanadeln bezeichnet. Die Maschen gleiten sehr gut. Durch die matte Oberfläche ist die Nadel blendfrei. Sie ist abriebfest und oxidiert nicht – das ist besonders günstig für die ersten Strickversuche, bei denen nicht nur Schulkinder ins Schwitzen geraten. Erhältlich sind auch Stricknadeln aus vernickeltem Stahl oder Kunststoff mit Stahleinlage. Sehr starke Nadeln werden meist aus Kunststoff oder Holz hergestellt.

Stricknadeln herkömmlicher Art sind auf ihrer ganzen Länge gleich stark. Sie sind in allen Größen erhältlich und werden aus Aluminium mit perlgrauem Überzug, aus vernickeltem Aluminium sowie aus Kunststoff mit Stahleinlage hergestellt

Die Schnellstricknadel hat einen dünneren Schaft, der eine Steigerung der individuellen Strickgeschwindigkeit ermöglicht. Diese Nadelart ist auch leichter und kann wesentlich mehr Maschen aufnehmen als eine gleich lange herkömmlicher Art

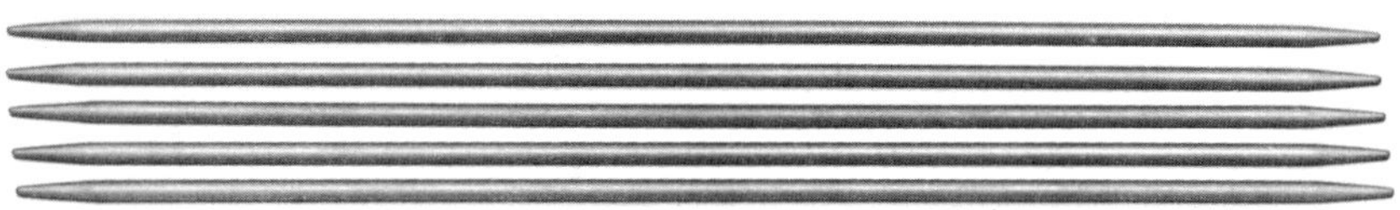

Strumpfstricknadeln sind 15, 20 oder 30 cm lang; ein Spiel besteht aus 5 gleich langen und gleich starken Nadeln

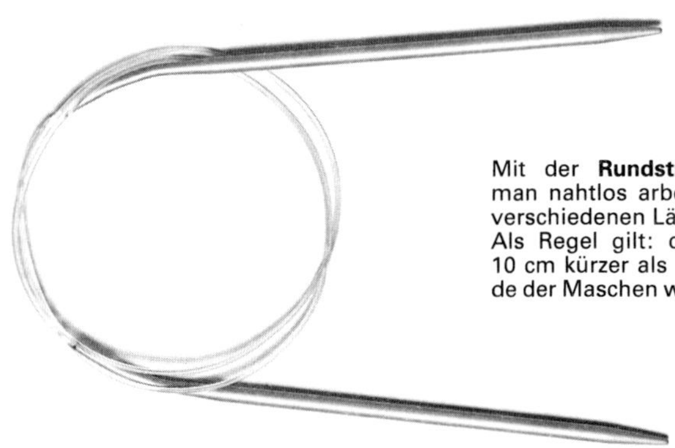

Mit der **Rundstricknadel** kann man nahtlos arbeiten. Sie ist in verschiedenen Längen erhältlich. Als Regel gilt: die Nadel etwa 10 cm kürzer als die Gesamtrunde der Maschen wählen

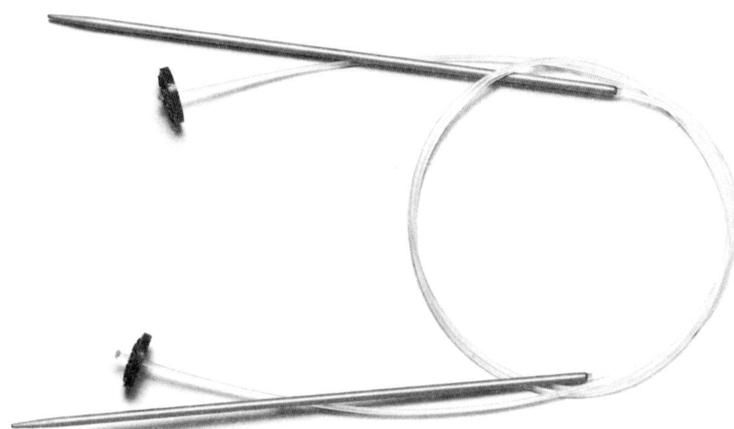

Die Perlonstricknadel ist besonders zu empfehlen, wenn mit vielen Maschen gearbeitet wird. Die Arme werden entlastet, denn das Gewicht der Strickarbeit ruht auf dem Schoß. Die Anprobe während der Arbeit wird durch den biegsamen Nadelschaft erleichtert

Zubehör

Auf dem Markt gibt es viele kleine Hilfsmittel, die das Stricken erleichtern. Einige wie beispielsweise die Zopfmusternadel braucht man nur für bestimmte Muster; andere sind bei jeder Strickart verwendbar. Auch Dinge aus anderen Handarbeitsbereichen wie eine Häkelnadel und Sticknadeln ohne Spitze sind beim Stricken sehr nützlich. Stecknadeln und ein Bandmaß gehören zur Standardausrüstung. Karopapier braucht man, um Mustervorlagen anzufertigen. Ein Handarbeitskorb oder eine Handarbeitstasche sorgt für Ordnung und verhindert, daß die Arbeit verschmutzt.

Mit einer Häkelnadel kann man gefallene Maschen am besten wieder aufheben. Sie wird auch verwendet, um abzuketten und um Strickteile miteinander zu verbinden

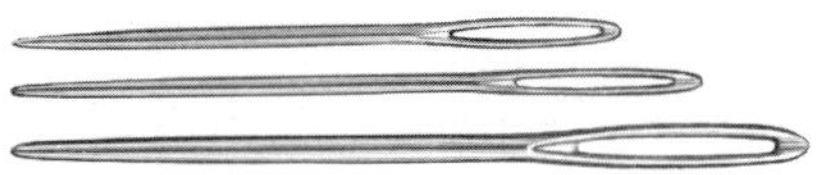

Sticknadeln ohne Spitze sind am besten geeignet, Strickteile zusammenzunähen

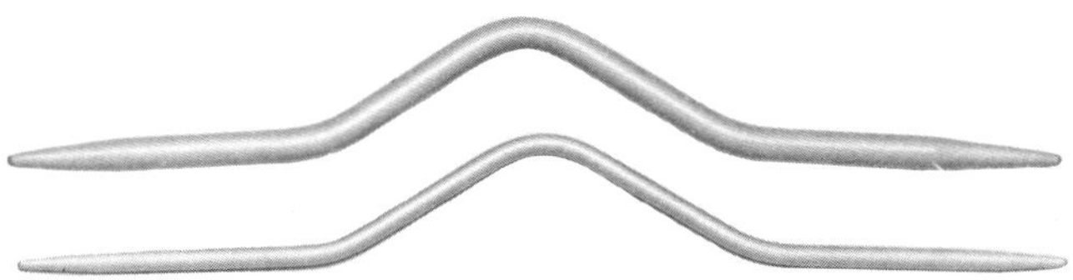

Die Zopfmusternadel dient dazu, die ruhende Maschengruppe beim Zopfmuster zu halten. Die Stärke sollte der Stricknadelstärke möglichst genau entsprechen

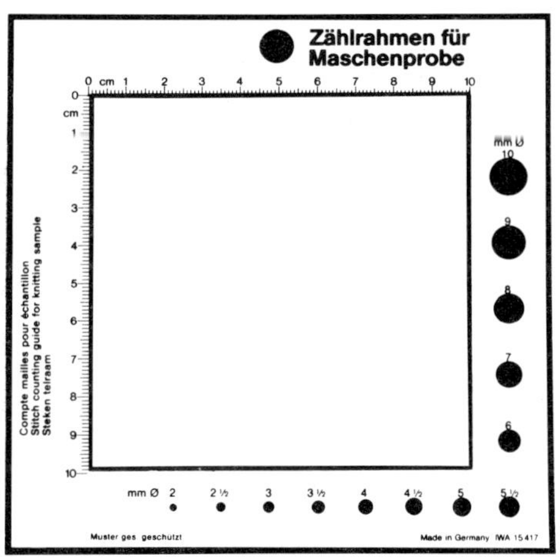

Ein Zählrahmen oder Maschenmaß erleichtert das Auszählen der Maschen und Reihen der Maschenprobe. Dieser hat auch eine Nadelmaßskala für Strick- und Häkelnadeln von 2–10 mm

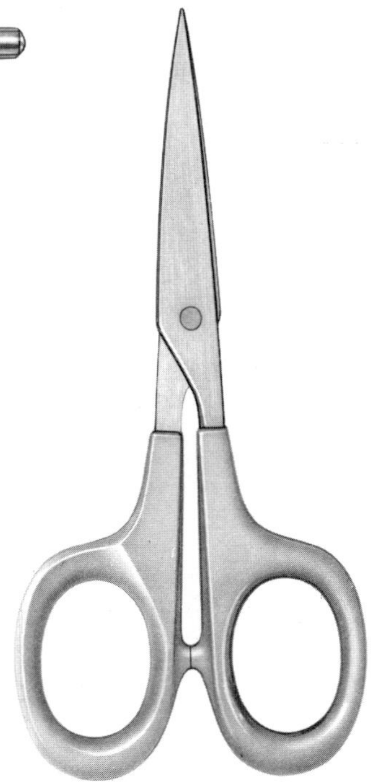

Eine kleine Schere braucht man, um das Garn abzuschneiden

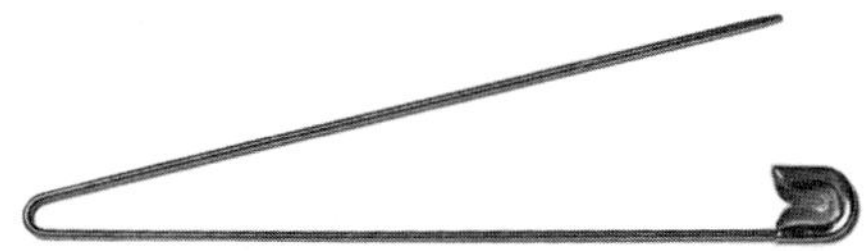

Ein Maschenraffer, der wie eine große Sicherheitsnadel funktioniert, hält ruhende Maschen, die später weitergestrickt werden

Fadenführer, auch Strickfingerhüte genannt, halten die Fäden beim mehrfarbigen Stricken auseinander. Sie sind in verschiedenen Ausführungen erhältlich – oben Kunststoff, unten Metall

Der Reihenzähler wird auf die Stricknadel gesteckt. Wenn man die Rädchen an beiden Seiten dreht, kann man die Zahl der gearbeiteten Reihen bzw. Maschen festhalten

Mit dem Fadenpicker verwebt man Fadenenden auf der Rückseite der fertigen Strickarbeit

Rippenmuster 420
Waagrechtes Knopfloch 481

Grundtechnik des Strickens

Der Anschlag
Rechte Maschen
Linke Maschen
Grundstrickarten
Variationen der Grundstrickarten
Fadenspannung
Abketten
Randmaschen

Der Anschlag

Der Maschenanschlag bildet die erste Maschenreihe und eine Kante der fertigen Arbeit, im allgemeinen die untere oder die Saumkante. Es gibt zahlreiche Anschlagmethoden; fünf der häufigsten werden hier gezeigt. Jede hat eine eigene Verwendung, je nachdem, wie elastisch oder fest, wie schlicht oder kunstvoll die Strickerei sein soll. Nicht nur die Anschlagmethode ist maßgebend, sondern auch die Art, wie die Maschen anschließend abgestrickt werden. Sticht man von vorn durch die Maschen, entsteht eine eher lockere Kante; wenn man sie verschränkt abstrickt, d.h. hinten einsticht, wird die Kante fester. Für einen sauberen Anschlag müssen die Maschen alle gleich groß sein. Die Mühe lohnt sich, sie wieder aufzutrennen und neu zu arbeiten, wenn der erste Versuch unbefriedigend war. Sie sollten auch nicht zu fest sein, damit sie sich leicht abstricken lassen; dies läßt sich durch eine der Methoden auf Seite 415 verhindern.

Damit man sich bei einer großen Maschenzahl nicht verzählt, stellt man nach jeder zehnten oder zwanzigsten Masche den Reihenzähler (S. 413) ein.

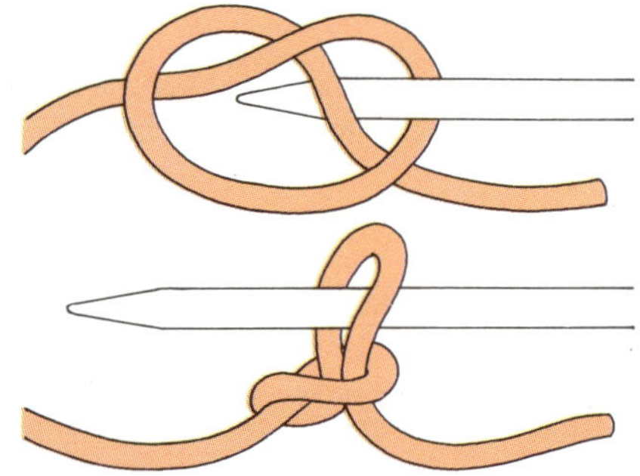

Um eine Knotenschlinge zu bilden, 15 cm langes Fadenende zur Schlinge legen; mit der Nadel den Faden durchholen; festziehen

Anschlag mit zwei Nadeln

Gestrickter Anschlag

Jede Masche wird wie eine rechte Masche gebildet und auf die linke Nadel gelegt. Der Rand ist locker, wenn man vorn durch die Masche sticht, und fest, wenn man hinten einsticht. So kann man auch Maschen an der Seitenkante aufnehmen oder waagrechte Knopflöcher arbeiten.

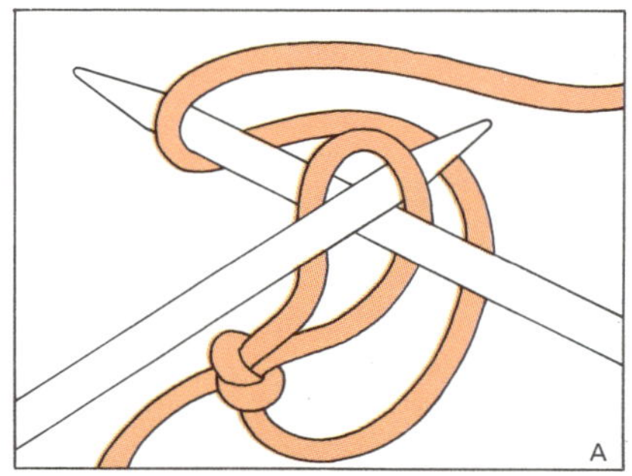

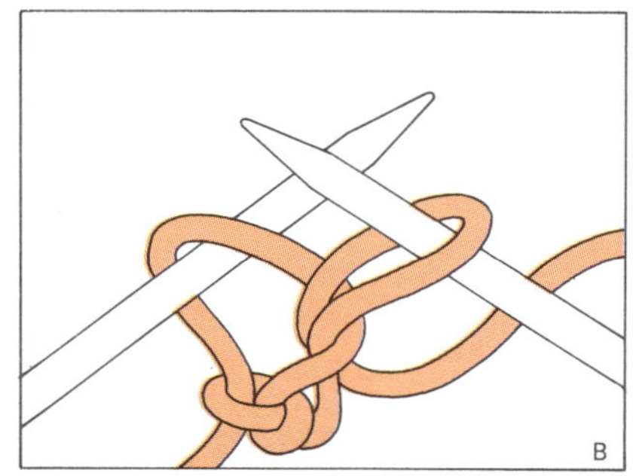

Nadel mit Knotenschlinge links halten. Mit rechter Nadel einstechen, Faden holen (A) und durchziehen; Knotenschlinge nicht fallen lassen (B), sondern mit linker Nadel durch neue Masche stechen und mit der rechten Faden holen, um die nächste Masche zu bilden

Dekorativer gestrickter Anschlag

Bei diesem Anschlag sticht man zwischen die zwei vorausgegangenen ein, holt den Faden durch und legt die neue Masche auf die linke Nadel. Dieser dekorative und elastische Rand paßt zu Rippenmustern, Socken und Mützen. In der ersten Reihe werden die Maschen von vorn abgestrickt.

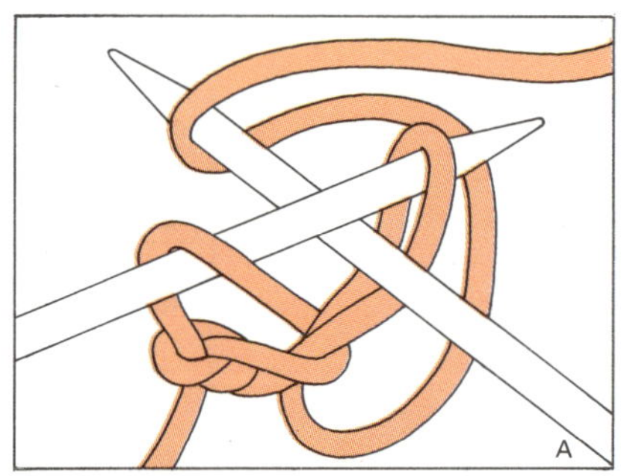

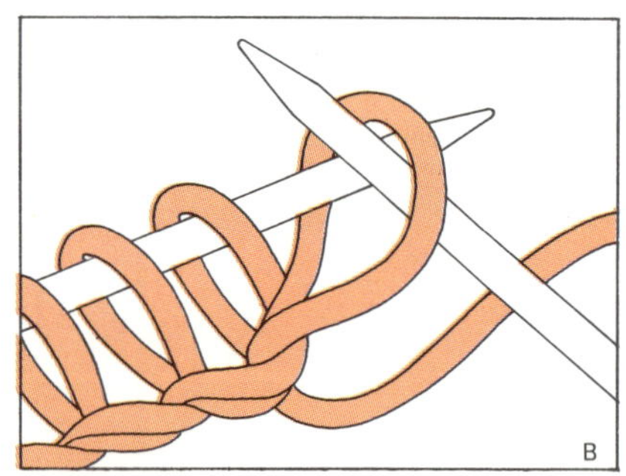

Knotenschlinge und erste Masche wie oben bilden; Masche auf linke Nadel legen. Rechte Nadel zwischen Maschen stechen; Faden holen (A) und durchziehen. Neue Masche auf linke Nadel legen (B). Für weitere Maschen stets zwischen beide letzte Maschen stechen

Anschlag für angestrickte Säume 477
Maschenstich 484

Anschlag mit einer Nadel

Einfacher Anschlag

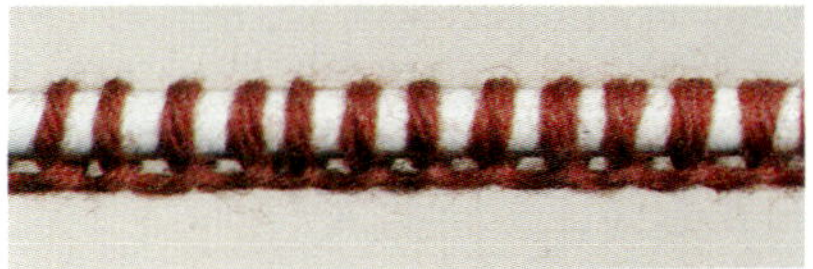

Man verwendet eine Nadel. Es entsteht ein feiner Rand, der sich besonders gut für eine Saumkante oder für Spitzenmuster eignet. Der Anschlag ist einfach; Anfänger finden es meist schwierig, die erste Reihe gleichmäßig abzustricken, und sollten den doppelten Anschlag wählen.

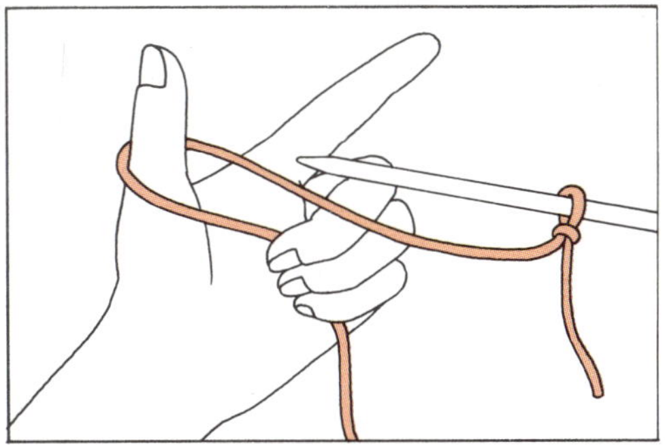

1. Nadel mit der Knotenschlinge (S. 414) rechts halten. Faden vom Knäuel um den linken Daumen legen, dann zwischen Handfläche und 3 Fingern festhalten

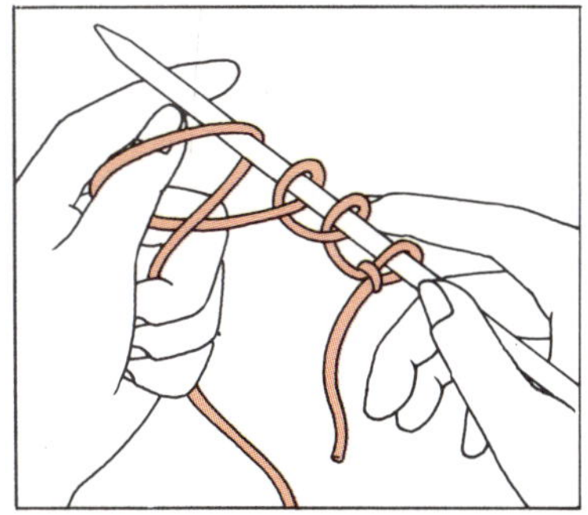

2. Daumen nach innen drehen. Nadel von vorn nach hinten durch Schlinge stechen, die um den Daumen entstanden ist

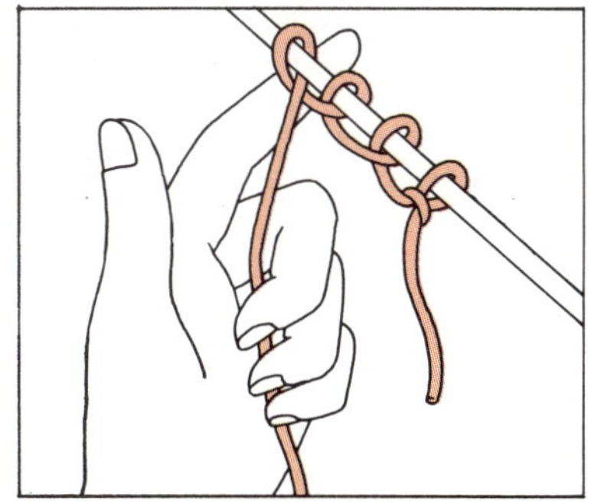

3. Den Daumen herausnehmen und die Schlinge um die Nadel festziehen. Schritte 2 und 3 wiederholen

Kreuzanschlag

Man verwendet eine Nadel. Die Knotenschlinge bildet man in einem Abstand vom Fadenende, der die Maschenzahl mal 2,5 cm beträgt. Dieser feste, jedoch elastische Anschlag eignet sich für jedes Muster, das keine feine Kante erfordert; er empfiehlt sich besonders für Anfänger.

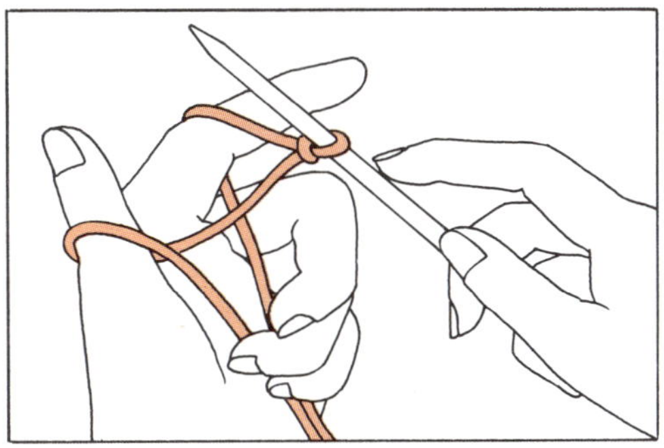

1. Mit abgemessenem Fadenende Schlinge bilden. Fadenende über linken Daumen legen, Faden vom Knäuel über linken Zeigefinger. Enden mit 3 Fingern halten

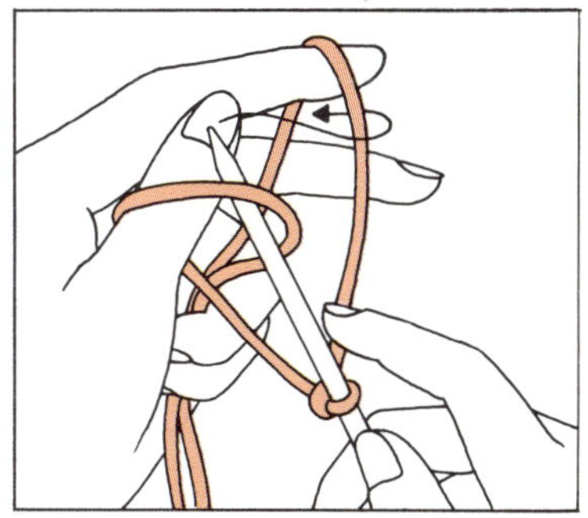

2. Nadel von unten durch die Daumenschlinge stechen, Faden vom Zeigefinger holen (Pfeil) und durchziehen

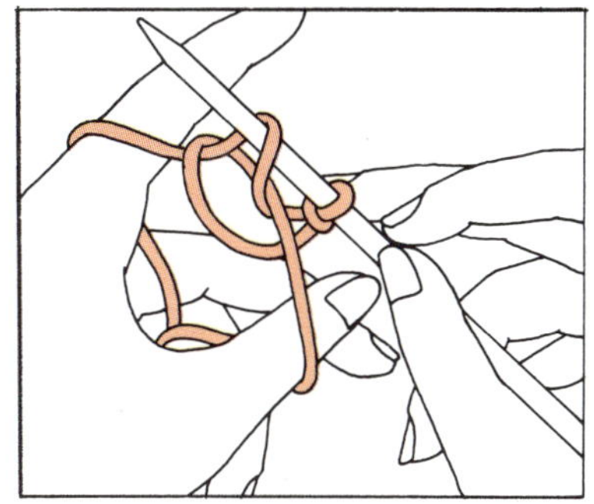

3. Daumenschlinge loslassen. Mit Daumen kurzen Faden anziehen, um Masche festzuziehen. 2 und 3 wiederholen

Geschlungener Anschlag

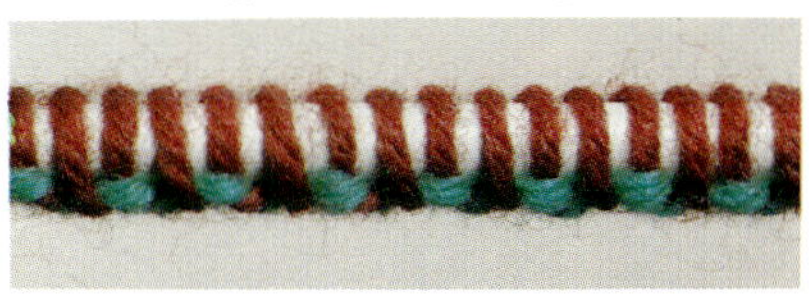

Man verwendet eine Nadel und zwei Fäden. Dieser sehr elastische Rand ist besonders für Baumwollgarne geeignet, die nur begrenzt dehnbar sind. Wird der Grundfaden herausgezogen, können die Maschen zum Stricken oder für den Maschenstich genommen werden.

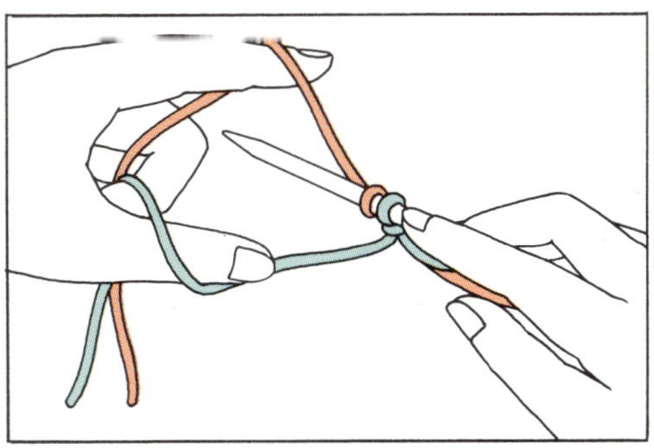

1. Mit dem Grundfaden (grün) Knotenschlinge bilden, dann mit dem Anschlaggarn (rot). Grundfaden um Daumen legen, Anschlaggarn über Zeigefinger

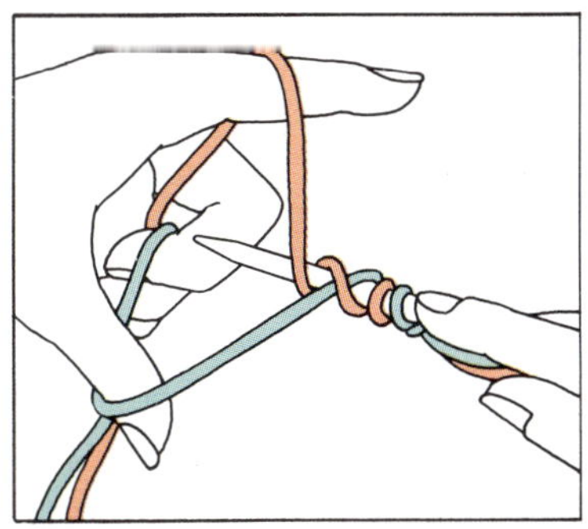

2. Anschlaggarn von vorn um Nadel wickeln, Grundfaden von hinten, Anschlaggarn wieder von vorn nach hinten

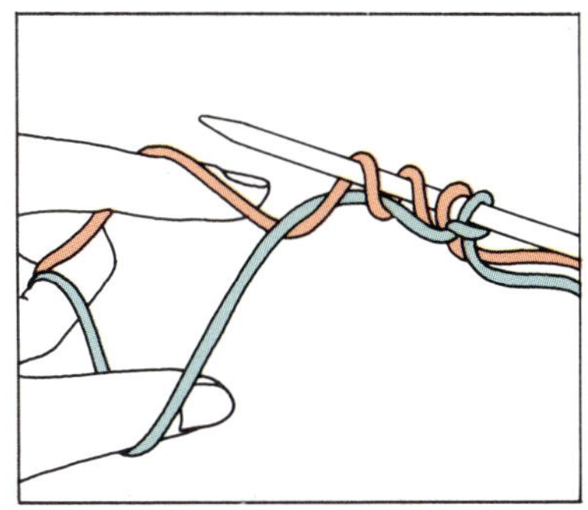

3. Grundfaden hinter Nadel nach unten bringen, so daß beide Fäden unter Nadel liegen. Schritte 2 und 3 wiederholen

Stricken · Grundtechnik

Rechte Maschen · Rechtshändige Methode

Die rechte Masche erscheint auf der Vorderseite des Gestricks als flache, senkrechte Schlinge.

Stricktechniken sind landschaftlich verschieden; die zwei verbreitetsten sind unten und auf Seite 417 abgebildet. Bei beiden werden die Maschen von der linken Nadel auf die rechte gestrickt. Bei der einen wird der Faden jedoch mit der rechten Hand geführt, bei der anderen mit der linken. Das Ergebnis ist bei beiden das gleiche; man kann also die Methode wählen, die man bequemer findet. Der Faden wird bei der rechtshändigen Methode mit dem rechten Zeigefinger um die rechte Nadel gelegt. Die Fadenführung (wieviel Garn mit jeder Masche freigegeben wird) übernehmen Ringfinger und kleiner Finger. Es gibt noch andere, ebenso korrekte Möglichkeiten der Fadenführung; auch hier gilt es, die bequemste und praktischste zu wählen.

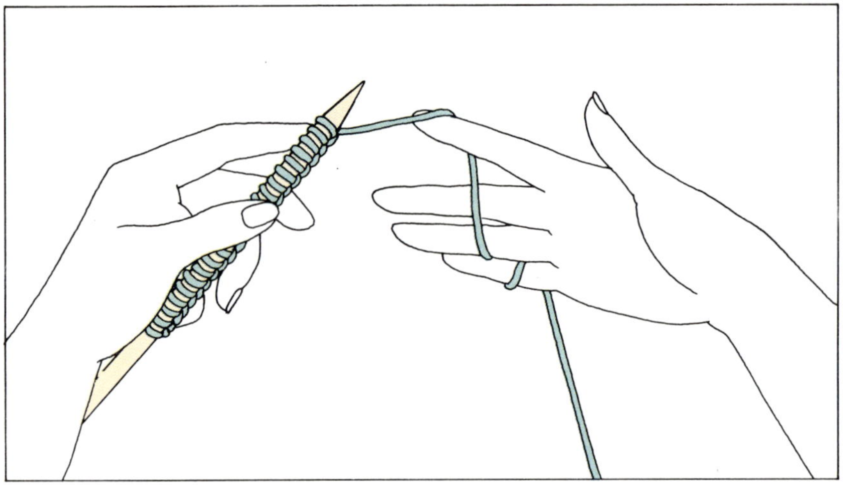

1. Nadel mit angeschlagenen Maschen links halten. Die erste Masche liegt etwa 2 cm hinter der Nadelspitze. Faden um kleinen Finger der rechten Hand, unter die nächsten zwei Finger und über den Zeigefinger legen. Zwischen erster Masche und Zeigefinger liegen etwa 5 cm Faden

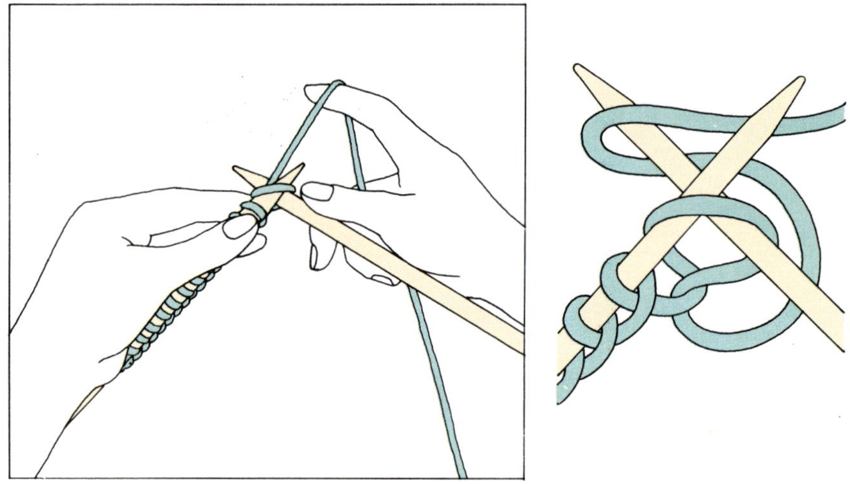

2. Der Faden liegt hinter der Arbeit. *Rechte Nadel durch die erste Masche von vorn nach hinten stechen. Mit dem rechten Zeigefinger den Faden nach vorn unter die rechte Nadel legen, dann über die Nadelspitze nach hinten (Detail oben rechts)

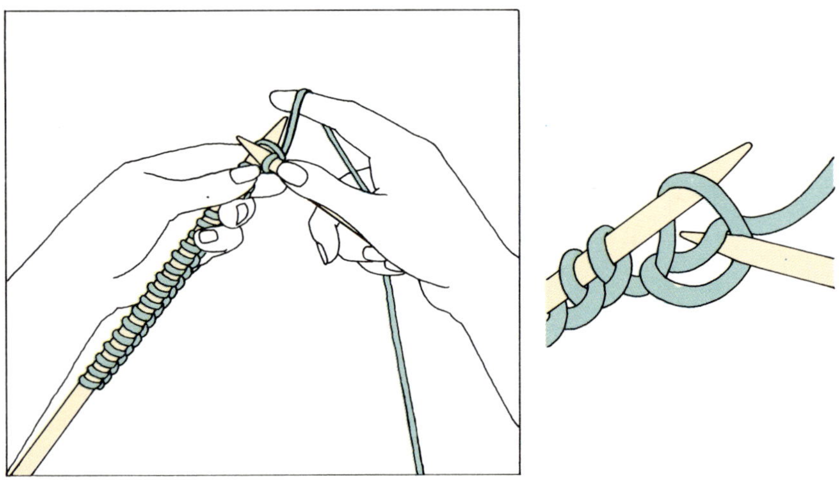

3. Die Schlinge auf der rechten Nadel durch die Masche nach vorn ziehen; die Masche auf der linken Nadel mit dem linken Zeigefinger zur Spitze schieben. Mit etwas Übung führt man diese beiden Bewegungen gleichzeitig aus, und das Stricktempo wird schneller

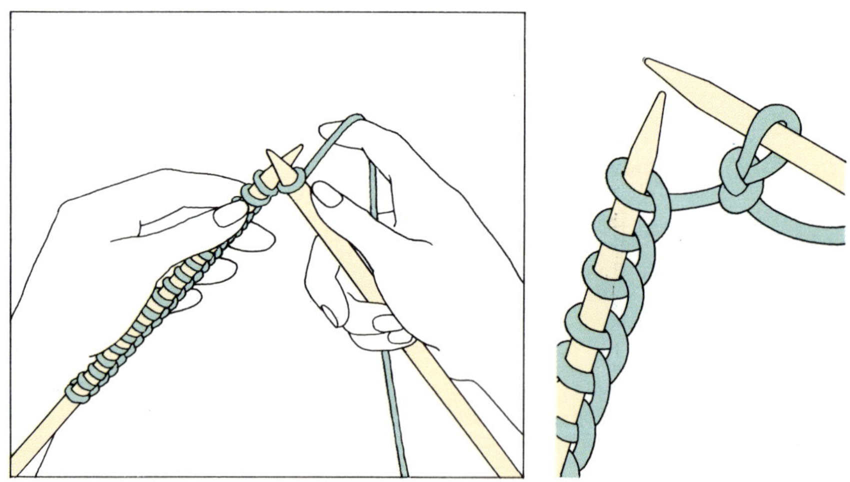

4. Erste Masche von linker Nadel gleiten lassen. Neue Masche bleibt auf rechter Nadel*. Schritte zwischen Sternchen wiederholen; dabei Maschen auf linker Nadel mit Daumen, Zeige- und Mittelfinger vorschieben, Maschen auf rechter Nadel mit Daumen zurückziehen

Rechte Maschen · Linkshändige Methode

Im deutschsprachigen Raum ist die Fadenführung mit der linken Hand üblich. Der Faden läuft über den linken Zeigefinger und wird mit der rechten Nadel geholt. Es gibt verschiedene Möglichkeiten, die Fadenspannung zu regeln. Hier wird der Faden zwischen den beiden letzten Fingern festgehalten und mit dem gestreckten Zeigefinger gestrafft.

Mit dieser Methode soll man ein schnelleres Arbeitstempo erreichen können als mit der rechtshändigen. In jedem Fall erhöht sich bei beiden das Tempo, sobald man gelernt hat, die Nadeln locker zu halten und alle Bewegungen auf ein Minimum zu beschränken. Bei der rechtshändigen Methode kommt es auf die flinken Finger, bei der linkshändigen auf das flexible Handgelenk an. Wenn man beide beherrscht, kann man bestimmte zweifarbige Muster schneller und gleichmäßiger stricken.

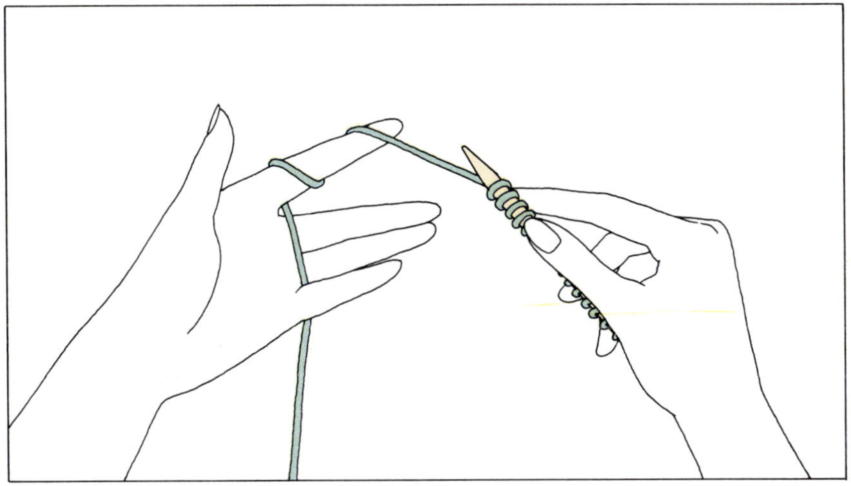

1. Die Nadel mit den angeschlagenen Maschen rechts halten; den Faden zwischen den fünften und vierten Finger der linken Hand und um den Zeigefinger legen, dann um die Spitze des Zeigefingers wickeln. Zwischen Zeigefinger und erster Masche liegen etwa 5 cm Faden

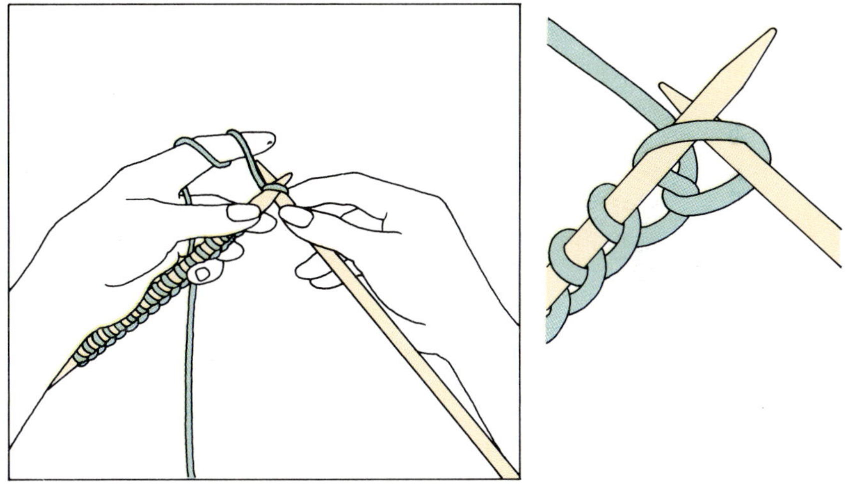

2. Die Nadel mit den Maschen in die linke Hand nehmen. Den Zeigefinger leicht strecken und Faden hinter die Nadel ziehen. Die erste Masche an die Nadelspitze heranschieben. *Die rechte Nadel von vorn in die erste Masche stechen

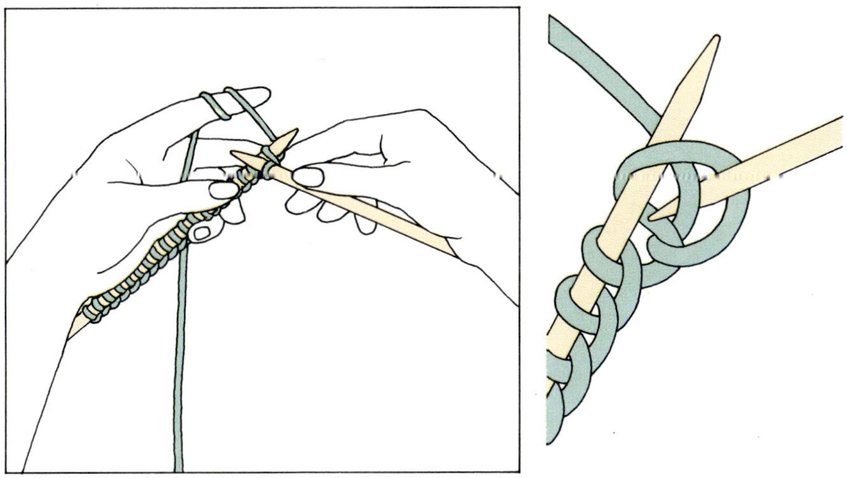

3. Mit der rechten Nadelspitze den Faden von unten fassen und eine Schlinge durch die Masche ziehen; mit Mittelfinger und Daumen die Masche auf der linken Nadel zur Spitze schieben. Mit etwas Übung führt man diese beiden Bewegungen gleichzeitig aus

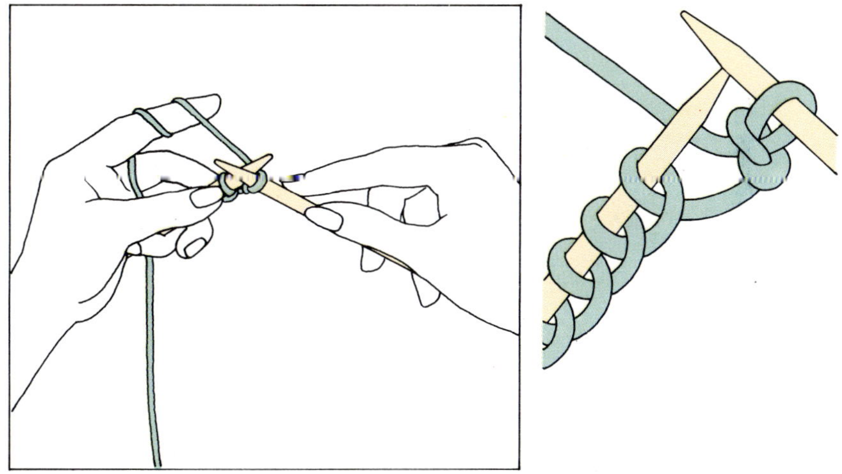

4. Erste Masche von linker Nadel gleiten lassen; neue Masche bleibt auf rechter Nadel*. Schritte zwischen den Sternchen wiederholen; dabei Maschen auf linker Nadel mit Daumen und Mittelfinger nach vorn schieben, Maschen auf rechter Nadel mit Daumen zurückziehen

Stricken · Grundtechnik

Linke Maschen · Rechtshändige Methode

Eine linke Masche ist die Rückseite einer rechten Masche; sie hat die Form eines waagrechten Halbkreises. Um eine linke Masche zu bilden, sticht man von hinten und von unten in die Masche; der Faden, der vor der Arbeit liegt, wird nach hinten, dann nach vorn um die Nadel gelegt.

Wird der Faden wie unten mit der rechten Hand geführt, sind die linken Maschen meist lockerer als die rechten, da der Faden für eine linke Masche weiter um die Nadel gelegt werden muß als für eine rechte Masche. Mit etwas Übung gleicht man dies meist automatisch aus, besonders wenn der Zeigefinger dicht an der Arbeit bleibt. Hat man Schwierigkeiten damit, empfiehlt es sich, ein Übungsstück im einfachen Rippenmuster (S. 420) zu arbeiten, bis man eine gleichmäßige Spannung erreicht und die Maschen auf beiden Seiten des Gestricks gleich aussehen.

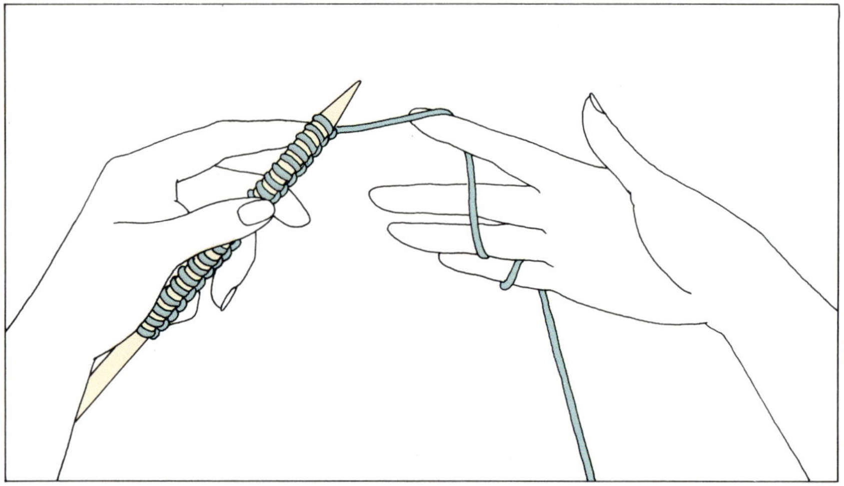

1. Nadel mit den angeschlagenen Maschen links halten. Die erste Masche liegt etwa 2,5 cm hinter der Nadelspitze. Faden um den kleinen Finger der rechten Hand wickeln, dann über die Spitze des Zeigefingers legen. Zwischen Zeigefinger und erster Masche liegen etwa 5 cm Faden

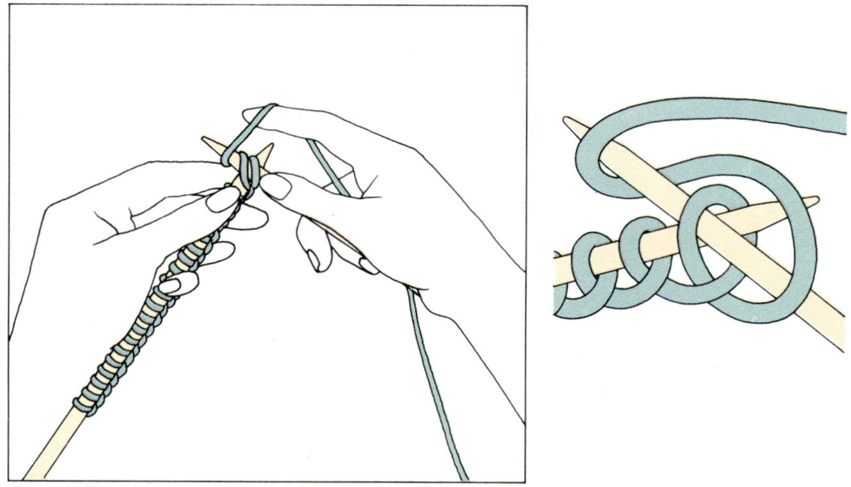

2. Den Faden vor die Arbeit legen. *Die rechte Nadel hinten und von unten in die erste Masche stechen. Mit dem rechten Zeigefinger den Faden nach hinten über die rechte Nadel, dann nach vorn unter die Nadel legen (Detail oben rechts)

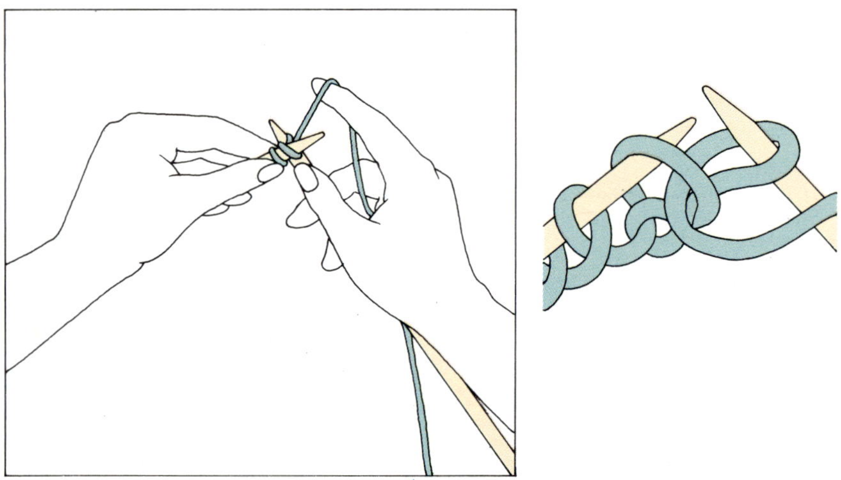

3. Die Schlinge auf der rechten Nadel nach hinten durch die Masche ziehen und die Masche auf der linken Nadel zur Spitze hin schieben. Mit etwas Übung führt man diese beiden Bewegungen gleichzeitig aus

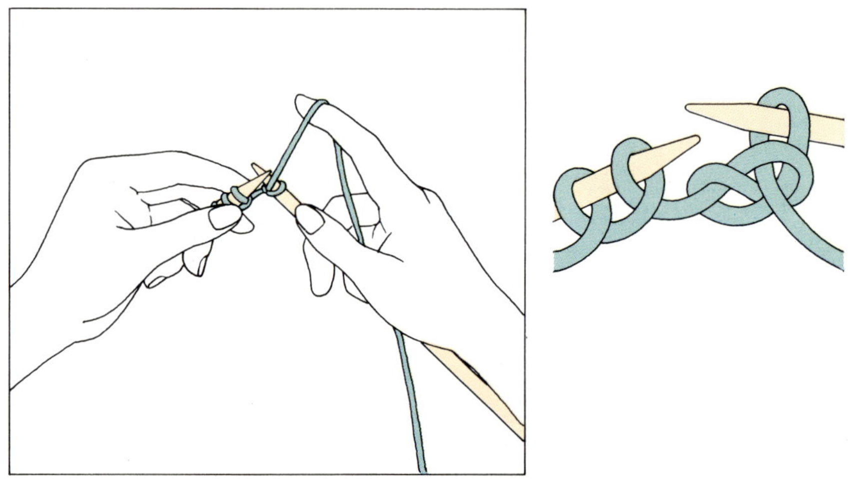

4. Erste Masche von linker Nadel gleiten lassen; neue Masche bleibt auf rechter Nadel*. Schritte zwischen den Sternchen wiederholen; dabei Maschen auf linker Nadel mit Daumen, Zeige- und Mittelfinger vorschieben; Maschen auf rechter Nadel mit Daumen zurückziehen

Linke Maschen · Linkshändige Methode

Um eine linke Masche nach der linkshändigen Methode zu stricken, hält man das Garn mit dem linken Zeigefinger straff, während die rechte Nadel eine neue Masche holt. Dabei dreht man das linke Handgelenk nach vorn, um etwas Faden freizugeben, und hält die Arbeitsmasche mit dem Daumen fest, während die neue Masche durchgezogen wird.

Der Wechsel von rechten zu linken Maschen und umgekehrt kann die Strickgeschwindigkeit zunächst beeinträchtigen, bis man den richtigen Arbeitsrhythmus gefunden hat und den Faden automatisch zwischen den Nadelspitzen nach vorn für eine linke Masche und nach hinten für eine rechte Masche schwenkt. Das Stricktempo verringert sich am wenigsten, wenn man den Zeigefinger nicht zu weit von der Arbeit entfernt und die Arbeitsmaschen so nah wie möglich an den Nadelspitzen hält.

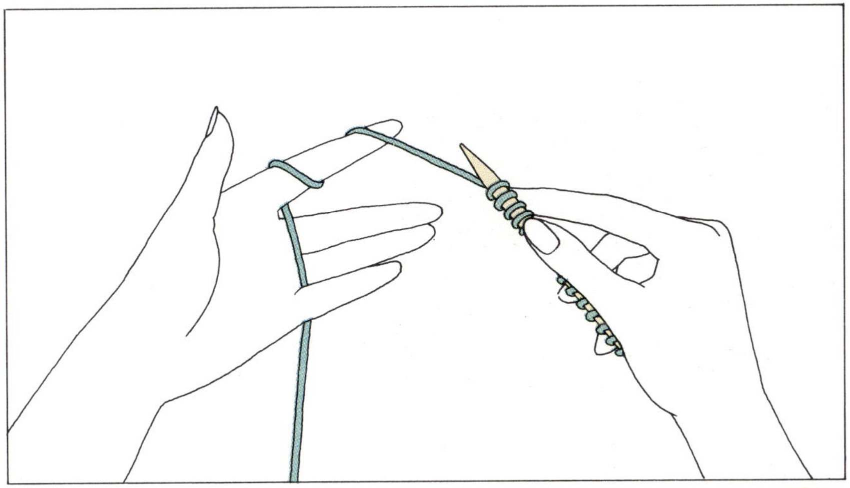

1. Die Nadel mit den angeschlagenen Maschen rechts halten. Den Faden zwischen den vierten und fünften Finger der linken Hand und zweimal um den Zeigefinger legen. Zwischen Zeigefinger und erster Masche läßt man etwa 5 cm Faden

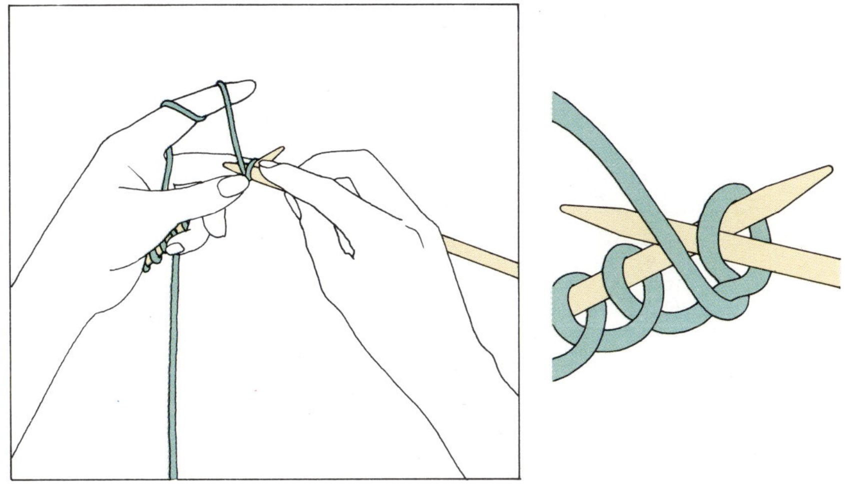

2. Die Nadel mit den Maschen in die linke Hand nehmen, den Zeigefinger strecken und den Faden vor die Nadel legen. Die erste Masche mit Daumen und Mittelfinger an die Nadelspitze schieben. *Die rechte Nadel von hinten in die erste Masche einstechen

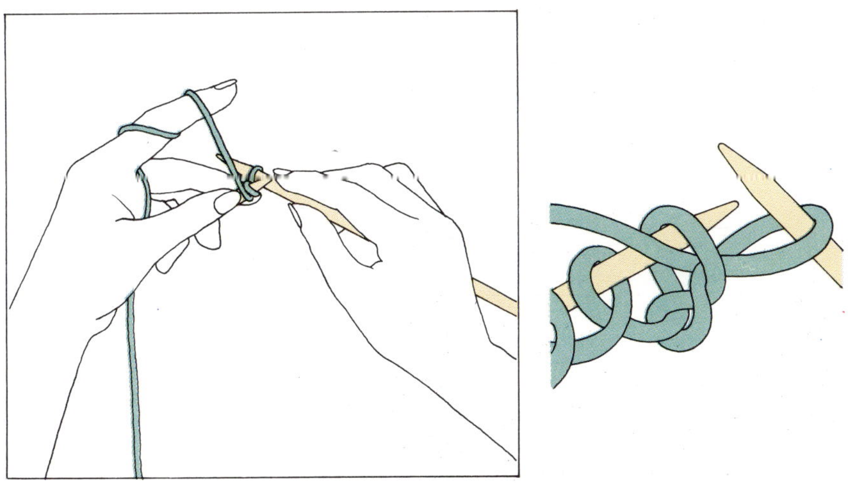

3. Linkes Handgelenk so drehen, daß Faden auf Zeigefinger nach vorn kommt; rechte Nadelspitze nach hinten und unten drehen, Fadenschlinge durch Masche ziehen. Masche auf linker Nadel zur Nadelspitze schieben. Mit etwas Übung laufen diese Bewegungen gleichzeitig ab

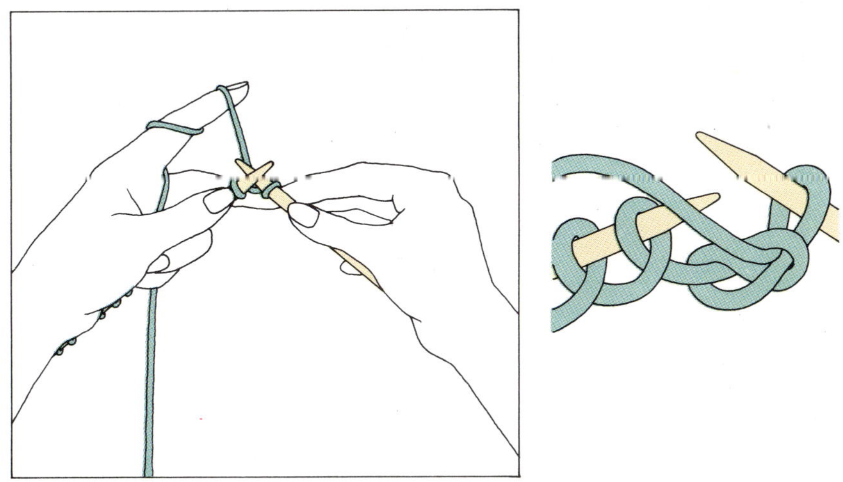

4. Erste Masche von linker Nadel gleiten lassen; linken Zeigefinger strecken, um neue Masche festzuziehen*. Schritte zwischen Sternchen wiederholen; Maschen auf linker Nadel mit Daumen und Mittelfinger vorschieben, Maschen auf rechter mit Daumen zurückziehen

Stricken · Grundtechnik

Abkürzungen 426 Gefallene Maschen aufheben 436
Weitere Rippenmuster 442

Grundstrickarten

Die unten abgebildeten Strickmuster sind vielseitig verwendbar und einfach auszuführen, also für Anfänger besonders geeignet. Um sie zu üben, verwendet man am besten Nadelstärke 4 mit passender Strickwolle und schlägt 20 bis 24 Maschen an. (Jedes Muster hat einen Rapport, d.h. eine bestimmte Maschenzahl, die für eine vollständige Mustereinheit benötigt wird. Ist der Rapport z.B. vier, muß die Gesamtzahl der angeschlagenen Maschen durch vier teilbar sein.) Nach der ersten Musterreihe wendet man die Nadel und arbeitet die nächste Reihe. Man achtet auf eine gleichmäßige und nicht zu feste Fadenspannung (S. 421) und strickt eine Nadel stets ganz ab, bevor man die Arbeit aus der Hand legt. Es empfiehlt sich, jedes neue Muster so auszuprobieren. Die Vierecke können gesammelt und später etwa zu einem Kissenbezug zusammengesetzt werden.

Jede Grundstrickart wird aus rechten bzw. linken Maschen gebildet, die nach den auf den Seiten 416–419 dargestellten Methoden gearbeitet werden. Die Glattstrickarten können variiert werden, um verschränkte Muster zu bilden (S. 421). Kennt man die Unterschiede zwischen glatten und verschränkten Maschen, kann man es vermeiden, Maschen aus Versehen zu verdrehen, wenn man etwa eine gefallene aufhebt.

Kraus rechts Normalerweise werden in jeder Reihe nur rechte Maschen gestrickt, obwohl das Ergebnis gleich ist, wenn man in jeder Reihe nur linke Maschen strickt. Dies ist die einfachste Strickart; sie hat eine körnige, auf beiden Seiten identische Oberfläche und eine etwas lockere Struktur, die sich in beide Richtungen dehnt. Sie wird für Pullover, Decken und Accessoires verwendet
Anschl: beliebig
Jede R: r

Glatt rechts

Glatt rechts Man strickt abwechselnd eine Reihe rechts, eine Reihe links. Dies ist die vielseitigste Grundstrickart; sie ist auf der einen Seite glatt, auf der anderen kraus. Die glatte Seite wird meist als rechte Seite genommen; das Maschenbild der Rückseite bezeichnet man als glatt links. Das Gestrick dehnt sich mehr in der Breite als in der Länge. Man verwendet es für Pullover, Kleider und Accessoires wie Mützen, Handschuhe und Socken; Anwendung bei Jacquardmustern siehe Seite 458–461
Anschl: beliebig
1. R: r
2. R: li

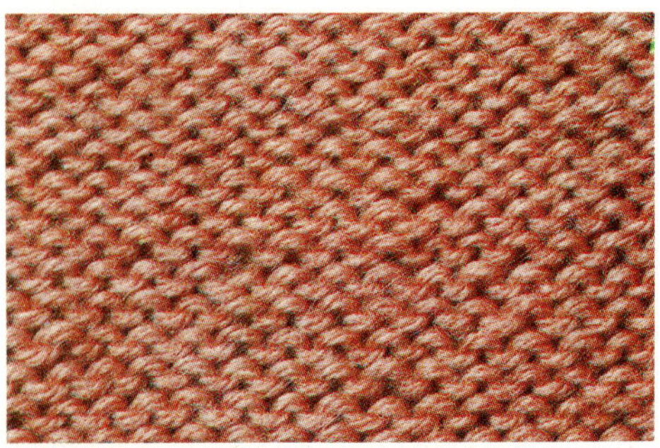

Glatt links

Perlmuster Abwechselnd eine rechte und eine linke Masche stricken, dann auf der Rückseite die linke Masche der Vorreihe links, die rechte Masche der Vorreihe rechts stricken. Das Gestrick hat eine feste Struktur; es ist für Decken und Kleidungsstücke sowie als Kontrast zu anderen Strickmustern geeignet
Anschl: teilbar durch 2 + 1
Jede R: *1 M r, 1 M li *, 1 M r

Rippenmuster 1 rechts, 1 links

Rippenmuster 2 rechts, 2 links

Rippenmuster Abwechselnd eine Masche rechts und eine Masche links stricken; auf der Rückreihe die rechten Maschen der Vorreihe links, die linken Maschen der Vorreihe rechts stricken. So entsteht ein vertikales Rippenmuster, das auf beiden Seiten identisch ist; um breitere Rippen zu erhalten, strickt man entsprechend mehr linke bzw. rechte Maschen hintereinander, wobei das Verhältnis von rechten zu linken Maschen gleich oder ungleich sein kann. Links sind die klassischen Rippenmuster abgebildet. Sie sind in der Breite sehr elastisch und eignen sich besonders für Ränder und Bündchen an Kleidungsstücken. Für diese Bereiche verwendet man meist um ein oder zwei Nummern feinere Nadeln als für das übrige Kleidungsstück
Anschl (Rippenmuster 1 rechts, 1 links): teilbar durch 2
Jede R: * 1 M r, 1 M li *
Anschl (Rippenmuster 2 rechts, 2 links): teilbar durch 4
Jede R: * 2 M r, 2 M li *

Strickgarne 410–411 Maschenprobe 427
Gekreuzte Maschen und Zopfmuster 448–451

Variationen der Grundstrickarten

Die Grundstrickmuster können variiert werden, indem man anders in die Masche einsticht oder den Faden anders um die Nadel schlägt. Das jeweilige Gestrick ist etwas stabiler und elastischer als die auf Seite 420 gezeigten.

Eine Abwandlung erzielt man durch verschränkte Maschen, d. h., man sticht hinten statt vorn in die Masche. Die Maschenschlinge wird dadurch um 180 Grad gedreht und liegt deshalb nicht so flach auf wie eine normale rechte Masche. In einem Muster werden entweder linke oder rechte Maschen verschränkt gestrickt, selten jedoch beide. Strickt man glatt rechts verschränkt, sticht man hinten in alle Maschen der Hinreihe; die Rückreihe wird normal links gestrickt. Für ein Rippenmuster 1 rechts 1 links sticht man in jeder Reihe hinten in alle rechten Maschen; alle linken Maschen arbeitet man normal.

Eine weitere Variation entsteht durch geflochtene Maschen: Das Garn wird umgekehrt umgeschlagen, d. h., es wird für eine rechte Masche über die Nadel, für eine linke Masche unter die Nadel gelegt. Solche Maschen sind durchgehend verdreht und ergeben ein ungewöhnlich festes Gestrick. Strickt man glatt rechts geflochten, werden sowohl die rechten als auch die linken Maschen wie unten rechts gearbeitet. Auf der rechten Seite wirken die vertikalen Reihen wie ein Zopf. Für das geflochtene Rippenmuster 1 rechts 1 links strickt man im Wechsel eine geflochtene rechte und eine geflochtene linke Masche. Geflochtene Maschen eignen sich gut für Arbeiten mit Perlen oder Pailletten und für schwere, mit starken Nadeln gestrickte Garne, weil das Gestrick fester wird. Die Fadenspannung muß lockerer als sonst sein.

Glatt rechts verschränkt

1 rechts 1 links verschränkt

Glatt rechts geflochten

1 rechts 1 links geflochten

Verschränkte rechte Masche Hinten in die Masche stechen; Faden wie üblich umschlagen. Die Rückreihe normal links stricken

Verschränkte linke Masche Hinten in die Masche stechen; Faden wie üblich holen. Die Rückreihe normal rechts stricken

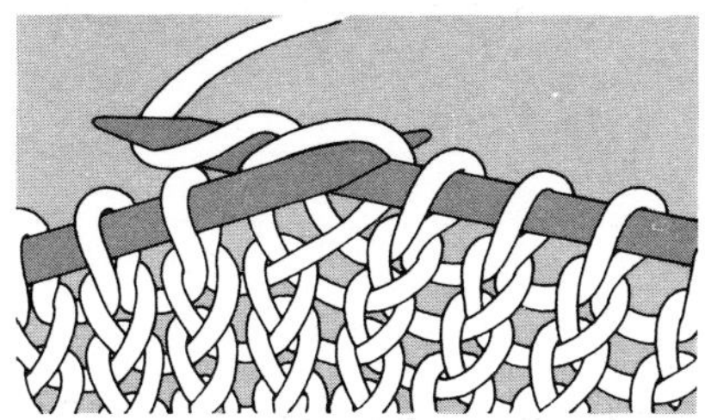
Geflochtene rechte Masche Vorn wie üblich in die Masche stechen; Faden von hinten nach vorn über die Nadel legen, durchziehen

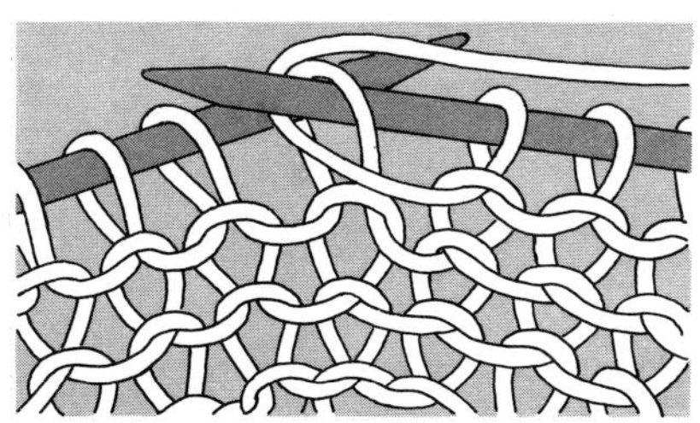
Geflochtene linke Masche Vorn wie üblich in die Masche stechen; Faden unter die Nadel nehmen und zur Masche holen

Fadenspannung

Die Fadenspannung ist der Widerstand, der auf den Arbeitsfaden wirkt, während er durch die Finger gleitet. Eine mäßige, gleichbleibende, richtige und genaue Fadenspannung kennzeichnet eine gute Stricktechnik und ist unbedingt anzustreben.

Mäßige Fadenspannung bedeutet, daß sich die Maschen leicht abstricken lassen; zwischen ihnen und der Nadel ist jedoch kein Zwischenraum sichtbar. In zu fest gestrickte Maschen kann man nur mit Mühe einstechen, was die Strickgeschwindigkeit meist verringert; außerdem wird das Garn zu sehr gedehnt und kann durch die zu starke Beanspruchung leiden. Zu lockere Maschen gleiten zu früh von der Nadel, und das Gestrick behält die Form nicht.

Bei gleichbleibender Spannung werden die Maschen alle gleich groß. Diese Fertigkeit verlangt Übung; hier einige Tips: Geraten die linken Maschen etwas lockerer als die rechten oder umgekehrt, strickt man zur Übung ein Rippenmuster 1 rechts 1 links, bis das Gestrick gleichmäßig wird. Ist die Fadenspannung von Tag zu Tag unterschiedlich, legt man ein Übungsstück bereit und strickt jedesmal ein paar Reihen daran, bevor man mit der eigentlichen Strickarbeit anfängt, um sich wieder einzuarbeiten.

Richtige Fadenspannung zeigt eine Strickarbeit, die geschmeidig, aber nicht lose, fest, aber nicht steif ist. Dazu müssen Spannung und Nadelstärke auf Garn und Muster abgestimmt sein. Nützlich ist es, die Garneigenschaften zu kennen und etwas Erfahrung mit unterschiedlichen Strickmustern zu haben; hier ein paar allgemeine Hinweise: Locker gesponnene oder dicke Garne sollten locker gestrickt werden; fest gesponnene und unelastische Garne (z. B. Baumwolle) erfordern eine straffe Spannung. Verschränkte Maschen sowie gekreuzte Maschen und Zopfmuster brauchen eine etwas lockere Fadengebung, sonst sind sie schwer zu arbeiten. Loch- und Spitzenmuster müssen fester gestrickt werden.

Um eine genaue Spannung zu erhalten, muß das Gestrick der im Strickmuster vorgegebenen Maschenprobe entsprechen. Gelingt dies nicht, gleicht man es lieber durch die Wahl einer anderen Nadelstärke als durch eine andere Fadenführung aus.

Armausschnitte und Schultern 470–473
Waagrechte Knopflöcher 481

Abketten

Abketten bedeutet, die Maschen so abzustricken, daß ein geschlossener Rand entsteht. Es geschieht im allgemeinen in der letzten Reihe der Arbeit, dient aber auch unter anderem noch dazu, den Anfang des Armausschnitts oder eine Seite eines waagrechten Knopflochs zu bilden. Wie beim Anschlag soll die fertige Kante sowohl zur Strickart passen als auch dem Zweck des Gegenstands entsprechen.

Unten sind zwei verschiedene Methoden des Abkettens abgebildet und beschrieben: Abketten durch Überziehen und Abketten durch Zusammenstricken. Ist in der Anleitung nichts anderes angegeben, werden die Maschen auf der rechten Seite abgestrickt, und zwar so, wie sie erscheinen, d. h. rechte Maschen rechts, linke Maschen links. Der Rand sollte nicht zu fest und möglichst gleichmäßig sein. Wenn man sehr fest strickt, kettet man mit einer Nadel ab, die eine Nummer stärker als die Arbeitsnadel ist.

Die drei Techniken auf Seite 423 sind nur begrenzt anwendbar, bringen aber in bestimmten Fällen die besten Ergebnisse.

Fadenende nach dem Abketten sichern: **1.** Durch letzte Masche holen und festziehen

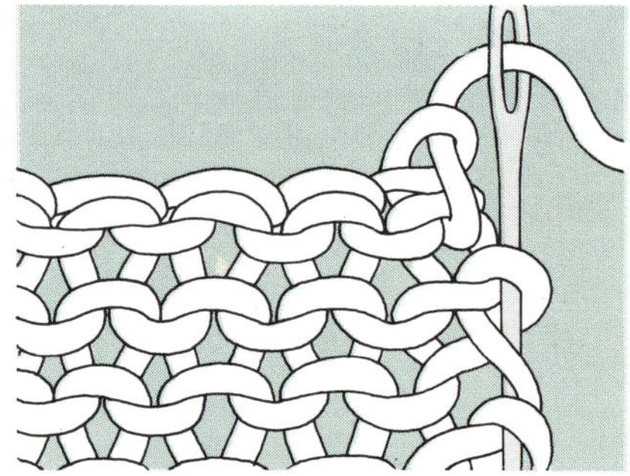

2. Mit einer Sticknadel ohne Spitze 5 cm entlang der Kante vernähen; abschneiden

Methoden des Abkettens

Abketten durch Überziehen

Abketten durch Überziehen ist die einfachste und häufigste Methode. Sie ergibt einen glatten, festen Rand, wie für eine Schulternaht oder ein Knopfloch erforderlich.

1. Erste 2 Maschen abstricken. * Linke Nadel in erste Masche stechen

2. Erste Masche über zweite (Abb. links) und von Nadel ziehen (rechts). Nächste Masche abstricken*. Von * bis * wiederholen, bis gewünschte Maschenzahl abgekettet ist

Abketten durch Zusammenstricken

Bei dieser Methode wird die Kante elastischer. Man wendet sie bei Rippenmustern oder statt Abketten durch Überziehen an, wenn man dazu neigt, zu fest abzuketten.

1. Erste 2 Maschen abstricken. *Erste über zweite ziehen und auf linker Nadel lassen

2. Dritte Masche abstricken (oben links) und mit erster zusammen von linker Nadel gleiten lassen*. Von * bis * wiederholen, bis 2 Maschen bleiben; diese zusammenstricken

Unsichtbares Abketten

Ein guter Abschluß für Rippenmuster 1 rechts 1 links. Den Faden schneidet man in der vierfachen Länge der fertigen Kante ab und fädelt ihn in eine stumpfe Sticknadel.

1. *Sticknadel in die erste (rechte) Masche von links nach rechts stechen; durchziehen. Masche von der Nadel gleiten lassen

2. Von rechts durch dritte (rechte) Masche stechen. Dann von rechts durch zweite (linke) Masche stechen; Masche fallen lassen

3. Von hinten zwischen dritter und vierter Masche durchstechen. Von links durch vierte Masche stechen*. Von * bis * wiederholen

Abketten durch Abhäkeln

Die Maschen werden wie Luftmaschen abgehäkelt. Dabei entsteht eine feste und dekorative Kante, die für eine Decke, eine Mütze oder Babyschuhe geeignet ist.

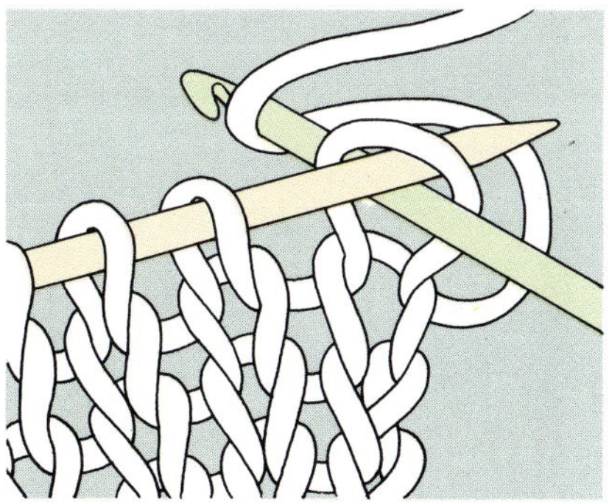

1. *Häkelnadel von links in erste Masche stechen; Fadenschlinge durchziehen

2. Erste Masche von Nadel gleiten lassen; nächste ebenso abhäkeln

3. Durch beide Schlingen auf Häkelnadel Schlinge ziehen*. Von * bis * wiederholen

Zwei Teile zusammen abketten

Die Teile werden ohne Naht verbunden. Die Methode wird bei geraden Kanten mit gleicher Maschenzahl oder an Schulterkanten angewendet, die durch Wenden geformt wurden.

1. *Teile rechts auf rechts zusammenlegen. Beide erste Maschen zusammen abstricken

2. Zweites Maschenpaar ebenso zusammenstricken. Erste Masche über zweite ziehen*

3. Von * bis * wiederholen. Entlang der Kante entsteht eine Rippe

Stricken · Grundtechnik

Masche abheben 428 Umschlag 429
Maschen zusammenstricken 433 Maschen aufnehmen 437

Randmaschen

Durch eine oder mehrere Maschen, die man zusätzlich zum Strickmuster arbeitet, bildet man einen sauberen Seitenrand. Sechs verschiedene Methoden werden unten gezeigt. In den meisten Anleitungen sind die Randmaschen beim Anschlag berücksichtigt. Bei Rändern, die gesäumt werden oder an denen später Maschen aufgenommen werden sollen, strickt man eine Randmasche. Zwei Randmaschen sind dekorativer und verhindern, daß die Kante sich zusammenrollt. Sie sind besonders für offene Kanten geeignet, etwa als Rand einer Blende. Die Ränder eines Strickstücks können verschieden ausgeführt werden – die linke Seite nach einer Methode, die rechte nach einer anderen.

Einfacher Kettenrand I Bei glatt rechts Gestricktem und bei Mustern anwenden, wenn die Nähte aneinanderstoßen oder wenn später Maschen aufgenommen werden sollen. Auf der rechten Seite erste Masche rechts abheben, letzte Masche rechts abstricken. Auf der linken Seite erste Masche links abheben, letzte Masche links abstricken

Doppelter Picotrand Ein dekorativer und feiner Rand, der an Babysachen sehr hübsch aussieht. Auf der rechten Seite Faden vor die rechte Nadel legen (Umschlag), die erste Masche abheben. Die nächste Masche rechts abstricken und die abgehobene Masche darüberziehen. Am Ende der Nadel den Umschlag rechts verschränkt stricken. Auf der linken Seite Faden hinter die rechte Nadel legen (Umschlag); die ersten zwei Maschen links zusammenstricken. Am Ende der Nadel den Umschlag links verschränkt stricken

Einfacher Kettenrand II Diese Methode ergibt einen sauberen, flachen Rand für kraus rechts Gestricktes. Faden vor die Arbeit legen. Die erste Masche jeder Reihe links abheben, dann den Faden hinter die Arbeit legen und die restlichen Maschen rechts stricken

Doppelter Kettenrand Ein dekorativer und zugleich fester Rand. Auf der rechten Seite die erste Masche rechts abheben, die zweite links abstricken. Am Ende der Reihe die zweitletzte Masche links stricken, die letzte rechts abheben. Auf der linken Seite die beiden ersten und die beiden letzten Maschen links stricken

Einfacher Knötchenrand Diese feste Kante eignet sich besonders für glatt rechts Gestricktes oder für ein Muster mit lockeren Kanten sowie für Saumkanten, die mit Rückstichen oder Überwendlingsstichen befestigt werden sollen. Die erste und die letzte Masche jeder Reihe rechts stricken

Doppelter Knötchenrand Ein fester und glatter Rand, der sich nicht rollt. In jeder Reihe die erste Masche rechts abheben und die zweite rechts stricken. Die beiden letzten Maschen rechts stricken

Anschlag 414–415
Abketten 423
Abkürzungen 426

Gestrickter Schal

Der Schal aus weichem Mohairgarn ist mit langen Fransen verziert

Dieser warme Schal strickt sich schnell und ist ein geeignetes Projekt für Anfänger. Wenn die Maschenprobe stimmt, wird der Schal 16 cm breit; wegen der Dehnfähigkeit von Krausgestricktem und dem weichen Mohairgarn könnte der fertige Schal jedoch etwas breiter ausfallen.

Material
120 g Mohairgarn
Stricknadeln Nr. 4
Mittelstarke Häkelnadel

Maschenprobe
16 M = 10 cm

Strickart
Kraus rechts

Rand
Einfacher Kettenrand II

Schal
26 M locker anschl. Rechts str, bis Schal 150 cm mißt; locker abk. Neuen Garnknäuel am Reihenanfang beginnen (oben rechts); Fadenenden zum Schluß vernähen.

Fertigstellung
Fransen wie unten vorbereiten. Je ein Fransenbündel durch erste und letzte Masche an den Schalenden ziehen, alle weiteren Fadenbündel dazwischen nach jeder fünften Masche einknüpfen.

Neuen Arbeitsfaden beginnen

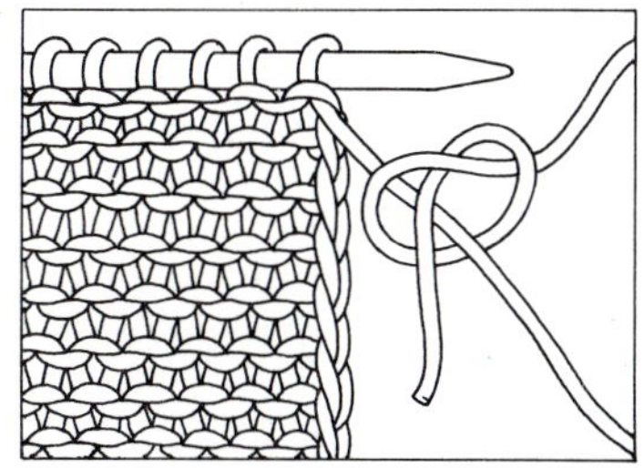

Am Reihenanfang Faden wie oben knüpfen, dann dicht an die Nadel heranziehen. Enden später vernähen

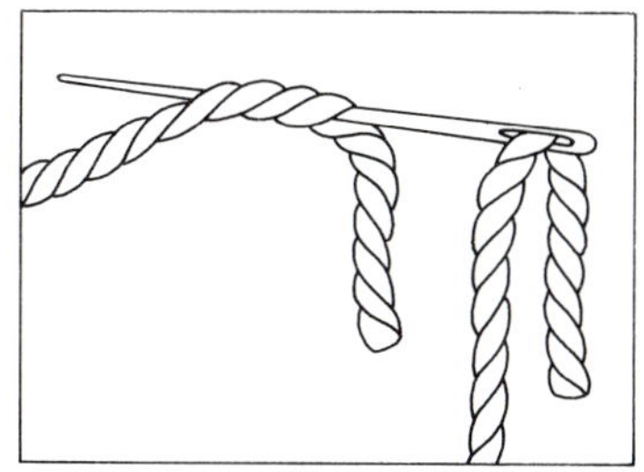

Innerhalb der Reihe neuen Faden einfädeln und auf 5 cm mit dem alten vernähen. Enden später abschneiden

Fransen anfertigen und anbringen

Die oben abgebildeten Fransen bestehen jeweils aus fünf Fäden und wurden im Abstand von fünf Maschen angebracht. Für einen anderen Artikel probiert man aus, welche Abstände am besten wirken.

Das Garn wickelt man zunächst 60mal um ein 20 cm breites Stück Karton, schneidet es an einer Seite durch und teilt die Fäden in Bündel zu je fünf auf. Jedes Bündel legt man in der Mitte zusammen und zieht die Schlaufe mit einer Häkelnadel durch eine Masche am Ende des Schals. Die Garnenden holt man durch die Schlinge und zieht sie fest. Die fertige Fransenlänge beträgt etwa 18 cm.

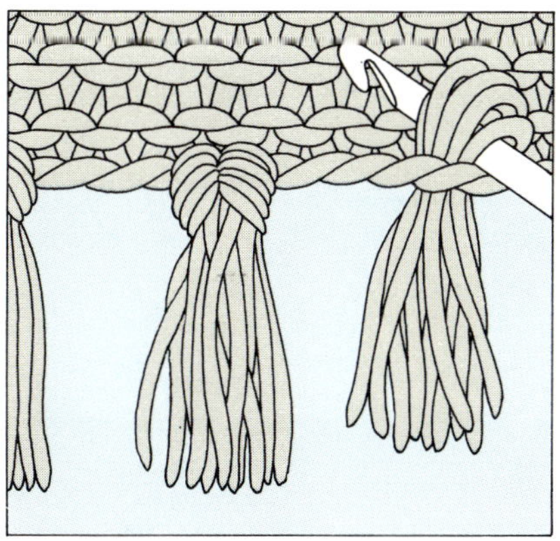

Fadenbündel durch Masche ziehen

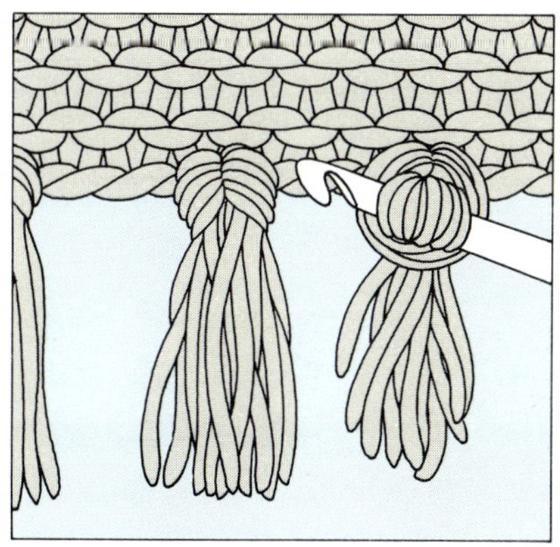

Fransenenden durch Schlinge holen

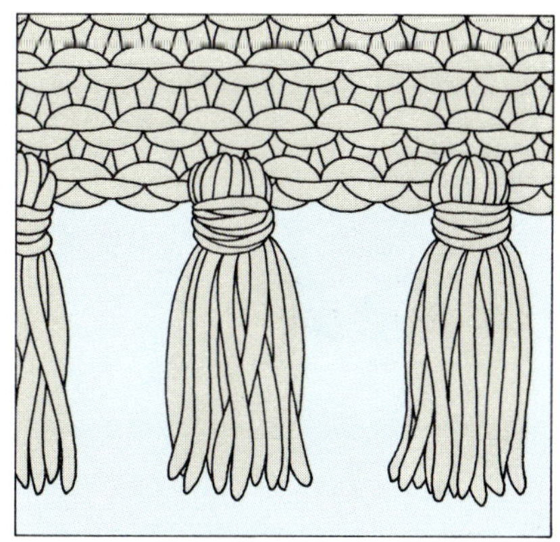

Rückseite der Fransen

Nach einer Strickanleitung arbeiten

Fachausdrücke und Abkürzungen
Rapporte und Mustersätze
Maschenprobe
Verlängerte Maschen
Zunehmen
Abnehmen
Gekreuzte Maschen
Fehler verbessern
Maschen aufnehmen
Rundstricken

Fachausdrücke und Abkürzungen

Strickanleitungen verwenden besondere Fachausdrücke mit einer Vielzahl von Abkürzungen oder Symbolen; die folgende Aufstellung enthält die in diesem Buch gebrauchten und gibt auch die Zahlen der Seiten an, auf denen die Techniken dargestellt sind. Die Abkürzungen werden in dieser oder ähnlicher Form überall im deutschsprachigen Raum verwendet. Bei neuen Mustern stößt man ab und zu auf einen Ausdruck, den man noch nicht kennt, der aber in den meisten Fällen erklärt wird. Strickanleitungen können mit Hilfe verschiedener Symbole auch als Strickschrift dargestellt werden; Beispiele dafür zeigt die Seite 462.

M	Masche
r	rechts
li	links
str, abstr	stricken, abstricken
anschl, Anschl	anschlagen, Anschlag (S. 414–415)
r li r li r	in dieselbe Masche einmal rechts und einmal links oder einmal rechts, einmal links und einmal rechts stricken, und zwar so oft, wie Abkürzungen angegeben sind
2 (3) M r zus.str	2 (3) Maschen rechts zusammenstricken (S. 433)
2 (3) M li zus.str	2 (3) Maschen links zusammenstricken (S. 433)
verschr	verschränkt = hinten in die Masche einstechen statt vorn (S. 421)
RM	Randmasche (S. 424)
DM	Doppelmasche = in die Masche unterhalb der nächsten Masche einstechen und abstricken (S. 428)
abn	abnehmen (S. 432–433)
zun	zunehmen (S. 429–431)
wdh	wiederholen
Rd	Runde
abh	abheben = eine Masche, ohne sie zu stricken, von der linken Nadel auf die rechte heben (S. 428)
überz	überziehen = eine (abgehobene) Masche über eine andere ziehen (S. 432)
HN	Hilfsnadel (Zopfmusternadel)
Fh	Faden hinter die Arbeit legen
Fv	Faden vor die Arbeit legen
Umschl	Umschlag (S. 429)
2 M r verkr R	2 rechte Maschen nach rechts verkreuzen (S. 434)
2 M r verkr L	2 rechte Maschen nach links verkreuzen (S. 434)
2 M li verkr R	2 linke Maschen nach rechts verkreuzen (S. 434)
2 M li verkr L	2 linke Maschen nach links verkreuzen (S. 434)
Z4v	Zopf über 4 Maschen stricken, dabei Hilfsnadel vor die Arbeit legen (S. 434, 450–451)
Z4h	Zopf über 4 Maschen stricken, dabei Hilfsnadel hinter die Arbeit legen (S. 434, 451)
KF	Kontrastfarbe
Grundfb	Grundfarbe
* *	Maschenfolge zwischen den Sternchen so oft wiederholen, wie es die vorhandenen Maschen erlauben
( )	Maschenfolge in Klammern so oft wiederholen, wie hinter der Klammer angegeben
[ ]	Anleitungen in eckigen Klammern erklären ein besonderes Muster oder eine Technik bzw. gelten für andere Größen
000	Faden so oft um die Nadel schlagen, wie Nullen angegeben sind (S. 428)
Maschenprobe	Anzahl von Maschen und Reihen pro Zentimeter, die das vorgesehene Garn und eine bestimmte Nadelstärke ergeben sollen
Rapport	Anzahl der Maschen, die für eine Mustereinheit gestrickt werden müssen
Mustersatz	Anzahl der Reihen, die für eine Mustereinheit gestrickt werden müssen
Markierung anbringen	Schlaufe aus kontrastierendem Garn auf die Nadel nehmen

Rapporte und Mustersätze

In der Fachsprache des Strickens bedeutet ein Rapport die Anzahl der Maschen, die notwendig ist, um eine Mustereinheit zu vollenden; er erscheint als eine Maschenfolge zwischen zwei Sternchen. Hier ein Beispiel:

1. R: * 3 M r, 3 M li *, 3 M r
2. R: 3 M li, * 3 M r, 3 M li *

Die sechs Maschen zwischen den Sternchen bilden den Rapport. Die drei Maschen vor oder nach einem Sternchen dienen dazu, das Muster auszugleichen oder es nach rechts oder links für eine Diagonale zu versetzen. Die Zahl der Maschen auf der Nadel muß durch den Rapport teilbar sein. Besteht ein Rapport aus acht Maschen plus drei, muß der Anschlag 16 plus drei oder 64 plus drei oder 128 plus drei Maschen usw. betragen. Der Rapport wird so oft wiederholt, wie es die Gesamtmaschenzahl erlaubt.

In der Regel bleibt ein Rapport in einem Muster konstant. Bei einigen Spitzenmustern ändert er sich vorübergehend, kehrt aber stets nach einer oder mehreren Reihen zur ursprünglichen Maschenzahl zurück.

Will man ein Muster durch ein anderes ersetzen, muß das Verhältnis des Rapports zum Anschlag berücksichtigt werden. Wenn laut Strickanleitung 126 Maschen anzuschlagen sind und der Rapport sechs beträgt, könnte man auch ein Muster mit einem Rapport von sieben Maschen arbeiten, weil 126 durch sieben teilbar ist. Bei einem Muster mit einem Rapport von acht Maschen dagegen müßte man die Gesamtmaschenzahl angleichen und vielleicht auch eine andere Nadelgröße verwenden (siehe Maschenprobe, unten).

Der Ausdruck Mustersatz bedeutet die Anzahl von Reihen, die benötigt werden, um eine Mustereinheit zu vollenden.

Die Maschenprobe

Strickanleitungen geben stets eine Maschenprobe an, d. h. die Zahl von Maschen und Reihen pro Zentimeter, die sich mit einem bestimmten Garn und bestimmten Nadeln ergeben sollte. Die Größe des fertigen Stücks beruht auf diesen Angaben; um also die gewünschte Größe zu erhalten, muß die Maschenprobe genau stimmen. Vor Beginn einer Strickarbeit strickt man ein etwa 20 cm großes Quadrat mit der empfohlenen Garnart und Nadelstärke; bei feineren Garnen genügt ein Quadrat von 10 cm. Dazu schlägt man doppelt so viele Maschen an, wie laut Maschenprobe 10 bzw. 5 cm Breite ergeben, und strickt doppelt so viele Reihen, wie für 10 bzw. 5 cm Höhe angegeben sind. Das fertige Probestück befestigt man auf einer glatten Unterlage, ohne es zu dehnen, und zählt die Maschen und Reihen auf 10 bzw. 5 cm. Stimmen die Ergebnisse nicht mit den Angaben der Strickanleitung überein, strickt man ein zweites Probestück mit Nadeln, die je nachdem eine Nummer feiner oder stärker sind. Diese Mühe lohnt sich, denn selbst eine Masche zuviel oder zuwenig auf 5 cm macht bei einem großen Stück einen beträchtlichen Unterschied aus.

Um das Probestück waagrecht zu messen (links), 2 Stecknadeln im Abstand von 5 bzw. 10 cm senkrecht einstecken und die Maschen dazwischen zählen. Bei glatt rechts Gestricktem lassen sich die Maschen leichter auf der rechten Seite zählen, wobei jede Schlinge eine Masche darstellt. Im Beispiel links geben 10 Maschen 5 cm. Bei kraus rechts Gestricktem zählt man nur die nach unten oder nur die nach oben gedrehten Schlingen

Um das Probestück senkrecht zu messen (rechts), 2 Stecknadeln im Abstand von 5 bzw. 10 cm waagrecht einstecken und die Reihen dazwischen zählen. Bei glatt rechts Gestricktem lassen sich die Reihen leichter auf der linken Seite zählen, wobei jede nach unten oder jede nach oben gerichtete Schlinge eine Reihe ist. Im Beispiel rechts geben 14 Reihen 5 cm. Bei kraus rechts Gestricktem zählt jede Schlinge und jede Furche jeweils eine Reihe

Zunehmen durch Hochziehen 430
Spitzen mit verlängerten Maschen 447

Verlängerte Maschen

Eine verlängerte Masche entsteht, wenn beispielsweise eine Masche von der linken auf die rechte Nadel gehoben wird, ohne sie zu stricken. Eine lange senkrechte Masche erscheint auf der einen Seite der Arbeit, eine lockere, waagrechte Rippe auf der anderen. Bei einem Muster werden die Maschen meist links abgehoben; der Faden wird wie bei der vorhergehenden Masche gehalten. Beim Abnehmen wird die Masche gewöhnlich rechts abgehoben (S. 432).

Eine Doppelmasche ist eine rechte Masche, die doppelt so lang ist wie normal. Sie entsteht, indem man in die entsprechende Masche der Vorreihe sticht und die obere mit der unteren Masche zusammen abstrickt. Man darf sie nicht mit dem Zunehmen durch Hochziehen verwechseln (S. 430). Diese Technik kann nur bei jeder zweiten Masche einer Reihe angewendet werden.

Eine einfache verlängerte Masche entsteht, wenn man den Faden mehr als einmal um die Nadel wickelt und diese Schlinge(n) in der nächsten Reihe fallen läßt. Diese Technik wird in der Regel für eine ganze Reihe angewendet und ergibt einen Durchbruchstreifen.

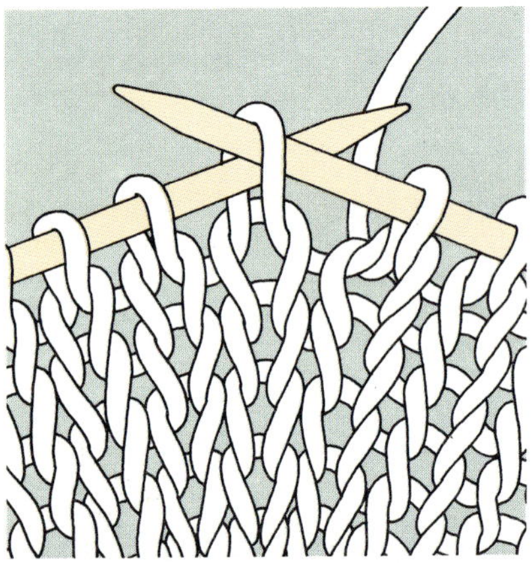

Masche in einer Rechtsreihe links abheben Faden hinter der Arbeit lassen. Nadel von hinten nach vorn in die nächste Masche stechen; Masche auf rechte Nadel heben

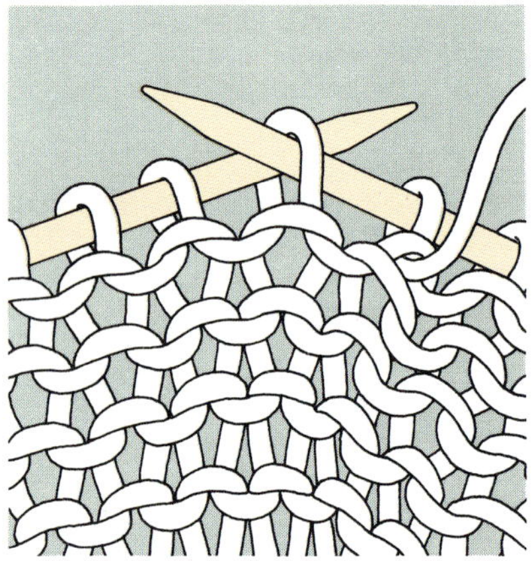

Masche in einer Linksreihe links abheben Faden vor die Arbeit legen. Nadel von hinten nach vorn in die nächste Masche stechen; Masche auf rechte Nadel heben

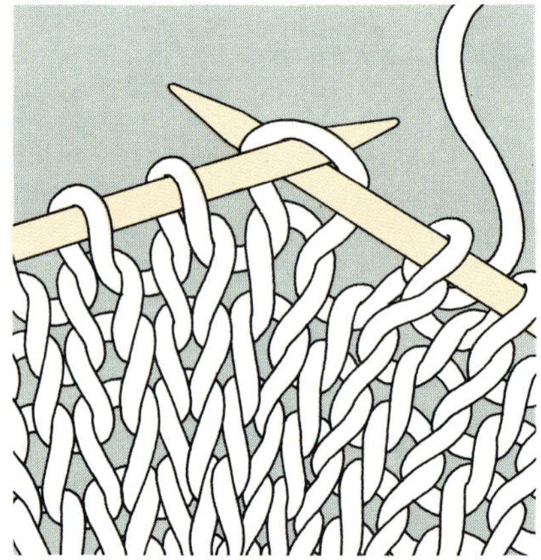

Masche in einer Rechtsreihe rechts abheben Faden hinter der Arbeit lassen. Nadel von vorn nach hinten in nächste Masche stechen; Masche auf rechte Nadel heben

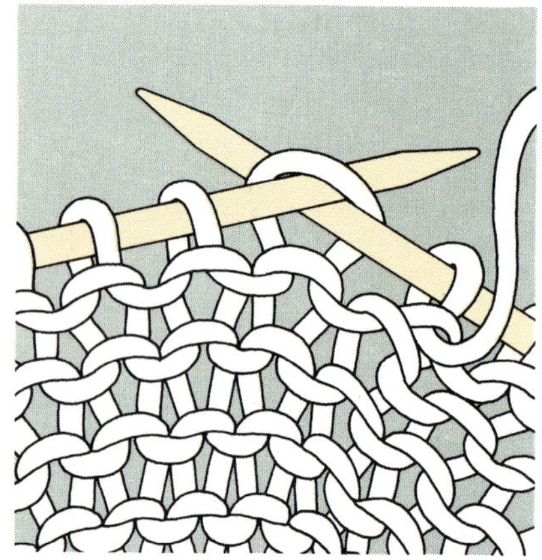

Masche in einer Linksreihe rechts abheben Faden vor die Arbeit legen. Nadel von vorn nach hinten in nächste Masche stechen; Masche auf rechte Nadel heben

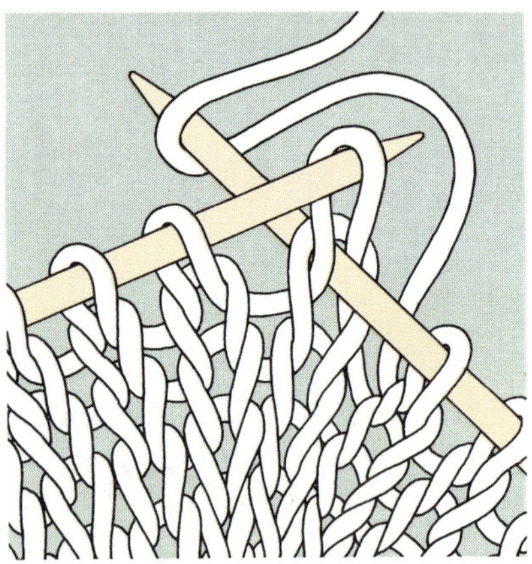

Doppelmasche: **1.** Rechte Nadel von vorn nach hinten durch die Masche genau unterhalb der nächsten Masche stechen; Faden wie für rechte Masche holen

2. Faden durchziehen; Doppelmasche von Nadel gleiten lassen, neue Masche hochziehen, um sie zu verlängern. Höchstens jede zweite Masche als Doppelmasche arbeiten

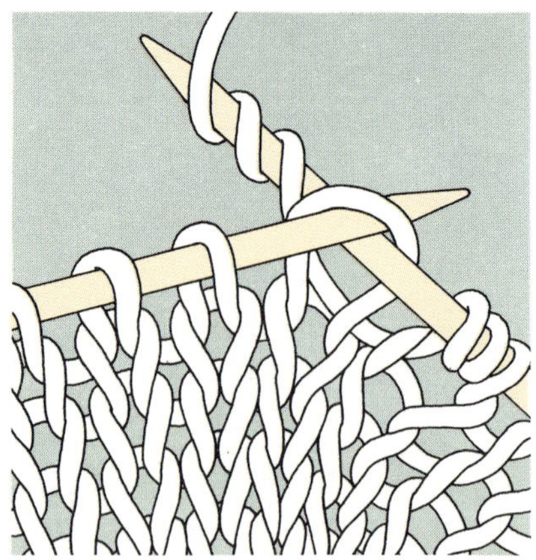

Einfache verlängerte Masche: **1.** Faden beim Abstricken der Masche zwei- oder dreimal um Nadel wickeln. Zahl der Umschläge wird durch Zahl der Nullen angegeben

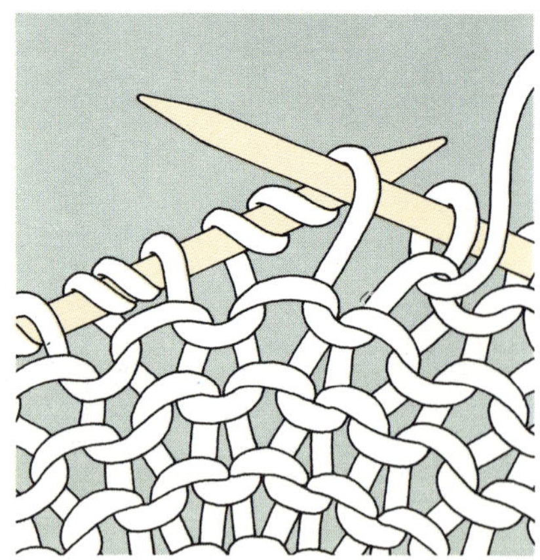

2. In nächster Reihe zusätzliche Umschläge beim Abstricken der verlängerten Masche fallen lassen. Wie man verlängerte Maschen anwendet, siehe Seite 447

Zunehmen

Das Zunehmen dient vor allem dazu, ein Strickstück zu formen, indem man es an bestimmten Stellen vergrößert; auch für Spitzen- und Noppenmuster wird diese Technik angewendet, wobei Maschen entweder in derselben oder in einer folgenden Reihe entsprechend abgenommen werden, so daß die Gesamtzahl der Maschen konstant bleibt.

Um zuzunehmen, kann man umschlagen (rechts), aufstricken (S. 430), hochziehen (S. 430) und aus einer Masche zwei stricken (S. 431). Zusätzliche Maschen können auch angeschlagen werden (S. 414), vor allem wenn es sich um drei oder mehr Maschen an der Seite handelt. Nicht immer gibt die Strickanleitung an, wie man zunehmen soll. Ist man mit allen Methoden vertraut, kann man selbst die jeweils geeignete wählen. Der Umschlag, bei dem ein Loch entsteht, wird nur für dekorative Zwecke, etwa bei Spitzenmustern, verwendet. Dekorativ wirkt es auch, wenn man zweimal in eine Masche strickt; die Methode empfiehlt sich, wenn schrittweise zugenommen wird, weil die Zunahme gut sichtbar und leicht zu zählen ist. Aufgestrickte Maschen sind fast unsichtbar und daher besonders dort angebracht, wo die Oberfläche glatt bleiben soll. Hochgezogene Maschen können dekorativ oder unauffällig sein; dies ist die vielseitigste Art des Zunehmens.

Beim langsamen Zunehmen, etwa an einem Ärmel, wird der Rand glatter, wenn man zwei oder drei Maschen davon entfernt zunimmt. Bei einem komplizierten Muster nimmt man lieber am Rand zu, damit die Musterfolge nicht unterbrochen wird.

Um schnell zuzunehmen oder um einen Zwickel zu formen, wird das doppelte Zunehmen (S. 431) angewendet. Zu beiden Seiten einer Mittelmasche werden paarweise Maschen zugenommen. Diese Methode ist auffälliger als das einfache Zunehmen.

Zunehmen durch Umschlag

Da bei dieser Methode ein Loch entsteht, wird sie für Spitzen und Spitzeneffekte verwendet. Der Faden wird einmal um die Nadel geschlagen, so daß eine Schlinge entsteht, die in der nächsten Reihe abgestrickt wird. Die Richtung des Umschlags hängt davon ab, welche Maschenart dem Umschlag vorausgeht und folgt.

Gelegentlich schreibt eine Strickanleitung einen mehrfachen Umschlag vor. Hierfür wird der Faden wie für eine verlängerte Masche (S. 428) umgeschlagen; auf der Rückseite werden jedoch alle Schlingen abgestrickt.

Umschlag vor erster rechter Masche (für Picotrand, Spitzen): Faden vor rechte Nadel legen; erste Masche rechts abstricken. Jetzt sind 2 Maschen auf der Nadel

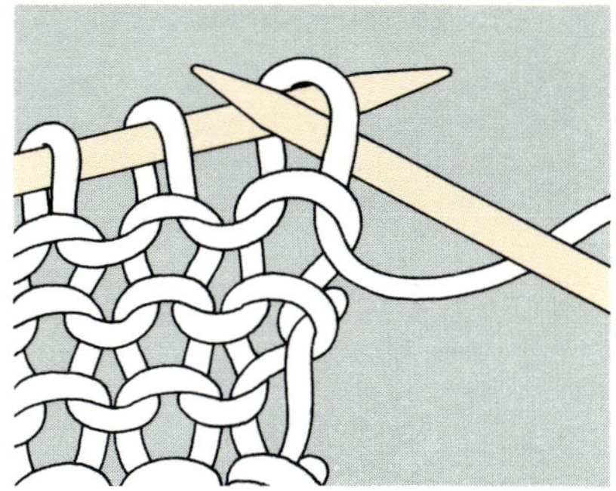

Umschlag vor erster linker Masche (für Picotrand, Spitzen): Faden hinter rechte Nadel legen; erste Masche links abstricken. Jetzt sind 2 Maschen auf der Nadel

Umschlag nach rechter, vor linker Masche (für Rippenmuster): Faden zwischen Nadeln nach vorn bringen, um rechte Nadel nach hinten und wieder nach vorn schlagen

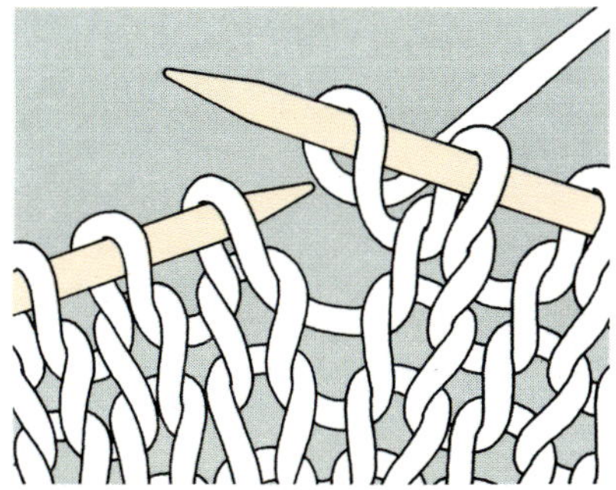

Umschlag nach rechter Masche, vor rechter Masche (für glatt rechts und Spitzen): Faden unter rechter Nadel nach vorn bringen, dann über die Nadel nach hinten legen

Umschlag nach rechter Masche, vor rechter Masche (für kraus rechts): Faden über rechte Nadel nach vorn legen, dann darunter wieder nach hinten bringen

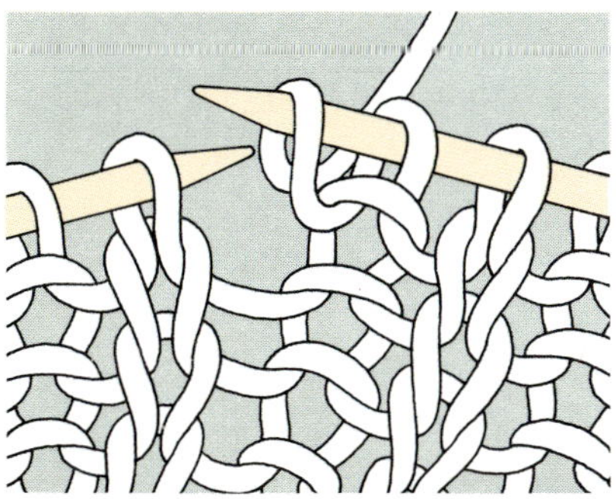

Umschlag nach linker, vor rechter Masche (für Rippenmuster): Faden über rechte Nadel von vorn nach hinten legen. Zunahme entsteht, wenn nächste Masche gestrickt wird

Umschlag nach linker, vor linker Masche (für glatt links und Spitzenmuster): Faden über die rechte Nadel nach hinten legen, dann nach vorn bringen

Umschlag nach linker, vor linker Masche (für kraus links): Faden unter Nadel nach hinten, dann darüber nach vorn legen. Zunahme entsteht nach Abstricken nächster Masche

Stricken · Nach einer Anleitung arbeiten

Spitzenmuster 444–447

Zunehmen

Zunehmen durch Aufstricken

Bei dieser Methode wird der Querfaden zwischen zwei Maschen aufgenommen und wie eine Masche rechts oder links abgestrickt.

Es gibt zwei Arten, den Querfaden zu stricken, mit sehr unterschiedlichem Ergebnis. Sticht man wie für rechte oder linke Maschen vorn unter den Querfaden ein, entsteht ein Loch unter der neuen Masche – eine geeignete Methode für Spitzenmuster oder dekorative Effekte. Sticht man hinten ein, wird die so abgestrickte Masche verschränkt, und die Zunahme ist fast unsichtbar.

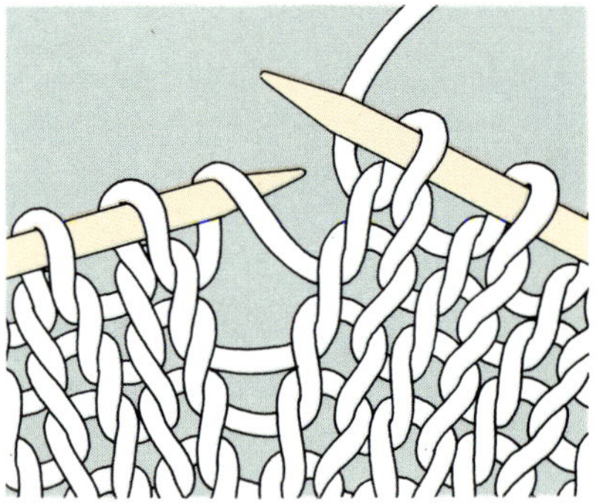

Zunehmen durch Aufstricken Als erstes stets die linke Nadel von vorn unter den Querfaden zwischen 2 Maschen stechen

Zunehmen durch Hochziehen

Bei dieser Methode wird die entsprechende Masche der Vorreihe, dann die Masche selbst abgestrickt. Das Ergebnis ist unauffällig, aber die Maschen verlaufen schräg; die Methode eignet sich besonders dafür, paarweise zu beiden Seiten eines Mittelbereichs zuzunehmen (rechts). Sie ist auch angebracht, wenn mehrmals in einer Reihe, etwa oberhalb des Bündchens an einem Ärmel, zugenommen wird. Bei Wiederholungen in senkrechter Richtung sollte locker gearbeitet werden, weil sich das Gestrick leicht zusammenzieht.

Paarweise durch Hochziehen zunehmen Vor der Mitte links hochziehen, nach der Mitte rechts hochziehen

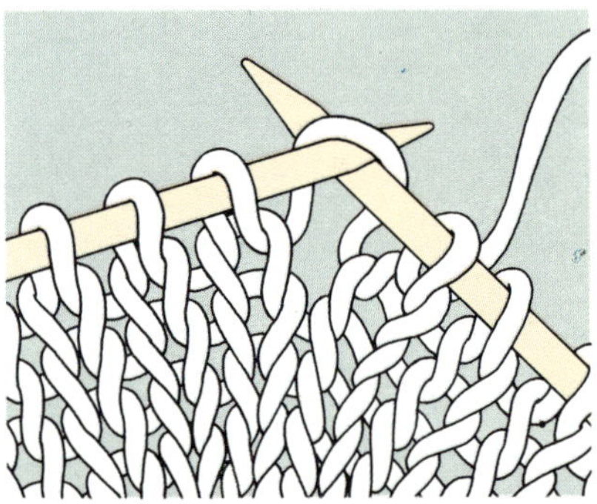

Dekoratives Aufstricken in einer Rechtsreihe Den Querfaden rechts abstricken; unter der Masche entsteht ein Loch

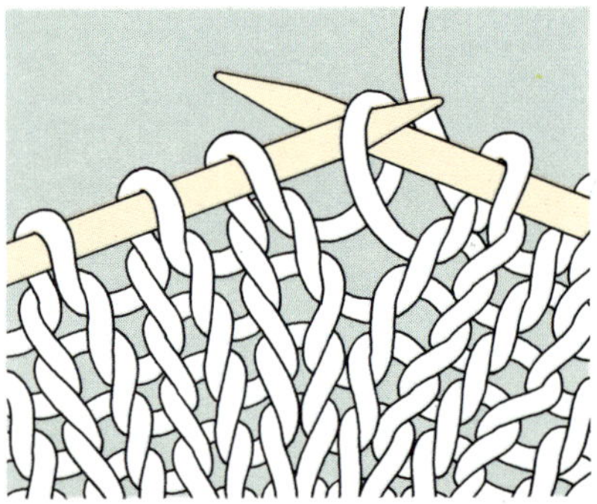

Unsichtbares Aufstricken in einer Rechtsreihe Rückseite des Querfadens rechts abstricken; ergibt unauffällige Zunahme

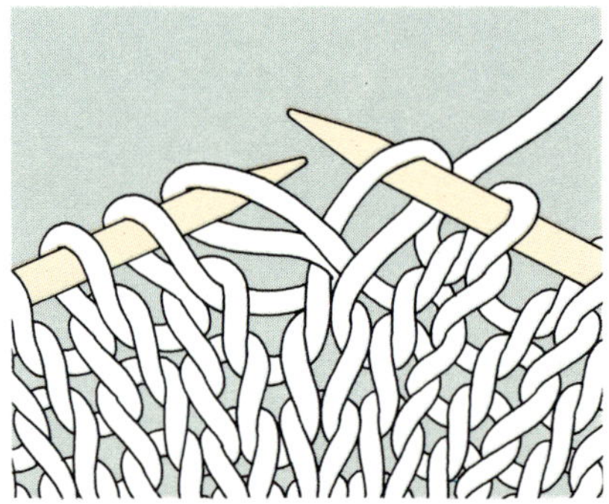

Rechtes Hochziehen, Rechtsmasche Schlinge unter der nächsten Masche holen; Schlinge, dann nächste Masche rechts abstricken

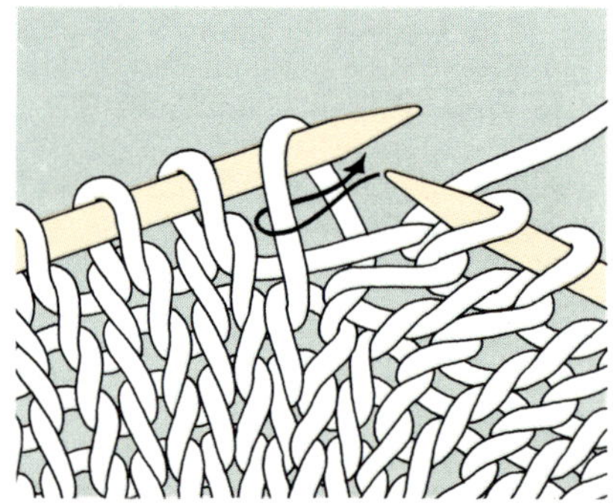

Linkes Hochziehen, Rechtsmasche Schlinge unter zuletzt gestrickter Masche holen, vorsichtig anheben, rechts abstricken

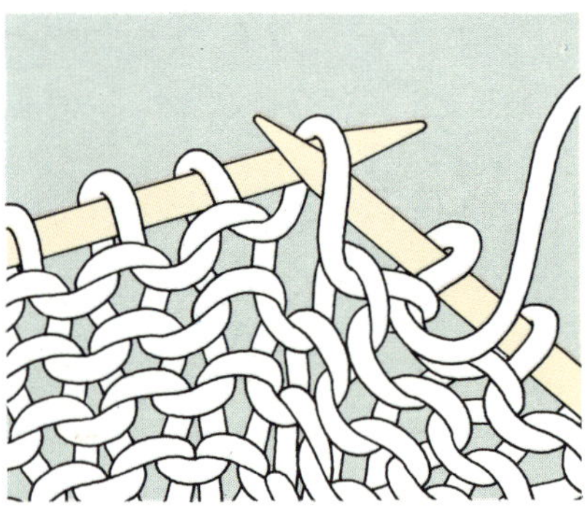

Dekoratives Aufstricken in einer Linksreihe Den Querfaden links abstricken; unter der Masche entsteht ein Loch

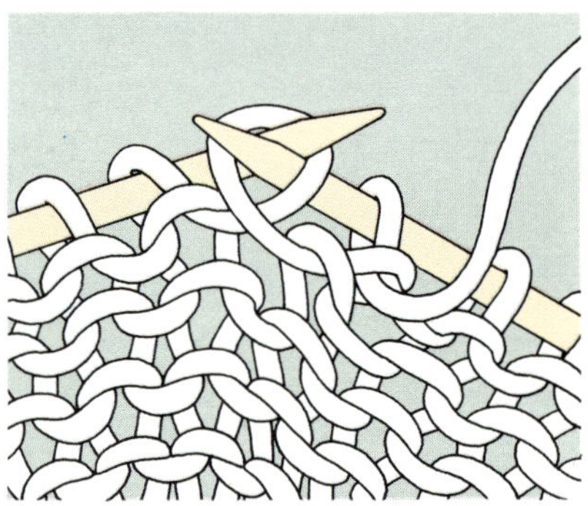

Unsichtbares Aufstricken in einer Linksreihe Rückseite des Querfadens links abstricken; ergibt unauffällige Zunahme

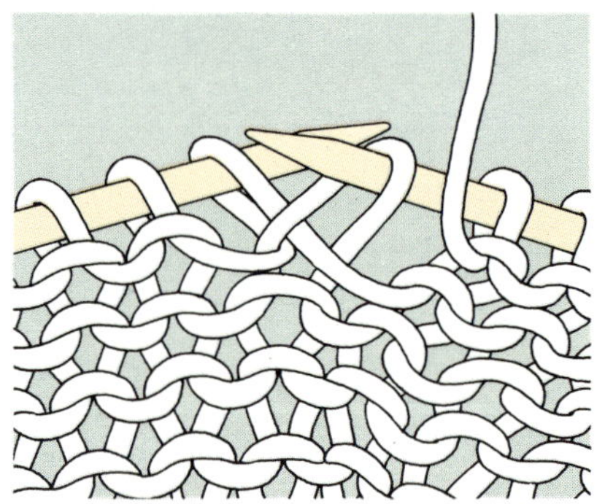

Rechtes Hochziehen, Linksmasche Schlinge unter der nächsten Masche holen; Schlinge, dann nächste Masche links abstricken

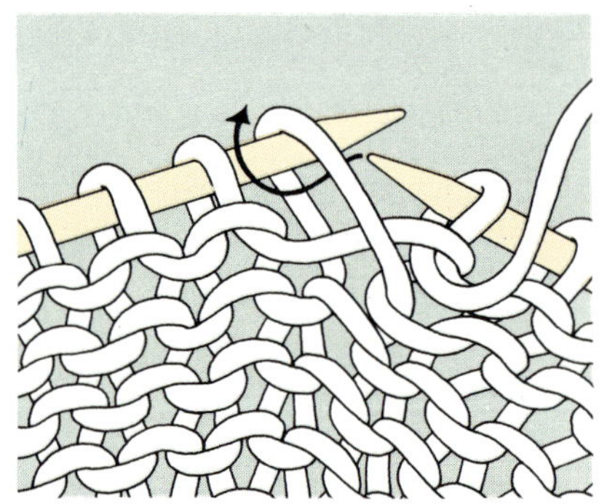

Linkes Hochziehen, Linksmasche Schlinge unter zuletzt gestrickter Masche holen, vorsichtig anheben, links abstricken

Aus einer Masche zwei stricken (Steg und Knötchen)

Nach der ersten Methode strickt man vorn, dann hinten in jede Masche; nach der zweiten wird vorn eine rechte, dann eine linke Masche gestrickt. Beide ergeben einen dekorativen Effekt, und die Zunahmen lassen sich leicht über mehrere Reihen verfolgen. Die Zunahme liegt immer links von der Masche, aus der sie gestrickt wurde; dies ist zu berücksichtigen, wenn paarweise zugenommen wird. Wenn z. B. in der dritten Masche vom rechten Rand zugenommen wird, muß in der viertletzten Masche vor dem linken Rand zugenommen werden.

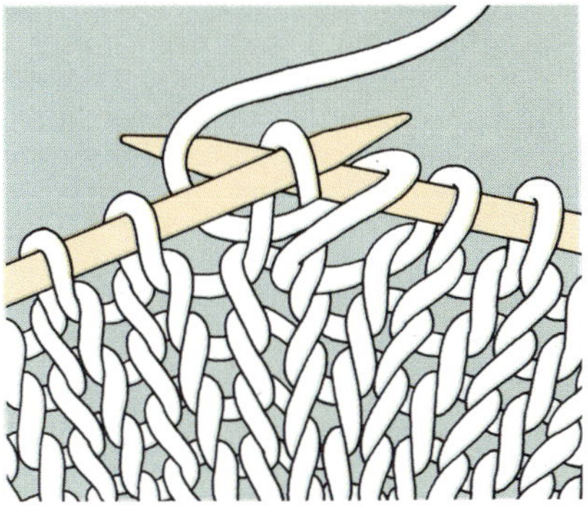

Steg, Rechtsreihe Masche rechts abstricken, nicht von Nadel fallen lassen; hinten (verschränkt) eine zweite daraus stricken

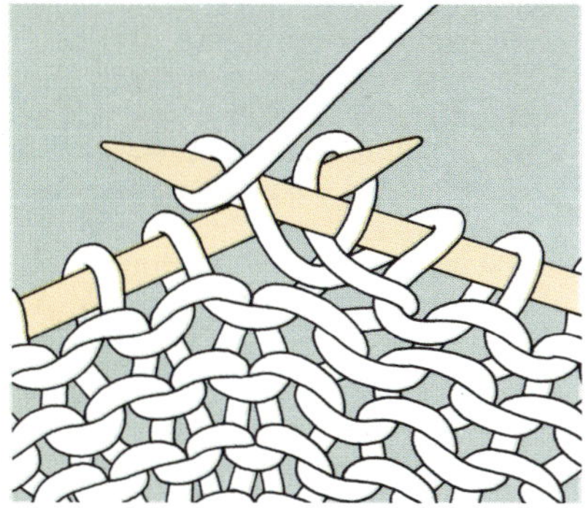

Steg, Linksreihe Masche links stricken, nicht von Nadel fallen lassen; hinten (verschränkt) eine zweite daraus stricken

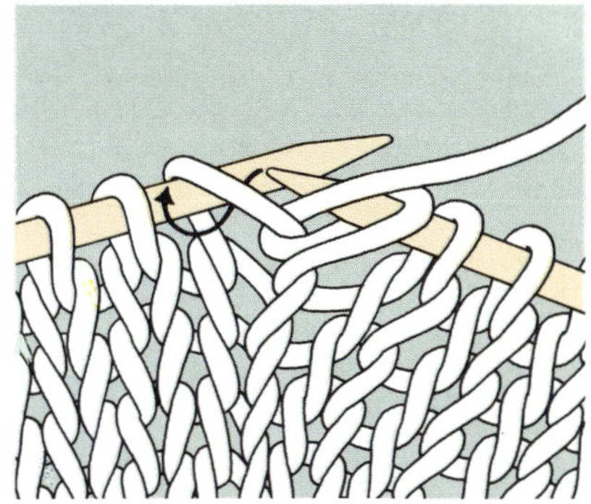

Knötchen Masche rechts abstricken, nicht von der Nadel fallen lassen; Faden nach vorn legen, Masche links abstricken

Doppeltes Zunehmen

Aufstricken Querfaden vor und nach Mittelmasche rechts verschränkt, Mittelmasche rechts stricken

Hochziehen Masche vor der Mitte links hochziehen, Mittelmasche rechts stricken, Masche rechts hochziehen (S. 430)

Hochziehen aus einer Masche Schlinge unter Mittelmasche, Mittelmasche verschränkt, dann wieder Schlaufe abstricken

Steg Masche vor der Mitte rechts, dann rechts verschränkt abstricken; Mittelmasche rechts, dann rechts verschränkt

Knötchen Masche vor der Mitte rechts, dann links, Mittelmasche rechts und nächste Masche rechts, dann links abstricken

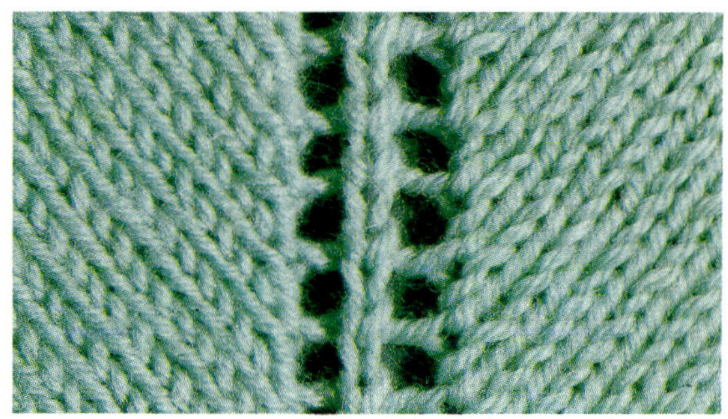

Spitzeneffekt Vor der Mittelmasche und unmittelbar danach einen Umschlag machen (S. 429)

Stricken · Nach einer Anleitung arbeiten

Abkürzungen 426
Abheben 428

Abnehmen

Meist dienen Abnahmen dazu, ein Strickstück zu formen, indem es enger gemacht wird; mit Zunahmen kombiniert, bilden sie Spitzen- und Noppenmuster. Zwei grundlegende Methoden werden hier und auf Seite 433 oben gezeigt. Die Ergebnisse sehen fast gleich aus. Beim Abheben und Überziehen werden die Maschen jedoch nicht so fest zusammengezogen wie beim Zusammenstricken; Abheben ist außerdem bei straffer Spannung leichter zu arbeiten. Bei beiden Methoden werden die Maschen schräg nach rechts oder nach links gezogen. Wird beliebig oder am Rand eines Kleidungsstücks abgenommen, ist die Schrägrichtung unwichtig; bei sichtbaren symmetrischen Abnahmen, etwa an einem Raglanärmel oder V-Ausschnitt, müssen jedoch die links von der Mitte abgenommenen Maschen nach rechts und die rechts von der Mitte abgenommenen nach links verlaufen. Dies erreicht man, indem man die eine Methode am Reihenanfang, die andere am Reihenende anwendet. Meist genügt es, nur auf der rechten Seite der Arbeit, d. h. in jeder zweiten Reihe abzunehmen. Muß die Breite schneller verringert werden, kann man auch auf der linken Seite abnehmen; dabei ist darauf zu achten, daß die Schrägrichtung auf der rechten Seite richtig verläuft.

Für eine V-Form oder eine rechtwinklige Ecke wird paarweise zu beiden Seiten einer Mittel- oder Achsenmasche abgenommen. Dabei entsteht eine etwas erhabene Linie. Um drei oder mehr Maschen nacheinander abzunehmen, z. B. für einen Halsausschnitt, empfiehlt sich einfaches Abketten durch Überziehen (S. 422).

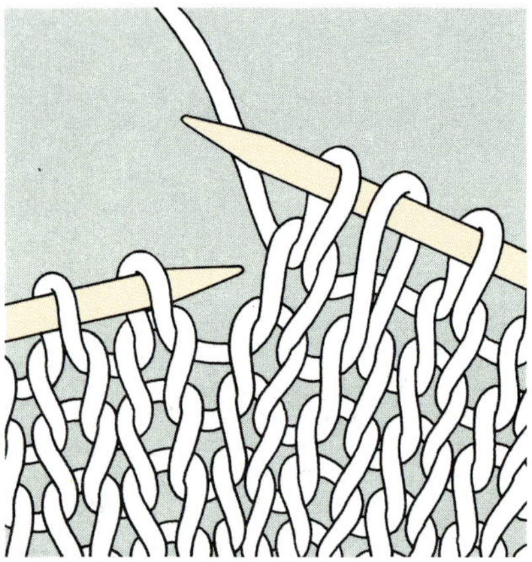

Rechtsmaschen nach links überziehen: 1. 1 M r abh, 1 M r

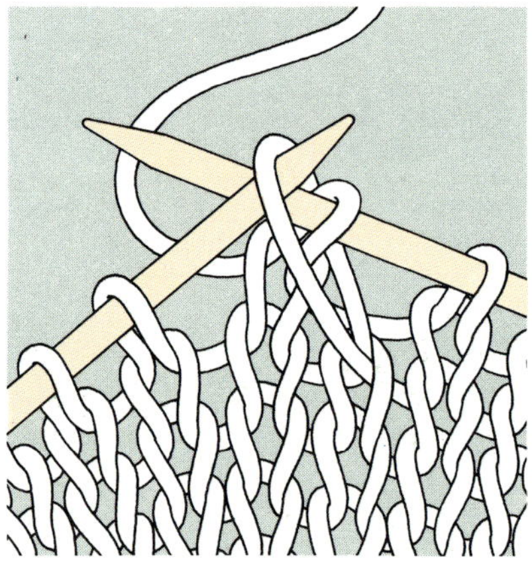

2. Linke Nadel vorn in abgehobene M stechen, diese über die gestrickte M ziehen

Rechtsmaschen nach rechts überziehen: 1. 1 M r, auf linke Nadel heben, nächste M überz

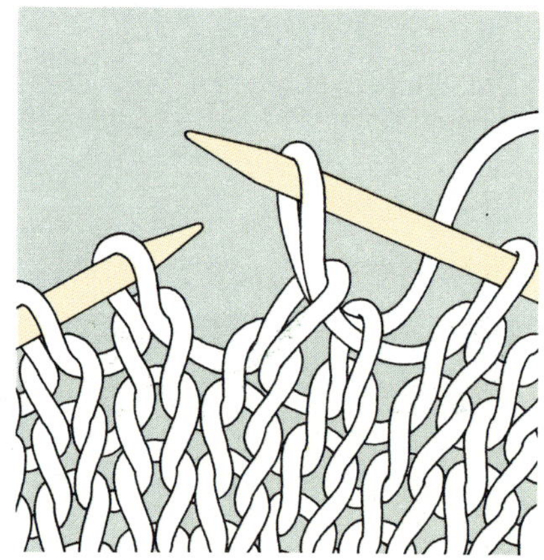

2. Gestrickte Masche links abh und wieder auf die rechte Nadel nehmen

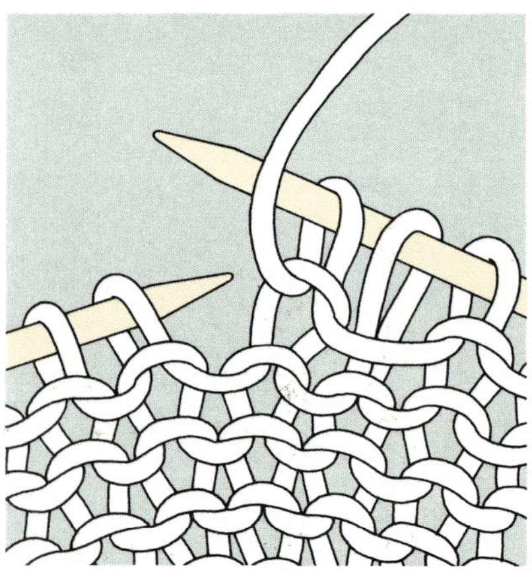

Linksmaschen nach rechts überziehen: 1. 1 M r abh, 1 M li

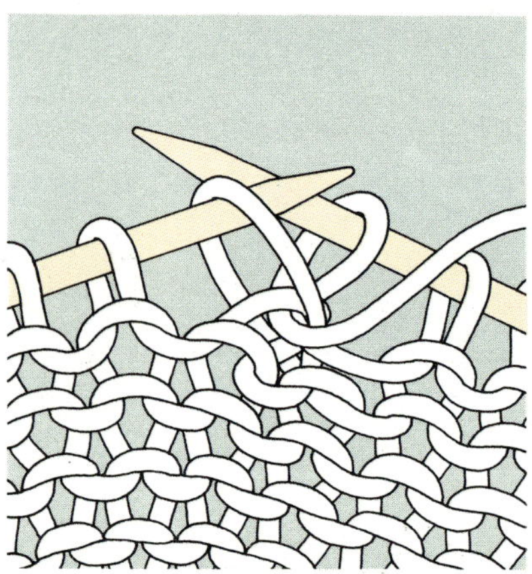

2. Linke Nadel vorn in abgehobene M stechen, diese über die gestrickte M ziehen

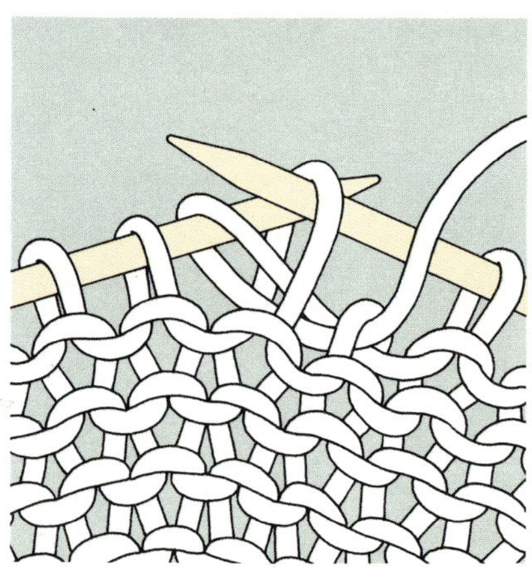

Linksmaschen nach links überziehen: 1. 1 M li, auf linke Nadel nehmen, nächste M überz

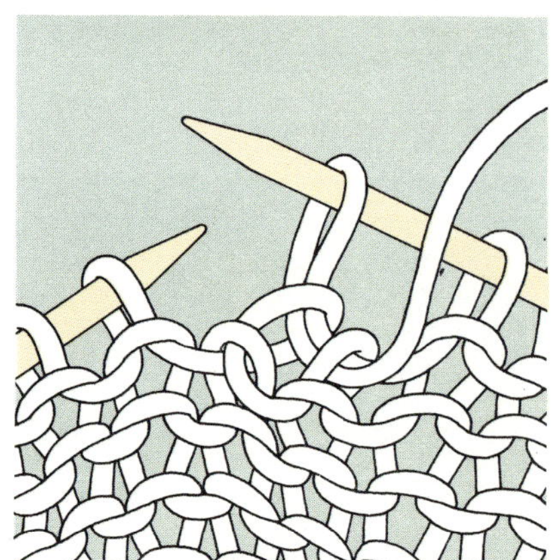

2. Gestrickte Masche links abh und wieder auf die rechte Nadel nehmen

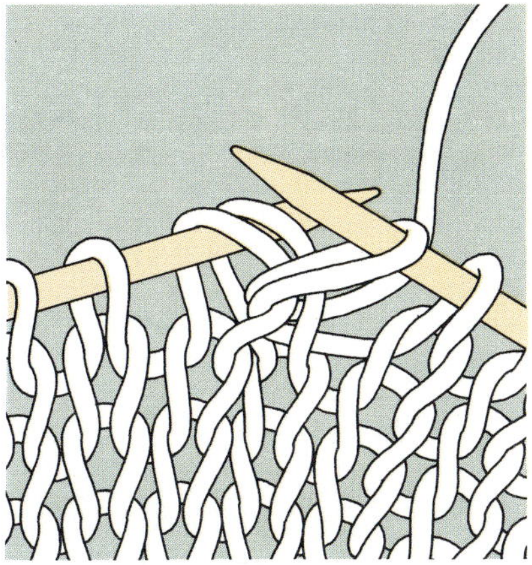

Rechtsmaschen nach rechts zusammenstricken 2 M r zus.str

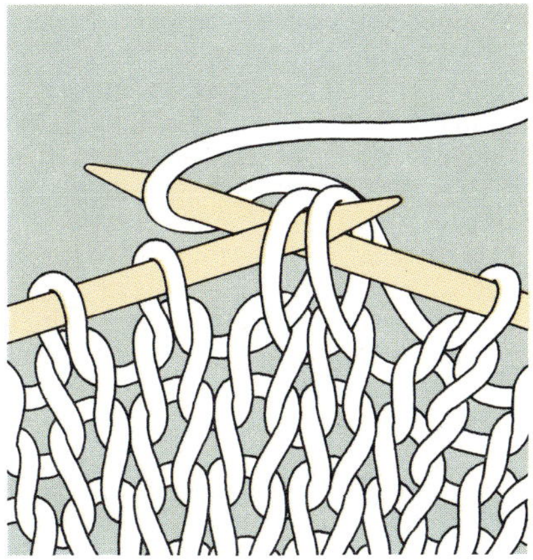

Rechtsmaschen nach links zusammenstricken 2 M r verschr zus.str

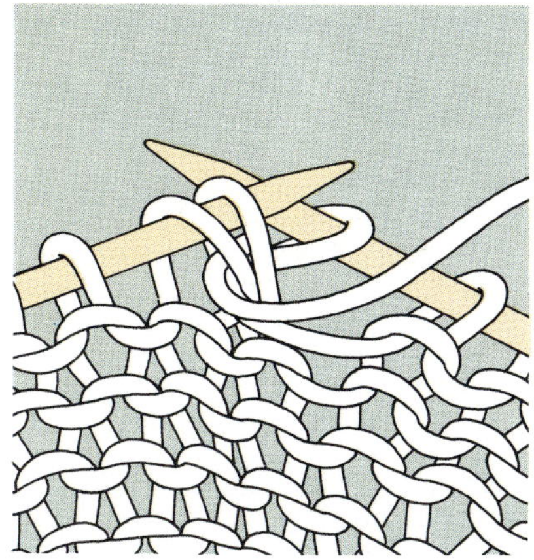

Linksmaschen nach rechts zusammenstricken 2 M li zus.str

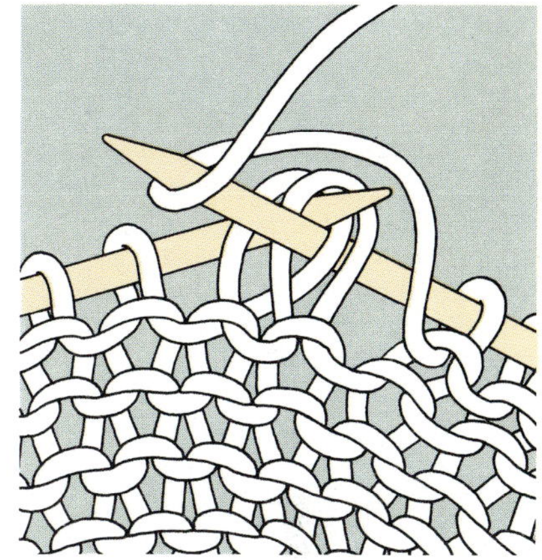

Linksmaschen nach links zusammenstricken 2 M li verschr zus.str

Doppeltes Abnehmen

Abheben nach links Eine Masche rechts abheben, die nächsten 2 rechts zusammenstricken, dann die abgehobene Masche über die gestrickte ziehen. Das Ergebnis ist dem oben abgebildeten ähnlich, aber etwas lockerer, und die Methode ist leichter zu arbeiten

Zusammenstricken nach links 3 Maschen rechts verschränkt zusammenstricken. Es entsteht eine erhabene Linie mit schräg verlaufenden Maschen zu beiden Seiten

Zusammenstricken nach rechts 3 Maschen rechts zusammenstricken. Es entsteht eine erhabene Linie mit schräg verlaufenden Maschen zu beiden Seiten

Abheben, senkrecht 2 Maschen rechts abheben; dabei die Nadel erst in die zweite, dann in die erste Masche stechen. Die nächste Masche rechts stricken, dann die 2 abgehobenen Maschen über die gestrickte ziehen. Diese Methode eignet sich besonders für einen V-Ausschnitt

Gekreuzte Maschen

Mit gekreuzten Maschen bildet man dekorative Zopf-, Waben- und Flechtmuster.

Die gekreuzten Maschen wirken wie gedreht; die Drehrichtung hängt davon ab, ob die Maschen vor oder hinter die Arbeit gebracht werden. Bei zwei Maschen wird zuerst die zweite auf der linken Nadel abgestrickt, dann die erste; bei drei Maschen strickt man zuerst die dritte, dann die erste und zum Schluß die zweite. Alle zwei bzw. drei Maschen läßt man zusammen von der linken Nadel gleiten. Das Überkreuzen fällt leichter und das Garn wird weniger gedehnt, wenn man etwas lockerer strickt.

Eine Abwandlung dieser Methode ist auf der gegenüberliegenden Seite oben gezeigt. Die Ergebnisse unterscheiden sich nur geringfügig, so daß die Methoden in den meisten Fällen austauschbar sind.

Werden mehr als drei Maschen gekreuzt, spricht man von einem Zopf. Man benötigt dazu eine Hilfs- oder Zopfmusternadel, um die ersten Maschen stillzulegen, bis sie wieder gebraucht werden. Die Hilfsnadel sollte von derselben Stärke oder etwas feiner sein als die Arbeitsnadeln; eine stärkere würde die Maschen weiten. Die Maschen werden von der Hilfsnadel abgestrickt, wie auf der gegenüberliegenden Seite gezeigt; manche finden es jedoch einfacher, sie wieder auf die linke Nadel zu nehmen und von dort abzustricken.

Wie ein Zopf aussieht, hängt von der Zahl der gekreuzten Maschen, von der Zahl der Reihen zwischen den Kreuzungen und von der Drehrichtung ab. Werden die Maschen auf der Hilfsnadel vor die Arbeit gelegt, dreht sich der Zopf nach links; legt man sie hinter die Arbeit, dreht er sich nach rechts. Da die meisten Zopfmuster kompliziert sind, verwenden die Anleitungen selten Abkürzungen; eine Ausnahme bildet der einfache Zweierzopf über vier Maschen.

2 rechte Maschen nach rechts verkreuzen: **1.** Zweite Masche auf linker Nadel rechts abstricken; nicht von der Nadel fallen lassen

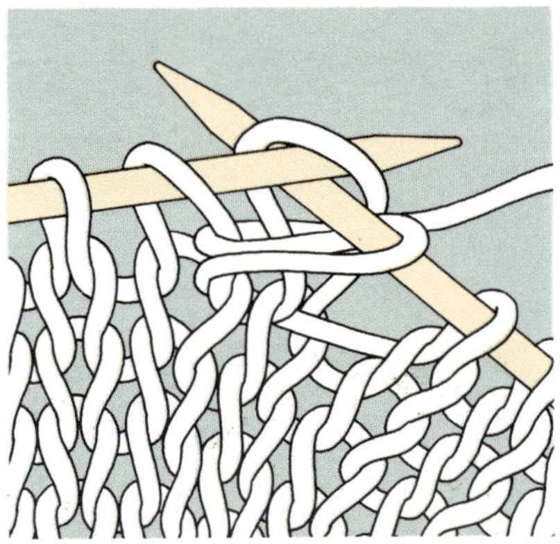

2. Erste (übersprungene) Masche rechts abstricken; erste und zweite Masche zusammen von der Nadel gleiten lassen

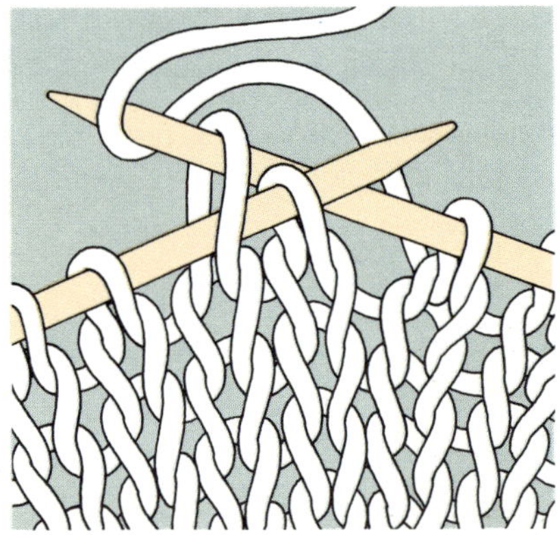

2 rechte Maschen nach links verkreuzen: **1.** Zweite Masche auf linker Nadel von hinten rechts verschränkt stricken; auf Nadel lassen

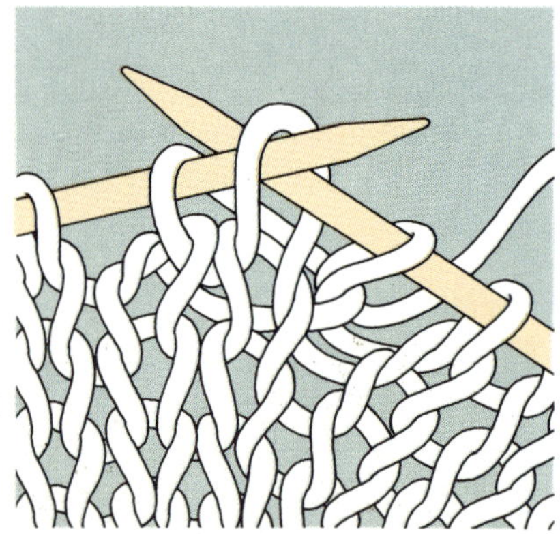

2. Erste (übersprungene) Masche rechts abstricken; erste und zweite Masche zusammen von der Nadel gleiten lassen

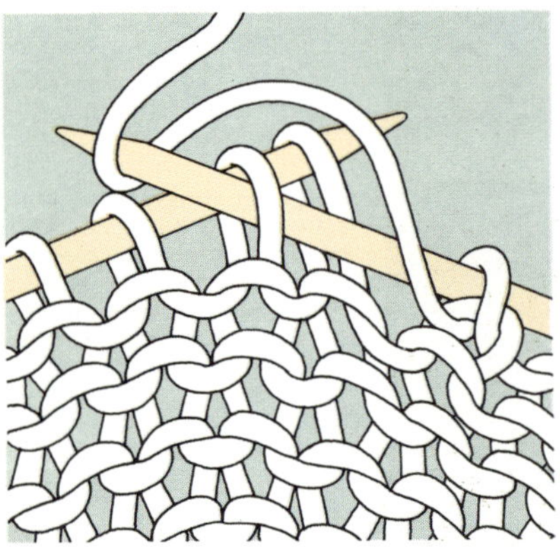

2 linke Maschen rechts verkreuzen: **1.** Zweite Masche auf linker Nadel links abstricken; auf der Nadel lassen

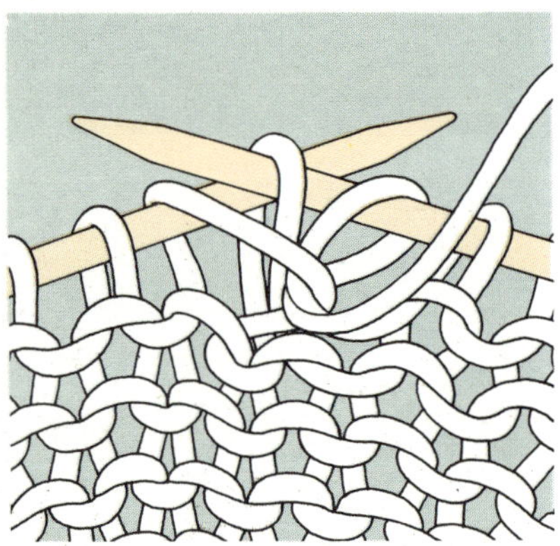

2. Erste (übersprungene) Masche links abstricken; erste und zweite Masche zusammen von der Nadel gleiten lassen

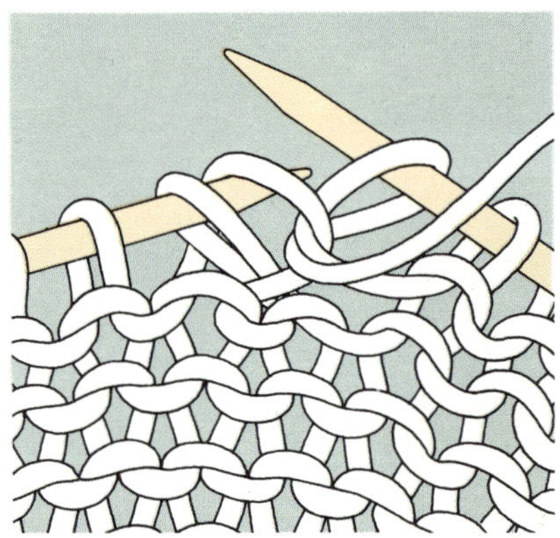

2 linke Maschen nach links verkreuzen: **1.** Zweite Masche auf linker Nadel links stricken, über erste ziehen und von der Nadel nehmen

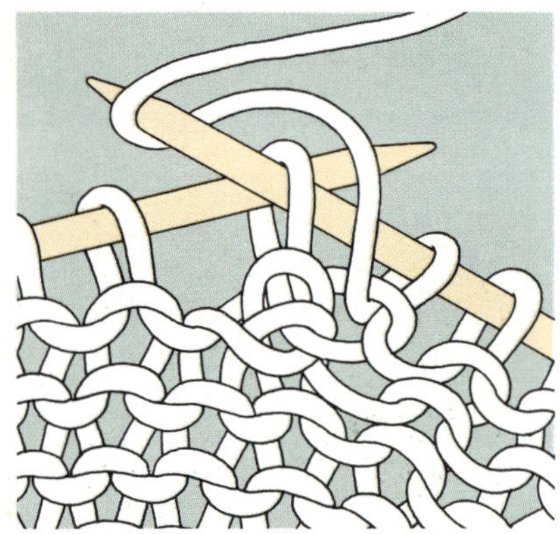

2. Erste (übersprungene) Masche links abstricken, dann diese erste Masche von der linken Nadel gleiten lassen

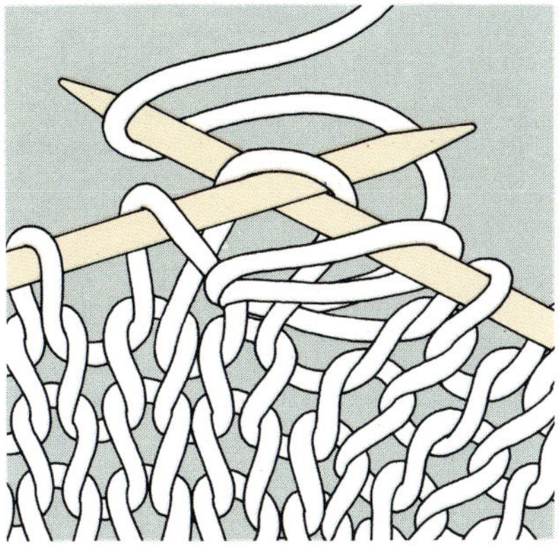

Rechts verkreuzen durch 2 rechte Maschen
2 Maschen rechts zusammenstricken; die erste nochmals abstricken, dann beide zusammen von der linken Nadel gleiten lassen

Links verkreuzen durch 2 rechte Maschen
2 Maschen rechts verschränkt zusammenstricken; die erste rechts abstricken, dann beide zusammen von der Nadel gleiten lassen

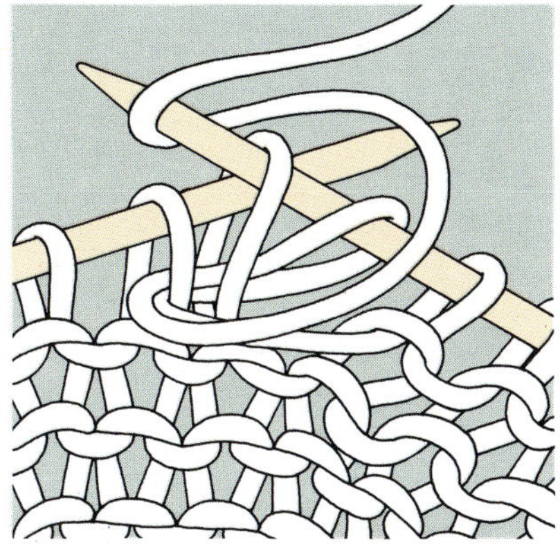

Rechts verkreuzen durch 2 linke Maschen
2 linke Maschen links zusammenstricken, erste wieder links abstricken, dann beide zusammen von der Nadel gleiten lassen

Links verkreuzen durch 2 linke Maschen
2 Maschen links zusammenstricken, die erste links verschränkt abstricken, dann beide zusammen von der Nadel gleiten lassen

Maschen mit einer Hilfsnadel verkreuzen

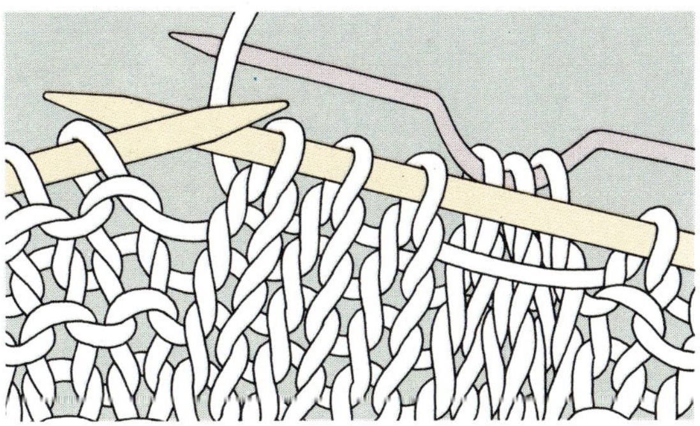

Rechtsgedrehter Zopf (hier ein Dreierzopf über 6 Maschen): **1.** Die Hälfte der Zopfmaschen auf die Zopfmusternadel nehmen und hinter die Arbeit legen, dann die übrigen 3 Maschen des Zopfs stricken

2. Die Maschen der Reihe nach von der Hilfsnadel abstricken. Man kann sie auch auf die linke Nadel zurücklegen und von dort abstricken. Im Muster nach der Anleitung fortfahren

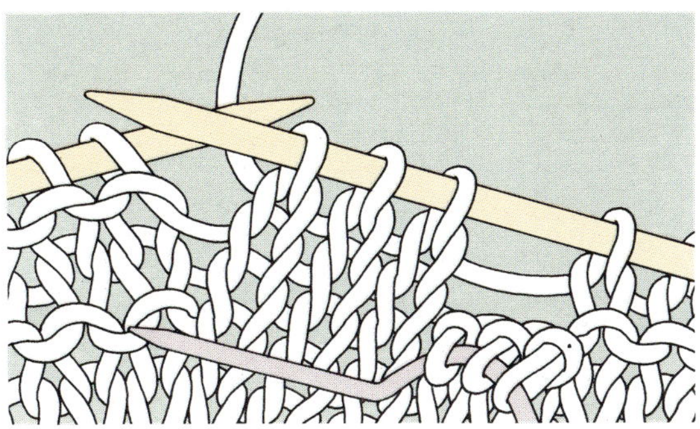

Linksgedrehter Zopf (hier ein Dreierzopf über 6 Maschen): **1.** Die Hälfte der Zopfmaschen auf die Zopfmusternadel nehmen und vor die Arbeit legen, dann die übrigen 3 Maschen des Zopfs stricken

2. Die Maschen der Reihe nach von der Hilfsnadel abstricken oder auf die linke Nadel zurücknehmen und von dort abstricken. Nach der Anleitung im Muster fortfahren

Stricken · Nach einer Anleitung arbeiten

Fehler verbessern

Auf dieser Seite werden die einfachsten und passendsten Methoden gezeigt, Fehler im Gestrick zu korrigieren. Liegt der Fehler eine Reihe zurück, läßt man die Masche unmittelbar darüber von der Nadel fallen und hebt sie wieder nach einer der beiden unten abgebildeten Methoden auf. Liegt er ein paar Reihen weiter unten, läßt man die Masche laufen und hebt sie mit einer Häkelnadel auf (rechts). So hebt man auch Maschen auf, die man verloren hat. Liegt der Fehler viel weiter unten oder will man einen Teil der Arbeit auftrennen, richtet man sich nach den Anleitungen auf Seite 437 oben.

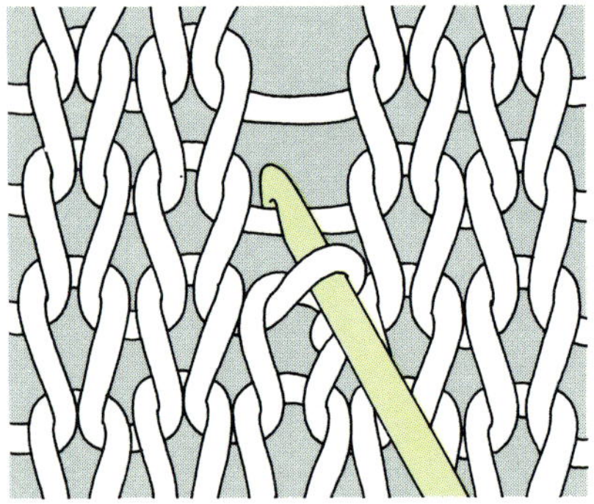

Laufmasche bei glatt rechts aufheben Häkelnadel von vorn durch Masche stechen, Querfaden darüber durch Masche ziehen

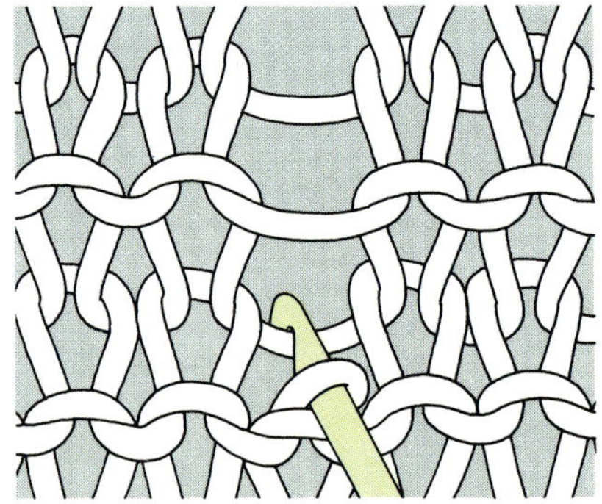

Laufmasche kraus rechts: 1. Häkelnadel von vorn durch rechte Masche stechen; Querfaden durchziehen wie für glatt rechts (oben)

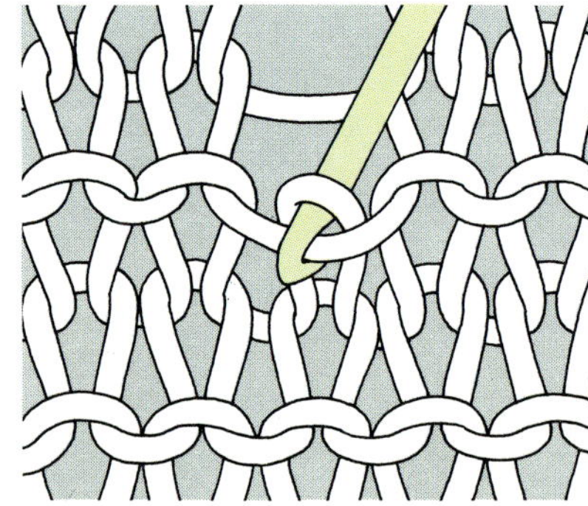

2. Häkelnadel von hinten durch linke Masche stechen; nächsten Querfaden durchziehen. Die Schritte 1 und 2 nach Bedarf wiederholen

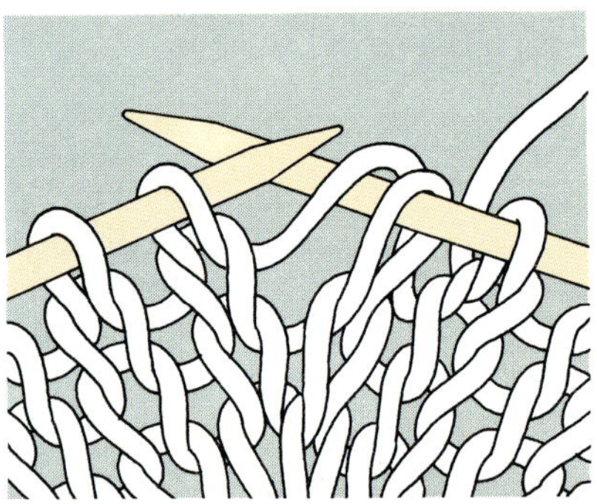

Gefallene rechte Masche aufheben: 1. Rechte Nadel durch die Masche und unter Querfaden, wie gezeigt, stechen

2. Masche mit der linken Nadel links abheben; dabei leicht nach oben und nach vorn ziehen

3. Masche über Querfaden ziehen und fallen lassen. Der Querfaden liegt jetzt als Masche auf der rechten Nadel

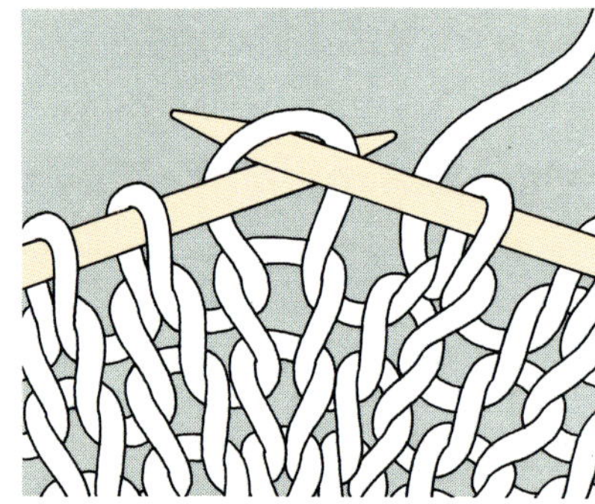

4. Um die Masche in die richtige Lage zu bringen und abstricken zu können, mit der linken Nadel rechts abheben

Gefallene linke Masche aufheben: 1. Rechte Nadel wie gezeigt durch die Masche und unter den Querfaden stechen

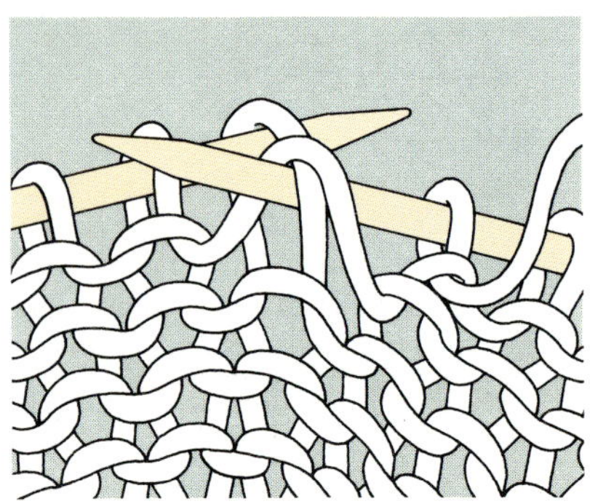

2. Mit der linken Nadel die Masche, wie gezeigt, abheben, dann leicht nach oben und nach vorn ziehen

3. Masche über den Querfaden ziehen und fallen lassen. Der Querfaden liegt jetzt als Masche auf der rechten Nadel

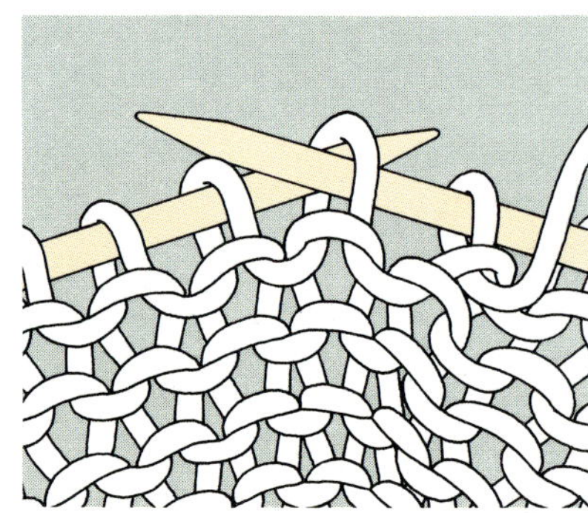

4. Um die Masche abstricken zu können, mit der linken Nadel, wie abgebildet, einstechen und die Masche abheben

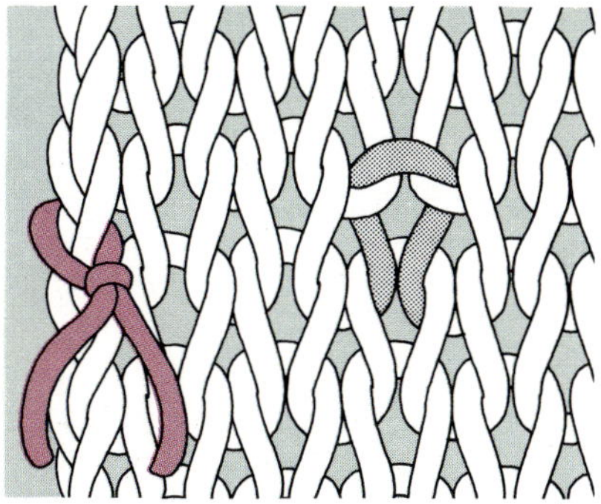

Fehler einige Reihen weiter unten: 1. Die Reihe, in der der Fehler liegt, mit einer andersfarbigen Fadenschlinge kennzeichnen

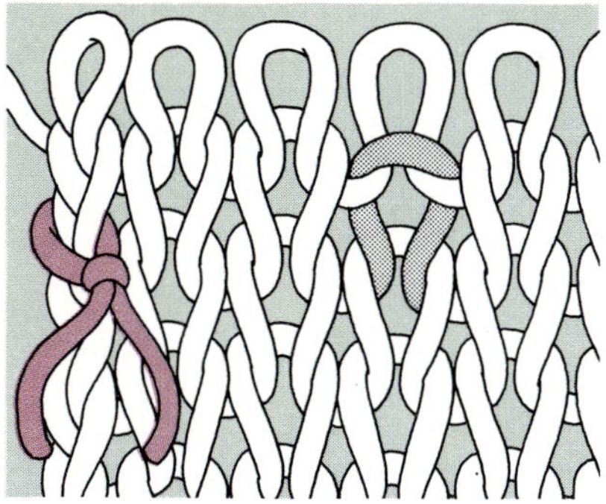

2. Gestrick bis zur Reihe vor der Markierung auftrennen; rechte Seite liegt vorn, Arbeitsfaden an der linken Kante

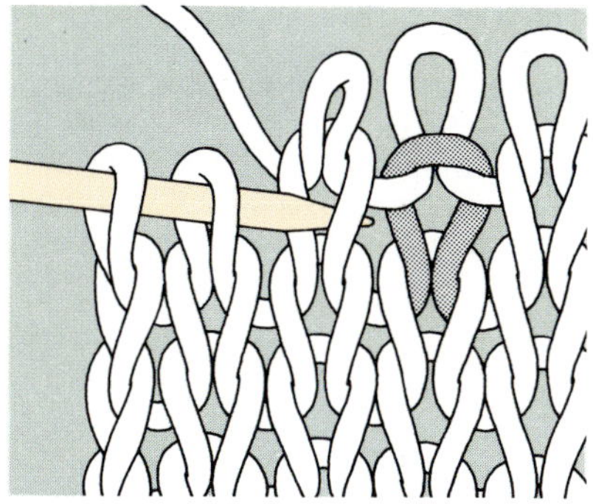

3. Bei rechten Maschen Faden hinten halten; eine Masche nach der anderen von links nach rechts aufnehmen, dabei Faden herausziehen

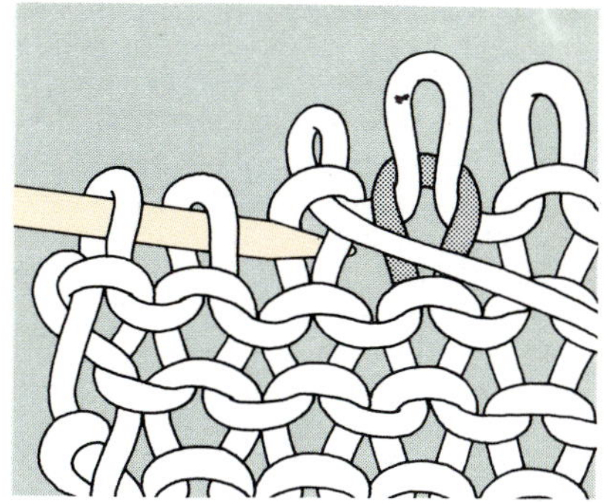

4. Bei linken Maschen Faden vorn halten; eine Masche nach der anderen von links nach rechts aufnehmen, dabei Faden herausziehen

Neue Maschen aufnehmen

Kragen, Aufschläge, Besätze, sogar Ärmel können angestrickt werden, wenn man die Maschen an der entsprechenden Kante wieder aufnimmt. Zwei Methoden werden hier gezeigt. Die Ergebnisse sind bei beiden gleich; an einer starken Rundung ist Methode II jedoch leichter zu arbeiten. Im Idealfall sollte jede Masche aufgenommen werden, was aber nicht immer möglich ist. Zunächst wird die erforderliche Maschenzahl errechnet, dann unterteilt man den Rand mit Hilfe von Stecknadeln oder Garn in Abschnitte und entscheidet, wie viele Maschen in jeden Abschnitt passen werden.

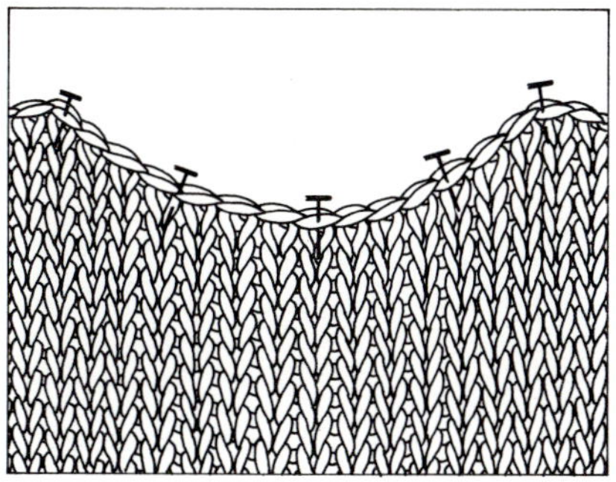

Bevor man die Maschen aufnimmt, den Rand in gleiche Abstände teilen. Arbeitsfaden am Anfang der neuen Maschenreihe anknüpfen

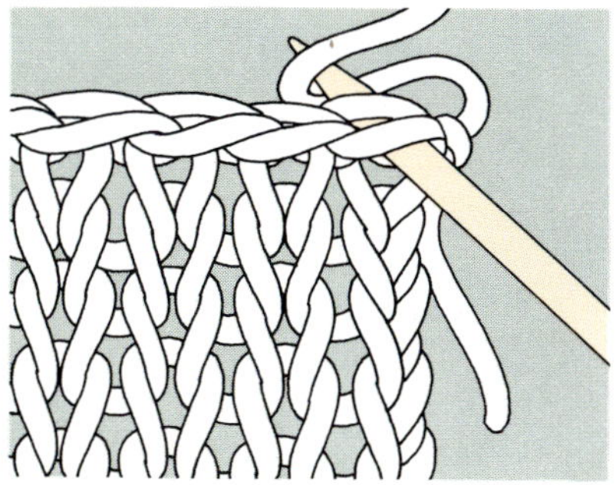

Methode I: 1. Arbeit links halten, rechte Seite nach vorne. *Nadel unter Randmasche stechen; Faden wie für rechte Masche holen

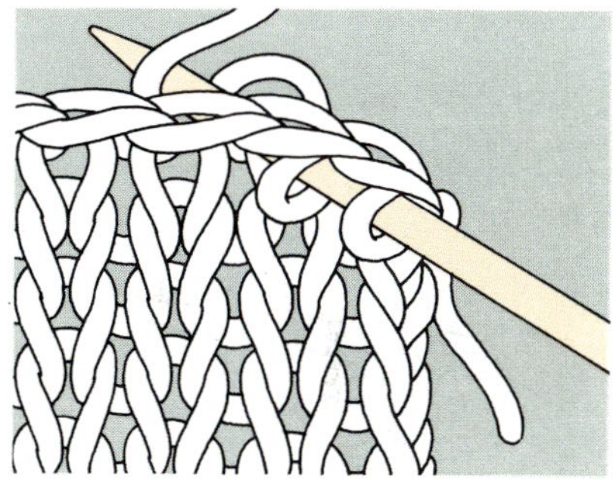

2. Masche auf die rechte Seite ziehen*. Schritte zwischen den Sternchen über ganzen Rand von rechts nach links wiederholen

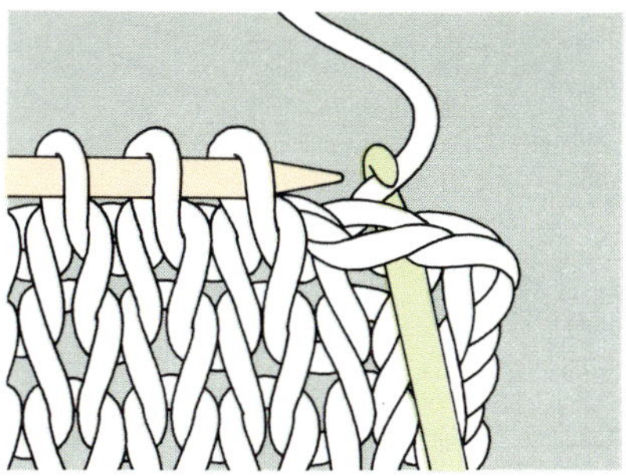

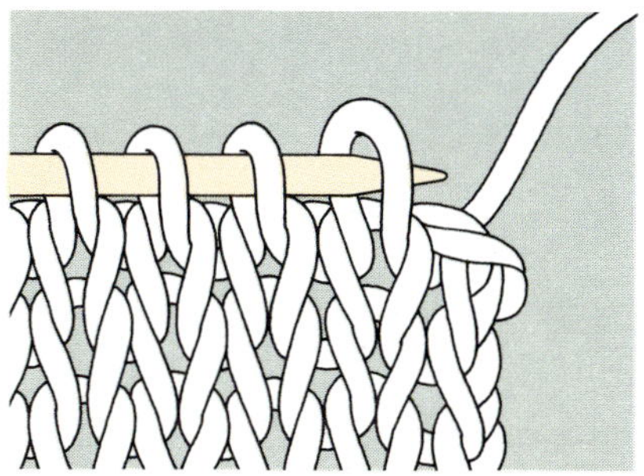

Methode II (rechtshändig): Nadel und Strickzeug links halten, rechte Seite nach vorn. *Häkelnadel unter Masche durchstechen. Schlinge durchziehen, auf Nadel legen und festziehen*. Schritte zwischen Sternchen über ganzen Rand von links nach rechts wiederholen

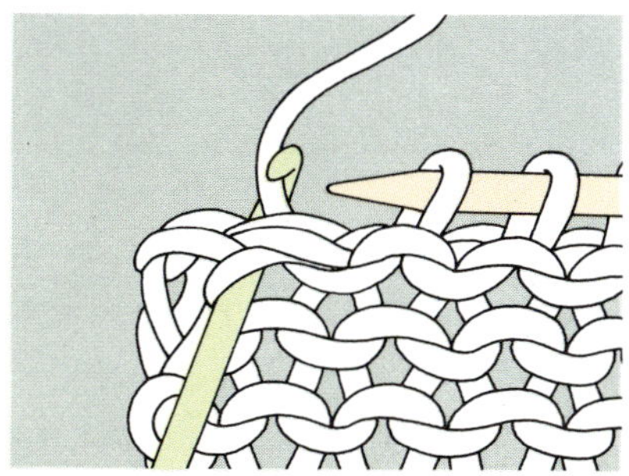

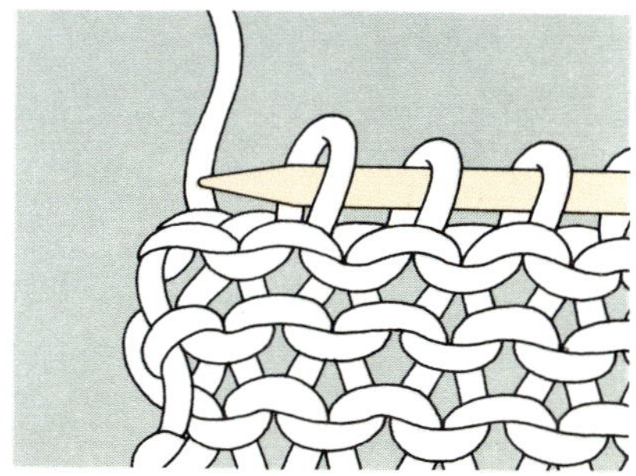

Methode II (linkshändig): Nadel und Arbeit rechts halten, linke Seite nach vorn, Nadel dicht am Rand. *Mit Häkelnadel unter Masche stechen. Schlinge durchziehen, auf Nadel legen und festziehen*. Schritte zwischen Sternchen über ganzen Rand wiederholen

Stricken · Nach einer Anleitung arbeiten

Rundstricken

Rundstricken ergibt einen nahtlosen Schlauch oder ein flaches Stück, das von der Mitte aus gestrickt wird. Es gibt zwei Rundstrickmethoden, und zwar verwendet man entweder eine Rundstricknadel oder ein Nadelspiel (S. 412).

Die Rundstricknadel ist für alle umfangreichen Strickarbeiten, ob schlauchförmig oder flach, geeignet. Sie kann eine große Anzahl Maschen aufnehmen, und da das Hauptgewicht des Gestricks auf dem Schoß liegt, werden die Arme entlastet. Bei einer schlauchförmigen Arbeit, wie etwa einem Rock, muß die Rundnadel mindestens 5 cm kürzer als der Umfang des Strickstücks sein, damit die Maschen nicht gedehnt werden. Rundnadeln sind in den Längen 40, 50, 60, 70, 80, 90 und 100 cm erhältlich; jeder Schlauch, der weniger als etwa 45 cm Durchmesser hat, muß mit einem Nadelspiel gestrickt werden.

Eine Rundnadel kann auch für ein flaches Stück verwendet werden, das zu groß für zwei gerade Nadeln wäre, z. B. für eine Decke; die Maschen werden wie beim normalen Stricken mit Hin- und Rückreihen gearbeitet (siehe unten rechts).

Nadelspiele werden meist für kleine Strickarbeiten wie Handschuhe oder Socken verwendet. Für umfangreiche Arbeiten müssen die Nadeln lang genug sein, um alle Maschen bequem aufzunehmen. Ein Spiel umfaßt fünf Nadeln; bei einer großen Maschenzahl kann es erforderlich sein, ein zweites Spiel zu verwenden.

Beim Maschenanschlag auf ein Nadelspiel werden die Maschen gleichmäßig auf vier Nadeln verteilt; eine Nadel bleibt als Arbeitsnadel frei. Bei einem Muster kann eine andere Verteilung notwendig sein. Bei einem Rippenmuster 2 rechts, 2 links muß z.B. die Maschenzahl auf jeder Nadel durch vier teilbar sein. Der Anschlag auf Seite 439 oben ist für die meisten Zwecke geeignet; Methode unten wählt man, wenn die Mitte sehr klein ist.

Fast jedes Muster kann rund gestrickt werden; man muß jedoch die Musterfolge ändern, weil die rechte Seite stets außen ist. Glatt rechts erhält man z.B., wenn man jede Runde rechts strickt; rechte und linke Runden im Wechsel ergeben kraus rechts. Bestimmte Spitzen- und Jacquardmuster sind rund einfacher zu stricken. Einige Grundregeln sind zu beachten:

1. Wenn man die erste Runde beginnt, muß die Unterkante aller Maschen nach innen weisen. Verdrehte Maschen können später nicht mehr korrigiert werden.
2. Nach der letzten Anschlagmasche bringt man eine Fadenmarkierung an, die vor der ersten Masche jeder Runde abgehoben wird. So wird der Punkt deutlich gekennzeichnet, an dem neue Musterabschnitte, z. B. ein Wechsel von rechten zu linken Maschen, beginnen. (Damit keine Verwirrung entsteht, markiert man andere wichtige Stellen, wie beispielsweise Zunahmen und Abnahmen, in anderen Farben.)
3. Jede Verbindungsmasche (die erste auf einer Nadel oder einer Runde) muß besonders fest angezogen werden, damit keine Leitern im Gestrick entstehen.
4. Die rechte Seite eines rundgestrickten Schlauchs ist stets außen; das bedeutet, daß das Strickmuster entsprechend gearbeitet werden muß.

Stricken mit der Rundnadel

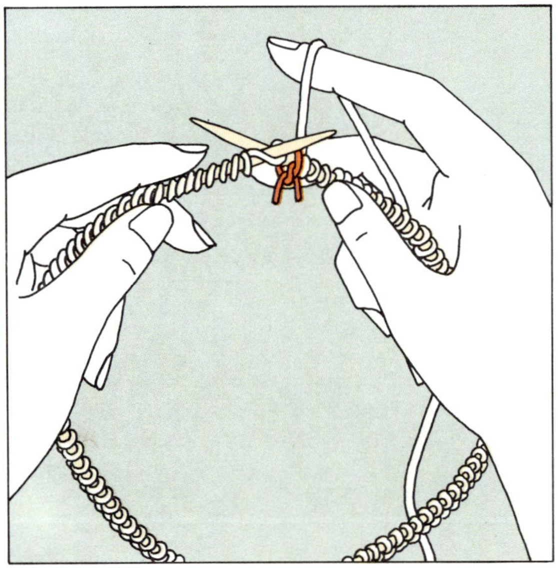

Schlauchförmig stricken:
1. Nadelspitze mit letzter Anschlagmasche rechts, Nadelspitze mit erster Anschlagmasche links halten. Erste Masche fest stricken, damit an Verbindungsstelle keine Lücke entsteht

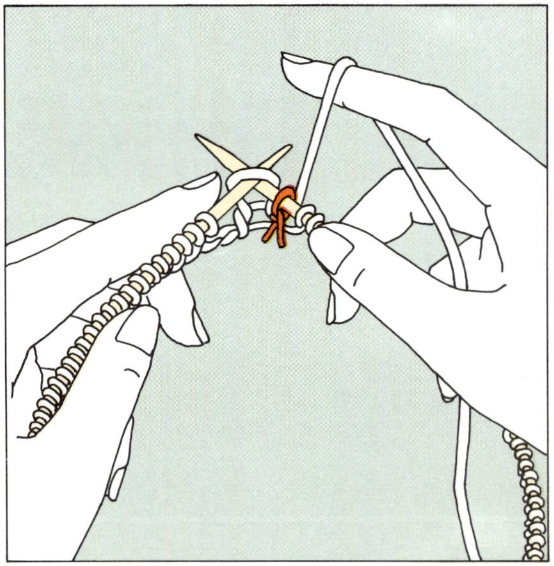

2. Runde bis zur Markierung abstricken, diese abheben und mit nächster Runde beginnen. Hier prüfen, ob sich Maschen verdreht haben. Wenn ja, alles auftrennen und neu beginnen – eine verdrehte Kante kann man nicht verbessern

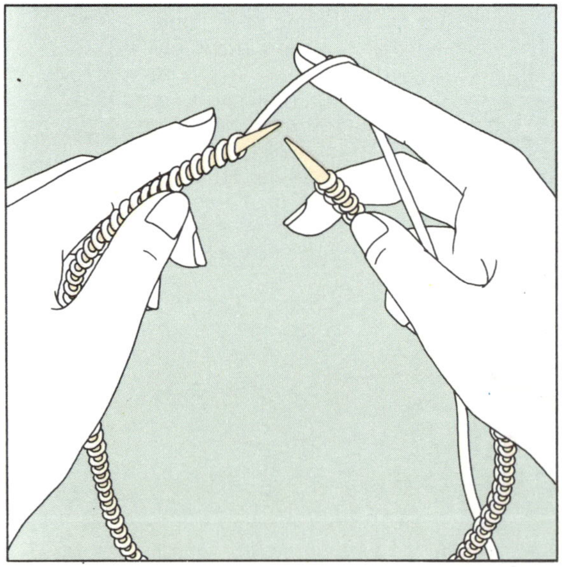

Um flach zu stricken, Nadelspitze mit der letzten Anschlagmasche links halten, die mit erster Anschlagmasche rechts. Alle Maschen abstricken, dann Nadel so drehen, daß linke Seite der Arbeit vorn ist. Nach jeder Runde die Arbeit wenden

Mit einem Nadelspiel stricken

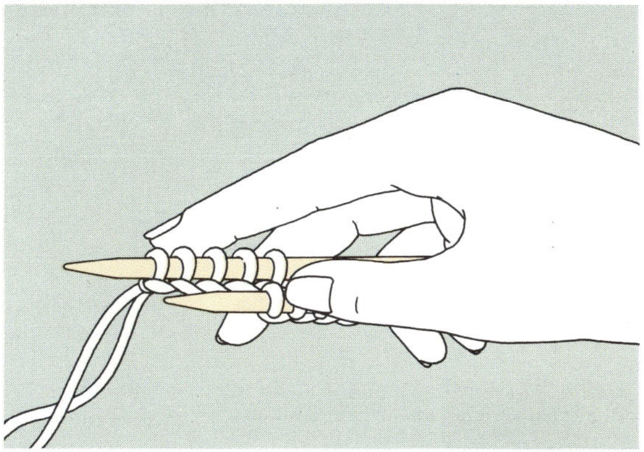

1. Um einen Schlauch mit einem Spiel (5) Nadeln zu stricken, auf 4 Nadeln je ein Viertel der Gesamtmaschenzahl anschlagen. Sind die Maschen auf der ersten Nadel angeschlagen, die zweite parallel dazu und direkt darüberhalten, so daß die Spitze etwas vorsteht. Bei den restlichen Nadeln wiederholen. Bei mehr als 5 Nadeln eine Arbeitsnadel weglegen und die Maschen gleichmäßig auf die restlichen verteilen

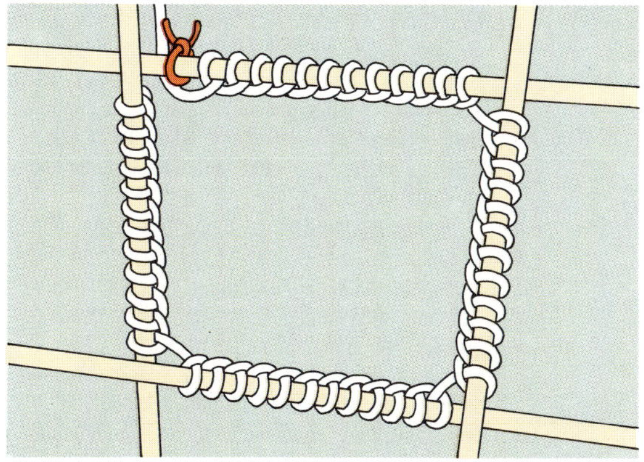

2. Die 4 Nadeln zu einem Quadrat legen; die unteren Kanten aller Maschen weisen nach innen. Nach der letzten angeschlagenen Masche eine Fadenmarkierung anbringen

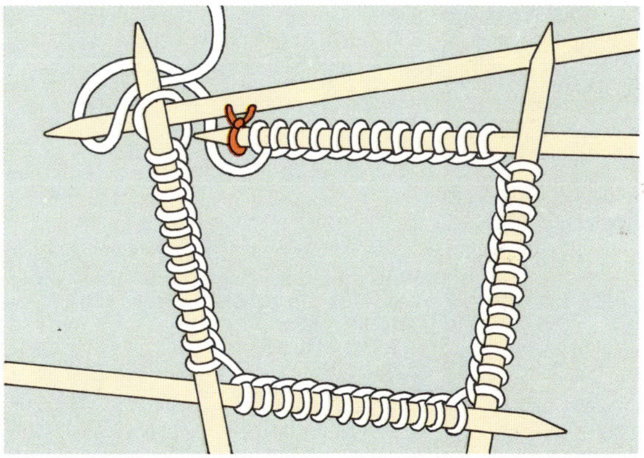

3. Mit der fünften Nadel die erste Anschlagmasche stricken und dadurch das Quadrat schließen. Bei dieser Masche den Faden festziehen, damit keine Lücke entsteht. Sind von der ersten Nadel alle Maschen abgestrickt, diese als Arbeitsnadel benutzen und hinter den anderen Nadeln halten, um die erste Masche von der nächsten Nadel abzustricken

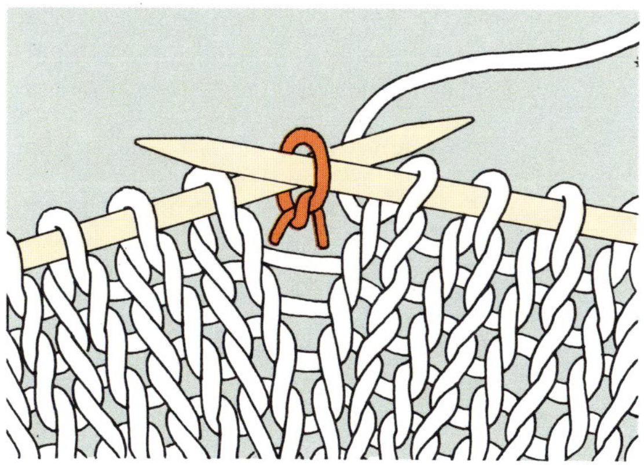

4. Die ganze Runde bis zur Markierung stricken; diese abheben und die nächste Runde beginnen. Die Markierung in jeder Runde abheben, um den Reihenverlauf zu kennzeichnen

---

Um ein flaches Stück (Tischdecke, Patchworkmotiv) zu stricken, so viele Luftmaschen häkeln, wie Maschen benötigt werden, und sie zum Ring schließen. Die verbleibende Schlinge von der Häkelnadel auf eine Stricknadel aus dem Spiel heben, dann die Maschen aus dem Ring aufnehmen (S. 437), und zwar auf die 4 Nadeln gleichmäßig verteilt. Für ein Stück mit einem kleinen Mittelbereich ist diese Methode leichter zu arbeiten als die oben gezeigte

Um ein Quadrat von der Mitte aus zu stricken, 8 Luftmaschen häkeln und zum Ring schließen; auf 4 Nadeln je 2 Maschen aufnehmen (S. 437). In der ersten Runde zwischen jeder Maschengruppe eine Masche zunehmen. In nächster und den folgenden Runden in der Mitte jeder Gruppe 2 Maschen zunehmen. Dreieck mit 6 Maschen in 3 Gruppen arbeiten. Für Kreis: 10 Maschen in 5 Gruppen, dann in jeder Gruppe bei jeder Runde eine Masche zunehmen, dabei Zunahme jedesmal um eine Masche vorrücken

Strickmuster

Strickmuster anwenden

Ein Strickmuster entsteht, indem eine Folge bestimmter Techniken ständig wiederholt wird. Es besteht aus einem Rapport und einem Mustersatz, d. h. aus einer bestimmten Maschen- und Reihenzahl, die für ein Motiv erforderlich sind.

Es gibt unzählige Strickmuster. Die Bezeichnungen sind landschaftlich verschieden; die meisten Strickmuster lassen sich jedoch nach der Struktur einteilen. Sobald man mit den Grundstrukturen vertraut ist, kann man mit zunehmender Geschicklichkeit fast alles stricken und sogar selbst Muster entwerfen, wenn sich sonst kein geeignetes anbietet.

Die hier aufgeführten Muster sind nach Typen geordnet, obwohl manches in mehr als eine Kategorie passen würde. Die erste Gruppe der strukturierten Muster umfaßt jene dichten Gestricke, die wie Strickstoffe wirken. Die ersten acht Muster dieser Gruppe sind ideal für Anfänger, weil sie kein großes Können erfordern.

Bei der Wahl eines Strickmusters ist vor allem das Aussehen maßgeblich; es sollten jedoch auch andere Gesichtspunkte berücksichtigt werden. Ist es für das Garn geeignet? Ein stark strukturiertes Garn und ein lebhaftes Muster passen nicht zusammen. Entspricht es dem Verwendungszweck? Spitzenmuster geben kein warmes Kleidungsstück für den Winter.

Um ein Muster zu stricken, schlägt man eine Maschenzahl an, die durch die Maschenzahl des Rapports teilbar ist, und fügt alle angegebenen zusätzlichen Maschen plus die Randmaschen hinzu. Der Anleitung folgt man bis zur letzten Reihe und beginnt wieder von vorn. Wenn nicht anders angegeben, ist die erste Reihe die rechte Seite. Manche Muster sind auf beiden Seiten identisch; sie sind besonders für Gegenstände wie Decken geeignet, bei denen beide Seiten zu sehen sind. Die Abkürzungen sind auf Seite 426 erklärt.

Strukturierte Muster

Pünktchenmuster Glatt rechts, mit einzelnen linken Maschen durchsetzt; ein hübsches Muster für Babysachen
Anschl: teilbar durch 4
1. R: * 3 M r, 1 M li *
2. und jede gerade R: li
3. R: r
5. R: 1 M r, * 1 M li, 3 M r *, 1 M li, 2 M r
7. R: r

Stegmuster Streifen aus linken Maschen auf glatt rechts
Anschl: teilbar durch 10
1. R: * 4 M r, 6 M li *
2. und jede gerade R: li
3. R: r
5. R: * 5 M li, 4 M r, 1 M li *
7. R: r

Winkelmuster Zickzacklinien aus linken Maschen auf glatt rechts
Anschl: teilbar durch 8
1. R: * 1 M li, 3 M r *
2. R: * 1 M r, 5 M li, 1 M r, 1 M li *
3. R: * 2 M r, 1 M li, 3 M r, 1 M li, 1 M r *
4. R.: * 2 M li, 1 M r, 1 M li, 1 M r, 3 M li *

Rhombenmuster Mit linken Maschen gebildete Rhomben auf glatt rechts
Anschl: teilbar durch 8
1. R: * 1 M li, 7 M r *
2. und 8. R: * 1 M r, 5 M li, 1 M r, 1 M li *
3. und 7. R: * 2 M r, 1 M li, 3 M r, 1 M li, 1 M r *
4. und 6. R: * 2 M li, 1 M r, 1 M li, 1 M r, 3 M li *
5. R: * 4 M r, 1 M li, 3 M r*

Korbmuster Versetzte Quadrate aus glatt rechts und glatt links; auf beiden Seiten gleich
Anschl: teilbar durch 10
1., 3., 5. R: * 5 M r, 5 M li *
2., 4., 6. R: * 5 M li, 5 M r *
7., 9., 11. R: * 5 M r, 5 M li *
8., 10., 12. R: * 5 M li, 5 M r *

Plastisches Rhombenmuster Die glatt links gestrickten Rhomben wirken erhaben. Dieses Muster, das auf beiden Seiten gleich ist, zieht sich leicht zusammen
Anschl: teilbar durch 10
1. R: * 9 M r, 1 M li *
2. und 8. R: 2 M r, * 7 M li, 3 M r *, 7 M li, 1 M r
3. und 7. R: 2 M li, * 5 M r, 5 M li *, 5 M r, 3 M li
4. und 6. R: 4 M r, * 3 M li, 7 M r *, 3 M li, 3 M r
5. R: 4 M li, * 1 M r, 9 M li *, 1 M r, 5 M li

Gratmuster Waagrechte Rippen heben sich deutlich vom glatt rechts Gestrickten ab
Anschl: teilbar durch 2
1. R: r
2. R: 2 M r zus.str über ganze R
3. R: jede M r, dann r verschr, d. h. aus jeder M 2 str
4. R: li

Wellenmuster aus glatt rechts und glatt links
Anschl: teilbar durch 8 plus 1
1. R: * 1 M li, 7 M r *, 1 M li
2. R: 2 M r, * 5 M li, 3 M r *, 5 M li, 2 M r
3. R: 3 M li, * 3 M r, 5 M li *, 3 M r, 3 M li
4. R: 4 M r, * 1 M li, 7 M r *, 1 M li, 4 M r
5. R: * 1 M r, 7 M li *, 1 M r
6. R: 2 M li, * 5 M r, 3 M li *, 5 M r, 2 M li
7. R.: 3 M r, * 3 M li, 5 M r *, 5 M li, 3 M r
8. R.: 4 M li, * 1 M r, 7 M li *, 1 M r, 4 M li

Kräuselmuster Die Kräuselabschnitte entstehen, indem man die Maschen verdoppelt, alle über eine beliebige Höhe strickt, dann bis zur ursprünglichen Maschenzahl abnimmt. Statt glatt rechts kann man sie kraus rechts stricken
Anschl: beliebig
1.–6. R: r
7. R: jede M r, dann r verschr, d. h. aus jeder M 2 str
8., 10. und 12. R: li
9. und 11. R: r
13. R: 2 M r zus.str über ganze R.
Ab 2. R wdh

Webmuster Es hat das Aussehen und die Festigkeit eines gewebten Stoffes; für Kleidungsstücke besonders geeignet
Anschl: teilbar durch 2
1. R: * 1 M r, Fv, 1 M abh, Fh *
2. R: * 1 M li, Fh, 1 M abh, Fv *

Fischgrätmuster Einem Webstoff ähnlich. Der Faden muß ziemlich locker geführt werden.
Anschl: teilbar durch 2
1. R: 2 M verschr zus.str, dabei nur die erste von linker Nadel fallen lassen, * 2 M r verschr zus.str (d. h. verbleibende M und nächste M), wieder nur die erste M von Nadel fallen lassen *, 1 M r verschr
2. R: 2 M li zus.str, dabei nur erste M von linker Nadel fallen lassen, * 2 M li zus.str (d. h. verbleibende M und nächste M), wieder nur erste M von Nadel fallen lassen *, 1 M li

Waffelmuster Ein schweres, dreidimensionales Muster, das sich für eine Jacke, einen Mantel oder eine Decke eignet
Anschl: teilbar durch 2
1. und 2. R: r
3. R: * 1 M r, 1 DM r * (S. 428)
4. R: * langen (oberen) Faden, der durch DM entstanden ist, aufnehmen und mit M auf der Nadel r abstr, 1 M r *
5. R: * 1 DM r, 1 M r *
6. R: * 1 M r, nächste M mit langem Faden wie in 4. R zus.str *
3.–6. R: fortlaufend wdh

Abheben 428

Rippenmuster

Besondere Kennzeichen von Rippenmustern sind die senkrechten Reihen und die große Querelastizität. Die klassischen Rippenmuster werden mit abwechselnd einer Rechts- und einer Linksmasche oder zwei Rechts- und zwei Linksmaschen gestrickt (S. 420); die folgenden Beispiele zeigen einige Variationen. Bei allen Rippenmustern kann das Verhältnis von rechten und linken Maschen gleich oder ungleich sein. Je mehr Rechts- bzw. Linksmaschen nacheinander gearbeitet werden, desto weniger elastisch ist das Gestrick. Wegen der Dehnfähigkeit werden Rippenmuster häufig als Bündchen verwendet. Man arbeitet sie meist mit Nadeln, die ein bis zwei Nummern feiner sind als die für das übrige Strickstück verwendeten.

Rippenmustervarianten

Flache Rippen Weniger elastisch als schmalere Rippenmuster; für ein ganzes Kleidungsstück gut geeignet
Anschl: teilbar durch 10
1. R: * 7 M r, 3 M li *
2. R: * 3 M r, 7 M li *

Perlmusterrippen Eine hübsche Variation von breiteren Rippen
Anschl: teilbar durch 11 plus 5
1. R: 5 M r, * (1 M r, 1 M li) 3mal, 5 M r *
2. R: * 5 M li, (1 M li, 1 M r) 3mal *, 5 M li

Gebrochenes Rippenmuster Durch die wechselnd breiten Rippen entsteht eine interessante Struktur; für einen Pullover besonders geeignet
Anschl: teilbar durch 12
1. und 3. R: 2 M r, * 2 M li, 4 M r *, 2 M li, 2 M r
2. und 4. R: 2 M li, * 2 M r, 4 M li *, 2 M r, 2 M li
5. und 7. R: 1 M r, * 4 M li, 2 M r *, 4 M li, 1 M r
6. und 8. R: 1 M li, * 4 M r, 2 M li *, 4 M r, 1 M li

Tweedrippen Die noppige Struktur entsteht durch abgehobene Maschen in den rechtsgestrickten Abschnitten; am besten eignen sich glatte Garne für dieses Muster
Anschl: teilbar durch 6
1. R: * 3 M li, Fv, 1 M li abh, Fh, 1 M r, Fv, 1 M li abh *
2. und 4. R: * 3 M li, 3 M r *
3. R: * 3 M li, 1 M r, Fv, 1 M li abh, Fh, 1 M r *

Fersenmuster Dies ist eigentlich kein Rippenmuster, hat aber fast dieselbe Elastizität. Aufgrund seiner Strapazierfähigkeit wird es oft für Fersen benützt
Anschl: teilbar durch 2 plus 1
1. R: * 1 M r, 1 M r abh *, 1 M r
2. R: li

Wechselnde Rippen Eine hübsche Abwandlung unregelmäßiger Rippen; für ein durchgehendes Muster sowie als Bund geeignet
Anschl: teilbar durch 8
1. und 3. R (linke Seite): * 3 M r, Fv, 1 M li abh, Fh, 3 M r, 1 M li *
2. R: * 1 M r, 3 M li, Fh, 1 M li verschr abh, 3 M li *
4. R: * 1 M r, 3 M li, 1 M r, 3 M li *

Zopfrippen Es sind zwar keine echten Zopfrippen, aber sie wirken ähnlich
Anschl: teilbar durch 5 plus 4
1. R: * 4 M li, die nächste M r, dann verschr, dann wieder r (d. h. aus einer M 3 str) *, 4 M li
2. R: 4 M r, * 3 M li, 4 M r *
3. R: * 4 M li, 3 M r zus.str *, 4 M li
4. R: 4 M r, * 1 M li, 4 M r *

Aus einer Masche zwei stricken 431
Zwei Maschen links zusammenstricken 433

Diagonalmuster richtig anwenden

Bei Diagonalmustern verlaufen die Maschen schräg nach rechts oder nach links oder abwechselnd nach rechts und nach links; dazu wird der Rapport in jeder Reihe um eine Masche nach rechts oder nach links versetzt. Diagonalmuster, die in eine Richtung verlaufen, sind nur begrenzt anwendbar, weil sie sich schräg verziehen. Dies läßt sich bis zu einem gewissen Grad verhindern, wenn man mit fest gesponnenen Garnen arbeitet, Nadeln verwendet, die eine Nummer feiner sind als die für das Garn empfohlenen, und den fertigen Gegenstand beim Waschen schonend behandelt. Diagonale in zwei Richtungen (z. B. Fischgrättwill) verhalten sich fast wie Strickstoffe. Sie sind nur begrenzt dehnfähig.

Diagonale

Schrägstreifen Eine interessante Struktur und eine sehr einfache Technik
Anschl: teilbar durch 5
1. R: * 4 M r, 1 M li *
2. R: * 1 M li, 1 M r, 3 M li *
3. R: * 2 M r, 1 M li, 2 M r *
4. R: * 3 M li, 1 M r, 1 M li *
5. R: * 1 M li, 4 M r *
6. R: * 1 M r, 4 M li *
7. R: * 3 M r, 1 M li, 1 M r *
8. R: * 2 M li, 1 M r, 2 M li *
9. R: * 1 M r, 1 M li, 3 M r *
10. R: * 4 M li, 1 M r *

Riffelmuster Ein sehr feines Muster, bei dem rechte Maschen schräg über den glatt rechts gestrickten Grund verlaufen
Anschl: teilbar durch 3
1. R: * 2 M r zus.str, dann erste M nochmals r abstr, bevor beide M von der linken Nadel genommen werden, 1 M r *
2. und 4. R: li
3. R: * 1 M r, 2 M r zus.str, erste M nochmals r abstr *

Diagonalrippen Schrägstreifen, die durch das Versetzen des Musters entstehen
Anschl: teilbar durch 4
1. R: * 2 M r, 2 M li *
2., 4., 6. und 8. R: Maschen so stricken, wie sie erscheinen
3. R: * 1 M r, 2 M li, 1 M r *
5. R: * 2 M li, 2 M r *
7. R: * 1 M li, 2 M r, 1 M li *

Treppenmuster Knötchen auf glatt rechts gestricktem Grund
Anschl: teilbar durch 5
1. R (linke Seite): * 2 M li, (1 M r, dann r verschr, d. h. 2 daraus str) 3mal *
2. R: * (2 M r verschr zus.str) 3mal, 2 M r *. **3. R**: * 1 M li (1 M r, dann r verschr) 3mal, 1 M li *. **4. R**: * 1 M r, (2 M r verschr zus.str) 3mal, 1 M li *.
5. R: * (1 M r, dann r verschr) 3mal, 2 M li *. **6. R**: * 2 M r, (2 M r verschr zus.str) 3mal *. Muster weiterhin in jeder ungeraden R um 1 M nach r versetzen. Nach 10 R wieder bei 1. R beginnen

Fischgrättwill Quer verlaufendes Zickzackmuster
Anschl: teilbar durch 4
1. und 5. R: * 2 M r, Fv, 2 M abh, Fh *
2. und 6. R: 1 M abh, * Fv, 2 M li, Fh, 2 M abh *, Fv, 3 M li
3. und 7. R: * Fv, 2 M abh, Fh, 2 M r *
4. und 8. R: 1 M li, * Fh, 2 M abh, Fv, 2 M li *, Fh, 2 M abh, Fv, 1 M li
9. und 13. R: * Fv, 2 M abh, Fh, 2 M r *
10. und 14. R: 1 M abh, * Fv, 2 M li, Fh, 2 M abh *, Fv, 2 M li, Fh, 1 M abh
11. und 15. R: * Fh, 2 M r, Fv, 2 M abh *
12. und 16. R: 1 M li, * Fh, 2 M abh, Fv, 2 M li *, Fh, 2 M abh, Fv, 1 M li

Winkelrippen Ein waagrecht verlaufendes Zickzackmuster
Anschl: teilbar durch 12
1. R: * 2 M li, 2 M r, 2 M li, 1 M r, 2 M li, 2 M r, 1 M li *
2., 4., 6., 8. R: M so str, wie sie erscheinen
3. R: * 1 M li, 2 M r, 2 M li, 3 M r, 2 M li, 2 M r *
5. R: * 2 M r, 2 M li, 2 M r, 1 M li, 2 M r, 2 M li, 1 M r *
7. R: * 1 M r, 2 M li, 2 M r, 3 M li, 2 M r, 2 M li *

Doppelte Schrägstreifen Die Schrägung entsteht durch eine zusätzliche Maschenschlinge, die über 2 Maschen gezogen wird. Jede Zunahme wird durch eine Abnahme ausgeglichen
Anschl: teilbar durch 2 plus 1
1. R: 1 M r, * rechte Nadel zwischen nächste 2 M stechen, Schlinge durchziehen und diese auf rechter Nadel lassen; 1 M r abh, 1 M r *
2. R: 1 M li, * 1 M li, 2 M li zus.str *
3. R: 2 M r, * wie 1. R *, 1 M r
4. R: 2 M li, * 1 M li, 2 M li zus.str *, 1 M li

Stricken · Strickmuster

Spitzenmuster stricken

Es gibt zahllose Spitzenmuster, von der einfachen Lochborte bis zum zartesten Spitzengeflecht. Einige sind einfach zu stricken, andere kompliziert. Die hier und auf den folgenden drei Seiten gezeigten Muster stellen eine kleine Auswahl dar.

Im allgemeinen wird ein Spitzenmuster dadurch gekennzeichnet, daß durch Umschlagen zugenommen wird, wobei ein Loch entsteht. In der Folge wird jede Zunahme durch eine Abnahme ausgeglichen, damit die Gesamtzahl der Maschen konstant bleibt. Verlängerte Maschen ergeben auch Spitzenmuster (Fallmaschenspitze, S. 447), bei der eher ein Schlitz als ein Loch entsteht.

Der Anschlag bei Spitzen muß dehnbar und unauffällig sein. Geeignet sind der einfache und der geschlungene Anschlag (S. 415).

Spitzenmuster, besonders die sehr zarten, sehen am besten aus, wenn sie mit feinem Garn und dünnen Nadeln gestrickt werden. Für maßgearbeitete Kleidungsstücke können mittelschwere Garne verwendet werden; Muster mit weniger Öffnungen sind hierfür am besten geeignet.

Spitzenmuster

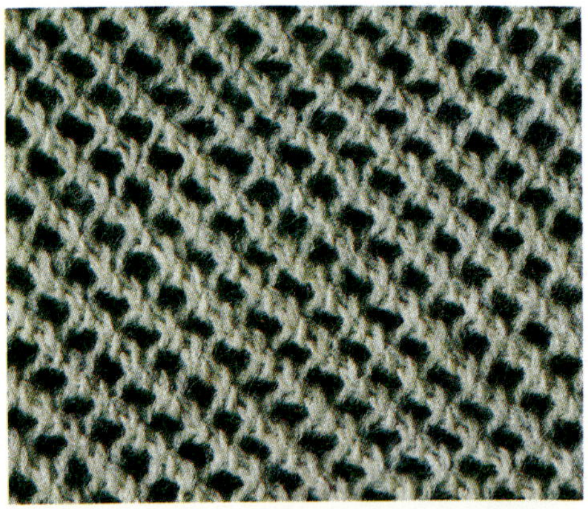

Schräges Durchbruchmuster Charakteristisch für viele Spitzenmuster ist eine Zunahme durch Umschlagen (wodurch ein Loch entsteht) und als Ausgleich eine Abnahme durch Zusammenstricken. Das Gestrick verzieht sich leicht in Schrägrichtung
Anschl: teilbar durch 2
1. R: 1 M r, * Umschl, 2 M r zus.str *, 1 M r
2. und 4. R: li
3. R: 2 M r, * Umschl, 2 M r zus.str *

Türkisches Muster Ein zartes Durchbruchmuster. Die Umschlagzunahme ist hier mit Abnehmen durch Überziehen kombiniert (S. 432)
Anschl: teilbar durch 2
Jede R: * Umschl, 1 M abh, 1 M r, überz *

Ösenmuster Die großen Löcher entstehen durch einen doppelten Umschlag bei den Zunahmen. Die Umschläge zu Anfang und Ende der dritten Reihe bilden einen zarten Rand. Für eine festere Kante an beiden Seiten eine Randmasche hinzufügen
Anschl: teilbar durch 4
1. R: * 2 M r, Umschl 00, 2 M r *
2. R: * 2 M li zus.str, aus dem Doppel-Umschl 1 M r, 1 M li, 2 M li zus.str *
3. R: * Umschl, 4 M r, Umschl 00 *, 4 M r, Umschl
4. R: aus dem Umschl 1 M li str, * (2 M li zus.str) 2 mal, aus dem Doppel-Umschl 1 M r, 1 M li *, (2 M li zus.str) 2mal, aus dem Umschl 1 M r str

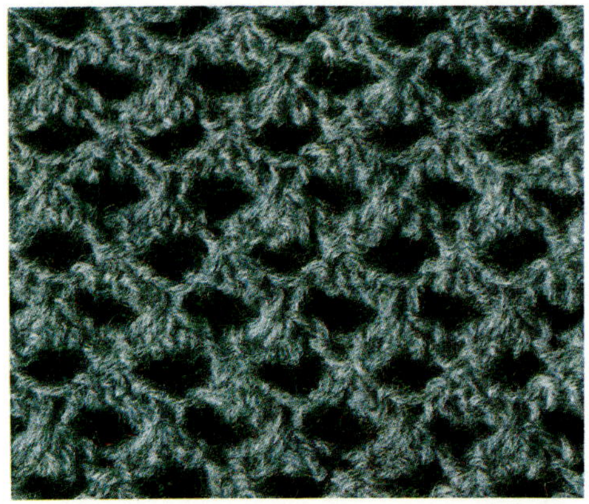

Netzmuster Das grobe Netzwerk, mit großen Löchern durchsetzt, ist auf beiden Seiten gleich. In feinem Garn und mit mittelstarken Nadeln ausgeführt, ist es für ein Schultertuch geeignet. Um 4 Maschen zusammenzustrikken, muß der Faden locker geführt werden
Anschl: teilbar durch 4
1. R: 2 M li, * Umschl, 4 M li zus.str *, 2 M li
2. R: 2 M r, * 1 M r, aus dem Umschl der Vorreihe r li r *, 2 M r
3. R: r

Filetmuster Ein duftiges Muster, das an eine Filethäkelei erinnert; sehr leicht und einfach zu arbeiten; für eine Babydecke oder ein Schultertuch geeignet. Es wird mit mittleren oder starken Nadeln gearbeitet und sorgfältig gespannt, da es sich schräg verzieht
Anschl: beliebig
1. R (linke Seite): li
2. R: 1 M r, * Querfaden vor nächster M r abstr, 1 M r, M aus dem Querfaden überz *

Fv Faden vor die Arbeit
Fh Faden hinter die Arbeit
Z2h Zopf hinter die Arbeit
Z2v Zopf vor die Arbeit

Glockenblumen Ein zartes Muster für ein Schultertuch oder Babykleidung
Anschl: teilbar durch 8 plus 5
1. und 3. R: 1 M r, * Umschl, doppelt abn [2 M r verschr zus.str, die so erhaltene M auf linke Nadel heben, nächste M überz, M wieder auf rechte Nadel nehmen], Umschl, 5 M r *, Umschl, doppelt abn, Umschl, 1 M r
2., 4., 6. und 8. R: li
5. R: 1 M r, * 3 M r, Umschl, 1 M r abh, 1 M r, überz, 1 M r, 2 M r zus.str, Umschl *, 4 M r
7. R: 1 M r, * Umschl, doppelt abn, Umschl, 1 M r *, Umschl, doppelt abn, Umschl, 1 M r

Hufeisen Eines der vielen schönen Muster, die im 19. Jahrhundert, als die feine Spitzenstrickerei sehr beliebt war, auf den Shetlandinseln entstanden
Anschl: teilbar durch 10 plus 1
1. R: 1 M r, * Umschl, 3 M r, 1 M r abh, 2 M r zus.str, überz, 3 M r, Umschl, 1 M r *
2., 4., 6. und 8. R: li
3. R: 1 M r, * 1 M r, Umschl, 2 M r, 1 M r abh, 2 M r zus.str, überz, 2 M r, Umschl, 2 M r *
5. R: 1 M r, * 2 M r, Umschl, 1 M r, 1 M r abh, 2 M r zus.str, überz, 1 M r, Umschl, 3 M r *
7. R: 1 M r, * 3 M r, Umschl, 1 M r abh, 2 M r zus.str, überz, Umschl, 4 M r *

Hyazinthen Weiche, glockenförmige Büschel auf durchbrochenem Hintergrund. Ein zartes Muster, besonders für ein Schultertuch geeignet. Mit ziemlich lockerer Fadenspannung arbeiten
Anschl: teilbar durch 6 plus 2
1. R (linke Seite): 1 M r, * 5 M li zus.str, 1 M r li r li r *, 1 M r
2. und 4. R: li
3. R: 1 M r, * 1 M r li r li r str, 5 M li zus.str *, 1 M r
5. R: r 000 (d.h. für jede M Faden 3mal um Nadel wickeln)
6. R: li, dabei alle zusätzlichen Schlingen von der Nadel fallen lassen

Fadenspannung 421 Zunehmen mit Umschlag 429
Aus einer Masche zwei stricken 431 Abnehmen 432–433

Spitzenmuster

Wellenspitze Der Rapport hat 9 Maschen in Reihe 9, 7 in Reihe 11
Anschl: teilbar durch 8 plus 1
1. R: * 5 M r, Umschl, 2 M r zus.str, 1 M r *, 1 M r
2. und jede gerade R: li
3. R: * 3 M r, 2 M r verschr zus.str, Umschl, 1 M r, Umschl, 2 M r zus.str *, 1 M r
5. R: 1 M r, * 1 M r, 2 M r verschr zus.str, Umschl, 3 M r, Umschl, 2 M r zus.str *
7. R: * Umschl, 2 M r verschr zus.str, auf linke Nadel heben, nächste M überz, M wieder auf rechte Nadel nehmen, Umschl, 5 M r *, 1 M r
9. R: * 1 M r, 1 M r, dann r verschr (d. h. 2 daraus str), 6 M r *, 1 M r
11. R: * 2 M r zus.str, 4 M r, Umschl, 2 M r zus.str, 1 M r *, 1 M r.
Ab 3. R wdh

Babyfarn Ein elegantes Spitzenmuster mit einem Bogenrand an der Anschlagkante. Geeignet für Babykleidung, ein Kleid oder eine Decke; mittelschweres Garn verwenden
Anschl: teilbar durch 12
1. und jede ungerade R (linke Seite): li
2. R: * 2 M r zus.str, 2 M r, Umschl, 1 M r, Umschl, 2 M r, 1 M r abh, 1 M r, überz, 1 M li, 1 M r, 1 M li *
4. R: * 2 M r zus.str, 1 M r, Umschl, 3 M r, Umschl, 1 M r, 1 M abh, 1 M r, überz, 1 M li, 1 M r, 1 M li *
6. R: * 2 M r zus.str, Umschl, 5 M r, Umschl, 1 M abh, 1 M r, überz, 1 M li, 1 M r, 1 M li *

Farnmuster Dem Babyfarn ähnlich
Anschl: teilbar durch 29
1. R: * 1 M r, 1 M r abh, 2 M r zus.str, überz, 9 M r, Umschl, 1 M r, Umschl, 2 M li, Umschl, 1 M r, Umschl, 9 M r, 1 M r abh, 2 M r zus.str, überz. **2. und jede gerade R**: * 13 M li, 2 M r, 14 M li *.
3. R: * 1 M r, 1 M r abh, 2 M r zus.str, überz, 8 M r (Umschl, 1 M r) 2mal, 2 M li, (1 M r, Umschl) 2mal, 8 M r, 1 M r abh, 2 M r zus.str, überz *. **5. R**: * 1 M r, 1 M r abh, 2 M r zus.str, überz, 7 M r, Umschl, 1 M r, Umschl, 2 M r, 2 M li, 2 M r, Umschl, 1 M r, Umschl, 7 M r, 1 M r abh, 2 M r zus.str, überz *. **7. R**: * 1 M r, 1 M r abh, 2 M r zus.str, überz, 6 M r, Umschl, 1 M r, Umschl, 3 M r, 2 M li, 3 M r, Umschl, 1 M r, Umschl, 6 M r, 1 M r abh, 2 M r zus.str, überz *.
9. R: * 1 M r, 1 M r abh, 2 M r zus.str, überz, 5 M r, Umschl, 1 M r, Umschl, 4 M r, 2 M li, 4 M r, Umschl, 1 M r, Umschl, 5 M r, 1 M abh, 2 M r zus.str, überz *

Diagonaler Lochstreifen Rippenmuster mit schrägen Durchbruchstreifen
Anschl: teilbar durch 10 plus 3
1. R: * 3 M li, Umschl, 1 M r abh, 1 M r, überz, 5 M r *, 3 M li
2. R: * 3 M r, 4 M li, 2 M li verschr zus.str, Umschl, 1 M li *, 3 M r
3. R: * 3 M li, 2 M r, Umschl, 1 M r abh, 1 M r, überz, 3 M r *, 3 M li
4. R: * 3 M r, 2 M li, 2 M li verschr zus.str, Umschl, 3 M li *, 3 M r
5. R: * 3 M li, 4 M r, Umschl, 1 M r abh, 1 M r, überz, 1 M r *, 3 M li
6. R: * 3 M r, 2 M li verschr zus.str, Umschl, 5 M li *, 3 M r
7. R: * 3 M li, 7 M r *, 3 M li
8. R: * 3 M r, 7 M li *, 3 M r

Gittermuster Erhabene Schrägstreifen; für Pullover oder Strickjacken
Anschl: teilbar durch 7
1. R: * 2 M r, 2 M r zus.str, Umschl, 3 M r *
2. R: * 1 M li, 2 M li verschr zus.str, Umschl, 1 M li, Umschl, 2 M li zus.str, 1 M li *
3. R: * 2 M r zus.str, Umschl, 3 M r, Umschl, 1 M abh, 1 M r, überz *
4. und 8. R: li
5. R: * Umschl, 1 M r abh, 1 M r, überz, 5 M r *
6. R: * Umschl, 2 M li zus.str, 2 M li, 2 M li verschr zus.str, Umschl, 1 M li *
7. R: * 2 M r, Umschl, 1 M r abh, 1 M r, überz, 2 M r zus.str, Umschl, 1 M r *

Van-Dyck-Muster V-förmiges Durchbruchmuster auf glatt rechts
Anschl: teilbar durch 10
1. R: * Umschl, 1 M r abh, 1 M r, überz, 8 M r *
2. und jede gerade R: li
3. R: * 1 M r, Umschl, 1 M r abh, 1 M r, überz, 5 M r, 2 M r zus.str, Umschl *
5. R: * 2 M r, Umschl, 1 M r abh, 1 M r, überz., 3 M r, 2 M r zus.str, Umschl, 1 M r *
7. R: * 5 M r, Umschl, 1 M r abh, 1 M r, überz, 3 M r *
9. R: * 3 M r, 2 M r zus.str, Umschl, 1 M r, Umschl, 1 M r abh, 1 M r, überz, 2 M r *
11. R: * 2 M r, 2 M r zus.str, Umschl, 3 M r, Umschl, 1 M r abh, 1 M r, überz, 1 M r *

Waagrechte Durchbruchstreifen Zwischen den Spitzenbändern liegen hier 10 Reihen glatt rechts; die Abstände können jedoch größer oder kleiner sein, oder das Muster kann als einzelner Zierstreifen gearbeitet werden
Anschl: teilbar durch 2
1., 3., 5., 7., 9. und 10. R: r
2., 4., 6. und 8. R: li
11. R: * Umschl, 2 M li zus.str *
12. R: r

Ajourstreifen Rippen abwechselnd aus glatt links und Spitzenstreifen. Ein Rapport des Spitzenmusters kann als einzelner Zierstreifen verwendet werden
Anschl: teilbar durch 8 plus 4
1. R: * 4 M li, 2 M r zus.str, Umschl, 2 M r *, 4 M li
2. R: * 4 M r, 2 M li zus.str, Umschl, 2 M li *, 4 M r

Schmetterlingsmuster Ein sehr hübsches Muster für einen Kinderpullover
Anschl: teilbar durch 10 plus 5
1. und 3. R: 5 M r, * 2 M r zus.str, Umschl, 1 M r, Umschl, 1 M abh, 1 M r, überz, 5 M r *
2. und 4. R: * 2 M li, 1 M li abh, 7 M li *, 2 M li, 1 M li abh, 2 M li
5. und 11. R: r
6. und 12. R: li
7. und 9. R: * 2 M r zus.str, Umschl, 1 M r, 1 M abh, 1 M r, überz, 5 M r *, 2 M r zus.str, Umschl, 1 M r, Umschl, 1 M abh, 1 M r, überz
8. und 10. R: * 7 M li, 1 M li abh, 2 M li *, 5 M li

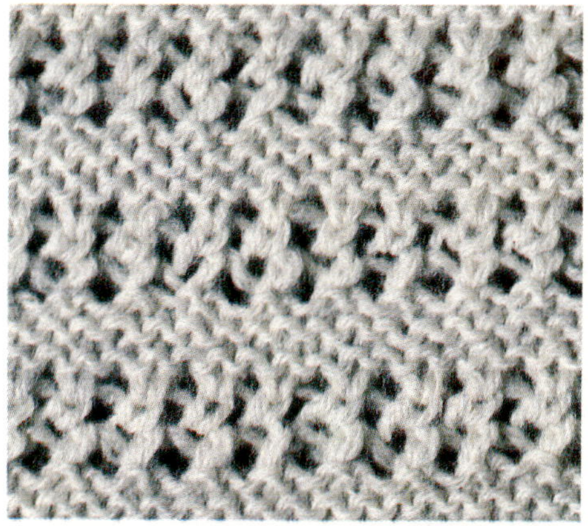

Spitzeneinsatz Doppelte Durchbruchstreifen wechseln mit kraus rechts (oder Perlmuster oder glatt rechts) ab. Auch als Zierstreifen zu verwenden
Anschl: teilbar durch 2
1.–6. R: r
7. und 9. R: * Umschl, 2 M r zus.str *
8. und 10. R: * Umschl, 2 M li zus.str *

Fallmaschenspitze Streifen aus verlängerten Maschen wechseln mit kraus rechts (oder Perlmuster oder glatt rechts) ab. Die Abstände zwischen den Durchbruchstreifen können beliebig groß sein
Anschl: beliebig
1.–4. R: r
5. R: r 00 [jede M r abstr, dazwischen Faden je 2mal um Nadel wickeln]
6. R: r, dabei zusätzliche Schlingen fallen lassen

Doppeltes Fallmaschenmuster Die 2 Reihen mit verlängerten Maschen können auch als einzelner Zierstreifen gearbeitet werden
Anschl: beliebig
1., 3., 5. und 7. R: r
2., 4. und 6. R: li
8. R (linke Seite): r 00 [jede M r abstr, dazwischen Faden je 2mal um Nadel wickeln]
9. R: 8. R wdh, dabei zusätzliche Schlingen fallen lassen
10. R: r, dabei zusätzliche Schlingen fallen lassen

Fadenspannung 421

Verkreuzte Maschen

Besonders plastische Muster werden mit verkreuzten Maschen gebildet; dazu wird die Arbeitsfolge von zwei oder drei Maschen vertauscht, so daß Diagonale entstehen. Einige von ihnen sind eigentlich Miniaturzopfmuster (S. 450–451); sie sind jedoch einfacher und rascher zu arbeiten. Andere Muster mit verkreuzten Maschen ähneln Webstoffen, beispielsweise das Flechtmuster rechts; hier sind die Maschen so miteinander verschlungen, daß ihre Dehnfähigkeit vermindert wird.

Um zwei Maschen zu verkreuzen, strickt man die zweite Masche auf der linken Nadel, dann die erste und läßt beide zusammen von der Nadel gleiten. Eine lockere Fadenspannung erleichtert das Abstricken und verhindert auch die Überdehnung des Garns.

Die verkreuzten Maschen legen sich entweder schräg nach rechts oder links. Die Richtung hängt von der jeweiligen Technik ab; dazu siehe Seite 434–435.

Da diese Technik interessante Strukturen ergibt, führt man sie am besten mit glattem Garn aus.

Muster mit verkreuzten Maschen

Wespennest Das Muster, das durch abwechselnd nach rechts und links verkreuzte Maschen gebildet wird, wirkt fast wie gesmokt
Anschl: teilbar durch 4
1. R: * 2 M r verkr R, 2 M r verkr L *
2. und jede gerade R: li
3. R: * 2 M r verkr L, 2 M r verkr R *

Knötchen Die verkreuzten Maschen, über 2 Zunahmen gezogen, bilden ein mittelgroßes Knötchen auf glatt rechts
Anschl: teilbar durch 4 plus 2
1. und 3. R: r
2. und jede gerade R: li
5. R: * 2 M r, 2 M r verkr L, (Umschl, zweite M auf rechter Nadel über erste M und Umschl ziehen) 2mal *, 2 M r

Flechtmuster Nach rechts und links verkreuzte Maschen bilden ein festes Gestrick, das einer Webstruktur ähnlich ist
Anschl: teilbar durch 2
1. R: * 2 M r verkr L *
2. R: 1 M li, * 2 M li verkr R *, 1 M li

Geflochtenes Rippenmuster Ein sehr breites, dekoratives Muster, das sich für eine große Fläche oder als Einzelstreifen auf glatt rechts oder glatt links eignet
Anschl: teilbar durch 12 plus 5
1. R: * 5 M li, 1 M r, (2 M r verkr L) 3mal *, 5 M li
2. R: 5 M r, * 1 M li, (2 M li verkr R) 3mal *, 5 M r

Kreuzrippen Ein sehr elastisches Muster, dem auch häufiges Waschen wenig anhaben kann
Anschl: teilbar durch 3 plus 1
1. R: 1 M li, * 2 M r verkr R, 1 M li *
2. R: 1 M r, * 2 M li, 1 M r *

Kettenmuster Ein dekoratives Rippenmuster, sehr leicht zu arbeiten
Anschl: teilbar durch 8 plus 4
1. R: * 4 M li, 2 M r verkr L, 2 M r verkr R *, 4 M li
2. R: * 4 M r, 4 M li *, 4 M r
3. und 5. R: * 4 M li, 1 M r, 2 M li, 1 M r *, 4 M li
4. und 6. R: * 4 M r, 1 M li, 2 M r, 1 M li *, 4 M r

Doppelte Zickzackrippen Gut geeignet als ganzes Muster (links) oder als einzelner Zierstreifen
Anschl: teilbar durch 9 plus 5
1. R: * 5 M li, 2 M r verkr R, 2 M r verkr L *, 5 M li
2. und 4. R: Alle Maschen so stricken, wie sie erscheinen
3. R: * 5 M li, 2 M r verkr L, 2 M r verkr R *, 5 M li

Fischgrätrippen Ein elastisches Muster, das durch Verkreuzen durch 2 Maschen (S. 435) entsteht
Anschl: teilbar durch 9 plus 3
1. R: * 3 M li, (durch 2 M r verkr R) 3mal *, 3 M li
2. und jede gerade R: * 3 M r, 6 M li *, 3 M r
3. R: * 3 M li, 1 M r, (durch 2 M r verkr R) 2mal, 1 M r *, 3 M li

Kleine Rhomben Ein kleines, für einen Kinderpullover geeignetes Gittermuster
Anschl: teilbar durch 6 plus 2
1. R: 3 M r, * 2 M r verkr R, 4 M r *, 2 M r verkr R, 3 M r
2. und jede gerade R: li
3. R: * 2 M r, 2 M r verkr R, 2 M r verkr L *, 2 M r
5. R: 1 M r, * 2 M r verkr R, 2 M r, 2 M r verkr L *, 1 M r
7. R: * 2 M r verkr R, 4 M r *, 2 M r verkr R
9. R: 1 M r, * 2 M r verkr L, 2 M r, 2 M r verkr R *, 1 M r
11. R: * 2 M r, 2 M r verkr L, 2 M r verkr R *, 2 M r

Zweige Zartes Geäst auf glatt rechts
Anschl: teilbar durch 13 plus 2
1. R: * 1 M r, 2 M r verkr R, 2 M r, 2 M r verkr R, 1 M r, 2 M r verkr L, 3 M r *, 2 M r
2. und jede gerade R: li
3. R: * 4 M r, 2 M r verkr R, 3 M r, 2 M r verkr L, 2 M r *, 2 M r
5. R: * 3 M r, 2 M r verkr R, 1 M r, 2 M r verkr L, 2 M r, 2 M r verkr L, 1 M r *, 2 M r
7. R: * 2 M r, 2 M r verkr R, 3 M r, 2 M r verkr L, 4 M r *, 2 M r

Palmblätter
Anschl: teilbar durch 14 plus 6
1. und 5. R: 6 M r, * 2 M r, 2 M r verkr R, 2 M r verkr L, 8 M r *
2. und jede gerade R: li
3. R: 6 M r, * 1 M r, 2 M r verkr R, 2 M r, 2 M r verkr L, 7 M r *
7. R: 6 M r, * 3 M r, 1 M abh, 1 M r, überz und r abstr, 9 M r *
9. R: r
11. und 15. R: * 1 M r, 2 M r verkr R, 2 M r verkr L, 10 M r *, 2 M r verkr R, 2 M r verkr L, 1 M r
13. R: * 2 M r verkr R, 2 M r, 2 M r verkr L, 8 M r *, 2 M r verkr R, 2 M r, 2 M r verkr L
17. R: 2 M r, * 1 M abh, 1 M r, überz und r abstr, 12 M r, 1 M abh, 1 M r, überz und r abstr, 2 M r
19. R: r

Zopfmuster 413
Zopftechnik 435

Zopfmuster stricken

Zopfmuster gehören zu den schönsten und vielseitigsten Strickarten; die Technik ist jedoch nicht ganz einfach. Um einen Zopf zu bilden, werden Maschen – im allgemeinen vier oder mehr – miteinander verkreuzt. Mit einer Hilfs- oder Zopfmusternadel wird die erste Maschengruppe in Wartestellung gebracht, während die zweite Gruppe gestrickt wird. Werden die Maschen vor die Arbeit gelegt, entsteht ein linksgedrehter Zopf; hinter die Arbeit gelegt, ergeben sie einen rechtsgedrehten Zopf. Um eine noch plastischere Wirkung zu erzielen, werden die Zopfmaschen gewöhnlich rechts, die Maschen zu beiden Seiten des Zopfs links gestrickt. Ausnahmen sind die unten gezeigten flächigen Zopfmuster.

Zopfmuster

Geflecht Die Maschen werden abwechselnd nach rechts und nach links verkreuzt
Anschl: teilbar durch 4 plus 4
1. R: r
2. und jede gerade R: li
3. R: 2 M r, * 2 M auf HN hinter Arbeit legen, 2 M r, 2 M r von HN *, 2 M r
5. R: * 2 M auf HN vor Arbeit legen, 2 M r, 2 M r von HN *
Ab zweite R wdh

Spuren im Sand Ineinandergreifende Zöpfe bilden ein sehr plastisches Wellenmuster
Anschl: teilbar durch 12
1., 5. und 9. R: r
2. und jede gerade R: li
3. R: * 3 M auf HN vor Arbeit legen, 3 M r, 3 M r von HN, 6 M r *
7. R: * 6 M r, 3 M auf HN hinter Arbeit legen, 3 M r, 3 M r von HN *
Ab dritte R wdh

Wilder Hafer Ein Muster mit weichen, leicht erhabenen Konturen
Anschl: teilbar durch 4 plus 1
1. und 5. R: * 2 M r, 1 M li abh, 1 M r *, 1 M r
2. und 6. R: 1 M li, * 1 M li, 1 M li abh, 2 M li *
3. R: * 2 M auf HN hinter Arbeit legen, abgehobene M der Vorreihe r abstr, 2 M r von HN, 1 M r *, 1 M r
4. und 8. R: li
7. R: 1 M r, * 1 M r, abgehobene M der Vorreihe auf HN vor Arbeit legen, 2 M r, 1 M r von HN *

Einfache Zopfrippen Der klassische Zopf auf glatt links
Anschl: teilbar durch 7 plus 3
1. und 3. R: * 3 M li, 4 M r *, 3 M li
2., 4. und 6. R: * 3 M r, 4 M li *, 3 M r
5. R: * 3 M li, Z4v [2 M auf HN vor Arbeit legen, 2 M r, 2 M r von HN] *, 3 M li

Spirale
Anschl: teilbar durch 9 plus 3
1. und 3. R: * 3 M li, 6 M r *, 3 M li
2., 4. und 6. R: * 3 M r, 6 M li *, 3 M r
5. R: * 3 M li, Z6h [3 M auf HN hinter Arbeit legen, 3 M r, 3 M r von HN]*, 3 M li

Minarettmuster
Anschl: teilbar durch 12 plus 4
1., 3. und 5. R: 4 M li, * (2 M r, 4 M li) 2mal *
2. und 4. R: 4 M r, * (2 M li, 4 M r) 2mal *
6. R: 4 M r, * (Fv, 2 M li abh, Fh, 4 M r) 2mal *
7. R: 4 M li, * 2 M auf HN vor Arbeit legen, 2 M li, Umschl, 2 M r verschr von HN zus.str, 2 M auf HN hinter Arbeit legen, 2 M r zus.str, Umschl, 2 M li von HN, 4 M li *
8. R: 4 M r, * 2 M li, 1 M r verschr, 2 M li, 1 M r verschr, 2 M li, 4 M r *

Doppelter Zopf Ein sehr breites und auffälliges Muster
Anschl: teilbar durch 23 plus 5
1. und 5. R: * 5 M li, 18 M r *, 5 M li
2. und jede gerade R: * 5 M r, 18 M li *, 5 M r
3. R: * 5 M li, (3 M auf HN hinter Arbeit legen, 3 M r, 3 M r von HN) 3mal *, 5 M li
7. R: * 5 M li, 3 M r, (3 M auf HN vor Arbeit legen, 3 M r, 3 M r von HN) 2mal, 3 M r *, 5 M li

Verschränkte Rippen Ein großes, ziemlich auffälliges Muster
Anschl: teilbar durch 16 plus 2
1. und jede ungerade R (linke Seite): * (2 M r, 2 M li) 4mal *, 2 M r
2., 4., 6. und 8. R: * (2 M li, 2 M r) 4mal *, 2 M li
10. R: 2 M li, * 4 M auf HN vor Arbeit legen, 2 M r, 2 Linksm von HN auf linke Nadel heben und li abstr, 2 M r von HN, (2 M li, 2 M r) 2mal, 2 M li *
12., 14., 16. und 18. R: * (2 M li, 2 M r) 4mal *, 2 M li
20. R: * (2 M li, 2 M r) 2mal, 2 M li, 4 M auf HN hinter Arbeit legen, 2 M r, 2 Linksm von HN auf linke Nadel heben und li abstr, 2 M r von HN *, 2 M li

Zopf mit Ajourstreifen Für leichte oder mittelschwere Garne geeignet
Anschl: teilbar durch 6 plus 2
1. und jede ungerade R (linke Seite): 2 M r, * 2 M li zus.str, Umschl, 2 M li, 2 M r *
2., 4., 6., 8. und 10. R: 2 M li, * 1 M abh, 1 M r, überz, Umschl, 2 M r, 2 M li *
12. R: 2 M li, * 2 M auf HN vor Arbeit legen, 1 M abh, 1 M r, überz, Umschl, 2 M r von HN, 2 M li *

Wanderzopf Verlängerte Zopfrippen verlaufen nach rechts und nach links
Anschl: teilbar durch 8 plus 6
1. und jede ungerade R (linke Seite): * 2 M r, 2 M li *, 2 M r
2., 4. und 6. R: * 2 M li, 2 M r *, 2 M li
8. R: * 2 M li, 3 M auf HN vor Arbeit legen, 3 M r, 3 M r von HN *, 2 M li, 2 M r, 2 M li
10., 12. und 14. R: * 2 M li, 2 M r *, 2 M li
16. R: 2 M li, 2 M r, 2 M li, * 3 M auf HN hinter Arbeit legen, 3 M r, 3 M r von HN, 2 M li *

Wabenmuster Ein beliebtes Muster für irische Strickereien
Anschl: teilbar durch 8
1. R: * Z4h [2 M auf HN hinter Arbeit legen, 2 M r, 2 M r von HN], Z4v [2 M auf HN vor Arbeit legen, 2 M r, 2 M r von HN] *
2., 4., 6. und 8. R: li
3. und 7. R: r
5. R: * Z4v, Z4h *

Viereckmuster Ein Zopf mit ungerader Maschenzahl
Anschl: teilbar durch 6
1. und 3. R: * 2 M li, 2 M r, 2 M li *
2. und jede gerade R: Maschen so stricken, wie sie erscheinen
5. R: * 2 M auf HN hinter Arbeit legen, 1 M r, 2 M li von HN, 1 M auf HN vor Arbeit legen, 2 M li, 1 M r von HN *
7. und 9. R: * 1 M r, 4 M li, 1 M r *
11. R: * 1 M auf HN vor Arbeit legen, 2 M li, 1 M r von HN, 2 M auf HN hinter Arbeit legen, 1 M r, 2 M li von HN *

Kettenzopf Ein großes, kräftiges Muster
Anschl: teilbar durch 18 plus 6
1., 3., 5. und 7. R (linke Seite): * (6 M r, 3 M li) 2mal *, 6 M r
2., 4. und 6. R: * (6 M li, 3 M r) 2mal *, 6 M li
8. R: * 6 M li, 3 M auf HN vor Arbeit legen, 3 M li, 3 M r von HN, 3 M auf HN hinter Arbeit legen, 3 M r, 3 M li von HN *, 6 M li
9., 11., 13. und 15. R: * 9 M r, 6 M li, 3 M r *, 6 M r
10., 12. und 14. R: 6 M li, * 3 M li, 6 M r, 9 M li *
16. R: * 6 M li, 3 M auf HN hinter Arbeit legen, 3 M r, 3 M li von HN, 3 M auf HN vor Arbeit legen, 3 M li, 3 M r von HN *, 6 M li

Schlingenflor, gehäkelt 300
Abheben 428

Phantasiemuster

Margeritenmuster Verlängerte Maschen bilden die Blütenblätter
Anschl: teilbar durch 10 plus 8
1., 3. und 5. R: r; **2., 4. und 6. R**: li
7. R: 2 M r, Margerite [in die M 3 R unterhalb der zweiten M auf der linken Nadel stechen, Schlinge hochziehen, 2 M r, zweite Schlinge durch dieselbe M ziehen, 2 M r, dritte Schlinge durch dieselbe M ziehen], * 6 M r, Margerite *, 2 M r
8. R: 2 M li, * (2 M li zus.str, 1 M li) 2mal, 2 M li zus.str, 5 M li *, (2 M li zus.str, 1 M li) 2mal, 2 M li zus.str, 1 M li
9., 11., 13. R: r; **10., 12., 14. R**: li
15. R: 7 M r, * Margerite, 6 M r *, 1 M r
16. R: 2 M li, * 5 M li, (2 M li zus.str, 1 M li) 2mal, 2 M li zus.str *, 6 M li

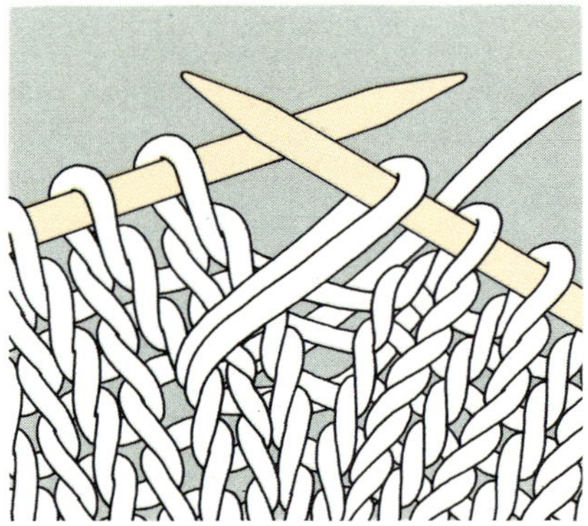

Die erste Schlinge durchziehen

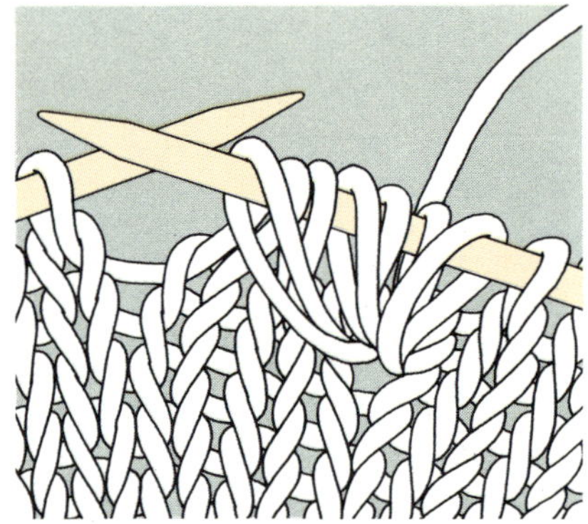

3 Schlingen durch dieselbe Masche gezogen

Schleifchenmuster Fäden werden über die glatt rechts gestrickte Vorderseite locker gelegt und zu einer Schleife gebündelt
Anschl: teilbar durch 10 plus 7
1. und 3. R (linke Seite): li
2., 4., 6. und 8. R: r
5., 7. und 9. R: 6 M li, * Fh, 5 M abh, Fv, 5 M li *, 1 M li
10. R: 8 M r, * Fäden bündeln [mit der rechten Nadel die 3 Fäden aufnehmen, 1 M r, dabei die Fäden mit abstr], 9 M r *, Fäden bündeln, 8 M r
11. und 13. R: li
12., 14., 16. und 18. R: r
15., 17. und 19. R: 1 M li, * Fh, 5 M abh, Fv, 5 M li *, Fh, 5 M abh, 1 M li
20. R: 3 M r, * Fäden bündeln, 9 M r *, Fäden bündeln, 3 M r

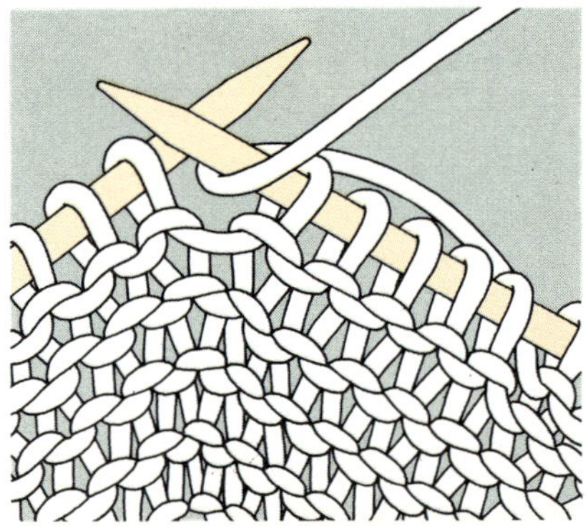

Faden hinter abgehobenen Maschen führen

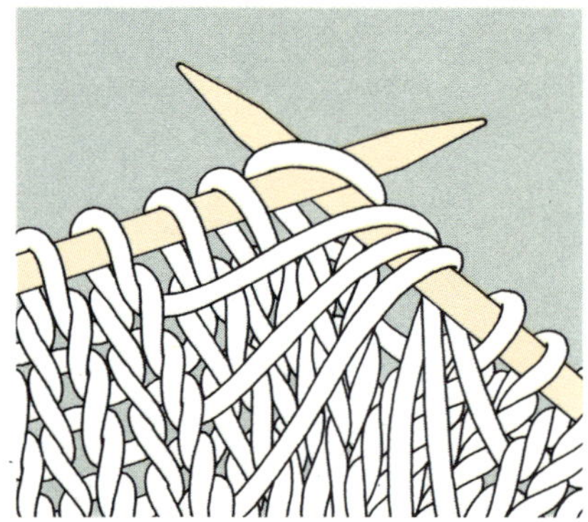

Fäden als Bündel mit der Masche abstricken

Schlingenflor Für Teppiche, Kissenbezüge oder Verzierungen geeignet. Hier sollte man die rechtshändige Strickmethode verwenden, da sie eine festere Struktur ergibt. Für kürzere oder längere Schlingen wickelt man den Faden über einen oder 3 Finger. Schlingenflor kann man auch häkeln
Anschl: teilbar durch 2 plus 1
1. und 3. R: r
2. R: 1 M r, * 1 Schlinge [in nächste M stechen, Faden um die Nadelspitze schlagen, über 2 Finger der linken Hand, dann wieder um die Nadelspitze; beide Schlingen durchziehen, auf die linke Nadel nehmen und r verschr zus.str], 1 M r *
4. R: 2 M r, * 1 Schlinge, 1 M r *, 1 M r

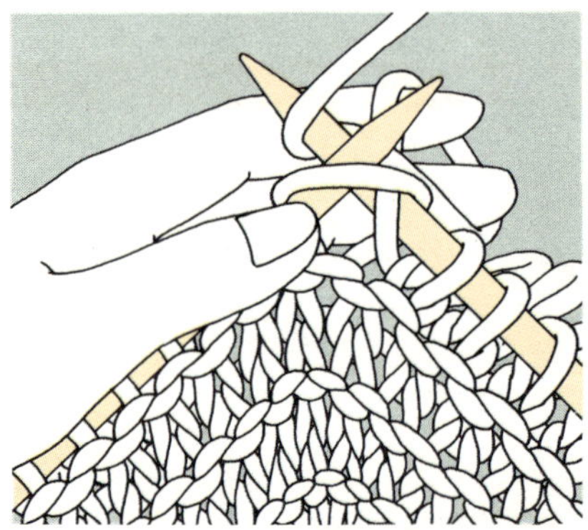

Faden um 2 Finger der linken Hand legen

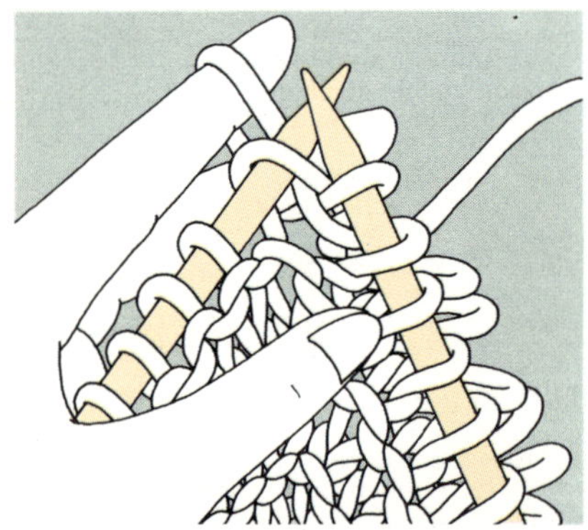

Beide Schlingen durch die Masche ziehen

Smokmuster

Gesmoktes Rippenmuster I Um das Muster zu arbeiten, braucht man eine Hilfs- oder Zopfmusternadel
Anschl: teilbar durch 8 plus 10
1. und jede ungerade R (linke Seite): * 2 M r, 2 M li *, 2 M r
2. und 4. R: * 2 M li, 2 M r *, 2 M li
6. R: * 2 M li, 6 M smoken [6 M auf HN vor Arbeit legen, Faden 2mal um die 6 M wickeln, dann von HN 2 M r, 2 M li, 2 M r] *, 2 M li, 6 M smoken, 2 M li
8. und 10. R: * 2 M li, 2 M r *, 2 M li
12. R: 2 M li, 2 Rechtsm smoken, 2 M li, * 6 M smoken, 2 M li *, 2 Rechtsm smoken, 2 M li

Faden um Maschen auf Hilfsnadel wickeln

Maschen von der Hilfsnadel abstricken

Gesmoktes Rippenmuster II Hier werden die Rippen zusammengenäht. Das Gestrick muß doppelt so breit wie das gewünschte Fertigmaß sein
Anschl: teilbar durch 4 plus 1
1. R: * 1 M r, 3 M li *, 1 M r
2. R: * 1 M li, 3 M r *, 1 M li
Faden in eine Sticknadel ohne Spitze fädeln. Oben rechts beginnen und 2 Rippen zusammennähen. Auf Rückseite durchstechen und 3 Reihen weiter unten neben dritter Rippe ausstechen; zweite und dritte Rippe zusammennähen. Auf Rückseite durchstechen, in oberer Reihe ausstechen und dritte und vierte Rippe verbinden. Die restlichen Rippenpaare zusammennähen, dabei die Paare reihenweise versetzen

Das fertiggestrickte Rippenmuster

Die Rippenpaare versetzt zusammennähen

Smokarbeit auf glatt rechts Auch andere Smokstiche sind geeignet
Anschl: teilbar durch 4, 5 oder 6, je nach Abstand zwischen den Smokstichen.
Das Gestrick doppelt so breit wie das gewünschte Fertigmaß arbeiten. Starken Faden in eine Sticknadel ohne Spitze fädeln. Oben rechts beginnen und parallele Heftlinien anbringen, dabei in jeder Reihe dieselbe Masche fassen. Markierungen in Abständen von 4 bis 6 Maschen und Reihen anbringen (je feiner das Gestrick, desto größer die Abstände). Faden anziehen, um Gestrick auf gewünschte Breite zu bringen, und Enden sichern. Smokstiche über die erhöhten Maschen arbeiten

Fadenmarkierung anbringen

Die Smokstiche arbeiten

Noppenmuster

Popcorn Man strickt mehrmals in dieselbe Masche und zieht die erste Schlinge über alle anderen. Die Knotengröße hängt davon ab, wie oft man in die Masche strickt. Zahl und Abstand der Knoten im Muster sind beliebig. Die Masche nach dem Popcorn sehr fest stricken
Anschl: teilbar durch 6 plus 3
1. und 5. R: r
2., 4., 6. und 8. R: li
3. R: 1 M r, * 1 Popcorn [1 M r li r li, 2., 3. und 4. Schlinge, von der Nadelspitze aus gezählt, über die erste ziehen), 5 M r *, 1 Popcorn, 1 M r
7. R: 4 M r, * 1 Popcorn, 5 M r *, 1 Popcorn, 4 M r

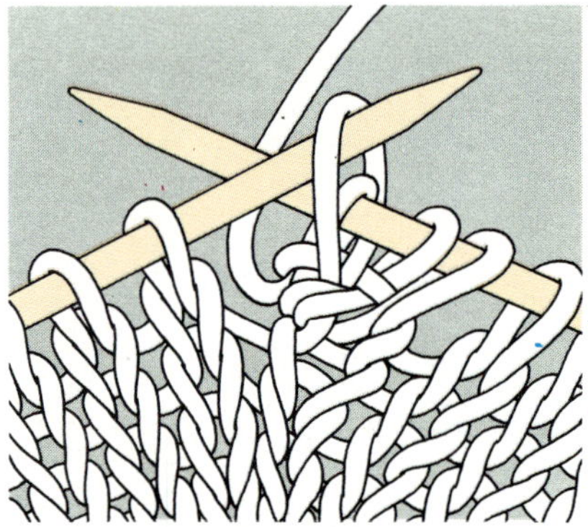

Zweite Masche über erste ziehen

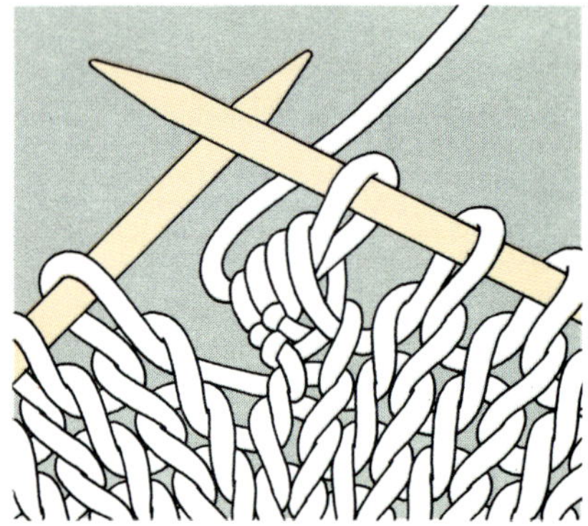

Alle 3 Maschen über erste gezogen

Noppe Für diese große Noppe werden aus einer Masche mehrere gebildet, mit denen man einige Reihen strickt. Dann werden die zusätzlichen Maschen wie oben über die letzte gezogen. Die Noppen können in der Größe variieren, sie sind jedoch immer auffällig und sollten sparsam verwendet werden
Anschl: beliebig
Die Noppen auf glatt rechts oder einem anderen Hintergrund wie folgt arbeiten: An der für die Noppe vorgesehenen Stelle 1 M r li r li, (wenden, 4 M li, wenden, 4 M r) 2mal, 2., 3. und 4. M, von der Nadelspitze aus gezählt, über die erste ziehen

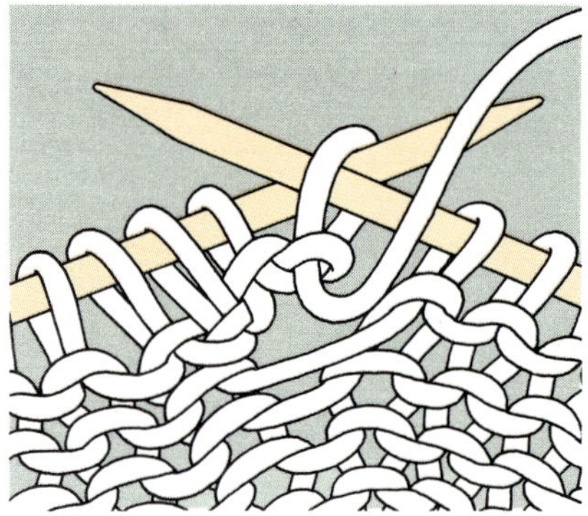

Neue Maschen links abstricken

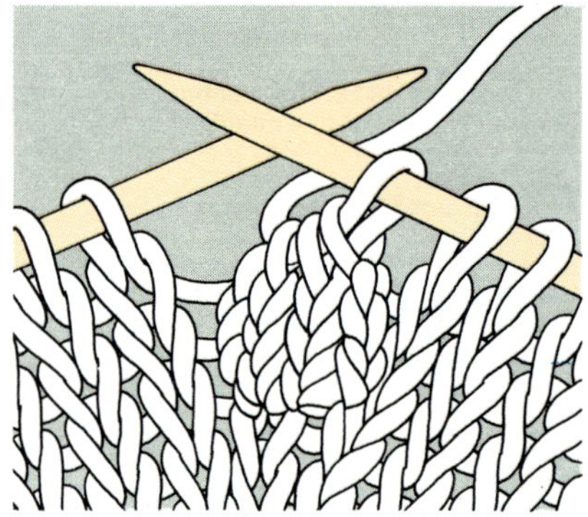

Die fertige Noppe

Brombeermuster Aus einer Masche werden 3 gebildet, dann strickt man die nächsten 3 Maschen zusammen. Diese Noppen werden häufig bei irischen Mustern verwendet. Nach der zweiten Reihe hat man 2 Maschen weniger als zu Beginn, nach der vierten ist die anfängliche Maschenzahl wiederhergestellt
Anschl: teilbar durch 4 plus 3
1. und 3. R: li
2. R: * 3 M li zus.str, 1 M r li r *, 3 M li zus.str
4. R: * 1 M r li r, 3 M li zus.str *, 1 M r li r

Haselnußmuster Ein flacher, breiter Knoten. Man nimmt 2 Maschen zu, strickt 2 Reihen und nimmt in der vierten Reihe entsprechend ab
Anschl: teilbar durch 4
1. R: * 3 M li, (r, Umschl, r) in nächste M *
2. und 3. R: * 3 M li, 3 M r *
4. R: * 3 M li zus.str, 3 M r *
5. und 11. R: li
6. und 12. R: r
7. R: * 1 M li, (r, Umschl, r) in nächste M, 2 M li *
8. R: 2 M r, * 3 M li, 3 M r *, 3 M li, 1 M r
9. R: 1 M li, * 3 M r, 3 M li *, 3 M r, 2 M li
10. R: 2 M r, * 3 M li zus.str, 3 M r *, 3 M li zus.str, 1 M r

Irischer Pullover

Perlmuster 420
Verkreuzte Maschen 435
Zopfmuster 450–451

Bei der irischen Strickart, die ihren Ursprung auf den Araninseln an der Westküste Irlands hat, verwendet man traditionsgemäß naturfarbene Wolle. Zopfmuster gehören immer dazu. Beliebt sind auch Noppen, Muster mit überzogenen Maschen und das Perlmuster. Beim typisch irischen Pullover sind die Muster in Längsstreifen angeordnet. Meist wird ein breiter Mittelstreifen rechts und links von schmaleren Streifen eingerahmt. Man verwendet drei bis vier verschiedene Motive, alle auf einem glatt rechts oder glatt links gestrickten Grund und häufig durch zwei verkreuzte Maschen oder eine abgehobene Masche getrennt. An den Ärmeln wiederholen sich zwei bis drei dieser Motive.

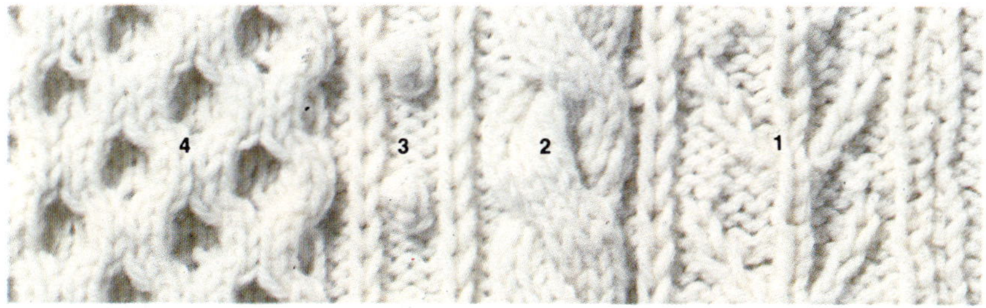

Motive (von rechts nach links): 1. Lebensbaum; 2. Zopfmuster; 3. Noppen; 4. Wabenmuster

Strickanleitung

In der nachfolgenden Anleitung wird angegeben, wie die verschiedenen Motive im oben abgebildeten Pullover angeordnet werden. Jedes Motiv kann jedoch auch für sich als Einzelstreifen auf neutralem Grund verwendet werden.

Größen: 36, 38, 40 und 42
Material: 600 (750/750/850) g Strickwolle in Naturweiß, je ein Paar Stricknadeln Nr. 5 und Nr. 6, ein Spiel Strumpfstricknadeln Nr. 5, eine Hilfsnadel
Maschenprobe: 24 M und 24 R = 10 cm

---

1. Motiv: Lebensbaum
Anschl: teilbar durch 11
1. R: 5 M li, 1 M r, 5 M li
2. R: 5 M r, 1 M li, 5 M r
3. R: 3 M li, Z2h [1 M auf HN hinter Arbeit legen, 1 M r, 1 M li von HN], 1 M r, Z2v [1 M auf HN vor Arbeit legen, 1 M li, 1 M r von HN], 3 M li
4. R: 3 M r, Fv, 1 M abh, Fh, 1 M r, 1 M li, 1 M r, Fv, 1 M abh, Fh, 3 M r
5. R: 2 M li, Z2h, 1 M li, 1 M r, 1 M li, Z2v, 2 M li
6. R: 2 M r, Fv, 1 M abh, Fh, 2 M r, 1 M li, 2 M r, Fv, 1 M abh, Fh, 2 M r
7. R: 1 M li, Z2h, 2 M li, 1 M r, 2 M li, Z2v, 1 M li
8. R: 1 M r, Fv, 1 M abh, Fh, 3 M r, 1 M li, 3 M r, Fv, 1 M abh, Fh, 1 M r

---

2. Motiv: Zopfmuster
Anschl: teilbar durch 14
1. R: Fh, 1 M abh, Fv, 2 M li, 4 M auf HN vor Arbeit legen, 4 M r, 4 M r von HN, 2 M li, Fh, 1 M abh
2., 4., 6. und 8. R: 1 M li, 2 M r, 8 M li, 2 M r, 1 M li
3., 5. und 7. R: Fh, 1 M abh, Fv, 2 M li, 8 M r, 2 M li, Fh, 1 M abh

---

3. Motiv: Noppen
Anschl: teilbar durch 3
1. R: 1 M li, 1 M r li r li r und zweite, dritte, vierte und fünfte M, von der Nadelspitze her gezählt, über die erste ziehen, 1 M li
2., 4., 6. und 8. R: r
3., 5. und 7. R: li

---

4. Motiv: Wabenmuster
Anschl: teilbar durch 38
1. R: Fh, 1 M abh, Fv, 2 M li, * Z4h [2 M auf HN hinter Arbeit legen, 2 M r, 2 M r von HN], Z4v [2 M auf HN vor Arbeit legen, 2 M r, 2 M r von HN], ab * 3mal wdh, 2 M li, Fh, 1 M abh
2., 4., 6. und 8. R: 1 M li, 2 M r, 32 M li, 2 M r, 1 M li
3. und 7. R: Fh, 1 M abh, Fv, 2 M li, 32 M r, li, Fh, 1 M abh
5. R: Fh, 1 M abh, Fv, 2 M li, * Z4v, Z4h, ab * 3mal wdh, 2 M li, Fh, 1 M abh

---

RÜCKEN: Mit Nadeln Nr. 5 98 [104/110/116] M plus 2 RM anschl und 8 cm im Rippenmuster (1 M r, 1 M li) str, dann 1 R li. Weiter mit Nadeln Nr. 6
1. R: 2 [5/8/11] M r, 94 M in den Mustern 1, 2, 3, 4, 3, 2 und 1, 2 [5/8/11] M r
2. R: 2 [5/8/11] M li, 94 M in den Mustern 1, 2, 3, 4, 3, 2 und 1, 2 [5/8/11] M li
Im Muster weiterstr, bis 40 [42/43/43] cm Höhe
Raglan: Am Anfang der nächsten 2 Reihen 5 [6/7/8] M abk
Nächste R: 2 M r, 2 M r verschr zus.str, im Muster weiterstr, 2 M r zus.str, 2 M r
Folgende R: 3 M li, im Muster weiterstr, 3 M li. Diese 2 Reihen 19 [21/23/25]mal wdh
Nächste R: 2 M r, 3 M r verschr zus.str, im Muster weiterstr, 3 M r zus.str, 2 M r. In jeder zweiten R noch 2mal so abn. Restliche 36 M auf Maschenraffer nehmen. Raglantiefe mißt 19 [20/23/24] cm

VORDERTEIL: Wie Rücken arbeiten, bis 62 [64/66/68] M übrig sind. Mit Links schließen
Halsausschnitt: 2 M r, 2 M r verschr zus.str, 17 [18/19/20] M im Muster, wenden. 2 M abk, R zu Ende str. Am Halsausschnitt in jeder zweiten R 4mal 1 M abn; gleichzeitig an der Raglankante in jeder zweiten R 6 [7/8/9]mal 1 M abn. Mit einer Linksreihe schließen; wenden. 2 M r, 2 M r verschr zus.str, R zu Ende str. In jeder zweiten R noch 2mal so abn. Restliche 2 M abk. Die mittleren 20 M auf Maschenraffer nehmen. Linke Seite gegengleich arbeiten

ÄRMEL: Mit Nadeln Nr. 5 44 [46/48/50] M plus 2 RM anschl und 8 cm in Rippenmuster str, dann auf der Rückseite 1 R li, dabei in regelmäßigen Abständen 4 [6/8/8] M zun = 48 [52/56/58] M. Weiter mit Nadeln Nr. 6
1. R: 1 [3/1/2] M r, 2 M li, Z8 wie in Motiv 2, 2 M li, Fh, 1 M abh, Fv, 2 M li, Z16 [16/24/24] wie in Motiv 4, 2 M li, Fh, 1 M abh, Fv, 2 M li, Z8, 2 M li 1 [3/1/2] M r. Im Muster weiterstr, bis Arbeit 44 [45/45/46] cm mißt; dabei in jeder neunten R beidseitig 1 M zun = 62 [68/74/80] M. Mit einer Linksreihe schließen
Raglan: 5 [6/7/8] M am Anfang der nächsten 2 R abk
Nächste R: 2 M r, 2 M r verschr zus.str, im Muster weiterstr, 2 M r zus.str, 2 M r. In jeder zweiten R noch 21 [23/25/27]mal so abn. Restliche 8 M auf Maschenraffer nehmen

HALSBLENDE: Raglannähte schließen. Mit rechter Seite nach außen und mit Strumpfstricknadeln die 36 M vom Rückenteil aufnehmen, dabei in regelmäßigen Abständen 6 [6/4/4] M abn = 30 [30/32/32] M. Vom linken Ärmel 8 M aufn, dabei beidseitig 1 M abn = 6 M. Am Halsausschnitt 11 [12/13/14] M aufn, dann die 20 M in der Mitte, 11 [12/13/14] M an der anderen Seite des Halsausschnitts und 8 M vom rechten Ärmel, dabei beidseitig 1 M abn. Mit diesen 84 [86/90/92] M 6 cm im Rippenmuster str; abk

FERTIGSTELLUNG: Seiten- und Ärmelnähte schließen. Halsblende zur Hälfte nach innen schlagen und festnähen

Stricken · Mehrfarbiges Stricken

Randmaschen 424 Neuen Faden beginnen 425
Zunehmen durch Aufstricken 430 Maschenstich 488

Einführung

Mehrfarbige Muster werden nach verschiedenen Methoden gearbeitet, je nach Musterart und Verwendungszweck der jeweiligen Arbeit.

Bei Quer- und Zickzackstreifen und bestimmten ganzflächigen Mustern (unten einige Beispiele) wird die Farbe am Reihenende gewechselt. Setzt man eine Farbe nach zwei oder vier Reihen wieder ein, kann der Faden an der Seite locker weitergeführt werden, andernfalls wird er abgeschnitten und mit der neuen Farbe verbunden; dabei muß das Fadenende so lang sein, daß es bei der Fertigstellung vernäht werden kann.

Bei breiten senkrechten Streifen, Einzelmotiven oder einem Karomuster muß die Farbe innerhalb der Reihe gewechselt werden. Solche Muster werden gewöhnlich glatt rechts gestrickt; der Wechsel findet auf der linken Seite der Arbeit statt. Die eine Farbe wird liegengelassen und die nächste aufgenommen; damit keine Gasse entsteht, werden die Fäden miteinander verschlungen.

Wechseln zwei Farben häufig miteinander ab, wird der ruhende Faden entweder auf der Rückseite mitgeführt (S. 458) oder eingeflochten (S. 460). So kann man rasch und gleichmäßig stricken, besonders wenn, wie empfohlen, beidhändig gestrickt wird. Der Garnverbrauch ist zwar höher, aber das Gestrick wird dicker und wärmer. Diese Techniken werden besonders bei Norweger- und Jacquardmustern angewendet.

Mehrfarbige Effekte können auch auf glatt rechts Gestricktem mit dem Maschenstich erzielt werden. Die so gestickten Muster sind etwas erhaben; dazu siehe Seite 488.

Farbwechsel am Ende einer Reihe

Querstreifen Bunte Querstreifen in glatt rechts. In jeder Farbe können beliebig viele Reihen gearbeitet werden, meist jedoch mindestens 2. Hier 10 Reihen in Dunkelgrün, 2 Reihen in Rostrot und 4 Reihen in Hellgrün. Die Farben werden am Reihenende gewechselt, die nicht verwendeten Fäden locker an der Seite weitergeführt und bei größeren Abständen regelmäßig in die Randmasche eingeflochten

Zickzackstreifen Die Reihenzahl ist beliebig. Hier 4 Reihen in Rostrot zwischen je 8 Reihen in Grün. Die Anschlagkante bildet einen Bogenrand
Anschl: teilbar durch 14
1. R: * 1 M r, 1 M r verschr aufstr, 5 M r, 1 M abh, 2 M r zus.str, überz, 5 M r, 1 M r verschr aufstr *
2. R: * 13 M li, 1 M li abh *

Sandmuster Ein senkrechter Streifeneffekt, der Farbwechsel findet jedoch am Reihenende statt
Anschl: teilbar durch 2 plus 1
1. R: hell; r
2. R: hell; li
3. R: dunkel; 1 M r, * 1 M li abh, 1 M r *
4. R: dunkel; * 1 M r, Fv, 1 M li abh, Fh *, 1 M r

Sternchenmuster Das Muster wirkt fast wie gehäkelt. Man strickt dreimal in eine Gruppe von 3 Maschen. Mit lockerer Fadenspannung arbeiten
Anschl: teilbar durch 4 plus 3
1. R: hell; li
2. R: hell; * 1 Sternchen [3 M r li r zus.str], 1 M r *, 1 Sternchen
3. R: dunkel; li
4. R: dunkel; 2 M r, * 1 Sternchen, 1 M r *, 1 M r

Webmuster Abgehobene und gestrickte Maschen sehen wie miteinander verwoben aus. Man braucht Nadeln, die an beiden Enden spitz sind, um 2 Reihen von derselben Seite zu stricken, bevor man die Arbeit wendet
Anschl: teilbar durch 2
1. R (Vorders): dunkel; li, am Reihenende nicht wenden
2. R (Vorders): hell; * 1 M li, 1 M li abh *
3. R (Rücks): dunkel; r, am Reihenende nicht wenden
4. R (Rücks): hell; * 1 M r, 1 M li abh *

Leitermuster Ein einfaches Muster, das sehr apart wirkt
Anschl: teilbar durch 6 plus 5
1. R: hell; 2 M r, * 1 M li abh, 5 M r *, 1 M li abh, 2 M r
2. R: hell; 2 M li, 1 M li abh, * 5 M li, 1 M li abh *, 2 M li
3. R: dunkel; * 5 M r, 1 M li abh *, 5 M r
4. R: dunkel; * 5 M r, Fv, 1 M li abh, Fh *, 5 M r

Fäden beim Farbwechsel verschlingen

Breite, senkrechte Streifen Für große Farbbereiche, bei denen der Farbwechsel mitten in der Reihe stattfindet, arbeitet man mit einem Garnknäuel je Farbe; den Arbeitsfaden läßt man fallen und nimmt den nächsten so auf, daß sich beide überkreuzen. Dies verhindert, daß eine Gasse zwischen den Farbbereichen entsteht. Rechts das Verschlingen in einer Rechtsreihe, ganz rechts in einer Linksreihe

Einzelmotive Ein- oder mehrfarbige Motive auf einem glatten Hintergrund werden wie breite Streifen gearbeitet (oben). Man benötigt je Farbe einen Knäuel; bei jedem Farbwechsel werden die Fäden miteinander verschlungen. Zum Schluß schneidet man die Fäden der einzelnen Farben so ab, daß die Enden später auf der Rückseite vernäht werden können. Das Motiv kann auch mit Maschenstichen aufgestickt werden (S. 488)

Rhombenmuster Dieses und ähnliche mehrfarbige Muster arbeiten sich leichter, wenn man die einzelnen Farben auf Kärtchen aus festem Karton wickelt (ganz rechts). Wie bei Streifen und Einzelmotiven werden die Fäden bei jedem Farbwechsel miteinander verschlungen. Anleitungen für mehrfarbige Muster sind gewöhnlich in Form von Strickschriften (Zählmustern) angegeben. Wie man nach einer solchen Vorlage arbeitet, wird im Kasten ganz rechts beschrieben

Strickschriften

Anleitungen für Muster in 2 oder mehr Farben werden häufig als Strickschrift oder Zählmuster angegeben.

Strickschriften oder Zählmuster bestehen aus Rastern, bei denen jedes Kästchen eine Masche und jede waagrechte Zeile eine Reihe darstellt. Leere Kästchen bedeuten meist die Grundfarbe, ausgefüllte die Kontrastfarbe(n). Hat ein Muster mehr als 2 Kontrastfarben, werden diese durch Symbole (Typen) gekennzeichnet, die in einem Schlüssel erklärt werden (siehe unten).

Nach solchen Vorlagen zu arbeiten ist einfach. Man beginnt unten und liest von rechts nach links für eine Rechtsreihe, von links nach rechts für eine Linksreihe. Ein Lineal, unter die Reihe gelegt, an der man gerade arbeitet, erleichtert das Lesen.

Noch anschaulicher ist eine Vorlage, die in den entsprechenden Garnfarben koloriert ist; so kann man sich auch vor Arbeitsbeginn eine Vorstellung von der fertigen Arbeit machen.

Zählmuster für mehrfarbige Strickmuster ähneln den Vorlagen für Kreuzstich- und Straminstickereien. Wenn man den obigen Hinweisen folgt, kann man manche Stickereivorlagen zum Stricken verwenden. Der Erfolg hängt davon ab, wie gut sich die Proportionen des Musters der Stricktechnik anpassen. Anhand eines Probestücks stellt man dies fest.

Farbenschlüssel

△ = rostrot ● = dunkelgrün

Rapport

△		△	△							●	●	●	●	●	△
△	△	△									●	●	●	●	
△	△	△								●	●	●	●		
△		△	△						●	●	●	●	●	●	△
			△	△				●	●	●	●			●	●
●				△	△		●	●	●	●			△	△	●
●	●				△	△	●	●	●			△	△		
	●	●			●	△	△	●			△	△			
		●	●	●	●	●	△	△		△	△				
			●	●	●	●		△	△	△					
		●	●	●	●			△	△	△					
	●	●	●	●	●	●	△	△		△	△				
●	●	●	●			●	●				△	△			
●	●	●			△	△	●	●				△	△		●
●	●			△	△			●	●				△	△	●
●			△	△					●	●			●	△	△
△		△	△							●	●	●	●	●	△
△	△	△									●	●	●	●	
△	△	△								●	●	●	●		
△		△	△						●	●	●	●	●	●	△

Mustersatz

Rechte Maschen rechtshändig 416
Linke Maschen rechtshändig 418
Rechte Maschen linkshändig 417
Linke Maschen linkshändig 419

Fäden mitführen

Wechseln sich zwei Farben in derselben Reihe in kurzen Abständen ab, wird der Faden, der jeweils nicht in Gebrauch ist, auf der Rückseite (linke Seite) mitgeführt. Dabei entsteht ein dickes Gestrick.

Die beste Methode ist, wie unten gezeigt, die eine Farbe mit der rechten Hand, die andere mit der linken Hand zu stricken. Man kann auch mit einer Hand arbeiten; das Stricktempo ist jedoch langsamer und die Fadenspannung weniger gleichmäßig. Bei beiden Methoden muß der ruhende Faden locker mitgeführt werden, sonst zieht sich das Gestrick zusammen.

Diese Technik eignet sich für Farbwechsel in Abständen von einer bis fünf Maschen. Bei breiteren Mustern empfiehlt es sich, die Fäden zu verschlingen oder die mitgeführten Fäden einzuweben.

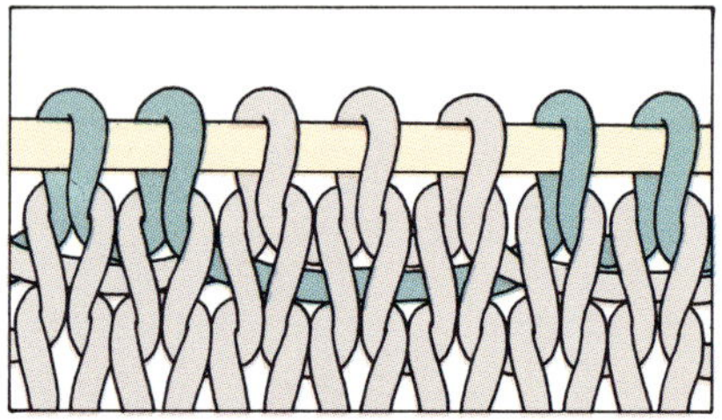

Fäden auf der linken Seite locker mitführen

Rückseite mit mitgeführten Fäden

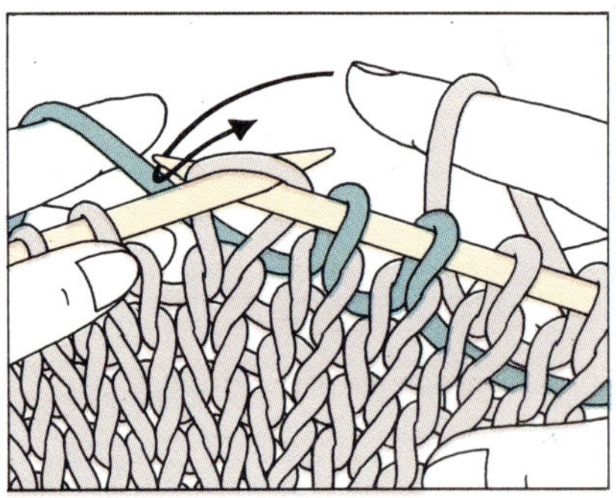

Rechte M Arbeitsf rechts, ruhender F links

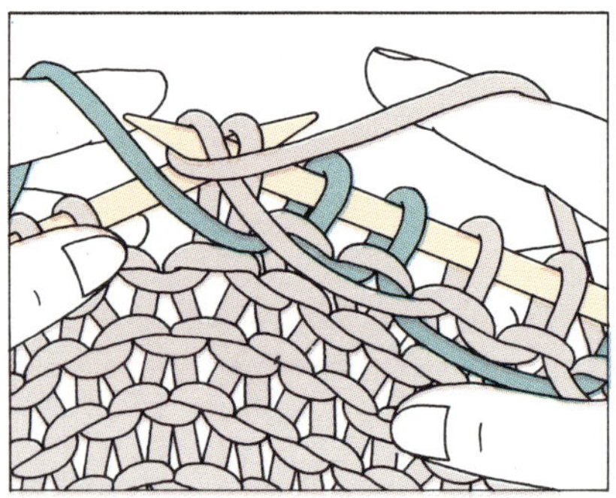

Linke M Arbeitsf rechts, ruhender F links

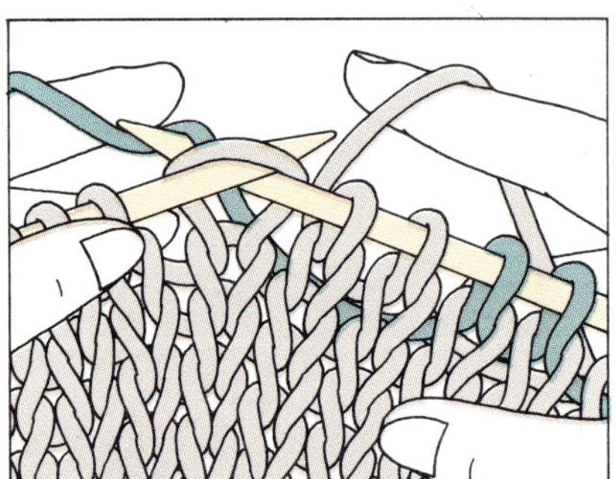

Rechte M Arbeitsf links, ruhender F rechts

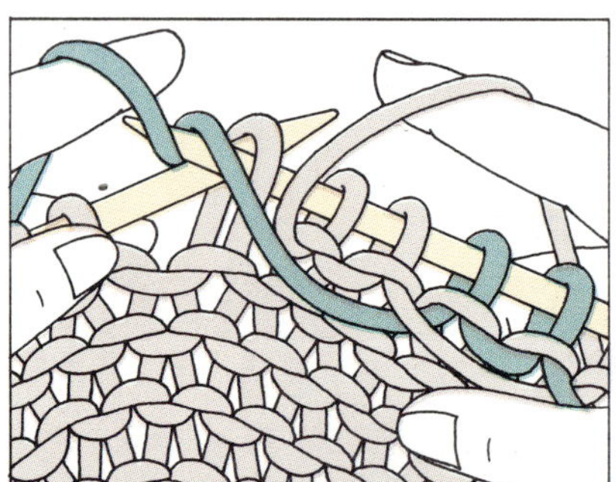

Linke M Arbeitsf links, ruhender F rechts

Zweifarbige Muster / Fäden mitgeführt

Gestreiftes Rippenmuster Um die Dehnfähigkeit des klassischen Rippenmusters zu erhalten, müssen die Fäden auf der Rückseite sehr locker mitgeführt werden
Anschl: teilbar durch 4
1. R: * 2 M li hell, 2 M r dunkel *
2. R: * 2 M li dunkel, 2 M r hell *

Schachbrettmuster Die Farben wechseln alle 2 Maschen und alle 2 Reihen. Für größere Karos können die Farben jeweils alle 3, 4 oder 5 Maschen und Reihen wechseln
Anschl: teilbar durch 4 plus 2
1. R: r; 2 hell, * 2 dunkel, 2 hell *
2. R: li; 2 hell, * 2 dunkel, 2 hell *
3. R: r; 2 dunkel, * 2 hell, 2 dunkel *
4. R: li; 2 dunkel, * 2 hell, 2 dunkel *

Hahnentritt Ein traditionelles, leicht auszuführendes Muster
Anschl: teilbar durch 4
1. R: r; 2 hell, * 1 dunkel, 3 hell *, 1 dunkel, 1 hell
2. R: li; * 1 hell, 3 dunkel *
3. R: r; * 1 hell, 3 dunkel *
4. R: li; 2 hell, * 1 dunkel, 3 hell *, 1 dunkel, 1 hell

Fleur-de-lis Kleines Lilienmuster, für einen Hut oder ein kleines Kleidungsstück geeignet
Anschl: teilbar durch 6 plus 3
1. und 3. R: r; 3 dunkel, * 1 hell, 5 dunkel *
2. R: li; 1 hell, * 3 dunkel, 3 hell *, 2 dunkel
4. und 6. R: li; 2 dunkel, * 1 hell, 5 dunkel *, 1 hell
5. R: r; 2 hell, * 3 dunkel, 3 hell *, 1 dunkel

Jaquardmuster / Fäden mitgeführt

Abstrakte Rauten Dieses lebhafte, auffällige Muster sieht in zarten wie in kräftigen Farben gleich gut aus

Blumenborte Ein traditionelles Norwegermuster, häufig an der Unterkante eines einfarbigen Pullovers verwendet

Geometrische Borte Ein attraktives Muster aus Dreiecken und Rauten, für Damen- und Herrenbekleidung geeignet

Stricken · Mehrfarbiges Stricken

Rundstricken 438

Fäden einweben

Beim Farbwechsel in Abständen von mehr als fünf Maschen werden die ruhenden Fäden eingewebt, d.h., sie werden nicht nur mitgeführt, sondern auch abwechselnd einmal über und einmal unter jede Masche gelegt. Es entsteht ein dickes, auf beiden Seiten robustes Gestrick. (Im Gegensatz zu den nur mitgeführten Fäden können sich die eingewebten nicht verfangen.) Einweben empfiehlt sich bei schwerer Oberbekleidung oder bei einer Decke.

Auch diese Methode ist beidhändig leichter zu arbeiten, und sobald man einen Rhythmus gefunden hat, geht die Arbeit zügig voran. Hat ein Muster lange und kurze Farbabstände (wie das Mäandermuster gegenüber), kann man die längeren Fäden einweben, die kürzeren mitführen.

Einweben ist eine Norwegertechnik, bei der traditionell rundgestrickt wird. So muß nur das Einweben bei rechten Maschen erlernt werden, da die rechte Seite des Strickteils stets außen ist.

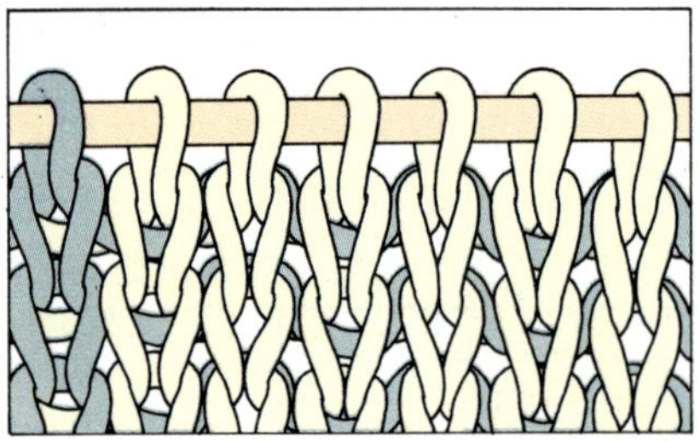

Eingewebte Fäden, Vorderseite

Eingewebte Fäden, Rückseite

Einweben bei rechten Maschen

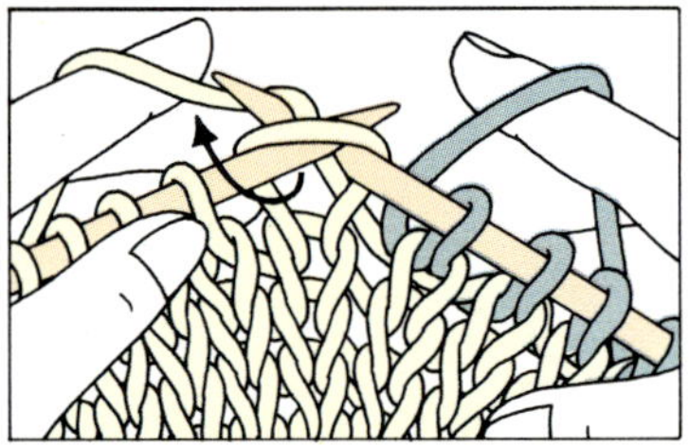

Um den rechten Faden über einer rechten Masche einzuweben, diesen mit dem rechten Zeigefinger von der Arbeit weghalten und mit dem linken Faden stricken

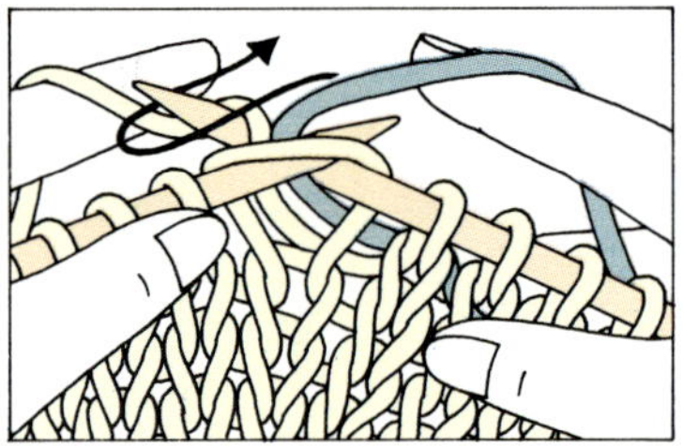

Um den rechten Faden unter einer rechten Masche einzuweben, sind 2 Schritte nötig:
1. den rechten Faden, dann den linken Faden jeweils wie für eine Rechtsmasche um die Nadel schlagen

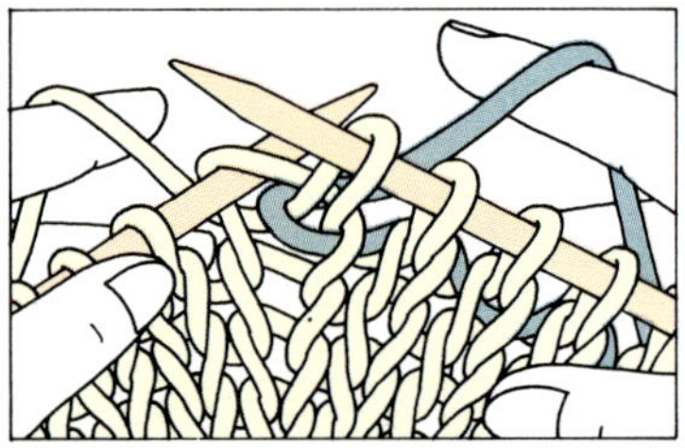

2. Den rechten Faden in die Ausgangsposition bringen, d.h. unter die rechte Nadel und um den linken Faden zurückholen; gleichzeitig den linken Faden durch die Schlinge ziehen und die Masche abstricken

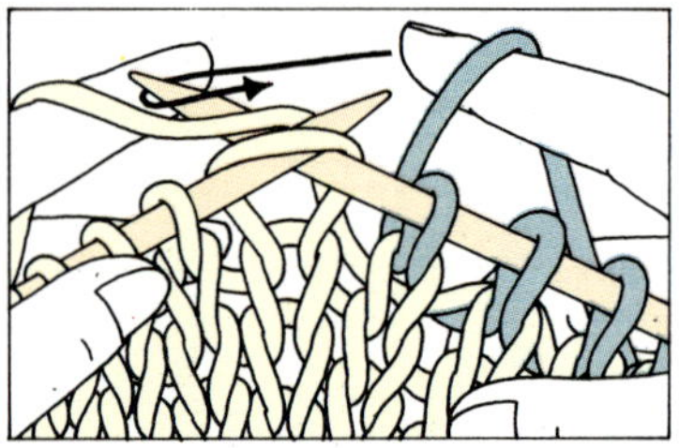

Um den linken Faden über einer rechten Masche einzuweben, diesen, wie gezeigt, von hinten über die rechte Nadel legen, dann mit dem rechten Faden die rechte Masche stricken

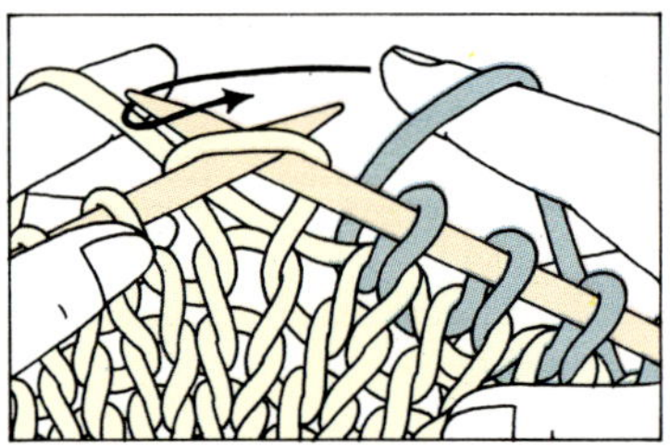

Um den linken Faden unter einer rechten Masche einzuweben, diesen mit dem linken Zeigefinger von der Arbeit weghalten, dann mit dem rechten Faden die rechte Masche stricken

Einweben bei linken Maschen

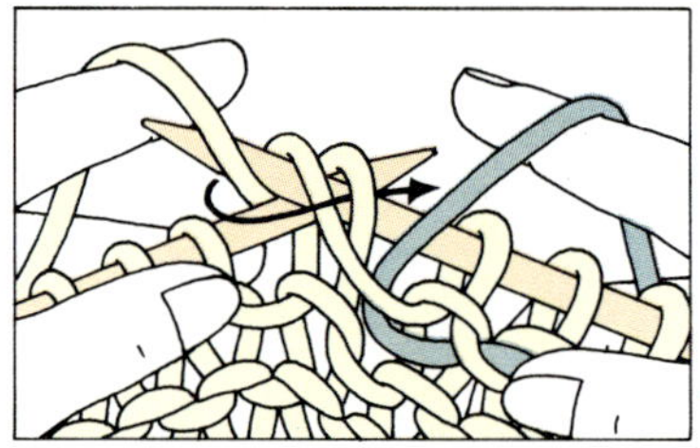

Um den rechten Faden über einer linken Masche einzuweben, diesen mit dem rechten Zeigefinger hochziehen; dann mit dem linken Faden die Linksmasche stricken

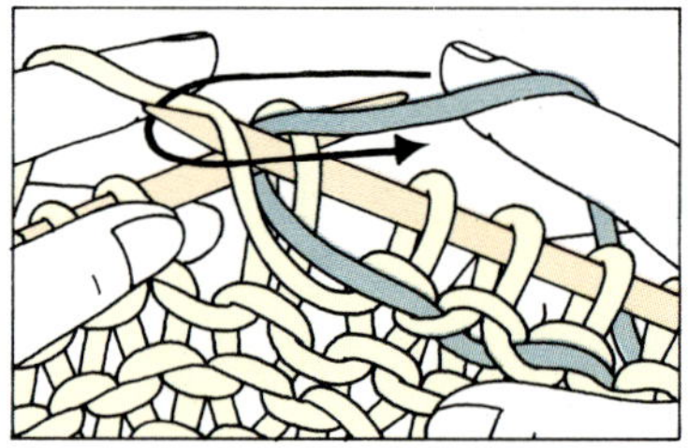

Um den rechten Faden unter einer linken Masche einzuweben, sind 2 Schritte nötig:
1. Einstechen und den rechten Faden, dann den linken Faden wie für eine Linksmasche um die Nadel schlagen

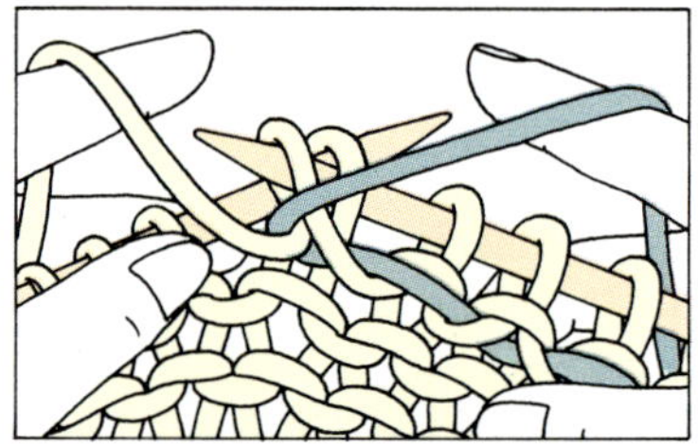

2. Den rechten Faden in die Ausgangsposition bringen, d.h. unter die rechte Nadel und um den linken Faden zurückholen; gleichzeitig den linken Faden durch die Schlinge ziehen und die Masche abstricken

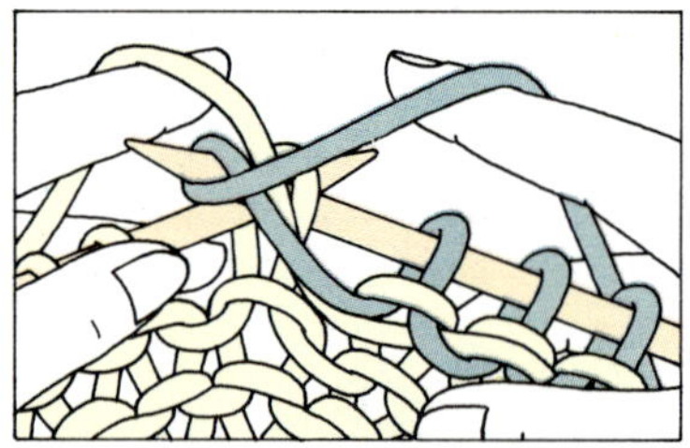

Um den linken Faden über einer linken Masche einzuweben, diesen, wie gezeigt, über die rechte Nadel nach hinten legen, dann die linke Masche mit dem rechten Faden stricken

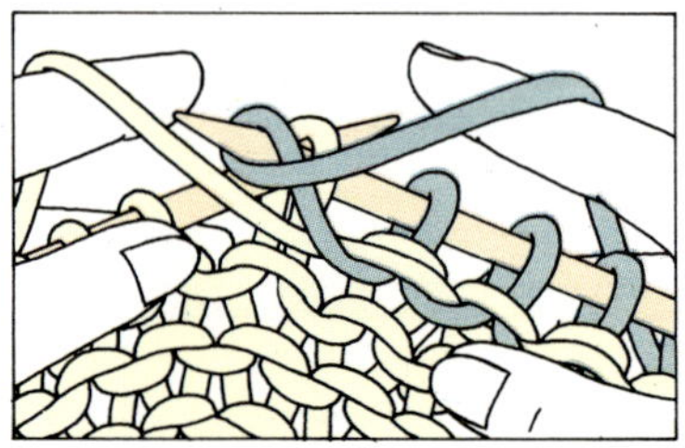

Um den linken Faden unter einer linken Masche einzuweben, diesen mit dem linken Zeigefinger straff halten und mit dem rechten Faden die linke Masche stricken

Jaquardmuster / Fäden eingewebt

Mäandermuster Für einen klassischen Sweater, eine Decke, einen Kissenbezug oder andere Heimartikel geeignet

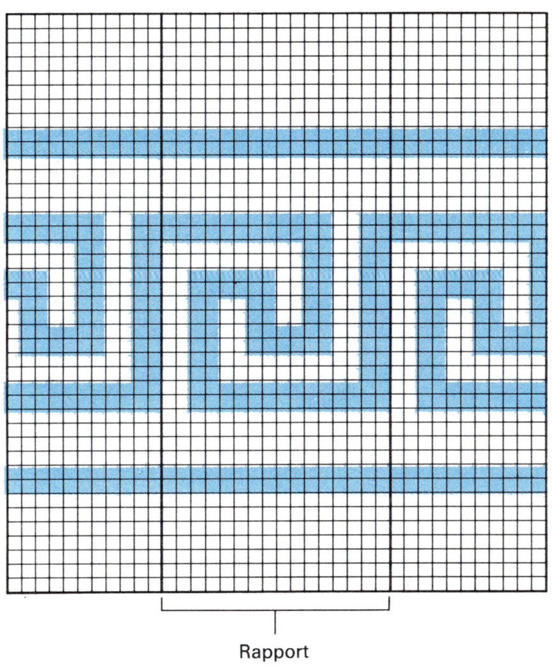

Rautenjacquard Besonders hübsch für einen Herrenpullover, auch mit einem einfarbigen Rückenteil kombiniert

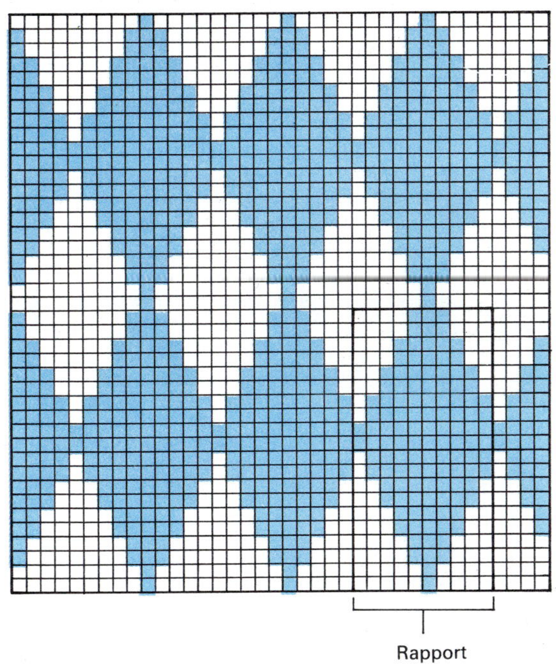

Norwegische Kachel Dieses zarte, recht komplizierte Muster läßt sich als Borte oder für eine ganze Fläche verwenden

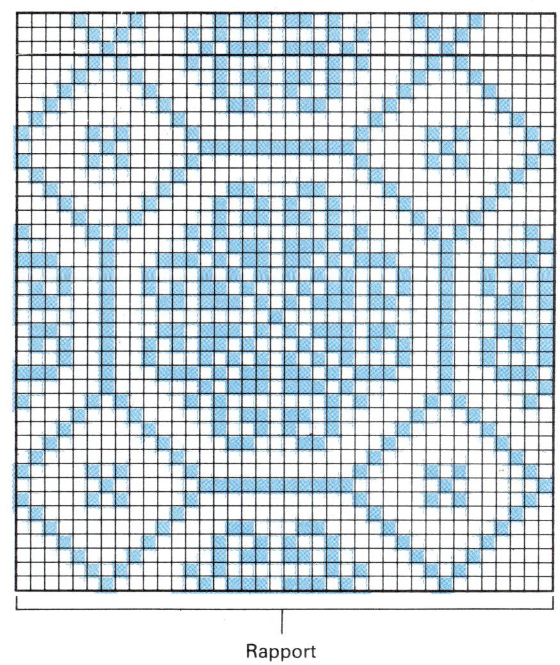

Stricken · Strickschriften (Zählmuster)

Abkürzungen 426

Symbole (Typen)

Stricktechniken lassen sich durch Symbole (auch Typen genannt) visuell darstellen. Anhand einer solchen Vorlage kann man sich oft ein besseres Bild vom Muster machen und es auch leichter nacharbeiten. Außerdem ist ein Zählmuster beim Rundstricken bequemer, da es stets die rechte Seite des Gestricks zeigt.

Obwohl Strickschriften in vielen Ländern verwendet werden, sind die Symbole nicht genormt. In der Aufstellung rechts werden die Symbole erklärt, die in diesem Buch verwendet werden, und die Seiten angegeben, auf denen die jeweiligen Techniken nachzuschlagen sind. In der Regel kommt ein Muster mit wenigen Symbolen aus, so daß man sich jeweils nur ein paar merken muß.

Unten wird dasselbe Muster einmal schriftlich und einmal durch eine Zählvorlage erklärt. Die Muster auf Seite 463 sind an anderer Stelle auch schriftlich angegeben (siehe Verweise, oben rechts).

Bei Strickschriften ist zu beachten:

1. Jede Reihe ist angegeben, wie sie auf der rechten Seite erscheint. Ein Punkt (.) z.B., der eine linke Masche darstellt, wird in einer rechtsseitigen Reihe links, in einer linksseitigen rechts gestrickt.

2. Man beginnt in der unteren rechten Ecke und arbeitet nach oben.

3. Beim Arbeiten empfiehlt es sich, ein Lineal unter die jeweils zu strickende Reihe zu legen und es im weiteren Verlauf nach oben zu rücken.

4. Mustersatz und Rapport sind schwarz eingerahmt; dies entspricht dem Abschnitt zwischen den Sternchen bei schriftlichen Anleitungen.

5. Die Reihen sind meist seitlich numeriert; stehen die ungeraden Zahlen links, kennzeichnen sie linksseitige Reihen und umgekehrt.

6. Ein Zählmuster kann so viele Mustersätze oder Rapporte zeigen, wie für eine exakte Darstellung des Strickmusters nötig sind.

1 M r

1 M li

1 M r verschr (S. 421)

1 M li verschr (S. 421)

Doppelmasche = DM (S. 428)

verlängerte Masche = 1 M 00 (S. 428)

Fh, 1 M li abh (S. 428)

Fv, 1 M li abh (S. 428)

Umschlag (S. 429)

Zunehmen durch Aufstricken nach links (S. 430)

Zunehmen durch Aufstricken nach rechts (S. 430)

Zunehmen durch Hochziehen (S. 430)

2 M r zus.str (S. 433)

2 M r verschr zus.str (S. 433)

2 M li zus.str (S. 433)

2 M li verschr zus.str (S. 433)

1 M r abh, 1 M r, überz (S. 432)

1 M r abh, 2 M r zus.str, überz (S. 433)

rechte Maschen nach rechts verkreuzen (S. 434–435)

rechte Maschen nach links verkreuzen (S. 434–435)

1 M r li r (S. 454)

B **Noppe (S. 454)**

keine Masche

Besondere Technik, an anderer Stelle erklärt

Strickschriften (Zählmuster)

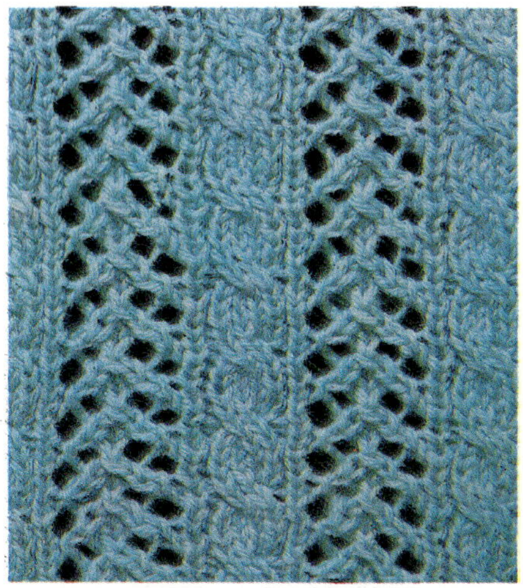

Spitzen- und Zopfmuster Die Anleitung wird hier schriftlich und auch als Zählvorlage angegeben
Anschl: teilbar durch 13
1. und 5. R: * 1 M r, Umschl, 1 M abh, 1 M r, überz, 1 M r, 2 M r zus.str, Umschl, 1 M r, 1 M li, 4 M r, 1 M li *
2. und jede gerade R: * 1 M r, 4 M li, 1 M r, 7 M li *
3. R: * 2 M r, Umschl, 1 M abh, 2 M r zus.str, überz, Umschl, 2 M r, 1 M li, Z4v [2 M auf HN vor Arbeit legen, 2 M r, 2 M r von HN], 1 M li *
7. und 11. R: * 2 M r, Umschl, 1 M abh, 2 M r zus.str, überz, Umschl, 2 M r, 1 M li, 4 M r, 1 M li *
9. R: * 1 M r, Umschl, 1 M abh, 1 M r, überz, 1 M r, 2 M r zus.str, Umschl, 1 M r, 1 M li, Z4v, 1 M li *

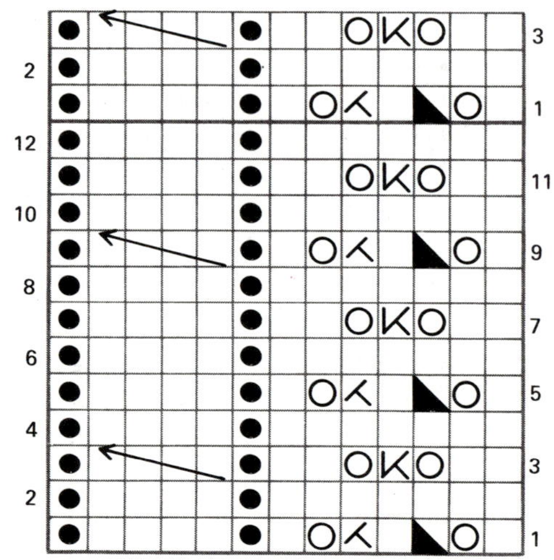

Wellenmuster

Die Anordnung der linken Maschen, die das Muster bilden, läßt sich auf der Strickschrift unten leicht erkennen

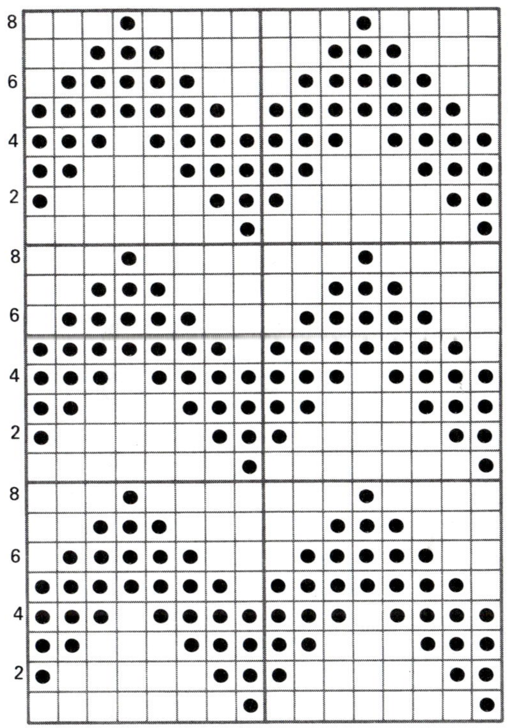

Rebenmuster

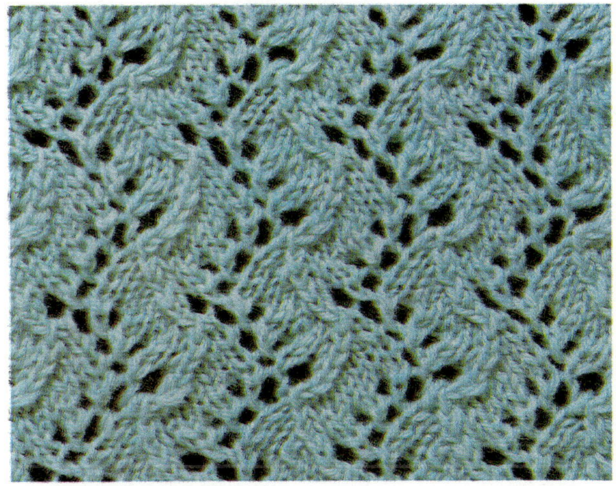

Der Rapport von 8 Maschen erhöht sich in den ungeraden Reihen auf 9; ein X gleicht die geraden Reihen aus

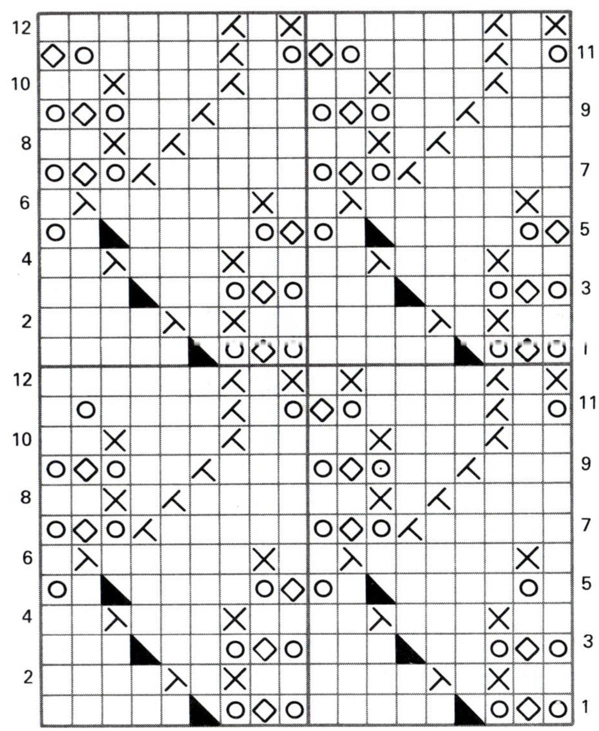

Kleine Rhomben

Wo, nach welcher Richtung und wie viele Maschen zu verkreuzen sind, zeigt das Zählmuster ganz deutlich

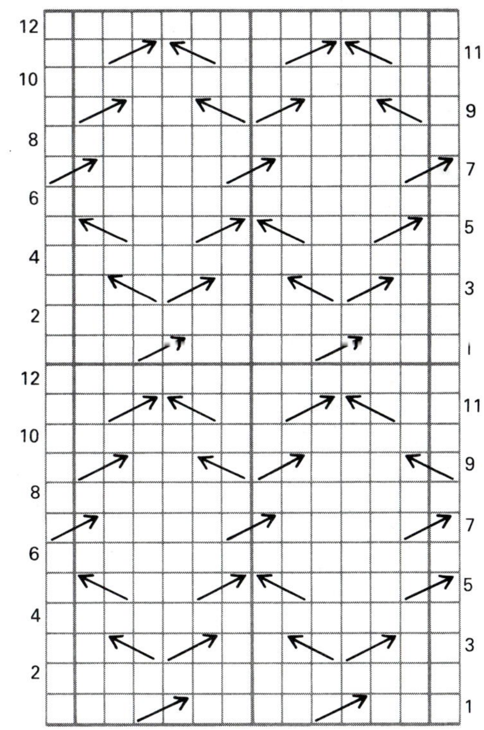

Ein Kleidungsstück stricken

Einführung

In diesem Kapitel wird erklärt, wie man ein Kleidungsstück entwirft oder nach einer Anleitung strickt. Vor Arbeitsbeginn sollte man erstens die in der Anleitung angegebenen Maße mit denen der Person vergleichen, für die das Kleidungsstück gedacht ist. Sind keine angegeben, errechnet man sie, indem man die Gesamtmaschen- bzw. Gesamtreihenzahl durch die Maschenprobe teilt. Hat die Schulter 25 Maschen und die Maschenprobe zehn Maschen auf 5 cm, sollte die Schulter 12,5 cm lang sein.

Als nächstes macht man eine Maschenprobe. Nur eine genaue Nacharbeitung der jeweiligen Vorlage ergibt die gewünschte Größe.

Maßnehmen

Fertige Größen beruhen auf den Körpermaßen plus Bewegungsweite. Rechts sind alle Maße aufgeführt, die für die verschiedenen Kleidungsstükke erforderlich sind. Taillen- und Hüftweite braucht man z.B. nur für ein Kleid oder einen Rock, den Kopfumfang nur für einen Hut oder eine Mütze. Zum Maßnehmen sollte der Betreffende nur Unterkleidung tragen und ganz natürlich stehen. Allen Umfangmaßen wie Oberweite und Hüftweite fügt man eine Bewegungsweite von 1 bis 10 cm hinzu, je nach dem Zweck des Kleidungsstücks – eine Strickjacke braucht z.B. mehr als ein Pullover; nach der Machart – ein angestrickter Ärmel sitzt lockerer als ein eingesetzter; nach dem Bereich – der Oberkörper braucht mehr Bewegungsweite als das Handgelenk; nach dem Garntyp – für ein Kleidungsstück aus dickem Garn ist mehr Weite als für eines aus feinem Garn erforderlich; und nach dem persönlichen Geschmack – manche bevorzugen eine engere, manche eine weitere Paßform.

Lassen sich die Körpermaße nicht feststellen, kann man ein ähnliches Kleidungsstück ausmessen (unten rechts); hier ist die Bewegungsweite bereits vorhanden. Oder man richtet sich nach den einschlägigen Tabellen der Konfektionsgrößen (S. 465). Diese liefern nützliche Anhaltspunkte, besonders um die Proportionen etwa eines Pullovers zu bestimmen; sie enthalten jedoch nur Durchschnittsmaße. Für eine vollkommene Paßform sind die persönlichen Maße stets zuverlässiger.

Oberweite Über den Rücken, unter den Armen hindurch und über die stärkste Stelle der Brust
Rückenbreite Über den Rükken 7,5 cm unterhalb des Halsansatzes bei Kleinkindern, 10 cm bei Kindern, 12,5 cm bei Frauen, 15 cm bei Männern
Schulterlänge Vom Halsansatz bis zum Schulterende
Halsweite Unmittelbar über dem Schlüsselbein
Tiefe des Armausschnitts Von der Spitze des Schulterknochens bis 2,5 cm unterhalb der Achsel
Achsel bis Taille Von 2,5 cm unterhalb der Achsel
Oberarmweite Direkt unter der Achsel
Unterarmlänge 2,5 cm unterhalb der Achsel an der Arminnenseite entlang bis zum Handgelenk
Handgelenk Direkt darüber
Taille An der natürlichen Taillenlinie
Hüftweite Um die stärkste Stelle (etwa 10–15 cm unterhalb der Taille für ein Kind, 17–22 cm für einen Erwachsenen)
Kopfumfang In mittlerer Stirnhöhe

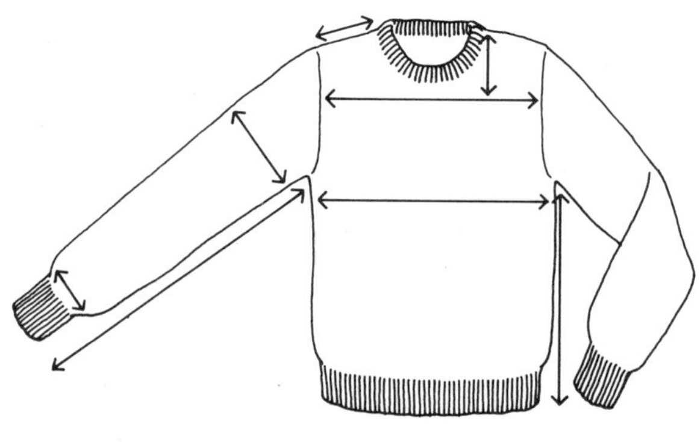

Um ein Kleidungsstück auszumessen, dieses flach ausbreiten und alle Nähte und Bereiche zur vollen Größe ausziehen, ohne sie zu verzerren. Alle durch die Pfeile gekennzeichneten Maße nehmen; für die Ärmelbreite die Maße von Oberarm und Handgelenk verdoppeln

Tips für den Garneinkauf 411
Strickmuster anwenden 440

Konfektionsgrößen

KLEINKINDER

Größe	1/2	1	2	3	4
Oberweite	48	51	53	56	58
Taillenweite	48	50	51	52	53
Körpergröße	71	79	87	94	102
Kleiderlänge hinten	35,5	38	40,5	43	46

KINDER

Größe	1	2	3	4	5	6
Oberweite	51	53	56	58	61	64
Taillenweite	50	51	52	53	55	56
Hüftweite	–	–	–	61	64	66
Rückenlänge	21	22	23	24	25,5	27
Körpergröße	79	87	94	102	109	117
Kleiderlänge hinten	43	46	48	51	56	61

MÄDCHEN

Größe	7	8	10	12	14
Oberweite	66	69	73	76	81
Taillenweite	58	60	62	65	67
Hüftweite	69	71	76	81	87
Rückenlänge	29,5	31	32,5	34,5	36
Körpergröße	127	132	142	149	155

TEENAGER

Größe	30T	32T	34T	36T	38T	40T
Oberweite	71	74	78	81	85	89
Taillenweite	56	58	61	64	66	69
Hüftweite	79	81	85	89	93	97
Taillenlänge hinten	34,5	35,5	37	38	39	40

KNABEN				TEENAGER				
Größe	7	8	10	12	14	16	18	20
Brustumfang	66	69	71	76	81	85	89	93
Taillenumfang	58	61	64	66	69	71	74	76
Gesäßumfang	69	71	75	79	83	87	90	94
Kragenweite	30	31	32	33	34,5	35,5	37	38
Körpergröße	122	127	137	147	155	163	168	173

DAMEN

Größe	34	36	38	40	42	44	46	48	50	52	54	56	58
Oberweite	80	83	87	92	97	102	107	112	117	122	127	132	137
Taillenweite	61	64	67	71	76	81	87	94	99	105	112	118	124
Hüftweite	85	88	92	97	102	107	112	117	122	127	132	137	142
Taillenlänge hinten	40	40,5	41,5	42	42,5	43	44	44	44,5	45	45	45,5	46

HERREN

Größe	44	46	48	50	52	54	56	58
Brustumfang	87	92	97	102	107	112	117	122
Taillenumfang	71	76	81	87	92	99	107	112
Gesäßumfang	89	94	99	104	109	114	119	124
Kragenweite	35,5	37	38	39,5	40,5	42	43	44,5
Ärmellänge	81	81	84	84	87	87	89	89

Strickkleidung entwerfen

Um ein gestricktes Kleidungsstück zu entwerfen, kann man eine Strickanleitung abändern oder ein eigenes Modell entwerfen. In beiden Fällen wird eine neue Vorlage angefertigt; dafür benötigt man die genauen Körper- oder Konfektionsmaße (links und S. 464), eine Maschenprobe und Papier für die Aufzeichnung des Musters. Wie man die einzelnen Bereiche formt, zeigen die Seiten 468–481.

Als erstes notiert man die Breite und Länge jedes Einzelteils des geplanten Kleidungsstücks. Geht man von den Körpermaßen aus, muß man Bewegungsweite hinzurechnen; dabei kann man sich nach anderen Vorlagen bzw. nach den auf Seite 464 angegebenen Hinweisen richten. Für die Nähte sind etwa 5 mm zuzugeben. Man bestimmt auch die Länge der Einzelbereiche, z.B. bei einem Pullover vom Armausschnitt bis zur Unterkante.

Als nächstes wählt man Garn und Strickmuster, strickt ein oder mehrere Probestücke, bis man das richtige Muster gefunden hat, und mißt dann die Maschen und Reihen auf 5 bzw. 10 cm.

Um die Breite des Kleidungsstücks in Maschen umzurechnen, multipliziert man die Zahl der Maschen/cm mit der gewünschten Breite. Soll z.B. die rückwärtige Unterkante einer Jakke 45 cm messen, und die Maschenprobe ergibt drei Maschen/cm, schlägt man 135 Maschen plus zwei Randmaschen an. Um die Länge in Reihen umzurechnen, multipliziert man die Zahl der Reihen auf 1 cm mit der gewünschten Länge. Mißt die Jacke von der Unterkante bis zum Armausschnitt 35 cm, und die Maschenprobe ergibt drei Reihen/cm, müssen für diesen Bereich 105 Reihen gestrickt werden.

Wie man Anzahl und Verteilung der Abnahmen oder Zunahmen für die Formgebung bestimmt, zeigen die Seiten 468–473. Für die Details siehe Seite 474–481. Dann fertigt man eine Vorlage an (S. 466–467) und errechnet die benötigte Garnmenge.

Garnbedarf berechnen

Bei der Berechnung des Garnbedarfs für einen eigenen Entwurf kann man sich nach den Angaben für ein ähnliches Modell im selben Material richten. (Es lohnt sich, dafür bewährte Strickanleitungen aufzuheben.) Sie entsprechen wahrscheinlich nicht genau der Menge, die man benötigt, und es ist ratsam, etwas mehr Garn zu kaufen. Man kann sich auch in einem Wollgeschäft beraten lassen, wo man gewöhnlich erfahrenes Verkaufspersonal findet.

Um den Garnbedarf selber auszurechnen, kauft man einen Strang oder einen Knäuel Garn, strickt ein Probestück, wiegt es auf einer Brief- oder Küchenwaage und notiert das Gewicht, z.B. 8 g. Man rechnet auch die Fläche des Probestücks aus: 10 cm Länge und 10 cm Breite ergeben beispielsweise eine Fläche von 100 cm^2.

Dann errechnet man die ungefähre Fläche jedes Einzelteils des geplanten Kleidungsstücks; dazu multipliziert man die größte Breite mit der Gesamtlänge. Man addiert die Einzelergebnisse, teilt die Summe durch die Fläche des Probestücks und multipliziert das Ergebnis mit dem Gewicht des Probestücks. Hier ein Beispiel:

Pullover, Rückenteil	
Rückenbreite	46 cm
Länge (Hals bis Unterkante)	50 cm
Gesamtfläche (ungefähr)	2300 cm^2
Pullover, Vorderteil	
wie das Rückenteil	2300 cm^2
Pullover, Ärmel	
Oberarmbreite	30 cm
Länge	58 cm
Fläche beider Ärmel	3480 cm^2
Pullover, Gesamtfläche	
Gesamtfläche, geteilt durch Fläche des Probestücks (100 cm^2)	80,80

Das bedeutet, daß man rund 81mal soviel Wolle für den Pullover wie für das Probestück benötigt, also 81×8 g = 648 g. Davon zieht man 10 Prozent für die Ärmel- und Halsausschnitte ab. So beträgt die geschätzte Menge (aufgerundet) 600 g.

Herrenpullover

Die Anleitung für diesen Pullover in Größe 50 ist in schriftlicher und in graphischer Form angegeben.

Material

600 g Strickwolle
Je 1 Paar Stricknadeln Nr. 4 und 5
1 Hilfs- oder Zopfmusternadel

Maschenprobe

20 M und 28 R = 10 cm

Zopfmuster

1., 3., 5. und 7. R (linke Seite): 2 M r, 8 M li, 2 M r.
2., 4. und 8. R: 2 M li, 8 M r, 2 M li.
6. R: 2 M li, Z8v [4 M auf HN vor Arbeit legen, 4 M r, 4 M r von HN], 2 M li.

RÜCKEN: Mit Nadeln Nr. 4 105 M anschl. Im Rippenmuster 1 rechts 1 links 7 cm str; mit einer ungeraden R enden. Mit Nadeln Nr. 5 glatt rechts str, bis Gesamtlänge 38 cm beträgt.
Armausschnitt: Anfang der nächsten 2 R je 6 M abk; dann 4mal am Ende jeder 2. R 1 M abn (85 M). Bis 23 cm Armausschnitt-Tiefe weiterstr.
Schultern: Anfang der nächsten 6 R je 9 M abk; 31 M stillegen.

VORDERTEIL: Mit Nadeln Nr. 4 111 M anschl. Im Rippenmuster 1 rechts 1 links 7 cm str; mit ungerader R enden. Weiter mit Nadeln Nr. 5.
Linke Seite: 18 M li, 2 M r, 8 M li, 2 M r, 51 M li, 2 M r, 8 M li, 2 M r, 18 M li.
Rechte Seite: 18 M r, 2 M li, Z8v, 2 M li, 51 M r, 2 M li, Z8v, 2 M li, 18 M r. Glatt rechts und im Zopfmuster weiterstr.
Armausschnitt: Wie beim Rückenteil; mit den verbleibenden 91 M bis 13 cm Armausschnittiefe weiterstr; mit einer Linksreihe enden.
Halsausschnitt: 34 M str, wenden. Anfang der nächsten R 2 M abk; danach 5mal in jeder 2. R 1 M abn (27 M), dann bis 23 cm Armausschnitt-Tiefe weiterstr; an Armausschnittkante enden. Für Schulter Anfang jeder 2. R 9 M abk. 23 M in der Mitte stillegen. Rechte Seite gegengleich arbeiten.

ÄRMEL: Mit Nadeln Nr. 4 47 M anschl. Im Rippenmuster 1 rechts 1 links 7 cm str. Dann mit Nadeln Nr. 5 glatt rechts weiterstr, bis Ärmel 48 cm mißt; dabei 15mal an beiden Enden in jeder 6. R 1 M zun (77 M). Anfang der nächsten 2 R je 6 M abk; 15mal an beiden Enden jeder 2. R 1 M abn. Zu Beginn der nächsten 4 R je 2 M abk. Die restlichen 27 M abk.

BÜNDCHEN: Rechte Schulternaht schließen. An der linken Schulter beginnend, rechte Seite der Arbeit nach vorn, mit Nadeln Nr. 3 entlang der Halsausschnittkante 26 M aufnehmen, 23 M vom Maschenraffer stricken, an der rechten Seite 26 M aufnehmen und 31 M vom Rücken aufstricken (106 M). Im Rippenmuster 1 rechts 1 links 15 R arbeiten; abk.

FERTIGSTELLUNG: Linke Schulter- und Bündchennaht, Seiten- und Ärmelnähte schließen. Ärmel einnähen. Bündchen zur Hälfte nach innen schlagen und locker annähen.

Ein klassischer Herrenpullover mit eingesetzten Ärmeln und Zopfmuster

Eine Schnittvorlage anfertigen

Eine Schnittvorlage ist eine graphische Darstellung der Strickanleitung. Es gibt zwei verschiedene Arten: die Konturenzeichnung und die Zählvorlage. Eine Konturenzeichnung wird im Maßstab 1:1 angefertigt; darauf sind alle Angaben für die Formgebung notiert. Sie kann später zum Spannen verwendet werden. Auf starkem Packpapier zieht man waagrechte Linien, die der größten Breite des Rückens entsprechen (von Achsel zu Achsel). Dann zieht man eine Senkrechte durch die Mitte der Waagrechten. Von diesen Punkten ausgehend, zeichnet man die Umrisse ein. Die übrigen Teile des Kleidungsstücks werden ebenso aufgezeichnet. Wenn sich das Vorderteil vom Rücken nur durch den Halsausschnitt unterscheidet, zeichnet man den vorderen Halsausschnitt mit auf der Rückenvorlage ein.

Eine Zählvorlage wird auf Karopapier gezeichnet. Jedes Quadrat stellt eine Masche dar, jede waagrechte Quadratreihe eine Maschenreihe. Um eine solche Vorlage anzufertigen, braucht man eine Maschenprobe. Man kann ein vollständiges Schnitteil darstellen oder nur die Bereiche, die geformt werden (S. 467); es genügt auch, wenn nur die rechte oder linke Hälfte aufgezeichnet wird. Eine Zählvorlage gibt ein weniger genaues Bild vom fertigen Kleidungsstück, es läßt sich aber danach leichter arbeiten.

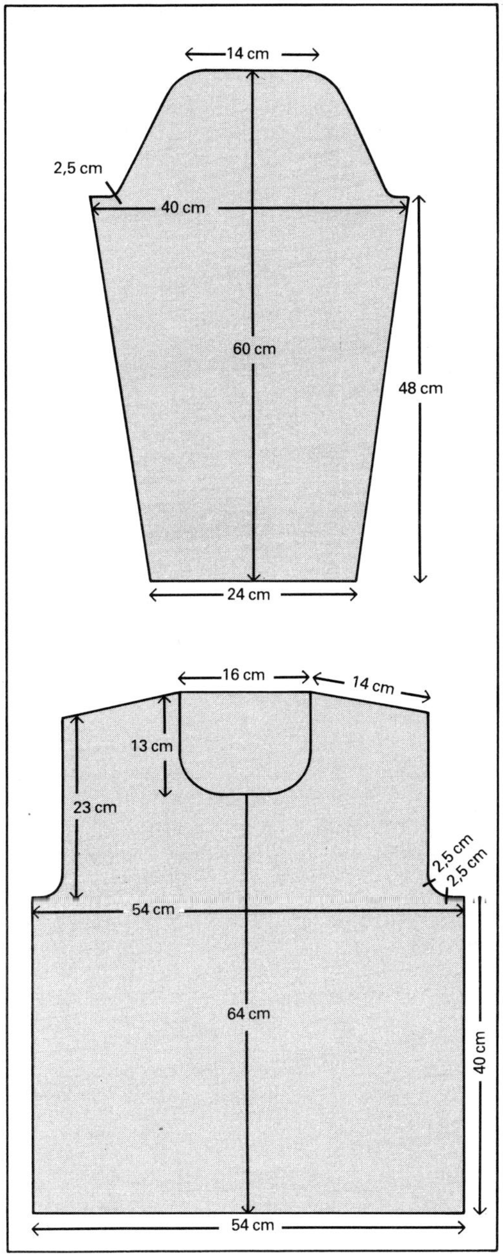

Eine Konturenzeichnung zeigt die Teile im Maßstab 1:1

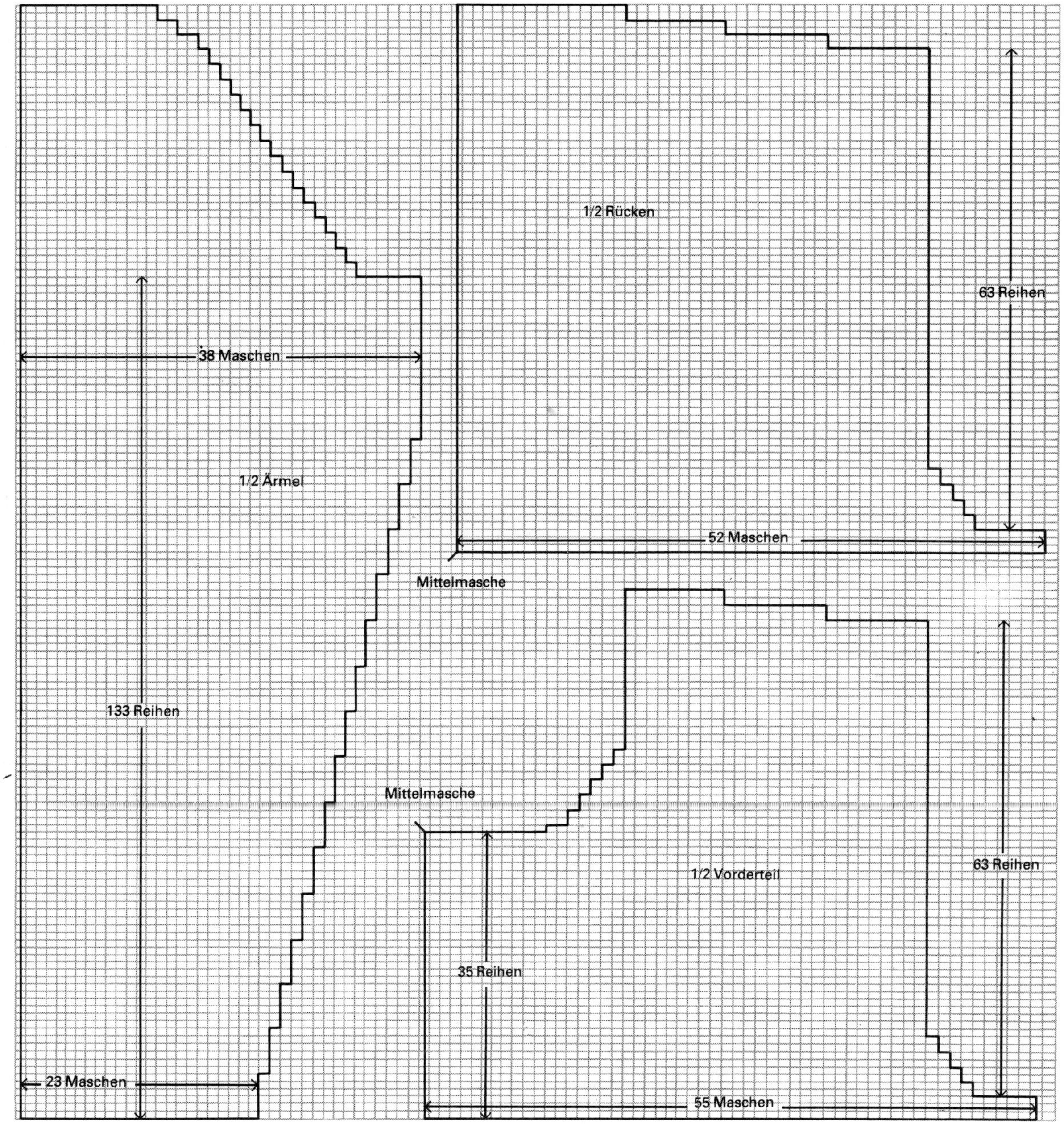

Bei einer Zählvorlage bedeuten die Quadrate Maschen bzw. Reihen. Von jedem Teil muß jeweils nur die Hälfte dargestellt werden

Zunehmen 429–431 Abnehmen 432–433
Eine Mütze stricken 491

Formgebung

Auf den folgenden Seiten werden flach gestrickte Teile behandelt; der Übersichtlichkeit halber sind alle Beispiele glatt rechts gestrickt. Die meisten flach gearbeiteten Strickstücke werden nur an den Außenrändern geformt. Bestimmte Kleider und Röcke fordern Abnäher für eine bessere Paßform, diese Art der Formgebung eignet sich jedoch vorwiegend für feine und glatte Garne. Hat man noch keine Erfahrung, ist es nützlich, wenn man sich jeden Teil zunächst als Rechteck vorstellt, dessen Länge und Breite den längsten und breitesten Stellen des betreffenden Teils entsprechen. Von den breiten Stellen ausgehend, verringert man die Maschenzahl, um den Teil schmaler und kürzer zu machen.

Die Richtlinien gelten, ob man ein eigenes Kleidungsstück entwerfen oder ein vorhandenes Schnittmuster abändern will. Folgende Punkte sind dabei zu beachten:

1. Sind alle Berechnungen gemacht, fertigt man eine Vorlage an (S. 467), bevor man mit dem Stricken beginnt.
2. Bis auf den Halsausschnitt haben Vorder- und Rückenteil meist die gleiche Form.
3. Geformt wird in allen Bereichen so allmählich wie möglich.

Schrägungen

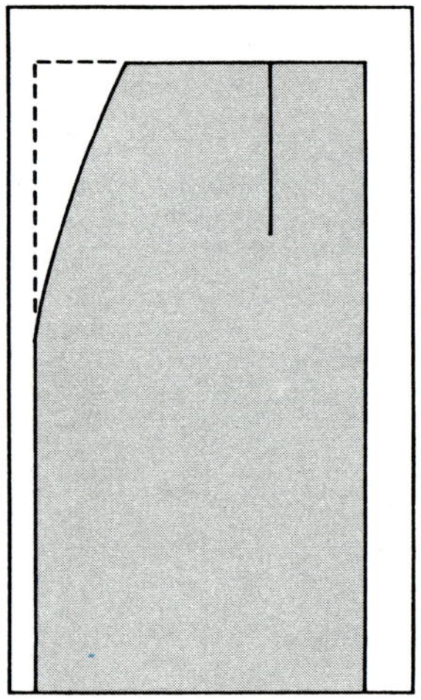

Mit einer Schrägung durch Abnehmen formt man einen Rock von der Hüfte bis zur Taille, eine Armkugel oder eine von unten gestrickte Mütze. Für Abnahmen an den Seiten zieht man die für die Taille erforderliche Maschenzahl von der Maschenzahl an Rocksaum oder Hüfte ab; jeweils die Hälfte vom Ergebnis verteilt man an jeder Seite gleichmäßig auf die zu strickenden Reihen. Rockabnäher werden ebenso ausgerechnet; sie sollten an der Taille 10–15 cm innerhalb der Seitennaht liegen. Bei einer Mütze werden die Abnäher ringsum gleichmäßig verteilt

Seitennähte eines Rocks Anzahl und Verteilung der Abnahmen bestimmen; diese paarweise arbeiten. Um z. B. 30 Maschen (15 auf jeder Seite) über 90 Reihen abzunehmen, die Abnahmen am Anfang und Ende jeder sechsten Reihe arbeiten

Rockabnäher Anfang beider Abnäher (je 12,5–17,5 cm von der Seite entfernt) markieren. Für den ersten bis zur Markierung stricken, dann nach links abnehmen (1 M abh, 1 M r, überz); für den zweiten nach rechts abnehmen (2 M r zus.str)

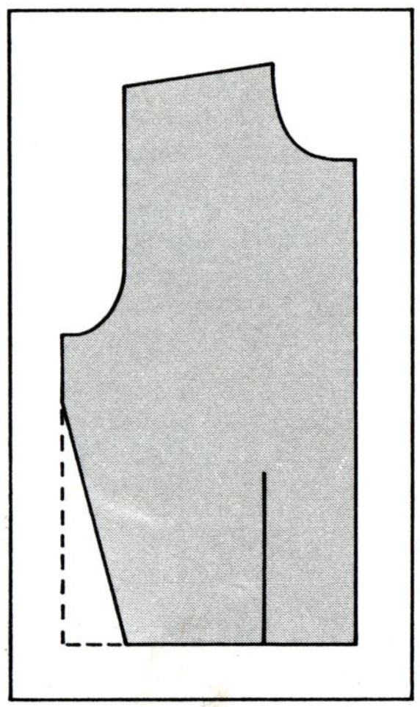

Mit einer Schrägung durch Zunehmen formt man ein Oberteil von der Taille bis zum Armausschnitt, eine von oben gestrickte Mütze und den Ärmel bis zur Achsel. Für Zunahmen an den Seiten zieht man die Maschen an der Taille von der an der Brust erforderlichen Maschenzahl ab; jeweils die Hälfte vom Ergebnis verteilt man an jeder Seite gleichmäßig auf die zu strickenden Reihen. Abnäher am Oberteil werden ebenso ausgerechnet; die Zunahmen beginnen je 10–15 cm innerhalb der Seitennaht. Bei einer Mütze werden die Abnäher ringsum gleichmäßig verteilt

Seitennähte eines Oberteils formen Anzahl und Verteilung der Zunahmen bestimmen, dann diese paarweise arbeiten. Um z. B. 20 Maschen (auf jeder Seite 10) über 40 Reihen zuzunehmen, am Anfang und Ende jeder vierten Reihe zunehmen

Senkrechte Abnäher am Oberteil Den Anfang beider Abnäher markieren. Für den ersten Abnäher nach rechts zunehmen (Zunehmen durch Hochziehen ist besonders geeignet); für den zweiten nach derselben Methode nach links zunehmen

Abheben 428
Wenden bei einer Strumpfferse 492

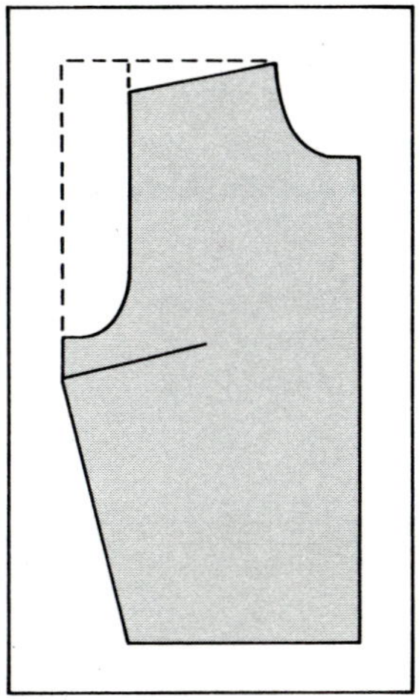

Mit einer Schrägung durch Wenden formt man eine Schulternaht, einen waagrechten Abnäher oder eine Strumpfferse. Dazu arbeitet man Teilreihen, wobei die Schrägung durch die Zahl der jeweils gestrickten Maschen bestimmt wird. Eine Schulter wird in 2, 3 oder 4 Stufen gearbeitet. Ein Brustabnäher ist durchschnittlich 7,5–10 cm lang und liegt 2,5 cm unter dem Armausschnitt. Um die Zahl der jeweils ungestrickten Maschen auszurechnen, teilt man die Maschenzahl des Abnähers durch die halbe Reihenzahl

Schultern vom Rückenteil zum Beispiel jeweils über 24 M in 3 Stufen schrägen: * Bis sechste M vor Ende der Hinreihe str, wenden, 1 M abh, bis sechste M vor Ende der Rückreihe str, wenden, 1 M abh *. Noch 2mal wdh. Sechste R bis Ende der Nadel str. Alle M abk

Waagrechte Abnäher über beispielsweise 20 M und 10 R: * Bis vierte M vor Ende der Linksreihe str, wenden, 1 M abh, bis vierte M vor Ende der Rechtsreihe str, wenden, 1 M abh *. 4mal wdh, dabei jedesmal 4 M ungestrickt lassen, dann über alle Maschen stricken

Falten

Falten geben einem Rock zusätzliche Weite, können aber auftragen. Es gibt zwei grundlegende Faltentypen: echte Falten und Scheinfalten; Beispiele sind unten abgebildet. Bei echten Falten kann man das fertige Gestrick einlegen, indem man die Maschen der Innenteile, der sogenannten Faltentiefe, je zur Hälfte auf zwei Hilfsnadeln verteilt und dann über die Faltenbreite die entsprechenden Maschen aller drei Lagen jeweils zusammenstrickt; die Lagen können auch zusammengenäht werden. Die fertige Kante sollte der Taillenweite entsprechen. Bei Scheinfalten entsteht die Wirkung durch ein breites Rippenmuster oder durch ein strukturiertes Muster mit einer Rippenmasche in glatt rechts, die eine Falte andeutet.

Einfache, gerade Falten Alle Falten laufen in der gleichen Richtung. Es wird so gestrickt, daß die Naht in der Faltentiefe liegt. Anschl: teilbar durch 26. Rechte Seite: * 16 M r, 1 M abh, 8 M r, 1 M li *. Linke Seite: * 1 M r, 25 M li *

Kellerfalten Auf der rechten Seite stoßen beide Faltenlinien aneinander. Anschl: teilbar durch 58. Rechte Seite: * 9 M r, 1 M abh, 18 M r, 1 M abh, 9 M r, 1 M li, 18 M r, 1 M li *. Linke Seite: * 1 M r, 18 M li, 1 M r, 38 M li *

Scheinfalten Hier entsteht die Wirkung durch eine Rippenmasche in glatt rechts auf einem Grund aus kraus rechts. Anschl: teilbar durch 8. Rechte Seite: * 7 M r, 1 M li *. Linke Seite: 3 M r, * 1 M li, 7 M r *, 1 M li, 4 M r

Maschen aufnehmen 437 Abnehmen 432–433 Körpermaße 464–465

Halsausschnitte und Kragen

Der Halsausschnitt sollte in der Regel glatt anliegen; bei einem Pullover muß die Öffnung so groß sein, daß sie bequem über den Kopf paßt. Bei einem Kinderpullover ist meist eine zusätzliche Öffnung nötig, z. B. an der Schulter, weil beim Kind der Unterschied zwischen Kopfumfang und Halsweite relativ groß ist.

Die Breite des Halsausschnitts beträgt ungefähr ein Drittel der Rückenbreite. Die Form des Ausschnitts kann variieren (unten und gegenüber einige der vielen Möglichkeiten). Für den rückwärtigen Halsabschluß wird, mit wenigen Ausnahmen, gerade abgekettet. Ein ovaler oder viereckiger Ausschnitt wird oft hinten ebenso geformt, jedoch weniger tief. Für den Halsausschnitt wird die Arbeit meist geteilt und jede Hälfte getrennt gestrickt; alle Abnahmen werden auf der rechten Seite durchgeführt.

Abgeschlossen wird ein Halsausschnitt mit einer Blende, einem Bündchen, einem Belag oder einem Kragen; diese werden entweder angestrickt (die Maschen des Halsausschnitts werden aufgenommen) oder getrennt gestrickt und angenäht. Bei der ersten Methode wird in der Regel eine Masche für jede abgekettete Masche und drei Maschen für vier Reihen aufgenommen. Für ein sehr genaues Ergebnis nimmt man die Maschenzahl auf, die laut Maschenprobe das erforderliche Maß ergibt; dazu muß man eventuell ein Probestück im entsprechenden für den Halsabschluß vorgesehenen Muster stricken.

Viereckiger Halsausschnitt

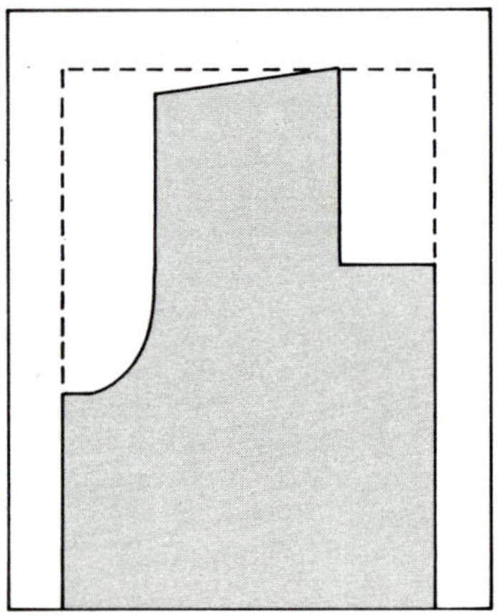

Für einen viereckigen Halsausschnitt kettet man 10–15 cm unter dem oberen Ende des Armausschnitts alle Maschen für den Ausschnitt ab. (Die Zahl der Maschen für den Ausschnitt erhält man, wenn man die Maschen für beide Schultern von der Gesamtmaschenzahl abzieht.) Nach dem Abketten wird nicht mehr abgenommen, sondern beide Seiten werden gerade gearbeitet. Wird ein Bündchen angestrickt (rechts), können auf jeder Seite 2,5 cm mehr abgekettet werden

Rippenblende Maschen in der Mitte aufn. 2,5 cm im Rippenmuster str; Anfang und Ende jeder rechtsseitigen R 1 M abn. An anderen Kanten wdh; Ecken schließen

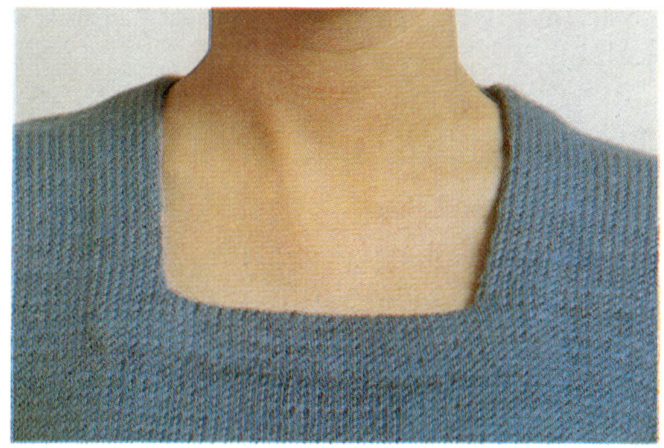

Belag Maschen in der Mitte aufn; Abschnitte wie bei Rippenblende getrennt, aber glatt rechts str; an jeder Ecke zunehmen. Belag nach innen schlagen; locker annähen

V-Ausschnitt

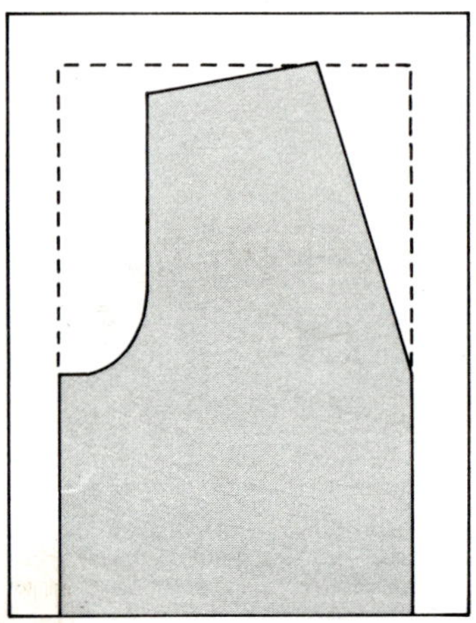

Ein V-Ausschnitt wird 18–23 cm unterhalb der Schulter oder unmittelbar nach dem Anfang des Armausschnitts begonnen. Die Arbeit teilt man in der Mitte und strickt jede Seite getrennt; dabei werden die Abnahmen gleichmäßig über die Reihen bis zur Schulter verteilt. Die Abnahmen können entweder direkt am Halsausschnittrand oder 3–4 Maschen davon entfernt, dann jedoch paarweise, gearbeitet werden. Bei ungerader Maschenzahl wird vor der Teilung der Arbeit die Mittelmasche stillgelegt

Rippenblende Mit Strumpfstricknadeln: in jeder Runde an Spitze doppelt abn. Mit Rundnadel: an jedem Reihenende abn und V-Kanten zusammennähen

Überlappte Blende 2,5 cm breiten Streifen von der Länge der Ausschnittkante arbeiten. So annähen, daß sich die Enden vorn, wie abgebildet, überschneiden

Randmaschen 424
Schrägstreifeneinfassung 475

Runde Halsausschnitte

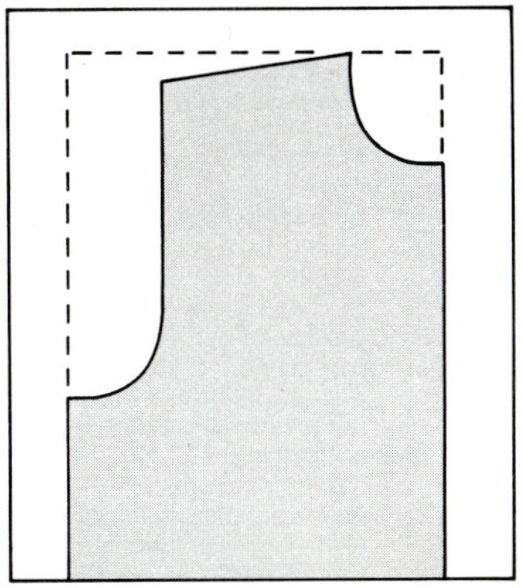

Der hochgeschlossene runde Ausschnitt ist ein klassischer Abschluß. Für einen Erwachsenen beginnt der Ausschnitt 7–9 cm, für ein Kind 4–6 cm unter dem höchsten Punkt der Schulter. In der Mitte des Ausschnitts wird knapp die Hälfte aller abzunehmenden Maschen stillgelegt oder abgekettet; die restlichen werden an den Ausschnittseiten in jeder zweiten Reihe abgenommen. Anschließend wird bis zur Beendigung der Schulterschrägung gerade weitergestrickt

Rollkragen Maschen auf Strumpfstricknadeln aufnehmen; im Rippenmuster (hier 1 M r, 1 M li) 15–22 cm stricken. Locker abketten; Kragen auf rechte Seite schlagen

Polokragen Maschen mit gerader Stricknadel oder Rundstricknadel aufn. Muster: 1 M r, 1 M li mit doppeltem Kettenrand; beidseitig in jeder zweiten Reihe 1 M zun

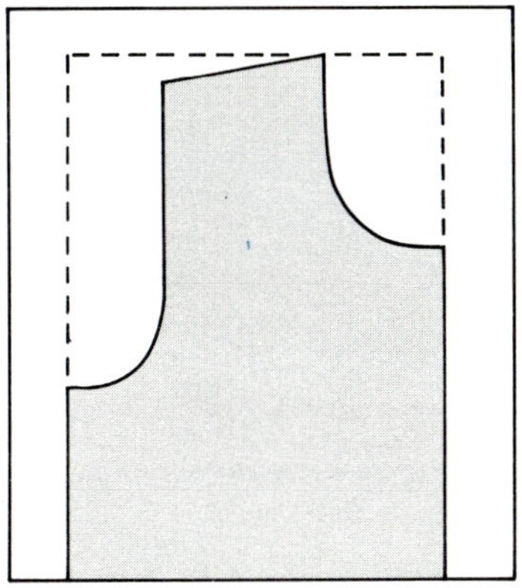

Ein halsferner runder Ausschnitt beginnt 7,5 cm bis 10 cm unter dem höchsten Punkt der Schulter. Der 7,5 cm tiefe Ausschnitt ist ideal für ein sportliches Kleidungsstück, der 10 cm tiefe eignet sich für einen Sommer- oder Abendpullover. Den ersten arbeitet man wie den hochgeschlossenen runden Ausschnitt. Für den zweiten zieht man von jeder Schulter einige Maschen ab und verwendet sie für den Ausschnitt, so daß er im Verhältnis zur Tiefe auch etwas breiter wird

Doppeltes Rippenbündchen Maschen auf Strumpfstricknadeln aufnehmen. 5–7,5 cm im Rippenmuster stricken; abketten. Bündchen nach innen schlagen; locker annähen

Umhäkelter Ausschnitt Feste Maschen häkeln; dabei so abnehmen, daß Rand flach liegt. Häkelnadel ist 1–2 Nummern feiner als verwendete Stricknadeln

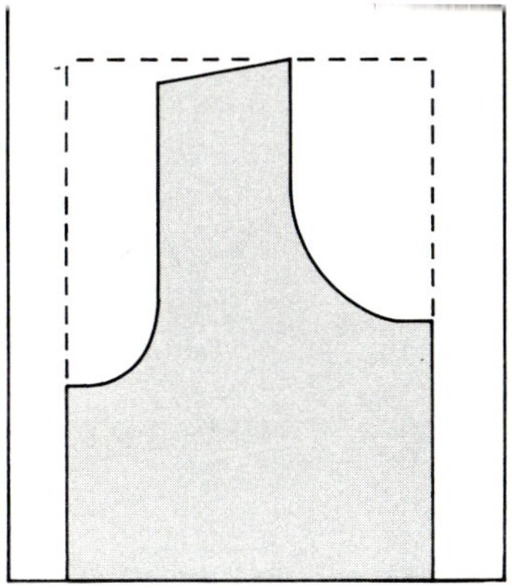

Ein tiefer Ausschnitt wird 15–17,5 cm unter dem höchsten Punkt der Schulter begonnen; er ist meist tiefer als breit. Bei der Aufteilung der Maschen für Schultern und Halsöffnung muß die Breite des Bündchens mit berücksichtigt werden. Soll z. B. die fertige Ausschnittbreite 17,5 cm und die Breite des Bündchens 2,5 cm betragen, muß die Ausschnittöffnung 22,5 cm breit sein

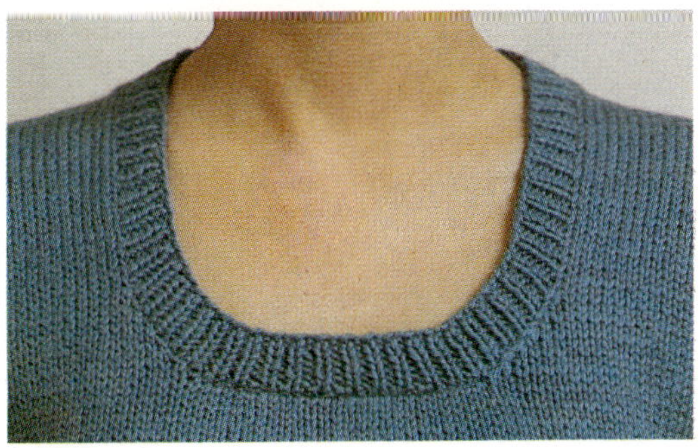

Rippenbündchen Maschen mit Strumpfstricknadeln aufnehmen; im Rippenmuster 2,5 cm stricken. Beim Abketten entlang der Rundung einige Male abnehmen

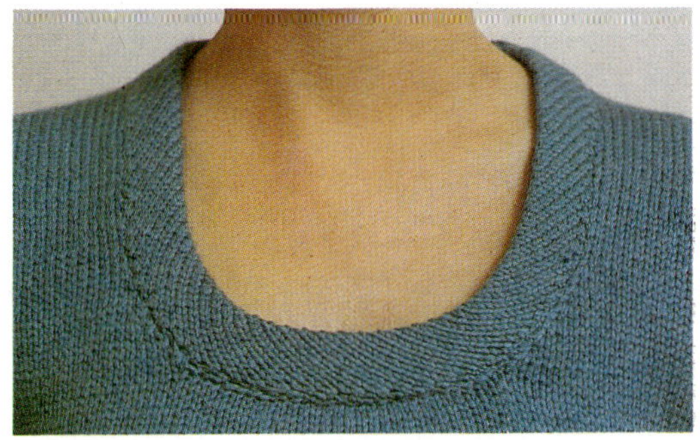

Schrägstreifen in doppelter fertiger Breite und in der Länge der Ausschnittkante glatt rechts stricken. Kante annähen, Streifen einschlagen, andere Kante annähen

Armausschnitte und Ärmel

Fünf grundlegende Ärmeltypen werden hier beschrieben. Am häufigsten verwendet wird der klassische Armausschnitt mit eingesetztem Ärmel. Eine Sattelpasse wählt man im allgemeinen für sportliche Kleidung. Sehr bequem ist der Raglanärmel, den man dekorativ gestalten kann, indem man die Abnahmen zwei oder drei Maschen vom Rand entfernt arbeitet. Die Halbraglanform verbindet den bequemen Sitz und die dekorativen Möglichkeiten des Raglans mit der klassischen Wirkung des eingesetzten Ärmels. Der Fledermausärmel ist eine Erweiterung des Oberteils und aufgrund der weiten Armöffnung der bequemste Ärmel überhaupt.

Um einen Armausschnitt nach den hier angegebenen Regeln zu entwerfen, benötigt man folgende Maße: die Rückenbreite (Entfernung zwischen den Armausschnitten am Rücken), die halbe Oberweite sowie die für das Kleidungsstück zutreffende Schulterlänge und Armausschnittiefe; für einen Raglanärmel braucht man außerdem die Halsweite. Für den Ärmel benötigt man den Umfang von Handgelenk und Oberarm sowie die Unterarmlänge.

Normalerweise wird der Ärmel von unten nach oben gestrickt; die Unterarmnaht wird durch symmetrisches Zunehmen zwischen Handgelenk und Unterarm geschrägt. Für eine bequeme Paßform rechnet man am Handgelenk 2,5 cm und am Oberarm 5 cm hinzu. Armausschnitt und Armkugel werden durch Abnehmen geformt; dekorative Abnahmen werden paarweise gestrickt: am Reihenanfang nach links, am Ende nach rechts.

Um eine normale Schulternaht zu schrägen, wird am häufigsten stufenweise abgekettet (S. 466–467), dabei entsteht ein leicht gezackter Rand. Sonst wird durch Wenden (S. 469) geschrägt; dabei entsteht eine gerade Kante, die mit dem Maschenstich (S. 484) geschlossen werden kann.

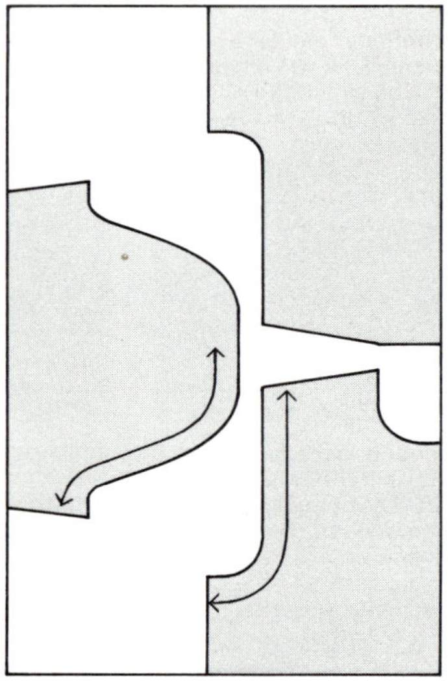

Für den klassischen Armausschnitt zieht man die Maschenzahl für die Rükkenbreite von der Gesamtmaschenzahl ab; die Hälfte des Ergebnisses ist die Maschenzahl, die für jeden Armausschnitt abzunehmen ist. Man kettet jeweils die Hälfte dieser Maschen ab (dies entspricht meist 2,5–3,5 cm); die restlichen Abnahmen werden auf die nächsten Reihen verteilt. Dann strickt man gerade weiter. Für die Armkugel kettet man dieselbe Maschenzahl ab wie zu Beginn des Armausschnitts. Die Abnahmen arbeitet man symmetrisch, bis die Kurve der Armkugel in die des Armausschnitts paßt und 5–12 cm breit ist. Die restlichen Maschen abketten

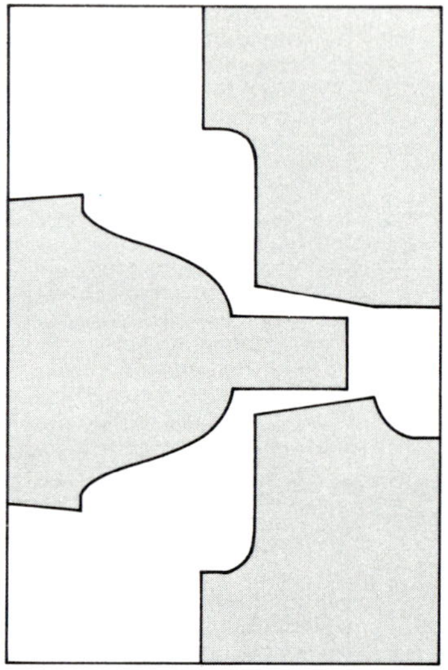

Der Ausschnitt für eine Sattelpasse wird wie der klassische Armausschnitt gearbeitet, nur 2,5–3,5 cm kürzer, um für die Passe Platz zu lassen. Auch die Armkugel wird wie die des eingesetzten Ärmels gearbeitet; statt jedoch die Schultermaschen abzuketten, strickt man weiter, bis die Passe der Schulterlänge entspricht. Für einen guten Sitz sollte die Passe nicht schmaler als 5 cm und nicht breiter als 7,5 cm sein. Zu berücksichtigen ist, daß das abgekettete Ende der Passe ein Teil des Halsausschnitts wird

Der klassische Armausschnitt mit eingesetztem Ärmel

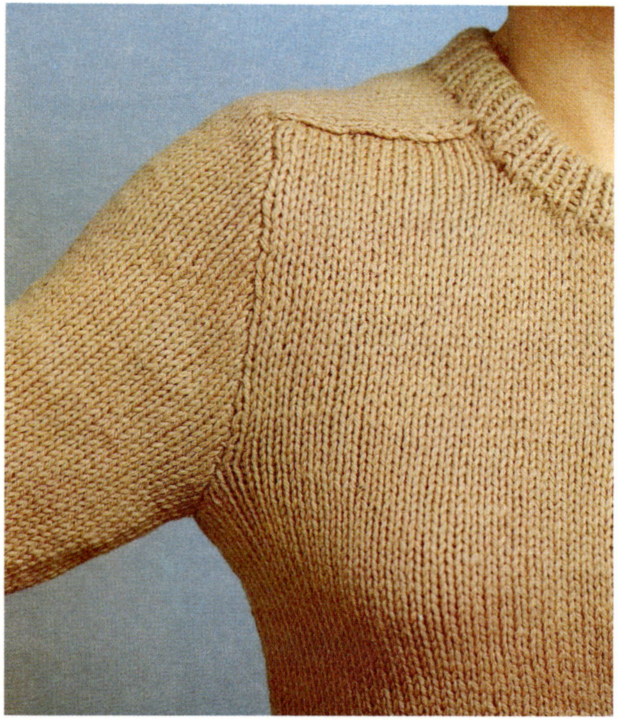

Ärmel mit Sattelpasse, eine Abwandlung der klassischen Form

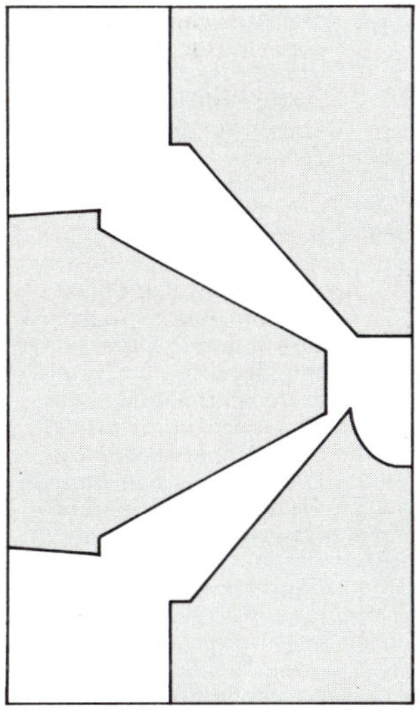

Raglanausschnitt Um die Abnahmen zu errechnen, Hälfte der Maschen für Halsausschnitt von der Gesamtmaschenzahl abziehen. Dann Maschen für weitere 5 cm abziehen (sie werden durch die Oberkanten der Ärmel ersetzt); dies ergibt Gesamtzahl der Abnahmen für 2 Armausschnitte. Für Raglanschrägung auf jeder Seite 1,5–2 cm abketten; restliche Abnahmen symmetrisch und gleichmäßig über die zu strickenden Reihen verteilen (Armausschnittiefe plus 2,5 cm). Ärmelschrägung mit derselben Reihenzahl arbeiten; mit 5 cm Breite enden

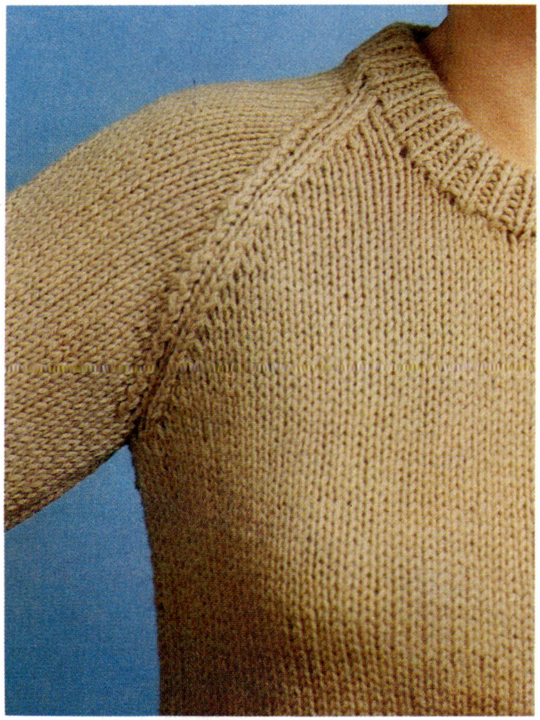

Ein Raglanärmel endet am Halsausschnitt

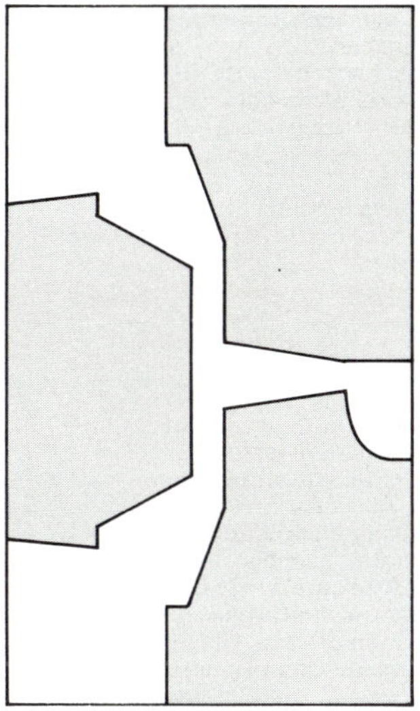

Ein Halbraglanausschnitt wird in der unteren Hälfte wie ein Raglan gearbeitet; die obere Hälfte und die Schultern werden wie beim klassischen Armausschnitt geformt. Die Abnahmen berechnet man wie für einen klassischen Armausschnitt, doch statt auf die ersten 4–5 Reihen verteilt man sie über die untere Hälfte der Ausschnitttiefe. Dann strickt man bis zur Schulter gerade weiter und formt diese wie üblich. Für den Ärmel nimmt man symmetrisch über dieselbe Reihenzahl wie für den Armausschnitt ab; die restlichen Maschen gerade abketten

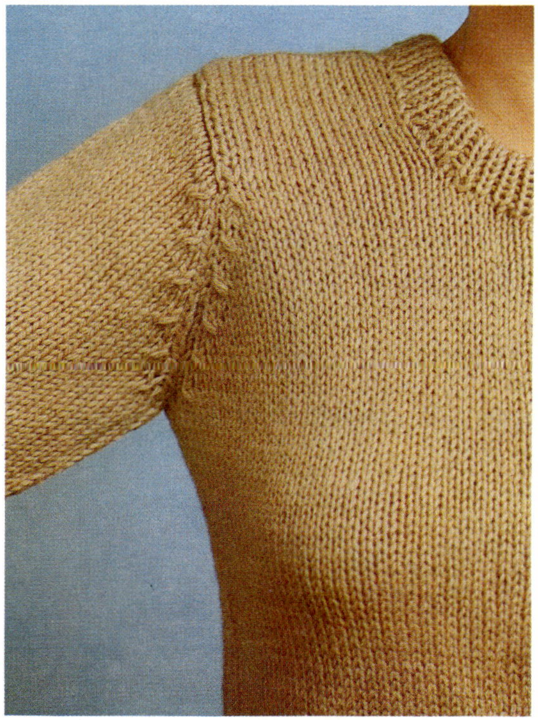

Ein Halbraglanärmel hat eine breite Armkugel

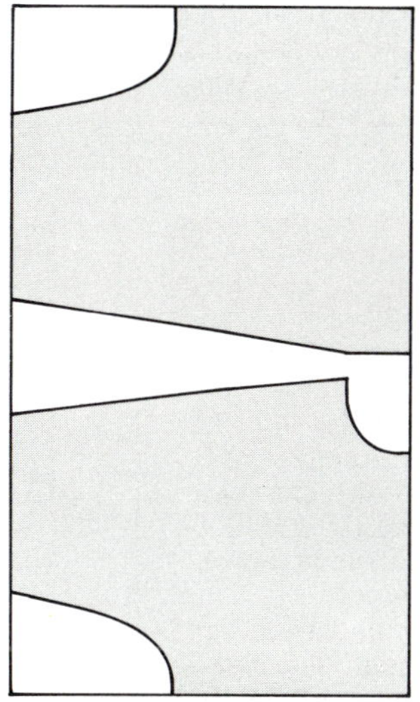

Ein Fledermausärmel entsteht durch die Erweiterung des Oberteils. Ab 5–7,5 cm unter der normalen Armausschnittiefe nimmt man für die Unterarmrundung über mehrere Reihen 2 Maschen auf jeder Seite zu. Für den Ärmel schlägt man am Anfang und Ende jeder Hinreihe die Maschen für 2,5–5 cm an, bis die Ärmellänge erreicht ist. Gerade weiterarbeiten, bis Ärmeltiefe halben Umfang des Handgelenks beträgt plus 2,5–5 cm Bewegungsweite. Um Ärmeloberkante zu formen, kettet man ab, wie angeschlagen wurde. Schulter wie üblich arbeiten

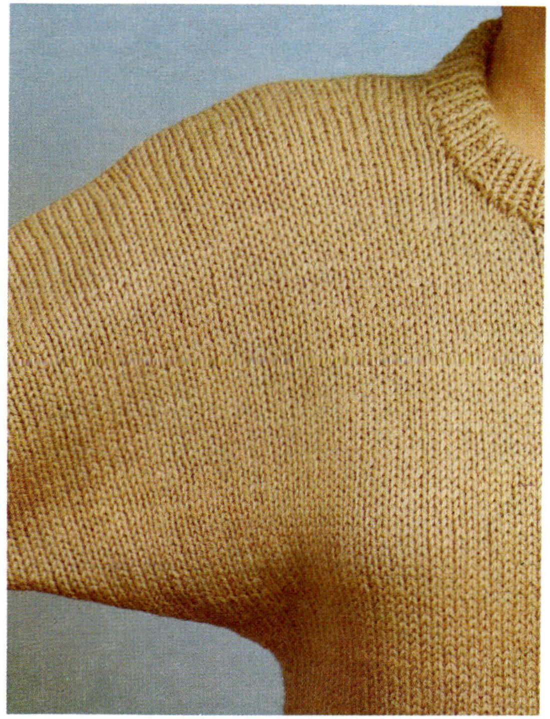

Ein Fledermausärmel wird zum Handgelenk hin enger

Rippenmuster 420 Maschen aufnehmen 437
Waagrechte Knopflöcher 481 Nähte 484–485

Abschlüsse für lange Ärmel

Ein Bündchen im Rippenmuster ist der übliche Abschluß für einen langen Pulloverärmel. Dafür verwendet man um ein oder zwei Nummern feinere Nadeln als für die Ärmel. Die Weite entspricht meist dem Handgelenk plus 2,5 cm. Schmale Rippen sind am besten geeignet, da sie elastisch sind und sauber aussehen. Ein Manschettenabschluß eignet sich für eine Bluse, einen modischen Pullover oder eine Jacke. Er wird gewöhnlich in einem festeren Muster (Perlmuster oder kraus rechts, S. 420) gestrickt und braucht deshalb einen Schlitz und einen Verschluß. Ein Saum oder eine Einfassung wählt man für einen weiten Ärmel, der am Handgelenk nicht anliegt, z. B. einen Kimonoärmel (S. 475–477).

Ärmelbündchen im Rippenmuster 1 M r, 1 M li findet man am häufigsten. Die durchschnittliche Bündchenhöhe beträgt 5–10 cm; je weiter der Ärmel ist, desto höher sollte das Bündchen sein. Eine gerade Anzahl von Maschen anschlagen und im Rippenmuster bis zur gewünschten Höhe stricken. Die Naht am Bündchen sollte kaum sichtbar sein; dazu auf jeder Seite die Randmaschen fassen

Ärmelbündchen im Rippenmuster 2 M r, 2 M li sind auffälliger als einfache Rippen und eher für sportliche Kleidung geeignet. Maschenanschlag teilbar durch 4 plus 2; im Rippenmuster 2 M r, 2 M li stricken, dabei jede Hinreihe mit 2 rechten Maschen beginnen und beenden. Das Bündchen mit Rückstichen schließen; dabei von jeder Seite eine rechte Masche fassen. Das fertige Bündchen sieht wie rundgestrickt aus

Gerippte Bündchen mit Aufschlag können im Rippenmuster 1 M r, 1 M li oder 2 M r, 2 M li gestrickt werden; sie sind durchschnittlich 10–12,5 cm hoch. Diese Art ist besonders für Kinderpullover geeignet, da der Ärmel mitwachsen kann. Nach einer der oben beschriebenen Methoden bis 4 Reihen vor der halben Bündchenhöhe stricken. Zu Beginn der nächsten 2 Reihen je eine Masche abketten (an jeder Seite entsteht eine Zacke). Bündchen fertigstricken. Die untere Hälfte links auf links schließen. An der Zacke den Ärmel wenden und die obere Hälfte rechts auf rechts schließen

Ein Manschettenabschluß eignet sich besonders für eine Strickbluse mit weiten Ärmeln. Der Schlitz sollte 5–7,5 cm lang sein, das Bündchen 2–2,5 cm hoch in einem Muster gearbeitet werden, das sich nicht rollt. Die Maschen für den Ärmel teilen: ein Drittel für die Rückseite, 2 Drittel für die Vorderseite. Die Teile einzeln stricken; dabei an jeder Schlitzkante zusätzlich 2 Maschen für einen Einschlag anschlagen. In entsprechender Höhe diese wieder abketten, die Teile zusammenfügen und den Ärmel fertigstricken. Die Naht schließen; die zusätzlichen Maschen an der Schlitzkante nach innen schlagen und annähen. An der unteren Ärmelkante Maschen in der Weite des Handgelenks plus 1,5 cm aufnehmen. Bei sehr weiten Ärmeln mehr Maschen als benötigt aufnehmen und in der ersten Reihe entsprechend abnehmen. Das Bündchen fertigstricken. An die vordere Kante eine Knopfschlinge häkeln (S. 311), an die andere einen Knopf nähen

Ein Manschettenabschluß mit Übertritt eignet sich für Pullover-, Jacken- oder Mantelärmel, die am Handgelenk anliegen. Er kann auch einen dekorativen Abschluß an einem weiteren Ärmel bilden; in diesem Fall sind keine Knopflöcher nötig. Der Schlitz sollte 7,5–10 cm lang, das Bündchen 2–2,5 cm hoch sein. Den Ärmel wie oben teilen und arbeiten, jedoch ohne zusätzliche Maschen; an der rückwärtigen Schlitzkante einen doppelten Kettenrand (S. 424) arbeiten, die vordere Kante einfach stricken. Den Ärmel fertigstricken und die Naht schließen. An der Ärmelunterkante und der vorderen Schlitzkante Maschen aufnehmen. Die Eckmasche markieren und hier in jeder zweiten Reihe doppelt zunehmen. In den Übertritt 2 senkrechte Knopflöcher arbeiten. Das obere Ende des Übertritts an den Ärmel nähen; Knöpfe annähen

Glatt rechts 420 Zunehmen 429–431
Abnehmen 432–433

Randabschlüsse

Ein Randabschluß hat eine dekorative Funktion, macht aber das Kleidungsstück auch formbeständig. Einfache Abschlüsse strickt man im Perlmuster, kraus rechts oder im Rippenmuster, damit sie sich nicht rollen, doppelte gewöhnlich glatt rechts. Die fertige Breite beträgt 5 mm–4 cm. Oft ist es nötig, den Randabschluß mit feineren oder stärkeren Nadeln als das übrige Kleidungsstück zu stricken, damit die Arbeit sich nicht wellt bzw. verzieht

Mitgestrickter Rand Für einen waagrechten Rand nach dem Anschlagen einige Reihen im Randmuster arbeiten, dann im Hauptmuster weiterstricken. Für einen senkrechten Rand das Randmuster an der Seite hinaufstricken. Bei einer Jacke beide kombinieren

Waagrechter Rand

Senkrechter Rand

Kombinierte Ränder

Ein angestrickter Rand braucht keine Naht, wenn man die Einzelteile des Kleidungsstücks vorher zusammennäht. Für einen einfachen, geraden Rand die der Kantenlänge entsprechende Maschenzahl aufnehmen. Mißt die Kante z. B. 50 cm und die Maschenprobe des Randmusters ergibt 10 Maschen auf 5 cm, nimmt man, gleichmäßig verteilt, 100 Maschen auf. Der fertige Rand muß flach anliegen. Für einen einfachen, gerundeten Rand genauso vorgehen, jedoch für die Rundung je nachdem zu- oder abnehmen. Für einen doppelten Rand 2,5–5 cm glatt rechts, eine Hinreihe als Bruchkante links, dann weitere 2,5–5 cm glatt rechts stricken; locker abketten. Rand nach innen schlagen; Kante annähen

Einfacher, gerader Rand

Einfacher, gerundeter Rand

Doppelter Rand

Angenähter Rand Der Kantenlänge entsprechende Maschenzahl anschlagen; in gewünschter Höhe locker abketten. Kleidungsstück und Rand nebeneinanderlegen und auf linker Seite zusammennähen. Für Schrägstreifenrand die der Kantenlänge entsprechende Maschenzahl anschlagen und bis zur doppelten Breite des gewünschten Randes glatt rechts stricken; dabei zu Beginn jeder Hinreihe eine Masche abnehmen und am Ende eine zunehmen. Streifenkante rechts auf rechts auf Kleidungsstück nähen; Streifen einschlagen und andere Kante annähen. Für eine Ecke nötige Maschenzahl anschlagen und Eckmasche markieren; hier in jeder zweiten Reihe doppelt zunehmen; abketten und annähen

Gerader Rand

Schrägstreifenrand

Eckiger Rand

Stricken · Ein Kleidungsstück stricken

Maschen abheben 428
Zierkante 478

Säume

Säume arbeitet man meist an den unteren Kanten eines Kleidungsstückes, manchmal auch an einem Armloch oder am Halsausschnitt. Dort, wo der Saum umgeschlagen wird, strickt man gewöhnlich eine Markierungsreihe. Diese kann aus abgehobenen Maschen, aus linken Maschen auf glatt rechts Gestricktem oder aus gleichmäßig verteilten Löchern bestehen. Damit der Einschlag nicht aufträgt, wird er glatt rechts mit um ein bis zwei Nummern dünneren Nadeln als das Kleidungsstück gestrickt. Die durchschnittliche Saumbreite ist für einen Erwachsenen 1,5–2,5 cm; bei Kinderkleidung ist ein breiterer Saum angebracht, damit das Kleidungsstück mitwachsen kann. Der Saum wird mit passendem Garn und festen, aber nicht zu straffen Stichen möglichst unsichtbar angenäht. Dickes Garn teilt man am besten und näht mit nur ein oder zwei Fäden.

Markierungsreihen stricken

Kante aus Linksmaschen Für glatt rechts Gestricktes geeignet. Auf um 1–3 Nummern feineren Nadeln als für das Kleidungsstück die für den unteren Rand benötigte Maschenzahl anschlagen und glatt rechts bis zur gewünschten Saumbreite stricken; mit einer Rückreihe (links) enden. Die nächste Hinreihe links stricken, so daß eine Rippe entsteht. Mit den stärkeren Nadeln glatt rechts weiterstricken. Den Saum entlang der Linksrippe nach innen schlagen

Kante aus abgehobenen Maschen Am besten für plastische Muster oder dickes Garn geeignet. Auf feineren Nadeln den Saum glatt rechts bis zur gewünschten Breite stricken; mit einer Rückreihe enden. Die nächste Hinreihe wie folgt stricken: * 1 M r, Fv, 1 M abh, Fh, 1 M r *. Anschließend mit stärkeren Nadeln im Muster weiterstricken

Zierkante Hübsch für Baby- und Kindersachen sowie für elegante Kleidungsstücke. Mit feineren Nadeln eine ungerade Maschenzahl anschlagen. Glatt rechts bis zur gewünschten Saumbreite stricken; mit einer Rückreihe enden. Nächste Reihe: * 2 M zus.str, Umschl *, 1 M r.
Anschließend mit stärkeren Nadeln im Muster weiterstricken

Den Saum befestigen

Überwendlingsstiche bilden einen sauberen, festen Saum auf mittelschwerem oder leichtem Gestrick. Passendes Garn einfädeln und die Nadel durch die Rückseite einer Masche des Kleidungsstücks und durch eine entsprechende Masche der Saumkante führen. Stiche fest, aber nicht zu straff anziehen, damit sich die Naht nicht kräuselt

Den Saum maschenweise aufzunähen empfiehlt sich für dickes Gestrick, da die Kante weniger aufträgt. Diese Technik kann angewendet werden, wenn der Saum am Ende einer Arbeit gestrickt oder wenn mit dem geschlungenen Anschlag (S. 415) begonnen wurde. Für einen Saum am Ende einer Arbeit jede Masche, wie abgebildet, direkt von der Stricknadel an eine entsprechende Masche auf der linken Seite nähen. Beim geschlungenen Anschlag die Maschen annähen, dann den Faden herausziehen

Der hohle Saumstich eignet sich am besten für ein schweres oder dickes Gestrick mit abgekettetem Rand, da dieser nicht gegen das Kleidungsstück gedrückt wird. Die Stiche liegen innen zwischen Saum und Kleidungsstück. Die Saumkante etwas zurückschlagen. Von rechts nach links arbeiten. Eine Masche vom Kleidungsstück, dann etwas links davon eine Masche vom Saum fassen. Den Faden nicht zu straff anziehen

Einen Saum aufstricken

Aufgestrickter Saum bei glatt rechts Ein sauberer Abschluß für eine Jacke oder einen Pullover, wenn eine begrenzt dehnbare, locker anliegende Unterkante erwünscht ist. Im allgemeinen wird hierbei keine Markierungsreihe gearbeitet. Der Einschlag muß unbedingt auf feineren Nadeln gestrickt werden, sonst steht die Unterkante ab. Auf um 2–3 Nummern kleineren Nadeln als für den Hauptteil den geschlungenen Maschenanschlag mit andersfarbigem Grundfaden arbeiten. Glatt rechts bis zur doppelten Saumbreite stricken; mit einer Linksreihe enden. Die Anschlagmaschen mit einer Hilfsnadel auffassen und den bunten Faden herausziehen. Den Saum links auf links hochschlagen und über die ganze Reihe je eine Masche von der Stricknadel und der Hilfsnadel rechts zusammenstricken. Mit den stärkeren Nadeln glatt rechts weiterstricken

Aufgestrickter Saum bei Rippenmuster Auf um eine Nummer stärkeren Nadeln als für den Hauptteil die Hälfte der erforderlichen Maschen nach der geschlungenen Methode mit andersfarbigem Grundfaden anschlagen. 2,5 cm glatt rechts stricken; mit einer Linksreihe enden. Die Anschlagmaschen auf eine Hilfsnadel nehmen und den Grundfaden entfernen. Den Saum links auf links hochschlagen; mit feineren Nadeln und im Rippenmuster abwechselnd je eine Masche von der Stricknadel und von der Hilfsnadel abstricken. Im Rippenmuster fortfahren

Ecken und Rundungen säumen

Saum für rechtwinklige Ecke Benötigte Maschen weniger 2,5 cm anschlagen; glatt rechts stricken, dabei an einer Seite in jeder zweiten Reihe eine Masche zunehmen, bis 2,5 cm dazugekommen sind. Markierungsreihe arbeiten. Glatt rechts weiterstricken, dabei an derselben Seite in jeder zweiten Reihe eine Masche zunehmen, bis 2,5 cm dazugekommen sind. Für senkrechte Markierungslinie in jeder Rechtsreihe eine Masche links abheben

Saum für Innenrundung Die Kante wird erweitert, damit sie glatt aufliegt, wenn der Saum nach innen geschlagen wird. Mit um ein oder zwei Nummern kleineren Nadeln als für den Hauptteil Maschen von der rechten Seite des Gestricks aus aufnehmen, dann auf der linken Seite für die Markierungslinie eine Reihe rechts stricken. 2,5 cm glatt rechts stricken, dabei entlang der Rundung mehrmals zunehmen. Locker abketten

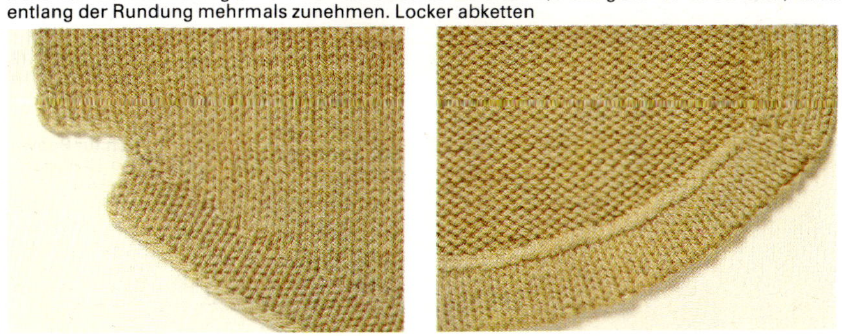

Saum für Außenrundung Die für den Saum erforderlichen Maschen anschl und 2,5 cm str. Dann Rundung arbeiten, indem man verkürzte Reihen über ein Viertel der Maschen und auf zweieinhalbmal die Saumbreite strickt; dabei Abstände zwischen den Wendepunkten allmählich verringern. Z. B.: Bei 78 M etwa 20 M ruhen lassen, dann diesen je 4 M, zweimal 3 M, dreimal 2 M und viermal eine M in jeder zweiten hinzufügen. Maschenzahl ausgleichen, damit Rundung glatt liegt. Ist Rundung geformt, Maschen für seitlichen Saum anschlagen

Taschen

Taschen können aufgesetzt oder mit Schlitz gestrickt werden. Für aufgesetzte (S. 480) ist jedes Muster, auch ein Häkelmuster, geeignet. Glatt rechts gestrickte brauchen einen Randabschluß, der sich nicht rollt. Schlitztaschen werden alle auf dieselbe Art gearbeitet, und alle brauchen ein Futter. Dies wird meist gestrickt; bei dicken Garnen ist ein Stoffutter mit einem gestrickten Futteransatz manchmal vorzuziehen. Die Anleitungen auf Seite 479 sind für eine rechte Tasche; die linke arbeitet man gegengleich. Meist wird die Tasche so angeordnet, daß ihre Mitte 8–12 cm von der Seitennaht entfernt liegt. Taschen messen durchschnittlich 10–12,5 cm im Quadrat; für den Rand gibt man 2,5–3,5 cm zu.

Waagrechte Schlitztaschen

Waagrechte Schlitztasche mit geripptem Rand Bis 2,5 cm unter dem Taschenschlitz stricken. Anfang und Ende der Taschenöffnung markieren. Im Muster weiterstricken, die Maschen zwischen den Markierungen jedoch im Rippenmuster (hier 1 M r, 1 M li). Nach 2,5 cm die Maschen der Tasche auf einer Hinreihe locker abketten und die Reihe zu Ende stricken (A). Für das Futter auf einer Hilfsnadel dieselbe Maschenzahl wie für den Taschenschlitz plus 4 Maschen anschlagen. 10–12,5 cm glatt rechts stricken; mit einer Hinreihe enden, an deren Anfang und Ende je 2 Maschen abgekettet werden; Faden abschneiden. Über das Kleidungsstück bis zur Taschenöffnung links stricken, die Maschen des Taschenfutters links abstricken (B), dann die restlichen Maschen des Kleidungsstücks. Das Futter ist nun eingestrickt. Den Teil über alle Maschen fertigstricken. Die 3 Seiten des Futters auf der linken Seite des Kleidungsstücks annähen

Waagrechte Schlitztasche mit Zierrand Bis zur Taschenöffnung stricken und mit einer Rückreihe enden. Für den Schlitz eine ungerade Maschenzahl abzählen und diesen Abschnitt an beiden Enden markieren. Die nächste Reihe bis zur ersten Markierung stricken; dann Taschenkante und Blende wie folgt arbeiten: Erste Markierung abh, 1 M r, * Umschl, 2 M r zus.str *, von * bis *bis zur zweiten Markierung wdh; wenden. Nun mit feineren Nadeln zwischen den Markierungen 2 cm glatt rechts stricken. Abketten (A), ein 30 cm langes Fadenende stehen lassen und damit die nach innen geschlagene Blende auf die linke Seite nähen. Für einen gestrickten Futteransatz der Anleitung für ein gestricktes Futter (links) folgen, jedoch nur 3,5 cm glatt rechts stricken; Faden abschneiden. Ansatz, wie links beschrieben, in das Kleidungsstück einstricken. Für das Futter aus einem leichten Stoff ein Rechteck, 2,5 cm breiter als der Taschenschlitz und 7,5–10 cm lang, zuschneiden. Die Seiten ringsum gut 1 cm breit umbügeln und heften. Den Futteransatz, wie links abgebildet (B), auf das Futter legen und entlang der einen Kante annähen. Das Futter an den restlichen 3 Seiten hohl aufnähen (S. 479 oben rechts). Für einen Taschenbeutel 2 Stoffteile zuschneiden, diese an 3 Seiten zusammennähen und eine offene Kante am Taschenansatz, die andere an der Taschenblende befestigen

Senkrechte Schlitztaschen

Links ein mitgestrickter Rand im Perlmuster; der gerippte (rechts) ist angestrickt

Senkrechte Schlitztasche mit mitgestricktem Rand Hinreihe bis zum Schlitzanfang stricken; restliche Maschen ruhen lassen. Mit erster Maschengruppe weiterstricken; dabei am Taschenrand 3,5 cm Randmuster stricken. Am oberen Schlitzende mit Hinreihe enden; Faden abschneiden; Maschen auf Hilfsnadel legen. Faden an zweiter Maschengruppe befestigen und Maschen für 2,5 cm breiten Futteransatz anschlagen. Bis zur Höhe der ersten Maschengruppe stricken; mit Rückreihe enden. In nächster Reihe die Maschen für den Futteransatz abketten, beide Maschengruppen zusammenbringen und die zweite abstricken (A). Über alle Maschen weiterstricken. Stoffutter 10 cm breit und in Schlitzlänge plus 5 cm zuschneiden; am Futteransatz (S. 478, unten rechts) und am Kleidungsstück befestigen (B)

Senkrechte Tasche mit aufgestricktem Rand Schlitz ohne Randmuster oder Futteransatz arbeiten. Maschen entlang vorderer Taschenkante aufnehmen und im Randmuster 3,5 cm stricken; abketten. Futter annähen. Taschenrand oben und unten annähen

Schräge Schlitztaschen

Perlmusterrand, als Verlängerung des Schlitzes gestrickt

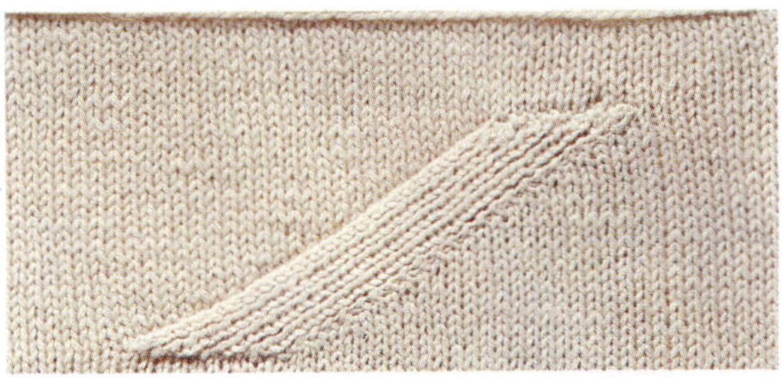

Gerippter Rand, getrennt gestrickt und angenäht

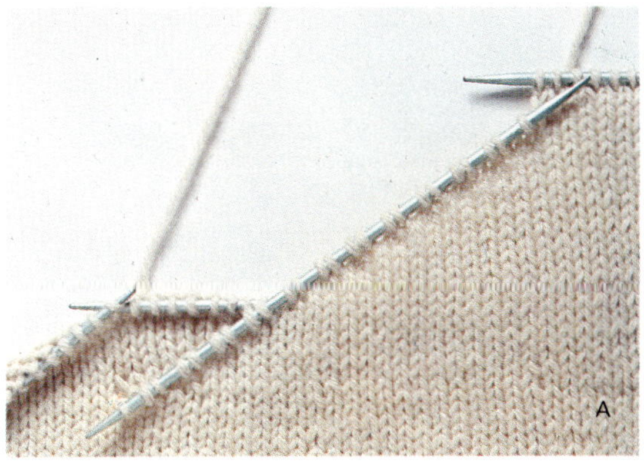

Schräge Schlitztasche mit angestricktem Rand Hinreihe bis zum unteren Schlitzende stricken; verbleibende Maschen ruhen lassen. Mit erster Maschengruppe weiterstricken; dabei in jeder Hinreihe 2–3 Maschen vor Reihenende wenden, bis eine Masche der vorgesehenen Öffnung übrigbleibt. Maschen für Tasche auf Hilfsnadel nehmen, ebenso erste Maschengruppe. Futteransatz stricken wie für Tasche mit Zierrand (S. 478); mit Rückreihe enden. In nächster Reihe über Futteransatz und zweite Maschengruppe stricken (A), dann weiterstricken bis Höhe der ersten Gruppe. Beide zusammenbringen; Teil fertigstricken. Taschenrand stricken; dabei am Anfang jeder Hinreihe eine Masche zunehmen, am Ende eine abnehmen. Futter befestigen (S. 478)

Schräge Schlitztasche mit angenähtem Rand Schlitz wie oben arbeiten, jedoch Maschen am Schlitz abketten, statt zu wenden. Für Rand eine Masche anschlagen und markieren. In jeder zweiten Reihe eine Masche zunehmen, bis Streifen 3 cm breit ist; im Muster weiterstricken, bis Rand 1 cm weniger als Öffnung mißt. An markierter Kante in jeder zweiten Reihe eine Masche abnehmen, bis eine übrigbleibt. Faden sichern. Rand annähen

Doppelter Knötchenrand 424
Überwendlingsstich, Hohlstich 485

Aufgesetzte Taschen

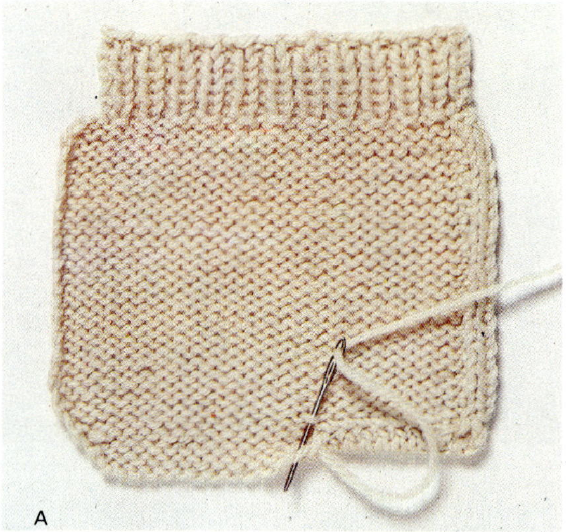

Aufgesetzte Tasche, kraus rechts Benötigte Maschenzahl minus 4 anschlagen. Kraus rechts oder in anderem nichtrollendem Muster stricken; am Anfang und Ende der zweiten und vierten Reihe je eine Masche zunehmen. In gewünschter Höhe abketten. Lage der Tasche markieren; Tasche hohl annähen

Aufgesetzte Tasche, glatt rechts mit Rippenrand Benötigte Maschenzahl minus 2 anschlagen. Erste Reihe links, dann glatt rechts stricken; am Anfang und Ende der ersten 3 Rechtsreihen je eine Masche zunehmen. Dies ergibt 3 Reihen Einschlag unten sowie 2 Maschen Einschlag seitlich. 3 cm vor fertiger Höhe Anfang der nächsten 2 Reihen je 2 Maschen abketten. Mit um eine Nummer stärkeren Nadeln 2,5 cm im Rippenmuster stricken; abketten. Einschläge nach innen falten; annähen (A). Tasche hohl annähen; dazu Stricknadel durch Maschen entlang der Ansatzlinie führen und durch die erhabenen Maschenschlingen stechen (B)

Aufgesetzte Tasche, glatt rechts angestrickt Lage der Tasche markieren. Mit rechter Seite der Arbeit nach oben und Faden hinter der Arbeit, entlang der unteren Ansatzlinie Maschen aufnehmen (je eine durch eine Masche des Gestricks); Faden sichern. Arbeit wenden; mit neuem Faden glatt rechts mit doppeltem Knötchenrand stricken. In fertiger Höhe Linksreihe als Markierungslinie stricken. Mit feineren Nadeln 4 Reihen glatt rechts stricken; dabei an beiden Enden jeder Rechtsreihe eine Masche abnehmen; abketten (A). Einschlag innen festnähen. Tasche seitlich annähen (B)

Taschenklappe 1 cm über Taschenrand Maschen in Taschenbreite aufnehmen. Glatt rechts stricken, dabei seitlich 2 cm breiten Rand kraus rechts arbeiten, bis Klappe ein Viertel der Taschenhöhe mißt. 2 cm kraus rechts stricken, dabei an beiden Enden jeder zweiten Reihe eine Masche abnehmen

Kettmasche 275 Einfacher Anschlag 415
Abketten 422 Zunehmen durch Umschlag 429

Knopflöcher

Es gibt drei grundlegende Knopflocharten – rund (für Babykleidung und Ösen), senkrecht (gewöhnlich in der Mitte einer senkrechten Leiste) und waagrecht (für Jacken, Mäntel und Strickwesten). Knopflöcher werden stets nach den Knöpfen ausgerichtet. Ein rundes Knopfloch stimmt mit dem Knopf genau überein; ein senkrechtes ist um eine Reihe höher, ein waagrechtes zur vorderen Mitte hin um eine Masche breiter. Ausgangspunkte für die Anordnung sind der Hals, die stärkste Stelle der Brust sowie unmittelbar über der Unterkante. Alle anderen Knopflöcher werden zwischen diesen Punkten gleichmäßig verteilt. Man kann das Knopfloch auch mit einem geteilten Faden desselben Garns oder mit Knopflochseide umnähen.

Rundes Knopfloch Auch als Öse zu verwenden. Für jedes Knopfloch in der Hinreihe einen Umschlag arbeiten, dann 2 Maschen zusammenstricken. In der Rückreihe alle Maschen und den Umschlag im Muster stricken

Senkrechtes Knopfloch Die Arbeit am unteren Ende des Knopflochs teilen, jede Maschengruppe getrennt bis zur gewünschten Höhe stricken, dann beide wieder zusammenbringen. Bei beiden Maschengruppen muß man mit derselben Reihe, d. h. mit einer Hinreihe oder mit einer Rückreihe, enden

Waagrechtes Knopfloch In der Hinreihe die dem Durchmesser des Knopfs entsprechende Maschenzahl abketten. In der Rückreihe aus der letzten Masche vor der Öffnung 2 Maschen stricken (S. 431). Auf die rechte Nadel mit einfachem Anschlag eine Masche weniger anschlagen, als abgekettet wurde. Im Muster fortfahren

Ein Knopfloch umnähen

Umstechen ist die einfachste Methode, ein Knopfloch fertigzustellen. So wird der Rand verstärkt, ohne daß er seine Dehnfähigkeit verliert. Man näht in gleichmäßigen Abständen gleich tiefe, schräge Stiche über die Kante

Der Knopflochstich bildet einen festen Abschluß. Er ist besonders zu empfehlen, wenn die Knopflöcher mit Ripsband oder Nahtband unterlegt werden, da er die Schnittkanten besser abdeckt. Von rechts nach links arbeiten; Stiche dicht nebeneinander nähen

Eingeschnittene Knopflöcher

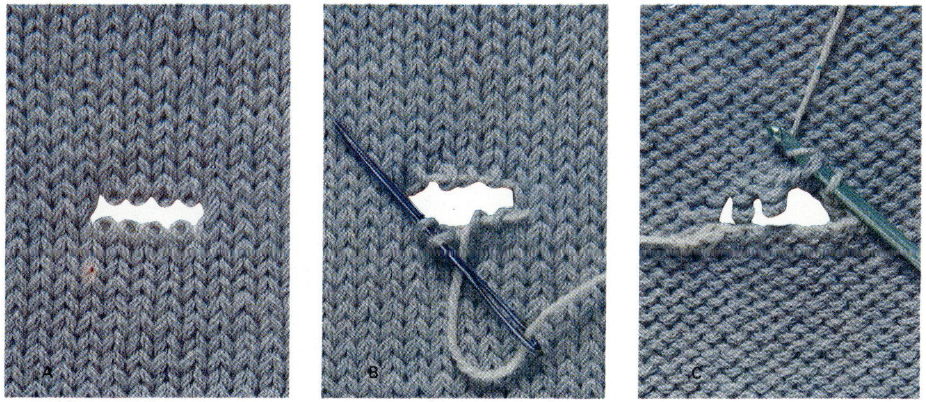

Mit dieser Technik kann man Knopflöcher in eine fertige Strickarbeit einarbeiten. Über und unter der betreffenden Reihe und an jedem Ende der Öffnung Heftfadenmarkierung anbringen. In der Mitte eine Masche mit einer kleinen Schere aufschneiden und den Faden bis zu den Markierungen herausziehen (A); Fäden auf der Rückseite verknoten. Für einen einfachen Abschluß passenden Faden durch jede Masche der Öffnung ziehen (B); Faden vernähen. Für gehäkelten Abschluß Anfangsschlinge bilden und auf Häkelnadel legen. Auf linker Seite der Arbeit Häkelnadel mit Schlinge in die zweite Masche rechts vom Knopfloch stechen, eine Kettmasche häkeln, dann eine weitere durch nächste Masche nach links. Anschließend in jeder offenen Masche des Knopflochs eine Kettmasche häkeln, dabei von der rechten Seite aus einstechen, dann links von der Öffnung 2 weitere Kettmaschen. Andere Kante genauso arbeiten (C); Faden vernähen

Stricksachen fertigstellen

Spannen
Stricksachen waschen
Stoßnähte
Maschenstich
Strickteile mit Nahtzugabe verbinden
Ärmel einsetzen
Kanten aufnähen
Einen Reißverschluß einnähen
Nähte und Kanten verstärken
Weite und Länge anpassen
Stricksachen besticken
Alphabet zum Aufsticken

Spannen

Um das Strickteil richtig zu formen und Unregelmäßigkeiten im Maschenbild sowie eingerollte Ränder zu beseitigen, wird es aufgesteckt und befeuchtet oder gedämpft.

Im allgemeinen geben Strickanleitungen die fertigen Maße an, sonst kann man sie anhand der Maschenprobe selbst errechnen. Hat die Schulter z. B. 28 Maschen und die Maschenprobe sieht 14 Maschen auf 5 cm vor, muß die Schulter 10 cm breit sein. Wurden für eine Unterarmnaht 96 Reihen gestrickt und die Maschenprobe ergibt 16 Reihen auf 5 cm, muß die Naht 30 cm lang sein.

Um die gewünschte Form einzuarbeiten, gibt es zwei Methoden. Bei der ersten werden die Teile gedämpft; sie eignet sich am besten für Wollgarne und Garne aus anderen Naturfasern. Bei der zweiten werden die Teile nur durch Feuchtigkeit geformt; sie ist für sehr plastische Muster sowie für einige synthetische Garne vorzuziehen. Im Zweifelsfall ist es immer besser, nach der zweiten Methode vorzugehen. Sie braucht zwar mehr Zeit, man kann aber sicher sein, daß das Garn nicht beschädigt wird. Manche Banderolen weisen ausdrücklich darauf hin, daß das Garn nicht gebügelt werden darf. Ein solcher Hinweis ist unbedingt zu beachten.

Da man feuchtes Garn formen kann, ist es auch möglich, ein Kleidungsstück bis zu einem bestimmten Grad größer zu machen. Dies hängt davon ab, aus welchem Material das Garn besteht, wie fest es gesponnen wurde und wie dicht oder offen das Strickmuster ist. Naturgarne, wie beispielsweise Wolle, Baumwolle und Seide, sprechen mehr auf diese Behandlung an als die meisten synthetischen Garne; ein offenes Muster dehnt sich stärker als ein dichtes. Im allgemeinen ist es jedoch bei keiner

Beim Dämpfen wird ein Strickstück unter Einwirkung von Feuchtigkeit und Hitze in die gewünschte Form und Größe gebracht. Ein Dampfbügeleisen eignet sich dafür am besten; sonst verwendet man ein gewöhnliches Bügeleisen und ein feuchtes Tuch; das Bügeleisen wird nur dicht über dem Tuch bzw. dem Gestrick gehalten, nicht aufgesetzt. Das Strickteil wird mit der linken Seite nach oben auf eine gepolsterte, nicht zu weiche Unterlage gelegt (S. 483, oben); dann werden die Maße abgestimmt. Zuerst steckt man die Ecken auf, dann die Ränder. Man verwendet große, rostfreie Nadeln, die man schräg einsteckt. Die Abstände wählt man so, daß die Ränder keine Zacken aufweisen. Das gedämpfte Strickstück läßt man aufgesteckt liegen, bis es völlig trocken ist

Garn- oder Musterart möglich, das Kleidungsstück um mehr als eine Nummer größer zu machen; beim Waschen zieht es sich meist wieder zusammen.

Wichtig beim Spannen ist eine ebene Fläche, auf der man das Strickstück voll ausbreiten und mit rostfreien Nadeln aufstecken kann. Ein gepolstertes Brett ist dafür ideal. Auf Seite 55 wird beschrieben, wie ein Spannbrett für Stickereien hergestellt wird; dieses eignet sich auch für Strick- und Häkelarbeiten, allerdings sollte es 60 × 90 cm groß sein. Sonst kann man den Teppich mit Plastikfolie schützen und den Fußboden zum Spannen benutzen. Auf der Unterlage breitet man ein Handtuch aus. Will man das Gestrick dämpfen, braucht man ein Dampfbügeleisen bzw. ein normales Bügeleisen und ein Bügeltuch, sonst nur ein großes, saugfähiges Tuch.

Als erstes vernäht man alle losen Garnenden (rechts). Gewöhnlich werden die Strickteile vor dem Zusammennähen gespannt; so sind sie leichter zu handhaben und lassen sich nachher einfacher verbinden. Zuerst werden die Rückenteile gespannt, dann die Vorderteile. Armausschnitte, Schultern und Seitennähte müssen exakt übereinstimmen. Beide Ärmel müssen genau gleich sein. Rippenbündchen werden nicht gespannt, da sie sonst ihre Elastizität verlieren.

Manchmal wird das Strickstück nach dem Spannen gebügelt, um Unebenheiten oder Nähte zu glätten. Dies hängt vom Garn und vom Strickmuster ab. Die meisten synthetischen Garne sollten nicht gebügelt werden – Hitze und Druck wirken sich bei ihnen nachteilig aus. Glatt rechts und ähnliche glatte Muster gewinnen oft durch Bügeln; sehr plastische Muster wie die irischen werden plattgedrückt. Durch Bügeln werden die natürlichen Unregelmäßigkeiten des Handgestrickten weitgehend ausgeglichen; manchmal will man diesen Effekt erhalten.

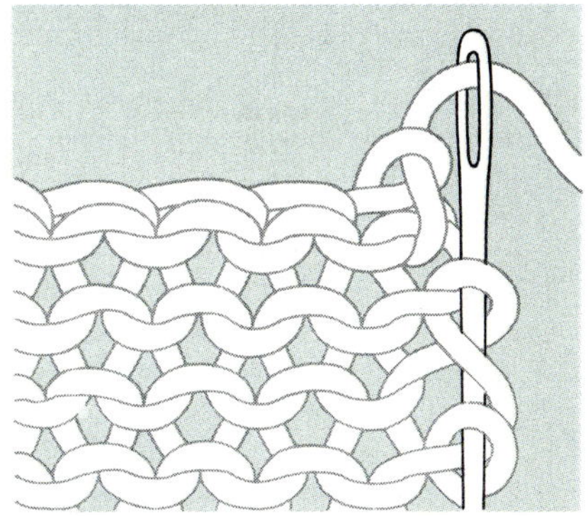

Lose Garnenden mit stumpfer Sticknadel 5 cm in Nahtkante vernähen

Auch durch Feuchtigkeit allein kann ein Strickstück geformt werden. Ein Strickteil (gegenüber abgebildet) auf ein nasses Handtuch legen, genau ausmessen und aufstecken. Ein feuchtes Tuch darüber breiten und das Gestrick liegen lassen, bis es trocken ist. Ein fertiges Strickstück nach der Wäsche vorsichtig ausdrücken; dann auf ein trockenes Handtuch legen, in Form bringen und vollständig trocknen lassen

Stricksachen waschen

Handwäsche

Die Handwäsche ist für jeden Garntyp geeignet, ist aber für Wolle besonders zu empfehlen.
Das Stück in lauwarmem bis kaltem Wasser mit Feinwaschmittel waschen; nur leicht drücken und im Wasser schwenken, nicht wringen. Bei hartnäckigen Flecken etwas Waschmittel direkt auf die Stelle geben, dann vorsichtig reiben, bis der Schmutz entfernt ist.
Mehrmals spülen; das Wasser sollte dieselbe Temperatur wie das Waschwasser haben.
Nach dem letzten Spülgang das Wasser ablaufen lassen, dann das Strickstück mit beiden Händen vorsichtig ausdrücken, in ein Handtuch rollen und nochmals gut ausdrücken. Flach ausbreiten und in Form bringen (links); vollständig trocknen lassen.

Waschen in der Maschine

Dies ist für Garne zu empfehlen, die vom Hersteller als waschmaschinenfest bezeichnet werden.
Das Strickstück mit der linken Seite nach außen waschen. Die Maschine auf Feinwäsche oder Wolle einstellen; warm (30 °C) oder kalt waschen. Kalt mit Weichspüler im letzten Spülgang spülen. Im Trockner bei höchstens 50 °C trocknen; Strickstück herausnehmen, sobald es trocken ist.

Sticknadeln ohne Spitze 413
Schulterschrägung durch Wenden 469

Stoßnähte

Stoßnähte bieten die Möglichkeit, Strickteile fast unsichtbar zu verbinden. Abgekettete Ränder werden zusammengenäht (unten), offene mit Maschenstichen (ganz unten) verbunden. Beide Methoden sind besonders für schwere Garne zu empfehlen.

Zusammengenäht wird nach vier Methoden. Bei allen wird der Faden abwechselnd durch eine Masche an jeder Kante gezogen, so daß dazwischen eine Reihe von Stichen entsteht. Man verwendet meist das Strickgarn; bei Phantasiegarnen nimmt man passendes, glattes Garn. Eine Sticknadel ohne Spitze hat den Vorteil, daß sie das Garn nicht spaltet. Diese Methoden gelten nur für saubere Ränder, die beide die gleiche Maschenzahl haben; sonst siehe Seite 484, oben.

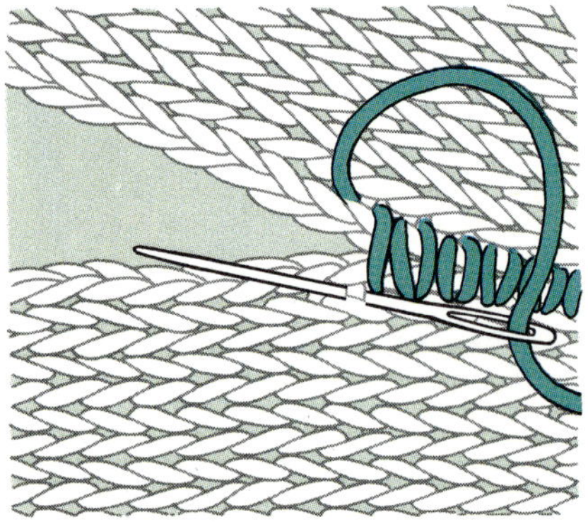

Glatt rechts, Seitennähte Teile mit rechter Seite nach oben nebeneinander ausrichten. *Unter Querschlinge neben Randmasche des einen Teils stechen, dann unter entsprechende Schlinge des anderen*

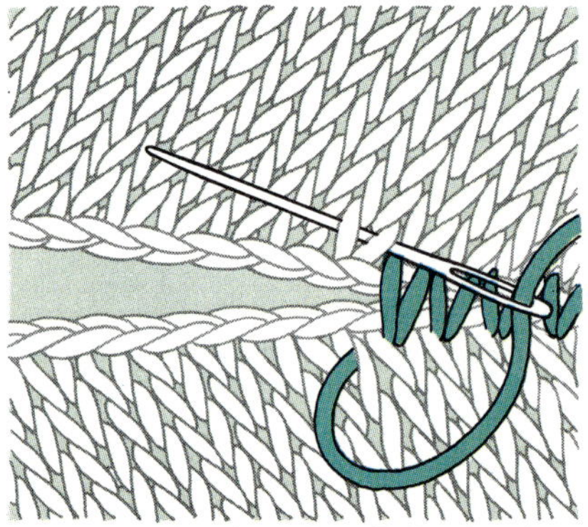

Glatt rechts, Schulternähte Teile mit rechter Seite nach oben nebeneinander ausrichten. Faden befestigen. *Unter rechte Masche neben Abkettreihe des einen Teils stechen, dann unter entsprechende Masche des anderen*

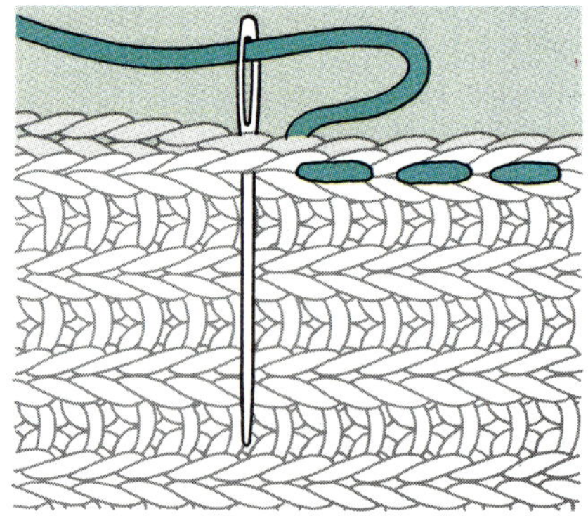

Rippenmuster, Seitennähte Teile rechts auf rechts ausrichten. Faden befestigen. *Durch 2 nebeneinanderliegende Randmaschen von hinten nach vorn stechen, durch die nächsten nach hinten*

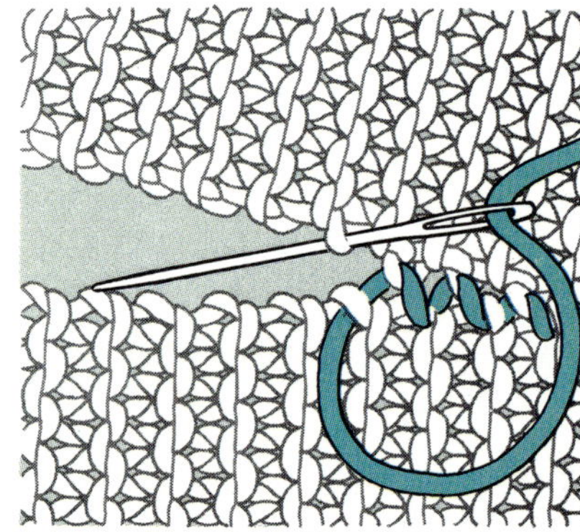

Kraus rechts, Seitennähte Teile mit rechter Seite nach oben nebeneinander ausrichten. Faden befestigen. *Durch untere Masche des einen Rands, dann durch die entsprechende obere Masche des anderen stechen*

Maschenstich

Mit Maschenstichen werden Strickteile direkt von der Stricknadel waagrecht miteinander verbunden. Die Naht ist glatt und dehnbar. Beide Ränder müssen die gleiche Maschenzahl haben. Die Technik eignet sich beispielsweise für Schulterkanten, die durch Wenden geschrägt wurden.

Für den Maschenstich hält man beide Nadeln in der linken Hand, so daß die Strickteile links auf links aufeinanderliegen. Man kann auch beide Strickteile, wie abgebildet, mit der rechten Seite nach oben auf einen Tisch legen. Mit einer stumpfen Sticknadel und einem Faden vom passenden Garn sticht man durch jede Masche, läßt sie aber erst von der Stricknadel gleiten, nachdem der Faden durchgezogen wurde.

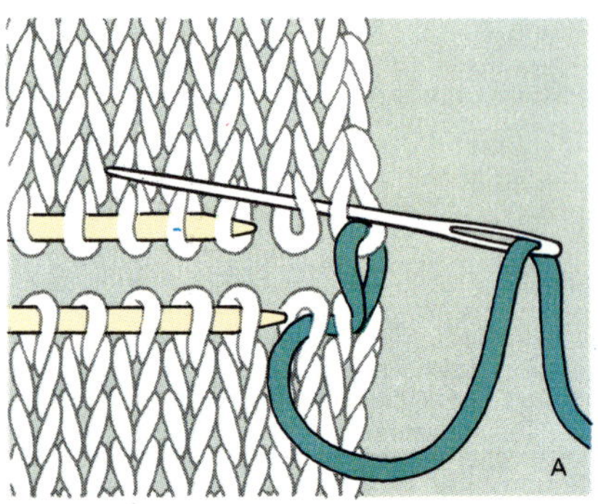

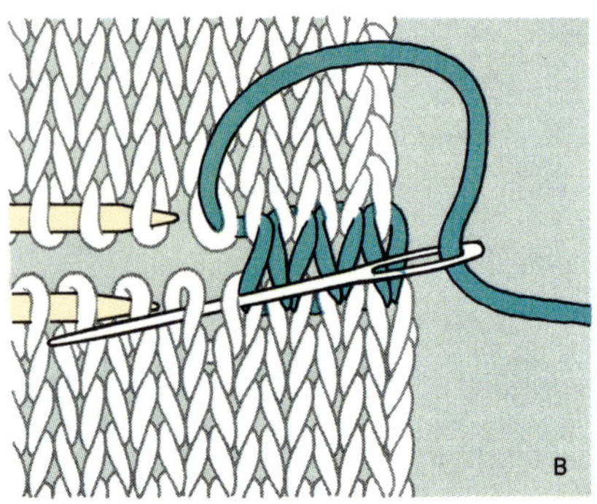

Glatt rechts Von hinten durch untere und obere Randmasche stechen; von vorn wieder durch untere Masche stechen; durch nächste untere Masche von hinten stechen. *Von vorn wieder durch erste obere Masche stechen; durch nächste obere Masche von hinten stechen (A). Von vorn wieder durch untere Masche stechen, dann von hinten durch nächste untere Masche (B)*

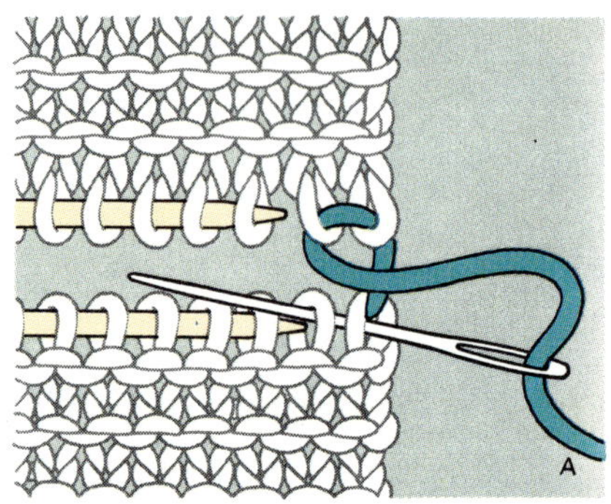

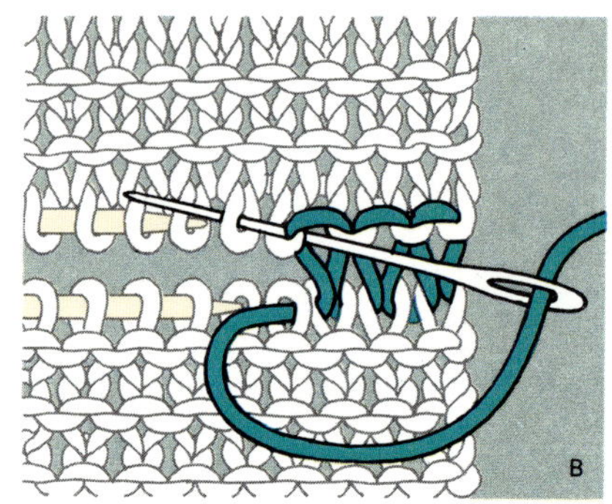

Kraus rechts Von hinten durch untere und obere Randmasche stechen, dann von vorn durch nächste obere Masche. *Von vorn wieder durch untere Masche stechen, dann von hinten durch nächste Masche stechen (A). Von hinten wieder durch die obere Masche stechen, dann von vorn durch die nächste obere Masche (B)*

Strickteile mit Nahtzugabe verbinden

Nahtzugaben verwendet man bei Strickteilen mit ungeraden Kanten, z. B. bei einer Schulter, die stufenweise abgekettet wurde. Mit ihnen kann man auch ein Strickstück enger machen oder gerundete Nähte formen, weil die Stiche beliebig weit vom Rand genäht werden können. Diese Methode eignet sich am besten für feine und mittelstarke Garne.

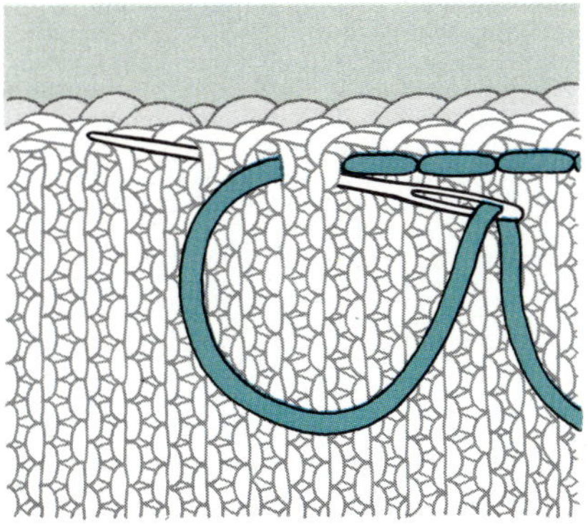

Rückstich Teile rechts auf rechts ausrichten. Mit stumpfer Nadel 2 Maschen innerhalb der Seitenkante ausstechen. *2 Maschen rechts vom Ausstich einstechen, dann 2 Maschen links vom Ausstich wieder ausstechen*

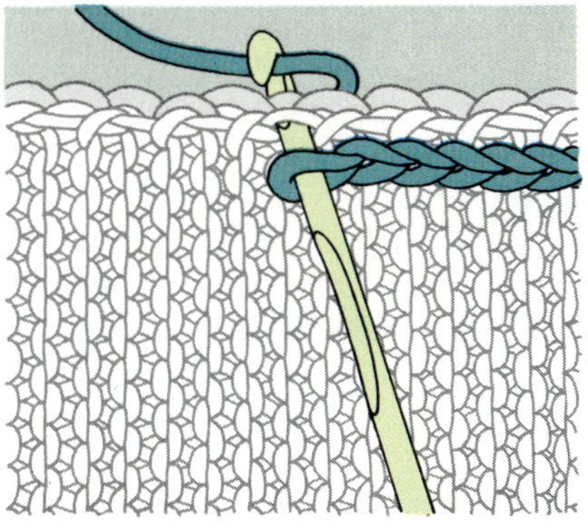

Häkelnaht mit Kettmaschen Mit Häkelnadel entsprechender Stärke durch beide Teile Garnschlinge ziehen; *eine Masche weiter einstechen, Faden holen, durch beide Teile und Schlinge auf Nadel ziehen*

Ärmel einsetzen

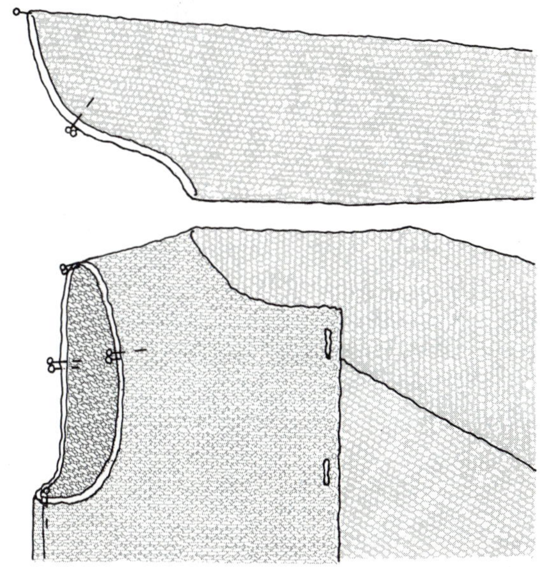

Die Armkugel ist anders gerundet als der Armausschnitt und manchmal auch etwas größer. Für eine saubere Verbindung Seiten-, Schulter- und Unterarmnähte des Kleidungsstücks schließen. Den Ärmel längs in der Mitte falten; die Mitte mit einer Stecknadel markieren; jeweils die Mitte der Kante zwischen Schulter- und Unterarmnaht ebenfalls markieren. Am Kleidungsstück die entsprechenden Punkte am Armausschnitt markieren. Ärmel und Kleidungsstück rechts auf rechts an den Markierungen und an den Unterarmnähten ausrichten und zusammenstecken. Die Naht auf der Innenseite des Ärmels mit Rückstichen schließen.

Kanten aufnähen

Kanten sollten so unauffällig wie möglich aufgenäht werden. Bei allen unten dargestellten Methoden wird das Strickstück beim Nähen hin und wieder leicht gedehnt, damit die Naht elastisch bleibt. Der Überwendlingsstich wird für die meisten flachen Säume verwendet. Er bildet eine feste Naht und verhindert gleichzeitig, daß der Rand sich rollt. Der Hohlstich eignet sich nur für Faltkanten, etwa um eine aufgesetzte Tasche mit eingeschlagenen Kanten anzunähen. Ein geschlungener Anschlag oder ein am Ende einer Arbeit angestrickter Saum kann mit einer Variante des Maschenstichs (unten) oder mit Überwendlingsstichen befestigt werden. Diese Methode ist besonders für schwere Garne zu empfehlen.

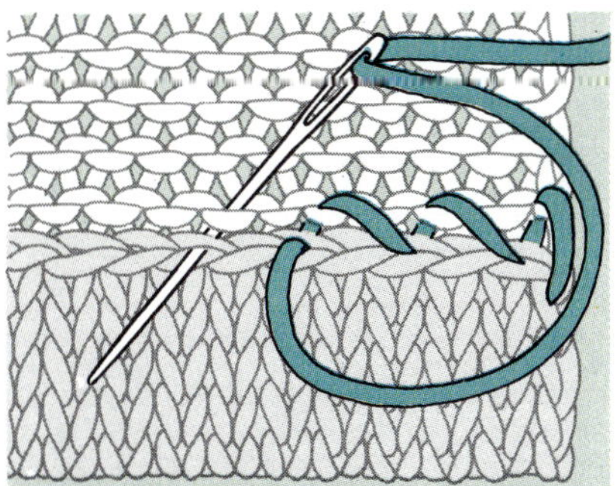

Überwendlingsstich *Im rechten Winkel unter eine Schlinge (linke Masche) des Gestricks stechen, dann durch entsprechende Masche der Kante; Faden durchziehen*

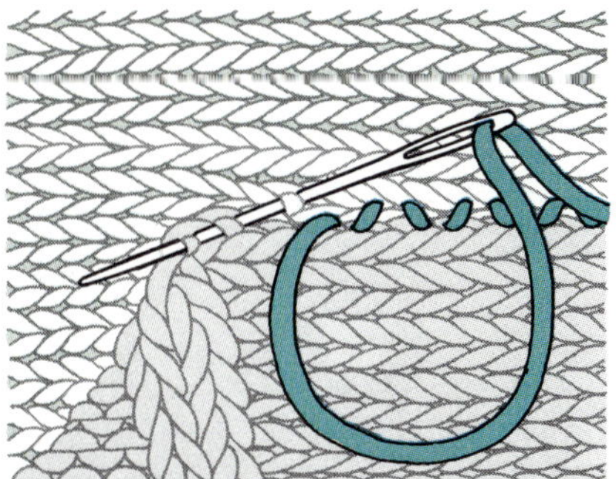

Hohlstich *Unter eine Masche des Gestricks (bei glatt rechts linke Maschensäule), dann unter 1 oder 2 Maschen des umgeschlagenen Rands stechen; Faden durchziehen*

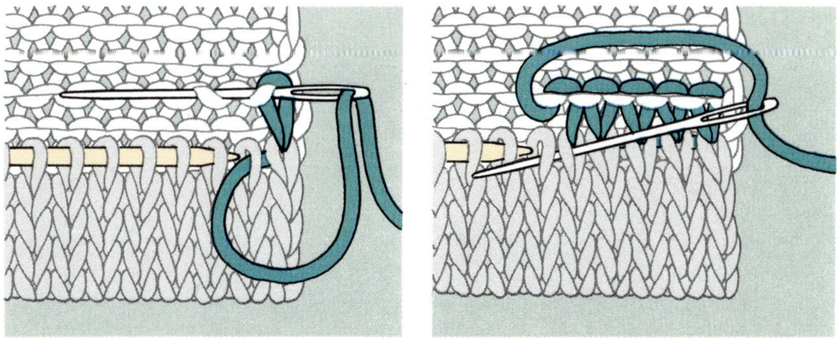

Maschenstich Von hinten durch erste Masche auf Stricknadel stechen, dann nach oben durch erste linke Masche und nach unten durch zweite linke Masche des Gestricks. *Von vorn wieder durch erste Masche auf Stricknadel stechen, dann von hinten durch nächste. Nach oben durch zweite linke Masche des Gestricks, dann durch nächste nach unten stechen*

Stricken · Stricksachen fertigstellen

Kettmaschen 275 Gestrickte Knopflöcher 481
Rückstich 485 Überwendlingsstich 485

Einen Reißverschluß einnähen

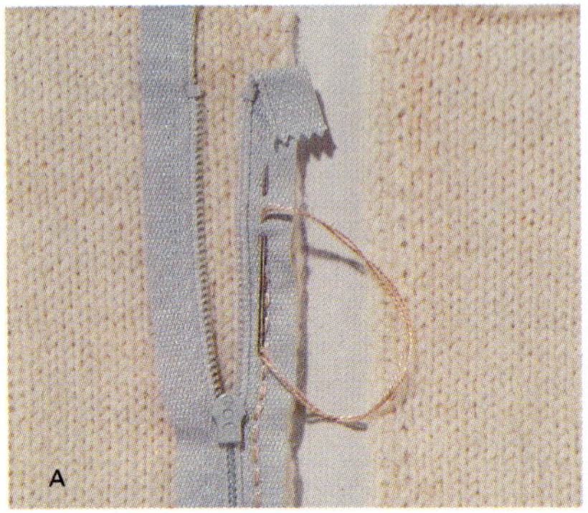

Eine Seite mit Rückstichen annähen

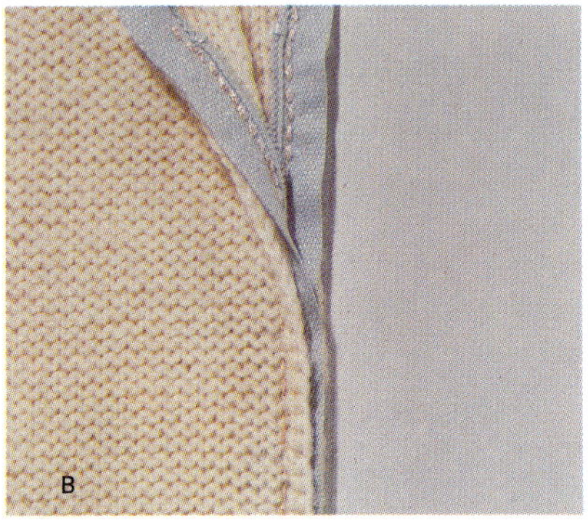

Zweite Seite angenäht

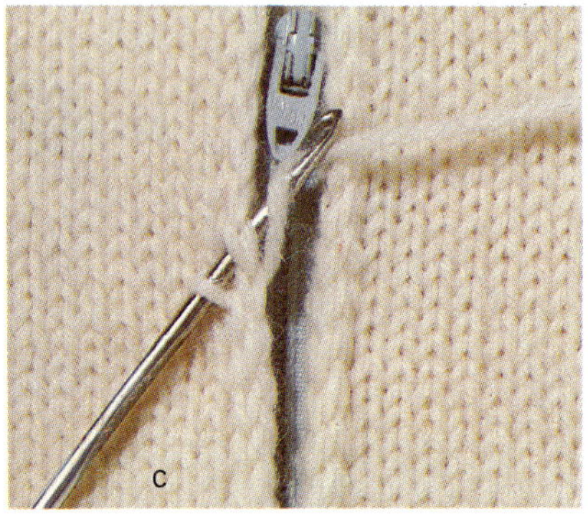

Entlang den Rändern Kettmaschen häkeln

Bei einem Kleidungsstück aus feinem oder mittelschwerem Garn entlang der Reißverschlußöffnung Kettmaschen häkeln; dies ergibt einen sauberen, festen Rand. Für einen Einschlag an beiden Rändern 2 Reihen feste Maschen häkeln. Um den Reißverschluß anzunähen, diesen öffnen und eine Seite rechts auf rechts so auf das Kleidungsstück legen, daß Bandkante und Strickkante übereinstimmen. Den Reißverschluß entlang der Ansatzlinie des Häkelrands mit Rückstichen annähen (A). Das Strickstück rechts auf rechts so falten, daß die Öffnungskanten übereinstimmen; die zweite Seite des Reißverschlusses annähen (B). Reißverschluß schließen; Öffnung von rechts leicht bügeln. Entlang den Öffnungsrändern Kettmaschen häkeln (C)

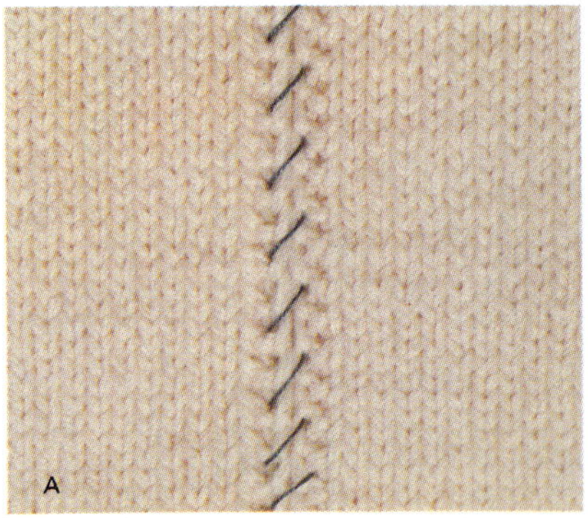

Die Ränder der Öffnung zusammenheften

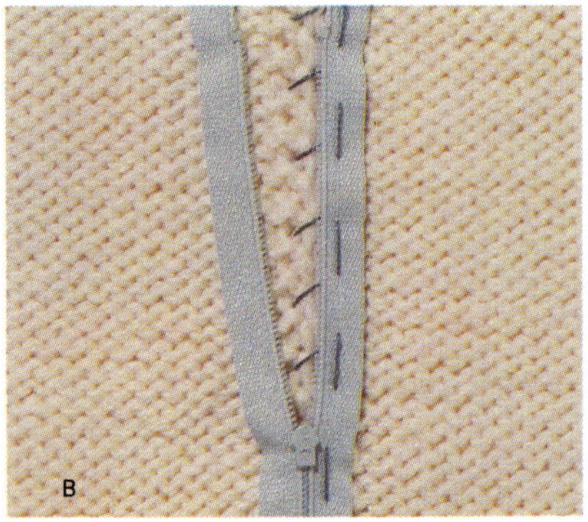

Reißverschluß rechts auf links heften

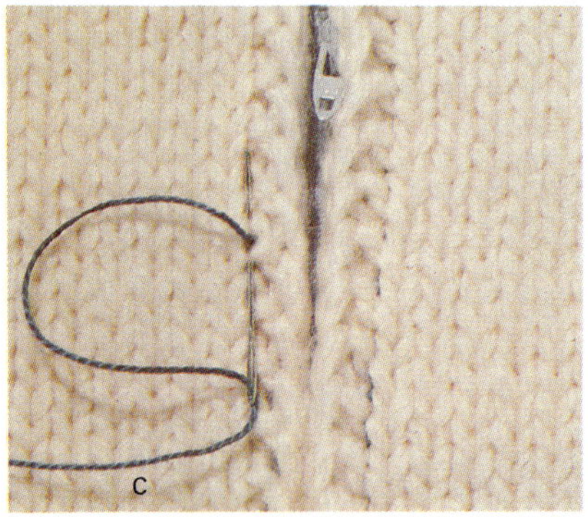

Reißverschluß mit Rückstichen annähen

Für ein Kleidungsstück aus schwerem oder genopptem Garn ergibt ein 2 Maschen breiter Randabschluß eine saubere, feste Schlitzöffnung. Für den Randabschluß die letzten bzw. ersten 2 Maschen der Reihe im Randmuster stricken. Geeignet sind der doppelte Kettenrand oder der doppelte Knötchenrand (S. 424). Die Schlitzkanten mit großen Stichen auf der rechten Seite zusammenheften (A). Den Reißverschluß rechts auf links auf das Strickstück heften, so daß die Zähnchen auf dem Schlitz liegen (B), dann mit Rückstichen auf der rechten Seite des Strickstücks genau zwischen Strickmuster und Randabschluß (C) mit Knopflochseide oder einem doppelten Faden Nähseide in passender Farbe annähen

Nähte und Kanten verstärken

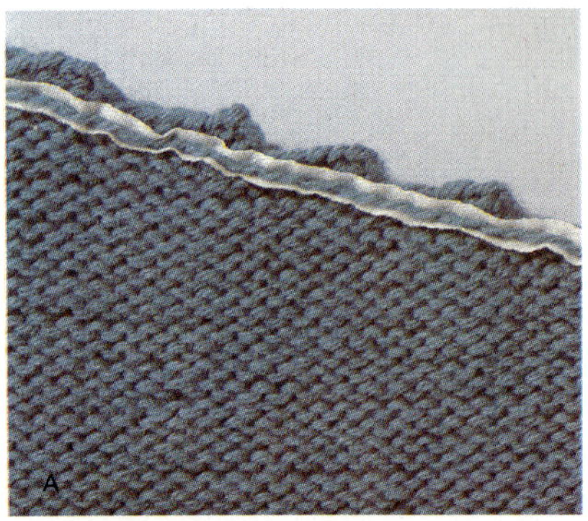

Twillband als Nahtverstärkung

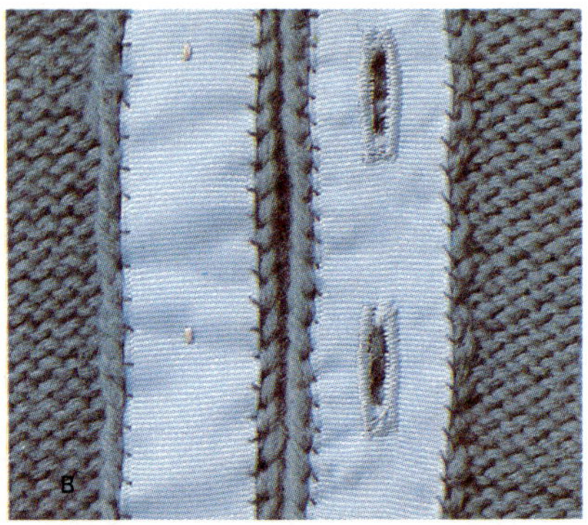

Knopf- und Knopflochleiste mit Ripsband

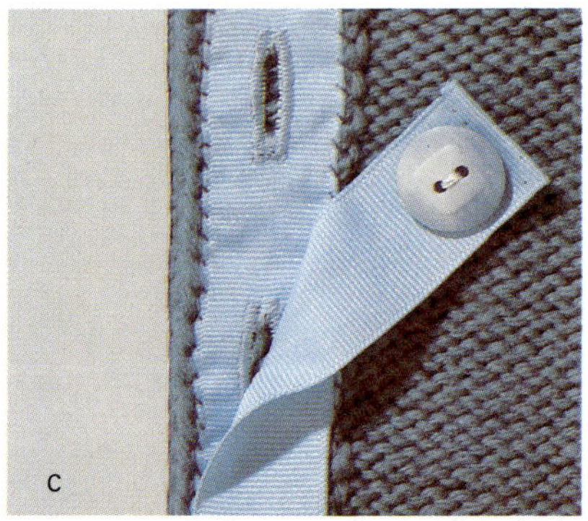

Knopfleiste aus Ripsband

Für besonders stabile Nähte (z. B. an der Schulter einer Jacke) 1–1,5 cm breites Nahtband mittig auf die Nahtlinie des einen Strickteils heften; Naht mit Rückstichen schließen. Für Knopf- und Knopflochleisten Twill- oder Ripsband verwenden. 2 passende Stücke abschneiden; das eine mit Überwendlingsstichen an Knopfleiste nähen; das andere auf Knopflochleiste heften und Knopflöcher markieren. Band abnehmen; Knopflöcher von Hand oder maschinell arbeiten. Wieder anheften, so daß die Knopflöcher übereinstimmen; Kanten überwendlich annähen. Auf der rechten Seite Knopflöcher versäubern. Näht man die Knöpfe auf Band, paßt eine Kinderjacke sowohl einem Jungen als auch einem Mädchen. Beide Vorderteile mit Knopflöchern arbeiten; Band mit den Knöpfen am rechten oder linken Vorderteil einknöpfen (C)

Weite und Länge anpassen

Gummifaden oder elastisches Gurtband einarbeiten

Mitgestrickter Gummifaden (Rückseite)

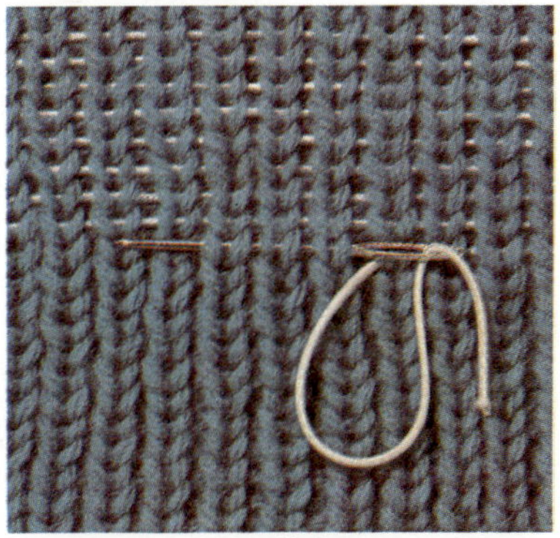
Eingezogener Gummifaden

Ein Gummifaden, in das Rippenmuster eingearbeitet, gibt Mützen und Kniestrümpfen einen besseren Sitz. Den Faden entweder beim Stricken wie eine zweite Farbe mitführen (S. 460) oder zum Schluß mit einer Sticknadel ohne Spitze einziehen; dabei auf der linken Seite der Arbeit unter den senkrechten Rechtsrippen jeder Reihe durchstechen

Gurtband, von Luftmaschen gehalten

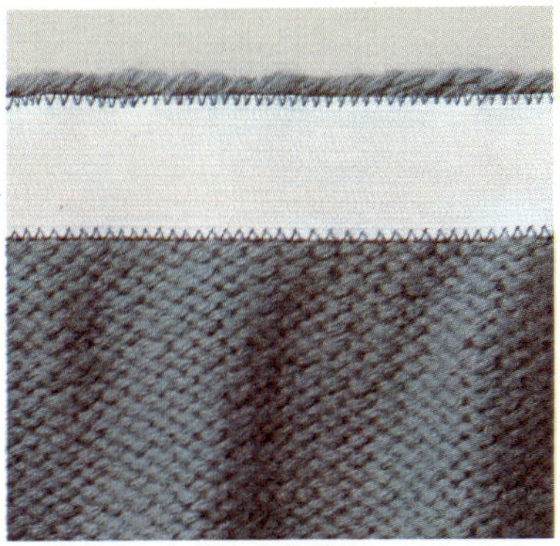
Gurtband, mit Zickzackstichen befestigt

Gurtband (ganz links), durch eine Luftmaschenkette gezogen, die mit Kettmaschen am Kleidungsstück befestigt ist. Um das Gurtband anzunähen, ein Stück in entsprechender Länge an den Enden zusammennähen. Band und Taillenlinie in 8 gleiche Abschnitte teilen und so zusammenstecken, daß Abschnitte übereinstimmen. Gurtband oben und unten mit Zickzackstichen annähen; es dabei so dehnen, daß das Gestrick sich nicht kräuselt

Kleidungsstück enger machen

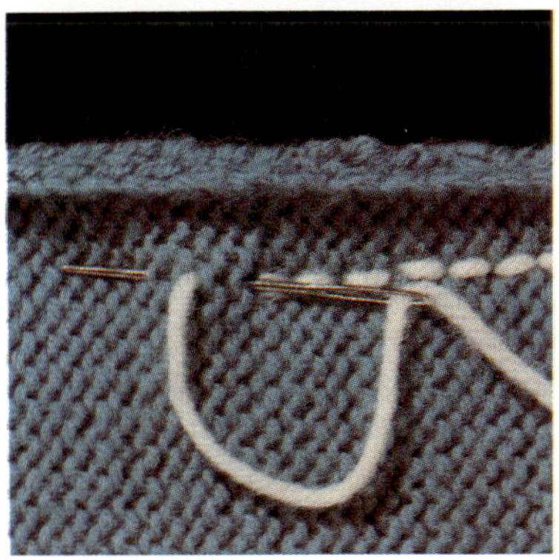
Naht mit Rückstichen breiter nähen

Nahtzugaben abschneiden; umstechen

Um ein Kleidungsstück kleiner zu machen oder eine Rundung zu begradigen, mit Rückstichen eine breitere Naht anbringen (ganz links). Damit die Naht nicht aufträgt, die Nahtzugaben auf 5 mm zurückschneiden; zur Sicherung der Fadenenden jede Schnittkante mit kleinen Maschinenstichen übernähen oder umstechen (links)

Ein Kleidungsstück kürzen oder verlängern

Um ein fertiges Strickstück zu kürzen (nur bei einfachen Mustern wie glatt rechts oder kraus rechts möglich), zunächst die Nähte an der betreffenden Stelle öffnen. An einer Kante einen Faden durchschneiden und anziehen (A). Denselben Faden am anderen Ende durchschneiden und ganz herausziehen. Die Teile sind nun getrennt (B). Die offenen Maschen am Strickstück auf eine Stricknadel nehmen und einen Saum oder Randabschluß anstricken

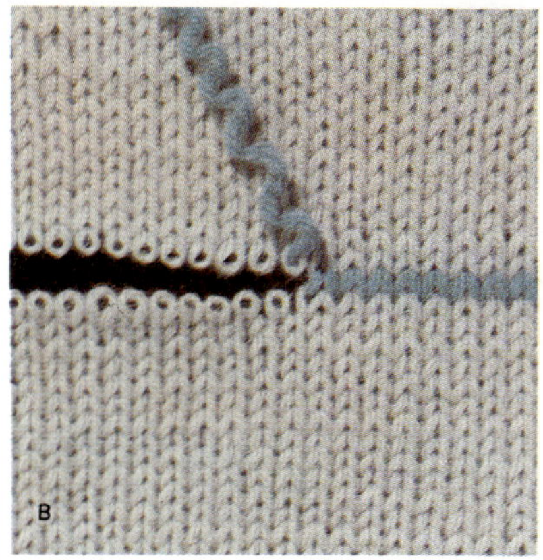

Um ein fertiges Kleidungsstück zu verlängern den Grundfaden der Anschlagreihe herausziehen (C), die Maschen auf eine Stricknadel nehmen und bis zur gewünschten Länge stricken. Diese Methode eignet sich für jedes Muster. Besonders Kinderkleidung muß häufig verlängert werden. Hier einige Hinweise: Etwas mehr Garn kaufen; daraus ein großes Probestück stricken und es jedesmal mit dem Kleidungsstück waschen. Bei Bedarf das Probestück aufziehen und das Garn zum Anstricken verwenden. Das Kleidungsstück mit dem geschlungenen Anschlag beginnen (der Grundfaden läßt sich leicht entfernen); oder die Teile von oben nach unten stricken (ein abgeketteter Rand ist leicht aufzutrennen)

Stricken · Stricksachen fertigstellen

Stickgarne 8 Sticknadeln 413
Jacquardmuster 458–460

Stricksachen besticken

Schlichte Strickmuster wie Rippenmuster, Perlmuster und glatt rechts kann man mit einer Stickerei verzieren. Fast alle Motive kommen dafür in Frage. Geeignet sind die Kettenstiche (S. 28–32), besonders der Margeritenstich; die Füllstiche (S. 42–43), vor allem der Wickelstich, sowie bestimmte Webstiche (S. 52), mit denen ein gefülltes Motiv gestickt werden kann, ohne daß sich das Gestrick verzieht. Auch alle Kreuzsticharten sind geeignet, weil ein Gestrick einen idealen Grund für gezählte Stiche bietet.

Mit dem Maschenstich, der auch dazu verwendet wird, Strickteile miteinander zu verbinden, werden Motive auf glatt rechts Gestricktem so aufgestickt, daß jede Masche genau überdeckt wird. Mit diesem Stich kann man auch ein Jacquardmuster aufsticken, statt es einzustricken. Die auf der gegenüberliegenden Seite abgebildeten Buchstaben lassen sich auch mit dem Maschenstich arbeiten.

Bei Handgestricktem können Aufbügelmuster nicht verwendet werden. Es ist ratsam, die gewählten Motive mit einem Heftfaden, der später entfernt wird, zu markieren. Besteht ein Muster aus mehreren Teilen, kann man jeden Teil mit einer anderen Farbe markieren. Arbeitet man nach einem Zählmuster, bei dem jeder Stich durch ein Kästchen dargestellt ist, muß man berücksichtigen, daß Strickmaschen meist breiter als hoch sind, und das Motiv notfalls entsprechend höher und schmaler gestalten.

Für eine Stickerei auf einer Stricksache verwendet man ein Garn, das dem Strickgarn von der Art und Stärke her möglichst genau entspricht. Ein zu dünner Faden hebt sich nicht vom Grund ab, ein zu dicker könnte das Gestrick verziehen. Hat man keine geeigneten Garnreste zur Hand, kann man feine Stickwolle, Perlgarn oder Stickgarn in kleinen Strängen kaufen. Das Garn wird notfalls so geteilt, daß der Stickfaden der Stärke des Strickgarns entspricht.

Man benutzt eine Sticknadel ohne Spitze, da sie die Maschen nicht spaltet, und sticht von hinten durch; dabei bleibt ein Fadenende hängen, das später vernäht wird. Der einfache Kreuzstich und der Maschenstich werden auf dieser Seite beschrieben, alle weiteren Stiche im Kapitel *Sticken*. Die Stiche darf man nicht zu straff anziehen. Wird das Strickstück später noch gedämpft, spart man die bestickten Bereiche aus.

Kreuzstiche auf glatt rechts

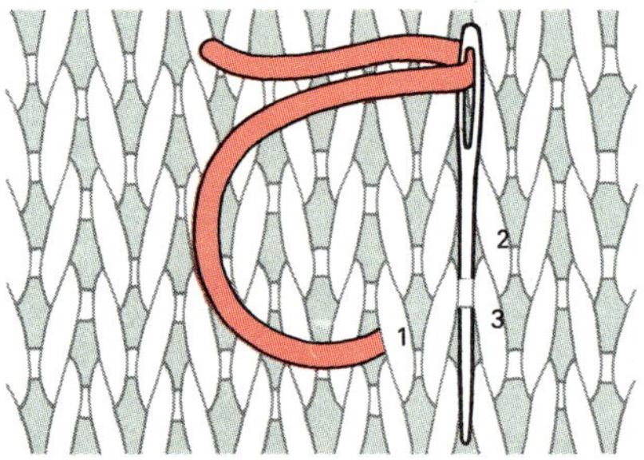

Kreuzstich **1.** Unter Querglied zwischen 2 Rechtsmaschen bei 1 ausstechen; rechts davon über Querglied zwischen 2 Rechtsmaschen bei 2 ein-, darunter bei 3 ausstechen

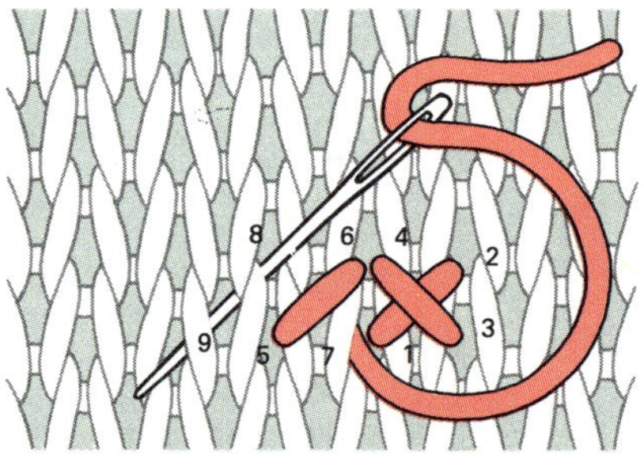

2. Über dem Querglied, unter dem bei 1 ausgestochen wurde, bei 4 ein- und schräg nach links bei 5 ausstechen. Bei 6 ein- und bei 7 (= 1) ausstechen usw. über die ganze Reihe

Maschenstich auf glatt rechts

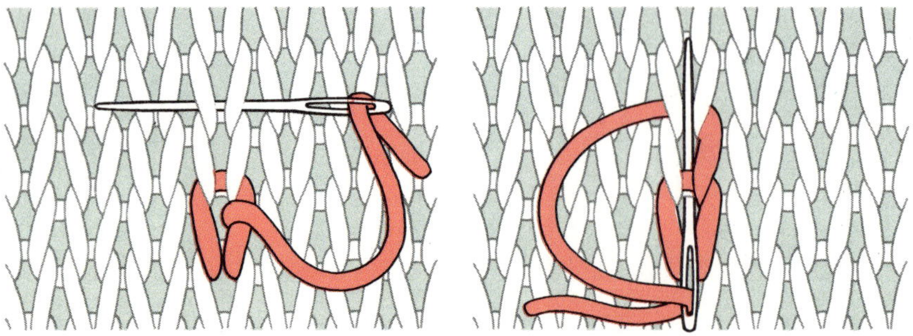

Maschenstich Durch eine Rechtsmasche ausstechen, von rechts nach links hinter zweiter Rechtsmasche nach oben durchstechen, beim ersten Ausstich ein- und nach oben durch die darüberliegende Rechtsmasche ausstechen. Wieder hinter übernächster Rechtsmasche nach oben durchstechen, beim Ausstich ein- und eine Masche darüber wieder ausstechen

Eine Stickvorlage anfertigen

Bei einer Zählvorlage für eine Stickerei stellt ein Quadrat in der Regel einen Stich dar. Verwendet man eine solche Vorlage zum Besticken eines Strickstücks, gerät das Muster breiter, weil die Maschen meist breiter als hoch sind. Um sicherzugehen, daß das geplante Motiv auf dem gestrickten Grund richtig wirkt, überträgt man es auf einen Raster, dessen Kästchen 4 mm hoch und 6 mm breit sind; dies entspricht fast genau den Proportionen der meisten Strickmaschen. Unten eine solche Vorlage, ganz links die gestickten Motive

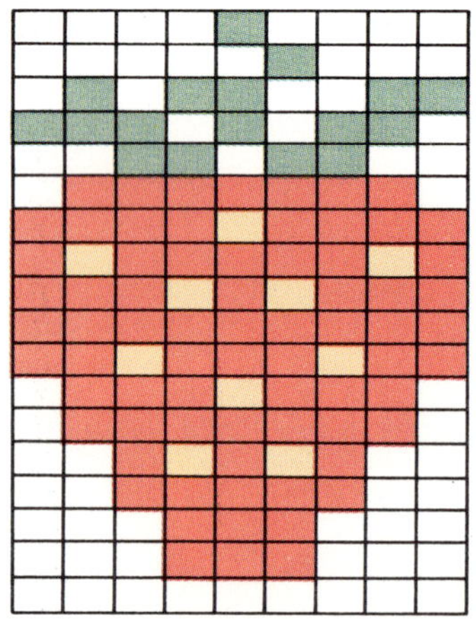

Alphabet zum Aufsticken

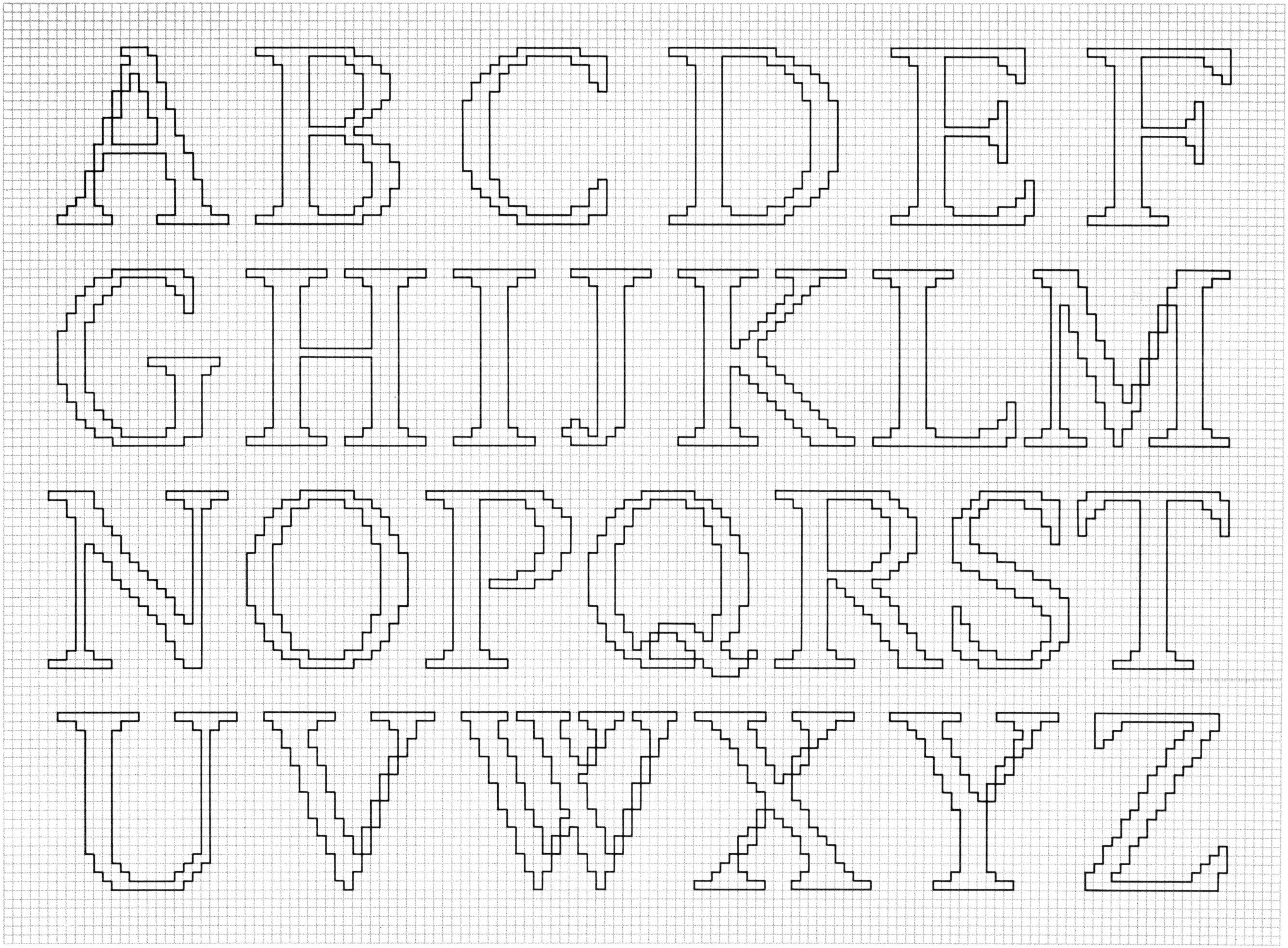

Initialen oder Monogramme können anhand dieser Zählvorlage mit Maschenstichen auf ein Strickstück gestickt werden; siehe dazu den Kniestrumpf auf Seite 492

Kinderjacken und Mützen

GESTREIFTE JACKE UND MÜTZE

Größe

Die Anleitung ist für Größe 5 (Brustumfang 62 cm); die Angaben in Klammern sind für Größe 7 (Brustumfang 66 cm).

Material

150 (200) g Strickwolle in Blau, 150 (200) g in Weiß, 100 (100) g in Gelb, je 50 (50) g in Grün und Türkis

Je 1 Paar Stricknadeln Nr. 4 und 4,5

Je 1 Häkelnadel Nr. 4 und 4,5

7 Knöpfe, 1 cm ∅

Maschenprobe

18 M und 26 R = 10 cm glatt rechts

RÜCKEN: Mit blauem Garn und Nadeln Nr. 4 56(60) M anschl. 1 R im Rippenmuster 1 r 1 li str. Weißes Garn befestigen, blaues an der Seite hängen lassen. Im Rippenmuster fortfahren, dabei 2 R weiß, 2 R blau, 2 R weiß, 2 R blau str. Mit Nadeln Nr. 4,5 glatt rechts abwechselnd 2 R weiß, 2 R blau bis zu einer Höhe von 21 (24) cm str; mit einer Linksreihe in Blau enden; Faden abschneiden. 10 R kraus rechts mit abwechselnd je 2 R Grün und Türkis str; Faden abschneiden. Mit Gelb 1 R rechts, 1 R links str.

Armausschnitt: Mit Weiß glatt rechts weiterstr, dabei zu Beginn der nächsten 2 R 3 M abk; dann abwechselnd je 2 R gelb und weiß stricken, dabei dreimal an beiden Enden jeder zweiten R 1 M abn. Mit den restlichen 44 (48) M im Muster fortfahren, bis der Armausschnitt 10 (11) cm hoch ist; mit einer Rechtsreihe enden. Nächste R links str; in der Mitte für den Halsausschnitt 18 (20) M abk.

Halsausschnitt: Die eine Ausschnitthälfte über 13 (14) M arbeiten, dabei zweimal in jeder zweiten R am Ausschnittrand 1 M abn; fortfahren bis Armausschnitthöhe von 13 (14) cm.

Schulter: Am Armausschnitt 6 (6) M abk, dann 5 (6) M in der nächsten R; Faden abschneiden. Andere Halsausschnittseite und Schulter gegengleich arbeiten.

Die Kinderjacken und Mützen in der Abbildung links werden nach derselben Anleitung gestrickt; sie unterscheiden sich nur in der Farbzusammenstellung. Die Anleitung ist für Größe 5; die Angaben für Größe 7 stehen in Klammern

Das Babyjäckchen mit passender Mütze auf dem Foto rechts paßt einem 6–9 Monate alten Kind. Am Oberteil des Jäckchens und an der Mütze werden abwechselnd Streifen aus glatt rechts und kraus rechts gestrickt. Man kann wie hier Babywolle verwenden, Feinstrickwolle ist aber auch geeignet

RECHTES VORDERTEIL: Mit dem blauen Garn und den Nadeln Nr. 4 28 (30) M anschl. Wie Rücken str, bis Armausschnitt 8 (8,5) cm hoch ist.
Halsausschnitt: An Halskante 9 (10) M abk, dann zweimal in jeder zweiten R 1 M abn. Im Muster bis zur Höhe des Rückens fortfahren. Schulter wie beim Rückenteil schrägen.
LINKES VORDERTEIL gegengleich.
ÄRMEL: Mit blauem Garn und Nadeln Nr. 4 36 M anschl; im Rippenmuster 1 r 1 li Streifen wie beim Rükken str. Mit Nadeln Nr. 4,5 im Streifenmuster glatt rechts str, bis Ärmel 5 cm mißt; an beiden Enden der nächsten R, dann alle 5 (4,5) cm dreimal (viermal) je 1 M zun. Auf diesen 44 (46) M weiterstr bis 24 (26,5) cm Höhe. Blaues und weißes Garn abschneiden. Mit Grün und Türkis wie beim Rücken Streifen in kraus rechts str. Mit Gelb 1 R rechts, 1 R links str. Anfang nächster 2 R mit Weiß 3 M abk; mit gelben und weißen Streifen weiterstr, dabei 8(9)mal in jeder zweiten R beidseitig 1 M abn. Anfang nächster 4 R je 2 M abk; Anfang nächster 2 R je 3 M abk; restliche 8 M abk.
FERTIGSTELLUNG: Schulternähte schließen; Ärmel einnähen; Seiten- und Ärmelnähte schließen. Auf der rechten Seite mit Häkelnadel Nr. 4,5 und blauem Garn Vorderteile und Halsausschnitt mit Km locker umhäkeln. Für zweite R mit Häkelnadel Nr. 4 fM arbeiten; in jede Eckmasche 3 fM hä. Für Mädchen am rechten, für Jungen am linken Vorderteil Lage von 7 Knopflöchern markieren. In der nächsten R mit Häkelnadel Nr. 4 und weißem Garn in jede fM 1 fM hä, an jeder Markierung 2 Lm hä, 2 fM der 2. R überg; in jede Eckm 3 fM. Eine Rd in Blau arbeiten, dabei am Halsausschnitt einige M abn. Faden abschneiden. Knöpfe annähen. Fadenenden vernähen.
MÜTZE: Mit blauem Garn und Nadeln Nr. 4 86(90) M locker anschl. Streifen im Rippenmuster wie für Jacke str; Faden abschneiden. Mit Nadeln Nr. 4,5 kraus rechts mit Streifen in Grün und Türkis wie für die Jacke str; Faden abschneiden. Mit Gelb und Weiß Streifen in glatt rechts stricken, bis die Mütze 11 (12,5) cm mißt. (Größe 5: bei 10 cm Höhe an einem Rand 2 M r zus.str.)
Nächste R: 3 M r, 2 M r zus.str.
2., 3. und 4. R: Im Muster str.
5. R: *2 M r, 2 M r zus.str*.
6., 7. und 8. R: Im Muster str.
9. R: *1M r, 2 M r zus.str*. **10. R:** li.
11. R: *2M r zus.str*.
12. R: 2 M r (3 M r zus.str), *3 M r zus.str*; dies ergibt 7 (6) M. Fadenende 50 cm lang abschneiden; durch Restmaschen fädeln, festziehen und gut vernähen. Naht schließen. In Weiß einen Pompon arbeiten (S. 493).

JACKE UND MÜTZE MIT STREIFENRAND

Material
270 g Strickgarn in Weiß, 100 g in Blau, 100 g in Grün, je 50 g in Gelb und Orange
RÜCKEN: Mit blauem Garn und Nadeln Nr. 4 56(60) M anschl. 7 R im Rippenmuster 1 r 1 li str. 2 R Rippenmuster in Weiß str. Mit Nadeln Nr. 4,5 glatt rechts 6 R grün, 2 R weiß, 4 R gelb, 2 R weiß, 2 R orange str. Mit Weiß fortfahren bis 24 (27) cm Höhe. Armausschnitte und Halsausschnitt wie für gestreifte Jacke arbeiten.
VORDERTEIL: Wie für gestreifte Jacke; Streifenfolge wie oben.
ÄRMEL: Streifen wie oben arbeiten. In Weiß bis 27 (29) cm Länge str, sonst wie für gestreifte Jacke.
FERTIGSTELLUNG: Wie bei gestreifter Jacke, Blende jedoch ganz in Blau häkeln.
MÜTZE: Wie die gestreifte, jedoch die Streifenfolge wie oben.

BABYJÄCKCHEN UND MÜTZE

Größe
6–9 Monate; Oberweite 48 cm
Material
150 g Babywolle
1 Paar Stricknadeln Nr. 3
1 Häkelnadel Nr. 3
Maschenprobe
28 M und 40 R = 10 cm glatt rechts
Muster: 1.–4. R: glatt rechts; mit Rechtsreihe beginnen. **5.–12. R:** r.
RÜCKEN: Mit Nadeln Nr. 3 124 M locker anschl. 7 R rechts str. Dann glatt rechts bis 15 cm Höhe str; mit einer Linksreihe enden.
Nächste R: 8 M r, *2 M r zus.str*, dann die letzten 8 M rechts str (70 M). 7 R rechts str.
Raglan: Mit erster Musterreihe beginnen und an beiden Enden jeder zweiten R 1 M abn, bis 24 M bleiben; den Streifen in kraus rechts beenden. In der zwölften Musterreihe alle M lokker abk.
ÄRMEL: 46 M anschl. 7 R rechts str. Glatt rechts weiterstr, dabei alle 2,5 cm fünfmal am Reihenanfang und -ende 1 M zun (56 M). Im Muster bis 15 cm Höhe fortfahren; mit einer Linksreihe enden. 8 R rechts str.
Raglan: Mit erster Musterreihe beginnen und an beiden Enden jeder zweiten R 1 M abn, bis 10 M übrigbleiben. Streifen in kraus rechts beenden; in der zwölften Musterreihe alle M lokker abk.
LINKES VORDERTEIL: 62 M anschl. 9 R rechts str.
Nächste R: 4 M r, restliche M li (die Vorderkante wird kraus rechts gestrickt). Glatt rechts mit 4 M kraus rechts an der Vorderkante bis 15 cm Höhe str; mit einer Linksreihe enden.
Nächste R: 8 M r, *2 M r zus.str*, die letzten 4 M rechts str (37 M). 7 R rechts str.
Raglan: Mit erster Musterreihe beginnen; Anfang der ersten R 1 M abn (dazu 1 M r abh, 1 M r, überz) und danach in jeder zweiten R, bis 14 M bleiben. Gleichzeitig für die Vorderkante die ersten 4 M der Linksreihe rechts str. Den Streifen in kraus rechts beenden; in der zwölften Musterreihe alle M locker abk.
RECHTES VORDERTEIL: 62 M anschl. 9 R rechts str.
Nächste R: li, die letzten 4 M rechts str. Nun glatt rechts mit 4 M kraus rechts an der Vorderkante bis 15 cm Höhe str; mit einer Linksreihe enden.
Nächste R: *4 M r, 2 M r zus.str*, die letzten 8 M rechts str (37 M). 7 R rechts str.
Raglan: Mit erster Musterreihe beginnen; am Ende der ersten R 1 M abn (dazu 2 M r zus.str) und danach in jeder zweiten R, bis 14 M bleiben. Gleichzeitig für Vorderkante letzte 4 M der Linksreihen rechts str. Streifen in kraus rechts beenden; in zwölfter Musterreihe alle M locker abk.
FERTIGSTELLUNG: Raglannähte, Seiten- und Ärmelnähte mit Rückstichen oder Häkelnaht (S. 485) schließen. Für die Bändchen 15 cm Kettmaschenanschlag häkeln (S. 277); am Vorderteil annähen.
MÜTZE: Mit Nadeln Nr. 3 100 M anschl. 7 R rechts str. Mit erster Musterreihe beginnen und erste bis zwölfte R viermal arbeiten; das Stück sollte insgesamt 11 cm messen. Auf jeder Seite 35 M abk (30 M). Faden abschneiden und an Mittelmaschen befestigen. Mit erster Musterreihe beginnen und im Muster bis insgesamt 24 cm Höhe str; mit zehnter Musterreihe enden. Fertigstellung siehe Abbildung unten. 2 Bändchen mit Kettmaschenanschlag häkeln (S. 277) und an die vorderen Ecken der Mütze nähen.

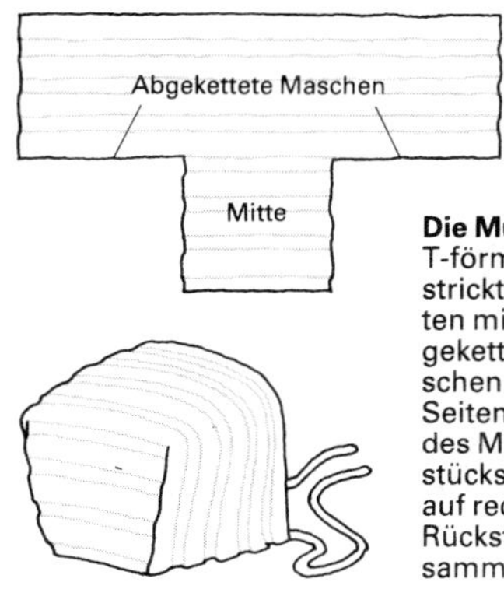

Die Mütze wird T-förmig gestrickt. Die Kanten mit den abgeketteten Maschen und die Seitenränder des Mittelstücks rechts auf rechts mit Rückstichen zusammennähen

Kniestrümpfe

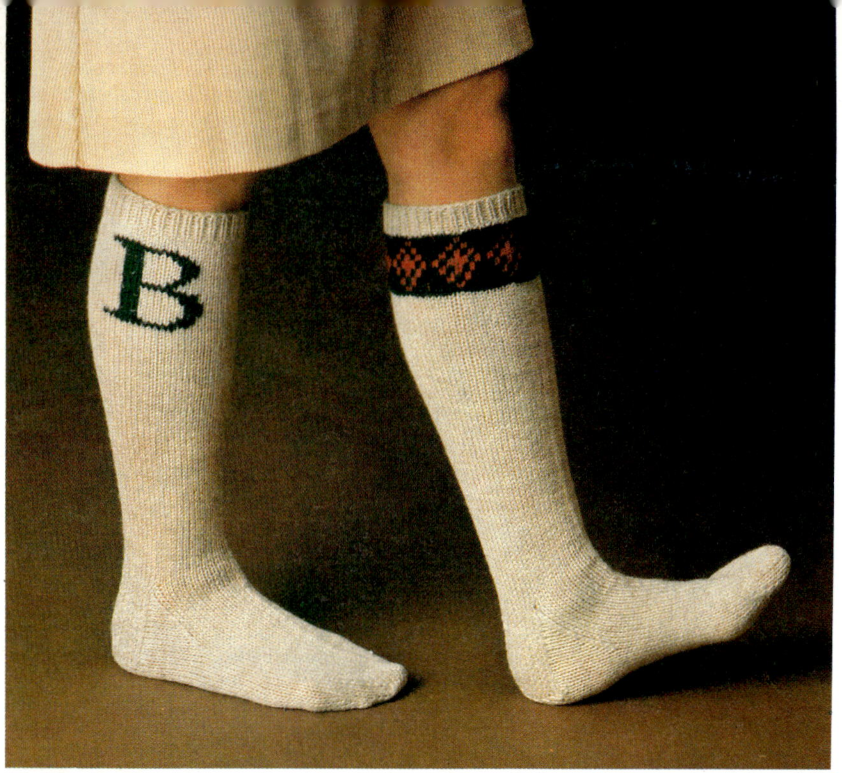

Das Rautenmuster ist eingestrickt, die Initiale mit Maschenstichen aufgestickt

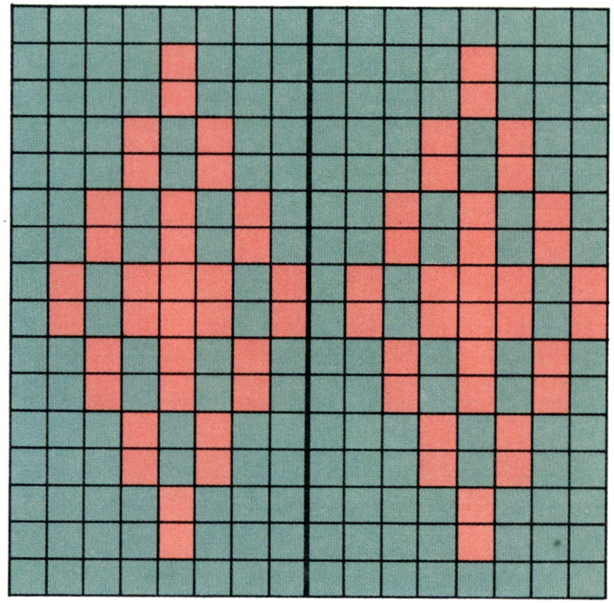

Der Schmuckstreifen wird nach dieser Zählvorlage gearbeitet. Ein Kästchen entspricht einer rechten Masche. Stricken nach Zählvorlagen siehe Seite 457. Da der Strumpf rund gestrickt wird, folgt man der Vorlage in jeder Reihe von rechts nach links. Das Rautenmotiv wird achtmal in der Runde wiederholt

Nach dieser Anleitung kann man Strümpfe für jede Größe stricken. Um die Länge zu ändern, strickt man mehr oder weniger Runden. Will man die Strümpfe weiter oder enger machen, schlägt man entsprechend mehr oder weniger Maschen an und verteilt sie gleichmäßig auf die vier Nadeln.

Material

200 g Sportwolle in Beige

Je 50 g grüne und rote Sportwolle für den Schmuckstreifen

2 m grüne Sportwolle für die Initiale

1 Spiel Stricknadeln Nr. 3

Maschenprobe

28 M und 40 Rd = 10 cm

Rand: Mit Beige 64 M anschl und auf 4 Nadeln verteilen (S. 439). 2,5 cm im Rippenmuster 1 r 1 li str.

Schmuckstreifen: 16 Rd glatt rechts im Rautenmuster nach Zählvorlage; zweifarbige Muster siehe Seite 457–458.

Strumpf mit Initiale: Mit Beige 16 Rd links str.

Beide Strümpfe: Mit Beige glatt rechts weiterstr, bis Strumpf ab Anschlag 13 cm mißt.

Nächste Rd: Anfang der ersten und Ende der vierten Nadel 1 M abn; noch siebenmal alle 2,5 cm wdh. Die 48 M gleichmäßig verteilen. Dann bis 33 cm Länge weiterstr.

Ferse und Spann: Anfang der nächsten Rd 12 M r, wenden. 12 M li, dann 12 M li von nächster Nadel. Über diese 24 M wie folgt weiterstr:

1. R: *1 M r, 1 M abh*.

2. R: li. Diese 2 R bis 6,5 cm Höhe wdh; mit einer Rechtsreihe enden.

Fersenkappe:

1. R: 9 M li, 2 M li zus.str, 3 M li, 2 M li zus.str, 1 M li, wenden.

2. R: 1 M r abh, 4 M r, 1 M r abh, 1 M r, überz, 1 M r, wenden.

3. R: 1 M li abh, 5 M li, 2 M li zus.str, 1 M li, wenden.

4. R: 1 M r abh, 6 M r, 1 M r abh, 1 M r, überz, 1 M r, wenden.

5. R: 1 M li abh, 7 M li, 2 M li zus.str, 1 M li, wenden.

6. R: 1 M r abh, 8 M r, 1 M r abh, 1 M r, überz, 1 M r, wenden.

7. R: 1 M r abh, 9 M li, 2 M li zus.str, 1 M li, wenden.

8. R: 1 M r abh, 10 M r, 1 M r abh, 1 M r, überz, 1 M r, wenden.

9. R: 1 M li abh, 11 M li, 2 M li zus.str, 1 M li (14 M).

Nun die Fersenmaschen gleichmäßig auf 2 Nadeln verteilen. Auf der rechten Seite Faden links oben an den Fersenrippen befestigen. Die Randmaschen am Fersenstück aufn (14 M), rechts str und die M auf die linke Fersennadel legen zu den anderen 7 M (21 M). Die zweite und dritte Nadel mit je 12 M abstricken; auf die vierte Nadel die Randmaschen der anderen Fersenseite aufn und rechts str (14 M), anschließend die 7 M von der zweiten Fersennadel (somit hat man 21 M auf jeder Fersennadel).

Ristabnahme: In der Mitte der Ferse beginnen.

1. Rd: Auf erster Nadel rechts str bis letzten 3 M, 2 M r zus.str, 1 M r; zweite und dritte Nadel rechts str; auf vierter Nadel 1 M r, 1 M r abh. 1 M r, überz, dann bis Ende der Rd rechts str.

2. Rd: r. Diese 2 Rd wdh, bis auf erster und vierter Nadel je 12 M sind.

Fuß: Weiterstr bis 5 cm weniger als gewünschte Fußlänge.

Spitze:

1. Rd: Auf erster Nadel 1 M r, 1 M r abh, 1 M r, überz, dann bis Nadelende rechts; auf zweiter Nadel bis 3 letzten M rechts, dann 2 M r zus.str, 1 M r; dritte Nadel wie erste, vierte wie zweite.

2. Rd: r. Diese 2 Rd wdh, bis auf jeder Fersennadel 2 M übrig sind; diese auf 2 Nadeln legen. Faden abschneiden, dabei 30 cm langes Fadenende lassen. Strumpfspitze mit Maschenstichen (S. 484) schließen.

Fertigstellung: Strümpfe leicht spannen und dämpfen (S. 482–483). Initiale im Maschenstich aufsticken (S. 488). Für einen besseren Halt in den Rippenrand einen Gummifaden einziehen (S. 487).

Fäustlinge und Mütze

FÄUSTLINGE

Größe

Mittlere Damen- oder kleine Herrengröße

Material

100 g Sportwolle in Beige, je 50 g in Grün und Rot

Je 1 Paar Stricknadeln Nr. 2,5 und Nr. 3

Maschenprobe

14 M und 20 R = 5 cm

Bündchen: Mit Beige und Nadeln Nr. 2,5 48 M anschl; 6,5 cm im Rippenmuster 1 r 1 li str.

Hand: Mit Nadeln Nr. 3 6 R glatt rechts str; mit einer Linksreihe enden. 23 M r, Markierung anbringen, (1 M r li) 2mal, Markierung anbringen, Nadel zu Ende str. 1 R links str.

Nächste R: Bis Markierung rechts str, Markierung abh, 1 M r li, 2 M r, 1 M r li, Markierung abh, Nadel zu Ende str. 1 R links str.

Nächste R: Bis Markierung rechts str, Markierung abh, 1 M r li, 4 M r, 1 M r li, Markierung abh, Nadel zu Ende str. So fortfahren; dabei in jeder Rechtsreihe nach erster und vor zweiter Markierung je 1 M zun (= 1 M r li), bis zwischen Markierungen 22 M liegen (insgesamt 68 M). Glatt rechts bis 7,5 cm Höhe weiterstr, mit einer Linksreihe enden.

Nächste R: 43 M r, wenden.

Nächste R: 18 M li; über diese 18 M 5,5 cm für Daumen hochstr. Mit Linksreihe enden.

Daumen

1. R: *1 M r, 2 M r zus.str* (12 M).

2. R: li.

3. R: *2 M r zus.str* (6 M); Faden 30 cm lang abschneiden. Fadenende mit Sticknadel ohne Spitze durch die Maschen ziehen und vernähen.

Handfläche: Vom Daumenansatz mit Beige Reihe zu Ende str. Über alle M glatt rechts weiterstr, dabei je 2 R beige, grün, beige str, dann 4 R rot, 2 R beige, 2 R grün str. Mit Beige bis 21 cm Höhe vom Anschlag weiterstr; mit Linksreihe enden.

Spitze

1. R: 1 M r, 2 M r zus.str, 19 M r, 2 M r zus.str, 2 M r, 2 M r zus.str, bis 3 letzten M r str, 2 M r zus.str, 1 M r.

2. R: li.

3. R: 1 M r, 2 M r zus.str, 17 M r, 2 M r zus.str, 2 M r, 2 M r zus.str, bis 3 letzten M r str, 2 M r zus.str, 1 M r.

4. R: li. So fortfahren, bis 18 M bleiben. Faden 30 cm lang abschneiden. Fadenende mit einer Sticknadel durch die Maschen ziehen und vernähen. Seitennaht schließen: Bündchen mit Stoßnaht (S. 484), Hand mit Rückstichen (S. 485).

Den zweiten Fäustling arbeiten.

MÜTZE

Material

100 g Sportwolle in Beige, je 50 g in Rot und Grün

1 Paar Stricknadeln Nr. 3

Kartonstreifen für Pompon

Maschenprobe

14 M und 28 R = 5 cm

Mit Beige 60 M anschl. 2 R rechts str. Dann kraus rechts str (Streifenfolge: 2 R grün, 6 R beige, 4 R rot, 6 R beige), bis Höhe dem Kopfumfang entspricht. 2 R beige str; abketten; Fadenenden vernähen. Enden mit Rückstichen zusammennähen. An einer Seite einen Reihfaden anbringen und fest zusammenziehen (unten). Andere Seite 1,5 cm einschlagen; hohl annähen. Pompon machen (unten) und oben an der Mütze befestigen.

Fäustlinge und Mütze werden aus Sportwolle in bunten Farben gestrickt

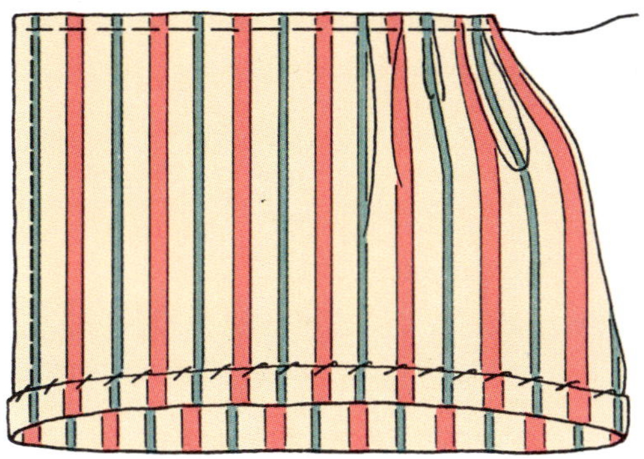

Mütze fertigstellen Anschlag- und Abkettkante mit Rückstichen verbinden. Einen Seitenrand einkräuseln, den anderen 1,5 cm breit säumen

Pompon Garn 180mal um ein 5 cm breites Stück Karton wickeln. An einer Kante einen Faden unter den Umwicklungen durchziehen und fest verknoten. An der anderen Kante die Schlingen aufschneiden. Pompon kräftig schütteln und rund scheren

Ein Abendrock mit passendem Top, das auch über einer Bluse zu tragen ist

Abendrock, Top und Stola

Die Stola wird im selben Spitzenmuster gearbeitet wie Rock und Top

Für Rock, Top und Stola werden drei Strickmuster kombiniert; Netzmuster und schräges Durchbruchmuster (S. 444); glatt rechts mit Reihen im Lochmuster (unten).

Der Rock kann bodenlang (etwa 100 cm) mit einer doppelten Bordüre im Netzmuster und im schrägen Durchbruchmuster, wie links abgebildet, oder wadenlang (etwa 85 cm) mit einer einfachen Bordüre gestrickt werden. Das Oberteil hat vorn einen Schlitz; die Schulterkanten des Vorderteils werden gerafft, um den Schlitz auseinanderzuziehen und den V-Ausschnitt zu bilden. Die Seitennähte können bis zum Armausschnitt geschlossen oder, falls das Top über einer Bluse getragen werden soll, nur in der Taille zusammengehalten werden.

Für den Gürtel wird durch die Löcher in Taillenhöhe eine Kordel gezogen.

Die Stola wird aus dem gleichen Garn wie Rock und Top angefertigt; man kann wie hier eine Kontrastfarbe wählen oder alle drei Teile in einer Farbe arbeiten. Die Stola ist quadratisch; die Bordüre wird in vier Einzelteilen gestrickt. Die Innenränder der Bordürenteile werden leicht eingehalten, um sie auf die Größe des quadratischen Mittelstücks zu bringen, und mit festen Maschen angehäkelt (S. 274); dadurch erhält man auf der Innen- wie auf der Außenseite einen sauberen Abschluß.

ROCK UND TOP

Größe

Anleitung für Größe 36–38; die Angaben für Größe 40–42 in Klammern

Material

250 g Strickgarn für den Rock, 150 g für das Top;
1 Paar Stricknadeln Nr. 4
Häkelnadel Nr. 4
Maschenhalter
1 m elastisches Gurtband, 2,3 cm breit
50 cm Nahtband
Nähnadel
Nähfaden, farblich passend zum Strickgarn
1,25 m bzw. 1 m Futterstoff für den langen Rock bzw. kürzeren Rock

Maschenprobe

20 M und 28 R = 10 cm glatt rechts

ROCK: 116 (124) M anschl. Für den langen Rock 10 cm Netzmuster, 6,5 cm schräges Durchbruchmuster, *7,5 cm Netzmuster, dann 5 cm schräges Durchbruchmuster str. Für den kürzeren Rock bei * beginnen. (Die genaue Länge des Rocks kann man am oberen Ende bestimmen, bevor der Taillenbund gestrickt wird.) Dann glatt rechts mit Lochstreifen str.

1. R: 8 (12) M r, 1 Loch [Umschl, 2 M r zus. str], (12 M r, 1 Loch) 6mal, 8 (12) M r

2. R: li.

Diese zwei Reihen wiederholen, dabei am Anfang und Ende jeder zehnten Reihe 1 M abn, bis 88 (96) M auf der Nadel übrigbleiben. Gerade weiterstr, bis der Rock 97,5 cm (oder die gewünschte Länge) mißt.

Für den Taillenbund 2,5 cm im Rippenmuster 1 r 1 l str; abk.

Zweites Rockteil wie erstes arbeiten. Die Seitennähte schließen (S. 484).

FERTIGSTELLUNG: Will man den Rock füttern, faltet man ihn längs in der Mitte und steckt ihn so auf den Futterstoff, daß die Bruchkanten übereinstimmen. Futter mit einer Nahtzugabe von 1,5 cm und einer Saumzugabe von 5 cm zuschneiden. Die Seitennähte schließen. Den Saum umbügeln und nähen. Oben 1,5 cm nach innen schlagen. Futter links auf links in den Rock stecken; beide Teile am oberen Rand zusammennähen. 2,5 cm darunter eine zweite Naht steppen; dabei 5 cm offenlassen. Gurtband durch den so entstandenen Tunnel ziehen, zusammennähen, dann die Nahtöffnung schließen. Wird der Rock nicht gefüttert, Gurtband innen am Taillenbund mit Zickzackstichen oder mit einer Luftmaschenkette (S. 487) befestigen.

TOP – RÜCKEN: 84 (90) M anschl. Glatt rechts mit Lochmuster (siehe oben) str.

1. R: 6 (10) M r, 1 Loch, (12 M r, 1 Loch) 4mal, 6 (10) M r

2. R: li.

Diese 2 R bis 34 cm Höhe wdh; auf beiden Seiten eine Markierung für die Armausschnitte anbringen. Im Muster 6,5 cm weiterstr; anschließend 6,5 cm schräges Durchbruchmuster, dann 10 cm Netzmuster str.

TOP – VORDERTEIL: Wie den Rücken bis zu den Armausschnitten arbeiten, dann wie folgt teilen: Bis zur Mitte str, die restlichen M stillegen, wenden und die erste Seite bis zur Schulter fertigstr. Für die zweite Seite den Faden in der Mitte befestigen und bis zur Schulter str.

FERTIGSTELLUNG: Teile spannen. Schulterkanten des Vorderteils mit einem Reihfaden auf 16,5 cm einhalten, dann diese an die rückwärtige Schulterkante stecken, so daß die Armausschnittkanten übereinstimmen. Schulternähte auf der linken Seite der Arbeit schließen, dabei in Abständen mehrere Maschen von den Vorderkanten zusammenfassen, um die Weite einzuhalten. Reihfaden herausziehen. Nahtband mit passendem Nähfaden auf die Vorderseite der Schulternaht nähen. Die Seitennähte von unten bis 34 cm Höhe schließen oder die Seiten nur auf 2,5 cm in der Taille schließen, falls das Top über einer Bluse getragen werden soll. Den unteren Rand sowie Hals- und Armausschnitte mit festen Maschen umhäkeln (S. 274). Für den Gürtel mit doppeltem Garn einen 130 cm langen Kettmaschenanschlag häkeln (S. 277) und durch die Lochreihe an der Taille fädeln.

STOLA

Material

350 g Strickgarn
1 Paar Stricknadeln Nr. 4
Häkelnadel Nr. 4

MITTELTEIL: 160 M anschl. 80 cm im schrägen Durchbruchmuster str.

BORDÜRE: 4 Teile str. 212 M anschl. Im Netzmuster str, dabei am Anfang und Ende jeder zweiten Reihe 1 M abn, bis 200 M bleiben (6,5 cm Höhe). Nun glatt rechts mit Lochstreifen str (siehe oben), dabei am Anfang und Ende jeder zweiten Reihe 1 M abn, bis 168 M bleiben (15 cm Höhe).

FERTIGSTELLUNG: Teile spannen. Bordürenteile an den schrägen Kanten zusammenstecken; mit festen Maschen zusammenhäkeln (S. 274). Mit einem Reihfaden die vier Seiten der Bordüre auf die Seitenlänge des Mittelstücks einhalten. Bordüre und Mittelstück zusammenstecken; mit festen Maschen zusammenhäkeln.

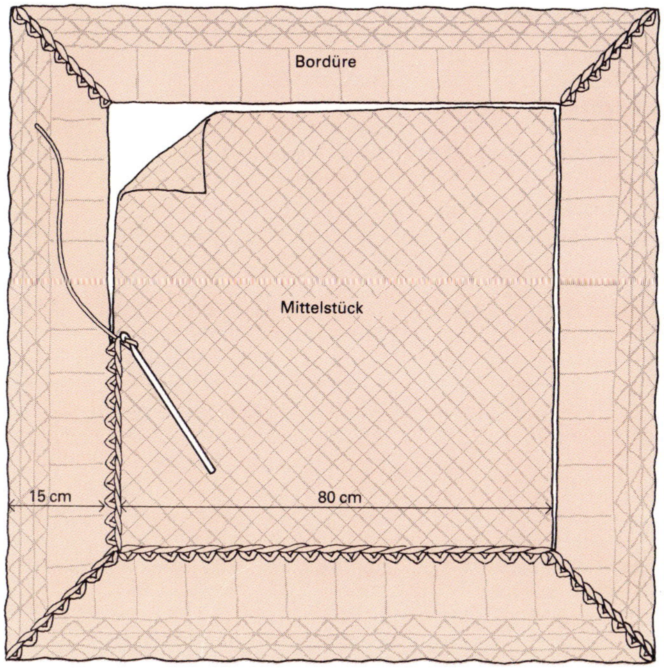

Stola fertigstellen Die schrägen Kanten der Bordürenteile zusammenstecken, dann mit festen Maschen (S. 274) verbinden. Innenrand der Bordüre mit einem Reihfaden leicht einhalten, so daß er mit der Kantenlänge des Mittelstücks übereinstimmt. Beide Teile zusammenstecken und mit festen Maschen verbinden

Spitzenborte für Bettwäsche

Die Spitzenborte wird am Kopfkissenbezug, der Einsatz am Bettuch angebracht

Material
Kochfestes Baumwollgarn: für die Kopfkissenborte 8 m Garn je 5 cm Bortenlänge; für den Bettucheinsatz 10 m je 5 cm Länge
1 Paar Stricknadeln Nr. 2,5

Maschenprobe
Kopfkissenborte: 1 Mustersatz = 5 cm
Bettuchborte: 1 Mustersatz = 4,5 cm

Maßnehmen
Die Seitenkante des Kopfkissenbezugs und die Breite des Bettuchs messen. Beiden Maßen noch 2,5 cm hinzufügen. Um die Gesamtmenge des Garns zu berechnen, Maße der Bettwäsche durch fünf teilen und jeweils mit der oben angegebenen Garnlänge multiplizieren.

BORTE
20 M anschl.
1. R: 1 M r abh, 2 M r, Umschl, 2 M r zus.str, Umschl, 1 M r abh, 1 M r, überz, 3 M r, 2 M r zus.str, 00, 1 M r abh, 1 M r, überz, 2 M r zus.str, Umschl, 1 M r, Umschl, 2 M r zus.str, 1 M r.
2., 4., 6., 8. und 10. R: Umschl, li str bis letzten 5 M, 2 M r, Umschl, 2 M r zus.str, 1 M r.
3. R: 1 M r abh, 2 M r, Umschl, 2 M r zus.str, 4 M r, 2 M r zus.str, Umschl, 1 M r, 2 M r zus.str, 00, 1 M r abh, 1 M r, überz, 2 M r, Umschl, 2 M r zus.str, 1 M r.
5. R: 1 M abh, 2 M r, Umschl, 2 M r zus.str, 3 M r, 2 M r zus.str, Umschl, 1 M r, 2 M r zus.str, Umschl, 2 M r, Umschl, 1 M r abh, 1 M r, überz, 2 M r, Umschl, 2 M r zus.str, 1 M r.
7. R: 1 M r abh, 2 M r, Umschl, 2 M r zus.str, 2 M r, 2 M r zus.str, Umschl, 1 M r, 2 M r zus.str, Umschl, 4 M r, Umschl, 1 M r abh, 1 M r, überz, 2 M r, Umschl, 2 M r zus.str, 1 M r.
9. R: 1 M r abh, 2 M r, Umschl, 2 M r zus.str, 1 M r, 2 M r zus.str, Umschl, 1 M r, 2 M r zus.str, Umschl, 6 M r, Umschl, 1 M r abh, 1 M r, überz, 2 M r, Umschl, 2 M r zus.str, 1 M r.
11. R: 1 M r abh, 2 M r, Umschl, (2 M r zus.str) 2mal, Umschl, (Umschl, 1 M r abh, 1 M r, überz, 3 M r, 2 M r zus.str, Umschl) 2mal, 1 M r, Umschl, 2 M r zus.str, 1 M r.
12., 14., 16., 18., 20. R: Umschl, (2 M li zus.str) 2mal, li str bis letzten 5 M, 2 M r, Umschl, 2 M r zus.str, 1 M r.
13. R: 1 M r abh, 2 M r, Umschl, 2 M r zus.str, Umschl, 1 M r abh, 1 M r, überz, 1 M r, Umschl, 1 M r abh, 1 M r, überz, 8 M r, 2 M r zus.str, Umschl, 1 M r, Umschl, 2 M r zus.str, 1 M r.
15. R: 1 M r abh, 2 M r, Umschl, 2 M r zus.str, 1 M r, Umschl, 1 M r abh, 1 M r, überz, 1 M r, Umschl, 1 M r abh, 1 M r, überz, 6 M r, 2 M r zus.str, Umschl, 1 M r, Umschl, 2 M r zus.str, 1 M r.
17. R: 1 M r abh, 2 M r, Umschl, 2 M r zus.str, 2 M r, Umschl, 1 M r abh, 1 M r, überz, 1 M r, Umschl, 1 M r abh, 1 M r, überz, 4 M r, 2 M r zus.str, Umschl, 1 M r, Umschl, 2 M r zus.str, 1 M r.
19. R: 1 M abh, 2 M r, Umschl, 2 M r zus.str, 3 M r, Umschl, 1 M r abh, 1 M r, überz, 1 M r, Umschl, 1 M r abh, 1 M r, überz, 2 M r, 2 M r zus.str, Umschl, 1 M r, Umschl, 2 M r zus.str, 1 M r.
FERTIGSTELLUNG: Entlang der Bogenkante der Borte feste Maschen (fM) häkeln (S. 274). Dazu neuen Faden im Picot an einem Ende der Borte wie folgt befestigen: Faden hinter der Arbeit halten und auf Häkelnadel legen. Von vorn durch den Picot stechen, vom Fadenende Faden holen, Umschl und beide Schlingen auf der Nadel abmaschen (= 1 fM). In denselben Picot noch 1 fM, dann 2 fM in jeden Picot bis Ende der Borte. Faden abschneiden. Die kurzen Enden der Borte zusammennähen. Die gerade Kante an den Kissenbezug nähen.

EINSATZ
24 M anschl.
1. R: 1 M r abh, 2 M r, Umschl, 2 M r zus.str, 1 M r, 1 Popcorn (S. 454), 3 M r, Umschl, 1 M r abh, 1 M r, überz, 2 M r zus.str, Umschl, 3 M r, 1 Popcorn, 3 M r, Umschl, 2 M r zus.str, 1 M r.
2., 4., 6., 8., 12., 14. und 16. R: 1 M r abh, 2 M r, Umschl, 2 M r zus.str, 14 M li, 2 M r, Umschl, 2 M r zus.str, 1 M r.
3. R: 1 M r abh, 2 M r, Umschl, 2 M r zus.str, 3 M r, 2 M r zus.str, Umschl, 4 M r, Umschl, 1 M r abh, 1 M r, überz, 5 M r, Umschl, 2 M r zus.str, 1 M r.
5. R: 1 M r abh, 2 M r, Umschl, 2 M r zus.str, 2 M r, 2 M r zus.str, Umschl, 6 M r, Umschl, 1 M r abh, 1 M r, überz, 4 M r, Umschl, 2 M r zus.str, 1 M r.
7. R: 1 M r abh, 2 M r, Umschl, 2 M r zus.str, 1 M r, 2 M r zus.str, Umschl, 8 M r, Umschl, 1 M r abh, 1 M r, überz, 3 M r, Umschl, 2 M r zus.str, 1 M r.
9. R: 1 M r abh, 2 M r, Umschl, (2 M r zus.str) 2mal, Umschl, 3 M r, 2 M r zus.str, 00, 1 M r abh, 1 M r, überz, 3 M r, Umschl, 1 M r abh, 1 M r, überz, 2 M r, Umschl, 2 M r zus.str, 1 M r.
10. R: 1 M r abh, 2 M r, Umschl, 2 M r zus.str, 6 M li, 1 M r, 7 M li, 2 M r, Umschl, 2 M r zus.str, 1 M r.
11. R: 1 M r abh, 2 M r, Umschl, 2 M r zus.str, 2 M r, Umschl, 1 M r abh, 1 M r, überz, 6 M r, 2 M r zus.str, Umschl, 4 M r, Umschl, 2 M r zus.str, 1 M r.
13. R: 1 M r abh, 2 M r, Umschl, 2 M r zus.str, 3 M r, Umschl, 1 M r abh, 1 M r, überz, 4 M r, 2 M r zus.str, Umschl, 5 M r, Umschl, 2 M r zus.str, 1 M r.
15. R: 1 M r abh, 2 M r, Umschl, 2 M r zus.str, 4 M r, Umschl, 1 M r abh, 1 M r, überz, 2 M r, 2 M r zus.str, Umschl, 6 M r, Umschl, 2 M r zus.str, 1 M r.
FERTIGSTELLUNG: Siehe unten.

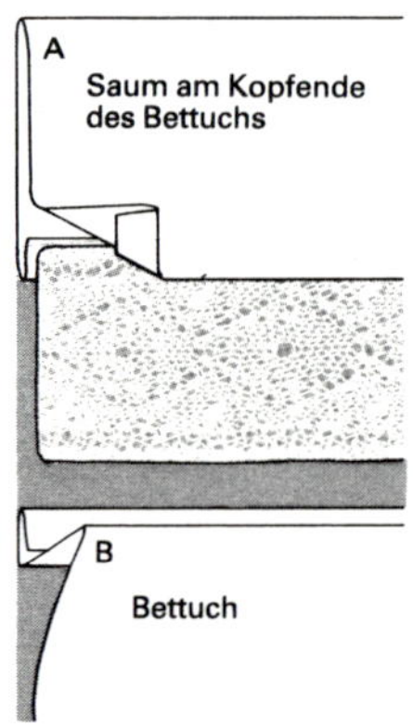

Saum am Kopfende des Bettuchs 6 mm unter der Naht abschneiden. Naht öffnen; Schnittkante 6 mm umbügeln. Spitze in offenen Saum stecken (A); festnähen. Schnittkante des Bettuchs 2mal 6 mm auf rechte Seite schlagen und bügeln; diesen Doppelsaum auf linke Seite schlagen; bügeln. Andere Kante der Spitze in Falte stecken (B); annähen

Register

A

B

C

D

Register

H

I, J

K

Register

L

M

Register

S

Register und Bildnachweis

U

V

W

Z

Bildnachweis

Seite 12 Blumenmuster: The Bagshaws of St. Lucia Ltd. Siebdrucktapete mit Bambusmuster: Janovic/Plaza
Seite 103 Alphabet: aus *New Art Deco Alphabets* von Marcia Loeb, Dover Publications, Inc., New York
Seite 208 Patchworkdecke mit Rosenmusterapplikation: The Gazebo
Seite 233 Patchworkdecke im Klötzchenmuster: The Gazebo
Seite 234 Patchworkdecke im Blumengartenmuster: Thos. K. Woodward